U0946616

江西省交通基本情况图

陆路交通
湖北省
安徽省
浙江省
福建省
广东省
湖南省
南昌
九江
景德镇
上饶
鹰潭
抚州
新余
宜春
萍乡
吉安
赣州
复线铁路及车站
单线铁路
建设中铁路
窄轨铁路
高速公路、编号、互通
建设中高速公路
国道及编号
省道及编号
建设中省道
县乡道
福银高速东生段互通立交

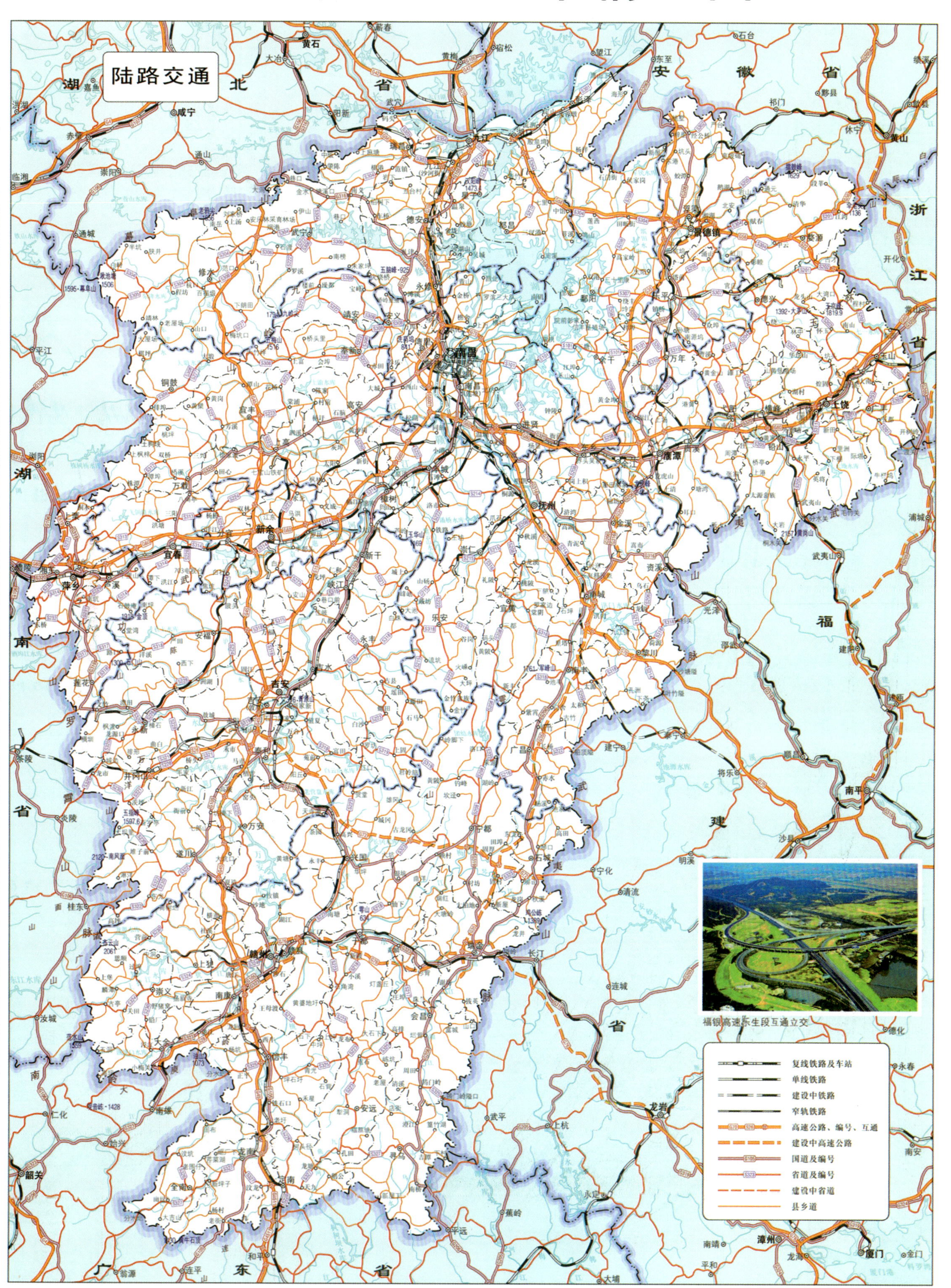

JIANGXIJIAOTONGNIANJIAN

江西交通年鉴

2014

江西省交通运输厅交通史志编审委员会

图书在版编目(CIP)数据

江西交通年鉴. 2015 / 江西省交通运输厅交通史志编审委员会编. --北京:方志出版社, 2015.11

ISBN 978-7-5144-1843-9

Ⅰ.①江… Ⅱ.①江… Ⅲ.①交通运输业-江西省-2015-年鉴 Ⅳ.①F512.756-54

中国版本图书馆 CIP 数据核字(2015)第 302583 号

江西交通年鉴(2015)

编　　者:江西省交通运输厅交通史志编审委员会
责任编辑:刘方圆

出 版 人:冀祥德
出 版 者:方志出版社
地址　北京市朝阳区潘家园东里9号(国家方志馆4层)
邮编　100021
网址　http://www.fzph.org
发　　行:方志出版社发行中心
电话(010)67110500
经　　销:各地新华书店
印　　刷:江西龙莹印务有限公司

开　　本:889×1194　1/16
印　　张:39.5
字　　数:1220千字
版　　次:2015年11月第1版　2015年11月第1次印刷
印　　数:0001~1200册

ISBN 978-7-5144-1843-9　定价:200.00元

2014 年 12 月 31 日，省委书记强卫（右二）来到江西长运徐坊客运站，看望慰问道路运输一线干部职工，检查指导节前交通运输安全工作

2014 年 7 月 28 日，省委副书记、省长鹿心社（右四）深入昌宁、昌樟高速公路建设工地调研

2014 年 5 月 24 日，交通运输部部长杨传堂（左三）到赣州市调研苏区振兴发展对口支援工作

2014 年 12 月 26 日，省委常委、常务副省长莫建成（前左二）出席全省实现县县通高速公路暨东乡至昌傅等十三个交通重点工程建设项目开工新闻发布会

2014 年 9 月 2 日，省委常委、省纪委书记周泽民（右二）到交通基层一线，考察交通工作，慰问干部职工

2014 年 1 月 28 日，副省长李贻煌（中）来到南昌长运徐坊客运站，察看春运工作

2014 年 12 月 10 日，副省长郑为文（中）调研 320 国道宜春绕城建设工程

2014 年 4 月 10 日，交通运输部党组成员刘小明（左五）察看赣州寻全高速公路建设

2014年11月9日，省交通运输厅党委书记、厅长朱希（左五）来到吉莲高速公路永莲隧道施工现场，察看项目建设情况

2014年4月29日，省交通运输厅党委委员、副厅长王爱和（左三）出席“四级联动 激扬青春 共创文明号”主题活动

2014年8月19日，省交通运输厅党委委员、副厅长、省邮政管理局局长彭志先（左三）在快递企业督导

2014年1月8日，省交通运输厅党委委员、纪委书记成松（左四）到南昌至宁都高速公路项目建设一线调研

2014 年 2 月，省交通运输厅党委委员、总工程师胡钊芳（右二）督查工程建设安全生产工作

2014 年 5 月 10 日，省交通运输厅党委委员、副厅长梁必康（右六）就推进项目建设进行调研

2014 年 5 月 21 日，省交通运输厅党委委员、副厅长谢德强（右三）在宜春高速路政支队调研指导工作

2014 年 7 月 24 日，省交通运输厅党委委员、副厅长王昭春（右三）察看昌栗高速公路建设

交通管理

1月18日，全省交通运输工作会议对交通工作作出部署

2014年是贯彻落实党的十八届三中全会精神、全面深化改革的第一年，也是实施“十二五”规划的关键一年。在省委、省政府和交通运输部的正确领导下，全省交通运输系统坚持稳中求进、改革创新，认真落实“稳增长、促改革、调结构、惠民生、防风险”的决策部署，较好地完成各项年度目标任务。

12月26日，省政府在南昌召开全省实现县县通高速公路暨东乡至昌傅等十三个交通重点工程建设项目开工新闻发布会

省委、省政府高度重视交通运输工作。省委书记强卫、省长鹿心社就加快高速公路等交通基础设施建设作出重要批示，充分肯定高速公路建设对保持全省经济稳定发展的贡献。省领导多次听取交通运输工作汇报，深入一线视察指导，帮助解决实际问题，为交通运输发展提供坚强的保障。

省交通运输厅认真谋划交通发展

省政府召开高速公路建设用地报批工作推进会

积极与金融机构进行合作，拓宽融资渠道

深入开展高速公路通行秩序专项治理活动，偷逃通行费现象明显减少

落实建设用地指标。高速公路建设用地需求量大，用地指标紧张，省交通运输厅不等不靠，积极作为，前盯后跟、既催又保，主动与省国土资源厅、林业厅等省直部门加强沟通、形成合力，争取国家用地指标；加上进入国高网项目、优化项目设计解决用地指标2533.3公顷，解决项目建设用地指标问题。

筹措项目建设资金。创新融资方式，省高速集团完成融资首次突破400亿元，达486亿元，同比增长33%。深化银企合作，昌宁、昌栗项目争取到全省规模最大的166亿元银团贷款。深入开展高速公路通行秩序专项治理活动，偷逃通行费现象明显减少，全省高速公路通行费总额达141.17亿元，同比增长9.3%。拓宽资金筹措渠道，成立高速公路资产运营公司，衔接政策落实，盘活存量资产，挖掘现有潜力，千方百计筹集建设资金。激发民间投资活力，昌九高速改扩建工程被国家发改委列入首批向社会资本开放的示范项目，12个高速公路项目被列入全省向非国有资本开放示范项目。

11 月 7 日，省政府专门召开加强普通国省干线公路建设养护暨迎接全国干线公路养护管理检查动员会

省政府专门召开加强普通国省干线公路建设养护暨迎接全国干线公路养护管理检查动员会，出台《关于进一步加强“十二五”后两年普通国省干线公路建设与养护管理工作的通知》，为全面推进江西省普通国省干线公路建设和养护提供了政策支持。一是破解资金难题。省财政安排专项资金 10 亿元，市、县两级财政按照不低于地方财政预算收入总额的 2.5%，支持普通国省干线公路建设与养护工作。二是建立以奖代补机制。在资金压力非常紧张的情况下，省交通运输厅将通过银行贷款融资 50 亿元，采取以奖代补方式用于全省普通国省干线公路建设与养护工作，改变以往撒胡椒面的做法。三是进一步明确各设区市政府普通国省干线公路建设养护的主体责任。四是保障建设用地需求。对达到一定规模的普通国省干线公路建设项目，第一次明确提出列入省重大项目调度会，由省级统筹解决用地指标问题。五是省政府将在全省范围内全面部署开展治超工作。

省公路管理局召开迎接“十二五”全国干线公路养护管理大检查工作布置会

省高速集团召开迎“国检”工作布置会

高速公路建设及风貌

高速公路隧道施工

赣鄱大地翻开县县通高速公路的历史新篇章

县县通高速公路目标如期实现。建成宜春至万载、九江绕城、萍乡至洪口界、都九高速星子至九江段、寻全高速安远至全南段5个项目180千米高速公路，通车里程达4515千米。随着万载、安远县实现高速公路通达，赣鄱大地翻开县县通高速公路的历史新篇章。

续建高速公路项目进展顺利。南昌至宁都、南昌至上栗、金溪至抚州、资溪花山界（赣闽界）至里木、昌樟改扩建工程、昌九高速改扩建通远试验段6个续建项目，按照时间节点稳步推进。昌樟改扩建项目头号控制性工程——药湖特大桥新桥高效优质建成通车。昌九高速改扩建通远试验段顺利实现老路幅交通转换至新建幅通行。

高速公路通车里程达4515千米

计划新开工项目基本落地。紧紧扭住建设用地、手续报批两大关键，加快推进2014年计划开工高速公路项目的前期工作。2014年12月26日，省政府召开新闻发布会，宣布上饶至万年、东乡至昌傅等12个项目823千米高速公路和九江长江大桥公路桥加固改造工程正式启动，标志着2016年底建成6000千米高速公路项目基本落地。

续建高速公路项目进展顺利

12月26日，省、厅领导与高速公路建设劳模合影

吉莲高速永莲隧道建成通车

努力提升建设管理水平。吉莲高速永莲隧道建设，地质复杂、方案周密、处置有方，实现贯通，实属不易，在2014年11月4日右洞安全贯通后，2015年1月8日提前完成路面摊铺，全线通车。萍洪高速公路复工遗留问题复杂、征迁复杂、技术复杂，如期建成通车。昌樟改扩建保畅通、保施工两不误，并实现“两个提前”：提前拆、炸20座跨线桥；厚田枢纽互通改造，由南向北绕道分流进南昌的车辆，原定分流两个月，实际只用23天就提前恢复正常通行。昌宁、昌栗、昌樟改扩建、萍洪高速公路项目被交通运输部评为平安工地示范工地创建项目。

桥梁施工

高速公路预制件

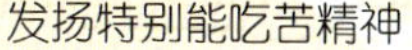

发扬特别能吃苦精神

公路施工分秒必争

九江绕城高速公路

萍乡至洪口界高速公路

寻乌至全南高速公路

宜春至万载高速公路

交通大动脉

普通公路建设及风貌

实施路面大中修 1589 千米

普通公路建设迈出新步伐

普通公路建设迈出新步伐。完成国家公路网线位规划对接，江西省普通国道总里程达到 7680 千米，实现县县通国道。升级改造国省道 443 千米，实施路面大中修 1589 千米，完成安保工程 899 千米，完成危桥改造 2327 延米 /24 座。开工建设 27 个县级综合养护中心。开工建设 8 个国省道公路服务区，其中赣州、宜春和新余 3 地基本建成。围绕昌九一体化，安排补助资金 9252 万元支持昌九大道建设；围绕赣南等原中央苏区振兴发展、赣东赣西两翼齐飞发展，协同当地政府加快推进 320 国道上饶绕城、宜春绕城和 319 国道上栗绕城公路建设；加快推进 S222 宋水线罗溪至石镜、S314 樟排线明月山至黄芽岭等 4 条国省断头路项目前期工作。

农村公路建设取得新进展。全年完成新建、改建农村公路超过 14000 千米，完成农村公路危桥改造 54 座，实施农村公路安保工程 400 千米。累计建成 104 个乡镇农村公路综合服务站，完成 12 个农村客运站和 480 个农村候车亭（牌）建设。争取省政府出台了《关于加快全省农村公路危桥改造民生工程的实施意见》，全面启动农村公路危桥改造。

完成危桥改造 2327 延米

实现县县通国道

320 国道余江段

鹰潭公路风貌

赣南农村公路

石城农村公路

萍乡 319 国道

运输场站建设及风貌

南昌龙头岗综合码头一期工程进展顺利

南昌昌邑运政码头 60 米钢质趸船工程完成交工验收

加快客货运输设施建设。全省客货运站场建设完成投资 11.8 亿元，同比增长 22%。宜春综合客运枢纽站投入运营；续建南昌、南昌西、上饶、抚州 4 个综合客运枢纽，吉安河西、井冈山经开区 2 个货运枢纽项目；新开工建设萍乡赣湘国际物流港、宜春开发区物流中心 2 个货运枢纽项目。内河水运建成万年港综合码头一期工程；稳步推进南昌龙头岗综合码头一期工程建设；赣江新干航电枢纽获国家发改委批复；加快推进南昌港樵舍货运码头、赣州港水西综合码头、赣江石虎塘—神岗山三级航道整治工程等项目前期工作；编制完成九江港彭泽港区红光作业区综合枢纽建设规划。

8 月 7 日，江西省港航系统最大的供油船顺利下水

萍乡赣湘国际物流港

南昌长途汽车西站建成

繁忙的码头

赣江航道

航道设施

赣江石虎塘航电枢纽

黄金水道

道路运输管理

2014 年 12 月 16 日，省运管局召开全省运管处（局）长座谈会

提升运输服务保障能力和水平。运输生产稳步增长。全年公路运输客运量、旅客周转量、货运量、货物周转量同比增长 3%、2.9%、13.6% 和 8.6%。大力推进客运“零换乘”。加强客运班线、公交线路与铁路、民航的配套衔接，九江、抚州、新余、景德镇、上饶等地开通至昌北机场的客运服务；南昌、宜春、新余、萍乡、抚州、上饶、鹰潭等地开通直达高铁车站公交线路，公路客运与铁路、民航实现“零换乘”。优先发展城市公共交通。加强对南昌市创建国家“公交都市”示范工程的指导；支持南昌市申报第二批城市公交智能化应用示范工程试点城市，获得交通运输部批准。

推进综合运输发展。组织对设区市政府 2012、2013 年度贯彻优先发展城市公共交通战略情况进行考核，开展公交满意度调查。南昌、宜春、萍乡、景德镇等地增加公交线路，提升公交品质。积极推进城乡客运一体化。继丰城、樟树之后，高安市全面实施城乡客运一体化，开通线路 36 条，多数票价降幅超过 50%，百姓得到便利、实惠。

2014 年 7 月 2 ～ 3 日，全省首届机动车驾驶培训教练员规范化教学职业技能竞赛在南昌举行

2014 年 5 月 13 日，2014 年度全省城市公交满意度调查在南昌市八一广场北公交站台正式启动

积极推进城乡客运一体化

2014 年 6 月 14 日，2014 年全省机动车综合性能检测技能竞赛在南昌举行

水路运输管理

江西省水上搜救中心鄱阳湖分中心 27 米多功能救助艇正式交付使用

加强渡口安全

江西首艘内河标准化集装箱船“赣远 36 号”

全省港航系统围绕建设“四个交通”的目标，坚持稳中求进工作总基调，以改革促创新发展，推进全省水运科学发展、安全发展，较好地完成年度各项目标任务。水运基础建设加快先行，平安交通保障能力持续提升，水运转型升级不断加快，水运服务保障能力进一步提升。水路运输客运量、客运周转量、货运量、货物周转量同比增长 36.5%、1.6%、5.6% 和 8.6%，南昌港、九江港完成的货物吞吐量同比增长 33.1% 和 32.3%。

水运基础设施建设加快先行

行政执法

道路运政服务大厅

海事执法人员在现场执法

深化行政审批改革和法治部门建设。按照"该取消的取消、该下放的下放、该合并的合并"的要求，对原有审批事项进行全面清理和整合，保留实施的省本级审批事项由42项精简为23项，精简比例达45%。向全社会公开省交通运输厅行政审批事项目录清单和办事指南，积极推进权力清单、责任清单、负面清单和政务网"三单一网"工作。加快行业立法工作，《江西省公路条例》经起草、修改、完善，向省政府法制办报审。选定瑞昌公路分局路政大队等13家单位开展"三基三化"试点。启动为期3年的全省交通运输行政执法人员轮训工作。规范行政执法行为，组织开展全省交通公路执法专项整改工作"回头看"，行政执法情况专项检查、行政执法评议考核等工作。

推进执法人员"三基三化"建设

高速路政执法人员在处理事故现场

公路路政管理人员在进行治超宣传

应急管理

组织开展公路隧道等应急演练

深入开展安全隐患排查治理专项行动

深入开展水上交通安全教育“进学校”活动

加快安全应急保障建设。着力抓好企业安全生产标准化建设。修订《江西省处置水上突发事件应急预案》，组织开展水上、公路隧道等应急演练，提升应急保障水平。深入开展安全隐患排查治理专项行动、打非治违和安全生产若干问题集中整治活动，深化水上交通安全“打非治违”、道路客运、危货运输安全生产、隧道安全隐患排查、油气输送管线安全排查、非法违规造船等专项治理行动，有力保障全省交通运输安全生产形势稳定。道路旅客运输各项安全指标继续保持低位平稳态势，水上交通事故死亡人数连续6年控制在个位数，交通重点工程事故大大低于考核控制指标。

及时融冰化雪保公路通行

公路部门及时清除公路塌方保畅通

养护保通

大力开展普通国省道“畅、安、舒、美”示范路创建

大力实施公路养护大中修工程

养护管理更加规范。大力实施公路养护大中修工程，养护工程质量不断提高。大力开展普通国省道“畅、安、舒、美”的示范路创建，打造养护示范工程路段，公路通行能力和服务水平大幅提高。在行业管理、养护资金、路网结构、服务保畅、日常养护、大中修、桥隧养护、基础和技术管理、路政管理、收费管理等方面出台建立和完善规章制度，为提升全省干线公路管理规范化水平奠定基础。大力推进养护、应急和服务“三位一体”养护综合基地和公路养护道班建设。注重日常养护工作，强化平时巡查，推广使用养护道班管理系统，及时处置公路病害。注重加强养护经费管理，抓好日常小修保养。建立养护主要材料沥青、钢材等集约化采购制度，从源头控制养护成本和质量。养护管理内业资料和养护道班外观、标志及内务管理做到了统一规范。

高速公路养护大修

实施高速公路养护大修工程

养护道班外观、标志及内务管理做到了统一规范

强化公路日常小修保养

收费服务

大力推进电子不停车收费工作

推进 12328 服务监督电话建设

推进“百姓满意服务区”、“星级服务区”创建活动

认真执行鲜活农产品运输“绿色通道”和重大节假日小客车免费通行政策，全省全年减免通行费 21 亿元。大力推进电子不停车收费工作，累计建成 ETC 车道 528 条，ETC 收费基本实现全覆盖；顺利加入全国 ETC 联网，赣通卡 14 省市一卡通行。大力推进 12328 服务监督电话建设，在全国率先开通省级服务热线，九江市率先开通市级服务热线。大力推进公路客运联网售票系统建设，全省 18 个一级客运站实现站间互售；启动部分二级客运站联网售票系统建设试点工作。大力推进“百姓满意服务区”、“星级服务区”创建活动，打造“温馨驿站”。国防交通动员保障有力，系统内一批单位和个人受到南京军区交战办表彰。

泰井高速便民服务亭

服务区打造“温馨驿站”

科技创新

组建江西省公路机电工程技术研究中心

省公路学会积极组织学术交流

加快科技创新。成功申报公路长大桥梁建设技术及装备交通运输行业研发中心，这是目前江西省第一个全国交通运输行业的研发条件平台。组建江西省公路机电工程技术研究中心，提升江西省公路机电的竞争水平和创新能力。取得专利授权 15 项。省高速集团参与的以吉莲高速永莲隧道为依托工程的科技项目——《隧道与地下工程重大突涌水灾害治理关键技术及工程应用》获得国家科技进步二等奖。省交通科研院等单位主持完成的课题获得省科技进步二等奖 2 项、三等奖 1 项，中国公路学会科技进步三等奖 4 项。省公路学会积极组织学术交流，推动交通科技发展。创新人才培养，与华东交通大学开启厅校合作人才培养新模式。交通监控指挥中心基本建成。

2014年度国家科学技术进步奖获奖项目

科技部门户网站 www.most.gov.cn 2015年01月09日　　来源：科技部

73	J-223-2-04	隧道与地下工程重大突涌水灾害治理关键技术及工程应用	李术才，张庆松，李利平，孙 亮，张春生，俞文生，路 为，仇文革，张 霄，崔金声	山东大学，交通运输部公路科学研究所，山东高速集团有限公司，中国水电顾问集团华东勘测设计研究院有限公司，西南交通大学，江西省高速公路投资集团有限责任公司，济宁浩珂矿业工程设备有限公司	山东省

《隧道与地下工程重大突涌水灾害治理关键技术及工程应用》获得国家科技进步二等奖

江西省交通运输厅与华东交通大学签署战略合作框架协议

绿色交通

新增清洁能源公交车 800 余辆

开展老旧营运车辆提前退出道路运输市场试点

加快绿色交通建设。试点开展老旧营运车辆提前退出道路运输市场，全年共淘汰和更新老旧营运车辆6000余辆，新增清洁能源公交车800余辆。大力推广发展甩挂运输，有4家企业成为全国公路甩挂运输试点企业；选定3家企业、7条线路启动长途客运接驳运输试点工作；积极推广GPS技术监控车速等8项综合节能成套技术，845辆营运客车实施节能技术改造，2.3万辆营运车辆安装GPS系统。实施昌樟高速改扩建绿色循环低碳主题性公路项目，庐山西海绿色安全交通示范工程顺利通过交通运输部验收，国省道大中修中实施了95.3千米沥青就地冷再生、19千米沥青就地热再生施工，绿色低碳公路建设理念得到推广。

高速公路进口启用机器自助发卡

采用 GPS 技术监控车速

召开沥青路面热再生技术推广现场会

党建工作

全厅党的群众路线教育实际活动总结会召开

巩固党的群众路线教育实践活动成果。对教育实践活动中查摆出来的“四风”突出问题逐条整改兑现，25项整改任务全部整改到位。开展贯彻落实中央八项规定监督检查，发现一起查处一起，全年查处问题23件，处理39人。开展科级及以下干部收送“红包”专项治理工作，主动上缴“红包”2.81万元。开展“吃空饷”问题专项整治，对清查出来的50名停薪留职人员按规定进行了处理。在省直部门首创交通工程建设项目巡察制度，对重点工程项目开展巡察，及早发现问题，发挥震慑作用。以严肃查办领导干部违纪违法、工程建设领域违规行为和交通执法中的腐败问题为重点，加大案件查办力度。全年共立案37件，处理55人。其中自办案件立案22件，含处级干部5件，科级干部12件，一般干部5件，处理29人。

厅党委举办党的十八届四中全会精神专题讲座

省交通运输厅召开重点工程建设项目巡察工作启动会议

行业文明建设

厅党委举办学习习近平总书记系列讲话精神研讨班

宜春市公路管理局吴雄生当选江西省十大法治人物

省高速集团开展志愿者服务活动

《中国高速公路建设实录　江西分册》编撰工作正式启动

加强干部队伍建设。严格执行新修订的《党政领导干部选拔任用条例》，优化厅属单位领导班子结构。

维护行业和谐稳定。运用法治思维和法治方式，创新交通建设工程农民工工资管理模式，实现全系统在建项目农民工工资“零拖欠”的做法，得到省委书记强卫同志充分肯定。着力推行重大决策、重大项目、重大改革事项社会稳定风险评估制度，得到中央维稳督导组、省委政法委和省维稳办的充分肯定。深化行业文明创建。积极培育和践行社会主义核心价值观，一大批文明单位、示范窗口和个人受到省、部表彰，涌现出敖志凡、柯胜锋等先进典型。省厅荣获省“十佳新闻发布单位”、政务微博获“最受欢迎奖”。

江西省交通运输厅交通史志编审委员会

《江西交通年鉴》编辑部

《江西交通年鉴(2015)》编辑分工

特　　载	邓振胜
专　　记	何战鏖
便　　览	邓振胜　何战鏖
大 事 记	彭益民
交通基础设施建设	陈海明
运输生产	邓振胜
科技　教育　卫生	彭益民
交通管理	黄自强
党群工作	何战鏖
市、县交通	游小荣(女)
交通统计资料	黄自强
人物、先进集体	彭益民
文献文件	彭益民
附　　录	何战鏖
彩色图片	王林水　游小荣(女)
索　　引	游小荣(女)
发　　行	游小荣(女)　王小旭

《江西交通年鉴(2015)》提供资料单位主审名单

（以姓氏笔画为序）

王江军	王继东	龙　骏	邝宏柱	刘维文
朱洪波	朱　晗	朱隆亮	吴伟明	吴步高
李　奇	李　坪	李星勇	来栋萍(女)	陈　峰
陈玉书	陆　萍(女)	邹记根	邹建福	张　洪
张建明	余力克	郭　昌	钟家毅	贺一军
胡建强	徐华德	谢元银	聂复生	黄　炬
黄伟钢	秦小辉	秦炜婷(女)	彭　瑜(女)	曾云谋
蔡建新	熊华武	熊昌军	廖　辉	糜向荣

《江西交通年鉴(2015)》提供资料单位主笔

（以姓氏笔画为序）

万海飙	王　硕(女)	王丽琴(女)	云　丽(女)	邓清华
叶　勇	艾年宗	马兰花(女)	刘　婷(女)	刘　晔
刘　晖	刘　勤	朱国英	江涛达	李　丹(女)
李发淳	李青峰	任金平	陈志光	陈　菁(女)
陈雪玲	陈根玲	吴　琛	吴泽水	余明华
杨　曦	杨淑芬(女)	周国祥	罗新民	钟恢万
赵　宇	荣　耀	饶品涵	饶梅香(女)	聂玉洁(女)
涂　强	徐勇新	高　梅(女)	龚仁平	龚莉萍(女)
崔建林	黄　云(女)	彭　磊	韩晓艺(女)	鲁德彪
蒋少全	虞德军	廖晓锋	颜卫民	

编　辑　说　明

一、《江西交通年鉴(2015)》是江西省交通运输厅交通史志编审委员会主持编修的第19卷省级交通年鉴。载录江西交通2014年1月1日至12月31日的资料。出版年鉴的宗旨是为江西交通建设服务,为社会了解江西交通提供信息。

二、本年鉴坚持实事求是的撰编原则。在充分反映成绩、经验的同时,对工作中的困难、问题和缺点也作了如实记述;同时注意时代特征、地方特色、行业特点;力求全面准确地展示交通系统广大干部职工在物质文明、精神文明、政治文明和生态文明建设中的成果和风貌;充分发挥信息密集、多功能的作用,满足多方面、多层次读者的需要。

三、本年鉴的体例采用分类编辑法,以交通专业分工立目,内容由特载、专记、便览、大事记、交通基础设施建设、运输生产、科技教育卫生、交通管理、党群工作、市县交通、交通统计资料、人物及先进集体、文献文件、附录和索引构成,并附彩页。

四、本年鉴文稿由省交通运输厅机关各处室、厅直属各单位、各设区市及县交通运输局提供,并经领导审核。条目文后括号内的人名或单位名为撰稿者。

五、本年鉴选录的统计资料,主要依据江西省交通运输厅规划处编印的《2014年江西省交通统计年鉴》,部分由交通运输厅直属单位和设区市交通运输局提供,统计口径不一的以厅规划处统计数字为准。

六、本年鉴对获省、部级以上奖励的先进个人设简介;对厅级以上的先进集体、先进个人列表记述。

七、本年鉴的计量单位、数字用法、语言文字等均依照国家现行有关规定执行。

目　　录

特　　载

专　　记

便　　览

大事记

交通基础设施建设

公路建设

高速公路建设

普通公路建设

国道

省道

城市道路

县乡公路

公路桥梁建设

公路养护

养护工程

公路绿化

灾害防治

港航建设

规划与勘察设计

站场(厂)房屋建设

运输生产

道路运输

运输企业

道路运价

道路旅客运输

道路货物运输

城市公共交通

水路运输

水路运输企业

交通附属工业

节能环保

科技　教育　卫生

科　技

信息工程

教　育

卫　生

学会　协会

交通管理

行政管理

政务管理

组织与人事

财务管理

交通内部审计

法治建设

交通战备

社会综合管理

公路交通管理

治理车辆超限超载

道路运输管理

城市客运管理

路政管理

交通基本建设管理

高速公路管理

安全与应急管理

水路安全管理

水路运输管理

船舶检验

港口管理

乡镇渡运管理

党群工作

党建工作

纪检监察工作

精神文明

工会工作

共青团工作

老龄工作

扶贫救灾工作

市、县交通运输

交通统计资料

人物　先进集体

人物简介

2014 年度全省交通运输系统先进个人

2014 年度全省交通运输系统先进集体

文件　文献

附　录

铁　路

民用航空

索　　引

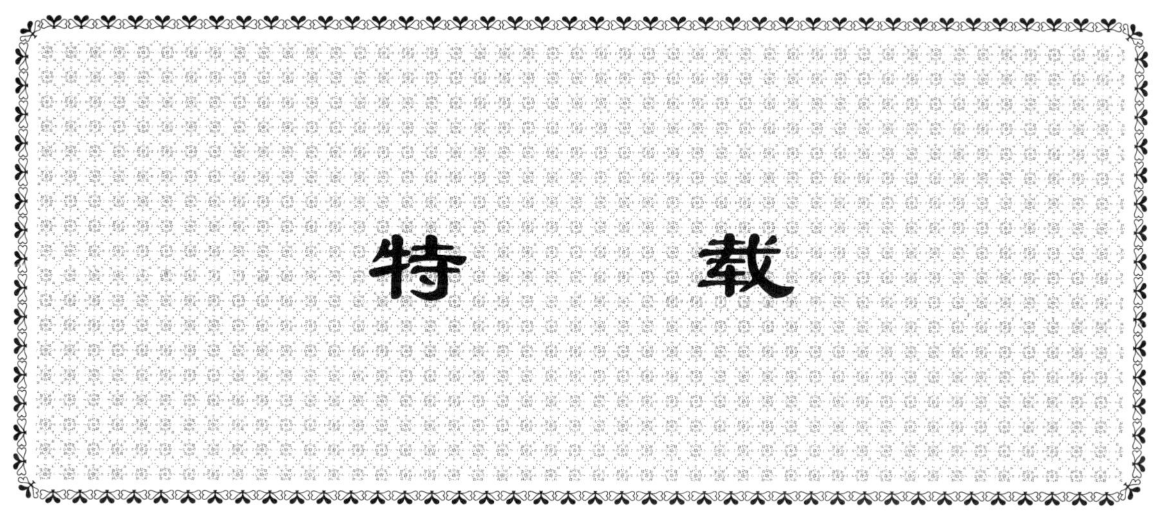

适应新常态　展现新作为 全面加快江西省交通运输事业升级提速步伐*

——在2015年全省交通运输工作会议上的讲话(摘录)

朱　希

(2015年1月25日)

2014年是贯彻落实党的十八届三中全会精神、全面深化改革的第一年,也是实施"十二五"规划的关键一年。在省委、省政府和交通运输部的正确领导下,全省交通运输系统坚持稳中求进、改革创新,认真落实"稳增长、促改革、调结构、惠民生、防风险"的决策部署,较好地完成了各项年度目标任务。一年来,主要做了以下工作:

(一)高速公路建设全面提速

全省交通运输系统坚持把加快高速公路重大

* 这是省交通运输厅党委书记、厅长朱希在全省交通运输工作会议上的讲话(摘录)

项目建设,作为稳增长的重要举措,自我加压,提早部署,扭住重点,加快推进。全年交通基础设施完成投资突破400亿元大关、达456亿元,同比增长28.5%。其中,高速公路建设完成投资271亿元,同比增长42.9%。

县县通高速公路目标如期实现。建成宜春至万载、九江绕城、萍乡至洪口界、都九高速星子至九江段、寻全高速安远至全南段5个项目180千米高速公路,通车里程达4515千米。随着万载、安远县实现高速公路通达,赣鄱大地翻开县县通高速公路的历史新篇章。

续建高速公路项目进展顺利。南昌至宁都、南昌至上栗、金溪至抚州、资溪花山界(赣闽界)至里木、昌樟改扩建工程、昌九高速改扩建通远试验段6个续建项目,按照时间节点稳步推进。昌樟改扩建项目头号控制性工程——药湖特大桥新桥高效优质建成通车。昌九高速改扩建通远试验段顺利实现老路幅交通转换至新建幅通行。

计划新开工项目基本落地。紧紧扭住建设用地、手续报批两大关键,加快推进2014年计划开工高速公路项目的前期工作。2014年12月26日,省政府召开新闻发布会,宣布上饶至万年、东乡至昌傅等12个项目823千米高速公路和九江长江大桥公路桥加固改造工程正式启动,标志着2016年底建成6000千米高速公路项目基本落地。

围绕高速公路建设提速,我们狠抓了以下几项工作:

积极争取部省支持。省委书记强卫、省长鹿心社就加快高速公路等交通基础设施建设作出重要批示,充分肯定高速公路建设对保持全省经济稳定发展的贡献。两位主要领导还亲自带队到交通运输部,争取部里对江西省交通运输发展的支持。省领导莫建成、周泽民、李贻煌多次听取交通运输工作汇报,深入一线视察指导,帮助解决实际问题。莫建成亲自到国家交战办跑用地指标;周泽民亲自跟广东省政府主要领导沟通对接加快两省高速公路建设事宜。在省委、省政府领导的高位推动下,省交通运输厅加强与部汇报衔接,切实将部里的支持落到实处。争取部里安排江西省车购税补助资金76.7亿元,同比增长70%。将江西省寻乌至全南、资溪至金溪(浒湾)、兴国至赣县、广昌至船顶隘(赣闽界)4个高速公路项目调整列入部"十二五"规划。同时,省财政还首次安排20亿元专项资金支持高速公路建设,支持力度前所未有。

落实建设用地指标。2014年底新开工建设的12个高速公路项目总占地面积近7333.3公顷,而全省一年的土地指标才1万公顷。面对这个严峻形势,我们不等不靠,积极作为,前盯后跟、既催又保,主动与省国土资源厅、林业厅等省直部门加强沟通、形成合力,争取国家用地指标3400公顷;加强与国家交战办对接,争取到交通战备公路用地指标1400公顷;加上进入国高网项目、优化项目设计解决用地指标2533.33公顷,基本解决项目建设用地指标问题。

筹措项目建设资金。创新融资方式,省高速集团完成融资首次突破400亿元,达486亿元,同比增长33%。深化银企合作,昌宁、昌栗项目争取到全省规模最大的166亿元银团贷款。深入开展高速公路通行秩序专项治理活动,偷逃通行费现象明显减少,全省高速公路通行费总额达141.17亿元,同比增长9.3%。拓宽资金筹措渠道,成立高速公路资产运营公司,衔接政策落实,盘活存量资产,挖掘现有潜力,千方百计筹集建设资金。激发民间投资活力,昌九高速改扩建工程被国家发改委列入首批向社会资本开放的示范项目,12个高速公路项目被列入全省向非国有资本开放示范项目。

提升建设管理水平。吉莲高速永莲隧道建设,地质复杂、方案周密、处置有方,实现贯通,实属不易,在去年11月4日右洞安全贯通后,2015年1月8日提前完成路面摊铺,全线通车。萍洪高速公路复工遗留问题复杂、征迁复杂、技术复杂,如期建成通车。昌樟改扩建保畅通、保施工两不误,并实现"两个提前":提前拆、炸20座跨线桥;厚田枢纽互通改造,由南向北绕道分流进南昌的车辆,原定分流两个月,实际只用23天就提前恢复正常通行。昌宁、昌栗、昌樟改扩建、萍洪高速公路项目被交通运输部评为平安工地示范工地创建项目。

(二)普通公路建设加快推进

普通国省干线公路建设养护迎来新机遇。省政府专门召开加强普通国省干线公路建设养护暨迎接全国干线公路养护管理检查动员会,出台《关于进一步加强"十二五"后两年普通国省干线公路建设与养护管理工作的通知》,为全面推进江西省普通国省干线公路建设和养护提供了政策支持。一是破解资金难题。省财政安排专项资金10亿元,市、县两级财政按照不低于地方财政预算收入总额的2.5%,支持普通国省干线公路建设与养护工作。二是建立以奖代补机制。在资金压力非常紧张的情况下,交通运输厅通过银行贷款融资50亿元,采取以奖代补方式用于全省普通国省干线公路建设与养护工作,改变以往撒胡椒面的做法。三是进一步明确各设区市政府普通国省干线公路建设养护的主体责任。四是保障建设用地需求。对达到一定规模的普通国省干线公路建设项目,第一次明确提出列入省重大项目调度会,由省级统筹解决用地指标问题。五是省政府在全省范围内全面部署开展治超工作。

普通公路建设迈出新步伐。完成国家公路网线位规划对接,江西省普通国道总里程达到7680千米,实现县县通国道。升级改造国省道443千米,实施路面大中修1589千米,完成安保工程899千米,完成危桥改造2327延米/24座。开工建设27个县级综合养护中心。开工建设8个国省道公路服务区,其中赣州、宜春和新余3地基本建成。围绕昌九一体化,安排补助资金9252万元支持昌九大道建设;围绕赣南等原中央苏区振兴发展、赣东赣西两翼齐飞发展,协同当地政府加快推进320国道上饶绕城、宜春绕城和319国道上栗绕城公路建设;加快推进S222宋水线罗溪至石镜、S314樟排线明月山至黄芽岭等4条国省道断头路项目前期工作。

农村公路建设取得新进展。全年完成新建、改建农村公路超过14000千米,完成农村公路危桥改造54座,实施农村公路安保工程400千米。累计建成104个乡镇农村公路综合服务站,完成12个农村客运站和480个农村候车亭(牌)建设。争取省政府出台了《关于加快全省农村公路危桥改造民生工程的实施意见》,全面启动农村公路危桥改造。

(三)交通运输服务能力稳步提升

加快客货运输设施建设。全省客货运站场建设完成投资11.8亿元,同比增长22%。宜春综合客运枢纽站投入运营;续建南昌、南昌西、上饶、抚州4个综合客运枢纽,吉安河西、井冈山经开区2个货运枢纽项目;新开工建设萍乡赣湘国际物流港、宜春开发区物流中心2个货运枢纽项目。内河水运建成万年港综合码头一期工程;稳步推进南昌龙头岗综合码头一期工程建设;赣江新干航电枢纽获国家发改委批复;加快推进南昌港樵舍货运码头、赣州港水西综合码头、赣江石虎塘—神岗山三级航道整治工程等项目前期工作;编制完成九江港彭泽港区红光作业区综合枢纽建设规划。

提升运输服务保障能力和水平。运输生产稳步增长。全年公路运输客运量、旅客周转量、货运量、货物周转量同比增长3%、2.9%、13.6%和8.6%。水路运输客运量、客运周转量、货运量、货物周转量同比增长36.5%、1.6%、5.6%和8.6%,南昌港、九江港完成的货物吞吐量同比增长33.1%和33.3%。认真执行鲜活农产品运输"绿色通道"和重大节假日小客车免费通行政策,全年减免通行费21亿元。大力推进电子不停车收费工作,累计建成ETC车道528条,ETC收费基本实现全覆盖;顺利加入全国ETC联网,赣通卡14省市一卡通行。大力推进12328服务监督电话建设,在全国率先开通省级服务热线,九江市率先开通市级服务热线。大力推进公路客运联网售票系统建设,全省18个一级客运站实现站间互售;启动部分二级客运站联网售票系统建设试点工作。大力推进"百姓满意服务区"、"星级服务区"创建活动,打造"温馨驿站"。国防交通动员保障有力,系统内一批单位和个人受到南京军区交通战备办表彰。

推进综合运输发展。大力推进客运"零换乘"。加强客运班线、公交线路与铁路、民航的配套衔接,九江、抚州、新余、景德镇、上饶等地开通至昌北机场的客运服务;南昌、宜春、新余、萍乡、抚州、上饶、鹰潭等地开通直达高铁车站公交线路,公路客运与铁路、民航实现"零换乘"。优先发展城市公共交通。加强对南昌市创建国家"公交都市"示范工程的指导;支持南昌市申报第二批城市公交智能化应用示范工程试点城市,获得交通运输部批准。组织对设区市政府2012、2013年度贯彻优先发展城市公共交通战略情况进行考核,开展公交满意度调查。南昌、宜春、萍乡、景德镇等地增加公交线路,提升公交品质。积极推进城乡客运一体化。继丰城、樟树之后,高安市全面实施城乡客运一体化,开通线路36条,多数票价降幅超过50%,百姓得到便利、实惠。

(四)交通运输改革积极推进

统筹抓好改革顶层设计。认真落实省委全面深化改革的决策部署,积极参与省委部署的13项改革事项,制定了《贯彻落实全面深化改革重大决策部署的实施意见》,部署了18项改革任务。根据省直管县(市)体制改革试点工作意见,研究制定了交通运输系统具体实施方案。

深化行政审批改革和法治部门建设。按照"该取消的取消、该下放的下放、该合并的合并"的要求,对原有审批事项进行了全面清理和整合,保留实施的省本级审批事项由42项精简为23项,精简比例达45%。向全社会公开了省交通运输厅行政审批事项目录清单和办事指南,积极推进权力清单、责任清单、负面清单和政务网"三单一网"工作。加快行业立法工作,《江西省公路条例》经起草、修改、完善,已向省政府法制办报审。选定瑞昌公路分局路政大队等13个单位开展"三基三化"试点。启动为期3年的全省交通运输行政执法人员轮训工作。规范行政执法行为,组织开展了全省交通公路执法专项整改工作"回头看",行政执法情况专项检查、行政执法评议考核等工作。

推进交通建设体制机制改革。积极推进交通重点工程领域制度改革。总结完善昌宁、昌栗高速公路电子化招标经验,在全国率先开展交通重点工程全过程电子招标工作,得到交通运输部的充分肯定。在2013年制定招投标、设计变更、信用评价、从业资质审查、高速公路连接线管理5项制度"管牢手脚,关住权力"的基础上,2014年又"重心下移,触角延伸",制定了施工分包、施工图审查、项目机构设置、项目机构考核评价、项目人员津补贴标准5项制度,得到省领导的充分肯定。深化项目管理体制机制改革。成立项目管理专门机构,统筹管理交通重点工程建设,做到项目建设前期工作、招标投标、财务管理、政治监察和工程技术管理"五统一"。经过向交通运输部积极争取,江西省成为全国公路建设管理体制改革试点省份之一。

(五)交通运输创新发展步伐加快

加快科技创新。成功申报公路长大桥梁建设技术及装备交通运输行业研发中心,这是目前江西省第一个全国交通运输行业的研发条件平台。组建江西省公路机电工程技术研究中心,提升江西省公路机电的竞争水平和创新能力。取得专利授权15项。省高速集团参与的以吉莲高速永莲隧道为依托工程的科技项目——《隧道与地下工程重大突涌水灾害治理关键技术及工程应用》获得国家科技进步二等奖。省交通科研院等单位主持完成的课题获得省科技进步二等奖2项、三等奖1项,中国公路学会科技进步三等奖4项。省公路学会积极组织学术交流,推动交通科技发展。创新人才培养,与华东交通大学开启厅校合作人才培养新模式。交通监控指挥中心基本建成。

加快绿色交通建设。试点开展老旧营运车辆提前退出道路运输市场,2014年共淘汰和更新老旧营运车辆6000余辆,新增清洁能源公交车800余辆。大力推广发展甩挂运输,有4户企业成为全国公路甩挂运输试点企业;选定3户企业、7条线路启动长途客运接驳运输试点工作;积极推广GPS技术监控车速等8项综合节能成套技术,845辆营运客车实施节能技术改造,2.3万辆营运车辆安装了GPS系统。实施了昌樟高速改扩建绿色循环低碳主题性公路项目,庐山西海绿色安全交通示范工程顺利通过交通运输部验收,国省道大中修中实施了95.3千米沥青就地冷再生、19千米沥青就地热再生施工,绿色低碳公路建设理念得到推广。

加快安全应急保障建设。着力抓好企业安全生产标准化建设。修订《江西省处置水上突发事件应急预案》,组织开展水上、公路隧道等应急演练,提升应急保障水平。深入开展安全隐患排查治理专项行动、打非治违和安全生产若干问题集中整治活动,深化水上交通安全"打非治违"、道路客运、危货运输安全生产、隧道安全隐患排查、油气输送管线安全排查、非法违规造船等专项治理行动,有力保障了全省交通运输安全生产形势稳定。道路旅客运输各项安全指标继续保持低位平稳态势,水上交通事故死亡人数连续6年控制在个位数,交通重点工程事故大大低于考核控制指标。

(六)党风廉政建设和行业文明建设切实加强

巩固教育实践活动成果。对教育实践活动中查摆出来的"四风"突出问题逐条整改兑现,25项整改任务全部整改到位。开展贯彻落实中央八项规定监督检查,发现一起查处一起,2014年查处问题23件,处理39人。开展科级及以下干部收送“红包”专项治理工作,主动上缴“红包”2.81万元。开展“吃空饷”问题专项整治,对清查出来的50名停薪留职人员按规定进行了处理。严厉整治了群众反映强烈的南昌西客站、昌北机场出租车经营市场秩序混乱等问题。

落实党风廉政建设“两个责任”。结合交通运输实际,厅党委出台《关于落实党风廉政建设党委主体责任和纪委监督责任实施办法(试行)》,将各个责任主体承担的责任具体化、明晰化。建立健全签字背书、约谈、廉政教育谈话和纪委加强对同级党委和班子成员的监督等制度。组织开展“党委书记谈主体责任”活动,积极引导全厅各级党组织履行党风廉政建设主体责任。组织百余名处级干部旁听原副厅长许润龙涉嫌滥用职权和受贿案件的公开庭审,近距离接受警示教育,并开展座谈讨论活动。在省直部门首创交通工程建设项目巡察制度,对重点工程项目开展巡察,及早发现问题,发挥震慑作用。以严肃查办领导干部违纪违法、工程建设领域违规行为和交通执法中的腐败问题为重点,加大案件查办力度。全年共立案37件,处理55人。其中自办案件立案22件,含处级干部5件,科级干部12件,一般干部5件,处理29人。查办案件工作在省直部门中位居前列。省纪委书记周泽民在参加交通运输厅党委班子民主生活会上,对厅领导班子、党风廉政建设和项目巡察工作给予了充分肯定。

加强干部队伍建设。严格执行新修订的《党政领导干部选拔任用条例》,优化厅属单位领导班子结构。修订《江西省交通运输厅领导干部交流工作规定》,有序推进干部跨地区、跨领域、跨部门交流,推进管人、管钱、管审批等关键岗位干部内部轮岗及跨部门交流。制定《江西省交通运输厅领导干部监督管理办法》,强化干部监督管理,营造风清气正的用人环境。加强干部教育培训,编制完成《2013～2017年干部教育培训规划》。

维护行业和谐稳定。运用法治思维和法治方式,创新交通建设工程农民工工资管理模式,实现全系统在建项目农民工工资“零拖欠”的做法,得到省委书记强卫充分肯定,称之为“是推动依法治省工作一个行之有效的实招、高招”;交通运输部通过简报向全国交通运输行业推广介绍。着力推行重大决策、重大项目、重大改革事项社会稳定风险评估制度,得到中央维稳督导组、省委政法委和省维稳办的充分肯定。深化行业文明创建。积极培育和践行社会主义核心价值观,一大批文明单位、示范窗口和个人受到省、部表彰,涌现出敖志凡、柯胜锋等先进典型。省交通运输厅荣获省“十佳新闻发布单位”、政务微博获“最受欢迎奖”。

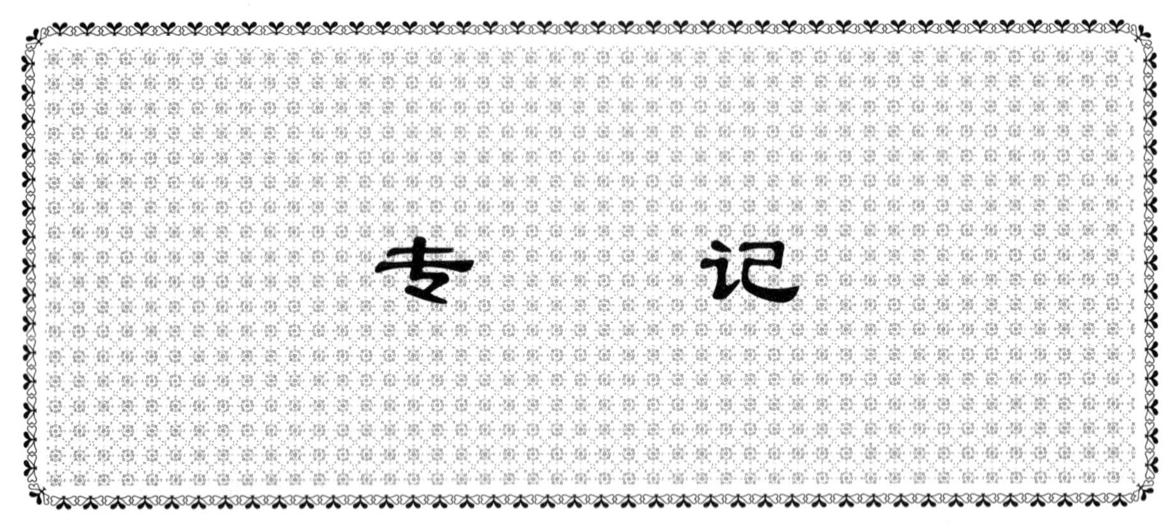

坚定从严治党 坚决正风肃纪为交通运输事业升级提速提供坚强的政治保障*

成 松

(2015 年 1 月 25 日)

2014 年,在省纪委和驻交通运输部纪检组的正确领导下,全省交通运输系统各级党组织和纪检监察部门,认真贯彻落实上级关于党风廉政建设和反腐败工作的决策部署,紧密结合交通运输行业实际,严格落实党风廉政建设“两个责任”,坚持不懈改进作风,坚定不移惩治腐败,将党风廉政建设和反腐败工作不断向前推进,为全省交通运输事业科学发展提供了强有力的政治保障。

(一)落实“两个责任”,统筹推进各项工作

明确工作任务。一是认真研究部署。厅党委多次召开党委会,研究落实党风廉政建设“两个责任”,进一步加强工作部署,注重压力传导,层

* 这是江西省交通运输厅纪委书记成松在全省交通运输系统廉政工作会议上的讲话(摘录)

层压实责任。二是制定实施办法。厅党委制定下发《关于落实党风廉政建设党委主体责任和纪委监督责任的实施办法(试行)》,紧密结合交通运输系统实际,将落实“两个责任”细化为72项具体工作任务,逐项明确了党委领导班子、党委主要负责人、党委班子成员履行主体责任和纪委履行监督责任的具体内容,明确了履责情况报告制度和签字背书制度等6个方面的落实保障措施。

严格抓好落实。落实主体责任方面,一是领导带头抓落实。厅党委主要领导全年共听取反腐倡廉工作汇报18次,作出批示12件。其他厅党委班子成员在推进业务工作的同时,切实抓紧了分管范围的党风廉政建设工作。二是强化意识抓落实。开展“党委书记谈主体责任”研讨活动,在江西交通信息网和《江西交通》杂志开辟专栏,刊发厅党委书记和厅直属各单位党委书记撰写的主体责任讨论文章,积极树立党委书记抓主体责任的意识。落实监督责任方面,一是严格“三转"抓落实。按照“转职能、转方式、转作风”工作要求,厅纪委退出9项议事协调机构,移交5项具体业务工作,将工作重心转向监督、执纪、问责,集中精力做好纪检监察主业。二是约谈督促抓落实。厅纪委书记对厅直属二级单位和重点工程建设项目办纪委书记进行了约谈,督促落实好监督责任:三是监督检查抓落实。对厅直属各单位落实“两个责任”情况进行监督检查,全年全厅各级共开展党风廉政建设监督检查150余次。

(二)保持高压态势,严肃查处违纪违法案件

全年共立案37件,处理55人,其中自办案件立案22件,处理29人,查办案件数量在省直单位位居前列。

一是严肃查处领导干部违纪违法案件。厅纪委自办案件中,含处级干部违纪违法案件5件,占案件总数的比例为22.7%。如对厅质监站原站长行贿受贿的问题进行立案调查,给予撤销党内职务和行政职务的处分。

二是严肃查处工程建设领域违纪违法案件。2014年查办的37件案件中,工程建设领域违纪违法案件22件,占案件总数的59.5%。

三是严肃查处交通行政执法案件。针对媒体曝光梨园治超站“黄牛”活动猖獗、内外勾结、间歇治超的问题,认真进行了调查处理。对该治超站原班子成员全免、中层全撤、职工全换,将涉嫌违法人员移交司法机关处理,并给予党纪政纪处分。

(三)坚持从严治党,持续深入抓好作风建设

开展明察暗访。加大落实中央八项规定明察暗访工作力度,省厅及直属单位全年共开展监督检查24次,暗访44次。

严惩违规行为。共查处违反中央八项规定问题24件,处理40人,通报16件。从违规问题性质上看,违反工作纪律和公车私用方面的问题较多,分别有12件和7件。从违规人员层级上看,处级干部1件,科级干部7件,科级以下16件,问题多发生在科级及以下人员中。

认真治理“红包”。开展了科级及以下干部收送“红包”专项治理,上缴金额2.81万元。要求干部职工牢固树立“当干部就不能收‘红包’,收‘红包’就要丢官帽”的意识。坚持在节假日期间等重要时间节点,加大监督检查工作力度。查处了3人收受月饼礼券的行为,并予以通报。

(四)注重教育引导,努力筑牢反腐思想防线

旁听庭审警示教育。6月份,组织厅直属各单位、各重点工程建设项目办和厅机关各处室的百名处级干部。旁听了原副厅长许润龙涉嫌滥用职权和受贿案件的公开庭审,近距离接受警示教育。6月26日出版的中国纪检监察报在头版进行了报道。

座谈讨论剖析案件。根据省委常委、省纪委书记周泽民的指示,在全厅范围内组织开展了原副厅长许润龙等腐败案件座谈讨论活动,参加座谈人员10220人次,撰写心得体会10000余篇。该项活动得到了省委、省政府主要领导的批示肯定,8月25日出版的中国纪检监察报再次进行了报道。此外,省厅还专门对全系统近年来处级以上干部违纪违法案件进行调查研究,正在撰写许润龙、邓经国及其他处级干部腐败案件的剖析材料。省高速集团以查处的高速公路建设领域腐败案件为例,编印了《江西高速公路重点工程建设反腐败案件警示录》,得到了驻交通运输部纪检组的肯定。

(五)严格制度建设,努力规范各项权力运行

围绕交通工程建设和干部选拔任用方面存在的廉政风险,会同相关职能部门,加强制度建设,做到触角延伸、重心下移,努力规范交通运输权力运行。如,制定《江西省公路水运工程项目建设

单位机构设置及人员配备管理办法》《江西省交通运输厅厅管省重点工程工作人员津补贴管理办法》《江西省高速公路项目建设管理机构考核评价办法》《江西省公路工程施工分包管理实施细则》《江西省公路施工图审查管理办法》和《江西省交通运输厅领导干部交流工作规定》等制度,努力加强项目建设管理水平,积极规避廉政风险。

(六)试行项目巡察,加大工程建设监管力度

2014年7月,经厅党委研究批准,省厅成立了重点工程项目巡察组,探索新的监管方式,成效初显。到2014年年底,共对8个交通工程项目进行了2轮巡察。巡察中,组织召开各类会议87次,张贴公告270份,发放民主测评512份,发放工作联系卡1100张,与200名相关人员进行了个别谈话。通过开展巡察,发现了工程建设领域存在的9个方面的问题。厅纪委及有关部门对巡察发现的问题及时进行调查并作出处理。如,查实某项目办代建单位1名领导干部,安排7名亲友到项目办工作的问题,对部分人员的工作岗位进行了调整。

回顾一年来的工作,尽管全省交通运输取得了一定的成绩,但也要清醒地认识到,当前,交通运输行业始终是反腐倡廉工作及社会关注的热点和重点,全系统党风廉政建设和反腐败工作具备艰巨性和长期性的特点。与上级的要求和群众的期待、与全面深化改革和全面推进依法行政的要求相比,我们的工作还存在一定的差距。如,有的单位落实"两个责任"不深不实,尚未完全建立有效管用的工作机制;有的单位和党员干部在作风方面仍然认识不够到位、落实不够坚决;工程建设领域腐败现象易发多发势头也还未得到根本遏制;个别部门行政执法不规范的情况仍然存在;有的纪检监察机构职责不清、主业不明、人员不齐、执纪不力,个别纪检监察干部还存在自身不硬、作风不实、能力不足等问题,与落实"三转"要求相比,还有一定的差距,这些都需要引起高度重视。交通职工要保持清醒的头脑,正视存在的困难和不足,明确目标任务,认真加以研究解决。

提升能力　创新管理
为全省交通运输事业升级提速护航*

胡钊芳

(2015年1月25日)

2014年,全省交通运输系统广大干部职工深入学习贯彻中共十八大、十八届三中全会和全国、全省交通工作会议精神,在厅党委的正确领导下,始终坚持"安全第一、预防为主、综合治理"安全生产工作方针,以"平安交通"建设为主线,以交通运输安全生产若干问题集中整治为重点,以各种专项整治行动为抓手,出实招、用硬招、抓落实、求实效,在全省交通运输发展任务十分繁重、安全生产工作面临诸多挑战的严峻形势下,保持了全省交通运输安全生产的稳定态势,体现在"四个持续稳定,三个连续保持"。

四个持续稳定:一是道路旅客运输安全生产形势持续稳定。全年共发生营运客车交通事故19起,其中2起死亡3人的较大事故,未发生死亡10人及以上重特大事故,事故造成27人死亡,60人受伤,保持了低位平稳态势。二是水上交通安全生产形势持续稳定。全年共发生水上交通事故2起,死亡3人,占省安委会下达全厅安全控制考核指标的37.5%。未发生渡运和远洋运输事故。三是交通重点工程建设安全形势持续稳定。

* 这是江西省交通运输厅总工程师胡钊芳在全省交通运输安全生产工作会议上的讲话(摘录)

全年共发生生产安全事故3起,造成3人死亡,占省安委会下达交通运输厅安全控制考核指标的16.7%。四是重大节假日和重要时段安全生产形势持续稳定,没有发生安全生产责任事故。

三个连续保持:一是水上交通事故死亡人数连续6年控制在个位数且连续4年控制在5人以下;二是道路旅客运输事故死亡人数连续8年控制在100人以内且连续4年未发生10人及以上重特大事故;三是水上交通和交通工程建设安全指标连续多年控制在省安委会的考核控制指标范围内。

2014年的工作主要体现在"两个着力加强,两个大力推进,两个全力开展"六个方面,即着力加强安全生产制度建设和能力建设,大力推进"平安交通"建设和交通运输企业安全生产标准化建设.全力开展安全生产集中整治和突发事件应急处置。

(一)着力加强制度建设,安全职责得到进一步明确。

省厅联合省安监局印发了《进一步明确港口危险化学品安全监管职责分工的通知》,明确了交通部门和安监部门港口危险化学品的安全监管范围和职责。相继完成了《江西省交通运输安全生产年度目标管理考核制度》《江西省交通运输厅安全生产重点监管名单管理实施细则》《江西省交通运输安全应急专家管理制度》《江西省处置水上突发事件应急预案》等安全生产管理制度、预案的制定或修订工作,转发落实了《江西省安全生产"党政同责、一岗双责"暂行规定》。

(二)着力加强能力建设,安全素质得到进一步提高。

安全生产的持续稳定关键在于从业人员安全素质的持续提高,为此,我们高度重视并做好了三方面的工作。

首先,高度重视宣传教育。一年来,全省各级交通运输部门结合安全生产各专项活动以及日常工作,深入开展安全生产宣传教育活动。"安全生产月"活动形式多样、内容丰富。质监部门制作了《一线作业人员岗前安全培训幻灯片》和"事故案例分析"供一线作业人员观看学习。港航部门联合教育部门在中小学开展了"水上平安交通、安全伴我成长"为主题的"水上交通安全知识进校园"活动。

其次,高度重视应急演练。省厅分别与新余市人民政府、景德镇市人民政府联合举办了水上突发事件、高速公路隧道危化品车辆火灾事故等应急演练。各基层单位也纷纷开展了铲冰除雪、火灾事故、隧道排险等应急演练。

第三,高度重视专题培训。为了提高全省交通运输系统安全生产监管干部的专业素质,同时做好新修订《安全生产法》的学习、宣传和贯彻,省厅先后举办了2期专题培训班,培训安全应急管理骨干300余人次,收到了良好的培训效果。

(三)大力推进"平安交通"建设,平安理念得到进一步强化。

积极推进"平安交通"建设,印发了《2014年江西省交通运输系统"平安交通"工作计划》、《公路水运工程"平安工地"考核评价工作实施细则》,研究草拟了"平安公路"、"平安工地"等七大项21类"平安交通"建设标准指南。宜春市交通运输局成为全国"平安交通"建设试点单位。深入开展了"平安工地"创建及考核评价工作,九江长江二桥和井睦高速2个项目被交通运输部和国家安监总局联合冠名为2013年度公路水运建设项目"平安工程";昌宁、昌樟改扩建等4个项目被评为第四批部级"平安工地"示范创建项目。全省各级交通运输管理部门结合实际,开展了形式多样的"平安交通"创建活动,进一步强化了从业人员"平安交通"的理念。

(四)大力推进标准化建设,安全基础得到进一步夯实。

为推进企业安全生产标准化建设,省厅建立了工作月报制度和情况通报制度,加强对各设区市及评审组织单位标准化建设工作的督导,在6月底前基本完成了客运企业和危货运输企业的达标考评工作。结合本省实际,编制了14个类别的《交通运输企业安全生产标准化达标考评评分细则》;举办了1期城市客运考评员培训班,培训考评员130人,并且新认定了2家二级考评机构;全面铺开了交通运输企业的达标考评工作。到2014年底,全省实施考评企业7 14家,颁发达标证书543张。

(五)全力开展集中整治,安全环境得到进一步净化。

根据交通运输部和省安委会的安排和部署,全省交通运输系统自8月下旬开始,全力以赴开展了为期四个多月的安全生产若干问题集中整治活动。集中整治活动在时间上不留缝隙,在空间上不留死角,呈现了三个前所未有的特点即领导重视前所未有、整治力度前所未有、活动效果前所未有。厅主要领导亲自挂帅集中整治工作,先后召开了四次电视电话会议进行部署,建立了信息报送、情况通报、半月例会调度等三项制度,组织开展了一系列安全专项治理行动,出实招、用硬招,始终保持了高压严管的工作态势,取得了三方面的突出成果。

“打非治违”成果丰硕。四个多月来,全省海事、运政等执法部门,累计出动执法人员 1588 1人次,深入交通运输生产经营第一线,查处水上非法经营行为 323 起,各类违法营运车辆 775 辆,注销了一批危货运输企业及车辆,对质量安全隐患较突出的 4 个建设项目、6 家施工企业、7 个施工标段进行了全省通报和相应处罚,严格追究了相关单位及人员的责任。

隐患排查和治理成绩突出。全省交通运输系统各行业、各单位,采用自查与检查相结合、明察与暗访相结合的方式,全面开展拉网式安全生产隐患大排查,对安全隐患零容忍。全省 220 座运营公路隧道的隐患排查工作已全面结束,正在按计划有序实施隐患整改。高速公路管理部门迄今已累计投入 11510 万元对隧道机电类安全隐患、标志标线隐患、护栏及隔离栅隐患进行整治。在建桥梁和隧道排查出安全隐患 229 项,投入整治资金 761.56 万元。完成了 2727 辆液体危险货物运输罐车紧急切断装置加装工作,进一步强化危险货物运输车辆联网联控的接入管理,危险货物运输车辆 GPS 平均周上线率提升了 22 个百分点。

安全监管长效机制日臻完善。集中整治期间,全省交通运输系统各单位,坚持一手抓打击整改,一手抓建章立制。公路部门建立了网上审核备案制度,严把公路建设市场准入关。运管部门设立了曝光台,先后公开曝光四批次超速在全省前十名的车辆 66 辆,涉及企业 44 家;强化凌晨 2 时至 5 时营运车辆的监管措施;停止了 800 千米以上的客运班线和卧铺客车的审批。质监部门完善落实了项目通车前交通管制措施,确保了年内通车项目安全生产形势的稳定。

(六)全力做好应急处置,安全畅通得到进一步保障。

全力以赴做好了冰雪天气应急处置。2014 年 2 月上旬全省遭遇雨雪冰冻天气侵袭,全省大部分地区雪情和冰冻较为严重,厅主要领导率领班子成员以及相关单位和部门负责人轮流坐镇厅应急指挥中心调度指挥,及时向省委省政府汇报公路冰冻情况及采取的应对措施。省高速集团启动抗冰雪应急响应,昼夜奋战,确保了全省高速公路基本畅通。

全力以赴做好了汛期和台风期间的应急处置。针对汛期可能出现的情况、我们早研判、早部署、早检查、早预防。汛期前,协调九江长江二桥项目办整改重点隐患一处。汛期中,启动汛期值班值守工作,随时应对处置突发事件。2014 年 7 月,经过连续六昼夜奋战,成功处置福银高速德安乌石门路段山体滑坡的突发事件,及时抢通了“大动脉”。

2014 年的各项工作刚刚结束,2015 年的各项工作又拉开了帷幕。雄关漫道真如铁,而今迈步从头越,我们又站在新的起跑线上,这是由安全生产工作的复杂性、长期性和艰巨性特点所决定的。2014 年的陕西 3.1、湖南 7.19、西藏 8.9 等重特大道路交通事故再三警示我们,交通运输安全生产形势依然十分严峻。一是从业人员的安全生产意识不强。安全生产对于有些人来说仍然是“说起来重要、做起来次要、忙起来不要”,安全生产意识还没有真正地入脑入心,违章指挥、违章操作、违法生产经营行为时有发生:二是企业的主体责任还没有得到完全落实。一些企业尤其是中小企业重效益、轻安全,安全投入不足、侥幸心理严重;三是安全生产监管体制机制不够顺畅。交通运输行业是个条管和块管交叉的行业,各方面如何搞好工作协调和配合、形成监管合力,还有待于进一步研究和探讨;四是行业监管力量薄弱。监管队伍人员少、装备差,与繁重的监管任务不相匹配。至今,仍有个别单位和个别设区市交通运输局没有设置专门的安全生产监督管理部门,安全生产经费得不到充分保障;五是基层基础不够牢固。交通运输行业准入门槛低,运输工具流动性大,运输企业弱、小、散特点明显,责任承包、挂靠经营等经营方式还在一定范围存在,安全生产基础薄弱,安全管理难度大;六是随着交通运输方式的不断发展和进步.交通运输工具呈现多样化、大型化、现代化和快速化,潜在的安全风险也越来越大;七是自然灾害和非传统因素带来的安全压力日渐加大。地震、暴雨、洪水、冰雪、干旱等自然灾害越来越频繁，爆炸、纵火等人祸甚至是恐怖袭击事件带来了更大的管理压力。希望交通运输职工们务必保持清醒认识、务必引起高度重视、务必做到谦虚谨慎，永远不要说大话，永远不要吹牛皮，永远不要松口气，始终对安全生产工作保持一颗敬畏之心。

《江西省志·交通运输志(1991—2010)》暨《江西交通年鉴(2015)》审稿会议于2015年11月24日—25日在南昌召开

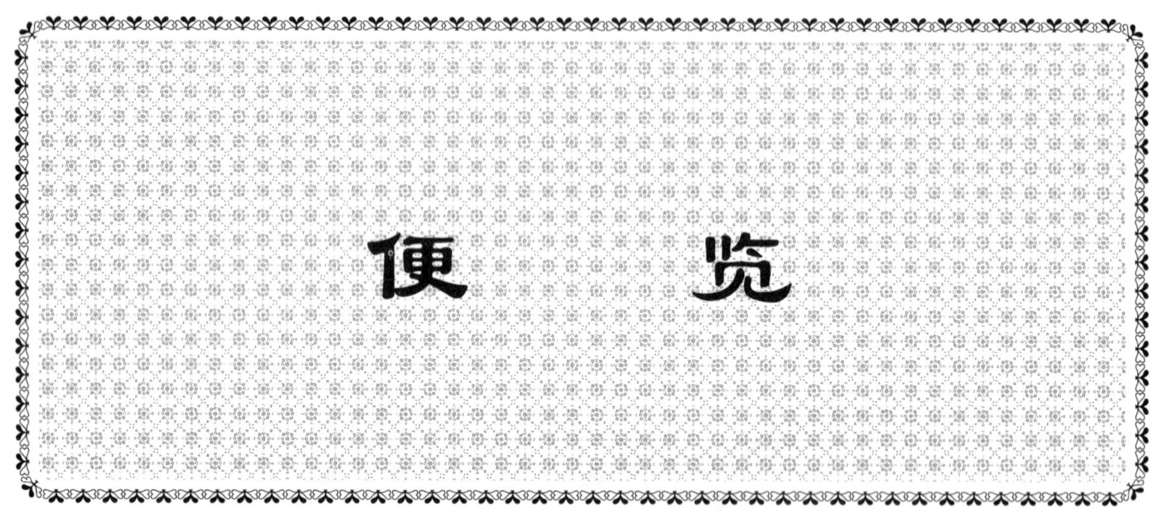

历 史

【江西驿运在抗日战争中重新兴起】 江西驿运始于东周,经历朝历代,有陆驿,并有水驿,设施齐备,机构完整,制度健全,驿路如网,人员庞大,运输工具品种繁多。陆路,人力畜力运输相当普遍;水路,大小木帆船承担着漕运驿运任务。直至清末,1861年,外轮侵入,传统的驿运逐渐被取代。

1906年,清廷成立邮电部,掌管全国铁路、邮电及水陆运输,驿站基本消失。

抗日战争時期,江西北部地区被日军占领,北出长江的航线被阻,浙赣铁路以及许多公路被破坏。江西境内驻有第三战区和第九战区的部队,分别在赣东和赣西北与日军形成对峙。国民党江西省政府为了保障物资的运输,在水运不能直达、汽车运力不足的情况下,于是重新起用驿运这一古老运输方式。

1940年10月1日,由原江西省船舶总队部、汽车总队部、第三战区水陆联运处、江西省工商管理处战时贸易运输组等单位合并组成的江西省驿运管理处成立。接收了江西省工商管理处战时贸易运输组的汽车50辆、人力车160余辆、轮船13艘、班船10艘、帆船50艘,以后又陆续添置了一些手推车、马车和船只。据『江西经济史』记载,1940年江西全省共有木帆船近10000艘,而行驶于赣江和章贡驿运航线的木帆船多达5428艘,成為战时的重要运输力量。

当时江西省军政机关设在泰和,各种工厂又多在赣江两岸,为此驿运线路以赣江和信江为主干线,在章贡、抚河、饶河、袁河、鄱阳湖东部等地方开辟支线,至1942年时共有驿运线近70条遍及江西东、西、南部地区。

江西驿运管理处成立后,江西的物资运输都由其组织运输。其时驿运量很大,东部地区例如运往第三战区的军粮、军服,是由广丰提供,数目很大;浙江供应江西的食盐,由信江、抚河运往全省各地;广丰烟叶、乐平的煤炭、景德镇的陶瓷等物资运输量也很大。南部地区运输的主要货种,是福建、广东运进江西的食盐,以及赣南钨、锡出口,和江西接济广东的粮食。西部地区除大量的粮食运输和食盐运输外,主要是各工厂需要的原材料运进和产品输出。抗战期间,江西征购的稻谷700万石,除提供军米200万石外,接济其他省份的粮食达80万石;而全省输入的最少的年销量也达到92万石。除此之外,在抗战交通运输比较困难的情况下,驿运管理处还开展了以轮船、帆船、马车为运输工具的旅客运输。轮船客运主要设在赣江航线,樟树至吉安、吉安至泰和、吉安至赣县等,沿途停靠,方便旅客;鄱阳至皇岗、乐平、黄金埠也设有轮船客班,浙江、安徽与江西南部、西部之间的旅客往来大多经过鄱阳一带中转;帆船客班则在赣江、袁河、贡水、信江、饶河开辟了12条航线;马车客运则设在泰和至上田村之间。

抗日战争时期的驿运,除了完成军供民用外,火线上的运输也不少。临时抢运,应付紧急军情也是一个重要方面。1941年3月日军以40000余兵力、100架飞机进攻高安、上高。上高的锦江石桥被炸毁,中国军队运输线一时被切断,此时中共江西省委领导下的地下党组织立即发动船民和船工用木帆船架浮桥,造成火线上的钢铁运输线,使后方的粮食、弹药得以源源不断运往前沿阵地,保证了抗战需要。1942年5月,日军发动浙赣会战,用3个兵团的兵力侵占了鄱阳、上饶至临川一线的18个县、镇。在这次战役之初,为了防止临敌地区物资被掠夺,江西省驿运管理处组织船只抢运。在鹰潭及其附近,每天征船100余艘,而赣江参加运输的帆船达5000余艘,这些船只从樟树、丰城抢运的粮食、煤炭达1.9万吨。

九江沦陷后,江西北出长江的通道被阻断,浙赣铁路、九江至南昌铁路亦已切断,驿运在打通省内外通道上起着十分的重要作用,当时赣港(香港)、赣湘、赣闽、赣浙4条线路运输,除部分由公路运输和水运外,大部分都走由人力和畜力运输。

有一楹联云:犹闻驿道萧萧,扬鞭古韵轻骑远;最喜豫章灿灿,运振新机胜景开。承接古驿运的便利和艰辛,展开现代交通的辉煌兼舒适,由衷快慰和喜悦。

(凌景坡)

地　理

【道教祖庭药都祖山——阁皂山】　阁皂山(又称阁皀山、葛岭)在江西省樟树市东南20千米,属武夷山西延之支脉。旧云周回绵亘二百余里,边缘跨乐安、新干、丰城三县市,号称清江碧嶂。因山形如云天阁楼,峰峦叠出,山中林木苍郁,如同墨染,因而得名“阁皂”,取其“形阁色皂”之意。

宋杨申《阁皂山景德观记》云:“距清江郡(今樟树市临江镇)五十里,有山曰阁皁,方广严丽,如天一阁,望之宏远,其色为然。此名也,唐仪凤中,道士孙道冲请于朝廷,命以赐之。”元吴澄作《阁皁辩》,谓古无皁字,白下屈十为七,则愈不成字,当为阁漕,而阁为合之借字。却不知阁皁之正式命名仅自初唐始。而皁字汉时便已通行,如皁白、皁荚、皁巾、皁衣、皁囊、皁盖,皆是。皂字亦见于《汉书．谷永传》、蔡邕《独断》等,音义与皁同。故其说虽辩,人亦不从。此山东有太极,西有挂壁,南有凌云,北有丁仙,四峰耸峙四境,故其形如阁。中为骆驼峰,巍然如神,崇真宫即设此峰南麓。皂,斗栎实,可染黑,故黑色亦称皂。世言草木之色,或绿,或青,或苍,皆相近似。若深青则近黑,苍即深青色,又老也。稍加夸饰以形容山中古木之繁茂,色即为黑,称之为皂,犹绿又称碧,青又称翠,正合此山之特色。故陶弼诗云:“阴阳不似众山青。”又云:“数曲人间水墨屏。”

又:阁,古书几皆作阁。阁,《尔雅．释宫》:“橛谓之杙……长者谓之阁。”《说文》:“所以止扉者。”释者纷纭,当即长门杠。段注:“闭门乃用之。”后用为楼阁之阁,故《玉篇》云:“楼也,扬雄校书于天禄阁。”《木兰诗》:“开我东阁门,坐我西阁床。”古义久已渐失。阁,《尔雅．释宫》:“小闺谓之阁。”《说文》:“门旁户。”阁阁音亦不同,以同母而在楼阁之义上相通。此山之名,当以作阁为胜。然唐宋已混用,今人皆作阁,亦读为阁(gé).皂,古书多作皁 ,皂为皁之俗字。《现代汉语词典》已用皂为正字,皁为异体。皂白下从七,不从匕。皀为另一个字,久已罕用。今不论录用何书原作何字,皆从今从俗作阁皂,以划一之。

阁皂山以道教圣地而著称于世。相传道教创始人张陵,在约公元90~126年之间,曾到过阁皂山修炼,立坛于阁皂山西峰之西坑挂壁峰,俗称“天师坛”。道书谓汉建安中,葛玄曾到阁皂山,乃登东(巘)高峰之上而望焉。曰:“形阁色皂,土良水情,此真仙人之住宅,吾金丹之地得之矣。”遂于东峰建坛,祭炼多年。后虽离去,吴嘉禾二年

(233)复回,于东峰之侧建卧云庵,筑坛立灶居其中,修炼九转金丹。赤乌七年(244)八月十五飞升(据《真仙通鉴》),一云尸解(《神仙传》)。是时蒙太上老君封为太极左宫仙公。又传说晋真人丁令威亦曾在此修炼,但尤以葛仙公至遗迹为多。

唐道士杜光庭著《洞天福地岳渎名山记》,谓天下有七十二福地,阁皂山居第三十三,在吉州新淦县。其自序谓本诸《龟山玉经》,今不悉何时为何人所著,是否假托,亦未可知。阁皂旧隶吉州新淦县,宋太淳化三年(992)建临江军,乃属清江县。新中国成立后县治迁樟树镇,1988年撤县改为樟树市。

樟树号称药都,而以阁皂为其祖山。盖葛玄尤长于治病,其侄孙葛洪传其衣钵,道学与医学并精,传亦曾为阁皂。阁皂天然药物众多,加以人工培植,曾多达百余种。今又辟有百草园,详见《名胜补》。

从樟树驱车往东,大约20多分钟,就可到阁山脚下的鹅溪,小溪上有一座不过七八米长的小桥,相传当年葛仙翁曾在这里迎接前来磋商医学、探求道学的各路神仙道长,故名"接仙桥"。"仙桥重会几百载,云庵一卧三千春"。跨过这座貌不惊人却名气不小的接仙桥,迎面是一座新建仿古牌楼的山门,四柱二空,飞檐覆盖。南面上方正中,金书"阁皂山"三字,进山后,倘能弃车步行,向左拐入一条林间小道,即可看见绿荫深处,掩映着一座青石牌坊,门字形,高7.17米,宽4.32米,正面上方清晰可见"一天门"三个大字,背面刻写着"二十二福地",两边八角柱阴刻楹联,上联为"漫没重修,磨洗前朝还胜迹",下联为"灵奇再辟,指挥幽壑认玄关",书法清秀端庄,这是古代人入山之门。山门下面这条通道,为宋代御修路,路面竖砌砖花,角砖锁齿缘边,路宽4尺有余,经千年风吹雨打,脚踏车磨,虽路面斑驳缺损,仍见当年之风采,引发思古之幽情。穿过一天门,就能听到流泉轰鸣。溯流而上,可到"鸣水桥"。鸣水桥跨飞泉瀑布,连两岸青山,桥底洞壁两侧,分别赫然刻写着:"大宋政和元年辛卯岁阁皂山道众化缘信"和"人财物建此石桥至四年冬至日毕工谨题",字大如斗,遒劲有力。桥头靠公路边,竖立着江西省重点文物保护单位标志。鸣水桥与庐山"观音桥"是江西省目前仅存的两座宋代桥。鸣水桥长7.3米,宽6.8米,桥面方石铺砌,两侧设有石栏。桥上曾有台亭,还有"鸣扬万壑,水击千岩磅礴"和"水流激石如飞雪,树影连山欲化云"的对联,气势磅礴,脍炙人口。明人徐颖曾咏叹此景:"露盘直泻上池水,玉柱高摇碧落烟。雁荡匡庐甲天下,无人来看第三泉"。

过鸣水桥一百多米,可见碧湖之滨,长堤之上,有17株古松一字排开,形如一行香烛,遥对大万寿宫门庭,故称"照门松",相传一千七百多年前,晋真人丁令威入山时插松枝当香烛以表虔敬,竟然成活,长成今日参天大树,实是山中一大景观。过不多远,是两棵连理的姐妹"引路松",再往前行,就到了阁山的"牯岭",有一条小小的街市,西头有"大万寿崇真宫",为1991年重建,由正殿、厢房和庭院组成,重门深院,坐北朝南,飞檐高脊,彩壁丹栋,红墙琉瓦,气势恢宏。殿中供奉太极仙公葛玄、天师道始张道陵与真君许逊塑像三尊。北边有道德宫,坐落在骆驼峰南麓。据传,朱熹曾两次登临阁山在此讲学,因朱熹别名紫阳,古人又称此地为紫阳书院,后改为阁山招待所。仅留宫前庭院,院内尚存金桂、银桂和四季桂共4株,四季飘香。院内有一古树,腰围近3米,高数十米,为就是相传朱熹讲学时所栽种的银杏树,至今有800多年的历史,院内还有紫荆、腊梅、芙蓉以及罗汉松等名贵花木,尤其是盛夏到此,清风徐来,爽心沁脾,实是避暑消炎之圣地。朱熹有《崇真宫》诗云:"磴道千寻风满林,洞门无锁下秋……紫台凤去天关远,丹井龙归地轴深。野老寻真浑有意,道人谢客亦何心。一尊底处酬佳节,俯仰山林概古今。"

阁皂山名胜古迹和神话传说甚多,且不少与葛玄有关。如"卧云庵"为葛玄登仙之处,"著衣台"乃葛玄披摩之处,捣药臼"丹井"传说为葛玄当年捣药炼丹时所用。登临阁山,还可以去"五老峰"赏景,到"九龙洞"品泉,临"放生地"考究颜真卿书法,登"风车口"远眺药都樟树和滔滔赣江的新貌雄姿。

2001年阁皂山被评为国家森林公园,占地面积6860公顷,森林覆盖面积达83.4%,境内有国家文物保护单位鸣水桥、江西省文物保护单位一天门、大万寿崇真宫、照门松、紫阳书院、百草园等文化胜迹,2008年获批国家AA级景区。2004年6月,聘请江西师范大学等单位编制完成《樟树市阁皂山旅游区控制性详细规划》,2005年1月通过评审。主要依托阁皂山深厚的道教文化底蕴、绝佳的生态环境和山水灵气,将阁皂山建设成为樟树市的龙头景区、全国一流的养生保健旅游、宗教旅游、生态旅游、疗养旅游的著名旅游区。

2011 年 10 月 11 日,总投资 1.1 亿元,全长 23 千米的樟树市葛玄路拓宽改造工程全面完工并通车,这是樟树市首条旅游公路。葛玄路是通往国家级森林公园、道教名山阁皂山的重要旅游公路。该路拓宽改造工程按照超二级公路技术标准进行,设计行车速度 80 千米/小时,路基宽 18 米,路面宽 15 米。新的葛玄路将沿线的龙溪河湿地公园、仁和"863"工业园、新恒基盐泉养生天堂、四特"两城"、通慧寺、梦湖、阁皂山等 7 个景区连成一片,也为樟树打造了一条集药、酒、盐、古、道、闲于一体的特色旅游线路。葛玄路的建成通车,对加快樟树市旅游业发展,推进"生态立市、旅游兴市"的战略,具有十分重要的意义。樟树城区通往阁皂山景区的二级旅游公路葛玄路正式通车,给沿线群众带来了无限商机。如今阁山镇、店下镇已建成 50 多个乡村旅游点,年接待游客 5 万多人次。如阁山镇三层楼村刘毫根开办的农家乐最初年收入 1.2 万元,葛玄路通车后游客大增,现在刘毫根的年收入不下 4 万元。

2015 年 1 月,经过四年多建设, 樟树市投资 6.8 亿元建设的阁皂山旅游开发项目一期景点全部建成,正式开始营业接待游客。樟树市阁皂山景区是按照国家 4A 级景区标准建设,该项目占地面积 45.33 公顷,距离樟树市市区 23 千米,属于省重大调度项目,该项目依托药文化、古文化和道教文化,打造休闲养生度假区。项目主要由景观引导区、药王古街养生休闲区、大万寿崇真宫浏览区、悟道修性养生苑和梦湖养生运动休闲度假区等景区组成。旨在打造集自然环境、园林景观、中国医学、休闲度假、旅游观光等于一体的景区,主题定位为神秘的道教祖庭、古老的药都祖山、神奇的养生福地,全年游客容量达到 15 万人次以上。

(杨 波)

【经济】

2014 年,江西省国民生产总值 15708.59 亿元,比上年增长 9.7%。

其中第一产业 1683.72 亿元,比上年增长 4.7%,第二产业 8388.26 亿元比上年增长 11.1%,第三产业 5636.61 亿元,比上年增长 8.8%。全省财政总收入 2680.96 亿元,比上年增长 13.7%,财政支出 3882.70 亿元,比上年增长 11.9%。农业总产值 2726.54 亿元,比上年增长 4.8%。

2014 年,全省规模以上工业增加值 6833.70 亿元,比上年增长 11.8%。主要产品产量:化学纤维 45.94 万吨,比上年增长 9.4%,布匹 96761 万米,比上年增长 21.4%,机制纸 154.52 万吨,比上年减少 15.3%,原煤 5834.97 万吨,比上年减少 1.1%,卷烟 676.50 亿支,比上年增长 5.9%,原油加工量 471.26 万吨,比上年减少 9.2%,钢材 2611.06 万吨,比上年增长 5.5%,水泥 9803.57 万吨,比上年增长 6.3%,汽车 46.15 万辆,比上年增长 25.4%,天然气 9.76 亿立方米,比上年增长 6.9%,液化天然气 5.89 万吨,比上年增长 5.2%,发电量 782.13 亿千瓦时,比上年减少 1.4%。

2014 年全省主要农产品产量,粮食作物 2143.50 万吨,比上年增长 1.3%,其中稻谷 2025.15 万吨,比上年增长 1.1%。棉花 13.37 万吨,比上年增长 2.2%,油料 121.71 万吨,比上年增长 2.1%,花生 45.65 万吨,比上年增长 1.0%,苎麻 0.66 万吨,比上年减少 11.1%,烤烟 5.75 万吨,比上年增长 20.9%,茶叶 44339 吨,比上年增长 3.1%,蚕茧产量 3962 吨,比上年增长 1.2%,水产品产量 2537630 吨,比上年增长 4.6%,猪肉产量 2707499 吨,比上年增长 3.0%,园林水果产量 4137459 吨,比上年减少 6.3%。

2014 年全省进出口货物总额 427.83 亿美元,比上年增长 16.4%,其中出口 320.38 亿美元,比上年增长 13.7%。

2014 年,全省固定资产投资 14677.04 亿元,比上年增长 18.0%,其中工业投资 7935.48 亿元,比上年增长 11.2%。社会消费品零售总额 5129.21 亿元,比上年增长 12.7%。

2014 年,全省铁路里程 3602 千米,公路通车里程 155515 千米,内河通航里程 5638 千米。全省旅客发送量 67798 万人,其中铁路 7840 万人,公路 59676 万人,水运 282 万人,空运 930 万人。全省旅客周转量 971.33 亿人千米,其中铁路 654.50 亿人千米,公路 316.46 亿人千米,水运 0.37 亿人千米。全省货物运输量 151767 万吨,其中,铁路 4821 万吨,公路 137784 万吨,水运

9162万吨,空运5.70万吨。全省货物周转量3829.97亿吨千米,其中铁路541.29亿吨千米,公路3073.31亿吨千米,水运215.37亿吨千米。

【人口】

2014年,全省年末总人口4542.16万人,比上年增长0.4%,其中就业人数2603.30万人,比上年增长0.6%,城镇居民人均可支配收入24309元,比上年增长9.9%,农村居民人均可支配收入10117元,比上年增长11.3%。高等学校在校学生数91.64万人,比上年增长6.3%,普通中专学校在校学生数26.86万人,比上年减少0.8%,学龄儿童入学率99.83%。幼儿园人数1593532人,普通小学4129817人,普通中学2654779人。

全省居民就业情况,2014年全省就业人员2603.30万人,其中城镇985.41万人,国有企业189.70万人,集体企业15.79万人,股份合作2.31万人,联营0.22万人。有限责任公司165.24万人,股份有限公司34.25万人,港澳台投资36.16万人,外商投资19.23万人,私营和个体529.25万人。城镇登记失业人数29.41万人,城镇登记失业率3.27%。

2014年,城镇非私营单位就营业人员平均工资46218元/年,其中在岗职工平均工资47299元/年。

交通运输机构及领导人名录

【2014年江西省交通运输厅党组织领导成员】

中共江西省交通运输厅委员会

党委书记:朱　希

委　　员:王爱和　彭志先　成　松
胡钊芳　梁必康
谢德强(3.21任)　王昭春

党委办公室主任:熊华武

党委办公室副主任:梁　波　曾　敏

中共江西省交通运输厅直属机关委员会(第三届)

书　　记:王爱和

专职副书记:熊华武

副 书 记:秦炜婷

委　　员:谢元银　严　允　王江军
熊华武　蔡建新　李建红
娄鸿雁　黄生平　秦炜婷
熊昌军

中共江西省交通运输厅纪律检查委员会(省监察厅驻交通运输厅监察室)

纪委书记:成　松

监察室主任:李　旷(4.23任)

副 主 任:郑　阳(11.28任)

委　　员:成　松　李　旷　蔡建新
陈玉书　秦炜婷　娄鸿雁
魏炳彦(5.22免)
李建华　肖伦发

中共江西省交通运输厅直属机关纪律检查委员会(第三届)

纪委书记:熊华武

副 书 记:秦炜婷

委　　员:熊华武　李建红　李　旷
秦炜婷　郭　昌　黄绿光
邵立范　高东升　方汉芳

【2014年江西省交通运输厅行政领导】

一、厅级领导

厅　　长:朱　希

副 厅 长:王爱和　彭志先　梁必康
谢德强(4.11任)　王昭春

总工程师:胡钊芳

副巡视员:魏炳彦(5.22免)
廖贵星(1.10任,5.22免)
袁望京(7.16任,12.13免)
夏太胜(7.16任)

二、处室领导

办公室主任:熊华武

副主任:梁　波　曾　敏
政策法规处处长:张建明
副处长: 鲍丽娜
规划处处长:王继东
副处长:彭辉勇
基本建设监管处处处长:朱　晗(6.18 任)
副处长:朱　晗(6.18 免)
副处长:丁光明
财务处处长:陈玉书
副处长:彭　嵘
审计处处长:席文良
运输处处长:秦小辉
副处长:龚爱军　唐小兵
安全监督处处长:彭　瑜
副处长:谈　勇
组织人事处处长:蔡建新
副处长:毛　茂
副处长:张慧颖(9.2 任)
科技教育处处长:易宗发(5.30 免)
胡建强(5.30 任)
副处长:邹爱华
副处长:朱国英(9.2 任)
路航管养处处长:糜向荣
副处长:蔡小秋(5.26 免)
省交通战备办公室副主任(正处):贺一军
离退休干部管理处处长:胡建强(5.30 免)
王亲勇(6.18 任)

(王　硕)

2014 年江西省交通运输厅直属机构及党政领导班子成员

表 1

单位类别	单位名称	单位级别	党组织名称	党组织领导成员	行政领导成员
直属单位	省公路管理局	副厅	中共江西省公路管理局委员会	党委书记:谢元银 党委副书记:娄鸿雁、任东红(女,3.21 免)、曾晓文(5.30 任) 委员:任东红(女,3.21 免)、谢元银、曾晓文(5.30 任)、吴铭汉、刘凌、娄鸿雁、黄伟钢、冯义卿 纪委书记:娄鸿雁	局长:任东红(女,3.21 免)、曾晓文(5.30 任) 副局长:吴铭汉、刘凌、黄伟钢、冯义卿
直属单位	省港航管理局(省船舶检验局、省地方海事局)	副厅	中共江西省港航管理局委员会	党委书记:严允 党委副书记:于钦民、熊海清 委员:于钦民、严允、熊海清、曾云谋、杨礼生、李建华、乔文典、刘水生、徐良、刘贤明、熊慎文 纪委书记:李建华	局长:于钦民 副局长 曾云谋、杨礼生、乔生典
直属单位	省公路运输管理局	副厅	中共江西省公路运输管理局委员会	党委书记:曾晓文(5.9 免)、易宗发(5.9 任) 党委副书记:王圣义 党委委员:曾晓文(5.30 免)、王圣义、肖伦发、唐晓鸣、罗志明、黄强、傅友华 纪委书记:黄强	局长:王圣义 副局长:肖伦发、唐晓鸣、罗志明、傅友华
直属单位	省高速公路投资集团有限责任公司(省高等级公路管理局)	副厅	中共江西省高速公路投资集团有限责任公司委员会	党委书记:王江军 党委副书记:李建红 委员:王江军、任东红(3.21 任)、李建红、姚光南、刘理、吴克海、邝宏柱、何闽、段卫党、傅春华、俞文生(4.29 任)、阙泳(4.29 任)、周院芳(7.18 免)、黄铮 纪委书记:李建红	董事长:王江军(3.21 任) 总经理:任东红(3.21 任) 副总经理:姚光南、刘理、吴克海、俞文生(4.29 任)、段卫党 总工程师:邝宏柱 总会计师:阙泳(4.29 任)

续表1

单位类别	单位名称	单位级别	党组织名称	党组织领导成员	行政领导成员
直属单位	江西公路开发总公司	正处	中共江西公路开发总公司委员会	党委书记:傅春华 党委副书记:刘楚有 委员:傅春华、周院芳(7.18免)、邝启祥(5.20免)、黎明、叶香春、万保安、刘楚有 纪委书记:刘楚有	经理:周院芳(7.18免)、陈立新(7.18任) 副经理:邝启祥(5.20免)、黎明 总会计师:叶香春 总经济师:钟家毅 总工程师:万保安
直属单位	江西交通工程咨询监理公司(与省交通工程咨询监理中心合署)	正处	中共江西交通工程咨询监理中心委员会	党委书记:刘云川 党委副书记:黄绿光(9.2免)、刘振宇(9.2任) 党委委员:刘云川、徐重财、徐义标、徐世田、樊文胜(10.20免)、黄绿光(9.2免)、刘振宇(9.2任) 纪委书记:黄绿光(9.2免)、刘振宇(9.2任)	经理:徐重财 副经理:徐世田、徐义标、樊文胜(10.20免)
直属单位	江西交通职业技术学院	副厅	中共江西交通职业技术学院委员会	党委书记:吴克绍 委员:吴克绍、朱隆亮、张春晓、黄晓敏、舒小平、江志强、刘勇、张海平	院长:朱隆亮 副院长:张春晓、黄晓敏、舒小平、江志强、刘勇
直属单位	省交通工程质量监督站	正处	中共江西交通工程质量督站支部委员会	党支部书记:项军 委员:项军、栾建平(7.23免)、彭东领、刘学斌、蒲华(9.2任)、徐远明(9.2任)	站长:栾建平(7.23免)、彭东领(9.2任) 副站长:彭东领(9.2免)、刘学斌、蒲华(9.2任)、徐远明(9.2任)
直属单位	江西省高速公路联网管理中心	正处	中共江西省高速公路联网管理中心支部委员会	党支部书记:雷毅 委员:雷毅、夏太胜(7.29免)、雷茂锦(7.29任)郭昌、刘红生、何耀忠(1.24任) 纪委书记:郭昌	主任:夏太胜(7.29免)、雷茂锦(7.29任) 副主任:刘红生、何耀忠(1.24任)
直属单位	规划办公室(省交通工程造价管理站)	正处	中共江西省交通厅规划办公室支部委员会	党支部书记:廖贵星(1.15免) 委员:廖贵星(1.15免)、刘维文、徐华兴、陈强	主任(站长):刘维文 副主任(副站长):徐华兴、陈强
直属单位	对外经济联络办公室	正处	中共江西省交通厅对外经济联系办公室支部委员会	党支部书记:傅晓驷 委员:王垒嘉、肖国华	副主任:王垒嘉
直属单位	省交通工会	正处	中共江西省交通工会支部委员会	党支部书记:刘盖群 委员:刘盖群、李坪	主席:刘盖群 副主席:李坪
直属单位	江西省交通干部院	正处	中共江西省交通干部学院委员会	党委书记:刘晓兰 党委委员:李国峰、刘晓兰(女)、来栋萍(女)、方向(1.24任)	院长:李国峰 副院长:来栋萍(女)、方向(1.24任)

续表 1

单位类别	单位名称	单位级别	党组织名称	党组织领导成员	行政领导成员
直属单位	江西省交通设计研究院有限责任公司	正处	中共江西省交通设计研究院有限责任公司委员会	党委书记:吴相金 委员:聂复生、吴相金、陈秋华(女)、张小明、邵立范(女)、方向明、王伟 纪委书记:邵立范(女)	董事长兼总经理:聂复生 副总经理:张小明、方向明 总工程师:王伟 工会主席:陈秋华(女)
直属单位	省交通科学研究院	正处	中共江西省交通科学研究院委员会(2012.4.24 改设)	党支部书记:丁青(女) 党委副书记:高东升 委员:丁青(女)、雷茂锦(7.29 免)、肖武光(8.25 免职退休)、江祥林、高东升	院长:雷茂锦(7.29 任)、江祥林(9.2 任) 副院长:肖武光(8.25 免职退休)、江祥林(9.2 免)、罗强(12.3 任)
直属单位	厅信息中心(省交通运输厅应急指挥中心)	正处	中共江西省交通厅信息中心支部委员会	党支部书记:余力克 委员:余力克、颜庆华、莫宇蓉、王玉、张正辉	主任:余力克 副主任:颜庆华、莫宇蓉、王玉(4.29 任)
直管单位	厅机关后勤服务中心	正处	中共江西省交通厅机关后勤服务中心总支部委员会	党总支书记:杜一峰 委员:杜一峰、刘玉珠(1.24 免)、王亲勇(4.8 免)、金明盛(1.24 任)、万嘉庆(4.8 任)、陈浩(4.8 任)、胡文峰(4.8 任)	主任:杜一峰 副主任:刘玉珠(1.24 免)、金明盛(1.24 任)
直管单位	江西省交通运输工程档案馆	副处		馆长:袁细斌(1.24 任)	副馆长:张正辉
	省公路路政管理总队	正处	中共江西省公路政管理总队委员会	党委书记:黄生平 党委副书记:黄国标、邓江雁(女,12.19 免) 委员:黄生平、黄国标、郭本星、李烨、万杰兵、邓江雁(女,12。19 免)、黄炬 纪委书记:邓江雁(女,12.19 免)	总队长:黄国标 副队长:郭本星、李烨、万杰兵、黄炬

(王　硕)

【市级交通机构】 全省 11 个市设交通运输局、公路管理局(其中赣州、上饶归交通运输局管理)归所在市人民政府领导,业务上受省交通运输厅指导。

2014 年各设区市交通运输局机构与党政领导成员

表 2

单位	党组织名称	党组织领导成员	行政领导成员
南昌市交通运输局	中共南昌市交通运输局委员会	书　　记:陆　平(女,10 月任) 黄维象(10 月免) 委　　员:陆　萍(女,10 月任)　吴久铭　黄振珠　车小琴(女)　严晓群　闵小平(9 月免)　黄维象(10 月免)	局　　长:陆　萍(女,10 月任) 黄维象(10 月免) 副 局 长:吴久铭　车小琴(女)　严晓群 总工程师:张　伟 调 研 员:戢才金(4 月免)　彭孝福 闵小平(9 月任) 副调研员:王　健(9 月免)　李东昇

续表2

单位	党组织名称	党组织领导成员	行政领导成员
景德镇市交通运输局	中共景德镇交通运输局委员会	书　记:龙　骏 委　员:龙　骏　叶宜民　黄兴好(8.27免) 陈景明　张金水　陈树生 黄　涛　方景萍　邵正东(2.21任) 宁足祥(8.27任) 纪委书记:邵正东(2.21任)	局　长:龙　骏 副局长:叶宜民　陈景明　张金水 陈树生　黄　涛　方景萍 调研员:周光镇(1.10任)
萍乡市交通运输局	中共萍乡市交通运输局委员会	书　记:曾念辉(9月任) 委　员:曾念辉(9月任)　贺志勇 李小勇　朱小东　巴颜林 曾宪许　徐卫华　凌小春 纪委书记:曾宪许	局　长:曾念辉(9月任) 调研员:贺志勇 副局长:李小勇　巴颜林 总工程师:凌小春 调研中:吴耀华　江祖球(11月免) 毛惠明(8月任) 副调研员:翟文新　刘安萍
九江市交通运输局	中共九江市交通运输局委员会	书　记:王金初 副书记:黄　强 委　员:王金初　黄　强　吴照新 喻小明　刘赛喜　朱汉练 曹达会　丁芳华　卢作林 周畜南	局　长:黄　强 副局长:王金初　吴照新　喻小明 刘赛喜　朱汉练　曹达会 总工程师:丁芳华 调研员:董学煌(12.30免)　曹　辉 胡梅记 副调研员:周畜南　胡民礼
新余市交通运输局	中共新余市交通运输局委员会	书　记:何志勇 副书记:简少华(12月免) 邹建福(12月任)　杜元生 委　员:何志勇　简少华(12月免) 邹建福(12月任)　杜元生 潘会君　欧光宏(12月免) 蔡晓颖(5月免)　余接华(5月任) 陈　卓　黄　昕　樊国华 陈仕斌　王慎刚 纪委书记:蔡晓颖(5月免) 余接华(5月任)	局　长:简少华(11月免) 邹建福(11月任) 副局长:潘会君　欧光宏(11月免) 陈　卓　黄　昕 总工程师:王慎刚 调研员:江　勇　张向东(11月免) 罗志东　欧光宏(11月任) 蔡晓颖(6月任) 副调研员:陈仕斌
鹰潭市交通运输局	中共鹰潭市交通运输局委员会	书　记:齐群策 委　员:齐群策　李星勇　詹志平 阮亦彬　邱雪成　廖乡兴 许智先 纪委书记:邱雪成	局　长:齐群策 副局长:徐文艺　詹志平　阮亦彬 张爱民 调研员:李星勇 副调研员:廖乡兴
赣州市交通运输局	中共赣州市交通运输局委员会	书　记:严家春(6月免) 苏传辉(6月任) 副书记:朱洪波 委　员:严家春(6月免) 苏传辉(6月任) 朱洪波　罗宗祺 尹善奎　陈爱东 陈建生　宋冬如 彭炎明　周小勇 郭远昌　欧阳光标(9月免) 钟佩芳　何祖林 胡超星(9月任) 纪委书记:宋冬如	局　长:朱洪波 副局长:罗宗祺　陈爱东　陈建生 彭炎明　郭远昌　钟佩芳 何祖林 调研员:吴慧让 副调研员:傅广仁　章广麟　李干荣 杨北林(7晚)

续表2

单位	党组织名称	党组织领导成员	行政领导成员
吉安市交通运输局	中共吉安市交通运输局委员会	书　　记:彭贵先(2月免) 胡红英(12月任) 副 书 记:邹记根 委　　员:彭贵生(2月免) 胡红英(12月任) 龙林华　王跃平　赵夫发 黄坚勇　廖建洲　刘　勇 张志刚 纪委书记:赵夫发	局　长:邹记根 副局长:龙林华　王跃平　黄坚勇 廖建洲　刘　勇 总工程师:张志刚
宜春市交通运输局	中共宜春市交通运输局党组	书　　记:李　奇 副 书 记:朱宜民 委　　员:李　奇　朱宜民　曹幸军 梁　彦(2.20免)　陈宜林 王赣闽　曾义城　刘毅明 梁荣斌　喻　军 纪检组长:王赣闽	局　　长:朱宜民 副 局 长:曹幸军　梁　彦(2.20免) 陈宜林　梁荣斌 喻　军(8.30任) 调 研 员:梁　彦 副调研员:王玉洁　彭智勇　梁益海 总工程师:曾义城
抚州市交通运输局	中共抚州市交通运输局委员会	书　　记:乐小红 副 书 记:徐华德　华河辉 委　　员:乐小红　徐华德　陈佐光 王爱民　华河辉　罗　维 陈　峰　胡　怡(1月任) 徐相牛　梁明昌 纪委书记:胡　怡(1月任)	局　长:徐华德 副局长:陈佐光　王爱民　罗　维 陈　峰　梁明昌
上饶市交通运输局	中共上饶市交通运输局党组	书　记:吴步高 副书记:徐泽民(10月免)　张晓峰 成　员吴步高　徐泽民(10月免) 张晓峰　刘　建　赖　勇 周全行　方　扬　刘光锌 彭芳德　王少波　苏卫东 纪检组长:程黎霞(女) 副县级纪检员:王淑琴(女)	局　　长:吴步高 副 局 长:刘　建　赖　勇　周全行 刘光锌　彭芳德 总工程师:方　扬 调 研 员:刘秀明　姚佳水　钱达宏 徐泽民(10月任) 副调研员:周建英(女)　常建新

(何战鏖)

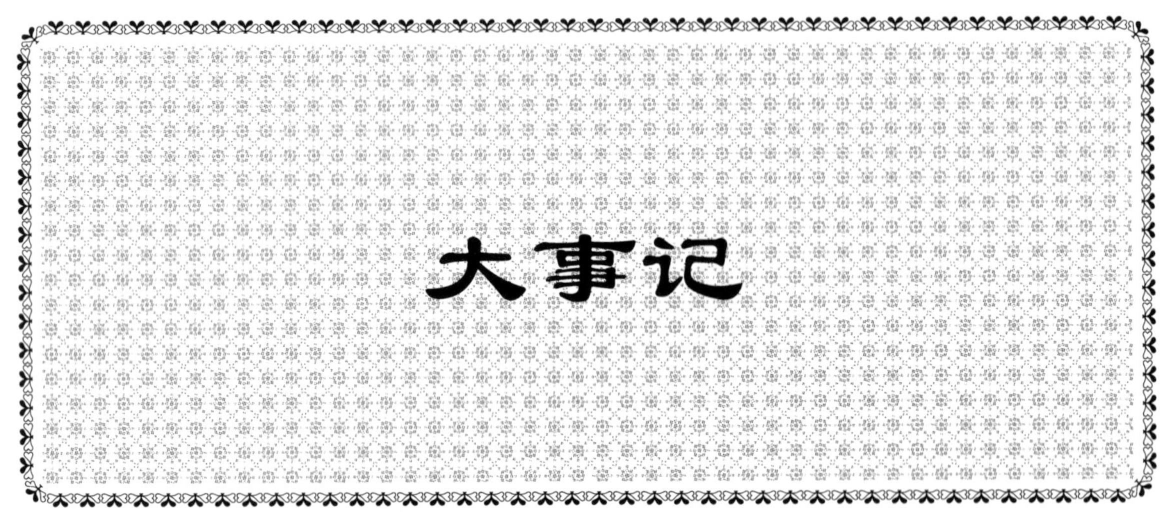

2014 年

1 月

3 日　省交通运输厅党委书记、厅长朱希到省交通技工学校一部调研学校建设与发展情况，看望、慰问学校教职员工。

6 日　省发改委、省交通运输厅通过《赣州市综合运输体系发展规划》审查。

7 日　中国工程院院士钱七虎莅临吉莲高速公路永莲隧道(原钟家山隧道)调研指导，并出席永莲隧道地质灾害处治咨询会。

同日　吉安县肖家桥新建工程竣工通车，全长 40.66 米，桥面宽 6.5 米，总投资 76.68 万元。

同日　省交通运输厅纪委书记成松到南昌至宁都高速公路项目建设一线实地察看项目建设情况，慰问广大工程建设者。

9 日　省长鹿心社到南昌市公交总公司等单位，看望慰问坚守岗位的一线劳动者，向节日期间坚守工作岗位的广交通大干部职工致以节日的问候和新春的祝福。

10 日　交通运输部信息公开网页公布了“第四批交通运输企业安全生产标准化一级达标企业”名单，南昌市水路危险货物运输企业——江西通达大航运有限公司名列其中，这是全省首家获此证书的企业。

13 日　省委宣传部组织的 2013 年度“十佳新闻发布单位”等评选活动结果公布，省交通运输厅被评为“十佳新闻发布单位”，省厅官方微博“赣交通厅应急指挥中心”获得“最受欢迎奖”。该中心于 2011 年 1 月 27 日开通，已拥有粉丝 30 万，发布信息 274000 多条。

14 日 省政府新闻办、省交通运输厅联会召开新闻发布会，发布 2014 年全省公路、水路春运工作部署情况。省委宣传部副巡视员邱尚仁主持发布会，省交通运输厅副厅长王爱和出席并讲话。

15 日 全省普通国省干线公路建设工程推进会在省公路局召开。

同日 省交通运输厅在全国范围内首批开通“12328”交通运输服务监督电话，春运期间与原有交通服务热线“96122”并行运行，实现了省内范围全覆盖。

16 日 省交通运输厅召开创建“百姓满意服务区”检查情况通报暨春运保障工作会议。厅党委书记、厅长朱希出席会议并讲话，副厅长王爱和作具体工作部署，副厅长王昭春主持会议。

18 日 全省交通运输工作暨廉政工作、安全生产工作会议在南昌召开。省委书记强卫作出重要批示，省委常委、常务副省长莫建成出席会议并讲话，省政府副省长李贻煌出席会议。省交通运输厅党委书记、厅长朱希作交通运输工作报告，厅纪委书记成松作廉政工作报告，总工程师胡钊芳作安全生产工作报告，副厅长王爱和主持会议、厅领导彭志先、梁必康、王昭春等参加会议。

19 日 抚州市城区 409 辆出租车全部安装 GPS 卫星定位监控调度系统。

21 日 省重点工程吉安县中心城区跨赣江大桥——永和连心大桥合龙。桥长 1486 米，桥面宽 29.6 米，双向六车道，2014 年 4 月建成通车。

23 日 井冈山市委书记龙波舟、市长陈敏一行走访省交通运输厅。厅党委书记、厅长朱希，副厅长梁必康、王昭春，副巡视员魏炳彦等出席座谈会。

24 日 省交通运输厅党委书记、厅长朱希到畅行公司南城服务区检查指导春运服务保障工作。

26 日 省交通运输厅在南昌召开群众路线教育实践活动总结大会，并对厅党委班子以及领导干部教育实践活动情况进行评议。省委党的群众路线教育实践活动第十二督导组组长宋才火出席会议并讲话，副组长黄少峰及督导组全体成员出席会议，省交通运输厅党委书记、厅长朱希作教育实践活动总结讲话，副厅长王爱和主持会议。

27 日 省交通运输厅召开离退休干部形势报告会。厅党委书记、厅长朱希出席会议并讲话，副巡视员魏炳彦主持会议。

同日 省交通运输厅党委书记、厅长朱希，副厅长王爱和一行走访慰问省运管理局离退休困难党员熊大智。

28 日 副省长李贻煌到南昌长运徐坊客运站视察春运工作，慰问一线职工。省政府副秘书长张小平，省交通运输厅党委书记、厅长朱希，副厅长梁必康等陪同。

同日 省交通运输厅、省交通公路联网管理中心召开新闻发布会，通报江西交通公路电子收费自助服务系统相关情况。省交通运输厅副厅长王爱和出席并讲话，省委宣传部新闻发布处负责人出席会议。

31 日 新干县城北物流园建成投入使用。该园占地 20.1 公顷，总投资 2.5 亿元。

是月 交通部 2014 年度渡改桥项目—鄱阳县银宝湖乡鸣山大桥开工建设。桥长 727 米，桥面宽 8.5 米，总造价约为 3030 万元。

2 月

6 日 江西交通咨询公司召开 2014 年工作会议暨二届一次职工代表大会、廉政工作会议、安全生产与社会管理综合治理工作会议，省交通运输厅副厅长王昭春、省高速集团总经理任东红出席会议并为先进集体和个人颁奖。

8 日 省交通运输厅党委书记、厅长朱希和厅总工程师胡钊芳、副厅长王昭春一行到省高速集团抚州管理中心南新养护工区、万年管理中心泾口养护所检查指导工作。

同日 江西远洋运输公司被省直机关工委、省直机关文明委授予“江西省直机关第十届文明单位”称号。

8—9 日 江西赣北地区普降大雪，影响交通。省高速公路管理部门立即启动抗雪保通应急预案，全力做好除雪、疏导被堵车辆和提供被堵司乘人员食品、饮水等服务工作。抗雪期间，始终确保了道路运输工作畅通、安全有序。

11 日 全省道路运输工作暨安全生产工作会议在南昌召开。会议全面总结了 2014 年道路运输工作情况，部署 2014 年重点工作任务，并通报表彰了全国道路运输先进单位和先进个人，以及2014年度全省目标考核先进单位、达标单位和安全生产工作先进单位。

12—24日 省运管局派出暗访组,对部分地市道路春运安全生产工作进行督查。

13日 省交通运输厅党委书记、厅长朱希,厅领导王爱和、胡钊芳、梁必康、王昭春及省交通集团相关领导一行造访国家开发银行江西分行进行座谈。该行党委书记、行长朱力群,副行长张国良、杨五星、尤加林出席座谈会。

14日 省委常委、南昌市委书记王文涛、市长郭安等市领导到省交通运输厅调研指导。省交通运输厅党委书记、厅长朱希,厅领导王爱和、成松、胡钊芳、梁必康、王昭春、魏炳彦、廖贵星出席座谈会。

15日 吉安县毓芳至永阳公路升级改造工程全面完工。该项目总投资1500万元。

17日 省高速集团2014年工作会议暨一届五次职代会、廉政工作会议、安全生产和社会管理综合治理工作会议在南昌召开。省交通运输厅党委书记、厅长朱希出席并讲话。副厅长王昭春出席会议。

18日 新余高新区公交循环专线开通。

同日 交通运输部召开全国交通运输行业公路执法专项整改推进工作电视电话会议。省交通运输厅党委书记,厅长朱希,副厅长王爱和在江西分会场出席会议。

24日 为期40天的2014年春运平安落幕。江西道路旅客运输量达4974.27万人次,与2013年春运相比下降1.02%。春运期间,实现了广大旅客安全、便捷、舒适、有序出行。

25日 全省港航工作廉政、安全、综治工作会议在南昌召开。会议全面总结了2013年全省港航工作,部署了2014年度全省港航工作目标任务。省交通运输厅党委书记、厅长朱希出席会议并讲话,厅总工程师胡钊芳出席会议。

25—26日 省交通运输副厅长王昭春一行到宜春、萍乡两市就国省干线公路建管养工作和公路发展情况进行调研。

28日 省交通运输厅副厅长王爱和到昌樟改扩建项目施工一线调研指导工程建设工作。

同月 省公路局组成10个检查小组,深入基层工地道班一线,对各设区市公路局、局直属单位,检查春节及春运期间全省国省干线公路安全生产工作情况。

同月 省政府正式批复昌九大道建设规划方案。昌九高速全线"4改8"车道扩建2程研究报告编制完成。昌九高速"4车道改8车道"扩建工程起于南昌北枢纽高速(昌九与绕城高速分合处),终于庐山南高速(通远试验段起点),路线长78千米,设置高速立交9处,服务区2个。昌九大道采用双向六车道一级公路标准建设,设计时速80千米/时,预算总投资35亿元。

3月

1日 省港航建设投资公司正式接管石虎塘航电枢纽发电运行工作。该枢纽总库容743亿立方米,电站装机容量12万千瓦,设计年平均发电量527亿度,通航设施建设标准为内河Ⅲ级。

5日 省港航局团委弘扬新时代雷锋精神,组织局属南昌地区20余名志愿者来到江西省通安工程船厂开展学雷锋志愿者义务劳动。

6日 省路政总队举办南昌、九江、吉安等高速路政支队及路政科人员行政许可专题研讨会。通过研讨会,进一步深化行政审批改革、推进行政审批清理、巩固行政审批清理成果。

10日 省交通运输厅加强和改进机关作风建设会议召开。会议部署安排了加强改进文风建设、会风建设、保密工作、纪律作风建设和深化机关作风建设工作目标任务。副厅长王爱和出席会议并讲话。

12日 省交通运输厅纪委书记成松到昌栗高速公路建设一线察看项目建设情况,调研新建工程党风廉政建设工作。

15日 省委书记强卫在南昌约见省高速集团董事长、党委书记王江军和总经理任东红,听取省高速集团工作汇报。

同日 吉安市交通运输局《吉泰走廊交通基础设施建设规划》通过市政府审批。

16日 全省公路工作务虚会召开。

17日 全省高速公路联网工作会议在南昌召开。省交通运输厅副厅长王爱和出席会议并讲话。

同日 抚州市委书记龚建华,市委副书记、市长张和平带队造访省交通运输厅并进行座谈。省交通运输厅党委书记、厅长朱希，厅领导王爱和、成松、胡钊芳、梁必康、魏炳彦、廖贵星及厅机关相关处室负责人出席并讲话。

18日 由江西机场集团公司与九江长运联袂打造的九江城市候车厅投入使用。

20日 赣州市政府出台《赣州市区域性物流中心发展规划》。

21日 樟树市赣江第二（药都）特大公路大桥开工建设，桥长2529米，桥宽29.2米，工程投资9.25亿元。

同日 昌樟改扩建项目药湖特大桥右幅架设完毕，这标志着全线最长、最重要的控制性工程取得阶段性成果。

22—23日 省高速集团天驰公司通过CNAS评审，实验室水平和能力获得认可。

24日 第三届"映山红杯"江西高速风采摄影大赛评选在南昌进行。本次大赛共收到参赛作品300余幅，最终评选产生一等奖3名、二等奖4名、三等奖6名、优秀奖30名。

25日 《吉安市农村公路建设养护管理办法》《吉安市港口岸线管理办法》两个规范性文件修订版正式公布。

同日 国家机关事务管理局、国家发展和改革委员会、财政部联合下发《关于公布第一批节约型公共机构示范单位名单的通知》。江西省交通运输厅被授予"全国节约型公共机构示范单位"称号。

26日 省交通运输厅厅直单位组织人事工作会议召开。厅纪委书记成松出席会议并讲话。

同日 省交通厅党委书记、厅长朱希到昌樟高速公路改扩建一线，视察项目建设情况。

同月 省交通工程集团公司经住房和城乡建设部审查核准，晋升为公路工程施工总承包特级企业，成为全省唯一同时具有公路工程施工总承包特级和公路行业设计甲级"双证"的特级建筑企业。

4月

2日 省道S222宋水线乐安增田至招携路面改建工程开工。该项目是江西省"十纵十横"干线公路网主架构中的"第七纵"设计等级为二级水泥公路。全长24.62千米，总投资9480万元。

同日 赣州至珠海航线开通。

8日 经江西省政府批准，省发改委下发2014年第一批省重点项目建设计划，共安排200项重点项目，其中，交通项目43项。

9日 全省交通运输行政执法人员培训班开班，标志着为前期3年的执法人员培训工作正式启动。全省各级交通交通运输部门和执法单位人员共计240余人参加本期培训。

同日 福建省交通运输厅党委书记、厅长张兆旺、副厅长陈岳峰一行到赣，就进一步加快交通运输业发展进行沟通交流。江西省交通运输厅党委书记、厅长朱希，副厅长王爱和、王昭春及省公路局、港航局、运管局、省交通集团负责人出席座谈会。

10日 鹰潭市道路运输行业协会正式成立。

同日 交通运输部路网中心信息与技术保障处负责人一行就全国ETC联网工作在赣调研，对江西高速公路联网管理工作给予充分肯定。

16日 省交通运输厅党委书记、厅长朱希，副厅长王爱和、谢德强走访中国农业银行江西省分行并进行座谈。该行党委副书记温学宇、副行长喻性前出席座谈会。

同日 九江港获得全国首个内河港口岸线使用证，开创了全省港口岸线使用证的先河，为江西有序开发、合理利用长江岸线资源提供了保障。

同日 中国交通报社2014年全国记者站工作会议暨业务研讨会召开。会上，江西交通记者站被评为中国交通报十佳记者站。

16—17日 省重点办主任王前虎、省交通运输厅副厅长王昭春到寻全高速公路项目建设工地调研。

18日 省重点办在昌宁项目办组织召开昌宁高速公路项目建设促进会。省发改委党组成员、省重点办主任王前虎、省交通运输厅副厅长王昭春出席会议并讲话。

19日 省高速集团在南昌召开2014年度开工高速公路勘察设计工作推进会。省交通运输厅副厅长梁必康、王昭春出席并讲话。

21日 樟树市赣江第二（药都）特大公路大桥开工建设。桥长2529米，桥宽29.2米，工程投资9.25亿元。

22日 江西交通工程咨询监理中心职工敖

志凡当选“2013年感动交通年度人物”,受到交通运输部党组书记、部长杨传堂亲切接见。

23—24日 中国公路学会高速公路服务区工作委员会二届一次工作会议在南昌召开。江西省交通运输厅副厅长王爱和到会致辞、省高速集团总经理任东红出席会议。

23—28日 省交通工程质监站对昌栗项目标准化管理开展情况和安全保障措施落实情况进行为期6天的内、外业综合检查,充分肯定该站取得的成绩。

24日 南昌县三江秀挹大桥竣工验收。该桥属渡改桥工程,于2009年4月动工,2011年6月完工,桥长488米。

25日 由交通部、湖南省运管局、江西省财政厅、江西省交通运输厅、江西省运管局等单位人员组成的专家组对萍乡市达金物流公司申报甩挂运输试点项目进行检查验收。

26日 省公路学会第九次会员代表大会在南昌召开。省交通运输厅党委书记、厅长朱希,厅总工程师胡钊芳,厅原巡视员孙茂刚,中国公路学会副秘书长巨荣云,省科协副主席孙卫民,省民间组织管理局局长罗良意等出席会议。

同日 即日起,抚州市开通进京直达列车,全程约14小时。

27日 萍乡320国道养护大中修工程项目开工建设。全长167千米,技术标准为路基宽12米,路面宽12米,路面结构为5厘米厚沥青面层加铺。年内完成40千米,工程总造价6000万元。

28日 国务院总理李克强在重庆主持召开座谈会,研究依据黄金水道长江经济带建设。“十二五”计划期间,江西赣鄱“黄金水道”借机复兴,以鄱阳湖为重点,计划水运投资305亿元,以促进江西水运复兴。

同日 省交通运输厅在南昌召开全省交通公路执法专项整改工作“回头看”是视频会议。厅党委书记、厅长朱希出席会议并讲话,厅纪委书记成松主持会议,副厅长谢德强做工作部署。

同日 江西长运鹰潭公共交通有限公司正式成立。

29日 万安至武术公路正式开工。该路起于万安水电站,终于武术乡,全长44千米,为三级公路,路基宽7.5米,路面宽6.5米,采用沥青混凝土路面,工程预算总投资1.327亿元。

同日 省交通运输厅机关团委在昌东收费站开展“四级联动　激扬青春　共创文明号”主题活动。副厅长、厅机关党委书记王爱和出席并向全省广大交通运输青年致以节日问候。

同日 省交通运输厅总工程师胡钊芳到省交通工程质监站,就全省重点工程安全生产工作进行调研座谈。

30日 江西省庆“五一”暨为全面深化改革建功立业推进大会在南昌召开。大会向受到表彰的先进集体和先进个人代表颁奖,其中,景德镇长运股份公司获全国“五一劳动奖状”;江西省交通工程咨询监理中心敖志凡获全国“五一劳动奖章”;江西长运股份公司高客分公司胡总、宜春市公路管理局路政执法支队队长吴雄生、萍乡市公交总公司驾驶员欧阳自艳、江西长运新余公交公司102路公交线路组长李江涛获江西省“五一劳动奖章”;江西九江长运集团汽车综合性能检测中心、九江市公路管理局湖口分局、城山道班、新余市公路管理局分宜分局凤阳道班、江西省高速集团抚州管理中心南昌东管理所“向阳花”收费班、鄱阳县地方海事处赣海巡401号艇获“江西省工人先锋号”称号。

同月 国家级大茅山旅游风景名胜区的公路连接线——祝梧公路工程动工。该连接线起于龙头山乡祝家,终于大茅山梧风洞,全长15.531千米,路基宽7.5米,设计荷载为公路Ⅱ级,总投资4800万元。

同月 2014年江西政务微博第一季度排行榜出炉,省交通运输厅官方微博“江西交通”荣获省直第三名。

同月 省交通运输厅发布省本级行政审批事项目录,公开了22项由省厅实施或厅直属单位实施的交通运输行政审批事项“清单”,主动接受社会监督。与2009年相比,该厅保留实施的省本级审批事项由42项削减为22项,精简比例约为48%。

5月

1日 赣州市公交总公司在中心城区首发7000张定额IC卡。

6日 吉安市物流协会正式成立。

同日 迄今为止江西交通建设史上“最难啃的一块硬骨头”——吉莲高速公路永莲隧道左洞正式贯通。该隧道全长5.108千米，围岩条件极差，Ⅴ级及以上围岩比例达70%，塌方分初支大变形突水突泥灾害频发，安全风险极高。

7日 昌樟高速公路20座旧上跨天桥拆除工作结束，全线恢复双向四车道通行。

8日 萍(乡)洪(口界)高速公路控制性工程、最长的隧道——明山隧道左洞贯通，该隧道左线全长2022米，右线全长2011米。

8日 省交通运输厅和省文学艺术界联合会联合发布“关于举办‘中国梦·高速美’江西省第六届赣粤高速杯摄影艺术展的通知”。通过艺术展助推交通运输行业两个文明建设。

9日 华东交通大学与省交通干部学院合办的在职工程硕士班开学。华东交大党委书记万明、副校长梦成、省交通运输厅总工程师胡钊芳出席开学典礼。

同日 共青团江西省高速集团第一次代表大会暨集团青年工作委员会成立大会召开。会议选举产生了共青团省高速集团第一届委员会及书记、副书记，成立了省高速集团青工委，表彰了先进，部署了团的工作目标任务。集团青工委委员和第一次团代会代表共90余人参加大会。

12日 吉州区兴桥、新干县神政桥、遂川县新江、万安县沙坪和安福县洲湖5个农村公路综合服务站通过省交通运输厅验收。

13日 省交通审计学会第六届四次理事会在南昌召开。省交通运输厅副厅长王爱和、副巡视员廖贵星出席会议并讲话。

同日 鹰潭市运管处开展多种形式的全国交通安全日主题活动。

15日 全省高速公路服务区星级评定工作动员暨2013年度百姓满意服务区表彰会召开。省文明办主任张天青出席并宣读表彰决定。

同日 交通运输部“十二五”时期首个启动实施的科技示范工程——庐山西海高速公路安全绿色交通科技示范工程通过验收。

同日 省高速集团与五家银行组成的银团签订了166亿元的贷款协议，这是江西金融业发展史上规模最大的银团贷款。省委常委、常务副省长莫建成，省政府副秘书长涂琼理，省交通运输厅党委书记、厅长朱希出席仪式并讲话。国家开发银行江西省分行、省发改委，省重点办、江西银监局、省地税局、省保监局、省交通运输厅、省高速集团、省内外45家金融机构的有关负责人或代表共180余人出席签约仪式。

16日 省高速集团与国寿资产、泰康资产分别签订了9.8亿元和4.1亿元的债务融资工具购买协议，且资金已于日前全部到位。同时，省高速集团在中国银行间市场成功发行20亿元短期融资券，票面利率为3.99%，较过去借款基准利率低33.5%，成为2014年首家债券发行利率低于4.0%的企业，发行利率明显低于近期发行的央企。

同日 广西壮族自治区交通运输厅纪检组长张留现一行6人到江西，就交通工程项目电子招标等工作开展调研交流。江西省交通运输厅党委书记、厅长朱希、厅纪委书记成松及厅机关有关处室负责人参加座谈交流会。

22日 分宜古岭大桥通过竣工验收。该大桥主体工程长217.04米，桥面宽度5.5米+2×0.5米，设计洪水频率1/50，航道等级Ⅵ-(2)，总投资近600万元，于2010年6月完工。

19—23日 新余市交通运输局、市财政局、市发改委等相关部门，对该市2013年度自然村通水泥路项目验收。共验收项目294个，共计里程210.375千米。

23日 省交通运输厅《2014年度上半年江西省交通运输厅党政领导班子履行党风廉政建设职责情况》予以公示，对该厅党风廉政建设社会评价民意调查进行预告。民意调查由省统计局社情民意调查中心通过电话访问方式独立进行，民意调查专线号码为“0791—13640”。

23—24日 交通运输部部长杨传堂到赣考察调研“四个交通(综合、智慧、绿色、平安交通)”建设情况。中共江西省委书记强卫出席座谈会并讲话，省委常委、常务副省长莫建成介绍江西经济社会发展情况和交通运输工作基本情况，省委常委、赣州市委书记史文青出席相关活动，副省长李贻煌主持座谈会并陪同调研。交通运输部有关司局负责人、省政府秘书长、省交通运输厅、南昌市、赣州市主要负责人出席座谈会或陪同调研。

25日 吉安市港航管理处完成五个基层执法站(所)标准化建设工程。

26日 寻全高速B6标段云山高架桥首片箱梁架设成功。该桥是寻全高速全线控制性工程，全长369米。

28日 江西省公路路产损失赔偿收费项目及收费标准省直部门联系评审会在南昌召开。

同日 宜春综合交通枢纽营运管理有限公司正式注册成立。

30日 省交通运输厅党委召开党委会,传达学习交通运输部部长杨传堂、江西省委书记强卫在交通运输部领导与江西省领导交换意见时的重要讲话精神,并研究贯彻落实意见。

同月 受国家发改委委托,中交公路规划设计院有限公司评估组组织开展了《沈海高速莆田至炎陵联络线广昌至吉安段新建工程可行性研究报告》现场调研,并在南昌主持召开项目工可评估会。

6月

1—30日 新余市交通运输局组织开展2014年"安全生产月"和"安全生产万里行"活动。

4—5日 省直单位企业政工师培训班在江西交通干部学院举办。省交通运输厅副厅长王爱和、副巡视员廖贵星出席开班仪式并讲话。

5日 省交通运输厅组织厅直属单位、厅重点工程建设办和厅机关各处室处级以上干部共计100余人旁听该厅原副厅长许润龙涉嫌滥用职权和受贿案件的公开庭审,开展警示教育,增强廉政意识和反腐抗腐能力。

8日 吉安市交通运输局开展为期一周"携手节能低碳,共建碧水蓝天"为主题的节能宣传周活动。

同日 2014年节能宣传周活动暨淘汰改造燃煤锅炉专项行动在省高速公路物资公司启动。该公司已完成天然气改造工程一期工作任务,实现了火车接卸沥青无污染,并启动了"燃煤天气气锅炉节能减排"专项工程,受到与会代表200余人的关注与赞许。

9—13日 省交通运输厅分2期举办"省交通运输厅处级干部学习贯彻习近平总书记系列讲话精神研讨班"。厅党委书记、厅长朱希出席开班仪式并作党课专题辅导,副厅长王爱和作结业总结讲话,厅纪委书记成松、厅总工程师胡钊芳先后主持开班式。全厅345名处级干部参加集中轮训。

10日 即日,是"全国低碳日"。省交通运输厅举办以"携手节能低碳,共建碧水蓝天"为主题的一系列宣传活动,进一步广泛普及职工节能环保科学知识,营造推动绿色低碳氛围,携手筑梦绿色交通。

同日 昌宁项目隧道掘进突破10000米,这标志着昌宁高速公路重难点控制性工程取得了阶段性的重大突破,为全线隧道的顺利贯通,奠定了坚实的基础。

同日 江西、广西两省区在南昌举行综合交通建设工作座谈会。省委常委、常务副省长莫建成主持会议并讲话,广西壮族自治区政府副主席陈刚讲话。

13日 泸昆高速梨温段弋阳收费站匝道升级改造工程完工,实现提前通车。

16日 省公路局召开"十二五"普通国省干线公路建设项目推进会。各设区市公路局分管工程的副局长、规划(计划)科长参加会议。

17日 以省政府副秘书长陈石俊为组长、省鄱阳湖办副主任赖南京为副组长的省政府督查组一行,对省交通运输厅贯彻落实国务院及省政府决策部署及出台政策措施情况进行督察。省交通运输厅党委书记、厅长朱希做工作汇报,厅领导彭志先、成松、谢德强及厅直属各单位、厅机关各处室负责人参加会议。督查组对省交通运输厅贯彻落实国务院及省政府决策部署及出台政策情况给予充分肯定。

20日 省交通运输厅在南昌召开全省交通运输系统反腐倡廉暨社会评价工作推进会。会议总结了上半年反腐倡廉工作,部署了推进下半年反腐倡廉工作。厅党委书记、厅长朱希出席并讲话,厅纪委书记成松主持会议。

同日 自即日起,鹰潭市城区内客运市场管理行政处罚权由市城管综合执法支队移交、划归市交通运输局。

同日 省交通运输厅举办"实干兴赣当先锋、为民服务做表率"主题演讲比赛。厅直属单位的23名选手参加比赛。厅纪委书记成松到现场观摩比赛,并为获奖选手(一等奖2名、二等奖4名,三等奖6名)颁奖。本次获得一等奖的省公路局丁南和省高速集团的廖露在6月26—27日省直机关工委举办的"实于兴赣当先锋、为民服务做表率"主题演讲比赛中荣获二等奖。

23 日　省交通运输厅党委书记、厅长朱希到昌樟高速公路改扩建项目建设工地，察看施工进情况，听取项目建设情况汇报，慰问奋战一线广大工程建设者。副厅长王昭春陪同。

26 日　省委常委、省纪委书记周泽民就省交通运输厅开展警示教育和反腐倡廉工作作出重要指示。对该厅组织的各处级干部旁听许润龙案庭审、开展警示教育的做法给予充分肯定和表扬，指示该厅从教育、监督、惩处等方面综合构建党风廉政建设长效机制，警钟长鸣、坚持不懈，为江西交通运输发展、升级提速提供坚强保证。

27 日　省交通运输厅纪委书记成松到信丰县油山镇坑口村调研定点扶贫工作。当日，省交通运输厅第二批驻点扶贫工作组与第三批驻点扶贫工作组进行交接。是月，省交通运输厅 2013 年度定点扶贫村的工作受到省委组织部、省扶贫和移民办联合通报表扬。

30 日　樟树市中洲农村综合服务站通过省交通运输厅验收。

同日　寻全高速公路全线第二长隧道东江源三号隧道实现双洞贯通。

是月　《江西省公路图》(2014 版)编制完成。该图片反映了规划至2030年的国省道、重要农村公路的路网结构及最新公路里程及编号等信息。

是月　昌樟高速公路改扩建项目突破重要工期节点目标，顺利实现了分离新建的药湖特大桥六车道双幅架通，为昌樟高速公路改扩建后续工程的按期完工奠定了坚实基础。

7 月

1 日　萍洪高速公路工期节点控制性工程——明山隧道右洞贯通。

同日　省重点工程项目沪昆高速公路龙虎山中心服务区正式试营业。该服务区建筑总面积约 1.8 万平方米，总投资规模约 1.61 亿元。

1—3 日　交通运输部规划研究院组织专家在南昌市召开沈海高速莆田至炎陵联络线广昌至吉安段新建工程环境影响报告书技术评审会。专家组一致同意广昌至吉安项目环评报告的评价结论，认为拟建项目符合《国家公路网规划》和《产业结构调整指导目录》，项目建设可行。

2 日　昌九高速改扩建通园一号隧道右洞贯通。

6 日　在昌铜高速公路 101 千米 +910 米南幅，一辆满载 9 吨爆竹的货车在暴雨中侧翻路边，车体油箱被损坏，柴油往外泄漏，情况危急。宜春高速公路管理中心在第一时间启动应急预案，在公安消防等部门的通力协作配合下，经过 7 小时的共同努力，成功将爆竹安全转运，将事故车辆清障，使该路恢复正常通车。

9 日　吉安县新澧田大桥开工建设，大桥全长 187 米，引道长 578.159 米。

同日　以省纪委常委汪爽为组长的省委改革办督导调研组一行，对省交通运输厅全面深化改革工作情况进行督查。厅全面深化改革领导小组副组长、副厅长王爱和做工作汇报，厅领导成松、梁必康、谢德强参加会议。

11 日　江西省道路运输安全工作联席会在省运管局召开。省交通运输厅、省运管局、省安监局、省公安厅交警总队和省运管局机关相关处室负责人出会议。

16 日　萍乡地区突降暴雨，铁路受损，萍乡市交通运输局和市运管处立即启动应急预案，迅速组织企业调集客车和旅游大巴 22 辆，将 1200 多名滞留火车站的旅客转运分流。

21 日　省交通运输厅召开党委扩大会议，传达学习省委十三届九次全会精神，并就该厅贯彻落实全会精神，做好下半年工作进行部署。厅党委书记、厅长朱希主持会议并讲话，厅领导王爱和、胡钊芳、梁必康、谢德强、王昭春出席会议。

同日　江西交通科技信息管理系统应用培训班在省交通干部学院开班。厅总工程师胡钊芳出席开班式并讲话。全省各设区市交通运输局、公路管理者、省直管县(市)交通运输局、厅直属各单位科技管理人员等 50 余人参加培训。

22 日　全省道路客运、危货运输安全生产工作电视电话会议召开。厅党委书记、厅长朱希出席会议并讲话，厅总工程师胡钊芳主持会议并传达交通运输部下发的《紧急通知》，副厅长谢德强作全面部署。会议通报了上半年全省道路运输安全生产工作情况，明确了下半年此项工作的目标任务。

23 日　国道 356 石城燕首至宁石亭公路改

建工程动工建设。全长 11.834 千米,路基宽 10 米、路面宽 8.5 米,总投资约 8904.85 万元。

24 日 民盟江西省交通运输厅支部成立。

24~25 日 深长隧道突水突泥预测预警与灾害防治研讨会暨国家 973 项目中期总结会在赣召开。科技部项目责任咨询专家、中国工程院院士白以龙、科技部项目责任咨询专家、研究员杨春和,中国工程院院士卢耀如、顾全才出席研讨会,江西省交通运输厅副厅长王昭春、山东大学副校长曹升元出席研讨会并致辞,省内外教授、专家、学者等共 130 余人参加研讨会。

25 日 省交通运输厅召开重点工程建设项目巡查工作启动会,传达学习省委常委、省纪委书记周泽民对该厅开展项目巡查工作的重要批示,对该厅重点工程建设项目巡查工作进行动员部署。厅党委书记、厅长朱希作动员讲话,厅纪委书记成松主持会议,省纪委纪检监察六室主任陶亮、厅重点工程建设项目巡查组组长孙茂刚讲话,厅直各单位、各重点工程项目办、厅机关各处室负责人参加会议。

同日 省交通运输厅党委书记、厅长朱希到德安县白路马石门段山体滑坡现场察看指导公路水毁抢通工作。厅总工程师胡钊芳、省高速集团和厅机关处室负责人随同察看。

28 日 昌宁高速公路项目 L1 标翠微峰一号隧道贯通。

28 日—8 月 19 日 省委副书记、省长鹿心社深入南昌、九江等市重大项目建设工地、企业视察、调研和指导重大项目建设,慰问广大工程建设者。他详细了解工程建设进展情况,现场协调解决工程建设遇到的困难和问题。在考察高速公路、水运等建设项目时强调,要加快交通建设优化投资结构,推进发展升级,全面提升江西综合交通运输能力。

30 日 南京军区联勤部驻江西省航务年代处党委兼职第一书记、江西省交通运输厅党委书记、厅长朱希在"八一"建军节来临之际,走访慰问驻江西省航务军代处官兵,与官兵们进行亲切座谈。副厅长梁必康、省港航局长于钦民、党委书记严允陪同慰问。

是月 星子神灵湖货运码头岸线由交通运输部批准新建 2 个 2000 吨级散杂货泊位和 3 个 2000 吨级件杂货泊位,设计年通过能力 523 万吨,该项目已于 2014 年 11 月正式开工建设。

8 月

1 日 省交通运输厅、省高速公路联网管理中心召开高速公路"赣通卡"推广新闻发布会,同时举行与合作银行签约仪式。中央驻赣和江西的近 40 家新闻媒体代表参加新闻发布会。

同日 省高速集团召开迎"国检"工作布置会。部署全省高速公路迎"国检"工作。8 月 7 日,印发《江西省高速集团高速公路路容路貌规范化整理标准》,并制定迎"国检"考评机制,各项工作坚持高标准、严要求,紧锣密鼓备战"国检"大考。

2 日 吉州区朱北公路二期控制性工程——奶奶庙桥贯通。桥长 66 米、桥面宽 31 米、总造价约 550 万元。

4 日 省委常委、南昌市委书记王文涛,南昌市市长郭安实地察看昌樟高速公路改扩建工程昌西南边线建设情况。

5 日 省委副书记、省长鹿心社赴九江市,考察昌九高速公路改扩建工程通远试验段、九江绕城高速公路等交通工程施工情况。

6 日 中国农业银行江西省分行行长温学宇、副行长胡继华专访省交通运输厅并进行座谈。厅党委书记、厅长朱希,副厅长王爱和,省高速集团总经理任东红出席座谈会。

同日 中国交通报江西记者站被江西省新闻出版广电局评为优秀单位,获中国交通报社贡献奖。

7 日 全省道路运输安全监管工作座谈会在南昌召开。

8 日 中共江西省委、省政府召开 2013 年度江西省科学技术奖励大会。省交通科研院科技项目"体外预应力加固桥梁关键技术研究及工程示范"获省科技进步奖二等奖,"湿热山区高速公路沥青路面建设关键技术及示范"获省科技进步奖三等奖。赣粤高速公路公司的科技项目"高速公路沥青路面改造关键技术及其工程应用"获省科技进步奖二等奖。

8 月中旬 省委副书记、省长鹿心社先后考察丰城至南昌赣江航道与南昌港集装箱码头等水运情况。省政府秘书长谭晓林,省交通运输厅党委书记、厅长朱希,南昌市市长郭安,国电江西电力公司党组书记王恒文等随同考察,赣粤高速公路股份有限公司的科技项目“高速公路沥青路面改造关键技术及其工程应用”获省科技进步奖二等奖。该项目为全省交通运输行业第二批节能减排示范项目。

15日 全省交通运输安全生产电视电话会议召开。会议传达了上级有关会议精神,部署了全省交通运输安全集中整治工作。厅党委书记、厅长朱希出席会议并讲话,厅总工程师胡钊芳主持会议并传达交通运输部8月13日安全生产紧急会议精神和省安委会8月12日“七打七活”打非活动专项行动会议精神,以及《江西省交通运输厅关于加强“平安交通”建设集中整治安全生产若干问题的实施意见》。会议强调,全省交通运输行业各单位、各部门要切实把安全生产工作摆在各项工作的首位,作为重中之重,抓好、抓实、抓细、抓出成效。在“平安”交通建设中,要强化长途客运,危险品运输、内河渡运、公路水运工程建设安全监管,果断行动、铁心硬手、重拳出击、出实招、出硬招、出狠招、坚决落实各项工作保障措施,坚决做好重点时段交通运输安全生产工作,确保各项预警预防和各项安全防范措施落实到位。

20日 省交通运输厅副厅长谢德强率领省运管局、港航局及厅人事处、法规处等有关部门负责人在上饶市召开全省交通行政执法体制改革调研座谈会。

22日 以埃塞俄比亚阿哈拉州交通局副局长梅格比亚乌塔西乌格达姆为团长的交通代表团一行6人到省交通运输厅访问考察。省交通运输厅副厅长梁必康及厅机关处室,厅外经办负责人参加座谈会。

同日 省公路局召开普通国省干线断头路建设协调会。

同日 省运管局通报2014年全省机动车维修质量信誉考核AAA级企业。全省共有96家企业被评为“2014年度机动车维修质量信誉考核AAA级企业”。

26日 德上高速公路三清山连接线正式通车。该连接线于2012年9月开工建设,全长17千米,路面宽20米,双向四车道,项目总投资3.12亿元。

27日 全省高速公路车辆通行秩序专项治理活动动员会在南昌召开。会议决定9月1日—30日,在全省范围内联合开展高速公路车辆通行秩序专项整治活动。省交通运输厅党委书记、厅长朱希,省公安厅党委副书记、副厅长罗永银出席会议并讲话,省交通运输厅副厅长王爱和主持会议,省武警总队副参谋长陈鹏出席会议。会议就做好专项治理工作进行了动员与部署。

28日 船顶隘(赣闽界)至广昌6条高速公路征地和房屋征收动员会暨6000千米项目用地报批工作推进会在南昌召开。会议的主要任务是:全力做好船顶隘—广昌、南昌—宁都高速南昌连接线、都昌—九江高速、都昌至星子段、上饶—万年、修水—平江(赣湘界)、东乡—昌傅6条年内拟开工高速公路建设项目征地和房屋征收工作,部署安排实现“2016年高速公路通车里程突破6000千米”目标所涉及的项目用地报批等前期工作。省委常委、常务副省长莫建成出席会议并讲话,副省长李贻煌主持会议,省政府副秘书长张小平,涂琼理,省交通运输厅党委书记、厅长朱希,省重点办主任王前虎等出席会议。王前虎宣读征地和房屋征收补偿和规费缴交标准,省高速集团总经理任东红介绍6个项目的基本情况。

29日 沪昆高速上饶经开区互通收费站及连接线建成,并投入使用。该项目于2012年8月开工建设,总投资3.9亿元。

8月—12月 省交通运输厅在全省开展交通运输系统深入开展安全生产若干问题集中整治活动。全省海事、运政等执法部门累计出动执法人员15881人次,查处“三无”船舶非法运输152起,船舶超载运输68艘次,船舶配员不齐66起,打击非法采砂与非法过驳行为13起,船舶非法从事水工作业4起,非客船载客10起,非法滩涂造船4起,证照不齐餐饮趸船非法经营3起,危化品船舶偷装偷卸3起,各类违法营运车辆775辆,注销危货运输企业11家、车辆252车,下发整改通知书79份,对质量安全隐患较突出的4个建设项目、6家施工企业、7个施工标段进行了全省通报和相应处罚,严格追究了相应施工单位、项目办管理人员、监理单位及人员的责任。

9月

2日 省委常委、纪委书记周泽民一行到南昌港国际集装箱码头考察港口发展情况。省纪委常委何刚,省交通运输厅党委书记、厅长朱希、纪委书记成松、副厅长梁必康,省港航局局长于钦民、党委书记严允等陪同考察。

4日 省交通运输厅召开2015年部门预算编制工作布置会,对2015年部门预算工作进行布置,对部门预算编制人员进行培训。副厅长王爱和出席会议并讲话,省人大预算工作委员会预算审查监督处、省财政厅预算编制中心相关负责人到会讲话或授课。

同日 抚州市临川大道高架桥正式通车。

5日 全国交通运输系统深化行政审批制度改革电视电话会议在京召开。省交通运输厅党委书记、厅长朱希,副厅长王爱和、谢德强,厅直属单位及厅机关有关处室负责人在江西分会场一同收听收看。

同日 省公路工程有限责任公司举行更名揭牌仪式。江西省公路机械工程局更名为江西省公路工程有限责任公司。

同日 省委常委、省纪委书记周泽民到省交通运输厅,出席该厅党委中心组学习(扩大)会议,听取省交通运输厅党委班子成员关于落实"两个责任"发言。他对该厅落实"两个责任"、加强党风廉政建设,推进交通运输事业发展取得的成绩给予充分肯定。

同日 九江市港航管理局在星子县召开九江市港口总体规划(鄱阳湖区)专家审查会。省交通运输厅、省港航管理局、九江市交通运输局、港航管理局以及鄱阳湖周边各县(市、区)政府负责人参加会议。

9日 在第30个教师节即将到来之际,省交通运输厅党委书记、厅长朱希,厅总工程师胡钊芳到江西交通职业技术学院看望慰问该院教职员工,并致以节日的祝贺。

12日 党的群众路线教育实践活动省直单位上下联动整改工作推进会第二组会议在省交通运输厅召开。省委组织部副部长、省委"活动办"副主任周训国主持会议并讲话。省审计厅、民政厅、交通运输厅等15个单位汇报工作情况,会议提出了下一阶段的工作计划和目标任务。

16日 省公路路政管理总队召开党委中心组理论学习(扩大)会议,学习中共中央总书记习近平关于加强党风廉政建设和反腐败斗争的重要论述及省委常委、省纪委书记周泽民在省厅党委中心组学习会上的重要讲话精神。省交通运输厅副厅长谢德强出席会议并讲话。

同日 新余高铁公交线路正式开通。该线路全程17千米,沿途共有停靠站点15个。该市在开通首条高铁公交线路后,9月26日又开通了同创生态城至新余北站202路高铁公交线路,至此,新余城区至新余北站的高铁公交线路。

同日 江西首条高速铁路—沪昆客专南昌至长沙段开通。宜春铁路综合交通枢纽工程竣工启用。该枢纽集高铁、普客、长途客运、公交和出租车为一体,系沪昆高铁南长客运专线的配套工程,占地面积11.67公顷,核心区域建筑面积16万平方米,于2012年5月开工建设,工程总投资11.9亿元。

同日 沪昆高铁高安火车站正式运营。该站位于高安市瑞阳新区北侧,距老城区3千米,为县级车站,站房面积6000平方米,设侧式站台2座,到发线4条(含正线)。沪昆高铁杭长段高安境内全长80千米,由此结束了高安无铁路的历史。

同日 宜春汽车东站投入运营。该站停车场面积23300平方米,发车区面积3025平方米,可同时停靠114辆客车;候车厅、售票厅、行包托运处、调度室等站房面积4079平方米,汽车安全检验台、车辆清洁台等辅助设施面积1699平方米,管理用房面积626平方米。共有线路47条,其中省际班线16条,市班线9条,县际班线11条,县内班线11条。

同日 宜春铁路综合交通枢纽正式投入使用。该枢纽始建于2012年,是集高铁、普铁、汽运、公交、出租于一体的大型综合交通枢纽。工程占地面积11.67公顷,总建筑面积15万平方米,累计投资13亿元。

20—21日 省交通运输厅党委书记、厅长朱希到昌宁高速公路项目建设一线察看项目施工进展情况,慰问一线工程建设者。副厅长王昭春、省高速集团总经理任东红陪同视察。

21日 昌宁高速公路礼坊隧道贯通。

24—30 日 省运管局组织六个督查组，分别由局领导带队，深入设区市班线客运、旅游客运、汽车客运站和危货运输企业督查安全生产工作。

25 日 《国务院关于依托黄金水道推动长江经济带发展的指导意见》将南昌至赣州、赣州至深圳快速铁路，鹰潭至梅州普通铁路，瑞金机场，G105、206、319 国道改扩建等一批项目纳入国家规划。

同日 省公路学会组织 200 多名博士、专家到上犹县开展科技服务，重点对赣丰线茶亭坳隧道病害处理进行调研，并提出了实用有效的处置依据和方法。

26 日 南昌铁路局“赣闽货物快运”列车与上海铁路局“长三角货物快运”、南宁铁路局“八桂货物快运”、武汉铁路局“九州货物快运”以及广州铁路集团公司“南方货物快运”跨局联运，在江西，福建、广东、广西、湖南、湖北、上海、江苏、浙江、安徽等省市形成跨省市（区）铁路快捷运输循环网络。

同日 省交通运输厅、江西广播电台交通频率联合举办“维护正常通行秩序营造文明交通环境——江西省高速公路车辆通行秩序专项治理活动访谈”。邀请省高速公路联网管理中心、省路政总队、省交警总队相关负责人走进江西交通广播直播室，畅谈全省高速公路车辆通行秩序中面临的复杂问题，如何维护正常通行、收费秩序、净化交通安全环境，并开通热线电话，接受群众咨询，与群众互动交流。

同日 交通运输部召开交通运输安全生产集中整治工作现场会暨国庆期间交通服务保障和安全生产工作电视电话会议。省交通运输厅党委书记、厅长朱希、厅总工程师胡钊芳，厅机关有关处室和厅直属单位负责人一同收看。

29 日 萍乡市人民政府出台《萍乡市城市优先发展公共交通实施意见》。

同日 省公路桥梁工程公司举行行业企业与高校研究生联合培养基地揭牌仪式。

同日 省交通运输厅原党委委员、副厅长许润龙因犯受贿罪、滥用职权罪被吉安市中级人民法院一审判处死刑，缓期两年执行。

同日 宜春明月山观光小火车正式运营。观光小火车旅游是“大陆第一”“世界弟弟三”的独特旅游项目，横跨宜春、萍乡、吉安三个设区市。该旅游项目起于海拔 1674 米的明月山顶，终于羊狮幕景区，于 2013 年 3 月开工建设，全线总长 4. 12 千米，工程投资 4. 5 亿元。

30 日 赣韶铁路正式开通运营，大余县从此结束不通火车的历史。

同月 江西水都实业有限公司取得水路运输许可证。这是由江西宏焱投资有限公司和南昌水利投资发展有限公司共同出资组建的企业，拥有注册资金 2000 万元，拥有豪华游轮 2 艘，140 客位，核准的经营范围为南昌港区旅游客运八一桥至生米大桥赣江水域。

同月 铜鼓地方海事处成立。

10 月

1 日 景德镇市首条城区观光公交旅游专线开通。该线路起于汽车东站，全程 21 千米，经过城区主要旅游景点及火车站与数个汽车站，全线共设有 32 个站点。

7 日 “十一”黄金周结束，全省共完成公路客运量 1099. 93 万人次，与上年同期相比增长了 1. 58%。共投入客车总量次 136470 辆次，其中，包车总数量次 3931 辆次，加班总数量次 3822 辆次。

9 日 省邮政局与南昌市邮政局联合组织 10 家邮政、快递企业在南昌举办“世界邮政日”主题宣传活动。省交通运输厅副厅长、省邮政管理局局长彭志先，南昌市副市长肖玉文参加活动并讲话。

14 日 中共江西省委书记强卫在省委常委、南昌市委书记王文涛陪同下，到省交通运输厅、人社厅、奉新县、湾里区专题调研推进法治江西建设工作。他在调研高速公路建设工程农民工工资管理工作时，听取了省交通运输厅党委书记、厅长朱希汇报，观看了创新农民工工资管理专题片，对省交通运输厅创新后的农民工工资管理模式给予充分肯定。

15 日 宜丰至潭山公路大中修改造工程竣工。全长 27. 187 千米，总投资 3534. 31 万元。

15—16 日 第七届全国公路改扩建技术交流会在南昌召开。中国公路学会理事长、交通部原副部长胡希捷，江西省交通运输厅党委书记、厅长朱希到会致辞，中国公路学会副秘书长巨荣云主持会议。江西省公路学会理事长孙茂刚、省交通运输厅总工程师胡钊芳、省高速集团总经理任东红出席会议。全国各地200名行业代表及工程技术人员参加会议。会议举办9场专题报告会,并组织与会代表到昌樟高速公路改扩建工程项目考察和进行现场技术互动交流。

15—18日 由交通运输部安全与质量监督管理司副司长黄勇带队,北京、吉林、贵州等地7位专家组成的交通运输部督查组到赣,对昌宁高速公路工程质量和安全情况进行综合督查。江西省交通运输厅党委书记、厅长朱希,副厅长王昭春等陪同。

16—18日 樟树第45届全国药材药品交易会在"中国药都"樟树市举行。该市交通运输局科学合理地安排运力,共调配小车60辆,大客车30辆,接送药商代表3000余人次,实现了代表零滞留、零投诉、零安全事故。

17日 省交通运输厅召开电视电话会议,传达贯彻全省落实党风廉政建设党委主体责任和纪委监督责任工作精神,部署全厅落实党风廉政建设"两个责任"工作。厅党委书记、厅长朱希出席并讲话,厅纪委书记成松主持会议。

18日 即日起,抚州市城区停止收取出租车燃油附加加费。

21日 省青联与江西交通职业技术学院联合举办"相约校园成长对话"交流互动活动。厅领导胡钊芳出席并讲话。

22—23日 省交通运输厅党委书记、厅长朱希先后到昌栗高速公路、萍洪高速公路、万宜高速公路、昌樟高速公路改扩建等项目建设一线,察看工程施工进展情况,慰问一线工程建设者。

24日 省交通运输厅召开党委会议,学习传达和贯彻全省领导干部会议精神。厅党委书记、厅长朱希主持会议并讲话。会议要求全厅上下迅速掀起宣传贯彻中共十八届四中全会议精神热潮。

27日 婺源首条一级公路—G237城市外环线,进入路面沥青底层铺设阶段。该公路设计里程10.11千米,为23米宽的沥青路面,工程总投资约为1.48亿元。

27—30日、11月—14日 省交通运输厅重点工程建设项目巡察组组长孙茂刚一行分别进驻昌宁、昌栗高速公路项目建设所在地,开展现场巡察工作。

28—31日 省交通运输厅举办全省首期高速公路服务区管理人员和星级评定人员培训班。副厅长王爱和出席开班式并讲话。通过培训,开拓了服务区管理人员视野,提升了服务管理水平,推广了服务区星级评定相关制度和标准。

29日 省交通运输厅与华东交通大学研究生联合培养基地在省公路桥梁工程有限公司揭牌成立。

同日 中国银行间交易商协会债务融资工具培训工作(江西)研讨会在省高速集团举办。省高速集团、人民银行、江中集团、江铃集团等数十家省内知名发债企业参加会议。会议以省高速集团企业融资工具为例,鼓励企业通过资本市场进行直接融资,实现低成本资金零距离对接企业。

29日 江西省交通运输系统第十六届老年门球交流赛落下帷幕。省交通运输厅党委书记、厅长朱希,副厅长梁必康,副巡视员夏太胜到比赛现场看望参赛运动员。厅纪委书记成松、厅老年体协主席黄邦明为获奖代表队和运动员颁奖。

30日 昌樟高速公路改扩建项目药湖特大桥新桥建成通车。该桥于2012年11月开工建设,全长9100米,桥面标高30.57米,桥下净高11.45米、桥面宽27米,桥下墩台453个,设计荷载汽—超20、挂—120、设计时速100千米。该桥的建成,标志着全省高速公路最大的交通瓶颈已成为历史。

同日 全省交通运输安全监督应急管理座谈会在南昌召开。厅总工程师胡钊芳出席会议讲话,座谈会后举办了安全应急业务培训班。

31日 全省普通公路干线路网运行监测与应急处置平台项目工作推进会在南昌召开。会议总结了工作,部署了新的工作目标任务。

11月

1日 全省加强普通国省干线公路建设暨迎接全国干线公路养护管理检查动员大会在南昌召开。省委常委、常务副省长莫建成出席会议并讲话,副省长李贻煌主持会议,省政府副秘书长张小平宣读《江西省人民政府办公厅关于进一步加强"十二五"计划期间的后两年普通国省干线公路建设与养护管理工作的通知》，省交通运输厅党委书记、厅长朱希出席会议并讲话。省交通厅运输厅领导，省政府有关部门、各设区市政府、市交通运输局、市公路局及厅机关处室负责人参加会议。

4 日 全省沥青路面再生技术现场交流会在宜春市召开。会议期间，与会人员实地观摩了320国道水泥稳定就地冷再生和上高分局沥青面层热再生与昌金高速柔性基层冷再生及冷料拌和站现场，北京盛广拓公路科技公司等4家单位展示了各自的养护成果与技术。

同日 全省国防公路建设推进会在南昌召开。省交通运输厅副厅长梁必康、省发改委副巡视员汤晓炜出席会议。会议总结了工作，部署了新的目标任务。

同日 《江西省道路客货运输驾驶员“黑名单”公告管理制度（试行）》施行。

同日 吉莲高速公路钟家山隧道（永莲隧道）右洞贯通。此前钟家山隧道左洞已贯通。钟家山隧道进口位于永新县龙田镇刘家村，出口位于莲花县升坊镇的江口村，左右线长度分别为2486米和2494米。该隧道地质十分复杂，涌水、涌泥、塌方等灾害频发，导致工程进展滞缓。2012年以来，交通部多次组织专家会诊，其中有5名国内工程院院士来到现场指导技术攻坚。

5 日 省人大常委会副主任马志武在鹰潭市委副书记彭世东陪同下，到龙虎山服务区调研。他对该服务区建设质量、环境卫生、管理服务给予高度评价。

6 日 交通运输部第二次安全生产若干问题集中整治经验交流视频会议召开。省交通运输厅党委书记、厅长朱希在会后立即召开会议研究和部署贯彻落实此次会议精神的方法与措施。

6—7 日 省公路局以迎“国检”为契机，进一步强化国省道干线公路日常养护工作，并派出督察组到吉安督察国省道干线公路开展迎“国检”工作情况，指导开展迎“国检”工作。

7 日 省政府召开全省加强普通国省干线公路建设养护暨迎接全国干线公路养护管理检查动员会。省委常委、常务副省长莫建成出席会议并讲话，副省长李贻煌主持会议，省政府副秘书长张小平宣读《江西省人民政府办公厅关于进一步加强“十二五”计划期间的后两年普通国省干线公路建设与养护管理工作的通知》，省交通运输厅党委书记、厅长朱希出席会议并讲话。

9 日 即日是全国消防安全宣传日。全省交通运输系统在此节日前后开展了一系列普及消防知识、防控突发事件、强化消防工作督查、提高防范能力等活动。

同日 省交通运输厅党委书记、厅长朱希到吉莲高速永莲隧道施工现场，察看项目建设情况。副厅长王昭春等随同察看。

10 日 省运管局通报2014年度全省质量信誉AAA级城市公共汽车客运企业和出租汽车客运企业名单。全省7家城市公共汽车客运企业、13家出租汽车客运企业质量信誉被评为AAA级。

11 日 省交通运输厅在江西交通干部学院举办学习贯彻中共十八届四中全会精神专题辅导讲座。邀请江西省委党校副校长、江西行政学院副院长、法学教授罗志坚作专题辅导。厅党委书记、厅长朱希主持讲座。厅领导及厅机关各处室、厅直属单位在南昌地区的副处以上领导干部参加讲座。

12 日 赣鄂皖高速公路所（站）友好交流促进会第八次年会在麻武高速公路麻城东管理所召开。三省代表就省际特情联合处置、跨省收费稽查、省际路况信息共享、跨省清障施救等达成共识。

13—14 日 《江西交通年鉴（2014）》评审会召开。省交通运输厅副厅长、厅交通史志编审委员会常务副主任王爱和出席会议并讲话。

14 日 省交通运输厅在南昌召开会议，传达学习省纪委《关于在全省党员干部、公职人员中进行拒收“红包”警示教育的通知》及两个通报文件精神，对该厅违规收送“红包”专项治理工作进行部署。厅纪委书记成松出席会议并讲话。

中旬 九江市港口局九江县分局更名为城西分局。

14 日 省交通运输厅在南昌召开《“十三五”江西交通信息化对策研究》课题大纲评审会。

18 日 省交通运输厅召开《“十三五”期间江西省交通运输发展投融资机制研究》课题大纲评审会。该厅副厅长王爱和出席并讲话。8位国内专家及厅财务、规划处，规划办有关人员参加评审会。

19 日 全省交通运输安全生产电视电话会议在南昌召开，省交通运输厅副厅长王爱和出席会议并讲话，副厅长谢德强主持会议。厅机关有关处室、厅直有关单位和各高速公路项目办主要领导、分管领导及有关部门负责人在南昌主会场参加会议。各设区市交通运输局、公路局、港航分局、运管局（处）、高速路政支队、高速路段管理单位、县（市、区）交通运输局主要领导、分管理领导和有关业务部门负责人在各设区市分会场参加会议。会议传达了交通运输部第二次和第三次安全生产集中整治工作经验交流电视电话会议精神。通报了全省集中整治、危险品运输专项整治、运营隧道专项整治、在建设高速桥隧专项整治的有关情况。

同日 省交通运输厅领导率领厅法规处，财务处、监察室，省公路局、运管局、路政总队和厅治超办等相关部门负责人做客江西人民广播电台《政风行风垫线》节目，以治理“三乱”为主题，接听人民群众的热线电话，解答、咨询群众关心的热点问题，与听众相互交流互动。

24 日 省交通运输厅副厅长谢德强率领厅运输处、安监处负责人一行5人，到省运管局检查指导道路客运、危货运输安全生产集中整治工作。

同日 交通运输部路网监测与应急处置中心及江西、湖南两省联网中心有关人员到赣湘界睦村收费站进行ETC全国联网调试。

25 日 省交通运输厅举办的人事干部业务培训班在省交通干部学院开班。厅纪委书记成松出席开班式并讲话。培训班邀请省委组织部、省人力资源和社会保障厅相关部门负责人授课，集中学习贯彻新修订的《党政领导干部选拔任用条例》和新颁布的《事业单位人事管理条例》。

26 日 全省水上交通运输安全生产集中整治工作电视电话会议在南昌召开。省交通运输厅总工程师胡钊芳主持会议，副厅长梁必康出席会议并讲话，省港航管理局局长于钦民、党委书记严允出席会议。厅机关及省港航局有关处室负责人、省水上搜救中心和鄱阳湖分中心负责人在省港航局主会场参加会议。各设区市交通运输局、港航管理处（局）、渡口管理部门、九江市港口管理局和地方海事局主要领导、分管领导及有关业务部门负责人在各设区市地方海事局分会场参加会议。

同日 省公路局召开迎接“十二五”全国干线公路养护管理检查工作布置会，推进今明两年公路建设和养护工作，确保不折不扣地完成国省干线公路升级改造1200千米、养护大中修3000千米和完成520座危桥改造等项任务。

27 日 全省水上交通运输安全生产集中整治工作电视电话会议在南昌召开。

27—28 日 第二届全国高速公路服务品牌年会召开。会上，泰和管理中心井冈山机场所机场“映山所”“映山红”收费站获“最美中国路姐团队”称号，泰和管理中心泰和北所李红、昌泰公司吉安南所刘艺获“中国路姐”称号。

28 日 丰城林安商贸物流城建成开业。商贸物流城项目由丰城国际商贸物流城和梅林物流园组成，项目面积77.33公顷，总建筑面积100万平方米，工程总投资30亿元。

同日 省人大常务会召开省十二届人大代表建议办理工作先进单位和先进个人表彰会。省交通运输厅系20个江西省十二届人大代表建议办理工作（2013—2014年）先进单位之一，受到大会表彰。

12 月

1 日 新余至九龙山公交线路正式开通。全程32千米。

2 日 即日是第三个“全国交通日”泰和管理中心等部门开展遵守交通信号、倡导文明礼让、引导人们安全出行等一系列活动。

3 日 定南县岭南大道一期、二期路基全线贯通。

同日 省高速集团召开党建工作座谈会。省交通运输厅党委书记、厅长朱希，副厅长王昭春出席会议。朱希在会上讲话时充分肯定高速集团取得的成绩和成功经验，对该集团今后的党建工作提出了明确要求和希望。

同日 省政府办公厅督查组一行4人到省交通运输厅，对该厅贯彻落实省政府促进经济平衡增长若干措施落实情况进行督查。该厅副厅长王爱和、谢德强、王昭春及厅直属有关单位、厅机关有关处室负责人参加会议。

4 日 省交通运输厅召开党委会，学习省委十三届十次全会精神，结合交通运输实际，落实有关决策部署。会议强调，全省交通运输系统要以深入贯彻省委十三届十次会议精神为契机，扎扎实实做好各项交通运输工作，为全省“发展升级、小康提速、绿色崛起、实于兴赣”作出新贡献。

5日 铜鼓县花山隧道工程竣工通车。该工程于2012年12月开工建设。全长5.5千米，宽10米，为单洞双向两车道，工程投资2.1亿元。

同日 省交通运输厅党委书记、厅长朱希先后到金抚高速、九江绕城高速、都九高速（星子至九江段）、昌九高速改扩建通远试验段等项目建设一线察看工程施工进展情况，看望慰问一线工程建设者。

10日 副省长郑为文到320国道绕宜春中心城区改建工程调研。宜春市市长将斌、副市长黄德刚等陪同调研。

同日 抚州市首条城际公交班线——州市区至抚州东站（东乡）的城际直达公交班线开通。

同日 鹰潭高铁北站正式通车。该线路始发站为汽车站、终点站为鹰潭北站。

12日 吉安市万吉全国物流公共信息平成功入选商务部国家标准委的《商贸物流标准化专项计划》全国首批重点推进的10家示范企业之一，这是江西唯一一家入选企业。

同日 省高速集团召开党建工作座谈会。省交通运输厅党委书记、厅长朱希出席会议并讲话，副厅长王昭春到会指导。

15日 九江港口岸扩大开放城西港区通过国家验收。

同日 上饶市中级人民法院以受贿罪判处原江西省交通运输厅副厅长邓经国有期徒刑15年。对邓经国1997—2013年间利用职务上的便利，非法收受个人或单位财物等总计1362万余元予以追缴，并处没收财产100万元。被告人邓经国表示服判不上诉。

15—16日 省交通运输厅在省交通干部学院举办新安全生产法和安全生产督查培训班。培训班邀请国内知名专家、享受国务院特殊津贴的交通运输部干部学院法学教授张柱庭和厅总工程师胡钊芳及省港航局、省运管局的领导与专家授课。

16日 省交通运输厅党委书记、厅长朱希，副厅长王昭春率厅办公室、组织人事处、监察室负责人一行到省高速集团召开座谈会，听取该集团干部职工对厅党委教育实践活动专题民主生活会整改落实情况和深化作风建设的意见。

同日 江西交通职业技术学院合作发展理事会成立。省交通运输厅总工程师胡钊芳天举办的成立大会并讲话，省教育厅、南昌市政府等相关单位的负责人及该学院的师生代表参加会议。

18日 省交通运输厅联合景德镇市人民政府在景鹰高速公路举办2014年高速公路隧道交通安全应急演练。省交通运输厅、省高速集团、景德镇市委、市政府部分领导观摩了高速公路隧道应急救援能力演练全过程。

同日 万宜高速公路工程通过验收。该路北起万载县西郊省道S12万上（万载—上栗）高速公路，终于袁州区互通出口出费站，有连接线接明月山机场A线。该工程2012年11月开工建设，于2014年12月26日正式通车，全长34.78千米，工程概算总投资20.21亿元。

19日 弘扬“两路”精神宣讲视频报告会在交通运输部机关召开。江西省交通运输厅副厅长王爱和及厅直属各单位、厅机关各处室负责人在江西分会场收听收看。

同日 明月山机场萍乡城市候机场投入使用。该候机楼位于金三角1号公馆内。运营初期，萍乡城市候机楼每天将发出2班机场大巴前往明月山机场。明月山机场已开通往返北京、上海、深圳、昆明、成都、厦门航线。

20日 南昌至赣州铁路客运专线开工建设。

同日 蒙华铁路江西段开工建设。蒙华铁路北起东乌铁路浩勒报吉站，终点到达江西省吉安市。该线路途经江西境内铜鼓、宜丰、上高、吉安的线路长211千米，投资160亿元，等级为国铁一级。该线路是“北煤南运”国家战略运输新通道，以货运为主、客运为辅，工程建成后一举结束铜鼓、宜丰、上高县无铁路的历史。该线路全长1837千米，工程投资1598亿元。

24日 景德镇市公安、城管、交通、公路四部门对位于该市景东大道的6个砂场进行首次集中整治，出动工作人员300余人、4辆装载机及20辆渣土运输车，共清运砂石240车约5000立方米。

25日 省交通运输厅党委召开领导班子民主生活会。省委常委、省纪委书记周泽民到会指导并讲话。省纪委常委汪爽、第六监察室主任陶亮及省委组织部、省直机关工委省关负责人，省交通运输厅领导班子成员、副巡视员、省公路局、省港航局、省运管局、省高速集团和江西交通职业技术学院党政主要领导出席会议,厅机关有关处室负责人列席会议。厅党委书记、厅长朱希代表厅领导班子开展对照检查,查摆“四风”方面的突出问题。班子成员们认真开展批评和自我批评,聚焦“四风”进行深刻查摆和剖析。会议还通报了厅领导班子教育实践活动专题民主生活会整改落实情况和民主生活会前征求意见建议的情况。

同日 赣龙铁路改造工程赣县站站改线路开通,实现了京九线和赣龙线高速铁路道岔和股道完美对接。

26 日 萍乡市首条南北向过境高速—萍洪高速公路竣工。

同日 省政府在南昌召开全省实现县县通高速公路暨东乡至昌傅高速公路等十三个交通重点工程建设项目开工新闻发布会。省委常委、常务副省长莫建成出席会议,并宣布万载至宜春、萍乡至洪口界等五个高速公路项目建成通车,全省县县通高速公路目标顺利实现;东乡至昌傅、上饶至万年高速公路等十三个交通重点工程建设项目正式启动。副省长李贻煌主持会议。省政府副秘书长涂琼理宣读省高速公路建设领导小组对省交通运输厅及五个高速公路项目的表扬通报。省交通运输厅与省政府有关部门、省有关金融机构及项目沿线市、县(区)政府及有关部门负责人,五个建成项目及十三个开工项目参建代表和新闻媒体表参加会议。这次竣工通车的五个项目总通车里程超过180千米,这次集中开工的13个项目总里程达到823千米。

同日 九江绕城高速正式通车。该路按照全封闭、全立交、双向四车道高速公路标准建设,设计速度100千米/小时。全长约46.637千米,总投资约为31.39亿元。

同日 寻全高速安远至信丰段和夏蓉高速瑞赣段赣县北互通建成通车。

26 日 交通运输部召开电视电话会议,宣布全国14个省市高速公路电子不停车收费(ETC)联网正式开通。江西省ETC已与北京、天津、河北、山西、辽宁、上海、江苏、浙江、安徽、湖北、山东、陕西、湖南等13个省市联网运行,标志着江西持通卡的车辆可以畅行14个省〔市〕的高速公路。

同日 全省水上交通运输安全生产集中整治工作电视电话会议在南昌召开。省交通运输厅总工程师胡钊芳主持会议,副厅长梁必康出席会议并讲话,省港航管理局局长于钦民、党委书记严允出席会议。会议总结了全省水上交通运输安全生产集中整治工作,部署了下一阶段工作目标任务。

同日 万载至宜春五条高速公路建成通车。至此,全省高速公路通车里程达4516千米,打通23个出省通道,全省100个县(市区)全面实现通高速公路的目标。

同日 铜鼓至万载高速公路及该路宜丰联络线新建工程动工建设。铜万高速起于铜鼓县三都镇小镇小浪坑村,终于万载县城西北侧“南昌至上栗高速公路”与“宜春至万载高速公路”相交的四肢枢纽到通处。路线全长69千米,工程投资58亿元。铜万高速宜丰联络线新建工程起于宜丰县天宝乡,终于宜丰县竹窝里北。路线全长25.53千米,工程投资为22亿元。

30 日 上武高速公路至铅山连接线工程全线贯通。全长10.3千米,按一级公路标准建设,双向四车道,总投资2.3亿元。

31 日 全省普通干线路网运行监测与应急处置平台项目工作推进会在南昌召开。

同日 省委书记强卫在省委常委、南昌市委书记王文涛陪同下,到江西长运徐坊客运站,看望慰问道路运输一线干部职工,检查指导节前交通运输安全工作。

同日 省高速集团党委召开2014年度领导班子民主生活会。省交通运输厅党委书记、厅长朱希,副厅长王昭春到会指导并讲话。

同月 全省高速公路通行秩序专项治理总结会在南昌召开。省交通运输厅副厅长王爱和出席会议并讲话,省武警总队副参谋长朱为群出席会议。会议通报了全省高速公路通行秩序专项治理情况,部署了下一阶段工作目标任务。会上,省高速公路联网管理委员会与省武警总队、南昌警备司令部,省武警总队分别签订了《共同维护全省高速公路车辆通行秩序协作意向书》。

同月 江西和谐驾驶培训有限公司在上高县兴建汽车驾培学校。该项目占地面积151.336公顷,其中,建筑面积约5万平方米,按照国家标准GB/T30340—2013、BG/T30341—2013建一所一级驾校,竣工投入使用后可容纳各类训练车辆1000辆,年培训驾驶员10万人次,解决就业1500余人。工程投资2亿元,

同月 东乡至昌傅高速公路开工建设,该路

起于东乡县茶林镇境，终于樟树市昌傅镇，与沪昆高速昌樟段樟树枢纽互通对接。全线按全封闭、全立交、双向四车道标准建设，路基宽26米，设计行车速度100千米/时，全长151.78千米，概算投资约为96.77亿元。

同月 第三届江西省科协学术年会第26分会场暨江西省公路学会2014年学术年会在江西交通干部学院召开。省交通运输厅党委书记、厅长朱希，省科协副主席梁纯平，省民政厅民间组织管理局局长刘石呈出席会议并讲话，省交通运输厅总工程师胡钊芳作主旨报告，省公路学会理事长孙茂刚主持会议。会议邀请华东交通大学，省交通运输厅规划办、省交通设计院有限责任公司领导作专题学术报告，并对“中国梦 · 公路交通梦”征文获奖代表进行表彰。

同年 全省交通基础设施完成投资456亿元，比上年增长28.5%，其中，高速公路完成投资271亿元，比上年增长42.9%。全省普通国道通车总里程达到7680千米，实现县县通国道通高速。升级改造国道433千米，实现路面大中修1589千米，完成安保工程899千米，完成危桥改造2327延米/24座。完成新建、改建农村公路超过1400千米。完成农村危桥改造54座，实现农村公路安保工程400千米，累计建成104个农村公路综合服务站，完成12个农村客运站、480个农村候车亭（牌）建设。全省客货站场建设完成投资11.8亿元，比上年增长22%。全年公路运输客运量、旅客周转量、货物运输量、货物周转量分别比上年增长3%、2.9%、13.6%和8.6%；水路运输客运量，旅客周转量、货运量、货物周转量分别比上年增长36.5%、1.6%、5.6%和8.6%。全年取得专利授权15项，获得国家科技进步奖二等奖1项，获得省科技进步奖二等奖2项、三等奖1项，获得中国公路学会科技进行奖三等奖4项。物货文明、精神文明、政治文明、生态文明建设成效显著，综合交通、智慧交通、绿色交通、平安交通建设成果丰硕。

交通基础设施建设

公路建设

【概况】 2014年,全省完成交通基础设施建设投资456亿元,同比增长28.5%。其中,高速公路建设完成投资271亿元,同比增长42.9%,县县通高速公路目标如期实现。全省高速公路通车里程达4515千米。

2014年是江西省高速公路建设全面提速的一年。建成的高速公路有:①万载至宜春,全长34.74千米,2012年10月开工,2014年12月完工;②九江绕城,全长46.664千米,2012年10月开工,2014年12月完工;③萍乡至洪口界,全长33.8千米,2013年4月开工,2014年12月完工;④寻全高速信丰至安远段,全长51.052千米,2012年10月开工,2014年12月完工;⑤都昌至九江高速星子至九江段,全长14.167千米,2013年4月开工,2014年12月完工。(以上完工5个项目均为双向四车道)如期新开工高速公路项目有12个:①广昌至船顶隘(赣闽界),全长20.7千米,批复概算20.8亿元,2014年9月开工,计划完工2016年12月,双向四车道;②兴国(宁都)至赣县高速公路兴国至赣县段新建工程,全长71.995千米,批复概算60.75亿元,2014年11月开工,计划完工2016年11月,双向四车道;③都昌至九江高速都昌至星子段,全长51.07千米,批复概算42.8亿元,2014年12月开工,计划完工2016年12月,双向四车道;④宁都至定南高速宁都至安源段,全长163.38千米,批复概算109.77亿元,2014年12月开工,计划完工2016年12月,双向四车道;⑤宁都至定南高速安源至定南段,全长51.96千米,批复概算40.3亿元,2014年

12月开工,计划完工2016年12月,双向四车道;⑥宁都至定南高速定南联络线,全长38.21千米,批复概算26.19亿元,2014年12月开工,计划完工2016年12月,双向四车道;⑦东乡至昌傅高速公路,全长151.81千米,批复概算99.73亿元,2014年12月开工,计划完工2016年12月,双向四车道;⑧上饶至万年高速公路,全长76.07千米,批复概算46.88亿元,2014年12月开工,计划完工2016年12月,双向四车道;⑨修水至平江高速公路,全长79.9千米,批复概算50.8亿元,2014年12月开工,计划完工2016年12月,双向四车道;⑩铜鼓至万载高速公路,全长69.13千米,批复概算61.26亿元,2014年12月开工,计划完工2016年12月,双向四车道;⑪南昌市绕城高速公路南外环项目,全长35.8千米,批复概算71.1亿元,2014年7月开工,计划完工2017年6月,双向六车道;⑫昌宁高速南昌连接线,全长12.2千米,批复概算14.41亿元,2014年12月开工,计划完工2016年12月,双向六车道。

2014年,普通公路建设迈出新步伐。全省普通国道总里程达到7680千米,实现县县通国道。升级改造国省道443千米,实施路面大中修1589千米,完成安保工程899千米,完成危桥改造2327延米/24座。农村公路建设取得新进展。完成新建、改建农村公路超过14000千米,完成农村公路危桥改造54座,实施农村公路安保工程400千米。完成12个农村客运站和480个农村候车亭(牌)建设。

(天　地)

高速公路建设

【朱希察看井睦高速公路建设】 1月8日,省交通运输厅党委书记、厅长朱希到井睦高速公路,了解项目建设、管理运行等情况。厅副巡视员魏炳彦,省公路局局长任东红、党委书记谢元银、省高速集团党委书记王江军及井睦项目办、泰和管理中心负责人随同。朱希指出,项目建设积累了很多好的经验做法,要及时提炼总结,为今后全省高速公路建设提供经验和借鉴,不断提升江西高速公路建设水平。路段管理单位要围绕文明收费、规范服务,坚持以人为本,创新管理理念,提高运行效率,使各项工作走上规范化、科学化和制度化轨道,展示江西交通良好形象。

(省高速集团公司)

【钱七虎莅临吉莲高速公路永莲隧道调研指导】 1月8日,中国工程院院士钱七虎莅临吉莲高速公路永莲隧道(原钟家山隧道)调研指导,并出席永莲隧道地质灾害处治咨询会。钱七虎强调,隧道进口灾害治理风险高、代价大,要加强监测;出口围岩软弱、自稳性差,应加强超前地质预报;本项目特点明显,应认真总结相关经验为今后类似工程提供示范性指导。

(省高速集团公司)

【朱希察看昌樟高速公路改扩建项目】 3月26日,省交通运输厅党委书记、厅长朱希深入昌樟高速公路改扩建项目一线,察看项目建设情况。副厅长王昭春、及项目办有关负责人随同。

朱希要求,在路面施工阶段,要始终把工程质量放在首位,全面开展标准化管理,加强科技创新,切实提高工程质量。要加强施工现场的交通疏导、环境保护工作,为沿线司乘人员提供一个良好的通行环境。特别要重点抓好改扩建工程的交通安全维护工作,做好新老路施工期交通转移的各项准备工作,做到"保畅通、保安全、保施工",为江西今后高速公路改扩建工程积累经验。

(省高速集团公司)

【省重点办召开昌宁高速公路项目建设促进会】 4月18日,省重点办在昌宁项目办组织召开昌宁高速公路项目建设促进会。省发改委党组成员、省重点办主任王前虎、省交通运输厅副厅长王昭春出席会议并讲话,厅基建处、交通咨询公司、昌宁项目办相关负责同志和沿线各市县政府分管领导、协调办负责人参加会议。

会上,王前虎对昌宁项目开工建设以来取得的各项成绩给予肯定。针对征收工作中遇到的一些难题,王前虎要求,要明确责任,加强沟通,保障施工环境。下一步工程建设要进一步强化管理,加强标准化建设,确保安全质量;要抓好科学调度,精心组织施工,加快工程建设进度,确保昌宁2015年建成通车。他强调,参建各方要将昌宁高速打造成人与自然和谐、路地和谐、安全快速优质的生态文明典范工程,发挥生态观光路、红色旅游路、振兴苏区路的作用。

王昭春在讲话中指出,昌宁项目开工以来,在参建各方的共同努力下,工程进展、现场质量安全管控、征收工作、参建单位工作状态均超出预期。下一步,要加强监管,通过推进标准化管理、规范化施工,确保工程质量。要精心调度,拿下关键工程,确保如期建成通车。要以人为本,积极学习借鉴以往项目和其他在建项目的成功经验,确保创建和谐工程。

(省高速集团公司)

【省高速集团召开2014年开工高速公路项目勘察设计工作推进会】 4月19日,省高速集团在南昌召开2014年开工高速公路项目勘察设计工作推进会。省交通运输厅副厅长梁必康、王昭春到会讲话。厅基建处、规划处、集团项目管理部、项目前期办、各勘察设计及监理单位相关负责人共80余人参加会议。

梁必康要求加快推进勘察设计统一管理、勘察设计指南编制两项工作,尽快完成《江西省高速公路勘察设计指南》编制工作,完善监督、审批等程序,实现勘察设计管理工作制度化、程序化;要进一步加大勘察设计工作的深度,灵活运用技术指标,采用合理的工程规模和技术标准;要贯彻国防战备需求,完善相关项目设计方案。

王昭春对勘察设计工作作了明确要求。要提高认识,推进勘察设计统一管理。要强化监管,全面落实勘察设计监理制度。要精心设计,提高勘察设计质量。要统筹兼顾,尽量降低工程造价。

(省高速集团公司)

【省重点办、省厅领导深入万宜高速协调指导工程建设】 4月28日,省重点办主任王前虎、省交通运输厅副厅长王昭春等领导深入万宜高速公路视察施工现场、解决工程建设难题、督查指导工程建设。

在A2标隧道进口右洞渗水口、A3标Kl6+520-Kl6+600挖方段、谭子口水库等几个地质难点,王前虎、王昭春一行详细了解在施工遇到的困难和问题,共同研究对策、商讨解决办法。他们要求,各参建单位要坚定目标不畏难,强化措施不松劲,既要充分发挥科技在工程建设中的重要作用,认真研究稳妥的施工方案,又要积极加强与沿线各级政府的沟通协调,妥善处理工程建设中出现的各种矛盾,从而有效破解地质难题,突破外围环境制约,形成一个和谐、宽松、稳定的建设氛围,确保万宜项目又好又快向前推进。

(省高速集团公司)

【吉莲高速公路永莲隧道左洞正式贯通】 5月6日9时28分,经过数百名建设者3年多的艰苦奋战,江西交通建设史上迄今为止"最难啃的一块骨头"——吉莲高速公路永莲隧道左洞正式贯通。

自2011年3月开工建设以来,参建者通过精心的施工组织、可靠的施工方案、良好的工程质量、有效的安全管理措施,确保了隧道施工安全有序推进。尤其是进口F2断裂带2012年发生15次大规模突水突泥后,项目办邀请交通部专家对初选的4套处治方案进行比选,最终确定采用帷幕注浆加固法进行治理,并邀请山东大学和经验丰富的施工单位——中铁十五局集团组成联合体对F2断裂带地质灾害进行治理,经过三个循环帷幕注浆、16个月艰难施工,左洞于近期顺利通过我国最大规模突水突泥(断层泥)路段——F2断裂带,为顺利贯通提供了有力保障。

(省高速集团公司)

【沈海高速莆田至炎陵联络线广昌至吉安段新建工程项目评估会召开】 5月,受国家发改委委托,中交公路规划设计院有限公司评估组组织开展了《沈海高速莆田至炎陵联络线广昌至吉安段新建工程可行性研究报告》现场调研,并在南昌主持召开项目工可评估会。评估组原则同意报告中推荐的路线走廊带和桥涵、隧道等工程设置方案,同时就项目部分工程方案及有关专题评估提出具体的修改建议和要求。

(省高速集团公司)

【王前虎察看昌西南连接线项目建设情况】 6月12日,省发改委党组成员、省重点办主任王前虎,省交通运输厅副厅长王昭春深入昌西南连接线项目施工现场,察看项目建设情况。

王前虎强调,当前工作的重中之重是要做好现场的施工安全防护,配合南昌市共同做好道路沿线九龙湖区大开发工程车辆的通行安全管控。王前虎表示，省重点办将一如既往大力支持昌西南连接线项目建设，积极帮助协调项目与地方关系，为推动项目建设创造良好条件。

（省高速集团公司）

【昌宁高速公路项目L1标翠微峰一号隧道贯通】 7月28日，昌宁高速公路项目L1标翠微峰一号隧道贯通，这也是该项目全线贯通的第一座隧道，为安全顺利贯通奠定了坚实基础，也为后续不利地质条件隧道掘进积累了经验。

（省高速集团公司）

【明山隧道右洞胜利贯通】 7月1日，萍洪高速公路工期节点控制性工程——明山隧道右洞胜利贯通，标志着该隧道比原计划提前5天全幅贯通。萍洪高速公路沿线共有4座隧道，明山隧道是最长的一座，该隧道左线全长2022米，右线全长2011米。该分项工程属停工后复工项目，于2013年9月1日起开始进洞施工，前期大部分已施工的构筑由于停工时间达6年之久，出现了不同程度、不同类型的病害和缺陷，需逐点、逐处检测修复，直至达到当时停工界面的质量标准才能开始施工，无形中增加了施工的难度。该隧道附近的龙王洞采石场，以现安全间距不能满足新规范要求、无法办理安全生产许可证为由，不顾多方协调，组织人员强行阻工，前后长达70余天，隧道施工6次被迫长时间中断。为把阻工的时间损失抢补回来，项目办加强协调和管理，在保证施工环境和工程质量、安全的同时，强化现场督导，督促施工单位加强人、机、料的投入，要求施工单位采用两段同时掘进的施工方式，保证日掘进度，以日保周，以周保旬，以旬保月。施工过程中，坚持“短进尺、紧支护，防漏降、勤通风”的原则，确保风管末端离掌子面的距离在10到30米之间，保证了施工的通风要求；同时，根据围岩的细微变化适时分析爆破参数、效果，做到了爆破的精准，较好地控制了隧道的超欠挖质量。由于参建各方协调有力、措施得当、施工科学，4月份以来，该隧道工程施工进度明显加快。5月8日左洞比原计划提前2天贯通；7月1日右洞提前贯通，为萍洪高速公路顺利实现年底建成通车奠定了坚实的基础。

（省高速集团公司）

【鹿心社考察高速公路建设】 8月5日，省委副书记、省长鹿心社赴九江市，考察昌九高速公路改扩建工程通远试验段、九江绕城高速公路等交通工程施工情况。省政府秘书长谭晓林，省发改委主任李安泽，省工信委主任吴晓军，省交通运输厅党委书记、厅长朱希，九江市委书记殷美根，省政府办公厅副主任犹王莹，省警卫局副局长朱文明，省交通运输厅副厅长王昭春，省高速集团董事长、党委书记王江军，省高速集团总经理任东红等随同。

鹿心社指出，两个项目参建各方要发扬不畏艰难的优良作风，合理安排工期、保证工程质量、加快施工进度，强化安全、环保、廉政等工作，又好又快推进项目建设，着力打造质量“放心工程”、“满意工程”，把昌九高速改扩建通远试验段和九绕高速公路建成精品路、崛起路、和谐路。

（省高速集团公司）

【王文涛视察昌西南连接线项目建设情况】 8月4日，省委常委、南昌市委书记王文涛，南昌市市长郭安实地察看了昌樟高速公路改扩建工程昌西南连接线建设情况。

王文涛一行重点察看了宝葫芦农庄路段施工现场，详细了解工程施工进展情况、路面上面层封闭施工计划安排和存在的困难及问题。他要求，解决确保路面工程质量，搞好上面层摊铺等问题，项目施工方要高标准、高效率全力以赴推进项目建设，全面完成目标任务，向南昌市人民交上一份满意的答卷。

（省高速集团公司）

【船顶隘（赣闽界）至广昌等六条高速公路征地和房屋征收工作启动】 8月28日，船顶隘（赣闽界）至广昌等6条高速公路建设项目征地和房屋征收动员会暨6000千米项目用地报批工作推进会在南昌召开，主要任务是全力做好船顶隘（赣闽界）至广昌、南昌至宁都高速南昌连接线、都昌至九江高速都昌至星子段、上饶至万年、修水至平江（赣湘界）、东乡至昌傅等6个2014年拟开工的高速公路建设项目征地和房屋征收工作，部署安排实现“2016年高速公路通车里程突破6000千米”目标所涉及的项目用地报批等前期工作。省委常委、常务副省长莫建成出席会议并讲话，副省长李贻煌主持会议。

（省高速集团公司）

【省高速集团召开2014年新开工高速公路建设项目动员会议】 9月19日，省高速集团在南昌召开2014年新开工高速公路建设项目动员会议。省交通运输厅党委书记、厅长朱希对动员会作出批示：会议开得非常及时，非常必要。望同舟共济，一鼓作气，落实到位，见到成效。省交通运输厅副厅长王昭春出席会议并讲话。集团总经理任东红主持会议。集团10个新开工项目项目办主任、副主任以及集团有关部门负责人参加会议。

王昭春要求，要抓好当前各项筹备和前期工作，确保今年新开工项目全部顺利开工。一要抓紧完成项目办机构组建和人员到位工作。在人员配备上要坚持精干实用，尽量把素质高、品德好、能力强的同志抽调进来。二要尽快完成建设用地组卷报批工作。各项目办负责用地报批的工作人员要尽快到位，加强与项目前期办的沟通协调，确保用地组卷报批工作尽快完成。三要抓紧启动招投标工作。要按照项目建设“五个统一”的要求，对项目建设实行统一招投标，各项目办和集团招标采购中心要明确分工，各负其责，确保招投标工作取得实效。

（省高速集团公司）

【朱希察看昌宁高速公路项目建设情况】 9月20日至21日，省交通运输厅党委书记、厅长朱希到昌宁高速公路项目一线察看项目施工进展情况，副厅长王昭春、省高速集团总经理任东红及省交通质监站、昌宁项目办有关负责人随同察看。

朱希强调，要再接再厉，抓住当前施工黄金期有利时机，在确保施工安全和工程质量的基础上，精心组织，科学施工，加快进度，强化环保、廉政等工作，又好又快完成项目的各项目标任务。

（省高速集团公司）

【昌宁高速公路礼坊隧道贯通】 9月21日，昌宁高速公路礼坊隧道顺利贯通，昌宁项目建设取得又一个阶段性胜利。昌宁高速公路礼坊隧道设计为分离式隧道，左洞长1625米；右洞长1620米。隧道围岩主要为Ⅲ、Ⅳ、Ⅴ级，分别占隧道工程的14%、61%、15%。

承建该隧道工程的C9、C10标单位，自2013年11月进场以来，精心组织，切实克服地质条件复杂、机械设备和材料进场难、生活条件艰苦等不利因素，仅用1个月左右的时间就相继实现进洞施工，避开了冬季雨季的影响。在历时9个多月的施工过程中，两个标段迎难而上，稳中求进，严格按新奥法施工，严把每个工作环节，切实抓好科技创新，其中隧道仰拱采用栈桥法施作，全断面浇筑成型；二衬施工采用矮边墙与二衬一次浇筑成型的全断面液压台车，锚杆施作采用向上式凿岩机械等新技术、新工艺、新设备，解决了隧道施工的一些难题，保证了工程质量和安全、进度。

（省高速集团公司）

【朱希察看高速公路建设情况】 10月22日至23日，省交通运输厅党委书记、厅长朱希先后来到昌栗高速公路、萍洪高速公路、万宜高速公路、昌樟高速公路改扩建等项目建设一线，察看工程施工进展情况，看望慰问奋斗在一线的工程建设者。省交通运输厅副厅长王昭春、省高速集团总经理任东红随同。

对昌栗高速、萍洪高速项目建设，朱希要求：一要抓好组织管理，抢抓当前施工晴好天气，统筹协调组织，紧锣密鼓推进项目建设；二要抓好节点控制，倒排项目工期，加强施工调度，在抓好安全和质量前提下，确保工作进度统筹推进；三要抓好沟通协调，千方百计解决工程建设中出现的困难和问题；四要抓好廉政建设，把“两个责任”落实到行动上，算好自己的“政治账”、“经济账”、“家庭账”，对任何违纪违法问题绝不姑息，一查到底；五要抓好安全生产，完善好“一岗双责”工作推进和责任倒查机制，定期或不定期组织安全检查，及时发现安全隐患和苗头，确保施工安全。此外，要切实关心广大参建人员的生产生活，全力确保农民工工资发放到位，维护社会和谐稳定。

对万宜高速公路项目建设，朱希要求：一要正确处理好质量与进度的关系。要因地制宜制定对策，全力破解施工难题，千方百计加快绿化、交安、机电、房建等附属工程施工进度，打造精品工程。二要扎实做好通车前的保障工作。要加强与地方沟通协调，既要满足群众合理诉求，又要兼顾施工效率，努力为冲刺扫尾工作营造和谐有序的施工环境。

朱希一行还到昌樟高速改扩建项目,现场察看了樟树枢纽建设情况,并希望项目办做好统筹安排,全力推进樟树枢纽施工进度,确保与主体工程同步完工。要紧紧咬住目标任务,加强组织调度,加强与交警部门的协调,确保施工期间道路通畅,继续打好“大干180天劳动竞赛”的攻坚战,全面落实争创“六个典范工程”目标,保证全面完成今年各项目标任务。

（省高速集团公司）

【吉莲高速公路永莲隧道右洞安全贯通】 11月4日11时,被誉为“国内罕见、江西第一难隧”之称的吉莲高速公路永莲隧道右洞安全贯通。

吉莲高速公路永莲隧道(原钟家山隧道)是吉莲高速公路的控制性工程,隧道左洞长2486米,已于5月6日贯通;右洞长2494米。隧道左侧200米左右发育一条大断裂,基本与隧道轴线平行,受该断裂影响,隧道发育有F1、F2等多条次生断裂带,大部分隧址区处于断裂带或断裂带影响区,隧道围岩具有风化十分严重、断裂带特别发育、地下水异常丰富、岩性变化频繁、遇水易膨胀等显著特点。

隧道自2010年底开工建设,2012年进口左右洞先后发生15次大规模突水突泥、出口左右洞围岩条件差,工程进度严重受阻。因此,该项目建设也受到了省委省政府、省交通运输厅和省高速集团相关领导的高度关注和密切关心。钱七虎、王梦恕、周丰峻、卢耀如、顾金才5位院士在莅临现场后指出:永莲隧道F2断裂带突水突泥规模大、次数多、持续时间久,反映出该隧道地质环境极为复杂,实为国内外工程界所罕见,灾害治理难度和风险极大。鉴于永莲隧道出现特别复杂的地质条件、极大的处治难度和极高的施工风险,本隧道施工被包括《中国交通报》等多个媒体称为“国内罕见、江西第一难隧”。面对难度罕见的永莲隧道,项目建设者坚定信心,迎难而上,主动作为,攻克难关,通过可靠的施工方案保障作业安全,有效的科研攻关保证灾害治理效果,高效的现场管理保证施工有序推进,有效的合同手段确保程序规范,实现永莲隧道安全平稳有序推进。

据悉,吉莲项目办组织参建单位精干力量,根据左洞帷幕注浆效果和经验,经反复讨论研究,将右洞原定的三个循环帷幕注浆方案优化为一个循环帷幕注浆实施,最终提前5个月的工期、节约2000多万元的成本。

（省高速集团公司）

【朱希察看吉莲高速永莲隧道】 11月9日,省交通运输厅党委书记、厅长朱希来到吉莲高速公路永莲隧道施工现场,察看项目建设情况。副厅长王昭春、省高速集团总经理任东红随同。

朱希要求,一要围绕“力争2014年12月31日、确保2015年春节前建成通车”目标不动摇,科学组织、合理安排,实现吉莲高速公路全线建成通车;二要认真梳理总结项目的好思路、好经验、好做法,为后续项目奠定扎实的基础;三要时刻绷紧项目安全和质量这根“弦”,稳扎稳打推进后续各项工作;四要认真落实党风廉政建设“两个责任”,抓好廉政教育,强化岗位廉政风险防控管理。王昭春宣读了省交通运输厅对永莲隧道安全顺利贯通的贺信。

（省高速集团公司）

【省高速集团召开2014年新开工高速公路项目建设调度会】 11月10日上午,省高速集团总经理任东红在集团一楼会议室主持召开集团2014年新开工高速公路项目建设调度会,集团总部有关部门、公路开发公司、赣粤股份公司、交通咨询公司、资产经营公司、招标采购中心、项目前期办、融资办、物资公司负责人以及船广等11个项目办主任、副主任和工程、征迁、财务部门负责人参加会议。

会议要求,一要统一思想,充分认识加快高速公路项目建设的重要意义。各项目办要全力推进好项目建设,认真完成省委、省政府和省厅交办的工作任务。二要狠抓落实,切实加强高速公路项目的推进。要抓紧实施开工建设前各项准备工作,加快推进项目用地报批和征地拆迁工作,尽快开展招投标工作,深入推进“五个统一”,积极创新项目建设管理模式。三要群策群力,认真抓好项目建设资金的筹措。要加大融资力度,积极向国家、省里、地方政府争取政策、资金支持;要加强资金管理,坚持专款专用,明确人员配备,规范资金支付程序。四要落实责任,切实抓好项目党风廉政建设。要严格落实好“两个责任”,严格遵守廉政建设相关规定,依法依规开展工作。

（省高速集团公司）

【五条高速公路通车 13 个交通重点工程开工全省实现县县通高速公路】 12 月 26 日,省政府在南昌召开全省实现县县通高速公路暨东乡至昌傅等十三个交通重点工程建设项目开工新闻发布会。省委常委、常务副省长莫建成出席会议,并宣布万载至宜春、萍乡至洪口界等五个高速公路项目建成通车,全省县县通高速公路目标顺利实现;东乡至昌傅、上饶至万年高速公路等十三个交通重点工程建设项目正式启动。副省长李贻煌主持会议。

省军区后勤部长张韬、省政府副秘书长张小平出席会议,省政府副秘书长涂琼理宣读省高速公路建设领导小组对省交通运输厅及五个高速公路项目的表扬通报。省交通运输厅党委书记、厅长朱希讲话,赣州市、吉安市、九江市和省公安厅、省国土厅代表沿线政府和省直单位发言。省交通运输厅领导成松、胡钊芳、梁必康、谢德强、王昭春、袁望京、夏太胜,省高速集团领导王江军、任东红、何闽、俞文生、阙泳出席会议。

莫建成强调,当前,江西已站在"县县通高速"的新起点,迎来了"6000 千米大提速"的新挑战,建设好十三个项目,责任重大、使命光荣。第一,交通运输系统要强化统筹调度,提升项目建设管理水平。要加强指挥协调,统筹安排各个项目,加大监管力度,解决和查处招投标过程中违法违纪行为,确保优质、高效、安全、廉洁完成各项建设任务。第二,沿线党委政府要加强协调服务,保障项目顺利实施。要一如既往重视和支持项目建设,落实项目土地征用和房屋征收工作,做好施工协调和治安管理工作,为项目建设营造良好环境。第三,省直有关部门要明确工作职责,凝聚项目建设合力。要积极做好土地报批、水土保持、环保等审批服务,按期完成杆线迁移、施工供电等工作,进一步加大资金物质保障力度,凝聚支持交通项目建设的强大合力。第四,参建单位要注重工程质量,强化项目安全。各项目建设、设计、施工、监理等参建单位要切实履行职责,严格质量管控,落实安全生产责任,确保施工安全。

朱希表示,省交通运输厅将认真贯彻落实这次会议精神,按照省委、省政府的决策部署,坚持重大项目带动战略,全力推进项目建设、增加项目投资,全力配合地方政府做好项目征地和房屋征收工作,打击各类影响施工的不法行为,处理好地方接水接路等与沿线百姓利益相关的问题,与地方政府一道共建和谐、稳定的施工环境;牢固树立攻坚意识、质量意识、创新意识、安全意识、廉政意识,抢抓施工黄金时期,按期完成建设任务,打造一条条优质路、生态路、廉洁路、幸福路,为我省在新常态下实现新作为、迈出"发展升级、小康提速、绿色崛起、实干兴赣"新步伐做出更大贡献。

(省高速集团公司)

【朱希赴船广项目办调研指导工作】 9 月 21 日下午,省交通运输厅党委书记、厅长朱希赴船广项目办调研,了解项目建设情况,看望慰问一线工程建设者。副厅长王昭春,省高速集团总经理任东红随同。

在听取船广项目进展情况的汇报后,朱希对船广高速自项目启动以来,所做的努力和所取得的成绩予以肯定,同时要求跟进对土地报批等事项,力争早日进入实质性施工阶段。

船广高速公路是国家公路网(2013 年 -2030 年)规划的沈阳至海口国家高速公路联络线福建莆田至湖南炎陵高速公路(G1517)中位于江西境内的一段,是江西至福建的 7 个出省通道之一。项目建成后,通过对接福建海西高速网泰宁至建宁高速公路,东连福州至银川国家高速公路,西接济南至广州国家高速公路,将赣东赣南地区丰富的人文自然景观及矿产资源更高效快速推介到长三角地区,加强与福建以及长三角地区的联系将起到积极作用。

(黄广华 吕从伟)

【朱希察看高速公路项目建设情况】 12 月 5 日,省交通运输厅党委书记、厅长朱希先后到金抚高速、九江绕城高速、都九高速(星子至九江段)、昌九高速改扩建通远试验段等项目建设一线,察看工程施工进展情况,看望慰问奋斗在一线的工程建设者。副厅长王昭春、省高速集团董事长、党委书记王江军等陪同。

金抚高速、昌九高速改扩建通远试验段两个项目开工以来,项目建设者破难题、攻难关,步步为营,稳扎稳打,各项工作进展良好,已转入路面施工阶段。朱希认真听取两个项目建设有关情况汇报,仔细了解项目建设进度、质量和廉政建设情况,充分肯定项目建设所取得的成绩。他说,这两个项目对进一步完善江西高速公路网、缓解沪昆和福银高速公路通行压力、改善赣东、赣北地区的交通运输状况和投资环境具有重要意义，项目参建各方要继续发扬不畏艰难的优良作风，统筹安排，精心组织，合理安排工期、保证工程质量、加快施工进度，强化安全、环保、廉政等工作，又好又快推进项目建设。

九江绕城和都九高速（星子至九江段）路基、路面、交通、房建工程基本完成。绿化、机电工程进展顺利，各类收费、监控设备正在安装调试，两个项目能够实现年底同步建成通车。朱希对广大工程建设者在时间紧、任务重、要求高、难度大的情况下，统筹高效推进两个项目的实施表示满意，勉励工程建设者要保持势头，一鼓作气，善始善终抓好工程扫尾作业，圆满完成项目竣工通车各项准备工作。在星子北收费站，朱希深入办公、会议场所、收费监控室，了解相关硬件设施和水电配套情况，他说，收费所站的建设要坚持以人为本、以车为本，要在打造服务品牌塑窗口形象上下功夫，在关心一线职工打造和谐所站上下功夫，真正把收费所站打造成弘扬交通精神、提升行业形象的服务示范窗口。

朱希说，省委十三届十次全会提出深入推进贯彻落实省委十六字方针，深入推进全面深化改革，深入推进法治江西建设，深入推进从严治党，吹响“用五年时间决战同步全面小康”的号角。交通运输系统要以深入学习贯彻省委十三届十次全会精神为契机和动力，紧紧抓住全省推动发展升级战略机遇，进一步加大交通建设投资力度，加快高速公路等交通运输基础设施建设，为全省经济社会发展升级提供重要支撑和保障；要充分运用法治思维引领和保障交通运输改革发展，依法依规抓好高速公路建设改革试点，在提升项目建设管理水平、节约项目建设成本、拓宽融资渠道等方面进行大胆尝试、改革创新，以更加昂扬的斗志推动交通运输大发展、大提升，为“五年决战同步小康”的目标贡献力量。

（练崇田　聂头龙）

【厅领导督查九绕、都九项目安全生产工作】 2月27日，省交通运输厅党委委员、总工程师胡钊芳深入九江绕城、都九高速（星子至九江段）建设项目一线，察看工程建设情况，督查安全生产工作，强调要高度重视安全生产工作，落实监管和主体责任，维护良好的安全工作局面。

胡钊芳全线察看九绕、都九高速（星子至九江段）项目建设情况，重点督查桥梁、隧道工程安全施工。每到一处，胡钊芳都仔细询问各施工标段安全制度执行、安全岗位设置和安全巡查工作及奖惩措施落实情况，详细了解隧道、桥梁、爆破物资管理等施工重点环节的安全防范措施。他对各参建单位攻坚克难，抢抓晴好天气，高效统筹推进两个项目有条不紊实施表示赞赏，对项目办及监理机构认真落实安全生产责任制，推行标准化施工，深入开展“平安工地”建设，实现了项目开工建设以来安全生产“零事故”目标给予充分肯定。他指出，安全生产工作是项目建设得以顺利推进的基础和保障，项目业主和各参建单位要一如既往保持安全生产高压态势，要求各参建单位进一步落实安全生产责任制，切实履行好建设单位的监管责任、监理单位的监理责任和施工单位的主体责任，让“一级抓一级，层层抓落实”的安全生产工作机制成为常态；要求进一步严格执行各项安全操作规程和应急预案，加强施工现场监管，不断强化一线施工作业人员的安全作业意识，抓好安全生产源头管控；要求进一步结合“平安工地”建设活动，加大安全隐患排查治理工作力度，努力维护良好的安全生产工作局面，确保项目建设环境平稳和谐，项目管理水平保质保量。

（聂头龙）

【都九高速温泉隧道左洞顺利贯通】 7月12日，都九高速B1标温泉隧道左洞顺利贯通，用时一年，圆满完成进度目标。

温泉隧道设计为双线分离式隧道，此次顺利贯通为隧道左洞，单洞总长1720米。都九项目办及施工、监理、设计等单位，通过精心组织、合理安排、狠抓工序衔接，克服江西外部大环境可利用资源紧张、施工便道陡峭、材料运输困难，施工场地狭小、隧道所处地质、地理环境复杂等困难，在隧道施工中，坚持安全、质量、进度并重的理念，严格执行超前地质预报和围岩监控测量等手段，依靠先进的技术进行信息反馈，科学指导隧道施工，针对隧道地质复杂、围岩破碎严重等情况，严格遵循“短进尺、弱爆破、快封闭、勤测量、强支护”的原则，分别采用全断面开挖、上下台阶开挖、四洞同时开挖等施工工艺,编制科学合理周密的施工方案,合理安排进度,做到工程质量稳定可控,未发生安全、质量事故,有力保证温泉隧道的顺利掘进。

(林春焕)

【船广高速项目召开首次工地会议瞄准四个“重点目标”】 10月26日,船广高速项目召开第一次工地会议。建设单位、设计单位、监理单位和施工单位代表三十余人参加会议。

会上,各单位介绍本单位的组织机构、人员分工情况,各施工单位通报人员及机械设备进场、前期准备工作进展情况。会议要求各单位下一步要瞄准“四个重点目标”:一要以迅速进入实质性施工为目标。各项工作要忙而不乱,紧张有序地进行,高度重视征迁工作,全面启动涵洞通道施工,改路改沟工作要确保在2015年春耕前完成,全面铺开桥梁桩基的施工,全力推进隧道工程,抢抓进洞时间。二要以建造优质工程为目标。所有场站严格验收,严格清表质量,严控软基换填和隧道洞口开挖,严格主线便道的施工。三要以创建平安文明示范工地为目标。各单位要始终坚持规范化标准化施工,杜绝一切野蛮施工行为,争创船广项目零事故;四要以营造廉政氛围为目标。各参建人员要切实履行廉洁自律和“八项规定”要求,工作中不得出现吃、拿、卡、要现象,杜绝一切不廉洁行为发生。

(黄广华 田润华)

【船广高速A3标涵洞、通道首件工程率先开工】 10月27日,船广高速A3标涵洞、通道首件工程率先开工。

截至上午九时,船广高速A3标项目部完成涵洞基坑开挖、碎石换填、基础浇筑、台身模板支柱及钢筋绑扎,开始台身浇筑及下一道工序。A3标项目部经过精心组织,监理单位专门召开首件工程施工准备会议,对施工方案、施工工艺、质量控制要点、应急方案进行认真研究并作详细部署,确保此次施工的顺利开工。

(李晓娜 杨 丽)

【船广高速第一根钻孔桩成功浇筑】 11月16日22时,船广高速广昌枢纽D匝道跨线桥(桩号DK0+914.16)钻孔桩成功浇筑,标志着船广高速第一根桩基浇筑成功。

本次施工的广昌枢纽D匝道跨线桥,桥址区属丘陵盆地地貌,地势起伏较大,地面相对高差达35米,山体坡度较陡、施工难度大。为确保D匝道跨线桥首根钻孔桩浇筑成功,船广高速A5标项目部施工技术人员会同监理人员认真审核图纸,积极做好各项技术准备工作,结合现场实际,编制详细的施工方案与工艺流程,从钻孔、制作下放钢筋骨架、清孔到混凝土浇筑的每一个环节,切实实现标准化作业,现场灌注管理人员全过程管控,确保第一根桩基的成功浇注。首根桩基的成功灌注为下一步工程开展打下坚实的基础。

广昌枢纽D匝道跨线桥全长411.4米,宽10.5米,桥梁上部结构采用现浇箱梁,下部结构桥墩采用薄壁墩、桥台采用肋板台,基础均为桩基。本次浇筑的为D匝道桥5#-1桩基,该桩基设计桩长15米,直径1.8米,混凝土数量38.2立方米,桩基结构形式为嵌岩桩。

(黄广华 董小贺)

【船广高速长桥隧道开始进洞施工】 12月6日,船广高速A4标长桥隧道左洞开始进洞施工,为船广高速第一个进洞施工的隧道。

长桥隧道是船广高速四个隧道之一,为上下行分离的四车道高速公路中隧道,左洞长995米,右洞长920米,左右洞相距约25米。

(黄广华 周大放)

【船广高速船顶隘隧道左右洞同时进洞施工】 12月8日9时,船广高速船顶隘隧道左洞、右洞同时进洞施工。

船顶隘隧道位于赣闽省界,与福建高速公路船顶隘隧道内相接,船顶隘隧道左洞长1992米(ZK0+000-ZK1+992),右洞长1982米(YK0+000-YK1+982)。该隧道穿越三个断层带,单头掘进,施工难度大,技术含量高,为船广高速主要控制性工程之一。船广高速A1标项目部自进驻以来,围绕该隧道控制性工程开展工作,经过充分缜密的筹备,于该日正式进洞施工,为该标段的后续施工奠定良好的基础。

(黄广华 高 颖)

【九江绕城高速正式通车】 12月26日,历时两年工期的九江绕城高速正式通车。

九江绕城高速是沟通九江市区与星子县和周边县市的一条地方加密高速公路，北起杭瑞高速九景段新港互通（九江市庐山区新港镇），南接都九高速公路（星子县温泉镇境内），里程全长46.637千米，总投资为31.39亿元。

九江绕城高速路线位于庐山东麓，沿鄱阳湖西岸布设，总体呈南北走向，九江绕城高速全线按全封闭、全立交双向四车道高速公路标准建设，设计速度100千米/小时。全线路基土石方994万立方米，防护排水工程19.8万立方米，特大桥3座共3473米，大桥13座共5144米，中小桥6座共423米，分离立交13处，涵洞通道61道。全线共设4处互通，其中枢纽互通2处。

（屈 颖）

【梨温高速东乡收费站收费大棚翻修改造全面完工】 7月6日，历时近一个月的梨温高速东乡收费站收费大棚翻修工作全面完工，东乡收费站收费广场焕然一新。

东乡站收费大棚于2002年建成投入使用，大棚顶部因长期雨水侵蚀生锈，造成了多个漏水点，下水管道也因杂物堵塞造成顶部大面积积水，给日常收费工作和行车安全带来安全隐患。

此次维修主要对大棚顶部全部更换为泡沫隔热彩钢瓦，对大棚整体钢骨架除锈塗漆，对收费大棚排水管道进行了维修改造，彻底解决了收费大棚积水漏水的顽疾。

（淦芬芬）

【景鹰高速赣皖收费站试点称重系统“动改静”】 赣皖收费站是江西省高速公路首批整车式称重系统试点收费站，7月12日，赣皖收费站第一台静态磅正式安装，8月7日，静态磅第一次试运行，标志着景鹰高速计重收费由“动态磅时代”向“静态磅时代”顺利过渡。静态磅的应用能有效防止车辆逃费，对冲磅、跳磅、刹磅、走S形、安装千斤顶等作弊逃费行为，有利于做到通行费应收尽收，促进收费管理工作迈上新的台阶。

（胡雅洁）

【梨温高速龙虎山中心服务区建成试营业】 7月1日，新建成投入使用的沪昆高速公路龙虎山中心服务区正式试营业，以崭新的面貌迎接出行旅客，满足旅客的基本出行需要。

沪昆高速公路（江西梨温段）龙虎山中心服务区建设工程项目为江西省重点工程项目。该项目位于余江县中童镇，沪昆高速公路K619处。项目建筑总面积约1.8万平方米，其中综合楼13741.82平方米、宿舍楼2235.99平方米、接待中心904平方米、其他辅助用房1070.6平方米。服务区内道路及停车场面积约10.6万平方米。服务区地块及建筑分南北区对称布置，总投资规模约1.61亿元。

（余 斌）

【梨温高速上饶经开区收费站开通运营】 8月29日上午，梨温高速上饶经开区收费站正式开通运营。梨温高速上饶经开区收费站是上饶市政府和江西公路开发总公司确立的重点项目，它的建成开通，开创地方政府和高速公路企业共建的双赢模式。上饶市经开区收费站的开通，还配合建立上饶市城区、经济技术开发区、三清山机场与沪昆高速联通的快速通道，对完善上饶城区区域路网，缓解城区交通压力，助推上饶市的经济社会发展将起到重要作用。另外，经批准，杨梅岭管理处由原址迁往该站址，并更名为梨温高速公路上饶管理处，本站划归上饶管理处管辖。

（胡 丹 李慎国）

【梨温高速鹰潭服务区完成改造升级】 鹰潭服务区改建工程全部完工，于10月1日正式营业。

此次工程主要对服务区综合楼内外墙进行粉刷刮瓷，将房顶原有防水全部铲除，重新铺设防水材料，从而彻底解决综合楼漏水问题；在南北两区新建连廊进行连接（与大厅、超市、餐厅门廊连接），两区连廊均采用钢筋混凝土框架结构，宽度为4.8米，长度约70余米；南、北两区男厕蹲位共增加15个，女厕蹲位共增加17个，并在男女公厕内均设置淋浴房，缓解高峰期间因公厕小而拥堵的情况；对所有经营区域重新进行装修，现有餐厅、超市在货品陈列、购物环境改善等方面已有明显改观。

（邹升洪）

【景鹰高速沿线服务区备战迎“国检”全面启动硬件设施维修改造】 面对服务区迎“国检”工作任务,景鹰高速服务区管理中心密切配合,扎实推进,及时传达落实服务区迎“国检”工作的文件会议精神,进一步规范服务区各项经营管理,从标准规范、公共服务、营运环境、管理水平、安全保障、精神文明、队伍素质等方面入手,着力提升服务区服务品质。通过全面摸排服务区公厕、房建、停车场、绿化带等硬件设施维修改造工程任务,制定详细的工程维修改造计划,为前期硬件设施的维修改造提供可靠依据,切实参与到服务区硬件设施维修改造使用材料的市场询价、物资采购、价格谈判等具体事务,并加强与加油站管理单位沟通联系,确保加油站硬件设施维修改造工作同步实施、齐头并进。

景鹰高速公路沿线的余江、万年、月亮湖3对服务区因使用年限较久,房建、公厕等基础设施大多陈旧损坏,是此次维修改造的重点。目前,万年、余江服务区公共厕所改造已正式启动,施工单位于11月中旬进场施工。此次公厕改造工程面积达到2000余平方米,主要包括男女公厕、残疾人厕所、洗手间地面、墙面砖的更换,100余个公厕蹲坑、小便池隔板的更换。同时,万年服务区打水井工程已动工,月亮湖服务区深水井施工工程也即将启动,以进一步满足各服务区的用水需求。

(余 斌 肖逸群)

【东乡至昌傅高速公路工程建设项目获省发改委批准建设】 11月13日,东乡至昌傅高速公路工程建设可研报告正式获省发改委批准建设。该高速公路线路全长154千米,项目总投资107.47亿元,采用双向四车道高速公路标准。其中,东乡县境内约24千米,建设工期为两年半。

东乡至昌傅高速公路是江西省中北部一条东西走向的高速公路,起点位于沪昆高速公路东乡县境内现有的东乡互通,穿沪昆高铁,跨国道320和浙赣铁路,过红星垦殖场,孝岗镇新建村旧居小组附近设东乡县互通,路线大致沿东南走向,在延桥附近进入临川境内,在七里岗乡设抚州东互通后,路线折西北走向,跨国道316和金临渠,过孝桥畲洲,在中洲吴家路抚河,过展坪雷公顶后,在詹源村北设抚州枢纽与福银高速公路交叉,路线继续西行,在杨坊村北下穿向莆铁路后,设仙桂峰隧道,打鼓岭隧道,状元岭隧道穿山岭,路线沿丰抚公路走向西行,之后进入丰城、樟树,新干,终点樟吉高速公路与沪昆高速交叉的昌傅枢纽互通处。

(姚金国)

【抚州高速公路建设势头强劲】 抚州市总规划建设高速公路里程约761千米。2014年,已通车运行高速公路四条计488千米(沪昆34千米、福银158千米、济广198千米、抚吉98千米);在建六条共251千米(船广21千米、广吉25千米、金抚40千米、资光39千米、昌宁65千米、东昌61千米);规划建设一条22千米(东外环22千米)。全市已提前实现县县通高速的目标。以上高速公路建成之后,该市将形成三横三纵一联的高速公路网络,约占全省同期高速公路里程的12%。高速公路网络功能的完善为促进全市社会经济发展,深化协作区经济合作打下了坚实的基础。

(陈根玲)

【船广高速公路项目建设顺利启动】 7月28日,广昌县人民政府召开了船广高速公路征地拆迁动员大会,标志着船顶隘(赣闽界)至广昌高速公路项目建设正式启动。该项目是江西省国家规划的“7918”网中的地方加密高速公路,是江西省东部又一条入闽省际快速大通道。项目起点为船顶隘(赣闽界),经广昌县尖峰乡、长桥乡、盱江镇,终点在盱江镇与鹰瑞高速连接,全长21.6千米,项目概算建设资金21.7亿元。船顶隘(赣闽界)至广昌高速公路全线采用双向四车道的高速公路标准,设计速度为80千米/小时,共设桥梁13座,总长4.714千米;隧道4座,总长4.352千米;涵洞9道,通道22道。项目建设需征用土地155.59公顷,拆迁房屋4906平方米,迁坟1365座。截至2014年年底,征地拆迁工作已基本完成,施工单位已进入现场紧张施工。

(广昌县交通局)

【东昌高速公路宜春段开工建设】 项目12月开工建设,设计2016年年底建成通车。东乡至昌傅高速公路是新修的《江西省2020年高速公路网调整规划》中增设的一条地方加密高速公路,也是江西省又一条东西向交通大通道。项目起于东乡县茶林镇境内的沪昆高速公路(设东乡枢纽互通)，终于樟树市昌傅镇境内，与沪昆高速昌樟段樟树枢纽互通对接。路线全长151.718千米(断链长度2.222千米)。途经宜春市丰城市和樟树市77.71千米，共需征地502.16公顷，拆迁建筑物39075平方米。项目概算投资为96.77亿元。全线按全封闭、全立交双向4车道高速公路标准建设，路基宽26米，采用沥青混凝土路面，设计行车速度100千米/小时。设互通立交12处、收费站8个、服务区4个。

(易　锋)

【昌栗高速公路袁州段工程建设有序推进】　南昌至上栗高速公路在该区境内全长20.68千米，途径慈化、楠木2个乡(镇)11个行政村。项目于2013年8月开工建设，至2014年12月底，土石方工程已完成，路基基本成形。工程建设有序推进的措施，第一成立项目部，加强组织领导。成立由区长为总指挥，分管交通运输的副区长为副总指挥，区交通运输局、财政局、国土局、公安局等部门及沿线乡镇主要领导为成员的昌栗高速公路指挥部，负责全面调度。第二做好昌栗高速公路项目征地拆迁工作。制定《昌栗高速公路建设项目征地拆迁实施方案》，召开全区昌栗高速动员大会，安排部署征地拆迁协调工作；从有关部门抽调业务骨干成立征地拆迁协调办公室，常驻慈化镇负责具体事务。征拆工作的顺利完成，为工程的顺利开展奠定了基础。第三广泛动员宣传，营造良好施工环境。利用开会、电视、标语、广播、入乡入村等多种方式，极力宣传建设昌栗高速的意义。通过有力宣传，各乡镇、村对修建昌栗高速积极性高，变被动为主动，全力配合项目办的工作人员进行各项工作，推动项目建设顺利进展。

(李　庆)

【昌宁高速公路丰城段建设进度】　昌宁高速公路丰城段为省重点交通基础设施工程项目，起始于南昌县岗上，途经丰城、乐安、终于宁都县青塘镇。接泉州至南宁高速公路，全长243千米，丰城境内途经小港、剑南、石滩、张巷、桥东、洛市、铁路、荷湖、焦坑等9个乡镇(街道)，设互通3个(丰城东、丰城南、铁路)，设计时速100千米/小时，路基宽26米，建设标准为双向四车道沥青路面高速公路，该项目于2013年7月开工，设计2016年2月建成通车。该市全方位做好建设协调、服务工作，专门成立丰城市"昌宁高速建设服务指挥部"。市政府领导担任指挥部总指挥。下设办公室，市政府有关部门负责人、有关乡镇街道负责人为办公室工作人员。随时随地解决工程建设中出现的各种问题。截至2014年12月，各项工作进展顺利，完成征地27.46公顷，占总任务的100%；拆除建筑物8350平方米，占总任务的50%；已签订拆迁协议96户占总任务的96%；路基工程完成挖方590.3万立方米，填方(利用方填491.5；借方填246.3)万立方米；涵洞工程完成基础292道墙身195道；桥梁工程完成桩基1869根，墩柱1022根，系梁463道，盖梁366道，预制梁972片。

(熊雪芽)

【昌栗高速高安段建设快速推进】　昌栗高速高安段全长57.6千米，途径大城、祥符、瑞州街办、汪家圩、石脑、龙潭、村前、杨圩等8个乡镇、2个园区、2个基地、1个管理局，市协调办不断强化措施，加大工作协调力度，努力为工程建设创造良好环境，工程推进迅速、顺利，路基工程已全线完工，水稳层单线贯通。①抓住重点，步调一致不扯皮。市、乡、村三级成立协调办，建立书记负总责工作机制。市协调办坚持三天一调度，七天一例会，达不到工作要求，完成不了任务的乡镇对书记进行约谈，限期整改，限期到位，保证工作协调和谐，上下同心，步调一致。②解除难点，群策群力不厌烦。在工作中，各乡镇或多或少都遇到一些荆手的难点问题，在自身难以解决的情况下，市协调办及时介入，调动和团结一切可能团结的力量，不厌其烦地上门做工作，全方位制定解决问题的方案，尽最大努力使问题得到妥善解决。③踩住节点，抢抓进度不松懈。市协调办的同志，不分雨雪晴天，不分节假周末，始终战斗在一线，坚持在施工现场，踩住时间节点，严格按照省项目办的要求准时完成工作任务，不拖后腿，不打折扣。

(陈思球)

【铜鼓至万载高速公路动工建设】　铜鼓至万载高速公路及该路宜丰联络线新建工程于12月26日动工建设。这两条高速建成后，赣西地区高速公路网络将进一步完善。铜鼓至万载高速公路起点位于铜鼓县三都镇小浪坑村,终于万载县城西北侧“南昌至上栗高速公路”与“宜春至万载高速公路”相交的四肢枢纽互通处。路线全长69千米,其中大桥18551米/50座,中、小桥294米/3座;涵洞110道,通道13道,隧道4379米/6座。计划2016年竣工通车,工程投资58亿元。铜鼓至万载高速公路宜丰联络线新建工程起点位于宜丰县天宝乡,终点在宜丰县竹窝里北。路线全长25.53千米,其中大桥4497米/16座,涵洞24道,通道21道,隧道3189米/3座。项目建设期为36个月,工程投资为22亿元。铜万高速宜丰联络线是大广高速与杭长高速的重要联络线,建设后南昌至长沙方向可以不再经由带溪互通,直接从天宝枢纽经由黄岗枢纽、铜鼓枢纽至长沙,行驶里程将缩短15千米。

(吴泽水)

【万宜高速公路竣工通车】 12月26日,万宜高速公路的建成通车,使万载县、宜春市袁州区和明月山风景名胜区与外界快捷地联系在一起,同时兼顾了三地工业园区、产业基地、明月山机场和风景旅游区的布局和发展,能有效地提升区域路网功能,增强物流运输能力,成为宜春市新城区快速对外出行的新通道,对延伸干线高速公路网络功能,促进宜春市及万载县的城市发展具有重要意义。万载至宜春高速公路是连接国家高速公路沪昆线与万载县的一条地方加密线,路线起点位于万载县康乐街道联和村,接省道(S312)万载至上栗公路,途经万载县、袁州区等2个县区5个乡镇,与沪昆高速公路昌金段相接,终于宜春明月山机场路A线,全线总长34.78千米,总投资20.2亿元。全线采用双向四车道高速公路标准建设,设计行车速度80千米/小时,整体式路基宽21.5米,路面采用沥青砼路面;设计荷载采用汽车公路-Ⅰ级,设计洪水频率为特大桥1/300,其余桥涵及路基为1/100;全线共设桥梁26座、总长5245米,涵洞通道268道,长隧道1座,中隧道1座,单洞总长5140延米。万宜高速公路在万载县境内长8.7千米,投资5亿元。南北走向,途经康乐街道联和、猛辉、兴联和马步乡黄村、新民、宝石、银田、泉塘、寨下等9个行政村。沿线建中小桥5座,设涵洞通道36道,中隧道1座、单洞长1030米;在马步乡新民村新建天桥一座横跨万宜高速公路顺接(X543)县道;在马步乡宝石村设万载南互通一个。由万载南互通出口向东经新建的万载连接线一级公路与320国道相连,向西经万载连接线二级公路与X543县道相交通往(AAA级)竹山洞风景旅游区。万宜高速公路起点向北延伸经昌栗高速公路连线在康乐街道联和村与在建的昌栗高速公路和铜万高速公路万载枢纽贯通。共征用土地54.08公顷,征收拆迁房屋53户、计20000余平方米,地处马步乡寨下村的万载县中奥烟花制造整体搬迁。

(辛慧民)

【杭(州)瑞(丽)高速公路罗家滩(景德镇西)新收费站开通运营】 经过14个月的紧张施工,杭(州)瑞(丽)高速公路罗家滩综合管理所及景西收费站西迁工程(一期)全面完工,新建的景德镇西(罗家滩)收费站于5月19日8时起正式开通运营。

(涂　强)

【吉安市高速公路建设迎来新的发展契机】 按照《江西省高速公路网规划(2013-2030年))》,江西省在规划期内将开通4条北南纵线,6条东西横线,8条南昌放射线,17条联络线,其中大庆至广州、莆田至炎陵、泉州到南宁、樟树到吉安、资溪至吉安高速、吉安绕城高速与吉安市直接相连。实现吉安市与相邻设区市之间基本有高速公路直接连通,满足吉安市的各县(市、区)在30分钟上高速。

(吉安市交通运输局)

【广昌至吉安高速公路完成前期工作】 11月,广昌至吉安高速公路新建工程前期准备工作完成。广昌至吉安高速包括广昌至吉安高速主线以及吉安连接线。其中,主线沿途经过广昌县、宁都县、永丰县、吉水县、青原区及泰和县,终于石吉高速泰和北互通(K523+655),全长155.734千米。

(吉安市交通运输局)

【赣州市高速公路建设掀起新一轮高潮】 2014年面对高速公路建设的各种困难和不利条件,赣州市较好地完成年初确定的各项目标任务。寻全高速公路建设工程(112千米)稳步推进,完成总投资70亿元,12月26日安远至信丰段建成通车;昌宁(55千米)高速公路,年底完成16亿元。兴赣(72千米)高速公路12月2日开工建设。2014年,完成投资6亿元;12月26日宁都至定南(赣粤界高速公路)、宁定高速定南联络线开工建设。开展广昌至吉安高速公路前期工作,协调赣粤两省同步推进宁定至河源、信丰至南雄和全南至曲江高速公路对接工作。2014年,赣州市高速公路总里程1015千米。

(李发淳)

【赣州市高管处积极推进本市高速公路网建设】 积极协助开展宁定至河源、信丰至南雄和全南至曲江高速公路对接工作。在线路走向和互通设置等重大问题上,根据全市经济社会发展需要和沿线县市政府意见,积极提出相关意见、建议,并通过各种方式,提请省直有关部门加快项目审批进度,争取将3个项目纳入江西省2020年高速公路网规划内。积极开展宁都至定南(赣粤界)、定南联络线、广昌至吉安高速公路前期工作。2个项目工可已经完成上报,并已开展评估工作,宁定、定南连接线初审已批复,广吉线现等待上级批复。兴赣高速公路顺利开工建设,目前已完成投资任务4.6亿元,土地征收完成96%,房屋拆迁达75%。

(李　苗)

【赣州市高管处主动做好高速运营服务保障工作】 积极主动发挥协调管理职能,帮助各运营高速公路单位开展有关运营问题的协调工作,确保全市高速公路安全畅通运营。积极协助厦蓉高速公路赣州西收费站扩建工程最后的结算审核工作。积极协调各高速公路管理中心认真做好了省十四届运动会高速公路运行的保障工作。

(李　苗)

【兴国县召开兴赣高速公路征迁工作再动员会议】 5月27日,兴国县在召开兴赣高速公路征迁工作再动员会议。会议传达了5月21日市兴赣高速项目办在该县召开的兴赣高速公路征迁工作动员会议精神,沿线乡(镇)汇报了本辖区当前征迁工作进展情况、存在的困难和问题。会议对下一步工作提出了具体时间节点要求。项目于7月中旬完成招投标,7月底进场,8月上旬开工建设。兴国至赣县高速公路兴国县境内共需征用土地328.73公顷、征收房屋196户45273.79平方米、迁移坟墓3010穴。已完成91%的土地征收,已完成98.5%的房屋丈量,已签订协议55.6%,34.7%拆除,14户有正在拆除;已迁移坟墓70%。沿线乡(镇)乡(镇)长及分管领导、县直相关单位和经济开发区分管领导、县高速协调办全体人员共40余人参加了会议。

(兴国县交通运输局)

【寻全高速公路通车】 12月26日,寻乌至全南(安远至全南段)高速公路建成通车。至此,安远县结束了不通高速路的历史,也实现了赣州市境内所有县(市、区)县县通高速。该项目的建成对完善赣南地区、赣闽两省区域高速公路网,提高地区综合运输效益,改善通行条件,加快赣南等原中央苏区振兴发展,具有重大的政治、经济意义。

(李发淳)

【都九高速公路(一期)竣工通车】 12月26日,都九高速一期与完工的九江绕城高速同步通车并投入运行。都九高速公路一期(即都昌至九江高速公路星子至九江段)是都昌至九江高速公路的西段,与九江绕城高速公路共同组成一个完整的绕城高速公路。该项目总投资12.3亿元,起点位于华林镇王家嘴附近,接九江绕城高速终点华林枢纽,终点为九江县马回岭镇与福银高速相接,路线全长14.08千米,星子境内建设里程7.4千米,全线按全封闭、全立交双向四车道标准建设,路基宽度26米,沥青混凝土路面。全线设马回岭收费站(温泉镇通书院)和马回岭枢纽1处,温泉隧道1座。都九一期和九江绕城高速的通车,突破了星子县高速公路“零”千米的历史,为星子交通发展升级迈出了坚实的一步。

(星子县交通运输局)

【都九高速公路(二期)开工建设】 12月24日,都九高速二期都昌至星子段正式动工建设,建设时间3.5年。该条高速起于都昌蔡岭镇附近(与九景高速相接),终点位于星子县华林镇(接九绕高速和都九高速星子至九江段)。路线全长50.821千米,跨鄱阳湖特大桥(通航标准为Ⅱ级航道)一座,其中星子境内 14.359 千米,设星子互通连接线一处,星子南收费站一个,需征地 65.3 公顷,拆迁房屋 4103.4 平方米,迁坟 303 座。项目全线采用双向四车道一级公路标准建设,路基宽度 24.5 米,沥青混凝土路面,设计时速 100 千米/小时。项目总投资为 38.92 亿元,资金来源为项目建设单位自筹 13.62 亿元,其余 25.3 亿元建设资金申请国内银行贷款。都九二期的建设将有效带动沿线星子、都昌等县旅游资源的开发和利用。

(星子县交通运输局)

【萍洪高速明山隧道顺利贯通】 7 月 1 日上午,萍洪高速明山隧道举行贯通庆祝仪式。该隧道位于青山镇与长平乡交界处,全长 1980 米,为分离式长隧道,左右线间距 36 米,是萍洪高速重要的控制性工程之一,也是萍洪高速全线 4 座隧道中最长的一座。

(卢江宜 邹 帅)

【萍洪高速公路顺利竣工】 12 月 26 日,萍乡市首条南北向过境高速——萍洪高速公路顺利竣工。该公路位于萍乡市境内,是国家高速公路网中沪昆高速和泉南高速的重要联络线,是江西通往湖南的又一出省通道。该公路建成通车将直接对接长浏高速,从上栗上高速可以直达长沙、浏阳等地,为湘赣边区域融合交流又迈出重要一步。该高速公路的建成通车为赣湘两省之间又增加了一条快速便捷跨省通道,很大程度上也改善萍乡市内外交通条件和投资环境。

(萍乡市交通运输局)

【昌栗高速公路进展加快】 截至 2014 年年底,主线征地已全部完成,房屋征收任务 419 户,已拆迁 404 户,完成 96.42%,花炮厂征收任务 40 户,已拆迁 36 家,已征未拆 2 家,完成 92.5%。上栗境内主线 4 个标段已全线施工。新争取的桐木高速连接线在设计当中,上栗连接线已动工建设,路基、桥涵等主体工程正按照计划有序推进。

(萍乡市交通运输局)

【上武高速至铅山连接线全线贯通】 上武高速公路至铅山连接线工程(含书院大桥、书院大道),全长 10.3 千米,按一级公路标准建设,双向四车道,总投资 2.3 亿元。12 月 30 日已全线贯通,并投入运行使用。

(韩晓艺)

【德上高速三清山连接线正式通车】 8 月 26 日上午 10 时 58 分,德上高速三清山连接线举行正式通车仪式。该连接线建成通车后,从上饶市中心城区到三清山比原距离缩短 50 余千米,车程由原 2 个小时缩短为 50 分钟。德上高速三清山连接线是三清山通往市中心城区和周边县市、景区的重要快速通道,是对接上饶高铁时代、促进全市旅游产业转型升级的重要项目,也是三清山首次列入江西省调度的重点项目。连接线全长 17 千米,其中一级公路长 8 千米,双向四车道,路面宽 20 米,该项目总投资 3.12 亿元,于 2012 年 9 月全面开工建设。

(韩晓艺)

【沪昆高速上饶经开区站通车】 8 月 29 日上午,沪昆高速上饶经开区互通收费站及连接线正式通车,这是上饶市继上饶东、西出入口之后的第三个高速公路出入口。沪昆高速上饶经开区站项目自 2012 年 8 月开工建设,总投资 3.9 亿元,其中主线马鞍山大道全长 3.8 千米,分别与新 320 国道、兴业大道、凤凰西大道、上铅快速通道四条道路相接,两个互通立交(即马鞍山互通、沪昆高速互通)分别与马鞍山大道和现有的沪昆高速公路相交,全线匝道总长 4.7 千米。沪昆高速上饶经开区互通收费站及连接线是通往上饶经开区及在建的三清山机场的重要快速通道,对于促进上饶市经济社会发展有重要作用。

(韩晓艺)

普通公路建设

国道

【赣州市国省道管理与建设工作概述】 2014 年,赣州市公路管理局全年计划完成普通国省干线升级改造项目里程 90 千米,已完成项目里程 100.8 千米,占年计划的 112%;新开工升级改造项目 164 公里,已开工项目里程 118.5 千米,占

72.26%;实施路面重建项目里程572.8千米(其中车购税补助项目135千米,灾毁重建项目98.8千米,养护大中修项目339千米),已完成项目里程230千米,分别占年计划的272.76%和109.52%;完成危桥改造20座/2047.8延米,占年计划的153.85%。国省干线公路建设投资力度之大、建设里程之多、重视程度之高在赣州市公路发展史上前所未有的,建设速度之快、质量标准之高、社会效益之好也是前所未有的。是年,赣州境内国道4条,计932.018千米。即:G105长度232.567千米,G206长度258.181千米。G319长度222.766千米。G323长度218.504千米。根据《国家公路网规划(2013-2030年)》,国省道总里程3680千米,国道10条2009千米。国道10条分别为:G105、G206、G319、G323、G220、G236、G238、G356、G357、G535。赣州境内省道22条,计1591.805千米。其中:市公路管理局管养14条,计1099.724千米。有关县(市、区)交通运输局管养8条(段),计492.09千米。

(赣州市公路管理局)

【国道320进贤县绕城一级公路改线工程】 国道320线进贤县绕城一级公路改线工程项目位于进贤县城北侧,起点为民和镇高岭,途经城郊渔场,穿过进里线、三长线,跨过青岚湖,穿越城区、工业园区,终点位于张公镇福乐溪,涉及6个乡镇(单位)15个村委会,全长20.6千米。全线按一级公路标准建设,设计时速80千米,路基宽24.5米,沥青路面,双向四车道,中央设置3米宽绿化带,预投资5亿元。工程征地1344.0290公顷、房屋拆迁4000平方米、杆线拆迁140根、路基土方300万立方米、涵洞工程1940.66延米、路面碎石垫层58372立方米、水稳碎石挚层52554立方米,大桥桩基130根3624.8延米等,至2014年年底已完成工程总量的55%。

(胡进兴 周国祥)

【昌进一级公路扩建工程进贤段开工建设】 南昌~进贤一级公路起点为南昌县高坊岭,终于进贤县城。此次开工项目为二期工程,起点为梁家渡桥,终点为温圳铁路立交,涉及泉岭、温圳二乡镇9个村委会,全长11.269千米。全线按一级公路标准建设,设计时速80千米,路基宽24.5米,沥青路面,双向四车道,中央设置3米宽绿化带,预投资1.875亿元。完成房屋拆迁14120平方米、路基土方7.9万立方米、杆线迁移152根、涵洞工程630延米等,至2014年年底已完成总工程量的30%,预计2015年12月底完工。

(胡进兴 周国祥)

【国道323于都县绕城改线工程开工建设】 国道323于都绕城改线工程由省交通运输厅批准立项,列2013年省重大项目。路线全长14.16千米,全线按一级公路技术标准建设,路基宽26米,水泥路面宽24米,其中县城规划区11.38公里范围拓宽至50米大道,按双向六车道兼城市主干道功能建设。项目的建成,可策应于都县城"东拓、南进、西连、北优"的总体规划发展思路,通过绕城改线缓解过境车辆交通压力,有利于拉开城市框架。项目总投资3.6亿元。

(于都公路局)

【国道206寻乌县绕城公路改造项目开工建设】 4月17日,寻乌县国道206绕城公路改造项目开工建设。该项目系寻乌县2014年重点建设项目之一,建设地址位于寻乌县文峰乡,与建设中的瑞寻高速公路寻乌东互通连接线相接,起点位于文峰乡大路村,途经杨梅村,终于文峰乡河岭村,全长6.741千米。设计标准为二级公路,设计时速为80千米/小时,路基宽度12米,水泥路面宽10.5米。桥梁2座。工程总投资9140万元,上级交通补助资金3740万元。工程建成后国道206将绕过寻乌县城城区,过往车辆少走弯路,与原路线相比缩短里程3.44千米。对缓解寻乌县城区日益增长的交通压力,改善交通条件,方便群众出行,保障国道206的安全与畅通具有积极的意义。同时,国道206绕城公路改造项目起点与瑞寻高速公路寻乌东互通连接线相接,该路段将成为连接寻乌县工业园区与济广高速的快速通道,将为寻乌经济和社会各项事业的发展提供一个良好的交通基础设施环境。

(钟志云)

【国道236宁都县外环路架设首片箱梁】 4月23日,一片重达60多吨、长约25米的箱梁,缓缓架设在梅江(一)大桥0#至1#桥墩之间,LJ1标在全线成功架设第一片箱梁。该桥自2013年11月份开工至架设首片箱梁仅用了不到6个月的时间。236国道石宁线七里至竹笮段全长23.203千米,全线共有大桥梁1257米/3座、中小桥227.44延米/5座,工程总投资8.065亿元。梅江(一)大桥全长481米,共19跨、152片梁。该项目办化压力为动力,进场之初就找准桥梁施工的特点,狠抓施工衔接,推动各施工单位化解困难,迎难而上,推动桥梁施工的进度。LJ1标项目部自2013年11月进场以来,克服工期压力大、上半年雨水多等困难,精心组织、统筹安排,科学管理、严格施工,始终以高标准、严要求的工作姿态,一边抓紧桩基施工,浇筑墩柱;一边积极推进梁场建设,抓紧预制梁片。

(宁　儒)

【国道105龙回段路面重建工程项目开工】 7月1日,国道105龙回段路面重建工程项目完成筹备工作正式开工,这个项目起点为国道105国道龙回高速出口,终点为信丰交界,全长5.189千米,总投资1600万元。工程将实行碎石化新工艺,预计年内完成这个项目的实施,项目完工后将大大增强105国道这条交通大动脉南康段的通行能力。

(袁良生)

【国道356石城燕首至宁石亭公路改建工程开工】 7月23日,国道356石城燕首至宁石亭公路改建工程正式动工建设。该项目路线起点石城县南面屏山镇燕首(K8+415),与206国道相接,终点位于宁都县与石城县分界的宁石亭(K61+551),与319国道相接,全长11.834千米,按二级路标准规划建设,设计时速60千米/小时,路基宽为10米、路面宽为8.5米,总投资约8904.8456万元,国道356是《国家公路网规划(2013年—2030年)》中,新增加的一条国道。原来是一条路面窄、弯道多、等级差的公路,通过这次改建后,对沿路乡镇的经济发展有着重要意义。(施光明)

【龙南公路分局规范有序推进国道105路面改建工程】 国道105东坑路段路面改建工程启动以来,龙南公路分局采取一系列措施,确保工程项目优质高效完成。该局以保证工程质量为主线,从规范化入手,从严管理。一要严把“施工组织关”。建立完善的施工组织,从进度、费用、信息、安全保畅等环节进行了严密的施工组织设计;二要严把“质量保证关”,在工程建设过程中,抓好工程病害处治、材料进场、试验检测、工程验收等各个环节的工作,对工程进行全方位监管;三要严把“工程施工关”,严格挑选有经验,服从管理的规范化施工队伍,为工程建设打好基础,同时结合当前高温天气,合理调整施工时间,确保施工质量;四要严把“安全生产关”。根据工程施工需要,制定切实可行的交通管制方案和安全应急预案,加强与公安交警的协作,及时向社会发布交通管制和道路信息,尽可能把施工作业对群众出行造成的影响降到最低。

(叶丽琼)

【国道206改造项目大路下至五里亭段新建工程全线贯通】 9月10日,随着大路三桥主体工程完工和连接大路三桥水泥路面浇筑完成,国道206改造项目大路下至五里亭段新建工程全线贯通。国道206改造项目大路下至五里亭段新建工程系瑞寻高速公路寻乌连接线公路的一部分,起点位于寻乌县文峰乡大路村,接瑞寻高速寻乌连接线(6.4千米)部分,沿国道206南侧布线,终于五里亭,与迎宾大道对接。全长1.7千米,按一级公路标准建设,路基宽24.5米,水泥砼路面,设计速度为80千米/小时。其中大桥一座,长232米,桥面宽24.5米。工程总投资4960万元,工程于2011年12月开工建设。建成后,对进一步拉大我县城市框架、完善县城路网规划、缓解国道206交通压力、改善区域交通条件和促进沿线果业产业发展等方面将发挥重要作用,它不仅是一条进入城区的“快速通道”和“开放门户”,更是一条带动中心城区发展的经济走廊和统筹城乡发展的靓丽“风景线”。

(钟志云)

【国道206赣州绕城项目工程增加强夯面积】 国道206绕城项目是新建公路,采用强夯法对高填方新路基进行强夯压实。原图纸设计强夯面积5000平方米,对填方高度超过八米的路基进行强夯处理,现为保证路基质量,对填方达到六米高度的路基均进行强夯处理,增加面积两万平方米,增加经费约30万元。强夯法又称固治法,就是用起重机反复将重锤起吊到一定高度,利用自动脱钩或带锤自由落下,其动能在土中形成强大的冲击力和高应力,从而提高地基的强度,降低压缩性和湿陷性等。

(赣州市交通运输局)

【国道105新建县段改建工程启动】 105国道南昌市新祺周至新港公路改道工程(新建县段)3月开始进行环评。105国道南昌市新祺周至新港公路改道工程(新建县段)位于新建县境内,路线起点桩号K1686+380(新祺周),途经新建县金桥乡、樵舍镇,终点桩号K1701+780,是新建县新祺周通往经开区的重要经济干线。国道105新建县段改道工程全长15.4千米,路基宽度为32米,行车道宽度3.75×6米,设计车速为80千米/小时,道路等级为公路Ⅰ级,总投资约4亿元,预计2015年12月底之前完工。

(刘良昌)

【南昌国道105、320一级公路建设进展情况】 进入5月后,国道320、105一级公路项目加快推进,各项工作进展顺利。截至5月底,国道320进贤至南昌段工程现已完成路树迁移和砍伐10千米,土地清表10.1千米,20道250米圆管涵施工,路基土方2万方,完成投资额约为280万元;国道320进贤县绕城工程完成路基土方47万立方、22道812米涵洞混凝土浇筑工程,完成投资额约为1670万元;国道105新祺周至新港新建工程福银高速以南段共完成投资额2.95亿元。

(段 家)

【鹰潭市国省干线公路建设升级改造情况】 6月中旬完成了国道320贵溪工业园区至鹰潭职院段、国道206跃进门至天禄段设计工作,并交由属地政府开始建设。完成了国道320龙虎山大道口至刘垦段(即鹰南大道)10.6千米、国道206叶家桥至金溪交界段5.18千米大中修工程,其余路段完成招投标。9月中旬,完成了国道206界牌路段大修工程,长2.3千米,宽12米,由原沥青路面改造成水泥混凝土路面。11月底完成了贵神线贵冶立交桥重建工程,长46米,宽12米,在原桥址重建新桥。12月初,完成了国道206石港大桥维修加固工程,全封闭施工,进行了支座更换、主梁及桥墩台病害维修。

(鹰潭市交通运输局)

省道

【省道寻茅线全南县绕城一级公路工程项目开工建设】 7月10日,省道寻茅线全南县绕城一级公路工程项目开工建设。全南县绕城一级公路起点位于金龙镇树垇,途经老牌坊下、南山下、乌泥坑、若湖塘,终点位于含水大桥,主线长9.688千米。另建设连接县城的松山连接线长0.364千米、员山坝连接线长1.154千米。线路全长11.206千米。主线采用一级公路标准建设(兼有城市道路功能),设计速度60千米/小时,主线路基宽26米,行车道宽4×3.75米,汽车荷载等级公路—Ⅰ级,设计洪水频率1/100,施工图批复总投资2.45亿元。据了解,该项目是省重点调度项目,也是该县重点工程项目之一。该工程建设期为20个月,通车后将进一步拉大该县城市框架和公路网,优化区域内工业园区,为企业生产经营提供便利交通条件,对促进该县经济和社会发展具有十分重要的意义。

(缪云峰)

【省道319宁都县蛇形排至黄陂公路竣工通车】 10月29日,宁都县重点工程项目省道319蛇形排至黄陂段公路改建项目全线竣工通车,该项目为2012年江西省国省道改造项目,起于石上镇蛇形排接国道236(原S208)线,经石上镇角源村、车寮排,钓峰乡曾村、下湾村、源尾村,黄陂镇王布村、黄陂村,终于黄陂镇接市亭,路线全长约26千米。全线采用二级公路标准建设,设计行车速度60千米/小时,路基宽度12米,路面宽度9米,每侧1.5米硬路肩,路面采用沥青砼路面,总投资约9000万元。蛇形排至黄陂公路的竣工通车为我县西北部6个乡镇近20万群众的出行带来了极大便利,将有力地支撑当地农村经济的发展。

(潘永平)

【省道九江辽南线太平岭隧道顺利贯通】 3月11日,省道辽南线太平岭隧道顺利实现贯通。第一阶段任务如期完成,为实现辽南线全线8月1日通车打下了坚实的基础。太平岭隧道为辽南线公路改造工程唯一的隧道,也是关键性控制工程,全长510米。自开工以来,共完成洞内石方爆破、转运6万方,二衬完成300米。

(徐宝平)

【省道吉安石镇线东固岭隧道开工】 3月16日,省道223石镇线东固岭隧道顺利开工。省道223石镇线东固岭隧道工程位于永丰县三坊乡与青原区东固乡交接处,穿越东固山岭,桩号为K345+750~K346+280,隧道全长530米,其中明洞20米,暗洞510米,总投资约2565万元。

(刘小强 朱达禄)

【省道222宋水线乐安增田至招携路面改建工程开工】 4月10日,省道222宋水线乐安增田至招携路面改建工程开工,该项目是江西省“十纵十横”干线公路网主架构中的“第七纵”,是我省公路干线网中的重要组成部分。路线全长24.62千米,设计等级为二级水泥公路,总投资9480万元。

(廖志华)

【万安至武术公路开工】 4月29日,万安至武术公路工程开工。万安至武术公路工程起于万安水电站,途经蜜溪坑、烂泥坑、桥坑、化思、大廖、新廖、新文、稍坑,终于武术乡,路线全长44千米。公路等级为三级公路,路基宽7.5米,路面宽6.5米,采用沥青砼路面。工程预算总投资1.327亿元。项目预计2016年5月竣工。

(万长峰 刘 钊)

【省道223石镇线安远县车头镇葛坳至三排路段改造工程开工】 8月6日,S223石镇线安远县车头镇葛坳至三排路段计9.69千米改造工程项目正式开工。省道223石镇线车头镇葛坳至三排路段于2002年改建按二级公路标准建设,已使用12年,由于该路段超期服役和超限超载车辆的碾压,加上今年雨水偏多,造成路面松散、脆裂,坑槽连片,给行人和车辆的安全带来很大的安全隐患。通过安远县委县政府和相关部门的共同努力下,群众期盼已久的葛坳至三排路段改造终于开工建设。据悉该工程按二级公路标准建设,路基宽12米、路面宽9米,路面结构形式为沥青混凝土面层,总投资约2024.68万元。 (刘玲林)

【省道樟排线(罗坊至水西段)沥青路面完工全线通车】 8月26日,历时3年多的樟排线一级公路改建工程罗坊至水西段沥青路面全部完工并全线通车。樟排线(罗坊至水西段)一级公路改建工程起于樟排线新余段,终于新余市高新区东兴路口,全长18.786千米,计划总投资44231万元。工程按一级公路标准改建,沥青路面双向六车道,设计时速60千米/小时。

(熊明清)

【省道206资溪长兴岭隧道全线贯通】 8月23日,资溪的长兴岭隧道实现全线贯通。这是资洵线长兴岭隧道建设工程一重大突破,为该工程建成通车奠定了坚实基础。省道206资洵线长兴岭隧道建设工程项目,起点接资洵线与九龙湖旅游公路交叉口,经资溪县木材公司养护站,再经过长兴岭隧道穿越长兴岭,最后经长兴岭村,终于葛坪桥。工程项目路线全长5004米,长兴岭隧道全长573米。

(汤 帆 谢亦平)

【省道458寻乌南桥至留车路面改造工程开工】 9月15日,省道458线寻乌县南桥至留车段路面改造工程开工。该工程全长15千米,总投资3600万元,改造后的路面为水泥混凝土路面,路基宽12米,路面宽为9米,其中,南桥至青龙旅游景区3.5千米实行1.5米路肩硬化。

(凌林泉)

【省道214丰德线黎川蛟山至荷源段公路改建工程开工】 12月23日,省道214丰德线黎川蛟山至荷源段公路改建工程开工建设。该公路改建后对推进黎川经济发展、改善沿线村民出行环境,有着积极的意义。该项目路线全长11.657千米。起于省道214丰德线黎川县与南城县交界处(蛟山),途经资福村、芦油村,止于黎川县荷源乡。投资3000余万元,建成等级为二级,设计时速60千米/小时,路基宽度10米,路面宽度8.5米的水泥混凝土公路,计划工期12个月。

(熊 兰)

城市道路

【崇仁县生态公园环路项目动工兴建】 崇仁县生

态公园环路是环绕崇仁生态公园新修建的一条主干道,全长4319.827米,分为A、B、C三段,其中:A段起于工业园区的机电园路,长898.648米、宽44.6米;B段接A段终点、长2148.517米,C段接B段终点、长1272.662米,C段于抚八线公路,B、C两段宽均为36米。道路等级:城市Ⅲ级主干道,行车速度40千米/小时。项目主要建设道路、排水、照明及交通等工程。总投资为3500万元。截至2014年年底,该项目完成水泥路面铺设2412米,占总项目工程的57.62%,其中C段全部完工,A、B两段的路基土方全部完成。

(余家军)

【东乡县城区道路呈"两纵三横"框架】 东乡县城区道路总体呈"两纵三横"框架,共有23条街道、110条里巷、48个主要平交路口(其中有17个"十字"正交路口、20个"T"形路口、11个斜交路口),道路总长度为99.5千米,其中城市主干道7条22千米,占城市道路的22%;城市次干道16条21.5千米,占城市道路的21%;城市支干道(里巷)110条56千米,占城市道路的57%。

(姚金国)

【鹰潭市加快推进城市路网建设】 完成龙虎山南大道改造工程,该工程全长5.68千米,道路宽22米,7月开工建设,洗刨原沥青面层和上基层,加铺18厘米+18厘米的水稳层,7厘米+4厘米的沥青面层,于10月建成通车。

(鹰潭市交通运输局)

【高安市锦绣大道竣工通车】 锦绣大道是高安瑞阳新区"六纵两横"八条城市道路中的"两横"之一,起于西环路,终于环城东路,途经芳华路、赤土板路、高安市行政中心南侧、府前大道等,路线全长7.70公里,宽58米,总投资2.2亿元。道路设计标准为城市主干路,设计速度40千米/小时,采用投资建设—移交—回购的BT模式建设。项目于2013年7月6日动工,于2014年12月5日竣工通车。

(曾令兵)

【昌九发展大道(星子段)开工建设】 2013年12月,江西省政府正式批复昌九发展大道建设规划方案。昌九发展大道全长83.45千米,起点为南昌市上天岭(接南昌市国道105昌北改线段),终点为九江市双塔(接九江市城市道路九园路)。其中星子段12.6千米,属新建一级公路,起点位于星子县与共青城市交界的苏家当乡青山咀,终点为泽泉乡双塘咀,与改造的国道105相接,为沥青混凝土路面,路基宽度32米,绿化带2.5米,双向四车道,设计速度80千米/小时。依据九江市发展和改革委员会《关于昌九发展大道(九江境内永修至关帝庙段)一级公路新建工程的初步设计的批复》,星子段总投资为5亿元,除征地拆迁由星子县人民政府负担外,其他建设资金由九江市人民政府自筹及上级补助,建设单位为江西赣北公路工程有限公司。项目主体分2个标段进行建设,星子境内征地1268.08亩,拆迁房屋71栋,迁坟20座,涉及泽泉和苏家当两个乡。该项目于5月9日正式开工建设,建设期24个月,将于2016年5月1日建成通车,届时星子往南昌和九江方向的通行将更加便捷,进一步推动星子经济社会快速发展。

(星子县交通运输局)

县乡公路

【南昌市通自然村公路通畅率达81.1%】 2014年,南昌市继续加大落实民生工程——通自然村公路建设。全年争取省级通自然村公路建设982.1千米,涉及中央补助资金7857万元,市级补助资金3000余万元,总投资额近3亿元。全年,南昌市修建村级公路9000余千米,行政村通畅率达100%,自然村通畅率达81.1%。

(华以涵　周国祥)

【赣州市农村公路建设四项措施】 措施一:科学规划,确保农村公路发展布局的合理性和实用性。按照上级制定的政策和项目类型要求,赣州市交通运输局组织人员对公路现状进行了深入细致的调查摸底。在此基础上,坚持"与全市发展规划结合"的原则。把乡村公路建设作为经济发展的一部分,用更大的角度来谋划;坚持"轻重缓急与统筹兼顾结合"的原则,根据乡村公路现有布局、交通流量,以及对地方经济发展促进作用和方便群众程度的大小,科学安排,合理布局,分步实施,稳步推进。措施二:强化监管,确保农村公路建设质量。严格执行基建程序,坚持施工技术规范,严格强化现场管理,通过严格的工程质量监管措施,确保农村公路建设质量。该局组织规统科、农路科和质监站组成工作组按季度对辖区内农村公路工程质量进行督查,检查组深入一线现场,并就发现问题已发出《公路工程质量抽查意见通知书》,要求限期整改。前三季度督查效果来看,工程质量和进度都有一定提升,督查制度将持续下去。措施三:加强了对建设资金的管理。赣州市委、市政府成立由市主要领导挂帅,财政、计委、交通局为成员的公路建设领导小组,各县市也成立由县委、县政府主要领导挂帅的农村公路建设组织领导、由有关部门参加的强有力的专门领导机构。市、县两级都设立了农村公路建设专项资金账户,实行了专项立账,项目资金的使用管理和严格执行了《江西省农村公路建设资金管理规定》,建立了有效的监督管理制度和监管机制,保证资金使用安全。措施四:切实做好了安全生产工作。为确保公路安全畅通,该局对全市农村公路路面、桥梁、隧道设施等进行多次检查,发现隐患及时修复或上报。对一些易发生危险的路段安排专人负责维护和管理,以确保安全。同时认真贯彻执行"安全第一、预防为主、综合治理"的方针,坚持"安全为了生产,生产必须安全,不安全不生产"的原则,增强从业人员安全防范意识,把农村公路建设安全管理工作抓细、抓实。

(赣州市交通运输局)

【赣州市农村公路养护两项措施】 措施一:提高农村公路养护管理水平,加大对各县(市、区)农村公路养护管理工作的监督考核力度,并将养护管理考核结果与各县(市、区)农村公路建设计划安排及养护经费的拨付挂钩。考核内容主要有:(1)年初制订方案,每季度组织考核一次,并常抓不懈。(2)考核内容包括:①农村公路养护监管主要考核是否建立农村公路养护管理体系和机制,是否落实农村公路监管责任,农村公路养护实施情况。②农村公路养护管理主要考核养护计划和实施、管理制度、巡查制度执行、防汛工作及水毁恢复、统计报表和公路技术状况评定资料、内业资料和档案管理、公路安全管理、养护财政资金落实及资金管理等。③文明样板路的创建主要考核文明样板路的创建目标和标准是否明确,制定切实可行的文明样板路实施方案,方案含公路养护、路政管理、路域环境治理三大块内容。④公路养护质量主要考核路基、路面、桥涵、绿化及交通安全设施管养情况。桥梁养护管理制度落实、工作开展情况,危病桥梁安全管理和维修整治计划落实,桥梁档案规范管理等。⑤安全管理及社会责任主要考核公路桥梁应急事件处置、重大活动响应、媒体舆论、各类投诉、督察发现问题的处理、领导批示完成情况等。措施二:加大宣传和发挥社会监督作用。县道和乡道应设立养护责任公示牌,公布管理养护主管单位、承养公司名称或养护承包人姓名和养护质量监督举报电话,接受群众监督。鼓励村道设立养护责任公示牌。要加大宣传力度,利用新闻媒体报道、书写标语等形式制造声势营造氛围,让基层政府、社会各界和广大农村群众了解农村公路管养工作重要性和相关政策,支持、参与到农村公路管养工作,营造良好的保路护路氛围。

(赣州市交通运输局)

【龙南县汶龙镇江夏村黎屋小组通组公路竣工通车】 1月20日,龙南县汶龙镇江夏村黎屋小组通组公路竣工。江夏村黎屋小组由于公路不通,交通不便,制约了当地发展,在推进"三送"全覆盖、常态化工作中,龙南县交通运输局驻江夏村"三送"工作队心系群众帮扶资金6万元,群众自筹资金56000余元,修通了长420米,宽3.5米的通组公路,解决了群众出行难问题,受到农户的交口称赞。

(龙南县交通运输局)

【石城县加强通自然村公路建设工作】 1月,石城县交通运输局组织完成了《石城县通自然村公路工程管理实用手册》的编印工作,手册从建设程序要求、施工技术要求、工程参考造价等方面进行了详细的介绍,对通自然村公路参建人员管理项目、监督质量有很大的帮助、指导作用。

(石城县交通运输局)

【全南县扎实推进通村组公路建设】 2014年,全南县交通运输局把农村公路建设作为交通工作的重中之重,扎实推进通村组公路建设。该局按照轻重缓急、先易后难原则,优先解决当地群众自筹资金积极性高的村小组的道路硬化，优先解决有产业地区、土坯房改造集中示范点和人口聚居地的道路硬化，发挥通村组公路项目最大效益，使民生工程真正惠及农民。为保证通村组公路建设质量，该局要求每个项目都必须成立由当地村委会选出的人员组成的理事会，具体负责通村组公路的监管，并由村委会邀请沿线责任心强、技术业务精且热衷于公益事业建设的村干部或是德高望重的人员作为质量监督员，确保项目质量。

（全南县交通运输局）

【石城丹阳至横江公路升级竣工通车】 11月12日，石城县重点续建工程丹阳至横江公路竣工通车。该公路是石城县2013年的县道升级改造项目，享受罗霄山特困片区扶持政策，原公路为四级标准，路面宽5米，升级改造后为3级标准，路面宽7米。该公路的建成，进一步改善群众的通行条件，更有利于促进当地经济社会发展

（石城县交通运输局）

【岭南大道一期、二期路基全线贯通】 12月3日，定南县岭南大道一期、二期路基全线贯通。岭南大道是S327寻茅线其中的一段，起于天九镇东山村与安定线相连，终于历市镇杨梅村接赣定高速公路连接线，路线全长13.96千米，采用二级公路标准设计，路基宽28米，其中路面宽25米、人行道宽2×1.5米。道路设计为双向四车道，设计时速为60千米/小时。

（定南县交通运输局）

【兴国县华坪至杰村公路桥涵工程全面完成】 12月25日，兴国县华坪至杰村公路改建工程59道桥涵工程已全面完成，并完成路基10千米、水稳层6千米。兴国县华坪至杰村公路改建工程属2013年省罗霄山区县乡道升级改造项目，全长11.048千米，按三级公路标准设计，设计时速30千米，路基宽7.5米，水泥路面宽6.5米。工程于2014年8月正开工建设，计划2015年8月底前完工。

（兴国县交通运输局）

【景德镇市投1.5亿元建4条旅游公路】 2月12日，景德镇市交通运输局确定，全年计划新建设（改造）4条旅游公路，总投资1.5亿元，以策应市委、市政府“举全市之力打响工业强攻战、招商引资大会战、城市建设攻坚战”的“三大战役”的战略部署，为着力打造“世界瓷都、艺术之城、千年名镇、生态家园”的城市旅游品牌形象提供优良的旅游交通环境。

该局计划新建设（改造）的4条旅游公路总长36.2千米，总投资1.4827亿元。其中，浮梁县程家山至盛莲塘红色旅游公路项目改造里程为4.665千米，按三级公路标准建设，投资1162.8万元。乐平市界首经文山至神农宫红色旅游公路项目新建里程为17.9千米，总投资4720万元，界首至文山段采用二级公路标准建设，长6.9千米；文山至神农宫段采用三级公路标准建设，长11千米。浮梁县王港至三龙旅游公路项目新建里程为12.2千米，采用二级公路标准建设，投资8438万元。浮梁县诸仙洞风景区旅游公路项目改造里程为1.4千米，按三级公路标准建设，投资506万元。

（徐小明）

【临川配备396名村道护管员】 2014年，临川区在全区配备396名村道护管员，确保乡村道路整洁和畅通。

“十二五”以来，该区多方投入资金8亿多元，修建村级公路300余条，总里程达1200多千米。但是，由于公路养护人员少，导致很多路段尘土多、垃圾多，影响了车辆畅通。该区各乡镇将村道护管与环境治理、农村创卫保洁有机结合，在每个行政村聘用1名保洁员担任村道护管员，负责村道的日常打扫以及清理障碍物等，使村级公路干净整洁。

（陈根玲）

【临川茅排一农民工捐款10万元家乡修路】 “我们那里还有一个村小组没有通水泥路，村民出行不便。我愿再出5万元，希望尽快把这条路修好。如果钱不够.我会再尽力的。”2月17日，刚刚离开临川茅排老家外出务工的农民工黎仁平从深圳打来电话，表示要继续为家乡公路建设贡献力量。这是2013年以来，黎仁平第二次捐资修建公路。他共为家乡修路捐出10万元，在当地传为佳话。

黎仁平是茅排乡南际村人。南际村是该乡最

为偏僻的一一个山村.黎仁平初中毕业后,为了减轻父母的负担,放弃了上高中的机会,前往深圳打工。由于没有特长,黎仁平在深圳找了许久,也没有找到工作。后来,只好在建筑工地做小工。黎仁平干活十分卖力,他的勤劳很快被工地的一个老板看中,不久他被提拔为工地的管理者。2008年,黎仁平再次被老板重用,升任一家电子厂的总经理。

"只有先把路修好,乡亲们才能够过上好日子。"黎仁平暗下决心,努力赚钱,把家乡的路修好。

2013年春节,黎仁平回到老家,找到村党支部书记,把自己的想法说了出来。黎仁平的想法得到村书记的认同。"村里很早就想修路,苦于没有资金。"黎仁平当即将自己的打工收入5万元交到书记手中。

黎仁平的善举点燃了村民修路的热情,村民踊跃捐款,几天时间就收到捐款30多万元。3个月后,水泥路正式动工建设。半年后,南际村的村组公路竣工。竣工当天,村民们喜笑颜开。

2014年春节,黎仁平回到老家过年。走在新修通的水泥路上,黎仁平感慨万千,十分兴奋。"孩子,村里还有一条路要修,你看能不能再想点办法。"黎仁平的老娘拉着儿子的手说。随后,黎仁平来到这条路看了看,发现这条路全长有1千米路,十分破旧,小车根本开不进去。"把这条路也修…修吧,我再捐5万元。"黎仁平对书记说,如果钱不够,他会再想办法。希望乡亲们尽快富裕起来。

(陈根玲)

【乐平农民工捐资修路造福村民】 "江西宏达建筑公司农民工王金明个人出资9万元,修建硬化出村公路,此义举,功莫大焉。为颂其功德,特立此碑,以昭后人。"这是江西乐平市礼林镇塔背村住车村小组出村路口处一块黑色大理石"功德碑"上的一段碑文。

乐平市礼林镇塔背村东临安殷河,三面环山,没有一条像样的公路,村集体经济发展和村民的生产生活一直被坑洼不平的土路所困扰,同时滋生诸多安全隐患,学生出村上学念书不得不由家长护送,农民收入因交通不便而裹足不前,贫穷落后压得村民喘不过气来。

住车村小组村民王金明常年在乐平市从事房地产开发。4月,曾经当过村医的王金明回家看到出村道路泥泞、雨天穿雨鞋也进不了村的状况后主动捐款9万多元,并免费提供混凝土搅拌机用于通村公路施工,同时义务为工程进行监理。在他的鼎力资助下,住车村小组与外界连通的一条长约400米的村道于7月中旬改造完成,村民们走上了平坦的水泥路。

为感谢王金明的义举,塔背村村村民自发为王金明设立"功德碑",并将他援建家乡公路的事迹载入村志,在十里八乡传为美谈。住车村小组通村水泥路建成后,整个塔背村不仅实现村小组(自然村)组组通水泥路,而且与重要县际公路对接,不少村民或购买货车跑运输,或兴建红砖厂办企业,村集体经济正在发展壮大,村民收入也开始多起来。

(王金保　涂　强)

【浮梁县2条公路相继建成通车】 鹅湖至潘村公路于10月建成通车,沧溪至诰峰公路于12月8日建成通车。

鹅湖至潘村公路改造项目全长4.833千米,按三级公路标准建设,总投资974万元,于2013年11月开工建设,2014年10月建成通车。该项目是连接天宝龙窑及当地大理石、瓷土矿等企业的重要运输通道,项目建成后的公路等级得到提升。

沧溪至诰峰公路改造项目全长5.1千米,按三级公路标准建设,总投资1330万元,于2013年10月底开工建设,2014年12月8日建成通车。该项目建成后因通行效率的提高,能更好地将勒功沧溪和江村严台两个文化历史名村连接起来,优化当地的旅游发展环境。

(郑卫华)

【杨桥殿投资520万打通"断头路"】 11月2日东乡县杨桥殿镇下易村通往进贤县永桥农场的水泥公路建成通车。

杨桥殿镇与进贤县衙前、池溪、钟陵等乡镇霎壤。2014年以来,杨桥殿镇大力实施连心工程,投入520多万元打通了与进贤边界村庄的"断头路",共修建道路5条,总长11438米,新建桥梁2座。

(陈根玲)

【广昌县农村公路建设步入快车道】 2014年,广昌县农村公路建设渐入佳境,步入公路交通建设快车道。投资980万元完成了县城滨江东路雁塔大桥至原河东大桥段道路新建工程;投资178万元完成县城滨江东路三经路口至顺化大桥段道路新建工程;投资1100万元的县城河东景观坝步行桥工程,已完成第1孔、第2孔主体工程;投资160万元的苏区振兴与扶贫攻坚“共创．小康”工程头陂镇龙港村3个土坯(危)房整村改造点道路建设顺利竣工。总投资772万元的千善高洲至甘竹重田县道升级改造项目已完成2.9千米路基工程;投资3100万元的赤水杨坊至塘坊县道升级改造项目已完成招投标。完成2013年自然村公路续建项目93千米;完成2014年新开工自然村公路建设项目120千米。农村公路建设速度的加快,进一步改善人民群众的出行条件,成为加快“美丽莲乡．幸福广昌”建设的助推器。

(广昌县交通局)

【黎川县成立农村公路建设监理组】 为加强农村公路建设管理,确保农村公路建设质量,根据《江西省通自然村公路建设管理办法》及抚州市交通运输局要求,6月9日,黎川县交通运输局成立农村公路建设监理组,由公路站分管领导担任组长。

(黄建国　徐高宗　邹　峰)

【南昌市湾里区大力推进农村公路安保工程建设】 1—7月,湾里区交通运输局积极实施农村公路安保工程,消除农村公路安全隐患,保障群众安全出行。湾里区交通运输局对乡道暨区重点旅游公路红泮公路实施安保工程建设,新增了波形护栏、警示标志牌、反光镜、热熔振动减速标线和道路中央标线。继续申报,争取将罗梅公路、太珂公路、乔东公路等境内三条县道全部列入省级县道安保工程项目。工程立项实施后,全区农村公路安保路线将达到36千米,实现县道安保设施全覆盖,交通安全等级将有质的提升。

(王克勤　张国平)

【井冈山市龙厦公路修复工程完工】 吉安市公路局和井冈山市多渠道筹措资金2000余万元,经过3个多月的紧张施工,井冈山市龙厦公路修复工程于1月10日全线竣工通车。龙厦公路是井冈山新城区连接龙市片区的主要交通干道,沿线经过厦坪、鹅岭、白石、新城、古城等乡镇场。该公路全长35.872千米,由厦白线和古洋线两条县道组成。

(简文武　王瑞明)

【宜春市加快农村公路建设步伐】 全市交通运输部门,坚持“统一规划、分步实施”的原则,加大工作、经费的投入力度,做到进度之快,质量之优,效果之好。全年全市新建农村水泥公路1874条,里程1904.8千米,工程投资8.69亿元,其中25户以上自然村通水泥公路里程1809.4千米,工程投资7.0338亿元。有力支持了三农,推进了全市农村经济社会又好又快发展。

(杨　萍)

【丰城市温泉公路建成通车】 温泉公路于2012年6月动工建设,是一条二级公路,起于昌樟高速“四改八”工程新丰城互通连接线终点(桩号为K3+200处),途经梅林镇、湖塘乡、隍城镇、仙姑岭风景区,终点为隍城镇大斜仙姑岭。设计速度:80千米/小时;桥涵设计荷载:公路二级。公路全长14.687千米,路基宽度为12.0米,路面宽度为10.5米;沥青路面,设计使用年限15年。工程投资1.476亿元,全部为政府投资。该桥于2014年8月1日正式建成通车。该公路的建成,可连接昌樟高速“四改八”工程新丰城互通,对于促进城乡一体化,改善宋水线过城镇路段交通拥堵,推动丰城与高安两市道路物流沿线乡镇经济、富硒产业、生态旅游产业发展,将发挥重要的作用。

(熊雪芽)

【上高县长连下至320国道路段竣工通车】 长连下至320国道路段为客运网络项目,于2014年6月开工,同年8月全面竣工验收通车。该线路全长2千米,宽4.5米,水泥砼路面,面层为25厘米,水稳层为20厘米,设计等级为四级,行车速度20千米/小时,工程投资90万元。

(潘泓羽)

【九江市圆满完成2014年各项农村公路建设目标】 完成公路建设里程1739.8千米,投资6.43

亿元,到2014年年底,全市县道三级公路比例提升到33.7%,乡道四级公路率提升到81.2%;自然村通水泥路比例提升到60%。

(九江市公路管理所)

【鹰潭市农村公路建设情况】 计划农村公路建设里程357.6千米,新建独立桥梁1004延米/11座,渡改桥265.2延米/1座,危桥改造78.2延米/2座,安保工程14.996千米,预计到12月份,完成农村公路水泥路建设325千米,完成危桥改造78.2延米/2座,安保工程14.996千米,可新增通水泥路自然村309个,全市通水泥路自然村将达到2003个,占自然村总数比例将提高至60.5%。

(鹰潭市交通运输局)

【新余市渝水区胡家至楼下公路开工】 该工程位于袁河经济开发区内,起点位于天工大桥南岸桥头,终点交于良山镇乡道(库潘线)、白沙村委楼下村附近,路线全长9.858千米,技术等级为一级,总投资2.2571亿元,项目于2014年5月上旬开工,预计2015年12月底竣工。

(新余市交通运输局)

【新建县西圳线公路提升改造工程】 新建县县道西圳线(X046西山至石岗)公路提升改造工程,起于西山镇320国道旁桩号K0+000处,终于石岗镇街道桩号K6+362.621处。全线长16.626千米,按二级公路标准改造建设,路基宽10米,路面宽8.5米,采用沥青路面,总造价约8017万元(其中建安费5441万元),已于2014年10月西山庙会前主路通车。

(包中梅)

【新建县乐饭线公路提升改造竣工】 新建县县道乐饭线(X053乐化至昌邑)提升改造工程,起于乐化镇江桥13(K2+620)处,终于昌邑乡二十四联圩管理局(K29+497)处。全线长26.877千米,按二级公路标准改造建设,路基宽10米、路面宽8.5米,采用沥青路面,总造价约1.09亿元(其中建安费7807万元),已于2014年10月通车。

(包中梅)

公路桥梁建设

【概况】 2014年,全省普通公路桥梁累计1361602.7延米/26248座(含危桥197184.250延米/5456座),共计有永久性桥梁1326629.08延米/24501座。其中:特大桥105245.92延米/58座、大桥652510.65延米/2733座、中桥356651.98延米/6688座、小桥247194.15延米/16769座。一类桥776287.53延米/6499座,二类桥202833.07延米/5926座,三类桥185297.92延米/8367座,危桥197184.25延米/5456座,一、二类桥所占比例为47.3%。各设区市公路局管养的桥梁213963.55延米/4732座(含危桥31916.24延米/641座)。其中,永久性桥梁213963.55延米/4732座,永久化程度达100%;一类桥87217.05延米/1879座、二类桥79906.2延米/1929座、三类桥14924.06延米/283座、四类桥27233.47延米/556座、五类桥4682.77延米/85座,一、二类桥所占比例为80.5%。省养公路渡口1处为机动渡。各设区市交通运输局管养的桥梁603668.6延米/18257座(危桥165268.01延米/4815座),其中永久性桥梁568694.9延米/16510座。

(省公路管理局)

【昌樟高速公路改扩建工程跨线桥拆除方案评审会召开】 4月18日下午,昌樟高速公路改扩建工程跨线桥拆除方案评审会在南昌召开。省交通运输厅总工程师胡钊芳,省安监局、省交警总队、省高速集团、省交通质监站、省路政管理总队、赣粤公司等单位代表和特邀专家出席会议。与会人员听取了项目办关于《昌樟高速公路改扩建工程跨线桥拆除方案》的情况汇报，观看了该项目路基施工单位制作的关于《上跨桥拆除施工方案》视频及相关文字资料，就该方案的可行性进行了分析论证。经过专家组集中评议，认为全线封闭交通进行跨线桥拆除方案合理可行。专家组还就交通管制方案、各标段跨线桥拆除施工组织设计方案等提出了细化完善意见。

（省高速集团公司）

【昌樟高速公路20座旧上跨天桥拆除工作结束】 5月6日6时至5月7日18时，沪昆高速公路740KM至814KM（南昌至樟树段）20座旧跨线天桥实行爆破和机械拆除，全线实行交通管制，双向道路封闭。为尽量减少对过往车辆造成的出行不便，省高速集团总部及各路段管理单位提前部署，广泛宣传，多措并举，全力做好封闭施工前的信息宣传、施工期间的车辆分流引导工作，确保封闭施工期间车辆分流有序。5月7日，昌樟高速公路20座旧上跨天桥拆除工作顺利结束，全线恢复双向四车道通行，比预期通车时间提前3小时。

（省高速集团公司）

【昌樟高速改扩建项目药湖特大桥新桥建成通车】 10月30日上午，在昌樟高速改扩建项目头号控制性工程药湖特大桥新桥建成通车之际，省交通运输厅党委书记、厅长朱希，副厅长王爱和、王昭春，中铁大桥局集团有限公司董事长、总经理姜永军，省高速集团董事长、党委书记王江军一行实地察看了建成后的药湖特大桥新桥，并出席座谈会。

就做好下一阶段工作，全力推进昌樟高速“四改八”工程建设，朱希要求，要始终坚持“年底基本实现昌樟改扩建通行”不动摇。要同步推进樟树枢纽施工进度，确保昌樟改扩建工程年底实现通行目标；对好的经验，要及时归纳梳理、总结提炼，为今后高速公路改扩建工程提供经验和借鉴；要继续打好“大干180天”劳动竞赛攻坚战。咬住目标不放松，在保证质量和安全的前提下，克服困难，全力推进，确保全面完成今年各项任务。要全面落实争创“六个典范工程”目标。要围绕争创工程质量、施工安全、交通组织、廉政建设、路地协调、绿色低碳“六个典范工程”，把昌樟高速改扩建项目作为全省交通运输发展升级的标志。

（省高速集团公司）

【昌九大道跨河桥梁原型观测任务完成】 5月30日，航务勘察设计院测量队顺利完成昌九大道跨河桥梁原型观测任务。

昌九大道项目沿途跨河桥梁共有3座，观测任务主要包括比例尺为1:5000桥位上下游6千米水下地形测量，桥轴线加密测量等。

昌九大道项目是“昌九一体化”重大基础设施建设项目之一，将使南昌、九江两城之间通行更加便捷，更好推动本地经济社会快速发展。此次观测任务的圆满完成，为大桥后期的通航论证、河床演变分析提供了可靠的基础数据和规划依据。

（常冠宇　陈明中）

【南昌市积极推进危桥改造工程】 2014年是南昌市重点推进危桥改造的第三年，全年启动危桥改造55座，完工34座，进度超过历年。2012年，市政府出台《关于加快推进农村公路危桥改造实施意见的通知》（洪府厅发〔2012〕126号），极大地促进各县区危桥改造的积极性。南昌县、新建县、进贤县分别出台实施意见，明确危桥改造县级配套资金及改造范围。全市共启动农村公路危桥改造建设127座，完工71座，在建20座，前期工作36座，争取并得到省级补助资金2071万元，市级补助资金2718万元，总投资额1.3亿元。

（华以涵　周国祥）

【南昌昌北公路分局对枫生快速路和320国道桥梁伸缩缝进行维修】 5月开始，昌北分局对枫生城市快速路和320国道桥梁伸缩缝进行维修，确保道路安全畅通。该局管养的枫生城市快速路和320国道随着南昌城市经济的快速发展，红谷滩新区、九龙湖片区、望城开发区的大量开发建设，车流量非常大，超载十分严重，省道49枫生城市快速路的蛟桥高架桥、蒋家中桥、双港分离立交桥、狮子脑中桥和国道320的乌桥、岗背桥、斗姆桥、缪家桥伸缩缝严重损坏，为了确保行车安全，该局已经开始对损坏桥梁伸缩缝依次进行更换。据统计，此次将修复80型伸缩缝22米，60型伸缩缝77米，40型伸缩缝22米。　（赖蓉娟）

【进贤县中山大道下穿沪昆铁路框架桥工程】 该项目是省重大重点项目沪昆客专进贤南站配套工程。横穿浙赣铁路线,连接进贤县中山大道南端与北端,全长352.23米,道路宽幅32+2米,在沪昆铁路ff744+698米处附近新建2孔各16米宽的下穿框架桥,下穿沪昆线进贤火车站6股道,下穿长度为57米,净高5米,配套白排水系统。县财政全额预投资7200万元。完成征地3.6公顷、拆迁房屋3幢532平方米、迁移果树30余亩等基础工作,双孔实现"零误差、零事故"打通,2014年底工程进入扫尾阶段。

(胡进兴)

【福银高速李渡互通工程进度】 项目位于福银高速温沙段的KS10+080—K511+012桩号范围,处于进贤县长山晏乡的上付村及胡家村之间,预投资0.38亿元。完成征地7.6公顷、路基等基础工作,路基垫层、水稳挚层完成80%,办公楼、收费站、宿舍、食堂等主体;E程全面完工进入装修,至2014年年底已完成总工程量的85%,预计2015年2月底完成。

(胡进兴)

【抚州市抚河大桥南端引桥改造完工通车】 经过9个月的施工,抚河大桥南端引桥长150米、宽42米的改造工程完工,12月16日,正式通车。

(陈根玲)

【南城县干港桥新建工程完成】 南城县干港桥新建工程坐落在黎滩河与盱江相通的干港河上,距干港老桥东面不到100米处,桥梁设计宽度为15米,桥梁设计荷载汽—Ⅰ级,下部构造为扩大基础接U形桥台,上部构造为4×20米预应力空心板,桥梁长度80米。2014年1月,顺利完工。

(王素红)

【崇仁重建黄洲桥】 10月,黄洲桥规划设计图纸成型。该项目总长220.85米,其中桥梁全长148米,为圆弧拱桥,桥面宽22.5米,四车道,桥两头建仿古门楼。人行道两侧建仿古长廊,供居民休闲游玩,项目总投资近3000万元。

(陈根玲)

【抚州市临川大道高桥正式通车】 9月4日,临川大道高桥正式通车。拓宽改造后的高桥,桥梁全长53.04米,桥面宽度为43米(6米人行道+4.5米慢车道+两米绿化带+15米快车道+两米绿化带+4.5米慢车道+6米人行道+3米自行车道)。

(陈根玲)

【樟树市赣江第二(药都)特大公路桥开工建设】 樟树市赣江第二(药都)特大公路桥起点为清宜公路与园区东路交叉口处,途径荷湖张家村跨赣江北支,经誉家洲后跨赣江南支,在伞头村方家西侧跨赣东大堤,途径湖头村,至终点为105国道处。桥梁全长2529米。道路等级:一级公路兼城市主干道、双向六车道;路基宽度:北引道50米;南引道60米;全桥跨径布置:北引桥采用9跨30米现浇连续箱梁;主桥采用5跨736米(其中主跨400米)双塔双索面结合梁;南引桥33跨1523米采用现浇连续箱梁;主桥桥面宽为29.2米,下部构造为空心墩,桩基础;引桥桥面宽为26.5米,下部构造为实体墩,桩基础。在南引桥的K1+680~K2+040处(即誉家洲段)路段上、下两侧各设平行于引桥的A、B两条通过誉家洲的匝道,主桥主塔为宝瓶形,塔高124.52米,采用168对空间扇形双索面拉索,主桥桥面采用钢砼叠合梁形式。洪水频率1/300,通航等级111。工程投资9.25亿元。4月21日开工建设,工程建设进展顺利,至12月底,已完成桩基532根,完成98.5%,承台已完成93个,完成78.8%、桥墩已完成74个,完成63.8%、桥面预制板已完成64块、完成9.7%、桥台完成3个、完成75%。工程设计2017年3月建成通车。

(杨 波)

【高安市米州公路大桥竣工通车】 米州公路大桥位于锦江下游,横跨锦江,联结东环、南环,是东环路三座大桥之一,也是城区第五座跨河大桥。桥梁全长602米,设计荷载公路——I级、人群—3.5千牛/平方米;设计水位:1/100,33.84m;通航等级III级,桥宽35米(含栏杆):2.0米(人行道)+31米(行车道)+2.0米(人行道);上部构造:采用2*(3*35米)+2*(4*35米)+3*35米先简后支结构连续小箱梁;下部结构:桥墩采用墩接盖梁,柱径为 1.6m,桩径为 1.8m,两桥台均采用肋板式桥台,桩径为 1.5m;全桥共设 5 道伸缩缝,两桥台各采用一道 80 型伸缩缝,3、6、10、14 号墩处各设一道 160 型伸缩缝。于 2013 年 5 月 12 日开工建设,工程投资 1.03 亿元,采取 CT 模式建设。12 月 28 日,米州公路大桥试通车。

(周世祥)

【赣州市店背桥重建竣工通车】 7 月 7 日,市公路管理局直属分局管养境内的 G323 线 K135.711 店背桥危桥重建工程竣工通车,比计划工期提前一个月。店背桥(危桥)重建工程,由于修建桥梁结构出现了较严重的病害,主要表现为桥面因不堪重载车碾压造成桥板断裂。避免桥梁险情继续扩大,决定对这座桥梁拆除新建。

(赣州市公路直属分局)

【兴国县长冈大桥(危桥)重建钻探设计工作启动】 7 月 8 日,长冈大桥(危桥)重建工作目前已经正式启动,赣南公路勘探设计院进驻现场进行钻探,预计勘探设计工作三个月可完成。原长冈大桥是横跨潋水连接长冈上社村和潋江澄塘村的 6 孔双曲拱桥。全长 182.2 米,1979 年竣工通车. 由于原设计和建设标准较低、车流量大且超载车辆多、河床逐年下降等原因,桥梁病害逐渐加重。2012 年 10 月,经省工程质量检测中心检测评定为四类危桥。为彻底消除长冈大桥通行安全隐患,2014 年 5 月 24 日,经兴国县人民政府县长办公会议讨论并同意拆除并原址重建长冈大桥,具体由县交通运输局会同相关部门依法依规抓紧组织实施。据悉,长冈大桥依原桥址约 K25 +480 处重建,重建工程桥梁长为 217 米,宽为 9 米,汽车荷载等级为公路 II 级,人群荷载 3.0 千牛/平方米,设计洪水频率为 1/50,无通航要求。

(兴国县交通运输局)

【南康区三江大桥工程可行性研究报告评审通过】 8 月 8 日,省交通运输厅在南康区主持召开了《南康区三江大桥工程可行性研究报告》评审会。省公路管理局、赣州市交通运输局、南康区人民政府、南康区交通运输局、南康区三江乡人民政府及《工可报告》编制单位的代表和特邀专家参加了会议。三江大桥拟建在三江乡与凤岗镇之间的上犹江上,长 367 米,总宽 12.5 米,概算总投资 2120 万元。与会专家和代表实地察看了拟建项目现场,听取了《工可报告》编制单位中交公路规划设计院有限公司对《工可报告》的介绍和建设单位对相关情况的说明,有关单位代表和专家发表了各自的意见,经认真讨论及与会专家认真审议,获专家组一致评审通过,为南康区三江浮桥改汽车桥建设工程迈出了坚实的一步。

(南康区交通运输局)

【寻乌县大路三桥主体工程完工】 9 月 6 日,随着最后一跨桥面铺装的完成,在工程参建人员的连续奋战下,大路三桥主体工程全面完工。大路三桥是瑞寻高速公路寻乌连接线公路(1.7 千米部分)上的一座大桥,全长 232 米,桥面宽 24.5 米,设计速度 80 千米/小时,工程总投资 1426 万元。

(寻乌县交通运输局)

【会昌公路分局加快危桥改造速度】 全年会昌公路分局 G323 线危桥改造的西江一桥已半边通车。西江二桥危桥已经开始改造,桥梁的改造工程正在紧张施工中。为了保障桥梁通行安全,让老百姓有桥可过、过得安全,该局每年都将危桥改造列入了重大民生工程。据该局桥梁相关负责人介绍,截至 2014 年 9 月,在工程技术人员及全体施工人员的共同努力下,改造工程进展顺利,预计明年 1 月底即可全部完成改造工程,确保安全通行。

(会昌县交通运输局)

【兴国县社富下村桥(危桥)重建工程进入桩基灌注阶段】 9 月 15 日,兴国县社富下村桥(危桥)重建工程已完成 1#—1 桩基的灌注(该桩径 1 米,桩长 23.5 米),标志着该桥重建工程进入桩基灌注施工阶段,该桥共一跨 8 根桩,预计 2 个月全面完成桩基工程。社富下村桥是兴国县县道 X457 华坪至南塘 K18 +460 处一座危桥改建公路桥梁,桥位位于原桥址,上部结构采用 1×20 预应力混凝土空心板,下部结构桥台采用接桩基 U 形桥台,桥长 29.04 米。该桥设计技术标准:汽车荷载等级为公路Ⅱ级,人群荷载等级:3.0 千牛/平方米,桥面宽度:净 -6.5 +2×0.5(防撞护栏)。桥梁全宽 7.5 米,设计洪水频率 1/50,无通航要求。

该工程7月份开始施工重建,工期6个月,预计2015年春节前完工。

(兴国县交通运输局)

【龙南县红卫桥、濂江桥、左幅老桥重建工程顺利进行】 龙南县红卫桥、濂江桥(演教寺桥)左幅老桥拆迁重建工程自9月3日开工以来,作为业主单位的龙南公路分局积极采取有效措施,确保工程顺利进行。红卫桥、濂江桥(演教寺桥)左幅老桥拆迁重建工程系该县2014年重点工程建设项目。龙南公路分局“三个注重”做好拆迁重建工作。一注重“施工组织”,精心组织有经验,有技术,服从管理的施工队伍,为工程质量打下坚实基础。二注重“安全生产”,在老桥拆除施工前,对施工现场进行全面封闭,并加强与交管大队协作,及时向社会发布交通管制和道路信息;在老桥拆除施工过程中,根据实地勘查情况准备施工设备、材料进场,明确施工需要的场地和机械设备以及被拆除物的倒运地点,建立健全施工现场的各项管理规章制度和安全技术措施。三注重“科学管理”,优化施工组织方案,加强对施工方技术、工艺、质量的规范化管理,确保工程顺利完工。

(龙南县交通运输局)

【石城县琴口桥修复工程顺利完工】 9月18日,受交通事故影响,高田—海螺岭公路琴口桥出现严重损坏,石城县交通运输局路政大队工作人员获悉后前往事发地调查桥梁破损情况。为确保安全通行,石城县交通运输局立即组织施工队对破损桥梁进行抢修。此次琴口桥修复工程共修复立柱8根、桥栏杆16根、台帽16米、挑梁8根,目前琴口桥已全面完成修复。

(石城县交通运输局)

【南康区完成7座危桥改造任务】 2014年,该区交通运输局积极实施危桥改造项目,已经完成龙华乡卫东大桥、唐江镇九驳桥、镜坝镇洋江桥、横市镇横市桥、凤岗镇大塘桥、唐江镇寨背桥、大坪乡永丰桥7座危桥改造任务,浮石桥、山溪桥等在建,合江桥正在组织招投标工作,危桥改造总投资达2247.8万元;此外,还重建了10座小桥。

(南康区交通运输局)

【石城县下村坪桥正式开工建设】 12月23日,石城县下村坪桥正式开工建设。下村坪桥位于石城县小松镇石田村,是下村坪至青皮公路上的一座桥,老桥于上世纪70年代建成通车,由于河流的冲刷,桥墩基础均有不同程度的淘空,致使桥墩倾斜或冲毁,已失去了使用功能,给当地两岸群众出行来了不便。该桥全长66.04米,桥面总宽7米,上部构造采用3×20米预应力砼简支空心板梁,下部构造采用柱式墩,桩基础,桥台采用桩基盖梁。2014年11月完成招标工作,中标合同价为105.7万元。

(石城县交通运输局)

【宜黄中港龙岗花家桥动工兴建】 龙岗花家桥位于中港镇龙岗村村道V032K0+115处,全长85.98米,技术标准为公路—II级,桥净宽-6.0+2×0.5米。钢筋砼预应力简支梁桥,工程造价224.41万元,其中建安费18.78万元,由工程队施工建设。5月2日开工,11月30日竣工。

(李华荣)

【宜黄凤冈镇新斜村新斜桥开工建设】 新斜桥位于村道V201窑上-临宁线K0+200处,桥长74.58米,桥宽7米,净宽6米,预应力钢筋砼简支空心板桥,造价219.5万元,其中建安费166.6万元。于7月10日开工,12月20日竣工。

(李华荣)

【省道214丰德东馆桥拆除】 10月10日,省道214丰德线东馆桥顺利拆除,至此这座承载五十年历史的老桥终于完成历史使命。

东馆桥建成于1964年,由于修建年限较早,技术标准较低,随着经济社会的发展,该线交通量逐渐增大、大吨位车辆不断增多,导致该桥桥墩严重下沉、桥两头路面下沉等现象,该桥桥面发现多处开裂、露筋,给过往车辆和行人带来较大的安全隐患,经技术部门鉴定,该桥为四类危桥。为确保安全,2012年,东馆桥开始实行限载通行。

重建后东馆桥设计荷载为公路-I级,桥面宽为12米,全长67米。工程投资280万元,施工工期为四个月。

(陈根玲)

【崇仁桥头大桥通过交工验收】 桥头大桥位于崇仁县石庄乡水库村的村头小组，跨越公陂河。大桥全长451.495米，其中主桥长127.08米，引道长324.415米。公路等级四级，设计速度20千米/小时，设计荷载：公路—Ⅱ级（桥涵），桥面宽7米，净宽-6.0米（行车道）+2*0.25米（安全带）。设计洪水频率：1/50，安全等级二级。主桥造价371.617万元。工程于2012年9月10日开始建设，2013年12月30日主体工程完成，2014年8月完成附属工程，12月底通过交工验收。

（余家军）

【吉安县肖家桥新建工程完工】 1月8日，吉安县肖家桥新建工程顺利完工。吉安县肖家桥位于吉安县横江镇肖家至罗家公路k0+100处，与泰和县石山乡隔河（禾水河支流）相望，因河水阻隔，行人靠木梗桥过河，交通十分不便。兴建肖家桥直接将吉安县横江镇与泰和县石山乡紧紧相连，极大地改善了当地人民群众交通出行，对促进区域的经济发展具有重要的意义。肖家桥上部采用2×16米预应力钢筋混凝土空心板，下部采用重力式U台实体墩，现浇砼扩大基础，桥梁全长40.66米，桥面宽为6.5米，总投资为76.68万元。

（胡小华 钟兴斌 王俊杰）

【吉安县永和连心大桥合龙】 1月21日，随着最后一块预应力T型梁在桥墩上对位、锁定，永和连心大桥宣告合拢。永和连心大桥项目属105国道吉安中心城区改道项目控制性工程，被列为省、市重点工程。大桥位于京九铁路吉安赣江大桥上游680米位置，桥长1486米，桥面宽29.6米，双向六车道。该项目建成，对于加快吉安市吉泰走廊建设，拉大城市框架，完善吉安道路交通网络，构建快速便捷的区域交通通道，缓解中心城区交通压力，促进中心城区经济快速发展，具有极其重大而深远的战略意义。

（吉安市公路局）

【抚州大桥左幅最后一片箱梁浇筑完成】 3月29日，抚州大桥左幅最后一片箱梁浇筑完成，至此，抚北大桥已累计架设、现浇箱梁480米，宽16.75米。抚北大桥桥长488米，主体桥箱梁施工共包括东西两岸6联24片现浇箱梁浇筑和预应力箱梁的预制及架设施工，总长度为480米，其中大桥左幅共需浇筑12片现浇箱梁，现浇箱梁横截面为T形，较窄的下部中空，每块箱梁长度多为40米，最长为48米。

（刘 媛）

【安义县新长埠大桥全桥合龙】 6月16日，随着最后一片0-9号空心板梁稳稳地落在了盖梁上，安义县新长埠大桥全桥顺利合拢。安义县原长埠大桥为钢筋混凝土双曲拱桥，全长251米。建于1976年年初，于1979年12月通车。随着安义县国民经济不断增长，通行于长埠大桥的交通量与重载交通不断增大，老长埠大桥桥面铺装层磨耗严重，出现拱肋混凝土开裂破损、露筋锈蚀严重等结构病害。经有关部门鉴定为四类危桥。新桥长285.62米，引道长506.54米；桥面净宽11.0米+2×0.5米防撞墙；设计荷载公路Ⅱ级；设计洪水频率为100年一遇。总概算为1895.6万元。

（章 俊）

【抚州市抚北大桥左幅正式通车】 经建设者近17个月艰苦努力，抚北大桥左幅建设工程全部完工，于6月18日正式通车。抚北大桥左幅建设工程于2013年1月28日正式开工，该桥全长0.72千米，其中大桥桥长488米，桥梁南引道长232米，道路和桥梁全宽36米，道路设计等级：城市主干道，设计速度50公里/小时；设计洪水频率1/100。抚北大桥左幅通车后，将极大改善省道丰德线的通行能力，缓解抚州主城区至临川区抚北镇及抚北工业园区的交通压力，对于推进抚北镇经济发展，实现市城区与抚北工业园区一体化格局，有着十分重要的意义。

（连洪新）

【319国道兴国县老营盘桥改造工程开工】 7月15日，319国道兴国县公路跨铁路桥重建工程正式开工。老营盘桥位于319国道兴国县境内，桥梁中心桩号为国道里程K600+208、京九下行K1759+089.8，桥梁跨径为1×20米预应力砼斜交空心梁，桥梁全长26米，桥面净宽-9+2×1.5米，桥面采用水泥混凝土等铺装。该工程总造价约290万元。

（蔡远锋）

【吉安县新澧田大桥开工建设】 8月25日,吉安县新澧田大桥开工建设,标志着百姓将告别危桥。新澧田大桥在老桥上游约20米处重建,重建工程总长约为643.92米,大桥长187.00米,引道长456.92米。澧田大桥位于吉安县澧田乡沂塘村,是县道X771360821(尚贤—官田)公路上的一座五类危桥,老桥全长约183米,为4×35米筋混凝土钢架拱桥,跨泸水河,桥址中心桩号为K44+740。

(彭惟彪 王俊杰)

【南昌莲西桥维修加固工程正式开工】 8月26日,南昌县莲西大桥加固维修工程正式开工。南昌县莲西桥位于国道320国道上,是南昌县进出口的主要通道,由于交通量大且超载车辆特别多,使桥梁梁板出现断裂等病害。为消除桥梁的安全隐患,保证桥梁安全通行,南昌市公路局高坊岭分局决定从8月26日至10月25日,对迎宾大道(国道320)K782+700至K783+400(银河城路口至贵都花园路口)路段采取半封闭施工,项目总投资为80余万元,建设周期为2个月,在施工期间经由该路段的车辆,需改由东外环、西外环、昌樟高速绕行。

(杨宇晓 刘丽泽)

【萍乡安源国道320硖石大桥改造工程完工】 8月29日,国道320安源境内硖石大桥(K1067+575)改造工程提前15天完成施工任务。硖石大桥桥面因车辆超载等原因,破损严重,桥面多处裂缝,钢筋裸露,严重影响到交通安全与道路畅通。经过安源公路分局职工近2个月的紧张施工,8月29日下午全段恢复通车。国道320硖石大桥(K1067+575)为一级公路改造工程,桥长125.8米,双向四车道。

(省公路管理局)

【上高镜山大桥维修完工恢复畅通】 经过4个月的桥面维修,从9月19日起,上高境内镜山大桥开始恢复通行。上高镜山大桥位于省道石镇线上高至新余段K2+200公桩处,是连接320国道的一座重要桥梁,全长245米,始建成于1997年。该线日平均交通量在1万车次以上,超限超载货车较多。由于当时设计承载能力远低于现在实际通行能力,造成大桥桥面系损坏严重。 (李 勇)

【鹰潭国道206余江石港大桥竣工通车】 12月1日,国道206余江石港大桥上恢复通行,经过鹰潭市公路管理局余江公路分局广大建设者4个多月攻坚克难、努力奋战下,国道206余江石港大桥已经正式竣工通车。国道206石港大桥在2014年4月被评定为三类桥类,存在影响结构受力、使用安全等病害缺陷。为确保国道206主干线的畅通和群众的出行安全,针对检测结果,鹰潭市公路管理局于2014年7月21日启动了206国道石港大桥维修加固工程,由鹰潭市公路管理局余江公路分局负责组织实施。这是石港大桥建成18年后首次全封闭维修。

(李宇敏 刘思源)

【浮梁县东港桥重建工程完工通车】 12月22日,浮梁公路分局东港桥重建工程全面完工通车。东港桥位于浮梁县坑青线K45+532处(新平村),建于1972年,因使用年限长,桥梁出现诸多病害,经专业机构检测鉴定为危桥。该项目于2月开工,在距离老桥1米处重建一座4×20预应力混凝土小箱梁桥,桥全长86米,桥面宽度12米,桥梁下部构造桥墩为双柱式桥墩配扩大基础,桥台为桩接盖梁,基础为钻孔灌注桩基础,工程总投资368.0344万元。

(鲍建琴)

【铜鼓县剑石公路大桥开工建设】 剑石桥工程位于县汽车东站两侧,是一座跨铜转河的城市交通性兼景观性大桥。该桥北起县城剑石路,南至城南东路汽车东站旁,全长254.592米,其中桥长91.04米,宽12.6米,工程总造价425.8万元。剑石公路大桥中心桩号为K0+60.583,起点桩号K0+15.063,终点桩号为K0+106.103,采用5×17米预应力混凝土空心板简支梁桥。设计荷载公路I级,设计洪水频率1/50,通航标准20千米/时。该工程于2014年9月进行招投标,10月5日开工建设。

(黄祖芳)

【铜鼓县八亩桥建成通车】 永宁镇八亩桥位于永宁镇八亩村,跨定江河。桥梁位于村道C608360926(帅家坝-省道)公路上,桥梁中心桩号K0+158.693,桥长为90.16米,引道长120米。主桥上部结构采用3孔30米预应力砼连续箱梁。下部结构采用柱式墩、扩大基础,桥台采用肋式台、扩大基础。桥面宽度为16.9米,即:0.45米(栏杆)+2.0米(人行道)+12米(行车道)+2.0米(人行道)+0.45米(栏杆)。设计荷载为公路I级。设计洪水频率为1/100。工程预算745.5372万元。2014年上半年开始修建,8月完成。

(金小明)

【分宜古岭大桥通过竣工验收】 大桥主体工程长217.04米,桥面宽度5.5+2×0.5米,设计洪水频率1/50,航道等级VI-(2),总投资近600万,于2011年6月完工。经过二年多的试运行,5月22日顺利通过竣工验收。

(邓清华)

【九江市2014年新建独立桥梁17座】 完成2014年计划7座,452延米;2013续建项目完成10座,616延米;共计完成投资3100万元。

(九江市公路管理所)

【吉安市农村公路危桥改造加速】 2014年,吉安市新建独立桥梁项目33座,完工5座;危桥改造桥梁项目13座,完工项目9座。

(吉安市交通运输局)

【吉州区奶奶庙桥实现贯通】 8月2日,吉州区朱北公路二期控制性工程——奶奶庙桥顺利实现贯通。据悉,该桥长66米、宽31米、总造价约550万元。

(吉安市交通运输局)

【泰和县对12座危桥实施改造】 2014年,泰和县完成农村公路桥梁重建或改造12座,分别是沙村镇实施重建的绵溪桥,万合镇实施重建的文龙桥,苑前镇实施重建的黄坊桥、公和桥,碧溪镇实施重建的深水谭桥,冠朝镇实施重建的中村桥、改造的墩陂桥,桥头镇实施重建的南岭桥,灌溪镇实施重建的村前桥,水槎乡实施重建的芫下桥和县交通运输局实施重建的横江桥、改造的江背桥。

(吉安市交通运输局)

【德安县锑矿桥竣工】 桥梁编码Y478L0010360426,中心桩号0.073,所在路线名称:聂桥粮站至永丰。该项目宽7.5米、全长62.08米,总投资250万元(其中项目资金93万元)2014年1月动工,2014年5月竣工。该桥的竣工使该县聂桥镇宝山村、永丰村的村民出行消除了极大的安全隐患。

(德安县交通运输局)

【萍乡计划五年时间完成312座桥梁改造】 7月以来,萍乡市交通运输局组织专家对全市桥梁逐一进行检测评定,筛选出312座桥梁进入省、部危桥改造项目库,计划用5年时间完成改造。其中,前三年重点改造30米长以上大中桥,后两年改造30米以下小桥。2014年,已落实第一批危桥改造和独立桥建设计划8座、总长608米,总投资2209万元,其中中央补助692万元。8座桥梁建设项目已完成施工图设计正在组织开工建设。第二批12座危桥建设项目计划已在做前期申报工作。

(何幕华)

公路养护

【概况】 2014年,全省公路养护迎来新机遇,迈出新步伐,取得明显成效。

一、高速公路。2014年,省高速集团认真落实各项养护工作计划和目标任务,强化养护规范化、科学化管理,始终保持所辖高速公路良好路容路貌和路况水平,全年投入养护资金14亿元,同比增长164.15%,高速公路技术状况等级优良率在98%以上,全面实现高速公路“畅、安、舒、美”

的养护管理目标。①从紧从实做好迎国检各项准备工作。围绕全面做好2015年“国检”各项准备工作,开好动员会,定好目标任务,出措施,抓落实,提升道路路况和管理规范化水平,确保圆满完成迎检任务。②从常从长规范高速公路养护管理。按照省高速集团整体发展方向和目标,改革事业化管理方式和管理手段,向规范化企业经营管理转变,从体制上提升养护管理效率,从资金上管住养护投入效益,从质量上抓住施工效果,从科技上促进养护水平效用。③从准从稳强化桥梁隧道安全管理。桥隧安全是高速公路运营安全的重中之重,省高速集团及时出台《桥梁养护规范化管理实施意见》,进一步规范桥梁养护管理行为,开展重点桥梁的安全监测和检测,并联合相关部门,对非法开采、非法侵占等威胁桥梁结构安全的行为开展清理或清除工作,加强桥梁安全保护区管理,对省高速集团所辖的271座(290千米)隧道进行安全隐患专项排查。

二、普通国省干线公路。2014年,全省普通国省干线公路优良路率达74.66%,较2013年提高8.8个百分点。20个市级综合养护中心绝大部分已建成并具备生产能力;30个县级综合养护中心有27个已全面开工建设,其中有11个已完工并具备生产能力。全省路网平台项目全面推进,省级路网中心及各设区市路网分中心(含外场监测点)硬件建设完成70%以上。大力实施“科技兴路”战略。积极推广沥青路面冷再生、热再生、水泥混凝路面大中修碎石化施工工艺,加大新材料、新技术、新工艺、新设备“四新”科技成果的运用,节能环保、低碳节约型公路建设在我省大中修养护方面得到推广。全面启动养护管理“迎国检”工作。召开迎接“十二五”全国干线公路养护管理检查布置会,下发迎检方案。进一步强化行业管理工作。出台《江西省普通国省干线“十二五”后两年建设与养护项目奖惩实施细则》《关于开展全省“十二五”后两年普通国省干线公路建设与养护工程考核督查办法的通知》等一系列行业管理文件。开展2次大型督查活动,对全省普通公路建设养护专项资金开展审计调查工作。

三、县、乡、村公路。2011年9月开始,在全省开展为期3年的农村公路管理养护年活动。至2014年年底,该活动取得“一个健全、两个提升”的显著成效。一个健全:县、乡级农村公路管养机构进一步健全。以乡镇农村公路综合服务站为依托,县、乡级人民政府设立负责农村公路管养工作职能部门的比例达100%。两个提升:农村公路养护覆盖率和技术状况(PQI)进一步提升。全省农村公路养护率由2010年的94.1%,提高到2014年的100%;县道经常性养护率达100%,乡道经常性养护率达91.7%以上,村道经常性养护率达56%以上。全省平均经常性养护率达72.8%以上,较“管养年”活动目标提高6.4个百分点。全省农村公路优良路率稳步提高,次差路率大幅下降,路面技术状况(PQI)得到较大改善。路面(PQI)平均中等路以上的比例由2010年的72.17%,提高到2014年的75.7%。全省农村公路县乡道的路基、桥隧构造物、沿线设施等技术状况基本达到相关技术标准要求,村道技术状况逐年提高。

(省公路管理局　省高速集团养护部)

养护工程

【江西高速养护工程技术研究中心顺利通过中期现场评估】 3月25日,省科技厅副厅长罗莹一行对江西省高速公路养护工程技术研究中心进行现场检查评估。评估会上,检查组一行听取了集团养护工程技术研究中心中期评估自查情况报告,随后对中心实验室进行了现场考察。最终中心顺利通过中期评估,并获省科技厅领导及参评专家的高度评价。

(省高速集团公司)

【省高速集团召开迎“国检”工作布置会】 8月1日下午,省高速集团召开迎“国检”工作布置会,就抓好高速公路迎检工作进行安排部署。集团总经理任东红出席会议并讲话。

会议要求,首先,迎“国检”是重要使命,一定要引起高度重视。“国检”对于改善路况、提升管理、展示形象意义重大,“迎检”形势严峻,任务非常重、保持优势非常难、迎检时间非常紧,不能有半点懈怠、丝毫忽视。其次,迎“国检”是关键考验,一定要明晰目标任务。要紧扣节点,把握好迎检总体进度;要抓住重点,控制好内业外业质量;要打造亮点,展现好高速行业形象。再次,迎“国检”是系统工程,一定要掌握工作方法。要齐抓共管,明晰好各部门与各单位的职责;要有序推进，落实好日常调度与重点督查的机制；要统筹兼顾，处理好迎检工作与日常工作的关系。

（省高速集团公司）

【省高速集团领导检查指导迎“国检”工作】 11月19日，省高速集团董事长、党委书记王江军深入沪昆高速公路昌金段大中修施工现场，检查指导宜春管理中心“迎国检”工作。集团副总经理何闽，集团资产运营部、宜春管理中心等相关负责同志随同察看。

就进一步做好下阶段的迎“国检”工作，王江军强调，要严把安全关，确保施工人员的人身安全和施工路段的交通安全；要严把质量关，按照精细化、标准化的要求，确保迎“国检”工程质量，打造精品工程；要严把进度关，进一步加快工程进度，保质保量完成迎“国检”工程，以崭新的路容路貌迎接“国检”。

（省高速集团公司）

【梨温高速弋阳收费站顺利完成改造升级】 6月13日上午，沪昆高速梨温段弋阳收费站匝道升级改造工程顺利完成，实现提前通车。

弋阳收费站匝道升级改造工程于5月8日动工，原计划5月30日竣工，由于长时间的大雨，为确保工程质量和安全，加快施工进度，尽量实现提前通车，方便群众出行、服务社会，沪昆高速梨温段路面专项工程项目办发扬特别能吃苦、特别能战斗的传统，在确保质量和安全的前提下，团结协作，奋力拼搏，见缝插针地合理安排施工，圆满完成了施工进度目标，提前2天完成改造升级。

（徐宏涛）

【梨温高速公司打响迎“国检”攻坚战】 8月11日，公司召开“迎国检”准备工作会，就人员到位、方案实施、摸底排查、任务分工、亮点打造等七个方面先行部署，正式拉开“迎国检”工作序幕。

会议要求，一要启动突出“快”。充分认识“迎国检”工作的重要性，按照省高速集团有关会议精神，立即启动迎检工作。在前期准备上，力争方案一次找准，标准一次确定，资金一次到位，问题一次解决。二要组织要求“强”。立即成立相关组织机构，全力以赴迎检。要体现出干部组织协调能力，体现出队伍能打硬仗，打胜仗的良好素质。三要任务分工“细”。就“迎国检”工作方案，要责任明确、要求清晰、分工细致、工期倒排，落实好后勤协调保障。四要摸排体现“准”。结合梨温高速大中修工程，要摸透245千米、14个站所的路容路损、站容站貌等方面存在的问题，并找全迎检工作难点，找准迎检切入点，找好问题的解决点。五要特色亮点“多”。以高于高速集团迎检工作方案30%的标准，围绕规范化管理和高速路服务亮点两个方面，彰显梨温特色，打造规范路、服务路、景区路。六要统筹兼顾“全”。统筹中心工作、重点活动齐头并进、两手共抓，并顺势推进收费管理、党建规范化、文明梨温路等其他工作上新台阶。七要检查通报“狠”。迎检工作在形成整体合力、齐抓共管的基础上，还要按照月度通报会要求，逐月进行检查通报，并确保通报“点到人、点到事、点到具体部位”。

（梅春华　胡　丹）

【万年管理中心迎“国检”工作全面铺开】 该中心自迎“国检”动员会召开以来，紧密部署，强化组织、人员、布置和实施，全面铺开、稳步推进各项迎“国检”工作。做到“二明确一完成”。明确组织机构和人员：该中心成立了迎“国检”领导小组，下设工作办公室，负责迎“国检”日常工作开展。办公室内设监察组、宣传组、综合组、内业组、外业组，并明确各工作组具体成员。明确人员职责和分工：对领导小组、办公室及各工作组的职责、任务进行了明确，对具体人员的具体工作内容进行了细化和安排。完成相关节点工作任务：根据迎“国检”实施方案，及时完成了迎“国检”排查摸底和整治方案工作，初步拟定了需要维修整治的项目，列出了整治项目的详细工程内容、数量及预算，并报上级迎检办，同时针对排查出来的情况，进行了自行整改。

（李思诚）

【德昌高速泾口养护所应用新材料提高养护施工质量】 9月，德昌高速泾口养护所在巡路发现K169+000右幅瑞洪信江大桥伸缩缝出现了较为严重破损，道路交通存在安全隐患。该所借鉴成功案例，采用养护新材料超早强砂浆R-1进行维修，不仅推进了施工进度、减少了封道时间，同时有效地提高了施工质量。

超早强砂浆 R－1 是一种即用式特殊干拌水泥砂浆，新材料工艺要求简单方便，即在施工现场加定量净水混成浆料，对破损的桥梁伸缩缝能进行快速修复，浇注完成 2 小时后即可开放交通，质量要求也符合各项养护技术指标。

（邹素青）

【梨温高速路面专项工程全面施工前期工作准备到位】 梨温高速路面专项工程各参建方各项准备已基本到位，工程全面施工进入时间倒排阶段。10 月 16 日，该工程项目办在龙虎山服务区召开会议，就工程月底全面开工做好前期动员部署。该项目办各主任、各处室，现场管理组、工程技术人员参加会议。

该项目办就工程施工的内业管理、现场管理、交通组织等做了详细部署，强化了提前介入对全线四个路面、三个交通设施标段的施工监管、质量监督、进度监督、工程计量、影像资料采集等事项，会议要求项目管理人员、现场管理组、工程技术人员提前进入角色，对比施工清单，尽快熟悉图纸，提早参与并有效跟踪施工的动态管理。同时，结合梨温全线施工两个标段分散、中间较为集中的特点，统筹交通组织，研究科学处置方案，确保质量安全双确保、修路通行两不误，努力把该项目打造为“一流施工管理、一流内业管理、一流交通管理”的高速建设先进模式，力争把梨温高速建设为最美观、最经济、最安全，质量最好的省内高速新坦途。

（胡　丹）

【德昌高速德兴管理处机械化清洗护栏板】 10 月 16 日，德昌高速德兴管理处启用现代化大型护栏清洗车，对该处所辖路段护栏板实施机械化保洁清洗作业。该护栏清洗机安装双滚清洗刷，配有高压水流，清洗不留死角，无损面漆，既保证了护栏清洗质量，又提高了清洗效率，为该处迎“国检”工作的顺利开展和实现“畅、安、舒、美、优”的高速公路通行环境提供了有力保障。有效解决道路护栏板人工清扫强度大、效率低、危险系数高、人身安全难以保障的实际困难，提升护栏板清洗效率和清洁效果，

（李　霞　黄　静）

【梨温高速杨梅岭养护所吹响打造标准化路段“集结号”】 11 月 20 日，杨梅岭养护所多措并举改造升级路容路貌，吹响了创建标准化路段的“集结号”，力争实现“车在路上走，人在画中游”的总体目标。

自创建活动开展以来，该所全体总动员，组织施工力量对标准路段的环境进行了彻底的修整。路肩、边沟杂草予以全部清除，伸出护栏板、遮挡标志牌枝条予以全面修剪，做到了行车道 300 米视距外标志牌全版面无遮挡，对沿线绿化树木分段包干，多点修剪，整齐划一的松树，干净整洁的草皮呈现在过往司乘人员的眼前，展现了“清新、明快、整洁”的道路形象。

（鄢梅珏）

【德昌高速泾口养护所“五整治五促进”法打造标准化路段】 德昌高速泾口管理处养护所紧密部署，强化组织、人员安排，运用“五整治五促进”的方法，打造 10 千米标准化路段，并逐步推动所辖路段养护全面标准化，取得了良好的效果。

“五整治五促进”方法是：①整治路基边坡促稳定。检查路基边坡有无病害、垃圾及杂物，急流槽、平台沟、边沟、涵洞口周围是否干净整洁。在水土易流失的路基边坡两侧，进行整平后播撒狗牙根草籽覆绿。通过修复人字骨架，增设急流槽、拦水带等，促进路基边坡稳定；②整治路面病害促畅通。对路面出现的壅包、坑槽、缝隙等病害进行整治，修整浅碟式边沟、集水井等，促进养护维修工程质量，确保道路的安全畅通；③整治桥涵通道促承载。及时、高效地更换断裂伸缩缝、凿除泄水孔、清理桥台、支座垃圾，保持通道及构造物内整洁，促进其承载能力；④整治绿化苗木促美化。充分利用季节有利时机，集中对中央分隔带、土路肩两侧进行整改，补种苗木、铺设青草皮、于土路肩两侧增种夹竹桃、多花木兰、石榴等苗木，促进绿化、美化、生态化；⑤整治交通设施促安保。展开全方位排查，拉网式整修，对缺失的轮廓标、防眩板、反光道钉等进行补齐；标志标牌、护栏板、螺栓等进行除锈刷漆，促进了安保设施的齐全清晰。通过“五整治五促进”的方法，该处十公里标准化整治工作取得了良好的效果，有效地提升了该路段的路容路貌。

（龚海燕）

【赣州市农村公路管养工作稳步提高】 2014年，赣州市交通运输局将农村公路管养工作作为重点及中心工作来抓，首先是兑现2013年《养护管理考核实施方案》的奖惩措施，对养护先进县进行奖励，并在石城的交通工作年会上通报。在巩固去年养护工作成果基础上，出台《关于做好2014年度农村公路养护管理工作的通知》（赣市交农路字〔2014〕74号）和《2014年赣州市农村公路养护管理考核实施方案》。通过加大对各县（市、区）农村公路养护管理工作的监督考核力度，提高考核标准，促进交流提高，使农村公路养护管理体系建设得到进一步深化，县道（含县养省道）养护覆盖面达100%，乡道养护覆盖面达100%，村道养护覆盖面达83%。全市好路率指标稳中有升。

（赣州市交通运输局）

【瑞金市国道206路面大中修工程顺利完工】 瑞金公路分局国道206路面大中修工程A13标段，经过施工人员2个月时间的艰苦奋战和拼搏，12月18日17时，完成了最后一板沥青路面的浇筑。至此，主体部分工程已全部完工。该项目已转入标线、水沟等附属工程施工。国道206路面大中修工程A13标段，由国道206线K1888.433－K1893.7203（不连续），共计7.592千米。该工程于10月16日开工，计划竣工时间为2015年3月24日，总工期为160天。

（张小平）

【永新公路分局试行公路养护承包机制】 2月26日，永新公路分局召开养护承包竞聘会，开始对部分线路试行养护承包改革。该局此次养护承包线路为两条山区公路即省道228宜拿线20.958千米、X848长拿线31.912千米，此次养护承包竞聘有利于该局公路养护科学发展，切实提高公路养护管理水平，进一步健全和完善养护市场化工作。

（丁　蓉）

【大余公路分局养护承包责任制提升养护效益】 2月25日上午，大余公路分局组织召开了养护招投标工作会，对该局所管养的市养公路全面实行养护承包经营责任制。该局坚持公平、公正、公开的原则开展养护招投标，通过审查个人工作打算、经费分配方案和承包路段的经费预算，合理选择承包人，为3个作业点确定了3名工作扎实认真，有一定养护管理经验和责任心较强的养护职工作为承包人，并在现场与承包人签订了养护承包责任书，进一步推进了该局公路养护专业化、规范化、市场化管理进程。

（刘　琼）

【吉安县公路分局推进社会化养护承包】 3月31日，吉安公路分局在2013年成功推行社会化养护承包的基础上，又拿出油田队和花桥队所管养的白万线X312段共计28.104千米路段进行社会化养护承包。至此，吉安公路分局管养路线约42%已推行了社会化养护承包。推行社会化养护承包充分调动了职工生产积极性，推动公路养护工作迈入专业化、规范化、社会化的轨道，吉安公路分局将加强对养护承包的监管，确保发挥好养护承包的投资效益。

（贾永龙）

【横峰公路分局试行养护小修经费预算化管理】 3月以来，横峰公路分局组织养护技术人员深入各道班，就月初下达公路小修计划落实情况进行核实和自查，确保月初各项养护指标全部按时按质完成，为下一步主管部门验收核查作准备。这也是该局试行养护小修经费预算化管理的一个缩影。2014年以来，该局试行养护小修经费预算化管理，每月初制定月度小修经费计划，报请主管部门批复后，下达各道班小修保养计划，各道班养护作业人员按照月度计划实施公路小修，合理使用公路小修经费。依据市公路局组织的月中、月末检查情况，给予核发当月实际发生的公路小修经费。

（郑胜民　尹成军）

【省道222宋水线乐安增田至招携路面改建工程开工】 4月28日，省道222宋水线乐安增田至招携路面改建工程开工，该项目是江西省“十纵十横”干线公路网主架构中的“第七纵”，是江西省公路干线网中的重要组成部分。路线全长24.62千米，设计等级为二级水泥公路，总投资9480万元，预计2015年1月水泥路面主体工程将竣工。 （廖志华）

【武宁公路分局举办养护技术比武活动】 4月28日,武宁分局在盘溪道班组织了养护技术大比武活动。比武以各道班为单位,选出养护技能高手进行补路面坑槽、粉刷安全柱、刷白路边线三个项目的比赛。所有参赛选手以饱满的热情和严谨认真的工作态度,沉着应对、机智灵活处理各项技术难题,充分展示了养护一线工人精湛的工作技能和良好的精神风貌。此次技术比武活动是分局把践行党的群众路线教育实践活动与本职工作相结合的一个创新举措,是提高工效、提升业务水平的一个全新方法。是端正工作态度、转变工作作风的一个重要手段、是树立单位形象、提升职工素质的一个良好契机。此次活动圆满结束,展现了公路人吃苦耐劳的风采,体现了单位凝心聚力的精神风貌。

(周 滔 余 丽)

【奉新公路分局排查非公路标志安全隐患】 5月20日至21日,奉新公路分局组织路政执法人员对管养的省道宋水线、东华线沿线大型非公路标志进行一次安全隐患排查,重点检查跨路设置的龙门架式和高炮广告(宣传)牌主体结构的稳定性、锈蚀程度、日常维护等情况,共排查出宋水线、东华线各1处,跨路龙门架广告牌因设置年限长、锈蚀较为严重以及缺乏必要维护而存在不同程度的安全隐患。针对存在的隐患向设置者作出了限期拆除非公路标志的整改措施。

(龚付生 帅德平)

【萍乡市公路局开展公路养护技能竞赛活动】 为提高公路养护人员的养护技能水平,6月11日,萍乡市公路局在国道320原芦溪收费站路段组织开展了一场公路养护技能竞赛。本次比赛由该局工会组织,共有来自各分局和白源养护中心的五支代表队参加了当天了比赛,比赛中,通过查找公路病害、摆放相应安全设施、划出病害修补轮廓线、开槽、清底、刷油、回填冷补料、压实、清理现场等一系列比赛环节,莲花分局、上栗分局、湘东分局分别获得前三名。比赛中,大家通力合作,奋勇当先,充分展示了该局养护人员扎实的技能和良好的精神风貌。

(荣连柏 张 翼)

【宜丰至潭山公路大中修工程正式开工】 6月22日,宜丰境内宜丰至潭山公路大中修工程正式开工。该段公路全长27.187千米(其中,宜潭线K0+000~K21+187计21.187千米,花下线K22+000~K28+000计6千米),已超龄服役多年,加之超限超载车辆逐年增多,路面出现下沉变形、网裂、坑槽遍布,破损严重,影响公路行车安全。该段公路实施大中修的设计标准为路基宽度12米,路面宽度9米,路面结构为5+1厘米沥青砼,双基层18厘米+18厘米,工程投资计划为3534.31万元。

(郭祥峰)

【永新公路分局国道319大中修工程开工】 7月1日,永新公路分局管护的国道319大中修工程开工。该大中修工程起点桩号为K713+350,终点桩号为K773+445,原路面类型为沥青混凝土路面,2014年具体实施大中修路段全长约28千米,计划资金3235.7万元,大中修方案为:(5+4)厘米沥青砼+34厘米厚双层水稳。工程11月完工。国道319永新境内全长61.589千米,先后于2001至2004年期间完成二级路改造。

(周春平)

【萍乡安源国道320路面大修工程正式开工】 7月3日,安源境内国道320富田至泉塘尾小桥段(K1054+000-K1055+000)、青山收费站路段(K1074+000-K1074+500)路面大修工程正式开工。按照施工计划,青山收费站路段大修工程先行动工,全线计划工期为108天。该项目采用一级公路标准建设,设计速度为80千米/小时。路面宽度为19米,路基宽度为21米,路面采用水泥稳定碎石基层加强,沥青砼面层,双向4车道。

(秦功伟 帅如毅)

【乐平市省道307路面改建二期工程开工】 7月9日,乐平公路分局所辖的省道307德三线(乐平市至乐平吴家段)路面改建二期工程正式开工。该路段隶属于景德镇市公路管理局养护大中修工程项目C标段,总投资3560余万元,全长31.338千米(起止桩号:K17+893-K52+231),按二级公路标准实施,路基宽10米,沥青混凝土路面宽8.5米,是乐平到德兴市的重要通道。一期工程已于2013年4月开工,此次的二期工程计划到10月底完成,届时将极大地方便两市经贸流通,对促进县域经济的快速发展具有重要的意义。

(李韶龙)

【省道321泰和螺茨线大中修工程开工】 7月10日,省道321螺茨线路面大中修工程正式开工。螺茨线是泰和通往井冈山的主要通道,由于交通量日益增长,大吨位装砂石料车辆的增多,加上超龄服役,原有路面早已不堪重负。现对该路段实施重铺6厘米沥青混凝土+双层18厘米水稳技术方案处治,具体实施大中修路段长约30千米,计划资金3800万元。

(李刚华)

【省道蛇永线吉安县段大中修工程开工】 8月22日,省道蛇永线吉安县段路面大中修工程正式开工。该工程位于省道蛇永线k195+650—k200+575处,施工路段全长2.875千米,路段贯穿横江葡萄谷,是吉安县的一条主要交通干道,交通量大,超限超载车辆多,造成路面出现严重病害。吉安公路分局将此工程列为践行群众路线的一项实际行动,组织人员机械投入到施工中,工程按二级公路技术标准设计,路基宽12米,路面宽9米,设计速度80千米/小时,首先用铣刨机铣刨原有油面,对主车道沉陷、坑槽严重地段进行挖补,再重铺6厘米中粒式沥青砼路面+16厘米水泥稳定碎石上基层+16厘米水泥稳定碎石下基层。

(肖武生)

【国道320横峰县城区段进行维修】 9月3日,国道320横峰县城区段开始维修。此次维修的国道为路面宽为16米沥青路面共计4.24千米。分二段施工,先期对城区廻垅段1.5千米进行维修,维修面积24000平方米,计划工期2个月,预计11月底完工,维修资金约600万元。下一步对国道320横峰县业园区段2.74千米进行维修。国道320横峰城区段路面维修后,将更加便于百姓出行,更好地服务地方经济发展。

(尹成军)

【国道206乐平段养护大中修工程开工】 9月2日,乐平市国道206养护大中修工程项目D标正式开工,具体路段是从乐平市塔山工业园到万年县交界处,全长13.8千米,全程按原有路面受损情况不同,分两种路面结构形式设计,其中8.2千米为15厘米×2的水泥稳定基层、5+4厘米的沥青面层;另外5.6千米为20厘米×2的水泥稳定基层、6+4厘米的沥青面层。国道206是乐平市境内唯一一条国道,沿线村庄行人密集,车流量大,该局正在紧锣密鼓的推进大中修工程建设,努力克服施工期间车辆分流的困难,确保该工程11月底完工。

(李韶龙)

【交通运输部路网中心调研江西省国省干线公路养护管理工作】 10月17日,交通运输部路网监测与应急处置中心副主任孔凡国一行4人到江西就普通国省干线公路养护管理工作展开调研。省交通运输厅路航管养处、规划处有关负责人,公路局局领导,局机关有关处室、信息数据中心负责同志和部分设区市公路局养护处(科)有关人员参加座谈会。会议听取江西省普通国省干线公路建设、养护和管理情况和路网运行监测与应急处置平台项目建设情况汇报,大家就普通国省干线公路发展的现状、问题和建议进行充分沟通和交流。

"十二五"时期,江西省普通干线公路路网结构明显改造,路面技术状况向好趋稳,安全保障能力明显提高,公共服务水平不断提升。但是随着经济的发展,群众对普通公路出行提出了更高的要求,现阶段公路发展面临体制机制不顺,养护里程骤增,养护资金不足,养护标准水平不高和服务能力不强等问题。会议提出,要认真研究"十三五"时期普通国省干线公路养护发展思路和对策,努力破解养护管理发展难题。要进一步理顺事权,划分责任主体,明确工作职责,充分调动地方政府的积极性。要坚持实事求是原则,拓宽资金来源渠道,提高公路养护等级标准。要改革养护管理体制,加强路域环境整治力度,不断提高普通国省干线公路养护管理水平。

(路　宣)

【兴国国道319路面养护大中修工程启动】 10月11日,兴国国道319路面养护大中修工程正式启动。兴国国道319路面养护大中修工程起点位于于都县桥头K534+000至高兴镇老营盘桥头

K602+000,途经于都桥头、新圩子、大坑、江背、华坪、洪门工业园、兴国县城区、高兴镇、老营盘等乡镇。其中于都桥头至樟木乡大坑8千米、江背镇6.4千米、华坪2千米、高兴8.4千米,共计24.8千米实施路面大修,该工程采用了沥青路面冷再生、旧混凝土路面碎石化等新工艺,投资7348万元;其余路段实施路面中修,打板修复面积约4万平方米,投资600万元,该项目总投资7948万元。预计2015年3月24日完成。

(曾永平)

【宜丰境内国道320大中修工程正式开工】 10月22日,宜丰境内国道320大中修工程正式开工。该工程长9.7千米,是宜春市公路局国道320全线大中修五个标段之一。多年来,因该路交通繁忙,兼之超限运输车辆与日俱增,部分路段出现沉陷、网裂等病害。为全面改善该路状况,市公路局对国道320全线进行大中修。

(郭祥峰)

【鹰潭市龙虎山南大道改造工程竣工通车】 10月16日,鹰潭市重点工程龙虎山南大道改造工程提前半个月竣工通车。该工程于7月6日开工,是鹰潭市区通往龙虎山景区的主干道,长期以来路面破损严重,改造后成为一条集美化、亮化,生态,环保于一体的城市景观大道。它按城市2级主干道公路标准建设,全长5.68千米,宽22米,双向4车道。起于龙虎山大道与国道320的交叉口,终于天禄村附近的国道206。

(曾美娟　袁军辉)

【德兴省道204暖水至河村段大修工程完工】 11月17日,省道204线暖水至合福高铁(河村)段大修工程油面层摊铺和道路交通标志标线施工相继完成。该工程的完工也预示着暖水至合福高铁(河村)段大修工程完美收官。完工后的路面将大大提升行车舒适性和降低行车噪声,为当地提供有利的交通保障,营造舒适、良好的通行环境,实实在在为人民群众谋利益。

(吴玉华　徐　茜)

【分宜省道314樟排线路面养护大中修工程开工】 12月1日,分宜公路分局管养的樟排线迎国检路面养护大中修工程正式开工建设。此次实施的大中修总里程为4.987千米,起点位于分宜城西工业园,桩号为K107+013,终点为分宜袁河大桥,桩号为K112+000。此次大中修采用对原水泥路面碎石化后作底基层+16厘米厚3.5%水稳碎石下基层+18厘米厚5%水稳碎石上基层+1厘米厚沥青下封层+6厘米厚AC-20C中粒式沥青混凝土下面层+4厘米厚AC-13细粒式沥青混凝土上面层的方案进行路面改造。工程总造价约1100余万元。

(钟海辉)

【国道105丰城境内大中修工程顺利竣工】 12月4日,丰城境内国道105大中修理工程顺利竣工。该大中修工程采用沥青路面再生技术,即节省了大量的原材料,又节约了运输费用,也避免了环境污染,为确保工程进度,在重点路段,采取24小时制进行施工,为了确保施工顺利进行,路政执法人员采取跟班作业的方式维持交通秩序,通过大家的共同努力,提前完成了施工任务。

(唐晓瑶　熊　伟)

【宜春市农村公路好路率同比上升1%】 该市在全省率先实行农村公路建、管、养、运一体化,各级交通运输部门纠正重公路建设、轻公路管养的偏向,采取三项措施:第一,管养体制改革。由交通运输部门行为变为政府行为,坚持县路县养、乡镇公路乡镇管养、村级公路村级管养,进一步调动了公路管养的积极性。第二,实行五定。采取定人员,定里程,定标准,定线路、定报酬,做到一月一检查、一季度一评比、全年一总结的办法,对完成任务好的,适当给予奖励,对没有完成管养任务的,要进行问责、通报批评,并扣回养路费用。第三,加大了经费投入。樟树市政府财政拨款1000多万,用于农村公路大中修工程,丰城、万载、上高、高安、宜丰等县(市)政府都大幅度增加了农村公路管养资金。该市实行一手抓公路建设,一手抓公路管养,创新举措,加大经费投入,全市管养农村公路里程15578.935千米,好路率为64.2%,同比上升1%,较好地保护了公路的畅通,促进了农村公路交通运输的发展。

(杨　萍)

【九江市因地制宜,开辟多种管养模式】 从实际出发,不搞"一刀切"和"一般粗"。经过多年实践,确立了"日常养护与突击养护相结合、重点养护与全面养护相结合"的原则。建立武宁县开展"精管细养"模式,彭泽县推行养护管理"全覆盖"模式,修水县突出县到乡(镇)公路重点集中管养模式,湖口县县道委托乡镇代管养护考核全覆盖模式。

(九江市公路管理所)

【鹰潭市农村公路管理养护情况】 按照"属地管理、条块结合、分级负责"的原则,在全市范围全面开展农村公路养护保洁工作,共列养农村公路里程1967千米,其中县道274千米,乡道915千米,村道778千米。各县(市、区)也迅速行动,结合自身情况,纷纷拿出了具体的实施方案,把养护保洁目标细化分解到各乡镇,并制定了详细的考评办法和奖惩措施,确保农村公路养护管理工作取得长期效果。经检查评定,全市农村公路中等路以上路面共2737千米,比率达77%;绿化总里程2201千米,绿化率为62.1%,均达到了预期目标。

(鹰潭市交通运输局)

【吉安市继续开展农村公路养护示范路创建活动】 在全市范围内开展养护示范路创建活动,共安排200余万元养护资金对全市108千米县道进行资金支持,通过示范带动,遂川、泰和等县的农村公路养护水平显著提高,全市县道经常性养护率达到100%,乡道经常性养护率达到65%以上,村道经常性养护率达到45%以上。

(吉安市交通运输局)

【吉安市多幅寻找"最美乡村路"摄影作品入围】 吉安市交通运输局开展寻找"最美乡村路"摄影主题活动,截至8月底,由吉安市推选出的永新县《快乐的童年》,吉安县《秀美山村》《走进小山村》,峡江县《美丽乡村梦》《东梅新貌》均已入选省"最美乡村路"。

(吉安市交通运输局)

【安源区交通运输局创新公路养护与路政管理体制】 该局在开展党的群众路线教育活动中,结合行业特点,以创新公路养护与路政管理体制为重要载体,多措并举,着力提升公路管理和服务水平,构建和谐平安交通运输体系,效果明显。创新了"五定三结合"和"四到位一延伸"养护管理体制。"五定"是定路线、定人员、定工资、定养护内容、定考核标准。"三结合"为专业养护队伍和镇村包干相结合;日常养护和路政管理相结合,2014年特设立养护站以强化养护工作;政府投入与社会服务相结合。做到了分层次养护,抓好重点养护工程,分级管理养护员,养护员工资要以所管养的路段质量相挂钩,建立长效的考核机制。实行日巡查、日报告、月检查、月排名,半年与年终进行综合考评,严格执行奖惩制度,充分调动工作积极性,促进了公路养管工作有序发展,全区580千米养管公路中好路率达到了90%以上。"四到位一延伸"是公路巡查制度要落实到位;对违法案件的处罚要到位;队伍建设到位;工作目标完成到位;延伸路政管理网络,实现网络全覆盖,真正起到了维护路产,保护路权的效果。

(萍乡市交通运输局)

【水泥浮雕公路宣传标语首次亮相广丰】 8月31日,一幅"精心养护文明执法共建绿色和谐家园"的水泥浮雕公路宣传标语首次亮相广丰县境内湖南线上。

首条全新打造精工制作的水泥浮雕公路宣传标语墙面设计尺寸为长40米、宽3.10米,其中每个字体高1.70米、宽1.40米,字体采用华文新魏风格,充分体现中国书法刚劲有力、舒展大气的特色。在制作过程中先用钢丝焊接字体轮廓骨架固定在条幅墙面上,再安装模型,用10#水泥砂浆浇筑抹平、字体厚度2厘米,整体稳固,采用黄、蓝、白三种颜色描绘边框,底色与字面,色彩协调鲜明。

整条标语就像一幅画卷,内容鲜明个性突出,包含了公路养护、路政执法,公路环境美化与人文亲和力等内容,把公路建设融入社会大家庭里,让公路宣传文化在绿色家园中延伸。

(韩晓艺)

【德安县84条通自然村公路改造完成】 2014年德安县完成84个项目57.7千米自然村公路改造,涉及全县11个乡镇,总投资1647.5万元,其中上级部门项目补助资金461.6万元,该项目的完成,使该县84个自然村由原来的砂石路面改变成水泥路面,且使自然村通畅率提高到了79%,也极大方便了沿线百姓的出行。

(德安县交通运输局)

【蓼温公路改造项目竣工】 蓼温公路起点为鄱阳湖西大道延伸对接处(蓼花村),经蓼花镇、华林镇、蛟塘镇、横塘镇、温泉镇5个乡镇,终点在温泉镇但家坳与国道105连接处,全长24.95千米。2013年九江市政府为改善星子县交通条件,将此条公路列入当年度全市县域内唯一一条省养公路进行升级改造,蓼温公路改造项目于2013年6月立项,10月1日开工,该项目建设投资总额为1.9亿元,总体按二级公路标准建设,路基宽12米,路面9米,水泥混凝土砼路面,建设期为14个月,于2014年12月26日竣工通车。该项目的建成和使用,使沿线5个乡镇、16个行政村、20多万群众受益,同时也极大地提升了星子县主要县道干线公路技术等级,改善了我县广大农村群众出行的条件。

(星子县交通运输局)

【南山公路大中修项目完成】 南山公路大中修项目起点为茶科所所属通远村,终点为庐山风景名胜区含鄱口三岔路口,全长22千米。项目工程主要是对该路段全程的沥青混凝土路面进行重新铺设,并对沿线安保工程进行维护。该路列入了江西省2013年度大中修改造项目,项目总投资1500万元。于2013年10月开始施工,4月底完工。该项目的建设,将大大改善庐山登山公路的交通条件和通行能力,对庐山旅游经济的发展具有重要的推动作用。

(庐山管理局交通运输局)

【北山公路沥青路面中修项目】 北山公路沥青路面中修项目于10月13日开工建设,11月初完工通车。北山公路大中修项目起点为省道S213威通线K0+000(北门换乘中心),终点为省道S213威通线K8+000,全长8千米。项目工程主要是对该路段的沥青混凝土路面进行重新铺设,并对沿线安保工程进行维护。项目总投资1000万元。

(庐山管理局交通运输局)

【国道319线(兴国段)路面大中修工程进度】 11月初,国道319线A16标已完成工程项目部驻地软件硬件建设,基层碎石材料已备备足,旧路面碎石化垫层施工量已完成总量的60%。国道319(兴国段)公路养护路面大中修工程自启动施工以来,兴国公路分局将此项工程列入践行党的群众路线教育实践活动的一项实际行动。一是积极主动向县委、县政府领导汇报工程建设情况,同时,加强与施工路段公路沿线乡(镇)、村的沟通联系,争取党委、政府及公路沿线群众的支持配合,化解施工中出现的矛盾和纠纷。二是为确保国道319(兴国段)路面大中修工程质量、进度、安全,创品牌工程。该局领导班子成员分工负责,相关科室具体实施落实,工程进展顺利。

(曾永平)

【国道206会昌段大中修工程稳步推进】 会昌公路分局针对所辖国道206部分路段存在的沉陷、纵横向裂纹较密、平整度较差等情况,积极筹措资金,迅速启动了会昌县境内国道206路面大中修工程,确保路况稳步提升。国道206会昌段大中修工程,全长14千米。自9月28日启动混凝土路面碎石化以来,该局周密安排部署,快速组织施工队伍,集中技术骨干力量,调配优良施工机械设备车辆开展施工。广大施工人员严格各项施工工序,严把材料进出质量关口,确保水泥稳定基层质量。同时,克服交通量大、工期紧、点多、线长等实际困难,发扬连续作战精神,加班加点赶抢进度,保质量、抓安全,全力推进工程建设。

(任　敏)

【兴国国道319路面养护大中修工程正式启动】 10月11日,兴国国道319路面养护大中修工程正式启动,标志着319国道将很快告别陈旧落后的面貌,维修改造完成后,兴国国道319将达到"畅、安、舒、美"的目标,为过往司机带来福音。据了解,兴国国道319路面养护大中修工程起点位于于都县桥头K534+000至高兴镇老营盘桥头K602+000,途经于都桥头、新圩子、大坑、江背、华坪、洪门工业园、兴国县城区、高兴镇、老营盘等乡镇。其中于都桥头至樟木乡大坑8千米、江背镇6.4千米、华坪2千米、高兴8.4千米,共计24.8千米实施路面大修,该工程采用了沥青路面冷再生、旧混凝土路面碎石化等新工艺，投资7348万元；其余路段实施路面中修，打板修复面积约4万平方米，投资600万元，该项目总投资7948万元。该工程于2014年10月11日正式开工，全线铺开施工，预计2015年3月24日完成。

（曾永平）

公路绿化

【新干县科学补绿】 2014年，新干县农村公路管理所大力开展县道公路春季绿化，重点实施平交路口路树矮化更换、缺失行道树补植、改建干线公路行道树移栽等绿化工程。根据绿化方案，该所及时完成全县县道绿化普查工作，斥资3万多元统一采购樟树苗600余株，对存在缺株现象的界巴线、邓珠线等进行补植。同时还进行新洲线等路段平交路口的路树矮化工作，拟对县道升级改造工程—城塘线干庙公路全段路树进行移栽工作。为确保新栽苗木的成活率，该所切实做好补栽苗木的防风、浇水等后期管理，以全面提升绿化成效。

（吉安市交通运输局）

【梨温高速打造升级版生态绿色庭院】 3月11日，在赣浙管理处、玉山管理处、杨梅岭管理处等机关后院，工人们一车一车运送树苗到现场，干部职工则负责挖坑、培土、压实，人们挽袖荷锄、“种”劲冲天。在广丰收费站，种植人员正在修整“马家柚”林，而鹰潭西收费站则补种应季花草等。上饶东收费站、梨温交通维修队以及梨温公司的机关“生态园”里，种下了近百棵桂花树、樟树等树。2014年以来，梨温公司组织在各管理路段空地、后院等开辟种植场地，共为6个机关生态园地及13个收费站的庭院环境再添新姿，大家共建美好庭院，一排排秀美绿色的希望之林，一片片生态文明的绿色之林，向着高速公路的远方延伸。

（胡　丹）

【景德镇市在近230千米农村公路两侧规划栽种行道(景观)树】 9月15日，景德镇市交通运输局就全市农村公路绿化工作作出部署，计划至2016年5月，完成共计227.9千米农村公路（重要县道及国防公路等公路干线）两侧绿化任务，旨在落实创建国家森林城市活动，加快本市生态文明建设，打造绿色生态屏障，建立生态宜居瓷都，重塑“千年古镇，森林瓷都”形象。

安排的公路绿化工作任务主要有：连接乐平市与浮梁县的县道江（村）塔（前）公路（编号：X091）41.2千米，连接浮梁县与珠山区的县道坑（头）青（塘）公路（编号：X096）60.2千米，浮梁县境内的县道西（湖）西（溪）公路（编号：X082）10.2千米、县道鹅（湖）潘（村）公路（编号：X086）5千米、县道北（安）荞（麦岭）公路（编号：X089）23.6千米、县道经（公桥）刘（家）公路（编号：X097）17.3千米、县道建（溪）大（阪上）公路（编号：X094）21.8千米、国防公路寺（前）白（绛岭）公路12.6千米，昌江区境内的县道联（村）仓（下）公路（编号：X105）鲇（鱼山）丽（阳）段23千米、鲇（鱼山）荷（塘）段13千米等公路干线两侧共计227.9千米行道树及景观植物栽种。此外，配合各县（市、区）政府做好高速公路两侧安全护栏外及沿线绿化工作。

（涂　强）

【宜黄县加大公路养护与绿化投入】 2014年，宜黄县投入100多万元对县道公路进行养护，包括砍伐草木丛，完善路肩排水设置，在下南电站绕水库险区公路安装1000米波型管护栏，并在棠南线、圳新线、草新线安装了柱式防护栏600个，减速带60米，有效保障了公路的安全畅通。

该县在公路养护方面，建立健全公路养护制度，明确管养责任，明确管养主体，即县道县养、乡道乡养、村道村养，对有县道的乡镇，要求每3千米常年固定一名民工养护，做到经常检查路况，进行公路日常养护，全县县道共安排固定民工40人。县公路站技术人员深入村组一线指导乡村组公路的管养工作。全年技术人员到一线服务多达200天，有效地保障了全县农村公路安全畅通，除无法抗拒的天灾水毁公路外，没有因管养不到位而造成交通中断和交通事故的发生。

（李华荣）

【南丰打造潭湖旅游公路景观绿化工程】 11月18日，南丰县潭湖旅游公路景观绿化建设工程破土动工。该县以创建“森林南丰”为契机，坚持高起点规划、高品位要求、高质量施工的原则，加大投入，着力打造潭湖旅游公路景观绿化工程。

潭湖旅游公路是连接潭湖景区至丰杉公路的连接线,从丰杉公路旁的王背港至潭湖景区门楼。全长3230米,两侧绿化带宽各4米,绿化面积25000平方米,工程计划于2015年春节前竣工。

(陈根玲)

灾害防治

【朱希检查指导高速公路应对冰雪恶劣天气工作】 2月8日下午,省交通运输厅党委书记、厅长朱希和厅总工程师胡钊芳、副厅长王昭春一行到省高速集团抚州管理中心南新养护工区、万年管理中心泾口养护所,检查指导应对冰雪恶劣天气工作。

朱希一行现场查看了南新养护工区和泾口养护所应急物资及设备仓库,听取了有关情况汇报,向坚守在抗冰除雪一线的干部职工致以新春问候。朱希要求,要进一步加强组织领导和协调,全力做好恶劣天气条件下交通运输保障工作。一要密切关注近一段时间的天气变化,加强值班工作;二要确保应急物资储备充足、应急设备运行良好、应急队伍严阵以待,以雪为令、迅速出击;三要进一步加强与交警、路政等部门的联勤联动,相互配合,安全、科学、高效地进行除冰融雪作业,确保恶劣天气期间高速公路的安全畅通。

(省高速集团公司)

【朱希查看指导交通水毁抢通工作】 7月25日,德安县德白路乌石门路段山体滑坡,造成福银高速昌九段KK656+900千米处交通受阻。险情发生后,昌九管理处和赣粤工程公司迅速组织人员、调集设备赶赴现场开展抢险工作,并通过对危岩体进行爆破,设置安全防落网,高压冲洗等方式,对山体隐患进行排除。当日下午,省交通运输厅党委书记、厅长朱希,深入德安县德白路乌石门段山体滑坡现场,查看指导交通水毁抢通工作,厅总工程师胡钊芳、省高速集团总经理任东红,以及厅相关处室等单位和部门负责同志随同察看。

(省高速集团公司)

【万年管理中心为沿线桥隧涵洞"体检"】 自3月底以来,万年管理中心利用2个月的时间开展构造物安全隐患专项整治活动,对所辖422千米的高速公路桥梁、隧道、涵洞及边坡等构造物的安全隐患展开拉网式排查和整治。截至5月底,共排查所辖路段所有桥梁397座、隧道13座、涵洞1834座,整治消除安全隐患842处,确保了高速公路行车安全。

针对自查发现的安全隐患和问题,该中心对症下药,制订相应的整改方案,明确整改措施、责任、时限。并联合高速路政部门、当地政府以及当地公安部门共同协作,对排查出的各类安全隐患进行集中整治。对所查隐患的归属单位或个人进行联系和宣教,力争由其自行清除;对于不能在期限内自行拆除或补办许可手续的违规行为,严格依照法定程序坚决依法立案查处,保障清理行动全面落实到位。

通过活动开展,基本实现高速公路桥下"三无三化"的目标,实现"畅、安、绿、优、美"。"三无"即:高速公路桥下无违法占用桥下空间堆放物品、无新增的违章建筑物和构筑物、无违法涉路施工事项。桥下空间的"三化"即:结构安全化、空间整洁化、环境协调化。以此推进高速公路环境的大改变、大提升,为全面改善高速公路沿线环境状况,构建畅通、安全、舒适、优美的行车环境,提供了有力支撑。

(陈碧娟　瞿　硕)

【德昌高速泾口养护所"六项举措"巩固联防联治活动成果】 针对德昌高速沿线村民盗用安全防护设施、边坡种菜、涵洞圈养家禽、非法占用连接线等情形,德昌高速泾口养护所联合安监部门、高速路政、地方政府、派出所开展了为期3个月的集中整治活动,活动收尾阶段,该养护所用"六项举措"巩固和提升了联防联治活动成果。

一、召开联席会议。总结活动中好的经验和做法,建议当地政府、派出所形成长效机制巩固活动成果。二、突击检查安保设施归还情况。对于盗用安全防护设施仍未归还的人员,通过派出所抓典型,进行相应的罚款和批评教育,形成强大威慑力。三、在涵洞通道口喷涂宣传标语。告知违法行为,扩大教育,维护路产路权安全。四、二次清除边坡违法栽种农作物。对于先前拔除的农作物再次被种上后,进行了二次清理,并运出捣毁,撒播草籽。五、做好边沟取证工作。个别村庄利用边沟水源,私自埋设暗管,引边沟水灌溉。为做到有理、有据、有节,该所进行了拍照取证并整治,以避免矛盾纠纷。六、深入村庄进行安全宣传教育。针对在连接线上晒谷子、堆积杂物等情况,在村里举办安全、宣传教育讲座,联合村委会干部做好群众思想工作。

(龚海燕)

【湾里区农村公路水毁路段修复工程基本完成】 截至10底,全区农村公路水毁路段已基本修复。据测算统计,共投入资金125.4万元:县道水毁修复投入55万元,各镇、村对:便村公路水毁修复投入修复资金70.4万元。共修建片石挡土墙2228.65立方米/28处、修建片石砼路肩墙604立方米/2处、翻修路面150.75平方米/5处等。其中招贤镇共投入修复资金39.6万元,修建片石挡土墙l583.18立方米/l5处;梅岭镇共投入修复资金l6.4万元,修建片石挡土墙560.17立方米/10处、翻修路面26平方米/2处;太平镇共投入修复资金l4.4万元,修建片石砼路肩墙98.4立方米/l处、翻修路面64.7526平方米/1处。

(刘　涛)

【105国道灾毁恢复重建工程A2标有序推进】 105国道灾毁恢复重建工程A2标为赣县沙地镇流芳坳至五云镇石岩前路段,全长17.337千米,项目建设规模为二级公路。自10月份开工进场以来,为加快施工进度,确保按时保质保量完成施工任务,分局项目经理部科学管理、精心组织、周密部署。为克服该路段坡多弯急,车流量大影响施工的难点,赣县分局协调赣县交警大队,配合路政人员对该路段实施全天候交通分流管制。同时,抽调经验丰富技术人员充实施工队伍,组织施工机械,加快材料的采购进场。截至12月16日,已完成10.5千米水稳基层和800米水泥路面的铺筑。

(江赣林)

港航建设

【概况】 2014年,省发改委、省交通运输厅下达港航部门基本建设项目投资计划5.8亿元,款源为省交通运输厅统筹资金5000万元,项目法人贷款3.8亿元,地方自筹或单位自筹资金1.5亿元。

2014年全省在建水运建设项目有:石虎塘航电枢纽东门电排站交地施工、抬田工程施工、各种验收工作,预计完成投资9500万元,项目累计完成投资23.8亿元。龙头冈综合码头一期工程预计完成投资8200万元,累计完成投资2.36亿元,占总投资的26%。项目陆域土方已基本完成,码头水工建筑物桩基、底系梁、走道板、水泥搅拌桩、清表工作已全部完成,土方开挖和陆域填筑已基本完成;排水砂垫层完成73873立方米,完成灌注桩超声波检测340根,静载2根。炸礁共完成20000立方米,水泥搅拌桩完成97405米,完成抛石6756平方米,完成混凝土连锁块预制271万块。万年港综合码头上半年完成投资1415万元,项目累计完成投资7265万元,占总投资93%。项目水工主体结构、道路堆场已完工,机械设备安装已基本完成,危险品管道铺设安装已完成招标工作。组织开展了新建220千瓦起锚艇、440千瓦拖轮工程等项目招标工作,完成界牌航电枢纽电站开关站及配套电气设备改造工程、九江庐山区海事处码头栈桥改造工程、高安建新货运及海事工作船停泊码头等项目的监督指导工作。

2014年,完成年度投资计划的基本建设项目有九江市水上应急指挥中心预计完成投资700万元,累计完成投资3500万元,5月5日主体封顶,内装修基本完成。加强装备建设,投资1478万元新建5艘工作船艇,同时落实了搜救志愿者专用搜救装备及防护器材。

江西港航水运建设稳步推进。《九江港总体规划(修订)》完成编制报部待批,启动《南昌港总体规划》的修订工作。龙头岗综合码头工程(一期)完成项目初步设计变更与工可调整,10 月全面复工。万年港综合码头、九江市水上应急指挥中心完成主体工程。会昌县、贵溪市海事处工作用房建成并投入使用。

社会投资港口建设项目 11 个,投资总规模为 20.72 亿元,全省共完成水运建设投资 12.9 亿,其中社会投资港口建设项目全年完成投资达 10 亿元,拓宽了水运建设投资渠道和途径。

各港航建设项目前期工作有序开展。赣江新干航电枢纽工程工可报告获国家发改委批复。赣州港水西综合货运码头工程完成备案工作。赣江石虎塘—神岗山三级航道整治工程完成工可报告编制工作。南昌港樵舍货运码头正开展初步设计。龙头岗综合物流园(二期工程)完成项目建设方案规划编制初稿。九江港彭泽港区红光作业区综合枢纽编制完成工可初稿。

(罗淑青)

【界牌航电枢纽做好设备改造及基础设施建设工作】 2014 年,界牌航电枢纽全力推进电站开关站及配套电气设备改造项目建设,将改造项目列入部门预算,并专门成立技术改造项目办公室,负责建设管理,积极开展设计、报批等各项前期准备工作,抓紧编制完成工程可行性研究报告。6 月初该项目通过省发改委审批。按照工程进度总体目标要求,下半年界牌航电枢纽抓紧实施该项目设备采购、土建、安装等相关工作,于 12 月底全面完成一期改造任务,将 900 万元部门预算资金按时使用到位。

界牌航电枢纽对水电厂计算机监控系统进行升级改造,改造工程已顺利竣工,并通过了验收。

顺利实施拦污栅改造工程。通过对拦沙坎清污平台抬升改造,确保及时清污,减少水量流失、降低清污对发电的影响,有效提高发电效率,同时这次改造完全依靠枢纽自身检修力量,不但节约检修经费,也进一步锻炼检修队伍。

在保证安全发电前提下,清理废旧电缆,疏通电缆通道,为后续电缆改造打下基础,减少安全隐患。

(罗淑青)

【湖口两区隧道正式建成通车】 1 月 2 日,连接湖口港区金砂湾工业园区与洋港新区的两区隧道—湖口鹞鹰山隧道正式建成通车。该隧道总投资 5800 万元,西起湖口洋港刘家湾,东到同方江新造船厂,单洞双向设计,全长 380 米,宽 13.5 米,2012 年 8 月底动工。该隧道的建成缩短了城区通往工业园区的距离,形成工业园区与城区路网的对接,对于推进"两区互动、强工兴城"具有重要意义。

(余 影 陈明中)

【九江港湖口港区欣嘉锐码头工程使用港口岸线获交通运输部批复】 1 月 3 日,九江港湖口港区欣嘉锐码头工程使用港口岸线获得国家交通运输部批复。

该项目符合九江港总体规划,拟建码头工程位于长江下游湖口水道右岸,九江长江大桥下游约 27 千米,拟建 2 个 5000 吨级件杂货泊位,设计年通过能力 256 万吨。按 245 米泊位长度使用对应的港口深水岸线。

项目建成后将进一步优化湖口港区码头布局,改善港口结构,提高湖口港区竞争力。

(罗 平 陈明中)

【九江港瑞昌港区公用港口码头工程项目举行开工仪式】 2 月 18 日上午,九江港瑞昌港区公用港口码头工程项目举行开工仪式。

该项目总投资 5.6 亿元。拟在九江港瑞昌港区梁公堤作业区建设 2 个 3000 吨级散货和 2 个 3000 吨级件杂货泊位(水工结构均兼顾 5000 吨级船舶靠泊),设计年通过能力 280 万吨。该项目所处位置江面宽阔、水深条件好。水路上可抵重庆,下可达上海,陆路与杭瑞、福银、沪蓉等高速公路相接。该项目建成后,将大大提高九江港瑞昌港区的港口通过能力,满足瑞昌市及周边地区对散、杂货运输不断增长的需求。对完善港口布局、提升城市品位、增强瑞昌竞争力、培育新的增长点具有明显的带动作用,尤其是对九江港实现亿吨大港的战略目标、推动沿江大开发的步伐都将产生深远的影响。

(董 杰 陈明中)

【于都县河田等四座大桥航标工程通过竣工验收】 4 月 2 日,省港航局航道管理处在于都县城组织召开对该县河田大桥、高滩大桥、水埚大桥和峡山大桥的航标工程竣工验收会,该县交通运输局(业主)、赣州港航分局、航标设计、监理、施工单位的代表、专家以及于都县有关部门领导参加会议。

河田大桥等4座大桥自上而下坐落在贡江于都县城至峡山河段,所在河道航道等级均为V-(2)级,4座大桥均为双孔单向通航。根据航道等级要求,上述4座大桥的桥航标均按一类航标进行配布,夜间灯器全部发光。4座大桥的航标工程均由赣州市富水航务工程处承建,根据航标工程施工图设计文件的要求每座大桥各完成制作安装桥涵标2座,标牌为不锈钢贴红色反光膜,桥涵标灯2盏DHB150型红色冷光源涵标灯。桥柱灯4组12盏及辅助设施爬梯、工作平台、灯槽、灯架等。桥柱灯为DHB100型绿色LED单面定光航标灯。蓄电池8个,太阳能板4块。水上浮标为HF0.9—F型6套,大桥上游4套,大桥下游2套,HB90型水上浮标航标灯6盏。于都县河田等4座大桥航标工程竣工验收委员会详细听取业主、施工、设计、监理的工作汇报以及专家的意见和建议,通过对施工单位现场检查和资料审查,经过竣工验收委员会的认真讨论和评审,一致同意通过验收。

(刘德明　李素霞　陈明中)

【江西铜业集团公司铅锌冶炼工程水运码头项目通过竣工验收】 4月16日,江西铜业集团公司铅锌冶炼工程水运码头项目顺利通过九江市港口管理局组织的竣工验收。

江西铜业集团公司铅锌冶炼工程水运码头项目位于九江港湖口港区,长江湖口水道右岸,九江钢厂一期码头上游407米。项目建设3000吨通用级泊位(件杂和散货出口泊位)1个,5000吨级散货进口泊位1个,泊位长度203米,设计年通过能力180万吨。项目投入使用后,将有助于优化港区码头配置,进一步提高湖口港区货物吞吐能力。

(周阳泽　王海松　陈明中)

【九江口岸核心能力建设通过国家考核验收】 5月4日,国家质检总局对九江口岸核心能力相关情况进行地考评,九江港口岸核心能力通过国家质检总局代表世界卫生组织专家组的考核验收。

口岸核心能力包括口岸的沟通协调能力、常规核心能力、突发公共事件的应急核心能力三个方面,共253项考核标准。目前,全国285个一类口岸已通过验收的有254个。江西省2个一类口岸中,南昌昌北国际机场口岸上年通过达标验收。

(王凌云　陈明中)

【鄱阳湖区航道新增2座钢结构灯塔航标】 5月5日,由鄱阳县江海船厂承建的鄱阳湖区瓢山至三江口航道2座12米钢结构灯塔航标通过验收正式投入使用,替代原8米水泥结构岸标。

鄱阳湖区瓢山至三江口段航道的2号沿岸标、10号过河标等2座新建灯塔航标的建成投入使用,完善瓢山至三江口段航道的助航标志配布,为过往船舶提供航向航线引导服务。

(付知拾　何　敏　陈明中)

【《赣江石虎塘航电枢纽坝下游水位变化与航道整治研究》科研项目通过验收】 5月9日上午,受西部交通建设科技项目管理中心委托,江西省交通运输厅在南昌组织召开交通运输部联合攻关项目《赣江石虎塘航电枢纽坝下游水位变化与航道整治研究》成果审查会。西部交通建设科技项目管理中心副主任谢素华、省交通运输厅总工程师胡钊芳、省港航管理局局长于钦民以及评审专家、课题组成员共20余人参加会议。会议由9位专家组成的项目验收组和由7位专家组成的项目鉴定委员会。

会上,课题组成员汇报研究情况和研究成果,提供相关技术资料。经过质询和讨论,验收专家组和鉴定委员会一致认为:项目组提交的文件齐全,内容完整,数据翔实,符合项目成果鉴定和验收要求;该课题完成科技项目任务书(合同)规定的内容,在研究过程中,管理规范,组织得力,承担单位和参加单位密切配合,培养交通科技人才。该项目研究成果已成功应用于石虎塘航电枢纽建设并将为下一步的石虎塘航电枢纽下游航道整治提供强有力的技术支撑,其经济与社会效益显著,对于冲积性河流枢纽坝下水位确定和航道整治有一定的借鉴作用。项目顺利通过验收,研究成果总体评价达到国际先进水平。

(罗　春　倪　磊　陈明中)

【全省“乡镇渡口标准化建设指南”项目验收会】 5月19日,省交通运输厅在南昌主持召开“乡镇渡口标准化建设指南”项目验收会。省交通运输厅党委委员、总工程师胡钊芳出席验收会。与会专家听取项目组汇报,查阅相关资料,经质询和讨论,专家组一致认为,项目组提交的技术资料齐全,内容完整,数据翔实,完成合同书规定的研究任务,符合验收要求。

该项目通过收集资料、实地考察、分析现状问题,在咨询相关专家及渡口管理人员的意见基础上形成乡镇渡口标准化建设指南。提出乡镇渡口标准化的建设理念,建立一套健全的安全管理制度、一个标准化渡口设施、一艘合格的渡船、一套视频监控设备“四个一”的渡口管理模式;制定乡镇渡口标准化建设方案,并对其组成、功能、建设规模及配置设施作详细的规定,具体可操作性;明确乡镇渡口标准化建设和验收的流程。

(江　斌　魏　涛　陈明中)

【世行石虎塘工程1亿美元贷款资金全部提取并支付完毕】 6月16—19日,世行对石虎塘项目进行了自项目建设以来的第十二次督察,此次督查是6月30日世行石虎塘工程项目关账前的最后一次督查。

6月19日下午,项目总结大会在省港航局会议室召开,以世行赣江石虎塘项目经理焦育辉为团长的代表团、省交通运输厅副厅长王昭春、省港航局局长于钦民、省审计厅、省发改委、省财政厅相关业务部门负责人,以及石虎塘项目办、省港投公司、泰和县政府代表等出席会议。

王昭春在讲话中对石虎塘工程取得的建设成果给予充分肯定,并对参建人员开拓创新、勇于拼搏、甘于奉献的工作态度大加赞赏。他要求参建单位要尽快完成缺陷处理以及竣工验收的各项工作,并协助运行管理单位把石虎塘工程管理好。

此次督查,世行代表团重点就项目关账后项目竣工决算事宜进行沟通。据了解,石虎塘工程1亿美元贷款资金全部提取完毕并完成支付,为项目关账画上圆满的句号。

(吕一琦　陈明中)

【赣江石虎塘航电枢纽单日发电量创新高】 6月26日,赣江石虎塘航电枢纽日发电量为265.7万度,创2012年3月发电以来日发电量新高。

4月至6月为江西的主汛期。在大汛期间,石虎塘航电枢纽管理处狠抓日常清污工作,减小发电的水头损失;认真做好设备监控和巡视检查,及时发现设备缺陷并及时消缺,机组设备处于良好的运行状态。6月26日,石虎塘管理处根据水情,科学调度、精心管理,六台机组满负荷运转,发电量达2657025千瓦,超过此前历史日最高发电量近20万千瓦(2013年8月20日为247万度),再创该电厂发电运行以来日发电量新高。

(王　伟　陈明中)

【赣州水西码头工程港口岸线使用评估报告通过评审】 7月29日,省港航局在南昌市主持召开《赣州港水西综合货运码头工程岸线使用合理性分析评估报告》评审会。参加会议的有江西省交通运输厅、赣州市港航管理处、赣州宏泰公路建设投资有限公司等单位的代表及特邀专家。

赣州港水西和乐作业区规划为集装箱、件杂货码头,是对《赣州港总体规划》的实施,是集约规模开发、优岸优用的体现,该码头建设有利于促进赣南苏区振兴发展规划的落实。

本项目拟建规模1000吨级泊位5个,其中集装箱泊位3个、件杂货泊位2个。设计吞吐量为集装箱12万标准箱/年、件杂货80万吨/年。设计代表船型选择1000吨级集装箱船。

(魏　涛　黄海源)

【九江湖口长宏精制硅砂码头改造工程施工设计获批】 9月2日,九江港湖口长宏精制硅砂有限公司码头改造工程施工图设计获批复。

该工程位于九江港湖口港区,工程采用浮式码头结构形式,改造建设3000吨级散货泊位2座,设计年通过能力160.3万吨。

该改造项目的建设将满足湖口及周边地区社会经济发展对水路运输不断增长的需求,降低企业运输成本,优化湖口地区港口布局,对促进湖口经济协调发展具有重大意义。

(周阳泽　黄海源)

【九江市港口管理局启动湖口港区锚地建设】 9月3日,九江市港口管理局和九江海事局相关领导和部门到湖口港区,做锚地建设的可行性研究,现场查看比选湖口港区锚地的拟建地点。

自2011年至2013年，九江沿江港口建设项目完成投资32.02亿元，新建及续建码头泊位38个(其中5000吨级25个)、建成18个泊位，5000吨级及以上泊位达到41个，新增货物通过能力近1700万吨。九江港现有的姚港锚地和新港游轮锚地，已无法满足快速增长的船舶锚泊需要。湖口港区因水深条件、行政区域、资金等原因锚地的建设一直未能启动，待卸的船舶只能停在码头前沿或通航水域，影响到港区的通航安全和船舶进出码头的安全。

(丁本领　黄海源)

【龙头岗码头一期工程初步设计变更暨工可调整获批】 10月下旬，南昌龙头岗综合码头一期工程初步设计变更暨工可调整获得省发改委批复。

龙头岗综合码头一期工程功能调整，由原批1个2000吨级散货泊位、3个2000吨级杂货泊位，变更调整为2个2000吨级件杂泊位、2个2000吨级集装箱泊位；设计年吞吐量为件杂货180万吨/年，集装箱20万标准箱/年。工程总概算由原批65755.25万元调整为82782.59万元。

8月15日，江西省交通运输厅曾在南昌召开过一次工程初步设计变更及工可调整工程初步设计初审会。9月18日，省发改委在南昌主持召开《南昌龙头岗综合码头一期工程初步设计变更及工可调整工程初步设计》审查会。参加会议的有省交通运输厅、省环保厅、国土厅、省港航管理局、南昌市发改委、市规划局、南昌市消防支队、新建县人民政府、江西省港航建设投资有限公司、本项目建设办公室的代表及特邀专家。

与会专家和代表听取了中交第四航务工程勘察设计院有限公司关于《南昌龙头岗综合码头一期工程工程初步设计变更暨工可调整工程初步设计》主要内容的介绍，查阅“初步设计”文件的资料，经讨论认为“初步设计”文件符合《港口工程初步设计文件编制规定》(JTS110－4－2008)，内容齐全，设计深度满足要求。

2011年，省港航管理局委托设计部门编制《南昌龙头岗综合码头工程可行性研究报告》，省发改委批复同意建设规模为:4个2000吨级散杂货泊位，其中1个散货泊位、3个件杂货泊位。年吞吐量为420万吨，估算投资为59897万元。经江西省发改委批复一期工程初步设计的码头岸线长408米，占地面积38.73公顷，建设规模年吞吐量为420万吨，其中:铁矿石150万吨，件杂货270万吨。该项目已于2012年12月29日开工，计划工期两年，截至2014年3月31日，已完成水工主体结构45%；陆域场地基本形成，标高约在(19.34－21.50米)，除联锁块部分预制外，其余工程沿未动建设。

龙头岗港区位于南昌小微工业园区与临空开发区内，园区主要以高新科技产品为主；同时，铁矿石需求大户南钢、萍钢、新钢均已建或计划建专用码头，晨鸣纸业、新昌电厂、丰电等用煤大户基本都有自有煤炭专用码头。2012年南昌市对外贸易额达到82.87亿美元，测算集装箱运输量可达36万TEU，现有南昌港国际集装箱码头设计吞吐量为5万TEU，受边界条件限制，扩能后最大吞吐能力为12万TEU。预测2020年南昌市集装箱吞吐量可达34.4万TEU，现有南昌港不能满足集装箱输运的要求。因此将原有散货泊位调整为集装箱泊位是十分必要的。

本次调整设计主要是针对进出港货物种类改变，对装卸设备、后方场地及配套设施进行调整，原设计水工建筑主体经验算满足功能调整后泊位使用要求。

(黄海源)

【樵舍新昌电煤配套码头工程港口岸线使用获批】 11月中旬，南昌港樵舍港区新昌发电分公司电煤配套码头工程港口岸线使用获交通运输部批复。

该工程建设规模为2个2000吨级散货泊位，设计年通过能力197万吨。批复指出，该项目符合南昌港总体规划，同意工程可行性研究报告推荐的总平面布置方案一，按230米泊位长度使用所对应的港口深水岸线。

(刘　敏　黄海源)

【瑞昌港区吉恩重工配套码头施工图设计获批】 12月初，九江瑞昌港区吉恩重工配套码头工程施工图设计获批复。

吉恩重工配套码头工程位于九江港瑞昌港区梁公堤作业区，该工程拟建1个5000吨级件杂货泊位，岸线长140米，码头年设计通行能力为64

万吨。

该项目建成后,将满足瑞昌港区及周边地区对水路运输不断增长的需求,发挥水运综合效益,降低运输成本,优化提升瑞昌港区港口布局具有重大的意义。

(刘国保　黄海源)

【崇仁县新邹渡撤销】 新邹渡位于孙坊镇的邹家村崇仁河。1989 年 7 月,经崇仁县政府批准,同意设立新邹渡。自设立以来,该渡口渡运先为木质渡船(渡船号:崇渡〔045〕),2005 年 12 月更新为钢质渡船,渡船载客量 15 人,方便了两岸群众的耕作和来往。2011 年 4 月 9 日,在国家农村渡口改渡建桥政策支持下,在原渡口附近新建邹家(渡)大桥,该渡口开始停止渡运。2014 年 10 月,经建设单位努力,邹家渡大桥工程全面完工,人员可简易通行。12 月 24 日,经县政府批准(崇府办字[2014]80 号文),同意撤销新邹渡口。

(余家军)

【九江港城西港区集装箱码头正式对外开放】 12 月 5 日,由海关总署会同公安部、交通运输部、质检总局和部参谋部组成的国家验收组先后对城西港区码头现场、通关大厅和中控室等处的生产设施及查验基础设施进行勘察。随后召开验收工作会议,对九江港口岸验收工作情况发表意见作出评价。

经过集中评审,验收组认为:城西港区码头具备口岸对外开放条件,现场签署《江西九江港口岸扩大开放验收纪要》,一致通过九江港口岸国家验收,标志着九江港城西港区集装箱码头正式对外开放。

(方　武　万　纤　黄海源)

【九江市稳步推进区域内环鄱阳湖区港口建设】 2014 年九江市鄱阳湖区的港口建设主要集中在姑塘至星子沿线。年内,庐山姑塘工业园区九江恒生大化纤和九宏新材料签约落户。星子鄱阳湖国际生态旅游区中心客运港,拟建设规模为 1 个斜坡浮趸踏步泊位,2 个斜坡浮趸泊位,22 个实体斜坡浮趸踏步泊位以及旧货码头的改造,占地面积约为 12 万平方米,设计旅客流量为 120 万人次,总计投资 1.806 亿元;星子神灵湖货运码头岸线由交通运输部 2012 年 7 月正式获批,新建 2 个 2000 吨级散杂货泊位和 3 个 2000 吨级件杂货泊位,设计年通过能力 523 万吨,该项目已于 2014 年 11 月正式开工建设,截至 12 月底,已完成平台部分灌注桩施工。

(李建军)

规划与勘察设计

【2014 年全省交通规划工作概况】 省交通运输厅规划办(造价站)紧紧围绕工作目标,认真开展交通运输规划工作,主要完成了三方面的工作。

省交通运输厅下达的重点项目方面:完成《长江中游城市群江西区域综合交通运输发展规划》《赣东北扩大开放合作区域交通运输发展规划》《鄱阳湖港口岸线规划(编写大纲)》《江西省国省干线绕城公路规划研究》和《江西省高速公路连接线规划研究》,协助省交通运输厅有序推进“十三五”前期重大课题研究工作。

指导地方编制交通发展规划方面:指导地方编制完成《安远县交通运输发展规划(2014—2030 年)》、《于都县交通运输规划(2013—2020 年)》和《赣县吉埠镇公路网规划方案》。

其他规划工作方面:完成了《江西公路地图集》出版工作和《赣鄱大地筑通途》《砥砺奋进谱新篇》图集的印刷工作,更新绘制了江西省及周边六省高速公路网规划示意图。受江西省交通运输厅委托,组织《南昌至九江高速公路改扩建工程初步设计》《沈海高速莆田至炎陵联络线广昌至吉安段新建工程两阶段初步设计》等重点工程设计的预审会。

（省交通规划办）

【“十三五”前期重大课题研究相关工作】 省交通运输厅启动了12个“十三五”交通运输发展规划研究课题项目，涉及综合运输、科技信息、低碳节能、安全运输等交通领域，是江西省“十三五”交通运输发展规划的编制技术支撑。研究的编制单位均为国家及省级的专业机构，为把好质量关，省交通运输厅要求每个课题均按三个阶段进行验收，即大纲审查、中间成果评审、最终成果评审。

12个课题分别为：《“十三五”期经济社会发展对江西交通运输发展要求和影响研究》《“十三五”期江西省综合交通运输体系发展研究》《“十三五”期江西省新型城镇化发展对交通发展影响及对策研究》《“十三五”期江西省交通运输发展投融资机制研究》《“十三五”期江西交通信息化对策研究》《“十三五”期江西省绿色交通发展对策研究》《“十三五”普通国省干线公路建设养护发展及对策研究》《“十三五”期江西省农村公路发展的需求特征及对策研究》《“十三五”期江西省交通运输行业促进现代物流发展对策研究》《城乡一体化视角下道路客运基本公共服务均等化重点问题及对策研究》《江西省水运多式联运发展研究》和《江西综合交通发展水平及适应性研究》。

（省交通规划办）

【《长江中游城市群江西区域综合交通运输发展规划》】 9月12日，国务院印发《关于依托黄金水道推动长江经济带发展的指导意见》，并同步发布综合立体交通走廊规划，凸显了交通运输尤其是长江黄金水道在建设长江经济带中的重要地位和作用。根据江西省发展改革委员会编写的《江西省纳入长江中游城市群一体化发展规划相关内容的报告》，厅规划办编制了《长江中游城市群江西区域综合交通运输发展规划》。本规划范围为长江中游城市群江西区域，包括南昌、九江、新余、景德镇、鹰潭、宜春、萍乡、上饶8个市全境，以及新干县、临川区、东乡县，共61个县，土地面积8.8万平方千米，规划期为2014至2020年。

规划区域内到2020年，建成多条通往周边省经济中心区和大城市群（武汉都市圈、长株潭城市群及皖江城市带）的综合运输主通道，增强过江通道能力；铁路建设对外连接全国主要大城市的快速客货运输通道，提升京九通道能力、实现沿江铁路通道客货分离；民航强化南昌机场的航空枢纽地位；全面建成高速公路网络、建成若干条城际快速干线公路，建成省内重要的国家公路运输枢纽，各设区市的主城区实现运输的“零换乘和无缝衔接”，水运建成以“两横一纵”国家高等级航道和以南昌、九江港为龙头的现代化港口体系。交通运输对推动环鄱阳湖城市群的产业升级及全面建成小康社会提供坚强支撑。

（省交通规划办）

【《赣东北扩大开放合作区域交通运输发展规划》】 依据江西省人民政府《关于支持赣东北扩大开放合作加快发展的若干意见》《支持赣东北扩大开放合作加快发展重点任务部门分工》等文件精神，厅规划办编制《赣东北扩大开放合作区域交通运输发展规划》。本规划主要是对公路、铁路、水运、航空等统筹规划（不考虑城市公交、管道运输等），加强各种运输方式间的衔接，重点是完善区域内外综合运输通道。规划的区域范围为上饶、景德镇、鹰潭三市全域。规划基年为2013年，规划期为2014—2020年。

规划区域内到2020年，建成以高铁、高速公路为主骨架，以普通国省道干线、“一主两支”航道、城际快速公路为支撑，以枢纽站场（包括机场）为纽带，形成能力充分、衔接顺畅、运行高效的交通运输网络。主要任务是完善区域内“两纵两横”骨架铁路网，形成与东部沿海及周边经济区2～3小时交通经济圈；推进区域内“三横二纵两联”高速公路网络建设，实现赣东北区域内外高速公路互联互通，基本建成与赣东北区域城镇化、工业化布局相匹配的、路网结构等级合理的普通国省道公路网络；加快鄱阳、万年、景德镇、鹰潭等港口建设，改善信江、昌江、乐安河航道通航条件，基本形成区域内河港口体系，有效降低赣东北地区物流运输成本；建成三清山、罗家机场，规划布局鹰潭机场；基本实现上饶、景德镇、鹰潭三个设区市的中心城区客运“零换乘”和货运“无缝衔接”；力争将上饶打造成区域性综合交通枢纽；加快推进鹰潭国家级公路运输枢纽建设步伐；引导推动景德镇区域性公路运输枢纽建设等,形成区域内高效便捷的综合交通体系,服务和引领区域工业、农业和旅游业发展。

(省交通规划办)

【《江西省国省干线绕城公路规划研究》】 厅规划办12月编制完成《江西省国省干线绕城公路规划研究》。本次研究范围是全省县级及以上城市节点,研究对象为普通国省干线公路。近期至2015年,远期至2020年,根据全省不同类型的节点发展需求,提炼普通国省干线公路的绕城方案原则,给改建、新建干线公路与城市节点处的过境方案提供理论依据,促进城镇节点的空间拓展与交通功能相协调。

规划研究通过对国内外案例分析、节点发展的理论研究和节点分类及服务形式分析,得出江西省普通国省干线公路的城市过境方式的选择原则是:(一)一般城市的干线公路绕越方式有5种:一是对于单核点状的大中型城市节点,建议采用环线绕越方式;二是对于带状大中型城市节点,建议采用直线绕越过境方式;三是对于放射状的大中型城市节点,建议采用环线绕越过境方式;四是对于团块状布局结构的大中城市,理想的是采用几条高等级公路在城市外围形成环或半环绕越,而组团式布局结构的城市可采用组团间穿越式,但应避免从组团内穿过,特别是避免穿越城市中心区;五是小城市建议采用直线绕越或穿越过境方式。(二)风景旅游性城市:干线公路应避开风景名胜区。(三)历史文化名城:其重点核心地带应避免采用穿越模式。(四)山区城市:对于带状布局,应尽量组织平行的过境线。

(省交通规划办)

【《江西省高速公路连接线规划研究》】 厅规划办11月编制完成《江西省高速公路连接线规划研究》。研究基年为2013年,规划近期至2015年,规划远期至2020年。规划研究定义的高速公路联络线包含江西省目前的《高速公路连接线管理办法》中提到的高速公路连接线,以及利用普通公路或城市道路连接至中心城段两个部分。

根据江西省实际情况,规划研究提出高速公路联络线可按以下三个层次进行分类:

1. 设区市高速公路联络线:即设区市与城市附近互通立交之间的联络线,该联络线主要解决城市车辆上下高速公路的问题。技术等级配置为一级,联络线的数量为1-2条(有绕城公路的城市除外)。联络线采用的形式可分为两种:特大城市和大城市采用绕越式(高速公路联络线组合城市外环线),中小城市采用穿越式。

2. 县城高速公路联络线:即县城与其附近互通立交之间的联络线,该联络线主要解决县城车辆上下高速公路的问题,技术等级配置为二级及以上公路。联络线的数量为1条。联络线采用的形式为穿越式。

3. 城镇节点、综合交通节点和经济节点的高速公路联络线:即主要乡镇节点等与附近互通立交之间的联络线,该联络线主要解决主要乡镇、机场、重要港口、经济开发区和旅游区等节点的车辆上下高速公路或港口、码头货运集散等问题,技术等级配置为三级及以上公路。联络线的数量为1条。联络线采用的形式为穿越式。其中,连接主枢纽港(南昌港和九江港)、重要机场、国家级经济开发区、AAAAA级旅游景区等节点的高速公路联络线技术等级配置为一级。

(省交通规划办)

【宁都至安远高速公路设计简介】 宁都至安远高速公路为江西省公路网主骨架的“第五射’’南昌至定南高速公路的中段组成部分,北接南昌至宁都高速公路,南接安远至定南高速公路。南昌至定南高速公路与广东省规划的龙川至广州高速公路共同组成一条新的中部内陆省份对接珠三角核心地区和出海口的南北大通道。路线位于赣州市境内,总体呈南北走向。

技术标准:设计行车速度为80千米/小时。汽车荷载等级为公路一Ⅰ级。路基宽度:24.5米。路面为主线采用沥青混凝土路面,设计年限15年,设计标准轴载BZZ-100千牛。设计洪水频率为特大桥1/300,路基及其他桥涵构造物1/100。桥梁与路基同宽。

建设规模:路线设计总长163.860千米,征用土地1083.8公顷,路基土石方数量2952.9万立方米;沥青混凝土路面3411.789千平方米;桥梁16135米/62座,其中大桥15716米/57座,中桥419米/5座,涵洞312道;隧道4790米/2座,均为长隧道;互通立交10处;分离立交1011米/12

处,天桥和通道 238 道。项目批复概算总金额 109.77 亿元。

(王志兵)

【船顶隘(赣闽界)至广昌高速公路设计简介】 船广高速公路东接福建海西高速网泰宁至建宁高速公路,西接济南至广州国家高速公路,是规划的国家高速公路联络线莆田至炎陵(国道 1517)中的一段,也是江西至福建的 7 个出省主通道之一。路线全线位于抚州市广昌县境内,总体呈东西走向。

技术标准:设计行车速度为 80 千米/小时;汽车荷载等级为公路一 I 级;路基宽度 24.5 米;路面:主线采用沥青混凝土路面,设计年限 15 年,设计标准轴载 BZZ - 100 千牛;设计洪水频率为特大桥 1/300,路基及其他桥涵构造物 1/100;桥梁采用整体式断面为上、下行分幅设桥,桥梁全断面(含涵洞)与路基同宽。

建设规模:路线设计总长度 21.6 千米;征用土地 144.5 公顷;路基土石方数量 514.1 万立方米;沥青混凝土路面 558.4 千立方米;桥梁 3116 米/9 座,其中特大桥 1009 米/1 座,大桥 1911 米/6 座,中桥 196 米/2 座;主线上跨分离立交 1601.4 米/5 座;互通立交 2 处;涵洞 56 道;通道 41 道。项目批复概算总金额为 21.9 亿元。

(胡兵华)

【东乡至昌傅高速公路简介】 东乡至昌傅高速公路是江西省高速公路网"四纵六横八射"规划中的其中一横。连接了沪昆线、福银线、昌宁线、樟吉线等多条高速公路及 320、316、238(南昌至惠来纵向线)、533(樟树至分宜联络线)、105 等多条国省道,同时还便捷串联起东乡、抚州、丰城、樟树、新干等城市。路网和通道功能十分明显,未来将成为江西省连接周边省份、加强对外联系的高效公路,在江西省及国家公路网中具有十分重要的地位和作用。

路线大致呈东西走向,途经东乡、临川、丰城、樟树和新干等县、市、区。路线起点连接沪昆高速公路,途中依次与福银高速和昌宁高速,与沪昆高铁、向莆、京九、丰洛煤运专线、沪昆(浙赣)及昌吉赣(规划)等铁路交叉,终于沪昆高速与樟吉高速公路交汇处的樟树枢纽互通。路线全长约 152.130 千米。

技术标准:设计行车速度:100 千米/小时;汽车荷载为公路一 I 级;路基宽度为 26 米;路面采用沥青砼路面,设计年限 15 年,设计标准轴载 BZZ 一 100 千牛;设计洪水频率为特大桥 1/300,其余桥涵及路基 1/100;桥梁采用分离式断面为上、下行分幅设桥,桥梁全断面(含涵洞)与路基同宽。

建设规模:路线全长 152.130 千米,征用土地 966 公顷,路基土石方 2792 万立方;沥青砼路面 4013.847 千平方米;全线设特大桥 4 座,大桥 25 座、中桥 32 座,总长 15605 米;无小桥。全线共设置分离式立交 53 座,桥梁总长 3870 米,其中主线上跨分离桥 42 座,桥梁总长 3042 米;支线上跨分离立交桥(含天桥)11 座,桥梁总长 828 米。全线共设置通道 266 座。项目概算批复为 99.73 亿元。

(许洪亮)

【都昌至九江高速公路都昌至星子段设计简介】 都昌至九江高速公路(简称都九高速)东起杭瑞高速九景段,西接福银高速南九段,是江西省规划的 2020 年高速公路网络的重要组成部分。都九高速分为星子至九江段(已建成通车)、都昌至星子段(以下称"都九二期")两部分。都九二期路线位于九江市的都昌县与星子县境内,在都昌县老爷庙水域跨越鄱阳湖,总体呈东西走向。

都九二期项目的建设将进一步完善环鄱阳湖高速公路网,对促进九江市,特别是都昌县和星子县的经济社会持续快速发展,推进鄱阳湖生态经济区建设具有重要意义。

技术标准:设计行车速度为 100 千米/小时。汽车荷载等级为公路 - I 级。路基宽度为 24.5m;路面为主线采用沥青混凝土路面,设计年限 15 年,设计标准轴载 BZZ - 100 千牛。设计洪水频率为特大桥 1/300,其他桥涵和路基为 1/100。桥梁采用整体式断面为上、下行分幅设桥,桥梁全断面(含涵洞)与路基同宽为 24.5 米;另外鄱阳湖特大桥主桥因两侧设置拉索区,全宽 28 米。跨鄱阳湖特大桥通航标准为 II 一(3)级航道。

建设规模:路线设计总长度 49.969 千米,征用土地 356.553 公顷,路基土石方数量 857.2172 万立方米,沥青混凝土路面 1414.872 千平方米,桥梁 9960 米/45 座,其中特大桥 5589 米/1 座,大桥2306米/7座,中桥2065米/8座;主线上跨分离立交1318米/17座,支线上跨258米/3座,匝道桥梁656米/8座。都昌连接线上设单洞隧道310米/1座,互通立交4处(含一处枢纽互通),中心服务1处,涵洞122道;通道125道。项目批复概算总金额为44.83亿元。

本项目控制性工程鄱阳湖特大桥全长5589米。主桥为主跨420米的双塔五跨双索面钢-混凝土组合梁斜拉桥,桥孔布置为(68.6+116.4+420+116.4+68.6)=790米,主梁采用钢-砼组合梁,主塔采用宝石形桥塔,钻孔灌注桩基础。副孔采用51孔50米跨径后张法先简支后连续预应力砼T梁,弓I桥采用64孔35m跨径先张法先简支后连续预应力砼T梁。副孔及引桥桥墩采用薄壁墩,钻孔灌注桩基础。桥台采用柱式台,钻孔灌注桩基础。鄱阳湖特大桥批复概算总金额为15.03亿元。

(欧阳坚)

【南昌至宁都高速公路南昌连接线设计简介】 南昌至宁都高速公路南昌连接线北接南昌市南外环高速公路(小蓝枢纽互通),南接南昌至宁都高速公路冈上至宁都段(冈上枢纽互通),同时与沪昆高速公路温厚段十字交叉,总体呈南北走向,是南昌至宁都高速公路与南昌市快速道路网衔接的重要道路,本项目使得南昌至宁都高速公路与南昌市成为一个整体。

南昌至宁都高速公路项目是修编的《江西省2020年高速公路网规划》南昌市南面区域高速公路网“四纵、六横、八射”公路网主骨架中的路段之一。本项目建成后,将使得南昌市南外环高速公路、沪昆高速温厚段以及南昌至宁都高速公路与南昌市形成一个整体,有利于“南昌一小时经济圈”的形成,并且也是南昌市南面的主要出城通道,对于打造南昌市成为“核心增长极’’,促进南昌市构建现代交通运输枢纽具有十分重要的意义。

技术标准。设计行车速度为100千米/小时。汽车荷载等级为公路-I级。路基宽度为33.5米。路面为主线采用沥青混凝土路面,设计年限15年,设计标准轴载BZZ-100千牛。设计洪水频率为南昌市城市防洪水位控制(内涝水位控制)。桥梁采用整体式断面为上、下行分幅设桥,桥梁全断面(含涵洞)与路基同宽。

建设规模。路线设计总长度12.196千米,征用土地111.7公顷,路基土石方数量312.6万立方米;沥青混凝土路面462.95千平方米;桥梁2732米/12座,其中特大桥1746米/1座,大桥497米/2座,中桥198米/3座,主线上跨分离立交291米/6座。互通立交2处,其中枢纽互通1处;涵洞67道;分离式立交1699.3米/8处,通道22道。项目批复概算总金额为14.4127亿元。

(郭能荣)

【南昌市绕城高速公路南外环(塔城至生米段)新建工程设计简介】 南昌市外环高速公路是《江西省2020年高速公路网规划》中5条“环线”之一,也是江西省重要的地方加密高速公路。本项目是南昌市外环高速公路中的最后一段,它将与南昌市东、西外环高速公路衔接,从而形成完整的南昌市外环高速公路。本项目的实施,对于增强南昌市的辐射带动作用,进而促进经济发展有着十分重要的意义。

除高速公路外,项目所在区域内有莲塔公路、南莲路、迎宾大道、金沙大道、金沙一路、富山三路、金沙二路、金沙三路、金沙四路等,随着经济的发展,这些道路交通量不断增长,拥挤度不断增大,交通事故频繁,道路服务水平逐年下降。因此,本项目的兴建对于改善南昌市南部地区的交通基础设施条件,促进南昌地区的开发建设也有着十分积极的作用。

设计标准:本项目主线采用的主要技术标准为:双向六车道高速公路,设计行:车速度为100千米/小时,路基宽度为33.5米,设计荷载为公路-I级,设计洪水频率为1/300(特大桥)和1/100(大、中、小桥及路基),主线路面采用沥青砼,路面标准轴载为BZZ-100千牛。桥梁按上下行两座独立桥布置,特大、大桥桥面宽2×净15.4米,中小桥与路基同宽。

建设规模。路线设计总长度约35.8千米,征用土地305.89公顷;路基共有土石砂:方586.7851万立方米,全线共设置特大桥2座,长19947.58米,大中桥8座,长979米,涵洞16道;分离立交13处,桥梁总长906.04米,通道15道;互通立交9处(含1处预留),沿线设置停车区1处,服务区1处,互通收费站6处。项目批复概算总金额为71.10亿元。 (张春荣)

【安远至定南高速公路设计简介】 安远至定南高速公路为江西省公路网主骨架的"第五射"南昌至定南高速公路的南段组成部分，北接宁都至安远高速公路，南接广东省规划的龙川至广州高速公路，共同组成一条新的中部内陆省份对接珠三角核心地区和出海口的南北大通道。路线位于赣州市境内，总体呈南北走向。

技术标准：设计行车速度为80千米/小时。汽车荷载等级为公路－Ⅰ级。路基宽度为24.5米。路面：主线采用沥青混凝土路面，设计年限15年，设计标准轴载BZZ－100千牛。设计洪水频率为特大桥1/300，路基及其他桥涵构造物1/100。桥梁与路基同宽。

建设规模：路线设计总长51.956千米，征用土地434公顷，路基土石方数量1401万立方米；沥青混凝土路面1044.5千平方米；桥梁6417米/20座，其中大桥6253米/18座，中桥164米/2座，涵洞79道；隧道3184米/2座；互通立交3处；分离立交916米/7处，天桥和通道97道。项目批复概算总金额40.30亿元。

（李长伟）

【上饶至万年高速公路设计简介】 上饶至万年高速公路路线起点位于弋阳县朱坑镇李家山附近，设枢纽互通与梨温高速相接；路线终点位于万年县珠田乡湾头村，设枢纽互通与德昌高速相接。路线位于上饶市、鹰潭市境内。

技术标准：设计行车速度为80千米/小时。汽车荷载等级为公路－Ⅰ级。路基宽度为24.5米；路面采用沥青混凝土路面，设计年限15年，设计标准轴载BZZ－100千牛。设计洪水频率为特大桥1/7300，其他桥涵和路基为1/100。桥梁采用整体式断面为上、下行分幅设桥，桥梁全断面（含涵洞）与路基同宽。

建设规模：路线设计总长度76.057千米，征用土地486.222公顷，路基土石方1343.933万立方米，沥青混凝土路面1893.789千平方米，大桥4271米/12座，中桥878米/13座，主线上跨分离立2881米/20座，分离隧道8717米（单洞）/3座，连拱隧道310米/1座，互通立交6处，涵洞273道；分离立交32处，通道134道。项目批复概算总金额为46.88亿元。

（洪业伟）

【铜鼓至万载高速公路（含宜丰联络线）设计简介】 铜鼓至万载高速公路北接昌铜高速，南连昌栗高速，是江西西部地区重要的一条南北向的地方高速公路（与宜万高速相连）。宜丰联络线东接武吉高速，西接铜万高速，它与铜万高速共同构成了宜春市北部新的区域加密高速公路。铜万高速经过铜鼓、宜丰、万载三县，该高速公路的建设极大促进三县的联系，有利铜鼓和宜丰的林业资源的开发利用，增进旅游事业的发展，促进区域经济增长。

技术标准：项目采用的主要技术标准为双向四车道高速公路，设计速度80千米/小时，路基宽度24.5米，设计荷载等级为公路－Ⅰ级，设计洪水频率1/300（特大桥）和1/100（大、中、小桥及路基），路面采用沥青砼。桥梁断面与路基同宽。

建设规模：1. 铜万高速路线设计总长68.796千米；征用土地488.43公顷；路基土石方数量1541.91万立方米；沥青混凝土路面1699.01千平方米；桥梁15995米/45座，其中大桥15527米/39座，中桥468米/6座；分离立交桥2286米/17座；互通立交8处；服务区1处；隧道3863米/4座，其中，长隧道3125米/2座，短隧道738米/2座；涵洞183道，通道108道；批复概算61.258亿元。

2. 宜丰联络线路线总长25.447千米；征用土地143.14公顷；路基土石方数量443.55万立方米；沥青混凝土路面573.03千平方米；桥梁6311米/19座，均为大桥；分离立交桥800米/4座；互通立交2处；服务区1处；隧道5750米/5座，其中，特长隧道3290米/1座，长隧道1200米/1座，短隧道1260米/3座；涵洞49道，通道26道；批复概算25.748亿元。

（饶雄忠）

【修水至平江高速公路设计简介】 修水至平江（赣湘界）高速公路位于修水县境内，东接645大广高速武宁至吉安段，西与湖南省规划的平江至怀化高速公路（平江至益阳段）对接，是一条新增的省际运输通道；在大路网中的整体走向是由浙江省、安徽省、婺源县、景德镇市、九江市、永修县、武宁县、修水县、湖南省的一个横向联系的高速公路大通道。

本项目对于增强赣北地区东西横向运输通道功能，完善区域高速公路网络结构，促进沿线区域经济社会的发展，具有十分重要的作用。

技术标准：设计行车速度为 80 千米/小时。汽车荷载等级为公路 I 级。路基宽度：24.5 米，路面为主线采用沥青砼路面，设计年限 15 年，设计标准轴载 BZZ－100 千牛。设计洪水频率为特大桥 1/300，路基及其他桥涵构造物 1/100。桥梁采用整体式断面为上、下行分幅设桥，桥梁全断面（含涵洞）与路基同宽。

建设规模：路线设计总长度 79.676 千米，征用土地 524 公顷，路基土石方数量 1726.8 万立方米；沥青砼路面 1814.405 千平方米；桥梁 10626 米/50 座，其中大桥 10044 米/43 座，中桥 582/7 座，主线上跨分离立交 2520 米/21 座，互通立交 4 处（含 1 处组合式枢纽）；涵洞 213 道；天桥 201 米/3 处，通道 79 道。项目批复概算总金额为 50.802 亿元。

（刘爱峰）

【编制长江中游省会城市城市群综合交通运输规划】 9 月 19 日，长江中游城市群省会城市交通运输合作联席会在武汉召开第一次会议。武汉、长沙、合肥、南昌四城市交通运输部门负责人齐聚一堂，研究尽快启动编制城市群综合交通规划，加强顶层设计，引领长江中游城市群发展。

以武汉、长沙、合肥、南昌为核心，分别形成武汉城市圈、长株潭城市群、皖江城市带、鄱阳湖生态经济区四大城市群，2013 年的经济总量超过 4.5 万亿元，位于长三角、京津冀、珠三角之后，居全国第四位。

经过会议交流，四城市交通运输部门签署《交通运输合作联席会议制度》《交通运输发展规划合作机制》《公路信息交流合作机制》《道路运输行政执法协助工作机制》等 4 个合作文件。会议还确定每年轮流举办联席会议。

（颜家坤）

【宜春市袁州区 2014—2018 年农村公路危桥改造建设规划】 根据省交通运输厅《关于下达江西省农村公路危桥改造建设规划（2014－2018）编制任务的通知》（赣交规划便字〔2014〕5 号）、省公路局及市交通运输局相关文件要求，3 月初至 4 月底，袁州区结合实际，组织编制《宜春市袁州区农村公路危桥改造建设规划》。规划范围包括袁州区农村公路现有的四、五类危桥，其中已列入交通运输部项目库的四、五类中桥以上危桥直接列入本次建设规划，对未列入交通运输部项目库的危桥，按程序重新确定为危桥后，也列入本次危桥改造工程建设规划。规划期限为 2014－2018 年，规划基年为 2013 年。①规划初步思路：按照全面规划、分步实施，突出重点、先急后缓的基本原则和政府主导、分层负责、统筹规划、因地制宜的基本思路科学制定农村公路危桥改造工程建设规划。②规划初步目标：力争利用五年时间（2014－2018 年）基本改造完成现有农村公路上的较为严重的危桥，大幅降低农村公路危桥数量并保持总体动态平衡状态。其中：2014－2016 年拟重点解决各乡镇有较高积极性的危桥，这些危桥多位于各乡镇村主要通达路线上，是急需解决且地方配套资金较好解决的危桥。2017－2018 年拟重点解决因危桥影响交通从而限制各地发展的项目，这些危桥各地也有较高的积极性。2018 年以后拟重点解决各类较大型的危桥项目，因在地方配套资金上需要时间筹集，所以规划时间较为靠后。③建设安排：2014－2018 年共规划安排危桥 95 座，计 3094 延米，计划投资 7091.7 万元。其中县道危桥 12 座，计 309 延米，计划投资 919.175 万元；乡道危桥 27 座，计 778 延米，计划投资 1648.875 万元；村道危桥 56 座，计 2007 延米，计划投资 4523.65 万元。2014 年计划安排危桥 7 座，计 387 延米；2015 年计划安排危桥 22 座，计 714 延米；2016 年计划安排危桥 30 座，计 838 延米；2017 年计划安排危桥 19 座，计 557 延米；2018 年计划安排危桥 17 座，计 598 延米。2018 年以后主要安排的危桥有 23 座，计 1174 延米，计划投资 1081.1 万元。

（李 庆）

【万载县参与湘赣边区交通互联互通战略合作框架协议签订】 12 月 18 至 19 日，在湖南省浏阳市召开首届湘赣边区域开放合作交流会。井冈山、莲花、醴陵、浏阳、平江、上栗、铜鼓、万载、修水、永新等县（市）领导和县委办、政府办、发改委、交通、安监、环保、旅游等部门负责人近 200 人参加。有人民日报（人民网）、新华社、中国日报等中央、省、市和有关县市媒体近 50 人到会。会议经协商达成《浏阳共识》，并签订了《交通互联互通战略合作框架协议》和“县域城市”“维稳联动联防”“生态环境联合治理”“安全生产联动监管”“旅游发展”共6个战略合作框架协议。交通建设是这次开放合作推动的重点领域之一。“以‘全面对接、重点突破’为发展思路,加强沟通衔接,联合开展编制综合交通建设”“共同争取国家、湘赣两省加强对湘赣边城市客运铁路、高速公路、干线公路、重要客运枢纽设施、通用机场等建设,推动湘赣边区域交通互联互通,加快构建湘赣边县域城市环形交通运输网络”。《框架协议》就合作原则、合作内容及合作机制作出了规定,共3章10条。合作本着优势互补、互利共赢,先行先试、改革创新,统筹规划、有效对接的原则,以加快跨界高速公路、铁路建设进程,促进对外通道网络全面对接,加强运输管理合作,引导运输贸易便利化,推进交通信息平台和应急求助网络体系建设,实现交通基础设施规划、建设、运营、安全监管的动态化、科学化管理等为主要合作内容。成立由合作各方主管副县(市)长任组长,交通运输局为成员单位的合作领导小组,建立联席会议和专题工作小组制度等为合作机制。湘赣边区域10个县市包括24319平方千米,636万人,地处中央划定三大发展战略区之一的长江经济带华中大三角的中心腹地,《框架协议》的签订竖立了交通发展新的里程碑,无疑为万载交通业的发展注入了新的活力,开启了新的篇章。

(胡爱仙　王松州)

【高安市伍桥镇至省道223二级公路工程可行性研究报告】 伍桥镇至省道223二级公路工程,是连接伍桥镇、华林镇、上游湖省级风景区及途中十几个乡镇至宜丰县华侨乡省道223相交,经省道223至昌铜高速宜丰段上高速。拟建项目为公路二级新建工程,为沥青砼路面。上面层:5厘米厚AC—13C细粒式混凝土;下面层:7厘米厚AC—25C粗粒式混凝土;上基层:18厘米水泥稳定碎石(5%);下基层:18厘米厚水泥稳定碎石(3.5%);垫层:8厘米级配碎石。设计参数:沥青砼路面设计年限为12年,设计标准轴载按BZZ—100型标准车荷载,标准轴载累计作用次数为1600万/每车道。建设规模:路线总长33.196千米,路基宽度为12米。新建桥梁7座,涵洞21道,平交叉32处,占用土地87.89公顷。路线走向及主要控制点:伍桥镇至省道S223二级公路工程起点位于伍桥镇粮管所旁,与粮管所前村道相交,途经洋源村、埈上村、苏家村、坪上村、华林镇、富楼村、山柿村、新饶村、朱家村、茶溪村、山口村,终点接宜丰华侨乡处省道223,终点桩号K33+195.552。华林寨——上游湖风景区为设计的主要控制点。计算行车速度为60千米/小时。资金筹措:根据投资估算,需建设资金4.43亿元,由高安市市政府主管部门下拨公路建设专项资金解决工程费用。建设工期:初步拟定建设期为18个月。2015年1月开工,2017年6月通车。

(周世祥)

【吉安市公布《港区港口岸线与砂石码头规划》】

根据《中华人民共和国港口法》《吉安市港口岸线管理办法》《吉安港总体规划》,吉安市港航管理处9月下旬制定《港区港口岸线与砂石码头规划》。该规划分为港口岸线与砂石码头规划、港口砂石码头建设与要求、港口砂石码头管理、法律责任四大部分,作为吉安港区砂石码头使用港口岸线以及建设的规范性文件,也是《吉安港口总体规划》的补充性文件。

该规划划定樟山、华能、张家渡三段港口岸线供建设砂石码头使用,解决港区砂石码头无序使用岸线和乱建的问题。港区砂场码头远离城区中心区,禁止在自来水取水口、大桥上下游保护区范围内设置砂场码头,临时使用港口岸线的不许建设永久性固定设施。同时,对砂石码头建设场地要求1.33公顷以上,进出港道路必须硬化,并增设电子地磅、影像监控和运砂车辆冲洗设施,从源头上杜绝运砂车辆超(载)、撒(砂)、漏(水)现象,有利解决影响市容市貌和环境卫生等方面的突出问题。

(谢政钢　刘仁彡　黄海源)

【都九高速鄱阳湖特大桥工程完成水下测绘工作】 10月12日,都九高速鄱阳湖特大桥工程水下地形测绘工作完成,测绘成果已通过相关部门验收。鄱阳湖特大桥工程是都九高速工程项目中的重点之一,是鄱阳湖跨度最长的大桥,水下地形复杂,测绘难度大。此次测绘工作主要包括:GPS控制网静态测量,水准网测量,三条流速人断面测量,桥位桥轴线加密测量和12千米水下地形测绘等工作。测绘工作历时1个月,测绘水域面积达9400万平方米。

(常冠宇　黄海源)

【"十三五"规划研究课题及普通公路管养事权】 省公路管理局就"十三五"规划研究课题及普通公路管养事权调整到景德镇市调研11月27日,江西省"十三五"规划研究课题及普通公路管养事权调研组一行9人,到景德镇市进行调研座谈。

调研组负责人说,"十一五"、"十二五"大规模建设公路后,"十三五"公路工作的重点将是落实好普通公路管养事权、全面实施公路养护管理、切实加强公路大中修和危桥改造,努力打造四通八达、方便快捷、安全畅通的公路网络。调研组负责人表示,座谈会大家提出很多好的建议,将在编制"十三五"规划中予以采纳。并指出,景德镇市委、市政府对公路事业高度重视,在财政较为困难的情况下,仍然给予大力支持,促进公路事业的大发展、大繁荣。浮梁县的农村公路养护管理工作非常好,经验值得推广。今后公路养护管理都要走市场化道路。

(徐小明　涂　强)

【九江市港口总体规划(鄱阳湖区)召开专家审查会】 9月5日,九江市港航管理局在星子县召开九江市港口总体规划(鄱阳湖区)专家审查会。省交通运输厅、省港航管理局、市交通运输局、市港航管理局以及沿鄱阳湖各县(市、区)政府负责人参加会议。

会上,规划编制单位交通运输部规划研究院的项目负责人,分别从九江港长江沿线港区和鄱阳湖区港区的现状、九江港主要港区的吞吐量和到港船型、鄱阳湖区的港口岸线利用现况、规划利用及预留情况和港区的布置规划等方面进行说明。

在听取规划编制单位项目负责人对规划情况的讲解后,省交通厅、省港航局、市交通局、市港航局以及沿湖各县(市、区)政府负责人,结合各自实际提出修改建议,最后与会评审专家组的专家也对规划文本提出了自己的意见和建议。

此次专家审查会为下一步部省联合审查奠定了扎实基础。

(九江市港航管理局　李　磊)

站场(厂)房屋建设

【2014年全省汽运站场建设概况】 省交通运输厅全年共下达汽运场站基本建设计划补助资金2.62亿元(其中:部车购税2.22亿元,省道路运输发展专项资金4000万元),全部用于综合客运枢纽、公路货运枢纽(物流园)和罗霄山集中连片扶贫县级客运站建设。已下达计划数与2013年(4000万元)相比增长了5.55倍。

全年完成投资11.8183亿元,与去年同比增长21.9%。其中,三级以上客运站场完成投资6.5913亿元(其中国家公路客运枢纽完成投资4.35亿元),农村客运站完成投资7770万元,物流园区完成投资4.45亿元;三级以上客运站、物流园区和农村客运站与2013年同期相比分别增加41.4%、8.5%、-16.9%。

全省汽车客货运站场建设累计新增固定资产3.4048亿元,竣工房屋建筑面积176641平方米,其中:农村客运站项目新增固定资产8205万元,新增房屋建筑面积2.96万平方米。新开工项目35个,其中货运枢纽(物流园)项目2个,罗霄山县级站3个,农村客运站项目30个。

(省运管局　李　杰)

【2014年全省公路客货运枢纽建设】 全省公路客货运枢纽完成投资8.8亿元,同比增长8.4%。继续推进南昌、南昌西、上饶、抚州、宜春等5个综合客运枢纽,吉安河西、井冈山经开区2个货运枢纽、宜春汽车客运总站共8个续建项目,新开工建设萍乡赣湘国际物流港、宜春开发区物流中心2个货运枢纽,其中宜春综合客运枢纽已完工并投入使用。

(省运管局　罗颂华)

【2014年县级客运站建设】 完成投资2.24亿元,新开工建设遂川、莲花、于都3个县级客运站,乐安汽车客运站建成并投入使用。启动瑞金市汽车客运站前期审查工作,完成兴国汽车客运总站工可批复。同时充分利用省财政厅安排的道路运输发展专项资金,支持鼓励广昌客运站、新干城南汽车站、新余汽车西站、修水汽车总站和永丰汽车站建设。

(省运管局　李　杰)

【2014年农村客运站建设】 完成投资7770万元,累计建成12个罗霄山农村客运站、480个农村候车亭(牌)和104个农村公路综合服务站。

(省运管局　李　杰)

【永修新汽车站正式投入运营】 10月26日,永修县湖东新区新汽车站正式投入运营。该站按照一级汽车客运站标准设计建设,总占地面积55亩,总建筑面积1.06万平方米。

(九江市长运集团公司)

【湖口金砂湾工业园公交客运站竣工】 九江市第一个县级工业园客运站,湖口金砂湾工业园客运站于2014年10月7日竣工,占地面积0.32公顷。

(九江市长运集团公司)

【安义县公交枢纽站全面建成】 安义公交枢纽站工程建设地点位于南安一级公路南侧、孙滤城东路西侧,规划用地面积2.47公顷,总建筑面积约1.25万平方米。建设内容包括公交车始发站、维修楼、办公室、调度房以及相关配套服务设施,规划可停放公交车200辆,实现"车进场、人进站"的目标。2013年开工建设,2014年6月底前完成该站主体工程和场站内外装修及场地平整、绿化等,9月全面竣工,成为南昌市第一个功能完备、设施齐全的县级公交枢纽站,也是全省一流的旅客出行零换乘的县级公交枢纽站,填补该县没有公交枢纽场站的空白。

(徐诈林　章　东)

【安义客运站全面建设】 县客运站在紧邻公交枢纽站西,建设用地2公顷,总建筑面积3.4万多平方米,建设内容包括农村客运班车、长途客车始发站和过境客车中转站及出租车固定停放点、3层维修楼、办公室、16层调度大楼等相关商贸配套服务设施,规划可停放客车100辆、出租车80辆。工程采取公开出让的方式,由社会资本投资人安义县顺来城市客运出租有限公司取得该土地的建设经营权。自2013年8月正式开工建设,至2014年年底综合调度大楼16层已封顶,三层维修楼及商贸配套已基本竣工。

(徐正柱　章　东)

【南昌县交通运输局积极做好农村候车亭管理维护工作】 近年来,县交通运输局在全县农村公路旁先后建设257个农村客运候车亭。由于一些企业和群众利用站亭违法张贴小广告、乱涂乱画,形成典型的"垃圾广告",严重影响候车亭的外观形象与群众的候车环境。自8月起,该局开始对全县257个农村客运候车亭进行维护改造,包括清除小广告、清理站亭周围环境、修理破损设施、进行油漆翻新等,维护改造工作于10月底结束,农村客运候车亭的面貌如新。

(章　纯)

【鹰潭市站场建设有序推进】 站场建设按照"便民、安全、保质、合理"的总体要求,平稳推进。全年共完成3个(上清镇、潢溪镇、文坊镇)农村公路综合服务站,并顺利通过省厅验收;公路客运综合枢纽站4站整体打包建设进展顺利。鹰北公路客运枢纽站、鹰北公交枢纽站建设已基本完成基础功能建设投入试运营。

(鹰潭市交通运输局)

【吉安市物流园区基础设施建设实现突破】 2014年,吉安市已建、在建及待建物流园区24

个,井开区物流园、江西金鸿马物流园(吉水县)、泰和物流园主体工程已建成并部分投入使用;吉安县赣大物流园部分投入使用;吉安市城北物流园(青原区)已开工建设;新干县现代物流园正在编制工可;峡江县现代物流园区完成一期征地、三通一平等工作并动工建设。其余在建的和正在报批的物流园区(中心)17个,已完工的有4个,已开工建设的有4个,正在做项目前期准备工作的有9个。

(吉安市交通运输局)

【新干县城北物流园建成投入使用】 新干县城北物流园建成投入使用。该项目占地301亩,固定资产投资2.5亿元,商铺中心区全面完工,商户全部进驻。

(吉安市交通运输局)

【吉水县物流产业总部大厦开工】 7月18日,吉水县物流产业总部大厦开工奠基仪式举行,该县有关货运物流公司负责人参加仪式。项目位于吉水县城北新区金融一条街南侧,总占地面积6918平方米,总建筑面积3.3万平方米,建筑高度49.95米,总共14层。计划投资5000万元。

(吉安市交通运输局)

【吉安市客运站场基础设施建设力度加大】 2014年,吉安市2011-2012年农村公路综合服务站计划项目17个,已建成并通过省验收的5个,完成主体工程的10个,完成投资5161万元。全市罗霄山连片扶贫特困地区二级客运站计划1个、农村客运站计划9个、农村候车亭(牌)计划148个,其中遂川县二级客运站主体正在建设,预计今年5月份全部完工;农村客运站已完成主体工程6个;农村候车亭(牌)完成78个;中心城区青原车站改建工作全面启动。

(吉安市交通运输局)

【吉安市5个农村公路综合服务站通过省交通运输厅验收】 吉州区兴桥、新干县神政桥、遂川县新江、万安县沙坪和安福县洲湖5个农村公路综合服务站通过省交通运输厅验收。兴桥等5个农村公路综合服务站是全省乡镇农村公路综合服务站建设试点项目,是集农村客运、货运、运政、路政、公路建设与养护为一体并具有健全的综合管理服务功能的交通基础设施。

(吉安市交通运输局)

【分宜县物流园区建设】 2013年3月成立分宜县物流办,11月筹备建设分宜县商贸物流城,该项目位于分宜县城东,是一个占地600亩,总投资3.15亿元的大型商贸物流城,2014年完成该项目的规划、选址工作,制订可行性研究报告、与投资商的初步接洽等工作。

(新余市交通运输局)

【宜春汽车东站正式投入运营】 9月16日,集火车、长途汽车、公交车、出租车于一体的宜春铁路综合交通枢纽工程正式启用,实现多种交通方式互通,标志着宜春交通进入一个崭新的时代——高铁时代。位于枢纽工程东侧的宜春汽车运输股份有限公司汽车东站,同时正式投入运营。该站停车场面积2.33万平方米,发车区面积3025平方米,可同时停靠114辆客车;候车厅、售票厅、行包托运处、调度室等站房面积4079平方米,汽车安全检验台、车辆清洁清洗台等辅助设施面积1699平方米,管理用房面积626平方米。售票厅设有14个人工售票口,并安装5台自动售票机,有27个检票口,除设置手工检票口外,还增设自动检票闸机。与其他客运相比,汽车东站的信息化、自助化程度大大提高。汽车东站共有线路47条,其中省际班线16条,市际班线9条,县际班线11条(主要为沿320国道班线),县内班线11条。为更好地服务广大市民,宜春汽车运输股份有限公司组建交通枢纽汽车东站游客集散中心,主要服务范围:向广大市民和游客提供旅游咨询,租车,开通直达旅游景区班车;代订酒店住宿,景区门票、汽车票、飞机票预订业务。10月1日正式开通株洲方特一日游散客直通车。以后每周六一班,早上7时20分在本站发车。将陆续开通桂林、苏州、杭州、厦门、三峡、张家界、凤凰、泰宁等直达班车,承接全国各地至宜春的地接业务。班线车辆为39座豪华中巴,全程导游陪同,游客可舒适享受旅途时光。

(吴泽水 陈维民)

【宜春市政府批准成立宜春综合交通枢纽营运管理有限公司】 宜春火车站综合枢纽工程是市政府的重点工程和民生工程,为了加强枢纽的后续管理,发挥枢纽的服务功能,经市政府批准,同意设立专门机构负责管理枢纽。5月28日,宜春综合交通枢纽营运管理有限公司正式注册成立。公司为国有独资企业,由市交通运输局履行出资人资质,主要承担枢纽的物业管理、安全保障、维护秩序、旅客服务、资产经营等任务。实行公司化运作,按照现代企业制度,建立董事会、监事会、经理层的法人治理结构,并逐步设立党支部、工会、和团支部等群团组织。公司从管理职能出发,本着精简高效的原则,设立了综合管理部、营运保障部、物业管理部、市场营销部、旅客服务部、财务管理部6个内设机构。通过公开招聘的形式,面向社会招聘员工85人。公司的架构已搭建完毕,各项管理制度正在制定中。

(张 怡)

【分宜县华翔公交物流园公交车站项目开工】 6月,分宜县华翔公交物流园公交车站项目正式开工。该项目位于北环中路新城区腹地,占地3.5万平方米,建筑面积约3万平方米,总投资7000万元。

(新余市交通运输局)

【黎川县熊村综合服务站附属工程竣工】 黎川县熊村综合服务站项目2013年开工建设,主体工程建设已于2014年2月完成,附属设施包括庭院水泥路和院墙建设于2014年12月完工。熊村农村公路综合服务站是江西省第一批50个试点乡镇农村公路综合服务站之一,熊村综合服务站管辖熊村、湖坊、日峰、德胜、潭溪等5个乡镇,管理以上5个乡镇范围内县道68.148千米、乡道155.318千米、村道114.054千米。服务站建成达标后,省交通运输厅将给予综合服务站管辖范围内乡镇按照每年每千米县道7000元、乡道3500元、村道1000元的标准,安排下达养护工程省级补助资金。

(黄建国 徐高宗 邹 峰)

【抚州长运客运站建设取得新成绩】 抚州长运公司重视加快客运基础建设建设,取得新成绩。2014年年底,抚州客运综合枢纽站主体站房已经封顶,配套的油气站已经完工,进入装修期;广昌新汽车站于1月10日开业运营;东乡新汽车站工程全部竣工,并于3月18日搬迁运营;乐安新汽车站工程经过与乐安县交通局、乐安县政府多次协调沟通,最终完成水、电进场,并于11月18日正式搬迁,开始营业。

(抚州长运公司)

【太平农村公路综合服务站】 彭泽县太平农村公路综合服务站坐落在太平关乡,占地面积5100平方米,建筑面积920平方米,该站管辖太平关乡、天乡镇、定山镇、芙蓉墩镇、龙城镇、芙蓉农场、红光建材厂,建、管、养、运服务里程515.375千米。其中,县道35.211千米,乡道64.307千米,村道415.817千米。该站于2014年1月16日开工,同年12月底竣工。

(彭泽县交通运输局)

【杨梓农村公路综合服务站】 彭泽县杨梓农村公路综合服务站坐落在杨梓镇境内,占地面积6100平方米,建筑面积920平方米,该站管辖杨梓镇、浩山乡、东升镇、黄花镇、黄岭乡、上十岭垦殖场、黄乐林场,建、管、养、运服务里程579.224千米,其中,县道60.726千米,乡道95.279千米,村道423.259千米。

该站于1月8日开工建设,11月底完工。

(彭泽县交通运输局)

【萍乡农村公路综合服务站站场全面完工】 根据《江西省公路运输管理局关于加快推进2012-2013年度站场建设的函》的相关要求,湘东区湘东、老关,上栗县金山,芦溪县银河、张佳坊,莲花县坊楼、湖上农村公路综合服务站项目已全面完工。农村公路综合服务站建成后,该市将以农村客运、货运、运政、路政、公路建设与养护六种功能于一体的农村公路综合服务站为载体,全面推进农村公路建、管、养、运一体化发展,让广大农村群众享受和城里人一样的公共交通运输服务。

(晏卫东 彭 森)

【萍乡高铁综合客运枢纽汽车客运北站项目竣工】 高铁枢纽站中属于道路运输业务的为汽车

客运北站项目,此客运项目主要包括:公交车、出租车、班线车、旅游观光车、私家车等客运内容,其中公交场站已建成启用,出租车、旅游观光车、私家车等有关运行路线和停靠点等交通组织区划已安排就位。高铁综合客运枢纽汽车客运北站于10月底全面竣工并投入使用。

(晏卫东 彭 淼)

【芦溪县两个农村综合服务站全面建成并投入使用】 为改善农村客运条件,该县交通运输局兴建了张佳坊农村公路综合服务站和银河农村公路综合服务站,共投资598.28万元,其服务范围辐射全县九个乡镇,管养里程1823.802千米,现已建设完成并投入使用,年底通过了省厅验收。

(萍乡市交通运输局)

【上饶公交便民服务中心投入使用】 6月16日上午,上饶市公交便民服务中心开始试运行。上饶市公交便民服务中心是集公交IC卡业务受理、公交业务咨询、公交服务投诉和道路运输驾驶员再教育培训为一体公交便民服务窗口。中心内实用面积为150平方米,引入银行大厅同等功能配置(12个座位,7个业务办理窗口,中央开放式空调,自动取号机、电子显示屏等)。为给市民提供更为优质的服务,市公交公司为服务中心的所有工作人员定制了统一的服装并集中进行服务培训。

此外,市公交公司新增设五三充值点、江光充值点、带湖路3个便民充值点给市民充值公交IC卡提供方便。

(韩晓艺)

运输生产

道路运输

【概况】 截至2014年年底，全省公路运输完成客运量59674万人次，旅客周转量3164787万人千米，同比分别增长3.04%和2.85%；完成货物量137782万吨，货物周转量30733081万吨千米，同比分别增长13.6%、8.64%。

全省营运车辆拥有量达到45.5万辆，同比减少3.4%，其中客车1.72万辆、47.4万座位，同比减少4.3%、2.1%，载货车辆43.8万辆、343.6万吨位，同比减少3.3%和增加3.4%。

高级营运客车已达4648辆、188282座，中级营运客车已达4178辆，114643座，全省中、高级客车共8826辆，占整个运力结构的51.28%。

大型载货汽车达17.2万辆、307.3万吨位，同比分别增长1%、4%。小型载货汽车达13.8万辆、19.5万吨位，同比减少2.9%、0.5%。

全省共有道路旅客运输经营业户（不含公交和出租）604户，比上年末减少11.4%。其中，企业487户，减少3.6%；个体户117户，减少33.9%。道路旅客运输经营业户中企业占80.6%，所占比重比上年末提升6.6个百分点。

从经营范围看，班车客运542户、旅游客运59户、包车客运21户，比上年末分别减少13.1%、增长25.5%和减少38.2%。

从运力规模看，拥有车辆50辆及以上的客运企业104户，比上年末减少2.8%，占总数的17.2%，所占比重比上年末提升1.5%。50辆以下的客运企业383户，减少3.8%。其中，拥有车辆50辆及以上的班车客运企业81户，减少4.5%。

全省共有道路货物运输经营业户16.39万户,比上年末减少1.4%。其中,企业8716户,减少24.4%;个体户15.5万户,增加0.3%。

从经营范围看,普通货运16.3万户、货物专用运输234户,分别比上年末减少1.4%、28.2%,大型物件运输106户、危险货物运输270户,分别比上年末增加14%、8.4%。

从运力规模看,拥有车辆50辆及以上的货运企业1476户,比上年末增长5.7%。50辆以下的货运企业7240户,比上年末减少28.6%。

全省共有道路运输相关业务经营业户14208户,比上年末增长4.2%。其中,站(场)经营1088户、机动车维修10677户、汽车综合性能检测76户、机动车驾驶员培训502户、汽车租赁36户、其他相关业务经营2032户,分别增长7.5%、7%、1.3%、5.5%、-37.9%和-13.8%。

道路运输行业共有从业人员75.88万人,比上年末减少3.2%,其中持证上岗从业人员66.92万人,减少6.5%。道路旅客运输从业人员6.27万人,增长7.2%。道路货物运输从业人员58.14万人,减少5.5%。站(场)经营从业人员1.19万人,减少3.3%。机动车维修经营从业人员6.68万人,增长3.9%。汽车综合性能检测站从业人员1049人,减少0.1%。机动车驾驶员培训从业人员2.31万人,增长15.5%。汽车租赁从业人员167人,减少30.1%。其他相关业务经营从业人员1.16万人,减少7.3%。

道路旅客运输经营业户、货物运输经营业户、站(场)经营业户、机动车维修经营业户、汽车综合性能检测站、机动车驾驶员培训机构、汽车租赁业户以及其他相关业务经营业户的平均从业人员分别为103.9人/户、3.5人/户、10.9人/户、6.3人/户、13.8人/户、46人/户、4.6人/户和5.7人/户,比上年末分别增长21%、减少4.1%、减少7.4%、减少2.9%、减少1.4%、增长9.5%、增长12.6%和增长7.5%。

全省共有等级客运站1032个,比上年末增加76个。其中,一级客运站19个,增加1个;二级客运站90个,减少2个;三级客运站88个,减少25个;四级客运站157个,减少43个;五级客运站732个,增加145个。客运站全年平均日发班次4.52万班次/日,比上年减少2.9%,其中一级站0.65万班次/日,二级站2.10万班次/日,分别增加8.4%和减少5.6%。客运站全年平均日旅客发送量82.81万人次/日,增加0.3%,其中一级站17.31万人次/日,二级站43.33万人次/日,分别增长2.1%和减少0.6%。

全省共有等级货运站56个,与上年末持平。其中,二级货运站2个;三级货运站11个;四级货运站43个,数量与结构均无变化。

全省共开通客运班线6889条,比上年末增长1.2%。其中高速公路客运线路629条,增长16.3%;线路平均日发班次50332班次/日,增长0.8%。其中,高速公路线路平均日发班次1669.5班次/日,增长7.3%。

按行驶区域分,全省共有跨省线路1197条、跨地市线路1223条、跨县线路971条、县内线路3498条,所占比重分别为17.4%、17.8%、14.1%和50.8%,与上年末相比所占比重分别下降0.32%、下降0.35%、提升1.10%和下降0.44%。跨省线路、跨地市线路、跨县线路和县内线路的平均日发班次分别为1580.0班次/日、3970.0班次/日、9637.0班次/日和35145.0班次/日。

按行驶距离分,线路长度在800千米及以上的有299条,400~800千米的有616条,200~400千米的有549条,200千米以下的有5425条,所占比重分别为4.3%、8.9%、8%和78.7%。线路长度为800千米及以上、400~800千米、200~400千米以及200千米以下的线路平均日发班次分别为274.0班次/日、699.5班次/日、1557.0班次/日和47,801.5万班次/日。

全省共有农村客运站(含简易站、招呼站)13369个。其中,等级客运站880个,比上年末增加91个,占全省总数的6.6%,所占比重比上年末提升0.41%。全年农村客运站完成投资6966.2万元。

全省共开通农村客运线路(包括班线和公交化运行线路)3645条,年平均日发班次36158.0班次/日,分别增长1.5%和1.1%。

全省共有1,454个乡镇通了客运车辆(包括客运班车和农村公交),乡镇通车率达100%;共有16,058个建制村通了客运班车,建制村客运班车通车率达93.3%,提升0.9%。投入运营的农村客运车辆共有8,876辆、179,996客位,比上年末分别增长0.4%和0.3%。

全省共有机动车维修经营业户10677户,比上年末增长1.5%。从结构看,一类汽车维修326户,比上年末增加13户,占3.1%;二类汽车维修1584户,比上年末增加41户,占14.8%;三类汽车维修6892户,比上年末增加761户,占61.5%。

2014年,机动车维修行业共完成维修量3594372辆(台)次,比上年增长4.5%。从业务类型看,完成整车修理64376辆次,增长0.7%;总成修理229969台次,增长7.5%;二级维护1129813辆次,增长6.7%;专项修理2118466辆次,增长3.2%;维修救援44839辆次,增长12.9%。

全省共有汽车综合性能检测站76个,比上年末增加1个。全年完成检测总量47.58万辆次,下降1.1%。

全省机动车驾驶员培训业户共有502户,比上年末增长5.5%。拥有教学车辆18227辆,增长24.1%。全年培训人次78.14万人次,增长27.6%。

全省纳入统计的汽车租赁业户共有36户,比上年末减少22户。共有从业人员167人,租赁车辆362辆。

(省运管局)

运输企业

【**概况**】 截至2014年年底,全省共有道路旅客运输经营业户(不含公交和出租)604户,比上年末减少11.4%。其中,企业487户,减少3.6%;个体户117户,减少33.9%。道路旅客运输经营业户中企业占80.6%,所占比重比上年末提升6.6个百分点。2014年底,全省共有道路货物运输经营业户16.39万户,比上年末减少1.4%。其中,企业8716户,减少24.4%;个体户15.5万户,增加0.3%。具体见下表:

2014年江西省道路运输经营业户数(一)

表3

单位名称	道路运输经营许可证在册数	道路旅客运输经营业户数合计	班车客运	旅游客运	包车客运
	张	户	户	户	户
全省合计	178530	625	561	63	24
南昌市	17242	52	41	12	0
景德镇市	8556	11	9	2	0
萍乡市	10649	39	38	2	3
九江市	12226	91	81	14	0
其中:共青城	240	2	2	0	0
新余市	8344	26	23	1	2
鹰潭市	4793	20	20	1	0
赣州市	32480	109	98	11	0
其中:瑞金市	1819	5	4	1	0
吉安市	28616	86	79	5	3
其中:安福县	2179	6	5	1	0

续表 3

单位名称	道路运输经营许可证在册数	道路旅客运输经营业户数合计			
			班车客运	旅游客运	包车客运
	张	户	户	户	户
宜春市	7953	12	9	1	2
其中:丰城市	3692	5	5	2	0
抚州市	10230	45	44	1	4
其中:南城县	1560	3	3	0	3
上饶市	27951	113	100	9	7
其中:鄱阳县	2908	11	10	1	0

(陈　刚)

2014 年江西省道路运输经营业户数(二)

表 4　　计量单位:户

单位名称	道路货物运输经营业户数合计						道路客货运输兼营业户数
		普通货运	货物专用运输	集装箱运输	大型物件运输	危险货物运输	
全省合计	163855	163336	234	0	106	270	5
南昌市	15497	15453	15	—	12	17	0
景德镇市	8337	8326	0	—	0	11	0
萍乡市	9716	9707	0	—	0	18	0
九江市	11149	11124	2	—	0	30	0
其中:共青城	215	212	0	—	0	3	0
新余市	8318	8318	0	—	0	14	1
鹰潭市	4773	4762	0	—	0	11	0
赣州市	32368	32350	0	—	0	26	3
其中:瑞金市	1812	1812	0	—	0	0	2
吉安市	27745	27716	130	—	85	29	1
其中:安福县	2009	2008	0	—	0	1	0
宜春市	7929	7819	47	—	9	54	0
其中:丰城市	3687	3636	101	—	0	4	0
抚州市	10185	10146	39	—	0	38	0
其中:南城县	496	493	0	—	0	3	0
上饶市	27838	27615	1	—	0	22	0
其中:鄱阳县	2824	2824	0	—			

(陈　刚)

2014年江西省道路运输相关业务经营业户数

表5

单位名称	道路运输相关业务经营业户	站场	客运站	货运站（场）	动车维修	汽车综合性能检测	机动车驾驶员培训	汽车租赁	其他	客运代理	物流服务	货运代办	信息配载
全省合计	14208	1088	1032	56	10677	76	502	36	2032	8	709	797	516
南昌市	1693	60	60	0	836	4	55	0	789	5	15	536	234
景德镇市	384	25	25	0	357	3	7	2	0	0	0	0	0
萍乡市	890	53	53	0	766	3	16	4	48	0	14	16	33
九江市	1038	135	135	0	807	12	55	4	42	0	42	0	0
其中:共青城	26	3	3	0	21	0	2	0	0	0	0	0	0
新余市	354	25	25	0	321	2	12	0	0	0	0	0	0
鹰潭市	168	53	53	0	102	3	17	1	0	0	0	0	0
赣州市	3325	189	155	34	2649	16	116	14	355	2	339	5	9
其中:瑞金市	96	4	4	0	95	1	7	0	0	0	0	0	0
吉安市	2278	158	155	3	1921	10	48	0	185	1	91	19	74
其中:安福县	251	14	13	1	234	1	2	0	0	0	0	0	0
宜春市	1977	160	149	11	1400	7	76	0	366	0	45	167	136
其中:丰城市	389	8	8	0	372	1	12	0	0	0	0	0	0
抚州市	799	94	86	8	574	5	28	0	119	0	35	54	30
其中:南城县	65	10	10	0	40	1	2	0	12	0	12	0	0
上饶市	1302	136	136	0	944	11	72	11	128	0	128	0	0
其中:鄱阳县	73	9	9	0	49	1	10	4	0	0	0	0	0

（陈　刚）

2014年江西省道路运输从业人员数

表6

单位名称	从业人员数合计	道路旅客运输	客运驾驶员	乘务员	道路货物运输	道路货物运输驾驶员	危险货物运输驾驶员	危险货物运输押运员	危险货物运输装卸管理员	站(场)经营	客运站经营	货运站场经营	机动车维修经营	技术负责人	质量检验员	其他维修技术人员	汽车综合性能检测站	机动车驾驶员培训	汽车租赁	其他相关业务经营
全省合计	758789	62744	38206	16755	581398	500936	20721	13959	5076	11904	11496	408	66796	7014	4591	0	1049	23116	167	11615
南昌市	110509	9432	5016	645	68843	37536	1150	791	13	2740	2740	0	16012	784	389	—	113	4055	0	9314
景德镇市	50348	7965	5600	9	34561	23257	1246	1219	0	641	641	0	6415	102	149	—	27	730	9	0
萍乡市	39761	2339	1447	1007	32397	28951	1879	1274	293	378	378	0	3627	87	213	—	36	923	17	44
九江市	66025	7953	5897	1844	49695	47380	3114	1686	158	1050	1050	0	4883	657	562	—	132	2152	22	138
其中:共青城	1561	102	102	0	1270	1235	40	25	10	17	17	0	84	24	21	—	0	88	0	0
新余市	44574	1191	540	261	40342	39640	350	395	30	423	423	0	2181	426	211	—	23	414	0	0
鹰潭市	33768	1274	889	385	30624	27821	329	163	0	93	93	0	1155	105	105	—	58	552	12	0
赣州市	84166	10871	6436	4435	57477	55478	934	934	1065	1772	1522	250	9034	1462	403	—	218	3887	43	864
其中:瑞金市	3806	686	469	217	2264	2264	0	0	0	139	139	0	466	68	20	—	22	229	0	0
吉安市	81654	5266	2991	1822	65654	62390	2520	1948	262	940	899	41	7223	950	623	—	118	2034	0	419
其中:安福县	5353	730	380	230	4090	3800	15	15	7	69	65	4	355	122	53	—	13	96	0	0
宜春市	84361	3985	2635	1350	67883	57368	6020	3010	1485	1584	1483	101	7357	1045	928	—	105	3223	0	224
其中:丰城市	8904	457	235	222	6960	6051	303	303	303	215	215	0	870	39	47	—	14	388	0	0
抚州市	76765	4405	2609	1639	65431	59584	2143	1705	1702	685	669	16	3825	506	367	—	72	1735	0	612
其中:南城县	14117	395	265	130	13080	12600	650	480	0	58	58	0	416	36	39	—	20	124	0	24
上饶市	86858	8063	4146	3358	68491	61531	1036	834	68	1598	1598	0	5084	890	641	—	147	3411	64	0
其中:鄱阳县	8601	1389	809	580	6231	6231	0	0	0	168	168	0	265	18	21	—	12	520	16	0

（陈　刚）

【江西长运再次被评为“中国道路运输百强诚信企业”】 6月10日，中国道路运输协会发布“中国道路运输百强诚信企业(2014年)”名单，江西长运股份有限公司再次被评为“中国道路运输百强诚信企业”，名列第8位。

“中国道路运输协会百强诚信企业创建”活动是由中国道路运输协会发起和组织开展的，每年度对全国范围内道路运输企业规模实力、竞争能力、影响力及诚信经营活动进行科学评价，引导道路运输企业集约化经营、规模化发展和诚信经营，促进行业诚信体系的建设。

(周国祥)

【景德镇长运公司暑期大学生客票优惠】 自7月6日起，江西景德镇长运有限公司推出暑期新录取高校新生、大专院校学生客运票价系列优惠措施。

该公司推出的学生客运票价系列优惠措施是，该市藉高校新生购买并乘坐公司任何班线任何车次班车赴校报到时，凭大专院校录取通知书可享受10元/票的优惠。2014年暑运期间(2014年7月6日—9月10日)，大专院校在校学生购买并乘坐该公司高速直达客运班车，凭学生证可享受5折优惠；大专院校在校学生乘坐景德镇至南昌高速直达客运班车5次，可免费乘坐该班线班车1次；大专院校在校学生乘坐该公司任一班线高速直达客运班车10次，可免费乘坐任一班线高速直达客运班车1次等。

(涂　强)

【萍乡市公路运输】 该市(不含莲花县)现有营运车辆15429辆(其中客车941辆，货车14478辆)，专业运输公司114户(其中客运企业5户)，从业资格人员17300多人；有机动车维修企业268户，从业人员2238人；有驾驶员培训学校13所，从业人员171人，年培训人次为15000人次(其中从业资格培训人次为3000人次)。普货运输市场发展活跃，危货运输市场更加规范，客运管理在与城市公交、出租客运之间竞争中发展，并保持相对稳定，农村客运由点到面全面铺“网”，全市行政村通车率达92%以上。道路运输安全生产保持平稳态势，交通安全事故防控能力明显提升，未发生一起站场安全责任事故。 (萍乡市交通运输局)

【莲花县公路运输】 该县地处湘赣边界，境内四面环山，中间为丘陵与盆地，是个典型的山区内陆县，无大江大河过境，没有水运，铁路建成但未通车，公路仍是唯一的运输方式。近20年来，该县在国家一系列扶贫开发政策的大力扶助下，实行县、乡、村三级联动，全民参与，大搞交通基础建设，实现了公路交通的飞速发展。到2014年底，全县通车总里程近1500千米，密度达141千米/百平方千米，实现了乡乡通油(水泥)路，100%的行政村、85%的自然村通水泥路。县际公路和乡际公路都已连通，村组公路“毛细血管”遍布全县各乡村，纵横交错。全县形成了以县城为中心、以南北走向的319国道与东西走向的省道吉莲线、路坊线构架交通主动脉、以县乡公路为支脉、以村组公路为毛细血管的公路交通网络，打造了“全县1小时交通圈”。同时，该县按照“路站运一体化”的发展思路，充分发挥全县通车里程增长和通行能力增强的优势，不断放开搞活运输市场，积极引导和扶持客货运发展，实行货运个体私营自由竞争，客运“经营主体公司化、客运班线网络化、运营模式公交化、动力投放合理化、管理服务规范化”，促进了客货运输市场的繁荣发展。据不完全统计，全县有客车137辆3622座位、小车(含面包车、出租车)2400多辆，全县开通县内短途班线22条，实现了100%的乡镇、95%的行政村通直达班车，构建了以县城为中心、乡镇为联结点、村为始终点的县内客运网。开通了跨县长途班线19条，与周边县市都互通了班车，可直达广州、深圳、上海等沿海发达城市。全县年运输旅客量达354.6万人次。同时，建立了出租车公司，投入“的士”70辆进行出租运输，开通了城市公交三条。全县共有营运货车2256辆，其中普货货车1683辆5619吨位、农用机动车573辆568吨位，遍布了全县各乡村，实现了100%的行政村、98%的自然村通汽车。该县跨境运输发展很快，辐射全国各地，农村货运发展更快，几乎使全县各个角落打破了“无车区”。

(萍乡市交通运输局)

【九江市道路运输企业】 该市拥有道路客运企业75户，道路货运企业601户，其中普通货运企业10833户，危险货运企业30户。2014年完成客运量9651万人，旅客周转量461233万人千米同比增长 3.05% 和 2.85%。完成货运量 11415 万吨,货运周转量 2556289 万吨千米,同比分别增长 13.6% 和 8.63%。

(九江市交通运输局)

【九江城市候机楼正式投入运营】 2014 年 3 月 18 日上午,由江西机场集团公司与九江长运联袂打造的九江城市候机楼正式投入运营。候机楼设计面积 200 平方米,按功能区域划分,设置服务台、贵宾候机区、一般候机区、机场班线客运班车绿色通道等。将为九江至昌北机场及庐山机场的航空旅客提供航班信息查询、国内国际机票销售、免费办理登机牌、九江往返两个机场之间的直通班车运输及候车服务、航空货物急件的收发、航空保险销售、VIP 大客户等服务。九江城市候机楼目前拥有 2 条机场客运专线,一是九江至昌北国际机场客运专线,每日对发 17 班,约 50 分钟一班;二是九江至庐山机场客运专线,每日对发 2 班,均为高速直达客运班线,运行时间分别为 100 分钟和 50 分钟。(九江市长运集团公司)

【九江长运集团公司】 2014 年 4 月 29 日,九江长运集团公司、运业公司召开第二届四次职工代表大会,专题审议关于九江长运集团公司拟接受江西长运股份公司购并议案。会议以无记名投票方式通过了购并议案。

6 月 16—24 日,省道路运输协会安全生产标准化考评组对九江长运集团公司安全生产标准化达标情况进行了考评,集团公司、运业公司获高分通过安全生产标准化二级达标企业考评。

7 月 1 日,九江长运高客公司新购置的 5 台大金龙 LNG 天然气客车在经过一个月的试运后,正式投入到九江至昌北机场班线上运营,这是长运集团公司首次将天然气客车用于旅客中短途运输。此次投放的纯天然气 LNG 客车与传统的汽油、柴油车相比,尾气有害物质排放量可减少 90% 以上,接近零排放,是国际公认可替代汽油、柴油的“绿色”新能源。客车一次加满天然气,可行驶 800 千米,根据路试实验测算,九江至昌北机场单趟可降低燃料成本 50 元。另外,和一般客车相比,由于该车发动机噪声与汽油、柴油相比低一半,发动机内燃烧平稳,乘客在乘坐时将会感觉更加舒适。 (九江市长运集团公司)

【新余交通运输生产稳步增长】 2014 年,该市道路货运企业有 233 户,从事营业性运输的货运车辆 37074 辆,451954 吨。全市有市际班线 69 条,农村班线 154 条,城乡公交 131 条。全市营运客车拥有量为 805 辆,其中:班线客车 189 辆,农村班线客车 154 辆,城市(际、乡)公交 131 辆,出租车 636 辆。全市道路运输累计完成客运量 1313 万人次,客运周转量 70601 万人千米,同比增长 3% 和 2.8%。货运量 16157 万吨,货运周转量 3079952 万吨千米,同比增长 13% 和 8%。春运期间,全市投入客运运力 1323 辆,其中班车客运车辆 189 辆,旅游客运车辆 36 辆,城市公交客运 331 辆,城乡公交客运 131 辆,出租车 636 辆。

2014 年,新增水路货物运输公司 1 户。水路运输累计完成客运量 39.9 万人次,旅客周转量 797 万人千米,同比增长 10.5 % 和 10.4%。货运量 16.3 万吨,货物周转量 15352 万吨千米,同比增长 2.5% 和 12%。春运期间共投入客船 33 艘,1720 客位,运送旅客 1.9 万人次,旅客周转量 39.8 万人千米,同比增长 138.26% 和 112.83%。

(邓清华)

【新余市渝水区道路运输日趋繁荣】 全年新增货运企业 22 户,新增货运车辆 2776 辆,新增运力吨位 25539 吨,截至 2014 年年底,全区货运企业总数达 130 户,货运车辆总数 13167 辆,总吨位 129092 吨,拥有客运公司 3 个,城乡公交公司 3 个,个体客运业户 1 个,拥有客运车辆 130 辆(其中农村客运车 45 辆,城乡公交车 85 辆),班线 40 条,日发班次 456 班,拥有乡镇客运站 9 个,客运招呼站 187 个,拥有一类维修企业 5 户,二类维修企业 20 户,三类维修企业 87 户,拥有二类汽车驾驶培训学校 2 户。完成客运量 870.86 万人次,客运周转量 19206.61 万人千米,完成货运量 1735.70 万吨,货运周转量 53288.19 万吨千米。

(渝水区交通运输局)

【新余市三户道路货运企业获 AAA 称号】 新余市道路运输管理处认真贯彻执行上级文件精神,引导道路货运企业加强运输管理,规范企业经营行为,创新管理理念,使企业安全生产形势出现良性循环,为新余市道路货运安全奠定了安全基础,有力地促进新余道路运输企业的健康发展。12

月,新余市新博汽运有限公司、中新物流有限公司、新余市隆鑫汽车运输有限公司三户道路货物运输企业被省道路运输管理局授予2013年度AAA货运企业的称号。

(邹　毅)

【鹰潭市的道路运输】 全市共有公路旅客运输企业36户,班线168条,车辆总数1278辆24933座位〔其中高级客车83辆,中级客车106辆,普通客车267辆〕。已经通班车的建制村317个,占建制村总数的95.48%。共有货运企业4773户、车辆26330辆378924吨位,其中危货运输企业11户,车辆171辆。

(艾年宗)

【鹰潭长运公司不断拓展对客运市场占有力度】 该公司在股份公司的指导及当地政府优惠政策支持下,启动了贵溪项目,全面占领了贵溪城市公交市场及大部分农村客运市场。2013年1月,完成了对鹰潭市交通运输有限责任公司及江西龙虎山旅游客运有限公司90%股权的收购,鹰潭旅游客运市场占有率达100%。2014年11月,鹰潭长运公司又瞄准余江县客运市场,与余江县政府签订《余江县客运总站、公交站及配套商住用地项目土地购置付款协议书》,取得了一系列优惠政策。

(艾年宗)

【鹰潭长运公司完善人力资源管理】 2014年,鹰潭公交完善人力资源管理,科学合理做好机构和岗位设置,制定好企业定编、定岗、定责、定职、定薪的人力方案,做到公司经营管理工作与人力资源结构的有机统一,既提升了工作效率,又降低了人力成本。同时,公司在总部下达任务大幅度增加的情况下,顶住巨大压力,挤出一定资金,为员工增加工资,一线员工工资增长比例达12%。另外,公司还依法为员工办理了"五险一金",投保了人身意外伤害险。上述举措,提高了员工的工作积极性和主动性,为企业的发展奠定了基础。

(艾年宗)

【鹰潭市有序开展企业质量信誉考核工作】 鹰潭市全面开展道路客运企业、危货运输企业、汽车维修企业、驾驶员培训学校及教练员质量信誉考核工作,全年共考核客运企业6户、出租6户、公交6户;考核维修企业69户,其中:AAA级企业2户、AA级企业10户、A级企业54户、B级企业3户,另新增企业12户;考核驾培机构共12户,其中:AAA级1所,AA级6所,A级5所;考核货运企业共56户,其中:AAA级7户,AA级49户。

(艾年宗)

【赣州道路运输】 2014年,赣州市道路运输管理局以科学发展观为统领,围绕年初制定的工作目标任务开展工作,较好地完成了全年各项工作任务。是年,全市汽车营运车辆总数为43251辆,其中客车2771辆84547客位、货车40480辆总吨位134215吨。完成客运量8269万人次、客运周转量532673万人千米。货运量17089万吨,货运周转量1780362万吨千米。赣州市中心城区拥有公交车636辆。运行线路45条,公交线网长258.71千米,营运线路总长度1330.12千米,5个公交场站之总面积3.88公顷。中心城区出租汽车1088辆。全市(不含瑞金市)共有出租车公司16个,总计出租车1648辆。其中,中心城区(含赣县)有6个出租车公司,计出租车1088辆。是年,该局被交通运输部授予交通运输业经济统计专项调查优秀集体、省运管局全省道路运输管理工作先进单位,并被赣州市人民政府评为文明单位。

(李发淳)

【赣州市道路运输相关行业展现新面貌】 一是认真做好驾培行业两个国标宣贯工作,组织全市驾培行业对照两项国标进行改造,规范驾校准入门槛;全面实行驾培IC卡计时管理系统进行监督管理,规范驾校经营行为;精心组织驾驶员培训学校开展质量信誉考核工作。赣州市9所驾校荣获AAA级驾校;积极完成驾校二级教练员申报工作,启动出租车驾驶员从业资格考试发证工作,赣州市地方考试题库已于2014年4月报省局备案,考场硬件建设已基本完成。二是扎实开展营运车辆技术等级评定工作,对使用期限超过8周年的正班客车强制下线,全市新增中高级客车152辆,客车"新度系数"大幅提高;组织开展汽车维修企业质量信誉考核工作,一、二类汽车维修企业考核率达100%,推荐上报的18户AAA级机动车维修企业均通过省运管局验收。

（李发淳）

【靖安县道路运输生产持续发展】 2014年，该县举全县之力，调结构，转方式，全力推进全县道路运输稳定、协调和持续发展。全县有道路货运企业52户，拥有营运货车951辆，吨位17180吨，同比分别增长10.4%和11.2%。全年完成货运量193万吨，货物周转量37975.6万吨千米，同比分别增长8.2%和9.1%。为全县工业振兴、加快新农村建设，实现城镇化和农业现代化发挥重要作用。一是县政府高度重视，把道路运输发展列入议事日程，制订发展规划，主动适应新常态，采取新举措，加快发展。为加强领导，县政府成立以县长为组长的道路运输发展领导小组，印发了《靖安县关于加快道路运输发展的通知》，明确发展指导思想，基本原则，主要目标，主要任务和具体要求，实行统一规划，统一领导，统一部署，统一协调，从资金上扶助，征用土地优惠，降低准入门槛，主动做好服务，全力推进发展。二是工业发展。经过几年加大招商引资力度，通过组织招商小分队，由县领导带队，先后赴广东、福建、上海、浙江等沿海地区进行招商，推介招商项目和优惠政策，许多大老板看好该县良好生态条件和优惠政策纷纷投巨资，多则几十亿，少则几个亿到县工业园，办大型食品工业、金属加工等企业，生产原料需要运进，生产产品要运出，货运量俱增，为道路运输发展注入活力。三是主动服务。为加快道路运输发展创造条件，县交通运输部门降低车辆准入门槛，简化办证办事程序，缩短办证时间，购买从事运输业的车辆，在国家规定范围内，手续齐全，办证一律开绿灯。随到随办，主动服务，预约服务，上门服务。实行办证、组货、贷款、调处运输纠纷等一条龙服务。组织运管人员，深入城乡、走村串户，宣传国家发展道路物流优惠政策，鼓励、动员城乡居民个人筹资、联户融资购买汽车从事运输业，全县掀起一个办汽运热。

（刘　斌）

【靖安县环宇运输有限公司上缴税收236万余元】 环宇运输有限公司从小做大，已发展成为靖安集危货为主、兼普货运输为一体的民营运输服务的龙头企业之一。该公司与全国四十家中外合资、独资企业建立了广泛长期业务关系。在相互合作中，坚持信誉第一，客户至上的服务宗旨，以诚信、优质、安全、快捷的经营方针，进行营运服务，赢得厂户好评，多次获优秀承运商服务奖。其拥有协作车队28个，营运车辆118辆（自有危货罐车10辆），员工140人。在南昌、南京、上海、广州、杭州等地设有分公司等运输服务机构，上海—广州、南昌—武汉两条线路形成了定点联运格局。该公司从建立健全危险货物运输各项管理制度入手，规范了公司危险货物营运行为。2010—2013年连续四年获宜春市危货企业运输管理工作先进单位。2014年度公司产值达3672.26万元，为县财政上缴税金236.77万元。

（刘　斌）

【奉新县道路运输发展再上新台阶】 该县通过加大对非法营运黑的、三轮车、擅自改装货车和非煤矿石的源头整治及联合治超，为全县交通运输企业发展创造一个良好的环境。2014年，全县道路运输企业安全运输旅客368.99万人次，实现旅客周转量15054.92万人千米；同比增长0.5%和0.4%；运输货物672.97万吨，实现货物周转量171280.75万吨千米，同比分别增长16%和15%，新增货车上户701辆，9833吨位。至12月底，全县货车总数达2400辆，计29570吨。

（魏振宇）

【高安市营运货车保有量居全国县级市之首】 12月，该市拥有营运货车保有量为21091辆，吨位293296吨，位居全国各县（区、市）之首。为做大做强汽车物流产业发展，市委、市政府高度重视，坚持“搭建平台、延伸链条、完善服务、提升物流”，把发展汽运产业发展作为经济发展新亮点，采取财政投资，招商引资，群众融资大办汽运产业的办法。通过政府推动、部门联动，思想搅动，能人带动，市场拉动，汽运产业迅猛发展。全市拥有1个物流总集团、三个汽运集团、汽运子公司达662家。汽车产业发展，带动汽车维修、汽车配件、汽车驾校和餐饮等相关行业发展，全市呈现10万人从事汽运产业，全年汽运产业完成税收超4亿元良好局面。2014年，又引进央企中汽投资50亿元建设货运汽车物流产业园，推动货运物流转型提质。该市新增7户国家AAAA级物流企业,现已达14户;新振兴、保捷实业、致远、强力、宇骏等五户专用汽车生产企业已获国家工信部备案。全市物流企业达715户,纳税较上年同期增加7198万元,增长25.4%,使该市汽运产业走向快车道发展。

(吴泽水)

【高安市实施城乡客运一体化】 7月21日上午,高安市举行城乡客运一体化开通仪式。标志着该市继丰城、樟树之后,成为宜春第三个成功实施城乡客运一体化的县市。宜春市交通运输局、市运管局主要负责人、高安市四套班子领导及宜春市汽运股份有限公司代表等500多人参加开通仪式。该市选定宜春汽运高安分公司为城乡客运一体化运行主体;以市区到乡镇或村为主开通线路36条,投放客车123辆,更新车辆44辆,日发班497班,日均运送旅客可达1.9万人次,客运量将上升18.8%。所有线路实施定线路、定站点、定班次、定时间、定票价"五定模式";车辆进站,按"车进站、人归点"行业规定,始发站设在等级合格车站发班,终点站设在各乡镇客运站或农村公路综合服务站。运行票价实施1、2、3元的分段低票价:即距离10千米内票价为1元,10到20千米的票价为2元,20千米以上票价封顶为3元,有力破解当地群众出行难、乘车贵的难题,提升了百姓幸福指数。为保障城乡客运一体化的顺利实施,高安市将该项工作列为践行党的群众路线的一项重要民生工程来抓,成立了以党政主要领导为组长,财政、交通、审计、公安、汽运公司等10个部门为成员单位的领导小组,设立推进组、宣传组、维稳组、补贴测算组等工作机构,并每年财政补贴运输企业运营成本2000万元。

(李　明)

【上高县道路运输生产稳步增长】 上高县交通运输局高度重视道路运输生产发展,把该工作列为重中之重来抓,制定行之有效措施,全力加快道路运输发展步伐,截至12月底,全县新增货运企业83户,新增货运车辆851辆,其他机动车90辆,有力地推进了全县道路运输稳步增长。一是提升服务质量,强化服务意识。完善网上审批和"一站式"服务,积极推行交通行政许可项目告知制度,并制作办事指南、预约服务、上门服务、延期服务等便民措施。二是积极打造宽松环境,放宽货运市场准入条件,按照《中华人民共和国道路运输条例》精神,对货运市场实现全面开放,愿意从事道路货运经营的,只要符合条件许可,则优先为其办理相关业务。三是创造良好的货运产业发展环境。全县开展五部门的联合整治行动,加大了货运市场无证黑车的打击力度,深入货运集散地和作业场,共检查货运车辆638辆,受理投诉和及时处理案件5起,进一步净化了全县货运市场。

(潘泓羽)

【宜丰县着力提升道路运输保障能力】 积极应对经济下行压力,全年实现客运量287万人,旅客周转量9850万人千米;货运量7411万吨,货物周转量421821万吨千米,分别比2013年增长14.8%、3.9%、9.29%、10.83%。货运产业快速发展,新增货运公司17户,营运货车总数达到6493辆89205吨。更新校车34辆,新增客运班线2条,新增客运车辆11辆,调整线路班车9辆,客运、公交及出租车增至400辆,汽车修理厂、配件厂达56户,驾校4户,道路运输业从业人员已超过1.5万人,运输产业税收超过亿元。

(漆志勇)

运输线路

【概况】 2014年年底,全省共开通客运班线6889条,比上年末增长1.2%,其中高速公路客运线路629条,增长16.3%;线路平均日发班次50332班次,增长0.8%。其中,高速公路线路平均日发班次1669.5班次,增长7.3%。具体见下表:

(陈　刚)

2014 年全省道路客运线路班次

表 7

单位名称	道路客运线路班次合计		高速公路客运线路		跨省线路		跨地(市)线路		跨县线路		县内线路	
	条	平均日发班次	条	平均日发班次	条	平均日发班次	条	平均日发班次	条	平均日发班次	条	平均日发班次
全省合计	6889	50334	629	1672	1197	1582	1223	3971	971	9637	3498	35145
南昌市	502	2934	23	130	121	143	228	1024	38	647	115	1120
景德镇市	227	1457	12	57	68	173	89	150	9	31	61	1103
萍乡市	247	5732	31	39	43	76	29	48	110	3282	65	2326
九江市	784	7177	187	902	122	168	148	307	109	1183	405	5519
其中:共青城	11	48	2	15	0	0	1	8	10	40	0	0
新余市	204	976	19	22	19	22	65	193	5	20	115	741
鹰潭市	168	1636	15	20	14	13	40	68	26	472	88	1094
赣州市	1359	7801	162	234	353	493	64	110	253	1564	689	5634
其中:瑞金市	67	557	17	15	23	36	3	6	11	47	30	468
吉安市	829	4418	28	28	103	99	76	262	120	559	530	3498
其中:安福县	99	383	0	0	9	10	8	20	10	33	72	320
宜春市	639	4270	61	41	81	80	121	495	77	426	360	3269
其中:丰城市	60	945	0	0	7	7	18	22	5	33	30	883
抚州市	748	6220	63	149	88	131	132	825	91	780	437	4484
其中:南城县	102	526	6	5	6	4	2	6	11	33	83	483
上饶市	1182	7713	28	50	185	184231		489	133	673	633	6367
其中:鄱阳县	197	522	0	0	25	14	68	117	14	36	90	355

(省运管局)

2014 年全省客运班车通达情况

表 8

单位名称	客运站站务人员合计	客运站平均日发班次	一级站	二级站	客运站平均日旅客发送量	一级站	二级站	乡镇总数	通班车	建制村总数	通班车
	(人)	(班次)	(班次)	(班次)	(人次)	(人次)	(人次)	(个)	(个)	(个)	(个)
全省合计	8522	45201	6462	21023	828142	173066	433255	1454	1454	17210	16058
南昌市	666	3514	1466	384	53377	18351	2165	71	71	960	899
景德镇市	6411475	479	0	43495	43495	0	43	43	505	465	
萍乡市	336	5370	258	183	100696	10836	5010	54	54	821	817
九江市	1050	6310	1777	1535	68582	23827	16377	186	186	1882	1728
其中:共青城	17	48	0	48	436	0	436	3	3	28	0
新余市	256	1988	120	1671	23037	1132	18685	27	27	364	361
鹰潭市	93	341	121	0	21088	2840	0	31	31	332	317
赣州市	1311	6574	408	4679	151759	12794	138596	280	280	3344	3088

续表 8

单位名称	客运站站务人员合计(人)	客运站平均日发班次(班次)	一级站(班次)	二级站(班次)	客运站平均日旅客发送量(人次)	一级站(人次)	二级站(人次)	乡镇总数(个)	通班车(个)	建制村总数(个)	通班车(个)
其中:瑞金市	139	324	0	324	6163	0	5012	17	17	181	130
吉安市	883	4177	170	2941	81267	2680	68773	218	218	2561	2440
其中:安福县	87	386	0	386	9962	0	9962	19	19	256	236
宜春市	1168	4415	1264	3151	100086	24018	76068	184	184	2243	2042
其中:丰城市	110	899	488	411	24662	14370	9997	8	8	517	316
抚州市	606	3970	229	2570	73226	12000	46726	151	151	1804	1638
其中:南城县	58	920	0	316	6550	0	2950	12	12	150	142
上饶市	1512	7067	170	3909	111529	21093	60855	209	209	2394	2263
其中:鄱阳县	168	522	0	460	13035	0	13035	29	29	5238	510

(省运管局)

【南昌长运丰城班线实行公营车营运】 3 月下旬,南昌长运公司太平洋分公司对丰城班线车辆全部进行更新,实行公车公营。丰城公营车队有营运车辆 14 部,司机 17 名,乘务员 7 名,担负着从南昌—丰城的客运任务。一辆车每天要往返 4 个班次,春运繁忙时甚至往返 8 个班次。每天最早一班车 6:00 发车、最晚一班车晚 9:00 发车,每 15 分钟一班车,日载乘客 1100 余人次。新车投入运营后,崭新舒适的客车,保障行车安全,树立良好的企业社会形象,温馨、便捷的服务得到广大旅客的赞誉。

(孙　磊　周国祥)

【乐平至昆山道路客运班线开通】 1 月 16 日,乐平至昆山道路客运班线正式开通。乐平至昆山客运班线是乐平长运有限公司 2014 年新增的首条省际公路客运班线,也是乐平市唯一一条通往江苏方向的客运班线。该班线由乐平新汽车站(客运中心站)始发,每天一班,发车时间为上午 10 点,主要途经地分别为弋阳、上饶、衢州、杭州、湖州、苏州,终点为昆山客运中心站,全程高速直达,总行程约 8.5 小时,票价为 240 元/人(次)。

(涂　强)

【景德镇至乐平班线班车全部更新】 1 月 1 日,随着 15 辆崭新的中型高二级座位客车上线运营,标志着景德镇至乐平班线班车更新工作顺利完成。此次更新的 15 辆中型高二级座位客车,均安装车载全球卫星定位系统、空调、无线液晶电视及视频动态监控摄像装置(每辆车上安装 4 个),其安全性、舒适度得到较大提高,车票价格由车辆更新前的 18 元/人・次上调至 20 元/人・次,但仍未超出物价部门批准的上限。

(涂　强)

【景德镇至南昌昌北国际机场直通车开通】 1 月 16 日,景德镇至南昌昌北国际机场直通车正式开通,南昌昌北国际机场景德镇城市候机楼同日投入运营。

南昌昌北国际机场景德镇城市候机楼是江西省机场集团公司 2014 年在全省拟投入使用的异地城市候机楼之一,其目的是实现省内主要设区市与省会之间的航空游(旅)客运输与道路游(旅)客运输"无缝对接"和"零换乘"。直通车每天从景德镇至南昌昌北国际机场之间往返共 12 个班次,车程约 150 分钟左右,既能为游(旅)客节省时间,也免去游(旅)客购票、转车和换乘以及搬运行李等种种不便,是旅游、公务、商务等人员乘坐飞机旅行的最佳选择。该直通车及城市候机楼营运项目由江西省机场集团公司提供策划、建设、营运及服务标准,江西省旅游客运行业协会会长单位景德镇市江南旅游汽车服务有限公司与其战略合作单位投入巨资建设，为江西省第二户投入运营的城市候机楼。

景德镇城市候机楼可为出行和返程的游(旅)客提供国际、国内机场航班实时信息查询，备有民航专用订票系统，国际、国内飞机票预订、出售、变更、换取登机牌、行李包装安检、航空保险、航空快递、时效货运、VIP 贵宾服务、机场豪华巴士接送、旅行社、酒店预订、火车票等一站式服务。

景德镇城市候机楼营运后，将南昌昌北国际机场的航空服务延伸到景德镇，极大地方便了国内外宾客到景德镇及周边旅游，为景德镇市公务、商务和广大市民出行提供了快捷、舒适的中转通道，将在进一步完善景德镇城市基础设施建设、提升景德镇的城市形象等方面发挥积极作用。

(涂　强)

【景德镇长运旅游公司开通龙湾温泉班线】 11 月 1 日，景德镇至龙湾温泉旅游班线正式开通运营。该班线由景德镇长运旅游公司根据景德镇市旅游市场行情，经充分调研论证后实施的旅游运输服务项目。该班线票价为往返 168 元/人·次，逢周六、周日 8:00 由景德镇汽车站(西客站)发班，当日 17:00 返回景德镇。为让广大市民在秋冬季节享受经济又实惠的温泉之旅，培育发展温泉旅游市场，景德镇长运旅游公司在该班线开通之际推出 11 月 1 日至 2 日首发版 138 元的超值体验价，同时赠送东林寺大佛旅游。

(胡　东)

【景德镇市开通至南昌、九江景区 2 条旅游专线直通车】 4 月 1 日，景德镇至南昌市区、景德镇至九江市区的旅游专线直通车正式开通运营。

为促进本地旅游市场得到更好、更快、更健康的发展，景德镇市江南旅游汽车服务有限公司经过市场调查研究，与景德镇市中国旅行社有限责任公司合作经营景德镇至南昌市区、景德镇至九江市区旅游专线直通车。景德镇至南昌市区(滕王阁景区)行程约 3.5 小时、景德镇至九江市区(庐山景区换乘点)行程约 2.5 小时，全程高速。这两条旅游专线直通车均采取流水发班方式运行，极大方便广大游(旅)客出行。

(涂　强)

【浮梁县城至陶瓷工业园区公交客运班线开通】 4 月 1 日，浮梁县城至高墩庙公交客运班线正式开通。过去，浮梁县城到陶瓷工业园区一直未通公交车，家住县城及周边地段的园区企业职工上下班极为不便，骑电动车、自行车既受天气限制，更因路途较远而存在交通安全隐患。浮梁县城至高墩庙公交客运班线发车地点为县城汽车站，发班时间为 7:00 至 19:00，每 30 分钟发一班，其中 7:00 至 9:00、17:00 至 19:00 的上下班高峰时段为每 15 分钟发一班。全程票价为 1 元。

(郑卫华)

2014年萍乡市客运班线、站点一览

表9

序号	许可机关	线路名称	班线类型	班次	线路里程(千米)	起点	终点	途径点
1	萍乡市运管处	安源至萍钢	县际	6	18	安源	萍钢	峡石、大城、河洲、湘东
2	萍乡市运管处	赤山至上栗	县内	4	33	赤山	上栗	韶陂、彭高、沙子陂、杨岐
3	萍乡市运管处	莲花至萍乡	县际	3	79	莲花	萍乡	南岭、坊楼、罗市、六市、白竺、源并、五陂下、安源
4	萍乡市运管处	萍乡(安源)北站至赤山	县际	6	15	北站	赤山	三田、彭高、华源、韶陂
5	萍乡市运管处	萍乡(安源)北站至焦源	县际	2	23	北站	焦源	硖石、福田、长平、南岸、焦源
6	萍乡市运管处	萍乡(安源)北站至莲花	县际	3	79	北站	莲花	安源、五陂下、源并、白竺、六市、罗市、坊楼、南岭
7	萍乡市运管处	萍乡(安源)北站至柳源	县际	10	24	北站	柳源	秋收广场、北桥、金山角、硖石桥、山田煤、矿、上柳源、下柳源、大城、青山、水口
8	萍乡市运管处	萍乡(安源)北站至马岭	县际	6	18	北站	马岭	三田、彭高、洁塘、坛华、神岭、江岭
9	萍乡市运管处	萍乡(安源)北站至民主	县际	4	26	北站	民主	峡石、田中、莲陂、福田、边塘、水东坡、清溪、马棚、东源、小枧、
10	萍乡市运管处	萍乡(安源)北站至泉江	县际	6	18	北站	泉江	金三角、白源、新路口、福田
11	萍乡市运管处	萍乡(安源)北站至上栗	县际	3	38	西站	青云	硖石、田中、莲陂、福田、长平、流江、庙岭、永红
12	萍乡市运管处	萍乡(安源)北站至石岭	县际	4	27	北站	石岭	峡石、田中、莲陂、福田、边塘、水东坡、清溪、马棚、东源、小枧、
13	萍乡市运管处	萍乡(安源)北站至石溪	县际	3	26	北站	石溪	硖石、田中、莲陂、福田、凹口、长平、杉木、淡塘
14	萍乡市运管处	萍乡(安源)北站至石源	县际	4	26	北站	石源	峡石、田中、莲陂、福田、边塘、水东坡、清溪、马棚、东源、小枧、
15	萍乡市运管处	萍乡(安源)北站至塘上	县际	2	27	北站	塘上	硖石、福田、长平、流江、佛溪
16	萍乡市运管处	萍乡(安源)北站至天井	县际	4	29	北站	天井	峡石、田中、莲陂、福田、边塘、水东坡、清溪、马棚、东源、小枧、石源
17	萍乡市运管处	萍乡(安源)北站至田心	县际	4	27	北站	田心	峡石、田中、莲陂、福田、边塘、水东坡、清溪、马棚、东源、小枧
18	萍乡市运管处	萍乡(安源)北站至小枧	县际	4	24	北站	小枧	峡石、田中、莲陂、福田、边塘、水东坡、清溪、马棚、东源
19	萍乡市运管处	萍乡(安源)北站至星亮水库	县际	2	24	北站	星亮水库	硖石、福田、长平、狮形村
20	萍乡市运管处	萍乡(安源)东站至宫江	县际	3	25	东站	宫江	赤山、桥头、沙塘、上埠
21	萍乡市运管处	萍乡(安源)东站至江北	县际	4	34	东站	江北	赤山、桥头、沙口塘、羊子
22	萍乡市运管处	萍乡(安源)东站至镜山	县际	4	28	东站	镜山	横板、赤山、耿塘、桥头、逢源、摇拦窝、沙口塘、坛头、镜山
23	萍乡市运管处	萍乡(安源)东站至楼下	县际	4	24	东站	楼下	赤山、桥头、沙口塘
24	萍乡市运管处	萍乡(安源)东站至上栗	县际	3	33	东站	上栗	彭高、洁塘、石背台、义龙口、沙子陂、文岐、关下、杨岐、火工桥、斑竹桥
25	萍乡市运管处	萍乡(安源)公交西站至温盘	县际	7	34	西站	温盘	水口中、青山、大城、柳源、杨梅岭、高枧、温盘、双源、福田、三田、峡石、萍乡北站
26	萍乡市运管处	萍乡(安源)南站至白竺	县际	3	37	南站	白竺	桐田、三山、源并、壁湖、红星、山口
27	萍乡市运管处	萍乡(安源)南站至茶园村	县际	2	35	南站	茶园村	高坑、沙湾、阪埠桥、上埠
28	萍乡市运管处	萍乡(安源)南站至长坑	县际	1	42	南站	长坑	三山、源并、白竺
29	萍乡市运管处	萍乡(安源)南站至崇源	县际	2	26	南站	崇源	三山、源并
30	萍乡市运管处	萍乡(安源)南站至东江	县际	2	55	南站	东江	五里牌、十里铺、茶亭里、高坑、路行、新田、沙湾、聂家店、新泉
31	萍乡市运管处	萍乡(安源)南站至锅底潭	县际	2	41	南站	锅底潭	丹江、五陂下、王坑、沙园、大岭、南坑、
32	萍乡市运管处	萍乡(安源)南站至河口	县际	5	23	南站	河口	丹江、王坑、大岭
33	萍乡市运管处	萍乡(安源)南站至横岗	县际	8	16	南站	横岗	井冲、桐田、麻山、景新、株木桥、
34	萍乡市运管处	萍乡(安源)南站至横岭村	县际	2	46	南站	横岭村	高坑、沙湾、珠亭山、宣风、横岭村
35	萍乡市运管处	萍乡(安源)南站至华云	县际	2	59	南站	华云	五里牌、十里铺、茶亭里、高坑、路行、沙湾、田心阁、江机、道口、黄洲、万龙山
36	萍乡市运管处	萍乡(安源)南站至黄堂	县际	6	16	北站	黄堂	井冲、善洲桥、桐田、诗源、上洲、
37	萍乡市运管处	萍乡(安源)南站至江口	县际	6	16	南站	江口	桐田、麻山、津源
38	萍乡市运管处	萍乡(安源)南站至腊市	县际	6	19	南站	腊市	井冲、善洲桥、桐田、麻山、庙岭、黄土坳
39	萍乡市运管处	萍乡(安源)南站至林家坊	县际	5	30	南站	林家坊	五里牌、十里铺、茶亭里、高坑、路行、新田、沙湾、芦溪、快活岭
40	萍乡市运管处	萍乡(安源)南站至浏市	县际	7	37	南站	浏市	桐田、麻山、浏市、大江边、湘东、青山、公交西站
41	萍乡市运管处	萍乡(安源)南站至六市	县际	2	46	南站	六市	丹江、五陂下、王坑、沙园、大岭、南坑、28公桩、长丰、磨头
42	萍乡市运管处	萍乡(安源)南站至龙台	县际	2	31	南站	龙台	井冲、桐田、麻山、船形、塘口

续表 9

序号	许可机关	线路名称	班线类型	班次	线路里程（千米）	起点	终点	途径点
43	萍乡市运管处	萍乡(安源)南站至芦溪	县际	8	24	南站	芦溪	五里牌、十里铺、茶亭里、高坑、路行、新田、沙湾、田心阁
44	萍乡市运管处	萍乡(安源)南站至麻山	县际	10	10	南站	麻山	井冲、善洲桥、桐田、
45	萍乡市运管处	萍乡(安源)南站至马塘村	县际	2	44	南站	马塘村	高坑、沙湾、宣风、盘田村、京口村、里山村
46	萍乡市运管处	萍乡(安源)南站至茅布岭村	县际	2	35	南站	茅布岭村	高坑、沙湾、上埠、下源村、茅布岭村
47	萍乡市运管处	萍乡(安源)南站至南坑	县际	6	20	南站	南坑	丹江、五陂下、王坑、沙园、大岭
48	萍乡市运管处	萍乡(安源)南站至南岭村	县际	赶集班	68	南站	南岭村	高坑、沙湾、宣风、万龙山、长岭村
49	萍乡市运管处	萍乡(安源)南站至坪村	县际	4	31	南站	坪村	丹江、五陂下、王坑、沙园、大岭村、南坑窑下、株村下
50	萍乡市运管处	萍乡(安源)南站至桥岭	县际	2	53	南站	桥岭	五里牌、十里铺、茶亭里、高坑、路行、新田、沙湾、聂家店、新泉
51	萍乡市运管处	萍乡(安源)南站至青龙	县际	2	64	南站	青龙	五里牌、十里铺、茶亭里、高坑、路行、新田、沙湾、聂家店、新泉、华云、黄江
52	萍乡市运管处	萍乡(安源)南站至三星村	县际	7	68	南站	三星村	高坑、沙湾、宣风、万龙山、陇上村
53	萍乡市运管处	萍乡(安源)南站至上埠	县际	2	32	南站	上埠	高坑、工程学院、焕山、聂家店、上埠
54	萍乡市运管处	萍乡(安源)南站至石灰岭	县际	2	22	南站	石灰岭	丹江、五陂下、王坑、大岭、南坑
55	萍乡市运管处	萍乡(安源)南站至水洋	县际	2	31	南站	水洋	井冲、桐国、麻山、船形、塘口
56	萍乡市运管处	萍乡(安源)南站至桃源	县际	6	17	北站	桃源	井冲、善洲桥、桐田、幸福村、汶泉、斜塘
57	萍乡市运管处	萍乡(安源)南站至吐下村	县际	2	41	南站	吐下村	高坑、沙湾、田心阁、珠亭山、宣风
58	萍乡市运管处	萍乡(安源)南站至万龙山	县际	2	51	南站	万龙山	五里牌、十里铺、茶亭里、高坑、路行、沙湾、田心阁、江机、珠亭山、道口、龙洞、青苔、桥头、沂源、黄洲
59	萍乡市运管处	萍乡(安源)南站至万龙山	县际	2	61	南站	万龙山	五里牌、十里铺、茶亭里、高坑、路行、新田、沙湾、聂家店、新泉、华云
60	萍乡市运管处	萍乡(安源)南站至乌岗	县际	6	20	北站	乌岗	井冲、桐田、麻山
61	萍乡市运管处	萍乡(安源)南站至武功山	县际	2	59	南站	武功山	五里牌、十里铺、茶亭里、高坑、路行、新田、沙湾、聂家店、坑口、新泉、麻田、大江边
62	萍乡市运管处	萍乡(安源)南站至湘东	县际	3	21	南站	湘东	桐田
63	萍乡市运管处	萍乡(安源)南站至新泗	县际	6	22	南站	新泗	桐田、黄堂
64	萍乡市运管处	萍乡(安源)南站至新塘	县际	10	12	南站	新塘	桐田、日马
65	萍乡市运管处	萍乡(安源)南站至新下村	县际	2	33	南站	新下村	高坑、新田、芦溪、石北、南溪
66	萍乡市运管处	萍乡(安源)南站至宣风	县际	4	36	南站	宣风	五里牌、十里铺、茶亭里、高坑、路行、新田、沙湾、田心阁、江机、珠亭山
67	萍乡市运管处	萍乡(安源)南站至杨家岭	县际	2	66	南站	杨家岭	五里牌、十里铺、茶亭里、高坑、路行、沙湾、田心阁、江机、道口、黄洲、万龙山、下村、槽下、乌下
68	萍乡市运管处	萍乡(安源)南站至源南	县际	4	27	南站	源南	五里牌、十里铺、茶亭里、高坑、路行、新田、沙湾、石北
69	萍乡市运管处	萍乡(安源)南站至源溪村	县际	2	29	南站	源溪村	高坑、新田、芦溪、源南
70	萍乡市运管处	萍乡(安源)南站至张家坊	县际	3	44	南站	张家坊	五里牌、十里铺、茶亭里、高坑、路行、新田、沙湾、聂家店、坑口、三江口
71	萍乡市运管处	萍乡(安源)南站至柘村	县际	3	44	南站	柘村	桐田、三山、源并、大古坳、红星、白竺
72	萍乡市运管处	萍乡(安源)南站至中村	县际	3	47	北站	中村	桐田、三山、平台源、源并、壁湖、菜坑、红星、白竺路口、山口、白竺乡政府、黄岗
73	萍乡市运管处	萍乡(安源)南站至竺园	县际	6	18	南站	竺园	井冲、桐田、麻山、救塘、竺园
74	萍乡市运管处	萍乡(安源)西站至陂头	县际	4	29	西站	陂头	水口中、青山、大城、湘东、河洲、火烧桥、前进、仁村
75	萍乡市运管处	萍乡(安源)西站至登官	县际	4	33	西站	登官	水口、青山、大城、沙里塘、河洲、黄花、长春埠、灯芯桥、油塘埠、渡口
76	萍乡市运管处	萍乡(安源)西站至东桥	县际	3	48	西站	东桥	水口、青山、大城、峡山口、陈家塘、大路里、排上
77	萍乡市运管处	萍乡(安源)西站至二里	县际	8	32	西站	二里	水口、青山、大城、五里亭、新村、峡山口、陈家塘、下埠、栗塘
78	萍乡市运管处	萍乡(安源)西站至凫田	县际	2	48	西站	凫田	西站、青山、大城、峡山口、凤凰、大路里、排上、上珠、沸水、
79	萍乡市运管处	萍乡(安源)西站至官陂	县际	2	56	西站	官陂	西站、青山、峡山口、陈家塘、凤凰、大路里、排上、东桥、官陂
80	萍乡市运管处	萍乡(安源)西站至官桥	县际	2	45	西站	官桥	西站、青山、泉湖垅、峡山口、陈家塘、虎山、东洲、凤凰、大路里、排上、毛园、官桥
81	萍乡市运管处	萍乡(安源)西站至官溪	县际	2	56	西站	官溪	西站、青山、大城、峡山口、陈家塘、凤凰、大路里、排上、东桥、官陂、官溪
82	萍乡市运管处	萍乡(安源)西站至官溪	县际	2	56	西站	官溪	东桥(直达)
83	萍乡市运管处	萍乡(安源)西站至横溪	县际	8	32	西站	横溪	水口、大城、峡山口、下埠、光华、马已坳、江萍瓷厂、横溪

续表9

序号	许可机关	线路名称	班线类型	班次	线路里程(千米)	起点	终点	途径点
84	萍乡市运管处	萍乡(安源)西站至厚田	县际	2	56	西站	厚田	东桥(直达)
85	萍乡市运管处	萍乡(安源)西站至黄土岗	县际	2	59	西站	黄土岗	西站、青山、大城、峡山口、陈家塘、凤凰、大路里、排上、东桥、官陂、黄土岗
86	萍乡市运管处	萍乡(安源)西站至江边	县际	2	56	西站	江边	西站、青山、大城、峡山口、陈家塘、凤凰、大路里、排上、东桥、沿塘、江边
87	萍乡市运管处	萍乡(安源)西站至郊溪	县际	2	56	西站	郊溪	西站、青山、峡山口、凤凰、大路里、排上、东桥、塘溪、郊溪
88	萍乡市运管处	萍乡(安源)西站至界头	县际	2	56	西站	界头	西站、青山、大城、峡山口、凤凰、大路里、排上、东桥、边山、界头
89	萍乡市运管处	萍乡(安源)西站至金鱼石	县际	4	26	西站	金鱼石	水口、青山、大城、湘东、河州、火烧桥、大义口、金鱼石
90	萍乡市运管处	萍乡(安源)西站至巨源	县际	4	22	西站	巨源	西环路、水口、青山、大城、五里亭、新村、峡山口、泉塘
91	萍乡市运管处	萍乡(安源)西站至老关	县际	4	29	西站	老关	水口、青山、大城、沙里塘、河洲、黄花、长春埠、灯芯桥、油塘埠、
92	萍乡市运管处	萍乡(安源)西站至梅林	县际	2	45	西站	梅林	西站、青山、泉湖垅、峡山口、陈家塘、虎山、凤凰、大路里、排上、毛园、梅林
93	萍乡市运管处	萍乡(安源)西站至桥头	县际	2	45	西站	桥头	萍乡(安源)西站至(排上)桥头
94	萍乡市运管处	萍乡(安源)西站至桥头	县际	2	45	西站	桥头	东桥(直达)
95	萍乡市运管处	萍乡(安源)西站至青云	县际	4	27	西站	青云	水口、青山、大城、湘东、河州、火烧桥、荷尧
96	萍乡市运管处	萍乡(安源)西站至泉陂	县际	4	33	西站	泉陂	西站、青山、大城、五里亭、湘东、河州、美建火烧桥、荷尧、青云、泉陂
97	萍乡市运管处	萍乡(安源)西站至上云	县际	4	25	西站	上云	西站、青山、大城、湘东、裕升、福溪、横江、马冲
98	萍乡市运管处	萍乡(安源)西站至檀梓	县际	2	25	西站	檀梓	西站、水口、青山、大城、五里亭、湘东、河州、黄花、长春埠、檀梓
99	萍乡市运管处	萍乡(安源)西站至温盘	县际	7	34	西站	温盘	水口、青山、大城、柳源、杨梅岭、高枧、温盘、双源、福田、三田、峡石、萍乡北站
100	萍乡市运管处	萍乡(安源)西站至五峰	县际	2	56	西站	五峰	西站、青山、大城、峡山口、陈家塘、凤凰、大路里、排上、东桥、鸭路、五峰
101	萍乡市运管处	萍乡(安源)西站至小坑	县际	2	56	西站	小坑	西站、青山、大城、峡山口、陈家塘、凤凰、大路里、排上、东桥、鸭路、小坑
102	萍乡市运管处	萍乡(安源)西站至新华	县际	4	31	西站	新华	水口中、青山、大城、沙里塘、河洲、火烧桥、前进、仁村、红星
103	萍乡市运管处	萍乡(安源)西站至沿塘	县际	2	55	西站	沿塘	萍乡(安源)西站至(排上)沿塘
104	萍乡市运管处	萍乡(安源)西站至沿塘	县际	2	56	西站	沿塘	东桥(直达)
105	萍乡市运管处	上栗至湘东	县际	2	43	上栗	湘东	长平、芭蕉塘、福寿、青云、萍洲、荷尧、火烧桥、河洲
106	萍乡市运管处	峡山口至白源	县际	6	26	峡山口	白源	峡石、大城、河洲、湘东
107	芦溪运管所	南坑－高田	县内	12	8	南坑	高田	南坑－大岭－新尤－七高田
108	芦溪运管所	南坑－上埠	县内	7	15	南坑	上埠	南坑－团丰村－团群村－阪田村－姚果村－山田村－石上村－许家坊村－茶园村－上埠
109	芦溪运管所	银河－长竹	县内	9	11	银河	长竹	银河－文家－陇田－长布－长柱
110	芦溪运管所	银河－金鸡岭	县内	11	9	银河	金鸡岭	银河－乌石－思古塘－邓家田－金鸡岭
111	芦溪运管所	芦溪－乾村	县内	4	28	芦溪	乾村	芦溪－坪里－上埠－河口－阪田－南坑－乾村
112	芦溪运管所	芦溪－南坑	县内	5	23	芦溪	南坑	芦溪－沙湾－聂家店－上埠－大岭 南坑
113	上栗运管所	上栗－黄冲	县内	5	9	上栗镇	黄冲	石上;卯田;火石桥
114	上栗运管所	桐木－湖塘	县内	5	8	桐木镇	湖塘	小埠;丹桂
115	上栗运管所	桐木－湖塘	县内	6	14	桐木镇	湖塘	桐木－雅溪－城冲－小埠
116	上栗运管所	赤山－大院	县内	6	4	赤山村	大院村	赤山中学－大院
117	上栗运管所	桐木－跃进	县内	6	9	桐木镇	跃进村	周田;杨坊
118	上栗运管所	上栗－鸡冠山	县内	5	9	上栗镇	鸡冠山	三境;横下
119	上栗运管所	湖塘－桐木	县内	4	12	湖塘	桐木	湖塘－楚山－枧冲－桐木
120	上栗运管所	上栗－东风界	县内	6	8	上栗镇	东风界	金山、简村
121	上栗运管所	上栗－凤亭	县内	4	25	上栗镇	凤亭村	金山、简村、横水
122	上栗运管所	上栗县－宫江	县内	2	39	上栗镇	宫江	杨岐;清溪;东源
123	上栗运管所	上栗县－田心	县内	6	32	上栗镇	田心	杨岐;青溪;东源;小枧
124	上栗运管所	上栗镇－鸡冠山村	县内	4	16	上栗镇	鸡冠山村	上栗镇、鸡冠山、庙背、鸡冠山村
125	上栗运管所	上栗镇－鸡冠山乡	县内	6	12	上栗镇	鸡冠山乡	上栗－四海－卯田－火烧桥 黄冲
126	上栗运管所	上栗镇－砖岭村	县内	4	13.5	上栗镇	砖岭村	鸡冠山公路

续表 9

序号	许可机关	线路名称	班线类型	班次	线路里程（千米）	起点	终点	途径点
127	上栗运管所	桐木镇－东源村	县内	6	12	桐木镇	东源村	桐木－跃进－东源村
128	上栗运管所	桐木镇－莲台	县内	6	11	桐木镇	莲台村	万上线
129	上栗运管所	上栗县－湖塘	县内	4	18	上栗	湖塘	山口;白鹤;龙泉
130	上栗运管所	上栗县－麻石	县内	5	12	上栗	麻石	金水公路
131	上栗运管所	上栗县－石溪	县内	4	20	上栗	石溪	四海、万石、妙岭、马良、杉木、明星、淡塘
132	上栗运管所	上栗镇－枧冲	县内	4	20	上栗	枧冲	上栗－丰龙－南华－楚山－枧冲
133	上栗运管所	上栗镇－樟坊	县内	2	12.5	上栗	枧冲	上栗－石涧－金山
134	上栗运管所	上栗县－桐木镇	县内	3	18.5	上栗	桐木	横下;豆田;洪田;雅溪
135	上栗运管所	桐木镇－湖塘	县内	5	8	桐木镇	湖塘	小埠;丹桂
136	上栗运管所	桐木镇－莲台	县内	6	11	桐木镇	莲台	万上线
137	上栗运管所	汽车站－杨岐寺	县内	4	19	上栗镇	杨岐寺	319 国道
138	湘东运管所	二里－下埠工业园	县内	5/1	13	二里	下埠工业园	潭塘、栗塘、下埠、镇中、光华
139	湘东运管所	横塘－下埠工业园	县内	5/1	11	横塘	下埠工业园	潘塘、下埠、大陂
140	湘东运管所	东桥－高仓	县内	2/1	15	东桥	高仓	官陂
141	莲花运管所	高洲－莲花县	四类	四次	37	琴亭镇	高洲	罗市;坊楼;南岭;长埠
142	莲花运管所	湖上－坊楼	四类	四次	21	湖上	坊楼	闪石、暖水、屋场、洋桥
143	莲花运管所	莲花－仓下	四类	四次	46	莲花	仓下	南岭、坊楼、高洲、江畔
144	莲花运管所	莲花－荷塘	四类	四次	20	莲花	荷塘	垒里冲、超村、楼下
145	莲花运管所	莲花－红光	四类	四次	40	莲花	红光	南岭、坊楼、罗市、红源
146	莲花运管所	莲花　江山	四类	四次	27	莲花	江山	南岭、坊楼、沿背
147	莲花运管所	莲花－蕉叶冲	四类	四次	40	莲花	蕉叶冲	南岭、坊楼、罗市、红源
148	莲花运管所	莲花－界化垅	四类	四次	17	莲花	界化垅	升坊、坪里、井头、段家坊
149	莲花运管所	莲花－桥头	四类	四次	25	莲花	三板桥	升坊、坪里、珊田、镇背
150	莲花运管所	莲花－三板桥	四类	四次	25	莲花	三板桥	升坊、坪里、珊田、清水
151	莲花运管所	莲花－闪石	四类	四次	27	琴亭镇	闪石	良坊、湖上
152	莲花运管所	莲花－神泉	四类	四次	19	莲花	神泉	升坊、桃岭
153	莲花运管所	莲花－文塘	四类	四次	19	莲花	文塘	垒里冲、超村、庙下、上文塘
154	莲花运管所	莲花县－坊楼	四类	四次	25	琴亭镇	坊楼	南岭、坊楼
155	莲花运管所	莲花县－高洲	四类	四次	37	琴亭镇	高洲	南岭、坊楼、上塘、下湾
156	莲花运管所	莲花县－六市	四类	四次	38	琴亭镇	六市	南岭、坊楼、海潭
157	莲花运管所	莲花县－路口	四类	四次	25	莲花	路口	下坊、良坊、湖上
158	莲花运管所	莲花县－千坊	四类	四次	25	琴亭镇	千坊	南岭、砚溪
159	莲花运管所	莲花县－闪石	四类	四次	27	琴亭镇	闪石	良坊、湖上
160	莲花运管所	莲花－洋桥	四类	四次	30	莲花	洋桥	长埠、南岭、坊楼
161	莲花运管所	三板桥－莲花	四类	四次	25	三板桥	莲花	清水、珊田、坪里、升坊
162	莲花运管所	升坊－莲花	四类	四次	17	升坊	莲花	沙屋、升坊、漫坊
163	莲花运管所	洋桥－莲花县	四类	四次	25	洋桥	琴亭镇	南岭、坊楼、沿背

（萍乡市交通运输局）

【**九江市公路运输班线**】　九江市共有客运班线 893 条，其中省际班线 122 条、市际班线 148 条、县际班线 218 条、县内班线 405 条。

（九江市道路运输管理局）

【**新余公交新开通延伸公交线路**】　7 月初，新余市公交 308、802 线路延伸至鲜活农产品批发市场，701、702 线路延伸至袁河经济开发区，方便百姓购物园区企业员工乘车。上半年，新余公交根据该市城市建设的发展和道路功能的完善以及市民出行乘车需求，践行党的群众路线教育实践活动，努力打造为民利民便民新形象，在市内 101、102、105、301、303、501、503、603、801、803、805 路等 11 条线路增开车辆班次趟次，缩短发车间隔时间;延伸了102、103、105、106、306、501、603、801、804、805路等10条公交线路;优化调整完善了307、308、501路等3条线路;新开通了高新区循环线、工业地产专线、钢丝厂至硅料厂、二医院至硅料厂、市三中至硅料厂等5条公交线路;为百姓的出行,提供了便捷的乘车环境。

为切实做好主城区与高铁新区公共交通对接工作,满足市民往返高铁乘车需求,该公司拟在该市高铁试运行之日起,投放10台清洁能源公交巴士,开通2条城区至高铁(新余北站)公交线路,全心打造便捷公交、诚信公交、文明公交品牌,共建和谐美丽新余。

(邓清华)

【新余高铁公交线路9月16日正式开通】 为确保新余高铁火车站(简称新余北站,新余火车站简称新余南站)旅客转运顺畅有序,对接沪昆高铁昌长段将开通运营,新余公交公司于9月16日正式开通高铁公交线路,投放4台空调公交车开通新余南站至新余北站公交线路。该线路全程17千米,沿途停靠站点15个,线路走向为新余南站—站前路—劳动路—虎踞大道—新余北站,起点站首班05:50,终点站末班23:10。同时,根据高铁启用后客流量及高铁运行时刻表,合理安排公交班次趟次,逐步调整线路车辆数及运行时间,方便旅客出行。

(邓清华)

【新余公交开通清明节祭扫专线】 为方便市民前往长安陵园祭扫,4月5—6日(7:30~16:30),新余公交开通清明节祭扫专线,并抽调30余台公交车辆投入到清明节祭扫客运服务工作。

据了解,从4月5日起将308路、802路等2条线路延伸至长安陵园,按现行发车时间发行班次;开通公园北村至长安陵园专线。发车间隔时间15—20分钟,线路走向:公园北村—抱石公园—保健院—人民银行—四医院—人民医院—长途汽车站—长安陵园。开通渝工学院至长安陵园专线。发车间隔时间25—30分钟,线路走向:渝工学园—市委—广电局—工商银行—四医院—人民医院—长途汽车站—长安陵园。

(邓清华)

【新余市新增一条城区至高铁的公交线路】 新余公交公司继9月16日开通首条高铁公交线路后,9月26日又开通了同创生态城至新余北站202路高铁公交线路,至此,新余城区至新余北站的高铁公交线路增至2条。

该线路始发站为同创生态城,首班时间为早上7:00,末班时间为20:30;终点站为新余北站,首班时间为早上8:00,末班时间为21:40。车辆发班间隔时间30分钟,日发班次54趟。202路线路走向为:同创生态城—仙来西大道—仙来中大道—仙来东大道—沿江路(湿地公园)—文新路—劳动北路—钟灵大道—新余北站(原路返回)。同时,市公交公司在403路公交车线路走向、新余火车站和新余北站的首末班时间不变的情况下,将车辆发班间隔时间调整到25分钟/趟,调整后的403路公交车由原34趟/天增加至62趟/天。同时,该公司将密切关注客流量的变化,并根据客流量的情况适时加密班次或新增线路,以保证市民出行需求。

(邓清华)

【新余市至九龙山乡公交线路正式开通】 12月1日,新余至九龙山乡公交线路正式开通。此为市委市政府为民所办的60件实事之一。该公交线路全程32千米,每日由5辆公交车往返运行15班次,全程票价由原来8元降为4元,惠及九龙山及新余市区沿线居民。

(刘凌霞)

【新余开通2条麻纺博览会公交免费专线】 12月11—13日,中国(江西)麻纺博览会将在仙女湖抱石文化创意园举行。新余公交为满足广大市民前往中国(江西)麻纺博览会现场参观游览的需要,将于博览会举办期间,投放12台车辆,免费开通2条城区至麻博会公交专线。

专线1路(市三中—抱石创意园),从市三中发车,途经:抱石大道—公园路—白竹路—天工南大道—仙女湖大道—抱石创意园(原路返回);沿线停靠:三中、星佳坡、电信大楼、中医院、抱石公园、公园壹号、白竹塘村、袁河办、袁河小区、紫金丽都、二化小区、虎头山公园、迎嘉新村、建和公司、西客站、渝工科技园、龙伏村、仙女湖管委会、垱头村、楼下村、海事局、仙女湖、抱石创意园(原路返回)等48个站点。

专线2路(火车站—抱石创意园),从火车站发车,途经站前西路—劳动北路—仙来中大道—五一路—白竹路—天工南大道—仙女湖大道—抱石创意园(原路返回);沿线停靠火车站、金三角、桥北、人民银行、广电中心、住建委、市委、仙来公园、老屋场、二医院、嘉禾苑、袁河小区、紫金丽都、二化小区、虎头山公园、迎嘉新村、建和公司、西客站、渝工科技园、龙伏村、仙女湖管委会、垱头村、楼下村、海事局、仙女湖、抱石创意园(原路返回)等52个站点。

每条专线车起点站首班发车时间为7:30,终点站末班发车时间为17:00,发车间隔时间30分钟,届时,新余公交还将根据客流量调整班次。

(肖光生)

【新余开通4条冬至扫墓专线】 12月20日至22日,新余公交公司开通4条祭扫专线,新增渝工学院—长安陵园专线,首班发车时间为8:00,末班发车时间为16:30,发车间隔时间15—20分钟;公园北村—长安陵园专线,首班发车时间为7:10,末班发车时间为16:30,发车间隔时间10—15分钟。

(邓清华)

【新余高铁北站启用 公交线路同步开通】 为确保新余高铁北站旅客转运顺畅有序,按照市政府关于“高铁启用之日公交同步通车配套服务”的会议要求,新余公交将开通高铁一线和高铁二线两条公交线路,与高铁通车同步。

高铁一线(新余城南火车站—新余北站)全程17千米,沿途停靠站点15个,起点站首班06:00,终点站末班23:00,线路走向:新余城南火车站—站前路—劳动路—虎踞大道—新余北站。高铁二线(抱石公园—新余北站)全程18千米,沿途停靠站点16个。高铁二线(抱石公园——新余北站)因道路建设尚未最后完工,待道路修通后,公交公司将及时开通该公交线路。一线和二线计划各投放空调公交车5台。新余市高铁新区公交线路开通后,公交公司根据高铁启用后的客流量和列车运行时间表,逐步调整线路车辆数及运行时间,以方便旅客出行。

(邓清华)

【江西长运公司收购余江城区公交和农村客运班线】 年初,余江县引进江西长运公司,总投资1.5亿元。已投入2210万元,市场化自主收购该县部分农村客运班线车辆59辆。收购县城全部公交后,投入600万元,更新18辆新车已于11月22日前到位。并将新建县级客运车站和公交转换车站,已完成项目征地6.67公顷的2.67公顷,其余4公顷已在上报审批之中。整个收购过程中社会秩序平稳。

(汪有根 吴小红)

【赣州农村客运网络化建设取得新成果】 2014年,赣州市交通运输局鼓励农村客运经营者对县城至城郊20千米范围内农村客运班线进行公交化改造,对道路条件符合通公交车且人口相对集中的大乡镇,将农村客运班线改造为公交化运行作为全年运管工作的重点。分别在上犹、于都、会昌、南康、定南等地开展城乡道路公交一体化试点工作,将部分农村客运“热线”进行公交化改造,增加班次,降低票价,实惠百姓。在全省率先将上犹县营前镇的农村客运班线进行公交化改造,形成了赣州特色。上犹县一是投放了六部全新公交车,依托营前农村公路综合服务站平台,在全市率先试点开通了营前至平富、营前至蕉里、营前至黄沙坑等三条营前片区农村公交,让农村群众有史以来第一次在家门口坐上了城市公交车。二是对营前往返县城的客运班线进行了高密度、低票价的公交化改造,票价直降近50%,发班密度相当于原来的二倍以上,既为广大群众提供了安全、实惠、便捷、优质的出行条件,又较大程度间接地打击、遏制了非法客运行为。据统计,该县片区农村公交途经线路的面包车、三轮车等非法营运行为减少了60%以上,营前至县城线路的非法营运行为减少了80%以上。

(李发淳)

【赣州龙南城际快线开通】 10月1日,龙南至赣州的城际快线正式开通。该城际快线由江西新世纪汽运集团公司和龙南县长运公司共同经营,首批投入12辆客车双向对开运营,每天从6时25分开始至18时05分,每半小时发一班车,全天24趟次,全程高速运行,票价由原先的58元降为52元。赣龙城际快线的开通,将为两地旅客提供更加安全、快捷、优质的运输服务。

(龙南县运管所)

【吉安市公交线路布局不断完善】 吉安市启动2015—2030年公交规划编修工作,对中心城区的线路进行优化、班次进行调整、车型进行更新、停靠站(场)等基础设施进行完善。并全面落实《吉安市中心城区2013—2014年公交线路调整和新增工作方案》。2014年,中心城区新增公交车22辆,增加班次260个,经营线路里程达到595.5千米,29个吉泰走廊重点乡镇已通公交的有15个。

(吉安市交通运输局)

【吉安市城乡客运一体化进程显著加速】 吉安市有营运客车1838辆、53700座位,共有各类客运班线832条,平均日发4561班次。农村客运班车1010辆、22463座位,农村班线发展到522条,日发班次3594个。2561个行政村有2440个已开通班线客车,通客车率达到95%。

(吉安市交通运输局)

【樟树市交通运输部门解决偏远乡镇群众乘车难】 城乡客运一体化开通后,在党的群众路线教育中,部分边远乡镇群众提出了增开农村客运的意见。为满足广大农村群众出行乘车的需求,市交通运输局运组织人员深入到有关乡村对班车运行情况进行实地调查。在广泛听取干部群众意见的基础上,于6月18日向市政府呈交了《关于请求增加城乡客运车辆的请示》,引起政府高度重视,并与宜汽樟树分公司投资购置大型客车4辆,对中洲、义成、湛溪、洲上四个偏远乡镇各增开客车一辆,增加运行班次23个。总计增加422496千米/年,每千米补贴1.5656元,政府增加财政补贴66万元。

(杨 波)

【万载县又有11个行政村开通客运班车】 该县交通运输局在开展党的群众路线教育实践活动中坚持党员干部直接联系群众,畅通群众诉求反映渠道,着力解决群众“乘车难”问题,进行实地调研。针对有些影响群众出行的断头路、瓶颈路及网络公路造成村民出行不便,县局向上积极争取,努力增加农村公路申报建设规模,全面提升全县农村公路通行能力、通达深度。同时及时与宜汽公司万载分公司联系,新增客运班车,延伸农村班线,提高服务水平。株潭线延伸至后槎村、杨源村,黄茅线延伸至水源村、永安村、前进村、洪炉村,岭东线延伸至苏溪村以及双桥镇水南村、浩石村、柏树村、昌田村,解决了11个行政村1万余群众的出行难问题。这一举措的实施使全县171个行政村通班车,通车率达到近95%,较上年提高了1.4个百分点,高于宜春市平均水平。

(胡爱仙 王松州)

【上饶客运班车开设直达昌北机场班次】 上饶客运班车开通直达昌北机场班次,于3月15日上午5:40首发。该班线每天6班往返,票价为110元,上饶首班5:40出发,到昌北机场9:00,另外两趟发车时间是8:00和11:00. 昌北机场返回发车时间是10:30、15:00、20:30,上饶发车地点为上饶带湖路长途客运中心站。

(韩晓艺)

运输站点

【概况】 2014年底,全省共有等级客运站1032个,比上年末增加76个。其中,一级客运站19个,增加1个;二级客运站90个,减少2个;三级客运站88个,减少25个;四级客运站157个,减少43个;五级客运站732个,增加145个。客运站全年平均日发班次4.52万班次/日,比上年减少2.9%,其中一级站0.65万班次/日,二级站2.10万班次/日,分别增加8.4%和减少5.6%。客运站全年平均日旅客发送量82.81万人次/日,增加0.3%,其中一级站17.31万人次/日,二级站43.33万人次/日,分别增长2.1%和减少0.6%。2014年年底,全省共有等级货运站56

个,与上年末持平。其中,二级货运站 2 个;三级货运站 11 个;四级货运站 43 个,数量与结构均无变化。具体见下表:

2014 年全省道路客运站一览

表 10 单位:个

单位名称	客运站数量合计	配备危险品安全检测仪	一级站	二级站	配备危险品安全检测仪	三级站	配备危险品安全检测仪	四级站	五级站	简易站及招呼站
全省合计	1032	113	19	90	88	34	4	157	732	12480
南昌市	60	4	3	2	1	0	0	5	50	971
景德镇市	25	3	2	0	0	2	1	4	17	360
萍乡市	53	2	1	1	1	5	0	7	39	596
九江市	135	14	4	8	8	7	0	19	97	1170
其中:共青城	3	1	0	1	1	0	0	0	0	53
新余市	25	4	1	3	3	0	0	3	18	421
鹰潭市	53	3	1	0	0	4	2	3	45	480
赣州市	155	22	1	20	20	1	1	0	133	1850
其中:瑞金市	4	1	0	1	1	0	0	0	3	103
吉安市	155	17	1	17	16	4	0	28	105	1478
其中:安福县	13	1	0	1	1	0	0	0	12	81
宜春市	149	15	2	13	13	0	0	19	115	2175
其中:丰城市	8	3	1	1	1	1	0	5	0	571
抚州市	86	16	1	15	15	2	0	8	60	1138
其中:南城县	10	2	0	2	2	0	0	0	8	60
上饶市	136	13	2	11	11	9	0	61	53	1841
其中:鄱阳县	9	0	0	2	0	0	0	7	0	144

(省运管局)

2014年全省道路货运站一览

表11　　单位:个

单位名称	货运站数量				
	合计	一级站	二级站	三级站	四级站
全省合计	56	0	2	11	43
南昌市	0	0	0	0	0
景德镇市	0	0	0	0	0
萍乡市	0	0	0	0	0
九江市	0	0	0	0	0
其中:共青城	0	0	0	0	0
新余市	0	0	0	0	0
鹰潭市	0	0	0	0	0
赣州市	34	0	0	0	32
其中:瑞金市	0	0	0	0	0
吉安市	3	0	0	1	2
其中:安福县	1	0	0	0	1
宜春市	11	0	0	10	1
其中:丰城市	0	0	0	0	0
抚州市	8	0	0	0	8
其中:南城县	0	0	0	0	0
上饶市	0	0	0	0	0
其中:鄱阳县	0	0	0	0	0

(省运管局)

【徐坊客运站开通全省联网售票业务】 江西长运公司徐坊客运站借力江西省道路运输协会,于9月20日开通全省联网售票业务,哪些联网车站的异地售票业务也同时开通。开通联网售票的18个汽车站均为一级客运站,覆盖全省11个地市。除窗口直接购票外,旅客还可以登录www.12308.com(12308汽车票)及www.bus365.com(中国公路客票)网站,进行注册购买异地汽车票。由于网络暂时不支持网络退票,通过网络购票的旅客如需退票须到始发站柜台退票窗口办理。

江西省多地市联网售票服务的开通,大大节省出行旅客排队购票的时间,改善客流高峰一票难求的尴尬状况,又一次验证江西长运快捷温馨的服务宗旨。

(李　群　周国祥)

【徐坊客运站设立微信服务】 2014年春运前夕,江西长运公司在徐坊客运站建立公众微信平台。旅客只要通过手机扫一扫,就可以进入徐坊客运站微信平台,班次信息、小件快运托运信息全知道。旅客网购汽车票十分快捷,登录www.lvte100.com,只需6个步骤,买票不用出门了。首先登录订票平台进行注册;第二步,查询乘车车次;第三步,网上订票;第四步,网上支付;第五步,接收并保存系统发问的二维码电子票短信;第六步,凭此短信提前半小时换取纸质车票.即可登车。旅客也可以直接咨询班次动态信息、余票信息、小件快运托运订单信息等,工作人员会在最短时间内给予回复。

6月,高客分公司在"南昌—新余"、"南昌—吉安"两条班线上安装Wi-fi,免费提供给乘客使用。

(袁　圆　杨　婷　周国祥)

【九江市公路运输站点】 全市拥有汽车客运站118个,其中一级客运站4个,二级客运站8个,三级客运站7个,四级客运站6个,五级客运站93个。

(九江市道路运输管理局)

【九江长途汽车站启用新视频监控中心】 2014年1月3日,九江长途汽车站投入50余万元新建的视频监控中心正式启用。中心监控系统全部采用数字高清摄像机,监控范围覆盖了售票厅、候车厅、检票区、售票区、安检区、停车场、城市候机楼等110余处。视频监控中心启用后,对车站及周边重点部位进行实时监控,及时发现安全隐患,进一步加强了车站的安全管理。

（九江市长运集团公司）

【鹰潭长运公司客运站场】 公司已取得鹰潭综合客运枢纽站、鹰西短途客运站、余江客运总站、余江公交总站的建设及经营权。按政府要求,已完成鹰北临时客运枢纽站建设。12月10日,鹰潭北站与鹰潭高铁北站同步正式开通运营,已建成候车室、售票厅、发车位及安检区等功能区,各配套设施基本齐全,能够满足售票、候车、中转、客车到发、安全检查、客运管理及服务的要求。运营初期,站内省际班线开往上海市、浙江省、福建省、广东省方向17条,省内班线开往南昌、抚州、赣州、上饶、景德镇等方向24条,日发班次共计约120个,后期还将根据鹰潭高铁北站客流量及旅客需求逐步调整发班班线和班次,确保为旅客提供温馨、满意、全方位的服务。

（艾年宗）

【赣州农村客运站亭建设新进展】 一是乡镇农村公路综合服务站建设工作全面提速,列入全省试点的16个乡镇农村公路综合服务站,已有15个竣工并着手准备验收材料。努力完成农村客运站及新式候车亭建设任务,加大罗霄山特困地区集中连片扶贫项目客运站场建设力度,全市已有6个农村客运站、290个新式候车亭(招呼牌)竣工。二是推动赣州国家综合交通枢纽建设。沙河物流中心工可及初步设计审批等前期准备工作已完成,赣州综合物流园公路货运站场、梅林汽车客运站、南康汽车站征地及工可编制等前期准备工作也在积极推进中。

（李发淳）

【赣州汽车客运站开通微信公众平台】 1月16日,赣州汽车客运站建立的微信公众平台正式上线试运行,成为省内同行业首家提供“微信咨询”服务的汽车客运车站。春运开始,赣州客运站在广大旅客中广泛宣传开通此微信,提供全方位、立体化的出行资讯服务,让广大旅客通过智能手机微信感受新媒介带来的崭新服务体验。微信用户只需通过搜索赣州客运站微信号“赣州客运站”或扫描企业微信二维码,关注赣州客运站微信公众平台后,即可享受便捷的微信服务体验,并可参与内容丰富的微信平台线上活动。通过广泛传播便捷、贴心的服务,全力以赴打造特色服务平台,为广大旅客提供优质高效的服务。

（李发淳）

【赣州市首个农村公路综合服务站投入使用】 1月22日,该市第一个农村公路综合服务站在上犹县营前镇投入使用。近年来,该市为了加快农村公路综合服务站的建设步伐,进而强化城乡公路客货一体化交通保障体制形成,充分有效利用省、市、县财政优惠政策合理使用资金,大力推动农村公路综合服务站的建设幅度和进度。全市已有16个乡镇正在规划或兴建此一公路运输服务工程。上犹县营前镇农村公路综合服务站于2012年10月动工,总投资约650万元,占地面积1公顷,建筑面积2382平方米。是集农村公路运政管理、路政管理、客货运输生产、公路建设与养护管理功能为一体的新型公路运输服务机构。

（李发淳）

【崇义县扬眉镇农村公路综合服务站正式运行】 1月26日,扬眉镇农村公路综合服务站正式启动。崇义县扬眉农村公路综合服务站是江西省首批50个省级建设试点站之一,该站占地面积0.55公顷,总投资370万元,该站辐射区域为横水、铅厂、长龙、扬眉、龙勾等五乡镇,区域内所属公路县道62.6千米、乡道37千米、村道230千米,该站正式启动运行后,将成为扬眉片区客运、货运、运政、路政、公路建设、公路养护六位一体的交通综合服务服务性平台。

（崇义运管所）

【宜汽樟树京九汽车站多举措保障春运畅通】 为广大群众过一个吉祥、和谐愉快的春节,实现旅客“方便出行、平安出行、温馨出行”目标,该站以“情满旅途”活动为载体,加大便民利民工作力度,全面完成春运旅客运输任务。一是创新服务举措,采取预售客票、增设售票窗口、延长售票时间、上门售票、电话订票等方式,最大限度地方便旅客购票。二是加强运输调度指挥,根据客流变化,科学编排客运班次运行计划,确保班次正点运行。三是开展送票下乡活动,组织团体包车,提供“点对点、门对门返程”等服务项目。四是落实各项客运服务标准,认真执行道路旅客运输“三优”、“三化”规范(优质服务、优美环境、优良秩序,客运服务过程程序化、服务管理规范化、服务质量标准化)。五是加强公众出行信息服务,及时向广大旅客提供运力、班线时刻、售票、天气、路况等交通运输出行信息,引导旅客理性出行,促使春运期间的客流、车流合理有序。

(曾凡荣　敖　静)

【上饶客运站新增火车站停靠站】 为方便旅客转乘的需求,2014 年 4 月起,上饶客运中心站新增火车站停靠站,该站设立在上饶市新火车站站前路,与上饶市区客运中心站联网售票,售票时间为上午 5:20 到下午 4:00,在停靠站转车的旅客,接受正规的行李安全检查后,只需在候车处等候班车的到来。火车站停靠站的增设,既防止黑车的违法经营,也保障旅客安全乘车。

(韩晓艺)

【上饶客运中心站与江西省 17 个汽车站联网售票】 2014 年 9 月下旬起,上饶客运站与江西省 17 个汽车客运站实行联网售票,此次联网的 18 个汽车站均为一级客运站,覆盖江西省 11 个地市,旅客可登录网站购买 3 天内(含 3 天)的省内汽车票,每次可购买 5 张。

(韩晓艺)

运输工具

【概况】 截至 2014 年年底,全省营运车辆拥有量达到 45.5 万辆,同比减了 3.4%,其中客车 1.72 万辆、47.4 万座位,同比分别减少了 4.3%、2.1%,载货车辆 43.8 万辆、343.6 万吨位,同比减少 3.3% 和增加 3.4%。

高级营运客车已达 4648 辆、188282 座,中级营运客车已达 4178 辆,114643 座,全省中、高级客车共 8826 辆,占整个运力结构的 51.28%。

大型载货汽车达 17.2 万辆、307.3 万吨位,同比分别增长 1%、4%;小型载货汽车达 13.8 万辆、19.5 万吨位;同比分别减少 2.9%、0.5%。具体见下表:

2014 年全省营运载客汽车(合计一)

表 12

单位名称	合计				其中:卧铺车		小计		班车客运客车					
			汽油车	柴油车					大型		中型		小型	
	辆	客位	辆	辆	辆	客位	辆	客位	辆	客位	辆	客位	辆	客位
全省合计	17211	473621	167	16974	191	8327	14689	384103	3723	160650	9148	199880	1818	23573
南昌市	1732	52700	0	1726	19	746	1078	26605	333	13886	490	10137	255	2582
景德镇市	569	17111	—	569	0	0	436	11923	60	3618	197	5711	179	2594
萍乡市	1061	25639	58	993	5	215	949	22219	170	6673	724	14975	55	571
九江市	2955	73964	32	2923	4	178	2272	53458	404	17066	1421	30651	447	5741
其中:共青城	27	607	—	27	0	0	27	607	—	—	27	607	—	—
新余市	313	8652	0	313	1	39	248	6244	76	2886	172	3358	0	0
鹰潭市	455	11535	0	455	5	234	408	9900	96	3747	312	6153	0	0

续表 12

单位名称	合计		汽油车	柴油车	其中:卧铺车		小计		班车客运客车 大型		中型		小型	
	辆	客位	辆	辆	辆	客位	辆	客位	辆	客位	辆	客位	辆	客位
赣州市	2771	84547	60	2711	46	1942	2505	75681	1027	44261	1281	28828	197	2592
其中:瑞金市	227	5531	—	227	0	0	219	5155	49	2243	130	2431	40	481
吉安市	1756	51992	0	1756	32	1425	1495	41172	481	19891	949	20422	65	859
其中:安福县	218	6184	—	218	0	0	191	5273	65	2728	122	2501	4	44
宜春市	1485	48994	—	1431	42	2072	1399	45265	338	18067	801	23306	260	3892
其中:丰城市	224	6131	—	224	0	0	215	5799	33	1431	182	4368	—	—
抚州市	1455	32791	0	1455	37	1476	1419	31358	246	9871	959	18441	214	3046
其中:南城县	155	3671	—	155	1	40	155	3671	23	1087	132	2584	—	—
上饶市	2659	65696	17	2642	0	0	2480	60278	492	20684	1842	37898	146	1696
其中:鄱阳县	487	11909	0	487	0	0	427	10751	116	5551	286	4850	25	350

（省运管局）

2014 年全省营运载客汽车（合计二）

表 13

单位名称	旅游客车		包车客车		其他客车	
	辆	客位	辆	客位	辆	客位
全省合计	2202	83637	95	3600	225	2281
南昌市	654	26095	0	0	0	0
景德镇市	133	5188	0	0	0	0
萍乡市	25	1233	52	1982	35	205
九江市	651	20258	0	0	32	248
其中:共青城	0	0	0	0	0	0
新余市	37	1371	28	1037	0	0
鹰潭市	47	1635	0	0	0	0
赣州市	165	7264	13	530	88	1072
其中:瑞金市	8	376	0	0	0	0
吉安市	260	10798	0	0	1	22
其中:安福县	27	911	0	0	0	0
宜春市	86	3729	0	0	0	0
其中:丰城市	7	286	0	0	2	46
抚州市	35	1400	1	33	0	0
其中:南城县	0	0	0	0	0	0
上饶市	109	4666	1	18	69	734
其中:鄱阳县	20	957	0	0	40	201

（省运管局）

2014 年全省营运载货汽车(合计)

表 14

单位名称	货运车辆总计		营运载货汽车		汽油车	柴油车	牵引车	挂车		其他载货机动车		轮胎式拖拉机	
	辆	吨位	吨位	辆	辆	辆	辆	辆	吨位	辆	吨位	辆	吨位
全省合计	438411	3435892	3373375	384596	5091	276183	42873	60449	1648285	53681	62345	134	172
南昌市	46295	203107	202214	45400	0	43191	1580	629	14047	895	893	0	0
景德镇市	13280	98574	98574	13280	2959	6572	1841	1908	45745	—	—	—	—
萍乡市	19981	91930	86924	14750	431	11909	789	1621	48174	5231	5006	—	—
九江市	41621	284233	281615	39326	—	33002	2794	3530	98526	2295	2618	—	—
其中:共青城	1116	8622	8622	1116	—	762	109	245	3084	—	—	—	—
新余市	37074	451954	442948	34878	0	20498	4163	10217	295599	2186	9001	10	5
鹰潭市	26330	378924	378231	25638	0	11403	4421	9814	287271	692	693	0	0
赣州市	40480	134215	128464	33440	0	31077	1146	1217	30654	7040	5751	0	0
其中:瑞金市	2265	8840	8840	2265	—	2265	0	0	0	—	—	—	—
吉安市	52948	333949	316944	36445	46	27319	4013	5067	150894	16503	17005	0	0
其中:安福县	3314	13132	11431	1954	—	1482	270	202	5060	1360	1701	—	—
宜春市	55234	598870	595956	53224	—	27752	13233	12239	272476	2010	2914	—	—
其中:丰城市	7434	32173	32173	7434	0	5353	1241	840	4823	0	0	0	0
抚州市	44972	457926	452808	40484	0	28541	4690	7253	215149	4488	5118	—	—
其中:南城县	8050	112650	112479	7869	—	4776	1534	1559	45236	181	171	—	—
上饶市	60196	402210	388697	47731	1655	34919	4203	6954	189750	12341	13346	124	167
其中:鄱阳县	4702	29032	28241	3950	0	3492	153	305	7806	752	791	0	0

(省运管局)

【景德镇市举办国际车展】 4 月 27 日,为期 3 天的 2014 景德镇国际车展圆满落幕。此次车展共吸引 22 家参展汽车经销商、百余个车型参展,共现场成交 485 辆各类轿车及商务用车,成交金额 5235.6 万元,再一次用数据证明其强大的市场影响力。自 2006 年的第一届车展开始,经过 8 年的发展,景德镇国际车展已经牢固确立其在市民心目中的地位,创下参展商数量多、观展人数多、交易车辆数量多等多个景德镇车展历史的新高。

(涂　强)

【九江市公路运输工具】 全市共有营运客车 2955 辆,73964 个座位,其中班线客车 2272 辆(三类以上班线客车 919 辆),53458 个座位,旅游客车 651 辆,20258 个座位。货运车辆 41621 辆,载重量 284233 吨,其中危险货运车辆 1040 辆,载重量 14026 吨,普通货运车辆 40581 辆,载重量 270207 吨。全市新增、更新客车 72 辆,其中中高级车 41 辆,部分乡镇班线也开始投入中级车营运,改变了乡镇班线无中高级车的局面。

(九江市道路运输管理局)

【赣州市 2961 辆客车应对春运】 1 月 6 日,赣州市道路运输主管部门为了满足城乡群众春节期间的出行需要,该市准备了充裕的客车运力应对 2014 年春运。从 2013 年 12 月 28 日起,各县(市、区)运管所和车辆技术检测站,对投入春运的 2961 辆长途客车(计 82813 个座位)实施安全技术检测。各客运站根据“三不进站、六不出站”的规定,对运行归来的客运车辆实行严格的安全例检。为了应对恶劣天气和客运高峰可能发生的旅客滞留情况,所在区域的应急保障机动车辆就地、就近、就快的把旅客安全送到指定的地点或目的地。

(李发淳)

【赣州市355辆汽车待命抗寒救灾】 2月10日,为了防范冰冻雨雪天气带来的自然灾害,赣州市交通运输系统调集车辆、物资、器材,做好抗寒救灾准备。全市交通运输系统各级管理部门和承担汽车运输、交通工程养护任务的单位都成立了专门的工作机构,实行了全天值班制度,全市调集355辆汽车(其中客车125辆、货车230辆)随时执行救灾任务。一旦发现灾情,救援车辆就在第一时间将救援人员、物资、器材紧急送往受灾地点。公路养护部门已加强对重点路段、桥梁等交通基础设施的巡查力度,确保雨雪天气环境下公路运输线畅通无阻。

(李发淳)

【于都县14辆空调公交车正式运营】 8月1日,于都公交公司新购置的空调车正式上线运营。空调车在设计上非常的人性化,车内温度也很合适。2014年,县公交公司克服资金不足等困难,斥资500余万元,采购14辆豪华空调车,并首先投入到火车站至工业园路线上。这次新购进的空调车充分考虑了火车站旅客普遍携带行李的特点,车厢空间设计更加宽敞,而且车载大功率空调,让乘客乘坐更加凉爽。新空调车的首站是火车站,末站是楂林工业园管委会,单程20千米,票价为1元/人。

(于都县运管所)

【赣州市200辆豪华客车服务省运会】 9月19日,为了高标准严要求切实做好省第14届运动会交通运输服务保障工作,该市积极调集运力迎接省运会的来临。市道路运输管理局组织了中心城区的新世纪高客分公司、赣州光大旅游服务公司等8个道路客运企业,对参与运输保障服务的200余辆高中档豪华客车进行了维护,确保车辆技术始终处于良好状态。城市公交和出租车行业强化运行管理机制,对在岗的驾驶员开展职业道德和安全救护培训,确保省运会期间交通运输保障工作顺利有序展开。

(李发淳)

【丰城市客运车辆加快更新步伐】 该市交通运输局为做好客车更新工作,与客运企业通力合作,贯彻落实国务院《节能减排工作条例》,落实省、市有关节能减排规定,以交通运输部《道路运输车辆燃油消耗量检测和监督管理办法》《道路运输车辆燃油消耗达标车型表》规定的只有达标车型才可以从事道路运输为依据。坚持以公共交通优先发展为战略目标,采取得力措施进一步加快客运车辆更新步伐。截至12月,更新客车118辆。其中,县际以上客运班线客车更新23辆,农村客运班线客车更新21辆,城市公交车74辆全部完成更新。全市客车总数212辆,更新率达55.6%。

(黎建刚　熊雪芽)

【万载县购买19辆高档客车投入营运】 为进一步方便满足群众出行,确保山区班车安全,逐步提高农村班线的营运能力及其舒适度。宜春汽运总公司万载分公司根据各乡镇的发展需求,2014年购置了19辆新车,更新13辆,增加6辆,其中12辆为空调车。在万载至黄茅班线有6辆,万载至仙源2辆,在万载至高岭、万载至书堂、万载至东江、万载至茭湖、万载至界岭、万载至严田、万载至官元山、万载至上坪、万载至花桥、万载至双溪、万载至荷岭班线上各1辆。19辆新车投入运营后,增加了客运班线的运力,改善群众出行条件,缓解广大群众乘车难问题。

(丁发扬)

道路运价

【鹰潭市道路运价部分调整】 2014年,鹰潭道路交通客货运价未有大调整,但贵溪市客运企业在执行运价规定中作了新的调整:身高1.2米以下不单独占用座位的儿童免费;身高1.2—1.5米的儿童可购买儿童票;革命伤残军人、因公致残的人

民警察乘车凭伤残证件可购买优待票。儿童票和优待票为单程票价的50%计算。鹰潭市至各主要城市汽车标价一览:

鹰潭至上海:运距712千米,大型高一卧铺245元/人;大型高二卧铺293元/人;

鹰潭至福州:运距572千米,大型高一卧铺194元/人;大型高二卧铺231元/人;

鹰潭至石狮:运距788千米,大型高一卧铺264元/人;大型高二卧铺316元/人;

鹰潭至宁波:运距640千米,大型高一卧铺220元/人;大型高二卧铺262元/人;

鹰潭至南昌:运距168千米,大型高一卧铺54元/人;大型高二卧铺66元/人。

(艾年宗)

【宜春市城区空调公交车实行季节性票价】 按照市物价局价费〔2014〕73文件规定相关精神,市公交公司决定从2014年5月26日起至9月30日期间对宜春城区空调公交车实行季节性票价。此次空调公交车票价实行时间为5月26日至9月30日,涉及的线路有2路、5路、6路、8路、9路(内外)、10路、22路、26路、116路、118路政府专线及安排运行的机动空调公交车辆。具体收费标准为:市内无人售票空调公交车2元/人次标准投币乘位。使用公交IC卡的乘客,在规定的月份内乘坐空调车,普通卡每次扣减卡内1.8元,福利卡、月票卡每乘坐1次扣减卡内2元,学生卡每次扣减卡内0.8元;116路、118路在原票的基础上调增1元/人次,普通公交车票价不变。空调公交车在调价后,将在投币箱附近张贴明显标志,方便乘客识别。对于执行空调价后是否一定要开空调,开启空调与空调收费期和非收费无关,驾驶员将根据每天温度变化,按照空调开启标准,及时规范开启空调,保证车厢内空气流通和温度适应。

(吴泽水)

道路旅客运输

【概况】 截至2014年年底,全省共有道路旅客运输经营业户(不含公交和出租)604户,比上年末减少11.4%。其中,企业487户,减少3.6%;个体户117户,减少33.9%。道路旅客运输经营业户中企业占80.6%,所占比重比上年末提升6.6个百分点。全年道路运输客运量59674万人,旅客周转量3164787万人千米。具体见下表:

2014年全省公路客货运输量完成情况

表15

单位名称	旅客运输量		货物运输量	
	客运量(万人)	旅客周转量(万人千米)	货运量(万吨)	货物周转量(万吨千米)
全省合计	59674	3164787	137782	30733081
南昌市	3831	439714	11734	2583611
景德镇市	1896	110299	1872	412496
萍乡市	7726	195912	5961	609627
九江市	9651	461261	11415	2556289
其中:共青城	79	3785	319	71338
新余市	1313	70605	16157	3079952
鹰潭市	1679	79514	10893	3047117
赣州市	8269	532702	17089	1780362
其中:瑞金市	541	34847	1126	117263
吉安市	6142	399960	10206	3198230
其中:安福县	509	30636	611	174060

续表

单位名称	旅客运输量		货物运输量	
	客运量(万人)	旅客周转量(万人千米)	货运量(万吨)	货物周转量(万吨千米)
宜春市	5074	276968	17608	5971562
其中:丰城市	635	34657	2126	591028
抚州市	4430	228988	15030	3848191
其中:南城县	496	22320	3691	1099918
上饶市	9663	368864	19817	3645644
其中:鄱阳县	1699	64837	1363	251064

【2014年道路春节运输状况】 2014年春运期间,全省道路旅客运输量达4974.27万人次,与上年春运相比下降1.02%。全省道路运输企业日均投入运力17285辆,与上年同比下降0.08%;全省加班10965班次,与上年同比增加6.1%;包车达16102趟次,与上年同比下降3.6%。2014年春运期间,全省共发生4起道路运输人员伤亡事故,死7人,伤25人。与2013年春运相比,道路运输安全事故数增加了2起,死亡人数上升了3人,受伤人数上升了23人。

(章华平)

【南昌市2014年春节运输工作】 2014年春运工作从1月16日开始,至2月24日结束,历时40天。春运期间,全市公路运输日均投入运力1957辆,累计发送旅客人数达260万人次,同比下降6%;出租汽车日均投入运力5153辆,累计发送旅客3437万人次,同比增长7.7%;公交汽车日均投入运力2930辆,累计运输乘客6068万人次,同比增长3.1%。未发生重特大安全生产责任事故、未发生旅客滞留现象、未发生重大服务质量投诉事件,取得经济效益和社会效益的双丰收,保证了广大旅客安全便捷出行以及人民群众生产生活重点物资运输畅通高效。

导致全市道路客运量下降的主要原因有三:一是私家车、高速路里程的迅猛增长和春节长假高速免费政策,对道路客运长途、短途班线均产生激烈冲击;二是铁路优化和向莆铁路的开通,使道路客流量下降较大;三是节后恶劣天气持续,部分客运班线停班导致客流量下降。

(南昌市交通运输局)

【南昌市完成“十一”黄金周道路运输】 2014年“十一”黄金周期间,南昌市共投入公路客运车辆2629辆,加班125班次,发送旅客43.12万人次,比上年同期增加6%,出动执法人员300人次,查处各类客运违章59例,“黑车”16辆,道路客运市场秩序井然,全市未发生较大道路运输安全和人员伤亡事故,圆满完成“十一”黄金周道路运输任务。“十一”黄金周期间,南昌市运管处按照上级部门的有关要求,提前谋划,明确职责任务,加强运力储备,强化源头监管,确保“国庆”期间道路运输安全顺畅。

(胡长法)

【景德镇市交通运输局等四部门联合开展“情满旅途”活动】 1月16日至2月24日,景德镇市交通运输局、市公安局、市安监局和市总工会联合开展“情满旅途”活动,采取“六项措施”,确保春运工作便民利民、安全有序。一是保障旅客安全出行,严把客运车辆出站关,切实消除超速超载、疲劳驾驶、无证驾驶、准驾车型不符等安全隐患,为春运安全提供基础保障;二是改善交通运输售票服务,在客运站增加售票窗口,延长售票时间,优化预售票时限,加强班车运行时刻、票源和预售时限等信息公开,积极推行网络售票、电话订票、异地售票、手机售票等方式,提高旅客购票便利性;三是改善客运站候车服务,提供免费开水,加强食品、饮料等生活必需品储备,确保旅客在客运站不受冻、不挨饿;四是特殊关爱农民工返乡返岗出行,根据农民工返乡返岗出行需求,积极开通农民工道路客运包车,开辟绿色通道,并努力为农民工提供团体票预订、上门售票、流动售票等特色票务服务;五是推行综合运输信息共享,畅通公众诉求渠道,公开交通运输服务监督电话、短信或邮箱,认真倾听社会公众的意见和建议,提升交通运输服务监督、业务投诉、信息咨询、意见受理等服务效能和质量;六是提升综合运输应急服务能力,针对春运期间可能出现的恶劣天气、客流激增等突发事件,进一步完善交通运输应急预案,加强应急演练,全面提升交通运输应急保障和服务能力。

(涂　强)

【景德镇市道路春运客运量逾210万人】 在为期40天的春运工作中,景德镇市共投入客车595辆,各汽车客运站共发送55369班(次),其中包车1679班(次)、加班1631班(次),完成客运量216.4万人(次),同比增长1.59%。整个春运期间,该市籍营运客车未发生致人死亡的交通运输生产事故,顺利实现"便民利民、平安春运"主题。

(涂　强)

【九江市公路旅客运输】 2014年全年完成客运量9651万人,旅客周转量461233万人千米,比2013年分别增长3.05%、2.85%。

(九江市道路运输管理局)

【新余市道路"春运"圆满完成】 2月24日,为期40天的2014年春运工作落下帷幕。在上级部门的组织和领导下,经过全市交通运输系统干部职工共同努力,该市道路春运工作任务圆满完成。春运期间,该市共投入客运运力1541辆。其中,班车客运426辆,旅游客车37辆,城市公交客运306辆,城乡公交客运136辆,出租车636辆。其中道路客运加班727趟次,包车客运747趟次,共完成旅客运输量594.54万人次,其中:道路客运94.2898万人次,同比下降0.03%;公交客运500.26万人次,同比增长8.16%。

春运期间,该市道路运输行业安全形势平稳,无一例安全责任事故,无一例安全责任伤亡事故,无重大旅客投诉事件,实现了旅客进出畅通和各种生产生活物资运输安全、便捷、有序的目标,取得了良好的社会效益和经济效益。

(邓清华)

【新余公交春运突破500万人次】 2月24日,为期40天的春运圆满结束。春运期间,新余公交运载旅客500.26万人次,同比增长8.16%;发行班次1.95万班次,同比增长10.17%;发车准点率97%,站点准点率96%;交通事故大幅减少,社会效益谱新篇。

(邓清华)

【新余公交"十一"黄金周客运90万余人次】 "十一"黄金周期间,新余公交共发行班次3605班次、运行趟次15199趟次、行驶里程27.46万千米、运载90万余人次。

为缓解国庆黄金周客流量大、交通安全形势严峻的局面,该公司针对国庆节7天假期各重要购物时段,安排加班车辆在洪客隆、新亚新、步步高、沃尔玛等大型购物场所,增加班次密度,满足市民乘客出行需求;针对仙女湖景区游客人流如织的情况,增开了加班车辆,将501线路延伸至仙女湖发车,并延长501、503线路车辆末班车发车时间;针对新余学院、渝工学院、冶金学院、中山学院等大中院校学生返校高峰状况,在途经这些站点的线路相应增加运力,满足学生客流高峰乘车需求。

为确保国庆节期间营运生产安全,该公司对部分营运状况不良的车辆,进行了一次全面二级维护保养,严禁技术性能不合格、安全无保障的车辆投入营运;召开安全学习会,对一线驾驶员就安全行车知识、交通法规进行了一次集中教育培训。节日期间,安排安全稽查员在胜利路、劳动路、仙来大道等城区各主要站台站点进行检查,严禁乘客携带易燃、易爆危险品乘车。同时,要求服务热线人员坚守工作岗位,正确对待每一起投诉,做到件件有答复。大力提倡文明服务、礼貌待客,做到想乘客所想、急乘客所需,尽力为老、弱、病、残、孕及怀抱小孩的乘客提供帮助。并加强了对所有营运车辆的头、腰、尾牌和监控设施以及车身广告的全面检查,保持车厢整洁干净。

(彭　剑)

【新余市渝水区旅客运输】 全区共拥有客运公司3个,城乡公交公司3个,个体客运业户1户,拥有客运车辆130辆(其中农村客运车辆45辆,城乡公交车85辆),班线40条,日发班次456班;拥有乡镇客运站9个,客运招呼站187个。全年完成客运量 870.86 万人次，客运周转量 19206.61 万人千米。

（邓清华）

【分宜县旅客运输】 全县共拥有客运公司 1 个，城乡公交公司 1 个，出租车公司 2 个，个体客运业户 12 户，拥有客运车辆 303 辆（其中农村客运车辆 127 辆，城乡公交车 80 辆，出租车 105 辆），班线 83 条，日发班次 479 班；拥有乡镇客运站 7 个，客运招呼站 190 个。全年完成客运量 356.81 万人次，旅客周转量 18812.6 万人千米。

（邓清华）

【鹰潭市圆满完成道路春运任务】 2014 年春运期间，鹰潭市共投入各种营运车辆 1159 辆，其中：道路班线客车 445 辆，城市公共汽车 264 辆。至 2 月 10 日，全市公路、铁路部门共发送旅客 697.9 万人次，比上年同期增长 2.6%。其中，发送道路班线客车 7.1 万班次，运送旅客 102.6 万人次，发送城市公交车 3768 班次，运送乘客 378 万人次。出租车运送乘客 183 万人次。铁路部门发送列车 264 次，其中增开临客 107 列，运送旅客约 34.3 万人次。

（艾年宗）

【赣州城乡客运运营模式实现新突破】 2014 年，根据市委、市政府加快统筹城乡发展的要求，赣州市交通运输局全面启动、扎实有序地推进开通赣州中心城区至瑞金、龙南、上犹城际快线工作。在时间短、任务重、条件还不完全成熟的条件下，该局解放思想，集思广益，迎难而上，分步实施。第一步，由现有经营者对现有客运班线车辆进行改造，组建赣州至瑞金、龙南、上犹 3 个城际快线公司，更新车辆，新购中型高级客车投入营运，全程高速运行。第二步，在各项优惠政策落实到位后，进一步降低票价，实现公交票价。10 月 1 日，赣州市中心城区先行开通至龙南城际快线试点，11 月 28 日开通赣州市中心城区至瑞金城际快线，12 月 22 日开通赣州市中心城区至上犹城际快线，基本实现降低票价、增加发班密度、优质服务、方便旅客出行的目的。赣州至瑞金、龙南、上犹 3 条城际快线开通后，逐步更新现有车辆，新购中型高级客车投入营运，全程高速，票价平均降低 20%，增加发车密度，赣州至龙南、瑞金由每 50 分钟发一班，增加为每 30 分钟发一班，赣州至上犹由 50 分钟发一班，增加为每 20 分钟发一班。实行“五统一”即统一管理、统一调度、统一车型、统一票价、统一标志标识，提升服务档次。

（李发淳）

【赣州市道路春运安送旅客 160 万人次】 自 1 月 16 日至 1 月 26 日，全市道路运输已安全输送旅客 160 万人次。其中：中心城区的赣州汽车站、汽车东站、汽车西站等客运旅游单位发送旅客约 130 万人次。全市日均发车量 3340 辆次、日均运送旅客 16 万人次。由于天气尚好和安全运输生产措施到位，道路春运安全形势一直处于稳定状态。

（李发淳）

【赣州国庆假日道路运输】 国庆假日期间，赣州市投入运力 3092 辆客车，客运量为 192.66 万人次，与上年同期相比上升 12.84%，全市公路客运情况正常。其中，市中心城区的赣州汽车站、汽车东站、汽车南站共发送旅客 9.6 万人次，发出班次 4400 余班，客源主要集中在于都、信丰、宁都、瑞金等区内短途班线以及南昌、抚州、广州等长途班线。赣州汽车站还增开了至上海、杭州等地的长途班线，以保证旅客出行需求。为应对客流高峰，市中心城区的三个车站采取“流水发车”的形式，保证旅客出行。

（李发淳）

【宜春市春节道路客运】 该市春运期间共发客运 28.41 万班次，安全运输旅客 651.3 万人次，完成旅客周转量 16282.5 万人千米。春运期间，未发生三人以上安全责任事故，未出现一起旅客滞留现象，未发生一例重大服务质量投诉事件，确保全市人民过一个愉快、吉祥、和谐、平安的春节。一是加强春运工作领导。市县（市区）成立以主要领导任组长，交通运输、公安、安监等部门主要负责人为成员领导小组，制定工作实施方案，召开动员会，科学谋划，统一领导，精心部署，各司其职，各负其责和领导、任务、举措、服务、监管、责任六落实，形成一级抓一级，层层抓落实工作机制。二是开展广泛宣传。利用会议、宣传车、广播、电视、政府网、标语等形式,大造声势,大力宣传在新形势下做好春运的重要意义,营造走得了,走得好、走得平安的良好环境。三是强化服务。采取增加售票窗口、增加农村售票网点、电话购票、送票上门等各项服务,一切为了群众、一切方便旅客乘车服务。四是坚持以平安春运为重点。全面整治客运市场,打击黑车,取缔非法营运,进一步净化客运秩序,全面强化监管,坚决杜绝危险品上车。加强监控,认真贯彻长途客车早晨2点至5点强行休息规定。做到"三不进站、六不出站"。客车不准带病行驶,不准超员。驾驶员不准酒后开车,不准疲劳驾驶等规章制度。运管部门和客运企业,除留值班人员外,由领导带领工作人员深入春运第一线,靠前指挥,上路跟车维护春运秩序,督查安全生产,现场解决问题。由于举措有力,全市春运实现无重大责任事故,旅客无滞留,乘客无群访事件,又好又快完成春运任务。

(吴泽水)

【做好第八届月亮文化节交通运输保障】 7月28日至9月23日,宜春市交通运输局主要承担第八届月亮文化节期间交通车辆运输保障工作任务。为保障月亮文化节各项活动用车,确保车辆供应和安全运行,该市坚持做到"三个高标准、三个不懈怠"。一是坚持高标准认识,思想上不懈怠。克服"月亮文化节年年搞,年年交通运输保障一个样"的麻痹思想,立足新要求,力求高标准。该局专门召开了月亮文化节交通保障动员会议,强调月亮文化节的重要意义,并就交通运输保障工作进行周密部署。二是坚持高标准保障,措施上不懈怠。专门成立月亮文化节交通运输保障小组,设立车辆调度室,明确专人负责车辆调度,制订具体工作方案、车辆和驾驶员管理方法等,确定调用车辆储备数量和类型。三是坚持高标准服务,安全上不懈怠。印发驾驶员文明服务指南和安全行车准则,切实做到人手一份,并对大中巴车辆驾驶员进行培训。同时要求所有调用车辆出车前一律要进行安全性能检测,做到车车安全可靠。一律要进行清洗,做到车容车貌干净卫生,努力确保交通运输保障无一差错,无一投诉,无一安全事故。由于这次月亮文化节活动项目多,群众参与人数众多,影响大,根据组委会的安排和部署,7月28日,月亮文化节欢乐水魔方新闻发布会共调用22、37座大巴6辆,小车3辆。9月7~8日,月亮文化旅游节开幕式暨经典民俗活动,共调用50座以上大巴8辆,公交车38辆,小车12辆机动。9月9日,北岸之约集体婚礼共调用50座以上大巴6辆,小车12辆机动。9月13日,儿女给父母洗脚挑战世界吉尼斯纪录共调用47座大巴1辆,公交车72辆。其他月亮文化节项目都由小车12辆机动,保障临时接送任务。该局共调用大中巴车辆21辆完成接送任务4000余人次,公交车车辆110辆完成接送任务16000余人次,小车15辆完成接送任务100余人次,总共节日期间运输两万余人次,较好地完成整个月亮文化节暨经贸活动周的交通运输保障任务,并实现了零投诉、零滞留、零事故。

(郑 健)

【宜春市城乡道路客运一体化】 宜春市10个县(市、区)成立了城乡客运公司,运行线路527条,新增(更新)农村客运车辆780辆,年客运量达7280万人,旅客周转量66102万千米。通过降低票价,加大发班密度等做法,为广大人民群众营造畅通、安全、便捷和有序的出行环境。丰城市早在2010年率先实行城乡客运一体化,全市32个乡镇(街道)全部实行1、2、3元低运价。市政府年补贴1621.21万元。2012年10月,全省推进农村公路建管养运一体化发展现场会在丰城召开,该市推进农村客运一体化建设的作法作为典型向全省进行推广。樟树市2012年参照丰城模式,由政府补贴1100万元,开通线路21条,投入运力88辆,日均运行112个班次。2014年高安市由政府每年补贴2000万元,开通线路36条,投入运力123辆,客运量同比增长20%。为全面推进城乡客运一体化进程,宜春市还积极完善城乡客运一体化基础设施建设,"十一五"以来,全市建农村候车亭1905个,农村客运站92个和乡镇农村公路综合服务站18个。通过完善农村客运基础设施建设,有效推动了全市城乡客运一体化建设进程。

(巢敬徽)

【宜春市袁州区顺利完成春运任务】 该区交通运输局强化安全目标管理,做到领导、工作、人员、举措、责任五落实,全面完成2014年春运任务,实现"安全、有序、畅通、优质"的总目标。是年春运共发放省际包车牌37张,省内包车牌6张,进广包车牌37张,进广省际加班牌16张,省内临时加班牌320张,省际临时加班牌105张,春运指南手册150份。春运期间共发送车辆17114班次,共输送旅客390217人次。

（李 庆）

【樟树市爱心车队连续8年免费接送中高考学生】 为保障2014年全市中高考顺利进行,在县教育、公安部门积极配合下,市交通运输部门围绕“畅通、平安、有序、优质运输”目标,科学谋划,精心组织,统筹安排,全力以赴做好考生运输工作。组织兴民出租车公司、樟树宜运出租车公司共43辆出租车,免费接送考生。这是该市连续第八年免费接送考生,获得考生和家长一致称赞。一是爱心车队出租车一律实行自愿参加,爱心车前方玻璃上贴有“中高考爱心服务车”标示。二是检查出租车安全技术状况,在中高考之前参加爱心出租车一律要通过车况检测,合格的车辆方可参加,车辆技术不达标的一律不准参加,确保考生安全。三是召开爱心出租车司机会,要以优质服务态度,不准违章驾驶。四是整治客运秩序。组织交通执法人员维护客运秩序,确保出租车畅通。

（杨 波）

【“中国·万载第二届国际花炮文化节”运输保障】 10月17日,万载县举办“中国·万载第二届国际花炮文化节”。该县交通运输局领导高度重视,当作一项重要任务,集中领导,集中时间,集中精力,集中人员,抓好保障任务,形成主要领导亲自抓、分管领导具体抓、调度室工作全力抓的工作机制,共计接送客商4200人次,成功完成万载花炮文化节客商运输任务,实现客商零滞留,零投诉,零事故。一是成立领导小组。以局主要领导任组长,分管领导、运管所长、客运企业经理任副组长,局机关各科室负责人为成员的国际花炮节运输保障领导小组,选调业务熟,责任心强干部担任车辆调度。制定运输保障实施方案。二是配足运力。经呈报县政府同意,与客运企业协商,从宜春汽运总公司万载分公司抽调50辆大巴车作为运力保障。对所有承运车辆进行全面的安全检查,保证车辆技术状况良好,严禁带“病”出车。车上放置标示牌,作为花炮文化节专用车,不得搭载其他乘客。三是严格审核驾驶员资质条件,客运企业选派技术过硬、品德良好的驾驶员参加运输,加强对驾驶人员的安全教育,严禁超载、超速、酒后驾车,保持车容、车貌清洁卫生,营造安全、舒适的乘车环境。四是运管所领导采取分片、分线负责完成运输任务,确保万无一失。节日期间,全所出动运管人员30多人随车进行安全监管,全程跟车,监督协调。

（朱林生）

【高安市全面完成道路春运工作任务】 该市交通运输局按照“安全第一、优质服务”的原则,切实加强春运工作的领导,强化组织措施,落实工作责任,共投放客车242辆,平安运送旅客85.78万人次,实现了“安全、畅通、有序”的“平安春运”工作目标。①成立领导机构。成立春运工作领导小组,建立健全突发事件应急处置、组织调度、春运执法联勤联动、突发事件报告等机制,并明确了道路运输市场调查、运输过程实时监控、集疏运及农村客运组织等具体措施,为更好地开展春运工作提供坚实的保障。②加强监督。积极与公安部门开展联合执法,严厉打击非法营运扰乱运输市场秩序行为;督促客运企业严格执行运价政策,切实维护旅客合法权益;公布春运投诉电话,及时了解和调查处理旅客反映问题。③强化监管。严格遵守有关安全生产的各项要求,切实落实安全生产责任制,强化运输安全“一岗双责”,重视监督检查和隐患排查,遏制重特大交通安全事故。④严格值班和领导带班制度。实行24小时值班和领导带班制度,全面掌握春运期间道路运输情况,及时协调处理发现的问题。⑤制定应急突发预案。针对春运期间可能出现的低温雨雪天气制定工作预案,全面提升应急运输保障能力,确保遇见突发事故或险情,能够第一时间妥善处理。

（周世祥）

【上饶汽运集团春运共运输旅客121万人次】 2014年春运40天期间,上饶汽运集团共投入运力866辆、29446座;完成客运量121万人次,完成周转量17588万人千米,加班(包车)3531班次,营收4240万元,各项指标与2013年度同期相比均有所下降。

（韩晓艺）

【上饶客运中心站开通微信服务平台方便购票】 2014年9月15日起,上饶客运中心站微信服务平台正式上线,开通手机微信的旅客,微信关注"srkyzxz"上饶客运中心站订阅号,可以随时随地查询上饶中心客运站的最新班线信息、包车业务、小件货物托运信息,并可以直接进入购票页面,在线完成购票。该站已开通的网络购票渠道包括微信购票和"旅途100"网购票业务。

(韩晓艺)

【上饶市公路客运量稳定增长】 截至2014年12月底,上饶市拥有营运客车2716辆、68239座,同期增长8%.全市完成公路客运量9663万人,旅客周转量368842万人千米,同比分别增长3%、2%。

(韩晓艺)

道路货物运输

【概况】 2014年年底,全省共有道路货物运输经营业户16.39万户,比上年末减少1.4%。其中,企业8716户,减少24.4%;个体户15.5万户,增加0.3%。载货车辆43.8万辆、343.6万吨位,同比减少了3.3%和增加3.4%。

完成货运量137782万吨,货物周转量30733081万吨千米,同比分别增长13.6%、8.64%。

(陈 刚)

【萍乡市公路货物运输】 该市公路运输2014年完成货物量5961万吨,货物周转量609627万吨千米,同比分别增长13.65%、8.63%。

【萍乡市达金物流公司甩挂运输试点项目通过交通部专家组验收】 4月25日,由交通部、湖南省运管局、江西省财政厅、江西省交通运输厅、江西省运管局等单位人员组成的专家组对萍乡市达金物流公司申报甩挂运输试点项目进行检查验收。专家组成员通过现场勘验站场建设,听取企业负责人汇报,查验申报资料等方式对达金物流公司站场建设、信息平台建设、车辆购置三个方面进行了检查。检查后,专家组的反馈意见一致,认定达金物流公司甩挂运输试点项目符合验收标准,同时提出了系列的建设性意见。试点甩挂运输将推动货运行业转型升级,更好地服务萍乡经济社会发展。达金物流公司申报甩挂运输试点项目验收的通过,标志着该市在推行甩挂运输、实施货运环保低碳、节能减排等方面取得了新的进展。

(张宇辉)

【交通物流的快速发展促进了萍乡市货运运输】 萍乡交通物流业自2000年前后开始起步,经过几年的发展,现在有规模的物流企业近10家,其中较大的规模有萍乡达金物流、江西国中安智物流、萍乡鑫联运输公司,有规模的物流园区1家,即赣湘物流园;2013年,邮政快递有23家,2014年达到69家,2014年邮政行业业务收入预计可达到1.88亿元。2014年,萍乡达金物流获得2012年申请的交通运输部甩挂运输物流国家补助808万元。该市的物流企业已形成了以萍乡、上海、武汉、长沙、南昌和河北为核心物流节点,辐射全国的交通物流网络体系。加快了该市货运运输与全国配套物流的衔接。

(晏卫东 彭 淼)

【上栗运管所八项措施强化公路货物运输业管理】 本着"预防为主、安全第一、综合治理"的原则,该所积极引导全县货运企业朝规模化、集约化发展。一是严把危货运输车辆的市场准入关和年度审验的查验关。二是加强危货企业的日常监督检查;尤其是重大节假日、恶劣天气,提醒企业群发手机短信警醒驾驶员注意行车安全。三是派专人到危货企业督促安全学习、安全例会的落实,不走形式,特别是在元旦、春节、五一、十一等节假日期间的安全隐患自查。四是督促企业加强GPS平台的使用,专机专人管理,加强对车辆的动态管理。危货车辆的GPS上线率实行100%。2014年通过对危货运输车辆GPS监控,对各危货运输企业发出疲劳驾驶、超速报警等违章事项提醒单共计116份。五是10月份该所对江西省道路运政管理系统内三年以上无年审记录的无效数据进行清理,共清理无效数据2109条。六是达金物流公司因企业信誉良好、经营规范,获准参加了今年APEC峰会烟花鞭炮运输;同时该公司甩挂运输试点工作获得交通运输部验收通过,获得财政专项资金补助，为上栗县货物运输企业的发展开辟了新的思路和发展方向。七是通过2013年质量信誉考核工作，企业在安全管理、服务质量、遵章守纪等方面更加规范。八是与上栗公安局危爆物品管理大队、交警大队、安监局及危险品运输企业达金物流有限公司在上栗青少年宫联合对上栗辖区内从事危险品运输的驾驶员、押运员等从业人员进行了安全教育培训。通过此次安全教育培训，使参会人员受到了很好的启示，得到了一次深刻再教育，危险货物运输安全管理人员、从业人员的安全意识和管理能力得到进一步加强。

【九江市公路货物运输】 2014年完成货运量11415万吨，货物周转量2556289万吨千米，比2013年分别增长13.6%、8.63%。

（九江市道路运输管理局）

【江西新余赛维超限设备顺利运达】 为支持江西赛维LDK光伏硅科技有限公司冷氢化技改项目建设，保证其超限设备安全顺利运达新余，新余市交通运输局与省交通运输厅磋商，决定破先例，特事特办，临时在沪昆高速新余服务区开口，运输超限设备，截至4月底，2台长37米的C－051精馏塔和2台长54米的C－052精馏塔分两批次安全顺利运达施工场地。

（邓清华）

【新余市渝水区货物运输】 全年新增货运企业22户，新增货运车辆2776辆，新增运力吨位25539吨，全区货运企业总数达130户，货运车辆总数13167辆，总吨位129092吨，全年完成货运量1735.70万吨，货运周转量53288.19万吨千米。

【分宜县货物运输】 全县共拥有道路货运企业89户，从事营运性货运车辆4075辆，33396吨，分别增长2.88%和15.5%。

【鹰潭市道路运输产业稳步增长】 2014年，继续加大物流产业扶持力度，全市共拥有营运客车413辆，货车21306辆（其中：物流车辆19037辆，339015吨位，新增物流车辆1632辆），公交车256辆，出租车450辆，驾驶员培训学校17所，维修企业106户。

【贵溪力促“外挂”车辆回流】 贵溪市交通运输局在抓“外挂”车辆回流工作中，通过各种媒体广泛宣传“外挂”车辆回流的有关规定及优惠政策，动员车主把外挂车辆转户回来，争取经营者对此项工作的理解和支持。他们深入企业摸底调查，听取各运输企业及运输业户对“外挂”车辆回流工作的意见及建议。在“外挂”车回流工作中，杜绝“生冷横硬”服务态度，打造亲情服务，制定外挂货车回流奖励办法；坚持做到多服务少罚款，多宣传少扣车，多主动联系少坐等业务；积极做好上下沟通，依次解决运输企业特殊困难。

（戴丽萍）

【余江县积极为城乡物流业发展服务】 余江县运管所多措并举积极服务现代交通物流业。该所一方面积极引导扶持具有一定经营基础和物流市场发展潜力运输企业，搞好物流运输的培育工作；另一方面，主动为物流企业发展服务。该县引进建立了车辆检测站，对物流企业运输车辆就近进行车辆技术性能检测提供了极大方便。同时对营运车辆办证、审验、检测等实行跟踪服务，优先办理，对物流企业营运车辆无重大违章不查不罚。为使物流企业走上规范化、规模化运营轨道，该所派员多次深入现场对物流企业进行指导，对存在问题积极帮助协调解决。2014年全县引进物流企业27户，车辆293辆11720吨位。

（汪有根）

【赣州市物流企业】 2014年，赣州市共有规模以上物流企业66户，其中运输型44户，仓储型8户，货运代理型14户。全市共有A级以上物流企业8户，社会物流总额为5131亿元，物流业增加值为135亿元，同比增长分别为5%和12.6%。

（李发淳）

【赣州市规模以上物流企业认定管理办法有新规定】 为进一步推动赣州市现代物流业发展，明确规模以上物流企业的认定程序与管理原则。2014年1月16日，市物流办对《赣州市规模以上物流企业认定和管理办法》进行修订。经市政府批准，新的认定标准如下：①货物运输企业：从事公路、水路货运业务为主，自有运输车辆核定载重300吨以上或船舶核定载重吨1000吨以上，注册资金200万元以上,固定资产300万元以上,年营业收入300万元以上,年纳税50万元以上。②仓储配送企业:从事仓储配送业务为主,为客户提供货物储存、保管、中转、配送等服务,自有仓储面积5000平方米以上,注册资金600万元以上,固定资产800万元以上,年营业收入200万元以上,年纳税20万元以上。③货运代理企业:从事货运代理业务为主,为客户提供运输、仓储、货代、配送、信息等多种服务,注册资金50万元以上,固定资产200万元以上,年营业收入100万元以上,年纳税10万元以上。④园区市场企业:从事物流园区运营业务为主,为客户提供物流业务经营场地、仓储用地、中转配送、信息等多种服务,注册资金100万元以上,固定资产1亿元以上,园区或市场占地面积6.67公顷以上,入驻企业100家以上,园内年吞吐量150万吨以上,园内年营业收入10亿元以上,申报企业年纳税10万元以上。⑤快递企业:从事快件运输配送业务为主,为客户提供运输、配送、信息等多种服务,注册资金50万元以上,固定资产200万元以上,年业务量300万件以上,年营业收入1000万元以上,年纳税100万元以上。新规定适用于在赣州市境内注册和缴纳税费的具有独立法人资格的货物运输、仓储配送、货运代理、园区市场、快递等类型物流企业。从2014年1月起开始执行。赣州市物流办对新规定负有解释权。

(李发淳)

【吉安市道路货运持续增长】 2014年,全市共有货运汽车48492辆,完成货运量7680万吨,货物周转量3072964吨千米,同比分别增长13%和18.3%。

(吉安市交通运输局)

【遂川县物流业逆势上扬】 2014年,遂川县交通运输局克服物流业“营改增”政策调整带来的影响,积极行动,落实政策,顺应改革,全县实现物流税收1.73亿元,完成全年任务的115%,同比增长46.6%,占全县财税收入的近五分之一,再创历史新高。

(吉安市交通运输局)

【吉安县物流业快速发展】 2014年,吉安县新增物流企业33户,达到68户,比上年增长100%,其中一般纳税人企业新增17户,达到29户,比上年增长200%,全县完成物流税收1.45亿元,比上年增长490%。

(吉安市交通运输局)

【宜春市建设十大物流项目】 该市以“空港”、“高铁”物流为增长点,建设一批综合物流园,努力实现交通运输服务业增值超千亿元。十大物流建设项目是:一是宜春经济开发物流中心项目。建设集仓储、停车、配送、信息中心等。工程投资4.5亿元,开工时间为2013年3月,计划完工时间为2015年10月,责任单位为宜春经济开发区管委会。二是赣西现代物流产业园项目。以宜春铁路货物搬迁至原彬江火车站为契机,同步整体搬迁中石油库、三七〇物资储备库三条专用线,结合中石油油库专用线新点,同时整合海关仓库等项目,在彬江规划建设200公顷综合物流产业园。工程投资10亿元,开工时间为2014年6月,计划完工时间为2015年12月,责任单位为袁州区政府、宜阳新区管委会。三是袁州郑铁物流产业园项目。建设集仓储、停车、配送、信息中心等。工程投资1亿元,开工时间为2013年7月,计划完工时间为2015年1月,责任单位为袁州区政府。四是樟树华正道路物流服务中心项目。建设集仓储设施、物流配送、货物拆装堆场、物流服务网络平台、信息中心等。工程投资6.1亿元。开工时间为2012年8月,计划完工时间为2014年12月,责任单位为樟树市政府。五是丰城林安商贸物流城项目。定位“打造江西一流、辐射赣中”现代商贸物流产业园区,规划建立商品博览和现代物流两大中心。工程投资50亿元,开工时间为2012年11月,计划完工时间为2015年12月,责任单位为丰城市政府。六是靖安有恒仓储物流有限公司(物流外仓连锁基地建设),工程投资5亿元,开工时间为2013年3月,计划完工时间为2015年3月,责任单位为靖安县政府。七是高安现代物流园区一期项目。年货物吞吐量2000万吨,货物周转量达20亿吨千米/年,集仓储、配送、停车等。工程投资30亿元,开工时间为2014年,计划完工时间为2015年10月,责任单位为高安市政府。八是上高实体企业电子商务产业基地项目。第一批选择20个以上单品建立垂直的电子商务平台,每个单品实现3亿~5亿元销售额,使上高成为以上单品批发,分销、大宗采购的电商交易区总部等。工程投资10亿元,开工时间为2014年4月,计划完成时间为2015年11月,责任单位为上高县政府。九是万载华洋物流项目。建设集仓储、商检、物流为一体的花炮物流基地等。工程投资12亿元,开工时间为2013年4月,计划完工时间为2014年9月,责任单位为万载县政府。十是万载港物流一期项目(万载公路口岸作业区等),工程投资6亿元,开工时间为2012年9月,计划完工时间为2015年9月,责任单位为万载县政府。

(吴泽水)

【宜春市道路货运产业加快发展】 2014来,全市道路货运企业849户,营运货车54334辆,吨位75万吨。全年完成货运量17608万吨,货物周转量5971562万吨千米,同比分别增长17%和34.2%。货运产业发展,带来人流、物流和信息流,成为经济发展、财政增收新亮点,有力推动全市经济社会快速发展,取得较好的经济和社会效益。

(何文斌　陈琦云)

【宜春市多措并举促进货运产业发展】 2014年,全市各级运管部门认真贯彻落实国家和我省促进物流业健康发展的政策措施,坚持从实际出发,因地制宜,重引导、强服务,有力提升全市货运产业发展水平。一是跑项争资促发展。抢抓国家交通运输部、财政部开展全国甩挂运输试点的机遇,争取本市骨干货运企业参与试点。继2013年江西鸿海(高安)物流有限公司被列为第三批甩挂运输试点企业后,2014年,江西华正道(樟树)物流有限公司被列为第四批甩挂运输试点企业。这两户试点企业建成验收后,可获得中央财政补助建设资金2000多万元。二是政策倾斜促发展。根据高安、万载、袁州等地政府要求,对重点企业发展大吨位车辆进行适度放开,促进当地经济和运输业发展。三是简政提效促发展。市运管局审批时限实现"两缩短",即:审批流程在10个工作日即可完成;而且车辆更新等正常业务不再需要局长办公会研究,直接由业务科室核实后便可办理。各县(市、区)运管部门也积极争取政府支持优惠车辆落户政策,简化办事程序,并主动为业户排忧解难、热情服务,进一步优化货运产业发展环境。四是搭建平台促发展。高安市引进央企中汽零投资50亿元建设货运汽车物流产业园,推动货运产业转型升级。2014年,该市新增国家AAAA级物流企业7户,AAAA级物流企业已达12户;新振兴、保捷实业、致远、强力、宇骏等五户专用车生产企业已获国家工信部备案。奉新县利用昌铜高速的全面贯通,正规划大型汽运服务中心,以加紧构建长距离快速运输通道。该中心占地面积20公顷,集汽车维修、汽车销售、汽车配件、停车服务于一体,逐步完善全县货运有形市场。五是"以客带货"促发展。宜春汽运股份有限公司利用客运网络辐射广、班次密集、运输快速高效的优势,继续在全市开通"宜运超市直通店",达200多户,将农村物流、商品销售与农村客运、农民旅游四项业务有机结合,为农民的生产生活提供近距离、全方位服务。截至12月,全市拥有普货运输企业795户,普货车辆48169辆;危货运输公司53户,危货车辆2998辆。

(李　明　何爱民)

【宜春市袁州区货运产业发展迅猛】 2014年,区交通运输局认真落实区政府关于加快发展现代物流的有关精神,大力发展货运产业,积极引导传统货运企业向现代物流企业发展。全年共有货运企业213户,新增42户,同比增加24.56%;全年新增营运货车1833辆,新增吨位9174.94吨,同比分别增加28.2%和24.23%,为全区经济健康快速发展起到推动作用。一是加大政策扶持和行业指导。成立货运产业办公室,对符合条件的业主实行"一站式"服务,做到随到随批,进一步简化审批环节,缩短审批时间。二是整合运输资源,鼓励城乡居民投资货运产业。该区鼓励物流企业吸纳社会个体及闲散车辆加盟经营,与城乡居民联办,推行政策优惠,放宽市场准入门槛,支持与指导业主兴办货运企业。三是转变工作方式,提高服务水平。成立交通综合服务窗口,将相关各部门整合成综合窗口,统一进驻行政服务中心窗口,业户在窗口可以全部办理所有业务。同时成立5个基层服务小分队,深入各企业上门办理业务。

(李　庆)

【樟树市第45届全国药材药品交易会交通运输保障有力】　10月16—18日,第45届全国药材药品交易会在“中国药都”樟树市举行。根据大会组委会安排,市交通运输局承担大会交通运输保障工作任务。为确保本届药交会期间各项活动及嘉宾用车及时、安全、舒适,局主要领导高度重视,周密部署,制定举措,落实运输保障任务,全力为大会成功召开提供安全、优质的运输保障。一是思想认识到位。一年一届的樟树药交盛会,汇集四海宾朋,客商云集,提供高效、优质的运输保障是大会成功召开的关键,也是展示药都良好形象的窗口,所有参与交通运输保障工作人员做到思想不麻痹、精神不懈怠。二是保障措施有力。在人员抽调上做到精益求精,所有参与人员都是各科室业务骨干,责任心强、业务精,不管是白天晚上都与司机在一起坚守岗位、就地待命。运输保障方案制订上做到无微不至,并根据樟树的交通和大会活动的特点,制定布置各项交通运输保障方案。车辆安排上做到安全可靠,在确保客运班线正常运转的前提下,科学合理地安排运力,调派一批车况好、安全系数高的车辆保证大会用车需要。本次药交会共调配小车60辆,大客车30辆,合理调度,共接送药商代表3000余人次,实现代表零滞留、零投诉、安全零事故,受到药商代表的好评

(杨　波)

【丰城市道路货运产业快速发展】　2014年,丰城市交通运输部门按照市政府《丰城市扶持发展汽车货运产业实施办法》要求,加强领导,制定举措,加大工作和服务力度,全力推动道路货运产业发展,至12月底,全市道路货运企业146户,新增56户,同比增长62.22%;拥有货车6494辆,吨位52938吨,新增车辆1190辆,吨位7848吨,同比分别增长22.44%和17.4%。全年完成货运量2283万吨,货物周转量634674万吨千米,同比分别增13.4%和13.3%。全年货运产业创税1.5亿元,全市道路运输呈现快速发展势头,有力推动全市经济社会大发展。①贯彻落实《丰城市扶持发展汽车货运产业实施办法》,加大宣传力度,使市政府扶持汽车货运产业发展的优惠政策和措施家喻户晓,人人皆知。②鼓励企业和个人筹资办汽车货运产业,交通运输部门提供优质服务,做到开业审批,随到即办,符合条件的随时许可审批。③以市扶持汽车货运产业发展领导小组对新开业货运企业给予优惠奖励。④交通运输部门积极引导传统货运企业向现代货运物流企业发展,着力提升物流专业化、社会化服务水平。召开汽车货运企业法人座谈会,介绍和推广国内先进汽车货运产业发展的经验和做法。通过优惠政策和优良服务,促使该市汽车货运产业走上快车道。

(熊雪芽)

【宜春汽运总公司快递打造“超市直通店”】　该公司利用客运网络辐射广、班次密集、运输快速高效的优势,与专业快递公司强强联合,依托汽车站,以及开设在全市乡(镇)村的200多个“宜运超市直通店”,与快递公司合作形成优势互补,受理行包、货物、快件、批量货物运输业务,以及货物中转、市内配送等业务,基本上做到门到门服务,实现农村物流全覆盖,消除了百姓的后顾之忧。宜春汽运开展快运,最大的优势是为客户节约时间,降低货物运输成本,宜春区域内、省内以及湖南、湖北等较近省份物品均可当日到达,广东、福建、上海等省外较长距离的货物隔日到达。这样的速度超过全部专业快递公司。该公司从今年5月份起,先后与顺丰、申通、韵达等15户专业快递公司实现了合作。该公司将继续加大与快递公司的合作力度,加快服务网点设置,进一步完善服务功能,不断提高服务质量,充分将客运交通平台与快递公司的优势结合起来,取长补短,实行农村群众和企业双赢,为广大百姓,尤其是乡(镇)村的百姓提供更优质、更快捷的货物运输服务。

(吴泽水)

【宜春市袁州区大力推进道路物流业发展】　2014年,全区共有货运(物流)企业213户,新增42户,新增营运货车1047辆,吨位13455吨,同比分别增长16.2和24.6%,道路货运量及周转量同比分别增长10%和15%。一是加快建立物流产业基地,发展现代物流。区委、区政府依托工业园区建设,积极引进外地物流企业,打造宜春郑铁物流园、赣西物流园、金桥物流园和赣西农产品批发市场等大型物流企业。二是全力提高服务质量,优化发展环境。区委区政府制定优化企业服务“双十条”,出台系列激励和优惠政策,成立货

运产业办、道路运输协会,设立运管行政服务窗口,搭建银企合作通道,实行“一对一”全程跟踪服务。三是加快高速公路建设,改善交通条件。万宜高速公路项目建成通车,昌栗高速公路袁州段开工建设,进一步推动高速物流发展。四是加强产业引导,整合运输资源,积极引导广大社会个体及闲散车辆加盟兴办货运企业。

(李　庆)

【宜春市袁州区引进郑铁物流集团打造宜春物流园】 宜春郑铁物流有限公司选址落户袁州区医药工业园,项目总投资1亿元,于2013年8月1日正式动工建设。郑铁物流集团以五年规划打造出“一个总部、两个营运中心、双物流园信息化交易平台”中的宜春物流园。项目建设主要包括信息交易中心、仓库、冷库、仓储服务中心、综合服务区、办公楼、宿舍及其他附属用房,总建筑面积276250平方米。主要从事各类货物的仓储、城市配送、运输经营活动,并基于现代物联网技术架构的物流信息交易平台,为工厂与商家之间架设沟通桥梁,实现二者之间无缝对接。建成后的郑铁宜春物流园将运用“商贸+物流”的商业模式,“以商贸带动物流、以物流促进商贸”,正常年份,信息平台交易信息540万条,实现货物吞吐量270万吨。该项目的建设,将改变宜春传统的物流形态,快速提升宜春现代物流发展水平,赋予全新的业态模式,使商业、物流业、制造业、服务业与工业园区建设实现有机融合、相互促进,为宜春物流业和优势产业发展提质提速。

(李　庆)

【华正道物流有限公司成功入选全省申报全国第四批甩挂运输试点项目】 华正道物流是国家AAAA级综合服务型企业,中国物流与采购联合会常务理事单位,2010年12月该公司正式落户樟树张家山街道,投资6.2亿元建立樟树华正道物流服务中心,2012年8月正式开工建设,2014年底基本完工。该项目占地16.22公顷,主营仓储物流配送、货物拆装、汽车交易和展示、物流服务信息网络等,将建成具备一体化物流、商贸流通、综合配套三大功能的物流服务后勤保障基地,进一步促进樟树及周边地区现代物流业发展。项目投产后年销售收入可达4.5亿元,年税收可达5000万元以上。华正道物流有限公司2014年在樟树物流服务中心投资3亿元建设甩挂运输试点项目(甩挂运输培训中心、网络甩挂平台即物流信息平台),购置牵引车85辆、半挂车255辆,建设甩挂中转场址,开通上海至广州、广州至郑州等甩挂运输线路,主要运输汽车配件、建材、日用家电、化工品等产品。2014年,该公司已成功列入全省申报全国第四批甩挂运输试点项目。

(杨　波)

【丰城市林安国际商贸物流城建成开业】 丰城林安商贸物流城是广东省林安商贸物流集团责任公司投资建设的商贸物流大型企业,于11月28日建成开业。商贸物流城项目由丰城(林安)国际商贸物流城(位于龙光大道以南,剑桥大道以东)和梅林物流园两部分组成,项目用地面积77.33公顷,其中丰城(林安)国际商贸物流城57.33公顷,梅林物流园20公顷,总建筑面积100万平方米,工程投资30亿元。该商贸物流城2013年被国家认定为全国商贸物流试验基地。在三年建设期间,市委、市政府高度重视,给予大力支持,组织工作组,由市领导带队常驻工程建设工地,协调关系,及时解决施工中的困难和问题,排忧解难,使工程进度之快,质量之好,如期建成开业。物流城内已开通电子商贸物流平台,已入物流城的企业和商户达600多户,城内建材、摩托车、电动车、五金、百货等商品贸易每日物流量达700多车次。工程项目建成将极大助推全市物流产业发展和经济发展升级。

(熊雪芽)

【有恒仓储物流有限公司落户靖安县】 该县按照“明确定位,落实措施,建好龙头,延展内涵”的发展要求,努力把该县的物流业做大做强,创生态环境和蓬勃的发展态势,为该产业转移提供了有力的落地条件。物流外包连锁基地正式落户县工业园区,致力于打造江西省低碳环保绿色食品、粮食、食用油、绿色照明、电器等第三方仓储、物流、加工、销售、服务外包、电子商务等综合配套服务于一体。该项目由江西省恒威投资集团有限公司投资5亿元。占地33.33公顷,总建筑面积40万平方米,项目主要有食品加工区、仓储区、物流配送区、物联网电子商务服务区、综合配套服务区、服务式总部经济办公区、会议会展贸易洽谈区、星级酒店、餐饮、休闲会所服务区。项目建成后年经营收入150亿元,纳税1亿元。该项目的落户,填补了靖安县无大型物流中心的空白。2014年8月,一期工程完工。可承揽品牌粮食、食品、食用油企业100个亿元以上的外包业务,可实现利税1亿元以上。

(刘 斌)

【央企汽车商贸物流园落户高安市】 5月15日,由中国汽车零部件工业公司投资建设的汽车零部件、商贸物流产业升级项目落户高安。该项目旨在打造一个集汽车销售、展示体验、维修保养、配套服务、物流仓储等于一体的高端汽车商贸物流园,占地面积318.8公顷,总投资超过50亿元。中国汽车零部件工业公司(CAPAC)为中国机械工业集团有限公司全资子公司,是国家汽车零部件集成服务的综合服务型骨干企业。此次投资建设汽车商贸物流园将进一步扩大公司的汽车零部件业务,全面完善汽车零部件综合性服务系统,打造高安千亿级的汽车物流产业。

(周世祥)

【上高县投资2亿元建成农产品物流项目】 江西省锦江农产品物流中心位于锦江镇新320国道和老320国道交叉处,工程投资2亿元,占地面积6公顷,建筑面积3.8万平方米,商业面积4万平方米,包含水果、蔬菜、副食品、粮油交易区、冷藏保鲜区和相应配套服务。该项目于2013年4月全面开工建设,2014年12月建成,建成后年交易额可达50亿元。该项目旨在专注服务三农,提升上高商贸物流竞争力,促进县城乡经济多元发展,将打造成集批发、物流、仓储、冷藏及其他配套设施为一体的现代化农产品物流服务平台,大幅提升赣西地区农产品商贸物流水平。

(潘泓羽)

【上饶公路货物运输总量有上升】 截至2014年年底,上饶市拥有营运货车59299辆、385731吨位,比2013年同期增长8.5%。完成公路货运量19536万吨,货物周转量3691454万吨千米,同比分别增长12%、10%。

(韩晓艺)

城市公共交通

【全省出租车市场情况】 截至2014年年底,全省共有出租车企业183户,出租车保有量全省共有车辆17499台,出租车驾驶员从业人员为36103人,出租车年客运量6.64亿人次。总体来说,江西省出租汽车企业总体处于规模小、管理弱化经营状态,没有规模化、集约化经营的品牌企业,企业性质主要有:个体民营、股份制民营、国有。出租车保有量在中部各省中偏低,车款、车型多样,没有统一标准。出租车驾驶员人员结构复杂、文化素质整体比较低,以下岗员工为主,规范化服务水平不高。目前,出租车客运市场经营模式主要有三种:一是个体挂靠经营管理,二是公司化经营承包管理,三是公司化经营员工化管理模式,其中以公司化经营承包管理模式为主。

继续指导推进出租汽车行业和谐劳动关系创建活动。出租汽车行业和谐劳动关系创建活动是交通运输部、人社部、全国总工会2012年共同发起的一项全国性行业创建工作,其要点是“公车公营、员工化管理”,2014年是收官之年,按部里的要求,省运管局上报了和谐劳动关系创建工作先进单位、先进个人名单,九江驾驶员柯俊峰获全国五一劳动奖章。

积极做好出租汽车行业的维稳工作,通过各级管理部门的积极作为,出租汽车行业上访、罢运事件总体呈下降趋势,但上访事件仍时有发生。2014年,省运管局接待和处理了乐平、万载、南昌大众交通出租汽车司机上访事件,参与了宜春市、新余市出租汽车停运事件,均得到了妥善处理,没有造成事态扩大和恶劣社会影响,全省出租汽车行业保持了总体稳定。

(游国候)

2014年江西省城市(县城)客运交通一览

表16

地区名称	公交专用车道长度	公共汽电车经营业户数	出租汽车经营业户数	公交IC卡售卡数
	千米	户	户	张
全省合计	49	106	183	1847400
南昌市	15	2	33	347173
景德镇市	0	3	10	233860
萍乡市	0	4	5	215000
九江市	4	13	29	308562
其中:共青城	0	1	1	4861
新余市	0	12	5	22689
鹰潭市	0	5	6	56548
赣州市	26	19	22	130857
其中:瑞金市	0	1	1	0
吉安市	0	13	26	30281
其中:安福县	0	1	2	0
宜春市	0	10	17	176272
其中:丰城市	0	1	2	13452
抚州市	0	12	17	177608
其中:南城县	0	1	2	0
上饶市	4	13	13	148550
其中:鄱阳县	0	1.00	2.00	2587

(省运管局)

2014年江西省城市(县城)公共汽电车

表17

地区名称	运营车数(辆)							标准运营车数(标台)	运营线路数(条)	运营线路总长度(千米)	客运量(万人次)	运营里程(万千米)	从业人员数(人)
	合计	汽油车	柴油车	天然汽车	双燃料车	纯电动车	混合动力车						
全省合计	9472	72	7858	882	8	0	410	10452	1098	18763	150145	74769	19227
南昌市	3292	0	2616	289	0	0	247	4017	215	3988.40	62279.10	31767.80	5968
景德镇市	492	0	483	9	0	0	0	500	52	836.8	8058.90	4255.00	1306
萍乡市	397	0	236	100	0	0	61	429	47	521	7801.90	3189.20	1246
九江市	884	72	710	0	0	0	0	962	118	1712.50	15626.20	5214.00	2189
其中:共青城	10	0	10	0	0	0	0	14	4	62	96.3	56.1	17
新余市	552	0	407	137	8	0	0	580	96	1523.20	6646.60	3959.50	1054
鹰潭市	239	0	239	0	0	0	0	251	29	517.5	3479.00	1530.50	514
赣州市	1039	0	869	150	0	0	20	1099	157	3371.40	10589.60	5930.20	2017
其中:瑞金市	52	0	52	0	0	0	0	42	0	8	330	361.8	78

续表 17

地区名称	运营车数(辆)							标准运营车数(标台)	运营线路条数条	运营线路总长度(公里)	客运量(万人次)	运营里程(万公里)	从业人员数(人)
	合计	汽油车	柴油车	天然汽车	双燃料车	纯电动车	混合动力车						
吉安市	632	0	632	0	0	0	0	636	133	2522.10	6849.60	5620.90	1287
其中:安福县	47	0	47	0	0	0	0	46	14	370	240.5	462.6	66
宜春市	694	0	604	90	0	0	0	755	90	1554.00	9042.20	4625.70	1208
其中:丰城市	74	0	74	0	0	0	0	85	12	259	904	401	87
抚州市	647	0	518	47	0	0	82	640	77	1130.40	10040.50	4913.80	1294
其中:南城县	50	0	50	0	0	0	0	40	6	78	412	385.8	66
上饶市	604	0	544	60	0	0	0	583	84	1085.40	9731.40	3762.80	1144
其中:鄱阳县	42.00	0	42.00	0	0	0	0	38	5	80	773	372	84

(省运管局)

2014 年江西省城市(县城)出租汽车

表 18

地区名称	运营车数(辆)		客运量	运营里程	载客里程	从业人员数
		安装卫星定位车载终端运营车辆数	万人次	万千米	万千米	人
全省合计	17499	15502	66417	203558	135563	36103
南昌市	5627	4845	21356	73926	47255	13,634
景德镇市	772	110	2991	9411	4379	1,957
萍乡市	770	770	3991	10896	6313	1,635
九江市	2620	2620	10084	28035	19767	4,793
其中:共青城	60	60	255	650	514	72
新余市	636	636	3905	8374	6495	1,313
鹰潭市	450	450	1769	4805	3802	755
赣州市	1724	1694	6717	14674	9972	3,516
其中:瑞金市	100	100	230	1121	671	180
吉安市	952	862	2567	10251	6494	1,570
其中:安福县	65	65	117	792	479	93
宜春市	1546	1546	5056	15654	10821	2,670
其中:丰城市	220	220	809	2672	1835	394
抚州市	1024	591	3755	11527	8047	1,647
其中:南城县	100	100	182	1147	690	120
上饶市	1378	1378	4226	16005	11219	2,613
其中:鄱阳县	152	152	332.9	2082	1478	197

(省运管局)

【加快淘汰更新"黄标"出租汽车】 2013 年初, 南昌市政府出台关于对 2014 年 6 月 30 日以前投放市场的传统燃油型出租汽车提前更新给予政策优惠的文件（洪府厅抄字〔2013〕266 号）。市交通运输局会同市财政等有关部门积极开展淘汰更新“黄标”出租汽车的管理工作，此项工作得到市财政局以及各出租汽车客运企业的大力支持，淘汰更新“黄标”出租汽车管理工作是一项较为繁杂的系统工作，市客管处从开始到结束前后要经过六个步骤，即：宣传、折算有偿使用费、填表、记录、统计汇总、报财政。上述工作经历了 1 年 4 个月的时间终于圆满完成。此次享受市政府政策优惠的营运出租车辆共计 1151 辆。

（市客管处）

【南昌梅岭旅游公交专线 160 路恢复运行】 随着梅岭旅游旺季的临近，到梅岭的游客日益增多，9 月 6 日，梅岭景区旅游公交专线（160 路）恢复运行。该专线起点为南昌八一大桥，终点为梅岭景区狮子峰，全程 68 千米。乘客可直接到梅岭主峰风景区和狮子峰景区。运行期间（运行期为每年 4、5、9、10、11 月的双休日及法定节假日）早上 6：30～9：30 在八一桥发车，间隔半小时，下午 15：00 从梅岭景区狮子峰返回，票价五元。

【南昌县塔城乡五条区域公交线路运行】 8 月 20 日上午，南昌县塔城乡东游、芳湖、秋溪、北洲、南洲 5 条区域公交线路试运行。9 月 3 日全面启运塔城区域公交。开辟区域公交线路是南昌县委、县政府建设农村中心学校的配套工程，也是惠及沿途千家万户的大好事。县交通运输局精心设计线路，方便居民、学生乘车。一是按照就近就便的思路，对通行道路反复比较，找出最近，最好，最方便的线路，确保 9 月 3 日开通区域公交线路。二是把握时间节点。合理安排车次。每条线路的车辆运行时间确保在早、晚特定时间段内加密班次完成乘客输送。三是消除道路隐患，保障车辆安全。对每一条线路的道路状况进行安全排查，消除隐患，确保符合公交线路开通要求。四是坚持成本核算，合理编制计划。市公交总公司妥善处理安全、服务、效益三者关系，依据实际需要进行成本核算，合理编制营运收支计划。

塔城 5 条区域公交线路配备 9 米空调车辆 8 辆，日发班次 34 班，发班时间：7：00、7：40～16：00、17：00。往返运行里程 290.8 千米，票价一元一票制、A 卡 9 折，月票无效。除居民乘客外预计输送学生乘客 914 名，有效地解决居民出行和学生上下学难的问题。

【解决出租汽车加气难问题】 南昌市客管处针对该市出租汽车的“加气难”问题，从 2014 年初开始就积极联系中石化南昌分公司进行沟通。经多方努力，到 5 月份，全市已陆续开设 4 处压缩天然气加气站：董家窑加气站，地处东湖区青山路 480 号董家窑加油站内，加气营业时间为 05：00～11：00；黄城站加气站，地处高新大道与顺外路交界处，黄城加油站营业房背面，24 小时营业；小兰加气站，地处南昌县墨山立交桥正荣大湖之都对面，小兰加油站营业房背面，24 小时营业；广兰加气站，地处南昌经济技术开发区广兰大道以东、麦庐加油站以南，该站为纯 CNG 加气站，24 小时营业。

在这四座加气站正式投入使用后，市客管处通过 GPS 语音播报等方式通知到所有的出租汽车驾驶员，可就近快速的加到天然气，给广大出租汽车驾驶员的日常营运带来更多的方便。

（市客管处）

【南昌市试运行 200 辆合乘出租汽车】 南昌市交通运输局决定，自 2014 年 4 月 1 日起正式推广合乘运营方式，在出租汽车行业品牌车队内遴选出 200 辆出租汽车安装合乘计价系统与 3G 音视频系统。安装工作预计 5 月份完成，并且从 2014 年 5 月 1 日起，除安装了合乘系统的出租汽车外，严禁其他任何形式的合乘和搭载行为，否则一经查实将按规定给予处罚。首批 200 辆合乘出租汽车试运行后，凡申请安装合乘设备的，必须先报市交通运输局客管处审批。此后新增的出租汽车也将安装这类系统，力争在 2015 年 12 月 31 日前，全市出租汽车都能合乘。

为了帮助推广合乘运营方式，对积极推广和使用合乘运营系统的出租汽车企业，客管处将在企业服务质量信誉年度考核时予以奖励。同时，对实施合乘运营方式的出租汽车经营企业或个人，市政府从出租汽车经营权有偿使用费和节能节耗专项资金中划拨资金给予购置合乘系统补贴。

（市客管处）

【景德镇市昌江区鲇鱼山镇70周岁及以上老人免费乘坐公交车】 景德镇汽车站(西客站)至鲇鱼山镇区内班线公交化改造完成后,景德镇长运公司于4月初面向昌江区鲇鱼山镇70周岁及以上老年人推出免费乘坐公交车优惠举措。该镇符合条件的老年人办理老年人IC卡后(老年人卡每年享受总金额为600元的免费乘车待遇,超过此金额则需要自行买票),可在一年内免费乘坐景德镇汽车站(西客站)至鲇鱼山镇区内客运班车。

(涂 强)

【景德镇市人民广场周边公交站点调整】 1月19日,为缓解人民广场周边道路拥堵状况,景德镇市公共交通公司对人民广场公交站点停靠做出迁移调整。其中,在图书馆前设置3个站点,北侧公交停靠点(前往新厂路和朝阳路方向)为5条线路,即1路、4路、10路、26路、27路;中间公交停靠点(前往朝阳路和广场北路方向)为8条线路,即3路、7路、12路、13路、16路、17路、18路、35路;南侧公交停靠点(前往珠山中路方向)调整为5条线路,即5路、23路、25路、28路、33路。地王大厦门口公交站点调整为2个,均为前往广场南路方向,其中东侧公交停靠点为6条线路,即6路、8路、8路支线、23路、28路、33路,西侧公交停靠点为5条线路,即5路、13路、15路、21路、25路。市妇幼保健院前(前往珠山中路和广场南路方向)的公交站点将设置12条线路,即3路、4路、6路、7路、12路、13路、15路、16路、17路、21路、35路、38路。

此次人民广场公交站点迁移调整后,同一方向公交车车辆划归同一站点停靠,市民候车更加方便。

(涂 强)

【景德镇市公交10路线路改线运行】 2月16日,景德镇市公共交通公司将10路公交线路部分路段改道运行。改线调整后的运行线路走向为:起点站为昌江广场,经市公交公司、第六中学、新桥、第二医院、第九中学、新德园、梨树园、市审计局、西客站、人民公园、第十一小学学、鹏程宾馆、豪德广场,终点站为卡地克陶瓷公司。调整后线路首末班时间不变(起点站发车时间6:00—20:00)。

对该公交线路部分路段进行调整,是为了缓解珠山路道路拥堵状况,科学合理调整线网布局,加快推进“城市畅通工程”建设步伐。

(涂 强)

【景德镇市开通9路公交线路】 6月1日,景德镇市开通昌江广场至卡地克陶瓷的公交9路线(往返线路)。

景德镇市公共交通公司开通的9路公交线路的营运时间为每天6:20—18:00;运行线路由昌江广场始发,经市第三人民医院、新厂、樟树下、方户山路口、前街南河新村、南河小区、古镇公元(暂命名)、银曙路口、白鹭大桥、市国土资源局(暂命名)、中国海事(暂命名)、豪德广场(二期),终点为卡地克陶瓷公司。

该市9路公交线路的开通,不仅结束白鹭大桥建成4年不通公交车的历史,解决了城东新厂地区及高新开发区沿途市民出行不便问题,而且消除了景东大道以西地区公交线路盲区,在优化城市公交服务网络布局、缓解城市交通拥堵、打造连接东西城区快速公交通道等方面发挥积极作用。

(赵 玲)

【景德镇市公共交通公司为高考考生提供免费乘坐公交车服务】 高考期间,景德镇市公共交通公司为高考考生提供免费乘车服务。高考考生凭本人准考证,不限次数免费乘坐市区任一线路的公交车。这是该市历史上首次为高考考生提供免费乘坐公交车服务,也是该公司自教育实践活动开展以来推出的亲民惠民、关爱学子,践行群众路线的又一举措。

(涂 强)

【景德镇市五部门发起“爱心送考”公益活动】 6月4日,共青团景德镇市委、景德镇市交警支队、市城市客运管理处、瓷都交通音乐广播共同发起“爱心送考”公益活动,面向全市征集“爱心送考车”,帮助广大高考考生安全、快捷、准时抵达考场,顺利参加高考。这是该市连续12年举办“爱心送考”公益活动。

在6月7日、8日两天的“爱心送考”时间里,“爱心送考车”统一系上“爱心绿丝带”标志,便于考生识别并招手请求乘车。考生凭准考证免费乘车至市区任一考点,交通管理部门对接送考生的“爱心车”提供便利。此次“爱心送考”共吸引76辆出租汽车、92辆私家车参与,共免费接送高考考生781人次。

(涂　强)

【景德镇市公共交通公司总值班室投入使用】 经过1个多月的紧张施工,集生产调度、应急处置、安全管理、投诉受理等多项职能于一体的景德镇市公共交通公司总值班室于7月1日投入使用。

该公司总值班室的主要工作职责是,执行上级领导(机关)的指示、指令和通知等,指挥公司的正常运营,处置突发事件,检查公司安全生产,接待来人来访,受理各类电话、网络投诉和咨询,负责公司日志,组织生产调度会的交接等。

该公司总值班室投入使用时,“0798-8280111”为民服务热线也同时开通。该服务热线由专门人员24小时全天候值守,负责接听群众对公交工作的意见、建议、投诉和咨询,为广大市民提供相关帮助。同时负责对各条公交线路进行全程监控,并与各条线路调度室保持互动,及时掌握线路安全营运和文明服务情况。对群众反映的一切问题,当场解答,一时解决不了的,由带班领导负责跟踪,做到事事有回音、件件有落实。

该公司总值班室和为民服务热线的开通,在发挥公共交通引领城市发展、服务广大市民,增强驾驶人员服务群众意识,进一步改进公交工作,真正发挥好公交是城市窗口、公交是城市的名片作用等方面将起到积极的助推作用。

(巢喜生　涂　强)

【景德镇公交车开进景航社区】 2月9日,景德镇汽车站(西客站)至鲇鱼山镇区内班线公交化改造完成后,景德镇市昌江区西郊街道及景航社区相关负责人积极与景德镇长运公司取得联系,希望能够将该班线延长至景航社区。

位于景德镇市昌江区鲇鱼山镇辖区内的景航社区有3000多居民。在过去数十年里,此地居民须步行近半个小时到鲇鱼山镇搭乘班车才能到景德镇市区,生活极为不便。景德镇长运公司积极履行国有企业的社会责任,不仅将该班线延伸至景航社区,而且实行70岁以上老人凭身份证或老年卡免费乘车制度,受到该社区及沿线居民的称赞。该班线分早、中、晚3班延伸至景航社区,自该社区始发时间分别为7:55、13:30、17:40,全程投币1元。

(涂　强)

【景德镇市交通运输局营造创建“国家五城”氛围】 按照景德镇市创建“国家五城”指挥部统一部署,景德镇市交通运输局积极投入创建工作,先后参与市公安局牵头组织的全市城区交通秩序专项整治行动、市城管行政执法局牵头组织的全市城区主次干道环境卫生专项整治行动。

为确保各专项行动有序推进,营造人人关心创建、人人参与创建的浓厚氛围,该局采取多种有效形式,高密度地在全市公共交通参与者中进行宣传,一是分别向出租汽车、公交车驾驶员分发倡议书,号召全体公交车、出租汽车司乘人员规范运营、文明驾驶,以良好的精神风貌和积极的工作状态投入创建工作;二是利用公交车、出租汽车LED显示屏游走创建“国家五城”活动标语及社会主义核心价值观内容,营造出浓厚的“创五城”舆论氛围;三是主要领导及市公共交通公司、市城市客运管理处主要领导走进市广播电台“政风行风热线”直播节目,就交通运输工作发展及公共交通创建工作与广大听众互动交流;四是在瓷都交通音乐广播播出全市公共交通秩序专项治理行动公益广告,呼吁广大公共交通参与者积极参与创建工作。

(赵梦林)

【出租汽车行业“奋战六十天、迎接瓷博会”】 9月18日,旨在营造安全、舒适、便捷、文明出行环境,树立良好行业形象,提升服务水平和社会影响力的景德镇市出租汽车行业“奋战六十天、迎接瓷博会”优质服务竞赛活动正式启动。

该市开展的此次出租汽车行业优质服务竞赛活动是全市“奋战六十天、迎接瓷博会”八大整治活动中公共交通秩序专项治理的重点内容之一。全市(不含乐平市)9家出租汽车公司、662辆出租汽车车主及驾驶员为活动的参与者。其目的是以文明行业创建标准为准绳,以宣传引导为先导,以“优质服务竞赛”活动为抓手,以人民群众满意为目标,创造优美和谐的乘车环境,建立规范有序的运营秩序。推行优质文明的行业服务,着力将出租汽车司机打造成为"遵章守纪的驾驶员、乘客满意的服务员、旅游观光的导游员、精神文明的传播员"。

全市出租汽车行业优质服务竞赛活动方案明确,以出租汽车车容车貌、营运行为、优质服务、安全文明行车等方面的规范标准及志愿者服务为竞赛内容。其中,对车容车貌的要求有,车身平整无积泥,车内无赃物油污,车辆设备齐全、技术性能良好,座套清洁并做到及时更换等;对优质服务的要求有,文明服务、热情待客,不说脏话、粗话,主动帮助老、弱、病、残、孕及其他特殊乘客上、下车等;对运营行为的要求有,遵守职业道德,讲究信誉,不拒载、不甩客、不宰客、不绕道行驶,计程收费,主动出具乘车发票等;对安全文明行车的要求有,自觉遵守"六大文明交通行为",自觉抵制"六大危险驾驶行为"营运期间不吸烟、不吃东西、不接(打)手机等。方案中还要求各出租汽车公司搭建志愿服务平台,积极引导热心公益事业、有强烈志愿服务意愿的车主和驾驶员组建志愿者服务车队,带头倡导文明行车、文明服务,使出租汽车真正成为城市的亮丽风景。

景德镇市交通运输局根据活动内容和特点,设置了相应的评选标准、奖项名称及奖励名额,奖项设置集体奖项1个、个人奖项2个(车辆、驾驶员奖项各1个),具体为"景德镇市出租汽车公司管理示范单位"3个、"景德镇市出租汽车优质服务示范车"30辆、"景德镇市出租汽车优质服务标兵"30名。经考核评比,分别对取得前3名的出租汽车公司、前30名的出租汽车、前30名的出租汽车驾驶员予以表彰奖励,并在新闻媒体进行通报表扬,进一步树立典型,强化出租汽车行业的精神文明建设。

竞赛活动期间,景德镇市城市客运管理处组织执法人员进行不定期检查和上路抽查,对在活动其间发生无故拒载、甩客、绕行、议价、不按规定操作计价器、超标准收费、未经乘客同意拼客等任一违法违规行为并查实的,按上限对违法违规行为人予以处罚,查实的违法违规行为累计达3次以上(含3次)的,强制涉事出租汽车停运一周接受教育并进行整改。对在活动中表现较差的后3名出租汽车公司、违法违规行为最多的30辆出租汽车和30名出租汽车驾驶员给予相应处罚,其中出租汽车公司应在一个月的期限内整改到位,出租汽车、出租汽车驾驶员分别应在7天的期限内整改到位。出租汽车整改后仍不合格的,责令其暂停营运,直至整改到位。出租汽车驾驶员整改后仍不合格的,取消其《从业资格证》,且两年不得从事出租汽车运营服务。

(涂　强)

【景德镇市新增80辆空调公交车】 10月1日,80辆崭新的空调公交车驶上景德镇市城区街头,给节日的瓷都增添了喜庆氛围。一年新增公交车80辆,创该市公交事业发展史上一次性新增公交车数量之最。此次新购置的80辆空调公交车中,60辆为传统能源(柴油)动力,其车身长度分别为8.5米(厦门金龙牌公交车20辆)、9.3米(北汽福田牌公交车40辆);另有20辆(郑州宇通牌)为新能源(气电混合)动力,其车身长度为10.5米。这20辆新能源公交车装配无级变速装置,驾驶轻便,易于操作,能大大降低驾驶员劳动强度。这20辆新能源公交车以压缩天然气(CNG)+电力的混合动力为驱动能源,与传统能源(汽油或柴油)动力公交车相比,其一氧化碳排放量减少97%、碳氢化合物减少72%、氮氧化合物减少39%、二氧化碳减少24%、二氧化硫减少90%、噪音减少40%,且不含铅、苯等致癌物质,无粉尘排放,节能减排、环境保护优势明显,代表着公交运输装备的发展方向。这20辆新能源公交车的投入使用,开启该市公交新能源时代。

此次新购置的80辆空调公交车投入运营后,可使该市新公交车(2011年及以后新增的公交车)的比例占到在营公交车总数的一半以上,部分公交车超期使用、老旧破烂的现状得到有效改观,广大市民享受安全、便捷、舒适的公交服务的愿望得到基本满足,公共交通服务在"创五城"活动中的重要作用将得到真实体现。

(涂　强)

【景德镇市部分公交线路9月26日起调整】 为更好地服务经济建设,方便群众出行,景德镇市公共交通公司根据城区发展的实际情况,于9月26日起,分别对12路、13路、26路、27路公交线路进行调整。

12路公交线路首发站从原来的市规划局延

伸至恒大名都影城，其他站点和首末班发车时间不变。

13路公交线路从999厂发车至昌江广场后，不再直行进入朝阳路，而是右转至昌江广场直行，再左转进入景东大道，途经恒大名都—梨树园后，左转进入广场北路，驶入广场南路（沃尔玛），右转进入曙光路—昌江大桥—豪德贸易广场—市政府办证大厅，终点到达新都民营陶瓷园。

26路公交线路从原602所发车，改为南河小区发车，经602所二桥— 湖田桥— 陶阳南路（老陶院）—新厂西路—里村—马鞍山后，不再进入人民广场，而是进入广场北路，至广场北路口红绿灯处，右转至药监局后，再左转到达青塘发电厂。

南河小区至新枫园的27路公交线路，从南河小区发车后，进入602所二桥，经湖田桥，回到陶阳南路，其他行驶线路和站台不变。

13路公交线路改为行经景东大道，结束该大道以东不通公交车的历史。26路公交线路从珠山中路撤出，是为了有效整合公交资源，优化公交线网布局，减轻珠山中路的交通压力，缓解交通拥堵。26路、27路两路公交车同时绕行至602所，是为了方便周边群众，尤其是中（小）学校学生上学、放学的需要。

此外，“机场巴士”公交专线也恢复运行。该专线曾于2011年开通，由于种种原因，中途被迫停运。该专线始发站由原来的火车站改为里村东站，其他站点不变。发车时间均为飞机航班到达前一小时。

（赵　玲　巢喜生）

【景德镇市首开公交旅游专线】 10月1日景德镇市首条城区公交旅游专线开通。这是继“机场巴士”专线恢复运营之后开通的观光公交线路。该公交旅游专线也称公交39路线，由里村汽车东站发始发，途经站前路路口、汽车长途东站（火车站）、浙江商城、广场南路（国贸广场）、人民广场、医药公司、御窑长廊、东门头，到达市第一医院后，直行至中华北路路口右转经新枫园后，再左转过瓷都大桥，经景德镇汽车站（西客站）右转进入迎宾大道，过中国陶瓷城、瓷园（锦绣昌南）后，左转进入新平路，再左转至昌南大道移动公司，右转进入瓷都大道枫树山丁字路口后，再右转进入陶瓷历史博览区（古窑），出古窑左转进入新风路陶瓷研究院，过昌江大桥到市第二中学后，经沿江东路民窑遗址博物馆，进入浙江路到达火车站（汽车长途东站）、站前路路口，最终回到始发站里村汽车东站。全线沿途共设32个站点，全程运营里程达21千米，历时近80分钟，首班车发车时间为7:00，末班车发车时间为16:00。在该公交旅游专线上运营的公交车全部为新近添置的“金龙”牌22座空调车。

该公交旅游专线的开通运营，不仅将位于景德镇市城区的陶瓷历史博览区（古窑，国户AAAAA景区）、御窑遗址公园、瓷园（锦绣昌南，国户AAAA景区）、陶瓷研究院、民窑遗址博物馆等市区主要旅游景点及火车站和数个汽车站串成一线，可极大地方便中外旅客、广大市民参观游览市区主要旅游景点及旅行中转或乘车，也给沿线周边群众出行提供了更多选择。

（陈维平　巢喜生）

【景德镇市三条公交专线服务“瓷博会”】 景德镇市公共交通公司在2014年中国（景德镇）国际陶瓷博览会期间（10月16日至10月23日），投入20辆新公交车，开通分别由景瀚陶瓷广场、景德镇陶瓷学院（新厂校区）、景德镇陶瓷学院湘湖校区直达瓷博会活动现场的3条公交专线。

从广场南路景瀚陶瓷广场开往瓷博会主会场的公交专线所经线路为，由景瀚陶瓷广场始发，经人民广场、珠山中路、昌南大道（交通银行大楼）、联通公司、紫晶路，经迎宾大道至瓷博会主会场。

从景德镇陶瓷学院（新厂校区）开往瓷博会主会场的公交专线所经线路为，由陶院（新厂校区）始发，经印机总厂、景德东大道（南河小区）、景德西大道、白鹭大桥、豪德二期、景德镇学院、枫树山（古窑民俗博览区）、西客站，经迎宾大道至瓷博会主会场。

从景德镇陶瓷学院湘湖校区开往瓷博会主会场的公交专线所经线路为，由陶院新区始发，经黄泥头、新厂、里村、新桥、二院、梨树园、昌江大道、西客站，经迎宾大道至瓷博会主会场。

这3条公交专线运行时间均从7:00至19:00，每个班次间隔时间为10—15分钟，采取投币1元的方式乘车。

（陈维平　巢喜生）

【《景德镇市人民政府江西长运股份有限公司战略合作意向书》正式签署】 11月20日,中共景德镇市委常委、副市长黄康明代表景德镇市人民政府,江西长运股份有限公司董事长葛黎明代表江西长运股份有限公司,分别在《景德镇市人民政府江西长运股份有限公司战略合作意向书》上签字,标志着酝酿已久的景德镇市公共交通公司改革改制工作进入实质性阶段。

该《战略合作意向书》明确,双方合作组建并经营"江西长运景德镇公共交通有限公司",景德镇市人民政府参股占比为30%,江西长运股份有限公司控股占比为70%。

(涂　强)

【景德镇市公交5路和36路线路微调】 自12月8日起,景德镇市公共交通公司对5路和36路公交线路进行微调。5路线主要对早、晚高峰走向进行调整,主要满足周边学校学生和福利院老人出行需求。具体时间和线路走向为:早高峰时间(6:20—6:50)从火车站发车,到邮电大楼站后,调整为经昌南大道联通公司站、新平路路口、第五中学、中国陶瓷博物馆、市社会福利院、金岭大道路口,其他行驶线路照旧;晚高峰时间(17:15)从法蓝瓷公司发车,至金岭大道后,调整为金岭大道路口、市社会福利院、中国陶瓷博物馆、第五中学、财富大厦、移动公司,其他行驶线路不变。非早、晚高峰时段执行原线路行驶。

36路线路主要为延伸线路,将原来设在"浮梁县粮食局"的起点站延伸到"浮梁县瓷都名府"站,具体走向为瓷都名府、浮梁烟草公司,"浮粮县政府站"和"浮梁粮食局站"取消,其余线路和站点不变。

(江　鸿　巢喜生)

【萍乡市交通运输局起草优先发展城市公共交通实施意见】 为了进一步提升城市公共交通服务水平,促进城市公共交通与城市协调发展,萍乡市交通运输局起草了《萍乡市人民政府关于城市优先发展公共交通的实施意见》。根据萍乡实际情况,将公共交通发展放在城市(城区)交通发展的首要位置,在规划布局、设施建设、技术装备、运营服务等方面,明确发展目标,落实保障措施,创新体制机制,加大实施力度,确保公共交通在城市(城区)交通中的主体地位。

(晏卫东　彭　淼)

【萍乡市新增32辆新能源公交车】 11月26日上午,16辆崭新的公交车投入运营。此次共采购32辆新能源公交车,分两批交付。这批油电混合动力新能源车是国内最新节能环保型公交车,具有动力强、噪声小、方便驾驶、乘坐舒适、能耗和污染小等特点。这32辆公交车安排17辆车到1路线,安排13辆车到19路线,安排2辆车到18路线,在12月全部投入使用。新车"上岗"后,将淘汰此前拖着"黑尾巴"的黄标车,给市民创造一个更舒适的乘车环境。2014年,该市共有346辆公交车上线营运,其中新能源车共有62辆,占总车辆数约20%。

(张　颖)

【萍乡市开通首条高铁公交快巴专线】 为方便广大市民的出行,该市公交总公司继调整延伸9路、37路至高铁站后,于9月24日开通了通往高铁的公交快巴专线。作为该市首条快速巴士专线,单边里程为9.2千米,投入4辆旅游客车,票价3元。发班时间为早上6:30至晚上22:34。

(陈良球)

【萍乡市公交总公司更新运力,拓宽经营渠道】 一是开通了高铁公交线路。新增一条高铁公交专线快巴1号线;延伸公交9路线、37路线。二是筹措资金3600多万元,先后新购新能源、环保空调运力57台,与此同时,该公司对外线更新运力20台,其中25路运力全线更新,高坑线、萍观线也有部分运营车辆得到了及时更新。三是从9月1日起,收回原公交广告分公司的经营权。更名的公交广告传媒有限公司,隶属总公司的科级建制经营单位,由总公司统一管理、统一考核、直管经营,9月至12月,实现广告收入101万元。

【上栗县城市公共交通稳步发展】 该县公交事业开始于2006年10月,上栗县公共交通有限公司系该县政府批准的唯一一家城市公共交通专营单位。公司成立初期有6台车,1条线路,17名职工。通过这几年发展壮大,现已更新换代公交车辆20台,有公交车辆22台,公交线路4条,线路总长75千米，公交员工32人（含临聘司乘人员），车辆年营运里程156万千米，年客运量约140万人次，公司资产达620多万元。

（萍交局）

【莲花县大力推动城市公共交通发展】 随着城镇化建设加快，县城区面积快速扩大，城市居民人数不断增多、流通加快，发展和管理好城市公共交通势在必行。为解决市民出行需求，提供“便利、优质、安全”的运输服务，该县交通运输局规范公交车、出租车的营运行为，强化监管，严查损害旅客利益的违规行为，保障了公交有序运营。为缓解县城公交运力相对的压力，在县城—工业园线路增投4辆统一标识的公交车，便利了赴工业园打工人员的交通。同时，为提高公共交通服务水平，组织开展了“莲花文明使者”出租、公交车队创建活动，要求从业人员牢固树立优质服务意识，提高服务质量，规范文明言行，做到文明驾驶，诚信经营，让群众舒心满意，受到社会各界的好评。

（萍交局）

【九江市公共交通】 九江市加大城乡客运公交改造力度。积极参加“大九江”城乡客运公交改造，优化公交线路4条。通过多次协调，开通了九江火车站至庐山（九江县城）火车站的公交线路，方便了两站之间的旅客换乘。

1. 三个场站建设稳步推进。2014年3月18日，按照市委市政府和市交通运输局有关会议和文件精神，九江公交开始着手进行公交场站建设的前期准备工作。一是浔中场站已完成3.07公顷土地拆迁征地，并已完成初步方案设计。二是租用鼎通公司花果园场地0.33公顷，进行鼎通花果园场站开工建设。三是进行浔东场站（公交总站）围墙建设。

2. 增加和调整部分公交线路。自2014年3月份开始，九江公交对部分公交线路进项了延伸和调整，共新增公交线路1条(68路火车站到大千世界)，调整公交线路2条(23路、29路)、延伸公交线路2条(108路由怡嘉苑延伸至学府路上的庐山区一中南门，线路延伸后增加2千米；12路终点站国棉五厂延伸到九江文化艺术中心，延伸1千米)。

3. 实现硬币自动化清分。为提高工作效率，九江公交于3月份投资25万元购进了硬币清分系统，经调试后已投入使用。系统应用后，公司收银实现了硬币清点、检伪、包装为一体的自动化操作，硬币清点打卷不再需要人工操作，大大减少了人力成本，提高了工作效率。

4. 狠抓企业内部经营管理。2014年5月，九江公交狠抓企业内部管理，修改和完善了包括驾驶员星级管理在内的12项重大制度建设，大大提高了驾驶员争创高星级的积极性和主观能动性，四、五星级驾驶员增多，收入增长。

5. 对车身广告媒体经营权公开拍卖。九江市公交广告有限公司是九江公交集团公司下属股份制企业，主要从事公交车辆和候车亭广告经营，年营业额约1100万元，利润约400万元，为实现国有资产利益最大化。按照九江市交通运输局《关于收回九江公交媒体经营权的通知》（九交字〔2014〕74号）等文件精神，经2014年11月4日九江公交广告公司股东大会通过，收回九江公交媒体经营权，并于12月26日将398辆公交车身媒体（不含候车亭）三年的经营权进行了拍卖。此前的评估价为1930余万，拍卖价格高达3900万元，达到年净增利润800余万元。实现了国有资产利益最大化。

九江市开通“掌上公交”查询服务系统。2014年1月公交公司开通了手机上的“掌上公交”查询服务系统，能让市民随时了解欲乘公交车的当前行驶位置，方便了群众出行，节省了候车时间。

（九江市道路运输管理局、九江公交集团公司）

【九江市公共交通客运】 2014年底，全市拥有城市（含县城）公共汽电车运营车辆884辆、962标台，比2013年分别增加62辆、58标台；出租汽车运营车辆2620辆，比2013年减少1辆。公共汽电车经营业户13户，出租汽车经营业户29户；公交IC卡累计售卡量308562张。全市拥有城市公共汽电车运营线路118条，运营线路总长1712.5千米；比2013年增加7条、增加9.1千米。城市公共交通全年运送旅客25742.6万人次，比2013年增加88.7万人次。其中公共汽电车完成客运量15626.2万人次，出租汽车完成客运量10116.4万人次。

（熊长生）

【新余公交开通智付通刷卡充值业务】 1月,新余公交新开智付通——即公务员车贴支付卡刷卡充值业务,经过近一个月的试运行,运转正常。

1月1日起,新余市在市直党政机关事业单位中推行公务用车制度改革。为方便车改后公务员乘坐公交车,该公司积极与公务员车贴支付卡发卡银行——中国农业银行新余市支行协调沟通,在较短的时间内安装调试好智付通等硬件设备,并对后台软件兼容作了分类调试测试,效果良好;公务员只需持车贴支付卡在智付通上刷卡,便可办理普通公交IC卡并充值。

公务员车贴支付卡仅限于办理普通公交IC卡,新办时,须现金支付卡金20元,最低充值30元/次,刷卡乘车0.9元/次(凭本人身份证办理);每张身份证仅限办理一张普通公交IC卡,该卡如有遗失或损坏,可凭身份证到新余公交服务大厅挂失补办,补办时须缴纳卡金20元/张,原卡内余额可转至新卡,原卡自动作废;所有普通公交IC卡办理使用后,一律不予退卡。

(彭　剑)

【新余高新区开通公交循环专线】 2月18日,高新区内下班的企业员工走出厂区,顺利地乘上了停靠在厂区门口的区内公交循环线公交车,乘车的刘师傅惊喜地说:“盼了许久,公交终于开到了厂门口,今后我们再也不用为上下班的交通问题犯愁了。”2月12日,新余公交开通了高新区公交循环专线,以方便园区内企业员工和附近居民出行。

此前,高新区管委会和新余公交等相关部门就区内循环专线的开通作了专项调研,随着区内入驻企业和员工的不断增加,企业员工出行需求增加,为进一步优化高新区内的投资经营环境,改善区内员工生活、工作出行条件,在高新区管委会的关心、支持下,新余公交于2月12日起,先期投入2辆公交车开通了循环专线。运行线路为广城家居(渝东大道与虎跃路交叉口)—新城大道—高新管委会(光伏路)—亿铂电子—中川木业(龙腾路)—富士长林(光明路)—开昂科技—鑫杰科技—工业地产南门—工业地产东门(西城大道)—中西安防—沃格光电—水西集镇(西城大道与渝东大道交叉路口)原路返回。每天运行8个趟次,首趟为7时30分,末趟为17时30分,全程21千米,设有24个站点,票价1元/人,循环运行。

(邓清华)

【新余公交调度运力疏导春节客流】 春节临近,为方便乘客出行,新余公交调度运入加强与火车站、长途客运站和城乡结合部的衔接,及时掌握乘客集散信息,采取增加运力、缩短发车间隔时间和延长收班时间等措施,保障客流集散地乘客的疏导。其中,101路、102路、305路、401路、503路、601路、805路等7条线路各增开1~2台机动车辆应急,同时合理调整发车时间;303线路每天增开2个班次,发车间隔时间由原来的10分钟左右缩短到7分钟左右;305路、401路等2条线路大年初一(1月31日)早班车提前30分钟时间发车,满足崇庆寺方向沿途市民的乘车需求;308路、402路、603路等3条线路加密发行班次,发车间隔时间分别缩短4—6分钟;郊区线路末班车收班时间延长8—10分钟;另据了解,一旦列车临时调整发车时间或晚点,该公司将安排机动车辆在火车站及时侯客。

(彭　剑)

【鹰潭市顺利完成出租车更新工作】 根据市委、市政府批转的《关于鹰潭市城区出租车汽车更新实施方案》精神,2014年8月15日至9月30日该市开展了出租汽车车辆更新工作。此次更新工作坚持“总量控制,自愿申请,节能环保,保持稳定”四项原则,由行业主管部门结合鹰潭市实际选出六种车型,由出租车业主投票,在纪检监察部门的监督下最终确定了三款更新车型。更新后的出租车安装了统一的计价器、卫星定位系统、LED屏、顶灯、座套、运价标签等配套设施。同时,新式出租车外观也进行了相应的调整,下半部底色统一为黄色,上半部分三个出租车公司三种不同颜色,便于市民识别、乘客投诉、遗失物品查询和路面监管。此次出租车的更新换代不仅秉承了“节能、低碳、环保”的理念,更为鹰潭市举办的第三届国际道教文化节增添了一抹亮色。

(艾年宗)

【鹰潭市优先发展城市公交】 2月16日,鹰潭市政府与江西长运股份有限公司签署了《投资合作经营协议书》,4月28日正式注册登记成立了江西长运鹰潭公共交通有限公司。新公司成立后，江西长运鹰潭公交引进上市公司先进管理经验，继续践行“行业公益性和企业市场化运作”理念，先后于6月开通了20路、21路公交线路，有效解决了工业园区的市民出行难的问题；12月份又开通了高铁专线（汽车站—鹰潭北站）公交，解决了鹰潭高铁开通后市民出行的需求，真正实现了城市客运“无缝衔接、方便换乘”的目标。同时，为提高运营服务水平，提升城市品位，鹰潭公交投入资金，购置了16辆新型公交车，用于公交车辆的更换，以改善市民的乘车环境。

（艾年宗）

【江西长运鹰潭公交公司圆满完成年度营运任务】 2014年是江西长运鹰潭公交公司的过渡阶段，公司领导班子没有丝毫松懈，各项工作有条不紊，较好地完成了各项营运任务。公交现有人数380人，公交车辆142台，公交线路18条。2014年全年完成营运收入2299.16万元，总行驶里程753.35万千米，客运量3427万人次。

（艾年宗）

【鹰潭公交基础设施建设情况】 2014年2月，鹰潭市政府召开第三十九次常务会议，会议明确：鹰北公交枢纽站、鹰南公交枢纽站建设所需用地受让主体（即建设经营主体）为江西长运鹰潭公共交通有限公司。12月10日，鹰北公交枢纽站已基本完成基础功能建设与鹰潭高铁北站同步正式开通运营，鹰南公交枢纽站建设工作加强统筹安排，前期工作进展顺利。

（艾年宗）

【鹰潭公交开通20路公交线路】 2014年6月1日，鹰潭公交开通20路公交线路（滨江广场至高新技术开发区），该线路是从滨江广场出发，经梅园大道、胜利东路、天洁路至工业园区。该线开通后，缓解了18路公交压力，很大程度上满足工业园区的市民出行需求。实行票价1元，全程一票制。

（艾年宗）

【鹰潭公交开通21路公交线路】 2014年9月，鹰潭公交又开通了21路公交线路（火车站至国际眼镜城），该线路从火车站出发，经五洲路、鹰西大道、国际眼镜城，并延伸至手拉手汽车城。实行票价1元，全程一票制。

（艾年宗）

【鹰潭公交公司IC卡管理中心开展充值优惠活动】 2014年国庆期间，鹰潭公交IC卡管理中心开展了“刷卡坐公交，实惠更优惠”的充值优惠活动，通过免费办理移动公交一卡和充值一百送二十等优惠方式，让市民体会到公交IC卡带来的便利的同时，也享受到了IC卡带来的实惠，真正做到“一卡在手，公交随行”。

（艾年宗）

【鹰潭公交公司优化内部机构】 2014年10月，鹰潭公交对内部机构进行优化，19个部室精简到11个部室，规范了各部室的工作职能，做到分工明确，职责到岗到人。

（艾年宗）

【鹰潭公交公司开通高铁专线公交线路】 12月10日，鹰潭高铁北站正式通车，为方便高铁乘客的出行，江西长运鹰潭公交同时开通高铁专线。该线路始发站为汽车站、终点站为鹰潭北站，途径汽车站、露江小区、火车站、时代广场、夏埠南桥头、夏埠村、祝家新村、公元尚城、夏埠乡政府、夏埠福利院、彭家村、鹰潭北站（原路返回），全程24千米（往返）。鹰潭公交共投入6台宇通大巴车进行营运，营运时间为早7:10至晚22:00，每班次的营运时间与高铁到站时间相对接。该线路全程实行一票制，票价为2元/人。

（彭　霞）

【遂川县公交惠民创新 园区工人免费乘公交】 遂川县政府决定于2014年10月1日正式启动对园区务工人员实行凭卡乘坐公交车的免费优惠。近年来在当地政府部门的大力扶持帮助下，该县发展城乡公交车线路13条、公交车80辆，覆盖区域达5个乡镇，约30万人，全县50%人口可受惠于公共交通网络带来的便利客运服务。随着更多免费公交客运线路的开通，该县公交事业迎来一个开拓性发展的新时代。

（吉交局）

【宜春市公交公司开展“百日安全竞赛”活动】 该市公交公司从2013年12月24日至2014年4月2日组织开展为期100天的“百日安全竞赛”活动。实现在春运期间为乘客提供安全、便捷的出行服务。活动坚持“安全第一、预防为主、综合治理”的方针,以“便民利民、平安春运”为主题,以安全生产为核心,通过重宣传、抓源头、严落实、勤检查,全面提高驾驶员的安全意识,营造稳定的安全工作环境。在活动期间,公司针对行业特点,进一步落实安全运营管理工作内容,加强始末站隐患排查和驾驶员的监督力度,要求严格执行公司操作规程。一方面,稽查、安保、生产机务、车队等业务部门管理人员分组,定期与不定期到各运营线路、车辆掉头等安全隐患点进行安全运营、安全操作督查、排查;另一方面,加大3G监控的力度与抽查数量,对违规违章行驶、调头等安全生产运营行为进行严查重罚。从根本上消除安全隐患,确保车辆安全文明运营。活动结束后,公司还对表现突出的一线生产工作人员、公司管理人员与部门给予表彰和奖励。

(何　清)

【宜春市公交公司开通工业园区公交专线】 该市公交公司与客商服务中心经过多次协商,于10月8日起开通工业园区公交1号专线(试运行)。该线路运行时间为周一至周五,双休日、节假日停班;发车时间分为上班发车时间和下班发车时间,上班发车时间为7:15,具体走向为:始发站贸易广场,主要途经宜人华府、市环保局、宜春中学、国际商贸城、广汇户居、宜春重工、兴发铝业、万润·香槟国际、江马电动车、广东雄塑、金钾科技、景鸿集团、宜伟路口、南方混凝土、拓鸿新材料、客商(行政)服务中心、经都学校、沿经发大道,返回公交总站;下班发车时间为17:30,具体走向为:始发站经都学校,主要途经客商(行政)服务中心、拓鸿新材料、南方混凝土、宜伟路口、景鸿集团、金钾科技、广东雄塑、江马电动车、万润·香槟国际、兴发铝业、宜春重工、沿经发大道返回至贸易广场。工业园区公交1号专线运行,方便上下班工人出行,为招商、安商,支持工业园经济发展发挥较好用。

(何　清)

【宜春市公交公司四措齐下保平安春运】 春运以来,公交客流量达568万人次,同比增长5.6%,实现无重特大责任交通事故,保护一方平安。一是未雨绸缪,切实做好春运方案。为确保春运安全、有序、畅通、优质进行,公司成立春运工作领导小组,制定春运实施方案和应急预案,同时,投诉中心做好春运期间咨询投诉受理工作,及时妥善解决服务投诉纠纷,确保信息畅通。二是加强指导,强化运营现场管理。公司根据各主要站点春运客流特点,从1月26日起,安排各机关科室工作人员充实到各主要站点值班维护乘车秩序,明确了值班人员的职责和纪律。在工作中定岗定责,明确各自职责,细化工作责任。实行领导负责制、安全生产责任制,切块管理。严格把好人、车、线路、站点等各个关口,为实现平安春运、便民利民打下了扎实的基础。三是狠抓落实,强化安全生产观念。严把管理关,安全制度落实到位。召开各车队驾驶员安全教育会议,加强驾驶员春运安全行车教育,继续深入开展了“百日安全竞赛”活动;严把车检关,安检措施落实到位。在春运到来前,对所有公交车辆进行安全大检查,车辆每天出站、回场各检查1次,凡是查出不合格、检测不符合标准的车辆,限期修改,强制维修,坚决遏制各类事故、特别是重大事故的发生。春运期间,仅发生刮碰微小事故3起、同比下降40%,实现平安春运的目标。四是科学调度,适应春运客流需求。公司GPS调度指挥中心通过GPS调度系统掌握线路运行情况,适时调度,缓解交通拥堵、应对突发情况。分管领导始终坚持每天深入一线跟班蹲点上路上线巡查,及时掌握车辆营运动态和客流情况,在客流骤增或是路堵的时候,适时通知当班调度人员安排车辆加班或调整运行路线。春运期间,安排加班车辆46辆,调度加班趟数58趟、同比下降30%,共发送温馨提示和语音短信120多条/车,全力保障了市民的出行安全。

(何　清)

【宜春公交确保清明节市民出行畅通】 为保障市民在清明假期的出行需求,市公共交通司根据往年的客流规律和交通环境,提早制定了详细周密的营运安排,从线路设置、车辆准备、人员安排、秩序维护、维修保障等方面进行了周密安排,抓好落实。一是对途经殡仪馆、公墓等线路、郊区线路、旅游景点的5路、8路、116路、118路等主要运营线路相应的增配运力、加密班次,保证广大乘客方便;二是密切关注火车站、汽车站等重要客流集散地,适时调整运力,满足乘客的出行需求;三是根据实际情况,在客流量较大的火车站、殡仪馆等站点安排管理人员维持秩序,引导乘客排队上车,确保广大乘客享受到优质的出行服务;四是倡导市民移风易俗、文明扫墓,严禁携带易燃易爆物品上车。

(何　清)

【宜春市公交公司调整公交线网适应高铁开通】 宜春高铁综合交通枢纽的开启,为加强高铁站与中心城区各区域的交通联系,方便市民出行,公司以东南大学线网规划为指导,本着"市民利益至上,社会效益第一"的宗旨,在广采民意、充分论证的基础上,按照"结合规划、分步实施、立足现状、充分覆盖"的原则,对中心城区2路、3路、4路等10条线路进行不同程度的调整和延伸,并新开2条线路。为解决公交停班后火车站上下车乘客晚上不方便出行这一实际问题,公司首次开通夜班公交专线(试运行),运营时间21:30—5:30,起点为新火车站,途经袁州区行政中心、袁山东路、区计生委、官园小区、正荣街,到达终点体育中心后原线返回。

(葛　曦)

【宜春市公交公司为高考保驾护航】 市公共交通公司制订四项措施做好一年一度的高考期间的营运服务工作,为考生提供一个良好的乘车环境,让考生以良好的心情到达考场,取得好的成绩。公司安排高考学生接送车辆30辆,其中宜春中学21辆、一中5辆、三中4辆。为确保考生准点到达考场参加考试,按照往年接送惯例,公司制定了详细的接送方案:一是安排新购置的车况较好的车辆参与接送,并在接送前一天进行了车辆技术状况检测,确保接送车辆技术状况良好。二是对接送学生的时间、天气情况、道路情况提前掌握,确保考生提前到场。三是安排驾龄长、驾驶技术好、服务质量优、未发生重大有责交通事故及未发生酒后驾驶的驾驶员驾车,确保运行安全。四是车队、稽查、生产机务等业务部门安排专人到现场负责接送车辆调度,以应对处置突发情况。 (何　清)

【宜春市公交公司成立高铁综合宜春交通枢纽公交分公司】 宜春市公交公司于2014年12月26日起,将原无人售票车三车队与宜阳修理分厂重组,成立宜春市公共交通公司高铁交通综合枢纽分公司,并正式迁入综合交通枢纽办公。分公司主要负责运营线路:4路、7路(内外)、9路(内外)、12路、17路(内外)、22路、26路、机场专线,共计98辆公交车。配套营运车辆维修、抢修、一、二级维护保养、发动机三保、大修等功能。

(晏慧锋)

【宜春市铁路综合交通枢纽公司把服务质量放在第一位】 9月16日,市铁路综合交通枢纽公司正式启用。为强化旅客服务质量,在公司开业之前,公司举办咨询导引员集中岗位培训班,学期一个月,请有关专户授课,学习内容为礼仪、手语、急救等服务基本知识,并适时推出微笑服务。在出站口处安装标识牌10余块,咨询导引台增设"问询处"三面立牌,为来往旅客答疑解难。公司开业2个多月,在问询处解答旅客疑问题800余次,推车服务16次,轮椅服务9次,受理旅客来电31次,深受广大乘客好评。

(张　童)

【樟树市人性化取缔1037辆城区客运三轮摩托车】 该市城区三轮摩托车载客是从20世纪90年代兴起的,用于客运的三轮车一直维持1000辆以上,到2009年,这些三轮车都超过报废年限,安全隐患极大。由于三轮车载客属于非法营运,而且不少车主无视交通法规,导致事故频发。广大市民通过不同渠道,尤其在市'两会'期间,一位市人大代表和政协委员会通过建议、提案等方式,多次发出取缔三轮车的呼声。面对市民取缔客运三轮车的呼声日益高涨,市委、市政府敢担当,敢作为,充分考虑车主的生活,采取收购奖励、分流安置等人性化的做法,一次收购取缔载客三轮摩托车1037辆,实现车主、市民和政府的"三满意",进一步净化城市客运秩序,城市交通面貌焕然一新。一是实行优惠政策收购。凡是签订收购合同的车主,每辆旧车市政府出资5610元收购,并参照低保标准又给他6240元的奖励。二是分流安置。为科学做好三轮车的安置工作,市里举办三场三轮车车主招工专场会,100多户企业提供3000名就业岗位,有400多名车主被招工到企业工作,月工资在2000至3000元。对年龄较大或因身体原因不能进企业的,市政府通过购买环卫、市容协管、交通协管等公益性安排他们就业,已有120余名三轮车主上岗。对500余名选择自己创业的车主提供免费创业培训,还帮助他们获得优惠贷款政策,每人可获两年期的10万元免息贷款。三是在新城成立出租车公司,投资620余万元购大众牌出租车60辆投入营运,解决取缔载客三轮摩托车后,确保广大市民出行乘车需求。

(吴泽水)

【靖安县荣利汽车租赁公司于9月18日开业】 这是该县首户汽车租赁公司,为股份制企业,首期投资180万元,购置中、高档轿车5部已全部投入运行。汽车租赁是该县交通行业的新生事物,得到了政府、交通、交警的大力支持,也为该县行政事业单位公车改革后多了一条租车渠道。

(刘　斌)

【奉新县环城公交车投入营运】 伴随着城市框架不断拉大,城镇化步伐的加快,城市人口增多,原有1路公交车不能满足广大市民出行和幸福指数提升的需要。对此,县政府秉持以人为本理念,切实解决群众乘车难问题。通过交通部门与公交公司沟通和协商,并报县政府批准,2014年年底,由宜春汽车运输总公司奉新分公司投资,先后购买13辆全新公交车投入营运,在城区开通3条公交线路。在试运行期间,公交车早上6点发班,晚上6时收班,票价1元。同时,有关部门进一步加强了对公交车运行的管理,努力确保环城公交能够安全、有序、畅通运行,服务和便利广大群众生活出行。

(魏振宇)

【奉新县多部门携手合作抓好中高考学生道路运输】 为确保2014年普通高校招生统考和中考考生运输工作的顺利进行,县教育、公安等部门与县交通运输部门积极配合,围绕“安全、快速、优质”的运输目标,精心组织,统筹安排,全力以赴,从四个方面切实做好考生的运输工作。一是成立中高考学生工作领导小组,由县政府分管副县长任组长,县教育、公安等部门与县交通运输部门分管副局长、运管所长任副组长,确保做到“五个到位”:即组织到位,举措到位,服务到位,责任到位,安全生产到位。二是制订方案,合理安排时间、线路、车次,抽调最好的客车和技术最好的驾驶员,负责考生运输。三是严格落实“三把关一监督”的要求,对车辆和驾驶员进行严格审查,凡车辆技术性能不达标的一律不准参加考生运输,实现零投诉、零事故、零滞留。四是完善突发事件的应对预案,确保考试运输工作万无一失。通过努力,2014年高考、中考,该县共安全运送考生3150人次,确保考生运输任务全面完成,为中高考顺利进行提供坚实的运输服务保障。

(魏振宇)

【高安市启动天然气出租车加气站】 11月6日,高安市天然气汽车加气项目在永生加油站启动。该市汽车出租公司的50辆出租车成为首批加气者,市民即日可坐上天然气出租车。此项目启动后,将该市分别测试了单燃料(压缩天然气CNG)公交车和双燃料(压缩天然气CNG和汽油)出租车的能耗情况,为交通、环保部门准确测算天然气汽车运行经济技术数据提供较为科学的依据,也为顺利开展市燃气公交推广工作提供参考依据。据测算出租车用油每千米的费用大约为0.55元左右,而使用天然气的每千米费用只需0.35元,相比之下,可以节省36%的经营成本,达到了经济性和环保性双重赢利。

(周世祥)

【上高县泰安出租“爱心送考”服务高考考生】 为让考生准时抵达考点,县泰安出租车有限责任公司从2011年起就成立了高考爱心车队,“爱心送考”服务高考考生。这是该出租车公司第4次服务高考考生的志愿行动。全县有50多名出租车驾驶员主动报名参加免费接送高考考生,并免费为乘车考生购买乘车意外伤害险。所有参与活动的出租车车窗玻璃上,都贴有醒目的红色“高考爱心服务车”标识。同时,还向社会公布预约电话,接受特殊家庭“一对一”上门服务,有效地解决了部分困难家庭及交通不便等考生出行难问题。该出租车公司组织的爱心送高考活动,传遍全县各乡镇,社会好评如潮。4年来,该公司陆续收到了家长和考生的感谢电话100多个,锦旗10多面。(潘泓羽)

【宜丰县更新幼儿园校车34辆】 该县认真贯彻落实国务院《校车安全管理条例》和《江西省校车安全管理规定》,会同教育、交警等部门切实抓好校车更新工作。对全县幼儿园校车使用情况进行详细的调查,对幼儿园法人进行了政策宣传和思想动员,截至校车使用过渡期结束时期(8月31日),共更新幼儿园校车校车34辆。

(漆志勇)

【宜丰县不断优化公交客运线路】 宜丰县坚持公交优先、方便群众的政策导向,会同公交公司和相关部门多次现场踏勘和广泛调研,新增客运班线2条,新增客运车辆11辆,有效地解决了工业园区接送员工严重超载现象。6月份调整线路班车9辆,其中宜丰—黄岗5辆、宜丰—同安3辆、宜丰—新庄1辆,有力地缓解了人民群众出行难问题。

(漆志勇)

【万载县新增营运出租车50辆】 万载县2014年1月,对首批新增出租车运力经营权进行公开招投标。凡在宜春市范围内具有独立法人资格,具有良好客运经营业绩与服务质量信誉的道路运输企业,均可参加本次新增出租车运力经营权的投标。依据相关法律法规,经评审委员会的严格评审,万载恒通出租车公司中标。同意恒通公司新增出租车80辆,先期投放50辆,剩余30辆按市场需求逐步投放,严格实行公车经营,认真执行政府物价部门审批的价格,打表经营,公平公正,为广大乘客提供便利、安全、优质运输服务。

(朱林生)

【上饶市公交智能调度中心投入使用】 上饶市公交智能调度中心首期已建成并投入使用,目前建成的数据采集机房总投资30万元,机房24小时通电并保持恒温状态,可支持数据信息15秒一次性打包存储。智能调度中心指挥室现有5台机器与2个投影显示器,对全市333辆公交车安装了7寸大小的车载GPS定位导航触摸显示屏,每个显示屏容量为500G,信息可保存45天左右。

在智能调度中心的操作页面中,一级监控主画面显示图是上饶道路地图,画面布满黄绿两色移动方块,绿色方块代表上行公交车,黄色方块代表下行车辆。二级监控画面采取公交线路示意图,可以在并排平行的每条线路上看到每辆公交车运行的位置、车距、到站时间。单车监控画面会出现公交车前后门上下车与车前车后4个监控显示图,调度人员可以借助智能调度中心清楚掌握车内外情况。

(王　涛　韩晓艺)

【上饶城区8辆出租车报废换新】 上饶市现有出租车数量为511辆,2014年9月份,上饶城区8辆出租车达到报废年限换新车。本次所换新车为新款桑塔纳,预计到2016年年底,511辆出租车除本次更换新车的8辆以外的都将达到报废年限更换新车。

(韩晓艺)

【上饶开启"掌上公交"时代】 2014年12月11日上午,上饶公交与上饶移动就"智慧城市掌上公交"项目正式签署合作协议,该系统计划于2015年年初建成投入使用。

项目建成后,上饶市民可使用智能手机扫描"掌上公交"二维码,将"智慧城市·掌上公交"软件客户端安装在手机上,查询线路或公交车实时位置,只需轻点手机,根据自身需求查询即可。"掌上公交"软件将实现公交地图、换乘服务、站点查询等功能,覆盖上饶市区所有的公交线路和公交站台,乘客可以在任何地方、任何时间通过手机查询到公交车辆的实时位置信息、实时站牌信息、实时经停站信息和换乘方案等。

(韩晓艺)

【上饶公交金融IC卡项目全面启用】 金融IC卡是指现有银行卡(磁条卡)的升级,安全性更好。通过植入芯片,可增加银行卡信息存储量,实现综合化功能。借助银行卡升级的契机,上饶公交公司与上饶银行合作,出资近200万元共同建设上饶公交金融卡,又称上饶市民卡。自2014年10月15日起,市民可以持公交金融IC卡(上饶银行市民卡)直接刷卡乘坐公交。在推广初期,部分线路可以享受7折乘车优惠,持公交金融IC卡也可以直接到上饶银行各网点进行充值。

(韩晓艺)

水路运输

【概况】 2014年全省共完成水运建设投资12.9亿元,其中社会投资港口建设项目全年完成投资达10亿元,拓宽了水运建设投资渠道和途径。

2014年全省在建水运建设项目有:石虎塘航电枢纽东门电排站交地施工、抬田工程施工、各种验收工作,预计完成投资9500万元,项目累计完成投资23.8亿元。龙头岗综合码头一期工程预计完成投资8200万元,累计完成投资23607万元,占总投资26%。项目陆域土方已基本完成,码头水工建筑物桩基、底系梁、走道板、水泥搅拌桩、清表工作已全部完成,土方开挖和陆域填筑已基本完成;排水砂垫层完成73873立方米,完成灌注桩超声波检测340根,静载2根。炸礁共完成20000立方米,水泥搅拌桩完成97405米,完成抛石6756立方米,完成混凝土联锁块预制271万块。万年港综合码头上半年完成投资1415万元,项目累计完成投资7265万元,占总投资93%。项目水工主体结构、道路堆场已完工,机械设备安装已基本完成,危险品管道铺设安装已完成招标工作。组织开展新建220千瓦起锚艇、440千瓦拖轮工程等项目招标工作,完成界牌航电枢纽电站开关站及配套电气设备改造工程、九江庐山区海事处码头栈桥改造工程、高安建新货运及海事工作船停泊码头等项目的监督指导工作。龙头岗综合码头工程(一期)完成项目初步设计变更与工可调整,于10月全面复工。万年港综合码头、九江市水上应急指挥中心完成主体工程。会昌县、贵溪市海事处工作用房建成并投入使用

至12月,完成年度投资计划的基本建设项目有:九江市水上应急指挥中心全年预计完成投资700万元,累计完成投资3500万元,已于5月5日主体封顶,内装修基本完成。会昌县海事处、贵溪市海事处工作用房已基本完工,年内可投入使用。加强装备建设,投资1478万元新建5艘工作船艇,同时落实搜救志愿者专用搜救装备及防护器材。

全省应参加年度核查的水路运输经营业户306户,实际参加核查的水路运输经营业户304户(企业178户、个体经营户126户)。其中,通过年度核查的水路运输经营业户274户(企业148户、个体经营户126),核查通过率达90%;限期整改水运企业29户;未通过核查水运企业1户。省际沿海企业参加核查29户,其中通过核查14户(不符合新资质要求的12户)、限期整改15户。省际内河企业参加核查129户,其中通过核查116户(不符合新资质要求的105户)、限期整改12户、未通过核查1户。省内内河企业参加核查20户,其中通过核查18户(不符合新资质要求的9户)、限期整改2户。全省应参加核查的水路运输服务经营业户78户,实际参加核查数为68户。其中,船代企业45户,全部通过核查。货代企业21户,全部通过核查。船舶管理业2户,通过核查1户、限期整改1户;33户水路客货运企业通过了标准化考评。

全省内河拥有各类运输船舶3730艘,同比减少210艘;船舶净载重量2153242吨位,同比减少127770吨位;载客量9876客位,同比减少882客位;船舶总功率658159千瓦,同比减少67945千瓦。沿海运输船舶45艘,同比增加1艘;总载重量为227579吨位,比上年末增加16789吨位,功率为64105千瓦,比上年增加3316千瓦。全省水运经营业户根据市场的变化和航道条件的改善,大力进行经营结构和船舶运力结构的调整,更新改造和新增船舶向“大型化、标准化”方向发展。在《江西省内河船型标准化补贴资金管理实施办法》等国家政策的扶持下,着力更新改造老旧的运输船舶。对使用年限到期的老旧船舶、单壳化学品船、单壳油船在国家政策的扶持下进行拆解工作。全省货物运输船舶平均吨位有一个较为明显的增加。2014年,全省船舶平均载重吨位由上

一年的878吨增加至1016吨,增长15.7%。这是一个标志性数据,标志着江西省船舶向大型化、专业化发展,为江西省水运发展奠定了坚实基础。

全省完成社会水路货物运输量9152.5万吨,货物周转量2119731万吨千米,同比增长5.7%和10.6%,旅客运输量281.3万人,旅客周转量3702万人千米。内河完成货物运量8654.6万吨,货物周转量1518021万吨千米。其中:进入长江干流的货物运量1141.05万吨,货物周转量473082万吨千米;沿海完成货物运量497.9万吨,货物周转量601710万吨千米。

由于高速公路及村村通公路网的建设,水路长途旅客运输基本停运,中短途的旅客运输也呈萎缩趋势,库区内和旅游景点的旅客运输量基本上保持上年同期水平,客运船舶向安全性、舒适性和便捷性方向发展。

(凌景坡)

水路运输企业

【远洋运输公司调结构谋发展】 为推动江西远洋运输公司改革发展,省港航局研究决定将远洋公司划归省港航建设投资有限公司管理。

2014年5月21日,中远集团和江西省港航管理局作为股东方代表召开“江西远洋管委会会议”。江西远洋公司副总经理彭韬汇报公司近年来经营状况和存在的困难,提出公司今后的发展思路。双方股东对江西远洋公司逐步剥离远洋运输业务,大力发展内支线运输和内河港口经营业务以及公司改制等问题达成一致意见。

由于当前国际航运市场仍处于低谷,为适应国内外航运形势新变化,江西远洋及时转变工作重点,将工作重心从远洋运输转向内河集装箱运输和集装箱码头的发展。经审慎评估和多方权衡,将“瑞金”和“赣顺”两艘竞争力不强、船龄又长的远洋船舶出售。又通过招标方式,向全社会发布内河集装箱船舶租赁公告,同时购买了“赣远37号”适合内支线运输的集装箱船,逐步淘汰现有低效的集装箱船。

作为南昌港国际集装箱码头的控股公司,该公司努力克服产能设计瓶颈,通过优化集装箱堆放原则,改进作业流程,提升集装箱周转效率;改进工人计件制度,调整管理人员薪酬标准,调动劳动积极性;开辟临时堆场,解决场地压力等应对措施。截至2014年10月底,完成集装箱吞吐量80233标准箱,为计划数的87.21%,同比增长4.95%,集装箱拆装箱作业量完成5830标准箱,为全年计划83.28%。2014年1—9月实现营业收入1951万元,完成营业利润474万元。

(罗淑青)

【南昌滕王阁游轮客运有限公司开业正式营运】 8月1日,南昌滕王阁游轮客运有限公司经过近1年的筹建,正式开始从事南昌市赣江水上旅游客运经营项目。该公司是由江西南昌旅游集团有限公司和江西水运集团共同出资组建,总注册资金2000万元。公司拥有豪华游轮3艘,470客位,主要经营南昌市水路旅客(旅游)运输。首先开通南昌八一大桥至生米大桥之间的夜游观光项目。

(刘 洁 涂春如)

【九江水运稳中有升】 2014年,九江市水路运输呈现总体平稳、稳中有升的良好态势。水路运输主要散杂货种如石油天然气及制品、煤炭、矿建材料、粮食等运量均大幅上升,内河货运量、海轮运输量、货物周转量都有增长,客运量、旅客周转量大幅下降。

2014年年底,九江市拥有运输船舶521艘,其中:内河船舶491艘、海轮30艘。载重量553379吨,载客量3417客位,功率173156千瓦。运输船舶拥有量与上年同期相比下降10.63%,载重量与上年同期相比下降10.68%,载客量与上年同期相比下降25.56%,功率与上年同期相比下降5.71%。

1. 水路旅客运输。2014年全社会水路客运量完成42.4万人,与上年同期相比下降14.52%。旅客周转量完成519万人千米,与上年同期相比下降17.88%。水运部门运量下降的主要原因:加大了对水路客运企业的整顿,淘汰了47艘客船。该市的客船运输都是以短线、观光旅游为主,平均运距约10千米,特别是3季度瑞昌码头镇—武穴的客运量与上年同期相比下降40.63%,旅客周转量与上年同期相比下降40%。

瑞昌汽渡船价格偏低,过往旅客开电瓶车比较多,坐汽渡船时间不受限制,人数差不多随时开船。而客船受时间、站点限制,到点才能开船,部分旅客选择坐汽渡船,导致瑞昌的水路客运量、旅客周转量大幅下降。

2. 内河水路运输。按新口径统计,全年内河水路货运量完成916.7万吨,与上年同期相比增长10.96%,货物周转量完成420545万吨千米,与上年同期相比增长10.58%。从运输货物分类来看,与上年同期相比增幅较大的是:煤炭增长6.30%,矿建材料增长18.86%,粮食增长25.64%。石油、天然气及制品、金属矿石、钢铁、水泥、木材、矿建材料、化工原料及制品、其他货类与上年同期相比大幅下降,其中:石油、天然气及制品下降20.24%,金属矿石下降31.91%,钢铁下降9.06%,水泥下降0.92%,木材下降12.5%,非金属矿石下降2.61%,其他货类与上年同期相比下降40.12%

3. 海轮运输。全年海轮货物运输量完成341.8万吨,与上年同期相比增长26.41%,货物周转量完成387441万吨,与上年同期相比增长15.86%。从货物分类来看:石油、天然气及制品、金属矿石、矿建材料与上年相比增长一成以上。但是煤炭、钢铁、水泥、非金属矿石、其他货类与上年同期相比下降明显。

4. 港口吞吐量。全年港口吞吐量完成12166万吨,与上年同期相比增长14.30%。其中:出口量完成11998万吨,与上年同期相比增长14.45%。进口量完成168万吨,与上年同期相比增长4.35%。

除去湖区挖砂和湖区中转出口量:全年港口吞吐量完成605万吨,与上年同期相比下降24.18%。其中:全年港口出口量完成437万吨,与上年同期相比下降4.87%。增长的货物主要是液体散货、水泥,分别增长2.61%、3.41%。

全年湖区挖砂、湖区中转出口量总计11561万吨,与上年同期相比增长17.42%。

(吴亚明　万文芳)

【九江金顺航运有限公司】 法定代表人:黄训金;经济类型:有限责任公司;注册资本:1000万元整;经营范围:长江中下游及支流省际普通货船运输,船舶6艘,7150载重吨,货运量10万吨,周转量5950万吨千米,营业收入107万元。

(熊长生)

【九江县航运公司】 法定代表人:黄训水;经济类型:集体;注册资本:142万元;经营范围:货物运输,包括长江中下游及支流普通货船运输。船舶4艘,1900载重吨。货运量40万吨,货物周转量2450万吨千米,营业收入161万元。

(熊长生)

【九江市安信航运有限公司】 法定代表人:虞勤;经济类型:有限责任公司;注册资本:939.6万元;经营范围:长江中下游及其支流省际普通货船运输,长江外贸集装箱内支线班轮运输,船舶3艘,3600载重吨,货运量25万吨,周转量6487万吨千米,营业收入708万元。

(熊长生)

【九江市顺恒物流有限公司】 法定代表人:郭春滚;经济类型:有限责任公司;注册资本:1200万元;经营范围:长江中下游及其支流省际普通货船运输,船舶4艘,4800载重吨,货运量14.21万吨,货物周转量2984.1万吨千米,营业收入310万元。

(熊长生)

【九江市金鸡水运物流有限公司】 法定代表人:宗明生;经济类型:私营有限责任公司;注册资本:500万元;经营范围:长江中下游干线及其支流省际普通货物运输,船舶8艘,3660载重吨,货运量4.5万吨;货物周转量2986万吨千米,营业收入678万元。

(熊长生)

【都昌县顺达水上运输有限公司】 法定代表人:曹义高;经济类型:有限责任公司;注册资本:50万元;经营范围:长江中下游及支流省际普通货物运输,船舶15艘,6168载重吨,货运量11.26万吨,货物周转量5784万吨千米,营业收入4000万元。

(熊长生)

【都昌县四通船务运输有限公司】 法定代表人:

邵长明；经济类型：有限责任公司；注册资本：100万元；经营范围：长江中下游及支流省际普通货物运输，船舶9艘，3398载重吨，货运量2.59万吨，货物周转量865万吨千米，营业收入118万元。

（熊长生）

【湖口县远舟物流有限公司】 法定代表人：周勇；经济类型：有限责任；注册资本：1000万元；经营范围：长江中下游干线及其支流省际普通货船运输，船舶2艘，980载重吨，货运量3.5万吨，周转量510万吨千米，营业收入123.48万元。

（熊长生）

【湖口县江湖水上旅游有限公司】 法定代表人：王峥；经济类型：有限责任；注册资本：50万元；经营范围：旅客运输，湖口—鞋山旅游客运，船舶5艘，300客位，客运量5万人，旅客周转量85万人千米，营业收入123万元。

（熊长生）

【庐山区姑塘航运公司】 法定代表人：盛建亚；经济类型：有限责任公司；注册资本：500万元；经营范围：长江中下游干线及其支流省际普通货船运输，船舶10艘，10721载重吨，货运量36万吨，货物周转量20640万吨千米，营业收入5872.51万元。

（熊长生）

【永修县柘林湖云海轮船有限公司】 法定代表人：于先葵；经济类型：有限责任；注册资本：30万元；经营范围：柘林湖—武宁县风景区各景点，船舶44艘，1850客位，客运量16万人，货物周转量240万人千米，营业收入391万元。

（熊长生）

【彭泽县金茂海运有限公司】 法定代表人：陈建民；经济类型：有限责任公司；注册资本：880万元；经营范围：国内沿海、长江中下游及其支流省际普通货船运输，船舶4艘，10209载重吨，货运量32.29万吨，货物周转量10186万吨千米，营业收入820万元。

（熊长生）

【彭泽县南扬船舶运输有限公司】 法定代表人：严露；经济类型：有限责任公司；注册资本：200万元；经营范围：长江中下游干线及支流省际普通货船运输，船舶19艘，13572载重吨，货运量31万吨，货物周转量4800万吨千米，营业收入380万元。

（熊长生）

【瑞昌市亚力船务有限公司】 法定代表人：周佐广；经济类型：有限责任；注册资本：100万元；经营范围：长江中下游及其支流省际普通货船运输。船舶5艘，5284载重吨，货运量21万吨，货物周转量10750万吨千米，营业收入508万元。

（熊长生）

【瑞昌鑫力运输有限公司】 法定代表人：乔万义；经济类型：有限责任公司；注册资本：300万元；经营范围：长江中下游及支流省际普通货船运输，船舶6艘，4236载重吨，货运量24.46万吨，货物周转量6358.56万吨千米，营业收入86.27万元。

（熊长生）

【武宁县富源海运有限公司】 法定代表人：熊智华；经济类型：有限责任公司；注册资本：106万元；经营范围：国内沿海、长江中下游及其支流省际普通货船运输，船舶5艘，6475载重吨，货运量12.9万吨，货物周转量2979万吨千米，营业收入625万元。

（熊长生）

【西海船舶运输有限责任公司】 法定代表人：王司彬；经济类型：有限责任公司；注册资本：100万元；经营范围：长江中下游干线及支流省际普通货船运输，船舶9艘，8031载重吨，货运量14万吨，货物周转量5470万吨千米，营业收入328万元。

（熊长生）

【星子县神灵航运公司】 法定代表人：何小柏；经济类型：集体所有制；注册资本：229万元；经营范围：长江中下游及其支流省际普通货物运输，船舶29艘，37575载重吨，货运量101万吨，货物周转量6550万吨千米，营业收入1783万元。

（熊长生）

【星子县新池航运公司】 法定代表人:易宗浪;经济类型:集体所有制;注册资本:43 万元;经营范围:长江中下游干流及其支流省际普通货船、油船运输,船舶 39 艘,40675 载重吨,货运量 96 万吨,货物周转量 8653 万吨千米,营业收入 1442 万元。

(熊长生)

【星子县长江航运有限公司】 法定代表人:曹正森;经济类型:有限责任公司;注册资本:126 万元;经营范围:长江中下游及其支流省际普通货物运输, 船舶 33 艘,41108 载重吨,货运量 83 万吨,货物周转量 7658 万吨千米,营业收入 1571.2 万元。

(熊长生)

【永修县振兴轮船有限公司】 法定代表人:马庆友;经济类型:有限责任公司;注册资本:2000 万元;经营范围:国内沿海、长江中下游及支流省际普通货船,成品油船运输;长江中下游及支流省际化学品船运输;辽河油田葵海作业区至辽宁盘锦(海南三)和秦皇岛港间原油、油污水运输, 船舶 28 艘,94963 载重吨,货运量 127 万吨,周转量 138048 万吨千米,营业收入 18762 万元。

(熊长生)

【永修县航运有限公司】 法定代表人:聂丰浪;经济类型:有限责任;注册资本:1200 万元;经营范围:国内沿海、长江中下游及其支流普通货船、成品油船运输。船舶 8 艘,66092 载重吨,货运量 127 万吨,货物周转量 138948 万吨千米,营业收入 9886 万元。

(熊长生)

【永修县龙祥航运有限公司】 法定代表人:肖位龙;经济类型: 有限责任公司;注册资本:18 万元;经营范围:长江中下游干线及支流省级普通货船运输。船舶 15 艘,20350 载重吨,货运量 43 万吨,货物周转量 9030 万吨千米,营业收入 81 万元。

(熊长生)

【修水县金阳光旅游开发有限责任公司】 法定代表人:陈更新;经济类型:有限责任公司;注册资本 30 万元;经营范围:旅客运输,县城澄江花园码头至抱子石、县城澄江花园码头至双井(往返),船舶 3 艘,26 客位, 客运量 0.67 万人,旅客周转量 9.93 万人千米,营业收入 51 万元。

(孟宪中)

【鹰潭市 水路运输】 2014 年,该市共有船舶 244 艘,净载重量 7608 吨,载客量 730 客位,船舶功率 3564 千瓦,线路 1 条。2014 年,全市水路运输完成客运量 45.5 万人,旅客周转量 318.5 万人千米,货运量 456 万吨、货物周转量 3192 万吨千米。砂石吞吐量:456 万吨,旅客吞吐量:91 万人。

鹰潭市港航处开展水路运输(服务)业核查工作,共核查水运企业 2 户、个体联户 40 户,船舶 244 艘 7608 吨位 730 客位 3564 千瓦。其中:省际普通货物运输企业 1 户船舶 2 艘 987 吨位 416 千瓦,区内短途客运企业 1 户,客船 43 艘 730 客位,区内短途货物运输业户 40 户船舶 199 艘 6621 吨位 3148 千瓦。

(艾年宗)

【宜春市水运大力发展长江运输】 该市为搞活水运,全市各级港航部门和水路运输企业,创新理念,采取改小船为大船,改短途为长途,大力发展长江运输的办法,全市全年长江货物运输营运船舶 484 艘,吨位 643666 吨,年货物运量 1541.8 万吨,分别占营运船舶、吨位、运量总数的 99%、99.4%、98.1%,使水运出现新的生机和活力。一是多方融资。采取鼓励、动员水运企业和水运业个人投资,联户融资,企业筹资,招商引资和银行贷款等办法,改小船建大船,由过去每艘船 50 ~ 60 吨,发展为小则 2000 ~ 3000 吨,大则 5000 ~ 6000 吨,从重庆至上海长江化学品 70% 以上运输由丰城市运输船舶承运,每艘船舶创利少则几十万元,多则一二百万元,既搞活了水运,又提升水运业户经济效益。二是组建航运公司。为推动水运有序发展,保护运输业户合法权益,各级港航管理部门,以乡(镇)村为单位,坚持自愿,鼓励、动员、组织水运业户联合成立航运公司。设立公司董事会和监事会,选举总经理、副总,配备少数精干工作人员,制定公司章程和各项规章制度。实行办证、运价、安管、组货和纠纷排解五统一和单船核算管理。较好地克服和纠正了运输业户相互争夺货源、相互杀运价等恶性竞争。既调动了船主的积极性，又推动了水运良性发展。三是强化服务。各级港航部门，经常组织人员，深入水运企业，到港口走船头进行走访，召开座谈会，了解情况，广泛听取意见和建议，及时解决合理诉求，主动办证、主动调处运输纠纷，主动协助搞好安全管理，主动与商业银行协商解决造船贷款等问题，深受广大水运业户好评。

（吴泽水）

【上饶市水路运输客、货运量均有上升】 2014 年上饶市水路运输完成水路客运量 49.7 万人，旅客周转量 881 万人千米，货运量 774.1 万吨、货运周转量 177819 万吨千米，同比分别增长 2.6%、2.3%、4.6%、3.7%。

（潘梅花）

水路运输线路

【省航道工程局全力保障航道畅通】 2014 年 8 月份，省内功率最大最好的 350 方斗轮挖泥船“江湾号”于 8 月 12 日进入都昌县对王家冲航道及港池进行疏浚，已完成工程量 9.63 万立方米，截至年底工程仍在施工中。8 月中旬，“江洪号”船组进驻赣江（樟树—丰城）段进行航道维护，历时一个多月的时间，先后完成樟树公路桥滩和丰城游家滩的航道维护疏浚任务，完成工程量 6.5 万立方米。10 月 2 日，省航道局利用鄱阳湖最佳施工水位，就近调遣在都昌港施工的江湾号船组进入鄱阳湖区龙口滩进行航道维护。至 10 月底全面完成了鄱阳湖区航道维护任务，工程量为 6.85 万立方米。10 月 13 日，赣江南昌段的航道维护疏浚任务开始施工，已完成太平滩 5 万立方米的施工任务。截至 10 月底，共完成航道维护任务 34.62 万立方米。

为确保航道维护船机设备随时派得出、做得成，对船机设备进行系统保养和维修。2014 年共修理各类船舶 12 艘次，修复 Φ420 管线 88 米、6 米浮体 10 对；分别完成“江辅号”300HP 起锚艇上坡修理 3 艘次，“赣吸壹号”反铲式挖泥船上坡修理 1 艘次以及赣南昌宿 0002 号住宿趸船上坡维修改造。另外，考虑船厂面临拆迁，复建时间较长，完成新建 Φ530×9 米管线 20 根，8 米浮体 20 对，作为今后主力挖泥船日常施工备用。

此外，完成 50 吨油驳建造。该油船总长 25.7 米，总宽 6.3 米，型深 1.8 米，设计吃水 1.2 米，排水量 135 吨，主机功率为 440 千瓦，最大可装载柴油 50 吨，可与各类型挖泥船组成船组，随时对工程船进行供给，是目前为止省港航系统最大的供油船。该油船已交付使用。

（罗淑青）

【省港航局提升水运服务保障能力】 2014 年，省港航局以“平安航道”创建活动为契机，完善航道养护管理评估、考核制度，督促各单位落实养护责任。以枯水期、洪水期为重点，做好航道养护管理工作，确保赣江、鄱阳湖干线航道和重点水域安全畅通。针对 2013 年高水位持续时间较长的状况，各港航分局加强巡航力度和航标管理，积极做好航道清障扫床工作，加强赣江中下游航道疏浚，全省主要航道未发生涉航工程安全事故和船舶滞留现象，通航保证率达 95% 以上。各港航分局严把涉航项目通航标准和技术要求审批关，全年共审批涉航项目 43 件，桥涵标设计审查大桥 7 座，通航论证研究 23 项。落实了吉安县永和等 6 座公路大桥、沪昆客专等 16 座铁路大桥的桥涵标和桥区航标的建设。督促完成了 12 座渡改桥桥涵标建设和验收工作。

近年来，随着经济社会的发展，涉及航道上的重大项目不断增多，仅赣江干线开工建设的涉航重点项目就有峡江水利枢纽、南昌朝阳大桥、红谷隧道等十余个。施工期通航管理任务重、压力大。为此，工程所在地分局积极作为，成立通航管理机构，安排船艇、人员驻守现场，做好通航标志配布，协助施工单位制定合理的通航方案和施工计划，积极做好施工通航安全维护，及时解决施工通航中存在的问题，保证了施工期的通航安全及工程的顺利实施。

（罗淑青）

【九江市港口管理局启动煤电油运“绿色通道”】

上年年末至 2 月 13 日，江西出现的低温雨雪天气，使全省油、电使用进入高峰期。针对电煤油品需求紧张以及枯水期对港口作业、船舶运输带来的不利影响，九江市港口管理局多措并举，及时启动煤电油运"绿色通道",保障电煤油品装卸运输,实现电煤油运装卸运输安全、有序、快捷、畅通。一是对电煤油运码头实行"三优先",即优先危货作业许可、优先安排作业、优先港政服务,缩短电煤油运船舶等待时间,随时保障电煤船舶周转调运,防止出现"压港、压船"现象;二是实行24小时值班服务,开通电煤油运码头、船舶港政业务一次性办理;三是加强与海事、消防等部门联系,加强电煤油运码头及运输船舶的作业安全;四是通过走访、电话倾听码头业主及船员的呼声,为他们解决实际困难。

其间,九江港共有电煤运输船舶进出港165艘次、装卸电煤36万吨;成品油船舶101艘、20万吨。

(方　武　陈明中)

【长航局到九江港专题调研长江航运干支连通】 9月18日,长江航务管理局专户委员会秘书长、长江船务管理局原总经济师赵洪祥率长江航运干支连通调研组一行9人,在省港航局副局长杨礼生的陪同下到九江港就九江水系航运干支连通进行专题调研,九江市港口管理局等相关单位负责人陪同调研。

调研组首先听取九江市港口管理局、九江市港航管理局和九江市地方海事局的相关汇报,并实地深入沿江、湖区水域进行现场了解情况。

调研组调研九江市沿江与赣江航运、长江航运与信江航运"干支连通"的现状,分析存在的主要问题及其原因,提出建议,为编制长江航运发展规划纲要(2030)、长江航运发展规划、"长江经济带"的规划编制工作建言献策,促进长江经济带的发展。

(刘　望　黄海源)

【鄱阳湖区航道新增2座钢结构灯塔航标】 5月5日,由鄱阳县江海船厂承建的鄱阳湖区瓢山至三江口航道2座12米钢结构灯塔航标通过验收正式投入使用,替代原8米水泥结构岸标。

原瓢山至三江口航道的2号沿岸标、10号过河标是水泥标杆结构的岸标,由于多年水流冲击和岸崩影响,导致两座航标的基础受损严重;此外8米水泥标杆的高度已经不能正常发挥助航导向作用。鄱阳县江海造厂承接上饶分局航标改造施工任务后,从4月上旬开始安排2座灯塔航标的厂内半成品加工和现场起吊安装施工,赶在辖区流域汛期来临之前,高达12米的2座钢结构灯塔航标于4月下旬完成施工建造。

鄱阳湖区瓢山至三江口段航道的2号沿岸标、10号过河标等2座新建灯塔航标的建成投入使用,进一步完善了瓢山至三江口段航道的助航标志配布,为过往船舶提供更安全、更经济、更有效的航向航线引导服务。

(付知拾　何　敏　陈明中)

港口码头

【概况】 2014年,全省拥有港口59个,港区73个,港口管理部门66个,港口经营人1071户,船厂19户,生产性码头泊位1756个,泊位总长度68163米,非生产用泊位75个,泊位总长3765米;最大靠泊能力5000吨级;拥有千吨级以上泊位138个,港口生产性仓库面积252703平方米,生产用仓库容积430605立方米、堆场面积1119665平方米,;铁路专用线总长10327米,其中装卸线3336米;港口装卸机械2899台(套),其中,起重机械1433台(套)、装卸搬运机械729台(套)、输送机械526台(套)、专用作业机械19台(套)、其他装卸机械192台,最大起重能力800吨。

全省港口完成货物吞吐量3.1亿吨,其中出口1.9亿吨,进口1.2亿吨,分别比上年同期增长19.2%、11.8%、33.3%。旅客吞吐量为357.7万人次,比上年同期增长1.2%,其中出港181.9万人次,进港175.8人次。集装箱吞吐量为32.1万TEU、394.4万吨,比上年分别增长12.2%和13.6%。

完成基本建设投资26494万元。其中:建筑工程15538万元,设备购置3288万元,其他费用7668万元。

重点港口建设项目方面,总投资243764万元的石虎塘航电枢纽工程2014年完成投资18178万元,整个工程已进入扫尾阶段,电站1~6号机组已全部并网发电。工程船闸与左侧闸坝、库区防护及枢纽管理区房建工程已于2012年10月20日进行交工验收。主体工程于2013年8月份进行交工验收,并于2013年10月整体工程移交给港口投资集团。

赣江(南昌—湖口)航道整治(改善二级航道)工程计划总投资18296万元,2014年工程完成投资369万元,累计完成投资13365万元,工程主体工程已全面完工,正在组织交工验收工作,整个工程已进入扫尾阶段。

南昌龙头岗综合码头2014年工程完成投资3807万元,累计完成投资19214万元,一期工程陆域土方工程基本完成;码头水工建筑物桩基已全面完成;底系梁11个单元已完成10个单元施工;立柱、走道板、靠船柱已完成1282米砼浇筑,占总工程量32%;联锁块预制35000立方米,占总工程量的54%。

万年港综合码头工程:堆场道路全部完工,设备安装基本完成,完成投资5804万元,占总投资的80%,工程进入扫尾阶段。

中小港站及其他建设工程有序进行,工程质量合格率继续保持100%,未发生工程质量和安全事故。 (周国强)

2014年分货类吞吐量统计表

表19

货物吞吐量(万吨)				集装箱吞吐量(万TEU)	汽车吞吐量(万辆)	旅客吞吐量(万人次)
合计(万吨)	矿石	煤炭	油品			
30974.9	1713.9	1761.7	276.6	32.1	—	357.7

2014年泊位数统计表

表20

泊位长度(米)		泊位个数(个)	泊位年通过能力						
			货物(万吨)				集装箱(万TEU)	旅客(万人次)	汽车(万辆)
			合计	矿石	煤炭	油品			
生产用	68163	1756	15469	—	—	—	40	780	—
非生产用	3765	75	—	—	—	—	—	—	

(周国强)

【江西国际集装箱码头单日吞吐量破500标准箱】 江西国际集装箱码头2014年集装箱吞吐量目标为10万标准箱,平均日吞吐量目标为274标准箱。5月11日,码头完成集装箱吞吐量543标准箱,突破单日目标近一倍。这是迄今为止,码头单日吞吐量创下的最新纪录。

至此,江西国际集装箱码头共完成集装箱吞吐量34940标准箱,比上年同期30007标准箱增加4933标准箱,同比增长16.4%。在码头作业设备和场地困难的情况下,码头做出一些优化调整,最大化利用人员、设备、场地,优化各项作业流程,最大限度满足客户需求。

(涂维青 陈明中)

【周泽民考察南昌港国际集装箱码头】 9月2日上午,省委常委、纪委书记周泽民一行到南昌港国际集装箱码头考察调研港口发展情况。省纪委常委何刚、省交通运输厅党委书记、厅长朱希、纪委书记成松、副厅长梁必康、省港航局局长于钦民、党委书记严允等陪同。

周泽民一行在南昌港国际集装箱码头作业前沿,听取了码头负责人关于港口生产运行情况的汇报。了解港口吞吐量、码头装卸能力和集装箱货源等方面情况后指出,要抓住国家依托长江黄金水道推动长江经济带发展的机遇,充分发挥水运运量大、节能环保和江西水资源丰富的优势。在加快发展铁路、公路、航空运输的同时,大力发展水运,加快重点港口码头建设,推进南昌港、九江港一体化建设,扩大港口生产能力。要加快重点航道建设,形成干支畅通的航道体系。着力构建综合立体交通运输体系,为积极参与长江经济带建设、促进江西发展升级提供有力支撑。

(倪　磊　黄海源)

【南昌港货物吞吐量实现大幅增长】　2014年南昌港完成货物吞吐量2713.84万吨,与上年同比增长33.1%,其中铁矿石108.47万吨,非金属矿石447.37万吨,水泥436.58万吨,煤炭401.11万吨,分别同比增长309.02%、105.45%、82.66%和66.88%。集装箱吞吐量96395标箱,同比增长7.11%。港口大宗货物到港装卸量的大幅增长,成为港口货物吞吐量的主要增长点。

南昌港货物吞吐量实现大幅增长的主要原因,一是港口企业对南昌港的老码头进行了技术改造,淘汰了落后低能的装卸设备,安装了先进的大吨位起重机械设备,大大提高了码头装卸能力;二是港口企业适应水运市场需求,充分发挥水运价廉量大的优势,积极开展组货业务,吸引了铁矿石、非金属矿石、煤炭、水泥等大宗货物由水运至南昌港中转;三是港口企业不断改进生产工艺,优化作业流程,提高货物装卸效率,使港口装卸量大幅增加。

(涂春如　黄海源)

【九江港3个5000吨级新建码头泊位相继投产运营】　至5月14日,九江港长江段3个新建5000吨级码头泊位(湖口港区龙达化学纤维有限公司码头、江西铜业铅锌金属有限公司码头;城西港区九鼎物流有限公司码头)通过港口工程竣工验收,相继取得港口经营许可证,正式投产运营。3个码头共建成5000吨级泊位6个,3000吨级泊位1个,1000吨级泊位1个,使用长江岸线863米,新增年通过能力563万吨。九江港已拥有5000吨级泊位41个。

(陈　涛　陈明中)

【2014年底鄱阳湖区、柘林库区码头现状】　2014年底,九江市鄱阳湖区、柘林库区有码头36座,110个泊位,占用岸线5485米,最大靠泊能力3000吨。按用途分类为:生产性码头28座,102个泊位,占用岸线5240米,最大靠泊能力3000吨,其中客运码头6座,67个泊位,占用岸线599米,最大设计年旅客量200万人次;非生产性码头8座,8个泊位,占用岸线245米。按结构分类为:重力式码头3座,5个泊位,占用岸线190米,最大靠泊能力500吨;高桩式码头4座,9个泊位,占用岸线913米,最大靠泊能力800吨级;斜坡式码头12座,18个泊位,占用岸线2363米,最大靠泊能力1000吨;浮式码头17座,68个泊位,占用岸线3019米,最大靠泊能力3000吨。

(九江市港航管理局　李　磊)

【九江港口岸扩大开放通过预验收】　9月16日,江西九江港口岸扩大开放通过预验收。由省商务厅(省口岸办)会同南昌海关、江西出入境检验检疫局、省公安边防总队、长江海事局并报南京军区组成的预验收小组,对九江港口岸扩大开放城西港区进行了实地勘察并召开预验收工作会议。省商务厅副厅长(省口岸办主任)陶莉萍主持预验收会议,九江市委常委、副市长赵玉刚参加会议并讲话,各省级联检单位对预验收情况发表了意见,提出了完善建议。经省联合预验收小组集中评审,认为达到预验收要求,并共同签署了《江西九江港口岸扩大开放预验收纪要》。

省商务厅副厅长(省口岸办主任)陶莉萍宣布九江港口岸扩大开放顺利通过预验收。

(方　武　万　纤　黄海源)

【九江港口岸纳入长江经济带海关区域通关一体化】　长江经济带海关区域通关一体化改革在上海等5个海关启动试点后,12月1日起,又有包括南昌在内的7个海关正式加入,实现长江流域九省二市"12关如一关"的通关格局。实施一体化后,长江经济带海关建立有区域通关中心,打造统一的申报平台、风险防控平台、专业审单平台和现场作业平台,共创新实施4项制度:即允许代理报关企业"一地注册、多地报关";允许许可证件签注口岸为长江经济带某一口岸的货物,可在九省二市的12个直属海关关区内任一现场海关办理申报验放手续;长江经济带区域内所有企业都可采用一体化通关模式办理报关手续;实现海关风险参数统一、区域统一审单。

九江港口99%的出口货物都需依托上海港口岸,长江区域通关一体化改革对提升九江物流吸附能力有着十分重要的意义。此前,九江海关已启动的昌九一体化通关改革,为此次改革做好准备。

12月1日，九江长江船务代理有限公司代理出口的一批价值3.9万美元的农用温室花房成功向九江海关申报，是九江正式加入通关一体化改革后“第一单”，货物经上海洋山港装船驶往德国，所有手续在3分钟内办毕，此票业务仅硬性支出节省近3成，是江西省通关改革实施受利的首票货物。

（方　武　黄海源）

【九江港(长江段)年货物吞吐量创历史新高】 2014年，九江港全年共完成货物吞吐量8035.87万吨，超年度计划的15%，同比增长33%，其中集装箱22.41万标准箱，超年度计划的11%，同比增长15%，已连续5年保持25%左右增长。瑞昌港区、湖口港区、上港集团，分别完成货物吞吐量3060.91万吨、2556.62万吨和1302.12万吨。其中增长较大的货种主要是煤炭、钢材、水泥、金属矿石、铁矿石和矿建材料等。

（曾红艳　黄海源）

2014年鹰潭市港口吞吐量

表21

港口	货物吞吐量(万吨)				集装箱吞吐量			滚装汽车吞吐量(万辆)	旅客吞吐量		利用自然岸坡完成船舶货物装卸量(万吨)
	合计	外贸	出港	外贸	箱数(万吨)	重量(万吨)	货重		合计(万人)	出港	
A	1	2	3	4	5	6	7	8	9	10	11
合计	449.68	—	—	—	—	—	—	—	—	—	—
鹰潭	148.4	—	—	—	—	—	—	—	—	—	—
余江	103.42	—	—	—	—	—	—	—	—	—	—
贵溪	197.86	—	—	—	—	—	—	—	—	—	—

（夏　燕）

【樟树港铁路专用线改造工程竣工】 樟树港是全省唯一拥有港口铁路专用线的港口，港区铁路专用线总长2069米，装卸线长度1000米，是实现公、铁、水直达联运的港口，曾经为全省经济发展作了很大的贡献，尔后，由于京九铁路和赣粤高速公路修通，致使货物弃水走陆，港口货物吞吐量逐年萎缩。企业维护码头设施设备的资金周转严重不足，其中包含着铁路专用线的维护，因此港口铁路专用线成了摆设，没有充分发挥它的功能。央企华东诚东物流有限公司通过组织人员实地调研，了解樟树港的潜能后，拟投资20个亿资金改造或新建樟树港码头设施设备，2013年至2014年，该公司已投资800万元修复樟树港铁路专用线已竣工，铁路专用线已与樟树市水运口岸作业区码头连接。

（周青兰）

【宜春市丰城曲江码头吞吐量创新高】 11月底，曲江码头完成货物吞吐量240万吨，突破2013年全年总量176万吨，增长27%，创历年最高水平。码头企业的发展，带来多重效益，为当地经济注入新的活力。一是打破丰城运输船舶以单一的运砂为主的局面，改以经营煤炭、石膏等散货业务为主。经过多年过度开采，赣江砂源接近枯竭，部分船舶接近停航状态。码头的发展缓解了船舶停航的现象，为运输企业和船主带来经济效益，也起到了良好的示范效应。二是以水运绿色、环保、运价低、运量大的优势，为当地的工业园区企业降低了物流成本，产生了规模效应，缓解了公路运输压力。三是带动了港口规费增长。港口货物吞吐量逐年增长，带动了国家规费收入的稳步增长。依托区位优势，企业码头建设进一步加快，前景发展良好。仅丰城高新园区等货物每年就有3000万吨(其中原材料进入1600万吨，主要为煤炭、钢材、矿石、瓷土等；产品或半成品运出1400万吨，主要为水泥、煤炭、石膏板、瓷砖、机械电子等)。

需通过航运的货物就有800万吨,其中集装箱运输200万吨。

(周青兰)

【高安市灰埠码头货运量增长10%】 该市灰埠码头实行联合经营,积极组织货源,在全市水路货运量持续下滑的情况下,全年完成水路运输货运量为18万吨,同比分别增长10%,占全市水运量的1/3。①联合经营。为立足市场,实现良好经济效益,挖沙、吊装业主按照"自愿联合、优势互补、利益共享"原则组建成共同利益体,实行联合经营,共担风险,有效节约了经营成本。②开辟货源。灰埠、相城一带盛产石灰、砾石,业主与生产厂户签订诚信运输合同,建立稳定的货运代理关系,在河沙短缺时,业主们可以通过运输石灰、石料来提高经营效益。

(周世祥)

水路运输船舶

【省港航局贯彻落实好国家惠民政策】 遵照省财政厅、省交通运输厅《关于印发〈江西省内河船型标准化补贴资金管理办法〉通知》(赣财建〔2014〕83号,以下简称《补贴资金管理办法》),各设区市港航管理局(处)对本省"十二五"期内河船型标准化工作高度重视,组织有关工作人员认真学习国家相关政策,切实贯彻落实好国家惠民政策,并将《补贴资金管理办法》传达至辖区内所有水路运输经营人、船舶所有人,以及船舶改造拆解定点船厂。

为加快水路运输结构调整促进转型升级,实施"安全、环保、经济、美观"的内河标准船型。交通运输部对在"十二五"期间,涉及单壳液货危险品船的拆解改造、现有船舶生活污水防污染改造(400总吨和载运15人以上)、老旧运输船舶提前拆解(船龄15年以上30年以下),2015年12月31日前完成拆解且按内河船型标准化新建船舶的船东,给予一定的资金补贴。这项工作时间紧任务重,各设区市港航局(处)通过调查摸底,及时掌握辖区内拆解、改造、新建船舶的具体情况,确保申领补贴的船舶符合规定的补贴范围和条件,补贴资金的申请与发放工作做到解释到位、程序规范,讲求时效,所建立的船舶资料档案规范齐全,经得起有关部门的验收和检查。

(罗淑青)

【全省营运船舶平均载重吨突破1000吨】 6月30日,核查数据显示,全省拥有营运船舶2135艘、217万载重吨,船舶平均载重吨位由2013年的878吨增加至1016吨,增长13.3%。

全省港航部门采取多项举措,进一步优化营运船舶运力结构,推动水运转型发展。一是严格营运资质管理。每年对全省水路运输企业和个体经营户进行经营资质核查,严格落实安全生产标准化达标考核,淘汰了一些不具备营运资质的船舶。二是大力推进船型标准化。全省核准拆解老旧运输船舶154艘、38418总吨,实际拆解老旧运输船舶123艘、31923总吨,发放政府财政补贴资金2370万元。三是鼓励水运企业和船东淘汰现有老旧船舶、单壳化学品船、单壳油船,并完成2014年、2015年全省船型标准化调查摸底和补贴资金的测算工作,积极运用政策杠杆鼓励发展大型化、专业化、标准化船舶。

(李　明　邱志勇　陈明中)

【南昌市港航处3艘稽查艇竣工并交付使用】 5月26日,南昌市港航管理处交由浙江嘉兴锦佳船舶制造有限公司制造的三艘稽查艇(钢铝结构)竣工并交付使用。

该艇总长13米,型宽2.5米,吃水0.65米,乘员8人(含船员2人),航速约33千米/小时。经现场验收,各项技术要求完全满足招标技术规范、设计批准图纸和建造合同要求,验收合格。

三艘稽查艇交付使用,将进一步优化港航执法环境,提升港航管理形象,提高港航执法效率。

(刘　敏)

【九江水路运输船舶】 2014年年底,九江市拥有水上运输船舶521艘(2013年583艘)。内河491艘,沿海30艘(比去年减少5艘)。其中:客船80艘,载客量3417客位;货船441艘,净载重量553379吨;拖船1艘,功率588千瓦;驳船7艘,净载重量4840吨。

(熊长生)

【进出鄱阳湖区的运输船舶比上年增加近三成】 2014年6月1日8时至6月8日8时7天内，经湖口水域进出鄱阳湖区的运输船舶共计2999艘，日平均428艘，比上年同期增加27.4%。其中，上水（进湖）运输船舶1511艘，日平均216艘，下水（出湖）运输船舶1488艘，日平均213艘，分别比上年同期增加24.8%和30.7%。

10月27日，执法人员调取9月22日8时至9月28日8时7天的监控录像统计，经湖口水域进出鄱阳湖区的运输船舶共计2869艘，日平均410艘，比上年同期增加28.5%。其中，上水运输船舶1330艘，日平均190艘，下水运输船舶1539艘，日平均219艘，分别比上年同期增加8.57%和52.1%。

8年来，江西湖口水路交通运政检查站每年两次(5月下旬和9月下旬左右)，连续7天对进出鄱阳湖区运输船舶进行观测统计，以切实掌握湖区的运输状况。初期采用人工实时监测统计，2011年后利用视频监控资料统计。据分析，2014年进出鄱阳湖区运输船舶增加较多的原因，一是鄱阳湖区运输环境的改善，运输船舶乐意参与湖区运输。二是砂石市场需求加大，促使运输量增加。三是湖区保持高水位时段比上年长。

（曹　量　崔树萌）

【九江星子县船舶运力增长快】 据4月水运企业年度核查统计，九江市星子县，拥有各类营运船舶150艘，18.59万载重吨。船舶运力同比增长27.5%。

星子县水运运力市场骨干企业由新池、神灵、长江三户，又增加了永丰、利源公司两户。永丰公司由2013年船舶运力1艘1500载重吨增长到10艘16204载重吨，一年运力增长10倍。利源公司船舶运力从2艘4060载重吨增长到12艘16146载重吨。

从2013年5月至2014年4月，星子全县新增运力35艘。

（黄海源）

【吉安首艘内河载重5000吨干货船落户】 为推进船舶运力结构调整，吉安市交通运输部门加强宣传引导，鼓励支持航运企业积极发展船舶运力，引导水运业户推动船舶向大型化、集约化、专业化方向发展。6月10日，该市峡江县航运有限公司自筹资金购置了1艘2933总吨，载货量5925吨，额定功率1080千瓦干货船，已办理营运手续，正式投入营运。该船为吉安首艘内河5000载重吨干货船。

（匡萃林　于　燕　陈明中）

【吉安市全力保障春运水运运力】 2014年，吉安市春运期间水运客流量达1.7万人次，该市共投入船舶运力5艘、370客位，以保障广大旅客安全便捷出行。

【“鄱阳湖一号”游艇首航鄱阳湖】 2014年“十一”国庆假期，“鄱阳湖一号”游艇迎来了在鄱阳湖国家湿地公园的首航。该游艇身长28米，宽5.2米，上下两层，可容纳百名游客，是目前鄱阳湖最大的一艘游艇。游艇是鄱阳湖旅游休闲的重要元素之一，多数游客会选择乘坐游艇在鄱阳湖上游弋，游艇的引进是推动鄱阳湖发展、拉近鄱阳湖与世界距离的纽带。

（韩晓艺）

水运运价

【上饶市水路运输开启规费征收新时代】 2014年，上饶市开启港航、海事联合执法体制，制定定期联席会议制度，实行统一工作部署，统一执法行动，统一航次，统一规费征缴。相应调整了规费征收航次，促进了水运市场的稳定和湖区社会和谐。全市港航系统坚持依法征收，据实征收，以人为本。2014年度，全市水路运输规费征收1300余万元，其中市本级300多万元，基层县所1000余万元，超额完成了省港航局下达的指令性收费计划。征费工作列全省第二名。

（潘梅花）

水路旅客运输

【2014年春节水路旅客运输平稳有序】 据统

计,从1月26日至2月4日,全省春节水路旅客运输投入客船2231艘次,71014客位,与上年同期相比分别增长了27.9%和29.2%;累计完成客运量128214人次,与上年同期相比增长了18.4%。

(熊 芬 陈明中)

【南昌滕王阁游轮公司开业营运】 南昌滕王阁游轮客运有限公司经过近一年的筹建,赣江水上游项目于8月正式开始营运。

为进一步拓展南昌旅游文化资源,突显南昌文化内涵,2013年10月,南昌滕王阁游轮客运有限公司经南昌市交通运输局批准筹建。该公司注册资金2000万元,拥有豪华游轮3艘,470客位,由江西南昌旅游集团有限公司和江西水运集团共同出资,专门从事赣江水上旅游客运经营,官桂平任法人代表及总经理。公司正式营运的第一个项目,是开通南昌八一大桥至生米大桥之间的夜游观光。

(涂春如 黄海源)

【仙女湖景区"五一"安全运送游客3.1万人】 为确保"五一"期间水上交通运输安全、畅通、有序,新余市交通运输局做到早动员、早准备、早部署,创造良好的水上交通出行环境。"五一"期间,仙女湖景区共投入船舶50艘,客位2017座,运送旅客3.1万人,旅客周转量62万人/千米,没有发生任何水上交通安全事故。

(邓清华)

【新余市道路水路运输增势平稳】 2014年,新余市交通运输局牢牢把握"稳中有为、稳中求进、稳中提质"的总基调,以加快推进"四个交通"(综合交通、智慧交通、绿色交通、平安交通)发展为主题主线,坚持改革创新,攻坚克难,扎实抓好道路、水路运输工作,保持了道路、水路运输的平稳增长。

截至10月31日,全市道路运输累计完成客运量1118万人次,旅客周转量60988万人千米,同比增长1.5%;货运量12918万吨,货物周转量2485001万吨千米,同比增长13.8%和10%。水路运输累计完成客运量34.9万人次,旅客周转量697万人千米,同比增长11.5%和11.3%;货运量66.3万吨,货物周转量206万吨千米,同比增长0.45%和0.98%。

(邓清华)

【仙女湖景区"十一"期间水路客运量稳步增长】 "十一"期间,仙女湖景区水路客运量稳步增长。仙女湖景区共投入船舶51艘,客位数2100个,运送旅客49200人次,同比增长13.7%;旅客周转量98400人千米,同比增长13.6%。"十一"期间,仙女湖景区水路运输秩序良好,未发生旅客积压、滞留现象和安全责任事故。

(廖 艳)

【鹰潭市圆满完成水路春运工作】 2014年春运期间,全市水路共投入渡运船舶20艘,安全渡运29万人次;游船43艘,730客位,完成运送旅客20412人次。其间,未发生水上客运安全事故,未出现旅客滞留现象,实现了"保运输、保安全、保稳定"的春运工作目标。

(艾年宗)

【吉安港启动旅游客运服务规划项目】 江西赣江游船投资发展有限公司总投资约2亿元,正式启动吉安港旅游客运服务规划项目,并于10月中旬进入实施阶段。

泰和石虎塘航电枢纽与峡江水利枢纽的竣工,使峡江县以上赣江段形成库区,水流平缓,1000吨级船舶可常年通航,为吉安旅游客运项目提供了优越条件。《吉安港总体规划》中旅游客运服务项目,作为当地一个新兴行业,推进赣江白鹭洲、桃花岛、蜀口洲等沿江景观的建设,推动该市的第三产业发展。

(谢政钢 刘仁衫 黄海源)

【柘林湖云海轮船公司船员增资30%】 永修县柘林湖云海轮船有限公司是永修县柘林湖一家经营水上旅客运输的企业,拥有各类客船、快艇37艘,客位1400余个。2014年公司运输游客达21万人次,比上年增加6万人次;另外,燃油价格连续下跌也使企业生产成本降低,利润增加。这家水运企业不仅给船艇部员工涨薪超过30%,同时更新了许多船舶的老旧设备。

(黄海源)

【江西水都实业公司开业营运】 9月,江西水都实业有限公司取得了水路运输许可证。这是南昌继滕王阁客轮有限公司开业以来又一家水上旅游公司开业投入营运。

水都实业有限公司是由江西宏焱投资有限公司和南昌水利投资发展有限公司共同出资组建,注册资金2000万元,公司拥有豪华游轮2艘,140客位,核准的经营范围为:南昌港区旅游客运八一桥至生米大桥赣江水域。公司营运前期以赣江夜游客运为主,后期规划经营范围向吴城、湖口扩展,打造鄱阳湖精品旅游线路。该公司开业营运后,南昌市赣江八一桥至生米大桥之间的夜游客运增加到3艘游轮营运。

(黄海源)

【农村水路客运补助用油量完成年度核定工作】 为及时更新全省农村水路客运船舶补助用油量数据信息,省港航局于2014年10月部署各相关设区市港航管理部门重新核定年度农村水路客运船舶补助用油量数据。省局重点抽查了农村客运相对集中的九江、上饶、新余等地的核查核算情况,对个别企业弄虚作假虚报燃油补助用油量的情况进行了纠正。

经过统计核算,2014年度全省纳入用油量补助范围的农村水路客运企业共计72户,与2013年度持平;农村客运船舶171艘、客位6423位,比2013年度分别下降了25.33%和15.82%;船舶功率7611.3千瓦,比2013年度下降了29.1%;补助用油量1096.15吨,比2013年度下降了37.48%。

(熊　芬　倪　磊　黄海源)

【靖安县开发冲浪漂成为"中华第一凉爽漂"】 该县在创建国家AAAAA级风景区工作中,充分发挥漂流这张名片的优势开发了冲浪漂项目。位于南潦河北支宝峰境内神仙谷峡谷,称为"神仙谷冲浪漂"。有橡皮艇250只,一次性接纳游客500多人,能冲浪河道长达4.5千米,上下落差138米。全程嵌入高山峡谷之中,河道两岸古树参差、绿树成荫。沿途形成一道道绿色拱门,船只穿梭其中,特点是比一般的漂流落差更大,河道更刺激。一般河道要漂2.5小时左右,而神仙谷冲浪漂仅需1.5小时左右就能完成,全程不晒太阳、全程不需划桨。"浪尖上的舞蹈、瀑布中的漂流",是神仙谷冲浪的最佳形容。"男人一路欢笑、女人一路浪叫"是神仙谷漂流的真实写照。整个冲浪漂程刺激又轻松;即使在最炎热的夏天河道周围的温度最高也不超过28摄氏度,成为"中华第一凉爽漂",让游客能真正感受到舒适轻松的休闲之旅!冲浪式漂流全年共吸引中外游客8万余人,创造旅游收入1200万元。

(刘　斌)

【高安市水路客运逐渐萎缩】 以"水上旅游"为主的该县水路客运业开始出现衰退。全市有游艇3艘,29载客位,113.95千瓦,较上年减少3艘15载客位。完成客运量3900人,旅客周转量39000人千米,同比上年分别减少40.1%、40.1%。①环保政策影响水上旅游业发展。高安水上客运业以"水上旅游"为主,由于上游水库是村前市民用水取水源,游艇排污、游客乱扔垃圾,严重影响了水质安全,市政府调整了库区旅游发展政策,严禁向库区排污,水上客运紧急叫停,重点发展休闲娱乐业,水上客运受到的冲击最大,已经减少了3艘游艇。②水上旅游业发展缺乏投入。高安水资源丰富,但没有统一的开发规划。由于缺乏有效投入,能吸引游客的景点不多,能留住游客的景点更是少之又少。

(周世祥)

【铜鼓县大段库区客运量同比增长20%】 为加快库区旅游业的发展,打响"天柱峰"景区旅游品牌,县交通运输局督促天柱峰景区旅游有限公司强化服务措施,完善码头及景点设施,增加运力,同时强化安全监管,全力推动库区旅游业的发展,全年完成旅客运量12万人次,同比增长20%以上。一是县政府重视为加快全县旅游业发展,该县在税收、用地等方面出台了诸多优惠政策,加大招商引资力度,引进资金先后开发了古桥汤里温泉、毛泽东化险福地、仙姑谭等多个旅游景点。每逢节假日,一批批长沙、南昌、武汉等地游客纷至沓来,到景点观光休闲,游客呈逐年增长趋势。二是景区景点设施进一步完善。公司加大投资力度,投资3000余万元,在库区内修建了4000余米栈道,购置了浮动码头、新建了充电房、停车场,并对码头安全设施进行了完善。三是新增了运力,该公司于2014年5月投资80余万元,新购2艘豪华、舒适客运船舶,新增座位60个,增加33%。四是强化服务措施。每逢节假日,除公司管理人员全部值守外,县政府从旅游局、安监局、交通运输局、公安局抽调人员,由科级干部带队进库区码头值守,自觉维护水上客运秩序,为游客提供便利服务,方便游客。

(黄祖芳)

水路货物运输

【南昌保税物流中心年进出口总额突破12亿美元】 2014年,南昌保税物流中心实现进出口总额12.6亿美元,同比增长272.65%,保税物流业务量2126票,同比增长40.33%。

2014年,南昌保税物流中心坚持保税物流政策宣传、实地走访招商、联合设计物流方案等有效经营手段,深挖保税物流市场,充分发挥了中心社会公共服务平台的作用,圆满地完成了年度市场培育任务,为江西外向型经济发展作出了贡献。

(黄海源)

【宜春市水路货物运量回升】 2014年,宜春市水路运输出现新的生机活力,呈现大发展势头。全年完成货运量2386万吨,同比增长5%;货物周转量同比增长3.6%。港口吞吐量1966万吨,其中出口量1088万吨,同比增长9%,创近年来最好佳绩。一是强化服务。引导企业走出赣江,改变单一运输货种及方式,为企业办证开通绿色通道,提供便捷服务。原先局限在赣江运砂的船舶,2014年港航部门和运输企业常年组织组货小分队,到安徽、江苏等地组货,并与生产企业签订运输合同,运输石化、水泥、煤炭、砂石等。二是充分发挥优势,实现水路、公路、铁路联合运输。全省唯一的港口铁路专用线在樟树港区,为水、铁、公路联运创造了良好条件。通过实现联合运输,大大降低运输成本,提高企业经济效益。三是加快船舶更新改造步伐。大力宣传《江西省内河船型标准化补贴资金管理办法》,积极引导企业抓住经济回暖的有利时机,淘汰老旧船舶,融资建造适合市场需求的标准化、专业化大吨位运输船舶。至2014年底,该市新建了8艘大型标准化船舶,共拆解18艘老旧船舶,有效地调整了船舶运力结构,实现节能增效目标。

(周亚萍 周青兰)

【樟树市加快水路运输产业结构调整】 2014年,樟树市港航管理部门立足当前,着眼长远,强化需求引导,发挥企业市场主体作用,着力推进产业结构调整,继续优化企业船舶结构,提高水路运输产业竞争力。一是鼓励老旧船舶提前报废更新。以老旧船舶拆解补偿为契机,鼓励符合条件的船舶签订船舶拆解承诺书。同时严格执行老旧船舶管理规定、老旧船舶强制报废制度等政策法规,做到坚决不让任何一艘已达到报废年限的船舶继续从事水路运输经营活动。全年已拆解老旧船舶6艘,淘汰老旧船舶17艘。二是引导企业营运船舶标准化、大型化。过去,该市内河运输船舶技术状况十分落后,船舶数量多,船型、机型、材质杂乱,能耗大、吨位低,随着水运市场日趋激烈的竞争,已难以适应水运事业的发展需求。面对这一难题,樟树港航管理处灵活运用经济、技术、法律和必要的行政手段,调控运力总量,优化运力结构,提高船舶技术水平。积极为水路运输企业拓展融资渠道,鼓励企业间兼并、重组,优化企业船舶结构,提升企业竞争合力。截至2014年年底,全市载重吨1000吨以上的标准化船舶占有率同比增长198%,标志着该市水路运输产业调整取得了显著成效。

(杜 甫)

【丰城市水路运输生产呈现增长势头】 2014年该市全年完成水路运输货运量1584.1万吨,货物周转量307125万吨千米,同比分别增长6%和3.7%。全市水路运输出现新的生机,实现增长好势头,有力助推全市工业振兴和经济社会加速发展。一是强化服务。市港航部门把发展作为第一要务,想水运业户之所想,急水运企业之所急,经常深入水运企业调研水运生产情况,解难事,办实事,商讨对策,大力支持水运生产发展。组织工作组,抽调港航管理人员,与水运企业一起长驻上海、南京、武汉、重庆等大城市组织货源,搞活运输,赢得水运业户好评。二是工业发展。该市有较好的煤炭资源和良好港口条件。广东、福建、浙江、上海等沿海地区外商到丰城投资办厂,已建设循环、陶瓷、和富硒基地,工业快速发展,大量原材料运进,生产的产品运出,运量俱增为水运注入新的活力。三是主动服务。在开展群众路线教育活动中,市港航部门和水运企业改进作风,主动为企业服务,组织人员由领导带队到丰城电厂,市工业园进行走访,宣传水运运量大,运价低等优势,进行组货,先后争取煤炭、建材、钢材、瓷土、水泥、石膏粉等大宗物资由陆运改走水运,通过水运物资越来越多,既降低工业企业运输成本,有利于搞活水运,实现双赢。

(喻雪英)

【丰城市东港航运公司加快发展】 东港航运公司是几个富裕起来的农民筹资办起的一家民营水运企业,由一艘运输船舶,1000 多吨位,10 多个船员,发展成为拥有运输船舶 25 艘,吨位 51849 吨有职工 196 人。公司坚持科学发展观为指导,攻坚克难,以诚信赢得货主信任,使公司发展快,效果好。2014 年完成货运量 116 万吨,货物周转量 6 亿吨千米,同比分别增长 7.3% 和 9.1%,上交国家税收 760 万元,连年被市委、市政府评为先进企业,纳税大户,被国家交通运输部授予 2014 年全国交通运输诚信企业称号。一是注重发展。公司领导班子把发展作为第一要务,教育船员发展是硬道理。每年实现的利润股东不分红,除发工资外,把剩下利润用来借鸡生蛋的办法,造大船。从赣江河沙运输到长江从事化学品运输,走出水运低谷,实现科学发展、滚雪球式发展。企业运输船舶越来越多,运力运量俱增,实现国家、股东、船员三赢。二是注重诚信。公司员工发扬农民纯朴的精神,以信取民,用真诚打动客户,赢得社会口碑。为货主提供一流服务,用最低运价,讲信用,守法经营,依法运输,取得广大货主好评和点赞。重庆、南京、上海等长江沿线大型化工企业生产的原材料和产品运输点名要丰城东港航运公司承运。三是注重安全生产。安全生产是生产力,是效益,始终把安全生产放在第一位,制定安全制度,加强安全教育,签订安全生产责任状。员工思想重视安全,心里装着安全,紧紧咬住安全生产目标不放松。由于安全生产举措有力,保持多年安全生产稳定发展,实现水运零事故目标。

(喻雪英　熊雪芽)

【高安市推进短途水路货运业发展】 为扭转全市长途水运持续下滑的颓势,市港航部门以科学发展观为统领,从改善水运设施入手,不断强化管理,突出行业引领作用,积极推动水运短途运输,弥补水运短板。全市有短途砂石运输船 280 艘,10742 载重吨,9734 千瓦,吊机 112 台。①加快水运基础设施建设。为改善水运装卸及海事工作用船停靠条件,及时调整项目建设,整合建新货运及海事工作用船停泊战备码头建设,成立项目办,加快推进,已完成前期准备工作。②提升水运管理服务质量。加强行业年审年检工作和基础管理工作,建立船舶分类档案和水运企业档案,简化行政审批手续,建立比较完善的政务公开机制,开展行风评议活动,营造良好的水运市场发展环境。③引导业主调整运力结构。推进船舶标准化,大力发展船舶运力和专业运输,努力实现全市船舶总艘数逐年下降,净载重吨位、动力数逐年上升。鼓励水运业主与生产企业合作,开辟货源。

(周世祥)

交通附属工业

道路运输附属工业

【全省机动车维修概况】　截至2014年年底,江西省机动车维修业共有10677户,其中,一类机动车维修326户,二类机动车维修1584户,三类机动车维修6892户,摩托车维修1869户;全省机动车维修从业人员66796人,比上年增长了3.88%,其中技术负责人7014人,质量检验员4591人;全省完成主要工作量3594372(台次),比上年增长了4.59%,其中,整车维修64376辆次,总成修理229969台次,二级维护1129813辆次,专项修理2118466辆次,维修救援44839辆次。全省机动车综合性能检测机构共有76个,其中南昌市4个,景德镇3个,萍乡市3个,九江市12个,新余市2个,鹰潭市3个,赣州市16个,吉安市10个,宜春市7个,抚州市5个,上饶市11个。全省完成检测量合计475785辆次,其中,维修竣工检测197136辆次,等级评定检测214845辆次,维修质量监督检测8443辆次,其他检测49436辆次。这些维修和检测不仅保证了全省机动车正常行驶,而且是道路运输安全的有力保障。江西省顺利完成了2013年度机动车维修质量信誉考核工作,共有96户维修企业被评为"质量信誉AAA级企业"。贯彻实施行业标准《机动车维修服务规范》,积极做好维修服务规范化创建工作,结合质量信誉考核,要求一类AA级以上维修企业、二类和三类AAA级维修企业服务规范必须符合标准,全省共有234户维修企业开展了维修服务规范化创建工作。组织全国机动车检测维修职称考试,全省共有27人参加考试。开展了全省汽车客运站营运客车安全例检工作规范化专项整治工作,全省一级客运站全部实现了客车安全例检信息化管理。

(蔡宣灿)

2014年全省机动车维修业一览

表22

单位名称	机动车维修业户						完成主要工作量					
	合计	一类汽车维修	危险货物运输车辆维修	二类汽车维修	三类汽车维修	摩托车维修	合计	整车修理	总成修理	二级维修	专项修理	维修救援
	户	户	户	户	户	户	辆/台/次	辆次	台次	辆次	辆次	辆次
全省合计	10677	326	52	1584	6892	1869	3594372	64376	229969	1129813	2118466	44839
南昌市	836	88	2	259	485	4	212897	6085	48176	127543	30123	708
景德镇市	357	34	0	87	228	8	71493	11783	14576	31246	11275	51
萍乡市	766	39	8	48	611	68	379192	5362	22214	34875	307549	9192
九江市	807	9	4	213	514	71	214459	3447	12012	74743	121466	2791
其中:共青城	21	0	0	3	18	0	9100	66	356	2589	5867	222
新余市	321	18	2	60	193	50	171870	7356	14723	88981	55080	3657
鹰潭市	102	4	3	80	18	0	128844	2088	15660	31320	75600	4176

续表 22

单位名称	机动车维修业户						完成主要工作量					
	合计	一类汽车维修	危险货物运输车辆维修	二类汽车维修	三类汽车维修	摩托车维修	合计	整车修理	总成修理	二级维修	专项修理	维修救援
	户	户	户	户	户	户	辆/台/次	辆次	台次	辆次	辆次	辆次
赣州市	2649	19	3	221	1988	421	1020636	4910	13340	249636	748520	4230
其中:瑞金市	95	2	0	13	62	15	192640	152	1382	1987	83780	700
吉安市	1921	26	5	171	1246	472	521328	3850	20196	154530	331763	8977
其中:安福县	234	2	0	7	124	101	4622	146	386	1978	2122	10
宜春市	1400	53	18	164	618	565	139208	8165	7285	95432	25185	3141
其中:丰城市	372	2	2	5	355	10	13698	140	110	8100	5200	148
抚州市	574	12	4	83	359	120	280254	5868	11455	158560	100718	3653
其中:南城县	40	3	2	6	31	0	35702	582	572	23620	10928	26
上饶市	944	24	3	198	632	90	454191	5462	50332	82947	311187	4263
其中:鄱阳县	49	1	0	6	27	15	57240	406	3175	29260	0	0

（省运管局）

2014 年全省汽车综合性能检测站

表 23

单位名称	数量合计	完成检测量合计	汽车综合性能检测站					
			维修竣工检测	等级评定检测	维修质量监督检测	其他检测	排放检测	质量仲裁检测
	个	辆次	辆次	辆次	辆次	辆次	辆次	辆次
全省合计	76	475785	197136	214845	8443	49436	43525	683
南昌市	4	65545	7389	20567	48	37897	37541	15
景德镇市	3	49039	40125	8914	0	0	0	0
萍乡市	3	12078	805	11077	0	196	0	0
九江市	12	43659	15660	25715	227	1756	0	0
其中:共青城	0	0	0	0	0	0	0	0
新余市	2	15887	7240	8667	0	0	0	0
鹰潭市	3	21900	13670	8230	0	0	0	0
赣州市	16	85268	41072	33611	4071	6514	5984	622
其中:瑞金市	1	3235	1690	1540	0	5	0	0
吉安市	10	63321	35912	25226	1528	615	0	0
其中:安福县	1	2878	1605	1273	0	0	0	0
宜春市	7	36978	4812	30358	1275	533	0	0
其中:丰城市	1	1410	0	1410	0	0	0	0
抚州市	5	23747	0	19689	0	0	0	0
其中:南城县	1	6125	0	2067	0	0	0	0
上饶市	11	58363	30451	22791	1294	1925	0	46
其中:鄱阳县	1	1804	0	1804	0	0	0	0

（省运管局）

【做好维修行业典型企业的宣传】 江西华宏集团和广甸集团的维修行业品牌创建案例在全国机动车维修工作会议上进行宣传,并收入到中国汽车维修行业协会《汽车维修企业转型发展典型案例》,得到了部运输司的认可。江西铜业集团修理公司的绿色维修理念在全国绿色维修现场交流会上进行推广。

(蔡宣灿)

【举办全省机动车综合性能检测技能竞赛活动】

为提升机动车综合性能检测服务水平和能力,加快推进绿色交通和平安交通建设,6 月 14 日,省运管局举办了 2014 年全省机动车综合性能检测技能竞赛。比赛包括了理论竞赛和实际操作技能竞赛,分别占总成绩的 30% 和 70% 。实际操作技能竞赛包含了营运客车外观检查、类型划分、等级评定、燃料核查项目的检测和评定、透光式烟度计校准及读盲样标准物质标称值作业。南昌、吉安和鹰潭市代表队分别荣获了团体第一、二、三名。黄运华(江西长运检测中心有限公司)荣获一等奖,汤捷(江西长运检测中心有限公司)、杨涛(江西省吉安车辆综合性能检测站)荣获二等奖,黄翌鹏(余江鸿达机动车检测有限公司)、陈文英(泰和县泰发车辆综合性能检测有限公司)、王勇(龙南锡澄车辆检测站)荣获三等奖。

(蔡宣灿)

【推动营运客车类型划分工作标准化】 一是出台了《关于加强全省营运客车类型划分及等级评定工作的实施意见》,明确要求严把营运客车类型划分及等级评定和复核关、加强中、高级客车评定表动态管理。二是组织宣贯交通行业标准《营运客车类型划分及等级评定》(JT/T 325 - 2013),规范各设区市运管机构、综检机构对营运客车类型划分及等级评定的工作流程和相关表格的规范性填写。三是实施客车类型划分监督通报机制,对 4 个设区市 11 辆客车类型划分存在问题的车辆进行通报整改,严把车辆的准入关。

(蔡宣灿)

【加强运输企业车辆技术管理主体责任】 一是明确运输企业车辆技术管理主体责任,要求健全道路运输企业车辆技术管理体系,企业应当设立负责车辆技术管理的机构,配备专业车辆技术管理人员,按规定维护、检测、使用和管理车辆,确保车辆技术状况完好。二是以省际、市际到期班线的车辆技术状况审核为契机,下发了《关于做好省际、市际到期道路客运班线车辆技术状况审核工作的通知》,督促各各设区市运管处(局)强化对运输企业的车辆技术管理,督促客运企业落实车辆技术管理主体责任,建立健全车辆技术档案。

(蔡宣灿)

【北汽集团昌河汽车景德镇基地奠基】 7 月 14 日上午,北京汽车集团有限公司昌河汽车景德镇基地奠基仪式在景德镇市隆重举行。江西省政府党组成员、副省长李贻煌,北汽集团党委书记、董事长徐和谊,江西省政府副秘书长张小平,江西省政协经济委员会主任李贤书,江西省国资委党委书记陈永华,江西省国防科工办主任杨贵平,江西国控公司党委书记、董事长周应华,北汽集团副董事长卫华诚,景德镇市领导刘昌林、颜赣辉、梅亦、史文斌、黄康明等参加奠基仪式。

北汽集团昌河汽车景德镇基地项目总投资 140 亿元,规划年产 45 万辆整车和 30 万台发动机。项目按照“统一规划,分期实施”的总体安排,分两期完成,第一期工程将于 2015 年底前竣工投产。届时,昌河汽车的产品结构将得到极大改善,市场竞争力将得到增强,助推昌河汽车实现跨越式发展。

(涂　强)

2014 年萍乡市一、二类维修企业基本情况一览

表 24

企业名称		企业地址	法人代表	拥有从业人员(人)	厂房面积(平方米)	经济类型
一类	萍乡市恒驰物流有限公司	萍乡市湘东区峡山口	王惠敏	10	2966	股份制经济
一类	萍乡市超越车辆服务有限公司	上栗县金山镇经济开发区	李虎	9	800	股份制经济
一类	江西省上栗县大兴汽修厂	萍乡市上栗镇府前路	谭忠	6	1200	私营经济
一类	芦溪县进口汽车维修服务有限公司	萍乡市芦溪县芦溪镇温埠	张云江	0	800	股份制经济
一类	萍乡市鑫亚汽车销售服务有限公司	萍乡市安源区韶山东路(安源交警对面)	兰洋	16	1200	有限责任
一类	萍乡市鑫鑫工贸有限公司	萍乡市安源新区 319 国道	赖道刚	15	1000	有限责任
一类	萍乡经济开发区时超小车修理厂	萍乡经济开发区安源西大道 41 号	刘发明	14	600	私营经济
一类	萍乡欧亚汽车销售有限公司	萍乡市安源经济开发区安源西大道 41 号	陶学铜	10	1200	有限责任
一类	萍乡市永安昌荣实业有限公司	萍乡市安源镇十里铺(萍高公路与 319 国道交汇处)	周志安	14	3572	股份制经济
一类	萍乡市民生汽车销售服务有限公司	萍乡市经济开发区安源西大道	何丽	14	4000	有限责任
一类	萍乡福信达汽车销售服务有限公司	萍乡市安源区萍安大道施家冲(安源林业局旁)	万飚	18	700	私营经济
一类	萍乡运通汽车技术服务有限公司	萍乡市安源区韶山路萍高路象形湾对面安源新区 4S 城	王峥	16	2600	有限责任
一类	江西省恒盛汽车销售有限公司	安源新区韶山路旁 13－5 号	陈志奇	20	1200	私营经济
一类	萍乡市和谐汽车服务站	萍乡市公园北路 115 号	彭海湖	15	1000	私营经济
一类	萍乡运通汽车销售服务有限公司	萍乡市安源西大道 42－48 号	王峥	20	1131	有限责任
一类	萍乡庞大恒运丰田汽车销售服务有限公司	萍乡市安源新区韶山东路 13－4 号(公交总公司对面)	张纳	13	1200	有限责任
一类	萍乡市富海汽车销售服务有限公司	萍乡市经济开发区安源西大道	何春明	19	3080	股份制经济
一类	萍乡市长运汽车销售维修有限公司	萍乡市开发区鹅湖管理处(鹅湖宾馆旁)	顾洪琦	17	1800	股份制经济
一类	萍乡二十一世纪汽车销售有限公司	萍乡市安源新区萍高路旁 13－3 号地块	程俊	16	1200	有限责任
一类	萍乡市顺泰汽车修理厂	萍乡国际汽车交易展示中心时代名城第 5 栋一层	陈述彪	20	1600	私营经济
一类	萍乡国力汽车贸易有限公司	萍乡市经济开发区安源西大道 76 号	胡建平	25	1014	股份制经济
一类	萍乡福源汽车销售服务有限公司	萍乡市安源新区韶山路(安源交警大队对面)	刘卫平	25	2000	有限责任
一类	萍乡鼎鑫汽车一站式服务中心	安源区滨河东路 1－20 号	罗水生	22	1100	个体经济
一类	江西华健汽车有限公司	萍乡安源新区(319 国道与萍高公路交会处)	刘刚	25	1200	股份制经济
一类	萍乡东安汽车销售服务有限公司	萍乡市安源区五里牌流万大市场 1 号	钱军	18	1500	有限责任(公司)
一类	萍乡市伟正小车修理厂	萍乡市安源西大道 45 号	彭昌华	38	1500	股份制经济

续表 24

企业名称		企业地址	法人代表	拥有从业人员(人)	厂房面积(平方米)	经济类型
一类	萍乡市公共交通总公司大修厂	萍乡市安源新区燎原大道	谢国华	91	1800	国有经济
一类	江西萍乡长运有限公司修理厂	萍乡市安源区站前东路 232 号	胡建萍	24	2000	有限责任(公司)
一类	萍乡市汽车运输有限责任公司中国第一汽车集团公司萍乡服务站	萍乡市安源西大道 41 号	祝德祥	14	1000	股份制经济
一类	萍乡经济技术开发区欣驰汽车维修中心	萍乡市经济开发区硖石管理处花冲自然村	欧阳军	24	1000	个体经济
一类	萍乡市赣萍电力实业有限公司汽车服务分公司	萍乡市安源经济开发区安源西大道 43 号	李庆国	0	1200	有限责任(公司)
一类	萍乡市永安实业有限公司汽车修理厂	萍乡市流万	张兴友	22	4000	股份制经济
一类	萍乡通程汽车服务有限公司	萍乡经济开发区西区工业园(硖石)	武国政	30	3000	股份制经济
一类	萍乡经济开发区蓝盾汽车修理厂	萍乡市开发区洪山大道郑和路	何启明	43	2000	个体经济
一类	萍乡乘龙汽车销售服务有限公司	安源区萍高路与 319 国道交汇处	陈兵秀	8	990	有限责任(公司)
一类	萍乡全顺江铃汽车销售服务有限公司	萍乡市安源区韶山东路(安源交警对面)	兰海	21	2000	股份制经济
一类	萍乡市安源区鸿升汽车修理厂	萍乡市安源区后埠街楚萍西路 96 号	胡作中	20	1000	私营经济
一类	萍乡市银通汽车修理厂	萍乡市安源区安源新区萍高路旁 13－3 号	贾奇萍	21	600	私营经济
一类	莲花县长途汽车运输公司修理厂	萍乡市莲花县莲萍路	朱清斌	16	2000	国有经济
二类	萍乡市湘东区辉达汽车修理厂	江西省萍乡市湘东区湘东镇五四村	段军	6	350	股份制经济
二类	江西萍乡长运有限公司湘东分公司	萍乡市湘东区湘泉东路 114 号	颜和锐	9	800	股份制经济
二类	沪萍汽车服务中心(张清兰)	湘东区湘东镇樟里村	张清兰	7	200	私营经济
二类	萍乡市湘东万利汽车修配厂	萍乡市湘东区湘泉南路	刘宗良	7	800	个体经济
二类	萍乡市湘东区程运汽车修配厂	湘东泉湖垅	曾亮	11	300	个体经济
二类	上栗县奥桑汽车修理厂	上栗县李畋大道 39	黎春强	10	400	私营经济
二类	萍乡市京兆汽车贸易有限公司汽车服务中心	江西省萍乡市上栗县上栗镇李畋大道 108 号	黄振华		350	私营经济
二类	上栗县兄弟小车修理厂	上栗县李畋大道	谭庆寒	8	450	私营经济
二类	萍乡市桐木镇成林汽修厂	萍乡市上栗县桐木镇胜利村(印山台水泥厂对面)	戴成林	4	470	个体经济
二类	萍乡市上栗龙祥汽车修理厂	江西省萍乡市上栗县上栗镇泉塘村	黄培章	8	350	其他
二类	上栗县吉达汽车修配厂	萍乡市上栗县西顺街停车场内	张安萍	6	700	私营经济
二类	芦溪县万众汽车修配厂	芦溪县武功大道沙湾路段旁(古城广场对面)	刘振文	6	700	私营经济
二类	芦溪县芦溪镇武功大道车之道汽车服务中心	芦溪镇武功大道	张俊驰	6	350	私营经济
二类	萍乡市生源汽车修理厂	萍乡市芦溪土上村	袁聚华	4	350	私营经济
二类	芦溪县宣风镇汽车修配厂	萍乡市芦溪县宣风镇盘田 320 国道	胡树能	0	0	集体经济

续表24

	企业名称	企业地址	法人代表	拥有从业人员(人)	厂房面积(平方米)	经济类型
二类	芦溪县顺利汽车修理中心	芦溪站前一路	晏招清	6	400	个体经济
二类	芦溪县永昌汽车修理厂	萍乡市芦溪县新田村	廖永昌	4	400	私营经济
二类	芦溪县大众汽修厂	萍乡市芦溪镇温埠	易庆良	4	300	私营经济
二类	芦溪县顺风汽车修配厂	萍乡市芦溪县武功大道	钟瑜	7	1200	私营经济
二类	萍乡安吉汽车修理厂	萍乡市安源区韶山路与319国道交汇处	付晨阳	18	600	私营经济
二类	萍乡市财贸汽车销售有限公司汽车维修中心	萍乡市安源西大道42号(国际汽车城一号楼)	李新萍	12	140	股份制经济
二类	萍乡市车天地汽车服务有限公司	萍乡市开发区安源西大道89号	张升华	13	1600	私营经济
二类	萍乡市博艺汽车修理厂	安源区北桥新村滨河东路126－128号	潘巧珍	5	350	私营经济
二类	萍乡市天祥汽车销售服务有限公司	萍乡市国际汽车交易展示中心3栋1号楼	蔡志刚	17	460	私营经济
二类	萍乡市昌顺汽车修理厂	萍乡市登岸西路58号	罗华	29	650	个体经济
二类	江西省萍乡市远东汽车贸易有限公司维修服务站	开发区金三角国际汽车城内	黄启飞	17	800	私营经济
二类	萍乡经济技术开发区宏舟汽车修理厂	萍乡市登岸西路86号	熊勇	11	300	私营经济
二类	萍乡市奥桑进口小车修理厂	萍乡市运输公司内(新城路)	胡晓玲	16	400	股份制经济
二类	萍乡市诚顺汽车销售服务有限公司	安源经济开发区	刘瑞彬	20	1200	有限责任(公司)
二类	萍乡市骏菱汽车销售服务有限公司	萍乡市安源新区319国道韶山路	戴秋萍	12	700	有限责任(公司)
二类	萍乡市银信进口汽车修理厂	安源经济开发区硖石工业园	彭华望	20	800	私营经济
二类	萍乡市畅达出租汽车服务站有限公司	萍乡市建设西路80号	汪宪国	18	500	有限责任(公司)
二类	萍乡三鑫达汽车贸易有限公司	江西省萍乡市开发区汽车城货车大市场	徐定河	4	350	有限责任(公司)
二类	萍乡市隆基汽车修配厂	萍乡市汪公潭76号	彭方浩	9	200	私营经济
二类	萍乡市众发汽车修理厂	萍乡市开发区硖石管理处	李渝萍	13	350	私营经济
二类	萍乡经济技术开发区奥通汽车服务中心	萍乡市经济开发区安源大道85号(鹅湖山庄往南100米)	彭佳丽	25	1000	私营经济
二类	萍乡鑫城汽车销售服务有限公司	江西安源经济转型产业基地(安源区白源街大陂管理处旁)	黄文兰	7	1672	个体经济
二类	江西省萍乡市福田汽车修理厂	萍乡市楚萍西路112号	罗惠军	4	350	私营经济
二类	萍乡市同心汽车贸易有限公司	萍乡市开发区硖石管理处	张绍洪	23	220	有限责任(公司)
二类	江西省左氏实业有限公司	萍乡市经济开发区工业园西区纬三路	左朝晖	21	600	有限责任(公司)
二类	萍乡市大富汽车贸易有限公司	萍乡市安源西大道(浮法玻璃厂对面)	何春明	20	1000	股份制经济
二类	萍乡市鑫兴达汽车销售有限公司	萍乡市安源西大道	张强	18	400	有限责任(公司)
二类	萍乡市阳光汽车修理厂	安源经济开发区安源西大道85号	林军	12	600	私营经济
二类	萍乡市昌农汽车销售有限公司汽车修理厂	萍乡市高新技术工业园西区门前(硖石管理处10组)	李维萍	23	600	股份制经济

续表 24

	企业名称	企业地址	法人代表	拥有从业人员(人)	厂房面积(平方米)	经济类型
二类	萍乡市鑫旺汽车修理厂	萍乡市开发区安源西大道 44 号	李双艳	21	400	个体经济
二类	萍乡市安源区东晖汽修厂	萍乡市站前西路	朱焱东	17	450	个体经济
二类	萍乡市工惠进口汽车修理厂	萍乡市新城路	曾冬秀	15	600	私营经济
二类	莲花县闽港汽车修配厂	萍乡市莲花县金城大道琴亭科技工业园 602 号	李瑜	6	400	私营经济
二类	莲花县泰裕汽车修理厂	萍乡市莲花县城金城大道 700 号	李戈平	7	500	私营经济
二类	莲花县莲泰汽车修配厂	萍乡市莲花县永安北路 147 号(保险公司院内)	臧建军	6	350	私营经济

(萍乡市交通运输局)

【新余市汽车维修行业二级维护技能竞赛】 10月20日,随着裁判一声竞赛哨音吹响,由新余市运管处组织举办的全市汽车维修行业二级维护技能竞赛正式拉开帷幕。在大型货车和小车的竞赛现场,由市直、县区所选派的5个代表队参加了汽车发动机、离合器、前桥、后桥、制动系、电气和车身等13个岗位34项作业规程的车辆二级维护竞赛。

经过2天紧张的比赛,市新钢汽运有限公司代表队和军安运输产业有限公司代表队分别获得此次汽车维修行业二级维护技能竞赛(大车组、小车组)一等奖。

(章伟鑫)

【新余市机动车维修企业质量信誉考核工作圆满完成】 为切实做好2013年度新余市机动车维修企业的质量信誉考核工作,根据江西省运管局《关于认真做好2013年度全省机动车维修企业质量信誉考核工作的通知》(赣运车技字〔2014〕1号)的要求,新余市运管处已于2014年3月20日至5月23日开展对全市机动车维修企业的质量信誉考核工作。

为将质量信誉考核工作做好做细做实,新余市运管处严格按照《江西省机动车维修企业质量信誉考核实施细则(试行)》规定执行。考核组在辖区运管所初评的基础上通过看资料、现场评审等方式对维修企业的人员素质、安全生产、维修质量、服务质量、遵纪守法、环境保护等进行重点考核、严格检查和考核计分,本着公平、公正、公开的原则,及时做出现场反馈。此次考核一、二类维修企业共计81户,考核AAA达标维修企业5户,AA达标维修企业38户,A达标维修企业33户,B维修企业1户,其中场地搬迁准予延后考核的1户,降级1户,申请注销2户,考核率100%。

在进行质量信誉考核工作的同时,工作人员深入一、二类维修企业,认真听取维修企业的意见和建议,了解企业生产和发展情况,进一步向经营者进行了《机动车维修服务规范》宣讲,对企业不足之处做出指导,进行帮扶,并要求做好后期完善工作。尤其是对上年度考核为AAA级和一类AA级的维修企业进行帮扶,培育示范店,从而推动机动车维修服务规范化。

(邓清华)

【赣州市7户AAA级汽车维修企业接受核查】 8月5—8日,省运管局派出核查验收组,对赣州市新增的7户AAA级汽车维修企业的维修服务规范化达标和质量信誉情况,进行核查和验收。核查验收组依据具体要求先后对信丰县金杰汽车维修中心、赣州华宏汽车有限公司(奥迪)、赣州东维汽车销售有限公司、新耀汽车贸易有限责任公司小车修配中心、赣州奔利汽车销售有限公司、会昌县富骅进口汽车修理厂、赣州东维红金专营店(东风日产)7户新增3A级汽车维修企业,实地进行了验收和核查。并对上述维修企业维修服务规范化达标及质量信誉等情况给予了肯定。 (李发淳)

【赣州市深化营运车辆二级维护管理】 从8月上旬开始,全市各县、区运管所、道路运输企业、机动车维修企业、机动车综合性能检测机构,将按照市道路运输主管部门的部署,结合营运车辆二级维护市场专项整治工作的开展,大力深化营运车辆二级维护管理,以求提升道路运输安全保障水平。据了解,全市拥有营运汽车50364辆,其中,客车2961辆、货车47403辆。做好这些营运车辆二级维护管理工作,道路运输企业和经营者是责任主体,他们必须负责任的根据规定的营运车辆二级维护行驶里程和间隔时间,制定所属营运车辆二级维护计划。及时安排营运车辆进行二级维护。机动车维修企业必须严格执行国户和行业制定的作业流程、技术质量标准、经营行为,对进行二级维护营运车辆进行作业,并建立车辆维修档案。对于"只收费、不维护"买卖竣工出厂合格证的违法行为,运管部门将依法严厉查处。

(李发淳)

【宜春市2户汽车维修企业获2013年度江西省十六强】 12月12日经企业申报,江西省汽车维修行业协会依据企业的维修产值、维修车次、安全生产、质量诚信四个方面进行汇总评定,宜春汽车运输股份有限公司宜春汽车维修总厂、宜春新亿汽车销售服务有限公司2户维修企业被评选为"江西省(2013年度)汽车维修十六强企业"称号。

(杨立顺)

【宜春市袁州区强化汽车维修企业行业管理】 为维护全区汽车维修行业市场秩序,区交通运输部门进一步加大维修企业的管理力度。一是进行全面检查清理。1—2月,区运管部门对全区74户维修企业进行大检查,按照"全覆盖、零容忍、严执法、重实效"的总要求,对全区的机动车维修市场进行全面检查和清理。通过全面排查,清理出无证经营、超范围维修等违法违章行为15起,规章制度不齐全企业2户,均已按相关规定处理到位。二是开展"汽车维修质量服务月"活动。3月15日,在汽车服务广场等地组织开展活动,深入企业进行广泛宣传,发放宣传资料400余份,使各类维修企业在服务意识、服务质量上有了明显的提高。三是加强年度质量信誉考核。严格依照考核标准,对全区一、二类维修企业进行年度质量信誉考核,对2户二类维修企业信誉考核不达标的给予降级处理。四是把好年审关。切实做好维修企业年审工作,严格根据《机动车维修管理规定》,进行相应的级别调整。全年升级一类企业2户,升级二类5户,对拒不参加年审的企业采取注销处罚。

(李　庆)

【樟树市汽车维修和车辆技术管理做到"四严"】

一是严格维修企业质量信誉考核,一二类维修企业20户,其中评为AA级维修企业3户,A级维修企业15户,评为B级的2户维修企业降为三类。二是严厉推进机动车维修规范化服务,全市汽车维修从业人员持证上岗率90%以上,健全二类以上企业及服务区维修站维修工时定额和工时单价表,统一制作规章制度156块,维修标志牌16块。三是严把三类维修准入关,不定期对维修市场进行专项检查。不断加强维修企业二维维护作业监管,及时对客运、危货车辆二级维护进行提前告知。四是严格车辆燃油消耗量核查和车辆技术性能检测工作,把好营运车辆上户关,已送检测评定各类营运车辆2799辆。

(肖　锋)

【上高县整顿汽车维修市场】 县交通运输局于4月起,从四个方面对全县汽车专项维修行业进行了为期一个月的整顿。一是成立了领导小组,悬挂标语横幅20幅,发放宣传资料2000多分,并设立咨询台1个。二是对全县重点路段进行拉网式检查。共检查201户业户,对4户进行了查处。无经营证擅自从事维修经营活动的予以取缔共4户,占道经营、超范经营等问题查处16起。三是对全县机动车维修从业人员400多人进行岗前培训,并颁发上岗证。四是对全县汽修企业进行资质认定,要求2户企业进行限期整改,1户不达标的予以了注销。同时该局还加强了平时不定期、不定点的检查,使全县汽车维修行业得到有序发展和依法经营。

(潘泓羽)

【宜丰县努力提升维修质量水平】 强化维修市场管理,加大对维修市场无证经营、以次充好等违法违章行为的打击力度。强化营运车辆二级维护管理,充分应用视频系统监控车辆维修质量,对未安装监控系统的坚决取消其从事二级维护作业。对全县17户二类以上维修企业进行了质量信誉考核,经考核,其中6户被评为AA级企业,11户被评为A级企业,三类企业由18户增加到21户,通过对维修市场的专项整治,使全县汽车维修质量水平有了明显的提高。

(漆志勇)

【万载县进一步提高汽车维修业专业化水平】 2014年,万载县运管所对机动车维修的管理由简单审批向市场培育和调控转变,使全县机动车维修整体专业化水平明显提高。是年新增三类汽车维修企业7户,全县汽车维修业户已发展到435户,其中一类企业3户(含2户快修企业,1户维修救援企业),二类企业7户,三类企业40户,其他维修业户385户。3月份对全县10户二类以上机动车维修企业进行了质量信誉考核,评出了AAA企业1户、AA级企业2户,A级企业7户,注销了1户二类维修企业。开展了机动车维修市场安全隐患检查活动,查处各种违规经营行为,净化维修市场环境。11月份组织了二类以上维修企业维修人员40人参加了全市维修行业四大工种培训,进一步提高了全县修理工的技术水平。

(王薪霏)

水路运输附属工业

【江西造船厂承建的60米工作趸船建造工程进展顺利】 由江西造船厂承建的南昌市港航管理处60米工作趸船,自2013年11月底开工以来,各项工作进展顺利。该工作趸船总长60米,型宽11米,型深1.8米,吃水0.8米。为按时、安全、保质完成该项工程,江西造船厂成立专门项目组,从施工设计、材料采购,到下料预制、拼装焊接等各个环节,施工人员齐心协力,对生产过程中出现的问题,大家共同研究、献计献策,确保了生产的正常进行。截至4月14日,该趸船的主体建造和焊接已完成,2014年5月份全面完工。

(唐宏照 陈明中)

【江海船厂首次承建的长江航道助航标志顺利交接】 4月11日,由长江航道规划设计研究院设计、鄱阳县江海船舶修造厂(简称江海船厂)中标承建的福州至银川高速公路九江长江公路大桥24座水上助航标志,顺利拖运至长江九江航道管理处指定水域进行交接。

在江西省交通运输厅福银高速九江长江公路大桥项目建设办公室(业主)联合询价邀请招标时,江海船厂凭着合理的报价、完善的质量保证体系、科学的施工组织设计实施方案、精湛的施工工艺及优良的业绩、良好的财务现状和售后服务方案,得到业主和评审专户的一致认可而中标。中标签约后,江海船厂抽调出精干的技术力量和施工队伍,成立九江长江大桥水上助航标志建造施工管理项目部,坚持以标准化为重点、以工艺控制为原则、以工序管理为手段、以落实责任为保障;科学组织、周密部署,在业主、长江九江航道管理处以及江西省港航管理局上饶分局的大力支持下,在项目部全体人员及施工班组的不懈努力和上饶市船舶检验局派出的验船师严格把关指导下,严抓建造质量的同时确保九江长江公路大桥水上助航标志采购安装项目顺利进行并如期完工。

(付知拾 何 敏 陈明中)

【丰城市造船厂适应市场需求建造营运自卸驳船】 2014年,丰城市造船厂在水运船舶建造市场持续疲软的情况下,寻找市场,找米下锅,在逆境中争生存、求发展。根据本市砂石自卸驳船有需求这一市场机遇,主动与客户联系,发挥自身造船设备和场地、技术资质优势,并承诺优质服务,最终赢得了客户的信赖和好评。全年共建造营运自卸驳船7艘,同比增加1艘,载重吨位5600吨,同比增加400吨。取得了一定的经济和社会效益,不仅稳定了职工队伍,还为国家创税3万多元,为促进水路运输生产发展发挥了积极作用。

(张木根 熊雪芽)

节能环保

道路运输节能减排

【江西4户企业获得道路运输节能减排专项资金】 根据《2014年度交通运输节能减排专项资金申请指南》和省交通运输厅要求,经过省运管局对天然气营运车辆主题性项目的审查确定,江西省有峡江县通途汽车运输有限公司、江西长运新余公共交通有限公司、分宜县华翔城市公共交通有限公司和新余市日通货物运输有限公司共4户企业荣获了193万节能减排专项资金。

（蔡宣灿）

【省公路运输局推进道路运输市场运力低碳化】 一是试点开展老旧车辆提前退出道路运输市场。结合“江西省大气污染防治计划”,引导高性能、低能耗、低排放的车辆进入道路运输市场,限制不符合要求的车辆进入市场。二是对于行驶证初次注册日期在2004年6月30日之前的营运客车,营运客车类型划分及等级评定为“普通级”,以减少对环保重点防治区域的污染。三是对已经实施机动车环境保护标志管理的地区,所辖地区的道路运输管理部门对未取得环保检验合格标志的营运车辆,不得办理营运车辆年度审验手续。四是加快淘汰安全性能差、排放标准低的老旧车辆,积极推广应用新能源和清洁能源道路运输车辆,推动混合动力、纯电动、天然气等新能源和清洁燃料车辆在公共交通行业的示范和应用。

（蔡宣灿）

【省公路运输局加强运输车辆燃料消耗量核查工作】 一是完善道路运输证配发与车辆燃料消耗量核查、车辆综合性能检测紧密结合的工作机制,完善道路运输车辆监督管理责任追究制度和道路运输证发放责任制度,对不符合燃料消耗量达标车型要求和达不到道路运输车辆综合性能技术要求的车辆,不得进入道路运输市场。二是深化营运车辆燃料消耗量准入制度,督促各级运管机构要进一步做好达标车型车辆参数及配置核查工作,确保燃料核查达到100%;并实施车辆燃料消耗量核查监督通报机制,对7个设区市83辆燃料消耗量存在问题的车辆进行通报整改,严把车辆的准入关。三是督促各级运管机构报送燃料核查报表,2014年共核查23179辆营运车辆,从源头上把好道路运输车辆的节能减排技术关口。

（蔡宣灿）

【新余市新增新能源(清洁能源)公交车项目正式启动】 该市新增40台新能源(清洁能源)公交车于12月中旬可投放市场营运。

新余公交以该市国家首批节能减排财政政策综合示范城市项目推广为契机,按照市政府总体部署和要求,在2012年、2013年已购置80台新能源(清洁能源)空调公交车的基础上,再次投入资金,购置40台新能源(清洁能源)空调公交车,进一步提升新余市公交运力、倡导绿色公交,满足市民绿色出行的乘车需求。

（朱　容）

【新余市交通运输业节能减排成效显著】 2014年,该市积极推进了新余市营运车辆指挥中心建设、天然气重型半挂牵引车应用、城市公交车更新、重型载货汽车淘汰、CNG新能源出租车更新、LNG客车更新及应用等8项节能减排项目,总计投入资金1.4亿元,申请补助资金3000多万元。2014年,完成更新新能源车辆181辆(其中更新新能源出租车141辆、新能源公交车40辆),截至2014年年底,全市共更新新能源出租车360辆,更新比例达66%,新能源公交车120辆。加快新余能耗监测中心交通分中心建设,编制了《新余市建设绿色循环低碳交通运输城市区域性试点实施方案(工作大纲)》。

(邓清华)

【樟树市倡导绿色交通】 为进一步提升和改善环境质量,市交通运输部门结合工作实际,采取有效举措,大力推进绿色交通建设。一是统筹城乡公交发展,优化客运运输。全年淘汰了安全性能差、排放标准低的老旧公交车10辆。同时,进一步优化公共交通站点布局,新增了3个公交站点,更新客车8辆。对中洲、义成、湛溪、洲上、店下等乡镇客运车辆班次进行调整加密。鼓励发展节能环保的新型运力,积极引导120辆老旧出租车提前退出道路运输市场,更新使用低耗环保车型。二是深化营运车辆燃料消耗量准入制度。切实做好达标车型车辆参数及配置核查工作,把好营运车辆准入关。进一步完善“道路运输证”配发与车辆燃料消耗量核查、车辆综合性能检测紧密结合的工作机制,完善道路运输车辆监督管理责任追究制度和“道路运输证”发放责任制度,对不符合燃料消耗量达标车型,一律不得进入道路运输市场。从源头上把好节能减排技术关口,淘汰老旧货车36辆。三是调整运力结构,优化运输组织。对客车实载率低于70%的线路,一律不得新增运力;对与高速铁路和城际轨道交通平行的客运班线原则上不再审批新增运力;对与现有班线重复里程在70%以上的二类以上客运班线,严格控制新增班线和运力。发展集装箱、罐式等大吨位车辆,全年新增重型货车101辆,厢式货车12辆。鼓励发展节能环保的新型运力,以江西华正道物流有限公司申报甩挂运输为突破点,继续推进公路甩挂运输试点工作,大力发展厢式运输、大型车、多轴车运输,努力降低空载和运输工具能耗,提高运输效率。大力倡导绿色培训,推广应用节能教学设备,引导驾培机构使用驾驶模拟器(90台),淘汰老旧大货教练车22辆,新增小车教练车25辆,推进驾驶员培训向节能减排方向迈进。

(王志勇)

【高安市构建节能减排新格局】 该市交通运输局充分调动全行业节能减排工作的积极性、主动性,采取切实有效措施,全面推进交通运输行业节能减排工作,形成了以政府部门为主导,企业为主体,全行业共同推进的工作格局。①大力推进公交优先。将推动城市公共交通优先发展作为节能减排的一项重点工作来抓,新增、延伸和调整市区公交线路3条,现有公交车辆47辆,运营线路基本上实现了“居民住到哪里,公交开到哪里”,满足了新城建设和旧城改造的需求。②统筹优化运输组织方式。引导企业发展甩挂运输,发展低能耗运输方式,减少车辆空载,提高运输效率,降低能耗,使燃油单耗由原来的平均百千米60升下降至40升左右,单耗节约超过30%。启动城乡客运一体化,开通36条客运班线,319辆客运班车投入运行。通过合理设置站点,优化客运线路网络,旅客出行基本实现“零距离”换乘。③推进“蓝天工程”。结合行业管理实际,全力推进“蓝天工程”建设工作,启动了高安市永生天然气汽车加气站,方便出租车加气,出租车可以节省36%的经营成本,达到了经济性和环保性双重赢利。

(周世祥)

【上高县交通运输局抓好绿色生态交通建设】 该县交通运输局为创建绿色交通和上高县“碧水蓝天”工程建设要求,深入推进“车、船、路、港”千户企业低碳交通运输专项行动,倡导公交出行,鼓励推广使用新能源节能环保型汽车,重点加快推进出租车、公交车油改气步伐,加大机动车尾气排放检测力度。制定了“关于严格控制营运车辆尾气污染的实施意见”,从3月起,车辆综合性能检测站凭环保检测合格标志进行车辆综合性能检测,县运管部门凭营运车辆综合性能检测尾气合格手续,办理“道路运输证”年审。全县141辆出租车已全部完成油气两用改造,更新后的出租车平均每辆可减少能耗28%,平均提高效益35%,增加盈利1000多元。南昌线客运班车更新了10辆大型清洁能源客车,更新后的客车每月节油料近100升,大大提高了运营效益。

(潘泓羽)

【余干汽运公司借科技东风 狠抓油耗管理工作】 余干汽运公司通过使用科技手段及相应的管理措施将节油降耗落到实处。

“G—BOS”是安装在营运客车上的车载设备,

记录相关车辆运行数据，通过无线方式将数据资料传送到智能运营管理平台上，管理人员和驾驶人员通过分析“G—BOS”的数据，进行车辆动态的监管和成本的控制。余干汽运公司请来“G—BOS”工程师，现场讲解驾驶节能操作技术要领，通过实例分析了不同驾驶技术的驾驶员在驾驶车辆过程油耗的差距，激发起驾驶人员运用“G—BOS”提供的数据，努力学习驾驶和节油技术的热情。公司领导和机务工作人员也十分重视节油降耗工作，充分运用G—BOS智能平台的机务管理功能，收集营运车辆运行报告，用数据说话，与驾驶员们进行交流、分析，找出车辆运行过程中操作的得与失，纠正不良的驾驶习惯。公司根据不同车型、不同季节等科学合理确定各种车型燃油消耗定额，利用G—BOS智能平台提供的数据作为参考，对节油的驾驶员按一定比例进行奖励，超标进行扣罚。通过经济杠杆加强驾驶员节油意识。并请来优秀驾驶员进行传、帮、带，以经验座谈的形式，交流驾驶技术和节油技能，促进新进公司的驾驶员尽快掌握正确的操作技能，培养节油降耗理念。截至10月底，余干汽运公司公营车辆平均油耗比上年同期百千米下降了0.8升。

（上饶中心客运站）

水路运输节能减排

【武宁港航分局开展“携手低碳节能 共建碧水蓝天”活动】 2014年节能宣传周期间，武宁分局以“携手低碳节能，共建碧水蓝天”为主题，通过多种形式，提高公众的节约意识，形成崇尚节约、绿色低碳的社会风尚。一是利用电子显示屏、信息网站、宣传栏等载体普及节能和低碳常识，大量张贴节能宣传画和标语，积极营造宣传氛围。二是绿色交通、低碳出行。走进水运企业，发放低碳节能倡议书和相关宣传资料，现场讲解老旧船舶拆解政策，鼓励水运企业积极参与老旧船舶的拆解，倡导辖区内水上旅游公司在短途旅客旅游运输中，使用新型环保的电瓶船舶，营造节约资源、减少水运环境污染。三是开展能源紧缺体验活动。要求全体干部职工在低碳日当天乘坐公共交通工具、骑自行车或者步行上班；办公场所停开空调；公共区域（如走廊、卫生间等）白天停开照明灯。四是举办“光盘行动”签名倡议活动。活动以弘扬中华民族勤俭节约优良传统，贯彻习近平总书记关于厉行勤俭节约、反对铺张浪费的有关要求，向全局干部职工和广大人民群众发出节约粮食的倡议。活动现场宣读了“厉行勤俭节约，反对铺张浪费”倡议书，并庄严的签下自己的姓名，承诺用实际行动践行节约号召，传承民族传统美德。

（叶珍珍）

【樟树市大力推进水运行业节能减排工作】 为建设绿色水运交通，市港航管理处按照国务院通知精神，加强领导，制订方案，把节能减排工作作为一项重要民生工程，全力推进水运节能减排，取得较好的经济和社会效益。一是加强组织领导。制发《樟树市港航系统节能减排工作实施方案》，成立以处长为组长的节能减排工作领导小组，科学谋划，精心组织，全面部署。水运企业成立相应机构，做到组织、领导、举措、责任四落实。二是广泛宣传。利用会议、广播、电视、政府网、标语和组织宣传月等舆论工具，大力宣传节能减排重大意义，向水运业户及群众散发节能宣传资料、节能倡议书2000余份。营造节能减排宣传浓厚氛围。三是调整运力结构，推进船舶向标准化、大型化、专业化、现代化方向发展。鼓励市航运企业改小船为大船，发展规模化运输，降低燃料消耗，提高运输经济效益。四是加快老旧船舶淘汰步伐。受理拆解老旧船4艘，发放补贴资金103.4万元。提前促使能耗高质量差的船舶退出运输市场。五是强化内部管理。该港航处要求职工充分使用网络办文办公，减少公文数量，做到随手关灯，杜绝“长明灯”的出现，尽量减少计算机、打印机等办公设备的待机电耗，使用节水型产品，减少水资源消耗。加强公务用车、巡逻艇的管理，严格燃油定额管理，严禁公车私用。

（杨　波）

行政机关企事业单位节能减排

【宜春市交通运输局大力开展节能减排宣传周活动】 6月，按照市政府部署，市交通运输局领导高度重视,科学谋划,精心组织,全面部署,在全市交通运输系统开展节能减排宣传周活动,扎实推进,取得较好效果。①领导重视,精心组织。对活动印发了《宜春市交通运输局关于开展全市交通运输行业2014年节能宣传周和全国低碳日活动的通知》和《关于组织参加公共机构节能宣传周系列活动的通知》,成立了活动领导小组,对活动时间、活动内容进行了周密详细的安排。②强化措施,积极开展节能减排工作。该局紧紧围绕“携手节能低碳,共建碧水蓝天”节能宣传主题,深入贯彻落实《关于厉行勤俭节约、反对铺张浪费》的有关要求,认真做好节能低碳宣传工作,积极倡导绿色办公和绿色出行,将节约精神贯穿到干部职工的实际生活中。全体干部职工在无工作需要的情况下减少电量消耗,电脑处于待机状态,打印机在不工作的情况下关机或处于节能状态,减少纸张浪费,打印在允许的情况下一律使用双面打印,校对稿采用作废纸张打印,尽最大的力量减少电量消耗与纸张消耗。参与市行政中心开展的为期一天的绿色回收活动。参与格林美公司回收废旧电脑主机、显示器、打印机、传真机、电话机、手机电池等产品的活动。组织干部参与市委大院组织骑自行车、乘公交车上班的活动,积极鼓励干部职工绿色出行,家离单位近的步行上下班,家离单位远的尽量选择自行车上下班或者乘坐公共效能工具,切实支持节能减排工作。在市行政中心组织开展节能技术产品展示会上,该局联合宜春深燃天然气有限公司,制作宣传板,制作天然气汽车宣传手册和节能减排宣传手册,推广天然气汽车,普及轿车的节能操作方法、节油的窍门以及避免不良驾驶习惯等,宣传节能知识和节能技术。同时,在全国低碳日当天,除信息机房等特殊场所外,办公区域空调、公共区域照明停开一天。通过开展这次公共机构节能宣传周活动,进一步提高了干部职工节能减排意识,切实做到绿色办公、绿色出行等节能减排行为。

(鲁　珉)

【宜春市袁州区交通运输局节能减排工作有实效】 该区交通运输局认真落实上级有关精神,以可持续发展为理念,争创节约型机关,结合实际,制定措施,节能减排工作获得实效。全年局机关减少用电10910度,同比下降32.71%,节约用水1039吨,同比下降66.47%。一是成立节能减排工作领导小组,指导全区交通运输行业节能减排管理工作。二是做好能源统计工作,指定专人负责每月的能源消耗量统计工作,并及时报送至区机关事务管理局。三是开展节能宣传周活动,6月8日至14日,开展以“携手节能低碳 共建碧水蓝天”为主题的节能减排周活动。局领导带头节约用水用电,通过悬挂宣传横幅、标语、绿色出行等多种形式,广泛宣传交通行业节能减排的重要性及节能技术、节能小知识等。引导广大干部职工牢固树立节约意识和节能理念,提升本单位节能减排工作层次和水平。四是强化日常管理,节约用水用电。加大水电巡查力度,每月定期进行水电设施例行查检,杜绝长明灯、长流水和“跑、冒、漏”现象;加强公车管理,严格实行IC卡制度,一车一卡,每月定限;规范办公用品管理,实行办公用品领用实名登记制,严格控制纸张使用,减少纸张浪费,提倡采用双面复印和打印。

(李　庆)

【德昌高速服务区大力宣传“光盘行动”】 餐桌文明是社会文明的重要体现,传承着中华民族的优秀文化和尊重劳动、珍惜粮食、勤俭节约的美德。2014年,德昌高速服务区管理中心,在军山湖、万年东、德兴服务区积极开展“光盘行动”主题公益活动,在各服务区餐厅、超市醒目位置悬挂并摆放“光盘”宣传标语;服务区承租商也积极参与,大力支持,提供各项参与“光盘”行动的优惠活动。活动倡导科学、理性、健康的生活方式,号召人们“从我做起,今天不剩饭”,减少“舌尖上的浪费”,与文明握手、与陋习告别,让节俭用餐、安全用餐、卫生用餐在全社会风行。

(张　堃)

科技　教育　卫生

科　　技

【概况】 2014年,江西交通运输科技工作围绕推进"四个交通"发展,完善科技管理,强化项目建设,加强技术攻关,狠抓能力建设,加快成果转化,持续推进行业标准化建设,为全省交通运输转型升级发展提供了支撑和保障。

全年共确定交通运输科技项目60项,列入省部科技项目计划1项。获得省部科研经费补助108万元。完成交通运输科研成果40项。获得省部级以上科技进步奖8项,其中,国家科技进步二等奖1项。组建省交通运输厅本级工程技术研究中心1个,新增省级工程技术研究中心1个。取得专利授权15项,出版专著2本。颁布实施省地方标准6项。发布新技术推广应用目录1期10项新技术。完成庐山西海绿色安全交通示范工程验收工作。

1.科技管理更加完善。修订完善《江西省交通运输厅科技项目管理办法》。主动将科技项目管理纳入纪检监察范围,实行由厅监察室抽签确定科技项目评审专家,试行科技项目立项咨询、大纲评审网上专家评审方式。启用"江西交通科技信息管理系统",实现科技项目网上申报办理。强化与高校联动机制,与华东交通大学开启厅校合作发展新模式,在人才培养、技术攻关等方面深入全面合作。

2.狠抓科技项目申报。围绕加快推进交通重点工程建设,确立厅重点工程科技项目16项,其中,通过招标确定项目合作单位有5项,围绕行业共性、关键技术难题,下达厅一般科技项目年度计划44项。“基于三维地理信息系统的山区高速公路路线优化与评价系统”科技项目已列为交通运输部西部科技计划项目,获补助经费63万元。全年全行业在研科技项目达234项。

3.科技成果丰硕推广成效显著。通过验收并登记的各类科技成果40项,其中,“大跨径混合主梁斜拉桥疲劳分析与设计关键技术研究”“钢桥面耐久性铺装关键技术研究”“赣江石虎塘航电枢纽坝下游水位变化与航道整治研究”等10项研究成果达到国际先进水平。完成庐山西海绿色安全交通示范工程验收工作,取得1项科技攻关、2项集成创新、33项推广应用科研成果;完成西部交通科技项目成果验收3项;省交通设计研究院有限责任公司的科研成果“公路三维地理信息选线技术”被入选的交通运输部交通运输建设科技成果推广目录。全年发布新技术推广应用目录1期10项新技术。

4.科技奖励成果丰硕。一批科研成果获得省部级以上科技进步奖8项,其中,省高速集团参与的以吉莲高速永莲隧道为依托工程的科技项目——“隧道与地下工程重大突涌水灾害治理关键技术及工程应用”获得国家科技进步奖二等奖;省交通科研院等单位主持完成的课题获得省科技进步奖二等奖2项、三等奖1项;获得中国公路学会科技进步奖三等奖4项。

5.创新能力建设不断推进。成功申报公路长大桥梁建设技术及装备交通运输行业研发中心,这是全省第一个全国交通运输行业的研发条件平台。依托江西方兴科技有限公司组建“江西省交通运输行业公路机电工程技术研究中心”的任务圆满完成并向省科技厅成功申报。省公路桥梁工程有限公司与华东交通大学研究生联合培养基地获省教育厅等4个厅委批准成立,成为全省首批49家行业企业与高校研究生联合培养基地之一。2个省级平台通过省科技厅考核评估。“江西省高速公路养护工程技术研究中心”被评为2013年度优秀工程技术研究中心。俞文生获中国科技协会“第六届全国优秀科技工作者”。

6.科技交流日趋势活跃。江西交通科技交流与合作持续推进,组织参加各类技术交流活动,联合中国公路学会举办第七届全国公路改扩建技术交流会,开展公路生态建设技术交流研讨会、沥青路面再生技术现场交流会等技术交流,组织科教大讲堂2期,200余人次参加。

7.节能减排卓有成效。全省继续优化运输装备运力结构。拆解完工的老旧运输船舶123艘31923总吨位,获中央和地方政府财政补贴资金合计2370万元。拥有天然气公交车792台,油电混合公交车401台,纯电动公交车11台,油气混合出租车1973台,油改气出租车3570台,船型标准化运输船舶67艘。新增ETC车道210条,累计达到528条。

积极推广发动机风雨离合器与热管理、子午线轮胎、GPS技术监控车速等8项综合节能成套技术。已有845辆营运客车实施节能技术改造,2.3万辆营运车辆安装了GPS系统。

峡江县通途汽车运输有限公司、江西长运新余公共交通有限公司、分宜县华翔城市公共交通有限公司和新余市日通货物运输有限公司4家企业确立为交通运输部天然气营运车辆主题性项目,获得节能减排专项资金193万。昌樟高速公路改扩建工程被交通运输部列为2014年交通运输节能减排专项资金支持主题性试点项目。

8.标准化建设硕果累累。审议通过2014年度省地方标准申报计划和省交通运输行业标准计划。《高速公路绿化设计技术规程》《高速公路绿化养护技术规程》《高速公路绿化植物栽植技术规程》《高速公路绿化工程质量评定标准》《废轮胎橡胶沥青路面施工技术规范》《高速公路机电系统维护技术规范第1部分:通用技术要求》6项省地方标准颁布实施。科技项目“大跨径混合主梁斜拉桥结合段主梁结构性能研究”成果和《超宽PC箱梁施工技术指南》《桥梁工程清水混凝土施工技术规程》《江西省钢锚梁索塔锚固区设计指南》《江西省公路桥梁健康监测系统设计标准》《公路桥梁健康监测系统数据服务标准》《高速公路计重收费整车式称重系统技术规范》7项省地方标准通过了省质量技术监督局审定。

(何爱鹏)

2014年全省交通运输行业科技成果一览

表25

项目编号	项目名称	承担单位	负责人	成果鉴定编号
2012X0062	南昌保税物流中心场站信息管理系统应用研究	江西省交远物流有限公司、南昌海关、昆山华东信息科技有限公司	赵建歧	赣交科验字〔2014〕第01号
2009H0025	废橡胶混合轻质土在道路工程中的应用研究	江西省交通设计研究院有限责任公司，南昌航空大学	敖玉平	赣交科验字〔2014〕第02号
2011T0035	组合曝气复合MBR高速公路服务区污水处理技术与工程示范	江西畅行高速公路服务区开发经营有限公司、华东交通大学	饶美生	赣交科鉴字〔2014〕第03号
2012T0055	江西省城乡道路客运一体化发展研究	江西省交通运输技术创新中心、交通运输部管理干部学院现代交通运输发展研究中心	彭明	赣交科软评字〔2014〕第04号
2011T0040	鄱阳湖生态经济区综合交通运输体系发展战略研究	江西省交通科学研究院、交通运输部管理干部学院现代交通运输发展研究中心	彭明	赣交科软评字〔2014〕第05号
2012T0056	江西省公路水路运输市场监管体系研究	江西省交通运输技术创新中心、交通运输部管理干部学院现代交通运输发展研究中心	彭明	赣交科软评字〔2014〕第06号
2010C0003	大跨径混合主梁斜拉桥疲劳分析与设计关键技术研究	江西省高速集团、银福高速公路九江长江公路大桥项目办、长沙理工大学、江西省交通科研院	谢来发	赣科鉴字〔2014〕第15号
2012C0001	超大跨度复杂体系斜拉桥施工全过程非线性控制	江西省高速集团、银福高速公路九江长江公路大桥项目办、长安大学、江西省交通科研院	江祥林	赣科鉴字〔2014〕第16号
2010C0005	钢桥面耐久性铺装关键技术研究	江西省高速集团、银福高速公路九江长江公路大桥项目办、东南大学、江西省交通科研院	刘理	赣交科鉴字〔2014〕第09号
2011T0037	高速公路养护市场化模式与运行机制研究	江西省高速集团、江西赣粤高速公路股份有限公司、长沙理工大学	胡孝望	赣交科软评字〔2014〕第10号
2009H0037	江西省公路绿化景观设计与应用研究	江西省公路学会、江西农业大学	黄结友	赣交科验字〔2014〕第11号
2012C0002	提高大跨度混合斜拉桥耐久性的理论和方法研究	江西省高速集团、银福高速公路九江长江公路大桥项目办、同济大学、江西省交通科研院	刘理	赣科鉴字〔2014〕第26号
2010C0007	九江长江公路大桥清水混凝土施工技术研究与应用	江西省高速集团、银福高速公路九江长江公路大桥项目办等	江祥林	赣科鉴字〔2014〕第27号
2011C0016	南方地区桥梁蓄盐类沥青铺装层化学除冰机理及关键技术研究	江西公路开发总公司、东南大学、德昌项目办	赵建华	赣交科鉴字〔2014〕第14号
2013R0001	江西省交通运输厅科技计划项目管理办法(修订)研编	江西交苑公路工程试验检测中心	徐昭	赣交科验字〔2014〕第15号
2009H0034	运营隧道结构健康监测及安全评估系统研究	江西省交通科学研究院	刘红生	赣交科验字〔2014〕第16号
2011－318－780－920	公路长达桥梁结构安全网络监控系统省级应用示范	江西省交通科学研究院	江祥林	赣交科验字〔2014〕第28号

续表25

项目编号	项目名称	承担单位	负责人	成果鉴定编号
2009-353-336-460	赣江石虎塘航电枢纽下游水位变化与航道整治研究	江西省港航局、南京水利科研院、江西省航务勘察设计院	于钦民	交科鉴字〔2014〕第21号
2012W0057	乡镇渡口标准化建设指南	江西省港航设计院、江西省交通运输厅应急指挥中心	江斌	赣交科验字〔2014〕第21号
2012X0059	高速公路便携式移动收费系统的研究与应用	江西方兴科技有限公司	汪建明	赣交科鉴字〔2014〕第22号
2010X0039	汽车车内局域网理实一体化实训室的建设	江西交通职业技术学院	黄晓敏	赣交科验字[2014]第23号
2011C0002	高速公路桥高墩结构形式分析研究	赣粤高速公路股份有限公司、昌铜高速公路项目办、华东交通大学	王德山	赣交科鉴字[2014]第24号
2011C0004	公路梁桥车桥耦合振动实验对比研究	赣粤高速公路股份有限公司、昌铜高速公路项目办和华东交通大学	王德山	赣交科鉴字[2014]第25号
2012T0068	交通科技信息资源共享平台省域推广应用	江西省公路学会	孙茂刚	赣交科验字[2014]第26号
2010H0029	基于模型试验的钢桁架桥梁损伤识别技术	江西省交通科学研究院、江西省桥梁检(监)测及加固重点实验室	曾国良	赣交科鉴字[2014]第27号
2011C0001	高速公路建设项目实时管控系统的研究与开发	江西赣粤高速公路股份有限公司、昌铜高速公路项目办、北京特希达科技有限公司	谭生光	赣交科鉴字[2014]第29号
2012C0003	生态护坡浅层稳定性及对整体稳定性效应的研究与实践	赣州高速公路有限责任公司、江西理工大学	周军平	赣交科鉴字[2014]第30号
2011H0023	原地浸矿后稀土矿区土的工程性质及其对交通工程的影响	江西省交通设计院有限责任公司、江西理工大学	罗嗣海	赣交科鉴字[2014]第31号
2010C0009	索塔高性能混凝土配合比及泵送施工工艺研究	福银高速九江长江公路大桥项目建设办公室、江西省高速公路投资集团有限责任公司、武汉理工大学、武汉港湾工程设计研究院、南昌大学、中交第二公路工程局有限公司、中交第二航务工程局有限公司	万纯斌	赣交科鉴字[2014]第32号
2010C0002	大跨径混合主梁斜拉桥结合段主梁结构性能研究	福银高速九江长江公路大桥项目建设办公室、江西省高速公路投资集团有限责任公司、同济大学、江西省交通设计院、中铁大桥局集团武汉桥梁科学研究院有限公司	吴宝诗	赣交科鉴字[2014]第33号
2010C0010	九江长江公路大桥结构健康监测关键技术研究	福银高速九江长江公路大桥项目建设办公室、江西省高速公路投资集团有限责任公司、江西交通科学研究院、江西省交通设计院	孔秋珍	赣交科鉴字[2014]第34号
2011H0060	公路工程试验检测技术开发与应用研究	江西省交通工程质量监督站、江苏省交通科学研究院股份有限公司	栾建平	赣交科鉴字[2014]第35号

续表25

项目编号	项目名称	承担单位	负责人	成果鉴定编号
2011C0057	桥梁基桩施工质量的超声波CT检测技术及应用研究	省交通运输厅赣州至至崇义高速公路项目建设办公室、江西省公路桥梁工程局、重庆交通大学、江西农大、南昌工程学院	彭爱红	赣交科鉴字[2014]第36号
2012C0010	公路建设安全生产胁迫因子及胁迫效应研究	省交通运输厅赣州至崇义高速公路项目建设办公室、江西省公路桥梁工程局、长沙理工大学、江西省交通工程质量监督站	邹志强	赣交科鉴字[2014]第37号
2012C0011	滑坡落石对陡坡山体处桥梁高墩的破坏机理及防护对策研究	省交通运输厅赣州至崇义高速公路项目建设办公室、江西省公路桥梁工程局、东南大学	聂洪琳	赣交科鉴字[2014]第38号
2012C0012	连续钢构三向预应力孔道压浆性能实验及施工控制研究	省交通运输厅赣州至崇义高速公路项目建设办公室、江西省公路桥梁工程局、东南大学	张龙生	赣交科鉴字[2014]第39号

2014年全省交通运输行业在研科技项目一览

表26

编号	项目名称	承担单位
2010C0001	索塔锚固区结构特性及试验研究	福银高速九江长江公路大桥项目建设办公室、江西省高速公路投资集团有限责任公司
2010C0004	超宽混凝土箱梁抗裂及耐久性研究	福银高速九江长江公路大桥项目建设办公室、江西省高速公路投资集团有限责任公司
2010C0006	大跨度斜拉桥施工及成桥阶段减震抑震综合技术研究	福银高速九江长江公路大桥项目建设办公室、江西省高速公路投资集团有限责任公司
2010C0011	大跨径斜拉桥极端事件风险评估及对策研究	福银高速九江长江公路大桥项目建设办公室、江西省高速公路投资集团有限责任公司
2010C0012	九江长江公路大桥监测、管理养护策略及数字化平台研究	福银高速九江长江公路大桥项目建设办公室、江西省高速公路投资集团有限责任公司
2010C0067	高速公路隧道LED实时照明智能变光测控系统的研究	瑞寻高速公路建设项目办公室、江西省交通科学研究院
2011C0056	公路路基路面健康检测与评价技术研究	赣州到崇义高速公路项目建设办公室、长安大学
2012C0013	混凝土结构全寿命可靠度随机过程演化研究	赣州到崇义高速公路项目建设办公室、江西省公路桥梁工程局
2012C0014	沥青路面结构动力响应研究	赣州到崇义高速公路项目建设办公室、江西省公路桥梁工程局
2009C0015	应用生物防护技术实现红砂岩路堑边坡植被的研究	江西省交通厅石城至吉安高速公路项目建设办公室
2009C0008	江西省高速公路养护中心设施建设指南研编	江西省交通厅石城至吉安高速公路项目建设办公室
2009C0010	高边坡施工期安全预警技术研究	江西省交通厅石城至吉安高速公路项目建设办公室
2009C0014	基于路面非均匀性特征的沥青路面施工质量控制技术研究	江西省交通厅石城至吉安高速公路项目建设办公室
2009C0011	高速公路隧道照明节能智能控制系统研究与应用	江西省交通厅石城至吉安高速公路项目建设办公室

续表 26

编号	项目名称	承担单位
2009C0013	长大纵坡路段沥青路面修筑关键技术研究	江西省交通厅石城至吉安高速公路项目建设办公室
2009C0007	异性支护结构围岩压力在线监测与分析技术研究	江西省交通厅石城至吉安高速公路项目建设办公室
2009C0009	山区高速公路安全体系建设与管理综合技术研究	江西省交通厅石城至吉安高速公路项目建设办公室
2009C0016	大型断层破碎带隧道安全施工控制技术	江西省交通厅石城至吉安高速公路项目建设办公室
2009C0012	偏压连拱隧道围岩变形特性与施工过程控制	江西省交通厅石城至吉安高速公路项目建设办公室
2013B0004	填方路基压实质量的波电场耦合快速检测技术指南研编	赣州高速公路有限责任公司、江西农业大学、重庆交通大学
2010H0032	山区公路陡坡路堤的稳定性研究	赣南公路勘察设计院
2011C0007	高速公路路基强震碾压工法研究	省高速公路投资集团公司、吉莲高速公路项目建设办、长安大学、陕西中大机械集团
2011C0008	沥青路面集料准入制度在吉莲高速公路中的应用管理研究	省高速公路投资集团公司、吉莲高速公路项目建设办、江苏省交通科学研究院股份有限公司
2011C0009	江西省高速公路水泥混凝土桥桥面铺装防水黏结体系关键技术研究	省高速公路投资集团公司、吉莲高速公路项目建设办、交通运输部科学研究院
2011C0010	同步加纤碎石封层技术在高速公路中应用研究	省高速公路投资集团公司、吉莲高速公路项目建设办、交通运输部科学研究院
2011C0011	装配式混凝土空心板梁铰缝施工技术及质量控制方法	省高速公路投资集团公司、吉莲高速公路项目建设办、东南大学
2013C0018	复杂断层破碎带隧道突水突泥机理及防治技术	吉安至莲花高速公路项目建设办公室、山东大学
2011C0053	高速公路安全保障与突发事件处置技术研究	省高速公路投资集团有限公司德兴至上饶高速公路项目建设办公室、武汉华中科大土木检测中心
20110055	江西省交通运输能源消耗统计、检测与考核体系研究	隘瑞高速公路项目建设办公室、交通运输部科学研究院
2011C0054	长大公路隧道综合节能技术应用研究及示范	江西省高速公路投资集团有限责任公司井冈山厦坪至睦村高速公路项目建设办公室、交通运输部科学研究院
2011C0061	高速公路全寿命三维数字建管养一体化管理系统开发及应用	江西省高速公路投资集团有限责任公司井冈山厦坪至睦村高速公路项目建设办公室、同济大学、上海同岩土木工程科技有限公司、江西省交通工程集团公司
2011C0062	山区高等级公路环境因素对路侧事故的影响及安全保障技术	江西省高速公路投资集团有限责任公司井冈山厦坪至睦村高速公路项目建设办公室、江西省交通科学研究院、长安大学
2011C0063	南方多雨冰雪山区沥青路面修筑关键技术	江西省高速公路投资集团有限责任公司井冈山厦坪至睦村高速公路项目建设办公室、长沙理工大学
2012C0004	花岗岩地区山间软土工程特性及地基处理技术研究	江西省高速公路投资集团有限责任公司井冈山厦坪至睦村高速公路项目建设办公室、江西交通咨询公司

续表 26

编号	项目名称	承担单位
2012C0005	高速公路中小跨径桥梁结构安全检测方法、设备研究	江西省高速公路投资集团有限责任公司井冈山厦坪至睦村高速公路项目建设办公室、江西交通咨询公司
2012C0006	路基回弹模量快速检测技术在井睦高速公路中的应用研究	江西省高速公路投资集团有限责任公司井冈山厦坪至睦村高速公路项目建设办公室、江西交通咨询公司
2012C0007	高路堤钢波纹管涵协同变形研究	江西省高速公路投资集团有限责任公司井冈山厦坪至睦村高速公路项目建设办公室、江西交通咨询公司
2012C0008	高速公路代建与监理合并管理模式(即监管一体化)的研究	井冈山厦坪至睦村高速公路项目建设办公室、江西交通咨询公司
2013C0016	聚合物改性水泥砼路面技术及在江西高速公路应用研究	井冈山厦坪至睦村高速公路项目建设办公室、重庆交通大学
2013C0017	隧道用低回弹喷射混凝土及其关键技术研究	井冈山厦坪至睦村高速公路项目建设办公室、山东大学
2009H0022	高速公路绿化养护技术指南研编	江西省高等级公路管理局
2011H0058	玄武岩矿物纤维在沥青路面中的应用	江西省高速公路集团有限责、江西省高速公路养护工程技术研究中心
2009H0023	排水性沥青路面在高速公路大中修中的应用研究	江西省高等级公路管理局省庄养路站
2013X0004	江西省高速公路养护基础信息管理系统研究与开发	江西省高速公路养护工程技术研究中心
2013Y0014	江西省高速公路路面环保型沥青混合料研发与应用	江西省高速公路养护工程技术研究中心、长安大学
2011H0019	基于综合无损检测方法的隧道健康诊断体系研究	江西天驰高速科技发展有限公司、华东交通大学
2011H0020	水泥为结合料的沥青路面冷再生技术研究	江西省天驰高速科技发展有限公司
2010H0017	基于探地雷达模型试验的隧道内部缺陷自动解释系统与开发	江西省天驰高速科技发展有限公司
2009X0052	第三方公路工程试验检测机构信息管理系统开发	江西省天驰高速科技发展有限公司
2009X0058	高速公路大中修养护设计计算机辅助系统开发	江西省天驰高速科技发展有限公司
2012H0052	运营隧道病害检测及健康诊断技术研究	江西省天驰高速科技发展有限公司、华东交通大学
2009X0045	区域高速公路监控系统软件开发	江西方兴科技有限公司
2012H0031	超博磨耗层路面快速维修技术研发与应用	江西赣粤高速公路工程有限责任公司、东南大学交通学院
2012H0032	沥青路面坑槽高性能快速修补技术研究	江西赣粤高速公路工程有限责任公司、东南大学交通学院
2012H0033	水性环氧沥青路面防渗固沙抗滑封层技术研究	江西赣粤高速公路工程有限责任公司

续表 26

编号	项目名称	承担单位
2011T0036	高速公路养护施工管理模式及招标相关规范性文件研究	江西赣粤高速公路股份有限公司、华杰工程咨询有限公司
2010AE00800	废旧橡胶粉改性沥青在九景高速公路路面工程中的应用技术研究	江西赣粤高速公路股份有限公司
2010X0036	高速公路桥面冰冻预警系统研究	江西赣粤高速公路股份有限公司
2012H0034	高速公路防薄冰沥青涂料及技术研究	江西赣粤高速公路股份有限公司、南昌航空大学
2012X0060	基于SOA和云计算的高速公路企业信息化建设的体系机构研究	江西赣粤高速公路股份有限公司、北京中山新技术设备研究所
2009C0001	沥青路面结构全寿命优化设计在彭湖高速公路中的应用	江西赣粤高速公路股份有限公司、江西省交通厅彭泽至湖口高速公路建设项目办公室
2009C0005	高速公路运营管理模式研究	江西赣粤高速公路股份有限公司、江西省彭泽至湖口高速公路建设项目办公室
2010H0018	高速公路速度管理技术研究	江西赣粤高速公路股份有限公司、江西省彭泽至湖口高速公路建设项目办公室
2011C0003	新型高效节能污水处理成套技术在高速公路服务区的应用研究	江西赣粤高速公路股份有限公司、南昌至铜鼓高速公路建设项目办公室、北京瑞和信诚科技有限公司
2011C0005	危险化学品泄漏事故的桥面径流处置及监控系统研究	江西赣粤高速公路股份有限公司、南昌至铜鼓高速公路建设项目办公室、交通运输部科学研究院
2011C0006	重载条件下伸缩缝修筑技术研究	江西赣粤高速公路股份有限公司、南昌至铜鼓高速公路建设项目办公室、东南大学土木工程学院
2011C0064	公路隧道LED照明研究与应用	江西赣粤高速公路股份有限公司、南昌至铜鼓高速公路建设项目办公室、招商局重庆交通科研设计院有限公司、广东奥其斯科技有限公司
2013R0003	高速公路后评价指标体系研究	江西交通咨询公司
2012C0015	基于振动压实的基层材料设计方法与力学强度标准研究	江西交通咨询公司、抚州至吉安高速公路项目建设办公室
2012C0016	高速公路低碳交通系统构建与预控技术研究	江西交通咨询公司、抚州至吉安高速公路项目建设办公室
2012C0017	基于车—路耦合的沥青路面力学性能研究	江西交通咨询公司、抚州至吉安高速公路项目建设办公室
2012C0018	基于光纤光栅传感器的沥青路面检测技术研究	江西交通咨询公司、抚州至吉安高速公路项目建设办公室
2012C0019	路基路面压实度自动连续监测新技术研究	江西交通咨询公司、抚州至吉安高速公路项目建设办公室
2012C0021	江西省高速公路工程电子化招投标研究	江西交通咨询公司、抚州至吉安高速公路项目建设办公室
2012C0022	基于CT技术的沥青路面施工质量数字化控制研究	江西交通咨询公司、抚州至吉安高速公路项目建设办公室
2012C0023	沥青路面双层连续摊铺技术在抚吉高速公路中的应用研究	江西交通咨询公司、抚州至吉安高速公路项目建设办公室

续表 26

编号	项目名称	承担单位
2012C0024	高韧性与优良耐久性混凝土桥面铺装技术研究	江西交通咨询公司、抚州至吉安高速公路项目建设办公室
2012C0025	高模量耐久性沥青路面应用技术研究	江西交通咨询公司、抚州至吉安高速公路项目建设办公室
2012C0026	干法改性沥青在江西抚吉高速公路路面的应用研究与示范	江西交通咨询公司、抚州至吉安高速公路项目建设办公室
2012C0027	环氧乳化沥青在桥面黏结层中的应用研究	江西交通咨询公司、抚州至吉安高速公路项目建设办公室
2012C0028	预制 T 型梁桥结构损伤识别方法研究	江西交通咨询公司、抚州至吉安高速公路项目建设办公室
2012C0029	江西省高速公路监控平台前端设备控制与访问接口技术规范研究	江西交通咨询公司、抚州至吉安高速公路项目建设办公室
2013C0001	江西省高速公路建设项目廉政监管效力后评估指标体系研究及应用	抚州至吉安高速公路项目建设办公室、省交通科学研究院、驻厅监察室
2013C0002	桥隧三维地质成图系统在万载至宜春高速公路项目的应用	万载至宜春高速公路项目建设办公室、江西省交通设计研究院有限责任公司
2013C0003	基于层位功能的组合式基层沥青路面结构及其混合料设计研究	万载至宜春高速公路项目建设办公室、南昌工程学院
2013C0004	基于试验方法的 PC 桥梁结构承载能力评估研究	万载至宜春高速公路项目建设办公室、武汉理工大学
2013C0005	高路堤钢波纹管涵预拱度控制及地方标准研究	万载至宜春高速公路项目建设办公室、中交一公院
2013C0006	高速公路膨胀土路堑边坡稳定综合处治关键技术研究及应用	万载至宜春高速公路项目建设办公室、南昌工程学院
2013C0007	基于红外热像方法的高速公路沥青路面施工离析质量控制研究与推广示范	万载至宜春高速公路项目建设办公室、江西省交通运输技术创新中心
2013C0008	恶劣天气条件下高速公路路况监测预警及应急处置研究	九绕高速公路工程建设项目办公室、长沙理工大学
2013C0009	高速公路 CFG 桩复合地基加固深厚软基技术成果推广应用	九绕高速公路工程建设项目办公室、南昌工程学院
2013C00010	都九高速温泉隧道断层区复合衬砌受力特性与施工优化研究	都昌至九江高速公路建设项目办公室、南昌工程学院
2013C0013	软基制能光纤光栅监测技术在九绕高速公路的推广应用与示范	九绕高速公路工程建设项目办公室、南昌工程学院
2013C0011	高速公路改扩建工程路基修筑关键相关技术研究	昌樟高速公路改扩建项目建设办公室、长沙理工大学
2013C0012	旧路承载能力评价与耐久性路面设计技术研究	昌樟高速公路改扩建项目建设办公室、同济大学
2014C0001	在役宽幅 PC 空心板(药湖大桥利用部分)结构安全评估关键指标研究及其实时监测应用示范	昌樟高速公路改扩建项目建设办公室、赣粤高速公司、省交通科研院、省桥梁检(监)测及加固重点实验室
2014C0002	高速公路改扩建全程双向四车道保通与应急技术研究	赣粤高速公司、昌樟高速公路改扩建项目建设办公室、中交第二公路勘察设计研究院有限公司
2014C0003	基于物联网的高速公路不利气候条件下运行监测关键技术研究	赣粤高速公司、昌樟高速公路改扩建项目建设办公室、同济大学
2014C0012	高渗透稀释乳化沥青透层应用技术研究	昌樟高速改扩建工程昌西南连接线项目办、省高速集团、北京盛广拓公路科技有限公司

续表26

编号	项目名称	承担单位
2014C0013	彩色排水路面在市政道路中的应用研究	昌樟高速公路改扩建项目建设办公室、江西省高速集团、北京盛广拓公路科技有限公司
2014C0014	乳化沥青冷再生混合料再生剂研发及应用	昌樟高速公路改扩建项目建设办公室、江西省高速集团、北京盛广拓公路科技有限公司
2010W0034	环鄱阳湖区港口建设污染防治技术与对策研究	江西港航设计院
2011T0049	全真模拟实训在高职路桥专业教学中的研究	江西交通职业技术学院
2011X0029	高职院校图书馆数字资源综合开发与利用	江西交通职业技术学院
2012H0051	基于无线数据传输技术的桥梁安全快速检测车应用研究	江西交通职业技术学院、交通部公路交通安全工程研究中心、江西交苑公路工程试验检测中心
2011H0017	常温速强沥青面层材料的研究	江西公路管理局物资储运总站、江西省天驰高速科技发展有限公司、江西交通职业技术学院
2010X0045	江西公路机电维护技术规范研究	江西路通科技有限公司
2011X0025	江西省公路养护综合管理平台	江西路通科技有限公司、江西省公路管理局、江西省高速公路投资集团有限责任公司、北京恒达时讯科技开发有限责任公司
2013B0003	高速公路交通机电系统维护技术指南(第3-6部分)研编	江西路通科技有限公司、江西方兴科技有限公司
2010X0042	江西省交通运输行业教育培训管理系统研发	江西省公路机械工程局
2011H0048	废轮胎橡胶沥青混合料设计施工技术规范研编	江西省公路科研设计院
2012H0039	等级公路减速设施设置技术要求研究	江西省公路管理局、重庆交通大学、泰和县交通局
2013Y0003	基于图像的路面损坏自动检测技术研究与应用	江西省公路工程检测中心、长安大学、北京长大众安监测技术有限公司
2013B0005	公路沥青路面防水抗裂层设计施工技术指南研编	江西公路桥梁工程局、赣州至崇义高速公路项目建设办公室、江西省交通运输技术创新中心
2011T0032	LNG混燃在重型物流柴油车上的应用研究	江西公路运输管路局、中油中泰燃气投资集团有限公司
2012T0053	江西省道路运输行政执法模式研究	江西公路运输管路局、南昌大学法学院
2012X0064	江西省道路运输行业诚信信息系统研究与开发	江西公路运输管路局
2013R0002	江西省设区城市公共交通发展考核评价指标体系	江西公路运输管路局、江西省城市公共交通协会、江西交通警察总队、华东交通大学
2013B0002	机动车维修行业管理信息系统技术规范研编	江西省公路运输管理局等
2009H0020	管道压浆效果监测技术研究	江西省交通工程质量监督站
2011H0047	《江西省高速公路施工质量控制技术要求》地方标准研编	江西省交通工程质量监督站

续表 26

编号	项目名称	承担单位
2012H0041	SBS 沥青改性剂含量测定技术推广应用	江西省交通工程质量监督站、交通运输部公路科学研究院
2013Y0002	垂向多级土壤渗滤技术处理高速公路污水研究	江西省交通工程质量监督站、中国地质大学
2013B0007	《江西省高速公路交通安全设施、机电工程施工质量控制要点》研编	江西省交通工程质量监督站、江西省公路开发总公司
2009H0032	《江西既有公路桥梁检测、评定技术规程》研编	江西省交通科学研究院
2009T0059	《江西省公路桥梁养护管理办法》研编	江西省交通科学研究院
2009H0036	昌樟高速沥青路面大中修设计关键技术研究	江西省交通科学研究院
2010H0025	高速公路作业区安全保障技术研究	江西省交通科学研究院
200800011	南方高速公路雪害凝水防治技术研究	江西省交通科学研究院
2010H0026	土袋技术在填土路基中的应用研究	江西省交通科学研究院
2010H0024	泸昆高速公路江西昌傅至金鱼石段边坡滑塌病害处治技术研究	江西省交通科学研究院
2009H0029	分布式光纤传感技术监测既有砼桥梁研究	江西省交通科学研究院
2010T0055	江西省公路水路交通运输现代化指标体系研究	江西省交通运输技术创新中心
2013Y0005	水稳基层泡沫沥青就地冷再生混合料配合比设计及路面结构设计方法研究	江西省交通运输技术创新中心、江西省高速集团赣州管理中心
2013X0003	江西省交通运输能源消耗统计、监测与考核信息系统研发	江西省交通运输技术创新中心
2010H0027	基于破坏性荷载试验的既有双曲线拱桥极限承载能力研究	江西省桥梁检(监)测及加固重点实验室
2011T0033	高速公路服务区污水处理集成技术研究	江西省交通科学研究院、南昌航空大学、江西公路开发总公司
2011H0018	高速公路既有桥梁在火灾、爆炸或撞击下力学性能及抢修加固技术研究	江西省交通科学研究院、昌樟高速公路管理局
2011H0022	生物沥青混合料路用性能研究	江西省交通科学研究院
2012H0035	梨温高速公路路面水泥稳定碎石基层结构性能评价研究	江西省交通科学研究院、江西梨温高速公路公司
2012H0036	高速公路沥青路面现场冷再生使用性能评价研究	江西省交通科学研究院、江西梨温高速公路公司
2012H0042	节能环保型聚烯烃/乙烯共聚物功能材料在公路中的推广应用	江西省交通科学研究院、广东银禧科技股份有限公司
2012H0046	预应力混凝土桥梁开裂后的力学性能研究与工程应用	江西省交通科学研究院、武汉理工大学
2013X0002	基于物联网的公路隧道机电设备故障应急响应系统研究	江西省交通科学研究院、厅萍洪高速公路项目办
2013Y0004	多功能矿物纤维沥青混凝土在湿热地区的应用研究	江西省交通科学研究院、南昌至宁都高速公路项目建设办公室

续表 26

编号	项目名称	承担单位
2013X0001	高速公路移动互联网路况管理及发布平台的研究与应用	江西省交通科学研究院
2013B0001	《江西省公路养护工程质量检验评定标准》研编	江西省交通科学研究院
2013B0006	《高模量沥青混凝土施工技术规范》研编	江西省交通科学研究院、江西省公路桥梁工程局、赣州至崇义高速公路项目建设办公室、江西省交通运输技术创新中心
2011X0024	江西交通综合查询与分析系统设计与开发	江西省交通运输厅应急指挥中心、北京四通智能交通系统集成有限公司
2012X0066	基于 GIS 高速公路应急指挥系统研发	江西省交通运输厅应急指挥中心、北京四通智能交通有限公司
2012X0067	江西省高速公路智能交通系统监控管理平台在安卓系统上的设计与应用	江西省交通运输厅应急指挥中心、江西明日科技有限公司
2012X0063	数字路政业务综合管理系统开发	江西省公路路政管理总队
2010H0022	公路工程 GPS—RTK 测量技术规程	江西省交通设计研究院有限责任公司
2010H0020	多跨矮塔斜拉桥设计关键技术研究	江西省交通设计研究院有限责任公司
2010H0021	新型 FRP 管—混凝土—钢管组合柱式桥墩的应用研究	江西省交通设计研究院有限责任公司
2009T0056	《江西省公路工程交通量预测技术规程》研编	江西省交通设计研究院有限责任公司
2009X0049	桥隧三维地质成图系统研究与开发	江西省交通设计研究院有限责任公司
200700014	不良地质条件下小桥涵结构选型与优化创新研究	江西省交通设计研究院有限责任公司
2011H0021	隧道洞口段超前地质探测与施工对策的智能匹配系统研究	江西省交通设计研究院有限责任公司
2012H0043	昌金高速公路岩溶塌陷地质灾害处治成套技术指南	江西省交通设计研究院有限责任公司
2012H0044	节地型路基设计理论及关键技术研究	江西省交通设计研究院有限责任公司、西南交通大学
2012H0045	高速公路互通式立交约束型出口交通事故机理与安全设计研究	江西省交通设计研究院有限责任公司、长安大学
2012H0047	波形钢腹板预应力混凝土部分斜拉桥关键技术研究	江西省交通设计研究院有限责任公司、河南海威工程咨询有限公司
2012H0048	公路隧道地下水限排标准与措施	江西省交通设计研究院有限责任公司、中南大学
2012H0049	先张与后张相结合方法在桥梁设计中应用研究	江西省交通设计研究院有限责任公司
2012H0050	小半径乔良地震反应级抗震措施关键技术研究	江西省交通设计研究院有限责任公司
2012T0047	道路客运策应《鄱阳湖生态经济区规划》研究	江西省长运股份有限公司
2010T0048	事故后车辆检查鉴定技术规程研究	江西长运机动车检测中心有限公司

续表 26

编号	项目名称	承担单位
2012C0009	旧砼路面面板材料再生利用关键技术及其应用	九江市公路管理局、长沙理工大学
2012C0020	深厚湖积淤泥质土地基抛石填方路基关键技术研究	江西省赣北公路勘察设计院、同济大学
2010H0031	基于旧水泥砼路面碎石化再生利用技术的公路改扩建路面结构设计与接缝防裂处理研究	吉安市公路局
2012H0038	公路安全保障技术在国省道中的应用研究	吉安市公路勘察设计院、总参南京科技创新工作站
2014C0004	赣南山区桥梁高墩线形施工控制方法研究	江西省寻全高速公路有限责任公司、招商局重庆交通科研设计院有限公司
2014C0005	赣南山区桥梁高墩施工风险评估与策略研究	江西省寻全高速公路有限责任公司、招商局重庆交通科研设计院有限公司
2014C0006	高速公路沥青路面使用性能无线监测体系开发研究	江西省寻全高速公路有限责任公司、江西省交通科学研究院
2014C0007	原地浸矿后稀土矿区公路工程中水泥基材结构耐久性研究	江西省寻全高速公路有限责任公司、江西理工大学
2014C0008	基于物联网和光纤传感器技术的沥青路面使用性能监测技术研究	江西省寻全高速公路有限责任公司、江西省交通运输技术创新中心
2014C0009	基于 CT 技术 - 附加质量法联合测试的高填方路基整体质量评价研究	江西省寻全高速公路有限责任公司、重庆交通大学
2014C0010	复工高速公路建设项目工程质量评定关键技术研究	江西省高速集团萍洪高速项目办
2014C0011	基于内置碳纤维发热体的混凝土桥面融雪化冰技术研究与工程示范	江西省高速集团昌九高速公路改扩建通远试验段项目办
2014C0015	重载交通乳化沥青冷再生上基层疲劳性能研究	南昌至九江高速公路改扩建通远试验段建设项目办公室、同济大学
2014C0016	九江长江大桥(一桥)公路桥简支 T 梁连续化改造的精细分析及关键技术研究	江西赣鄂皖投资有限公司、江西省交通科学研究院、中铁大桥勘测设计院集团有限公司
2014X0001	江西省新一代高速公路联网收费系统设计研究	江西省高速公路联网管理中心建设项目办公室、江西省交通运输技术创新中心、广州华工信息软件有限公司
2014X0002	高速公路绿色通道车辆综合检测和稽查系统研究	江西省高速公路联网管理中心建设项目办公室、济南爬山虎信息技术有限公司、北京华力兴科技发展有限责任公司
2014R0001	江西省高速公路偷逃通行费现象防治研究	江西省高速公路联网管理中心建设项目办公室、济南爬山虎信息技术有限公司
2014X0003	江西省高速公路运营交通数据处理、分析与预测研究	江西省高速公路联网管理中心建设项目办公室、陕西四维创新交通科技有限公司
2014X0004	基于多网融合的江西省高速公路联网监控系统研究	江西省高速公路联网管理中心建设项目办公室、陕西四维创新交通科技有限公司
2014X0005	基于车牌识别和 DSRC 技术的高速公路路径识别系统研究	江西省高速公路联网管理中心、济南爬山虎信息技术有限公司
2014Y0001	沥青路面就地冷再生技术研究	赣州市公路管理局、江西省交通工程集团公司、交通运输部公路科学研究所
2014Y0002	大跨度双塔结合梁斜拉桥精细化设计技术研究	樟树市交通运输局、上海市政工程设计研究总院(集团)有限公司、同济大学、上海浦江缆索股份有限公司、中铁十五局集团有限公司、铁四院(湖北)工程监理咨询有限公司

续表 26

编号	项目名称	承担单位
2014Y0003	剑麻纤维沥青混凝土路用性能及施工技术研究	江西省交通工程集团公司
2014Y0004	煤气化技术在沥青搅拌站的应用研究	江西省交通工程集团公司、浙江赤道筑养路机械有限公司
2014Y0005	预应力碳纤维板锚固体系加固混凝土结构关键技术研究	江西省公路科研设计院、上饶市宏优公路勘察设计院、柳州欧维姆机械股份有限公司
2014Y0006	外倾式钢箱拱桥关键技术研究	江西省公路科研设计院、玉山县交通运输局、江西省交通科学研究院、中铁九桥工程有限公司
2014Y0007	用复合结构加固圬工拱桥的设计施工关键技术研究	江西公路科研设计院、江西省公路工程检测中心、重庆交通大学
2014Y0008	高速公路红黏土路堤拓宽结合部差异沉降研究	江西交通职业技术学院、江西交苑公路工程试验检测中心
2014Y0009	强震作用下隧道动力响应特性及稳定性研究	江西交通职业技术学院、江西省公路工程检测中心、重庆交通大学
2014Y0010	高频冲击荷载作用下土的性状与务实效果研究	江西省交通设计研究院有限责任公司
2014Y0011	无侧漏黏性土渗透仪研制	江西省交通设计研究院有限责任公司
2014Y0012	混合交通流理论及其在亚健康桥梁承载力评估中的应用研究	江西省交通设计研究院有限责任公司
2014Y0013	基于图像处理技术的桥梁振动位移监测研究	江西交通科学研究院
2014Y0014	新型水泥路面黑化结构及其路用性能研究	江西交通科学研究院、南昌航空大学土木建筑学院、吉安市县乡公路管理处
2014Y0015	江西省沥青路面集料加工、质量控制及路用性能研究	江西省交通运输技术创新中心
2014Y0016	国省干线公路隧道施工风险评估关键技术研究	抚州赣东公路设计院、华东理工大学
2014Y0017	冷再生沥青路面长期性能演变规律研究	江西赣粤高速公路股份有限公司
2014Y0018	桥梁新型高效加固技术与示范	江西赣粤高速公路股份有限公司、东南大学
2014X0006	万吉全国物流信息平台开发与应用	吉安万吉物流运输有限公司、江西省经济管理干部学院电子商务与产业升级协同创新中心
2014X0007	基于手机信令的公路网运行状态监测与出行信息服务关键技术研究与示范应用	江西省公路管理局、江西省高速公路投资集团有限责任公司、交科院(北京)交通技术有限公司、中国移动通信集团江西有限公司
2014X0008	江西省普通干线路网运行监测与应急处置平台的研究与应用	江西省公路管理局信息数据中心
2014X0009	江西省高速集团信息化建设项目云计算平台	省高速公路集团信息化项目建设办公室、神州数码系统集成服务有限公司
2014X0010	道路运输车辆安全预警与控制系统研究与开发	江西交通职业技术学院、江西省公路运输管理局、江西省交通运输厅安监处
2014X0011	轻松学开车——汽车驾驶培训视频教程	江西交通职业技术学院
2014X0012	中小型港口实时业务及智能设备一体化融合研究	华东交通大学、江西省国际码头集装箱有限责任公司

续表 26

编号	项目名称	承担单位
2014X0013	城市客车 stop&start 系统节能机理及其控制	华东交通大学
2014X0014	交通需求突变背景下基于物联网智能交通的疏散路径优化	华东交通大学
2014X0015	面向智能交通的交通流自组织交互预测	华东交通大学
2014R0002	公路服务区设计思想与实践研究	江西省交通运输厅规划办
2014R0003	深刻反思多措并举坚决遏制交通工程领域权力腐败研究	江西省交通运输厅监察室
2014R0004	关口前移关主权利加大源头治理腐败力度研究	江西省交通运输厅监察室
2014R0005	我国桥梁倒塌事故调查与案例分析	江西省交通科学研究院、中交第一公路勘察设计研究院有限公司、交通运输部公路科学研究院、东南大学
2014R0006	高速公路施工期与营运期环境监测指标和技术方法(规范)研究	江西省交通科学研究院
2014R0007	江西省昌九公路水路交通一体化发展战略研究	江西交通运输技术创新中心
2014R0008	江西省公路学会建设与服务支持系统	江西省公路学会
2014R0009	江西融入长江经济带的综合立体交通系统经济适应性研究	华东交通大学
2014R0010	江西省港航管理局保税物流园区发展规划研究	华东交通大学
2014R0011	长江中游城市群江西区域综合客运交通枢纽规划关键技术研究	华东交通大学、江西省交通运输技术创新中心
2014B0001	江西省高速公路沥青路面大中修养护设计指南	江西省天驰高速科技发展有限公司、省高速公路集团养护技术研究中心、交通运输部公路科学研究院
2014B0002	《江西省高速集团信息化建设项目标准体系》编制	省高速公路集团信息化项目建设办公室、神州数码系统集成服务有限公司
2014B0005	江西省道路运输企业安全生产标准化达标考评指标实施细则	江西省交通职业技术学院、江西省公路运输管理局、江西省交通运输厅安监处
2014B0006	雨夜道路交通反光标线质量要求和检测方法研究	江西省交通设计研究院有限公司、江西盛富莱定向反光材料有限公司
2014T0001	高速公路特殊路段安全行车诱导系统的研究与应用	江西省高速公路投资集团、江西方兴科技有限公司
2014T0002	基于电磁波测距可滑动式自动发卡机的研究与应用	江西省交通运输行业公路机电工程技术研究中心

【省交通设计研究院有限责任公司科技创新成果丰硕】 2014 年,省交通设计研究院有限责任公司产品技术创新工作取得历史最好成绩。

1."基于三维地理信息系统的山区高速公路路线优化和评价系统"研究课题被列入 2014 年度交通运输部科技项目,成为该院首次以本院科技实力独立承担的部级科技计划项目。

2.全年共有 6 个原创科研成果取得自主知识

产权专利授权号,为历年之最。并有2项原创研究成果列入全省交通运输行业新技术推广名录,其中,公路三维地理信息选线技术还被列入了年度全国交通运输行业新技术推广名录,这是近几年来江西唯一被入选的科技成果。

3. 以修水至平江高速公路设计项目为依托,与北京一家公司合作,开展无人机测绘技术研究并取得成果。通过无人机采集的地形数据,制作出了DEM(数字高程模型)、DOM(数字正射影像图)、DRG(数字栅格地图)和DLG(数字线划地图)等4D产品,为该院实现无人机航拍地形成套技术的广泛应用奠定了基础。

4. 南昌南外环高速公路,饱含技术含量,桥梁占比达到60%以上,其中,南环高架桥长近17千米,国内罕见,其主线桥与互通匝道桥相互交织,为适应不同路段的城市双层交通需求,桥梁结构选型种类繁多,创新显著。该项目的赣江特大桥首次采用波形钢腹板连续梁(主孔4×120米跨径)方案,打破了大跨径连续梁桥设计技术数十年徘徊不前的局面。南外环高速公路的设计实践,大幅提升了该院城市高架桥的设计水平,积累了设计经验。

5. 都九高速公路鄱阳湖特大桥(鄱阳湖二桥),位于著名的老爷庙附近水域,通航、水文和气候等自然条件均十分复杂,设计难度大。主跨选用420米钢—砼叠合梁斜拉桥方案引桥选用先张法简支变连续的T梁结构,两种结构均具国内先进水平。因其复杂性,在初步设计后,特别增加技术设计阶段,目前已通过了省发改委组织的技术设计审查,施工图设计正全面展开。

(省交通设计研究院有限责任公司)

【“钢混凝土混合梁斜拉桥损伤识别技术研究”通过鉴定】 8月7日,由省交通科学研究院和南昌大学共同承担的交通运输部西部交通建设科技项目“钢混凝土混合梁斜拉桥损伤识别技术研究”(编号20113187801370)研究成果通过鉴定。鉴定意见是:该项目组以九江长江公路大桥建设为工程背景,通过模拟试验,桥梁施工过程和成桥结构性能监测,研究钢混结合段等关键部位的受力机理、损伤识别方法以及适用于斜拉桥钢混凝土混合梁多类型传感器优化技术和有限元模型修正技术,有多方面创新:1. 基于模型试验和有限元数值分析,揭示了钢混凝土混合梁结合段及其构建的受力机理;2. 研发了基于荷载试验并考虑施工状态的基准有限元模型修正技术;3. 提出了考虑钢混凝土混合梁斜拉桥动力特性及易损段局部腕力特点的传感器优化布置方法。该项目成果在九江长江大桥工程建设和运营过程中得到应用,对于同类桥梁建设与管理具有良好的推广应用前景,项目研究成果总体达到国际先进水平。

(龚仁平)

【“公路长大桥梁结构安全网络监控系统省级应用示范”通过验收】 8月7日,由省交通科学研究院承担的交通运输部科技项目“公路长大桥梁结构安全网络监控系统省级应用示范”(编号2011318780920)通过验收专家组验收。验收意见是:项目对公路桥梁结构安全网络监控系统进化系统集成和标准化,完成了九江长江大桥(公铁两用桥)、九江二桥、夏萍大桥等6座不同类型桥梁的监测系统实施和监控平台的建设。其取得主要成果有:1. 开发了试用不同桥型的桥梁挠度检测系统、空心板铰缝剪切门移差监测系统;2. 建立了公路长大桥梁结构安全网络监控平台,为江西省桥梁管理提供了技术支持;3. 编制了地方标准《公路桥梁健康监测系统设计规范》和《公路桥梁健康监测系统数据服务规范》。

(龚仁平)

【省交通科研院公路长大桥梁建设技术及装备交通运输行业研发中心成立】 2014年,省交通科学研究院根据《关于2011年交通运输行业研发中心建设的实施意见》精神,结合该院自身的资源优势,成功申报了公路长大桥梁建设技术及装备交通运输行业研发中心。新成立的公路长大桥梁建设技术及装备交通运输行业研发中心是江西第一个具有全国交通运输行业研发条件和水平的平台,也是以加强技术开发,实现科技成果向现实生产力转化为核心任务的行业研发机构,已成为该院技术开发、成果转化、培养高层次技术人才的重要基地。

(龚仁平)

【省交通科研院组建“江西省道路路面材料与结构工程技术研究中心”】 2014年,省交通科研院“江西省道路路面材料与结构工程技术研究中心”成立。已获国家财政320万元专项资金的支持，购置了国内外相关的先进仪器设备。该研究中心的主要任务是：一是路面工程材料研究；二是路面结构研究；三是路面使用性能和路面管理系统研究；四是路面养护和路面再生技术研究等。该中心成立后，结合全省道路路面建设与养护的实际情况开展了道路路面材料与结构工程技术研究。部分科研成果总体技术水平与主要经济技术指标达到国内同类技术或者产品的先进水平，具有较强的示范、带动、辐射和扩散能力，对提高全省路面设计施工的整体技术水平、竞争能力和系统创新能力及行业的发展具有较大的推动作用。与此同时，对节省路面建设费用，降低路面养护材料和费用，延长公路路面使用寿命，提高高速公路资源使用率等方面均具有显著的经济和社会效益。

（龚仁平）

【省交通科研院完成南昌生米大桥火灾后应急抢修工作】　8月18日，由省交通科学研究院桥梁加固公司承担的南昌生米大桥西引桥火灾后应急抢修项目竣工。

3月18日，南昌生米大桥西引桥下货场发生火灾，造成大桥局部损毁，对交通安全构成威胁。为保障生米大桥运营安全，省交通科学研究院受南昌市政府委托，第一时间对过火桥梁进行了应急咨询、结构安全评估及应急抢修工作。竣工后的应急抢修项目，经现场试验与监测表明抢修处治效果良好，达到了设计与使用的各项技术指标要求。

（龚仁平）

【省交通科研院通过部监测网成员单位技术考核】　11月23日，交通运输部环境保护中心受交通运输部综合规划司委托，对江西省交通科学研究院交通运输环境监测中心申请交通运输公路水路环境监测网成员证书进行技术考核。

考核组通过对现场检查和实验考核认为：该中心符合申请交通运输行业公路水路环境监测网成员单位证书的技术条件，具有承担行业环境监测中心站的职责和能力，批准获得交通运输行业公路水环境监测网成员单位证书，级别为行业环境监测中心站。　（龚仁平）

【省交通科技产业园（科技成果孵化中心）建设进入前期准备阶段】　2014年，省交通科学研究院抓紧“江西省交通科技产业园（科技成果孵化中心）”建设前期工作。专门安排相关人员对国内在建交通科技产业园走在前列的江苏省和山西省进行调研和考察。与此同时，建设省交通科技产业园区的计划、规划和选址等相关工作也基本完成。

（龚仁平）

【宜春市召开沥青路面热再生技术推广现场会】

10月21日，宜春市公路局在上高县召开沥青路面热再生技术推广现场会。该局养护、工程（总工办）等部门负责人及各公路分局养护业务骨干等参加会议。

现场会邀请江苏英达公司的技术人员就沥青路面热再生材料与技术应用、低碳道路养护技术等进行讲解，并详细介绍路面材料再生利用技术、工艺和路面热再生综合养护设备等方面的内容。

在上高县境内320国道大万一级公路K945+000—K955+000间的一段沥青路面，与会人员现场观摩了国际领先的英达大型就地热再生机组从加热、耙松、洒布再生剂到摊铺、碾压的整个工序过程，其出色的修复质量、快速的修复效率、节约环保的施工特点与降低公路养护成本、提高养护质量的效果使与会人员拓展了视野、增长了知识。

通过现场会，进一步加快了该局在公路养护中推广进应用新技术、新材料、新设备、新工艺的进程，为发展循环经济，建设资源节约型、环境友好型交通运输奠定了坚实基础。

（李　勇）

【上饶客车连续四年批量出口中东地区】　3月24日，博能上饶客车公司34辆高档客车由上饶经济技术开发区启程驶往上海港，通过海运运往中东地区。此次出口，是上饶客车继2010年批量出口中东后，与中东客商合作交付的第四批车辆。

近几年来，上饶客车在巩固国内市场的同时，坚持不懈地实施海外发展战略，精心培育海外市场，不断创新技术、优化结构、提升品质、强化服务。为打开中东国际市场大门，该公司专门派出技术人员赴中东地区拜访客户，了解中东地区最新客车市场情况，并针对中东市场炙热的气候和中东人高大的体型特点,对产品进行适应性改进,严格按欧洲标准精细化生产制造每一单出口客车产品,已连续四年批量出口中东地区。

(韩晓艺)

【吉安市交通运输局力推企业安全生产标准化建设】 2月18日,吉安市交通运输局在青原区召开中心城区客运、危货运输企业安全生产标准化建设座谈会,就深入推进客运、危货运输企业安全生产考评达标工作进行再督导、再部署。中心城区11家运输企业负责人、市运管处及直属所和考评机构负责人参加会议。

吉安市交通运输行业已有17家企业通过了安全生产标准化建设达标考评,占全市客运、危货运输企业总量的33%,但在安全生产标准化建设工作中仍然存在一些问题:1. 总体工作进度没有达到预期目标;2. 少数企业尚未开展自评;3. 部分企业标准化建设质量不到位;四是标准化建设与实际操作一定程度上存在“两张皮”的现象。本次会议就下步工作进行了部署:①要高度重视。运输企业和行业监管部门要把安全生产标准化建设摆在突出位置,抓实抓好。②要明确目标。客运、危货运输企业要在2014年4月30目前全面完成达标考评,其他类型的企业要在2014年底前完成40%。③要加强督导。行业管理部门要深入企业进行帮助、指导,定期通报进展情况。④要严格监管。对未达标的企业,不得新增或更新运力,并依法责令停业整顿,直至吊扣或注销经营许可证,并在媒体上公开曝光。⑤要注重实效。要把标准化建设融入日常安全生产管理之中,全面落实企业安全生产主体责任。

(王岸生)

【梨温高速路公路公司引进新型滑模摊铺机进行防撞墙实验】 2014年,梨温高速路公路公司引进新型滑模摊铺机进行高速防撞墙实验。该机型(维特根滑模摊铺机)由路面施工单位武汉路桥集团从德国引进,价值人民币220余万元,是首次投入江西高速公路工程建设进行的实验。

引进新型滑模摊铺机相比于传统模板制造高速防撞墙,维特根滑模摊铺机具有强度高、线型好、无色差等优势,尤其是制造防撞墙的效率较传统工艺提高三倍。

经现场测试,制作1米防撞墙,该机器用了半个小时,外观整洁平顺,强度据称能达国标C40,较原先的C35标准提升一个等级。传统制造设备一天最多生产100米防撞墙。该机器一天能生产300余米。此外,由于增加了4台传感器,控制机器全液压振动且自动调整,生产出的防撞墙外观平整,精确度能够控制在1厘米之内。该机型用于全国高速公路建设已有3年,技术日益成熟。

(胡　丹)

【“沪昆高速公路江西昌傅至金鱼石段边坡滑塌病害处治技术研究”等3个科技项目通过审查验收】 1月14日,省交通运输厅在南昌召开由省交通科研院完成的“沪昆高速公路江西昌傅至金鱼石段边坡滑塌病害处治技术研究”“土袋技术在公路填土路基和边坡处治中的应用研究”“高速公路服务区污水处理集成技术研究”3个科技项目验收会。与会专家听取了项目组汇报,审阅了相关文件,经讨论后认为“沪昆高速公路江西昌傅至金鱼石段边坡滑塌病害处治技术研究”等3个科技项目资料齐全、数据翔实、内容丰富、技术成熟,项目成果具有创新性和较大的推广应用价值,一致同意通过验收。

(录自《江西交通信息网》)

【江西省新版公路图问世】 7月,《江西省公路图》(2014版)由省公路管理局信息数据中心编制完成。该图反映了规划至2030年的国省道、重要农村公路的路网结构,以及最新公路里程及编号等信息。

随着全省公路建设的快速发展,特别是在2013年省公路局对国省道路网进行规划调整后,江西路网结构发生了很大变化,旧版公路图已经不能全面反映全省公路的真实情况,无法满足交通运输行业需求。新版公路图全面反映了全省公路网规划年内的真实现状,该图的公路要素以公路基础数据库、电子地图及2013年国省道路网调整后的路线布局为依据,主要公路要素包括:在建及规划的高速公路走向及所有江西境内国、省道,部分县、乡道、专用公路走向,以及路线编号、行政等级、分段里程数(各高速路在省境内起讫点及里程、各普通国道在市域内起讫点及里程)、大型构造物(枢纽、互通立交、服务器、收费站、超限检测站等）。该图的地理要素以江西省测绘局提供的《江西省地形图》为参考。其主要地理要素包括：行政区划、行政界线，主要水系，城市、乡镇、行政村等居民地，铁路（含车站），山脉等。地图对发生变更的行政区划和重要地名，按最新的行政区界和地名标注，充分体现了时效性和准确性，为各级交通运输主管部门在公路规划建设、行业管理等方面提供了科学依据和有力保障。

（汤俊钦）

【“高速公路监管一体化研究”通过验收评审】 1月16日，井睦项目办、中国公路学会联合完成的“高速公路代建与监理合并管理模式（即监管一体化）研究”课题通过省交通运输厅组织的由重点工程管理、交通基建管理、质监、规划、设计、监理、公路工程施工等领域的权威专家组成的验收评审委员会验收评审。

该科研项目直面全国高速公路建设管理体制中的一些困境与问题，开创性地提出高速公路代建与监理合并管理（监管一体化）高速公路建设管理模式，构建新型项目管理模式、管理体系，克服了传统项目管理模式的不足，提高了项目管理专业化、集约化水平和管理效率，项目管理权责明晰，从根本上克服了项目管理与工程监理之间的职责交叉的弊端。该项目提出的新型项目管理模式对全国高速公路项目管理体制改革起到了较大的影响与推动作用，对其他项目管理具有借鉴作用。如宁都至安远高速公路在吸收井睦高速公路监管一体化经验的基础上采用代建＋监管一体化模式实施取得明显效果。该项目研究成果与其模式为监理企业的升级转型提供了新思路与新途径。已成功指导井睦高速公路项目建设管理，在优质高效地完成建设任务的同时，井睦高速精简了项目管理机构、节省了管理费用、提高了管理效益，专家们一致认为，项目研究成果达到了国内领先水平，同意该项目通过验收评审。

（习明星）

【上饶制造出江西首辆混合动力公交车】 江西博能上饶客车有限责任公司新开发一款利用天然气与电能混合动力驱动的公交车，首辆试用车于5月下旬交付上饶公交公司投入试用。

2014年伊始，上饶客车有限责任公司和中科院合作，应用世界最先进的混合动力技术，研制开发出气电混合动力新能源公交车。此车与燃油公交车及LNG（液化天然气）公交车相比，更加节能环保；与相同规格的一辆柴油公交车相比，每百千米混合动力消耗成本约160元，燃油公交车需要消耗230元，同比节省成本30%；与LNG（液化天然气）公交车相比则能节约5%～10%的液化天然气使用量。混合动力公交车还可以在电量过低时自动切换成天然气模式。此车采用按键式自动换挡，操纵简单，也是该车的一大亮点。

（韩晓艺）

【青海省哇加滩黄河特大桥结构健康监测系统施工图设计通过专家评审】 2月3日，青海省高管局在西宁市主持召开了由江西、青海两省交通科学研究院设计的“哇加滩黄河特大桥结构健康监测系统施工图设计”评审会。

与会专家组听取了项目承担单位青海省交通科学研究院、江西省交通科学研究院对施工图设计的详细汇报，审阅了相关技术文件和图纸，经质询与讨论，专家组一致认为：施工图设计针对性强、内容完整、文件规范，符合施工图设计文件深度要求，结构安全监测技术方案可行，施工图可作为下一步实施依据。同时建议本项目的实施与交通部建设科技项目“高原高寒地区组合梁斜拉桥低温性能关键技术研究”相结合，进一步完善该项设计。专家组一致同意哇加滩黄河特大桥结构健康监测系统施工图设计评审通过。

（录自《江西交通信息网》）

【《赣江石虎塘航电枢纽坝下游水位变化与航道整治研究》科研项目通过验收】 5月9日上午，受西部交通建设科技项目管理中心委托，江西省交通运输厅在南昌组织召开交通运输部联合攻关项目《赣江石虎塘航电枢纽坝下游水位变化与航道整治研究》成果审查会。西部交通建设科技项目管理中心副主任谢素华、厅总工程师胡钊芳、省港航管理局局长于钦民等负责人以及评审专家、课题组成员共20余人参加会议。会议成立了由9位专家组成的项目验收组和由7位专家组成的项目鉴定委员会。其中，江西省交通运输厅总工程师、研究员胡钊芳任验收专家组组长、中国水运建设行业协会教授级高级工程师李悟洲任验收专家组副组长;中国水运建设行业协会教授级高级工程师李悟洲任鉴定委员会主任委员、中交水运规划设计研究院设计大师吴鹏任鉴定委员会副主任委员。

会上,课题组成员汇报了研究情况和研究成果,提供了相关技术资料。经过质询和讨论,验收专家组和鉴定委员会一致认为:项目组提交的文件齐全,内容完整,数据翔实,符合项目成果鉴定和验收要求;该课题完成了科技项目任务书(合同)规定的内容,在研究过程中,管理规范,组织得力,承担单位和参加单位密切配合,培养了交通科技人才。该项目研究成果已成功应用于石虎塘航电枢纽建设并为下一步的石虎塘航电枢纽下游航道整治提供强有力的技术支撑,其经济效益和社会效益显著,对于冲积性河流枢纽坝下水位确定和航道整治有一定的借鉴作用。项目顺利通过验收,研究成果总体达到国际先进水平。

(罗　春　倪　磊　陈明中)

【景德镇市新能源班车亮相街头】　2月9日,景德镇市9辆往返昌江区鲇鱼山镇和景德镇汽车站(西客站)的新能源区内班线客车正式上线运营。

近年来,景德镇市交通运输局为加快区内客运班线公交化改造步伐,推进城乡客运一体化进程,积极指导帮助本市道路客运企业,有计划、分批次对区内客运班线实施公交化改造,景德镇汽车站(西客站)至鲇鱼山镇区内班线公交化改造便是景德镇市交通运输局规划的2014年的首个项目。

此批新能源客车为双燃料动力,即汽油+CNG(CNG为压缩天然气 CompressedNaturaeGas的英文缩写)公交车。标志着该市道路客运迈入新能源时代。运营时间为每日6点15分至18点15分,每隔15分钟发一辆车。票价实行公交票价制,即1元,人(次),学生半价,70周岁以上老年人凭老年公交卡免费乘坐。

(涂　强)

【景德镇市首批67辆新能源出租汽车正式“上岗”】　1月22日,景德镇市新增出租汽车正式投入运营。

新增出租汽车车型为上海大众畅达新能源汽车,属1.8升双燃料动力,即汽油+CNG(CNG为压缩天然气 CornpressedNaturaeGas 的英文缩写)出租汽车。其档次比在营运出租汽车高(在营运出租汽车排量均为1.6升),但其收费标准仍按在营运出租汽车收费标准执行,即起步价为6元/2千米,运价为1.4元/千米,夜行价(23:00至次日5:00)为1.7元/千米。

景德镇长运出租汽车公司为方便广大市民及游客就地就近地及时搭乘出租汽车,联合中国电信首次推出电话叫车信息服务平台(即“电招”平台),乘客只需拨打景德镇长运电台热线“8569000”,后台工作人员便可将乘客的需求信息告知乘客候车地附近的空车驾驶员,驾驶员及时与乘客取得联系后会在第一时间到达乘客指定位置。同时,景德镇长运出租汽车公司还同步推出“一键叫车”服务系统(即中国电信“易打车”平台),乘客只需在自己的智能手机上安装“易打车”客户端软件,即可在所处位置自动搜索到就近的景德镇长运出租汽车空车信息(包括车牌号码、驾驶员手机号码),在乘客发布打车需求信息后,处于空车状态的出租汽车驾驶员会直接与乘客取得联系,并按要求到达乘客指定位置,极大方便了公众便捷出行。

(涂　强)

【景德镇市新能源空调公交车投入运营】　10月1日,景德镇市投入运营的80辆新空调公交车中,有20辆(郑州宇通牌)为新能源(气电混合)动力,其车身长度为10.5米。这20辆新能源公交车装配无级变速装置,驾驶轻便,易于操作,能大大降低驾驶员劳动强度。此次新增公交车工作最大的亮点是,这20辆新能源公交车以压缩天然气(CNG)+电力的混合动力为驱动能源,与传统能源(汽油或柴油)动力公交车相比,其一氧化碳排放量减少97%、碳氢化合物减少72%、氮氧化合物减少39%、二氧化碳减少24%、二氧化硫减少90%、噪音降低40%,且不含铅、苯等致癌物质。无粉尘排放,节能减排、环境保护优势明显,代表着公交运输装备的发展方向。这20辆新能源公交车的投入使用,开启了该市公交能源新时代。

(涂　强)

【峡江航运公司再添“船老大”】　2014年,峡江县航运有限公司购进一条内河货运船舶投入营运。船长97.5米，载重量达5925载重吨，创下吉安市水运行业大船之最，成为全市内河航运船舶的“船老大”，每航次运费收入达15万元—20万元。

这些年来，峡江县根据赣江中段峡江水利枢纽、新干水利枢纽等6个赣江航道梯级渠化工程可使赣江成为全线常年通行千吨级船舶的实况，策应国务院部署实施打造长江经济带过江战略的政策利好，积极引导和助理航运企业发展标准化、大型化、专业化船舶，不断优化船舶运力结构。该县已拥有各种货运船舶水运总运力为53973吨位，运力总量占全市1/4以上，其中，赣荣、赣远、峡江航运公司3家水运企业拥有省级货运船舶42艘，合计50473载重吨位，平均单船1201.74载重吨，航运运力结构优化程度远超全省平均单船878载重吨水平。

（郭文政　曾双全）

【上饶市中心城区新购90台新能源公交车投入营运】　3月1日，上饶市中心城区25辆长10.5米插电式混合动力公交车正式投入使用，其中，20辆用于更新1路公交线、5辆投放到22路公交线。随着这25辆新车上线运营，2014年采购90台新能源公交车全部投入使用。

上饶市中心城区共有312辆公交车，除78辆待下线公交车外，线上营运的234辆公交车车龄均在5年以下，其中，新能源公交车占营运车辆数的64%。新能源公交车以电力及清洁能源天然气作燃料，与原有柴油公交车相比，动力更强、废气更少，污染更小，乘坐更为舒适。

新购的90辆新能源公交车的投入使用后，上饶中心城区公交线网更加优化，公交线路数从原来的15条增至26条，公交出行分担率从原来的12%提升到21.52%。

（邓　康）

【省交通科学研究院一项科技成果获国家科学技术进步奖二等奖】　3月，省交通科学研究院与东南大学等单位共同完成的科技项目“长江跨桥梁结构状态评估关键技术与应用”成果获国家科技技术进步奖二等奖。

该科研项目基于长大跨桥梁具有投资大、工作环境恶劣、服役周期长、灾变后果严重等特点，针对传统的桥梁维护管理手段单一、自动化和科学化程度低，亟须在理论和实践上得到突破的状况，历时10年，攻克了长大跨桥梁状态评估中的若干关键科学技术问题，形成了长大跨桥梁结构健康监（检）测关键技术与系统、长大跨桥梁风特性及风致抖振的精细化分析方法、长大跨桥梁疲劳损伤演化模型与多尺度分析方法、长大跨桥梁的时变可靠度评估方法等创新成果，并成功应用于润扬大桥、苏通大桥、南京长江大桥等10余座具有世界影响的大跨桥梁，以及国奖级文物桥梁兰州黄河铁桥，创造直接、间接经济效益10余亿元，为确保长大跨桥梁的安全、耐久和科学化的养护管理提供了先进理论与系列技术。

（录自《江西省交通信息网》）

【九江长运集团公司首批纯天然气大客车投入运营】　7月1日，九江市长运集团高客公司新购置的5辆大金龙LNG天然气客车经过一个月的试运行后，正式投入到九江至昌北机场班线上运营，这是长运集团公司首次将天然气客车用于旅客中短途运输。此次投放的纯天然气LNG客车与传统的汽油、柴油车相比，尾气有害物质排放量可减少90%以上，接近零排放，是国际公认可替代汽油、柴油的“绿色”新能源客车。客车一次加满天然气，可行驶800公里，根据路试实验测算，九江至昌北机场单趟可降低燃料成本50元。与一般客车相比，使用新能源的客车发动机噪声与汽油、柴油均可减少50%，运行平稳，乘客在乘坐时感觉更舒适。

（九江市长运集团公司）

【天驰公司通过CNAS评审和科技部火炬中心认证备案】　3月22—23日，省高速集团天驰公司通过CNAS评审，实验室水平和能力获得认可。通过科技部火炬中心认证备案，并获由江西省科技厅、江西省财政厅、江两省国税局和江西省地税局联合颁发的高新技术企业证书。公司被认定为国家高新技术企业，有效期为3年。

近年来，该公司始终坚持科技创新，积极搭建企业自主创新平台，健全完善科技进步激励机制，整合科技资源，3年来共承担12项科技立项，获得6项软件著作权及11项实用新型专利。

天驰公司获国家高新技术企业的认定后，可

享受国家优惠政策。在经济效益方面,企业所得税税率由原来的25%降至15%,税负降低40%。在技术方面使公司更加注重提升自主研发能力,更加注重技术创新;在管理方面更加注重提升生产、科研和财务管理水平,使企业的管理更加规范合理、科学高效,对公司的健康持续发展将发挥重要作用。

(省高速集团)

【江西方兴科技公司自主研发高速公路机电养护系统成功】 5月,经江西方兴科技公司历时近2年技术攻关,江西首个机电养护管理系统研发完成,并在昌九高速昌北收费站投入使用,6月初全面上线运行。

由江西方兴科技公司自主研发的高速公路机电养护系统涵盖了设备管理、巡检养护信息、仓库管理等模块,并将机电养护物资管理人员、维护维修人员、业主管理单位等多方功能角色进行融合,建立了一个专业化的机电养护电子信息系统平台。通过利用互联网络资源,不仅为各业主单位搭建了维护管理远程办公系统信息平台,而且可依托平台进行巡检、信息查询、报备品配件计划,还可将各所站现场的维修数据通过网络存入服务器。特别是该系统的二维码打印和手机扫描、手机报修等多项关键技术均实现了突破,提升到了新的更高水平。

(省高速集团)

【天驰公司科研项目获2013年度江西省科学技术进步奖二等奖】 11月,省高速集团天驰公司报送的科研项目"高速公路沥青路面改造关键技术及其工程应用"获2013年度江西省科学技术进步奖二等奖。

"高速公路沥青路面改造关键技术及其工程应用"是根据九景高速公路技改工程建设的进展与实际,通过厂拌冷再生沥青混合料下面层路用性能及施工控制研究,形成高速公路厂拌冷再生沥青混合料路用性能控制指标及施工控制、检测和验收等各项指标。目前市场上热拌沥青混合料下面层约270~280元/吨,而厂拌冷再生沥青混合料下面层仅约180元/吨。该项技术既环保又经济,具有广泛推广运用前景。

(省高速集团)

【赣粤高速公路公司管理科研创新成果获全国企业管理创新大会企业管理创新成果奖二等奖】 3月,2014年全国企业管理创新大会在北京召开。会议发布了第二十届全国企业管理现代化创新成果,赣粤高速公路公司选送的"以'路畅人和'为理念的高速公路通行服务优化管理"交通企业管理现代创新成果获2014年全国企业管理创新大会管理创新成果奖二等奖。

(省高速集团)

【赣粤高速公路公司多项科研创新成果获奖】 12月,第十六届江西省企业管理现代化创新成果评选揭晓。赣粤高速公路股份有限公司选送的"交通建设项目业主主导的民工工资管理"和"高速企业通行服务人才培训管理的创新与实施"企业管理现代化创新成果获第十六届江西省企业管理现代化管理创新成果奖一等奖;"以'三率归零'为创新核心的高速公路收费业务管理"和"高速公路机电施工企业基于核心能力的转型升级发展"科研目获第十六届江西省企业管理现代化管理新型新成果奖二等奖。至此,赣粤高速公路股份有限公司共获一等奖6项、二等奖5项,并连续3年荣获管理创新成果申报组织奖。

(省高速集团)

【省高速集团科研新成果获全国交通企业管理现代化创新成果奖一等奖】 12月,2014年度全国交通企业管理现代化创新成果奖揭晓。省高速集团申报的"高速公路养护工程廉政监管体系建设"项目从全国交通行业143个参选项目中脱颖而出,获全国交通企业管理现代化成创新成果奖一等奖。

该创新项目根据高速公路养护工程分类,立足于高速公路运营管理单位廉政监管层面,按照"以风险为点、以流程为线、以制度为面"的研究方向,查找工作上的风险、突出流程上的监管、完善制度上的缺陷,紧紧围绕和抓住项目立项、招标投标、合同签订、质量控制、工程变更、计量验收等重要阶段和关键环节,进一步加以规范和约束,堵塞制度漏洞,实现了将廉政监管措施融入日常管理中,建立和健全了"监管方法便于操作,主要流程可以管控,管理制度能够执行"的养护工程廉政监管体系,成效显著。 (省高速集团)

【赣粤高速公路股份有限责任公司企业管理科研创新成果获全省企业管理创新一等奖】 5月5日，由江西省企业联合会、江西省国有资产监督管理委员会、江西省工业和信息化委员会、江西省企联企业管理现代化委员会联合举办的“2014年全省企业管理创新大会”在南昌召开。会议发布了第十五届江西省企业管理创新成果。由赣粤高速公路公司选送、服务区管理中心创造的“高速公路服务区‘卖场经营、平价超市’管理模式的构建与运作”获第十五届江西省企业管理创新成果奖一等奖。

（省高速集团）

信息工程

【概况】 2014年，江西交通信息化建设以服务百姓、促进和谐、助力交通运输事业又好又快发展为工作信条和理念，以科技创新为动力，拓展信息化成果运用，搭建服务群众的新桥梁，整合信息资源，构建共享机制，大力推进电子不停车收费工作，累计建成不停车收费（ETC）车道528条，ETC收费基本实现全覆盖。顺利加入全国ETC联网，赣通卡14个省市一卡通行。大力推进“12328”服务监督电话建设，在全国率先开通省级服务热线。九江市率先开通市级服务热线。大力推进公路客运联网售票系统建设，全省18个一级客运站实现站间互售，并启动部分二级客运站联网售票系统建设。与此同时，全省交通运输应急指挥与信息化管理工作取得长足进步。

全省各级交通运输部门大力推进信息化建设进程，广泛研发信息技术和运用交通信息成果，实现信息资源共享。尤其是省交通运输厅信息中心（即厅应急指挥中心）紧紧围绕全省交通运输工作实际，创新应急指挥与公众出行服务方式方法，着力加快推进全省交通运输应急指挥与信息化事业发展进程，做了大量工作：

一、以服务百姓为核心，以建设“平安交通”为宗旨，扎实开展应急指挥与公众出行服务工作。

1. 健全值守工作体系，建立并完善值班工作制度。坚持24小时五班三运转、科长值班、主任带班的三级应急值守体系，确保技术人员、信息采编员随时在岗，保证应急指挥平台九大系统软硬件设备运行良好。省交通运输厅应急指挥中心（信息中心）致力做好各类应急信息的汇集处理，加强对苗头性、倾向性、预警性信息的收集、汇总和分析研判。应急信息无一漏接、无一错报，为省交通运输厅应急指挥和协调调度提供了准确依据。同时配合厅运输处、安监处、路航管养处认真做好节假日、特殊天气及敏感时期全省交通运输系统应急值班工作。

2. 重点前移，扎实履行应急指挥职能。2月上旬，江西受低温、降雪和冻雨袭击。厅信息中心扎实做好应急值守工作：一是将应急工作前移，提前整合冰雪天气应急物资的储存量及分布信息，调整值班班次，加强值守力量；二是及时发布路况信息及交通部门应对措施，做到内外信息畅通；三是做好省交通运输厅与省政府抗冰雪工作汇报视频会议、雨雪冰冻灾情视频调度会的技术保障；四是做好值守期间的服务保障协调工作。2月9—13日，厅信息中心共编发应急信息专报6期，接受媒体采访4次。通过“江西交通”官方微博、公众出行网站、短信平台共发布交通信息1338条，出色完成了信息保障任务，受到省委、省政府领导好评。7月中下旬，江西北部、中部地区受大面积持续强降水影响，多处河流、湖泊水位上涨，交通压力增大，降水带来的次生灾害一触即发。7月24日，昌九高速德白线乌石门段因雨水冲刷发生边坡塌方，次日塌方再次发生，且有持续崩塌之势。现场抢险人员预判危情会进一步加剧，该中心立即启动应急预案。根据交通运输厅抢险指挥部与省政府应急办、省国土厅紧急会商的要求，制订抢险方案。在参与昌九德白线乌石门塌方事件处置过程中，该中心全员紧跟事件发展动态，收集多方信息，报省厅抢险指挥部研判。在德白线乌石门段危石爆破作业期间，他们按照既定的职能分工，即一组作为技术保障组，将应急指挥车双车组合开赴现场，迅速搭建前方通信指挥部，并将爆破画面实时传送至部路网中心、省政府应急办及各相关单位；另一组作为信息采播组，联系江南都市报、江西交通广播、江西五套等媒体进行现场报道，同时将德白线危石爆破情况在官方微博上进行微直播。此次抢险任务中的技术保障及信息传递再一次得到了省政府应急办和省政府新闻发布处的赞许与肯定。

3.依托政务微博,保证公众安全便捷出行。春运期间,厅应急指挥中心参加江西春运微博民生服务日活动。通过在腾讯微博开通的官方微博集中回答网友对江西道路春运工作的咨询,就网友的提问进行详细解答,获得好评。其官方微博“省交通运输厅厅应急指挥中心”,荣获由省委宣传部颁发的江西政务微博最受欢迎奖。在2014年江西省政务微博季度排行榜中,“赣交通厅应急指挥中心”位居全省第三名。

5月,省交通运输厅政务微博“江西交通”正式上线。“江西交通”在原“赣交通厅应急指挥中心”基础上更名升级,作为省交通运输厅政务微博,在原有实时路况播报的基础上,增加政务、宣传信息的比例,展现江西省交通运输事业的最新动态。全年粉丝数已达31万余。

4.提升信息报送与数据分析水平。省交通运输厅应急指挥中心(信息中心)进一步强化全省公路水路路况信息报送管理工作,对接报的交通运输信息认真进行统计,分析总结出路阻事件的一般规律,并通过每月编发的《江西交通运输应急信息》月报对各单位的信息报送情况进行通报,促进各信息报送单位更加积极主动报送路阻信息。截至10月,该中心共接报路况信息1185条,应急事件信息40起。通过省公众出行服务网发布信息5069条,通过微博发布信息23484条,通过短信平台发布信息13090(次),通过交通运输部路况信息管理系统上报信息901条,编发《江西交通运输应急信息月报》共9期。

5.依靠科技手段,提供技术保障,提高应急工作效能。①每月定期开展应急指挥车双车与应急指挥大厅的联调联讯,提高应急指挥和信息通讯快速反应能力,实现“指挥高效、信息畅通、机动灵活、保障有力”的最终目标。②扩大交通监控软件客户端浏览,并添加摄像点位IP服务器,已上传6路高清视频图像。③通过与省港航局沟通,利用原有光缆线路连接港航新建图像平台。仙女湖监控可查看的图像由原来的8路上升为20路,完成对仙女湖监控系统的改造。④完善短信群发系统,按照突发事件分类和职能分工,设立不同类别的群发组,预设了不同类型的短信模板,通过短信快速报告应急信息,提高应急工作效率。

6.保障平台运行,扩展技术服务范围。应急指挥平台整合全省各类交通信息资源,实现了应急通信保障和应急指挥调度功能等。该中心制定的巡检制度和工程师快速响应制度,确保了平台的稳定和正常运行,扩大了技术服务的范围,包括:“96122”服务热线与“12328”监督服务热线的并线运行的相关工作;组织实施并完成了新大楼应急指挥大厅系统集成项目招标、深化设计;资源整合呼叫中心系统扩容与专业通信系统搬迁项目的竞谈工作;参与省港航局渡口标准化建设验收会,对萍乡、九江等试点单位的渡口标准化建设监控系统进行实地验收;改造视频会议录播系统缺陷功能;调研省厅视频调度指挥系统传输网络,并测试部分接入单位已建视频系统;研究手机信令采集与分析系统实施方案等。

二、以网络安全与信息服务为核心,加强电子政务、便民服务等基础设施体系建设

1.电子政务服务项目建设稳步推进。①稳步推进省交通运输厅网站群项目选型、招标及实施工作。新版网站群建设内容包括网站群管理系统、政府信息公开系统、智能搜索产品、信息采集系统、智能表单系统、音视频管理系统、网站无障碍浏览系统和移动APP门户等8个基础平台。同时建设了智能管理平台系统和网络教育学院系统。各系统在完成公开招标、实施开放后,于11月底已上线试运行。新版网站群上线运行后,全面提高了省交通运输厅在网上办事、政民互动、信息公开、出行服务等方面的综合服务水平,进一步树立该厅为民服务、便民交通的服务型政府形象;②继续推进省运管局网站群项目实施工作。不断完善省运管局主站等需求模块和剩余近60个市、县子站平台搭建、测试及试运行工作与筹备项目验收工作。③推进科技管理信息系统共享平台项目实施。完成了项目平台实施、平台测试及试运行和组织平台培训推广试用工作。④继续推进省交通运输厅直单位OA项目推广实施工作。完成了省港航局二期OA项目(约90个单位)的实施指导及培训工作;适时组织省高速集团及所属单位、公路学会及相关单位OA项目推广实施工作。⑤稳步实施江西省交通运输厅公众出行信息服务系统二期建设工作。通过拓展延伸一期系统功能,改版全新电子地图、出行策划及交通综合服务查询等栏目,为全省公众出行提供了更为便捷和人性化服务。

2.全面推进综合交通电子政务信息服务工

作。①积极做好门户网站建设及日常管理工作。根据交通运输部、省政府关于政府网站绩效考核有关要求,继续做好江西交通信息网、交通运输部江西子站共建栏目、省政府网站信息公开平台及江西省政务服务网等平台的政务信息公开、招投标信息公开、工作动态等信息审核发布工作,先后公开各类政务信息近2000条。先后完成党风廉政建设社会评价、交通重点建设工程违规违纪情况举报、中共十八届四中全会精神、省交通运输厅本级行政审批项目目录清单等近10个专题专栏的制作及维护更新等工作。②强化电子政务便民服务体系建设和应用。强化厅长信箱、公众留言、意见征集、网上调查及在线访谈等栏目建设及受理反馈工作,其中,公众留言已受理5015件,回复率超过86.4%;先后在交通运输部主站、江西交通信息网等栏目已完成在线访谈节目2期;持续做好网上审批与电子监察系统技术支持及服务工作,已办理网上审批事项605件,办结率达到100%。③深入推进网络信息安全保密检查工作。完成了省交通运输厅网络安全防护设备环境部署工作;对厅机关近300台计算机设备进行了2次全面安全检查,1000人(次)参与各类计算机及终端设备检查、调试等工作;及时做好厅机关涉密系统的专机专用、专人管理等技术支持工作;完成了全厅及各直属单位的保密安全检查工作和有关保密普查相关资料的录入、报送及工作总结等相关工作。5月19日,受到由省委督查室、省保密局等单位组成的专项检查组高度赞扬。四是扎实做好厅机关信息化服务工作。先后完成交通运输部、省政府及省厅电视电话会议调试16次。继续做好厅机关、厅直属各单位OA系统的日常需求完善等工作,先后完成厅办公室、厅机关有关处室,厅直属有关单位各类OA功能需求点近300个。完成厅机关OA收发办理文4842件、简报82期;协助省交通运输厅召开18次视频会议;完成866次厅机关信息化设备的维护、维修;为厅领导、厅机关各处室制作PPT5个,内容涉及工作汇报、培训讲座、技术演示等方面。完成厅邮件系统、网站服务器的日常维护近200次。协助厅机关及相关单位完成近50次政府采购任务。五是修订完善一系列管理制度。代厅科教处印发《江西交通网站群管理办法征求意见稿(试行)》,收集汇总各类意见建议近10条,初拟报厅审批的《江西省交通运输厅信息安全日常工作操作指南》等近10项规章制度。

三、以"综合交通"建设为契机,科学推动交通运输信息化项目建设管理 1.统筹安排、科学规划信息化项目的建设。2014年,省交通运输厅应急指挥中心按照"规划先行、统筹安排、突出重点、择优选择"的原则协助厅科教处编制2014年全厅信息化工作要点。同时按照省交通运输厅指示,牵头承担了厅"十三五"计划期间交通运输发展规划信息化专项课题研究工作,已在全省范围内启动项目调研工作。

2.充分加强信息化项目建设过程管理。省交通运输厅应急指挥中心根据"十二五"规划及三年工可的要求,协助厅规划处、科教处、财务处督促相关单位信息化项目按计划实施,对厅直单位信息化项目方案审查、经费拨付等环节进行管理。涉及的项目有:路政总队监控指挥调度系统、路政网络平台、路政数据中心系统、高投云计算平台、高投财务管理系统等。

3.继续加大厅本级信息化项目建设力度。厅应急指挥中心作为厅本级信息化建设项目的主要负责单位,继续加大了各项目的建设工作:

①推进"全省高速公路智能交通管理与路网监控系统"建设工作,其中,行业应用软件开发服务项目已完成招标,进入联合调研阶段,其建设周期为12个月。

②"交通运输统计分析监测和投资计划管理信息系统工程"建设应用系统开发标段已经完成招标,进入实施阶段,软件硬件设备采购标段也在进行政府采购准备阶段,预计2015年9月完成全部项目建设。

③"公路水路建设与运输市场信用信息服务系统工程"建设于5月份向交通运输部报备本工程建设方案与开展项目的招标和实施事宜。

④"交通运输总和地理信息平台"建设目前主体软件基本开发完成,进入测试联调阶段,第二部分为支撑软硬件购置集成,已完成招标工作,8月份建设完成了整个项目建设任务。

⑤完成"公众出行服务系统二期改造项目"建设公开招标和实施前期准备后,2014年7月上旬进行系统建设改造。

⑥协助省交通运输厅开展全国物流公共信息平台江西省区域节点建设工作的前期准备工作,

正在进行省内外物流企业与物流信息化平台基本情况、发展现状、建设需求的摸底调研,年内完成全省物流公共信息平台区域节点建设工可方案、建设方案的编制工作。

四、构建“智慧交通”网络,提升路网运行监测管理水平

2014 年,省交通信息中心把加快发展智慧交通作为推进交通运输管理创新的重要抓手和提升交通运输服务水平的有效途径与推动交通运输转型发展的重要支撑的大事来抓,拓展思路,创新工作,积极开展“智慧交通”的相关建设。

1. 完善交通运行监测信息资源平台。通过数据整合与交换平台,实现与交通运输部、省郊区运输厅内部(含二级业务局)相关系统的数据交换与共享。本系统与行业外部单位(如省政府、公安厅、气象局等)的数据交换经由“公路交通信息资源整合与服务系统”工程所建设的数据交换平台完成。

2. 完善监测监控信息的接入和展示。依托高速公路已经建设的路段监控中心,将视频监控信息、交通量调查信息、治超检测信息等监测监控信息采用逐级汇聚的方式,接入厅智能交通管理与路网监控系统。通过省运管局、省港航局的数据交换以及统一的视频整合平台,接入已经安装卫星定位终端的“两客一危”车辆信息以及港航视频信息。实现对上述监测数据、警控视频、车辆动态信息的灵活调取、实时查询,并发给 GIs 平台进行直观展现。与此同时,本项目保留外场监测监控信息的接入接口,以便在条件成熟时接入更多的外场监测监控信息,根据外场终端的建设进程拓展公路水路运行监测的范围。

3. 补充完善相应的软硬件系统。以“统一架构、充分利旧”为原则,在已有软硬件设施设备的基础上,购置和部署必要的各类服务器、存储设备、支撑软件、安全系统等,为本项目建设的应用系统提供运行环境支撑。

4. 智能交通系统掌上视频监控平台的开通。2014 年春运期间,全省各高速公路、重要道路、连接邻省的各大桥的日通行车流量骤增,为方便各级领导及监管人员能远程实时地掌控春运期间道路运行监管信息,须实施智能交通掌上监控平台,在 WIFI 或 3G/4G 等开通的智能手机和平板电脑上调看实时监控视频。该掌上平台于 1 月 25 日正式启用,运行状况良好,效益显著。

(厅信息中心)

【吉安市交通运输局推广运用 OA 系统】 年初,吉安市交通运输局着手开展电子政务协同办公系统建设数据采集工作,推广和运用电子政务协同办公系统,推进无纸化办公,提高行政效能,降低公共服务成本。该系统自 7 月份试运行以来,相比于传统纸质文件的传送更方便、精准、快捷。

2014 年,该局在全市交通运输系统扎实有序推进运用 0A 系统:一是积极响应,主动对接。考虑到电子政务协同办公系统与原内部运行的 0A 系统同时使用会造成文件两头找,两头找不到的矛盾,主动放弃了原有的 OA 系统,并下文明确规定系统统一使用新 OA 系统。二是培训到位,覆盖全员。5 月该局组织系统收发岗位人员参加市 0A 推进办组织的系统上线培训,并由收发员对本单位其他工作人员先后组织 2 次培训。授课老师对文件收发流程、系统操作方法进行了详细讲解和演示,基本达到了“人人懂操作、个个都会用”的效果。与此同时,在全市交通运输系统中建立工作联系群,方便大家共同探讨解决 OA 使用过程中碰到的难题,提高工作效率。三是建立制度,确保落实。该局建立了《电子政务协同办公(0A)系统使用管理制度》,明确了工作流程和工作职责,确保了新 0A 系统的稳定、正常、有序运转

(刘　畅)

【省交通运输厅举办科技信息管理系统应用培训班】 7 月 21 日,江西交通科技信息管理系统应用培训班在省交通干部学院开班。各设区市交通运输局、公路局,省直管县(市)交通运输局,厅直属各单位科技部门管理人员 50 余人参加培训。

江西交通科技信息管理系统是交通运输部交通科技信息共享平台建设的子系统,是实现交通科技信息资源共享的重要载体。该系统分为厅科技主管部门、归口单位、申报单位等用户,内容涵盖了科技项目管理、行业技术研发中心、专家库等。该系统采用科技计划项目网上申报、网上评审、网上受理等一站式管理,实现专家对科技项目网上“盲评”,提升了厅科技管理信息化水平。

通过培训,交通科技管理人员熟练掌握了交通科技信息管理系统的应用。　(钟恢万)

【万吉全国公共信息服务平台推介会在吉州区召开】　10月10日，由吉安市交通运输局、市工信委、市商务局联合组织，市物流协会主办，吉安万吉物流公司承办的“万吉全国物流公共信息服务平台”推介会在吉州区召开。省交通运输厅有关部门与物流协会、市交通运输局、市工信委、市商务局相关负责人出席了会议，市内工业企业、商贸流通企业、货运物流企业、周边设区市物流园以及中国移动、中国建行、中国石油、中国人保等信息平台战略合作联盟单位和省、市13家新闻媒体单位代表共计170余人参加了会议。

万吉物流信息平台经过近8年来的研究与开发，成为全省规模最大、最专业、唯一免费入会的物流公共信息平台。该平台开发了车源货源信息整合、运输业务交易、第三方运费支付、运输安全保障、城际配送体系、物流一卡通、现代金融服务等多项服务功能。

此次大会搭建起货主、车主、服务平台三方之间的桥梁，使更多的生产企业、商贸企业、物流运输企业了解平台、熟悉平台、使用平台。会上，参会企业对该平台产生了浓厚的兴趣，信息平台开发企业系统地介绍了平台的服务功能和操作流程，与参会企业进行了积极交流互动。

该平台的推广应用，对于推进吉安市传统物流企业向电商化和信息化方向发展，促进物流产业的转型升级，提高交通运输物流效率和降低流通成本，进而优化全市经济发展环境，具有积极的推动作用。

（张丽琴　肖　卫）

【袁州区督促运输企业用好GPS定位装置】　2014年，宜春市袁州区交通运输局为使运输企业中的GPS卫星定位装置充分发挥其作用，区道路运输管理部门加强对运输企业GPS三级平台的监督，规范企业在GPS监控、记录、警告、处罚等环节的岗位职责监督：1. 做好部门引导。指导企业做好监控台账等基础工作，切实做好车辆的动态监督，提高GPS监控质量。2. 落实企业监管主体责任。加强对企业GPS装置安装和系统运用情况督查，要求企业加大对违法违章驾驶行为的处理力度，充分发挥GPS实时监控和违章记录的功能。3. 加强车辆上线管理。领导带队上门走访全区所有客运、货运企业，反复提醒各企业对车辆监控的重要性，重点检查、督促车辆的上线率和车辆的GPS监管落实到位。对少部分危货企业在监控车辆信息中存在安装的卫星定位装置不能有效使用的已经责令整改，对两家企业车辆上线率不达标，进行了单独约谈并责令整改，对车辆每周未上线、超速、不按规定路线行驶与客运车辆凌晨2—5点未停止运行的，都做了详细记录，充分发挥了GPS卫星定位装置对管理运输企业的作用。

（李　庆）

【宜丰县交通运输局加强人才管理基础信息数据库建设】　2014年，宜丰县交通运输局整合人才资源，完善和加强机关事业单位人员基础信息数据库相关工作，强化公务员、离退休人员基础信息数据库，中高级专业技术人员信息库，人事代理人员信息数据库建设，建好人事人才数据信息总库，做到了人事人才信息数据管理科学化、规范化、网络化、自动化。

（漆志勇）

【宜春市港航管理信息化建设提速升级】　2月，宜春市港航管理分局加快港航管理信息化建设步伐，完成了交通运输部提出的2014年实行港航行政许可证书信息管理与全国联网和在全国范围内进行国内水路运输、港口经营行政许可证书信息管理系统初始化及录入两项工作，一举改变了该市以往港航行政审批及发证都是人工操作完成，没有专门的网络软件管理，造成上下级监管断节，不能及时掌握港口经营人的动态和给上级港航管理部门带来不便的状况与水路运输管理实行局域网络行政审批发证制度，操作权限仅限于本省，造成与上级部门监管断节现象，进一步提高了对该市市辖区范围内90户港口经营户与合法营运船舶489艘规范经营的监管力度。同时更加便于有效制止企业主要管理人员在其他公司兼职现象，能更加准确掌握运输船舶信息，并强化对港航企业安全生产监管工作。

（周青兰）

【省联网管理中心正式启动全国首个ETC联云充值及车主服务云平台项目】　2014年11月，省高速公路联网管理中心与深圳市金溢科技股份有限公司、支付宝（中国）网络技术有限公司签订全国第一个ETC联云充值及车主服务云平台项目启动协议。共同推出全国首个ETC联云充值及车主服务云平台项目:赣通卡—金易行空中充值及车主服务云平台。

通过"赣通卡—金易行"空中充值及车主服务云平台,便于ETC用户通过手机APP完成充值、查询,提升运营管理效率,减少人工服务成本,进一步提升服务水平。与此同时,ETC用户完全不受制于地域和充值网点工作时间的限制,可以24小时随时随地到ETC客服网点进行充值。赣通卡—金易行上线后,一部手机APP配套多种小设备即可实现ETC联云充值,并为车主提供实时交通路况、交通违章查询与代缴、车友互动等多种相关的服务,使ETC的管理和服务更加智能化、便捷化、人性化。

(许　俊)

【省高速公路联网收费、通信、监控中心机电工程初步设计审查会召开】 10月15日,省交通运输厅在南昌召开高速公路联网收费、通信、监控中心机电工程初步设计审查会。厅规划处、科教处、财务处、省联网中心、设计单位、联网项目办有关责任人参会。

与会的6名专家认真听取了设计单位对江西省高速公路联网收费、通信、监控中心机电工程初步设计的介绍,审阅了设计文件,就初步设计文件进行了充分的讨论后,一致认为,该初步设计文件编制基本合理、标准、规范,运用适当,内容翔实,能满足交通运输部与省交通运输厅相关要求,设计概算编制符合相关行业规定和项目建设实际,对下一步工作有重要的指南作用。一致同意该项初步设计通过审查。

(技术设备科)

【仙女湖视频监控项目工程竣工】 12月18日,仙女湖视频监控项目验收会议在新余市仙女湖召开。省港航局、省水上搜救中心的领导及省港航局计划、财审、监察等部门人员参加验收会议。

会议聘请5名信息化专家组成验收专家委员会。专家委听取了项目建设、设计、施工、监理等单位工作汇报,审查了项目竣工资料,深入景区实地察看了项目建设情况,并对设备和系统运行情况质询和提出了相关建议。专家委员会一致认为该项目符合设计要求,设备运行稳定,资料齐全,同意通过验收。

仙女湖视频监控项目是综合利用现代视频监控技术、船舶自动识别系统、地理信息技术、网络通信技术等高科技手段构建的集水上日常安全监管和应急处置功能一体的综合监控系统。该项目的建成对提高仙女湖景区水上交通安全监管、现场搜救和快速反应能力具有重要意义。

(杨小军　黄海源)

【全省港航信息化建设会议在赣州召开】 4月24日,全省港航信息化建设会议在赣州市港航分局召开。全省各港航分局、界牌枢纽等单位的36名从事信息化工作分管领导及工作人员参加会议。

会议通报了全省港航系统信息化建设情况,就下一步的工作提出了具体建议和要求。省水上搜救中心就信息化执行经验、建设规范等方面作了详细的介绍。赣州分局、九江分局分别作了信息化建设经验交流。会议还就信息化机房建设的资金使用和建设以及港航信息化未来的发展进行了广泛而热烈地讨论,部署了今后一个时期港航信息化建设的目标任务。

(罗　帅　陈明中)

【樟树市首辆城乡公交车装上自动洗车机】 10月11日,樟树市城乡公交公司首台公交车自动洗车机正式投入使用。该机造型简易,为敞篷式立体钢结构,四组柱状形软体毛刷在启动机的带动下飞速旋转,周围多个喷雾式出水孔溅出水雾。当公交车缓慢驶入洗车通道,洗车机便自动感应清洗,完成一台公交车外观清洗平均仅需2分钟,车身、车窗、车前、车后,包括汽车轮毂都洗得干干净净。自动洗车机投入使用后,改变了原来的传统清洗模式,大大提高了洗车效率,也节约了人力和水资源,实现了环保与效率的最佳结合,实现了樟树城乡公交开始从人工保洁向自动化保洁的全新转变,对提升车辆保洁率和城乡公交形象有重要意义。

(曾凡荣)

【丰城市运管局快速推进道路运输信息化建设】 2014年,该局进一步围绕大交通、网络化、信息化发展需要，加大资金投入，建设道路运输信息化网络。一是投入资金10万元，正式启动12吨以上重型载货汽车GPS安装工作。依托动态信息监控平台，重点加强“两客一危”、农村客运班线客车、城市公交车及12吨以上重型货车（含半挂牵引车）的动态监管，完成GPS安装的车辆达249辆。二是投入资金20万元，对该局安全信息科道路运输车辆监控设备（运政GPS监控平台）进行全面升级改造，购置了由6片46寸液晶显示屏组成的液晶电视墙，配置了三台新电脑和打印机，对全市所有营运车辆的安全运行进行联网联控，进一步强化道路运输信息化管理。

（黎建刚　熊雪芽）

【高安市全市货车安装GPS定位系统到位】 自9月起，高安市交通运输局对12吨以上的工程运输车、自卸车（含搅拌车）和新增的12吨以上车辆强制安装GPS定位系统。年内全市1508辆12吨以上新上户车辆全部完成GPS定位系统安装工作。该系统具有超载监控管理、超速实时监控、提示驾驶员减速行驶等功能。GPS定位系统投入使用后，对强化道路运输信息化管理、提高运输效益、确保营运安全发挥了重要作用。

（周世祥）

【界牌水电厂计算机监控系统改造工程验收会召开】 4月25日，界牌水电厂计算机监控系统改造工程验收会在鹰潭召开。省交通运输厅、省港航管理局相关处室、鹰潭市电力公司及该项目参建单位代表参加验收会。

验收委员会成员深入界牌水电厂现场实地察看，听取各参建单位汇报，查阅竣工验收资料后，认为界牌水电厂计算机监控系统改造工程各项指标满足设计要求，运行状态良好，工程质量合格，一致通过界牌水电厂计算机监控系统改造工程验收。

界牌电厂计算机监控改造工程于2013年9月5日正式开工，于2014年1月24日完工。通过改造，有效提高了界牌水电厂自动化水平，降低了运行人员劳动强度，提高了工作效率，为实现“无人值班，少人值守”的现代化管理目标打下了坚实基础。

（董　彤　黄洪渠　陈明中）

【省港航局在九江举办推广协同办公自动化平台试点培训】 1月6日，省港航局协同办公自动化平台进场后，为使该平台更好地投入使用，实现手机移动办公，进一步节约办公费用，提高工作效率，省港航局于4月14—15日联合省交通运输厅信息中心、北京广联达梦龙有限公司相关技术人员分成3组，分别对九江地区14个海事部门进行为期2天的协同办公自动化平台试点培训。

培训班授课教师采用点对点、一对多两种方式进行，对公文流转的收发、传阅、文档资料室中文件夹及文件的维护、信息发布应用等模块操作，以及安装协同办公平台移动办公软件等进行详细讲解，达到了预期目的，学员们普遍反映受益匪浅。

（邹娟兰　陈明中）

【上高县公路运输管理信息化建设进展迅速】 2014年，该县公路运输管理所投入12万元用于运政网络信息化建设。购买了运政网络设备，设立了运政网络信息化监控平台办公室，安排了专人进行监控，与省、市、县三级联网，通过网络运用软件办理业务，实现了无纸化办公，加强对运输企业监控平台的巡查。运用信息化手段对全县客运、危货、大型货运车辆进行CPS网络信息监控。通过加强道路运输客、货运输车辆的动态监督。同时，对汽车维修车辆、驾驶员培训学校的教练车等进行GPS网络监控，增设了学员指纹打卡机，有效地提高了汽车维修质量和学员驾驶技术水平。加强了运政网络对企业安全的监控巡查和道路运输管理，如发现运输企业的监控平台不上线、报警不处置和营运车辆不上线，不按规定线路行驶等问题及时下发整改通知书，最大限度预防减少道路运输安全事故发生。

（潘泓羽）

【宜丰县交通运输局认真做好电子政务工作】 2014年，宜丰县交通运输局将信息技术与现代管理体制的有机融合，全方位提高办事效率，实行无纸化办公。一是利用宜丰信息网电子政务平台，及时掌握全县交通工作动态，共上传发布信息60余条，做到动态信息及时更新，基本信息定期更新完善。进一步落实工作责任，严格执行上网信息“谁上网、谁审查、谁负责”的原则，规范网站信息发布工作程序，确保了上网信息的真实性和准确性。二是积极推进网上办公,安排专人及时上网签收公文,通过政务内网加强信息报送工作。

(漆志勇)

【省港航管理局为59艘重点船舶安装AIS自动识别系统】 2014年,省港航管理局对部分重点船舶免费安装船载AIS自动识别系统。

依据江西水上安全监管特点,结合岸台基站信号覆盖情况,首次选择赣州、吉安、宜春、新余、南昌船籍港共50艘"四客一危"重点船舶和具备安装条件的客渡船免费安装AIS船载终端。7月中旬,省港航管理局指定安装厂家鄱阳县江海船厂对新余仙女湖景区的9艘旅游船完成安装了船载AIS自动识别系统。通过安装AIS系统,提升了内河船舶安全系数和水上交通安全监管力度,实现重点船舶实时动态跟踪监管。

(黄海源)

【南昌市港航管理处推动港航视频监控平台建设】 4月13日,南昌市港航管理处服务窗口科室(站)和管理范围内的经营运输码头以及南昌市水路重点区域,通过安装视频信息采集设备、信号传输设备、视频存储设备、显示设备和利用广域网搭建港航视频监控平台,对这些部位人员的活动情况进行现场监控。

南昌市港航管理处推动港航视频监控平台建设,启动视频监控的目的是为了利用信息化手段提高本处行业管理水平,加强对水路运输经营者的经营行为和执法人员的执法行为的监管力度,进一步加强行业管理水平,有效提高行业服务效率保障水路运输市场依法有序发展,为不断提高的依法经营和依法行政水平奠定基础。

(裴文奇 陈明中)

【上高县幼儿园校车全程GPS卫星定位实时视频监控】 10月20日,该县全部幼儿园的校车共计16辆安装了3G视频监控及BPS卫星定位系统。通过GPS全球定位系统及互联网,实现了校车行车全程、全天候监控。所有被控校车的实时位置、行驶方向及行驶速度,实现对超速驾驶、车辆超载、疲劳驾驶、意外长时间停车、越界时的监控报警;可随时回放自定义时段车辆的历史行程、轨迹记录;可通过摄像头及移动通讯技术,实时监控车内外的实况;可通过移动监控终端,随时随地了解校车运行状况;还可提高车辆基础信息管理、里程统计等管理功能,为建设和打造"平安校园"、提供安全的乘车环境,打下了更为坚实的基础。

(潘泓羽)

【宜丰县交通运输局加强网络规范化建设和网络安全保密工作】 2014年伊始,宜丰县交通运输局便将加强网络规范化建设和网络安全保密工作作为年度重点工作之一,积极开展本单位机关干部计算机应用知识培训。网络设备有专人管理、维护定期检查,网络设备完好率始终达100%。该局强化网络安全保密工作,制定具体措施,建立网络安全制度,规定计算机终端接入电子政务内网需报批后方可入网,并确保与其他网络物理隔离,操作管理制度规范,尚有防病毒措施和应急备份应用系统。制定了网络中断应急工作预案,保证网络畅通运行。加强上网信息审核,完善网络安全制度和应急预案,确保网络安全,无失泄密责任事故发生。

(漆志勇)

【万载县着力推进"智慧交通"建设】 2014年,该县交通运输局为加强公路建设管理,将全县农村3171条总里程2900余千米公路及公路桥梁等输入了信息库。公路等基础设施建设坚持在信息网上公开招标,实行规范化管理,基本实现公交网络全覆盖。凡运行的客货车辆全部安装GPS监控设置,建立完善GPS监控平台,进行全程监控。6月,该局对全县道路运输企业卫星定位系统监控人员进行了车辆动态监控知识培训,进一步提高了监控技术水平。从2013年起,全县驾培学校积极推广运用科技手段,学员培训实施IC卡计时系统管理,学员从入学信息、学时、考试科目、车辆监控全部由电脑系统管理,走在全市的前列。在社会综合治理、政务管理、财务管理等方面均大力推进信息化、智能化的管理,及时、准确、公开、公正、便民,有效地提升了交通运输管理效能、供给能力、运行效率、安全性能和服务质量,进一步加快推进了道路运输行业转型发升级和创新发展。

(王松州)

【江西免费升级赣通卡与更换电子标签工作】 11月，江西成为全国首批ECT联网省份之一，与北京、天津、河北、山西、辽宁、上海、江苏、浙江、安徽、福建、山东、陕西、湖南13省（市）ETC联网。全省共建成ETC车道352条，ETC收费站覆盖率达到70%。全省已建成20个ETC全业务自营客服网点，开通230个银行合作代理充值网点，与7家银行签订了ETC合作协议。在全省设置高速公路服务区和自营网点设置了54台自助充值服务终端。为改变江西使用的第一批握奇品牌赣通卡和金溢品牌V60电子标签因不符合全国技术标准，只能在本省高速公路使用状况，江西组织人员免费为车主提供赣通卡升级和电子标签更换服务，实现了全国除海南和西藏外，与全国所有省市高速公路ETC联网目标，凡持有赣通卡的用户即可在全国高速公路一卡通行，畅行无阻。

（郭　萍）

【省高速公路联网管理中心开展高速公路赣通卡空中充值相关技术研究】 3月以来，省高速公路联网管理中心为促进高速公路赣通卡的推广及应用，缓解赣通卡网点较少带来的充值不便问题，提升用户出行的便捷性，联合第三方网络支付平台、设备厂商等相关单位开展了基于移动终端的赣通卡空中充值、移动支付和圈存等相关技术的探讨和研究工作，取得实效。移动终端的赣通卡空中充值与移动支付和圈存系统建成后能极大地方便赣通卡用户。持卡者无需至实体网点充值，并能为赣通卡用户提供跨地域、全天候、不间断的网上充值及其他相关服务，为赣通卡在全省乃至外省的全面推广运用创造了条件。

（技术设备科）

【省港航局召开信息交流工作会】 12月9日，全省港航信息交流工作会在南昌召开。省港航局及各设区市港航（港口）管理处（局）主要领导、分管领导、省港航局有关处室负责人等共计48人参加会议。

会议分析了当前水运市场发展形势。通报了2014年全省水运管理和港口管理有关工作情况，听取了各单位工作情况汇报，研究了全省港航信息管理工作中存在的问题，参会单位和代表相互间开展互动，广泛进行了信息工作交流。会上，省港航局对2014年的重点信息化建设工作进行了部署，明确了目标任务。

（涂春如　黄海源）

【江西举办3期全国高速公路ETC联网文件学习、培训班】 2014年12月，省高速公路联网管理中心为严格执行交通运输部和部路网中心下发的有关全国高速公路ETC联网工作文件精神和各项规范标准，提高ETC管理和服务水平，举办了三期全国高速公路ETC联网文件学习培训班，共培训收费管理人员、系统管理员、客服网点、银行客服人员467人。培训主要内容是学习交通运输部文件、全国高速公路ETC联网方案、《公路电子不停车收费联网运营和服务规范》、全国高速公路ETC联网软件调整、参数检查、应急处置等。授课教师对全国高速公路ETC联网、《公路电子不停车收费联网运营和服务规范》及实施细则和ETC日常运营管理有关问题进行集中答疑。三期培训学员反响热烈，收效较好，为年底全国高速公路ETC联网开通奠定了良好的基础。

（联网中心技术设备科）

【省联网中心开展高速公路电子收费自助服务系统推广应用工作】 7月，省高速公路联网管理中心开展全省高速公路电子收费自助服务系统推广应工作。该中心高速公路电子收费自助服务系统于1月正式上线试运行，实现了用户资金从银联卡到赣通卡的顺利充值圈存，并建立了一套完整的资金流转、确认机制，在保证用户资金安全和系统功能多样化的前提下，实现了赣通卡用户不出高速，可以通过自助服务终端对赣通卡充值、转账、查询和反馈。自助服务终端设备已完成一期建设工作，架设在梨温高速三清山、上饶、鹰潭、东乡服务区，温厚高速南昌南服务区，昌樟高速丰城、樟树服务区，昌金高速新余、宜春、萍乡服务区，昌九高速庐山服务区，南昌西外环高速湾里服务区，乐温高速七里岗、泉岭服务区，昌泰高速峡江、吉安服务区，泰赣高速横市、遂川服务区，赣定高速南康、信丰、定南服务区等21对服务区中，累计42台，服务区覆盖率近30%，地市覆盖率达到91%。电子收费自助服务系统整体运行稳定，充值量已突破10000笔，该系统正在全省推广应用。

（技术设备科）

【省高速公路联网中心开展全省客服网点视频监控系统和视频会议系统建设】 7月,省高速公路联网管理中心进一步规范客户服务,加强客服网点管理,开展全省客服网点视频监控系统和视频会议系统建设,着力建设覆盖全省20个客服业务大厅的业务监控系统和11个分中心的会议系统,实现对各个客服网点24小时全天候实时监控,实现各类服务、会议等问题的实时记录和回溯,实现会议精神和文件的高效传达,优化了服务质量,提高了工作效率,对建设"综合交通、智慧交通、绿色交通、平安交通"提供了相应的信息化手段和基础。

(技术设备科)

【省高速公路联网管理中心2014年科研项目大纲评审会召开】 12月,省交通运输厅科教处召开"江西省高速公路运营交通数据处理、分析与预测研究"等6个科研项目大纲评审会。与会专家认真审阅了项目大纲,听取了各项目负责人的汇报,并就项目大纲的名称、存在的问题、需要突出的事项及内容中需要添加的部分提出了指导意见和建议。专家们认为,6个科研项目研究内容针对性强,重点突出,方法合理,技术可行。课题组人员结构合理,研究基础扎实,研究条件具备,6个科研项目研究具有重要的应用价值。一致通过对相关项目的大纲评审。

(技术设备科)

【省高速公路联网管理中心抚州分中心做好赣通卡电子标签免费升级工作】 11月19日,省高速公路联网管理中心抚州分中心为确保持有握奇品牌赣通卡和金溢品牌电子标签的车主能畅行高速公路,全力做好赣通卡升级和电子标签更换工作:一是电话通知。在省中心下发的需要升级和更换的客户文档基础上,进一步细化,查找档案,分类归纳,做到有的放矢。安排专人分轻重缓急电话通知车主有序办理赣通卡和电子标签免费升级(更换)工作。二是网络宣传。及时与市政府信息中心沟通。11月6日,在抚州市人民政府网站全文登发了赣通卡和电子标签免费升级(更换)公告。三是印制宣传单。11月7日把公告制作成彩色宣传单,分两队人马,由分中心领导带队,下到抚州辖区的11个县区各银行充值网点,与银行沟通,掌握银行充值情况,了解银行办理联名赣通卡存在的问题和高速服务去了解辖区内高速公路收费站ETC和自助充值及运行情况,推进赣通卡电子标签免费升级进程。

(付国荣)

【国内著名交通领域专家符锌砂到省高速公路联网管理中心讲座】 12月16日,省高速公路联网管理中心特邀国内著名交通领域专家、华南理工大学道路工程系主任、教授符锌砂作题为"高速公路路网监测与应急处置"学术讲座。该中心机关全体职工和部分中心的分干部职工参加讲座。

符锌砂长期从事道路规划与设计、公路计算机辅助设计与交通信息化方面的教学与研究,在国内较早地开展了公路航空摄影测量与遥感、数字地面模型、公路CAD、公路测设一体化集成技术的系统研究。讲座中,符锌砂紧扣高速公路路网监测与应急处置这一主题,从自身的研究方向出发,深入浅出地分析了高速公路路网运行监测的问题,提出江西高速公路路网管理要达到"可调、可视、可控"的目标,并介绍了广东等发达省份高速公路路网建设、管理、使用的现状及相关研究和自身课题研究及研究成果,系统讲解了采集与预警子系统、应急处置平台、综合服务平台等几个方面的内容。

(技术设备科)

【省交通干部学院智慧校园平台投入试运行】 6月初,省交通干部学院智慧校园平台投入试运行,该院构建校园一体化、信息化管理模式初具雏形。

2013年底以来,该院与专业科技信息公司合作,启动智慧校园平台建设。该院平台利用互联网、物联网相结合的最新技术,基于有线局域网的办公电脑终端、无线局域网的平板电脑终端、移动互联网的智能手机终端,实现学院海量管理数据实时传输交换显示。平台中心机房配备千兆核心交换机,接入速度100M的宽带局域网。软件系统一期建设主要包括推行使用OA公文系统、视频监控查询系统、绩效管理系统、单身公寓客房管理系统、IC卡管理系统、仓储管理系统、资产管理系统等7个子系统,涵盖了学院工作的方方面面。智慧校园平台投入试运行后,进一步提升了该院教育培训、远程学历教育、后勤服务保障等各项工作的管理水平。

（钟恢万）

【普通国省干线重大节假日公众出行信息首次实时发布成功】　“五一”期间，省公路局路网管理中心与江西交通广播电台合作，通过FM105.4广播，首次成功为社会公众实时提供南昌市周边普通国省干线路况信息。

省公路局路网管理中心为保证“五一”期间的信息发布，通过南昌市普通干线路网运行监测与应急处置平台试点，对璜溪、东阳、长山、张公、高坊岭等多个外场监测点进行实时视频监控和交通量监测，每小时将道路通行状况和交通量数据发送给江西交通广播电台FM105.4广播播报，给节日出行的公众提供了快捷、准确的交通信息。

全省普通干线路网运行监测与应急处置平台于2014年建成，在全省建有120个外场固定监测点、120个移动监测点、11个车辆超载监测点及省、市两级路网管理理中心，不仅能够实时地监测全省普通国省干线道路通行状况，及时地通过可变情报板等多种手段发布通堵信息，更能发布每小时道路断面交通量数据、每日道路断面交通量数据及交通量预测对比数据。

（隋　毅）

【赣州市运用信息平台严查客车超速行为】2014年，赣州市运管局运用信息平台严查客车超速行为。通过核查跨县以上客运车辆GPS轨迹，查出12辆客运车辆存在严重的超速问题后。赣州市运管局对其采取停运、停办业务、不予参与AA级质量信誉考核等措施，有效遏制客运车辆超速行为。与此同时，该局定期或不定期通过抽查“两客一危”车辆GPS轨迹，掌握“两客一危”车辆的运行情况，把企业车辆超速情况与质量信誉考核、客运班线延续经营、客运班线招投标、新增运力相挂钩。有效遏制“两客一危”车辆违法违规现象的发生，为强化道路旅客运输安全监管，遏制客运车辆超速行驶的违法违规行为，消除安全隐患，确保行车安全奠定了坚实基础。

（李发淳）

【赣州市运管人员积极参加政府监管平台应用培训】　2014年，赣州市运管局组织各县（市、区）运管监控人员共计20余人参加江西省道路运输车辆卫星定位系统政府监管平台应用培训。通过应用培训，大家对政府监管平台的业户管理、平台管理、车辆监管，行车记录、查询监管等模块的功能更加了解和熟悉。通过对“政府监管平台”使用中存在问题进行现场提问、解答，学员们切实提高了理论和操作水平对规范“政府监管平台”监管人员的应用操作和认真履职、强化监管、切实做好本职工作，进一步提升道路运输行业信息化应用管理水平具有一定的推动和促进作用。

（李发淳）

【省运管局大力推进道路运输行业信息化建设】2014年，省公路运输管理局着力进一步规范道路运输市场秩序，促进道路运输企业守法经营、诚信服务，推动道路运输行业诚信信息管理的信息化发展水平，实现机动车维修行业计算机管理信息系统数据结构标准化应用，积极组织局相关处室开展“江西省道路运输行业诚信信息系统研究”和《江西省机动车维修行业管理信息系统技术规范研编》等道路运输相关科技项目的研究工作。依托“江西省道路运输行业诚信信息系统研究”课题，完成整合现有信息系统的应用和数据资源、制定诚信信息系统的数据交换标准和格式、建立统一的诚信信息数据的数据库、保障诚信基础信息采集的时效性与真实性的具体措施、建立诚信考核结果信息发布平台等研究工作。已完成“江西省道路运输行业诚信信息系统建设可行性研究报告”“江西省道路运输行业诚信信息系统功能需求分析报告”和“江西省道路运输行业诚信信息系统”数据交换标准，以及“江西省道路运输行业诚信考核办法及实施细则”研究，已通过省交通运输厅结题验收。

与此同时，省公路运输管理局依托“江西省机动车维修行业管理信息系统技术规范研编”科研项目，完成了对机动车维修行业的信息系统应用现状的调研、信息系统需求分析、信息系统数据元的分类等研究及“江西省机动车维修行业管理信息系统技术规范”研究成果的编制工作。启动省道路运政管理信息系统扩展项目建设，开展信息资源数据中心子系统、道路运政移动执法子系统和驾驶员培训管理子系统等项目建设。同年9月，省公路运输管理局实现了全省18个一级客运站联网售票服务。2014年,江西被交通运输部正式列入首批加快建设省域道路客运联网售票系统的省份,接着又在现有基础上开展了客运联网售票系统二期建设。此外,省公路运输管理局配合省交通运输厅开展全省交通运输公共物流信息平台建设的前期调研工作。在基本掌握外省交通运输公共物流信息平台建设的现状、经验和省内道路运输企业的需求后,稳步推进全省交通运输公共物流信息平台建设,并取得了一系列成果。

(李　为)

【省运局推进全省营运车辆卫星定位系统应用和车载设备安装工作】 2014年,省公路运输管理局积极贯彻落实交通运输部、公安部和国家安全监管总局2014年第五号令和《交通运输部公安部国家安全监督总局关于认真贯彻落实〈道路运输车辆动态监管管理办法〉的通知》精神,组织开展"两客一危"车辆(旅游客车、包车客车、三类以上班线客运和危险货物运输车辆)重型载货汽车及半挂牵引车的卫星定位系统应用和车载设备的安装工作。组织全省运管机构、运输企业和企业监控平台运营商开展了《五号令》的宣贯工作。在征询相关单位的意见基础上出台了《江西省道路运输车辆卫星定位系统企业监控平台运营商备案办法(试行)》,规范企业监控平台运营商在江西从事道路运输车辆动态监控社会化服务的备案管理。已完成备案的企业监控平台运营商33家。全省"两客一危"车辆已全部安装了卫星定位系统车载设备,并接入政府监管平台。重型载货汽车及半挂牵引车的卫星定位系统应用和车载设备的安装工作已全面落实到位,为确保在2015年年底全部完成卫星定位系统车载终端的安装工作,并接入全国道路货运车辆公共平台奠定了扎实的基础。

(李　为)

【德昌高速公路军山湖收费站开展稽核系统操作培训】 9月17日,德昌高速公路军山湖收费站组织全体干部职工开展稽核系统操作培训。

培训内容主要针对近期稽核系统新增的3项功能,即追缴信息查询、机动车辆信息查询、运行车辆信息查询功能进行培训。此次培训由实际操作和教员讲解的形式进行,从收费站日常收费、监控、稽核工作入手,要求各岗位人员对过往有疑问的车辆,尤其是8座等难直观判断的客车充分利用新增的3项查询功能进行后台核实,增强收费工作的准确性,避免错收、漏收的情况发生。

通过培训,营造了良好的学习氛围,进一步强化了员工的打逃意识和工作责任心,为切实加强高速公路车辆通行管理,维护收费站正常的营运秩序,预防和减少车辆偷逃通行费的行为奠定了一定的基础。

(龚　昊)

【江西成为全国首批加快建设省域道路客运联网售票系统省份】 2014年,省公路运输管理局依据交通运输部"交通运输部办公厅关于加快推进省域道路客运联网售票系统建设有关事项的通知"精神,结合江西省道路客运联网售票实际,组织编制《江西省道路客运联网售票系统建设方案》,报交通运输部评审通过后,被交通运输部正式列入首批加快建设省域道路客运联网售票系统的省份。该局已先后完成了"江西省道路客运联网售票系统工程可行性研究报告""江西省道路客运联网售票系统项目资金申请报告"和"江西省道路客运联网售票系统项目初步设计"的编制工作,并报送交通运输部。已争取到交通运输部和省交通运输厅配套项目补助计划资金,正按计划进度稳步推进后续的系统建设工作,翌年完成项目建设任务,实现全省110个二级及以上客运站全省联网售票服务,包括提供网络售票、电话售票、自助售票和代售点售票业务等。

(李　为)

【省运管局启用新版从业资格证件打印系统】 7月1日,省运管局根据《交通运输部办公厅关于印发道路运输从业人员从业资格证件编码规则和印制发放办法的通知》要求,在全省正式启动新版道路运输从业人员从业资格证件打印系统,为新版从业人员从业资格证件换证提供了坚实的保障。截至12月26日,共换发新证10万余本。

(胡　晨)

【全省交通运输信息化建设与管理培训班开班】 12月30日,全省交通运输信息化建设与管理培训班在省交干部学院开班。

培训邀请交通运输部规划研究院、交通运输

部科学研究院等单位专家授课，开设“信息化领域交通运输现代化”“物联网与智慧交通”以及《江西省交通运输厅信息化项目管理暂行办法》等课程。

各设区市交通运输局、公路局，厅直属单位信息化工作分管领导、信息化管理部门负责人共计60余人参加培训。

通过培训，进一步提高了全省交通运输信息专业队伍的专业技能和管理经验，增强了加强交通运输信息化建设工作的责任感和紧迫感，对加快推进全省交通运输信息化建设，为综合交通、智慧交通、绿色交通、平安交通的发展的提供重要平台和支撑有一定的促进作用。

（潘　婧）

【九江长途汽车站启用新视频监控中心】 1月3日，九江长途汽车站投入50余万元新建的视频监控中心正式启用。中心监控系统全部采用数字高清摄像机，监控范围覆盖了售票厅、候车厅、检票区、售票区、安检区、停车场、城市候机楼等110余处。视频监控中心启用后，对车站及周边重点部位进行实时监控，及时发现安全隐患，进一步加强了车站的安全管理。

（九江市长运集团公司）

【新余市运管处开展重点营运车辆数据清理工作】 7月，新余市运管处结合车辆年审计工作开展道路运政信息系统重点营运车辆数据清理工作：一是查漏补缺，确保道路运政信息系统中备注的每台重点营运车辆的安装符合标准的车辆卫星定位系统；二是核实系统车辆数据，对车辆业务已变更但系统数据未变更或因系统设计需修正的数据进行清理，做到运政信息系统政府监管平台数据同步。通过对系统车辆数据进行比对，核实车辆的基本数据信息及运营状态，需清理的数据有业务科室把关，补录、删除或修正。并结合当前重点营运车辆集中年审计工作，对前来年审的车辆建立重点营运车辆台账，梳理出每台车辆准确完整数据记录在册。此次清理，共梳理数据1000余条，清理无效数据76条，修正数据25条，大幅提高了车辆卫星定位系统数据的准确性和完整性。

（刘　蕾）

【新余市运管处强化对卫星定位系统平台运营商服务监管】 8月29日，新余市道路运输管理处组织相关人员深入新余市道路运输车辆卫星定位系统平台运营中心企业将西诺友科技有限公司，就企业如何规范运营管理、服务承诺、完善基础台账等基础知识意见，并要求企业应当健全技术管理，提供可持续、可靠的技术服务，保证车辆动态监控数据真实、准确，确保提供监控服务的系统平台安全、稳定运行。

（刘　蕾）

【省“12328”服务监督电话工可通过评审】 9月4日，江西省工程咨询中心受省发改委委托，在交通通信总站组织召开了《江西省“12328”服务监督电话系统工程可行性研究报告》评审会。省发改委、交通部通信信息中心、交通部科研院、省交通运输厅、省工程咨询中心等单位代表和专家参加会议。

与会专家听取了可研报告编制单位的汇报，查看了相关资料，经过认真审阅和充分讨论后，专家组认为：江西省“12328”服务监督电话，顺应全省交通运输行业发展需求，符合国家和行业有关标准，对于整合现有热线资源，畅通服务监督渠道，提高科学化管理，满足人民群众反映合理诉求、提出意见建议、获取出行信息的有关要求和提升江西省交通运输服务水平具有重要意义。一致通过《江西省“12328”服务监督电话系统工程可行性研究报告》评审。

（熊　俊）

【省公路局开发全省通自然村公路项目管理信息系统软件】 4月上旬，省公路局县乡公路处为动态管理自然村公路的建设进展情况，合理安排自然村公路投资计划，委托信息数据中心开发了全省通自然村公路项目管理信息系统软件。该系统软件具有数据量大，功能多样、完备等特点，对全省完成自然村公路建设计划编制和推进自然村公路建设与管理具有重要意义。

（甘梁刚）

【省公路局“公路微生活”平台正式开通】 5月29日，省公路局开通“公路微生活”平台。

“公路微生活”平台设有公路新闻、公路影

像、公路清风、公路达人、公路驿站、公路生活、公路出行等栏目。该平台紧紧围绕公路主线,以贴近公路、贴近工作、贴近生活的方式,积极倡导健康生活、快乐工作的理念,营造快乐、和谐的工作和生活环境,进一步激发了全行业人员实现新时代公路梦而不懈努力的工作热情与激情。

省公路局已经形成杂志、网络、微博和微信等全方位、立体式宣传阵地,通过新媒体方便快捷的优势,及时发布公路方面的信息,成了信息交流、沟通民意的渠道,展示江西公路对外良好形象的窗口,为实现公路行业又好又快发展营造了良好舆论氛围。

(路　宣)

【省公路局开发 OA 模块提高资金审批效率】 3月,省公路局财审处会同局信息数据中心开发OA 办公系统建养资金多部门会签审批模块,实现多处室(部门)同步会签审稿,签审人或局领导外出公务时仍可通过 OA 平台及时核阅签批。

以往省公路局审核各设区市公路局车购税重点项目、一般项目以及养护大中修工程资金的拨付申请时,以书面签呈或 OA 平台流程形式会签,需经多个业务处室(部门)逐个签审并报局领导签批,审核时间较长,且签审人外出公务时,无法及时进行核阅签批,影响了资金的拨付效率。开发资金在 OA 平台同步会签,突破了人工审批的局限性,提高审批效率,确保了资金审批的时效性,激发了市场主体活力和积极性,为工程项目建设提供良好的发展环境和资金保障。

(毛　涛　刘天承)

【江西交通服务热线被授予“2013 年度全省十大政务系统机构微博”称号并获奖】 3 月,“96122”江西交通服务热线腾讯官方微博被评为“2013 年度全省十大政务系统机构微博”荣获最佳运营奖。

江西交通服务热线腾讯微博“96122”主要包括全省实时路况、全省地市天气预报、热点交通话题、拥抱生活等栏目。

该微博自 2011 年 9 月 12 日开通后,一直秉承服务人民群众安全便捷出行宗旨,全天候向江西省境内交通出行的公众提供及时、准确的交通信息,做到真心、耐心、关心、细心、诚心、用心、贴心、尽心、热心服务。已发布实时路况信息 11659 条,已有微博粉丝 132595 人。回复网友提问 16629 次。借助网络平台热情服务出行群众,与网友深入沟通交流,密切与群众的关系,提高服务水平,已成为群众满意的交通出行服务平台。

(罗玉婷)

【上饶市全面启用电子围栏监管驾培学时】 上饶市道路运输管理局为规范驾培市场的监督管理工作,积极稳妥推进高科技计时系统。由福建慧舟信息科技有限公司负责对全市机动车驾培管理系统进行升级改造工作,确保上饶市的机动车驾驶员培训计时系统和计时终端全部符合两个《技术规范》要求,从 2014 年 3 月 1 日起全面启用电子围栏,实施 GPS 实时传送监管学时。

(韩晓艺)

【萍乡市运管处加快科技信息应用进程】 2014年,该处完成“江西省公路客运联网售票系统”的建设,一级客运站联入省公路客运联网售票系统,实现异地客运站站间联网售票。全面应用江西运政网上办事系统,在班线客运、驾培、危货、城市客运和租赁方面开通网上办事项目。与此同时,该市 1214 辆“两客一危”车辆全部安装了卫星定位系统,安装入网率达 100%,政府监控平台的上线率达到 99%。已完成对运政系统数据清理,保证了内运政系统数据完整率达到 99% 以上,无效数据率小于 1%。共清理 9862 条年审超期的数据和其他错误数据,使“两客一危”车辆数据正确有效率达 100%,总的无效数据率小于 5%。此外,全面应用江西运政网上办事系统,在班线客运、驾培、危货、城市客运和租赁 5 个方面开通了网上办事项目。完成了萍乡运政信息网改版任务,改版后的萍乡运管网站进一步完善了各栏目内容和管理。加大了行业宣传力度,突出互动内容,彰显出新颖、亮丽、互动等特点。

(萍乡市运管处)

【上栗县开展交通信息工程应用工作】 该县交通运输局已对辖区内企业安装 GPS 定位系统。由上栗运管所负责人每天登陆江西省道路运输车辆卫星定位系统监控平台监督车辆动态,警醒车辆安全驾驶,对车辆运行情况实时掌控,减少了安全事故的发生。

（上栗县交通运输局）

【省运管局加快推进智慧交通建设】 2014 年，省运管局加快信息化建设步伐，开展“江西省道路运输行业诚信信息系统研究”和“江西省机动车维修行业管理信息系统技术规范研编”两个科技课题研究。推动信息化项目建设，已被交通运输部列入国家首批道路客运联网售票系统建设省份，争取到交通运输部和省交通运输厅配套补助资金 2980 万元。进一步完善道路运政管理信息系统及江西省道路运输车辆卫星定位系统政府监管平台功能。该局启动了相关子系统建设及软件补充开发工作；积极开展了江西省运政网上办事系统应用试点工作，并确定了网上办事系统的业务事项及办事流程。结合道路运输业务实际对已有网上办事流程进行改造，实现了各设区市运管处（局）的应用试点工作；开展了江西省道路运政移动执法信息系统建设试点工作，建设了省、市、县三级道路运政移动执法指挥系统软件平台，并选择条件成熟的运管机构配备了 44 辆执法车辆的车载移动执法设备进行试点；推进信息技术应用初见成效，南昌年内新增 30 余块公交电子站牌，南昌、宜春、萍乡等 7 个设区市已开通“掌上公交”系统。

（黄　云）

【省道路运输监控指挥中心项目竣工验收】 7 月 18 日，省交通运输厅召开江西省道路运输监控指挥中心项目竣工验收会。项目验收专家以及省交通运输厅相关处室、省运管局相关处室、项目承建单位和项目建设监理单位代表参加会议。经过听取汇报、查阅项目资料、咨询工程情况和研究讨论，专家们一致同意江西省道路运输监控指挥中心项目竣工验收。

（李　为）

【江西高速公路路政系统全面启用视频对讲系统】 9 月 26 日，为应对国庆车流高峰，提升高速路政应急处置能力，提高路政指挥调度水平，江西高速公路路政系统全面启动视频对讲系统，并在南昌举办路政智能指挥调度管理系统（二期）及路政专网应用培训班，相关科室负责人到现场指导培训。

该系统是路政智能指挥调度系统中的子系统，主要集成了移动执法现场取证、视频对讲及智能调度等功能。该系统投入使用后，实现了总队、支队、大队三级远程指挥调度，当高速公路上发生突发事件时，能快速高效调度路政执法车辆和路政人员及时到达现场，并远程传输事故现场视频到各级指挥中心，使指挥中心能及时掌控事故现场情况，为决策者提供可靠依据，从而大大提高了路政应急处理能力。

（邹荣平）

【交通运输部路网中心与江西、湖南两省联网中心进行 ETC 全国联网调试】 11 月 24 日，交通运输部路网监测与应急处置中心（简称部路网中心）与江西、湖南两省联网中心一行 20 人，到赣湘界睦村收费站进行 ETC 全国联网调试。调试工作人员分为两组对该站 ETC 设备进行调试。一组人员对设备进行升级，将全国各地 ETC 卡在 ETC 车道中刷卡测试。另一组人员则从龙市收费站进入高速通过该站进行实车测试，于当日完成了对该站 ETC 的初步调试。

（省高速集团）

【全省机动车驾驶培训教练员从业资格理论考试实现无纸化】 9 月 6 日，省运管局与省交通技校共同开发的教练员从业资格考试无纸化系统正式启用。即日在全省省级道路运输从业资格考点—江西省交通技工学校一部，教练员从业资格理论考试的考生们聚精会神地盯着一台台电脑屏幕，手里握着鼠标解题答卷。这是江西省教练员从业资格理论考试首次正式启用无纸化考试系统，传统的纸质试卷考试方式已成为历史。

启用无纸化考试系统是省运管局规范教练员从业资格考试的一项重要举措。该系统严格按照交通运输部《机动车驾驶培训教练员从业资格考试大纲》要求进行开发，不仅具有随机组卷、自动阅卷、考生交卷后立即打印考试成绩单、多角度视频监控、硬盘存储考试资等常规功能，还可将考试现场影像通过网络实时传输到省运管局监控指挥中心。考试效率高，程序更严格，管理更规范。无纸化考试系统已实现与道路运政管理系统对接，方便了考生信息和考试数据的传输。该系统的使用对于强化考试监督、降低考试成本、提升考试工作效率、提高考试阅卷的客观性和准确性教练员从业资格考试工作的严肃性和公正性具有重要意义。无纸化考试系统自启动后的15天中,报名参加教练员从业资格理论考试的考生有377人,其中311名考生成绩合格,考试合格率为82.5%。全年共有6433名具备报考条件的教练员参加考试,5626人考试合格取得了从业资格试件。

(录自《江西省交通信息网》)

教　育

【概况】 2014年,江西交通运输教育工作按照全省交通运输工作会议部署,坚持深化改革,攻坚克难,为推进全省交通运输“建设提速、服务升级、改革突破、创新驱动、和谐发展”,全面打造交通运输发展升级版,培养和造就了一支思想红、业务精、素质高的交通干部职工队伍。

1.干部培训工作再创新高。设立教育培训专门预算。省交通运输厅主要领导高度重视,将教育培训经费列入部门预算,设立专项经费120万元,并下发了2014年度厅举办干部培训班计划。完成76期次、9918人次干部培训任务,培训总数比上年增长113%,其中,分2期举办培训班,组织全厅345名处级领导干部学习贯彻中共中央总书记习近平系列讲话精神;分20期培训班,组织全省2860名交通执法干部进行执法培训;与交通运输部人教司对接,落实交通运输部办调训计划,安排38名设区市、县(区)交通运输局长、40名行业管理干部及专业技术人员参加培训。按照交通运输部西培建设计划,完成送培任务14批次、40余名专业技术人员参加相关专题培训。开展行业专业技术人员的继续教育和行业技能劳动者的职业培训,增强其履职尽责能力。厅机关各处室分类别、分层次举办培训班52期,6600余人次参加培训。组织收听收看部科技大讲堂2次,100余人次参加收听收看。以加快推进“四个交通”发展为主题主线,举办2期厅科技大讲堂,集中组织学习科技知识。

2.在职学历学位教育渐入佳境。江西交通干部学院继续加强与北京交通大学、武汉理工大学、长沙理工大学及华东交通大学联合举办大专、本科、硕士学历教育的办学力度。远程学历教育大专、本科在籍学生达1189人,在职工程硕士研究生87人。招收大专、本科新生人数363人,其中,秋季录取新生人数位居全国教学中心第三。继续与华东交通大学合作举办在职工程硕士教育,参加GCT考试人数达40人。制定印发了2014年度招生工作方案。在《江西画报》杂志刊登招生简章。利用地铁施工围挡,扩大宣传。申请注册了微信公众账号,开展网络宣传。认真抓好教学学籍管理,认真做好学籍日常管理,认真组织考务工作。考前制订考务实施方案,安排责任心强的老师监考,保证考务工作严格、规范。组织各类考试7次,参加考试学生1800余人次,没有任何差错。认真做好论文指导,完成2012春季班31人论文答辩。安排2人参加北京交大论文答辩并已通过。实施好在职研究生面授工作。订购和发放教材4000余册。做好江西省交通职工中专年检工作,通过教材省教育厅批准获得了2014年度招生资格。

3.职业教育稳步推进。①项目建设任务顺利推进。为确保国家骨干院校项目顺利通过教育部、财政部验收,江西交通职业技术学院和江西交通干部学院。确保人力、物力、财力到位,加大项目推进力度,采取了“任务倒计时”“一级项目定期汇报”“四级项目建档”等一系列措施,全年完成10个子项目281个四级项目建设任务。②体制机制创新取得突破。以“合作办学、合作育人、合作就业、合作发展”为目标,筹建由江西省交通运输厅、南昌市政府、江西省教育厅等政府部门,行业组织、企事业单位、科研机构和学院五方共同参与组建的“江西交通职业技术学院合作发展理事会”,参与合作的企事业单位达200余家,形成了多元参与、资源共享、合作共赢的办学体制机制。③骨干院校建设成效显著。通过骨干院校建设，学院师资队伍、人才培养、实训基地、社会服务能力建设等成效显著。在教育部公布的《关于批准2014年国家级教学成果奖获奖项目的决定》（教师〔2014〕8号）中，江西交通职业技术学院申报的“校厂店三方协同，共育汽车后市场技术技能人才的探索与实践”和“专业企业一体、生产教学融合的道路桥梁工程技术专业人才培养创新与实践”2项教学成果均获二等奖，在全省50多所高职院校中位居前列，充分展现该学院骨干院校建设中教育教学和人才培养工作所取得的成绩，标志着该学院以汽车、道桥专业领衔的专业群建设水平已跻身为国内一流行列，学院的核心竞争力和整体办学水平得到稳步提升。

与此同时，该学院依托内河船舶船员职业培训基地，先后开展内河船员适任证书培训、基本安全培训、高速船和客船等船员特殊培训共计5期。承接并完成全国公路水运工程试验检测人员考试、工程监理工程师考试15000余人次的考试任务。依托鉴定所完成了汽车专业师人员职业技能鉴定考试、机动车驾驶教练员等级考试、全国机动车检测维修专业技术人员职业水平考试近千人次的考试任务。依托省交通运输企业安全生产标准化二级考评机构（道路运输），学院对全省交通运输行业30余家企业进行了安全考评。学院驾校完成了2500人次的驾驶培训任务，并率先启动了道路运输驾驶员继续教育工作，全面开展对南昌市道路运输全部客运驾驶员、危险品运输驾驶员和部分普通货物运输驾驶员的继续教育培训工作，已完成9000余人次培训。

4. 办学条件更加完备。江西交通职业技术学院新建成交通工程中心和建筑园实训基地，进一步创造了良好的实训条件。新建成的中德汽车职业教育培训基地、汽车系理实一体教室、路桥系教学实训室、城市轨道交通运营管理综合实训室、电气控制实训室；新建新增一个计算机基础实训室；新建40余个多媒体教室，实现了多媒体教学手段全覆盖。修缮了第一教学楼，更换了第一教学楼课桌椅，改造了老浴室，完成了两栋宿舍报批建设规划。加快推进数字化校园建设项目。新数字化校园各系统都已基本部署完毕，正在进行最后的系统测试。根据室外实训教学需要，在主要教学和办公区域铺设了无线网络。此外，为更好地满足教学办公需要，学院给教职工统一配发办公笔记本电脑，学院教学和管理信息化建设水平得到进一步提升。

省交通干部学院定期对设备及设施开展检修、保养和维护。做好电梯、发电机、变压器等设备专项维护。引进专业绿化团队，进行绿化维护。做好后勤配置。完成学员公寓计算机音响采购及安装。完成游泳池改造。购配旅馆业治安管理系统。完成餐厅二楼休闲区改造，并更换沙发。新添置一批净水设备，安装地下停车场门禁系统，完善后勤员工服装配置。做好后勤保障，及时做好有关业务接待的后勤保障工作。做好后勤管理，强化聘用人员岗前及在岗培训，加强了仓储管理工作，建立台账制度，严格物品出入库登记。内部管理水平全面提升，制定、完善了《综合督察制度》等9项管理制度。完善了公务接待相关规定，严格执行公务接待审批制。加强公务用车日常管理，健全公车台账制度，完善车辆维修保养申请审批手续，确定了政府采购定点汽车维修点，严格执行派车制度。完善校园安全生产工作体系，严把食品安全关，消防、电梯、发电机等安全工作得到进一步加强。建立学院工作综合督查制度和绩效考核制度，成立学院综合督查组，制定班组工作考核细则，采用平板电脑现场考核评分。认真做好综治维稳、节假日值班、节能日常工作，举办了消防知识讲座。

各设区市、县（市、区）交通教育，结合行业特点和建设“四个交通”稳步推进，有声有色，登上了一个新台阶，取得了一系列新成果。

（邹爱华）

【江西交通职业技术学院在改革开放中快速发展】　2014年，地处南昌市昌北经开区的江西交通职业技术学院在改革开放中快速发展成为占地面积39.14公顷、建筑面积31万平方米的全国交通高等职业教育示范院校。该院图书馆藏书55万册，教学科研仪器设备总值6900万元。该院设有汽车工程系、路桥工程系、建筑工程系、管理工程系、机电工程系、信息工程系、基础课部和成人教育部，开设汽车运用技术、道路桥梁工程技术、物流管理等交通运输类及相关专业43个。同年9月，新增建筑装饰工程技术、铁道通信信号2个高职高专教育专业。该院拥有教职工545人,其中,教师382人,外聘行业企业技术专家172人;拥有全国交通高等职业教育专业带头人4人、省级高校教学团队3个、省高校教学名师4人、省级学科带头人3人、省高校中青年骨干教师19人、吴福-振华奖3人:拥有在校生9000余人,其中,2014年招收三年制大专生3262人,职教本科班90人。当年毕业生1962人,初次就业率为90.98%。

江西交通职业技术学院是江西省首批示范性高等职业院校。该院2010年被列为国家骨干高职院校立项建设单位。2014年已发展成拥有国家级技能型紧缺人才培养培训基地2个、江西省人才培养模式改革实验区3个和国家级重点建设专业4个、省级示范和特色专业8个,建有拥有4门国家级精品课程与国家级精品共享课和30门省部级精品课程和省级精品资源共享课的全国交通高等职业教育示范院校。

2014年,该院的"中级财务会计核算""综合运输作业管理""高速公路隧道机电系统集成""路基工程施工""轨道交通信号设备的检修与维护"五门课程被评为2014年度江西省高等学校(高职高专)省级精品资源共享课。该院高职物流管理专业学术论文"'点、线、面、体'递进式实践教学体系的探索和建设"获2014年交通运输职业教育教学成果奖二等奖和第十四批江西省高校省级教学成果奖一等奖;"汽车技术服务与营销专业"校企联合、课岗融合、赛训结合"人才培养模式的创新实践"和"高职轮机专业'校船交替'才培养模式的探索与实践"获第十四批江西省高校省级教学成果奖二等奖。该院的科研项目"校厂店三方协同,共育汽车后市场技术技能人才的探索与实践"和"'企业一体、生产教学融合'的道路桥梁工程技术专业人才培养创新与实践"科研成果获2014年国家级教学成果二等奖。同年,该院学生和教师在各类竞赛中屡创佳绩,先后获2014年全国职业院校技能大赛"汽车营销赛"团体综合一等奖,"汽车故障诊断"团体单项三等奖、"汽车检测与维修"综合技能团体综合三等奖与全国大学生数学建模竞赛二等奖,其中,2个省级一等奖,4个省级二等奖。与此同时,获2014年江西省大学生科技创新与职业技能大赛基本职业技能竞赛项目中文演讲比赛一等奖,并在2014年江西省大学生科技创新与职业技能大赛专科组会计专业技能竞赛与江西省第八届大学生艺术展演活动戏剧类比赛中分别获得一等奖与二等奖,以及全省高校思想政治理论课优秀教案一等奖。同年5月,该院教职工胡凡玮获2010~2013年度普通高校毕业生就业工作先进个人。6月,该院教师宋金博被评为全国职业教育先进个人。

与此同时,江西交通职业技术学院其他各项工作受到各级组织的赞许和好评,获得许多荣誉:1月,该院被评为第十届省直文明单位和省交通运输厅目标管理工作先进单位;3月,该院被评为省交通运输厅2013年度厅直属公共机构节能先进单位;4月,被评为"全省高校2013年平安校园创建先进单位";7月,被评为"省交通运输厅2013年度社会管理综合治理目标管理先进单位";12月,该院"敬老爱老志愿服务项目"获得2014年南昌市优秀志愿服务项目。

(刘 婷)

【江西交通职业技术学院与华东交通大学联合培养应用技术型本科人才】 4月,该院获批江西省普通本科高校与高职院校联合培养应用技术型本科人才试点项目后,与华东交通大学联合培养土木工程(公路与桥梁工程方向)、机械设计制造机自动化(汽车运用方向)2个专业的技术型本科人才,属本科(二本)层次,学制四年,当年招收90名新生。

(刘 婷)

【江西交通职业技术学院加强境外学习和交流】 8月,该院组织23人考察团,前往澳大利亚进行为期21天的职业教育考察。8月28日,该院副院长、教授黄晓敏前往美国进行为期27天的2014年度高职学校专业骨干教师学习和交流活动。9月,该院教师傅鹏斌前往美国参加为期10个月的2013年国家公派出国留学地方合作项目。10月24日,该院举办"德国创新驱动发展的探讨"讲座,由客座教授张彧和德国驻华北京大使馆经济参赞 Dr. PeterKreutzberger 主讲。11月,该院院长、教授朱隆亮前往德国参加为期21天的"千名中西部大学校长海外研修计划"。

(刘 婷)

【江西交通职业技术学院承办全省少数民族传统体育项目竞赛】 6月16—18日，该院举办全省少数民族传统体育项目裁判员、教练员培训班。12月24日，全省少数民族传统体育项目选拔赛在该院进行，竞赛由省体育局主办，该院承办。该赛事是为全国第十届少数民族传统体育运动会选拔运动员做准备。

（刘　婷）

【江西交通职业技术学院承办各类交通运输技能考试和培训】 5月17日，该院举行全省交通系统继续教育考试。

6月21—22日，该院承办江西省2014年全国公路水运工程试验检测人员考试，共计5218人次参加考试。

9月23日，该院承办全省水文系统船舶驾驶员及轮机员适任上岗培训，共培训60人。

9月27日，该院承办江西省2014年全国二级机动车驾驶教练员从业资格考试，共计771人参加考试。

11月4—5日，该院承办全国"路桥工程类专业主任、骨干教师"培训班，共计培训52人。

11月14~16日，该院承办江西省2014年全国公路水运工程监理工程师考试，共计2333人参加考试。

（刘　婷）

【江西交通职业技术学院成立合作发展理事会】

12月16日，该院成立"江西交通职业技术学院合作发展理事会"。这是高等职业教育体制机制改革创新的有益尝试。

江西交通职业技术学院合作发展理事会由政府、行业组织、企业、科研机构、学校共同组成。通过合作，形成政府主导、行业指导、企业参与、学院为主体的多元办学体制，促进资源的集成和共享，推进专业与产业、企业、岗位的对接，实现学院与企业之间的良性互动，推动学院和企业共同发展，建立"人才共育、过程共管、成果共享、责任共担"的长效运行机制。

理事会下设招生就业、教学、师资、实训基地、社会服务、发展基金六个管理委员会和汽车系、路桥系、管理系、信息系、机电系、建筑系六个校企合作工作委员会。按照"利益共享、风险共担"的原则，建立专业人才共育、师资队伍共培、实训基地共建、社会服务共赢、发展基金共享五大机制，完善校企合作平台，形成合作办学、互惠互利长效机制，提升学生就业竞争力。

（刘　婷）

【江西交通职业技术学院开拓中高职对接项目】

8月，该院经省教育厅批准，与南昌向远轨道技术学校、南昌现代科技中专学校达成中高职对接项目，该院对接专业为城市轨道交通运营管理、电气化铁道技术。

（刘　婷）

【江西交通技校一部教育和行业培训"双轮驱动"亮点纷呈】 省交通技工学校一部是经省人民政府批准设立，省交通运输厅、省人力资源和社会保障厅下辖的全日制公办学校。成立于1958年，前身是江西省汽车运输职业学校，"文革"期间解散停办。1978年技校复校，更名为"江西省交通技工学校一部"。地处南昌市新建区西山镇，占地面积19.34公顷，总建筑面积16211.15平方米。拥有教职工137人，其中，退休职工99人，在职职工39人。

该校系省财政厅全额拨款事业单位，定编73人，主要承担为社会培养初、中级技术工人和行业内职工再教育任务。

2014年，该校进一步改善办学条件，投资新建和改造学员培训宿舍楼。学校拥有多媒体教室，微机房，设有汽车维修实训基地、汽车电路实训室、汽车检测实训室、汽车拆装实训室、钳工实训室等实训场所，更加适应职业教育发展趋势和改革发展、教育育人需要。

多年来，该校始终坚持"素质为本、技能为重、特色办学"的办学理念，实行全封闭管理，严抓教学质量，致力于为社会培养实用型、技能型和复合型中等专业人才，形成了独树一帜的自身办学特色——办学功能多元化、培养模式市场化、内部管理人性化的教育框架体系和风格。开展以服务汽车运输企业为主的技工教育，同时也承担全省机动车教练员上岗培训及系统内职工再教育培训任务。

该校加强专业内涵建设，注重特色培育。开设了汽车维修、汽车检测、汽车驾驶、交通客运服务、汽车商务、财会电算化等六个专业,并已申办现代物流专业。按照"全面规划、突出重点、优化结构、充实内涵"的原则,专业建设对接市场,依托行业,产学结合,与省内多个汽车制造业、维修厂、4S店签订了学生实习用工合同,使学生就业能力得到进一步加强。全年学校共完成各类在职培训34期,共培训学员6412人。学生就业率达98%以上。

(省交通技工学校一部)

【江西交通职业技术学院获两项国家级教学成果奖】 9月11日,《教育部关于批准2014年国家级教学成果奖获奖项目的决定》中,江西交通职业技术学院榜上有名,该院"校厂店三方协同,共育汽车后市场技术技能人才的探索与实践"和"专业企业一体、生产教学融合的道路桥梁工程技术专业人才培养创新与实践"两项教学成果均获二等奖。多年来,该院随着国家中长期教育改革发展规划纲要发布实施和一系列政策措施出台,积极进行教育教学改革实践和探索,走出一条符省情校情的可持续发展之路。在综合考虑自身办学的传统、条件、特色、优势和区位环境的基础上,学校精心做好发展顶层设计工作,紧紧抓住专业建设这一核心不动摇,经过多年的艰苦努力取得了突破性的成果。此次两项国家级教学成果的双双获奖,充分展示了学校教育教学和人才培养工作所取得的成绩,也标志着该院以汽车、道桥专业领衔的专业群建设水平已跻身为国内一流行列。

(王敏军)

【上饶市运管局全面开展继续教育】 9月9日,上饶市运管处全面开展道路运输驾驶员继续教育及从业资格证换发工作。凡在该市取得道路运输从业人员从业资格证到期的人员,均需参加继续再教育。道路运输驾驶员继续教育周期为2年,每个周期继续教育累计不得少于24个学时,每天学习不超过8小时。逾期来按规定完成继续教育培训的,不予换发从业资格证手续。

(录自《江西交通信息网》)

【省交通干部学院2014年度干部教育培训再创新高】 2014年,省交通干部学院着力做好全省交通行政执法人员培训、安全生产三类人员培训,以及省交通运输厅下达的全年度厅机关培训工作。举办培训班106期、共计培训干部职工13824人次,培训总数比2013年增长91.8%。其中,完成全省交通运输系统干部培训58期共计7639人次,培训人数同比增长68.3%;承接系统外干部培训48期共计6185人次,培训人数同比增长132%。

(钟恢万)

【省交通干部学院2014年度在职学历学位教育再创佳绩】 2014年,省交通干部学院继续加强与北京交通大学、武汉理工大学、长沙理工大学及华东交通大学联合举办大专、本科、硕士学历教育的办学力度。远程学历教育大专、本科在籍学生达1189人,在职工程硕士研究生87人。招收大专、本科新生人数363人,其中秋季录取新生人数位居全国交通教学中心第三。

(钟恢万)

【省交通干部学院2014年度业务承接高位运行】 2014年,省交通干部学院承接各类培训、会议、评审、考试等业务活动156期次,接待人数19017人次,比上年增长46.3%。其中,承接全省纪检监察系统"三转"培训班等省纪委培训12期次,全省组织系统学习中共十八届四中全会精神专题研讨班等省委组织部培训7期,省监狱局培训8期次。承接国际税务业务培训班等南昌市国税局培训10期次。这些规格高、规模大的培训及会议的顺利举办,进一步提升了交通干部学院影响力和知名度。

(钟恢万)

【省交通干部学院承担全省交通行政执法人员轮训任务】 2014年,省交通干部学院按照交通运输部及省交通运输厅要求,承担全省交通行政执法人员轮训工作。该院科学制订培训方案,扎实开展师资选拔,积极落实培训教材,有计划组织调训,合理设置培训课程,精心组织培训教学,认真做好考试考评,严格实施班务管理,主动做好培训教学后评估工作。全年共完成全省交通行政执法人员培训17期,共计培训3462人次。

【华东交通大学与交通干部学院合办在职工程硕士班】　5月9日，华东交通大学与交通干部学院合办的在职工程硕士班开学。硕士班学制为2.5年，分交通运输工程、建筑与土木工程、项目管理等专业。

省交通干部学院与华东交大研究生院联合招收培养在职工程硕士，是积极贯彻落实省交通运输厅与华东交通大学战略合作框架协议的第一个子项目，此次工程硕士班的30余名学生大部分来自全省交通运输行业。

（钟恢万）

【省交通干部学院与华东交大首次合作办学实现开门红】　2014年，省交通干部学院与华东交大研究生院首次联合招收培养在职工程硕52人参加全国GCT联考，35人顺利通过全国联考和华东交大组织的复试，取得华东交大正式学籍，上线率达67%，实现开门红。

省交通干院与华东交大研究生院联合招收培养在职工程硕士，是积极贯彻落实省交通运输厅与华东交通大学战略合作框架协议的第一个子项目。通过联合办学有助于发挥双方资源优势，实现资源互补，为全省交通运输行业培养更多层次高、水平优、能力强的专业人才。

（邓　赟　钟恢万）

【省交通科学研究院科研工作站首批博士后出站】　12月2日，省交通科学研究院召开博士后科研工作站博士后出站汇报会。对科研院和长安大学联合招收、培养的首批博士后研究人员进行出站评议。

在站博士后朱耀庭、张冬兵分别作题为《沥青路面耐久性灌缝材料制备与性能研究》和《大跨斜拉桥基准有限元模型及状态评估研究》的研究工作汇报，详细介绍了科研工作情况和取得的研究成果。

评议专家经过质询和讨论，认为两位博士的研究思路清晰，试验数据翔实，研究成果具有理论意义和实用价值。经专家组评议，朱耀庭、张冬兵均达到了博士后出站要求，成为该院博士后科研工作站出站的首批博士后。

（彭　杨）

【昌栗项目办举办宣传暨公文处理培训班】　4月26日，昌栗项目办举办宣传暨公文处理培训班。培训主要围绕项目建设特点，从公文的功能和基本特点入手，对公文种类、行文规则、发文流程、公文格式、收文处理、收文注意事项等基本知识进行讲授。简明扼要地介绍写好新闻作品的几个关键环节、写作技巧、摄影新闻照片的基本要求、投稿注意事项等内容，并对新闻写作中常见的问题进行了点评。

（刘红芳）

【贵溪市交通运输局多措并举宣传贯彻新《中华人民共和国安全生产法》】　2014年6月是全国第13个“安全生产月”。贵溪市交通运输局围绕“强化红线意识、促进安全发展”活动主题多措并举深入广泛宣传贯彻新《中华人民共和国安全生产法》。

1.开展“安全生产咨询日”活动。该局以“平安交通、我担当我尽责”为主要内容制作安全宣传展板，并向人民群众发放安全宣传单1000余份、水上交通安全宣传册500余册。通过提供咨询服务和发放安全资料的形式，向人民群众宣传交通运输安全生产法律法规，普及水上交通、道路运输方面的安全知识和应急知识，增强了人民群众对“平安交通”创建活动的参与意识，提高了人民群众日常生产生活中的识险、避险能力。

2.开办专题讲座。邀请市安监部门领导及专家学者上门讲解新《安全生产法》，结合道路运输安全监管实际，帮助解决学习中遇到的疑难问题，使学员们真正学懂弄通新《安全生产法》精神实质。

3.组织专题考试。围绕新《中华人民共和国安全生产法》，组织专题考试，检验学习效果，促进干部职工学法、懂法、守法，依法开展安全监管。

4.剖析事故案例。通过组织研讨、剖析重特大交通安全责任事故，提高学员安全责任意识，结合工作实际，查找隐患，堵塞漏洞。

5.组织安全征文。围绕新《中华人民共和国安全生产法》组织开展以“强化红线意识、推进依法治安”为主题的专题征文。

6.购置一批辅导资料。购买一批新《中华人民共和国安全生产法》读本和辅导讲座课件宣传和播放，着力提升学习效果。

7. 组织主题宣讲活动。邀请市安监部门领导和专家赴运输企业开展集中宣讲活动。

8. 开展专栏宣传。利用道路运输信息网等平台,在安全监管等专栏开展一系列学习宣传新《中华人民共和国安全生产法》专题活动。

9. 写一份心得体会。举办安全心得体会专题展评、交流等形式,组织运管干部职工写一份安全心得体会。

10. 看一场安全录像(电影)。安排组织本单位干部职工观看一部安全方面的录像(电影),开展安全警示教育。

11. 举办一次职工安全技能竞赛。结合2015年"扩面提质强基础,文化引领增素质"为主题的"安康杯"活动要求,组织开展安全驾驶技能竞赛等为内容的主题活动,着力营造"人人讲安全、人人重安全、人人守安全"的浓厚氛围。由于措施得力,确保了上述各项活动取得了实实在在的效果。

(戴丽萍)

【江西长运公司工会举办2014年工会干部培训班】 4月25日,该公司工会组织部分工会委员、职工代表共60余人到方志敏烈士陵园,祭奠缅怀革命先烈。下午,在江西省交通干部学院,公司工会组织开展了主题为"深入贯彻习总书记讲话和工会十六大精神,切实做好基层工会工作"的培训工作。

(何华兵)

【赣州市交通运输局组织开展出租车司机大培训】 9月10日~10月13日,赣州市交通运输局分21批次,对驻中心城区的市公交出租车公司、金玮出租车公司、平越出租车公司、厦利出租车公司、新世纪出租车公司、智信出租车公司共计2419名出租车司机进行培训。

培训内容是:以道路运输法律法规、驾驶员社会责任与职业道德、职业心理和生理健康和急救知识、道路运输车辆使用技术、安全礼貌行车和文明城市创建、省运动会等交通保障相关知识为主。

培训方法是:坚持理论联系实际,举办知识讲座、进行案例事例分析等内容进行授课。采取理论教学和结业闭卷考试相结合的方法,对培训人员进行考核。对考试合格者市客运管理处发放2014年度从业资格继续教育合格证明。

通过培训,为做好赣州市"国家文明城市"创建和江西省第十四届运动会的出租车运输服务保障工作营造了良好氛围,进一步提升了出租车企业和出租车驾驶员的服务能力和水平。

(李发淳)

【上武高速开展第二次"星级收费员"考评工作】 7月,上饶至武夷山高速公路管理处组织开展第2次"星级收费员"考试、考评工作。本次考评中,共有2名收费员通过三星级考试,1名通过二星级考试,5名通过一星考试。该处已有三星收费员2名,二星收费员1名,一星收费员12名。

(上饶至武夷山高速公路管理处)

【上饶市交通运输局举办执法文书案卷制作培训班】 11月12~13日,上饶市交通运输局举办交通执法案卷制作培训班。市属各县(市、区)交通运输局与局属相关执法单位均抽调3名案卷制作骨干参加培训。

培训主要内容是:学习法律法规和交通执法案卷制作方式方法。组织参训人员将培训所学与交通运输行政执法实际紧密联系起来,提高个人综合素质和执法人员的执法水平与案卷制作水平。

通过培训,进一步规范了交通行政执法行为,取得实实在在的效果,为更好地做好交通执法工作打下了坚实的基础。

(饶　欢)

【吉安市公路处举办农村公路路政执法文书制作培训班】 10月24日,吉安市公路处举办农村公路路政执法文书培训班。全市13个县(市、区)基层路政执法人员均参加此次培训。培训班由市法制办专业人员授课,通过"身边案、本土卷",进行对照已经填写的农村公路路政执法表格,按照行政执法案卷评查工作标准,进行讲授农村公路路政执法文书的制作内容、方法和要求。并指出了各项执法文书中所存在的问题及注意事项等。通过培训,提高了学员们对公路路政执法文书重要性的认识和业务素质。

(吉安市公路处)

【抚州海事局强化安全生产宣传教育】 2014年，抚州海事局以“安全生产月”活动为契机，强化安全生产宣传教育，开展一系列安全生产教育宣传教育活动。组织“安全生产宣传咨询日”活动。张贴安全生产宣传标语、散发安全宣传资料。并到南丰县希望小学开展“渡运安全知识进校园、赠救生衣物保平安”活动，为全校师生宣讲水上安全知识，并给学生们捐赠了救生衣物和学习用品，营造了“平安交通、人人有责”的舆论氛围。

与此同时，抚州海事局还积极参加了省交通运输厅组织的“平安交通”新闻作品、论文、格言警句征集评选活动，其中，《送渡运安全知识进校园、赠救生衣物保平安》被评选为优秀新闻作品，王维成撰写的《平安交通保驾幸福人生，和谐海事护航中国美梦》获优秀格言警句。该局报送交通运输部安委会的《送渡运知识进校园，赠救生衣物保平安》作品获2013年全国交通运输系统“安全生产月”活动奖，这是全省交通运输系统唯一的获奖作品。

（抚州市地方海事局）

【省运管局积极推进全省道路运输驾驶员继续教育】 2014年，省运管局按照省交通运输厅制订的《江西省道路运输驾驶员继续教育办法实施细则》规定与要求，结合全省道路运输驾驶员思想、工作实际，全面推进继续教育工作。先后组织两期“道路运输驾驶员继续教育师资培训班”，共培训合格师资128名，为各设区市开展道路运输驾驶员继续教育工作创造了条件。

（胡　晨）

【资溪县交通局强化驾培维修行业管理和道路运输从业人员继续教育培训】 2014年，资溪县交通运输局扎实开展驾培市场专项治理活动，深入驾校检查教练员的配备情况、驾校的综合安检情况、IC学习卡使用情况、教学日志使用情况及安全生产的执行措施。认真落实《机动车维修管理规定》。一是开展维修市场整顿暨更全检查工作。对维修企业开业条件、经营行为和执行技术标准进行了专项监督检查，对县城无证经营的维修企业进行清理整顿。二是严格执行道路运输车辆二级维护和技术等级评足制度，在全县实行了营运车辆二级维护作业全程监控。三是严格把好营运车辆营运资质关和技术状况质量关，全年对210名驾驶员进行了诚信考核。四是积极培育发展维修市场，全县新增三类维修企业1家。五是积极做好道路运输从业人员继续教育培训工作。全年累计培训机动车驾驶员1307人，培训参加换发新版从业资格证全县道路运输从业人员92名。

（吴绍文）

【抚州长运驾校实用教学受到社会广泛认可】 2014年，抚州长运驾校进一步坚持把培养的高素质驾驶员当作驾培工作的核心目标，在教学实践中，致力于“实用教学”的推广，让学员不仅考取驾照，更能学到技术。该校教练员大部分来自于营运班线的客运驾驶员，有多年的从业经验和丰富的驾驶技巧，全心全意将驾驶技术传授给学员。在场地训练和道路驾驶教练中，该校紧贴新版《教学大纲》，通过指纹签到等系统控制，确保学员所有科目学时达到规定要求。为确保上班族及学生学员的练车时间，该校推出了学员自由选时间、选教练的新举措，为广大学员提供了优质的驾培服务，受到社会广泛认可。

（陈根玲）

【抚州市交通运输局切实抓好交通教育】 2014年，抚州市交通运输局把教育放在优先发展的位置，牢固树立“发展经济，交通先行；发展交通，教育先行”观念，全面落实“科技兴交”“人才强交”战略。

该局根据交通运输部《执法人员培训考试大纲》，制订《全市执法人员培训方案》，按照全省统一安排，2014～2016年间，组织全市所有交通行政执法人员参加执法轮训。全年该局共组织92人参加培训，其中，77名执法人员参加执法轮训，15名申请（更换）证件人员参加执法岗位培训。

该局把“六五”普法工作当作2014年度职工教育的重要内容抓好落实。一是开展全年度普法教育工作，按月统筹分配学习计划至单位和个人；二是配合“安全生产月宣传活动”，开展“六五”普法宣传教育；三是组织参与百万网民学法律活动。每月组织全局干部职工做好“百万网民学法律”网上答题活动，全年累计参考人员达700人次。

与此同时，通过干部教育培训、专业技术人员知识更新、技能型人才培养，不断提高升全市交通运输系统干部职工综合素质,为交通运输事业健康发展提供智力支持和人才保障。

(政策法规科)

【南城县交通运输局多形式提高职工整体素质】 2014年,南城县交通运输局通过多形式、多渠道开展职工在职教育,提高交通干职工队伍整体素质:一是鼓励继续教育,提高学历层次和业务技能。全年又有6人获得了大专学历。至此,该局本科文化程度人数达到位9人,占职工总数的7%;专科文化程度达51人,占职工总数的44%,实现了交通运输部提出的交通行政执法人员应达到大专以上文化程度目标任务。二是积极组织执法人员参加省、市、县举办的各项业务知识培训。全年组织参加省交通运输厅培训的执法人员达25人次,组织参加其他业务培训的达120人次。三是干部职工在岗集中学习。每周五组织全体干职工,观看纪录片和听取领导讲课。组织学习党的历史、政治理论及时事政策、法律法规,提高干职工的思想政治理论及业务水平。四是组织党员赴赵博生烈士纪念馆参观学习。4月22日,结合群众路线教育实践活动,该局组织全体党员赴赵博生烈士纪念馆参观学习和参观南城廉政教育基地。重温入党誓词,听取县委党史办领导结合南城苏区历史浮雕为大家详细地阐述了黄狮渡大捷战役、毛泽东在南城等革命历史故事。通过职工在职教育,该局培养和打造出一支思想正、作风硬、业务精、纪律严明的交通干职工部队。

(王素红)

【新余市积极开展二级机动车驾驶教练员职业资格考评工作】 7月,根据《交通运输部办公厅关于开展二级机动车驾驶教练员职业资格考评工作的通知》《江西省公路运输管理局关于做好二级机动车驾驶教练员职业资格考评申报工作的通知》,新余市道路运输管理处及时做好宣传贯彻工作,将交通运输部、省运管局有关文件精神传达到全市各个驾校,使驾校及教练员充分了解二级机动车驾驶教练员职业资格考评工作的内容和重要意义,督促驾校组织具备条件的教练员积极参加本次二级教练员职业资格考评工作。经过认真审查申报材料,选送了41名教练员资料报送省运管局。

(严　凌)

【吉安市交通运输局开展节能宣传周活动】 6月8—14日,吉安市交通运输局采取多种形式积极开展"逐梦绿色交通"节能宣传周活动:一是节能宣传周期间该局利用电子屏滚动播放节能宣传标语,开展能源紧缺体验活动;"全国低碳日"当天停开空调和关闭公共区域照明一天,号召全体干部职工骑自行车或步行上下班,以绿色低碳的办公模式和出行方式支持节能减排,进一步增强干部职工的资源危机意识和节能意识。二是6月14日,通过开展车辆综合检测站检测人员的节能选拔赛,参加省机动车综合性能检测技能竞赛活动。普及节能知识,推行节能驾驶和操作,推广交通节能示范技术,提高从业人员的节能意识和操作水平。

(吉安市交通运输局)

【吉水县运管所组织客运从业人员集中教育培训】 6月,吉水县运管所举办2014年道路旅客运输从业人员相关法规、职业道德、安全操作、优质服务及业务知识的集中培训,全县300余名道路旅客运输从业人员分批次参加培训。

(吉水县运管所)

【鹰潭市城区运管所开展出租汽车驾驶员教育培训】 10月28～29日,鹰潭市城区运管所开展市城区出租汽车驾驶员岗前培训和在岗驾驶员培训。该市在岗驾驶员368人、新办证驾驶员86人参加培训。

培训内容有:出租汽车行业概况、职业道德、营运服务、营运安全、行业法规及有关管理规定、车辆技术管理和经营服务常识等七个方面的内容。

此次培训分出租汽车驾驶员岗前培训班与在岗培训两个班进行。11月12日对新办证驾驶员进行考试,11月20日前对考试合格的新办证出租汽车驾驶员及本年度诚信考核合格的在岗出租汽车驾驶员统一发放新服务证。

通过培训,切实提高了出租汽车驾驶员法律意识和服务意识及驾驶技艺。

(杨小平　桂丹山)

【省运管局举办道路运输知识讲座】 1月起,省运管局依托视频系统在全省运管系统举办道路运输知识讲座。邀请部、省专家学者、省局领导及局专业人员，每月进行一次集中授课。内容涵盖政治、经济、文化和道路运输管理知识。通过讲座，使广大运管干部职工进一步拓宽了视野、提高了素质、转变了作风，为进一步加强运管队伍能力建设，提升运管干部业务水平，更好地服务道路运输发展奠定了良好基础。

（胡　晨）

【省运管局规范省属从业人员资格培训考试管理】　2月，省运管局为规范省属从业人员资格培训考试管理工作，制定、下发《关于规范江西省公路运输管理局管理工作的通知》，对该局组织的各类从业人员培训、考试工作制定了详细的办理流程。按照新的管理办法组织从业人员资格培训与考试，全年参加培训、考试人员达8000余人次。

【省公路局举办摄影知识讲座】　3月21日，省公路局举办摄影知识讲座，江西公路摄影协会30多名会员参加讲座。

授课专家结合自身摄影经历，从对焦、用光、构图等9个方面详细讲解了手机摄影的特点、方法和后期技巧。强调摄影人员要多关注身边的事物，要多思考、多类型、多角度拍摄，不断提高摄影的技术水平。省公路局宣教处负责人在作品交流过程中，对提交的摄影作品进行了认真点评，深入剖析了作品的优劣，并从自身拍摄的作品出发，讲解如何去摄影，如何摄好影问题，要求摄影人员结合工作和生活实际，多拍摄一些好作品。此次讲座为摄影人员提供了一份摄影知识大餐，进一步激发了摄影人员搞好作品创作的积极性。

（曹祖席　毛　涛）

【省公路桥梁工程公司与华东交通大学联合培养基地揭牌】　10月29日，省公路桥梁工程有限公司举行行业企业与高校研究生联合培养基地揭牌仪式。

该联合培养基地以省公路桥梁工程有限公司和华东交大土建学院为合作主体申报设立。经省教育厅、省工信委、省科技厅、省人社厅考察遴选。10月24日，获省人民政府授牌，系全省首批49家行业企业与高校研究生联合培养基地之一。省公路桥梁工程有限公司是全省交通系统施工企业唯一一家授牌企业。

该基地，校企双方按照《江西省行业企业与高校研究生联合培养基地管理办法》共同成立管理机构，负责培养基地的运行和管理。在研究生培养、工程技术人才培养、科研攻关与技术创新等方面广泛合作，充分发挥各自优势，共享双方资源，努力将基地打造成高层次人才培养示范基地、科技协同创新的示范基地、科技成果转化的示范基地，实现校企优势互补、资源共享、互惠共赢。

（万芳芳）

【省交通干部学院“交通行业管理干部队伍培训平台设计方案”通过评审】　11月6日，省交通运输厅组织相关专家对省交通干部学院“交通行业管理干部队伍培训平台设计方案”进行专家评审。交通运输部管理干部学院、省信息中心、南昌大学等单位的专家参加评审。

根据设计方案，省交通干部学院培训平台建设主要包括远程培训、智慧校园、学员互动、公众服务等四个平台。平台建成后，将进一步拓展培训内容，加强学员互动交流，提高全省交通运输行业干部教育培训成效。

与会专家组成员经质询并讨论决定，原则同意通过审批。专家组认为，该设计方案目标明确，建设内容较全面，建设思路基本清晰，总体上合理可行。专家组对下一步如何改进、优化和完善该设计方案提出了意见和建议。

（钟恢万）

【省交通运输厅举办组织人事干部业务部培训班】　11月25日，省交通运输厅组织人事干部业务培训班在省交通干部学院开班。

此次培训为期3天，旨在学习贯彻新修订的《党政领导干部选拔任用条例》和新颁布的《事业单位人事管理条例》，培训邀请了省委组织部、省人力资源和社会保障厅相关部门领导授课。厅属二级、三级单位组织人事部门同志近130人参加培训。

（钟恢万）

【省交通运输厅举办厅直属单位企业政工师岗前培训班】　6月3~5日，省交通运输厅厅直属单位企业政工师岗前培训班在省交通干部学院举办。此次培训旨在进一步加强企业思想政治工作专业人员的岗位工作能力,全面提高政工专业人员的综合素质,使获得政工专业职称的人员更好地履行相应的职责。

培训期间,邀请省人大常委、内司委副主任陈东有作"培育和践行社会主义核心价值观"专题报告。省纪委常委、省直机关工委副书记邓剑锋讲授"学习习近平关于党风廉政建设和发腐败斗争的论述"。140 余名获得 2012 年度企业政工师及助理政工师专业职务任职资格人员参加培训。

(钟恢万)

【景德镇长运公司汽车总站举行反恐应急演练】 6 月 9 日,景德镇长运公司汽车总站在景德镇汽车站(西客站)组织开展反恐应急紧急拉动演练。汽车总站、高客公司、客运公司、出租汽车公司等部门应急分队小组成员 30 余人参加演练。

演练采取实兵实装模式,假设车站内发生恐怖袭击事件,应急分队小组成员立即携带盾牌、警棍等装备迅速集结,对嫌疑人员采取措施予以控制,达到了预期效果。

通过演练,全面检验和提高了车站应急分队反恐队伍的应急警备、联动协作、快速集结等综合维稳能力,震慑恐怖犯罪,增强了旅客安全感和满意度。

(邵　敏)

【景德镇长运公司举办安全知识竞赛活动】 6 月 26—27 日,景德镇长运公司举办一场别开生面的"安康杯 · 安全月"安全生产标准化知识竞赛活动。

竞赛活动主要内容是围绕安全生产法律法规、安全生产标准化、公司安全管理规定和有关安全业务知识展开。竞赛分为初赛和决赛 2 个阶段。竞赛答题程序分别有个人必答题、小组必答题、抢答题、风险题、加试题和观众现场答题六个部分组成。

该公司共有 16 个队,每队 3 名队员参赛。经过紧张激烈的初赛,共有 6 个参赛队进入决赛。经过最后的激烈角逐,乐平长运队最终获得本次竞赛一等奖,景德镇长运汽车西站和汽车东站分别获得二等奖,公司机关队、长运出租车队、长运高客队分别获得三等奖。

通过竞赛活动,进一步增强了全体员工的安全意识,提高了员工的安全知识水平,为促进公司安全生产标准化建设、强化安全生产管理打下了一定的基础。

(邵　敏)

【景德镇市公共交通公司举办反恐防暴培训班】 8 月 14—15 日,景德镇市公共交通公司举办为期 2 天反恐防暴培训班。培训班邀请公安部门反恐专家和公安特警支队警官授课。该为公司干部职工及近 500 名公交车驾驶员参加培训。

培训期间,反恐专家和警官围绕当前国内外反恐怖斗争形式及安全防范措施这一主题,向参训人员阐述恐怖主义概述和当代恐怖活动特征、交通运输行业发恐怖斗争形势及反恐防暴手段措施等内容,还为参训人员进行了灭火器和安全锤正确使用的演练,并利用视频及多媒体技术,用实例、案例说话,讲课深入浅出,具有很强的针对性和适应性。

通过培训,学员们进一步了解和掌握了一定的反恐防暴知识和技能,提高了反恐防暴意识,为做好反恐防暴工作,保障公共交通安全奠定了一定的基础。

(晨　莹　溪　笙)

【景德镇市物流行业协会举办中级物流师职业资格考前培训班】 11 月 3—5 日,景德镇市物流行业协会举办中级物流师国家职业资格考前培训班。该协会各成员单位 50 余名物流管理人员参加培训。

此次培训班为期 3 天,培训内容主要有物流企业运行管理、生产物流管理、销售物流管理等。参加培训人员还于 11 月 9 日参加了中物联组织的全国统一考试,成绩合格者获得由中物联颁发的中级物流师职业资格证书。

通过培训,提高了学员们的物流管理专业知识和技能,较好地满足了该市物流企业对物流管理人才的需求,促进了该市物流行业健康发展。

(涂　强)

【全省交通运输行业行政执法人员培训班开班】 4 月 9 日,全省交通运输行政执法人员培训班在省交通干部学院开班,此举标志着为期 3 年

(2014年开始,至2016年年底结束)的执法人员培训工作正式启动。3年内行政执法人员培训,培训人数将达1万余人。历时之长、范围之广、要求之严、人数之多在江西交通运输行政执法培训中还是首次。此次培训是落实交通运输部关于加强交通运输行政执法队伍建设指导意见的一项重要举措,是提升我省交通运输行政执法人员综合素质的一条良好途径。

全省各级交通运输部门和执法单位的执法人员共计240余人参加了首期培训。

(黄　辉　钟恢万)

【全省交通运输行政执法人员培训师试讲评选在南昌举办】　3月4日,全省交通运输行政执法人员培训师试讲评选在省交通干部举办。试讲人员围绕交通运输执法中的主要问题、行政执法程序与文书实务、行政执法证据收集与运用、行政执法管理与监督以及行政执法典型案例评析等专题,现场演示电子课件,并进行了10分钟的授课试讲。试讲旨在重点考核培训师的备课水平、语言表达能力、教学方法、授课经验和教学效果等。评委会根据评分细则对所有试讲人员进行综合评审,评选出的优秀试讲人员将被省交通运输厅聘为培训师,对全省交通运输系统行政执法人员进行授课培训。

(钟恢万)

【全省交通运输系统办公室主任培训班在交通干部学院举办】　5月16日,全省交通运输系统办公室主任培训班在省交通干部学院举办。培训班传达学习了中共中央总书记习近平早年在与地县办公室干部的讲话精神以及全省政府系统秘书长和办公厅(室)主任会议精神。宜春市交通运输局、抚州市公路局、省公路运输管理局、省高速公路投资集团公司、昌宁项目办办公室(行政处)负责人分别做了工作交流发言。

各设区市交通运输局、公路局及厅直单位办公室、党办主任,各在建项目办综合处负责人共70余人参加培训。

通过培训,全省交通运输系统办公室主任进一步增强了做好办公室工作的责任感和使命感,提高了全省交通运输系统办公室队伍的工作水平。

(钟恢万)

【全省交通运输行业教育培训管理人员培训班开班】　9月11日,全省交通运输行业教育培训管理人员培训班在省交通干部学院开班。培训为期2天。培训旨在进一步解读干部教育培训工作政策,研讨干部教育培训课程,交流讨论新形势下交通运输行业教育培训工作现状、体系建设、培训建设、培训质量及其存在的问题。省交通运输厅直属各单位、省公路路政管理总队,各设区市交通运输局、公路局,各省直管县交通运输局分管领导及部门负责人共60余人参加学习。

(钟恢万)

【龙南县交通运输局组织干部职工法律知识考试】　2014年,龙南县交通运输局积极组织干职工参加法律法规考试。通过以考促学、以学促用的方法,在全局形成人人认真学法、准确用法、自觉守法、严格按法办事的良好氛围。主要做法是:

1.组织参加2014年全县领导干部网上法律知识学习和考试。组织局机关领导干部运用“江西省领导干部网上法律知识学习和考试系统”,通过计算机网络实现无纸化学习及考试。全局领导干部已完成了考试任务,其中,1人成绩优秀,5人成绩良好。

2.组织干部职工参加2014年全市公民法律知识考试。及时制定下发有关文件,对参加2014年全市公民法律知识考试活动作出安排部署,要求全局干部职工积极参与答题,考试后及时阅卷,“以考督学、以考促学”。

通过学习法律知识学习和考试,进一步提高了全局干职工的法律意识,在全局形成了学法、用法、守法、严格依法办事的良好氛围。

(赖玫芳)

【南康区交通运输局举行交通行政执法知识专题讲座】　3月18日,赣州市南康区交通运输局举办交通行政执法专题讲座。讲座邀请赣州市交通运输局法规科科长范华荣授课。范华荣结合交通管理实际,对交通行政执法存在的问题和围绕依法行政、文明执法、路政运政执法难点、热点释疑详细讲解,并运用大量生动典型的案例,分别对运政执法中如何规范执法、执法主体等重点内容进行了有针对性的剖析。此次培训,进一步提升了全区交通运输部门行政执法人员整体素质,规范了行政执法行为,提高了行政执法水平,为全面提升该项局行政执法人员业务水平和综合素质奠定了一定的基础。

(罗春明)

【宁都公路分局组织人员观看安全生产教育片】 6月12日,宁都公路分局组织全体机关人员、各工程项目和各基层道班负责人观看"生命的红线""生产安全事故典型案例盘点(2014版)"等安全生产教育片。

通过观看安全生产教育影片,再次对人们敲响了安全生产的警钟。大家一致表示要珍惜生命,注重安全,宁愿为安全憔悴,也不能为事故落泪,必须严防死守保安全、坚决守护好安全生产这条不可逾越的红线。珍惜生命、确保安全生产。

(蔡荣生)

【赣州市交通职工学校举办公路工程专业技术人员培训班】 5月26日—6月20日,赣州市交通职工学校认真贯彻落实《江西省专业技术人才队伍建设中长期规划(2010—2020年)》精神,大力实施"人才强路"战略。继续以实施专业技术人才知识更新工程为龙头,提升交通运输系统专业技术人才队伍的能力素质,举办了公路工程专业技术人员继续教育专业科目和公共科目培训班。此次培训共有900多人参加。

本次培训班开设了《公路水泥混凝土路面施工技术细则》和《专业技术人员职业道德》等培训课程,涉及多项专业内容和技艺。

通过培训,受陪专业技术人员得到相关专业知识的补充和更新,开阔了视野,完善了知识结构,拓展和提升了专业技能,提高了综合素质,增强了创新能力促进了专业技术人员快速成长。

(王冬萍)

【赣州公路局直属分局开展"共享书香,爱心捐书"活动】 7月,赣州公路局直属分局工会向全体职工倡议开展"共享书香,爱心捐书"的活动。此次活动得到了分局领导以及广大职工的大力支持,工会已接受捐赠书籍300余册。分局工会以建设"职工书屋"为平台,动员分局人员争当学习型好职工。开展读书交流会、知识竞赛和多项内容的征文活动,开展形式多样化,生动活泼,职工喜闻乐见的读书活动。本次活动进一步引导职工多读书,读好书,品书香,增知识,全面提高自身素养,已取得良好效果。

(谢　莉)

【吉安市公路局举办农村公路路政执法文书培训班】 10月24日,吉安市公路局举办农村公路路政执法文书培训班。全市13个县(市、区)基层路政执法人员参加培训。

培训班邀请吉安市法制办专家授课。授课专家通过"身边案、本土卷",对照行政执法案卷评查工作标准,讲解各项执法文书的制作要求和所存在的问题及注意事项等,并与学员交流互动,共同对推进全市交通运输基层执法规范化建设进行研究探索。

通过培训,对规范制作执法文书,进一步提高农村公路路政人员的业务素质和执法水平,打造一支质素高、业务精、高效规范的农村公路路政执法队伍起到了一定的推动和促进作用。

(廖琼妮)

【省高速集团人力资源管理专题培训班在省交通干部学院举办】 1月14日,省高速集团在省交通干部学院举办为期2天的人力资源管理专题培训班。培训班邀请南昌大学、华南师大、广东省人力资源社会保障厅等单位相关专家授课,开设了招聘选拔与人才测评、薪酬福利与设计管理、绩效考核体系建设与考核结果运用、劳动风险防控与劳动关系维护等专题课程。省高速集团各管理中心及所辖单位人力资源部门负责人共50余人参加培训。

(钟恢万)

【省交通运输厅举办新党员培训班】 11月18日,省交通运输厅根据《2014—2018年全国党员教育培训工作规划》关于实施新党员培训工程的要求,在省交通干部学院举办新党员培训班。

本次培训为期三天。培训班邀请了省直机关工委、省直机关工委党校、江西师大、江西财大等单位理论名师授课。开设了中共十八届四中全会精神解读、加强党性修养做合格共产党员、党员的权利与义务、学习十八大党章等课程。培训班要求新党员结合培训内容,围绕"坚定理想信念,为江西交通运输事业跨越式发展服务”撰写心得体会。厅直属各级党组织2013年10月1日至2014年9月30日期间发展的90余名新党员参加学习。

（钟恢万）

【赣州市公路管理局宁都项目办举办沥青路面施工培训】　12月20日，赣州市公路管理局宁都项目办在兴国公路分局举办沥青路面施工培训会，项目办、工程设计代表、监理单位、工程技术人员及河东片8家施工单位的有关人员等60余人参加培洲。参会代表学习沥青路面施工方法和技艺，现场观摩了A16标黑站沥青拌和楼。通过培训，基本掌握了沥青路面施工工程的质量管理要求，树立了质量第一和生产安全意识，为确保沥青路两施工质量和施工安全奠定了一定的基础。

（兴国公路分局　曾永平）

【上饶市交通运输局举办“依法治国，建设法治中国”讲座】　12月20日，上饶市交通运输局举办“依法治国，建设法治中国”讲座。局机关全体干部职工，局属各单位班子成员，运管局、客管处执法人员等共计70余人参加讲座。

讲座邀请上饶市委党校哲学教研室主任刘志高作“依法治国，建设法治中国”专题辅导报告。他从改革开放以来中国法治理念的发展、当前法治中国建设面临的挑战、建设法治中国的基本思路等方面进行了精彩论述。

通过讲座，大家一致表示：今后一定要进一步要把思想和行动统一到中央关于全面深化改革、全面推进依法治国重大决策部署上来，结合交通运输工作实际，强化法治观念，提高依法办事能力，完成各项工作目标任务。

（刘　晶　韩晓艺）

【吉安市运管处举办2014年度运政执法培训班】　12月16日，吉安市运管处在交通大厦室举办2014年度全市运政执法培训班。重点对各县（市）运管所分管运政执法的副所长、稽查股长及一线执法人员进行提高依法行政能力专项法律培训。

培训班邀请江西智桥律师事务所的张律帅和黄律师授课。通过培训，进一步增强了运政执法人员依法行政理念和服务意识，为全面加强全市运政执法队伍建设，提高运政执法人员整体素质，实现文明执法、公正执法奠定了一定的基础。

（黄文荻）

【全南县交通运输局多措施激发职工学习热情】　3月3日，该局为提高交通队伍整体素质和执法水平，建设学习型单位，采取多项措施抓好全局干部职工学习：一是确定学习目标。要求全体干部职工，尤其是党员干部树立良好的学习风气，培养良好的学习习惯，自觉学习时事政治和业务知识，每半年考核一次。二是投入资金为干部职工购买学习记录本、水笔等学习用品和书籍报刊，为干部职工开展学习活动提供有利条件。三是定期召开“学习会”，加强交流，相互促进。四是鼓励干部职工参加各类培训班、知识竞赛和读书交流等活动，由此充分激发了广大干部职工的学习热情，进一步推进了打造建设学习型单位的进程。

（郭纪红　李　洋）

【全南县绕城公路建设项目办切实加强职工业务知识学习】　6月24日，全南县绕城公路建设项目办从寻全高速项目部借来了一些技术资料文献、规章制度等材料供大家学习。该办结合实际，认真地把县绕城一级公路的设计图纸、施工流程和施工过程中可能遇到的问题给职工进行细致的讲解。全体工作人员通过业务学习进一步熟悉图纸和主线、松山连接线、员山坝连接线的长度、路基宽度、道路横断面布置情况、路面结构层数、各层的厚度监督工作等，技能和业务水平有明显提高。

（李少煌　李　洋）

【吉安市交通运输局举办“绿色交通、节能减排”专题讲座】　11月20日，吉安市交通运输局举办“绿色交通、节能减排”为主题的专题讲座。各县（市、区）交通运输局局长和分管副局长，局属各单位副科级以上干部，局机关全体工作人员参加讲座。

讲座由交通运输部科学研究院交通发展研究中心副研究员、中国科学院能源与环境政策研究中心博士毕清华主讲。他解释了绿色循环低碳交通运输发展试点示范政策和2015年度交通运输节能减排专项资金申请的基本原则、优先支持领域、项目立项申请条件和区域性、主题性项目实施方案。分析了“十二五”规划以来全国绿色循环低碳交通运输体系的建设成效和存在的主要问题,提出了未来抓好建设绿色循环低碳交通运输体系的重点工作。

通过讲座,进一步提高了该市广大交通运输干部职工发展绿色交通、做好节能减排工作的意识和自觉性。

(吉安市交通运输局)

【丰城市举办道路运输从业人员培训班】 3月—12月,丰城市交通运输局先后举办道路运输从业人员培训班12期,共培训各类从业人员1471人,其中,汽车维修从业人员511人,货运驾驶员(含危货)236人,驾校教练员220人,城市公交驾驶员74人,出租车驾驶员210人,农村客运驾驶员220人。

培训内容主要是:道路运输职业道德、驾校驾驶员培训与教学规范、道路危险品货物运输知识、道路旅客运输及客运站场管理、道路运输旅客急救基本知识、道路运输特殊条件下的驾驶常识、道路运输行车安全、汽车维护保养技术、汽车安全检测与检验、道路运输管理相关法规等。

培训方法步骤是:1. 制订培训实施方案,成立培训机构,明确培训依据、时间、参训人员、内容、培训方式及要求。2. 做好训前宣传动员工作,召开道路运输行业相关企业、单位负责人会议,听取意见和建议,以增强培训的针对性、可行性。3. 编印和购置培训教材,将编印的教材装订成册与上级下发的从业人员对口教材一道发给学员,深受学员的喜爱。4. 聘请上级运输部门领导、学者和专家、丰城市卫校校长到培训班进行授课,结合各行业特点,开展有针对性的安全生产、专业知识,伤员紧急救助等方面的学习培训。

通过培训,进一步提高了全市道路运输行业人员素质,增强了安全和法律意识,提高了专业操作技能,为全市道路运输安全稳定发展打下了坚实基础。

(黎建刚 熊雪芽)

【高安市举办道路货运公司经理业务培训班】 6月5日,高安市运管所举办拥有100台以上货运车辆的货运公司经理业务培训班。20多家公司经理或代表参加培训。培训班发给并组织学员学习《江西省道路运输企业安全标准化建设》一书。授课教师结合该市货运公司存在的典型问题,对照标准化建设要求逐一讲解。授课教师与参训人员采取理论与实践相结合的方式互动交流,气氛热烈,达到预期效果。通过培训,学员们纷纷表示受益匪浅。

(周世祥)

【宜丰县运管所多措并举提升执法人员素质】 2014年,宜丰县运管所坚持运证管理与时俱进,开拓创新,多措并举提升执法人员素质。一是在作风建设、办公秩序、日常管理工作等方面狠下工夫,并以此为突破口,加速推进机关工作实现规划化、科学化。二是开展一系列运政执法人员学习培训,全年共培训70余人次,平均每人轮训达3次。在具体的执法过程中,要求全所执法人员严格按照《中华人民共和国行政处罚法》《中华人民共和国交通行政处罚程序规定》一丝不苟严格执法,做到文明执法、依法行政,坚决杜绝不规范执法行为发生。三是按上级要求统一着装,执法文书统一按照省市运管部门要求进行填写,不出差错,进一步树立了交通运政执法新形象。

(漆志勇)

【省运管局开展驾培行业两项国标宣传贯彻工作】 6月1日,《机动车驾驶员培训机构资格条件》和《机动车驾驶员培训教练场技术要求》两项国家标准正式实施,省运管局扎实做好宣传贯彻工作:一是在5月、10月先后召开了全省驾培行业两项国家标准的宣传贯彻会议和推进工作会议,专题部署贯彻落实两项国家标准工作和驾校资格达标改造验收工作。二是下发《江西省公路运输管理关于切实做好〈机动车驾驶员培训机构资格条件〉等两项国家标准贯彻实施工作的通知》,明确对市、县运管机构开展驾校资格条件达标改造验收工作的程序、步骤和工作要求;与省交警总队联合下发《关于进一步加强机动车驾驶员的培训和考试管理工作的通知》,建立实行两项国标加强培训与考试新机制。三是组织全省93名驾校负责人和34名市、县运管机构人员参加了交通运输部公路科学研究院举办的两项国家标准宣贯培训班，全省共有420余位驾校负责人和90余位县级运管机构的陪驾管理人员参加了培训。四是编制了两项国家标准的解读手册，分发至全省所有驾培机构及市、县运管部门，使其进一步全面理解和掌握两项国家标准的内容和要点，促进两项国家标准加快落实到位。

（张　玮）

【全省2013年度驾培机构质量信誉考核结束】 2014年，省运管局经过驾培机构自评、县级运管机构初评、市级运管机构复评以及考核结果网上公示后，全省2013年度驾培机构质量信誉考核工作5月份全面结束。此次全省共有450所驾培机构参加了2013年度质量信誉考核。通过考核评定，评选出AAA级驾培机构52所，占参评总数的12%；AA级驾培机构223所，占参评总数的49%；A级驾培机构162所，占参评总数的36%：B级驾培机构13所，占参评总数的3%。省运管局对AAA级驾培机构进行了表彰授牌，同时要求市级运管机构对B级驾培机构责令限期整改。通过质量信誉考核工作的全面深入开展，有效促进了全省驾培机构诚信意识的全面提升，各项管理制度进一步健全，驾驶员培训质量和培训能力有了明显提升。

（张　玮）

【江西举办首期《公路工程标准文件》使用研讨班】 8月26～27日，由江西省公路局主办，珠海纵横创新软件有限公司协办的江西省首期《公路工程标准文件》使用研讨班在南昌举办。省公路局、省交通设计院及各设区市交通局、公路局等单位的50多名公路工程相关专业人员参加研讨班。

交通运输部发布的《公路工程标准施工招标资格预审文件》和《公路工程标准施工招标文件》（以下简称《公路工程标准文件》）于2009年8月1日正式施行。为贯彻落实好新版《公路工程标准文件》，规范招标投标活动，使相关人员全面、系统的学习和上诉文件的具体内容，切实提高综合素质与业务水平。江西省公路管理局与珠海纵横创新软件有限公司联合举办《公路工程标准文件》使用研讨班。培训班邀请公路工程招标方面专家、教授，围绕《公路工程标准文件》的主要内容及使用指南、公路新编制办法、新定额和《公路工程标准文件》在纵横软件中的运用、纵横公路造价软件应用及提高工作效率的使用技巧等几个方面内容，以讲座的方式展开了讨论与交流。

学员们纷纷表示，研讨班形式新颖、内容丰富、深入浅出、生动活泼，通过参加本次研讨班，更好的学习与掌握了《公路工程标准文件》的内涵，一对于提高日常工作效率有很大的帮助，可谓受益匪浅。

（练崇田　万志平）

【宜春市举办中心城区出租车驾驶员培训班】 5月至6月，宜春市道路运输管理局先后举办2期中心城区出租车驾驶员培训班，950余人参加培训。

培训以规范管理、职业道德、文明诚信等教育内容为重点，组织学习中共中央总书记习近平关于“治理一个国家，一个社会，关键是要立规矩、讲规矩、守规矩，法律是治国理政最大最重要的规矩”等重要指示，学习《全国道路运输管理条例》等交通运输法规。邀请专家、学者讲授出租车行业规范、精神文明建设和和谐社会等知识。并向参训人员发放了宜春市运管局制定的《宜春市出租汽车行业规范化管理手册》。培训班还采取兵教兵的方法，请出租车精神文明号驾驶员讲心得、谈体会，使大家深受启迪和教育。

通过培训，进一步强化了该车出租车行业管理，提升了出租车服务质量，增强了驾驶员服务意识和安全意识。大家表示，今后一定要以精神文明号驾驶员为榜样，遵纪守法，讲文明、讲道德、树新风，做到不坑客，不绕道，不甩客，不乱收费，不相互争夺客源，树立良好的出租车行业文明形象，全心全意为提升群众出行的幸福指数而努力工作。

（杜鹏程）

【宜春市贯彻实施《机动车驾驶员培训机构资格条件》等两项国家标准】 6月1日，《机动车驾驶员培训机构资格条件》（GB/T30340－2013）、《机动车驾驶员培训教练场技术要求》（GB/T3034－2013）两项国家标准于正式实施。宜春全市各级运管部门认真做好相应的贯彻实施工作：一是提前宣贯。除在市级主流报刊等媒体开展宣传外，4月11日，组织召开各县（市、区）运管机构负责人会议,对学习贯彻《两项国标》进行部署,要求将两项国标的内容及其规定与要求传达至辖区内所有驾培机构,使其尽快了解新规定,执行新标准,落实新要求。二是稳步推进。结合宜春实况,制订本市驾校升级改造具体方案,并于6月24日召开会议进行布置。要求县级运管机构首先向辖区内资格条件不符合两项国标要求的驾培机构下达整改造通知书,明确整改时限和内容。市运管局则在收到县级运管机构提交的申报验收材料后,邀请交警部门共同对申请验收的驾培机构进行现场实地核验,凡驾培机构拒不整改或逾期整改仍不达标的,责令其停业整顿,整顿期间停止开展培训业务,并抄告公安交警部门停止受理其报考申请。对在12月31日前,未申请达标验收的驾培机构视为不达标。未达到国标要求的驾校,将面临降级或退出驾培市场。对新申报的机动车驾驶员培训业务许可,将一律按照"两项国标"执行。三是加强督导。5月至7月对全市75所驾校进行专项检查,召开了全市驾培行业贯彻实施两项国家标准推进会,全市各县(市、区)运管部门及时与驾校沟通,掀起了贯彻实施《机动车驾驶员培训机构资格条件》等两项国家标准的热潮。

(录自《江西交通信息网》)

【省地方海事局举办全省海事行政执法培训】 5月27日,省地方海事局在南昌举办为期3天的海事行政执法培训班。省地方海事局机关和基层海事执法人员共78人参加培训。

本次培训作为深入开展"三基三化"建设的一项重要内容,安排了"海事管理概论""行政强制法在港航管理中的运用""航道行政管理""港航处罚程序与文书制作"和"船检概论"五项学习培训内容。

培训班邀请多年从事在执法岗位上的业务精英授课。在课程结束后,进行了海事行政执法知识闭卷考试。

通过培训,学员们进一步掌握了行政强制、海事文书制作、海事执法、航道执法实务等行政执法的相关知识。与此同时,其自身的思维能力、理论水平和综合素质也得到了进一步提升,为进一步提高海事行政执法人员法律素养,改善执法队伍人才结构和全省海事系统执法队伍建设奠定了良好基础。　　(谢明轩　陈明中)

【赣州市交通职工学校举办考评机构第一期考评员培训班】 6月24日,赣州市交通职工学校举办第一期道路运输企业安全生产标准化三级考评员培训班。

培训内容是:全市道路运输企业安全生产标准化,考评工作规范化、标准化和江西省道路运输企业安全生产达标考评指南、考评管理办法、考评员管理办法等。

本次培训结合实际,与考评员探讨了考评工作存在的问题及解决的办法,使考评员对考评工作意义、要求与职责有了更加深刻的认识。通过培训,提升考评员业务素质,一致表示要在今后的考评工作中,严格履行一岗双责,公平、公正、公开的圆满完成全市考评工作任务。

(蔡秋英)

【宜春市交通运输局举办迎国庆演讲比赛】 9月29日能力,宜春市交通运输局机关党委举办迎新中国成立65周年国庆演讲比赛。这次演讲比赛主题是:爱岗敬业,建功交通。局机关、市运管局、市公交公司、市交通枢纽公司4支代表队共12名选手参加了比赛,各单位领导和工作人员共60余人观看比赛。经过激烈的比赛,市公交公司、市运管局代表队分获团体总分第一名和第二名。袁丰荣获个人一等奖,马腾、彭娟荣获个人二等奖,李茵恺、丁翔、廖文君荣获个人三等奖。通过比赛,展示了交通人良好的精神风貌,弘扬了社会主义核心价值观。对调动交通人的积极性,做好本职工作,推动"四个"交通发展和交通运输文化建设有一定的推动促进作用。

(肖文峰)

【靖安县规范驾校管理提升培训质量】 2014年,靖安县交通运输局针对驾校经营理、教学质量、教练车车质车况以及教练员的教学行为等重点多措并举,全面加强驾校日常监管,促进其驾培行业规范、有序、健康发展。一是开展质量信誉考评,规范驾校经营。组织考评人员对3所驾校的教练场地,规章制度建设培训,价格、投诉电话等20余项的标准逐项核查评分。通过考评,驾校经营更规范、规章制度更完善,教学质量明显提高。二是采用信息化手段监管教学质量。启用IC卡"刷卡"学车,确保学员学车时间和培训质量。学员还可查询到报名情况及培训学时进度等情况，在报名5个工作日后即可通过查询“学员个人信息”。三是强制教练车辆维护，确保学员学开车安全。按照教练车不同年限，对教练车进行强制二级维护。结合日常管理，督促驾校加强教练车的维护保养。对教练车的二级维护保养情况进行抽检，确保车辆车况完好，保障学员学车安全。四是落实教练员管理办法，提高教练员综合素质。结合教练员质量信誉考评进行动态管理，通过考核、评定星级教练员等措施，促进教练员提高教练员职业道德及教学质量。五是保障学员权益，建立了学员档案，学员结业证发放率和驾校信誉考核率均达100%。

（刘　斌）

【樟树市进一步提高汽车驾校教学质量】 2014年，樟树市交通运输部门与交警部门一道认真贯彻落实新颁发《机动车驾驶员培训教学与考试大纲》：一是推出驾校指纹IC卡计时管理。自5月1日起，凡通过驾校报名进行科目考试申请的学员，必须使用IC卡计时确保足额培训学时（每学时为1小时），学员培训学时按照实际培训学时计算，做到刷卡与实际情况相符。培训记录须经交通运输部门审核、签章后，再由交警部门受理考试。二是强化教练员岗位培训。按照教学大纲要求，分期分批举办全市汽车驾校驾驶员进行岗位培训，经考试合格的方能上岗教学，否则一律不准上岗，以此提升教练员素质和教学水平。三是开展教练员满意度调查。对全市汽车教练员教学质量、驾校培训质量信誉进行考评考核，公示满意度调查排名，督促驾校加强教学管理，提升教学质量和服务水平，保障学员权利，培养更多高素质的汽车驾驶员，为该市交通运输又快又好发展服务。

（殷早红　杨　波）

【樟树市加大驾驶员培训管理力度】 2014年，樟树市交通运输局加大驾驶员培训管理力度：

1. 严格驾校质量信誉考核。督促驾校完善办学条件，创建优质驾校，2014年评为AAA级驾校2所，AA级驾校4所，A级驾校2所。

2. 全面落实驾校培训IC卡计时管理，保障学员学时到位，推进规范教学。2014年驾校培训学员合计10300人。

3. 严格督促驾校落实教练车二级维护，车辆技术检测评定年审，保持车辆技术状况良好，督促驾校加强学员接送车辆管理，保障教学安全。

4. 督促驾校加强教练员管理，规范教练员教学质量考评排行工作，组织新增教练员培训。规范驾校经营行为，查处外籍驾校在樟树异地培训2起，维护驾培市场良好秩序。

5. 认真办理政协委员提案，进一步加强驾校管理，完善执行机动驾驶培训范式合同，落实给学员投保驾校责任险，保障学员和驾校双方合法正当权益。

6. 大力宣贯《机动车驾驶员培训机构资格条件》等两项国家标准，督促驾校按时间按标准完成改造。认真开展驾培市场调研，建立驾培市场风险预警制度，发布风险警示，严格新增驾校资质条件达到国家办校标准要求方可。

（殷早红）

【省港航局举办审核业务培训班暨业务研讨会】 7月31日，省港航局在南昌举办安全管理体系审核管理信息系统应用、审核员知识更新培训暨2014年度审核业务研讨会。

本次培训班特邀交通运输部海事局审核中心夏红星部长授课。与此同时，召开了审核业务工作研讨会。会上通报了2013年度和2014年上半年审核业务工作情况以及部署下一阶段工作重点，并就存在的问题及建议进行了研讨交流。

（李　卿　黄海源）

【景德镇长运公司培训出租汽车驾驶员】 自1月2日起，景德镇长运公司组织160名应聘的驾驶员接受为期一周出租汽车驾驶员岗前培训。培训的主要内容有：新能源出租汽车（油、汽两用）操作、保养及运行注意事项，出租汽车服务标准、服务规范、运行安全及要求，企业文化、企业薪酬制度，市内主要景区特点、普通话训练、简单对话英语教学等。培训期间，为让应聘驾驶员尽快了解公司所购出租汽车（上海大众畅达油气两用车型）的性能及操作要领，该公司安排人员将样车开到培训现场，由生产厂家技术人员进行详细讲解。这种理论与实际相结合的培训方式收到较好的效果。受训驾驶员反映，通过培训，既知晓理论知识，又掌握了操作技能，对自己开好车、养好车奠定了坚实基础。

(涂　强)

【景德镇长运有限公司举办新能源汽车技术培训班】 2月28—29日,景德镇长运公司举办新能源汽车技术培训班。公司全体修理工、休班驾驶员、机务员及各有车单位的相关人员参加培训。

培训班专门邀请浙江金华青年汽车制造有限公司、浙江普养深冷装备有限公司、湖北襄阳底盘厂以及玉柴发动机有限公司4个汽车制造机配套厂家的技术工程师,为公司技术工人进行为期2天的"新能源汽车技术"专业培训。授课工程师以各种示意图制成幻灯片的形式,为学员演示和讲授天然气发动机结构及原理、天然发动机故障诊断、天然气发动机常见故障检查及LNG车载瓶的生产工艺流程及其原理构造等,使学员们更全面、更深入地了解这些专业知识。与此同时,该公司还组织学员到修理公司的车库在技术工程师的现场示范和指导下,学中干,干中学。

通过培训,学员们的理论知识和实践操作技能明显提高,受益匪浅。

(邵　敏)

【铜鼓县交通运输局开展新《中华人民共和国安全生产法》法律知识培训】 11月17日,铜鼓县交通运输局举办新《中华人民共和国安全生产法》法律知识培训班。邀请县司法局专家授课,讲授新《中华人民共和国安全生产法》较原《中华人民共和国安全生产法》进行修改和新增的内容及其对搞好安全生产的重大意义,并就贯彻落实好新《中华人民共和国安全产生法》提出了切实可行的具体指导意见和措施:1. 进一步明确和强化安全生产的极端重要性。2. 进一步落实安全生产经营主体责任。3. 进一步明确政府安全监管定位和加强执法监督。4. 进一步强化安全生产责任追究。全局中层以上干部、运输企业安全管理人员、部分客车驾驶员和船员共41人参加培训。通过培训,进一步加深了受培人员对新《中华人民共和国安全生产法》的了解和认识,增强了安全生产意识和进一步确保安全生产的自觉性。

(黄祖芳)

【上高县交通运输局组织干部职工学习法律知识和考试】 12月15日,上高县交通运输局组织全局干部职工学习法律知识和考试。其内容包括:党的十八届四中全会有关推进法治中国建设和《法治江西建设规划纲要(2014—2020)》有关内容及2014年全省重点普及的法律法规。采取"以考督学、以考促学"的方式,检验干部职工对法律法规知识的学习及掌握情况,调动广大干部职工的学习热情。此次考试按照统一组织、分级实施、分类指导、学考结合的原则进行,科级以上领导干部一律进行网上法律知识学习和考试,其他工作人员于12月22日集中在局会议室统考,考试时限均为90分钟。本次考试的结果为合格率100%、优良率91%。通过法律知识学习和考试,进一步提高了全局干部职工的自身素质和依法行政水平,为该局树立良好的队伍形象,提高执法水平与服务水平起到了积极推动和促进作用。

(潘泓羽)

【万载县开展车辆动态监控知识培训】 6月10日,万载运管所组织开展车辆动态监控知识培训。全县道路运输企业卫星定位系统监控人员及分管领导等20多人参加培训。这次培训特邀请江西航天运安科技有限公司专业技术人员授课。其间,监控人员对在平时操作中容易出现的问题,相互进行交流,运安公司技术人员对各位学员提出的问题不厌其烦的进行解答。通过培训,不仅使各位监控人员认识到道路运输车辆动态有效监控的重要性,而且卫星定位监控系统的操作水平也得到进一步提高,为该县道路运输企业安全生产奠定了坚实基础。

(朱林生)

【全省首届机动车驾驶培训教练员规范化教学职业技能竞赛在南昌举行】 7月2—3日,由省公路运输管理局主办、省机动车驾驶员培训行业协会承办的全省首届机动车驾驶培训教练员规范化教学职业技能竞赛在蓝天驾校昌东校区举行。全省11个设区市代表队的55名教练员参加竞赛。经过理论考试、操作技能竞赛和示范讲解三轮比赛,产生了团体前三名和个人一、二、三等奖。通过此次竞赛,增进了行业交流,促进了教练员队伍素质提升,为进一步提高全省教练员综合素质和教学水平有一定的推动和促进作用。

（张　玮）

【省交通工会举办全省交通基层工会干部培训班】 8月19日，省交通工会在井冈山市举办全省交通工会干部培训班。培训内容包括劳动关系的法律调整和工会参与、基层工会如何召开职工代表大会、厂务公开操作实务和新闻写作等内容。全省基层单位工会主席、工会干部90余人参加培训。

（刘　健）

【省高速集团工会举办2014年高速公路养护知识竞赛】 9月2日，省高速集团养护管理部和集团工会联合举办高速公路养护知识竞赛。该集团各路段管理单位的12个代表队参加竞赛。

本次竞赛分必答题、抢答题、风险题和观众答题几部分组成。经过激烈的角逐，分别评选产生一等奖1个，二等奖2个，三等奖3个，优秀组织奖6个，分别受到省高速集团表彰。

（樊　铭）

【上饶公路局举办公路养护技能比赛】 7月22—23日，上饶公路管理局在德兴公路分局举办公路养护技能比赛。

比赛内容包括理论知识、沥青路面补坑槽实地操作、水泥路灌封实地操作。

全市有14个单位参加比赛，每个单位选派技术员1名、一线养护工人2名参加比赛。经过激烈的角逐，1个单位获第一名，2个单位获第二名，3个单位获第三名。此次比赛，为养护职工提供了一个互相学习和交流经验的平台。通过比赛，提高职工养护公路的积极性，增强了团结协作精神，彰显了上饶公路职工的良好素质和风貌。

（邬国花）

【吉安公路分局开展公路养护技术岗位大练兵活动】 吉安公路分局开展公路养护技术岗位大练兵活动。该局9个道班及抢修队人员共40人参加此项活动。此次练兵活动以道班为单位，采取修补油路的方式进行，考核实行100分制，具体由沥青路面病害相关知识问答、修补工艺、安全标志设置、完成时间4个部分组成。经过4个多小时的激烈角逐，产生了前三名，给予了奖励。

（涂小沥）

【省交通运输厅以原副厅长许润龙腐败案件为鉴，深入开展警示教育活动】 7月16日，该厅召开党委会，以许润龙等腐败案件为鉴，开展座谈讨论活动。会上，厅党委书记、厅长朱希就推进党风廉政建设和反腐倡廉工作提出了三点要求，一是警示教育不想腐。要采取请进来、走出去的方式，继续开展有成效、有针对性的警示教育。二是制度建设不能腐。要根据工作需要，对现有制度进行梳理、评估。对经实践检验行之有效、群众认可的制度，要继续坚持，抓好落实；对不适应新形势新任务要求的制度，要及时修订完善。三是严肃惩处不敢腐。要不断加大案件的查办力度，坚决做到动真碰硬，严查重处，努力营造风清气正的氛围。

与此同时，省交通运输厅在全厅范围内组织开展原副厅长许润龙等腐败案件座谈讨论动。旨在从许润龙等腐败案件中教育广大干部职工深刻汲取教训，引以为戒，切实做到以案为鉴、警钟长鸣，以许润龙等身边的案例警示身边人，以反面的典型教育广大干部职工，通过开展警示教育，举一反三，努力查找本单位本部门存在的制度漏洞，并大胆提出对策建议。活动以干部职工面对面座谈交流的形式，谈体会、论感悟、找漏洞、寻对策，改变了以往传教式的廉政教育方式，变被动接受为主动思索，并将廉政警示教育与建言献策活动结合起来，大大增强了廉政警示教育的实践效果。同时，该座谈讨论活动在教育范围上做到了“一个延伸、一个覆盖”，即从厅党委、厅属单位一直延伸到基层党支部，层层组织座谈；参加座谈人员既涵盖了副科级以上干部，又涵盖了重要部门、重点领域和关键岗位的普通职工，实现了所有容易滋生腐败的单位、部门及岗位的全覆盖。据统计已有104家单位、71个党委和240个党支部组织召开了座谈讨论会，参加座谈人员达10220人次，撰写心得体会10000余篇。

省交通运输厅党委及时对座谈讨论中广大干部职工所提出的意见建议进行了梳理汇总，并结合当前交通运输部门反腐倡廉的工作实际，有针对性地将有关意见建议融入到制度规范里，运用到日常管理中,严防权力失控和行为失范,以进一步加强交通建设领域自身监督,重点预防和解决交通工程建设领域中可能出现的腐败问题。

(录自《江西交通信息网》)

【全省交通运输行业节能减排培训班在省交通干部学院举办】 12 月 19 日,全省交通运输行业节能减排培训班在省交通干部学院开班。本次培训旨在学习宣贯 2015 年交通运输节能减排、绿色交通与低碳排放相关政策,讲解江西交通运输能耗统计、监测、考核系统有关事项,同时学习江苏宁宣绿色循环低碳示范路经验。各设区市、县交通运输局、公路局、各港航分局、港航管理处、道路运输管理处,厅属有关单位负责节能减排的管理干部、技术员及能耗统计人员共计 100 余人参加培训。

(钟恢万)

【省运管局开展 2014 年全国二级机动车驾驶培训教练员职业技能鉴定】 9 月 27 ~ 28 日,按照交通运输部职业资格中心的规定要求,由江西省交通运输厅主办、江西省公路运输管理局承办的全国二级机动车驾驶培训教练员职业技能统一鉴定工作在省交通职业技术学院举行。全省 11 个设区市共 754 人参加了此次职业技能鉴定考评,通过理论知识和技能操作的综合考评,最终 541 人取得了二级机动车驾驶培训教练员资格。

(张　玮)

【省交通运输厅组织百名处级干部旁听许润龙案庭审】 6 月 5 日,江西省交通运输厅组织厅直属单位、重点工程建设项目办和机关处室处级干部共计 100 余人,旁听该厅原副厅长许润龙滥用职权和大长事受贿、经济犯罪案件的公开庭审,近距离接受警示教育。

庭审现场庄严肃穆,旁听人员神情专注。经过法庭调查、法庭辩论及最后陈述,6 个多小时的庭审,让旁听人员较为清晰地了解了许润龙涉嫌滥用职权和受贿的犯罪过程及相关事实。通过旁听庭审,大家认识到,近年来,尽管全省交通基础设施建设高速发展,取得了较好的成绩,但在反腐倡廉工作上,还存在着工作力度有待进一步加强的问题;尽管省交通运输厅以往在加强反腐倡廉教育、制度、监督、惩处等方面做了大量的工作,但还存在薄弱环节,少数党员领导干部的廉政意识和法律观念都有待进一步加强;虽然也制定出台了一批制度,但制度建设还存在着一些漏洞。如,许润龙为他人打招呼、批条子、谋利益,收受巨额贿赂,以及为自己的兄弟在高速公路建设中分包工程提供便利等等,都与制度存在漏洞有关。为此,应当在进一步加大反腐倡廉工作力度,增强干部职工廉洁从政意识的同时,尽快健全完善相关制度,加强监督管理,让公权力与个人私利实行“物理隔绝”。

庭审结束后,大家纷纷表示,旁听庭审是极好的廉政教育方式,通过熟悉的人和身边的事进行警示教育,认识较为直观,效果较为明显:要从许润龙案件中充分汲取教训,引以为戒,在今后的工作生活中,要时时刻刻警钟长鸣,以大局为重,多谋事业发展,少图个人安逸:要正确行使手中的权力,始终保持政治上清醒、经济上清白、生活上清廉。

(录自《江西交通信息网》)

【赣州市交通运输局举办交通基本建设评标专家培训班】 5 月 7 日,赣州市交通基本建设评标专家培训班在市交通职工学校举办。全市交通基本建设评标专家库的所有专家共 164 人参加培训。

本次培训还特别邀请国内资深招投标专家、中国招投标协会常务理事、主持编写多套招标文件范本的专家石国虎及赣州市招投标监管部门的专家进行授课。

培训内容主要是:学习《中华人民共和国招标投标法实施条例》《赣州市交通基本建设评标专家和评标专家库管理实施纲则》,讲解招投标案例分析与和评标过程中常见的各种问题及解决方法,以及交通工程公共资源网上交易系统的操作、评标专家的权利与义务、工作纪律和职业道德解析等培训内容。

通过培训,促进了评标专家业务能力的提升,提高了该市评标专家的综合素质,推进了该市评标专家队伍的科学化、专业化、规范化、制度化建设。

(王冬萍　温梦姣)

【萍乡市公路局工会举办公路养护技能比赛】 6月11日,萍乡市公路局工会举办公路养护技能比赛活动,共有6个基层单位参加。

比赛内容为沥青路面坑槽修补,具体包括进场、养护维修作业控制区安全设施摆放、沥青路面坑槽挖补工序流程、清理现场、撤场及文明施工等。

通过比赛,进一步激发了广大职工中"学知识、练技能、强素质、创一流"的热情,增强了各单位间的联系和沟通,对提升公路养护水平具有较大的推动和促进作用。

(王春花)

【江西长运公司工会举办2014年工会干部培训班】 4月25日上午,该公司工会组织部分工会委员、职工代表共60余人到方志敏烈士陵园,祭奠缅怀革命先烈。下午,在江西省交通干部学院,公司工会组织开展了主题为"深入贯彻习总书记讲话和工会十六大精神,切实做好基层工会工作"的培训工作。

(何华兵)

【瑞金市交通运输局积极开展安全生产教育培训】 9月4—12日,瑞金市交通运输局举办为期2天的安全生产教育培训班。

培训内容有:客货运输安全法律法规、安全驾驶操作技能、事故防范措施及企业安全生产管理。

培训班邀请市安委会专业人员专题授课。授课教师紧紧围绕全市道路安全生产工作的总任务、总目标,坚持"安全第一、预防为主、综合治理"的方针和"统一组织、分级实施"的原则对学员进行辅导。

培训结束后对所有参洲人员进行了安全生产知识考试。同时,对各企业参加此次培训活动情况记入年终考评和质量信誉考核档案。

通过培训,进一步增强全市客货运输行业安全管理人员、从业人员的安全生产意识,全面提高了预防与处理突发事件的技能。

(李　雪)

【九江市港航管理局选派执法人员参加高速船船员特种培训】 11月24日,九江市港航管理局选派执法人员参加由市地方海事局举办的2014年度高速船船员特种培训班。培训为期5天,市港航局的13名持有船员适任证书的执法人员参加培训。培训内容为高速船安全操作、水上安全知识、水上交通法律法规、船员职业道德培养等内容。通过系统的培训,学员基本掌握高速船特性,初步具备对高速船航行风险控制的基本素质,对增强执法人员安全意识和责任意识,提高事故预防和应急应变能力,保障港航船艇巡航执法的安全稳定起到较大的促进作用。

(黄友坚)

【九江港航局督导企业开展应急预案演练】 6月17日,九江市港航局各县区分局联合地方海事局、水上公安分局、应急办、交通运输局、安监局等进行安全生产应急预案演练,检验应急预案的实用性和企业的安全生产应急救援能力。结合"安全生产月"和"安全生产万里行"活动,指导中长燃蛤蟆石加油站开展消防演习。11月13日,督导都昌水上加油站进行以油趸船油舱火灾扑救引起人员落水的救助应急演练,并对小范围火灾现场真实扑救。11月27日,指导永修吴城水上加油站开展跑冒漏油预案实施的演练。12月5日,督导武宁水上加油站的加油趸船作业失火、引发人员落水受伤的应急演练。每次演练后,分别进行现场讲评,进而不断修订、补充、完善应急预案,提高了企业的安全生产应急管理水平和应急救援能力。

(桑松梅　杨　可)

【新余市交通运输局组织农村县道路况评定业务培训】 9月11日,新余市交通运输局组织农村公路路况评定业务培训。县(区)公路站站长和有关技术人员、市公路管理所相关业务人员参加培训。

培训的主要内容是:对照《公路技术状况评定标准》要求,对公路技术状况(MQI)包括含路面(PQI)、路基(SCI)、桥隧构造物(BCI)和沿线设施(TCI)四部分内容的评定进行讲解,并详细对《水泥混凝土路面损坏调查表》《砂石路面损坏调查表》《路基损坏调查表》《桥隧构造物损坏调查表》《沿线设施损坏调查表》《CPMSNTHS道路平整度数据表》《公路技术状况评定明细表》等7个表的数据填写要求进行了具体举例计算、分析等专业讲解,还对《江西省公路养护科学决策(路面)管理系统》软件的操作和有关要求进行讲解。

(何勤学)

【新余市举办汽车维修行业二级维护技能竞赛】 10月20日,新余市运管处举办全市汽车维修行业二级维护技能竞赛。市、县(区)交通运输局各选派5个代表队参加汽车发动机、离合器、前桥、后桥、制动器、电器和车声等13个岗位34项作业规程的车辆2级维护竞赛。经过2天紧张的比赛,新钢汽运有限公司代表队和军安运输产业有限公司代表队分别获得此次汽车维修行业二级维护技能竞赛一等奖。

(章伟鑫)

【新余市交通运输局开展权力清单事项网上办理培训】 12月24日,新余市交通运输局举办权力清单事项网上办理培训。邀请新余市信息化中心的电子信息工程师授课,全局共有20余人参加培训。通过培训,各业务口工作人员进一步深刻认识到权力清单事项网上办理的重要性,掌握了网上办理的操作方法,为处理好相关的网上申报及审批事项奠定了良好基础。

(廖继伟　林　闽)

【新余公交举办"公交梦·劳动美"岗位练兵技能比武】 4月下旬,新余公交举办"公交梦·劳动美"为主题的岗位练兵技能比武。该公司生产一线的公交驾驶员、修理工、清钞员等岗位员工100余人参加比武。

(新余市公交公司)

【新余市运管处举办安全生产标准化培训班】 6月20日,新余市道路运输管理处举办为期2天的全市道路运输企业安全生产标准化业务培训班。全市共计30家客运和危货企业负责人共计50余人参加培训。

培训班邀请专家对标准化考评细则和企业安全生产的制度制定、企业各个岗位安全生产操作规程的要求、企业的监管机构的设立和组织实施、企业安全生产标准化建设等进行逐条讲解,并展示示范性的安全管理制度文本。培训班还就全市道路运输企业初次进行标准化达标工作进行了通报,提出了相关要求。

通过培训,使参加培训人员了解了自身安全生产达标工作所存在的问题和解决的方法,逐步规范企业生产经营行为,推进安全生产长效机制建设,掌握了考评标准,为加强安全标准化建设奠基了良好的基础。

(周小玲)

【宜春市举办机动车维修行业从业人员培训班】 12月,宜春市交通运输局先后举办全市开展机动车维修技术人员从业资格培训4期,每期为期2—3日,共培训800余人次。

培训内容主要是对辖区内各机动车维修企业的机修、电器、钣金、涂漆、质量检验五大工种的维修技术人员进行培训。按照《中华人民共和国机动车维修技术从业资格考试大纲》的要求,围绕职业道德、法律法规、安全和机动车维修技术等方面内容开展培训。培训班邀请专家学者进行系统化的授课。培训结束时经考试合格的,颁发了全国统一的道路运输从业人员从业资格证。

通过培训,进一步提高了机动车维修行业从业人员综合素质,强化了行业管理,促进了行业和谐发展,促进了该市汽车维修行业管理向常规化、规范化、正规化方向发展。

(彭旭东)

【宜春市袁州区加强道路运输从业人员安全生产培训】 2014年,宜春市袁州区交通运输局为强化道路运输从业人员的安全意识减少交通安全事故,促进道路运输安全生产发展,区运管所加强道路运输从业人员安全生产暨安全岗位培训。培训班邀请宜春市交通运输局、市消防支队、袁州区安监局的有关专家授课。授课教师结合具体案例,详细讲解道路运输安全生产、道路运输法律法规、道路旅客运输企业安全管理规范化和江西省安全生产条例,道路运输驾驶员的社会责任与职业道德,紧急情况及应急处理等知识。全年共举办培训班18期,其中,组织道路运输驾驶人员培训班12期;组织企业负责人、分管安全领导、安全部门负责人、安全监管员培训班2期;驾培、维修从业人员培训各2期。参加培训人员达1675人。通过培训,进一步增提高了道路从业人员的安全意识和社会责任感,为道路运输事业的安全、稳定、健康发展创造了良好条件。

（李　庆）

【新余市交通运输局做好道路运输从业资格考核培训工作】　2014年，新余市交通运输局进一步规范营运车驾驶员从业资格培训与考核工作。全年组织道路客货运输驾驶员从业资格考试15期，考试合格948人。组织危险货物运输驾驶员从业资格考试3期，考试合格52人。道路运输驾驶员从业资格诚信考核9269人次，继续再教育学习6742人次，培训学员26000人。发放机动车驾驶员培训结业证书26000本，发放率达100%。

（严　凌）

【全省港航系统宣传干部培训班在南昌举办】　6月6—7日，省港航局在南昌举办全省港航系统宣传干部培训班。全省港航系统各单位宣传部门负责人、宣传骨干共50余人参加培训。

培训班专门邀请《中国交通报》江西记者站及新华社江西分社、省摄影家协会专家就新闻写作、宣传策划、舆情应对和新闻摄影等方面进行专业知识讲座。此次培训班形式多样、学练结合、结合实际、针对性强，采取了理论授课与摄影实践相结合的形式，安排学员们开展摄影采风活动，为学员们提供了创作机会，搭建了相互学习、交流的平台，提高了摄影技能。

通过培训，学员们纷纷表示：不仅加深了新闻写作、宣传策划、舆情应对等方面理论认识和提高了践行能力，而且提高了新闻摄影技艺水平。

（倪　磊　陈明中）

【省航道工程局开展节能操作技术竞赛活动】　6月24日，省航道工程局组织开展了船舶轮机人员节能操作技术竞赛。

竞赛活动共分六组进行，由该局各船舶的轮机人员参加，每二人一组。此次竞赛是对柴油机喷油嘴压力进行校验，使其达到标准值。经过角逐，校验准确、速度最快的前三组选手分别获得一、二、三等奖。

通过节能操作技能竞赛，进一步提高了船舶轮机人员节能操作技术水平，达到了节能宣传的预期效果。

（涂小英　万宝莲　陈明中）

【全省防范水上交通事故培训班在井冈山举办】　6月27日，省港航管理局在井冈山举办防范水上交通事故培训班。各港航管理分局分管海事业务的领导、安监部门负责人，以及部分中、高级海事调查官参加培训。

培训内容主要是：在讲授防范水上交通事故知识的同时，对近年来省内外发生的典型水上交通事故案例进行剖析，深入分析事故发生的原因及后果，并对当前全省水上交通安全监管工作中面临的热点和难点问题进行研讨，有针对性地提出需要采取的安全监管及防范措施，阐明海事管理机构应履行的职责。

通过培训，学员们进一步认清了防范水上交通事故现状和形势、增强了安全理念与意识，加强了基础工作和信息报送工作，强化了执法队伍建设，进一步提升了海事管理机构履职能力。

（刘　祥　陈明中）

【省港航局举办全省海事统计业务培训班】　4月25日，全省海事统计业务培训班在宜春开班。省港航局局属各单位的海事统计人员及部门负责人共30余人参加培训。

培训期间，授课老师围绕事故调查统计分析系统应用、海事统计系统（专用版）的应用、事故信息报告报送程序及要求、港航安全双基统计工作报表应用、亚信会信息报送平台应用等五个当面的统计方法及数据撰写进行授课。授课老师结合具体实例，进行了深入浅出的讲解，对业务人员在进行海事统计时的一些注意事项进行了举例说明，对统计系统的一些运用技巧，如事故调查情况统计、数据查询、错误检测等进行示范讲解。培训期间，学员们就如何做好统计报表报送、减少数据重复录入、查阅学习统计资料等问题与授课老师进行现场互动交流。

通过培训，学员们掌握了各类统计系统的运用，进一步促进了全省水上事故及时、准确报送，强化了事故统计分析，提高了全局海事系统统计工作的水平。

（刘立平　赵树清　陈明中）

【景德镇市交通运输局举办综治干部培训班】　11月5日，景德镇市交通运输局举办2014年度综治干部培训班，旨在进一步加强综治干部素质，提高工作能力。各企(事)业单位综治工作分管领导、综治办主任和综治专干参加培训。

培训班邀请综治专家授课。综治专家围绕平安建设展开讲课,就平安建设工作的含义、体系指标作进行讲解。对景德镇市平安建设取得成效和存在的突出问题作出分析,并就如何做好平安建设工作提出要求,阐述综治工作进基层的重要性和必要性,对景德镇市综治工作现状作出分析,对综治干部提出了四点要求,一是建立目标责任制,使综治工作层层有人抓、有人管;二是落买四防措施预测,特别是在技防上有突破;三是加强法制教育,抓好干部职工法制教育;四是在促进落实上下工夫。

通过培训.受培综治干部加强了自己的理论修养,进一步提高了对综治工作重要性的认识,更加明确了自己责任和进一步做好综治工作的努力方向。

(吴小红)

【江西国际集装箱码头公司举办安全操作堆高机培训班】 1月23日,江西国际集装箱码头公司举办安全操作推高机培训班。该公司领导、安全管理人员和操作人员及机修人员等10余人参加培训。

本次培训由集装箱码头公司集装箱堆高机生产厂家的专业技术人员进行现场讲解堆高机的主要结构、操作要领与安全操作规程。授课教师以播放幻灯片的形式,边放边讲,详细讲解了堆高机实际操作和维修保养过程中应注意的事项和处理方法。

通过培训,学员们进一步掌握了堆高机使用和维护方法,为提高码头堆高机使用效率,降低生产成本,确保安全生产打下了良好基础。

(辜海文 陈明中)

【省港航局举办全省运输、港口管理信息系统培训班】 1月21—22日,江西省水路运输、港口管理信息系统培训班在省港航局举办。全省各设区市港航管理处(局)、九江市港口管理局及省港航局运输管理处、港口管理处从事运输和港口行政管理业务的55人参加培训。

培训主要内容是:围绕江西水路运输管理系统和港口管理信息系统建设、实现全省水路运输及港口行业规范化、精细化管理与提升全省水运信息化建设规划性、一致性,进行业务和技术培训。其间,学员们认真学习理论、动手现场操作,与教师互动交流。培训达到了预期效果,为江西港航统一数据交换平台建成后的应用创造了条件、奠定了基础。

(刘宁钰 王 侃 陈明中)

【省港航局举办全省港航办公室主任文秘人员培训班】 10月23日,省港航局在井冈山海事宾馆举办全省港航系统办公室主任文秘人员培训班。本次培训内容有文字起草、公文处理、政务信息、信访等工作专题讲座,进行了办公室工作经验交流。培训具有较强的实践性和指导性。该局所属各单位、九江市港口管理局、各设区市港航管理处(局)的办公室主任及文秘工作人员共60余人参加了培训。

(何金宝 邱志勇)

【万安库区开展客船水上弃船演习】 4月28日,由万安县地方海事处、万安县港航所、万安西安船舶运输有限公司等单位组织的客船水上弃船演习在万安库区举行。

演练模拟“赣吉安客3018”客船在航行中触礁,船体破损,船舱大量进水,船舶随时有沉没的危险的情况下,海事处接到报警后,立即协调救援力量,调派“万安湖1号”高速客串前往救援。救援船舶成功靠近事故船舶后,对现场情况进行初步分析后,“赣吉安客3018”客船船长决定弃船,在现场救援人员的指挥下,事故传播的旅客、船员、船长井然有序地从应急通道依次转移到救援船舶上,安全送达码头。

此次实战演习是以韩国“岁月”号客轮沉没事故教训为鉴,开展的一次专项应急救生演习。通过演习,检验了船公司、船船长能否认真贯彻水上安全应急搜救机制和预案,迅速、有序、高效地实施水上突发事件的应急反应能力,为每一位船员上一堂生动的教育课,切实提升船员安全意识和自救能力。与此同时,发现了不足,找出了漏洞,总结了经验,提升了救助能力,为打造安全和谐的水上交通安全环境奠定了基础。

(郭路远 龙庆华 陈明中)

【省港航局举办2014年度综治培训班】 11月23—25日,省航港局在南昌黄马乡举办2014年度综治培训班。该局所属各综治责任单位的分管领导、综治办主任及综治专干共计50余人参加了培训。

培训班特邀请省维稳办专职副主任兼省综治办副主任万小根、省交通运输厅综治办主任糜向荣作专题授课,并就综治维稳工作进行了座谈,交流了经验,分析了问题和不足,部署明了今后的工作。

(黄海源)

【省港航局举办全省航道管理业务培训班】 10月上旬,省港航局航道处、科教处联合举办2014年全省航道管理人员业务培训班,这是近年来省局首次举办的航道业务培训班。培训的主要内容是:航道相关法律法规、有关技术标准的规定以及航道养护管理相关实践知识。各分局、航道工程局、界牌枢纽管理处共60条人参加了学习培训。

(陈毅春 况志强)

【江西船检人员赴粤参加内河砂船检验业务培训】 9月15—22日,江西省港航系统14名船检人员赴粤参加。交通运输部海事局组织的内河砂船检验业务培训。培训为期一周,培训内容含内河砂船装载手册的编制、直接计算的处理以及图纸审查和建造检验的技巧等。省地方海事局高度重视此次培训,与广东培训中心沟通,将本省参训名额由原分配的4个增加到14个,近年出省参训人员较多的一次。

(李 越 黄海源)

【新余市交通运输局启动首届“新余有爱·十佳的哥(的姐)"评选活动】 6月25日,新余市文明办、市交通运输局、新余日报社、市公安局交警支队联合主办的首届“新余有爱·十佳的哥(的姐)”网络评选活动正式启动。在启动仪式上。出租汽车公司经理和出租汽车驾驶员分别作表态性发言,并在《新余市出租汽车文明服务承诺》上郑重签名。本次评选的“十佳的哥(的姐)”将通过网民投票、出租车驾驶员自荐和出租车运营企业推荐的方式产生。

(朱 蓉)

【吉安市运管处举办2014年度运政执法培训班】 12月16日,吉安市运管处举办2014年度全市运政执法培训班。重点对各县(市)运管所分管运政执法的副所长、稽查股长及一线执法人员进行提高依法行政能力专项法律培训。

培训班邀请江西智桥律师事务所的张律师和黄律师分别讲授提高依法行政能力有关法律知识和方法、措施及增强运政执法人员的服务意识等内容。

通过培训,学员们纷纷表示,加深了对依法行政的理解,进一步增强了法制观念,为提升执法能力、做好依法行政奠定了一定的基础。

(吉安市运管处)

【永丰县交通运输局开展“弘扬宪法精神建设法治交通”宣传】 12月4日,是首个国家宪法日和全国法制工作日。永丰县交通运输局组织公路、航道、运管等部门人员,在该县时代广场举行“弘扬宪法精神建设法治交通”大型法制宣传教育、法律法规咨询、服务活动。与此同时,通过悬挂宣传标语横幅、设立固定咨询台、摆放展板和发放宣传资料等多种形式向人民群众宣传国家宪法精神和法治交通有关内容。向过往群众发放法律宣传彩页资料2000余份,现场详细解答群众提出的有关交通方面的法律法规知识60余次,活动达到了预期的目的。

(曹孝平 张瑞生)

【省高速集团举办工会业务培训班】 5月12日至15日,省高速集团工会业务培训班在赣粤职工之家举办。培训班学习贯彻习近平总书记关于工人阶级和工会工作重要讲话及中国工会十六大精神,安排中工会OA办公自动化系统使用及集团信息建设探讨和工会财务会计管理规范等课程。此外,专门设有工会业务学习辅导授课。

(樊 铭)

【省交通工会举办全省交通企业工资集体协商指导员培训班】 4月24日,省交通工会在抚州市举办全省交通企业工资集体协商指导员培训班。培训主要涉及企业工资分配制度、形式以及工资水平调整幅度、工资集体协商的内容、程序和技巧以及相关法律和技巧以及相关法律法规和政策文件等内容。

(刘　健)

【芦溪县交通运输局高度重视干部的教育培训】2014年,该局始终把它当作加强干部队伍建设、提高干部队伍素质的一个重要环节来抓,做到措施有力,工作到位。一是制定详细的教育培训计划,结合全县党的群众路线教育实践活动学习教育环节,组织全体机关干部展开集中学习,全面系统的学习中共中央总书记习近平的系列讲话精神。二是领导带头学,一般干部自觉学。坚持每周五集中学习制度,认真学习邓小平理论和"三个代表"重要思想,学习十八大会议精神、习总书记重要讲话精神等。三是积极开展"书香交通"活动,丰富机关文化生活,营造团结、向上、活泼的机关氛围。三是全年组织相关业务股室负责人参加全省交通运输行政执法人员培训。全市农村公路管理业务培训等20余次,参训人数达200人次。通过培训,进一步提升了全局干部职工的综合素质和水平。

(芦溪县交通运输局)

【上栗县交通运输局多形式开展教育培训】2014年,该局通过"外出学,请进来"等方式.全面加强交通系统干部职工的业务培训。积极组织全体机关干部参加全县统一组织的干部职业教育培训。全年共派员参加省交通建设理论培训2人次,派员参加市组织的行政执法和公路建设业务培训3人次,局机关内部组织交通业务培训5人次,参加县财政局组织的财务学习10人次,参加全县组织的信访综治培训5人次。与此同时,组织机关人员通过网络学习和以会代培等方式进行业务培训。对学习内容制定了专门的学习计划,整理下发了专门的学习资料,组织全体机关干部进行集中学习。采取集中授课、观看先进典型影像、参观教育基地、读书看报等方式加强理论学习教育,安排专门的测试。通过培训,使机关干部队伍的综合意识、服务意识、职业素养进一步提升。

(上栗县交通运输局)

【萍乡市交通运输局举办2014年农村公路管理业务培训班】　2014年,该局举办农村公路管理业务培训班。全市各县(区)交通运输局分管建设、养护、路政的副局长、公路站站长、养护站站长、路政队长和各乡(镇)分管交通的副乡(镇)长和交通办主任参加培训。

培训班聘请专业技术人员专门授课。授课教师结合该市农村公路工作实际和围绕农村公路建设养护路政管理实况,从路基路面的桥梁工程技术质量管理、建设基本程序、农村公路养护技术知识、施工图设计文件识图、路政执法证据的手机与应用等讲授普及农村公路业务管理基本知识。并与学员交流互动,探讨全市农村公路建设、管理等方面的经验和问题。对进一步提高全市交通系统业务干部的农村公路建设管养水平和促进全市农村公路健康持续发展具有一定的推动和促进作用。

(王李萍)

【萍乡市交通运输局举办财经制度学习培训班】2014年,该局举办以"规范财务管理,严肃财务纪律"为主题的财经制度专项培训班。

培训班组织局属单位财务分管领导和财务人员学习财务管理制度和有关规定,布置清理"小金库"工作,通报局属单位内部审计情况和财务核算下放后的财务管理情况,研讨加强资金安全和财务监督的管理办法,规范财经秩序,强化资金安全。并从推行公务卡使用、规范资金运作、做好固定资产登记工作、加强财会人员职业道德及业务素质四个方面为该局下一步的财务工作明确了方向。

通过培训,为进一步推进全局财务规范管理,严肃财经纪律,加强会计基础工作和财务监督管理,提高了资金使用效率和安全,为严格治理小金库、保证交通资金使用安全有效奠定了良好基础。

(刘　攀)

【萍乡市公交总公司举办交通安全警示教育及安全知识培训班】　11月25—26日,该公司举交通安全警示教育及安全知识培训班,分4期培训驾驶员。总公司5个营运分公司、大修厂、维修厂、驾驶员、中层管理干部等600余人参加培训。

培训班邀请萍乡市交通运输局安全科、市安监局运输、市交警直属大队负责人授课。重点讲授《中华人民共和国道路交通法》《交通安全生产知识及安全事故应对知识》《安全生产法及一职双岗》与新能源客车工作原理及使用操作及行车知识。培训内容涵盖了交通安全、社会安全等应急防范的基本知识。

通过培训,驾驶员们纷纷表示:增强了交通安全意识,对交通法规和交通事故也有了更加深刻的认识和理解,为进一步做好该市交通事故预防工作奠定了一定的基础。

（付　艾）

【萍乡市抓好道路运输从业人员培训】 2014 年,该市十分重视道路运输从业人员的培训工作,全年共培训驾驶员 9070 人,实现教育培训全覆盖。全年该市报考道路客货运输从业资格考试的考生共计 4736 人,比上年同期增加 1293 人,增长 27.3%,实考 1497 人,实考率 93.2%,考试合格 2484 人,合格率 52.4%。2014 年,全市驾校共计 16 家。共培训人员 21552 人,培训合格结业 5248 人。

（萍乡市交通运输局）

【上栗县交通运输局联合公安、安监等部门开展安全教育培训】 2014 年,该局与上栗公安局危爆物品管理大队、交警大队、安监局及危险品运输企业达金物流有限公司联合对上栗辖区内从事危险品运输的驾驶员、押运员等从业人员进行安全教育培训。

培训内容有学习宣贯《危险化学品安全管理条例》《道路危险货物运输管理规定》精神及危险货物运输应急救援预案的制定与实施等。培训班上,市运管处货运科负责人、市交警大队负责人就交通事故中的一些典型的交通事故案例进行分析,展开交流互动,进行警示教育。

通过培训,学员们得到了一次深刻再教育,危险货物运输安全管理人员、从业人员的安全意识和管理能力得到进一步加强,普遍反映受益匪浅。

（叶江萍　曾家玉）

【萍乡市交通质监站加强“平安工地”宣传贯彻工作】 2014 年,该站为提高重点项目参建人员的安全生产意识,从思想人手,组织开展了“平安工地”宣贯活动。一是加强对从业单位安全生产管理人员的培训。共组织 2 期全市公路升级改造工程和全市农村公路从业单位质量安全培训班,参训人员达 200 多名。对在建项目采用综合检查、专项检查、巡视检查的方法共开展安全监督检查 20 次,下发质监文件 12 份,发现安全隐患 25 处,目前整改到位 19 处、6 处正在整改中。二是深入推进“平安工地”建设。制定“平安工地考核评价工作制度,并成立了考核工作组,下设办公室在质监站,负责各项目将“平安工地”创建达标活动开展情况具体工作。项目综合检查及考核的主要内容,评价结果及时按照规定逐级审核、报备并跟踪存在问题的整改落实。

（熊　婧）

【宜春地方海事局举办安全知识进校园活动】 9 月 16 日,宜春市地方海事局在飞剑潭中学举办主题为“水上平安交通安全伴我成长”的水上安全知识进校园活动。该校师生 100 余人参加活动。

本次活动,宜春海事局授课人员向该校学生宣讲了水上交通安全知识,着重介绍了水上逃生技能、溺水救助方式、消防灭火常识以及乘坐渡船的注意事项等,并组织学生开展了如何使用救生衣、救生圈和灭火器的技能竞赛,同时向全校 300 多名师生捐赠装有水上安全知识宣传材料的爱心书包。

（倪　磊　刘立平　杨惠文）

【吉安市地方海事局开展《内河渡口渡船安全管理规定》宣贯工作】 2014 年,吉安市地方海事局积极开展《内河渡口渡船安全管理规定》宣贯的工作,宣传《内河渡口渡船安全管理规定》相关要求,贯彻“安全第一、预防为主、各负其责、服务民生”的安全管理基本原则。

1. 该局各基层海事处迅速组织海事执法人员加强对,《内河渡口渡船安全管理规定》条文的学习,明确自身在渡口安全监管工作中应履行的职责。

2. 主动联系走访各涉渡乡镇政府、渡口管理部门、渡运企业,通过座谈、通报的形式做好宣传工作,明确各自职责和工作要求,共议渡口渡船安全管理工作。

3. 对照规定要求,对辖区的渡口渡船开展隐患排查治理活动,对达不到现定新要求的,责成船方落实整改,取得了良好效果。

（郭路远）

【全省《道路运输动态监督管理办法》宣传贯彻培训会在南昌召开】 8月8日，全省《道路运输动态监督管理办法》宣贯培训会在南昌召开。各设区市运管处（局）分管安全领导、安全、信息部门负责人，各县（市、区）运管所（分局）分管安全领导、省内已备案卫星定位系统平台运营商共160余人参加宣贯培训。

（省运管局）

【省港航局举办审核业务培训班暨业务研讨会】 7月31日，省港航局在南昌举办安全管理体系审核管理信息系统应用和审核员知识更新培训暨2014年度审核业务研讨会。

本次培训班特邀交通运输部海事局审核中心部长夏红星授课。

培训期间套开了审核业务工作研讨会。研讨会邀请了航运公司等企业代表参加。会上通报了2013年度和2014年上半年审核业务工作情况以及部署下一阶段工作重点，并就存在的问题及建议进行了讨论交流。

（李　卿　黄海源）

【上饶市交通运输局举办执法文案制作卷培训】 11月12日—13日，上饶市交通运输局举办交通执法案卷制作培训。各县（市、区）交通运输局及局属相关执法单位抽调3名案卷制作骨干参加培训。通过此次培训，进一步丰富执法人员的业务知识，提高执法人员的执法水平，为更好地做好交通执法工作奠定了坚实的基础。

（饶　欢）

【萍乡市交通运输局组织观看廉政话剧《较量》】 2月17日，该局组织全系统副科以上干部观看了萍乡方言廉政话剧《较量》。该剧围绕某县水库建设环节，突显了廉与贪的斗争、正与邪的较量，吹响了反腐倡廉的集结号。观剧结束后，该局广大干部纷纷表示，要在已先后开展各种形式廉政教育30余次的基础上，进一步强化和加大廉政反腐教育力度。一致表示，要结合交通运输职能实际，不断创新形式，丰富载体，充实内容，全方位、多层次、有重点地加强廉政文化建设，打造交通运输系统为民、务实、清廉的良好形象。要坚定理想信念，加强党性修养，筑牢拒腐防变的思想防线，从自身做起，“照镜子、正衣冠、洗洗澡、治治病”，警钟长鸣，反腐倡廉。

（萍乡市交通运输局）

【萍乡市交通运输局开展革命传统教育】 3月4日，该局组织局机关全体党员和各直属单位党委、支部负责人参观红色教育基地一安源路矿人运动纪念馆和萍乡党史党建展览馆，接受革命传统教育，回顾党的群众路线发展壮大的光辉历程。面对庄严神圣的党旗，所有参观人员再一次举起右手。重温了入党誓词。大家纷纷表示，一定要继承和弘扬革命先烈精神，加强党性修养，努力实现自我净化、自我完善、自我革新、自我提高，在本职岗位上忠实履职奉献，为推进交通事业发展做出积极贡献。

（萍乡市交通运输局）

【上饶市召开2014年度农村公路路况评定工作培训会】 10月16日，上饶市2014年度农村公路路况评定工作培训会在上饶市公路学会举行。培训会邀请省公路局数据中心专家甘梁刚、钟杰授课，讲授开展农村公路县道技术状况评定工作的意义、目的、方式方法、要求以及对农村公路路况评定工作现场数据采集及软件操作要点。该市所属各县（市、区）交通运输局分管农村公路路况评定工作的领导、主要技术人员及上饶宏优设计院技术人员等共计50余人参加培训会。

（上饶市公路学会）

卫　生

【江西省交通医院攻坚克难创佳绩】 2014年，江西省交通医院在人才较缺，储备不足，技术和设备滞后，退休人员多、负担重，严重制约医院的发展的困难条件下，攻坚克难、顽强拼搏，“两个效益一起抓，两个效益一道上”，业务收入较上一年度增加15%，各方面的工作呈现良好发展态势。

一、保障医疗安全无事故。该院多年来一直坚持患者安全第一的原则，重视医疗质量，强化医务人员的安全意识。将医疗安全重于一切的理念贯穿始终，多年未出现过一例重大医疗事故，深受社会和患者的好评。

二、加强医务人员的继续再教育。2014年，该院千方百计组织医护人员参加各种医疗技术培训，进行继续再教育，让他们接收一些新的知识和新的意识和提高自身的服务理念、技术水平。通过技术培训、继续再教育，提高了全院医务人员的技术水平，在服务患者、吸引患者就诊、创造更好的社会及经济效益方面收到良好效果。

三、预防工作落到实处。该院强化医务人员“预防重于治疗”理念，加强对患者的健康教育，全年未发生一起医疗安全事故，受到患者好评。

四、努力提高医务人员的收入水平。2014年，该院人均年收入（包括综治奖及和谐奖）较上年度提升30%，并为退休人员发放了2014年度的奖金和补贴。进一步调动了员工更好地为患者服务的积极性。

五、加强财务监管，确保收支平衡。2014年该院全年收入492万元（包括上级拨款、房租收入327万元；业务收入165万元）。支出492万元，其中，工资福利支出129万元；离退休人员生活补贴184.4万元；药品采购、办公经费、水电费、车辆维护费、死亡职工抚恤金等费用合计178.6万元。全年严格按财政策办事，严守财经纪律，加强财务监管，保证了全年的收支平衡。

六、圆满完成江西交通职业技术学院交给的各项任务。一是完成4000名新生体检；二是学院医务室一年来在人员紧缺、设备不足的情况下，完成了全院近万名师生的医疗保障工作，从未发生一起医疗事故。抽调一名工作人员专门负责协助学院做好医保工作，受到该院师生员工的好评。

七、廉政工作常抓不懈。江西省交通医院，设立廉政举报箱、举报电话，医院干部职工人人从自身做起，做到决不接受患者红包，决不接受任何回扣，全年未发生一起医务人员收受患者红包、回扣的事件。

（李延诚）

【江西长运工会女工委组织健康知识讲座】 2014年，江西长运女职工委员会邀请健康顾问为女职工进行健康知识讲座。讲座邀请有关专家重点讲授瑜伽健身在促进身心健康、抵御疾病、缓解生活和工作压力方面的知识。瑜伽教练还针对办公室工作的特点，传授了女职工瑜伽的简单基本动作，并亲自示范指导，女职工们实实在在体验到了瑜伽给身心带来的轻松和平衡功能和作用。

（林　颖）

【江西长运公司组织女职工进行健康普查】 2014年，江西长运公司切实保障女职工的身体健康，组织全体女职工进行妇科病普查。并要求各单位将女职工健康体检作为以人为本，切实关心职工身体健康的一件大事来抓，保证了妇科检查经费的具体落实。该公司共有385名女职工参加妇科检查，参检率达到80%以上，普查费用达4.4万元。女职工们纷纷表示，健康普查活动不仅使女职工切身感受到公司的人文关怀，同时有利于女职工及时掌握和了解自身的健康状况，增强了预防保健意识，进一步有效遏制了妇科重大疾病的发生，受益匪浅。

（林　颖）

【吉安市运管处积极参与国家卫生城市创建活动】 2014年,吉安市运管处积极配合该市创建国家卫生城、迎接国家“创卫”考评工作,采取多项措施做好“创卫”工作。一是针对“创卫”的工作重点,责任明确到各科室、各主要负责人。建立督察小组,对各部门落实情况进行严格考核。二是该处自我加压,主动承担吉州区范围内114个公交亭(占全市公交亭总量的43%)的卫生保洁工作。对这些公交亭进行全面保洁。三是落实责任、强化监管。全市运输行业开展了公交车、班线车与出租车卫生专项整顿,重点加强对车容车貌、车内环境的卫生检查、同时在公交车LED显示屏上加密播放创卫公益广告宣传标语,对破损的公交亭进行了修理。四是加强城市窗口创卫建设。把各汽车客运站作为创卫工作的重点来抓,督促各客运站进行卫生大扫除,设置吸烟区,要求旅客候车室有佩戴劝阻吸烟标志的工作人员,在候车室放置“健康教育宣传栏”和“创卫宣传栏”,给广大旅客创造一个舒适、美观的乘车环境。

(黄文荻)

【省港投公司三地联动开展无偿献血活动】 3月19日,省港航投资公司组织开展无偿献血活动。因该公司所属石虎塘管理处和集装箱码头公司离港投公司路程较远,加之石虎塘到航电枢纽发电站工作三班转的特殊情况,省港投公司决定同日同时不停地举行了一次“三地联动献血”活动。该公司机关及下属单位近50余人参加了献血,献血总量达12900毫升。

无偿献血志愿者们在现场积极认真填写献血相关信息,并全力配合江西省血液中心的医务人员完成必要的身体检查和血型化验,个个表现出很高的积极性。

该公司很多职工已多次参加过献血活动,最多者已累计献血达5200毫升。志愿者们“关爱他人、关爱社会、关爱生命”的精神温暖着在场每一个人的心灵。

(李　雯)

【上饶汽运集团公司组织劳模进行休养】 6月20—28日,上饶汽运集团公司组织2013年度劳动模范等15人,分批前往云南休养。

(李长乐)

【省交通干部学院举办健康知识专题讲座】 10月30日,省交通干部学院邀请江西中医药大学教授、南昌市中西医结合医院2位专家到该院进行健康知识讲座,旨在梳理新的健康理念,增强自我保健意识,提高健康体能体质。该院在举办健康知识讲座的同时,还先后邀请相关专家来院组织开展食品卫生安全知识、电梯安全知识、消防安全知识等多个层面安全专题学习,强化干部职工安全生产意识,珍惜生命、做好自我保健意识。

(钟恢万)

【省交通工会组织劳模赴庐山疗养】 8月26日—9月1日,省交通工会大力弘扬劳模精神,真心关爱和服务劳模,组织了一批基层劳模到庐山进行为期7天的疗休养。参加此次休养的劳模共9人,入住省总工会庐山工人休养院。参加此次疗休养的劳模纷纷表示:通过此次活动充分感受到了来自省交通工会的关心与爱护,今后要不断加强学习,爱岗敬业,在自己的工作岗位上起到先锋模范带头作用。

(录自《江西交通信息网》)

【江西交通职业技术学院开展献血和捐款活动】 4月23日,该院在第四教学楼内组织为四川雅安地震受伤的灾民开展无偿献血活动,为地震救灾提供力所能及的捐款帮助。数小时内,65名师生参加了献血,无偿献血21400毫升。同时,学生自发举办了募捐活动,首日募捐善款近5000元。

(刘晓冰)

【省公路工程监理公司组织职工健康体检】 12月25日,省公路工程监理公司组织全体职工进行健康体检,使员工及时了解自身健康状况,提高自我养生、保健意识,加强体育锻炼,有效预防各类疾病的发生。全公司在职及离退休职工共计60余人参加体检。

此次体检内容包括血常规、心电图、胸片、彩超等20个项目。由于公司部分职工常年工作在工地一线,为保证全体员工都能参加体检,公司工会与南昌市第二医院体检中心进行沟通,确定了较为宽裕的时间期限,并提前下发通知,提示体检注意事项,以分批、分次方式进行体检。同时,提醒大家积极配合医生检查,多与医生互动交流,及时知晓影响身体健康的各种因素。体检结束后,公司工会将对体检结果信息进行汇总,进一步完善职工健康档案。

（录自《江西交通信息网》）

【宜春市铁路综合交通枢纽公司强化卫生管理】 5月,宜春市铁路综合交通枢纽公司把卫生管理作为一项重点任务来抓,从5家递交了意向书的保洁公司中,经组织人员实地考察、结合公司综合实力等,选定专业技能较强的深圳物业管理有限公司为公司协议保洁公司。该公司共有清洁工等人员83名,负责对枢纽16万平方米面积区域保洁作业,公司采取定人员,定任务,定标准,定报酬和通过日检查、周点评、月考核的方式加强卫生监督管理,为广大旅客候车打造和提供了一个良好舒适候车环境。

（李茵恺）

【宜春市袁州区交通运输局开展秋季除四害活动】 9月20日—10月4日,宜春市袁州区交通运输局积极开展秋季统一除四害活动。组织人员多次彻底大扫除,冲洗门窗,弹蛛扫尘,清理垃圾杂物,消灭卫生死角,铲除四害孳生场所。并指定专人购买除四害药物,连续投洒一周,杜绝四害孳生。通过活动,进一步改善环境卫生,提高干部职工文明意识、卫生意识和环境意识,推动交通运输系统文明建设,创建了有利于干部职工身体健康环境。

（李　庆）

【高安市交通运输局开展环境卫生整治活动】 春节期间,高安市交通运输局为打造整洁、和谐、有序的春节环境,组织开展环境卫生整治工作:1.分解细化目标任务。制定印发《交通运输系统春节市容环境综合整治工作方案》,将任务分解落实到单位、到岗位、到人头,明确工作责任;召开整治部署会,将干部职工思想认识统一到整治工作要求上来,确保工作顺利开展。2.规范客运市场秩序。抽调运管骨干力量,开展营运客车、出租车、城市公交专项整治行动,打击乱班乱线、乱停乱放、争抢客源行为,并邀请市新闻媒体全程追踪报道。3.大力营造节日氛围。全面落实片区亮化工作,督促沿街单位、门店按时开、关灯饰,张贴迎春对联,悬挂大小红灯笼,营造浓厚的春节喜庆氛围。4.开展环境卫生整治活动。先后组织责任片区、局属各单位、机关各科室开展卫生大扫除,清理卫生死角,冲洗地面墙面、擦洗门头牌匾、人行道护栏;管好单位车辆,放假期间公务车辆一律封存,做到无特殊任务车辆不出库。5.认真落实门前“四包”责任。组建片区巡查小组,加大责任路段的巡查密度,督导沿街单位、商铺落实“四包”责任,发现问题,及时解决。

（周世祥）

【宜丰县交通运输局认真开展机关环境卫生整治】 2014年,宜丰县交通运输局进一步巩固和发展省级文明城、卫生城创建成果,切实改善人居环境,努力推进幸福宜丰建设,以“环境卫生人人参与、健康生活人人享受”为主题,广泛发动、深入宣传、综合治理和积极组织开展一系列的环境卫生大整治活动与健康教育活动,进一步改善和治理了环境脏乱差状况,提高了交通系统干部职工文明意识、卫生意识、城市意识和环境意识,营造了“讲卫生、守公德、促健康”的良好社会风尚,推动了交通系统文明创建和爱国卫生运动的健康发展。

（漆志勇）

【宜丰县交通运输局加强公交车、出租车车容卫生管理】 2014年,该局制订《宜丰县交通运输局环境卫生长效管理工作实施方案》,着力整治公交车、出租车卫生环境。对车容卫生(椅套)差的驾驶员,给予现场教育和督促纠正,并做好登记备案,并责令当事驾驶员回公司进行培训教育。同时,将检查情况纳入行业服务质量测评管理,并对违章率较高的在全行业予以通报批评。

（漆志勇）

【铜鼓县交通运输局积极开展创国家生态县建设】 2014年,铜鼓县交通运输局采取多项措施抓好创国家生态县的各项工作。一是成立机构,营造氛围。接到县委、县政府通知后,该局高度重视,成立了以局长为组长的领导小组,并召开干部职工大会,会上传达了县通知精神,要求全体干职工树立创国家生态县工作人人有责的意识,全力投入创全县生态县的攻坚战。二是分解任务,分工明确。领导小组将交通行业相关卫生责任具体划分到每个股室,由各分管领导负责带领股室成员认真完成各自任务。周末采取值班制度,将各自责任区全天保持干净整洁,不留死角。该局形成主要领导亲自过问、亲自抓,分管领导具体督查,股室人员具体抓,一级抓一级,层层抓落实的工作机制。三是强化督察,确保实效。领导小组成员对交通行业相关卫生工作进行不定期检查,对督查中发现问题通知责任单位(个人)及时督促整改,确保创卫工作落到实处、取得实效。

(李　燕)

【省高速公路联网管理中心两次开展义务献血活动】 3月10日,省高速公路联网管理中心组织机关干部职工开展义务献血活动,全体机关干部职工踊跃参与。7月10日,该中心再次组织机关和南昌分中心的全体干部前往江西省血液中心了解无偿献血知识、开展义务献血活动,充分体现联网人热心公益事业,弘扬雷锋精神的精神风貌。

(郭　萍　夏冬媛)

【省运管局开展无偿献血活动】 3月3日,省运管局10余名献血志愿者参加义务献血活动。3月17日,省运管局再次组织局机关和局直属单位干部职工献血,这次献血活动整个填表、测血压、排队化验过程中大家都始终在轻松、愉快的氛围中有序进行。此次献血总量达5500毫升。献血后,志愿者们都放弃休息,坚持上班,体现了当代运管人无私奉献精神和崭新的风貌。

(朱　熹)

【梨温高速赣浙收费处多举措打造安全、文明餐桌】 2014年,梨温高速赣浙收费处开展"安全、文明餐桌行动"主题活动。该处严把食堂安全关,严格执行食品卫生制度,从进货到烹饪层层把关,落实"阳光三人行"的采购和食堂内部规章制度,打造安全放心的"绿色食堂"。同时,加强食堂员工管理和培训,提交后勤人员整体素质和服务质量。并在醒目位子制作了"文明用餐、厉行节约、反对浪费"12个大字,积极倡导干部员工的餐桌文明意识,营造文明和谐的就餐、节约用餐,文明用餐,营造文明用餐的良好氛围。倡导节约理念,要求食堂服务人员引导就餐人员合理取用菜品分量,做到"不剩菜、不剩饭"树榜样带好头。党员干部带头厉行勤俭节约,反对铺张浪费,做到食堂用餐珍惜粮食、遵守秩序、追求健康、摒弃陋习,发挥好示范带头作用,积极营造文明用餐的良好氛围。

(宗秋波)

【贵溪市交通运输局多项措施做好创卫工作】 2014年,贵溪市交通运输局按照上级有关部署,采取多项措施,积极参与爱国卫生运动和创建省级卫生城市活动。一是在客运站台张贴创卫宣传展板10余幅,在公交车上发放宣传材料1000余份,营造交通行业创卫活动宣传气氛;二是对客运站内公共厕所进行整修,新建自行车车棚,设置宣传栏,安排保洁人员清理站内卫生,保持客运站清洁干净;三是督促客运企业驾驶员、售票员积极参与爱国卫生城市活动,同时开展客运行业专项整治活动,重点对客车、出租车车容车貌进行检查,保持车容整洁、车况良好。与此同时,贵溪运管所会同所维修办对辖区内三类维修企业进行检查整治,杜绝油、水污染路面。执法人员分南、北两组对城区范围内的汽修厂(店)逐家宣传创卫要求与注意事项,共检查三类维修企业160余家,存在的主要问题是占道经营和油、水污染路面,对问题比较严重的企业,及时调查取证,责令整改。在检查中发现的问题,贵溪运管所及时向市创卫办反映汇报,并配合属地办事处一同做好监督检查。督促各家维护好经营场所周围环境,把不得占道经营、污损路面与保持店铺周边的良好环境卫生落实到位,取得显著效果,为贵溪市争创省级卫生城市做出了积极贡献。

(戴丽萍)

【余江县交通运输局计划生育工作达标】 2014年,余江县交通运输局年初制订计生工作目标和管理要求。局与站、所和个人层层签订计划生育责任状。该局组织局育龄妇女按时参加了县怀孕检及生殖健康检查,全局未发现一例早婚早育和计划外生育现象。全年全局综合节育率达100%,计划生育率达100%。

(余江县交通运输局)

【新余市交通运输局积极组织义务献血活动】 3月5日，新余市交通运输局职工志愿服务义务献血分队组织全队人员开展义务献血活动。全队13人共献血4300毫升，用涓涓热血展示了交通人积极为社会献爱心、作奉献的高尚品质和精神面貌。

（邓清华）

【九江举办第四届的士司机健康节】 5月23日，九江市文明办、市交通运输局、市广播电视台联合举办九江市区出租车行业第四届的士司机健康节。九江市第一人民医院向市区3000多名出租车司机免费发放体检卡和防暑保健药品。这是自2010年以来，九江出租车行业举办的第四次健康节活动，已成为市区出租车行业凝心聚力、团结进取的盛大节目，为提高出租车司机的健康水平、提升出租车行业服务质量起到了积极的促进作用。

（刘伍刚　曹春芳）

【抚州管理中心、梨温公司组织献血活动】 8月12日，省高速公路投资集团抚州管理中心和梨温高速公路公司分别组织开展无偿献血活动，共有近70名干部职工参加献血。

（抚州管理中心　梨温公司）

【病魔无情人间有爱　特种保险温暖交通人】 景德镇港航分局穿件科科长戴亚东不幸被诊断患重病，先后经历多项治疗，前期治疗费用高达数十万元。省总工会得悉这一情况后，采取“特事特办，绿色通道”的方式，快速详实地审核了有关情况材料，根据职工互助保障赔付标准，给予了9万余元高标准的赔付。这也是全省交通运输系统职工迄今为止，获得的最高特种患病医疗保险金额。12月23日，省总工会、省港航局，省交通工会负责人到景德镇，专程将医疗保险金交到职工家属手中，并鼓励他们树立信心，战胜病魔，争取早日康复。

（李新平　程纪品）

学会　协会

【省公路学会2014年度各项工作亮点纷呈】 2014年.省公路学会坚持“三服务一加强”的工作方针，扎扎实实推进各项工作开展，为江西“四个交通建设”作出新贡献。

一、创新活动形式，服务对接基层。9月，省公路学会组织专家赴赣南苏区开展“基层科技服务对接”和“学术沙龙”活动。邀请省交通规划、设计、科研和高校的7位专家在一线通过查看现场、答疑解惑、集中座谈等形式，为赣南苏区公路交通建设提出指导性和建设性意见，取得良好效果。

二、专业学科和区域性学术活动活跃。省公路学会积极组织开展形式多样、高质量、高水平学术活动，促进了江西公路交通行业科技进步，全年开展国内外学术活动26次，举荐29篇学术论文到国内外高层次学术活动上进行交流。12月，邀请胡钊芳研究员及交通部门几位专家在2014年学术年会上作学术报告。针对交通科技发展的难点、热点与技术问题，开展一系列学术活动，主要有：①省公路学会高速公路管养运营专业委员会在吉莲高速公路项目举办“深长隧道突水突泥重大灾害预测预警与灾害防治”研讨会。邀请科技部项目责任咨询专家、中国工程院院士白以龙，科技部项目责任咨询专家、研究员杨春和中国工程院院士卢耀如、顾金才到会交流指导。②学会科技咨询委组织专家赴重庆就武隆隧道群建设养护经验进行考察调研，并与重庆市公路学会交流了学会工作经验。③道路工程专业委员会在宜春举办全省沥青再生技术现场施工技术交流会。全省与会的公路建养、管理、设计部门及施工技术人员通过实地参观和集中交流，进一步掌握了沥青就地冷、热再生技术，借鉴和积累了经验。④学会青工委举办“中国梦·公路交通梦”征文活动,弘扬公路交通文化,扩大学会社会影响力。⑤桥隧专业委员会组织2次科技讲座。学会交通工程监理专业委员会组织开展安全环保监理工程师继续教育培训、试验检测人员继续教育培训各1期。与此同时,借助中国公路学会的平台,组织省内科技人员参加了中国公路学会2014年学术年会和第三届海峡两岸大陆、香港、澳门、台湾四地公路交通发展论坛,以及第七届全国公路改扩建技术交流会等12次省外学术交流活动。

三、技术咨询、课题研究、科普活动取得新成效。1.省公路积极组织行业专家开展技术咨询,编制开发“科技项目立项咨询”系统。该系统在昌栗、昌宁、船广3个高速公路项目开展的技术咨询评审工作中,得到了服务单位和省内专家的好评。2.积极组织开展课题研究工作。完成了“交通科技信息资源共享平台省域推广应用研究”“江西省公路绿化景观设计与应用研究”两个课题项目的验收工作。积极参与泛长三角五省一市公路学会开展的公路科技治超研究项目,组织申报了科研课题“江西省公路学会建设与服务支持系统”,积极开展科普教育品牌活动,组织编撰道路交通安全科普丛书《安全驾车行》一书,印发3000册,该项科普工作被列为省科协重点科普项目。

四、科技奖励和人才举荐有新发展。积极向省交通运输厅申请委托开展并已得到正式批复由省公路学会承接江西公路科技进步奖、江西公路优秀工程师奖、江西公路优秀学术论文奖等三项科技奖励工作。经学会推荐的会员徐世田荣获首届“全国公路优秀科技工作者”,经学会推荐的“绿色公路建设关键技术研究”“填方路基压实质量的波电场耦合快速检测技术研究”2个科技项目,被评为2014年度中国公路学会科学技术奖二等奖。

五、“一刊一网一讯”服务水平得到新提升。省公路学会期刊《江西公路科技》全年登载学术论文116篇,免费赠阅会员及会员单位4000册。《江西公路科技》期刊被评为省内优秀连续性内部资料一等奖刊物。省公路学会网站进一步完善升级,改版后的学会网站功能得到增强。学会宣传内部资料《江西省公路学会通讯》全年共印发5期1500份,服务水平明显提升。

六、自身基础建设得到新加强。①成功召开省公路学会第九次会员代表大会,选举产生了新一届学会理事会。②狠抓了内部管理,加强了自身建设。5月,省公路学会召开专业(工作)委员会负责人座谈会,积极推动专业(工作)委员会的调整组建工作。8月,召开全省公路学会秘书长工作座谈会,组织第四届江西省公路学会会员日活动,对各设区市公路学会和专委会的工作进行专项交流。全年召开了8次理事长办公会,研究和推进学会具体工作。搬迁办公地点,改善了办公环境,完成了学会OA办公系统的基础建设工作。全面开展会员登记管理工作,同时对学会专兼职干部进行了岗位职责认定,进一步推进了学会职业化建设。③规范学会财务管理。学会制定下发了《江西省公路学会内部审计制度》《江西省公路学会财务管理制度》,对会计基础工作中存在的不规范进行了及时整改,进一步规范学会自身财务监管体系,强化了管理制度的落实与监督。④进一步加强对所属科力公司的经营管理,召开了2014年董事会,选举产生新一届公司董事会领导班子,明确了经营理念和目标。建立健全了公司规章制度,规范公司经营活动。⑤全年完成多个项目投标工作,其中,中标4个项目,接收委托监理项目2个。昌宁驻地办在项目办第一季度质量评比中获第二名,第二季度获第一名。

七、服务能力进一步提升,服务领域不断拓展,作用进一步的发挥,影响力和发展实力进一步提高,工作业绩得到中国公路学会、省科协、省民管局的高度肯定。3月25日,在有关部门发布的2013年全国学会之星有300家,其中,江西公路学会榜上有名,这已是连续23年获此殊荣。同年还被评为开展科技服务“五十佳”省级学会。2014年,该会秘书长吴伟明被中国公路学会评为“全国公路学会优秀秘书长”,会员周瑚被评为全国“会员之星”称号。

八、党组织建设工作呈现常态化。8月,省公路学会党支部换届,充分发挥了党组织在学会事业发展中的战斗堡垒作用和党员的先锋模范作用。

(省公路学会)

【江西交通会计学会狠抓“三个服务”各项工作成效好】 2014年,江西交通会计学会团结和依靠广大会员、坚持以“三个服务”为宗旨,稳中求进,积极推动学会各项工作全面展开，扎实推进，取得新成效。

一、成功召开会计学会第五届三次理事会议

5月13日，江西交通会计学会第五届三次理事会议在省交通干部学院召开。省交通运输厅副厅长王爱和与副巡视员廖贵星出席会议并讲话。会长刘长根代表学会作题为“稳中求进，努力把学会工作做得更好”的工作报告。报告对2013年工作进行了总结：一是成功召开了江西交通会计学会第五届二次理事会暨江西省交通审计学会第六届三次理事会议；二是办好《江西交通财会》会刊，进一步提高了会刊质量；三是开展学会活动，进行了学术交流；四是做好了中国交通会计学会会刊《交通财会》的征订工作；五是组织财会人员参加财会专业培训，提高了全省交通财会人员素质和业务技能；六是完成了行政委托的财务工作任务。报告对2014年工作进行了计划安排：一是学会的工作思路和目标。二是学会的工作重点：1.加强学会组织机构建设；2.召开江西交通会计学会第五届三次理事会；3.组织学术论文参加2013年华东片区交通财会学术研讨会；4.加强交通财会理论研究，制定投稿参考内容，启发作者思路，提高论文质量，为办好《江西交通财会》而不懈努力；5.围绕服务交通事业发展，开展学术研讨和业务培训；6.完成行政委托交办任务，做好2014年《交通财会》的组织征订工作，充分发挥学会服务职能，认真完成厅财务处委托学会的各项任务；7.完成好行政委托交办的财务工作和财务检查任务。115名江西交通会计学会理事代表参加本次会议，共商江西交通会计学会发展大计，会议取得圆满成功。

二、办好《江西交通财会》会刊，进一步提高会刊质量

《江西交通财会》会刊，是全省交通财会人员学术理论研究和工作经验的交流园地，始终得到省交通运输厅领导和财审处领导的支持与指导。2014年学会秘书处坚持理论联系实际，立足交通财会，努力提高会刊质量。一是紧紧围绕交通运输财会中心工作，发挥舆论主渠道作用。二是坚持理论联系实际和双百方针，针对当前行业面临的难点和热点问题进行重点组稿，栏目内容紧扣行业改革和发展实际。不断发挥财会学会和财会信息服务交通改革的作用，为广大交通财会人员提供交流学习平台。全省交通财会工作者踊跃投稿，2014年《江西夺通财会》出版一期，登载文章（论文）15篇，共7.1万字，其中，交通投融资4篇、财务管理2篇、资金管理2篇、问题探讨2篇、学会文稿5篇。在确保会刊实用性强、质量好的同时，为使全省交通财会人员能及时拿到会刊，江西交通会计学会采取了从邮局直接寄送会刊各单位的措施，从而提高了会刊发行的时效性与准确性。

三、开展学会活动，进行学术交流

学会的凝聚力在于开展学会活动；学会的生命力在于提供优质服务，提高服务水平。

5月13日，在江西交通会计学会第五届三次理事会议收到论文15篇，在会上交流了4篇，从不同角度进行了财务理论研究交流，其中，江西省高速公路投资集团公司阙泳、邹洪华在会上交流题为“金融监管改革背景下的企业融资变革”的论文，江西省高速集团昌栗项目办熊军、谢江南在会上交流题为“与地方政府合作建设高速公路的现实问题”的论文，宜春市公路局直属分局胡有洪交流了题为“试析企业投资决策及其影响因素”的论文，宜春市公路局320国道晏彬交流了题为“对公路施工企业管理的探讨”的论文。

四、做好中国交通会计学会会刊《交通财会》的组织征订工作

10月24日，江西交通会计学会转发“中国交通会计学会关于做好《交通财会》杂志2015年征订工作的通知”，学会秘书处多次电话催办订阅，据不完全统计2015年《交通财会》订阅数为82份，保证了征订工作落到实处。

五、组织财会人员参加财会专业培训

2014年，中国交通会计学会会同省级交通会计学会在全国11个省市开办财会知识培训班。6月27日，江西交通会计学会及时转发了中国交通会计学会《关于举办2013年交通系统财会人员培训班的通知》，并督促各单位积极组织财会人员出省学习，开阔视野、增长财会专业知识。截至12月，江西交通系统赴外省参加不同类型的学习班72人次，其中，河北11人、四川11人、安徽1人、海南4人、广西5人、陕西4人、上海33人、大连2人、北京11人。通过学习培训，进一步提高了全省交通财会人员素质和业务技能。

六、圆满完成行政委托的核查任务

根据省交通运输厅《关于印发〈江西省交通运输厅深入开展贯彻执行中央八项规定严肃财经纪律和“小金库”专项治理工作方案〉的通知》(赣交财字〔2014〕59号)要求,受厅财审处委托,于9月5—9日对路政总队,于2014年9月10日、11日对抚州路政支队,于9月12—15日对南昌路政支队等上述3个单位的相关账簿、凭证、报表和自查报告进行了核查。于2014年9月17—19日对江西省公路管理局上报的相关报表和自查报告进行了核查。于2014年9月23—25日对江西省公路运输管理局本级和后勤中心的相关账簿、凭证、报表和自查报告进行了核查。于9月28—30日对省港航管理局,10月8—9日、10日对省港航局南昌分局,于10月13—14日、15日是对省港航局九江分局的相关账簿、凭证、报表和自查报告进了核查。将核查中了解的情况,发现的问题提出意见形成4个专题报告报送厅财务处,较好地完成了工作任务。

(江西交通会计学会)

【江西高速公路文学协会召开第一次会员代表大会】 6月18日,江西高速公路文学协会第一次会员代表大会在集团一楼会议室召开。高速文协14个分会的代表及江西高速笔墨论坛优秀会员、优秀版主、“人物风采展示”活动获奖代表等40余人参加会议。

该文协是江西高速集团文学创作的一个重要载体,围绕集团中心工作开展文学创作活动,用笔墨谱写高速公路的壮美篇章,积极服务江西高速公路事业和集团改革发展大局。

会总结了协会工作,部署了今后一个时期的工作任务,议选举产生了文协第一届理事会,审议通过了第一届理事会工作思路及2014年工作安排。

(付雪川)

【省公路学会承接省交通运输厅三项科技奖励工作】 12月,经省交通运输厅(赣交科教字〔2014〕21号文件)批准省公路学会承接江西公路科技进步奖、江西公路优秀学术论文奖、江西公路优秀工程师3项科技奖励工作的职能。

这三项科技奖是江西省公路交通科技领域的最高奖项,将分别客观地、科学地评价全省交通科技项目、学术论文和公路工程师的水平和成就。原则上每2年评选1次,同时对接“中国公路学会科学技术奖”“中国公路百名优秀工程师”“中国公路学会青年科技奖”“全国公路优秀科技工作者”等奖项的推荐评选工作。首届3项奖的评选活动将于2015年全面展开。

开展这3项科技奖励工作,是省公路学会作为科技社团承接政府转移职能的体现。该会将本着坚持标准、实事求是、公平公开、公正合理、保证质量的原则,按照有关规定和要求做好交通科技奖励工作,综合展示江西公路交通工作者科技水平,促进全省交通科学技术的繁荣发展和科技人才的成长,更好地服务“四个交通”建设。

(秘书处)

【吉安市物流协会成立】 5月6日,吉安市物流协会第一届会员大会在吉州区召开,吉安市物流协会正式成立。市交通运输局局长邹记根和省交通运输与物流协会会长周南伶到会指导,市发改委、市工信委、市商务局、市交警支队、市运管处、市港航处分管负责人及127名市物流协会会员参加会议。

大会审议通过协会章程和会员发展及会费收缴办法,选举产生第一届理事会成员和协会领导成员,通过聘请名誉会长和顾问的提案。总结了吉安市物流工作,部署了吉安市物流协会工作目标任务。

(张丽琴 肖 卫)

【宜春市老年科协交通运输分会成立】 10月18日,宜春市老年科学协会交通运输分会成立。会议选举卢浪牯为分会会长,孙启生为副会长兼秘书长。

(宜春市交通运输局)

【省公路学会召开九届二次理事会】 12月12日,省公路学会九届二次理事会在南昌召开。省公路学会理事长孙茂刚、副理事长胡钊芳、任东红、王圣义等出席会议。九届理事会理事、设区市公路学会代表、各会员单位联络秘书、公路科技工作者代表共计160余人参加大会。

孙茂刚理事长向大会作题为《锐意进取、扎实工作,努力提高学会自身的服务能力和水平》

的工作报告。会议总结了工作,部署了新的工作目标任务,审议并通过理事、常务理事增补和变更有关事项、学会各专业(工作)委员会主任委员、副主任委员聘任名单。

(李文华)

【省公路学会开发江西研发交通重点工程科技项目立项咨询系统】 2014年,省公路学会自主研发出"江西交通重点工程科技项目立项咨询系统",对应科技项目申报书中立项背景和依据、研究基础、预期目标、经费预算等17项内容开发功能模块,并专设了综合点评模块。该系统具有"上传下载便捷""评价查询直观""统计分析智能"的特点。交通运输事业专家通过互联网远程登录此系统便可进行评审,大幅提高了工作效率和科技咨询服务能力与水平,为更好地发挥科技创新在交通工程项目建设中的支撑引领作用,解决项目建设中的重大、关键技术和江西在建交通重点工程项目专家咨询,指导遴选科技项目的选题与确定重点任务做出了新贡献。

(省公路学会)

【省公路学会召开第九次会员代表大会】 4月26日,省公路学会在南昌召开第九次会员代表大会。省交通运输厅党委书记、厅长朱希,厅总工程师胡钊芳,厅原巡视员孙茂刚,中国公路学会副秘书长巨荣云,省科协副主席孙卫民、省民间组织管理局局长罗良意等出席会议并作了重要讲话,全省公路交通科技工作者代表200余人参加大会。

大会审议通过了省公路学会八届理事会工作报告、财务报告和《省公路学会章程修正案》《省公路学会会费标准调整方案》,民主选举产生了省公路学会第九届理事会。会议选举原省交通运输厅巡视员孙茂刚担任理事长,胡钊芳、任东红、朱隆亮、王圣义、易宗发、雷茂锦、聂复生、刘仁达、吴伟明为副理事长,秘书长为吴伟明(兼)。选举产生省公路学会第九届理事会理事115名、常务理事38名。大会审议通过了学会副秘书长聘任人选,表彰了省公路学会第八届理事会先进集体、先进会员单位。九届理事会理事长孙茂刚代表新一届理事会对省公路学会工作提出了下一阶段目标任务,并进行了部署安排。

(李文华)

【省公路学会召开2013年度论文评审会】 3月21日,省公路学会在赣江宾馆召开2013年度优秀论文评审会,省交通运输厅总工程师、省公路学会副理事长胡钊芳出席评审会并讲话,省公路科研设计院院长彭德清主持论文评审会,全省公路交通行业和部分高校的20多名专家学者及学会秘书处领导和省公路学会期刊编辑部成员参加会议。

本次优秀论文评审会从2013年征集的212篇论文中经过初选,共推荐119篇参加评选,分道路工程、桥隧岩土工程、交通工程、综合4大类进行评审。通过省公路学会学术工作委员会组织专家的认真评审,并经学会核定,共有40篇获得2013年度优秀学术论文,其中,一等奖1篇,二等奖9篇,三等奖30篇,交流论文79篇。

(李文华)

【赣州市公路学会召开三届二次常务理事会】 4月15日,赣州市公路学会召开三届二次常务理事会,理事长朱洪波主持会议并讲了话,常务理事参加会议。

本次会议对学会进行了人事增补、调整,听取了秘书处汇报学会工作和会员代表对学会工作的建议和意见,部署了下一阶段目标任务:一是开展好学术交流活动,激发创新理念,发展科技成果。二是开展科技咨询和技术服务活动,科技人员要深入一线,深入现场找问题,专题调研、精心指导,提高科技服务水平,确保工程质量。三是开展科研和技术成果推广活动,抓好新建项目的研究实施,多出成果。四是开展科普活动,加大公路交通科普知识的宣传普及力度,推广高速公路、市养公路应用边陂生物养护技术,开展节能减排,交通安全教育活动。五是开展创新研究和技能培训,办好青年科技工作者讲坛,展示科技工作者创新成果,并应用到公路交通建设中。六是加强自身建设,创新学会管理,完善学会工作制度,充分发挥科技人员的力量,促进公路交通科技人才的成长,提升科技管理水平,为赣南苏区振兴发展作出贡献。

(林秉峰)

【省公路学会组织会员参加泛长三角公路环保技术研修班】 5月22—23日,由上海市公路学会牵头,江苏、浙江、江西、安徽等四省一市省公路学会联合举办的泛长三角公路环境保护技术研修班在上海举行。泛长三角区域所在地的公路建设、设计、监理、施工和运营等单位部门的专业技术人员代表共80余人参加研修班。江西省公路学会组织省交通科研院、省公路工程监理公司等级单位会员参加了本次公路环保技术研修班。

研修班邀请日本的7位专家,围绕环保修复技术的效果评价和群众对环境改善的满意度目标,分别就公路环境问题应对对策变迁、公路环境影响评估体系、公路建设环保新技术、公路防噪减振新技术、公路隧道环保新技术、节能设施与景观协调、公路安全设施与拥堵对策等进行演讲授课,并与与会代表互动交流,现场解答代表提问。

通过举办研修班,进一步强化四省一市区域间相互协作,共同研讨交流了公路交通环保治理问题,增强了与会者公路环境保护意识,为提高公路环境保护水平进一步奠定了坚实基础。

(李文华)

【省公路学会召开专业(工作)委员会负责人座谈会】 5月13日,省公路学会在南昌召开专业(工作)委员会负责人座谈会。学会理事长、各专业(工作)委员会主任委员或负责人与秘书处有关人员参加会议,理事长孙茂刚主持会议。

会上,秘书长吴伟明汇报各专业(工作)委员会设置情况及充实调整的初步设想。通过会议对各专业(工作)委员会进行了充实调整。学会各专业(工作)委员会人针对专委会的设置、专委会年度工作的开展、学会工作的平台搭建、学会品牌的树立等方面的工作提出了很多有开拓性的意见和建议。会议对下一阶段工作进行了安排部署。

(李文华)

【萍乡市公路学会组织参观学习萍洪高速公路施工工艺】 7月8日,萍乡市公路学会组织各理事单位的有关技术人员共计30人到萍洪高速公路实地参观学习施工工艺。

本次组织参观了萍乡至洪口界路段是萍洪高速主线K5+050段施工现场。此段路面正在进行半幅ATB沥青稳定碎石基层摊铺施工。参观学习施工工艺的主要内容是了解高速公路路面层结构、路面施工工序及施工使用的机械设备。与此同时,还参观了位于青山镇与长平乡交界处的明山隧道施工现场。明山隧道为分离式长隧道,隧道左线全长2022米,右线全长2011米,左右线间距36米,是萍洪高速重要的控制性工程之一,也是萍洪高速全线4座隧道中最长的一座。参观学习的主要目的是赴实地了解该隧道二次衬砌施工、隧道衬砌柔性防水工程及衬砌防止工程施工工序流程等技术。此外,还观摩了位于上栗县金山镇、地处萍洪高速与湖南长浏高速的交界点的洪口界隧道左洞现场施工,该隧道全长414米,采用新奥法施工。二次模筑采用泵送混凝土。实地参观主要是了解洪口界隧道的基本概况和双侧壁导坑法施工工艺。

通过参观学习,大家进一步了解和掌握了高速公路的施工新技术和施工新工艺,受益匪浅。

(萍乡市公路学会)

【全省公路学会秘书长工作研讨会暨第四届会员日活动在南昌举行】 8月26日,全省公路学会秘书长工作研讨会暨第四届会员日活动在南昌举行。省公路学会秘书处领导、各专业(工作)委员会秘书长、各设区市公路学会秘书长及学会各部门负责人共40余人参加会议。

研讨会总结了2014年上半年的学会工作,交流了学会工作经验,部署了下半年工作目标任务和必须认真做好的三项工作:即抓好年度重点学术活动,打造自身学术品牌;强化组织建设,不断提升学会的凝聚力、影响力:坚持经营学会,不断提升学会服务能力和水平。与此同时,要不断加强学会基础建设,提升学会服务能力:一方面要强化学会队伍职业化建设、制度体系建设、自主发展能力建设进一步夯实学会发展的基础;另一方面要不断提升学会“五个能力”,即自主发展能力、创新能力、服务社会与政府能力、服务科技工作者的能力,积极主动开展工作,发挥学会的整体作用。

研讨会后,省公路学会举办了会员日活动,表演了配乐诗朗诵《发展与使命》,与会会员欢聚一堂回顾学会三十五年发展历程,展望学会前程,为学会发展畅所欲言,建言献策,提出了许多很好的意见和建议。

(李文华)

【省公路学会党支部2014年第一次党员大会召开】 8月18日,省公路学会党支部召开2014年第一次党员大会。

会上，理事长孙茂刚宣读中共江西省交通运输厅直属机关委员会《关于同意中共江西省公路学会支部委员会换届复》。批复同意：省公路学会党支部委员由3人组成，由钟彦祯担任党支部书记。

会议期间，全体党员面向党旗重温了入党誓词，深入学习了新修改的《中国共产党章程》，明确了本届党支部工作规划、计划。新当选的党支部钟彦祯代表新一届支部委员会部署了下半年支部重点工作：一是建章立制，推进党建工作制度化、规范化；二是加强思想政治教育，提高党员的思想政治水平；三是坚持组织生活制度，加强支部建设；四是健全组织建设，积极慎重地发展新党员；五是按时缴纳党费，履行应尽义务。充分发挥支部的战斗堡垒作用和党员的先锋模范作用，积极带领省公路学会全体党员和广大职工提高业务素质、做好学会工作，全心全意服务江西公路交通运输科技事业，促进江西交通运输又好又快发展。

（李文华）

【省公路学会与赣州市公路学会举行交流座谈会】　8月26日，省公路学会与赣州市公路学会在南昌举行交流座谈会。会上，省公路学会秘书长吴伟明从加强组织结构建设、规范内部管理、重点抓好学会课题研究、科技奖励、咨询服务几项工作重点等方面介绍该学会上半年工作情况。赣州市公路学会秘书长谢小明介绍赣州市公路学会开展调整和规范专业（工作）委员会的名称和职责，进一步加强学会自身制度建设，规范管理和承接政府职能转移方面工作，以及学会参与了项目建设施工图的评审工作，并将《赣南交通》整合成一本展现赣南苏区交通人新作风、新风貌、新业绩的党群宣传刊物的情况。与此同时，双方就学会在发展进程中面临的深层次难点和问题进行了探讨和研究，交流了经验和体会。此次座谈会还就9月份联合举办“博士下基层”学术沙龙两项活动进行了研究、沟通和安排。

（李文华）

【上饶市公路学会召开第四次会员代表大会】　7月17日，上饶市公路学会召开第四次公路学会会员代表大会。上饶市交通运输局党组书记、局长吴步高，省公路学会副理事长兼秘书长吴伟明，上饶市科协党组书记张宁，市民政局民间组织管理局局长蔡勤英出席会议并讲话。

会议审议了学会第三届理事会工作报告、财务工作报告、学会章程修改草案；审议通过了学会设立的八个工作委员会、专业委员会机构方案；选举产生了上饶市公路学会第四届理事会理事、常务理事、理事长、副理事长、秘书长。市交通运输局党组成员、总工程师方扬新当选学会理事长，市公路管理局党委委员、总工程师占小勇和市农路处处长陈永红当选学会副理事长，秘书长陈永红（兼任）；表决通过了秘书长提名的各工作委员会、专业委员会主要负责人人选；部署了上饶公路学会下一阶段抢抓机遇，坚持科技兴路，勇挑上饶交通科研重担，为上饶交通又快又好地发展建言献策等项工作目标任务。

（上饶市公路学会）

【上饶市公路学会举办公路桥梁工程技术业务培训】　6月25日，上饶市公路学会举办全市公路桥梁工程技术及养护管理业务培训班。上饶公路桥梁建设工程技术骨干和市公路局、交通运输局160人参加培训。

培训班邀请省内著名桥梁大师车宇琳和省公路局县乡处领导授课。他们为学员讲授工程技术前沿新理念、新知识，以及农村公路建设有关知识。培训班还邀请路政专家对全市农村公路路政执法工作骨干40余人进行了路政业务培训，并对路政执法专项整治工作作了具体部署。

（上饶市公路学会）

【省公路学会会员徐世田获首届“全国公路优秀科技工作者”称号】　8月20—21日，中国公路学会2014年学术年会在哈尔滨市举办。此次年会对50名首届全国公路优秀科技工作者进行了表彰。经省公路学会推荐，江西交通咨询公司副总经理徐世田获首届“全国公路优秀科技工作者”称号。

徐世田系教授级高级工程师，担任江西交通咨询公司副总经理。徐世田参加工作至今，一直奋战在公路工程建设一线，先后担任多条高速公路重点工程项目主要负责人，出版专著1本，获专利和软件著作权各1项，发表重要论文5篇。参与科研项目5个,均通过课题鉴定,其中,“绿色公路建设关键技术研究”“高速公路沿线水环境安全保障关键技术研究”课题成果均达到国际先进水平。其“大厚度、大宽幅抗离析摊铺技术研究”获2009年度中国公路学会科学技术进步三等奖,“优化拱轴线混凝土拱涵应用技术研究”获2007年度江西省公路学会科学技术进步二等奖。他作为交通运输部“十二五”首个科技示范工程的项目负责人之一,已取得了1项科技攻关科研成果、2项集成创新科研成果、33项科研成果被推广应用的好成绩。

(省公路学会)

【省公路学会开展博士下基层服务团赣南行活动】 9月25—26日,省公路学会积极响应江西省科协科普直通车活动,组织全省部分公路交通运输行业专家组成博士服务团赴赣南苏区,开展“基层科技服务对接”和“学术沙龙”活动。此次活动,学会通过组织省交通规划、设计部门、科研和高校的7位博士通过查看现场、答疑解惑、集中座谈,学术沙龙等活动形式,为赣南苏区公路交通建设提出了很好的指导性和建设性意见。

(李文华)

【省公路学会召开2014年学术年会】 12月12日,第三届江西省科协学术年会第26分会场暨江西省公路学会2014年学术年会在省交通干部学院召开。省交通运输厅党委书记、厅长朱希、省科协副主席梁纯平、省民政厅民间组织管理局局长刘石呈出席会议并讲话,省交通运输厅总工程师胡钊芳作主旨报告,省公路学会理事长孙茂刚主持会议,全省160余名公路科技工作者参加了本次年会。邀请省交通运输厅规划办、华东交通大学、省交通设计院研究公司相关领导专家分别作专题学术报告。会议顾了省公路学会第九次会员代表大会换届以来开拓创新,在开展学术交流、科技咨询、科技奖励、人才举荐以及加强自身建设取得的成绩。部署了下一阶段工作。会议表彰了“中国梦.公路交通梦”征文获奖代表。

(李文华)

【省公路学会2014年第三次理事长办公会召开】 6月16日,省公路学会召开2014年第三次理事长办公会。会议研讨并通过“江西省公路学会内部审计制度”和“江西省公路学会财务管理制度”,进一步修改完善了该学会科技奖励评选办法及评选推荐中国公路学会青年科技奖励候选人工作。

(秘书处)

【省公路学会被评为2013年“学会之星”】 “学会之星”是出版国家核心期刊《学会》杂志社科技社团评价中心与福建海西社团评价中心依据国家统计局与中国协会有关学会统计数据开展的第三方评估研究项目。3月25日,有关部门发布的2013年全国“学会之星”有300家,其中,全国有7个省级公路学会榜上有名。江西省公路学会再次被评为“学会之星”,这已是连续23年获此荣誉。该学会还被评为“2013年开展科技服务‘五十佳’省级学会”,全国省级公路学会仅有2家获此殊荣。

(秘书处)

【第三届省科协学术年会26分会场暨省公路学会2014年学术年会召开】 12月12日,第三届江西省科协学术年会第26分会场暨江西省公路学会2014年学术年会在省交通干部学院召开。省交通运输厅、省科协、省民政厅民间组织管理局的领导和全省160余名公路科技工作者参加本次年会。

本次年会总结了省公路学会第九次会员代表大会换届以来,开拓创新,扎实工作,尤其是在开展学术交流、科技咨询、科技奖励、人才举荐以及加强自身建设上取得的显著成绩,部署了下一阶段工作目标任务。会议邀请省交通运输厅规划办、华东交通大学、省交通设计研究院有限责任公司的领导、专家分别作专题学术报告,并对“中国梦·公路交通梦”征文获奖代表进行了表彰。

(涂序东　丁　静)

【省驾培协会联合省交警总队、省运管局召开全省驾培行业座谈会】 5月15日,省驾培协会邀请省公安厅交警总队、省运管局两家单位在江西蓝天驾校召开全省驾培行业工作座谈会。会议讨论了驾培行业存在的突出问题,听取了省驾协部分会长单位及部分地市驾校代表对驾驶员培训、考试工作的意见和建议。会上，省公安厅交警总队副总队长龙毅和省运管局副局长肖伦发分别就大家提出的问题进行了解答，会场气氛热烈。此次座谈会的召开对贯彻落实驾培行业两项国标、进一步加强驾驶员培训和考试工作的有效衔接，进一步规范全省驾驶员培训和考试工作，对促进行业管理部门与驾培企业的联系具有一定的推动和促进作用。

（省驾培协会）

【省驾培协会举办全省第二期驾校校长高级管理论坛】 11月18～19日，省驾培协会在赣江宾馆举行了全省第二期驾校校长高级管理论坛。全省各设区市、县（市、区）的200余位驾校校长及部分设区市运管机构分管驾培工作的领导参加论坛。

本次论坛邀请国内知名人力资源实战专家、总裁实战模拟舱系统创始人闫伟和国内四维管理体系创始人曾江涛分别就人才的挖掘与培养、团队组织与管理进行授课。两位老师语言生动、风趣幽默，深入浅出地与驾校校长们分享了企业管理的经验和心得，学员们深受启迪，普遍反映受益匪浅。

通过论坛，与会的校长们不但学到了知识，而且通过这次全省驾培行业负责人大聚会，为各驾校之间提供了互相交流经验平台，对推进驾培机构管理创新，切实提高管理效益，促进全省驾培行业又快、又好、健康、有序发展，提升企业竞争力、提高我省驾校校长的职业素质和经营管理水平均起到积极推动作用。

（省驾培协会）

【省驾培协会全年举办30期教练员从业资格培训班】 2014年，省驾培协会为提高机动车驾驶培训教练员队伍素质，向社会输送更多高素质、高水平的教练员人才，组织举办30期教练员从业资格培训班，对全省申请教练员从业资格人员进行了培训，受培学员高达6404名。

培训班专门邀请了省交通职业技术学院、省警察学院、省红十字会、江西蓝天驾校等单位的专家、教授授课。他们从道路交通安全和道路运输法律法规、教练员素质培养、交通意外救护常识、操作示范讲解、模拟驾驶教学等方面对学员进行了系统培训，确保培训质量和效果。

通过培训，广大学员不仅掌握了相关法律法规和安全知识，还学到了教学方法，提高了理论教学水平和教学技能。

（省驾培协会）

【宜春市公路学会运管专委会开展学术交流活动】 该专委会一是组织开展运输安全风险评估工作，组织会员到福建、浙江、广东等地进行实地考察，对至市运行800千米以上长途客运班线，逐条逐车进行安全风险评估。二是举办宜春市中心城区出租车司机参加行业规范化管理培训班，对中心城区的出租车公司管理人员、全体出租车司机1000多人进行培训。培训班向每个参训人员发放了《宜春市出租汽车行业规范化管理手册》。每场培训班结束时，公司代表宣读了《关于加强出租车行业规范经营管理的倡议书》，各公司一名驾驶员代表本公司驾驶员向社会作服务承诺发言。三是举办第二期道路运输企^业安全生产标准化考评员考试培训。邀请多位专家进行授课，从道路运输安全生产法律法规和标准体系，专业运输公司安全体系建设、安全生产标准化政策和指标体系、运输企业安全生产标准化创建、考评案例分析以及安全标准化信息管理系统应用等方面进行系统培训，20余名学员参加培训。

（肖文锋）

【宜丰县道路运输协会积极为企业服务】 2014年，宜丰县道路运输协会不断扩展服务领域，稳步发展，明确功能定位，充分发挥参谋、助手、桥梁、纽带的作用。一是配合行业管理部门推进公交优先战略的实施，提升城市客运服务水平。积极组织会员开展“公交优先”调研和恳谈，为加快公交事业的发展献计献策。二是搞好出租汽车驾驶员岗前培训和继续教育，落实出租汽车服务规范，推进城区出租汽车行业信息化工作，努力方便群众乘车出行。三是配合行业管理部门推进货运业转型升级，加快发展现代物流运输。开办物流知识讲座，提高道路运输企业转型发展能力，帮扶一批龙头骨干企业，支持道路运输企业向现代物流企业转型发展。

（漆志勇）

【省汽车维修协会活动多效果好】 6月,省汽车维修行业协会在南昌承办2014年全省机动车综合性能检测技能竞赛活动。本次技能竞赛活动的成果举办,进一步提升了全省机动车综合性能检测从业人员技能水平,推进了行业技术人才队伍的建设,推进了江西道路运输行业的节能减排工作。

同年7月,省汽车维修行业协会与省公路运输管理局联合组织开展"汽车维修质量服务月"活动。广大会员单位和维修企业积极参与,在活动期间为广大车主提供了汽车免费洗车、免费检测、免费诊断、免费咨询等活动,营造了全省汽车维修行业诚实经营、保证质量、规范服务的良好氛围。

同年11月,省汽车维修行业协会组织征集华宏汽车集团与广甸汽车集团二家维修企业的转型发展经验材料并报送中国汽车维修行业协会受赞许,并被交通运输部和中国汽车维修行业协会审定编入《汽车维修企业转型发展典型案例》一书,作为2014年全国机动车维修工作会议材料,为汽车维修企业的发展提供了积极的参考作用。

(省汽车维修行业协会)

【宜春市公路学会积极开展学术交流活动】 2014年,宜春市公路学会积极开展学术交流、科普宣传、科技服务等活动。认真履行学会职能,团结广大会员和科技工作者,对公路、交通运输、高速路政、运输管理等行业的相关知识进行探讨和研究,为宜春市公路交通事业的发展发挥了积极作用:1. 积极完成省公路学会要求的各项工作任务。按时推选代表参加厅学会第九次代表大会,积极向省公路学会投稿反映市公路学会有关动态,按时向省公路学会报送有关资料,足额向省厅公路学会缴纳会费。2. 三次主持召开学会常务理事及秘书长会议:第1次(3月5日)在市交通局,主要讨论全年工作计划。第2次(7月11日)在宜阳大厦西座六楼会议室,讨论学会发展与赴铜鼓考察等事宜。第3次(11月20日)在宜春市交通局六楼会议室,主要布置各专业委员会对全年工作进行总结等事宜。3. 积极组织市科协组织各种活动。四是及时将厅公路学会《简报》、市科协、市民政局有关科技知识资料等发放到会员手中,为会员提供学习的条件。五是完成了机构年审。年初就根据市民政局的要求,及时申报材料,完成了学会的年审工作,继续保持了机构的合法性。六是加强了组织自身建设。根据人事变动,及时调整了一些热心学会工作,有较多时间为学会工作的人员充实到学会秘书处,提升了学会服务能力。

(张 虹)

【宜春市公路学会桥梁专业委员会积极开展学术活动】 2014年,宜春市公路学会桥梁专业委员会积极开展学术活动。7月10—18日,该会组织会员及相关单位领导共12人对农村公路与危桥改造项目和在建的项目进行进度质量检查,对施工中存在的质量隐患提出了整改要求;7月15日,该会组织市交通运输局公路处、质监站、设计院专业技术人员共13人到铜鼓县花山隧道新建工程现场参观学习;组织会员对袁州区西村镇跨铁路立交桥病害进行现场勘查、检测、并提出处理方案,得到当地政府好评。市公路学会桥梁专业委员会还多次组织会员对宜春市农村公路、桥梁设计图纸进行设计审查,并提出审查意见,有效地提高了设计质量。该委员会还积极组织会员参加学术交流活动,鼓励会员积极撰写专业论文。如市交通运输局会员易为撰写的"施工阶段的梁拱组合体系桥结构仿真验算"在江西公路科技2014年第3期发表,并推选参加了中国公路学会举办的全国首届桥梁创新论坛,入选该论坛论文集。

(张 虹)

【宜春市公路学会道路专业委员会开展学术交流活动】 2014年,宜春市公路学会道路专业委员会积极开展学术活动。省公路学会11月4日在宜春举办沥青路面再生技术现场施工技术交流会期间,宜春市道路专业委员会派出20余名会员配合做好接待、协调、准备等会务工作,并组织全市50余名会员实地学习考察沥青路面就地冷、热再生新技术。9月12日,市公路勘察设计院在袁山公园举办该院第三届劳动技能竞赛活动,宜春市道路专业委员会派员参与此次活动,协助做好对该院技术人员对测量仪器全站仪和水准仪的正确操作和规范使用的检验工作。6月19日,宜春市道路专业委员会开展"安全月"宣贯活动,并举办安全知识培训班,各道班承包人、安全员、操作手等100余人参加了此次安全培训。5月上高镜山大桥被发现该桥0号桥台和1号桥墩产生纵向裂缝,桥面板和伸缩缝破损下沉,形成一个面积两平方米的深陷坑槽,桥梁运行安全受到严重威胁。公路专业委员会组织4名会员于5月20日现场到上高镜山大桥察看,分析了造成病害的原因,及时向上级部门报告情况并制定危桥整治措施,得到该县人民政府肯定,立即着手进行为期4个月的桥面系全面维修,确保了大桥的安全。

（肖文锋）

【宜春市袁州区道路运辆协会积极开展业务活动】 2014年,袁州区道路运输协会组织111家会员单位开展各项业务活动。·是积极配合袁州区运管所,完成对本区辖管的5282辆车辆的年审工作。二是组织开展安全培训。组织年审车辆人员、道路运输(含客运、货运、驾培、维修、汽车租赁等)企业主要负责人、分管安全领导、安全部门负责人、专职安全监管员进行24课时安全知识与实际操作培训。共有1675人参加安全培训,其中,货车驾驶员750人,维修企业安全员119人,维修企业负责人、法人、分管安全的领导65人,客运企业驾驶员340人,驾校教练员401人。培训结束时受培人员均通过考核,达到合格要求。

（李　庆）

【宜春市公路学会汽运专业委员会积极开展学术交流】 2014年,宜春市公路学会汽运专业委员会积极看展学术活动:一是举办“逐梦绿色交通”节能百题知识竞赛。6月份开始,汽运专业委员会组织汽运公司所属22个单位的1079名员工参加竞赛。二是分别于7月1日—5日、7月8日至9月2日,举办驾驶员岗前管理师资培训班。培训内容包括客运稽查、火灾消防、突发事件处置、机务技术、道路交通安全法律法规、公司安全管理规范,以及用工与休假管理、商品配送、车辆行驶规定、驾驶员职业道德与安全驾驶相关知识、GPS/SD卡车载录像机基本原理和维护保养、险情和心急驾驶、急救常识与方法、事故责任追究与典型事故案例分析等内容。共培训驾驶员94人。三是开展客运安全警示教育活动。4月20日,汽运专业委员会与交警部门联合举办客运安全警示教育,通过一系列事故案例,讲解驾驶车辆过程中易被忽视的细节,以及容易造成事故的原因等,通过警示教育,进一步提高了广大客运驾驶员的安全意识。

（肖文锋）

【宜春市公路学会路政专业委员会开展学术交流活动】 11月14日,宜春市公路学会路政专业委员会积极开展学术交流活动:一是组织宜春高速路政支队有关人员赴湖南高管局长沙管理处路政大队,就路政管理工作情况进行学习交流。二是举办路政业务知识培训班。7月18日,路政专业委员会特邀请路政业务专家专题授课进行业务培训。专家针对该支队执法的薄弱环节,结合路政实际案例对行政处罚等问题进行详细讲解,并列举工作中遇到的典型性案例一一进行剖析、解惑。三是举办网络改造培训班。7月23日,路政专业委员举办第二期网改培训班进行强化学习。培训内容包括:第二期网改设备故障排查,网络连接参数设置以及车载视频设备操作及故障处理流程等知识。培训过程中,授课老师以设置和操作五大相关设备流程为例,对相关知识进行详细讲解,并耐心解答各大队网管员提出的在实际工作中碰到的技术难题。

（肖文锋）

【省驾培协会举办全省“两项国标”宣传贯彻培训班】 5月29日、5月30日与6月5日,省驾培协会为切实做好《机动车驾驶员培训机构资格条件》和《机动车驾驶员培训教练场技术要求》2项国家标准的宣贯工作,推动全省驾培机构按时完成资格条件与教练场地达标改造工作,受省运管局委托,分别于在南昌赣江宾馆举办了3期两项国标宣贯培训班。全省368所驾培机构的420余名企业负责人和90余名市、县级运管机构分管驾培工作的负责人参加培训。

培训班邀请省驾培协会专家为参训人员授课。培训内容包括驾培机构主体资格、岗位及人员、教练场地训练项目设施以及场地改造等方面内容。

培训班结束后,省驾培协会还组织参训人员参观了江西蓝天驾校。举办此次培训是全省贯彻落实两项国标的一项重要内容,对帮助全省现有驾培机构全面理解和掌握两项国标的具体内容与要求,顺利完成达标改造工作有着重要意义。

（省驾培协会）

【省驾培协会承办江西首届机动车驾驶培训教练员规范化教学职业技能竞赛】 7月2日－3日，省驾培协会受省运管局委托，在江西蓝天驾校承办江西省首届机动车驾驶教练员规范化教学职业技能竞赛。全省11个设区市代表队共55名选手参加竞赛。

经过2天激烈角逐，萍乡代表队以484.2分的优异成绩获得了竞赛团体第一名，吉安和南昌代表队分别以468.7分和468.3分的总成绩位列二、三名。江西蓝天驾校教练员胡玉根以满分的总成绩获得了个人竞赛一等奖，萍乡蓝盾驾校的杨启新、王虎和萍乡安顺驾校的杜昱获得了个人竞赛二等奖，南昌赣洪驾校的王国辉、交院驾校的孙兵、宜春天宇驾校的张绍涛、九江安泰驾校的史晓东以及鹰潭综合驾校的谢建国获得了个人竞赛三等奖。

通过竞赛活动，进一步提升了全省教练员队伍的整体素质，规范教练员教学行为。

(省驾培协会)

【省驾培协会被评为AAAA级社会组织】 年底，省机动车驾驶员培训行业协会被省民政局民间组织评估委员会评为AAAA级社会组织。

2011年8月8日，江西省机动车驾驶员培训行业协会自成立。在协会领导和广大会员单位的共同努力下，着力当好政府管理部门的参谋、助手，积极协调驾培企业与政府的关系，认真履行协会职能，全心全意为行业和会员单位服务，充分发挥了企业与政府联系的桥梁与纽带作用，增强了行业群体的凝聚力。同时，省驾培协会切实加强行业自律，引导驾校规范经营行为，推动了全省机动车驾驶员培训行业的健康发展，为江西交通运输事业超常规、跨越式发展作出了新贡献。

(省驾培协会)

【江西省公路学会被评为江西省先进社会组织】 12月17日，省民政厅印发《关于表彰全省先进社会组织的决定》，表彰了一批在全省政治、经济、文化和社会主义和谐社会建设等方面作出突出贡献的社会组织，其中，省公路学会被授予“江西省先进社会组织”荣誉称号。

(录自《江西交通信息网》)

【高安市科协交通运输分会开展信息咨询暨宣传机动车维修知识活动】 5月22日，高安市科协交通运输分会开展信息咨询和宣传机动车维修知识活动，向人民群众宣传交通运输信息化建设成就，普及科技知识，并组织5人服务队为运输经营业户提供维修技术服务。向运输业户免费发放便民服务卡，耐心向运输经营、维修人员讲解车辆行驶过程中常见的故障诊断及排除办法，采取现场示范的方式，指导车辆的日常维护和保养，并将维修知识资料、《汽车维修技术》丛书送到100余位经营、维修人员手中。通过活动，进一步普及了车辆维修知识，增强了运输经营、维修业户应急处理能力，受到全市车辆经营、维修者赞许和好评。

(周世祥)

交通管理

行政管理

政务管理

【概况】 2014年,省交通运输厅紧紧围绕交通运输中心工作,全力服务交通运输发展升级,履职尽责,主动作为,较好地完成了各项工作任务。

着力提高公文处理效率。出台了《关于进一步优化办文流程提高办文效率的意见》,明确办公室和厅机关处室在收文办文、发文办文流程中的各自职责。扩大OA办公系统的应用范围,对OA办公系统进行调整优化,新增红黄绿灯功能,设立办结时限,以红黄绿三种颜色标识,正常情况亮绿灯,临近办结期限亮黄灯,超过办结期限亮红灯,实现了收文办理网上监察。通过这一系列的举措,厅机关公文处理工作中以前存在的运转缓慢、办事拖沓、来文不复、跟踪不实等问题,得到了有效解决。

认真做好会务组织协调。严谨细致地完成了全省加强普通国省干线公路建设养护暨迎接全国干线公路养护管理检查动员会议、全省实现县县通高速公路暨东乡至昌傅等13个交通重点工程建设项目开工新闻发布会、船顶隘至广昌等六个高速公路建设项目征地和房屋征收动员会暨6000千米项目用地报批工作推进会、全省交通运输工作会议等一大批重大会议,交通运输部领导来赣检查指导、省委省政府领导视察重点建设项目等一批重要活动的组织协调,做到圆满顺利、衔接顺畅。

不断加强督查督办工作。将交通运输部、省委省政府以及全省交通运输工作会议重大决策部署贯彻落实情况;交通运输部、省委省政府领导同志以及厅领导重要批示、交办事项落实情况;厅党委会议、厅务会议重要决议贯彻落实情况;人大代表建议、政协提案办理情况作为办公室督查督办的重点,把交通运输工作报告、省厅重要文件、厅务会议纪要、领导批示件等纳入台账管理,对需要贯彻落实的事项和任务进行分解,定责任处室、定完成时限,对照台账内容开展监督检查,及时发现和报告工作推进过程中存在的问题,形成"上下联动、部门协作、齐抓共管"的工作格局。

切实强化信息报送工作。2014年,向省委办公厅、省政府办公厅、交通运输部办公厅报送信息600多条,共采用110余条,连续三年被省委办公厅、交通运输部办公厅评为信息报送工作先进单位。

认真办理人大代表建议、政协提案。2014年,厅办公室与厅机关有关处室一道,认真办理了89件人大代表建议、28件政协提案,满意及基本满意率达100%,省厅荣获江西省十二届人大代表建议办理工作(2013—2014年)先进单位称号。

积极做好文稿起草、档案、政府信息公开、保密、信访、民声通道办理等工作。2014年,厅机关档案室新增档案2130件,接待公众查阅126人次;江西交通信息网新增政务公开信息2198条,向江西省政务公开平台报送信息610条,受理申请公开信息4例,均已由相关部门受理答复;组织开展保密工作检查和保密警示教育,全年未发生失泄密事件;受理信访案件783件次,初信初访办结率达97%以上;办理省委民声通道工作室转办件16件,均做到按时回复。

(崔建林)

【省交通运输厅荣获人大代表建议办理工作先进单位称号】 11月28日上午,省人大常委会召开省十二届人大代表建议办理工作先进单位和先进个人表彰会,省交通运输厅作为江西省十二届人大代表建议办理工作(2013—2014年)先进单位,在会上受到表彰。

厅党委书记、厅长朱希在参加完省十二届人大代表建议办理工作先进单位和先进个人表彰会后,立即对人大代表建议办理工作做出指示:这次省人大表彰会表彰了20个代表工作先进单位和17个先进个人,省交通运输厅是受表彰的先进单位之一。这项工作能评为先进单位并受到表彰,充分体现了省人大对我们办理工作的鼓励与鞭策。会上,省财政厅代表办理工作先进单位发了言,听了以后很受启发。省交通运输厅对人大代表建议办理工作一直高度重视,做的卓有成效,但感觉到还要向先进单位学习。希望在巩固好成果的基础上,争取取得更好的成绩,让人大满意,让人大代表满意。

(李　明)

【江西交通运输行业质量管理小组活动成果荣获多个奖项】 2014年度全国交通运输行业质量管理小组活动表彰会上,江西省部分交通运输行业质量管理小组(班组、个人)活动成果共取得5个国优奖,32个部优奖。

经全省广大职工积极参与,各级交通企事业单位的筛选推荐,省交通运输厅公开评选、推荐,由全国质量管理成果评审委员会有关专家认真审定,确认部优小组及成果。在此基础上,又择优推荐参加全国交通运输成果发布会,实行公平、公正、公开竞争,再择优推荐到中国质量协会等部门的有关专家共同审定后,最后确认国优小组及成果。

(厅运输管理处)

【省厅获全国第一批节约型公共机构示范单位称号】 3月25日,国家机关事务管理局、国家发展和改革委员会、财政部联合下发《关于公布第一批节约型公共机构示范单位名单的通知》,江西省交通运输厅被授予全国节约型公共机构示范单位称号,标志着江西省交通系统公共机构节能工作迈上了一个崭新台阶。

近年来,省交通运输厅把节约型公共机构示范单位创建工作作为贯彻落实科学发展观、推进公共机构节能工作的重要抓手,厅机关和厅直属单位层层分解责任,严格考核检查,多措并举取得明显成效,亮点纷呈,超额完成了目标任务,促使公共机构节能工作走上制度化、规范化道路。

(李　明)

【江西 ETC 与全国联网】 12 月 26 日，交通运输部召开电视电话会议，宣布全国 14 个省市公路电子不停车收费（ETC）联网正式开通。江西省 ETC 已顺利与北京、天津、河北、山西、辽宁、上海、江苏、浙江、安徽、湖北、山东、陕西、湖南等 13 省市联网运行，标志着全省持有赣通卡的车辆可以畅行 14 个省市的高速公路。

自全国 ETC 联网相关工作开展以来，江西省周密部署，精心组织，促进全省 ETC 与全国联网顺利实现。一是积极开展 ETC 系统国标改造、车道软件修改、车道软件和设备互通、性测试等工作。全面启动天线、读卡器、车道程序等软硬件升级工作。确保各项指标符合国标要求。二是全面加强与金融机构合作，打好沉淀资金牌，大力推广赣通卡电子标签。三是抓紧开发支付宝公众服务窗、微信公众服务号、空中充值 APP 等多种客户服务平台，为客户充值提供多元化选择。四是全力以赴推进 ETC 车道建设。2014 年，全省已建成 ETC 车道 528 条，ETC 收费站覆盖率基本实现了全覆盖。

（郭　萍）

【交通运输省厅召开加强和改进机关作风建设会议】 3 月 10 日，省运输厅召开加强和改进机关作风建设会议，部署加强和改进文风建设、会风建设、保密工作、纪律作风建设、深化机关作风建设有关工作。副厅长王爱和出席会议并讲话。

王爱和指出，机关作风直接关系交通运输部门的形象，各单位各部门要进一步增强责任意识和大局意识，切实解决一些影响机关作风的突出问题，着力转变工作作风，提高机关工作效率。一要加强和改进文风，规范办文程序，严格办理时限，进一步提高办文效率和办文质量。二要加强和改进会风，严格会议审批，精简各类会议，严肃会风会纪。三要加强和改进保密工作，增强保密意识，加强涉密文件和计算机的管理，加强信息公开保密审查，加强保密督查。四要严明纪律，严格遵守组织纪律和工作纪律，厉行勤俭节约，巩固全厅党的群众路线教育实践活动成果，树立交通运输良好形象。

（李　明）

【全省交通运输信访秩序总体稳定】 2014 年，全省交通运输信访总量与上年相比（2013 年信访总量 905 件次）下降 13.4%。

信访案件主要呈以下几个特点：一是群众来信总量虽明显下降，但重复信件（特别是信访人一封信同时向多个部门投诉和个别人反复投诉）增多，重信占来信总数的 18.6%；二是群众来访人数呈下降趋势，特别是集体访下降幅度较大，与上年同期相比下降 11.7%；三是不属于交通运输厅受理范围（应属于地方人民政府和其他行业管理部门受理的信访事项）的情况突出，来信占来信总数的 14.6%；来访占来访总数的 14.3%。

初信初访办结率达 97% 以上，停访息诉率达 96% 以上，全省交通运输信访秩序总体稳定。

主要做法。1. 规范信访事项受理办理程序，引导来访人依法逐级上访。针对近年来交通信访工作中出现的新情况和新问题，省厅积极引导来访人逐级上访，进一步明确基层和有权处理信访事项部门的程序性、实体性办理上访事项工作责任，规范工作程序，同时加强案件督导检查工作，形成一级抓一级、层层抓落实的工作格局，将交通运输上访问题化解在基层，促进群众上访问题得到及时就地解决，确保来省、进京上访问题不反弹，有效减少越级重访量。全厅全年接待群众来访批次和人数与上年相比分别下降 8.3% 和 9.4%。

2. 坚持矛盾纠纷排查化解常态化工作机制。省交通运输厅把着力解决交通运输信访突出问题作为工作重点，坚持集中排查与经常性排查相结合，全面排查与重点排查相结合的常态化排查化解工作机制，切实推行首办责任制，把问题妥善处理在本单位，把矛盾解决在基层，化解在萌芽状态，绝不允许将矛盾和问题推给上级、推向社会。2014 年，厅及厅直单位共排查出矛盾纠纷 36 起，调解 36 起。

3. 加大交通运输信访积案、疑难案化解工作力度。为妥善化解交通运输信访积案，逐步消化问题积累，减少反复上访、缠访闹访和非正常上访。2014 年，进一步深入开展了交通运输信访积案化解工作。严格按照“严把关、细排查、快梳理、深剖析、重化解、求实效”的原则，实行了领导干部带案下访与包案处理相结合工作制度，按要求做到“六个到位”：深入基层，调查研究到位；认真负责，沟通协调到位；分析案情，提出处理意见到位；检查指导，督促落实到位；分清责任，责任追究到位;总结经验,推动工作到位。全厅共清理出信访积案、疑难案4件,化解了4件,停访息诉4件,其中,协调处理"三跨三分离"信访案件1件。

4. 坚持党政领导干部包案工作制度化。根据部、省要求,厅坚持交通运输党政领导干部包案制度化工作。进一步落实重大疑难复杂和群众反映强烈的信访突出问题以及上级部门和省、部领导交办的信访案件,以"定纷止争、案结事了、停访息诉"为目标,严格按照"定包案领导、定工作任务、定责任单位及承办人、定办结时限和包牵头协调、包跟踪劝返、包责任追究、包解决问题、包息诉罢访"的"四定""五包"原则,厅领导实行包案工作制,直接推动了问题的彻底化解。2014年,厅领导包案32件,办结32件,办结率100%;停访息诉32件,停访息诉率100%。

5. 创新民工工资管理机制,源头预防民工工资拖欠。为保障民工合法权益,源头预防民工工资拖欠,维护社会和谐稳定,省交通运输厅从2012年底开始在昌樟高速公路改扩建工作中试点民工工资支付新机制,将交通项目工程款12%作为民工工资支付保证金、每个月按时将工资打入到民工的工资卡里。2013年8月,又正式印发了有关《江西省交通建设工程民工工资管理工作规范》文件,在全省交通工程领域进行全面推广,全厅所有新建、在建项目5万余名民工的工资及时足额发放。

对民工工资管理工作,省厅规范创建了八项新机制:凡是民工必须签订用工合同;民工聘用信息将录入信息系统,民工持证上岗;施工单位按计量工程款的12%作为民工工资保证金;每个月底张榜公示民工工资数目;施工单位为每位民工办理银行卡,每个月按时将工资打入银行卡;定期对工资支付情况督查;施工单位被民工举报拖欠工资将被处罚;施工单位拖欠工资将录入企业不良信用记录。搭建了程序化、规范化管理工作和智能化、网络化信息工作两大平台。

2014年10月14日,省委强卫书记在调研交通建设工程民工工资管理工作时,对省交通运输厅运用法治思维和法治方式,创新交通建设工程民工工资管理模式,实现了全系统在建项目民工工资"零拖欠"的做法表示肯定。强卫书记指出:省交通运输厅交通建设工程民工工资现在已经是零拖欠了,没有民工再上访了。省交通运输厅的经验做法,确实不错,一个八项制度,非常严谨,从源头一直到最后,监督信用这一套体系。再一个就是科技和法制的两个平台,特别是科技的平台。这是推动依法治省工作一个行之有效的实招、高招,要研究如何加以推广。要系统梳理全省各地各部门已有的成功实践和有效经验,从横向、纵向加以推广,使之成为依法治省的普遍规范性行为。

(罗安生)

【省运管局加强行政服务中心建设】 局行政服务中心2013年10月运行以来,取得良好工作成效。2014年,共受理业务14751件,按时办结率达100%。未发生误办、错办事件。未听到一个群众怨言,未收到一次投诉和举报。客运许可全部使用"江西省网上审批系统"办理。2014年,该局办公室采取以下措施来加强中心建设,提高工作效率和服务能力。一是加强制度建设。3月以来,针对局行政服务中心建设,局办草拟了9项规章制度(首问负责制、一次性告知制、限时办结制、服务承诺制、AB岗位制、收费工作制度、失职追究制度以及工作纪律、业务公章管理制度),经过讨论修改,5月底已正式发文执行。二是开展特色活动。结合省直机关工委开展的"实干兴赣当先锋、为民服务作表率"的主题实践活动,积极参与创优争先活动,严格按照规章制度办事,开通绿色通道。比如客运临时线路牌换证,经营者电话告知后,通过邮递快件将旧临时线路牌邮寄过来,服务中心依据旧线路牌打印新线路牌后邮寄回去,减少经营者来回奔跑。

(黄　云)

【省运管局做好服务监督电话"12328"使用】 该局指定专人负责,做好"12328"信访件的调查处理和结果回复工作。在省交通运输厅印发《江西省交通运输服务监督电话"12328"实施方案》后,该局办立即制定《省级交通运输服务监督电话"12328"转办件处理工作制度》,并于1月26日实施,明确处理程序,明确工作职责,提出工作要求。对省厅转来"12328"信访件,已全部处理并按时回复省厅,做到事事有回音,件件有着落。

(黄　云)

【宜春市农村公路综合服务站为农民提供便捷的服务】 截至12月,全市已建成农村综合服务站18个,其中13个已通过验收并正式启用,年运送旅客达500多万人次,覆盖乡镇92个,260多万农民享受到了高效、便捷的服务。农村公路综合服务站自2011年开始实施以来,该市各级领导高度重视,抢抓机遇,积极向省交通运输厅申请立项,并争取相关配套资金。同时抓好综合服务站选址前的规划调研工作,以农村经济发展圈重点,结合乡镇区位优势条件,科学系统地搞好建设选址调查工作。并指定综合服务站所在地的交通主管部门为项目建设的第一责任人,全程参与监督工程建设的进度与质量,确保通过省厅验收。宜春市农村公路综合服务站建设在各级领导的大力支持下,各项工作顺利开展。2012年10月全省推进农村公路建管养运一体化发展现场会在丰城、高安市召开,这既是对宜春市农村公路综合服务站建设工作的肯定,也为全省农村公路综合服务站的建设起到了良好的示范和推动作用。

（巢敬徽）

【新余市交通运输局做好“三单”管理改革】 5月,新余市交通运输局按照市委、市政府的统一部署,大力推行负面清单、权力清单、监管清单管理改革工作(以下简称“三单”),对全局所有事项进行了全面的深入梳理,清理规范。经梳理,全局权力清单事项22项,监管清单事项7项。

“三单”管理改革工作是新余市在全省率先推出一项行政审批制度改革工作,主要是利用现有的网上行政审批平台和数字化办公平台。通过推进“三单”管理,实现事前(负面清单)、事中(权力清单)、事后(监管清单)行政权力的全链条管理,使各类行政权力的所有环节做到公开化、透明化,最大限度约束审批自由裁量权,真正提高行政审批工作效率,方便基层群众办事,有效防止行政权力运行中的腐败问题。

（邓清华）

【景德镇市完成行政区划调整后农村交通基础设施交接】 1月15日,景德镇市行政区划调整涉及的农村交通基础设施交接工作顺利完成。

此次因行政区划调整而交接的农村交通基础设施管理工作有:昌江区向珠山区移交县道2条计15.362千米、乡道4条计13.022千米、村道52条计52.4千米,其中中桥以上桥梁5座;浮梁县向珠山区移交乡道1条计3.181千米、村道1条计0.518千米;市高新技术开发区向昌江区移交县道1条计5千米、乡道2条计5.3千米、村道37条计26.6千米。同时交接的还有上述各级别道路线路名称、等级、编码、起终点、桩号、改造时间、技术状况等属性资料及电子地图,行政区划调整涉及的25户以上自然村通水泥路建设规划等档案。珠山区因此新增县道2条计15.362千米、乡道5条计16.204千米、村道53条计52.9千米,其中中桥以上桥梁5座。

（涂　强）

【景德镇市珠山区交通运输局成立】 6月4日,经报请景德镇市机构编制委员会批复同意,景德镇市珠山区机构编制委员会批复,同意在珠山区农林水务局增挂“景德镇市珠山区交通运输局”牌子,以加强农村公路道路建设、交通运输管理等工作。

（涂　强）

【景德镇市物流行业协会成立】 6月12日,景德镇市物流行业协会成立。该协会由景德镇市46家具备相关经营资质的物流企业历经一年多时间组建而成,具有广泛的行业代表性与重大影响力。物流业是商品产业链中的重要一环,对促进商贸发展、拉动地方经济起着重要作用。在商贸流通尤其是陶瓷商品流通相对发达的景德镇市,虽然物流市场已经形成相当规模,存在大大小小数百家物流企业,但此前一直处于零散经营、各自为战的状态。由于缺乏行业管理规范,操作无序,恶意竞争,损害消费者权益现象时有发生。该协会的成立,不仅搭建起物流业与商贸业良好合作的平台、行业与政府间便捷沟通的桥梁,而且在规范行业行为、完善行业标准、加强交流互助、促进行业自律、维护市场秩序、促进商贸发展、引道导行业健康有序发展等方面发挥积极作用。

（涂　强）

【景德镇市交通运输局实施行政调解工作联席会议制度】 1月7日,景德镇市交通运输局建立并实施全市交通运输行政调解工作联席会议制度。

该联席会议制度的主要职责包括,贯彻落实国务院、省政府、市政府关于行政调解工作的决策部署,加强政策研究,制定行政调解相关制度,提出具体工作建议;统筹全市交通运输行政调解工作,协调交通运输各有关单位和部门做好行政调解事项,督促做好行政调解工作;及时了解行政调解工作开展情况,协调解决工作中出现的重大问题;承办上级部门临时交办的行政调解工作事项;定期研究解决开展行政调解工作涉及的问题,并汇总、分析上报行政调解工作开展情况。

(李青松)

【宜春市交通运输局开展行政审批事项核查】 8月,市交通运输局按照市政府通知要求,组织人员开展行政审批项目等事项核查工作,对每一项行政审批的处理意见进行了统计,对每一项行政审批的实施依据都具体到条款,并附具体实施依据以备查。据此次清理工作统计,该局现有行政许可类项目14项,收费类项目23项,备案类项目2项,初审项目类4项,非行政许可审批项目类3项,评此达标表彰项目类1项,年审年检项目类2项。通过此次核查,摸清了审批事项底数,大力精简审批事项,进一步下放审批权限,实现最大限度地松绑,为市本级审批项目目录提供数据,全面公布权力清单。

(游雅琴)

【吉安市交通运输局积极推进行政审批和公共服务事项改革】 吉安市交通运输局进一步推进行政审批和公共服务事项改革,在农村公路、道路运输、港航管理等领域坚持做到"能取消的取消、能下放的下放",实现取消和下放70%以上的行政审批事项的目标要求。共取消行政审批项目6项、非行政许可5项,合并行政审批项目6项,下放行政审批6项、非行政许可1项,暂停实施的行政审批3项、公共服务1项,清理行政审批1项。此次共精简29项,占原有37项的78%。

(吉安市交通运输局)

【崇仁县成立农村公路服务站】 10月13日,经县机构编制委员会研究,同意成立崇仁县农村公路服务站。

因燃油税改革,原崇仁县拖拉机养路费征收站工作业务停止。为进一步提高县域农村公路综合管理水平,根据江西省交通运输厅《关于在全省开展乡镇农村公路综合服务站建设试点工作的通知》(赣交规划字〔2011〕139号)和崇仁县人民政府《关于在河上镇开展农村公路综合服务站试点工作的批复》(崇府发〔2011〕31号)文件精神,经崇仁县机构编制委员会研究,按照"撤一建一、减一增一"原则,撤销崇仁县拖拉机养路费征收站,成立崇仁县农村公路服务站。

崇仁县农村公路服务站由原崇仁县拖拉机养路费征收站人员编制一并划入崇仁县农村公路服务站,为隶属崇仁县交通运输局管理的自收自支事业单位,定编5名,设站长1名、副站长2名,现有人员9名。主要职责为:在县交通运输局领导下,做好全县乡镇区域内农村公路建设、管理、养护和运输综合服务工作。

(余家军)

【抚州市交通运输局下放3项公路建设行政审批事项至县】 抚州市交通运输局积极推进依法行政工作,进一步简政放权。对原有28项行政审批、154项行政处罚、7项行政征收(行政事业性收费)、1项行政强制、1项行政确认等10类权力进行全面梳理。现保留行政审批事项为18项(含暂停的5项),取消或暂停行政许可项目5项,下放区县实施12项,其中根据《中华人民共和国公路法》、《江西省建设工程质量管理条例》、《江西省通自然村公路建设管理办法的通知》、《抚州市人民政府关于进一步精简行政审批事项的决定》等精神,10月28日,抚州市交通运输局发文下放3项行政审批事项至县交通运输主管部门,具体是:(一)权限内公路建设项目和公路修复项目竣工验收;(二)通村组农村公路建设项目施工图设计文件审批;(三)重大产业项目绿色通道公路交通类施工图设计文件审批。

(陈根玲)

【抚州市邮政局依法行政出实效】 抚州市邮政局坚持依法行政,确保监管到位出实效。该局共有从业人员2811人,其中快递服务人员2033人,营业网点338处,其中快递服务144处。截至12月底,该局共计检查邮政网点109个,出动检查人数327人次;快递企业454次,出动检查人数1510

人次；邀请邮政特邀监督员开展监督280次，走访用户271人；下达整改通知书42份，已全部整改到位。

全市邮政企业和规模以上快递服务企业业务收入（不包括邮政储蓄银行直接营业收入）3.05亿元，比上年同期增长12.35%；业务总量累计完成3.16亿元，比上年同期增长15.24%。全市快递服务企业业务量累计完成571.35万件，同比增长58.65%；业务收入累计完成0.71亿元，同比增长49.26%。

（抚州市邮政局）

【上饶市运管局服务窗口撤回局“行政服务大厅”办公】 自2002年市政府要求道路运输行政许可进驻月亮湾汽车服务中心以来，十二年，上饶市道路运输管理局行政服务科4人长期在汽车服务中心运管窗口上班，给广大运输业户和内部管理带来极大不便。为进一步完善“一站式”服务，方便业户办理业务，提高工作效率，在上饶市政府、上饶市交通运输局的支持下，上饶市运管局驻上饶市汽车经济发展服务窗口5月1日撤回上饶市交通运输科研大楼“行政服务大厅”办公，所有行政审批事项集中在大厅办理，由上饶市人民政府行政服务中心管理委员会纳入市直“监管大厅”统一管理。现在的上饶市道路运输服务大厅面积近300平方米，配有档案室、导询台、填表台、业务办理区、休息等候区，配套齐全、环境优雅，为广大业户和从业人员打造了一个“一站式服务、人性化服务”平台，树立起上饶运管良好形象。

（韩晓艺　余娅萍）

组织与人事

【概况】 2014年，省交通运输厅各级组织人事部门围绕全省交通运输事业发展需要，做好各项服务保障工作，为全厅较好地完成了各项年度目标任务，提供了强有力的组织人才保证。

1. 优化领导班子结构。坚持党管干部原则，坚持好干部20字标准，严格执行新修订《党政领导干部选拔任用工作条例》规定的程序，积极优化厅属单位领导班子结构，全年共进行了7批次干部考察工作，共提任处级干部95人（其中正处级29人，副处级66人）；办理处级干部退休19人，协助省委组织部完成了厅机关副巡视员、省公路运输管理局党委书记等4个职位选拔推荐工作，一大批优秀年轻干部走上领导岗位，厅属单位领导班子年龄、学历、专业结构得到较大优化。

2. 干部队伍管理规范。坚持制度执行的刚性，积极强化干部日常管理。①开展专项清理工作。根据省委组织部统一部署，集中开展了严禁超职数配备干部、规范党政领导干部在企业兼职（任职）或领取报酬、领导干部个人有关事项报告抽查核实等三项重点工作，对工作中发现的超职数配备、违规在企业领取工资、薪酬、津贴等行为及时清理纠正。②推进干部多岗位交流。修订了《江西省交通运输厅领导干部交流工作规定》，有序推进干部跨地区、跨领域、跨部门交流，推进管人、管钱、管审批等关键岗位干部内部轮岗及跨部门交流工作，全年累计完成交流处级干部52人（其中正处级21人，副处级31人），另选派3名优秀年轻干部赴新疆阿克陶和赣州南康等地挂职锻炼，接收新疆挂职干部1名。③抓好干部日常监督。认真落实干部谈心谈话制度，全年对95名新提任或离任干部及时进行了集体谈话或个别谈话，对12名离任干部下达了专项审计通知，严格执行年度领导干部报告个人有关事项报告制度，完成了对全厅379名副处级以上干部申报材料工作，申报率达到100%。制定了《江西省交通运输厅关于进一步加强工作人员因私出国（境）管理办法》，强化了干部因公、因私出国管理。转发了《配偶已移居国（境）外的国家工作人员任职岗位管理办法》，开展了领导干部亲属经商办企业问题专项清理，强化领导干部违规行为的监管。

3. 提升教育培训力度。①编制完成厅《2013—2017年干部教育培训规划》。对未来五年的干部教育培训工作进行总体规划。②开展学习贯彻习近平总书记系列讲话精神，举办了两期处级干部培训班，实现对厅属处级领导干部全覆盖。③做好新修订的《党政领导干部选拔任用工作条例》宣讲。积极利用组织人事工作会、干部座谈会等途径，加强新修订的《党政领导干部选拔任用工作条例》学习，引导厅直属各级领导干部带头学、组织学、推动学，并带头严格遵守、严格执行，规范干部任用行为。④开展组织人事干部专项培训。结合劳动工资数据采集和《事业单位管理条例》专项学习要求,组织或举办组织人事干部专项业务学习 4 次,累计培训人事干部 240 余人次。

4. 加强人才队伍建设。①做好高层次培养推荐。开展年度享受政府特殊津贴人员推荐工作,其中 1 名同志成功入选。推荐 1 名同志成功获博士后国家科研项目经费支持,推荐 2 名同志成功入选省百千万人才工程,推荐 12 人次高层次人才参加人事部和省人社厅知识更新专项学习,完成教授级高工和高级经济师评委库人选的推荐工作。②提升年度职称评审质量。全面推行职称申报材料学历认证工作,严防学历造假行为,积极落实评委动态管理机制,完成交通运输工程中高级 120 名评委入库工作,认真组织圆满完成年度交通运输工程系列高中职称评审工作,评审通过高级工程师 131 人,中级 126 人,评审通过率继续稳中有降。③优化专业技术人员继续教育工作。依托交通职业技术学院,完成继续教育专业课网络在线学习平台建设,累计完成 2600 人次专业技术人才网上继续教育学习。印发《江西省交通运输厅关于开展公路工程造价人员继续教育工作的通知》,规范了公路工程造价人员继续教育的管理。④实施好从业资格考试工作。按交通运输部统一要求,与省质监站组织完成年度公路水路监理工程师、试验检测工程师等从业资格考试工作。⑤加强高层次人才平台建设。细化了赣粤高速、交通科研院等两个博士工作站日常管理和人员进站出站程序,推进了交通设计院省级博士后创新实践基地申报工作。积极落实好华东交通大学高层次人才交流工作,接收 5 名优秀博士到省交通运输厅锻炼。⑥加强技能操作培训指导。积极推进了交职院职业技能鉴定工作,积极组织参加行业技能竞赛,2014 年全国交通运输行业"厦工杯"筑路机械操作工技能竞赛,江西获得优秀组织奖。

5. 推进企事业单位改革。按照全面深化改革工作和江西省事业单位分类改革的部署和要求,积极推进企事业单位改革工作。①开展信息类单位专项调研。会同企改办前往安徽、重庆等地开展了厅属信息类单位整合专题调研活动,并形成调研报告供领导决策。②优化企事业单位管理结构。积极推进了公路运输管理局和省公路路政管理内设机构调整工作,完成了高速公路隧道应急救援中心、高速资产经营有限公司等机构的组建工作,推进高速公路区域管理调整工作。③严肃机构编制管理纪律。集中开展了吃空饷、超编专项整治和机构编制实名制核查工作,对整治核查工作中发现的违规情况,及时做好清理纠正,提升了机构编制管理水平。

6. 提升组织人事服务水平进。①加大工资审查力度。认真履行劳动工资管理职责,累计完成厅直单位各类人员的正常调资、增资审批 5760 人次。积极强化了厅属企业绩效工资的管理。完成了 2013 年度厅属企业经营业绩考核工作,并下发了 2014 年度经营业绩考核指标及评分标准。②加强干部档案管理。严格落实干部选拔任用工作全程纪实,对干部考察各个环节材料,及时进行集中归档保存,抽调专门人员开展厅管干部档案整理工作并部署厅属干部档案改版工作,推动人事档案工作科学化管理。③密切联系群众,开展连心活动。按省路线教育办指示精神,及时下发《关于印发省交通运输厅组织"连心"小分队开展机关干部集中下基层活动实施意见的通知》,并积极开展连心小分队深入赣州、上饶等扶贫点开展基层实践活动。④推进人事其他管理工作。推进了省厅定点扶贫工作,此项工作得到省委组织部和省扶贫办联合表扬。通过组织协调解决了省公路路政管理总队 120 人的人事管理关系由各设区市人才交流中心转至省公路路政管理总队,指导推进省公路路政总队及所属支队事业单位岗位设置工作。

(王　硕)

财务管理

【概况】 2014 年省交通运输厅财务围绕交通建设的中心工作,落实本年度各项目标任务,加强制度建设,规范经济活动管理,维护国有资产安全,推进财务工作信息化建设。

1. 多渠道、多方式筹集资金。围绕江西省交通发展需求,多渠道、多方式筹集资金,为项目建设提供了资金保障。统筹安排税费改革中央转移支付资金,及时分配 2014 年增量资金,为当年国省道养护计划实施提供了保障;加强协调沟通,确保财政自己及时下达，争取省政府资金支持。积极通过举借银行贷款50亿元以及盘活结余资金等手段，筹措普通国省干线公路升级改造省补助资金缺口。通过争取银行、财政、政府及人大的支持，克服和消解宏观环境及信贷政策的不利影响。

2. 服务高速公路筹融资平台。一是充分发挥内部存量资金的使用效益，通过加快通行费拨付进度，为省高速集团提供均衡稳定的现金流；二是全力配合省高速集团融资平台需要，创造充分发挥投融资平台作用条件。此外，根据省高速集团融资需要，走访了省内有关金融机构及监管部门，寻求多方支持和帮助并取得了预期效果。

3. 规范财务管理和经费使用。及时转发国内公务接待开支标准及接待经费管理、培训费管理、会议费管理、因公临时出国经费管理、差旅费管理、外宾接待经费管理、因公短期出国培训经费管理等办法，并结合厅实际提出具体操作意见，进一步规范了财务管理和经费使用。

4. 加强对厅属企业国有资本收益、产权登记管控。根据《江西省人民政府关于试行国有资本经营预算的意见》（赣府发[2011]3号）、《江西省省属企业国有资本收益收取管理暂行办法》（赣财企[2011]102号）等文件要求，厅属企业中有30家单位进行了国有资本收益申报工作。严格按照系统规范要求进行产权登记，进一步规范厅属企业产权登记管理工作。

5. 规范2014年预算编制，加快预算执行，强化预算分析。精心组织，严格审核，较好地完成2014年部门预算编制工作。把部门预算编制作为财务管理的重中之重工作来抓，早计划、早准备。加强预算执行管理，加快预算执行。实行预算执行进度季度报表制度，掌握预算执行动态，加强执行过程管理和监督。规范基本建设项目资金申请和管理，印发《江西省交通运输厅办公室关于进一步规范厅计划资金申请和管理的通知》，从源头加快资金使用，减少申请环节资金沉淀。强化预算执行情况分析，重点分析结余结转资金，及时提出建议和措施。在《江西省交通运输厅关于进一步加强地方财政结余结转资金管理的通知》基础上，下发《江西省交通运输厅办公室关于开展结余结转资金清理的通知》，全面梳理和清理以前年度结余结转项目资金，分类分项提出处理意见和建议。

6. 试点开展部门预算支出绩效评价工作。启动2013年项目支出预算绩效评价工作。省公路局对车购税、国省道养护、农村公路建设等多个项目进行了支出绩效评价。在省港航局开展了2014年预算支出项目绩效运行监控试点工作。完成2015年支出金额超过200万元项目的绩效目标申报工作，并全部通过省财政厅的评审。

7. 认真组织完成了2015年部门预算草案编制工作，全面准备预算草案人大重点审查工作。组织召开2015年部门预算编制工作会议，布置了2015年部门预算草案编制工作。完善厅属单位经费控制数核定方法。按照实事求是、保障正常工作的基本原则核定经费控制数，并与单位主动沟通，开门办预算。积极与省财政厅、省人大对接，开展各项迎接重点审查准备工作。

8. 加强资产管理，规范处置行为。为加强行政事业单位国有资产管理，进一步摸清核实家底，提高国有资产使用效益，规范资产处置，一是按照省财政厅要求，汇总上报了2013年行政事业单位资产报表。二是按照省财政厅行政事业单位资产管理信息系统升级改造的要求，及时完成厅属行政事业单位国有资产历史数据初始化和后期管理工作。三是按照省财政厅《关于开展全省事业单位所办企业国有资产产权登记与发证工作的通知》，完成厅所属48个事业单位及19所办企业、3个企业化管理事业单位的国有资产产权登记申报工作。

9. 严肃财经纪律和“小金库”专项治理工作。厅根据《关于印发〈全省深入开展贯彻执行中央八项规定严肃财经纪律和“小金库”专项治理工作方案〉的通知》的要求，及时制定并下发《江西省交通运输厅深入开展贯彻执行中央八项规定严肃财经纪律和“小金库”专项治理工作方案》，部署厅属单位就预算收入管理、预算支出管理、政府采购管理、资产管理、财务会计管理、财政票据管理、设立“小金库”情况等7个方面进行了自查，自查面达到100%。同时，安排检查工作组对省公路局、省运管局及省港航局、省路政总队及下属部分单位进行了重点抽查。

10. 切实履行收费公路行业管理职能。认真贯彻落实关于进一步清理行政事业性收费文件规定，在省发改委和省财政厅的指导下，组织厅直单位积极开展全省交通运输部门行政事业性收费和涉企、涉农收费。二是执行收费公路管理政策,严格收费公路管理。坚持依法收费,从严控制各种减免审批,努力做到应收不漏,鲜活农产品运输绿色通道、重大节假日小型客车免费政策在全省收费公路上顺利实施。三是切实做好撤销普通公路收费站的后续工作。江西省普通收费公路于2013年底全部停止收费后,财务部门与有关部门的沟通和配合,积极推进做好全省撤销普通公路收费站的后续工作。在2014年春节前,收费及管理人员的安置、项目银行贷款还本付息等需求,经厅务会研究并报请省政府同意,预拨了地方管理的普通收费公路项目第一批拆站省级补助资金,有效地帮助地方化解当时面临的困难。近期还将根据实际情况预拨第二笔省级补助资金。协调组织地方有关部门对属地取消收费的普通收费公路项目展开前期的清理核查工作,为审计厅开展各项目全面审计做好前期工作。积极推动充分发挥ETC系统的功能和作用。随着全省全面取消普通公路收费,高速公路不停车收费系统(ETC系统)已成熟运行,及时组织收费公路统缴证换赣通卡,以促进ETC系统的高效使用,同时规范收费公路通行减免和统缴管理。

11. 开展全省交通行业融资、厅属企业国有资产经营管理情况调研。厅财务部门对全省交通行业融资情况进行调研。调查统计数据以2014年6月30日为基准日,截至2014年6月30日,形成了《江西省交通运输厅关于交通行业债务情况调研报告》。还开展了厅属国有资产经营管理情况调研,9家厅属二级单位组织了81家各级子企业或分支机构参与调研,形成《江西省交通运输厅厅属企业国有资产经营管理情况调研报告》。

(沈国华)

【省运管局强化重大工程项目决算审计】 该局财务部门从落实会计中介机构着手,组织完成“局道路监控指挥中心”“技校一部从业资格考场”“江西运政信息中心”“江西运政科技培训大楼”等局属基建项目的竣工财务决算审计,为保障建设资金合理、合法使用,正确评价投资效果,促进总结建设经验,提高建设项目管理水平起到了积极的推动作用。

(刘春燕)

【省运管局完成局属国有产权登记审核】 根据《江西省财政厅关于开展全省企事业单位及事业单位所办企业国有资产产权登记与发证工作的通知》部署,组织开展并逐一审核可机关、后勤中心、庐山培训中心、技校一部、交通印刷厂、运输开发公司资产数据录入、产权文件整理、报表分类归集等工作,全面完成移局属国有产权登记工作。

(刘春燕)

交通内部审计

【概况】 2014年省交通运输厅内部审计工作有思路、有计划、有目标,较好地完成了领导干部经济责任审计、基本建设项目跟踪审计、所属单位的财务收支审计等50余个审计项目。

1. 合理确定年度审计工作目标。针对厅审计机构成立时间较短、各项审计业务繁重的特点,合理制定了年度审计计划,既掌握各个单位经济情况,又发现存在的违规问题,及时纠偏,防范风险。厅审计部门安排对厅属二级单位、交通重点建设项目、厅管干部离任经济责任审计;按照“下管一级、分级负责”的要求,积极推动所属二级单位对其所属单位和所管范围的审计,形成上下责任清晰、各负其责、齐抓共管的审计压力传导态势。

2. 有序推进审计工作。按照部财务审计司2014年度财务审计工作会议精神和工作布置,确定年度安排2个国高网项目绩效审计、2个通行费收费项目审计和9个高速公路建设项目跟踪审计,年内实际完成省高速公路联网管理中心、省高速公路投资集团梨温管理中心、省高速公路联网管理中心萍乡分中心3个通行费收费项目审计工作;完成昌宁、昌栗、九绕、金抚、抚吉、昌奉、奉铜、隘瑞、井睦、万宜、萍洪11个高速公路建设项目的跟踪审计;基本完成景鹰、石吉2个国家高速网建设项目绩效审计评价。

3. 推进对厅直单位财务收支审计全覆盖。年内完成省公路局、省运管局、厅质监站等厅直属15家单位的财务收支审计工作,审计金额达288.84亿元,审计发现违规金额达43890.7万元,查出损失浪费金额2002.94万元,促进增收节支181.8万元。基本掌握各单位的财务状况和内部

江西省交通干部学院

江西省交通运输厅集中学习习近平重要讲话精神学习班

全省法院院长会议

江西省青年干部培训班班羽毛球比赛

江西省交通干部学院系江西省交通运输厅直属正处级差额拨款事业单位，成立于1984年5月，原名江西省交通干部学校。2010年12月，更名为江西省交通干部学院，成为全国交通运输行业第一家更名的省级干部学院。与中共江西省交通运输厅委员会党校、江西省交通职工中专、北京交通大学现代远程教育江西交通教学中心、武汉理工大学网络教育南昌学习中心合署办公。

学院内设办公室、党委办公室、监察室、教务处、培训处、后勤处、财务处、工会等8个处室。2014年在职干部职工30人，其中高级职称3人，中级职称7人。中共党员23名。

学院新校区位于红谷滩凤凰洲，2011年11月全面建成投入使用。由教学楼、学术交流中心、学员公寓、食堂等6栋单体建筑组成。配有420人会议厅1个，120人会议室1个，100人会议室1个，70人会议室2个，40人会议室2个，会议接待能力800人；168人阶梯教室1个，普通教室10个，图书室1个，40人计算机室2个，室内恒温游泳池1个，室内羽毛球场1个，网球场2个，篮球场1个。配有按四星级标准建设的单人间122个，标间88个，套间12个，可容纳500人就餐食堂1个，接待能力800人。学院设施完善，功能齐全，是一个集教学、培训、会议、住宿、餐饮等功能为一体的现代化干部教育培训基地。

120人会议室

学院大门

江西省公路

省长鹿心社节前看望慰问公交公司一线职工

副省长李贻煌到徐坊客运站视察春运工作

省交通运输厅党委书记、厅长朱希同志到省运管局进行安全生产集体约谈

2015年，省运管局深入贯彻落实交通运输部、省交通运输工作会议精神，开拓创新、狠抓落实，较好地完成了交通运输部、省委省政府、省交通运输厅确定的重点任务和贴近民生的10件实事。全省预计完成公路客运量6.1亿人、旅客周转量322亿人千米、货运量15.2亿吨、货物周转量3288亿吨千米，同比预计分别增长2.2%、1.7%、10%、7%，在综合运输体系中继续保持基础性地位。

面对2015年复杂形势和繁重任务，省运管局谋长远，抓大事。一是以提高行政效率为重点推进行业改革深化。加大简政放权力度。取消、下放、转移了一批省级审批（许可）项目，完成了省直单位赋予6个试点县（市）18项管理权限的下放工作；规范权力运行，建立了省级及属地管理权力清单和省级责任清单。二是以综合枢纽建设为重点推进站场基础设施建设。争取到部补助资金19344万元，其中综合客运枢纽8000万，货运枢纽11500万。宜春综合客运枢纽已投入使用，预计到2015年底南昌综合客运枢纽、南昌西综合客运枢纽、上饶综合客运枢纽、抚州综合客运枢纽等4个综合客运枢纽将建设完工并投入试运行。三是以甩挂运输方式为重点促进行业结构优化。2015年江西华正道物流有限公司和新余市新博贸易汽车运输有限公司2家企业成功获批第四批国家甩挂运输试点项目；引导道路客运企业进行兼并、重组，或推行公司化经营方式，进一步提升江西省道路客运

江西省道路客运驾驶员安全宣誓承诺活动启动仪式

江西举办第七届全国交通运输行业“PPG杯”汽车维修车身涂漆（水性漆）竞赛江西分赛区选拔赛

全省汽车客运站服务规范化现场推进会召开

运输管理局

全省道路运输工作会暨春运工作、安全生产工作、廉政工作会召开

省运管局召开“三严三实”专题教育动员部署会暨专题党课

市场集约化、规模化经营程度。召开了全省汽车客运站服务规范化现场会，推动江西省汽车客运站规范经营服务。四是以公交优先发展为重点推动城乡客运一体化。支持、指导南昌市“公交都市”建设和南昌轨道交通1号线开通运营工作。开展镇村公交试点，省财政厅设立镇村公交试点奖补专项资金3000万元、在全省范围内选择了5个县市进行试点。五是以市场整治为重点提升行业治理能力。继续开展以打击非法营运为重点的整治活动，全年共查处违法案件3189起。以强化安全监管为重点夯实安全管理基础。制定了《省运管局行业安全生产监管职责暂行规定》，确定了“党政同责、一岗双责”的安全生产监管工作原则。严格车辆动态监控管理，加强与公安交警、安全监管部门的协作联动，在道路运输平安年、安全生产月、凌晨2-5时客车停车休息制度落实、春运安全督查、道路运输安全隐患排查治理等方面充分协商、密切配合，安全形势稳中趋好。六是以选树行业典型为重点推进行业文明创建。围绕打造“模范”工程，开展“身边的楷模”宣传活动，宣扬全国劳动模范——九江东方出租汽车公司驾驶员柯胜锋同志先进事迹，拍摄专题片，举办报告会，激励行业“学有标杆、赶有榜样”。大力开展行业典型培树工作，涌现出一批先进集体和先进个人。上饶市运管局获评“全国文明单位”，省运管局系统获评交通运输部劳动模范3人，全省劳动模范11人，全国交通运输系统先进集体1个，全国交通运输行业文明单位2个、文明示范窗口1个、文明职工标兵1个。

推进依法行政 建设法治运管——省运管局举办全省道路运输依法行政知识竞赛

省运管局召开全国劳动模范柯胜锋同志先进事迹报告会

省运管局开展“强作风、提素质、树形象”集训活动

省运管局组织机关干部赴豫章监狱开展警示教育活动

省运管局举办全省道路运输系统“我为党旗添光彩”书画摄影比赛

江西省高速公路投资

省长鹿心社察看高速公路项目建设

省交通运输厅党委书记、厅长朱希察看高速公路建设情况

昌九高速通远试验段通车暨全线改扩建项目启动仪式

省高速集团是在省高管局基础上，整合交通厅原有三家高速公路管理单位基础上组建成立的国有独资公司，于2009年11月28日挂牌成立，2010年1月1日开始运作，由省交通运输厅作为出资人代表进行管理，集团不设股东会，设立了董事会、监事会、经理层。集团的主要特点可以概括为三个方面：

企业发展有声有色。目前全省高速公路通车里程为4616千米，其中省高速集团经营管理3932千米（其中经营性路1959千米，政府还贷路1973千米），占全省通车里程的86%；集团注册资本95亿，资产总额2287亿元，资产规模位居全省第一，资产负债1358亿元，净资产929亿元，资产负债率为59%；旗下直接管理9个经营性子公司、12个路段管理单位、10个参股子公司，共有574个所属单位、14000多名员工；集团主要经营业务除高速公路投资、建设、经营、管理外，还涉足工程施工、监理咨询、物流仓储、核电投资、房地产、酒店旅游、能源开发等领域。

项目建设又快又好。江西高速公路起步于上世纪80年代末，1993年全省第一条高速公路昌九高速建成通车，拉开了高速公路大发展的序幕。从零到1000千米用了15年，从1000到2000千米用了4年，从2000到3000千米、从3000到4000千米都用了2年。特别是“十一五”以来，集团共投入1200多亿元建成了24条、2500千米高速公路，助推全省高速公路通车里程连续跨越了2000千米、3000千米、4000千米三个历史性台阶，使江西省一跃成为全国高速公路建设速度最快的省份之一。目前全省高速公路通车里程名列全国第9位，是继辽宁、河南后全国第三个实现全省县县通高速的省份，创造了令人瞩目的“江西速度”。在建设速度快的同时，也确保了工程质量，集团投资建设的景婺黄（常）高速公路荣获了工程建设领域最高奖项——詹天佑奖；九江长江公路二桥列居世界斜拉桥第7位，获得中国建设工程鲁班奖（国家优质工程）；永武高速公路是全国“十二五”

昌宁项目首个特长隧道——石马隧道顺利贯通

江西省高速公路服务区质量等级评定现场汇报会

省高速集团召开全省迎国检收费管理规范化工作交流推进会

集 团 有 限 责 任 公 司

江西高速集团材料公司运营

项目新闻发布会

首个交通科技示范工程；有着“江西第一难隧”之称的吉莲高速永莲隧道的处治技术获得了国家科技进步二等奖。

运营管理可圈可点。道路养护领域，在“十一五”的全国干线公路养护管理大检查中，创造了高速公路排名全国第六的好成绩；收费运营领域，ETC是全国首批华东六省一市联网的省份之一，涌现了映山红、熊文清班组、鹰西女子站、龚全珍班组等一批窗口品牌；服务区领域，打造了庐山、西海、三清山等一批标杆服务区，集团共有5对服务区被评为“全国百佳示范服务区”，18对服务区被评为“全国优秀服务区”，40对服务区被评为“全国达标服务区”，达标率100%；行业文明领域，集团先后被评为全国交通运输文化建设示范单位、江西省文明单位、江西省企业文化建设示范单位、省直（属）定点扶贫先进单位，并被授予全国五一劳动奖状、江西省五一劳动奖状，集团职工敖志凡荣获第四届全国道德模范提名奖、“感动全国交通年度人物”，职工何水标被评为全国劳动模范，集团各单位累计荣获省部级以上荣誉600 余项。

省高速集团领导走访上海相关金融机构

星级收费站表彰

映山红杯养护风采摄影大赛

江西高速“紫荆花”义务支教启动仪式

昌宁高速公路龙坊高架桥顺利合拢

江 西 交 通

省道德模范、公司职工敖志凡获交通运输部部长杨传堂接见，被授予“2013年度感动交通年度人物”称号

公司机关开展道德讲堂活动

八一大桥—公司代建的江西省第一座斜拉桥

江西交通咨询公司前身为江西交通工程监理公司。创建于1989年7月，具有全民所有制独立法人资格，是一个集公路、水运工程的综合性咨询监理企业，公司注册资金1200万元，先后荣获“全国优秀监理品牌企业”、“国家优质投资项目”、“詹天佑土木工程奖”等荣誉。经过多年的发展，公司目前具有公路工程监理甲级、水运工程监理甲级、工程咨询甲级、试验检测乙级、公路工程设计丙级、特殊独立大桥、特殊独立隧道和公路机电监理专项和交通安全设施施工专项等资质，获得了对外经营许可权，能承担国内外各种公路水运工程施工监理、咨询、代建、检测和交通安全设施工程施工任务。

江西交通咨询公司通过了质量、环境和职业健康安全“三合一”管理体系认证，确立了以资源配置为先导、控制为本、质量至上、为业主提供满意的交通咨询监理服务的质量方针，累计完成2200余千米高速公路、45座特大桥、12座特长隧道、500余千米航道整治、3处水利枢纽和5个大型码头工程的施工监理，所监理的项目均被评为优良工程。此外，公司积极开拓更为广阔的咨询市场，开展了项目代建、工程可研和项目后评价等业务，招标咨询和招标代理业务项目近20个，完成施工图设计审查项目75个，完成重点项目代建9个，可研40个，项目后评价2个。

通过多元化经营，公司为从业人员提供了更多的锻炼、实践机会，吸引了高端人才，目前有教授级高工8人，

景婺黄高速—公司承接的江西省第一个后评价项目

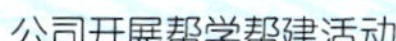
公司开展帮学帮建活动

昌九高速—公司监理的江西省第一条高速公路

高级工程师68人，工程师95人，注册监理工程师130人、注册咨询师16人、试验检测工程师58人、项目管理与招标工程师22人等。这些优秀人才在有效保障工程项目安全高效的同时，也赢得了社会的广泛认可，获得了多项荣誉，其中敖志凡荣获全国五一劳动奖章、全国道德模范提名奖，另有1人获得“中国公路百名优秀工程师”，8人获得“交通运输部优秀监理监理工程师”，163人次获得省高速公路领导小组“劳动模范或先进个人”。

“育人才，升资质，拓市场，多元发展，诚信经营”，是江西交通咨询公司的经营思路；“信誉是市场、质量是生命”是江西交通咨询公司的经营理念。公司求真务实，团结拼搏，不断开拓进取，创新质量理念，打造监理品牌、全面提升单位的核心竞争力、创新经营机制中前进，在开展交流合作、拓宽业务范围中开创了咨询监理工作的新局面，正逐步向一个集工程监理、项目代建、工程咨询、工程设计和试验检测于一体的综合型、智力密集型现代化咨询公司迈进。

中心大楼

南昌国际集装箱码头—公司监理的江西吞吐能力最大的现代化集装箱专用码头

永武高速—公司代建的江西省第一条科技示范路

机电信息楼

汽车楼

校园俯瞰

江西交通职业技术学院创建于1956年，前身为交通部南昌公路工程学校，1958年升格为江西交通学院，1973年更名为江西省交通学校，1984年曾筹建江西交通专科学校，2002年升格为高等职业技术学院。

学院占地面积40公顷，建筑面积31万平方米，教学仪器设备总值6000万元，各类图书资料50余万册。设有路桥工程系、建筑工程系、汽车工程系、机电工程系、管理工程系、信息工程系、基础课部、思政部和成人教育部9个教学系部，共开设道路桥梁工程技术、汽车运用技术、物流管理、数控设备应用与维护、计算机网络技术、市政工程技术、港口航道与治河工程等34个专业。

学院办学环境优良，被列为省重点建设的高等职业院校，生均预算内财政拨款标准在省内同类院校中位居前列；省交通运输厅近三年共投入1.2亿元用于学院的建设，已初步建成生态化、数字化、现代化的新型校园。

学院不断加强“双师”结构和“双师”素质专业教学团队建设，已初步形成实践技能课程主要由企业一线高技能兼职教师讲授的机制，外聘行业企业技术人员达171人；注重专任教师综合职业素养和实践教学能力的提高。现有专任教师364人，其中交通部专业带头人4人、江西省高校教学名师4人、省级学科带头人3人、省高校中青年骨干教师22人、省级高校教学团队3个，具有高级职称的教师132人。

物流实训场地

南大门

业技术学院

教学楼

学生活动中心

学院紧扣区域经济建设，对接支柱产业发展，以专业建设为龙头，形成了重点突出、特色鲜明、布局合理、适应职业岗位需求的、充满活力的专业体系。学院将工学结合作为人才培养模式改革的切入点，通过企业与社会需求紧密结合，先后与一汽丰田合作开办了“T-TEP”学校，与江西贝尔科技公司合作成立了“南昌贝通科技发展有限公司”，与洪都佳时特数控技术有限公司共同建设了“交院佳时特数控加工基地”，与赣粤高速合作建立了“交苑土木工程试验检测中心”。同时依托专业成立了交通规划勘察设计院、博苑工程咨询监理所、汽车技术服务中心和驾驶培训学校等产教实体，为学生职业技能的提升提供了真实的生产环境。同时在教学中不断完善教育教学管理与质量监控，形成了持续改进的人才培养质量保障体系。

学院是国家骨干高职院校建设单位、交通运输部交通职业教育示范院校、首批江西省示范性高等职业院校立项建设院校。2004 年，在教育部组织的人才培养工作水平评估中被评为优秀。2005 年，被人事部、交通部评为全国交通系统先进集体。先后荣获全国交通职业教育工作先进集体、省五一劳动奖状、省文明单位荣誉称号。并在由江西日报、搜狐网等多家媒体组织的江西省十大满意高职院校评比中获得第一名。

学生宿舍

机电实训场地

汽车实训场地

足球场

江西省公路路政管理总队

江西公路路政系统大练兵大比武

打造高速路政铁军

随着国务院成品油价格和税费改革，江西省公路路政管理总队在原省交通稽查征费局、原省高速路政管理一、二支队的基础上于2009年5月组建成立，为正处级全额拨款事业单位，内设10个机关科室，按设区市划分设立11个副处级高速路政管理支队，72个高速路政大队，昌九高速公路白水湖、梨温高速公路梨园、九景高速公路罗家滩等3个超限超载车辆检查站，以及路政总队井冈山培训中心，全系统核定编制数为1650人。

暴雪中为司乘人员服务

总队目前主要承担着全省近4600千米高速公路的保护路产、维护路权和清障施救监督管理工作，负责组织实施高速公路机动车辆超限超载运输治理工作等。

总队组建以来，在省厅的直接领导下，始终坚持“紧抓一个中心，突出四项重点，协调八大关系”原则，即坚持以保畅通、保平安、保稳定、保形象为中心，突出专项整治、培训教育、舆论宣传、规范管理四项重点工作，协调好路政与省厅各处室、路政与经营管理单位、路政与高速交警、路政与沿线地方政府、执法与服务、发展与民生、整体与局部、日常工作与基本建设等八个方面的关系。通过大力开展各类教育培训、大练兵大比武活动、路域环境综合整治、标准化信息化建设、党风廉政建设等工作，努力打造一支文明执法、规范管理的高速路政铁军，较好地保护了路产、维护了路权，保障了高速公路安全畅通，为江西省交通运输事业改革发展做出了应有的贡献。

五年来，总队荣获全国交通运输依法行政先进集体，省直机关文明单位，全省交通运输目标管理、“十一五”“抓养护、迎国检”、安全生产、综合治理、节能减排、交通战备先进单位，以及江西交通工人先锋号、创先争优先进单位、党风廉政先进集体、工会重点工作先进单位等一系列荣誉。部分支队和大队还荣获全国交通运输行政执法评议考核优秀单位、全国交通运输行业“文明示范窗口”、省级和市级文明单位、全省交通运输系统“廉政文化建设示范点”等荣誉，并收到大量司机车主赠送的锦旗和感谢信，文明执法和优质服务得到了社会各界的赞许和肯定。

清障施救　　奋战在抗洪抢险一线　　业务技能大比拼

江西公路开发总公司

总公司总经理陈立新深入梨温高速沿线服务区调研

总公司召开"三严三实"专题教育动员部署会，党委书记黄铮作专题讲话

江西公路开发总公司隶属于江西省高速集团投资有限责任公司，是一家具有独立法人资格，以投资、建设、管理高速公路及其附属设施为主，兼有公路机电设施设计施工维护、物业管理、房地产开发等业务的国有交通企业。公司注册资本 17.75 亿元，总资产 312 亿元，现有员工 2300 余人。

22 年风雨兼程，总公司在拼搏中奋起、在进取中崛起，在崛起中创造佳绩。目前，总公司下辖 7 个公司，经营管理了沪昆高速江西梨温高速公路、济广高速江西景鹰高速公路，德昌高速公路、祁浮高速公路、九江绕城高速公路、都昌至九江高速公路星子至九江段，运营里程 728 千米，36 个收费站、10 对服务区。

总公司积极策应省委省政府决策部署，为江西省高速公路通车里程突破 2000 千米、3000 千米、4000 千米做出了突出贡献。当前正为江西省高速公路通车里程突破 5000 千米、6000 千米全力以赴，全面推进船顶隘（赣闽界）至广昌高速公路、都九高速公路都昌至星子段、上饶至万年高速公路项目建设。

历史映照过去的现实，现实抒写未来的历史。22 年的奋斗里程，总公司凭着勇气和毅力走过了探索的创业之路，靠着胆识和坚韧闯过了艰辛的成长之路，借着果敢和气魄迈过了跨越的崛起之路，怀着激情和憧憬奔向美丽的梦想之路：引进外资建设了新八一大桥等 4 座跨赣江大桥和瑶湖大桥，合作开发建设了 320 国道、105 国道江西段，创业之路翻开了江西省交通基础设施建设的新篇章，发挥了改革开放先行者敢闯敢试的引领作用。2000 年，总公司自筹资金作为企业法人建设了梨温高速公路，成长之路开启了江西省高速公路项目建设的新模式。景鹰高速、德昌高速、祈浮高速、都九高速的相继建成和规范精心管养，总公司走出了一条欣欣向荣的崛起之路：经营收入年年攀升、文明创建硕果累累，成为中国服务业企业 500 强、江西省优秀企业和全国交通行业文明单位、江西省文明单位。

"好风凭借力，送我上青云。"站在"十三五规划"的新起点上，江西公路开发总公司将以党的十八大和十八届五中全会精神为指导，沐浴国企改革的东风，适应中国经济的新常态，在改革提速增效转型中把握机遇，增强盈利能力，在服务江西省经济民生发展中迈出新征程、谱写新篇章。

瑞洪收费站紫荆花义务支教队成为江西高速首支义务支教服务队

梨温高速三清山服务区

梨温高速赣浙界梨园收费站

景西收费站新建设计效果图

景鹰高速

江西省高速公路联网管理中心

全国 29 省市 ETC 联网电视电话会议

2015 年全省高速公路第一次联网工作例会

2002 年 5 月 20 日，江西省编委批准成立了江西省高速公路联网管理中心（简称“省联网中心”），为省交通运输厅直属正处级自收自支事业单位，作为全省高速公路联网管理机构，主要负责全省高速公路联网管理工作，包括通信、收费、监控“三大系统”骨干网、路径识别系统、ETC 系统、自助服务终端系统和客户服务系统建设、运行和维护管理，收费结算、稽查、卡票管理、赣通卡业务、信息处理与发布等工作；经省编办批准成立了 11 个分中心，为下属正科级单位；现有职工 180 多人。

在全省建立了两大管理体系，一是省联网中心—路段分中心—收费站（桥隧所）三级联网行业管理体系，二是省联网中心—市分中心—县管理处三级直属管理体系，实现了对全省高速公路三大系统的建设和管理。多年来，联网里程实现了从 2004 年的 1000 千米到 2015 年 5000 千米的历史性跨越，联网范围实现了从省内联网到全国 ETC 联网的历史性突破。联网工作成效显著，几项工作在全国名列前茅：我省是首批加入全国 ETC 联网的 14 个省市之一，全国第一个以车牌识别技术进行路径识别的省份，全国第二个实行高速公路不停车收费的省份，全国第三个实现在高速公路服务区开通电子收费自助服务系统的省份，全国第四个一次性实行全省高速公路计重收费的省份，全国第五个一次性实现全省高速公路联网收费的省份。联网业务的开展，为高速公路业主节约了大量的建设和运营费用，增加了通行费收入，同时产生了较大的社会效益。尤其是 ETC 的运用，使公众出行更加快捷、便利。省高速联网中心主动适应联网新常态，谋划创新，全省建成 ETC 自营网点 20 个，覆盖全省市、县、区的全业务代理网点 552 个，覆盖自营网点、高速公路服务区的自助充值终端 96 个。全省 ETC 赣通卡用户 90 万。在快速发展 ETC 用户数量的同时，更加重视内在质量的维护，确保服务不滑坡，质量不打折。

江西省高速公路联网管理中心工作会议

联网业务培训

多年来，省高速联网中心在高速公路联网建设、管理和服务中业绩不断，科技水平不断提高，服务功能更加全面，机制体制更加规范高效，队伍综合素质不断提高，联网文化和廉政更加公正、诚信和透明，不断推动整个高速公路联网事业向着更加安全、畅通、便捷、绿色的方向发展，先后多次获得省厅先进单位、党建工作目标管理优秀单位、综治先进单位、省直共青团及工会先进单位以及春运等多项荣誉称号；连续荣获六届市级（省直）文明单位称号。

ETC 宣传标语

赣通卡宣传折页

赣闽 ETC 出口

江西赣鄂皖路桥投资有限公司

大桥加固改造项目开工动员会

加固改造施工环境协调有序

九江长江大桥公路桥（九江一桥）加固改造项目是经江西、湖北两省发展改革委正式核准并审查通过，是目前国内最大的桥梁类加固改造项目，具有技术难度大、安全风险高、协调任务重等特点。

签订廉政、综治、安全责任书

为推进加固改造工程开工建设，确保施工和铁路运营安全，作为主管职能部门的江西赣鄂皖路桥投资有限公司多次与江西省重点工程办公室、江西省交通运输厅、南昌铁路局协调联系，经报请江西省政府同意，明确委托南昌铁路局代建涉铁部分改造工程。南昌铁路局授权其所属京九电气化改造工程指挥部为项目代建执行人，全权负责大桥加固改造涉铁工程代建事宜。同时，为最大限度方便九江、黄梅“一江两岸”群众出行，公司积极争取两地政府和社会的支持与理解。经过三个多月的艰难协调，终于促成两省发改委达成了全面共识，形成了《备忘录》，为加固改造项目开工建设创造了前提条件。

2015 年 6 月 23 日，九江一桥正式实行交通管制，正桥涉铁部分改造工程率先开工，正式拉开了加固改造项目施工建设的序幕。目前，加固改造施工作业开局良好，按预定计划平稳有序推进。

大桥加固改造工程开工，所有机动车辆禁止通行

加固改造施工

夜间施工

大桥全貌

江西赣粤高速公

2014 年 10 月 14 日，省委书记强卫到昌樟改扩建项目办调研交通建设工程农民工工资管理工作时，亲切看望了昌樟高速公路改扩建工程建设、施工、监理单位人员和民工代表，听取了省交通运输厅党委书记、厅长朱希同志的情况汇报，观看了创新农民工工资管理专题片

2014 年 8 月 5 日，省委副书记、省长鹿心社赴九江市，考察昌九大道、昌九高速公路改扩建工程通远试验段、九江绕城高速公路等交通工程施工情况和有关企业

2014 年 8 月 7 日下午，由省直团工委书记熊育杰带队的 2012—2013 年度省直青年文明号考核组到昌樟管理处铜鼓收费所铜鼓西收费站考核青年文明号创建工作

江西赣粤高速公路股份有限公司为中国服务业 500 强企业，成立于 1993 年 3 月，2000 年 5 月在上海证券交易所上市（股票代码 600269），系江西交通运输系统骨干企业和省内唯一的公路类上市公司。

上市以来，赣粤高速艰苦创业、励精图治、开拓创新、稳健经营，实现跨越式发展。公司总股本从 2.33 亿元增长到 23.35 亿元，总资产从 17.26 亿元增长到 312.31 亿元，净资产从 11.97 亿元增长到 127.19 亿元，主要经营指标长期稳居全国同行业上市公司前三甲。目前，公司旗下有高速公路管理单位 4 家、控股子公司 9 家、参股公司 5 家，经营管理昌九、昌樟、昌泰、九景、温厚、彭湖、昌铜等 800 千米高速公路和吉安、峡江、樟树、丰城、南昌南、奉新、铜鼓、西海、庐山、

交通运输部节能减排中心和交通运输部科研院有关负责人对昌樟改扩建工程绿色低碳公路主体性示范工程进行实地调研指导

2014 年 9 月 16 日，江西省直机关"实干兴赣　圆梦中国"庆祝新中国成立 65 周年群众性歌咏比赛在江西科技师范大学举行。由赣粤高速组织代表的省交通运输厅代表队从强手林如的 32 支参赛队伍中脱颖而出，荣获组唱类比赛一等奖

路 股 份 有 限 公 司

2014年7月27日上午，省交通运输厅党委书记、厅长朱希实地查看德安国省道道路灾情，并来到德安县德白路乌石门段山体滑坡现场，察看爆破施工及水毁抢通工作

2014年12月5日，省交通运输厅党委书记、厅长朱希来到昌九高速改扩建通远试验段项目建设一线，察看工程施工进展情况，看望慰问奋斗在一线的工程建设者

石钟山、彭泽、鄱阳等12对高速公路服务区。

公司股票先后入选沪深300指数、上证180指数、上证50指数、上证380指数、中证100指数和上证治理指数样本股，董事会连续9年荣获上市公司优秀董事会“金圆桌奖”，在全国同行业和全省上市公司中系唯一一家；公司先后荣获全国企业文化优秀奖、全国企业创新文化优秀案例奖、全国交通行业文明单位、全国交通行业精神文明建设先进单位、全国交通行业文明示范窗口、交通部首批交通文化建设示范单位、全国交通企业文化建设优秀单位、中国最具社会责任感企业、“车、船、路、港”千家企业低碳交通运输专项行动先进企业、江西最具影响力企业，并连续8年入选中国服务业企业500强、连续8年获“江西省优秀企业”。

2015年9月11日，赣粤高速与九江市人民政府本着互相支持、互利互惠的原则在九江签署《战略合作协议书》，结成战略合作伙伴

2014年4月21日，中国证监局相关方承诺督导组莅临赣粤高速现场督导

2014年11月14日，由江西赣粤高速昌樟管理处与湖南高速长沙管理处联合发起的“赣湘情”第一届高速公路工作联席会在铜鼓收费所召开

赣州高速公路

公司党委开展党员进社区活动，为结对帮扶社区解决实际问题 120 余个

公司倾力打造“橙乡”服务品牌，展现收费窗口新形象

公司以迎国检为契机，对赣定高速实施路面大中修整治工程，整治后赣定高速公路沿线路容路貌、通行环境等均有了较大幅度的提升

公司深入开展革命传统红色教育，为推动公司发展汇聚力量

赣州高速公路有限责任公司成立于 2001 年 4 月 6 日，是赣州市委、市政府批准成立、由市国资委监管的国有控股公司。公司注册资本金 11 亿元，总资产 185 亿元，现有员工约 1300 多人。公司全资、控股及参股高速公路通车里程达 488 千米；在建项目里程 72 千米，总里程达 560 千米，是江西省内三大高速公路建设投融资平台之一，也是赣州唯一的高速公路建设投融资平台，为赣州交通基础设施建设发挥了重要作用。

赣州高速实行现代化企业制度，注重内部管理创新。公司现有股东 4 个，即赣州发展投资控股集团有限责任公司、赣州市基本建设投资公司、赣州市国有资产经营有限责任公司、定南县恒顺公路设备有限公司。公司设立了董事会和经营层，内设 10 个部门，包括办公室、党群工作部、监察审计部、人力资源部、投资发展部、风险控制部、财务部、总工办、安监办、合约部。同时，成立了党委、工会、团委等党群组织。

公司下设 5 家全资或控股子公司，即赣州高速和畅运营管理公司、赣州高速和通公路工程有限责任公司、赣州高速和顺实业有限责任公司、赣康高速公路有限责任公司、江西省寻全高速公路有限责任公司；投资参股 5 家公司，即：赣崇高速公路有限公司、赣州康大高速公路有限公司、江西江钨钴业有限公司、赣州市林业投资公司、赣州银行。

公司已投资建成的项目有 8 个：赣定高速公路、赣州至大余高速公路（三益～梅关段）、赣州绕城高速公路、大广高速公路龙南里仁至杨村段（赣粤界）、厦门至成都国家高速公路赣州至崇义（赣湘

全幅贯通的寻全高速高架桥

有　限　责　任　公　司

公司团委开展关爱留守儿童活动，累计为贫困留守儿童完成微心愿 500 余个

党建明方向

界）、寻乌（赣闽界）至全南高速公路、赣州大桥、赣州和谐钟塔；正在投资建设的项目有 2 个：兴国（宁都）至赣县高速公路项目、赣定高速公路新增互通项目。

目前，公司正围绕贯彻落实市委、市政府提出的打造中国南方重要交通枢纽和千亿投融资平台战略定位，紧紧抓住苏区振兴发展历史机遇，深入实施“壮大总量、推动转型、优化结构、提升效益”的发展战略；弘扬“开放包容、敬业奉献、感恩奋进、追求卓越”的高速精神；树立“诚信、高效、创新、超越”的经营理念；重点打造三大业务板块，即：以高速公路建设和运营管理为主的高速公路板块；以全市加油（气）站、战略油库等建设运营投资为主的能源板块；以公司现有土地开发、养护施工、对外投资为主的综合投资板块。力争通过 2—3 年的努力，打造成为资产超 300 亿元；通过 5—6 年的努力，打造成为资产超 600 亿元的主业突出、产业多元、赢利能力强、核心竞争力优势明显，信用等级达 AA+ 以上的，省内领先、国内有一定影响的现代化高速企业集团，为实现资产总量、净资产、利润 3 年翻番，6 年翻两番的目标而努力奋斗。

航拍下的赣崇高速

文化聚人心

气势恢宏的赣闽收费站

建设中的兴赣高速

服务树形象

江西省公路桥梁

公司承建赣崇高速公路 A2 标项目

公司承建吉水恩江二桥工程项目

公司代建的武吉高速公路九岭山隧道——当时江西第一长大隧道

公司代建武吉高速公路田莆特大桥

江西省公路桥梁工程有限公司始建于 1962 年，前身是江西省交通建设系统历史最悠久的国有公路工程专业化施工企业——江西省公路桥梁工程局。公司具有公路工程施工总承包一级资质，公路路基路面、桥梁、隧道工程专业承包一级资质以及交安、市政、养护等多项专业施工资质，并已通过质量、环境、职业健康安全三大管理体系认证，形成了以高等级公路、桥梁、隧道、交通工程、公路养护施工、公路工程试验检测、机械设备租赁等多种经营格局。

公司自成立以来，始终秉承“责任创精品，诚信筑丰碑”的理念，立足本省当主力，走出省外拓市场，建设足迹遍及大江南北，建设成果铸就路桥品牌，为国家公路基础设施建设作出了应有贡献。作为江西最早的公路建设单位、目前主要的公路专业施工企业，江西路桥建设了江西境内大江大河上的大部分桥梁、早期主要国省道公路，代建了南昌至樟树、胡家坊至昌傅、温家圳至厚田、武宁至吉安等 4 个高速公路项目，参与建设赣粤高速公路、昌金高速公路、景婺黄（常）高速公路、南昌东西外环高速公路、鹰瑞高速公路、赣崇高速公路、寻全高速公路、昌栗高速公路、昌宁高速公路等省内高速公路项目二十多条，广东、安徽、河南、福建、湖北、黑龙江、贵州、甘肃、河北、陕西、内蒙古等省、区高速公路项目二十多个，完成了江西省支援新疆阿克陶县江西二大道项目的建设任务。同时，承建了伊拉克科梅特大桥、科威特法希尔高速公路、菲律宾潘丹大桥等国外工程项目。五十余年来，江西路桥累计承建公路 3286 公里、100 米以上各类型桥梁 55000 米 /102 座。

公司承建昌宁高速公路路面 P 标四管理段工程

工　程　有　限　公　司

公司承建寻全高速公路路面工程 LM1 项目

公司承建的江西省支援新疆阿克陶县江西二大道项目

辛勤耕耘，成果丰硕，企业实现了持续快速发展。江西路桥公司已发展成为注册资金 3.1 亿元，年施工能力超 20 亿元的大型公路桥梁施工企业，现有员工 399 人，高、中级职称人员 142 人，一、二级建造师 31 人，检测工程师 11 人。公司先后获得省级“先进施工企业”、“江西省优秀企业”、“江西省十五、十一五重点工程建设先进施工单位”、“对口援疆项目建设工作先进集体”等省部级荣誉，并跻身“全国交通百强企业”、“中国建筑业 AAA 信用企业”，所承建的景婺黄（常）高速公路获得了第十一届“中国土木工程詹天佑奖”。公司拥有全省十个交通行业创新团队之一的“桥梁隧道施工关键技术创新团队”，已完成的科技项目共获得省科技进步二、三等奖各 1 项、省自然基金优秀奖 1 项、省公路学会二等奖 2 项、三等奖 1 项，拥有软件著作权 1 项、国家专利 1 项、交通运输部行业标准 1 部、江西省地方标准 2 部、全国优秀质量管理 QC 成果 1 项、交通行业优秀 QC 成果 6 项、省级工法 5 项。

我们将始终恪守“重质量、守信誉、兴科技、创精品”的经营宗旨，以诚信、守约竭诚与各方朋友携手并进，共创辉煌，为江西乃至全国的经济建设和交通腾飞作出更大贡献。

公司昌栗高速路面 P 标一分部路面摊铺施工

5000 型拌合站

公司承建宁安高速公路 A2 标项目

证　书

江西景德镇至婺源(塔岭)高速公路

荣获第十一届中国土木工程詹天佑奖

获奖单位 江西省公路桥梁工程局

公司承建的景德镇至婺源（塔岭）高速公路获第十一届中国土木工程詹天佑奖

公司代建武吉高速公路——木瓜塘枢纽互通

公路工程施工总承包特级企业

江西省交通

由公司承建的江西省第一条设计施工总承包高速公路项目——井冈山厦坪至睦村高速公路

江西省交通工程集团公司成立于1997年，现有注册资本117543万元，资产规模近百亿元，系江西唯一具一定投融资实力，以公路施工为主，涵括市政、房建、园林绿化、地产开发和对外承包工程经营等领域，集施工、科研、设计和投融资等于一体的国有交通综合性企业。

公司先后以商业模式和施工模式创新，在高速公路标准化建设、安保工程建设实施、设计施工总承包和普通公路投融资模式等方面，创造了江西公路建设史上的"五个第一"，并以优秀业绩在四川、内蒙、安徽、福建、浙江等省内外建筑市场获得良好声誉，先后荣膺首届江西最具影响力企业、全国首批公路建设百家诚信企业、全省先进建筑业企业、江西省"十一五"重点工程建设先进单位等称号。

企业精神：团结、拼搏、高效、创新

公司地址：江西省南昌市红谷滩新区赣江中大道1426号泓德新厦四层

Http://www.jxjtjt.com

Tel/Fax：0086-0791-86243301

以施工总承包形式承建的江西省第一条标准化高速公路——温厚高速

以委托融资模式成功完成建成的320国道大城至万载公路改造项目

以风险投资模式成功完成建设投资的三清山环山旅游公路

我公司承建的江西省第一条设计施工总承包二级公路项目——宜安公路

工程集团公司

企业荣誉

由公司承建的河南郑石高速宋庄分离式立交桥施工现场

泓德新厦

由公司承建的江西省最长高速公路隧道——井冈山最长隧道洞内

由公司承建的昌栗高速公路路面底基层试验段摊铺现场

江西省公路工程

施工技术观摩

入党宣誓

路面摊铺

江西省公路工程有限责任公司于2014年正式注册成立（原江西省公路机械工程局成立于1994年），是江西省交通系统首家通过ISO9002国际质量标准认证（现已升级到ISO9001:2000版）的国家公路工程施工一级总承包企业，具有市政公用工程施工总承包一级，路基、路面、桥梁、隧道专业承包一级资质，注册资本金为3亿元。公司现有正式员工333人、各类专业技术人员196人。

公司始终坚持“立足行业、多元发展、超越自我、追求卓越”的宗旨，大力加强企业文化建设，深化机制改革，强化内部管理，紧扣市场脉搏，在开拓创新、和谐创业中不断发展壮大，现已发展成为集公路、桥梁、隧道、交通工程、公路养护、市政建设、水利水电等工程建设及工程勘察设计、设备租赁、招投标咨询代理、园林绿化、软件开发、对外贸易、沥青改性等业务为一体、多元化发展的现代化集团式施工企业。

近年来，公司积极参与省内外重点工程建设，取得了令人瞩目的可喜成绩，施工队伍日益壮大、施工能力和施工水平进一步提高，近五年参建了省内外20多条高等级公路的工程建设，足迹遍及全国20多个省市（自治区），公司经济效益和社会效益逐年提高，是江西省近年来发展最为迅猛的公路施工企业之一。2014年公司承建的黄衢南高速A7项目喜获交通部“公路交通优质工程一等奖”。

大路当歌，大象无形，大音希声。江西省公路工程有限责任公司每位员工将以“修筑完美之路，构建和谐企业，优质回馈社会”为使命，励精图治，锐意进取，并愿与社会各界携手奋进，共创美好未来，为交通、公路事业的跨越式发展而不懈奋斗！

高速大桥

有限责任公司

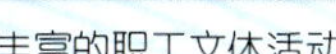

丰富的职工文体活动

架梁施工

高速隧道

高速互通

优质工程

生态高速

江西国际集装箱码头有限责任公司

办公大楼

集装箱到港装卸

南昌港集装箱码头是省内首座内河一流现代化集装箱专用码头，于2003年动工兴建，2005年竣工投产运营，一期总投资1.6亿，设计年吞吐量能力为5万标箱。陆域总面积17.05万平方米，岸线长666.45米，建有1000吨级泊位两个，泊位长200米。港区内配备了集装箱轨道门机、进口正面吊、堆高机、叉车等集装箱专用设备20余台，并建有码头指挥、调度、管理和服务为一体的综合办公楼，为客户提供报关报检一站式的优质服务。

南昌港集装箱码头目前已成为南昌市和江西省综合运输的集散地和现代物流的重要基地，集装箱吞吐量屡创新高。箱量从2005年一万多标箱，上升至2006年三万多标箱，再到2012年的六万多标箱，增长速度突飞猛进。特别是在2013年，集装箱吞吐量历史性突破了九万多标箱，同比2012年增长了37%，超设计吞吐能力80%以上。为外向型经济发展提供了强有力的支持。

轨道式门机作业

为响应江西省“做强南昌、做大九江、昌九一体、龙头昂起”战略部署，加快推进两港一体化发展，南昌港集装箱码头扩大再生产方案已提上议程，集装箱码头扩大规模后，在吞吐能力、物流速度、服务质量方面都将得到进一步的提升，从而能够进一步推动打造南昌核心增长极工作，以支持南昌在昌九一体化、鄱阳湖生态经济区和全省经济区中起着龙头带动作用，为全省外向型经济发展再立新功！

码头货场

经过不懈的努力，南昌港集装箱码头已构成了“管理标准化、功能现代化、技术专业化、经营市场化”的管理发展模式。公司注重领导班子建设，不断增强企业的凝聚力；注重经营理念创新，不断扩大市场份额；注重管理模式创新，不断提升企业核心竞争力；注重文明创建工作，提升企业品牌形象，多次获得省市多届文明单位称号；2013年被江西省委、江西省人民政府授予“全省开放型经济先进企业”荣誉称号；2013年被中国交通企业管理协会授予“全国交通运输信息化、智能化建设优秀企业”荣誉称号。多年以来企业安全生产形势稳定，集装箱吞吐量每年保持两位数的增长，公司社会效益、经济效益取得了较好的成绩，为江西省外向型经济发展和招商引资工作发挥了积极的作用。

码头全景

管理情况，发现存在的收支挂往来、违规发放津补贴、违规报销费用、资产账实不符、有账无实，内部管理不规范，内控不严等问题，下达近80条审计意见建议，促进各单位规章制度的建立，规范各项业务、管理行为。

4.探索多种方式审计形式，全面推进交通重点建设工程项目审计全覆盖。年内对所有在建的高速公路建设项目进行跟踪审计，年内实际完成昌宁等11个高速公路建设项目和交通监控指挥中心项目的跟踪审计。并将其中的隘瑞、井睦2个高速公路建设项目委托社会中介审计机构进行审计。通过对高速公路建设项目的跟踪审计发现高速公路建设项目中存在的基本建设程序不到位，资金大量沉淀、违规发放津补贴、工程变更审批把关不严、多结算工程款、征地拆迁费用超概算等问题。查出违规金额11821.3万元、管理不规范金额578.71万元、归还原渠道资金金额179.27万元，下达审计意见建议57条，进一步促进建设项目的规范化管理，节约建设资金。

完成省水上搜救鄱阳湖分中心、省运管局监控指挥中心、道路运输从业资格学员宿舍3个工程建设项目决算审计。强化对领导干部经济责任审计全覆盖。完成梨温高速公路公司原总经理魏和仁、宜春路政支队原支队长龙国虎等8位处级以上领导干部经济责任审计工作。

5.加强内控，有重点地推进行业内部审计工作的引领和推进行业管理制度的进一步规范。针对部分涉及重点领域、重点资金和长期缺乏监管的单位，逐年安排计划，强化内部审计，对内部管理、制度建设和风险监控中存在的问题提出审计意见，实际完成8个审计项目。一是重点加大对厅属企业财务收支审计力度，完成省高速投资集团梨温管理中心、省公路局所属省路桥工程有限公司、省港航局所属路港工程公司3个企业的年度财务收支审计；二是重点加大对交通运输行业性专项资金审计力度，结合年度财务收支审计完成对省公路局、省运管局专项资金审计检查；三是对三级事业单位进行审计抽查，完成九江港航分局、萍乡路政支队、萍乡联网分中心3个单位的年度财务收支审计。

6.开展审计专项调研工作，摸清家底。一是针对交通运输行业点多面广，交通运输建设项目多，资金量大的特点，组织实施行业专项资金审计调查，安排省公路管理局对普通国省道建养资金的专项调查审计和省公路运输管理局对农村客运场站专项建设资金进行审计调查，通过审计资金拨付、资金使用情况、地方配套资金到位情况和工程项目建设等情况，发现其中存在的问题，上报上级单位进行通报，要求问题单位限期整改，审计部门后续跟踪审计。二是为进一步掌握各单位的资产状况、对外投资、往来等情况，安排对厅直属单位的资产清查工作，切实掌握各单位的资产状况，摸清家底。三是紧跟形势，安排对厅直属各单位2013年度的“三公经费"使用情况进行审计。四是规范津补贴发放，对厅直单位的干部职工的工资待遇情况进行摸底调查。

（沈国华）

【省运管局全面清理历年结余结转资金】 根据财政及省厅清理财政性结余结转资金专项工作部署，该局按要求全额上缴了两年以上项目结余结转资金4315.80万元。为保障今后工作延续和项目绩效，及时配合相关部门全面清查相关项目，对结余结转的项目构成、历史成因以及进一步强化管理进行认真分析研究并形成报告上报，为今后防范项目资金超期结余结转和上级合理核定返还资金奠定基础。

（刘春燕）

【省运管局落实财政专项补助】 为落实《省政府关于进一步加快交通运输事业发展的意见》精神，该局积极沟通协调省交通厅、财政厅，在组织、协同本单位业务处室代拟并与上级讨论确定的基础上，制定印发《江西省道路运输发展专项资金管理暂行办法》。2014年9月底以前履行下发专门通知、召开专题会议、汇总申报材料、组织评审会议、上报评审结果等系列程序，确保2013、2014年度共计4000万元省级财政专项补助项目安排落实，有力地推动全省道路运输行业建设发展。

（刘春燕）

【宜春市交通运输局开展交通重点建设资金审计】 11月3日至12月25日，市交通运输局分管副局长带领4名财务人员，组成审计组，分赴各县（市、区），对全市2013年农村水泥公路建设、公路养护、农村改渡建桥等资金管理、使用情况进行审计。2013年全市农村公路建设里程1373.2千米,至2013年底,已下拨公路建设专项补助资金1.2亿元。通过审计,公路建设资金做到专户管理,专账核算,资金管理总体情况是好的,资金使用是安全的,许多地方和单位在专项资金管理上创造了很多好办法,好经验,推动农村公路等建设顺利进行。但审计也发现一些问题,主要是有的会计核算项目不够明细,有的拨付资金程序不规范,有的拨款手续不够齐全等问题。审计组及时提出改正意见和建议,引起各地交通运输部门领导高度重视,专门召开会议,进行研究,针对存在问题,制定举措,限期整改到位。

(张小平)

【宜春市交通运输局加强资金监管确保资金安全】 按照市政府关于《宜春市财政资金管理办法》要求,为深入贯彻中央"八项规定",市交通运输局2014年结合实际,加强领导,制定举措,认真贯彻《办法》,进一步加强资金管理,提高防范资金风险,确保资金安全。一是领导带头。"打铁要自身硬"。局领导班子成员带头执行中央"八项规定",严格遵守国家财经纪律,坚决反对和抵制大吃大喝,公车私用,摆阔气等不良之风,发扬艰苦奋斗、勤俭节约的优良传统,到基层工作不住高档宾馆,到单位食堂用膳,上级机关领导来指导工作,用餐按标准执行,来客一律在市政府食堂招待用餐,一律不准高档烟酒招待。局里科室小车一律收回局里统一管理,工作人员因公出差一般改乘火车、汽车,确因公需要公务用车的,需经局主要领导审批,由办公室派车。二是加强监管。搞好资金管理要靠局里工作人员自觉维护和共同遵守,局里设立举报箱、举报电话,干部职工坚持原则,模范遵国家政策,同不良现象进行斗争,自觉抵制不正之风,对违规开支,积极向有关部门反映,进行举报,进行问责,严肃处理。三是坚持原则。财务人员履行职责.坚持原则。做执行国家财经纪律模范,只当"守门员",不做"放水员",敢于撞硬,违反国家规定开支一律拒付,不管任何人一分钱也不准报销。加强印鉴、凭证管理,加强资金运行动态管理,搞好对账,做到账目日清月结和账账、账表相符。

(张小平)

【宜春市交通运输局纳入财政预算改革试点单位】 2014年,市政府将市交通运输局财政预算纳入市试点单位。为搞好试点工作,局领导高度重视,加强领导,精心组织,加大工作力度,使试点工作有序推进。一是加强领导。成立由局长任组长,分管领导任副组长,科室负责人和财务人员为成员试点领导小组,做到领导、组织、人员、工作四到位,负责建立公共财政、政府性基金、国有资产资金、社会保险基金预算体系。二是制定方案。明确试点工作的指导思想、基本原则、主要目标和主要任务。三是反复论证。先后召开局领导班子、试点领导小组、科室负责人和干部职工大会,学习有关文件,进行认真讨论,围绕预算财政资金管理办法,提建议,献良策。通过几上几下,反复论证,反复修改,制定了《宜春市交通运输局财政预算资金管理办法》,呈报市人大常委会审批后组织实施,并制定《宜春市交通运输局财政资金支出绩效评价工作实施方案》。

(张小平)

【宜春市交通运输局压缩"三公"经费】 2014年,市交通运输局公务接待费、公务用车运行费同此分别下降38.5%和12.1%。一是加强预算管理。2014年"三公"经费该局预算减少5%以上。为降低行政运行成本。细化"三公"经费支出明细科目,提高预算执行管理水平,防止突破预算,实行"三公"经费季报、年报制度,进行动态管理。二是加强制度管理。结合本局实际,先后制定《宜春市交通运输局关于差旅费管理办法》《宜春市交通运输局关于严格禁止公车私用的暂行规定》《宜春市交通运输局市内公务接待用餐暂行规定》等6项规定和《厉行节约二十条措施》等规章制度。做到用制度管人、管事.全面强化管理。三是加强监督管理。上级来客需要住宿的,由秘书科填写清单,分管领导审批,一次一结账,按省文件规定标准执行。来客用餐,确因工作需要,可安排工作餐一次,其余在市政府食堂安排自助餐。由分管领导填写申请表,局主要领导审批,杜绝食品、烟、酒、土特产、礼品发票开支报销。所有车辆统一由秘书科管理,严格控制公务用车、过桥过路费,实行定里程加油,车辆定点维修,洗车发票一律不准报销等,做到一月一公榜,接受群众监督。

(张小平)

法治建设

【概况】 2014 年,省交通运输厅围绕推动法治政府部门建设,深入开展交通运输行政执法规范化建设,大力推进"三基三化"(基层执法队伍的职业化、基层执法站所的标准化、基层管理制度的规范化)建设,努力为全省交通运输事业科学发展提供良好的法制环境。

1. 加快立法进程。2014 年,厅共有 6 个项目被列入江西省第十二届人大常委会立法规划项目库,其中制定项目 4 个:《江西省交通建设工程质量安全监督管理条例》《江西省公路条例》《江西省城市公共交通管理条例》《江西省水路交通管理条例》。修改项目 2 个:《江西省高速公路管理条例》和《江西省公路路政管理条例》。

5 月,组织召开《江西省公路条例(草案)》起草小组工作会议,布置工作任务。力争纳入省政府 2015 年的立法项目。《江西省城市公共交通管理条例》进入调研阶段。

2. 稳步推进"三基三化"工作。按照交通运输部办公厅《关于开展交通运输基层执法站所"三基三化"建设试点工作的通知》的要求,下发了《江西省交通运输厅关于开展交通运输基层执法站所三基三化建设试点工作的通知》,交通运输部已将江西省公路路政管理总队赣州高速支队一大队作为"三基三化"建设试点单位。为了做好本省试点单位申报工作,厅下发了《关于申报江西交通运输行政执法基层执法站所"三基三化"建设试点单位的通知》,确定九江市公路管理局瑞昌分局路政大队等 13 家单位列入省交通运输系统"三基三化"建设试点单位,通过试点工作,逐步形成"三基三化"建设制度框架体系。

3. 落实法治江西建设规划纲要工作任务。根据《法治江西建设规划纲要(2014—2020 年)》和《〈建设规划纲要(2014—2020 年)〉工作任务责任分工方案的通知》,厅制定了《江西省交通运输厅关于落实〈法治江西建设规划纲要(2014—2020 年)〉工作任务的实施方案》和《2014 年法治交通建设工作要点》,把法治要求贯穿到交通运输建设、运营、管理、安全生产的各个领域。

4. 开展行政执法情况专项检查。2014 年,厅认真组织实施本单位、本系统的行政执法情况专项检查工作,对执法活动整合情况、执法层级精简情况、执法程序完善情况等七个方面的问题进行了自查自纠。6 月 13 日,省监察厅、省政府法制办和省编办组成联合督查组对省厅行政执法情况开展重点督查,督查组认为交通运输厅在该项工作中领导重视、措施得力,较好地完成交通运输行政执法工作任务。

5. 组织开展行政执法人员培训。2 月份下发《2014 年度全省交通运输行政执法人员培训计划的通知》,自 4 月起,正式启动为期 3 年的全省交通运输行政执法人员轮训工作。截至 12 月底,共举办执法培训班 17 期,培训学员 4020 人。

6. 开展行政审批清理。按省审改办的要求,并结合交通运输部公布的行政审批项目目录,对原有审批事项进行了全面对接和精简。按照"该取消的取消、该下放的下放、该合并的合并"的要求,最终保留省本级审批事项 23 项。从审批性质来看,行政许可事项 19 项,非行政许可审批事项 4 项;从审批权限来看,由厅直接实施的审批事项 12 项,由厅属单位实施的审批事项 11 项。

7. 开展行政调解梳理工作。省厅进一步明确行政调解职责,切实做好行政调解依据梳理公告、信息统计分析报告及典型案例收集上报等工作,全面掌握各单位行政调解工作情况。

8. 组织开展行政执法评议考核。部署全省交通运输行政执法评议考核工作,制订工作方案,明确检查内容及方法步骤。省厅组织 15 个互查组,各互查组在 8 月初完成对相应单位的行政执法评议考核交叉互查工作。于 8 月底将最后综合自评、交叉检查以及抽查的情况对全省各执法机构进行排名,对检查结果予以通报。

9. 加大行政执法监督力度。在贯彻落实全国交通公路执法专项整改工作结束之后,4 月 28 日专门召开全省交通公路执法专项整改工作"回头看"视频会议。共处理群众投诉举报 17 起。及时对举报案件下发转办函,逐一跟踪查处、登记造册并将处理结果在第一时间向相对人反馈。全年,依法受理符合法定条件的行政复议申请 9 起。规范行政复议案件的审理工作,坚持依法办案,均做到件件有落实,事事有回音,当事人均较为满意。

10. 开展省直管县(市)体制改革试点。根据《中共江西省委办公厅江西省人民政府办公厅关于开展省直管县(市)体制改革试点工作的意见》要求,结合全省交通运输工作实际,研究制订省直管县(市)体制改革试点工作实施方案。简化试点县(市)交通运输发展规划内、年度计划规模内符合国家、省级政策的交通运输固定投资项目的审批程序。

11. 全面深化改革工作开展情况。3 月,按照省委改革领导小组第一次全体会议精神,省厅及时成立江西省交通运输厅全面深化改革领导小组,厅党委书记、厅长朱希任组长,厅党委委员、副厅长王爱和任副组长,其他厅领导任成员。5 月 8 日,厅党委会审议通过了《江西省交通运输厅贯彻落实全面深化改革重大决策部署的实施意见》、《江西省交通运输厅贯彻实施全面深化改革重要举措分工方案》。同日,审议通过《江西省交通运输厅全面深化改革领导小组工作规则》,并对全面深化改革工作进行了具体部署。

根据交通运输部和省委深化改革分工方案,厅制定贯彻落实全面深化改革重大决策部署的实施意见和分工方案,明确厅须进行的五个方面、18 项具体改革事项。并围绕改革举措制定 2014 年全面深化改革工作要点。同时,为进一步优化机构设置,完善职能配置,整合相关职能,5 月厅改革办对厅属单位开展专题调研。6 月中旬,由厅领导带队赴安徽、重庆等地就路网监测与应急处置中心组建情况进行实地调研。8 月由厅领导带队重点针对全省交通综合行政执法体制和公路管理体制改革进行调研。

(赵　宇)

【交通系统 3 名职工获全省依法行政先进个人称号】 2014 年,江西省人民政府下发《关于表彰 2011—2013 年度全省依法行政先进单位和先进个人的决定》,授予 30 家单位“全省依法行政先进”称号、100 名同志“全省依法行政先进个人”称号。宜春市公路管理局路政执法支队支队长吴雄生、抚州市交通局政策法规科负责人陈琳、省公路路政管理总队吉安高速公路路政管理支队五大队大队长胡业龙获先进个人称号。

(李　明)

【省运管局春运期间开展全省运政执法联动稽查活动】 该局结合《2014 年泛长三角地区春运联动稽查工作方案》,年内开展了两次全省运政系统联合稽查行动。在春运稽查行动中,出动执法人员 11834 人次,检查车辆 14931 辆,查处各类违法车辆 775 辆(客运车辆违法 510 辆、货运违法车辆 265 辆),确保春运期全省道路运输市场稳定、畅通,保障广大旅客安全有序出行。

(王　洁)

【省运管局改进运政稽查工作方式】 2014 年,该局一是加强与泛长三角地区各省运政执法协作,为实现跨省区域执法搭建沟通平台,互通执法信息,提供办案效率,签订《泛长三角地区交通运政执法案件协查合作协议书》,同时根据协议共协查案件 5 起;二是加大对运政稽查工作指导力度,一方面指导各级运政执法机构根据该协议的规定严厉查处外省籍客运车辆的违法行为,另一方面督促落实运政执法信息报送制度,要求将行政处罚信息全部录入运政信息系统,为市场监管、诚信考核等工作提供依据,共录入违法信息共 6365 件。

(王　洁)

【省港航局做好行政审批制度改革】 按照《江西省交通运输厅转发省人民政府关于取消和下放一批行政审批项目和备案项目决定的通知》要求,省港航局负责实施的“经营省内水路旅客运输许可”予以下放。据《江西省人民政府关于取消和下放一批行政审批项目的决定》,省港航局 4 月再次下放了 5 项行政审批项目,分别是“省内跨设区市普通货物水路运输经营许可(含水路运输经营范围变更)”“船舶管理业务经营许可”“新增省内跨设区市客船投入运营审批”“海船等特种船初次(建造)检验”“二、三类船员适任证书核发”。其中,“船舶管理业务经营许可”由省交通运输厅下放至各设区市交通运输主管部门。

同年,省港航局保留实施的行政许可项目共 5 项:“建设港口设施非深水岸线使用审批”“修建与通航有关的设施或者治理河道、引水灌溉符合有关通航标准和技术要求的审批”“省内跨设区市危险品货物水路运输许可(含经营范围变更)”“新增省内跨设区市危险品船投入运营审批”“一类船员适任证书核发”。

(罗淑青)

【吉安港航分局以案卷评查促进依法行政】 6月12～13日，吉安港航分局通过组织开展行政执法案卷集中评查活动。评查活动由该局法规科、执法监察大队及所属各行政执法单位的分管领导和法规员等26人参加。

此次案卷集中评查，由各行政执法单位的参加评查人员分别就2013年以来已办结归档的海事、船检、运政方面的行政处罚、行政许可、行政强制共计56份案卷进行交叉评查，重点对执法主体是否合法、程序是否符合法、认定对象是否正确、适用法律法规条款是否准确，违法事实是否清楚、证据是否确实充分、处罚是否适当、当事人权利是否告知、票据使用是否合规、案卷归档是否规范等方面进行了全面认真的评查，做到一案一评。大家还就案卷中存在的问题现场展开交流和讨论，积极查找问题，分析原因，明确整改方向和具体措施。

此次行政执法案卷集中评查活动的开展，增进了该局所属各行政执法单位之间的相互学习和交流，对促进依法行政，进一步提升行政执法人员的文书制作水平、违法案件查处能力、办案能力和执法水平起到了积极的推动作用。

（郭路远　陈明中）

【南昌市港航管理处落实行政审批改革措施】 5月13日，南昌市港航管理处结合行政服务中心审批工作实际，针对省政府下放的省内水路旅客运输行政许可事项，认真进行对接，调整了行政审批办理程序。进一步明确现承办的12项行政许可事项的审核工作内容和权限，简化审核手续，对不需集体讨论、专家认证的审批事项，按首席代表制和行政审批制要求，授权服务中心窗口实行“一审一核制",12项行政许可事项均进行审批时限缩减，缩减时限2—7天，还有一项改为即办件。取消了经营业户申请材料中需提供注册资金验资报告等材料。同时要求服务中心窗口工作人员认真抓好审批改革措施的落实，严格按照新的《办事指南》中规定的流程、时限、申报材料等内容办理审批事项，极大地方便水运及港口经营业户办理审批事项，收到了较好的行政审批服务效果。

（何景旺　涂春如　陈明中）

【厅调研组到港航局调研行政执法体改工作】 8月12日下午，由省交通厅副厅长谢德强带队的调研组一行5人到省港航局，就交通行政执法体制改革工作开展调研。

调研座谈会上，港航局局长于钦民汇报了推进行政执法体制改革中的举措和取得的成效，并就深化港航行政执法体制改革提出意见建议。调研组采取听汇报、座谈等形式，详细了解港航、海事行政执法机构设置、职能配置、人员数量、经费来源、执法开展等情况，并有针对性地提出意见和建议，表示一定把基层的意见完完整整带回去，为省政府顺利推行交通执法管理体制改革提供参考意见。

谢德强指出，当前打造长江经济带已正式上升为国家战略，这为本省港航事业发展提供了一个良好的契机，要抓住机遇，进一步加强宣传教育，统一干部思想认识，做好各项工作，提升港航的社会影响力，推进江西港航事业发展更上新台阶。

（刘燕萍　汪　莹　倪　磊）

【宜春市地方海事局海事政务中心荣获市行政服务红旗大厅称号】 4月29日，在宜春市2013年度市政府行政服务中心窗口建设工作总结表彰大会上，宜春市地方海事局海事政务中心荣获2013年度市直单位行政（便民）服务红旗大厅称号，该局海事政务中心两名工作人员还获得2013年度市直行政（便民）服务工作先进个人称号。

2013年，该局当天办结各类海事行政审批业务率为98%，不能当天办结的也小于5个工作日办结，三级审批均在大厅完成，绝对不让相对人为了签字跑来跑去，极大方便前来办事的行政相对人，受到了广大航运企业及船东的一致好评。

（于　喆　陈明中）

【景德镇市交通运输局开展公路执法专项整改】 自1月6日起，景德镇市交通运输局开展为期3个月的全市公路执法专项整改工作，旨在全面查处和纠正交通运输各类违法违规执法行为，切实维护人民群众的合法权益，为即将到来的2014年春节和春节运输工作营造良好的市场环境。

该局通过对交通运输公路执法工作开展全面检查，坚决查处纠正各类违法违规行为，加快健全完善长效机制，推进治超工作深入开展，更好地维护公众的合法权益,保护人民群众的生命财产和公路基础设施安全,为道路春运工作保驾护航。

(李青松)

交通战备

【概况】 2014年,全省交通战备系统加快推进战场交通、交通动员、保障能力、指挥控制能力建设,全面提升主要战略方向实战化交通保障能力和交通战备正规化现代化建设水平,各项工作开展顺利。

1.推进战场交通基础设施建设。一是抓好国防公路年度计划申报工作。根据国家交战办、国家发改委办公厅、交通运输部办公厅关于做好2015年国防公路、水路战备建设计划编制工作的要求,省交战办组织对拟申报2015年国防公路项目计划进行梳理,督促建设单位完成项目相关前期工作,并积极征求二炮、空军南京军区交战办的意见,争取国家支持项目建设,争取国家资金13005万元。建成公路项目1个49千米。二是探索在重点项目贯彻国防要求。根据境内驻有二炮、空军等重点部队的实际,开展调研,主动与部队沟通联系,取得部队需求函,于3月组织召开了专题部署会,部署在高速公路新建、改扩建过程中满足部队国防需求。三是争取地方高速公路用地指标。结合江西省地方高速公路国防交通地位,按照完善战场交通网络建设,推进公路建设军民融合发展原则,申请国家交战办协调,争取用地指标1420公顷。四是开展江西省国防交通基础建设"十三五"规划编制前期调查工作。7月,对全省国防公路需求进行梳理,向国家交战办、交通运输部报送相关需求项目。11月,根据南京军区交战办要求,报送"十三五"国防公路、水路战备设施建设初步需求计划。五是督促检查国防公路项目建设落实。5月6日下发通知,要求各设区市掌握本行政区域内国防公路项目建设进展情况,按季度报送省交战办,督促国防公路项目的建设落实。9月,省交通运输厅、省交战办组成6个督导组,对全省国防公路项目建设情况进行了督查。11月4日,根据南京军区交战办《国防交通基础设施建设进度情况通报》精神,省交战办组织召开全省国防公路建设推进会。省交通运输厅副厅长梁必康,省发改委副巡视员汤晓炜共50人员出席会议。

2.抓实军事斗争交通动员准备。一是参加"红土地—2014"江西省国防动员指挥演练。根据省国动委的统一部署,省交战办组织省交通运输厅、南昌铁路局、南铁军代处、民航江西监管局、省公安厅交警总队等单位17人组成省交通运输动员指挥组,及九江、上饶、宜春三个设区市交通运输动员指挥组,依据《南京战区战时国防动员组织实施暂行办法》和《江西省战时国防动员组织实施暂行办法》,于10月10—13日,分"平战转换、动员实施、解除国防动员、复盘检讨"四个阶段,进行"红土地—2014"江西省国防动员指挥演练,完成作业文书50余份。二是组织国防交通信息管理数据更新。根据国家交战办部署要求,在2013年数据统计的基础上,组织各设区市交通战备办公室,省公路管理局、省港航管理局、省公路运输管理局、省高速公路投资集团公司,依托《国防交通信息管理系统》,更新组织机构、交通基础设施(公路、水路)、国防交通工程设施、民用运力动员潜力、交通保障队伍、国防交通物资储备六类基础数据,并于5月20日前,完成数据汇总。三是规范国防交通储备物资管理。按照《国防交通物资储备管理规定》,加强对南昌交通战备仓库储备的钢桥、冲锋舟的规划管理。4月17日—18日,组织人员参加国家交战办组织的国防交通储备物资规范化管理现场观摩活动,提高规范管理水平和应急交通保障能力。向交通运输部报送年度物资储备需求计划。

3.提升交通专业力量实战保障能力。一是做好第二批战略投送支援实战保障车队编组工作。根据国家交战办、交通运输部办公厅要求,按照分配的组建任务,组织专题调研,会厅运输处、省运管局完成编组方案,7月21日报南京军区交战办。由江西省公路运输管理局具体负组建,依托相关运输企业,组建队伍。10月17~18日,迎接国家交战办、交通运输部的联合调研。二是加强交通战备训练。根据国家年度训练计划,6月22日~29日,组织省公路管理局、省高速集团各一名技术骨干,参加全国第三期公路抢修专业保障队伍技术骨干业务集训班。学习国内外装配式公路钢桥的现状及应用实例、321公路战备钢桥结构介绍和架设理论计算、321 钢桥多种拼架方式模拟架设和现地架设。三是组织交通战备专业培训。根据国家交战办 2014 年国防交通干部和专业保障队伍训练计划要求,5 月 14 ~ 15 日,省交战办在南昌市举办江西省民用运力国防动员培训班,组织交通战备专兼职干部及相关人员共计 100 人参加。选派交通战备干部 10 人于 4 月、11 月参加国家交战办组织的新任交通战备干部培训班。9 月,选派九江市交战办干部参加国家交战办组织的交通战备宣传报道培训班。

4. 推进交通战备正规化现代化建设。一是调查统计交通战备机构有关情况。根据国家交战办要求,省交战办对全省交通战备机构有关情况进行了调查研究,4 月 15 日形成报告报国家交战办。报告中梳理了与政府“三定”规定(方案)相关的内容、地方政府交通战备办公室的设置情况及人员情况及企事业单位交通战备机构和人员情况,提出了组织机构存在的问题和相关建议。二是加强交通战备组织机构建设。指导省港航局、省运管局、省高速集团、省路政管理总队建立和完善交通战备组织机构,明确主管、分管领导和具体工作部门,其他厅直属单位明确分管领导和联络员,加强交通战备工作联络机制。三是提高交通战备信息化水平。一方面,根据省级交通战备应急指挥中心建设进展情况,协调解决视频会议室用房面积不足、国防交通战备信息网络通道纳入建设规划等问题,确保省级交通战备应急指挥中心建设进度和质量,推进早日完成建设任务。另一方面,按照省国动委要求,配合省国动委综合办,将国动委“八办”终端联入省国防动员指挥网。四是推进省级交通战备训练基地建设。根据国家交战办、军区交战办关于开展省级交通战备训练基地建设部署要求,结合江西省实际,依托省运管局技校一部建设江西省交通战备训练基地。协调取得国家交战办关于训练基地项目建议书的批复以及向省保密局申报保密工程相关事宜,并协调办理各项建设程序,争取省发改委支持取得立项批复,推进项目早日建成和投入使用。

5. 扎实做好服务保障工作。一是严密组织军事行动交通保障。按照军区和六省(市)人民政府《南京战区部队行动交通保障暂行办法》要求,省交战办组织省交警总队、省公路局、省高速集团、省公路路政管理总队和南昌市交战办、鹰潭市交战办、抚州市交战办,协调建立军地联络机制,现场勘察行动线路、加强沿途道路清障维护,对高速公路收费站开辟绿色通道,提供路况信息,做好服务区保障,组织交通管制,得到部队的一致好评。二是配合军区更新军事交通图。2014 年 3 月,根据南京军区交战办要求,组织有关单位调查梳理了我省水路、国省道、高速公路最新情况,配合军区交战办更新完成军区军事交通图。

6. 深化重点难点问题攻关研究。一是围绕大规模作战准备军交运输保障瓶颈问题,突出抓好海空一体投送、战时运力动员、交通应急抢修等作战保障问题研究,分别向中国国防交协投稿 8 篇,南京战区国防交协投稿 8 篇。二是组织参加企业家论坛。根据南京战区国防交通协会《南京战区国防交通建设企业家论坛组织方案》要求,配合做好论坛筹备工作,选派宜春汽运公司为代表参加企业家论坛,取得良好效果。

(饶品涵)

【萍乡市安源区交通运输局交战办加强战备基础设施建设】 国防交通基础设施建设是各级交通战备的一项重要工作。由于近些年该区经济的快速发展,国防战备公路损坏也较为严重,同时也给部队执行任务和出行带来较大影响。为增强国防意识、服务部队,该区交通战备办一方面在积极争取政府部门资金支持的同时,另一方面主动争取国家对国防公路建设的政策。“十一五”时期以来,先后共有二条国防公路立项建设,公路总里程 12.1 千米,工程总投资达到 4200 余万元。

(安源区交通运输局)

【萍乡市湘东区切实抓好交通战备】 该局进一步健全应急领导机构,完善公路和桥梁应急预案,组建道桥抢修中队和战备汽车运输中队,人数达 120 人,车辆计 30 台,切实提高应急战备能力。2014 年该局积极配合驻区 73871 部队工作,保证部队日常事务正常运转。

(湘东区交通运输局)

【芦溪县交通运输局狠抓交通战备】 2014 年该局战备工作按照上级要求,切实加强组织领导,认真贯彻上级文件精神,积极开展交通战备工作。一是扎实开展交通专业保障队伍建设,不断提高专业保障队伍整体素质和应急能力。二是认真进行民用运力潜力调查,不断夯实交通战备工作基础。三是着力推进交通战备正规化建设,不断提高全县交通战备正规化建设水平。四是提高职工在新时期、新情况下的交通战备意识,增强职工的国防安全观念。同时,加强法律法规的学习,提高职工交通战备的法律意识,明确交通战备的任务和目的、权利和义务的关系,牢固树立交通战备职工国防观念,完善军地一体化保障系统,促进各项工作落到实处。

(芦溪县交通运输局)

【莲花县交通运输局切实抓好武装工作】 该局积极开展民兵政治思想教育活动,提升全体民兵的政治思想素质;按时按质完成民兵整组工作任务。整组后,该局共编制基干民兵46人,在位率100%,退伍军人占21%,党团员占60%,经训率86%,专业对口率91%。工作中,立足交通运输实际,积极组织民兵预备役人员开展参建,组织民兵应急分队点验集结等活动,充分发挥民兵预备役人员的排头兵作用,完成各项急难险重任务。

(莲花县交通运输局)

【宜春市袁州区完成交通战备任务】 2014年,该区把交通战备与交通管理工作紧密结合,全面落实交通战备工作各项任务。一是狠抓交通基础设施建设。全面加大公路、桥梁及站亭等交通工程项目建设力度,为保障战备物资运输及时、迅速、安全、畅通打下坚实基础。二是加强应急保障队伍建设。着力提升队伍的应急能力和专业技能水平,加强队伍管理的专业化和规范化,强化人员编制管理,全年编实编强道路交通保障应急分队68人。三是编制应急预案和演练计划。年初,为预防突发事件,组织人力着手编制《袁州区突发事件道路运输保障应急预案》;4月,区交通运输局编制完成《袁州区交通运输局2014年"保障公路运输安全畅通"应急救援演练计划》。四是开展演练活动。6月,组织应急救援队员20人,出动公路抢通及后勤车辆5辆、挖机1台,开展"保障公路运输安全畅通"应急救援演练;10月,抽调10名应急队员参加人武部组织的全省"红土地—2014"国防动员演习,出动保障车辆3台。

(李　庆)

【樟树市交通运输局组织预备役人员参加抗洪抢险训练】 5月15—17日,市交通运输局组织预备役人员参加江西陆军预备役步兵师、团在宜春市水上训练基地组织的抗洪抢险骨干训练。主要学习抗洪抢险基本理论以及组织应急出动、舟船使用操作、编队行进、水上救援等项目。在为期3天的训练中,队员们克服因天气恶劣等因素带来的种种困难,积极参与,协调配合,展现出过硬的军事素质,全面完成各项训练任务,为抗洪防汛工作提供良好的知识储备和技术支持。

(陈美华)

社会综合管理

【概况】 2014年,省交通运输厅综治办深入推进平安交通建设,确保了交通运输系统平安稳定运行。

扎实推进综治基础工作。调整充实综治工作机构。2014年,增加省交通工程集团公司、省公路桥梁工程有限公司、省公路工程有限责任公司、省交通建设工程有限公司、省交通工程集团投资有限公司、吉莲项目办等6家厅属综治责任单位,现全厅共有66家厅属综治责任单位。强化公路水路安全联防。4月,在省护路护线组强有力的支持与协调下,省交通运输厅与鹰潭市及峡江县政法部门路地联合,高位推动,顺利拆除信江大桥下违法建筑物,解决困扰长达10年的重大安全隐患。9月,省厅制定《2014年度设区市公路水路安全联防工作考评标准与考评办法》,为全省公路水路安全联防工作提供制度保证。组织开展综治宣传月活动。厅直各单位以开展消防知识专题培训讲座、综治安全知识竞赛、应急演练、防灾减灾展览、综治宣传下乡等多种形式,深入广泛开展综治宣传月活动,综治宣传月期间,刊发综治宣传稿件100多篇,图片500多张,各单位制作宣传版面200余期,宣传单10000余份,综治宣传下乡用车30辆次,取得了较好宣传成效。扎实开展防灾减灾活动。以"防灾救灾日"活动为契机,督促各基层单位积极开展灾害风险隐患自查工作。通过网络、宣传单、标语等多种宣传渠道、多角度对灾害防治、应急抢险等方面进行宣传。深入推进

"扫黄打非"专项行动。各综治部门在全厅重点部位开展"净网""清源""秋风"等专项行动,运管部门还重点开展了"安全驾驶从这里开始"盗版教材及驾培等相关非法出版物专项整治工作,成效显著,得到交通运输部"扫黄打非"调研组的好评。

突出抓好综治重点与特色工作。保障全年各关键时期、重点时段和谐稳定。除了传统重大节假日外,还有十八届四中全会等重大活动,根据特殊时段的工作实际,一方面加大对重点地区和要害部位的安全隐患排查和监督,特别是重点开展高速公路基础设施安全隐患自查自纠活动,坚决保障高速安全畅通,另一方面严格执行重点时期24小时值班制度,保证信息渠道畅通,对可能出现的影响安全稳定的矛盾纠纷、上访事件尽早发现、及时化解,把问题和隐患消灭在萌芽状态,保障了全年关键时刻、重点时段的和谐稳定。积极开展矛盾纠纷排查化解。2014年,全厅有效调处各类矛盾纠纷18件,圆满处置昌宁项目办A7标长时间阻工问题,妥善解决萍洪高速项目以及昌栗高速宜春市境内征迁等遗留问题,保障省重点项目的正常施工和治安秩序。深入推进民工工资管理创新工作。2014年,省厅督促新开通项目完善民工工资管理机构,实现全省交通建设领域民工工资管理全覆盖,试点单位与推广单位改进工作方法,积累管理经验。全省24个重点交通在建项目,共录入民工信息4.65万份,发放民工工资12.3亿元,实现民工工资"零拖欠"、民工"零投诉""零上访"。全省11个设区市交通部门按省厅要求开通管辖项目的二级数据管理平台,由各地按规范实行民工工资管理。2014年6月,交通运输部以工作简报方式专文刊载《江西省交通运输厅创新民工工资管理机制做法与经验》,向全国交通行业推广。2014年10月,江西省委书记强卫考察调研昌樟项目办,要求将交通系统创新民工工资管理成功实践和有效经验,从横向、纵向加以推广,使之成为依法治省的普遍规范性行为。切实抓好反恐怖防范工作。2014年,厅综治部门结合全国反恐形势,迅速行动,研究修订反恐怖防范工作预案,调整充实反恐小分队和装备,加强对驾驶员、乘务员、站务员、安检员等从业人员的反恐教育和培训工作,全面提高反恐防范意识和防范处置能力。 (胡晋谊)

【萍乡市交通运输局及时调查答复省市交办信访事项】 萍乡市长运总公司和萍乡市运输总公司改制后,遗留大量的问题,经过近十年的不断处理,已经越来越少,但难度却越来越大,基本上是一些"老大难"问题,有的还与企业改制方案和国家改制政策相冲突。2014年,共接待群众来访300余人次,群众电话来访180多次,市信访局移交的涉及改制的信访件5件,经过调查与政策解读,对群众的来信来访都予以解释答复。该局对萍乡市长运总公司和萍乡市运输总公司的改制遗留问题积极协调相关政府部门,对于符合政策的问题及时予以解决;对不符合政策和有关规定的做好解答说服工作。按照"属地管理、分级负责,谁主管、谁负责"的原则,对上访人员反映的诉求,采取书面下达协办通知的方式,要求涉事留守处调查处理书面答复上访职工或提出建议方案供领导决策。建立信访事项三级终结机制,落实"属地管理,就地化解矛盾"的要求,把握好第一层级的处理答复,坚持依法按政策解决问题,维护信访人的合法权益。在2014年全国"两会"期间,积极与街道、社区协调,做好维稳工作。

(晏卫东　刘　强)

【萍乡市交通运输局做好全国"两会"期间信访安全稳定】 全国"两会"期间,该局高度重视信访安全稳定工作,把该项工作作为头等大事来抓,摆上日常工作的首要位置,全局上下主动作为,认真履职,有力维护交通运输行业安全稳定。一是召开会议进行部署。认真贯彻落实省、市三个会议精神,相继召开局党委会和专题工作会议进行研究部署,就做好"两会"期间全市交通运输系统信访安全稳定工作提出明确要求、具体措施和总体目标。二是建立健全制度。制定"两会"期间值班表,实行24小时在岗值班制度,从2月21日开始值班。落实县级领导在岗带班领导责任制。建立严格的值班日志登记制度和值班信息"五报告"制度,做到"有事报情况,无事报平安"。三是加强信访稳控。不断强化工作措施,进一步畅通上访渠道,按照市委统一要求,"两会"期间每天安排一名分管领导在局接访,并同步实行局长信访接待日制度;积极做好上访人员的思想工作,加大对重点人员的稳控工作。四是强化安全生产监管。制定《关于切实做好2014年两会期间安全生产工作的通知》,层层落实好安全生产主体责任和监管责任,强化对运输企业、营运车辆和从业人员监管。认真履行"三关一监督"职责,大力开展旅客运输和危险品运输专项整治。强化超限超载治理、提升公路服务水平。五是加强督导检查。针对全国两会特殊时期,该局组成6个督导检查组,对全系统开展安全督导检查。3月10日是该局每月"安全警示日",成立由7名党委委员组成7个检查组,对全市交通运输系统开展安全检查。

(李襟远)

【宜春市交通运输局积极推进行政调解工作】为深入推进行政调解工作,有效预防和化解社会矛盾,促进交通事业稳定发展,确保行政调解工作正常有效开展。一是健全工作机构,加强组织领导。成立了以局长为组长,局属各单位、机关各科室负责人为成员的行政调解工作领导小组,建立行政调解室,落实了行政调解人员、经费、场所等工作保障。形成主要领导亲自抓、分管领导直接管、具体工作有人做的行政调解工作格局。二是完善行政调解制度,化解矛盾纠纷。为进一步规范调解流程,制定一套行政调解制度,将新的行政调解工作制度及工作流程图上墙。在办公场所张贴行政调解员姓名、电话号码、调解程序及原则、调解程序、简略流程图。同时,建立了一本行政调解台账,做到对行政调解工作有据可查。三是充分发挥行政调解功效。严格按照市委"十个一"的标准,夯实行政调解工作。在行政调解工作中,注重运用行政调解手段化解矛盾纠纷,在日常管理和行政执法过程中,对有关的各类争议纠纷,以当事人自愿为原则,通过对争议当事人的说服和疏导,促使当事人平等协商达成调解,化解争议纠纷,从而促进社会和谐稳定。市局全年受理行政调解纠纷案件25起,调解成功率100%。

(李雪娥)

【宜春市袁州区交通运输局认真做好综治维稳】为营造一个安全稳定、和谐有序的交通运输发展环境,区交通运输局紧紧抓好综治维稳和安全生产工作。一是健全组织机构。成立以局长任组长,其他班子成员任副组长的综合治理工作领导小组和交通运输行业矛盾纠纷调解委员会,下设办公室,做到有组织、有计划,层层落实,专人负责,确保本系统社会治安稳定。二是制订实施方案。制订社会管理综合治理工作方案、宣传月活动实施方案等一系列文件,明确目标任务;与基层站所签订综治工作责任状,实行一票否决和责任追究制。三是开展公众安全感测评。组织人员按照省民调中心模式对本系统的46部固定电话用户进行一次模拟抽测,反映良好。组织开展法制宣传教育活动,印发社会治安防范知识宣传单1000份。四是认真做好信访接待工作。建立健全信访接待制度,成立信访工作领导小组,指定信访专员。2014年,妥善处理信访事件26起,处理办结率100%,无集体上访、越级上访事件。

(李　庆)

公路交通管理

治理车辆超限超载

【概况】 2014 年,全省治超工作按照“依法严管、标本兼治、立足源头、长效治理”的总体要求,通过不断加大源头和路面治理力度,使治理工作稳步推进,逐渐深入,治超取得了阶段性成果。一是治理成果得到巩固。通过有效治理,超限超载车辆进一步得到有效遏制,严重违法超限车辆所占比例基本控制在5%以内。二是交通安全形势进一步好转。因货车违法超限超载运输引起的道路交通事故呈逐年递减趋势。三是物资运输市场基本稳定,鲜活农产品、重点物质和人民生活必需品得到及时运输,市场秩序进一步规范。四是有效保护公路基础设施,全省干线公路路况明显改善,公路基础设施完好率进一步提高。

主要工作措施

1. 加大路面治理力度。各级交通运输部门进一步加强路面治超执法工作,联合公安部门在经省政府批准的治超站按照全国统一的超限超载认定标准和规定,对非法超限超载车辆进行严格查处。并继续坚持联合执法工作机制,通过联合执法强化路面治超执法监管。有的设区市还通过联合城管及工商等部门,经相关的设区市政府批准,对本区域内的超限超载车辆进行不定期的专项综合治理,有效遏制车辆超限超载行为,特别是车货总重超过55吨的违法超限超载车辆得到有效治理,保护了公路桥梁安全。全省累计共检查车辆326954辆,处罚车辆52358辆,除车主自行转运外,检查站卸载货物约94231吨。

2. 加强源头监管。各级交通运管部门按照有关要求,研究并拟订对重点货运企业派驻运政人员的相关制度,为切实把好货运市场准入关奠定基础。同时,依照道路运输经营许可要求以及国家相关检测标准,对货运车辆进入运输市场进行严格把关;对不符合规定的车辆,做到不发放道路运输证件,坚决杜绝非法车辆进入运输市场。各级交通运管部门还联合工商部门对承修报废车辆或私自改装车辆的黑修理点进行排查,清理和规范汽车维修市场。

3. 严格规范执法行为。各地、各有关部门进一步加强所属治超站的管理,并督促各治超站按照《江西省普通公路治理车辆超限超载检查站标准化建设指南》要求,完善治超站场站设施建设。同时,对新增的治超站,省厅要求在完成场站设施建设,经有关部门验收后方可开展路面执法工作;对于开展治超路面专项整治活动的设区市,严格执行省公路局出台的《江西省公路治超执法流动稽查办法》(试行),有效防止在治超设施设备不完善的情况下开展路面执法工作以及随意上路流动治超而引发的公路“三乱”问题。为规范执法行为,省厅治超办督促各地严格规范执法程序,规范制作执法文书,严格执行江西省交通行政处罚自由裁量权的相关标准,并要求对查处的违法超限超载车辆必须严格按照有关规定,依照有关程序进行卸载处理,不准只罚不卸。

4. 加强治超信息化建设。按照交通运输部和省厅对信息系统建设的有关要求,在完成全省治超站信息系统升级改造工作的基础上,进一步推进“部、省、站"三级治超管理系统联网工作,确保治超信息系统联网运行工作的高效开展。同时,加强了信息监测,密切关注运力、运价和市场动态,掌握蔬菜、粮油、煤炭等批发供应市场价格波动情况,按照《全国治理车辆超限超载信息管理工作制度》有关要求,做好信息的收集、整理、审核、汇总和上报工作。

5. 提升执法队伍素质建设。各地、各有关部门加强对治超执法人员的业务培训,通过开展定期和不定期的在岗再教育培训,尤其是组织治超站执法人员参加省交通运输厅组织的全省交通运输行政执法人员岗位培训,使全省治超执法人员对治超相关法律、法规、规章和政策有了更深刻的理解和认识,规范执法行为,不按程序和超范围、超标准罚款等问题逐步减少,执法队伍素质得到提升。

6. 加强治超执法监督检查。各设区市治超办加强对所属治超站执法工作的监管力度,组织人员对治超执法工作情况进行监督检查,并形成有效的执法监督管理机制,实行台账管理,严格查处违法违纪行为。省治超办也组织人员对各地进行了两次明察暗访,发现问题及时予以纠正。同时,妥善处理各类投诉案件。对所有投诉事件都能及时进行调查处理,并按时进行反馈。

(万海飙)

【鹰潭市四单位联合开展整治车辆超限超载工作】 从3月11日开始,按照《鹰潭市人民政府办公室关于印发联合整治车辆超限超载工作实施方案的通知》文件精神,由鹰潭市政府分管领导亲自挂帅,市公路局牵头,市公安局交警支队、市交通运输局、市城市管理局等四家单位联合开展整治车辆超限超载工作。采取固定和流动检测相结合,重点对造成路面破坏的拉沙车辆进行整治。通过几个月的联合整治,途经该市的重型拉沙车辆逐步减少,大部分大型拉沙车辆的车厢拦板高度切割至1.6米以下,降低了车载吨位。截至年底,共查处各类违法超限超载车辆近700辆次,卸载货物近7万吨,车辆超限超载违法行为得到有效控制,有效保障道路桥梁的通行安全。

(鹰潭市交通运输局)

【鹰潭市公路局依法整治路域环境】 市公路局以城乡接合部和过村镇路段为重点,集中开展清理占道经营、摆摊设点、乱堆乱放、乱搭乱建及非公路标志标牌等活动,对320国道童家段、南站段,206国道小英王家段、鱼塘段“马路市场”进行整治,进一步净化了公路路域环境。

(鹰潭市公路局)

【贵溪市严厉打击污染损坏公路违法行为】 2014年,贵溪市养护中心组织路政执法人员不定期对农村公路进行巡查,全年共查处违章车辆150余部,对涉及公路两侧的各类违法搭建,随意砍伐行道树,严重损坏污染公路等三类行为进行了专项查处,有力震慑对公路随意破坏,提高交通路政执法的权威性。同时积极落实路政管理的各项法律法规,逐步将路政管理推向规范化法制化轨道。

(贵溪市交通运输局)

【抚州黄狮渡治超站开展非法趟限趟载车辆联合整治】 从5月8日起至7月初,南城黄狮渡治超站联合当地公安、交警、镇政府等部门,对206国道和316国道路段属辖区内的非法超限超载车辆进行专项整治。

此次整治,一是以车货总重超过55吨的违法超限超载车辆为重点,实行24小时治超工作制度,坚持卸罚并举,对上路行驶的超限超载车辆坚决卸载到位、处罚到位,消除违法状态。二是以206国道和316国道为重点路段,对抛洒滴漏污染公路路面的砂石运输车、混凝土搅拌车、渣土车等,采取劝返、卸载等手段,未整改到位严禁驶入公路。三是对“黄牛”带车行为,对通过各种关系故意绕道送车违法行为进行重点打击。四是对恶意堵车、聚众闹事,谩骂、侮辱、殴打治超人员等违法行为依法予以坚决打击。

(刘文华 刘高明)

道路运输管理

【概况】 2014年,全省道路运输工作按照“深化改革、提升服务、加强监管、促进和谐”的总体要求,紧紧围绕九大目标任务,全力推进十项重点工作,努力做到稳中有为、稳中有进,各项工作取得新的成绩。

1. 深化改革,简政放权。把深化改革作为促进行业发展的根本之策,组织开展行业改革调研,先后召开4次专题座谈会,并结合实际制定工作要点,细化分解目标任务,研究部署改革任务。一是大力推进行政审批制度改革。取消省际、市际客运企业设立分公司备案项目;取消新增驾校规划数量控制;简化了对客运班线许可事项如途经地、日发班次、车辆更新的变更审批。下放出租汽车评标专家库使用权限。制定出台了企业安全生产标准化和安全评估并轨实施意见。二是稳步推进省直管县试点工作。对省直管县下放事权进行了梳理,拟定下放权力目录并经省直管县改革试点领导小组统一印发执行。深入省直管县及所属设区市运管机构调研、召开座谈会等方式,积极做好业务对接工作。三是全面清理规范性文件。对省局制定印发的规范性文件进行清理并予以公布,废止了9件,重新修订9件,确认继续有效42件。同时,重新修订《规范性文件制定和审查程序规定》。四是改进提升服务能力和水平。改造省局行政服务中心,优化服务环境,建立九项规范制度;开通"绿色通道",推行预约服务、邮寄送达等便民措施。2014年,省局行政服务中心受理业务14751件并全部办毕,没有发生误办、延办、漏办现象。

2. 加大综合交通站场建设力度。主动服务省委省政府的战略部署,积极对接高铁建设和民航发展,加大固定资产投资,2014年客货运站场建设完成投资11.6亿元,同比增长20%,其中省级投资补助4180万元,争取国家财政补助2.62亿元,到位2.22亿元。一是推动枢纽项目建设。新开工建设萍乡赣湘国际物流港、宜春开发区物流中心2个货运枢纽,继续推进南昌、南昌西、上饶、抚州、宜春5个综合客运枢纽和吉安河西、井冈山经开区2个货运枢纽项目建设,其中宜春综合客运枢纽已完工并投入使用。新开工建设遂川、于都、莲花3个罗霄山扶贫县级客运站。二是推进农村客运站点建设。全年基本建成104个农村公路综合服务站、12个罗霄山农村客运站和480个农村候车亭(牌)。三是推动多种运输方式有效衔接。为配合综合交通枢纽的开通,南昌市、宜春市优化调整多条公交线路至高铁站发班,与中心城区无缝对接,萍乡市、新余也开通了公交线路与高铁站同步配套服务。四是争取并落实每年2000万资金补助。安排省财政专项资金4000万元,用于5个综合客运枢纽、2个罗霄山扶贫县级客运站、5个县级以上客运站项目建设。

3. 做好道路运输服务。全省完成公路客运量5.97亿人次、旅客周转量316.46亿人千米,同比分别增长3.04%和2.85%。完成货物运输量13.78亿吨、货物周转量3073.31亿吨千米,同比分别增长13.61%和8.64%。完成城市公交客运量15.3亿人次,同比增长2.1%;出租汽车客运量6.98亿人次,同比增长1.5%。完成机动车维修工作量359.4万辆次、机动车驾驶培训量78.1万人,同比分别增长4.5%和19.3%。一是道路运输保障坚强有力。圆满完成了春运、国庆、高考等重点时段和煤炭、矿石、烟花等重要物资的运输任务,为2014年中国APEC峰会的烟花运输及省运会、第45届全国药交会、景德镇国际陶瓷博览会等大型活动提供有力的运输保障。定制公交、商务快巴、旅游专线、社区巴士、校园专线、景区专线等特色服务迅速推广。二是公交优先发展战略逐步落实。省厅成立了由厅主要领导任组长的国家"公交都市"创建工作指导组,建立了省市联席会议机制,加强对南昌市创建"公交都市"的具体指导。完成了《江西省城市公共交通条例》的前期调研起草工作。开展了公交服务质量满意度调查,对设区市人民政府2012年度、2013年度贯彻落实公交优先发展战略的情况进行了考核。三是城乡客运一体化工作持续推进。继丰城市、樟树市之后,高安市、婺源县等县(市)推动实施城乡客运一体化发展,对于争议不断的南昌至九江永修公交线路,也经过多轮会商协调,最终由省政府明确了行政许可主体、安全监管责任主体。四是农村运输服务转型有了新的突破。宜春汽运总公司试点推行"宜运超市直通店",将商品销售、农村客运、农村物流、农民旅游和业务代办等五项服务有机结合,为农民群众提供农村客运候车、联网售票、休闲旅游和农资代购、农副产品代销的全方位、一站式、专业化服务,目前共有186家直通店,覆盖宜春市50多个乡镇及百余个行政村。

4. 科技创新增添新的动力。通过科技创新、技术进步,不断推动智慧交通建设,为行业发展、服务提升增添新的动力。一是全省公路客运联网售票顺利实施。9月,全省公路客运联网售票系统正式上线运行,旅客可以非常方便地在省内18个一级汽车客运站窗口以及"12308"、中国公路客票网等网站上购买18个一级客运站发班的客票。同时,部分二级汽车客运站也在开展联网售票系统建设试点工作。江西已经被交通运输部确定为支持加快建设省域道路客运联网售票系统的首批试点省份。二是智能公交建设进一步加快。南昌市申报第二批城市公交智能化应用示范工程试点城市并获交通运输部批准。南昌市、赣州市、宜春市、九江市等地也加快推进公交信息化建设,GPS 智能调度、3G 视频监控、无线 wifie、掌上公交、电子站牌等信息化项目得到大力推广应用。三是信息化研究与应用工作不断推进。开展了《江西省道路运输行业诚信信息系统研究》和《江西省机动车维修行业管理信息系统技术规范研编》两个课题研究工作。首次启用教练员理论考试无纸化系统,开发应用新版从业资格证件打印系统,推广应用了机动车驾驶员计时培训系统。进一步完善运政管理信息系统及政府监管平台功能。

5. 加快行业转型步伐。加快推进集约高效运输组织体系建设和节能环保运输装备应用,推动行业转型升级,迈入集约内涵式的发展轨道。一是优化客运组织方式。开展长途客运接驳运输试点,选定江西长运、吉安长运、江西新世纪等 3 家试点企业、7 条试点线路,于 8 月启动接驳运输试点工作。严格执行两个 70% 的政策,新增的 23 条省际、市际班线,没有一条超过 800 千米以上。二是推进甩挂运输试点工作。建立了省、市、县三级自上而下的联动督查机制,协助省厅做好江西第二批甩挂运输试点项目提前验收及资金申报工作。三是严把营运车辆燃料消耗量准入关。实施车辆燃料消耗量核查监督通报机制,通过核查 13179 辆营运车辆,对其中 7 个设区市 83 辆燃料消耗量存在问题的车辆进行全省通报和限期整改。全年共淘汰和更新老旧营运车辆 6000 余辆。四是积极推广应用新能源。推行混合动力、纯电动、天然气等新能源和清洁燃料车辆的应用,全省共有天然气公交车 1200 台,油气混合公交车 173 台,纯电动公交车 106 台,油气混合出租车 1436 台,油改气出租车 4614 台,新能源教练车 174 台。五是组织做好节能减排专项资金申报工作。全省 4 家企业共获得交通运输部节能减排专项资金 193 万元。

6. 加强市场安全监管。全省营运客车共发生责任事故 19 起,死亡 27 人,受伤 60 人,与 2013 年相比分别下降 13.6% 和上升 3.8%、5.3%。其中一次死亡 3 人以上较大事故 2 起,未发生一次死亡 10 人以上重特大安全事故。一是狠抓安全责任落实。制定出台《江西省道路运输安全管理目标考核制度(暂行)》,建立重点营运车辆动态监控逐级通报考核机制,启用了省级道路运输监控指挥中心。组织开展道路客运、危货运输安全生产专项整治、"道路客运安全年""安全生产月""打非治违"等活动。全省 3551 辆在用液体危险货物罐车,有 3397 辆加装了紧急切断装置,占总数的 95.7%。247 条在营运的 800 千米以上长途客运线路,都完成了安全风险评估工作。二是大力整治市场秩序。全省开展了为期 5 个月的道路危险货物运输专项整治活动,共检查企业(单位) 299 家、专用车辆约 9000 台,注销企业 11 家、车辆 252 辆,下发整改通知书 79 份。严格执行凌晨 2 时至 5 时停车休息制度,处理了 40 辆违规运行车辆及 50 名驾驶员,将处理结果与企业新增运力、年度质量信誉考核相挂钩,并对所属辖区的运管部门负责人、所属企业负责人进行了安全生产约谈;查处了存在重大安全隐患的吉安国泰旅游公司,依法吊销了其经营许可,注销了其相关证件。三是改进运政稽查执法方式。联合省公安厅对南昌市西客站、昌北机场出租车市场进行了为期一个月的专项整治和督查。加强与泛长三角地区各省运政执法协作,签订了《执法案件协查合作协议书》,建立省际区域联动执法机制。2014 年开展了集中联合稽查行动,查处各类违法行为 3500 多件。依法处理执法投诉举报案件,受理投诉举报 59 件,其中转办 42 件,督办 9 件,依法立案查处 8 件并予以行政处罚。四是加大行业监管力度。出台《道路客货运输驾驶员黑名单公告管理制度》。实施客车类型划分监督通报机制,对 4 个设区市 11 辆客车类型划分存在问题的车辆进行通报整改。开展全省营运客车安全例行检查工作规范化专项整治活动,全省一级汽车客运站已全部实现了客车安全例检信息化管理。深化机动车维修服务规范创建活动,全省共有 234 家维修企业开展了维修服务规范化创建工作。做好驾培行业两项国家标准的宣贯工作,组织举办了全省二级教练员职业资格考核鉴定及首届教练员规范化教学技能竞赛。

(梁富明)

【全省道路旅客运输安全事故统计分析】 2014 年,全省营运客车共发生负次责以上责任事故 19 起(全责 9 起,主责 5 起,同责 2 起,次责 3 起),责任死亡 27 人,受伤 60 人。发生一次死亡 3 人以上较大事故 2 起(全责、同责各 1 起),未发生一次死亡 10 人以上重特大安全事故。事故起数、死亡人数,受伤人数与2013年同期相比,事故起数下降了3起,死亡人数上升1人,受伤人数上升3人,三项指标分别下降13.6%和上升了3.8%、5.3%。保持了低位平稳态势。

事故统计分析。1.从事故车辆地区分布来看。统计结果显示,吉安、新余全年未发生客运交通事故,道路客运安全生产形势较好。2.从事故发生季节分布来看。显示统计数据,2、8月发生事故为3起和4起,占全年事故总起数的36.84%,死亡人数10人,占全年死亡总人数的37%,是2014年事故多发的月份。3、9两月无事故。3.从事故发生时段分布来看。以每天24小时分8个时间段(每时间段3小时)进行统计,2014年全省平均每个时间段发生事故2.4起。从统计数据来看,2014年6:00—9:00、9:00—12:00、12:00—15:00这三个时段发生事故最多,各发生4起、6起和5起,共计事故15起,占事故总量78.9%,是2014年道路客运交通事故的高发时段。3:00—6:00这个时段由于落实凌晨2—5点停车休息制度,全年未发生交通事故。00:00—3:00、15:00—18:00、18:00—21:00,这个时段由于避过客运高峰期,事故发生次数死亡人数较少。4.从事故发生的原因来看。统计结果显示,2014年全省道路客运交通事故原因①因避让不及,与行人相撞。发生事故4起,占全省的21.1%;②与其他车两相撞,发生事故10起,占全省的52.6%;③与摩托车、电动车、三轮车等相撞,发生事故3起,占全省15.8%;④操作不当,车辆侧翻,发生事故2起,占全省10.5%。从统计上看,与其他车辆相撞争致事故共发生10起,占全年事故总量的52.6%,成为道路客运交通事故的最主要因素,应引起行业管理部门、运输企业和驾驶员的高度重视。⑤从事故发生地点分布来看。统计结果显示,2014年道路客运交通事故在非高速路上发生15起,占全省总数的79%。在高速路上发生事故4起,占全省总数的21%。各级运管机构和运输企业应加强与省内公安交警部门的沟通协作,加强对驾驶员的动态监控管理,将省内道路客运安全事故降低到最低限度。

(盛　娟)

【省运管局积极宣贯驾培行业两项国标】 为深入贯彻落实交通运输部关于做好《机动车驾驶员培训机构资格条件》和《机动车驾驶员培训教练场技术要求》等两项国家标准实施工作,5月23日,省运管局召开全省驾培行业两项国标宣贯工作会议。

两项国标从2014年6月1日起实施。与原部颁行业标准相比,有不少新的变化,主要反映在培训范围划分更加合理、驾校准入门槛明显提高、岗位设置及人员条件更加明晰、安全管理要求更加严格、车载计时系统成为硬性条件等五个方面,充分体现了“提高市场准入门槛、提升驾校规模品质”的原则,更加符合新的培训与考试工作要求。

(张　玮)

【江西省长途客运开展接驳运输试点】 根据《交通运输部公安部关于进一步加强长途客运接驳运输试点工作的通知》精神,江西省被列入了长途客运接驳运输试点省份,与其他20个省份联合开展长途客运接驳试点工作。按照接驳运输试点标准和“分类、分步实施”原则,江西省选取了江西长运股份有限公司、江西新世纪汽运集团有限公司、江西吉安长远有限公司3家企业进行首批试点,制定了《江西省长途客运接驳运输试点工作实施方案》,确定全省接驳方式为“停车换人”或“换车换人”,并对试点企业、试点线路、接驳运输、驾驶员、接驳点设置等条件都有明确规和要求。

5月1日起,全省长途客运接驳运输试点工作正式开始。省交通运输厅和省运管局对试点企业《接驳运输运行组织方案》中的线路逐条验收,按照“成熟一个、实施一个”的原则,根据试点企业的准备工作完成情况,批准企业开展接驳运输,对符合要求的接驳运输车辆发放长途客运接驳运输车辆标识。

(李　明)

【省运管局开展新增道路客运班线行政许可】 根据《江西省省际、市际客运班线年度发展计划编制和实施暂行办法》要求,全省2013年、2014年省际、市际客运班线发展计划中的部分客运班线,经起讫地运管机构同意后拟实施许可。为加强客运班线安全管理,优化道路客运班线资源配置,提高客运服务质量,江西省对上饶至昌北机场等23条省际、市际客运班线经营权公开招标许可，并在网上进行公示，根据公示情况召开局客运行政许可会议，对22条客运班线经营权进行许可。

（章华平）

【全省道路客运班线延续行政许可】 2014年，省际班线40条、市际班线27条经营期限届满，根据《江西公路运输管理局关于修订局路客运行政许可议事规则的通知》要求，经江西省公路运输管理局行政许可领导小组各成员处室认真审核到期班线申请材料，通过会签后，同意延续许可省际班线38条，市际班线25条；不同意延续许可省际班线2条，市际班线2条。

（章华平）

【省运管局开展汽车客运站站级核定】 该局加强对汽车客运站站级的核定工作。2014年年底，新核定汽车客运站一级站1家，二级站3家，撤销二级站4家。全省一级站达到19家，二级站88家，一、二级汽车客运站总计107家。

（蔡　洁）

【省运管局开展客运站联网售票系统建设】 汽车客运站联网售票系统建设是一项重要便民利民工作，该局专门成立客运站联网售票系统建设工作领导小组，完成了客运站联网售票调研统计、协调部署、制定办法等相关工作。2014年年底，全省一级客运站已经实现了联网售票，下一步将积极推动全省二级客运站实现联网售票。

（蔡　洁）

【省运管局开展危险货物运输企业专项整治活动】 该局制定了《2014年江西省道路危险货物运输专项整治活动工作方案》，对全省危险货物运输企业进行全面整治，重点整治企业资质、车辆、场地以及人员要求。在2014年度道路危险货物运输专项整治活动中，全省运管机构共检查企业(单位)299家、专用车辆约9000辆、注销企业11家、车辆252辆，下发整改通知书79份。

（周秋华）

【江西第二批国家公路甩挂运输试点项目两家企业验收合格】 按照交通运输部《关于做好公路甩挂运输第二批试点项目验收审查和资和金申报有关工作的通知》和交通运输部办公厅《关于印发国家公路甩挂运输试点项目验收与专项资金申请工作指南的通知》要求，经江西省公路运输管理局提出对国家公路甩挂运输第二批试点企业江西三志物流有限公司甩挂运输试点项目、萍乡市达金物流有限公司甩挂运输试点项目进行验收的申请，省交通运输厅组织了专家组对申请试点项目进行了核查，认为这两个试点项目完成情况与审定的实施方案及站场工可基本相符，试点项目业务开展良好，运输成本、效率、节能减排等综合评价符合要求，具备验收条件。江西三志物流有限公司甩挂运输试点项目、萍乡市达金物流有限公司甩挂运输试点项目验收合格。

（周秋华）

【省运管局规范货运企业管理档案】 5月，省运管局制定并下发《关于进一步规范道路普通货物运输企业基础管理工作实施方案》，要求拥有200辆以上车辆的货运企业建立健全企业管理制度，并规范企业档案和车辆档案。并对部分企业进行抽查和指导。通过规范货运企业的基础档案，强化对企业、车辆、从业人员的日常监管，督促企业制定和完善各项管理制度，保障道路货物运输安全，提升道路货物运输服务质量。

（周秋华）

【省运管局取消有关备案事项】 根据省政府《关于集中开展行政审批项目等事项清理工作的通知》及省厅相关工作要求，该局梳理了9项审批事项。4月，经省政府确认，取消了“跨省及省内跨设区市道路客运企业设立分公司备案”。为了维护经营者的利益、确保取消项目工作正常进行，该局与省工商管理局积极对接，明确今后无须凭运管机构备案证明办理证照。

（王　洁）

【省运管局落实深化改革工作】 2014年，按照省厅全面深化改革工作部署，该局作为参加单位，认真落实各项工作要求。一是成立了改革领导小组，局党政领导负总责，局各分管领导担任领导小组成员，拟定了《全面深化改革领导小组工作规则》等制度，明确了改革领导小组及其办公室主要职责、会议制度了和工作任务。二是制定改革工作举措。对照《江西省交通运输厅贯彻实施全面深化改革重要举措分工方案》,结合本局实际,对省委、省厅提出的改革举措进行任务分解,制定2014年全面深化改革工作要点,明确每一项工作的牵头领导、责任部门和时间表。三是开展省管县下放事权的对接工作,根据省发改委要求,对省管县下放事权进行梳理,制定下放权力清单。

(王 洁)

【2014年度城乡道路客运燃油消耗申报数据基本情况】 交通运输部于11月下旬启动2014年度燃油消耗申报工作,同时启用了新的申报操作系统,新系统较大地改变了以往的系统功能,增大了操作难度。省运管局对申报工作高度重视,为了保证全省申报工作的及时顺利完成,分三期组织举办了全省近700名操作人员的相关业务及操作培训。2014年,全省各级管理部门用户共573户(管理、审核、认证用户);企业用户共695户,其中城市公交账号119户;出租汽车184户;农村客运392户。

2014年度全省申报车辆里程数、油耗量较2013年都有所下降,主要原因:一是2014年度申报车辆相应减少。2014年农村客运实际运营车辆数较2013年减少了250台,主要是由于城市公交线路延伸,农村客运部分线路被并购。小散农村客运业户被兼并,线路优化等导致车辆数减少。二是部分车辆更新为清洁能源车辆和混合动力车辆。如全省城市公交2013年有清洁能源车辆731台,2014年增加到1140台。出租汽车混合动力和混改车辆也大幅增加,全省有近三分之一出租汽车更新或者改装成混动汽车。三是随着监管力度的加大,数据越来越趋于真实准确。近年来随着各级管理部门对申报工作的越来越重视,使申报工作越来越完善规范,省运管局不断地加强申报工作管理力度,先后制定月报制度,建立月报系统,出台申报工作规范,完成月报系统与运政系统数据对接,各地也因地制宜制定行之有效的数据采集方式,如对申报车辆安装GPS,定点点卡加油,原始发票报账制等方式,使全省的数据越来越真实准确。

(游国候)

【南昌市把好春运牌证发放关】 2014年春运开始前,南昌市运管处对所有参加春运车辆必须先行春检,严格审查车辆技术状况关、驾驶员从业资格关、GPS监控使用关、承运人责任险投保关、车辆终审关,加强监控。春检不合格或不参加春检车辆一律收回道路运输证。同时加强对进出广东客运车辆管理,春检合格的客运车辆必须持有2014年进出广东春运证并办理相关手续后,方可从事进出广东的加班、包车客运业务。包车协议必须由运输企业与用车单位签订,严禁承包挂靠车主私自承揽包车业务。其他普通客运包车一律不得使用普通包车牌进入广东春运。规范打印2014年进广牌的春运客车的申请条件,从事进出广东春运的客运车辆必须提供企业牌证使用承诺书、春检合格证明、驾驶员姓名及从业资格证号、行车距离800千米停车休息方案和和广东客源单位签订的包车预约书,方可打印"进出广东春运证"。该处共发放"2014年进出广东春运证"389张,发放进广加班牌72张。

(李小鹏)

【南昌市道路运输行政许可案卷评选再创佳绩】 南昌市公路运输管理处参加省运管局组织的全省道路运输系统"2013年十佳执法案卷"评选活动,通过严格的评选程序,该处选送的"南昌卓悦汽车服务有限公司申请二类小型汽车维修经营许可案卷"获得"十佳执法案卷"殊荣。

市政府法制办组织有关单位法制机构工作人员,对全市行政执法部门报送案卷目录中抽取的(每个部门抽取5宗行政处罚案卷和3宗行政许可案卷)285宗行政执法案卷,进行集中评查。集中评查,采用"一卷一表"(即每个案卷都有一个评分表)、"初审+复审+重点问题集体讨论复核=案卷成绩"的程序进行。南昌市运管处制作的《江西和诚洪澳汽车有限公司维修许可》《江西亿安达驾驶员培训有限公司驾培许可》两份许可案卷囊括南昌市优秀行政许可案卷前两名。

这是该处连续三年在省运管局和市政府法制办组织的执法案卷评比中获得"十佳执法案卷"。

(刘 萍)

【南昌市联合组织反恐应急演练】 8月12日下午,南昌市公安局和江西长运集团在长运汽车站组织2014年江西长运反恐应急演练,进一步夯实城市交通反恐防范工作,检验长途客车遭受恐怖袭击的反恐应急机制、快速反应和处置能力,全面提升该市公共交通反恐防范意识和应急处置能力。

为做好此次反恐应急演练,南昌市公安局和江西长运集团共同制定演练方案、场景策划、现场处置等环节,模拟设计长途汽车在行驶中发生2名暴徒持刀行凶砍杀和纵火燃烧事件的场景。南昌市公安局、江西长运集团公司共出动警力4名、长运集团职工60余人、长途汽车1辆。演练人员以热情饱满的精神状态投入到演练中,演练过程协调有序、分工明确、处置有力,圆满完成反恐应急演练。

(周国祥)

【江西长运安全完成跨省特定遣送非法越境人员任务】 上半年,南昌市公安部门破获一起中华人民共和国成立以来江西省首起特大跨境组织偷越国(边)境案件。按照相关法律规定,需要将这批非法越境进入中国的越南人遣送回国。经慎重考虑,省公安厅、市公安局将遣送运输任务交给江西长运完成。

江西长运高度重视这起高度敏感的任务,成立运输领导小组,从高客分公司调配出2辆一年内的新大客车和一辆技术性能优异的卧铺客车,选派7名政治可靠、思想进步、作风扎实,技术过硬的驾驶员承担运输任务。

6月1日凌晨,满载遣送人员的车辆从南昌出发,运行1380多千米,分别安全抵达广西东兴市、凭祥市,全程17小时左右,圆满完成此次运输任务,得到双方领导的赞扬,加强警民合作关系,取得双赢满意的结果。省公安厅、市公安局向江西长运公司赠送了“跨区运输保安全警民携手促和谐”锦旗。

(叶 婷 周国祥)

【南昌市组织道路危险货物运输突发事件应急处置演练】 12月5日,南昌市公路运输管理处和中国石油天然气运输公司江西分公司联合组织开展道路危险货物运输突发事件应急演练。

此次应急演练活动突出驾驶员初级阶段的自救、应急处置的实战性和实效性,旨在增强应急救援协同配合能力,提高应急处置能力和从业人员自我保护意识,进一步增强运输企业的安全防范意识、普及应急救援知识、提高预警预防和应变应对能力。一旦道路危险货物运输应急情况突发时,能够以最快的速度、最高的能力进行现场应急处置,最大限度保护人民群众的生命财产安全。

上午10时,应急演练正式开始。本次演练共模拟演习五个科目内容,分别是:运输途中发生油品泄漏,从业人员现场自救处置;应急救援人员出动,气垫加固堵漏;应急救援,油罐车接拨施救;油品泄漏着火,从业人员现场自救处置;油罐车着火后,应急救援人员如何施救灭火。

省、市安监部门和交通部门的领导参与指导了本次应急演练活动,全市共26家道路危险货物运输企业的负责人和安全管理人员学习观摩了演练。

(邓志伟)

【南昌长运QC成果获佳绩】 南昌长运公司QC成果获得中国交通企协颁发的大奖,分别是:2014年度全国质量管理小组活动优秀企业——江西南昌长运有限公司;2013年度全国质量信得过班组——徐坊客运站李红服务组;南昌长运党委书记、总经理穆孙祥获得交通行业2014年度质量管理小组活动卓越领导者;质量管理部副部长张敏获得交通行业2014年度质量管理小组活动优秀推进者。另外,获得6个交通行业2014年度优秀质量管理小组及成果:南昌长客运站星光QC小组——减少停车场内的安全隐患;南昌长安客运服务有限公司奋进QC小组——解决道路两边票亭联网的新办法;青山客运站安盾QC小组——提高客流高峰期短途班线旅客满意率;高客分公司扬帆起航QC小组——旅客满意率;客运五分公司奋斗QC小组——减少公路营运车辆违章次数;洪城客运站“金穗”QC小组——降低旅客热点问题问询率。

同时,南昌长运还获得2个交通行业2014年度质量信得过班组:徐坊客运站李红服务组和顾客服务中心。

(刘小平 周国祥)

【江西长运搭载G—BOS智慧运营系统】 10月,江西长运科技有限公司与上海创程合资经营南昌市交安科技有限公司,组建车辆卫星定位监控平台,在这一平台上搭载了功能先进的G—BOS智慧运营系统,实现对江西长运所属车辆的全面覆盖。

江西长运公司项目组人员积极与省运管局、各设区市运管部门及各子公司沟通协商,办理相关股权收购手续、审核备案手续,同时开展服务费到期车辆的监控平台切换工作。

2014年11月底,江西长运已经有610辆营运车辆从运安科技的平台上顺利切换到南昌交安的监控平台上线运营。另外,公司在南昌市客运东站及客运西站中规划设计两个高标准的现代化车辆卫星定位监控中心。

上海创程C—BOS智慧运营系统具有安全驾驶管理、油耗管理、卫星监控定位管理、远程故障报警管理3G视频监控管理、维保管理、车线匹配管理七大功能,在苏汽集团、山东济宁交运集团、平安运输集团、无锡公交公司等多家大型客运集团公司成功应用,被评为交通运输部的节能减排推荐项目之一,是国内应用较早、目前最先进的客车信息化系统之一。

(谭彦君　周国祥)

【萍乡市交通运输局开展打非治违专项行动】 为进一步规范该市交通运输系统安全生产法治秩序,大幅减少因非法违法行为造成的事故,促进全市交通运输系统安全生产形势持续稳定好转,该局2014年开展打非治违专项行动。该活动按照“全覆盖、零容忍、严执法、重实效”的总体要求,严格落实停产整顿、关闭取缔、上限处罚和严厉追责的“四个一律”执法措施,集中打击、整治一批当前表现突出的非法违法、违规违章行为。一是打击危化品非法运输行为,整治不具备危化品运输资质的企业从事危化品运输,无从业资格证人员从事危化品运输作业和违反安全操作规程的运输作业等问题。二是打击非法客运行为,整治非法改装车从事运输,无经营许可证件、无从业资格证从事运输,超范围经营、挂靠经营、站外组客、串线经营和不进站经营及超速、超员、疲劳驾驶,未经批准的渡口渡船非法经营和长途客车夜间违规行驶等问题。三是打击无资质施工行为,整治交通运输建设工程非法分包、转包以及违章作业等行为,严肃查处未取得开工作业许可证、特殊工种人员未取得上岗证以及违反建设项目安全设施“三同时”规定等问题。四是打击非法占用损坏道路基础设施,影响通行安全行为,整治标志标识不全、乱搭乱建等问题。

(李襟远)

【萍乡市圆满完成春运】 2014年春运工作在各部门和有关单位的配合协调下圆满完成。该市春运期间共输送旅客616万人次,完成客运量582.4129万人次;春运安全形势稳定,整个春运期商未发生较大等级交通事故,渡运未发生任何大小事故。

(晏卫东　彭　淼)

【萍乡查获一厢式小货车非法运输危险品】 8月28日上午,萍乡交警与运管部门联合执法,开展“打四非查四违”行动,在萍乡水口桥路口处,对过往的客运车、出租车、危险品运输车、箱式货车进行重点检查时,一辆号牌赣JJ9655的箱式货车从湖南方向驶往萍乡方向。交警示意该车靠边停车接受检查,但该车似停非停,寻找时机,拒绝检查,远避现场,此时运管执法人员凭借敏锐的职业感,与交警驾驶执法车辆追赶,通过鸣警笛和喊话将车拦下,发现车厢内有六大桶乙醇易燃品。通过对该车驾驶员肖建君的现场询问和执法仪的取证,该司机为湖南大江贸易有限公司的业务员,虽所在公司经营范围有乙醇,但车辆属肖建君私人所有,行驶证显示车主为肖建君,车辆为箱式货车。经调查解,该车未取得危货道路运输证和从事危货道路运输资格证,长期从事危货运输,当天的货物就是从湖南送往萍乡妇保,运管部门根据掌握的证据,依照有关规定对车辆进行扣留审理。

(顾图强　张秋功)

【湘东运管所果断终止东桥至广寒寨高沧村客运班线车经营】 7月15日上午,该所及萍乡运管处客运科、萍乡市众安公司一行6人,现场探测从东桥镇至广寒寨乡高沧村客运线路,途中有几处路窄、陡坡和弯多且弯度大,还有塌方迹象,存在严重安全隐患,查看完整条线路后,当场召开协调会,经商议决定,从即日起终止萍乡市众安公司东桥至广寒寨高沧村客运班线车经营许可,待该线路路面修复加宽、消除通车安全隐患后再申请许可。同时萍乡市运管处客运科和湘东所又来到高沧村,与该村负责人说明情况,取得村民的谅解,妥善处理好这一问题。自2014年进入雨季以来,该所加强辖区内的县乡公路运输安全巡查力度,把该所许可的通客运班车线路作为重点安全隐患对象,发现问题及时责令企业整改、妥善处理;对安全隐患不能及时消除整改的,责令企业限期整改并派专人跟踪整改;对一时无法消除安全隐患的,终止或暂停客运车辆运营,确保安全畅通。

(王焕章)

【鹰潭市交通运输局圆满完成国际道教论坛交通保障工作】 为喜迎第三届国际道教论坛在该市召开,市交通运输部门强化服务意识,认真做好交通保障各项工作。一是从长运公司抽调30辆旅游大巴(约900座)作为保障车辆(其中2辆为应急用车),并对车号和驾驶员建立台账。明确工作人员任务,认真组织安排运输车辆,合理安排线路走向,加强指挥调度,期间未发生一起失误。二是通过交通运管、公安交警、国税和保险公司开辟绿色通道,出租车企业和经营者密切配合,市城区271辆出租车在11月15日全部更新完毕,崭新的出租汽车为盛会的召开增添了一道靓丽的风景。三是交通部门在论坛召开期间加大执法力度,强化市场监管,严厉打击无证经营、超范围经营和拉客、宰客、不规范使用客运标识等违章行为。加强客运价格监督,严格执行运价政策,严禁乱涨价、乱收费。

(杨小平)

【鹰潭市城区交管所督导危货运输企业加装罐车紧急切断装置】 为确保城区12月31日前完成在用液体危险货物罐车加装紧急切断装置,减少液体危险货物罐车安全隐患,市城区所积极采取措施抓好落实工作。一是认真做好辖区内在用液体危险货物罐车紧急切断装置安装情况的摸底调查工作。市城区6家危险货物运输企业在用液体危险货物罐车共有33台,其中已安装罐车紧急切断装置14台,占总台数的42.4%,未安装罐车紧急切断装置的19台。二是密切与辖区危货运输企业进行沟通,对在用液体危险货物罐车紧急切断装置安装情况进行监管。督促、指导危险货物道路运输企业按照国家有关要求,把好紧急切断装置安装企业的市场准入关,确保12月31日前完成在用液体危险货物罐车加装紧急切断装置工作。对于完成加装并检验合格的罐车,建立台账,做好登记工作。三是自2015年1月1日起,对没有加装紧急切断装置且无安全技术检验合格证明的液体危险货物罐车,年审将一律不予通过,并注销其道路运输证。

(李　勇)

【鹰潭市城区交管所开展出租汽车驾驶员岗前培训暨在岗教育培训】 该市城区交通运输管理所于10月28日、29日在鹰潭开展市城区出租汽车驾驶员岗前培训和在岗驾驶员培训工作。此次培训分两个班进行,其中在岗驾驶员368人,新办证驾驶员86人。培训的主要内容包括出租汽车行业概况、职业道德、营运服务、营运安全、行业法规及有关管理规定、车辆技术管理和经营服务常识等七个方面的内容。并于11月12日对新办证驾驶员进行考试,11月20日前对考试合格的新办证出租汽车驾驶员及本年度诚信考核合格的在岗出租汽车驾驶员统一发放新服务证。

(杨小平　桂丹山)

【贵溪市检查市区4S维修企业】 4月18日,贵溪市运管所组织相关人员对市区4S维修企业进行了全面检查。此次检查重点为4S店的公示情况、维修单据填写、维修收费、人员持证、配件管理等方面。检查组对企业的13项公示情况进行逐一检查,并随机抽取10台车的维修单据,对其维修价格收费、维修配件的等级标识及旧件处理、质量保证期等进行了深入细致的检查。检查总体情况良好,多数企业制度健全,管理规范,公示内容齐全,维修单据填写完整,配件摆放整齐,帐、卡、物相符,从业资格证持证人数符合规定,维修人员能够持证上岗,服务环境整洁舒适,服务质量有保证。针对检查中发现的个别4S店管理制度不健全,管理松懈,对法律法规和行业管理要求落实不到位,经营行为不规范,服务意识淡薄等问题,检查组现场对受检企业下达了整改通知书,要求其限期整改。检查结束后,该所组织召开了全市维修管理会议,通报了此次检查情况,要求各维修企业要对照通报情况,认真开展自查。

(戴丽萍)

【贵溪完成 45 家机动车维修企业质量信誉考评】 根据省交通运输厅《江西省汽车维修企业维修信誉管理办法》要求，贵溪运管所 3 月对全市机动车维修企业质量信誉进行考评。考评主要从维修质量保证体系、服务质量保证体系、经营行为、文明生产、用户满意度，修竣车辆检查情况等方面进行综合评定，经考核全市 AAA 级（优秀）3 家、AA 级（优良）企业 17 家，A 级（及格）25 家。

（戴丽萍）

【余江县开展集中整治道路危险化学品运输违法行为专项行动】 11 月至 12 月上旬，余江县公路运输管理所集中一段时间，在全县范围内开展集中整治道路危险化学品运输“四非”违法行为专项行动工作，严厉打击非法承运危险化学品的行为，严厉打击违规发货或非法充装危险化学品的行为，严厉整治危险化学品运输车辆、罐体非法生产、改装问题，严厉整治道路危险化学品运输违法行为，着力从危险化学品运输车辆改装伪装、充装装卸作业以及道路运输管理等各个环节强化责任，加大监管力度，督促企业全面落实安全生产主体责任，规范道路危险化学品运输市场秩序，查处道路危险化学品运输违法行为，全力防范道路危险化学品运输事故，确保全县道路运输安全生产形势持续稳定。

（余江县交通运输局）

【贵溪市推进打非治违专项行动】 8 月 5 日，贵溪市运管所按照鹰潭市运管处开展打非治违专项行动工作部署，有序推进专项整治行动。一是及时召开开展“打非治违”集中专项整治行动动员部署会，认真贯彻落实国务院安委办安全工作会议精神，部署专项整治工作。成立专项行动领导小组，落实工作要求，明确任务、责任，确保此项活动顺利开展。二是召集长运公司、出租车公司负责人及从业人员进行守法经营、职业道德和安全生产培训。三是做好宣传。在汽车站、火车站等旅客集散地悬挂横幅、LED 电子显示屏、发放宣传单等方式，提高广大市民加强自身保护，拒乘黑车意识。四是严查非法违规经营行为和安全隐患．从源头上预防杜绝非法经营和人民群众合法权益受侵害等现象的发生。

（戴丽萍）

【贵溪市规范教练车管理】 贵溪市运管所 5 月 10 日复核全市驾驶员培训学校的教练车资质。一是教练车辆技术档案，安装学时计时仪，并随车携带道路运输管理机构配发的道路运输证；二是车辆维护保养上检测线，进行综合性能等级评定。三是合格的教练车凭行驶证、检测报告单、车辆技术等级评定表和二级维护证明等相关资料。经市运管所审核确认后，核发教练车标识。对已经报废的、检测不合格的及其他不符合国家规定的教练车一律不发放教练车标识。

（戴丽萍）

【贵溪市集中整治非法载客三轮、摩的】 该市针对市城区三轮车、摩的数量多、密度大，驾车人员交通文明和交通安全意识淡薄，严重扰乱运输市场秩序，极易引发交通事故。7 月中旬，贵溪市交通运输局联合公安交警、城管两部门，共出动执法人员 45 人次，执法车辆 13 辆次，通力合作对辖区内非法营运电动三轮车、摩的进行专项整治。共查处非法营运三轮车 3 台、摩的 37 台。

（戴丽萍）

【余江县运管所“打黑”成效显著】 入冬后，余江县运管所执法人员克服冬季雨寒冷冻气候影响，从早到晚，循环在各班线进出村庄路口、客运站点和旅客聚集场地，集中查处非法载客车辆，维护旅客乘车安全和利益，保护客运班线经营者合法权益。该所根据群众举报，结合平时收集、掌握的“黑车”分布区域，重点部署了对全县无证经营“黑车”专项行动打击活动。组织 2 个整治小组，24 小时电话受理举报投诉，集散结合，蹲点排查，循环巡查，形式多样查处非法经营行为，共出动执法力量 300 余人次，查处“黑车”非法经营 70 起，现场制止、纠正各种违规行为 500 余起，“黑车”非法经营行为得到进一步遏制。

（余江县运管所）

【贵溪市多措并举整治客运顽疾】 11 月 4 日以来，贵溪市运管所组织业务骨干，对运输市场违法违规现象进行零容忍打击，并对道路运输企业全覆盖安全隐患排查，该所共投入执法车辆 60 余辆次，执法人员 110 人次，检查可疑车辆 200 余辆次，其中证据确凿事实清楚，查扣违规营运车辆 8

辆次,并给1家客运企业下达安全隐患整改通知书。此次整顿,对于查扣的违规违法营运车辆严格按照《江西省道路运输条例》,做到处罚统一标准,放行统一时间;严禁放“人情车”,罚“人情款”,从而营造公平、有序的客运市场环境。

(何　伟　戴丽萍)

【贵溪市运管所打非治违取得明显成果】 1—11月,贵溪市运管所按照工作职能,建立“打非治违”长效机制,组织全所稽查人员打击非法从事道路旅客运输行为,截至11月4日,该所共计出动执法人员1060人次,执法车辆300辆次,组织专项整治行动8次,检查客运企业20次,维修企业4次(包括三类维修点检查),危货企业共检查20次,覆盖市内18个乡镇199多个行政村,查扣“非法”营运车辆500辆次,非法载客“面的”70辆次,对净化全市的“黑车”市场取得了一定成效。

(戴丽萍)

【贵溪市运管所与5家道路危险运输企业签订安全责任书】 为加强危险化学品道路运输安全源头管理,减少和遏制重特大危险化学品道路运输事故,2月28日,贵溪市运管所与5家道路危险货物运输企业签订安全责任书。“安全责任书”主要内容包括:一是企业必须要具备并落实从事道路危险货物运输的资质条件;二是保证危险品运输从业人员100%持证上岗,并定期进行安全生产知识教育和培训,了解承运危险货物的理化特性、防护、应急措施;三是保证运输危险货物的车辆达到一级车况,按期进行二级维护,配备必要的安全、防护、消防等设施,严禁问题车辆运输危险货物;四是落实各项安全生产管理制度,严格按《汽车运输危险货物规则》及《汽车运输、装卸危险货物作业规程》进行操作。安全责任书的签订,有力地督促企业落实安全生产责任制,推动企业安全管理的制度化、规范化和标准化,有效遏制运输品车辆事故的发生。

(戴丽萍)

【吉安市运管处多举措规范驾培行业管理】 吉安市运管处于8月下发《关于进一步规范驾培行业管理的通知》,明确近期驾培行业管理重点,多举措规范驾培行业管理。一是加强教练员队伍管理,规范教练员教学行为,该处将在全市范围内开展一次教练员再教育活动,有效遏制教练员吃、拿、卡、要等不良现象,不断提高教练员的综合素质;二是指导各运管所对已办理运输证的教练车按照有关规定进行年审和换证,并查验教练车辆是否足额保险;三是要求各驾培机构凭计时培训系统机打的培训记录到各辖区运管所办理相关业务,不允许手填,在审核培训记录和学员保险无误后方可受理;四是市处将在8月底按省运管局要求组织一次驾校改造工作情况的督查,确保驾校改造工作按时保质完成。

(吉安市运管处)

【峡江县运管所开启“便民直通车”】 峡江是一个货运大县,从业资格证换发工作量大,每批换证达一二百人。为方便驾驶员领证,该县运管所5月通过群发手机短信,及时告知驾驶员在规定时间内前来领取新证;对未按时领证的驾驶员,采取二次发短信的方式温馨提醒。业务经办人从便捷查找新证出发,推出“编号快查法”,按照申办新证报名填表顺序,对到期的老证统一在备注栏内加注“特定”编号,一旦驾驶员前来查询自己的新证是否到,只要说出老证上的编号,经办人就能准确地告知结果,这既方便广大驾驶员,又提高办事效益。同时,该所还在运政大厅设置“便民服务台”,配有碳素水笔、桌椅、从业人员诚信考核登记填写样表等,全方位便利用户办事。

(峡江县运管所)

【泰和县构建城乡客运一体化网络格局】 为保障客运班线通畅,该县交通运输局优先新建、改建“十二五”规划内的客运班线农村公路,鼓励修通镇与镇之间、村与村之间的“断头路”。同时,以燃油补贴发放为契机,引导农村客运经营者开通新建公路的客运班线,更新客运车辆,并协助公交企业延伸公交线路,开通县城至周边乡镇的公交线。近三年来,共修建农村水泥路361.48千米,改建危桥4座,有效促进农村客运网络的通达深度;发放燃油补贴2573.14万元,更新公交车16辆,出租车55辆,新增农村客运班线11条,更新客运车辆48辆,新增客车12辆。现农村客运班车达134辆,农村客运班线81条,行政村通班车率达到96%以上,建成乡镇四级客运站15个,沿途候车亭46个。开通公交线路8条,其中3条延伸至县城周边乡镇,极大地方便旅客"零距离"换乘,加上73辆出租车遍布县城中心、汽车站、火车站及机场,有效弥补城乡客运一体化建设的交叉空白。确保整个网络格局的完整

（吉安市交通运输局）

【吉安市交通运输系统集中开展打非治违专项行动】 8月底,吉安市交通运输局组织各县(市、区)交通运输局、局属各单位安全生产分管领导和相关科室负责人召开2014年第三次安全生产例会,会议对该市交通运输系统打非治违专项行动工作进行再动员、再部署,强调以重点打击危化品非法运输行为和非法建设项目,整治无证生产、经营、使用、储存、充装、运输,非法改装、认证,违法挂靠、外包,违规装载以及加装液体危险货物罐车紧急切断装置不到位等问题;打击客车客船非法营运行为,整治无证经营、超范围经营、挂靠经营及超速、超员、疲劳驾驶和长途客车夜间违规行驶等问题为主要内容的加强"平安交通"建设集中开展打非治违行动。

（吉安市交通运输局）

【吉安市运管处开展道路客运、危货运输安全生产专项整治活动】 该局开展道路运输安全整治工作分方案制定、深入排查整治、总结评估三个阶段进行,时间从9—12月,历时四个月。重点整治长途客运安全管理、包车客运安全管理、危货运输安全管理和重点营运车辆动态监控管理,通过明察暗访等形式,及时发现和解决道路运输安全工作中存在的突出问题,消除安全隐患,确保整改落实到位。

（吉安市交通运输局）

【吉安市开展集中打击市中心城区"拐的"违法行为专项活动】 经吉安市政府研究,市交通运输局联合交警、运管、城管、公安、残联、民政、工商、质监、人社多部门,自3月至12月底,分四个阶段在市中心城区集中开展打击"拐的"违法行为专项整治活动。为确保此次专项整治活动顺利开展,市政府制定《集中打击市中心城区"拐的"违法行为工作方案》,成立专项活动领导小组,领导小组下设综合协调组、联合执法组、销售市场监管组、信访接待组、维稳处置组,明确各小组、各部门工作职责。通过此次专项活动,努力构建市中心城区安全、和谐、畅通的交通环境。

（吉安市交通运输局）

【《吉泰走廊交通基础设施建设规划》出台】 为有序推进吉泰走廊交通基础设施建设,加快区域内基础设施建设一体化步伐,更好地为吉泰走廊经济社会发展服务。3月5日由市交通运输局牵头编制的《吉泰走廊交通基础设施建设规划》获市政府常务会议审批并通过。规划范围为吉泰走廊核心区4个区3个县29个乡镇,规划期为2012—2020年,规划内容共9章。

（吉安市交通运管局）

【宜春市完成道路运输业统计专项调查】 8月18日,交通运输部发布关于表扬全国交通运输业经济统计调查和城市客运交通线路及站点专项调查优秀集体和优秀个人的通知,市运管局荣获"全国交通运输业经济统计专项调查优秀集体",一人被评为"全国交通运输业经济统计专项调查优秀个人"。2013年9月,交通运输部启动全国交通运输业经济统计专项调查工作,市运管局组织全市10个县(市、区)运管局、运管所基层统计人员,抓协调,严把关,全面抓好前期基础信息整理,切实提高数据质量。在专项调查数据采集期间,该局精心抽调骨干力量到基层检查督促,定期了解各县(市、区)工作进度,并对个别专业技术薄弱的县(市、区)进行了现场指导,及时、有效地解决专调调查过程中出现的新问题。使正式调查各时段工作稳步推进,各期调查表及时回收。

（李　明　杨　培）

【宜春市中心城区集中整治非法营运车取得初效】 7月20日至10月15日,由市打非领导小组牵头,交警、运政抽调执法人员,实行统一领导、统一组织、统一时间、统一调度、统一指挥,对宜春城区集中整治非法营运车辆。整治期间,出动稽查支队3个,中队12个,执法车辆935辆次,执法出勤5185人次,排查各类车辆13000余辆次,查处各类违规违法经营车辆656辆,对违规违法运输车辆,根据国家有关规定,坚持教育为先,并作出相应处罚。通过整治,净化了交通运输秩序,营

造广大群众出行良好环境,推动交通安全生产稳定发展,为建立畅通、开放、平安、有序交通运输市场营造良好条件,广大群众称赞政府为民办了一件好事实事。

(吴泽水)

【全省组织汽车驾校质量信誉考核宜春市 8 所不达标】 汽车驾培学校为宜春市培训驾驶员,推进道路运输事业发展,做大交通物流,搞好平安交通建设等发挥了重要作用。但少数驾校片面追求培训学员数量,不顾培训质量,学校条件差,教员水平低,管理不规范,制度不健全,群众反响大。2014 年,经全省组织驾校质量信誉考核,全省不达标驾校 13 所,该市达 8 所,占不达标的驾校总数的 61.5%。8 所驾校是:宜春市龙翔驾驶员培训学校、奉新县诚信驾驶员培训学校、奉新县冶城职业中学驾驶员培训中心、奉新县机动车驾驶员培训学校、铜鼓县为民驾驶员培训学校、铜鼓县 204 驾驶员培训学校、高安市昌兴驾驶员培训学校、高安市和平驾驶员培训学校。为改变这种状况,各级运管部门高度重视,加强领导,加大工作力度,组织力量,分期分批对驾校进行整治。

(吴泽水)

【宜春市公交公司质量信誉考核在获 AAA】 市公共交通公司参照同行企业做法,专门成立企业管理机构,严格对照考核要求,逐一排查、整改不合格项目,建立健全企业管理制度,加强企业从业人员服务理念管理,对安全运营长抓不懈,加大运营车辆正班准点运营考核,做到一车一档、一人一档。通过省运管局专家评审组评审,11 月批准同意,再次荣获江西省城市公共汽车客运企业服务质量信誉考核 AAA 级服务质量信誉企业光荣称号。

(晏慧锋)

【万载县交通运输局开展城市客运专项整治】 2014 年夏,万载县交通运输局及其运管所,在开展党的群众路线教育实践活动中,根据群众“出行难、乘车难”的意见,开展出租车经营行为专项整治工作,严厉打击出租车从事或者变相从事班线客运、拒载、挑客、不打表计费等违规行为。为此,制定《万载县出租车经营行为专项整治工作方案》,由稽查大队上路检查,客运股登记,出租车公司配合,对违规车辆严厉打击,依法处罚。整治活动从 7 月开始,9 月告一段落,共出动执法人员 126 人次,检查出租车 180 余辆次,共查处出租车违规行为为 40 多起。并进一步完善公交线路布局,督促公司增购车辆,统筹安排运力,合理安排发班密度。还根据对周边县市的调研,向县政府提出公交公司补贴方案,已上报政府待批准实施。

(徐　丽)

【樟树市首次对城乡客运一体化项目开展绩效评价】 城乡客运一体化是一项惠民工程、便民工程,自 2012 年 12 月 26 日以来,由市政府出资并组织实施的城乡客运一体化已运行一年多。为加强项目管理,提高资金利用效益,8 月初,市交通运输局组织专业人员对全市 2013 年城乡客运一体化补助资金开展绩效评价工作。此次绩效评价工作系城乡客运一体化实施以来的首次,从财务、运管、公交公司抽调人员组成评价工作组,通过查阅文件、账目,进行座谈、实地调查等方式展开综合评价。评价结果显示,2013 年全市城乡客运一体化总体运行良好,1100 万元财政补贴资金及时足额到位,城乡公交公司共投入运力 88 辆,开通线路 21 条,年运行公交 240170 班次,有力拉动城市经济发展,改善城市交通,保障群众安全出行,获得良好社会效益、经济效益。

(邓杨飞)

【抚州扎实开展道路客货运输审验和质量信誉考核】 抚州市交通运输管理处按照年度工作总体部署,扎实开展道路客货运输审验和质量信誉考核工作。一是开展 2014 年客运班线复审工作。截至 10 月底,对 86 条省际客运班线、131 条市际客运班线、92 条县际客运班线进行了核查、规范途经线路标识。二是顺利完成客货运输质量信誉考核工作。4 月以来,市处对客货运输企业及客运站进行质量信誉考核工作,全市参加考核的 13 家县际以上的道路旅客运输企业,评定为 AAA 级 1 家,AA 级 11 家,A 级 1 家;全市参加考核的 11 家道路客运站,评定为 AAA 级 5 家,AA 级 5 及家,A 级 1 家;全市参加考核的危货运输企业 34 家,评定为 AAA 级 3 家,AA 级 29 家,A 级 2 家;全市参加考核的普货运企业 318 家,评定为 AA 级 283 家,A 级 34 家,B 级 1 家。

(抚州市运管处)

【抚州市常态化整治城区"六车"】 "六车"主要指二轮、三轮摩托车,三轮、四轮电动车,残疾人专用车,人力三轮车。这些车辆在市城区非法拉货载客、乱停乱放、随意调头、乱闯红灯等,严重扰乱了城市交通秩序。自4月29日以来,抚州市中心城区开展了声势浩大的"六车"综合整治行动。"六车"整治办公室利用报纸、广播、电视、网络等各类媒体,刊播了《抚州市关于加强摩托车、电动车、残疾人代步车及人力三轮车管理的通告》,并出动宣传车在大街上巡回宣传,提高全社会对"六车"综合整治的认识。该市各有关部门积极协作,形成了强大的"六车"整治声势。市工商、质监部门积极强化源头管控,从严整治电动(燃油)三轮、四轮车辆销售网点及虚假宣传、欺诈销售等违法行为,查封了一批不合格的电动(燃油)三轮、四轮车辆和销售网点,打击非法改装(拼装)车辆的生产厂家,切实保障消费者的合法权益。市交通、交警、城管部门各抽调20人,成立了两个联合执法组,在全市范围内不定时间、不定地点地开展"六车"综合整治行动。市交通运输局及时调整执法队伍的工作时间,利用节假日、周末及中午休息时间,对"六车"非法上路和非法运营行为进行查处。

"六车"综合执法队伍采取"条块结合,以块为主;堵疏结合,以疏为主"的办法,形成合力、重出击,在市场区重点路段路口,大力整治"六车"闯禁行路、无牌无证、违法载人、乱停乱放等交通违法行为。此外,明确管控责任,落实人员,建立健全长效机制,整治工作现已进入常态化。

(陈根玲)

【崇仁县加强校车运行线路审批】 9月,崇仁县校车正式运行。依据《校车管理条例》,该县交通运输部门主要是审定校车运行线路,加强运行校车维护、修理的监管部门。2014年,县交通运输部门批准了孙坊镇金种子幼儿园、崇仁县白陂幼儿园、崇仁县三山百灵鸟幼儿园、崇仁县六家桥育灵幼儿园、崇仁县巴山镇南桥天宏幼儿园、崇仁县园区幼儿园等6所幼儿园的校车运行,并严格按照交通运管部门《校车安全监管意见》的规定,进行了备案。

(余家军)

【东乡县制定新举措方便学生乘坐公交上下学】

为适应"六车"整治后县城区内交通车辆减少,县城中小学生上下学面临出行困难,东乡县交通运输局积极应对,通过新开通公交线路、微调线路以及推广使用公交"一卡通"等举措,实现县城中小学学校公交全覆盖,方便学生上下学。一是新开通和优化线路全面覆盖县城中小学。原有公交运行线路未覆盖的县城中小学有新二中、龙山小学以及三中,从2014年7月1日起,将原1、2、3路顺城东大道延伸至新二中;新开通10路,微调3路从龙山南路进入物流大道覆盖县一中、龙山小学;新开通8路、10路覆盖县三中,并且途径荆公小学、县幼儿园。二是增加运行车辆,提高发班密度。8、10路新开通的线路安排每条线路运行公交车8部,1、2路每条线路运行公交车辆达到10部,3、4、5路视人流情况适当增加。县城主干道恒安路、龙山路公交车运行间隔不超过8分钟。三是实现公交IC卡(一卡通)管理。逐步推广普及公交管理信息化,方便群众换乘公交。完成公交IC卡安装,实现"一卡通"。

(姚金国)

【东乡县农村客运班线车辆实行统一进站】 7月18日,东乡县交通运管部门结合全县整治"六车"非法营运、交通秩序和市容环境工作,对全县农村客运班线车辆实行统一进站管理。一是7月28日前,关闭县城铁路桥、飞马、青井、赣东商城四个简易客车停车场,全县农村客运车辆全部进入新汽车站作业。二是客运班车和城市公共汽车要严格按照核定的站点和线路营运,禁止班线客车进入县城中心城区揽客、乱停乱靠、沿街沿路上下客等违规行为。三是规范出租车经营行为,查处出租车定点长时间待客行为,禁止出租车从事或者变相从事班线客运经营、异地经营、强行揽客、拼客,严厉查处"黑车"非法营运行为。

(姚金国)

【宜黄县开展长途班车客运专项整治】 为有效防范和遏制长途班车交通事故发生,11月10日,宜黄县安监、交通等部门联合开展长途客车整治工作。该县要求拥有长途客运车辆的企业GPS监控平台必须实行24小时监控,发现驾驶员不按照规定行车的,监管人员要及时纠正违章。督促客运企业完善安全管理机制,建立长途客车驾驶人途中作息制度,保证驾驶人凌晨2时至5时按时落地休息,不疲劳驾驶。利用企业安全例会对道路运输从业人员进行安全生产教育,努力提高从业人员安全生产意识。

截至年底,该县已检查客车79辆,查处不按要求携带应急锤车辆4辆,下发相关法律文书8份。全县安全运输环境大为改善。

(陈根玲)

【乐安县集中整治农村客运市场】 5月10日以来,乐安县交通管理部门采取有效措施,集中整治农村客运市场。严把市场准入关,根据农村客运需求,运用市场手段,对现有运力实行适度调整。把好安全营运关,不符合营运要求的破旧车辆一律淘汰,把好司乘人员的素质关,所有司乘人员必须持证上岗。强化市场监控,依法治理串线营运、抢客、宰客等扰乱市场秩序行为。至5月22日,该县已经取缔“三无”车辆12辆,理顺营运线路5条。

(陈根玲)

【南城县加强驾培市场管理】 南城县现有机动车驾驶员培训学校2家,为二级资质的驾校,都具有B2、C1和道路运输驾驶员从业资格(客运、货运)培训资格。其中南城县汽车运销集团有限公司驾驶技能培训学校,成立于2002年。2011年投入1100余万元资金在万坊乡兴建占地面积8.7公顷的培训基地,2012年下半年成为机动车考场考点;而成立于1986年的南城机动车驾驶员培训学校,2013年投入200多万元在上塘镇新建了占地7000平方米的培训点,总面积达20550平方米,2014年正式更名为南昌西安友谊机动车驾驶员培训有限公司,但参加该公司培训的司机目前须到抚州或其他基地考试。这两所驾校创办之初,不仅师资力量薄弱,而且场地简陋,各项设施设备少,经10多年的发展,现已具有完善的设施设备、标准化的场地、高科技的教学条件。在2014年的机构质量信誉考核中,二所驾校均被评为AA级。

(王素红)

【南城县加强对维修市场管理】 随着运输业的快速发展,汽车维修行业迅速壮大,至2014年底南城县共有机动车维修企业40家(一类企业3家、二类企业6家、三类企业31家),机动车综合性能检测站1家。为强化道路运输维修市场的监管,促进规范机动车维修企业依法经营、诚实守信、公平竞争,县道路运输管理所每年都要对全县取得机动车维修经营许可证的机动车维修企业进行质量信誉考核,考核项目包括从业人员素质、安全生产、维修质量、服务质量、遵章守纪、环境保护、企业管理等内容,考核结果评定分B、A、AA、AAA四档,对考核中评定为B级和不参加年度考核的维修企业,下达停业整改通知书。整改后仍不达标的,按照《江西省机动车维修企业质量信誉考核实施细则(试行)》进行处理并通报有关单位。

(王素红)

【抚州市加大资金投入夯实交通安全基础】 该市一是加快高速公路建设。2014年抚州市在建高速公路5条加福银高速抚北互通连接线工程,总里程235千米,总投资达155.5亿元,为进一步改善全市交通运输通达条件,从源头强化安全生产风险管理夯实了基础。二是运输站场建设。①抚州市综合客运枢纽站建设于6月8日完成主站房主体工程,完成投资8460万元,达总投资56%,争取国家交通运输部支持资金3000万元已到位,后期对主站楼室内工程设计、招投标前期工作和油气站设备安装、检测工作正在进行。工程建设顺利,没有出现任何安全责任事故。②罗霄山连片扶贫区域(乐安县)新建成1个县级站已投入使用;1个农村客运站已竣工验收;13个候车亭和13个招呼牌业已完工待验收。③该市8个省级农村公路综合服务站建设试点项目,已完成投资规模累计两千多万元。其中金溪陆坊、崇仁河上、东乡瑶圩、黎川熊村、南丰太和、广昌长桥6个已上报要求验收;南丰白舍农村公路综合服务站基础已完成;东乡圩上桥已完成前期准备工作。三是农村公路安保设施建设。2014年度抚州市交通运输局安排并实施的县乡公路安保设施覆盖了全市11个县、区,新建公路总里程756.7千米,危桥改造347.56延米。累计投入资金80余万元,安装交通警示牌411套,广角镜71套,;冈减速带367米,橡胶减速带130米,安全警示桩1027套,夯实了交通安全基础。

(陈根玲)

【资溪县排查整治农村公路危险路段】 2014年，资溪县交通运输局组织工程技术人员对全县公路进行认真细致的安全大排查，并采取有力措施进行整治。一是排查出危桥28座，对排查出来影响通行的四、五类危桥在一时无法改造重建的情况下采取设立警示限行等整治措施。二是发现农村公路路基下沉、路面悬空严重2000米/10条，其中列县养道350米/2条，乡村道1650米/8条。三是经实地排查统计，全县农村公路警示提示等标牌及安全防护设施存在不足，需设置警示提示标牌424块，主要县道160块，乡村道264块；需设置减速带1165米，主要县道586米，乡村道579米；需设置安全防护栏9361米，主要县道4400米，乡村道4962米；需设置安全防撞墙5100米，主要县道4800米，乡村道300米。

（吴绍文）

【上饶市启用新版道路运输从业资格证】 7月起，上饶市全面启用新版道路运输从业资格证。至年底，已有6000余名从业人员换发了新版道路运输从业资格证，该项工作在全市范围内进展顺利。

此次启用的新版道路运输从业资格证有以下特点：一是内容更加规范严谨，信息承载量大。二是设置二维码，便于道路运输从业人员的监督查询和运政管理部门的检查。三是从业类别设置更加专业化，从道路旅客运输、道路货物运输、道路危险货物运输等主项进行了规范。道路运输从业人员持有的旧版从业资格证件在原有效期内仍可正常使用，道路运输管理部门不得强制作废旧版从业资格证件，不得以道路运输从业人员未持新版从业资格证件为由对其进行处罚。

（官兴炜　韩晓艺）

【上饶市下放道路运输从业资格管理相关业务】 上饶市有道路客货运输从业人员近5万人。5月前，上饶市驾驶员诚信考核、继续再教育、从业资格证换证补证业务全部在上饶市道路运输管理局办理，给广大从业人员带来了极大的不便。5月，上饶市道路运输管理局将道路客货运输从业人员的诚信考核、继续再教育、从业资格证换证补证业务下放委托县（市、区）所办理。为各运管所解决业务办理经费，配备专门的电脑、打印机、指纹识别仪等设备，对业务办理人员进行专门培训，细化工作流程，严明工作纪律。此项便民举措得到广大从业人员的普遍好评。

（官兴炜）

【婺源县将文明交通列入驾考必修课】 婺源县现有驾校5所，年均培训驾驶员3500名，为保证驾驶员的素质，婺源县交管部门与县文明办相互联动，在科目一道路交通安全法律、法规和相关知识和科目四的安全文明驾驶理论考试基础上，要求驾考新学员人人必修文明交通劝导实践。该县驾考“新政”从2014年7月1日起实施，凡是通过科目一考试的学员都必须接受一定课时的文明交通劝导实践，并计入驾考档案。

（婺源交通运管局）

城市客运管理

【全省城市公共交通发展的基本情况】 城市公共交通是为社会公众提供基本出行服务的公益性事业，是关系人民群众“衣食住行"的重大民生工程。近年来，随着江西省经济社会的快速发展，全省城市公共交通得到较快发展，基本满足了经济发展和人民生产生活需要。截至年底，全省共有城市公共交通企业106户，从业人员19227人，车辆9472辆（10451标台），停车和保养场面积73.62万平方米，公交专用车道48.7千米；运营线路1098条，运营线路总长度18762.7千米，年运营里程7.48亿千米；年客运量15亿人次，其中使用IC卡客运量4.3亿人次。

（游国侯）

【全省各设区市人民政府落实优先发展城市公共交通考核工作情况】 11月17日至21日，省优先发展城市公共交通工作厅际联席会议成员单位按照《江西省人民政府办公厅关于转发省交通运输厅等七部门江西省优先发展城市公共交通考核办法的通知》要求，对设区市人民政府2012年度、2013年度贯彻落实优先发展城市公共交通战略的情况进行了考核。考核的对象是各设区市人民政府,考核的时段是2012、2013两个年度,考核执行的标准是《江西省城市公共交通发展水平考核评价指标》,考核项目为组织领导、财政投入、规划调控、用地保障、场站设施、路权优先、车辆装备、行业监管、服务质量、交通综合管理十个大项,44个具体考核指标,总分为100分。考核采取听汇报、查资料、实地核查、现场体验等方式进行。实地核查主要核查公交场站建设、公交专用车道、港湾式停靠站设置、公交车辆状况、公交信息化建设和服务质量等情况。汇总各考核小组对各设区市的考核情况并综合考虑日常掌握的情况,各市考核得分及排名如下:南昌市90.51分,赣州市88.38分,上饶市88.17分,吉安市86.2分,新余市84分,九江市82.65分,萍乡市81.4分,抚州市81.3分,宜春市80.76分,鹰潭市80.37分,景德镇市79.68分。

通过考核表明,随着《国务院关于城市优先发展公共交通的指导意见》和《江西省人民政府关于城市优先发展公共交通的实施意见》出台,公交优先发展工作受到了各设区市人民政府和相关部门更高程度的重视,呈现出新的变化。一是南昌市于2013年11月被交通运输部确定为“公交都市”创建试点城市,填补了江西省“公交都市”建设项目的空白;二是南昌市、赣州市、宜春市、九江市、景德镇市、萍乡市、新余市等地加快推进公交信息化建设,GPS智能调度、3G视频实时监控、无线wifie免费使用、掌上公交手机查询、电子站牌等信息化项目得到了应用,南昌市还专门推出了90分钟内公交免费换乘服务项目;三是吉安市人民政府、抚州市人民政府2014年专门出台了关于城市优先发展公共交通的实施意见,贯彻落实国务院和省政府最新精神,吉安市启动了公交专项规划(2010—2020)修编工作,抚州市明确了每两年对县优先发展公共交通进行考评;四是公交经营机制改革步伐加快,上饶市人民政府于2013年收购了49%的民营股权变公交企业“国有控股、混合经营”为“一城一公交、国有国营”,继吉安市人民政府和新余市人民政府之后,鹰潭市人民政府于2014年引进江西长运公司合作投资公交企业,宜春市和景德镇市正在启动公交企业改制工作;五是公交行业得到了进一步的发展,基本满足了群众出行需求。

通过考核还表明,江西省公交优先发展工作仍处于起步阶段,发展水平还比较低,城市公共交通仍不能适应城市经济社会发展的需要,存在不少问题:一是政府重视程度不够。发展城市公共交通的责任主体是城市人民政府,但不少城市人民政府对优先发展公共交通工作的重要性认识不足,支持措施不多,推进力度不强。二是各部门配合支持力度不够。发展城市公共交通是一项系统性工程,涉及城市规划、建设、土地、财政、交通管理等多个方面,需要建立和完善多部门协调工作机制,共同推进。三是公共交通基础设施欠账较多。由于规划意识不强,公共交通场站建设用地难以保障,公共交通基础设施配套不足,公交首末站、换乘站少,港湾式停靠站少且多数未执行国家强制性标准;现代化的公交枢纽站刚刚起步,还不完善,公交与飞机、火车等交通方式的衔接不顺畅,“无缝隙衔接、零距离换乘”难以真正到位。宜春市、上饶市、抚州市、景德镇市、鹰潭市等多个设区市中心城区万人公交车保有量不足10标台,全省公交车总量严重不足。四是路权优先缺乏保障。全省没有一条城市道路实施公交车信号灯优先,也没有建成一条大容量的快速公交系统(BRT)。全省公交专用车道只有47.7千米,投入使用较好的只有南昌等少数地市;由于对社会车辆监控处罚不力,公交专用车道被占用现象严重,难以做到专用。随着城市交通拥堵现象日益严重,居民选择公交出行的意愿不强,公交吸引力偏低,设区市中心城区公交出行分担率平均不足20%。五是财政补贴不足且缺乏约束力。目前,全省只有少数设区市基本落实了公交成本规制办法,大部分设区市财政对公交补贴没有“定数”。由于没有实施科学合理的公交企业运营成本规制办法,公交企业每年到底承担了多少政策性亏损很难界定,导致财政补贴随意性强、刚性不足。由于企业股权结构多元、政府财力不足等原因,部分设区市对企业新购、更新公交车辆补助力度非常有限,导致有的公交企业负债严重,缺乏可持续发展能力。六是公交服务质量亟需提高。由于城市交通拥堵、社会车辆挤占公交停靠站、公交专用车道缺乏等原因,公交车进站难,公交车准点率大受影响。据统计,2012年南昌市公共交通正点率只有63.08%。同时,由于公交线网布局不合理,运力投入不足,公交拥挤、不安全等情况严重,群众对公交服务质量多有抱怨。根据省公路运输管理局委托省城市公共交通协会开展的设区城市公交服务质量满意度调查结果显示，全省设区城市公交服务质量满意度平均得分只有66.99分，有10个设区市得分在70分以下，市民反映问题最多的是公交车拥挤和车辆班次少。

（游国侯）

【省运管局开展城市公交服务质量满意度调查】 为了解全省市民对公共交通服务质量满意状况，江西省公路运输管理局委托江西省城市公共交通协会作为第三方机构独立开展公交服务质量满意度调查工作。2014年5月13日在南昌市举行了启动仪式，并通过江西卫视、江西日报等媒体进行宣传。全省共发放调查问卷24000份，其中有效问卷22360份，占93.16%；无效问卷1640份，占6.83%。

调查问卷包含8项内容，分别是：候车时间、换乘程度、乘车舒适度、信息发布与查询、司乘人员服务态度、候车秩序、行车安全、公交迫切需要解决问题，其中第八项内容是本市公交迫切需要解决的问题。此次调查采取了现场随机问卷、拦截式、驻守式等调查方法，通过对全省11个设区市32个公交站点22360位乘客随机问卷调查显示，全省公共交通乘客满意度平均得分为66.99，南昌、赣州、宜春、吉安、上饶、抚州、九江、景德镇、萍乡、新余、鹰潭市的满意度分别为68.82、67.28、68.85、71.25、64.68、66.13、68.16、64.73、67.29、68.74、60.96。

（游国侯）

【省运管局对南昌市“公交都市”创建工作进行指导】 该局组织人员专门赴交通运输部参加南昌市公交都市建设方案评审会，多次与省厅运输处、南昌市交通运输局有关负责同志进行沟通协调，积极推动建立“公交都市”建设的省市联席会议机制，参与申报智能调度系统信息化工程项目申报，共同推动“公交都市”建设项目的如期完成。7月1日，省交通运输厅下发《关于成立推进南昌市建设国家公交都市试点示范城市工作指导组的通知》，明确指导组组成人员、工作职责，初步建立“公交都市”建设省市联席机制。

（游国侯）

【省运管局完成江西省城市公共交通课题研究】 该局9月联合省城市公共交通协会，组织各方面专家，开展江西省城市公共交通发展水平考核评价指标体系课题研究，研究出一套相对比较科学管用、操作性强、切合江西实际的考核指标44个，每个指标都有操作说明，并且可以量化和定性，最终成果转化为以省交通运输厅、省公安厅、省住建厅、省发改委、省财政厅、省国土资源厅、省人保厅联合发文的形式进行下发。

（游国侯）

【省运管局开展客运企业质量信誉考核】 该局完成全省城市公交企业和出租汽车企业质量信誉考核工作，开展AAA级企业复核工作，全省共认定AAA级公交企业7家、出租企业13家（AAA级出租汽车企业名单已报交通运输部备案）。

（游国侯）

【南昌出租汽车营业站点全部移交企业管理】 8月起，南昌市城市客运管理处将全市出租汽车营业站点的管理全部移交给市政控股集团公司下属的物业公司进行管理。至2014年12月31日，市政控股集团公司已全部接管昌北国际机场、西客站、火车站、洪城客运站、徐坊客运站的出租汽车营运秩序管理工作。市客管处作为行业管理部门不再承担站点秩序的维护，集中精力做好行业管理工作，变固守为机动、变分散为集中，重点做好非法营运的打击、出租汽车客运服务的规范工作。市客管处和市政控股集团公司站点管理部门就昌北国际机场营业站服务设施的建设，共同研究设计场地、护栏、线路关卡等设施设备方案，并于9月16日正式投入使用。出租汽车在专用回形针式的围栏内单列排队，由电子控制的控制栏杆逐批放行，二次刷卡系统防止中途加塞。采用新的刷卡智能停车系统后，蓄车池的司机必须刷卡才能进入候客点，管理人员在候客点隔离司乘双方，避免司乘人员混杂不好管理的问题。

（南昌市客管处）

【南昌查获出租汽车计价器非法改装窝点】 该市客管处于3月开始对出租汽车安装“跑得快”设备进行严厉打击后，网络购买的源头基本被堵死，淘宝网的发售店铺相继关闭。市客管处已经查处7辆违规出租汽车。

4月22日,南昌市客管处接群众举报,青山湖大道玉河新村有一个为出租汽车私自改装计价器的窝点。随后,该处工作人员立即奔赴举报地点查实情况。稽查人员在玉河新村一楼的一个出租屋,看见门口挂了一个“专业换色带,安装打印头”的牌子,敲开房门后,发现房间里地面堆满了各类关于计价器的器材。在市质量技术监督局计量院的专业技术人员鉴定下,发现大批俗称“跑得快”的成品设备,成捆的数据线和针对计价器改装的关键设备解码器仪表两台。

经查,涉案嫌疑人赵姓男子依靠关系,从外地购得“跑得快”设备成品,打着安装出租汽车计价器色带的幌子,进行计价器的非法改装。赵姓男子的行为已经构成制造、销售、使用以欺骗消费者为目的的计量器具的违法行为,客管处稽查人员将赵某扭送至公安部门进行后续处理。

(南昌市客管处)

【南昌市客管处注销10人驾驶员服务证】 为了提升出租汽车服务质量,强化驾驶员行为自律,市客管处依据《南昌市出租汽车驾驶员从业资格管理和服务质量信誉考核办法》,对截至2013年年底在岗的全市11805名出租汽车驾驶员进行考核。

此次考核查实违章扣分20分以上的共计10人,其中:长运出租1人,第二出租2人,省西湖出租3人,南昌大众出租2人,第三出租1人,市西湖出租1人。该处按规定收缴注销该10名出租汽车驾驶员服务证,并出具再培训教育通知书。所涉人员必须重新培训,并在考试合格后凭合格证明,才可执从业资格证办理新服务证。该处同时对4辆安装“跑得快”的出租汽车驾驶员一次性扣除28分,服务证注销,一并重新培训并参加考试。

(南昌市客管处)

【景德镇市刊登出租汽车违规经营“黑名单”】 11月21日,《瓷都晚报》开辟的“出租车违规曝光台”首次曝光有违规经营行为的30辆出租汽车的车牌号、所在出租汽车公司、违规经营行为及处罚结果。“出租车违规曝光台”每月刊出一期,对上月违规经营出租汽车进行集中曝光。这是景德镇市城市客运管理处借助新闻媒体的舆论监督功能,对有违规经营行为的出租汽车进行曝光。“出租车违规曝光台”的开设,让规范出租汽车市场的各项措施更加透明化,市民可以通过媒体了解违规出租汽车的车牌号、其违规情况和管理部门的处理结果,让公众参与城市客运市场的管理监督,同时对其他有违规营运行为的出租汽车驾驶员起到警示教育作用。

(涂　强)

【萍乡市组织打击非法营运出租车市场】 该市全年先后开展2014年春运期间“猎击行动”“打黑”专项行动“夏日烈焰”出租车专项整治行动“打非治违”“七打七治”等专项整治行动,共上路上户检查576天次,出动执法人员1728人次,检查车辆11520辆次,查处和纠正各类违章1728辆次。此次行动立足于规范出租车经营行为,建立规范、文明有序的出租车客运市场秩序,提升萍乡城市形象。

(晏卫东)

【萍乡市交通运输局及时部署全市公交安全保障工作】 2月27日12时37分,贵阳市一辆237路公交车在云君区金阳南路发生燃烧,事故已造成6死35伤。为防范类似事故在本市发生,该局及时采取措施,消除安全隐患。一是当天就及时召开事故分析会,分析总结该市防范类似事故的方法,主要领导、分管领导、相关责任科室负责人参加会议。二是该局安全督导组立即到市公交总公司开展专项督导工作,通报贵阳公交车事故的情况,督促公交公司举一反三,及时开展安全防范措施,确保不出类似事故。三是萍乡市公交总公司立即召开安全工作会,对贵阳公交车事故进行通报,加强全司的驾驶员和安全人员的教育培训力度,提高安全防范意识。四是萍乡市公交总公司对全司公交车辆开展安全检查,重点检查天然气公交车的安全性能,发现安全隐患及时停车整改。

(李襟远)

【新余市道路运输管理处针对出租车行业进行市场突击稽查】 7月3日,该市道路运输管理处稽查人员针对新余学院学生举报市部分出租汽车不打表乱要价现象,结合当前学生放假出行,对该市出租车客运市场进行突击稽查,对从新余学院至火车站区域拒载、宰客、不按规定使用计价器收费等影响恶劣的严重违章行为进行了稽查取证。在不到2个小时内,共计查处涉嫌违规出租汽车4辆,根据相关规定,该4名违规从业人员将被处以100元罚款,并对违规从业人员"从业资格证"记10分处理。

(钟　磊)

【省优先发展城市公共交通考核组对新余市进行考查】 12月3日,以省公安厅副厅长罗永银为组长的省公交优先发展考核组一行莅临新余市,对该市落实优先发展城市公共交通工作情况进行考核。副市长、市公安局局长黄文辉代表市委、市政府向考核组汇报相关工作情况,新余公交董事长、总经理周锦生陪同参加了此次迎检工作。

省考核组一行先后听取了该市有关落实优先发展城市公共交通情况的汇报,查看了有关台账,并实地考察了市天工公交停车场、仙女湖大道规划待建停车场、火车站等地,考核组就考核检查情况进行了反馈,对新余市优先发展城市交通的工作给予充分肯定,并对今后该市公交发展工作提出意见和建议。

近年来,新余市委、市政府深入贯彻实施优先发展城市公交战略,制定了公交优先政策,加大了财政补贴力度,优化公交线路网络,并在全省率先开通了多条城际、城乡公交线路,使公交优先政策惠及城乡居民,公交发展取得了良好的成效,全市公共交通占机动化出行比例40%左右。

(宁茂昌)

【新余公交做客2014政风热线节目】 8月25日,新余市公交公司董事长周锦生带领相关部室负责人走进新余人民广播电台直播间,做客"新余市2014年'民生事、马上办'政风行风热线"节目,与听众和网友现场交流互动,并详细解答他们提出的问题。

做客节目前,该公司通过多种渠道征求手机广大乘客和员工意见,认真梳理归纳,对涉及公交服务和企业发展的热点难点问题,进行深入分析研究,并积极与新余市人民广播电台政风行风热线节目组进行沟通和联系,充分做好各项准备工作。

热线接通过程中,听众来电不断,针对公交管理、运营、安全、服务等多个方面提出了中肯的意见和建议,并就近期"廖家江改造工程公交线路调整方案""新车投放""高铁北站专线开通""9月份学生卡年审"等热点问题进行了咨询,公司董事长周锦生,副总经理张国雄以及相关部室负责人认真倾听和记录了有关问题,并在现场一一作出详细的解答。

(邓清华)

【赣州市政协委员评述出租车市场】 9月10日,赣州市政协副主席肖明华,部分政协委员、行风监督员在市政协机关与赣州市道路运输管理局、赣州市城市客运管理处负责同志进行了座谈。政协委员等人畅谈察看赣州市中心城区出租车市场的感受,并就进一步规范出租车市场的发展建言献策。

政协委员认为,2010年以来,赣州市道路运输和城市客运管理部门实施的出租车市场改革措施得力,尤其是出租车企业公司化运作成效明显,出租车运力大幅度增升,车辆档次得到明显提高。出租车行业的经营状况明显好转,拒载、议价、擅自拼客等违规现象大幅减少。

政协委员还认为,中心城区仍有少数出租车违规经营和黑车运行的现象,建议道路运输主管部门继续加大市场整治力度,坚持路面稽查、不定期开展市场暗访。继续做好对乘客投诉快速回复、核查工作,严肃处理出租车司机和"黑车"车主的违法违规行为。同时,建议物价部门尽快对出租车运营成本进行摸底调查,合理调整出租车运价。

赣州市中心城区有6户出租汽车企业,出租车总数为1092辆,从业人员2500余人。

(淳　朴)

【赣州市净化中心城区出租车安全营运环境】 赣州市运管局城客处坚持不定时间、不定路线开展稽查,坚持重大节假日期间开展集中整治,开展企业、驾驶员质量信誉考核和单车考核,推行有奖举报、市场暗访、停业整顿、停岗学习等措施,组织人员在火车站、飞机场和各汽车站等重点站场维护营运秩序,对出租车违规现象进行严厉查处。

2014 年,检查出租车 2 万余辆次,立案查处各类违规行为 1164 起,对 94 台次严重违规的出租车予以停业整顿,对 186 名违规驾驶员停岗学习,出租车不打表、议价、拒载、擅自拼客等违规行为大幅减少,营运秩序好转,出租车投诉由 2013 年的日均 4 起下降到日均 1.5 起,市民认可度越来越高。与公安部门联合,对中心城区非法营运“黑车"保持高压打击,立案查处“黑车”160 辆,净化了中心城区出租车安全营运环境。

(赣州市城客处)

【赣州市对农村营运班线进行公交化改造】 2014 年,该局鼓励农村客运经营者对县城至城郊 20 千米范围内农村客运班线进行公交化改造,对道路条件符合通公交车且人口相对集中的大乡镇,将农村客运班线改造为公交化运行作为全年运管工作的重点。分别在上犹、于都、会昌、南康、定南等地开展城乡道路公交一体化试点工作,将部分农村客运“热线”进行公交化改造,增加班次,降低票价,实惠百姓。在全省率先将上犹县营前镇的农村客运班线进行公交化改造,形成赣州特色。上犹县一是投放了 6 部全新公交车,依托营前农村公路综合服务站平台,在全市率先试点开通了营前至平富、营前至蕉里、营前至黄沙坑等 3 条营前片区农村公交,让农村群众有史以来第一次在家门口坐上了城市公交车。二是对营前往返县城的客运班线进行高密度、低票价的公交化改造,票价直降近 50%,发班密度相当于原来的二倍以上,既为广大群众提供了安全、实惠、便捷、优质的出行条件,又较大程度间接地打击、遏制了非法客运行为。据统计,该县片区农村公交途经线路的面包车、三轮车等非法营运行为减少了 60% 以上,营前至县城线路的非法营运行为减少了 80% 以上。营前公交的开通受到了当地群众的热烈欢迎和社会各界的高度赞赏,取得了良好的社会效益。

(赣州市交通运输局)

【赣州市城市客运服务水平有提高】 2014 年,该市一是加大公共交通基础设建设投资。2013 年至 2014 年全市公交基础设施建设共投入资金 16683.04 万元(场站建设费用 5305.71 万元,车辆购置费用 11377.33 万元),其中政府投入资金 11375.21 万元,占总投资的 68%。在中心城区完成了对火车站南、北广场公交换乘枢纽场站改造,并先后建成了金辉路公交首末站、金岭西路公交停车场和 275 个候车亭等一大批公交枢纽站场,稳步推进了水西、栎木坑、章贡王路、黄金大道等公交首末站建设,解决了公交车辆露宿街头的问题。二是公共交通乘车环境不断优化。通过优化线路、加大投入、回购线路经营权等方式,不断优化中心城区公交乘车环境,新增线路 4 条、优化调整线路 10 条,解决了新老城区和城乡接合部民众乘车难问题,增加线路营运里程 162.6 千米。在新增优化线路的同时,加密了工业园区、居民社区、学校、保障房小区等人口聚集区公交线路和公交车发班密度,针对高校区、开发园区民众的出行特点,适时延长和增加了晚班车的运行时间和班次。三是公司化水平进一步提高。为解决城乡居民出行需求,部分县(区)政府加大投入,由政府出资对公交企业进行公司化改造。南康区政府投入 6500 万元回购现有公交车,并新购 30 辆大型空调公交车,对公交企业进行重组,全部实行公车公营,极大改善了市民出行条件,政府、市民对公交的满意率明显提高。另外,信丰、全南、于都、瑞金等县(市)政府也加大公交投入,对现有公共交通进行公司化改造,全部实行公司化经营,全市公交公司化水平进一步提升。四是中心城区出租车市场更加规范。推行出租车经营合同范本,公车公营和委托管理车辆签订劳动合同、班费制合同比例不断提高,公车公营车辆达 580 台,占总数 1088 台的 54%。坚持市场整治常态化,采取路面稽查、调卡查处、监控抓拍等手段,加大了对出租车拒载、议价、擅自拼客、故意绕道等违规行为的查处打击力度,火车站、飞机场、汽车站等重点站场出租车经营秩序明显好转,全年共检查出租车 33439 台次,查处出租车各类轻、重违规行为为 1975 起。坚持停业整顿和停岗学习常态化,严格执行违规出租车、驾驶员停业整顿和停岗学习制度,推行预警告知制,做到应停尽停、应学尽学。年初以来,共对 106 辆严重违规的出租车予以停业整顿,对 189 名驾驶员进行停岗培训学习。坚持车辆更新常态化,做好使用年限达 5 年或行驶里程达 60 万千米的老旧出租车辆更新工作,全年共更新出租车 66 台。

(赣州市城客处)

【抚州市规范城市客运行业管理】 2014 年,抚州市交通运输部门坚持以城市客运驾驶员诚信考核工作和出租车单车考核工作为抓手,严格出租车驾驶员经营行为文明,出租车“车容车貌”整洁,提升了出租汽车整体形象。积极探索城市客运行业发展工作思路,切实加强与公司经理及驾驶员沟通,多次召开座谈会,听取意见,在广泛征求意见的基观上,起草制定了《抚州市出租汽车驾驶员“黑名单”制度》,2015 年出台实施。加大市城区出租汽车更新力度,全年市城区共更新出租汽车 269 辆,全部为新能源、环保型车辆。

(陈根玲)

【抚州市城区暂停收取出租车燃油附加费】 10 月 17 日,国家发改委发出通知,从 10 月 17 日 24 时起,汽、柴油供应价格每吨分别降低 300 元和 290 元,受此影响,抚州市 93#汽油零售价格降至 6.94 元/升,根据相关规定,抚州市城区从 10 月 18 日起停止收取出租车燃油附加费。“十二五”规划以来,随着燃油价格的节节攀升,造成出租车运输成本偏高,车主经营压力日渐增大。根据省发改委有关通知,经市政府同意,抚州市出台《关于对市城区出租车实行燃油附加费与成品油价格联运机制的批复》,从 2012 年 5 月 10 日起实施,当93#汽油价格在7.11 元至8.5 元/升时,加收燃油附加费 1 元/车次;当 93 号汽油价格在 8.5 元至 10 元/升时,加收燃油附加费 2 元/车次;当 93 号汽油价格在 7.1 元/升以下时,取消燃油附加费。

至 10 月,该市 93#汽油价格是 6.94 元/升,出租车不得收取燃油附加费。抚州市交通运输局要求,市城区出租汽车公司要及时通知出租车驾驶员,要求驾驶员自觉遵守,否则按《江西省道路运输条例》第九十四条进行处罚。 (陈根玲)

路政管理

【概况】 2014 年,面对管辖路段增多、工作强度加大、人员和经费紧张等的情况,各级公路路政部门以精细管理为抓手,紧抓业务规范不放松,以深化改革为重点,积极推进路政工作科学发展,不断提高高速路政管理水平。

1. 抓好路面巡查工作。总队为夯实路面巡查基础性工作,不断强调“有效巡查”,挖掘自身潜力,实行精细化管理,提升巡查质量。一是建立路政巡查信息管理系统,实行路政巡查月报制度,由专人利用巡查车 GPS 导航数据监测全省高速路政巡查计划执行情况;二是建立巡查实地督查工作制度,每个季度组织人员实地巡查,对照检查有关单位工作记录,并召开现场会,进一步强化巡查质量意识和安全责任意识,推广先进管理经验,统一规范巡查业务资料;三是建立巡查工作定期通报和奖惩机制,先后 5 次通报全省巡查工作情况,并将路巡计划完成情况与巡查专项燃油经费及奖励性绩效工资等挂钩考核。通过几项举措的实施,全省高速路政巡查完成率得到大幅提高,由年初 1 月的平均不足 50%,在 6 月以后跃升至 100%,全年巡查里程约 40 万千米,查处损坏路产案件 3934 起,赔偿率 96.76%,排查高速公路安全隐患 3500 余处,发出告知书约 600 份,及时将隐患消灭在萌芽状态,有力保障了高速公路安全畅通。

2. 开展违法涉路设施整治活动。从年初开始,总队从巩固路域环境整治成果出发,将违法涉路设施整治工作纳入常态性工作,全面摸底排查,统一部署实施,实行跟踪督办。截至 10 月底,全省发现侵犯路权案件 216 起,已查处 202 起,查处率达到 90%。针对梨温高速信江大桥桥下违法搭建设施和昌九高速沿线大片违法建筑物等重大历史遗留问题,总队严格按照法定程序,反复协商沟通,争取地方政府支持,平稳完成拆除工作,切实维护了高速公路路权,有力改善了高速公路行车环境。

3. 集中整治突出问题。5 月开始,总队以“健全完善监管机制,严肃执法工作纪律,规范执法行为”为目标,全面深入开展了高速路政管理突出问题集中整治活动,切实解决 7 个方面、24 类突出问题。通过自己找、群众提、上级查等方式,敢于揭短亮丑,查找出 136 个具体问题,采取 38 项切实可行的措施,逐项跟踪督查,整改落实到位,并建立相应管理制度加以防范。

4. 规范清障施救监管。总队结合突出问题集中整治活动,从严查违规违纪行为和严格实行收费审批两方面着手,进一步加强清障施救管理,对清障施救收费、路政部门监管、内业资料归档等突出问题进行全面整治,发现违规行为就立即查处,充分展现严管清障施救工作的态度和决心,对清障施救企业形成强大震慑力。针对吊车收费偏高问题,总队设计制定了清障施救收费三级审批制度,做到先审核后收费,实现全年全省高速公路清障施救方面零实效投诉,较好维护交通部门的良好社会形象。

5. 加快路政信息系统建设。总队从完善网络建设和应用信息软件上下工夫,一是全面完成了全省72个大队网络专线建设和内网改造,搭建三级高速快捷的网络通道,为高速路政系统提供良好的网络支撑;二是全面应用路政业务管理软件,实现路政业务管理网上办理,公路赔(补)偿案件、行政处罚和行政强制、行政许可、路面监管、路产路权登记统计等所有路政业务全部纳入信息系统。同时加大对信息系统日常使用巡视和监督检查力度,严肃查处未按程序录入的“体外循环”行为,追究相关单位和人员责任。

6. 完成超限预检系统建设。总队认真吸取梨园治超站间歇治超案件教训,加大科技治超力度,在年初不到2个月的时间里,建设完成与赣浙省界收费站计重数据对接的超限预检拦截系统,自动筛选出超限超载车辆,实现在不增加执法人员劳动强度和不因治超工作导致车辆拥堵现象的情况下,对进入江西省车辆实行全天候24小时监控,不给“黄牛党”留下可乘之机。同时,择优选取了10家规模大、有资质的货运企业在梨园治超站进行公示,由司机、车主自主选择卸载转运货物,进一步提升了治超工作服务水平。

7. 完善指挥调度系统建设。总队在巡查监控管理功能的基础上,进一步完善了指挥调度系统的移动执法现场取证、视频对讲及智能调度等功能软件开发,完成了全省72个大队车载视频和无线单兵视频安装,发放235台集成视频对讲、现场拍照取证、移动执法等功能的3G手持终端到各基层单位,将3G手持终端可视对讲与车载视频高度融合,实现全省高速路政执法车辆和执法人员同时调度,并能远程传输事故现场视频到各级指挥中心,为指挥决策提供可靠依据,极大提高了应急保畅能力。

总队积极与省信息中心及相关公司协调,在10月底,全面完成路政管理系统与省监察厅电子监察系统对接工作,开通“两网”数据交换,实现了路政管理系统网上审批和省电子监察系统数据实时交换传输,提高了网上行政审批工作效率,确保路政执法监督到位。

省公路管理局坚持推行依法治路,开展为期3个月的公路执法专项整改工作和为期一个半月的执法专项整改“回头看”活动,对全系统的路政执法工作进行了全面检查和认真梳理。对公路基层执法单位进行了多轮的明察暗访,各设区市公路局举一反三,结合“十个问题”进行自查,切实做到“五个严禁”。开展了普通公路路域环境综合整治工作,通过治理违法搭建、违法采挖、违法堆放、违法占道经营“四违”现象,努力实现整治路段沿线路域环境“八个无”目标。稳步推进基层执法站所“三基三化"建设试点工作,瑞昌公路分局、广丰公路分局、上高公路分局等三家基层执法单位的试点工作已经基本完成,路政整体执法形象明显改观。

(吴敏杰)

【全省高速路政突出问题集中整治活动见成效】 12月16日,省路政总队召开全省高速路政管理工作突出问题集中整治总结视频会议,总结集中整治活动开展情况,积极汲取经验教训,进一步提升全省高速路政管理科学化、规范化、法治化水平。

活动开展以来,省路政总队围绕路政执法、清障施救监管、治超执法、资产处置、基本建设、设备采购、信息化建设、干部管理、财务管理7个方面、25类,制定《全省高速路政管理工作突出问题集中整治活动方案》,通过各级高速路政部门自查自纠和总队督查,共发现各类问题共计78项,已经落实解决的问题74,有4项问题也积极落实,针对以上问题,各支队在解决具体问题的同时,出台或创新各类具体制度38项,把路政执法、清障施救监管、治超执法、资产处置、基本建设、设施设备采购、干部任免、人事管理、财务管理工作中存在的突出问题的解决落到了实处,得到了广大车主用户、干部职工和上级主管部门的好评。

(李 明)

【萍乡市95条农村公路客运班线安保工程开工建设】 为改变萍乡市农村公路安保设施建设滞

后局面,全面增强道路的服务水平和运输能力,有效保障农村客运安全,萍乡市交通运输局计划从2014年起,用3年时间,总投资2000万元,对全市通客运班线道路进行安全整治。目前,萍乡市农村水泥公路达7000千米,通客运班线的农村公路100多条。该项计划从2014年3月正式启动,经过对全市农村客运道路逐一摸排登记,有95条农村公路客运班线需要安装安保设施或加固完善。现筹集到资金631万元,首先对危险路段进行反光镜、防撞墙、防护栏、标示标牌和减速带等安保设施建设。该项工程于9月正式开工建设。

(何幕华　徐勇新)

【省公路局开展安全隐患排查治理专项行动】 省公路局利用8、9月两个月的时间,在全省公路系统重点排查治理公路桥梁、隧道、在建公路重点工程施工安全隐患和汛期、高温和台风期间安全生产防范措施落实情况。

此次专项行动将坚持自查逢纠与督促检查相结合,全面排查与重点整治相结合,明察与暗访相结合。紧紧围绕公路行业重点领域和薄弱环节,查隐患、抓整改、强督查、严问责,大力排查治理安全生产隐患,有效防范和坚决遏制重特大事故发生。

(路　宣)

【省公路局开展路域环境综合整治活动】 该局决定从4月开始对国道206、国道316、国道323、国道320及部分旅游公路和省界出口公路的公路用地及建筑控制区开展为期6个月的路域环境集中整治活动。

此次活动主要治理违法搭建、违法采挖、违法堆放、违法占道经营等“四违”现象,确保整治路段路域环境实现“八个无”目标,即:交通标志前后500米无广告、无违法建筑物和地面构筑物、无违法搭接道口和占地挖掘公路、无违法跨越和穿越公路的设施、无违法非公路标志、无路基路肩边坡非法种植物、无摆摊设点和打谷晒场、无公路用地范围内堆积物。

(毛　涛　甘海花)

【吉安市公路局行政许可再次简政放权】 为进一步深化行政审批制度改革,提高审批效率,最大限度地方便企业和群众办事,吉安市公路局按照吉安市人民政府《关于精简一批行政审批和公共服务事项的决定》和《关于精简第二批市级行政审批事项的决定》文件精神再次简政放权。一是将5项非行政许可项目调整为公共服务事项,即:(1)权限内普通国省干线公路大中修工程工程款的拨付审批;(2)权限内普通国省干线公路大中修工程竣工决算审批;(3)权限内普通国省干线公路工程建设项目交工验收报告备案;(4)权限内普通国省干线公路建设项目招标文件、资格预审结果、评标报告备案;(5)权限内普通国省干线公路建设项目工程一般设计变更审批。二是自4月24日起暂停实施市级行政许可2项审批。三是自6月1日起下放2项审批至县(市、区)公路分局。至此市公路局保留的行政审批事项仅1项,即:公路建设项目和公路修复项目竣工验收(国、省道)。

(曾秋玲)

【抚州市公路局出重拳拔除“钉子户”】 1月份,抚州市公路局联合湖南乡地方政府和部门,调集路政人员对东临公路抚州境内6家违规建筑、违规经营“钉子户”进行专项整治,达到了预期效果。

针对东临公路沿线一些违规设施和行为,临川公路分局积极联合当地政府和部门对违规建筑、非法车辆加水点进行集中清除和取缔,基本消除了道路行车安全隐患。但在东临公路抚州境内湖南乡店下村路段有6家违规建筑、违规经营户,经多次劝解、下发整治告知单未果的情况下,该局联合湖南乡派出所、湖南乡店下村委等地方政府和部门,调集所属路政支队以及直属、临川、东乡、金溪等公路分局路政执法人员进行了专项整治,全部拆除违规建筑。

(刘文华　王　平)

【渝水公路分局增强路面管控能力】 4月以来,渝水公路分局在全省路政执法装备首开先河,成功装配了车载国道无线移动监控系统,分别对石镇线、樟排线实施视频全程监控。移动监控系统是该局与联通公司紧密合作的高科技项目,主要通过路政执法车及长运公司客运班车上安装的监控摄像头,将路面实时状况运用联通国道网络及时准确地传输到分局监控指挥中心,在监控指挥中心,只要轻点鼠标,就能全面掌握路面动态,做到运筹帷幄、快速反应。该系统的安装启用，为渝水公路的安全巡查、应急指挥提供有力保障。

（胡　震　吴小文）

【上栗县交通运输局强化路政管理】 该局为加强辖区内路域环境整治，一是对主干线公路管理实现综合化。立足于优化境内公路的通行环境，提升对外形象和管理服务水平，努力营造“畅、安、舒、美”的行车条件和营运环境，按照“政府主导、部门联动、齐抓共管、综合治理、标本兼治”的工作方针，2014 上半年，组织公路路域环境综合整治队伍，针对公路两旁乱搭乱建、车辆货物遗洒、超载等开展联合整治。全年共对 603 辆违章车辆进行处理，签订整改承诺书 686 份，通过综合整治，进一步规范公路管理行为，全面改善全县公路的路容路貌和路域环境状况。二是县乡公路管理实现网络化。面对县乡公路点多面广，管理经费和人员不足等难题，该局整合资源，构建县、乡、村三级管理网络，县路政管理大队加强宏观层面的管理，主要是负责县道的巡查，乡村道的日常巡查由所在村安排村上养护员加强日常的巡查，遇到路政案件，先期介入，如果处理不了向乡镇交通办报告，再由乡镇交通办派人到现场处理，对案情复杂的，县路政管理大队到现场办案。这样从机制上解决办案人员不足的问题，县路政管理大队每月要保障 8 次以上的经常性巡查。2014 年，共纠正县乡公路上的各种违章行为 156 次，查处在赤山至东源公路上违法建房 1 处。并和土地、交警部门建立经常性的工作联系，遇到乱搭乱建行为，三家联合治理，从而有效地遏制在公路两侧乱建房屋等违章现象。

（上栗县交通运输局）

【莲花公路路政管理更趋规范】 该局一如既往地执行“管养”并重的方针，贯彻落实交通运输部执法形象“四统一”（执法证件统一、执法标志标识统一、执法服饰统一和执法场所外观统一），加强公路路政执法。公路站路政监察大队实行处罚与教育相结合的办法，做到公开、公正、文明执法，进一步加强《中华人民共和国公路法》《江西省公路路政管理条例》的宣传，发放宣传资料 2000 余份，增强群众爱路护路的意识；加大路政执法力度，打击各种侵犯路产路权的违规行为，全年共办理路政处罚案件 22 起，拆除违章建筑 18 处 846 平方米，清除障碍物 6480 立方米，清除非法标志广告牌 16 块，查处超载车辆 326 台次，卸载货物 724 吨，维护路产路权，有限遏制损害交通安全的行为。

（莲花县交通运输局）

【丰城市加强农村公路路政管理】 市交通运输局采取抓宣传、抓队伍、抓巡查等办法，有效地保护路产路权。一是组建一支路政执法大队。从原乡镇交管人员挑选思想作风过硬、纪律性强、爱岗敬业、坚持原则、业务素质较高人员 12 人，配备路政执法车辆 2 辆，担负全市农村公路路政管理任务，配备大队长、副大队长。实行统一巡查，统一证件，统一着装，统一管理。二是抓作风建设。用制度管人管事，先后制定《丰城市农村公路路政大队工作纪律管理办法》《丰城市农村公路路政大队车辆管理制度》等。三是加强学习。每周利用半天时间，组织队员学习《中华人民共和国公路法》《江西省公路管理条例》《交通部路政管理规定》等交通法规，不断提高队员政治理论水平和法律、业务知识，增强才干，提高综合素质。四是开展巡查。在交警、土管、城建和沿线乡镇等有关部门密切配合下，组织河东河西两个小分队开展路政巡查。从抓宣传入手，利用各种舆论工具，大力宣传《中华人民共和国公路法》等法规，把爱护、保护好公路成为广大群众自觉行动，对公路任意开沟排水、在公路上乱建乱搭、营运车辆超限超载等违章行为实行零容忍，依照国家有关规定，从严查处。通过路政管理，全年上路巡查 700 多次，清除路障 80 多起，共帮助 30 余辆故障车辆联系修车人员及时排除故障，通报污染路面 50 余起。印发宣传资料 1500 多张。查处损坏公路案件 170 多起，结案 165 起，收回路产损失赔偿款 l7 万余元。清理排水边沟 70 余处。纠正各类路政违章 160 余起，依法审批临时（特殊）占用公路设置广告标牌等路政许可 2 件。卸载、处罚超限车辆 300 余车次。有效地保护全市农村公路安全畅通。

（任志成　熊雪芽）

【抚州路政支队有效保障公路安全畅通】 2014 年，抚州高速公路路政管理支队紧紧围绕年初确定的工作思，稳步推进，攻坚克难，较好地完成了年内的各项目标任务。全年共查处路政案件508起,查处率达100%,结案494起,结案率达97%。收回路产赔偿款523.67万元,赔偿率达98%。建筑控制区内违章建筑发现率达100%,查处率达100%。完成行政许可审批4件。出动路政巡查人次23256次,巡查里程808701千米。有效地保障路产路权不受侵害,确保高速公路的安全畅通。

(抚州高速路政支队)

【抚州市开展公路执法专项整改和执法情况专项检查】 按照省交通运输厅《交通公路执法专项整改工作方案》《对行政执法情况开展专项检查工作方案》《行政执法专项检查自查自纠有关工作的通知》《公路执法专项整改工作"回头看"视频会议上讲话的通知》等文件精神,抚州市交通运输局抽调人员组成督查组,于3月17日至28日对全市各县(区)交通运输执法和局属执法单位开展督查部署公路专项整改和执法专项检查工作,并结合各单位认真开展"十个问题"、"五个严禁"、执法权限和责任是否明确、执法程序是否完善等问题进行自查情况进行综合考评。在此基础上该局继续抓好基层执法站所建设,组织实施基层执法站所标准化建设工程,打造外观统一、装备完善、管理规范的基层执法站所新形象,明确广昌县公路运输管理所、金溪县公路运输管理所为全市"三基三化"试点单位,通过以点带面的方法,逐步做好基层执法站所建设,有效促进了全系统依法行政水平的提高。

(抚州市交通运输局 政策法规科)

交通基本建设管理

【概况】 2014年,围绕年初提出的工作目标和任务,基本建设管理部门扎实工作,较好地完成各项任务。

1.进一步加强项目管理。全省续建高速公路项目共12个。其中,宜春至万载、萍乡至洪口界、九江绕城、都九高速星子至九江段、寻乌至全南等5个高速公路项目年底前全面建成。南昌至宁都、南昌至上栗、金溪至抚州、资溪花山界至里木、昌樟高速改扩建、广昌至船顶隘(赣闽界)、昌九高速改扩建通远试验段7个高速公路项目有序推进。①继续深入推进项目管理标准化。在前期实施项目管理标准化活动的基础上,厅组织有关单位编制了《江西省公路工程施工电子化招标标准文件》,该文件既能满足电子招标流程的要求,又与传统标准招标文件保持实质上的一致,统一了招标流程、合同条款和技术规范,将标准化管理和平安工地建设的成果融入标准招标文件。②加强对高速公路项目办绩效考核和人员薪酬管理。通过制度规范项目办绩效考核和项目管理人员合法收入,遏制灰色收入,打击违法收入。通过制度建设,使项目管理人员将精力放到项目建设上来,不想腐败,不敢腐败。③加强已交工未竣工高速公路建设项目的管理。根据年初确定的工作安排,就各项目的竣工安排进行统一调度和部署,加强了与省环保厅、水利厅、审计厅等有关厅局的沟通协调,有针对性地对环保、水保、档案、审计等各单项验收工作进行分类指导。④加强普通国省干线公路建设监管。组织对赣州等四市开展了公路建设市场综合调研,对调研发现的突出问题有针对性的拟定工作措施,积极稳妥推进市级交通质监机构标准化建设、普通国省道干线公路建设标准化管理等重要工作的前期筹备工作。

2.不断改进项目管理。原有的项目管理模式难以适应新的工作要求,为规范管理,提高工作效率,主要采取了以下措施。①根据新疆公路体制改革座谈会精神,积极探索、创新项目管理模式,已向交通运输部上报了四个改革试点项目,即江西省宁都至安远高速公路建设项目试点自管模式,由建设管理法人统一负责项目的建设管理和监理工作;江西省上饶至万年高速公路建设项目试点改进的传统模式,由建设管理法人通过招标选择符合相应资质要求的监理单位;江西省宁都至安远、东乡至昌傅高速公路建设项目试点机电工程设计、施工、养护总承包模式;宁都至安远高速公路建设项目试点房建工程设计及施工监理一体化模式。②结合近年来项目管理中发现的问题,进一步梳理和完善的项目管理制度,先后制定了《进一步规范江西省公路建设项目招投标管理若干规定》《江西省公路工程设计变更管理办法》等规范性文件。③完善对项目管理机构的考核和监督约束机制,制定"建设单位考核评价办法"等一系列规章制度,通过考核激励,强化建设管理法人的质量安全责任意识。④结合高速公路建设工程、服务、货物采购的特点和本省实际,确定江西省高速公路主体、附属、勘查、设计、设计审查、货物采购的招标方式。对高速公路建设的沥青、钢材等重要物资实行集中采购供应,促进项目融资,从源头上保证了材料质量。

3. 做好简政放权工作。全面理清职责与权力,通过转变思路,理顺职能,做好简政放权工作。①把应属于项目法人职责范围内的事务交由项目法人处理,充分发挥项目法人在建设管理中的作用。严格区分政府和项目法人的在项目管理上的职责,将基建处从具体事务中解脱出来。②将交通行业监理企业资质初审和交通行业企业安全生产许可证发证及延期初审两项准入管理事项下放给省交通工程质量监督站。③规范设计变更审批程序,下放审批权限,进一步规范和约束权力,将更多的权力下放。

4. 逐步规范权力使用。对于该履行的职责和权力,通过制度予以规范和约束,努力做到依法行政。①对基建工作职能进行梳理,制定了资质审查、企业用户库信息采集、施工许可、施工图设计文件审查等各项工作的工作流程,努力做到程序公开,决策透明,依法行政。②制定资质初审审查办法,对审查机制作适当调整,建立资质评审专家库,将资质初审由专人评审改为专家评审,公开引入社会监督。③改进企业信用管理工作,将评价和监督工作分开,避免信用评价工作的权限过于集中。将信用评价具体工作交由省交通工程质量监督站实施。同时,通过制度来约束评价相关各方的行为,通过明确信用奖惩来杜绝暗箱操作。

5. 进一步优化交通电子招投标平台。在总结昌宁、昌栗电子招标成功经验的基础上,组织对电子招投标平台进行了系统地调整优化:一是立足减轻投标人工作负担,优化投标文件制作工具,实现90%的投标信息可由平台自动导入,制作标书的工作量较之前降低80%;二是建立投标保证金银行系统与交易系统的自动对接机制,保证金递交不再需要银行工作人员确认,保密性进一步加强;三是完成公路主体工程施工电子化招标标准文件的编制工作,为后续全省推广奠定了良好基础;四是完成公路附属工程电子招投标功能的开发调试工作,实现了交通平台对公路工程施工招标的全覆盖。

6. 构建规范有序的交通建设市场。一是加强标后监管。组织对昌宁、昌栗等两个项目进行履约检查,对检查发现的问题进行通报,依规对存在不良行为的企业予以信用惩处,并首次采取省厅直接约谈的方式约谈了相关企业负责人。二是扩大交通建设市场诚信体系覆盖范围。组织完成2013年度全省公路施工企业信用评价工作,首次将普通公路建设项目施工企业纳入信用评价范围,共评价公路施工企业114家,采集不良行为信息376条。通过严格控制加分和调整计算机制,AA级企业由原来的60家降至13家,评价结果的公信力得到强化。省厅直接予以信用处罚的企业达35家,其中11家存在严重不良行为的施工企业信用等级被降至D级,两年内禁止进入本省交通建设市场。三是规范交通建设市场从业资质审查工作。制定了《江西省交通运输厅交通建设市场从业资质审查管理办法》,根据管理办法完成三个批次的资质评审工作。

(陈雪玲)

【永武高速公路通过环保验收】 永武高速公路顺利取得省环境保护厅环保工程验收的批复,标志着该项目环保工程顺利通过验收。

永武高速公路全长104.487千米,于2009年8月动工建设,2011年9月建成通车。该项目有60多千米线路绕庐山西海北岸而行,生态环保任务特别重,为此,在建设伊始,项目办就立于打造全省首个生态旅游典型示范工程。按照国家有关环保要求,项目办认真执行环评、施工监理和验收等规定。在工程设计、施工、运营阶段高度重视环保工作,将其作为项目建设的重要组成部分,投资

8281.91 万元用于环保工程的实施,并切实抓好环保设施与主体工程“同时设计、同时施工、同时投入运营”的“三同时”要求的落实,把“在建设中保护,在保护中建设”“边施工、边防护”及“带绿施工”的理念贯穿于整个建设过程,取得了良好的效果。

4 月 2 日,省环保厅组织专家组对永武项目环保工程进行现场验收。专家组在对各个控制点认真进行现场查验后,对该项目环保工程实施效果给予了充分的肯定。

(李　明)

【省质监站强化交通建设项目质量安全督查】 2014 年,该站首先从制度建设入手,健全监督机制。按照部、省加强质量安全监管工作的有关要求,先后代厅制定或自行制定了《进一步加强隧道工程质量和安全监管工作实施意见》《进一步加强预应力工程质量管理的通知》《公路水运工程“平安工地"考核评价工作实施细则》《进一步加强公路水运工程质量和安全管理工作实施意见》等 10 多项管理规定和制度,修订完善《江西省公路水运工程质量监督文书格式》,衔接配套、门类齐全、操作性强的交通工程建设监督工作制度体系基本形成。其次从方法创新入手,提高监督效率。为破解监督力量与监督任务不相适应的难题,创新方法,内挖潜能,进一步提升监督效率。如改明察为“暗访”,检查前不通知项目办,以掌握项目实际情况;及时“回头看”,杀回马枪,跟踪检查整改情况,对整改不力的加大处罚力度;改“保姆”式的全面检查为“警察”式的“随机抽查”和“重点检查”;继续完善并应用“江西省交通工程质量安全管理系统”,对重点工程关键部位、关键工序实施远程监控。同时加强与企业法人的联系,向企业法人单位发送履约情况告知函 19 份,并配合省厅约谈 14 家施工企业法人代表。

(省交通工程质量监督站)

【省质监站强化督查把好工程质量安全关】 该站依法履职,拓展监督范围。2014 年成立了高速公路养护大修工程项目监督组,会同厅路航管养处和高投集团养护部开展了高速公路养护大修工程的质量安全监督工作。其次加强监督检查。对在建重点工程建设项目组织综合、专项质量安全督查 64 次,巡视检查 87 次,印发质量安全督查通报 25 份,现场签发抽查意见通知书 581 份、停工令 4 份。再是开展专项整治活动。开展了“隧道施工偷工减料"和“瘦身钢筋抽检”等专项整治活动,隧道初期支护偷工减料和“瘦身钢筋"现象得到有效遏制。四是严把工程质量安全关。责令对不合格的 15 米(长)隧道仰拱、20 榀钢格栅、8 片梁板、7 根墩柱、12 根基桩、3 个桥台肋板、5 道通道涵洞墙身、61 处压实度检测不合格路段的路基土石方、2920 立方米水稳基层、34412 平方米沥青砼路面、l620 米排水沟和边沟、5400 块预制(水沟、电缆沟)盖板、2796 米隔离栅、7934 平方米防护骨架、1198 根护栏立柱进行返工,责令清退出场不合格的钢筋 462 吨、碎石材料 3 万余立方米、砂 2300 余立方米,及时消除质量隐患,确保了工程质量。

(省交通工程质量监督站)

【省质监站严格奖惩提升监督效能】 该站进一步规范信用评价工作。按照部、厅部署,2014 年初具体负责开展 2013 年度施工、监理、试验检测信用评价工作。施工企业评价结果显示,AA 级企业数量较上年度减少了 50%,11 家施工企业信用等级降为 D 级,信用评价结果实现了“正态分布”,受到交通运输部督查组的好评。同时及时运行信用评价手段,加大处罚力度。修订完善项目督查通报格式,减小表扬肯定的篇幅,一般问题简要归纳,重点叙述突出标段突出问题,并在每份通报中提出对问题突出的单位和个人的信用评价处理意见,及时处罚,屡改屡犯的从重处罚,抓典型抓处罚,提高了通报的震慑力。依据督查情况,及时对 7 家施工企业、1 家检测机构给予了信用等级降一级的处理,同时对资溪花山界至里木、寻全、昌宁、昌栗、昌樟改扩建等项目 62 家施工、监理、检测企业和 23 名监理、试验检测人员给予了信用评价扣分处理,有效规范了从业单位及人员行为,提升了监督效能。

(省交通工程质量监督站)

【省质监站推行施工标准化】 为巩固管理标准化活动成果,江西省交通工程质量监督站在建立施工标准化长效机制方面继续进行努力和探索。一是着力完善标准体系,为实现施工标准化提供技术支持。在总结高速公路建设管理标准化活动成果的基础上,进一步补充完善《江西省高速公路施工质量控制要点》,开展了《江西省高速公路施工质量控制规程》地方标准研究,即将送省质量技术监督局审定。该地方标准的发布实施,将进一步推进施工标准化。二是从源头上高标准严要求。配合省厅编制《江西省公路工程施工电子招标标准文件》,统一了招标流程、合同条款和技术规范,将施工标准化和部、省近年出台的质量安全管理规范性文件要求纳入了招标文件,为在新开工项目推行施工标准化打下了制度和经费基础。三是继续总结和推行好经验好做法。将高速公路建设管理标准化活动期间编印的32期《施工标准化活动简报》汇编成册制作光盘,发放给在建项目学习推广使用,不断巩固和深化施工标准化。四是以科技创新为动力,推进施工标准化。督促各重点项目积极推广使用了数控钢筋加工设备、(安装GPS定位监控系统的)YZ32重型碾压设备、隧道进出洞人员识别定位系统等新技术新设备。通过持续推进施工标准化,工程质量水平得到稳步提升。

(省交通工程质量监督站)

【省质监站强化交通工程施工安全监管】 2014年,该站首先加强宣贯培训,注重民工教育,提高安全生产意识。一是强力推广应用"一线作业人员岗前安全培训教材(配音幻灯片)",督促各项目利用晚上、雨天,深入作业班组工棚播放"岗前安全培训教材"和"事故案例分析",切实加强了一线作业人员岗前培训。二是加强全面宣贯培训。先后组织了3次对"平安工地"考评及交通运输部"施工安全标准化建设指南"的宣贯培训班,订购部"指南"2000余册,极大地提高了全体参建人员的安全生产意识。三是加强对施工企业安全生产管理人员的培训。共组织9期施工企业安全生产"三类人员"培训班,参训人员达2600人。其次以风险防控和专项活动为抓手,确保施工安全。一是抓好桥隧施工安全风险评估工作。全面推广井睦等项目桥隧风险评估试点经验,所有在建高速公路项目都开展了桥隧施工风险评估工作,做到"须评皆评""应评不漏"。各项目根据风险评估结论,完善施工组织设计和危险性较大工程专项施工方案,制定相应的专项应急预案,有效提高了事故预警、预防、预控能力。二是加强项目建设后期交通安全管控。针对高速公路项目建成通车前期交叉施工多、施工车辆混杂,易发生施工交通事故的问题,组织召开"加强年内通车项目交通管制工作"座谈会,逐一研究加强通车前期交通管制工作具体措施。通过严格落实,2014年5条年内通车项目未发生任何交通安全事故,保障了安全生产形势稳定。再次强化督办整改,严格考核,实现平安工地创建目标。以"平安交通"集中整治、"防坍塌、防坠落、反三违"、"桥隧工程施工安全专项整治"等专项活动为抓手,切实加强了施工安全隐患排查治理工作。一是进一步树立"隐患就是事故"的预防理念,借鉴"重大事故隐患挂牌督办"工作经验,创造性地开展了"一般事故隐患排查治理挂牌督办"工作。对施工现场安全防护措施不完善、一般事故隐患多的13个标段实行了挂牌督办,全面深化了隐患排查治理工作。二是认真组织桥隧工程施工安全集中整治。组织在建项目围绕重点整治内容开展桥隧工程施工安全专项整治,层层落实责任部门和人员,建立专项整治情况台账,加强跟踪督办。集中整治期间,共排查出安全隐患184项。其中,157项立即进行了治理销号,27项短时间内难以消除的隐患通过落实防范措施和整改费用、责任单位和整改时限进行了限期整改。三是深入推进"平安工地"建设。代厅制定了"平安工地考核评价工作实施细则",并配合省厅对全省在建高速公路工程项目组织进行"平安工地"考核评价年中督查。根据督查情况,对7个施工标段进行了全省通报批评。另外,启动公路水运工程施工企业安全生产许可证行业审查工作。2014年3月,省厅委托江西省交通工程质量监督站具体负责公路水运工程施工企业安全生产许可证行业审查工作。通过积极与厅基建处沟通,省交通工程质量监督站已制订完善了行业审查工作程序和相关文书,并完成32家具有公路水运工程施工资质的企业的安全生产许可证的延期审查。

(省交通工程质量监督站)

【省质监站规范监理和试验检测行为】 省质监站首先加强对监理行业的监管。一是以查处当前严重扰乱监理市场秩序,降低工程质量的违法违规行为为重点,开展对全省13家监理企业定期检验复查。取消了1家复查不合格的监理企业的资质，严把市场准入关。赣州站也加强对监理从业行为的监管，实行了监理企业及人员的黑名单制。二是启用部新的信息化管理系统，有序开展了监理工程师个人信息补录、从业登记、业绩登记和工程项目信息录入等工作。已完成省内23家监理企业、850名监理工程师的（重新）从业登记，有效遏制了监理从业人员无序流动现象。同时完成了近70个项目的基本信息录入，为下步开展监理人员业绩登记做好了前期准备工作。其次加强对试验检测行业的监管。认真贯彻落实部《进一步加强和规范公路水运工程试验检测工作若干意见》，将检测市场监管工作重心从“市场培育"转移到“规范和培育并重，更加重视规范”上来。切实加强了对试验检测行业的监管。一是进一步强化了检测机构换证复核工作，目前已完成25家各等级检测机构的换证复核。二是加强对检测行为的监督。对省内在建项目的第三方检测机构和本省检测机构及其工地试验室开展专项督查，并及时通报、及时督促存在问题的整改，督查结果与信用评价及资质复审等工作挂钩。三是按照部《公路工程工地试验室标准化指南》要求，加强对工地试验室的备案管理和日常检查。四是开展《公路工程试验检测技术》教学片的摄制工作，第一期已由人民交通出版社出版发行，并作为部质监局试验检测人员继续教育网上培训教材。第二期“试验教学片”正在加紧制作。该教学片有效解决了现场授课和书本培训的局限性，能帮助不同层次的试验检测人员掌握试验操作步骤、要点。五是按照部培训计划，有序开展试验检测人员继续教育培训工作，提升检测人员业务素质。

（省交通工程质量监督站）

【南昌市交通工程质量监督项目达86个】 2014年南昌市交通质监站共监督各类续建和新建项目86个，其中国省干线公路项目17个，里程142.8千米，投资额138042.68万元；监督县乡公路改造工程项目24个，里程175.1千米，投资额52367.53万元；监督独立桥梁项目45个，2093.918延米，投资额6913万元；进行现场监督检查145次，现场质量抽检39569点，出具抽查意见通知书74份，出具停工令2份，出具情况通报2份。进行交竣工验收检测项目40个，出具检测意见27份，检测情况报告27份，质量监督鉴定报告10份。开展现场安全监督专项检查、巡查、配合局安监处检查的项目68个，检查72次，下发抽查通知书65份。

（任　征）

【南昌市做好质量监督行政事权下放】 2014年，市交通质监站把行政事权下放工作作为年度的工作重点，结合上级要求和工作实际，主要开展三个方面的工作。一是明确市县两级质量监督机构工作职责范围，制定并下发《南昌市公路水运工程质量监督实施细则》；二是市站就行政事权下放有关工作深入各县区开展调研，指导县区开展和促进质监机构建设工作；三是督促各县区尽快成立质监机构（组织），有效承接并开展质监工作，并要求按月上报在监项目和检查情况报表。截至12月，全市各县区均已成立质量监督机构（组织），安义县编办批复成立安义县交通质监站，编制6人，南昌县编办批复南昌县交通运输局增挂质监科。

（任　征）

【南昌市质监站开展在建危桥工程专项检查】 梅雨季节，市质监站及时对全市危桥改造在建工程开展专项检查。4月16日，对南昌县清湖桥、沙港桥、大观庙桥、叶楼桥、大洲桥、淡溪桥6座危桥重建工程进行检查，4月22日，对进贤县坝头桥、红旗洲中桥、大河渡中桥、吴坊桥4座危桥进行检查。检查中，质监人员认真检查项目建设的质量情况，不放过质量缺陷和安全隐患。对于检查中出现的问题，现场向各项目建设单位进行反馈，并及时下达抽查意见通知书督促立即整改。

（董书林）

【南昌市质监站对市公路局迎国检工程进行监督】 2014年度，市公路局迎国检交通工程建设项目开工的共7个，总里程60.7千米，其中一级公路30.719千米，二级公路29.981千米，预算总金额19577.7547万元，其中建安费17539.0891万元。南昌市交通工程质量监督站负责该批养护大中修工程建筑施工的质量监督。由于工程建设项目都在国道上，交通量大尤其交通管制困难，施工难度大，又是集中时间同时开工建设，工期短，且采用沥青冷再生等新技术工艺，该站及时调整工作重心,制订专项监督方案,成立由站领导负责的专项监督小组,加大监督和抽检频率,及时发现质量隐患,落实跟踪整改,与市公路管理局加强联动,运用多种监督手段和方式,使第一批养护大中修工程质量得到保障。

(黄攀宇)

【芦溪县加强交通建设管理】 县交通运输局一是做好公路保畅工作。研究制订春运安全保障、交通抢险救灾等工作方案,切实加强防冰冻、防雨雪、保安全、保畅通工作,强化应急管理,提高应急处置能力。二是做好公路建、管、养等工作。年初与各乡镇签订《2014 年交通运输工作目标管理责任书》,对辖区内农村公路的建设、养护和考核进行认真部署,落实工作目标和责任,召开全县农村公路专题会议,组织全县农村公路养护检查。三是加强危桥险路排查。县交通运输局加大对危桥、交通事故易发、复发地段,临水、急弯陡坡地段以及平交道口等重点排查力度,排查危桥 69 座、险路 32 千米,发现隐患立即排除,共建险路档案 22 份、危桥档案 29 份,增设公路警示标志 17 块、桥梁公示牌 39 块。四是做好公路抢通工作。投资 50 万元对水毁县道进行维修,投资 80 余万元完成市武公路、长竹、乌石、源南、黄洲等路段的水毁、大中修工作。五是抓好农村公路通客运线路的安保工程,安排市际班线 3 条,修复隐患里程 9 千米,总投资 155 万元;县际班线 1 条,修复隐患里程 1 千米,总投资 107 万元;投入资金 50 余万元完成新坪公路、市武公路的安保设施。

(芦溪县交通运输局)

【上栗县交通运输局着力抓好农村公路建设管理】 该局一是抓住举办交通建设年的机遇,积极抓好农村公路建设立项申报、计划调整、开工前期准备等工作;二是对所有在建设项目单位加强业务指导,举办农村公路建设培训班进行授课;三是把工程建设质量作为重点来抓,经常上路检查监督工程建设质量,督促工程进度,发现问题现场指正并下达整改通知书限期整改,从而保证农村公路工程质量;四是做好项目的勘测设计及资料的收集整理归档工作;五是按时检查项目计划的落实情况,并统计工程进展情况上报到市交通局和县委、县政府;六是狠抓落实民生工程农村公路建设,实行县、乡、村三级联动,层层落实目标责任,确保任务完成。

(上栗县交通运输局)

【莲花县跑项目争资金有成效】 县交通运输局积极策应国家政策,以罗霄山区集中连片特困地区扶贫开发和原中央苏区振兴发展为契机,认真做好项目规划,加强与上级的联系、沟通,得到上级的有力支持,积极争取省道坊楼(罗市)至蕉叶冲二级公路改造、檀树下至谭坊至界化垅、琴亭至潞江、六市经高洲至罗市三条县乡道升级改造、50 千米客运化网络连通工程、100 千米通自然村公路建设、莲花县汽车综合客运站、乡镇客运站和农村候车亭等大小百余个项目,资金近 2 个亿。

(莲花县交通运输局)

【莲花县交通运输局扎实做好汛期农村公路安全保障】 4 月以来,降水明显增多,为确保农村公路安全运行,该局高度重视,精心组织安排,严格督促落实。一是严格落实公路巡查制度,加强全县农村公路巡查,排查公路隐患,并及时有效处置;二是加强公路雨季养护管理,着力清沟排水,做好预防性养护工作;三是加强与气象、国土等相关部门的联系,及时掌握实时信息,做好预判;四是严格落实应急值守和领导带班制度,保持 24 小时通讯联络畅通,确保遇有紧急突发事件,能及时妥善处置。

(莲花县交通运输局)

【萍乡市交通质监站强化在建工程安全生产管理】 2014 年,按照省质监站加强质量安全监管工作的有关要求,先后制定或自行制定《进一步加强通自然村公路质量监督工作的通知》《萍乡市交通建设工程安全生产黑名单制度》《公路工程项目监督审批制度》等多项管理制度,一个衔接配套、门类齐全、操作性强的交通工程建设监督工作制度体系基本形成。一是改明察为“暗访”。检查前不通知项目从业单位,以掌握项目实际情况。及时“回头看”,跟踪检查整改情况,对整改不力的加大处罚力度。加强对原材料、半成品的抽查。实行主要材料由项目监理和第三方检测单位抽检、结果登记备案,该站随机抽查、公示抽检结果,加大桥梁支座、钢筋等主要路用材料的抽检力度。如针对性地对全市公路升级改造工程进场钢筋进行抽检,共抽检15组,其中2组钢筋“重量偏差”不合格,及存在型号不对的问题,该站立即责令全部清除出场,从源头上把好质量关。二是强化日常监督检查。各项目监督组每月至少组织1次巡视检查,站每季度至少组织1次综合督查。该站对在建重点工程建设项目共组织综合、专项质量安全督共开展质量监督检查71次,下发各类质量监督通知27份,提出整改意见127条;每次督查后,采取“图文并茂”的形式反馈发现的质量安全问题,及时印发督查通报和抽查意见通知书,责令整改并紧密跟踪落实情况。三是开展“质监亮剑”一系列专项检查活动,对已完渡改桥工程安保设施及全市在建工程路用原材料等进行抽检,使在建工程质量安全得到有效控制。四是加强与法人的联系。2014年,该站共向企业法人单位发送履约情况告知函3份,并约谈2家施工企业法人代表,及时告知其在萍从业履约情况、存在的突出问题和下步加强质量安全管理的要求,督促其加大投入、提高履约能力,取得明显成效。2014年,该站监督的在建公路工程项目有7个,共计1075.19千米。

（熊　婧）

【莲花县交通运输局多措并举推动项目建设】 2014年,该局着力推动国省道、县乡公路、城镇化道路和各类桥梁、站场建设20多个项目建设,完成投资近亿元。为确保工程质量,该局严格执行工程建设“六项制度”(项目法人责任制、招投标制、工程监理制、合同管理制、安全管理制、廉洁管理制),严格按施工程序操作,加强工程质量监管,落实责任,每个项目工程都明确责任领导、技术负责人、业务责任人,进行分工协作,合力解决困难和问题,积极推进项目实施。同时,该局继续实行以奖代补的办法实施农村水泥路建设,坚持“四个优先"的原则,带动村级组织和受益群众的积极性,采取“政府补一点、集体出一点、个人集一点、社会捐一点”的筹资方式深入推进“村组通"工程,大力实施通自然村水泥路建设,全年共修建村组水泥路100多条,里程达120千米,实现100%的行政村,85%的自然村通水泥路,推进全县农村交通向纵深发展。

（莲花县交通运输局）

【九江市加强交通基础设施建设质量监督】 该市充分发挥交通工程质量监督所的作用,对全市已列入农村公路建设计划项目进行质监,由市所组织对县道升级改造项目的质量检查,共监督17个项目里程125.6千米,检测3个项目13.7千米;桥梁17座1215.5延米,检测3座892延米;农垦公路83个项目179.7千米、林场公路8个项目27.9千米。指导县级质监站检测四级及以下公路项目:客运网络公路40.3千米、通自然村公路992.6千米,质量合格率达99%。

九江市对公路施工企业进行信用评价。2014年,九江市交通工程质量监督所完成了对2013年度公路施工企业信用评价工作,共有5个5000万元以上的项目参评,施工企业包括江西赣北公路工程有限公司、九江鑫路交通工程有限公司等,并对监理、检测单位进行约谈,加强了诚信建设,效果显著。

（九江市交通运输局）

【新余市获2014年自然村通水泥路补助资金】 7月,省交通运输厅已将新余市通过备案项目的进村外接公路第一批省补助资金1400万下达给市交通运输局,可为全市解决240个自然村(25户以上)通上水泥路,实施进村外接公路里程175千米,将进一步方便自然村居民的出行。

（邓清华）

【新余市获农村公路建设第二批车购税资金】 11月,新余市又获得交通运输部2014年交通运输固定资产投资车购税用于农村公路建设计划资金100万元,该资金主要用于该市分宜县杨桥镇的杨桥至大厅下、渝水区下村镇的章洋线至店下、上新线至芦茅沟水库3条乡道共5千米的升级改造建设.以提高这条乡道的技术等级和通行能力。

（黄学勇）

【新余市获批农村客运网络化改善项目】 根据省发改委和省交通运输厅的批复,新余市高新区水西镇2014年获得水西至潭隅客运网络化公路改善项目4.3千米建设计划,争取到中央补助资金107.5万元。该项目的实施建设,为高新区水西镇开通水西经沙陂、严家渡、桥下,至新余的客运班线创造了有利条件。

（邓清华）

【**赣州市交通工程质量监督见成效**】 2014年,赣州市交通工程质量监督工作,以党的群众路线教育整改落实活动为动力,克服监督工作任务重、人员少、经费紧等各种不利因素,创新监督工作方式,监督覆盖率达100%,有效地杜绝了交通工程质量事故的发生。赣州市交通工程质量监督站被江西省交通工程质量监督站授予2014年度优胜单位第二名。

(李发淳)

【**宜春市交通工程质量监督站完成年度监督任务**】 2014年,全市交通工程质量管理水平始终保持稳中有升态势,未发生大的质量与安全事故。该站根据监督工作面临的新形势、新特点、新情况,紧紧围绕交通工程质量监督这个工作中心,坚持做到"质量第一、热情服务"的宗旨,按法律法规的有关规定和要求,从源头上把好质量关。全年共对1393千米农村公路、35千米地方重点公路、12座新建桥梁工程项目的质量与施工安全进行了监督,在监督检查过程中下发整改通知书22份,清退不合格从业单位10家、从业人员25人。在进行工程质量评定、竣(交)工时,严格把好质量评定关,在质量评定前充分做好准备工作,评定中坚持标准,在工程完工后,对施工单位自评、监理单位验评结果进行监督抽查,并严格按照有关规定和标准进行评定,确保工程评定的准确性。认真对工程质量进行检验检测,不合格的项目不允许交付使用。全年对已经完工的1300千米农村公路、30千米地方重点公路、8座公路桥梁工程、68千米农村公路安保工程项目进行了质量检测评定工作。

(张 虹)

【**宜春市交通工程质量监督站加强工程质量监管**】 该站以往的监督工作是大小项目一齐管,"胡子眉毛一把抓",往往出现监管缺位,顾此失彼的现象。因此该站调整工作重心,实施"市、县联合监督"。该站整合各县市交通运输局的专业技术力量,成立联合监督小组,把监督重点放在规模相对较大以及管理落后、问题多的项目上。而对于村组公路等小项目,由各县市的业务干部任质量监督员,由他们对村组公路进行具体的质量监督。该站负责抽查。形成分工明确、责任到人、有序配合、相互协调的监督工作体制,有效加强了质量监管,取得良好效果。

(张 虹)

【**宜春市交通工程质量监督站开展交通建设诚信体系管理**】 该站2014年结合本市交通建设市场管理的实际情况,按照充分体现"褒奖诚信,惩戒失信"的政策导向,对存在不良信用信息的从业单位和人员,加大监管力度。一是试验检测机构信用管理。该站进行了全市交通工程试验检测专项治理活动,共清退无交通运输部门资质的检测机构4家,净化了全市交通工程试验检测市场。二是施工企业信用管理。该站对符合评价要求的施工单位其从业行为进行考核评价,建立信用档案。省交通运输厅部署开展2013年度公路施工企业信用评价工作后.该站及时通知各县市交通运输局及各项目建设单位派员召开工作布置会。该项工作在规定时间内顺利通过审核完成上报全市有5个项目共4家施工企业取得了信用评价等级。三是监理单位信用管理。经常性地对监控单位的质量安全监理职责履行情况进行抽检,对3家质量控制程序执行不到位的监理单位和6名不称职的监理人员进行了清退。

(张 虹)

【**宜春市袁州区农村交通工程建设项目合格率100%**】 2014年,区交通运输局把农村交通重点工程作为民生工程,严把工程设计、建设队伍、工程材料、工程验收等关口,紧紧咬住工程质量不放松,把工程打造成群众满意、放心工程。全区共完成农村水泥公路建设394条,安保工程2条,公路桥梁8个,农村综合服务站1个。经市交通运输局组织公路工程技术人员对工程进行验收,项目合格率达100%。不少工程项目为优良工程。一是严格施工单位选择。通过区政府公共资源交易平台向社会公开招投标,认真筛选,择优采用。二是强化施工现场管理。技术人员定期现场检查,督促施工、监理单位注重质量,严格按照设计图纸组织施工监理。三是建立工程管理考核制度。严格落实验收制度,年终对所有项目的进展、质量、完成要求等进行综合考评,对考评不合格的项目,取消对应施工、监理单位下年度招投标资格,并计入其信用档案中。

(李 庆)

【宜春市袁州区强化监理抓好宜慈公路建设质量】

区委、区政府领导在宜慈公路建设现场调研时多次明确指出要抓好项目质量，把工程建设质放在第一位。2014年宜慈公路项目建设指挥部十分重视工程质量监理。江西交通工程监理所监理技术人员，从严要求从严督查，严把工程质量关，经上级交通运输部门多次组织公路技术专家对工程质量进行检查，工程建设项目各项技术指标符合要求，工程施工程序规范，工程质量比较好。在日常的监理工作中，项目监理部根据相关专业工程技术验收规范及设计图纸对工程质量进行严格的监控。确保工程建设质量。一是足质足量配备监理人员。在项目建设期间，现场派驻拥有职业证书的监理人员27名，其中总监1人、专业监理工程师5人、专业桥梁监理工程师2人、专业监理员12人和其他技术人员7人。二是严格内部考勤考核制度。做好出勤登记，保证登记连续无间断，每两天一抽查、每周一考核、每月一通报。对出现不和谐行为，如农村公路沿途侵占路面晒粮、堆放建筑垃圾、土石方等行为，严重影响交通安全与秩序，群众反映强烈的，区交通运输局成立综合交通执行大队，组织执法人员深入全区22个乡镇，组织开展专项清理整治行动，取得明显效果。一是加强部门联动。由区政府组织交通综合执法大队、交警、公安等部门60余人成立专项行动小组，出动执法车辆10辆开展联合执法。二是加强宣传动员。小组成员分成若干小分队．深入乡镇、村组及人口密集路段张贴、发放宣传材料，积极宣传侵占公路的危害性，指明其属违法行为及违法后果，积极营造依法治路的氛围。三是加强执法力度。执法人员现场监督整治到位，对建筑垃圾、土石方乱堆乱放的，一律要求当场清除，不能当天全部清理的，限期完成；对路上晾晒稻子的，要求立即收起转移；对拒不合作的，依法采取强制措施，并给予处罚。四是加强巡查工作。每周进行一次巡回检查。巩固整治成果。共清理建筑垃圾及土石等20余处，责令转移晒粮400余户，处理纠纷10余起，有力保障农村公路安全畅通。

（李　庆）

【靖安县设立农村公路建设市场“防腐安全带”】

为进一步强化农村公路建设监督管理体系，建立开放有序农村公路建设市场，县交通运输局2014年从建立四个体系入手，为农村公路建设系上“防腐安全带”。一是建立制度体系。先后制定《靖安县农村公路建设廉政保障若干意见》《靖安县农村公路建设管理暂行办法》等14个政策性文件，从农村公路建设的组织机构、职责分工、建设管理、目标考核、技术规范、竣工验收、质量监督、责任追究、廉政保障等全方面作了详细规定。二是建立资金保障体系。实行农村公路建设资金专户储存、专项核算、专款专用，县纪委、监察、财政、审计、交通等部门对农村公路建设资金使用情况进行跟踪监督和全面审计，不定期与各乡镇进行对账，组织资金管理、使用情况检查，保证资金及时拨付、使用管理规范。同时，定期将农村公路建设资金筹集、使用情况及时通报、公示。三是建立质量监控体系。严格开工审查制度，实行招投标施工队伍资质审核初审、会审“两审制”，推行施工合同、廉政合同、安全生产合同、监理合同等“四合同制”，建立健全政府监管、法人管理、社会监理、群众监督、企业自检的五级质量保证体系。同时，聘请老干部、老党员监督道路施工质量，组织相关部门进行全覆盖检查验收，重点抓好路基压实度、路面强度和厚度、桥涵、混凝土和砂浆强度等关键指标和重点环节的质量控制。四是建立风险廉政体系。层层签订农村公路党风廉政建设目标责任状、农村公路建设纪检监察巡查责任状，会同县效能办、发改委、统计局、审计局、财政局等组成效能监察组，加强对农村公路招投标、质量管理、资金筹集、拨付等环节的批付款手续。设立专户存储、专项核算、专款专用：在确保工程质量的前提下，严格按工程进度和各类资金的到位规定，及时划拨建设资金。对计划外工程、超过批复概预算工程、擅自改变建设标准、规模的工程、工程质量有重大缺陷未达到整改要求的工程不得划拨建设资金。设立“七公开”公示牌，主动自觉接受财政、审计、上级有关部门和群众的监督管理。

（刘　斌）

高速公路管理

【概况】 2014 年,高速集团攻坚克难,锐意进取,全面完成年度目标。

1.圆满实现"一大目标"。统筹推进 19 个共 1453 千米在建、新建高速公路项目,累计完成投资 215 亿元。其中,集团投资建设的宜春至万载、九江绕城、萍乡至洪口界、都九高速星子至九江段 4 个项目,以及参股的寻全高速安远至全南段共计 180 千米高速公路顺利建成通车,全省高速公路通车里程达到 4515 千米,结束了万载、安远两县没有高速公路的历史,全省县县通高速目标圆满实现。

2.全面完成"两项指标"。6000 千米项目基本落地。围绕高速公路建设提速,在续建 5000 千米项目的基础上,启动了一批 6000 千米项目,取得了良好进展。一是 5 个续建项目进展顺利,金溪至抚州项目路基、桥梁工程全面完成,路面施工总体过半;昌樟高速改扩建项目主体工程基本完成,控制性工程药湖特大桥新桥建成通车;昌九高速改扩建通远段项目顺利实现老路幅交通转换至新建幅通行;南昌至宁都、南昌至上栗项目路基土石方、涵洞通道、桥梁下部构造基本完成,梁板预制和隧道掘进完成 70%。同时,地质条件极其复杂、施工难度极其罕见的吉莲高速永莲隧道顺利实现通车,昌西南连接线项目主线完成移交。二是 10 个拟建项目全面启动,上饶至万年、东乡至昌傅、铜鼓至万载、船顶隘(赣闽界)至广昌、修水至平江(赣湘界)、昌宁高速南昌连接线、都九高速都昌至星子段、宁定高速宁都至安远段、安远至定南段和定南连接线 10 个共计 715 千米项目已开工建设,标志着 6000 千米高速公路项目基本落地。广昌至吉安、昌九高速改扩建 2 个国高网项目的立项文件已上报国家发改委和交通运输部并通过了评审。①创新项目管理,提升监管水平。首先,项目建设实现"五个统一",即统一项目前期,成立了项目前期办,加快推进项目前期工作,争取到国家用地指标、交通战备公路用地指标 4800 公顷,高效完成环保水保、规划选址、建设用地等手续报批;统一招标投标,成立了招标采购中心,配合省厅编制出台《江西省公路施工电子化招标标准文件》,在全国率先开展高速公路全过程电子化招标,顺利完成上饶至万年等 10 个新开工项目主体工程招标;统一财务管理,成立了财务结算中心,归集下属、成员单位等账户近百个,初步建立了以集团为中心的三大资金池,加强对各单位、各项目办的资金监管;统一纪检监察,实施了对项目建设过程的纪检监察工作统一管理;统一工程技术管理,拟定项目管理规章制度和管理大纲,搭建计量网络平台,推进项目建设技术规范标准化。其次,项目监管不断深化,出台《项目建设管理机构部门设置及人员配备管理办法》,进一步规范设置、精简机构;在全国率先全面推行勘察设计监理制,落实外业验收制,从严把控设计环节;修订完善设计变更管理办法,委托专业公司统一对工程变更进行审查咨询,进一步严格工程变更审查、审批。②融资总额突破 400 亿元。面对省内信贷规模小、融资空间基本用尽的巨大压力,在争取中央车购税补助 10 亿元、省财政专项补助 20 亿元的基础上,大力推进"营销式融资",扩大省外引资和直接融资规模,融资总额首次突破 400 亿元,确保了建设资金顺利到位。一是直接融资规模持续扩大。借助 AAA 信用评级优势,继续扩大在资本市场的直接融资规模,全年累计发行 193 亿元债务融资工具,超过全省一半,年节约融资成本超过 2 亿元。二是间接融资总额平稳增长。深化银企合作,确保集团传统信贷融资优势,完成昌宁、昌栗项目 166 亿元全省规模最大的银团贷款组建工作;与新加坡星展银行、华夏银行达成战略合作意向,引进天津渤海银行、南京银行,进一步拓宽融资渠道。三是融资创新突显亮点。利用"债贷联动机构"、"发行激励条款"等方式,成功发行 50 亿元短期融资券,成为全国唯一发行利率低于 4% 的企业;通过"险资投债"方式获得国寿、泰康等北京保险机构超过25亿元险资，成为省内唯一一家完成"险资入赣"的企业。

3. 提升"三个环境"。①打造优质优美的行车环境。一是道路养护扎实有效。围绕2015年迎"国检"，科学制订养护计划和专项整治方案，启动了一批高速公路大中修、专项整治工程，全年累计完成投资近20亿元，完成总工程量的50%，泰赣、昌金、温沙等路面维修工程已基本完成，昌泰技改、梨温改造等专项工程也在积极推进，实现施工通行两不误；制定路容路貌整治标准，在昌金、景婺黄等路段精心打造标准路段，取得明显的示范作用。二是安全应急保障有效。结合"安全生产月"活动，针对重大节假日免费通行保障、养护施工等，开展5次安全生产督查，共排查各类隐患1050处，治理完成866处；累计投入8000多万元，对路段隧道病害缺陷、机电系统等进行改造，对临川、七里岗服务区出入口道路进行整治，消除了安全隐患；推动11个应急储备基地建设，成立隧道应急救援中心，在景鹰高速焦家岭隧道开展大型隧道应急演练，建立应急保障队伍12支，管理人员和应急队员达2245人。②打造便捷便民的收费环境。一是抓好规范化管理。严格落实收费站长带班制，加强收费人员业务技能培训，建立收费员星级考评管理平台，制定下发《收费站星级评定管理办法》，率先在泰和中心启动了星级收费站创建。二是突出人性化服务。在收费站设置便民服务台，提供常备药品、简易汽修、便民工具等，建立爱心服务站、VIP客户服务室等，利用微博、微信等新媒体为司乘提供便捷出行服务；全面启动计重设备"动改静"项目，完成147条ETC车道建设，ETC收费实现全覆盖，自动发卡机车道改造有序推进，在已开通和新通车路段改造、安装56台，进一步提升了道口通行效率。三是推动常态化打逃。针对恶意冲岗、假冒绿通等逃费行为，开展"百日打逃"专项活动，对高速公路车辆通行秩序进行专项治理，全年共查处涉逃车辆16609辆，追缴加收金额1362万元，同比增长31%。2014年，在重大节假日及绿通车辆等减免通行费11.76亿元的情况下，集团全年通行费收入达到98.1亿元，同比增长5.22%。③打造舒适舒心的服务区环境。从改造硬件入手，完成了龙虎山服务区新建工程及鹰潭、吉安、石钟山、黎川、婺源等服务区改造工程，积极完善修水、仙女湖、宜丰服务区自来水及污水处理设备，进一步提升了服务区硬件水平。从提升服务入手，深化便民惠民举措，增设无线WiFi、综合信息查询设备、电子收费自助充值服务系统等设施，推出多种平价商品让利于民；开展"百姓满意服务区""星级服务区"创建活动，庐山、吉安、三清山等21对服务区荣获"百姓满意服务区"称号；突出抓好了春运、国庆等重大节假日、特殊时段的服务保障工作，做到全年无重大服务投诉。

4. 加强四项管理①内部改革成效显著。启动了项目建设管理模式改革，按照交通运输部公路建设管理体制改革试点的要求，启动高速公路建设管理模式改革，采用自管、"代建+监理一体化"、改进传统监理等五种模式，分别在都九高速都昌至星子段、宁定高速宁都至安远段、上饶至万年等项目试行，得到交通运输部的高度评价。深化了薪酬制度改革，针对各路段单位薪酬体系不统一等问题，通过对收费类人员薪酬进行调研摸底、听取专家意见等方式，制定薪酬制度改革方案，为后续推行实施打下了基础。②基础管理成效显著。加强制度建设，根据企业发展实际和工作需要，相继修订、出台《自行实施养护工程管理办法》等18项制度，进一步规范流程、严格了管理。强化财务风险防控，规范预算审批流程，拟订《集团经济责任审计规定》，试行以提高经营效率和效果为目标、内控流程为主线、关键控制活动为重点的审计方式，加强了专项工程的成本管控。推进信息化建设，建立集团统一的信息化标准体系，完成云计算平台建设，新建财务、资产、人力资源、养护管理系统并上线试运行，建成项目管理系统并投入使用，完成信息化应用系统初步设计和基础网络改造工程施工图设计，推动OA办公系统升级。③科技创新成效显著。组建了省公路机电工程技术研究中心，并列入省级工程技术研究中心组建计划，养护技术研究中心获得省科技厅评估优秀奖；昌樟高速改扩建项目创建交通部"绿色循环低碳"示范工程，集成应用27项节能减排新材料、新技术、新工艺；永武高速绿色安全交通示范工程顺利通过交通运输部验收；以吉莲高速永莲隧道为依托工程的科技项目——《隧道与地下工程重大突涌水灾害治理关键技术及工程应用》获得国家科技进步二等奖。集团全年申报科技课题31项，获国家科技进步二等奖1个，江西省科技进步二等奖1个、三等奖1个,中国公路学会科技进步二等奖1个。④子公司经营成效显著。加强子公司目标管理、经营业绩考核,进一步规范了子公司经营行为。组建了资产经营公司,拓展路域经济相关业务的多元化经营;交通咨询公司立足监理、咨询、检测等市场,积极涉足多种业务,完成产值9500万元,实现利润520万元;天驰公司顺利通过咨询资质丙级升乙级、国家实验室复评审等,完成产值3980万元,实现利润455万元;高速传媒公司新开发建设广告牌62座,面积达2.3万平方米,完成产值4766万元,实现利润2692万元;高速物资公司销售中转沥青11万吨,完成产值5.38亿元,实现利润555万元;嘉和公司开拓地勘监理业务领域,完成产值3895万元,实现利润393万元;奉新、铜鼓、西海项目一期建成并启动二期建设。

(陈　菁)

【强卫约见省高速集团主要领导】　4月15日上午,省委书记强卫在南昌约见了省高速集团董事长、党委书记王江军和总经理任东红,听取省高速集团工作汇报。强卫对省高速集团各项工作给予了充分肯定,并对江西高速公路工作作出了重要指示。

就做好当前及今后一个时期的工作,强卫要求,要继续推进高速公路项目建设,探索创新项目投资建设模式,更好地服务江西经济社会发展,争当全省发展升级、小康提速、绿色崛起的排头兵;要强化科技创新,大力推进ETC车道建设进一步提升高速公路通行效率和服务能力;要进一步深化改革,加强管理创新,增强企业经营活力,提升企业管理水平。强卫强调,高速公路重点工程投资规模和资金流量大,廉政建设任务繁重、压力巨大,一定要切实抓好党风廉政建设。他语重心长地嘱托集团主要领导,要管好班子,管好队伍,管好自己,特别是要加强对工程建设领域的监管,进一步规范项目管理,形成完善的监督制约机制,确保廉政不出问题。

(省高速集团)

【朱希检查指导高速公路应对冰雪恶劣天气工作】　2月8日下午,省交通运输厅党委书记、厅长朱希和厅总工程师胡钊芳、副厅长王昭春一行在省高速集团副总经理吴克海陪同下,来到省高速集团抚州管理中心南新养护工区、万年管理中心泾口养护所,检查指导应对冰雪恶劣天气工作。

朱希一行现场查看南新养护工区和泾口养护所应急物资及设备仓库,听取有关情况汇报,向坚守在抗冰除雪一线的干部职工致以新春问候。朱希要求,要进一步加强组织领导和协调,全力做好恶劣天气条件下交通运输保障工作。一要密切关注近一段时间的天气变化,加强值班工作;二要确保应急物资储备充足、应急设备运行良好、应急队伍严阵以待,以雪为令、迅速出击;三要进一步加强与交警、路政等部门的联勤联动,相互配合,安全、科学、高效地进行除冰融雪作业,确保恶劣天气期间高速公路的安全畅通。

(省高速集团)

【朱希察看指导交通水毁抢通工作】　7月25日,德安县德白路乌石门路段山体滑坡造成福银高速昌九段KK656+900千米处交通受阻。险情发生后,昌九管理处和赣粤工程公司迅速组织人员、调集设备赶赴现场开展抢险工作,并通过对危岩体进行爆破,设置安全防落网,高压冲洗等方式,对山体隐患进行排除。当日下午,省交通运输厅党委书记、厅长朱希,深入德安县德白路乌石门段山体滑坡现场,查看指导交通水毁抢通工作,厅总工程师胡钊芳、省高速集团总经理任东红,以及厅相关处室等单位和部门负责同志随同察看。

(省高速集团)

【省高速集团召开迎"国检"工作布置会】　8月1日下午,省高速集团召开迎"国检"工作布置会,就抓好高速公路迎检工作进行安排部署。集团总经理任东红出席会议并讲话。

会议要求,首先,迎"国检"是重要使命,一定要引起高度重视。"国检"对于改善路况、提升管理、展示形象意义重大,迎检形势严峻,任务非常重、保持优势非常难、迎检时间非常紧,不能有半点懈怠、丝毫忽视。其次,迎"国检"是关键考验,一定要明晰目标任务。要紧扣节点,把握好迎检总体进度;要抓住重点,控制好内业外业质量;要打造亮点,展现好高速行业形象。再次,迎"国检"是系统工程,一定要掌握工作方法。要齐抓共管,明晰好各部门与各单位的职责;要有序推进,落实好日常调度与重点督查的机制;要统筹兼顾,处理好迎检工作与日常工作的关系。

（省高速集团）

【省高速集团领导深入方兴公司调研】 1月9日,省高速集团党委书记王江军深入方兴公司调研,实地了解公司科技创新、产品研发情况。王江军希望方兴公司能抓住当前高速公路大建设、大发展的机遇期。在智慧交通建设中发挥“加速器”作用,在集团科技研发中发挥“聚变器”作用,在集团转型升级中发挥“助推器”作用,全力推动公司实现新的发展。邝宏柱对方兴公司转变发展思路、做好产品研发和推广等工作也提出了相关要求。

（省高速集团）

【省高速集团召开2014年春运工作会议】 1月20日,省高速集团召开2014年春运工作会议,集团党委书记王江军出席会议并讲话。

对做好集团当前及年后的有关工作。王江军提出了四点要求:一要慎之又慎抓好安全维稳工作,隐患排查要严、矛盾调处要细、应急处置要快。二要细之又细抓好春运服务工作,要做到窗口服务到位、信息发布到位、值班安排到位。三要严之又严抓好反腐倡廉工作,各级领导干部要管好自己、管好单位。四要实之又实抓好年后工作安排。

（省高速集团）

【朱希检查指导春运服务保障工作】 1月24日,省交通运输厅党委书记、厅长朱希到畅行公司南城服务区检查指导春运服务保障工作。朱希重点查看了服务区餐厅、便利店等经营区域,深入了解春运期间经营运作和物资储备情况,亲切慰问工作在服务保障一线的干部员工。朱希强调,在春节期间,服务区车流、人流量急剧增加,要加大安全监管力度,尤其是食品安全方面更要严防死守,坚决杜绝各类重大安全事故的发生;要丰富经营品种,最大限度满足顾客需求;要提升服务质量,给司乘提供良好的用餐、休息环境,用热情周到的服务让过往的司乘人员能够安安心心回家过年。

（省高速集团）

【省高速集团举行部分南昌籍异地工作员工就近调配抽签仪式】 3月22日,省高速集团在集团一楼会议室举行部分南昌籍异地工作员工就近调配抽签仪式。46名在异地工作的南昌籍员工参加了抽签。根据《省高速集团南昌籍部分异地工作员工就近调配工作方案》,工龄长、长期在外工作,特别是夫妻双方都在外工作的南昌籍员工可以申请参加就近调配。经自愿报名申请,最终符合条件的共有52人,其中符合双职工条件的有18人,其他工龄长、距离远申请人员为34人。

（省高速集团）

【省高速集团召开安全生产视频会议】 4月4日上午,省高速集团召开安全生产视频会议,传达全国交通运输安全生产电视电话会议、全省2014年应急管理工作会议和全省交通运输安全生产专题会议精神,部署集团当前安全生产工作。集团总经理任东红出席会议并讲话。

任东红在讲话中指出,当前集团安全生产形势严峻,必须高度重视、高度警惕,要把安全生产意识贯穿于运营管理的每一个领域、落实到每一个环节。集团安全生产任务艰巨,必须加强排查、加强监管,抓好临时用工管理、隐患排查治理、宣传教育引导以及监管机制完善。维护安全稳定使命重大,必须盯住重点、盯住关键,严肃矛盾纠纷排调、严密做好安全防范、严格信息报送机制。

（省高速集团）

【昌宁昌栗项目银团签约仪式暨金企合作洽谈会在南昌召开】 5月15日,省高速集团昌宁、昌栗项目银团签约仪式暨金企合作洽谈会在南昌召开。省委常委、常务副省长莫建成,省政府副秘书长涂琼理出席签约仪式,省交通运输厅党委书记、厅长朱希出席仪式并讲话,国家开发银行江西省分行行长朱力群,省发改委党组成员、重点办主任王前虎,省财政厅副厅长朱斌、江西证监局副局长周军,厅领导王爱和、彭志先、谢德强、魏炳彦、廖贵星出席签约仪式,省高速集团董事长、党委书记王江军主持仪式,总经理任东红致辞,省地税局、省保监局、省内外45家金融机构代表共计180余人出席签约仪式和洽谈会。

仪式上,任东红代表省高速集团与国家开发银行、建设银行、工商银行、农业银行、中国进出口银行签订了166亿元的贷款。集团还与新加坡星展银行、华夏银行、渤海银行达成战略合作意向。

（省高速集团）

【畅行公司所辖服务区在服务区星级评定中获得佳绩】 5月15日,全省高速公路服务区星级评定工作动员暨2013年度“百姓满意服务区”表彰会议在交通宾馆四楼会议厅召开。江西省共有23对服务区获得“百姓满意服务区”的荣誉,江西畅行公司所辖庐山、泰和东、南城、宜春、萍乡、新余、广昌、会昌、南丰、石城、七里岗、鄱阳服务区共计12对高速公路服务区获此殊荣。

（省高速集团）

【省高速集团参加全省第一次政保企对接会】 5月16日,省政府在南昌召开全省第一次政保企合作对接会,中国保监会副主席陈文辉、副省长李炳军出席会议并致辞,全国所有保险资产管理机构主要领导、省内20家企业代表共计200余人出席会议。省高速集团代表省高速集团与国寿资产、泰康资产分别签订了9.8亿元和4.1亿元的债务融资工具购买协议,且资金前全部到位。

（省高速集团）

【湖南省高管局到江西高速集团考察交流高速公路】 5月21日至22日,湖南省交通运输厅党组成员、副厅长、省高速公路管理局局长吴国光率局有关处室和下属单位负责人一行8人,到省高速集团考察高速公路运营管理工作。考察组一行先后参观了萍乡、宜春、新余、庐山服务区以及宜春收费站、宜春管理中心养护中心,并于22日上午在南昌召开了座谈会。集团总经理任东红及有关部门和畅行公司负责同志出席座谈。

（省高速集团）

【G45大广高速公路开启跨省联合营销新模式】 6月6日,G45大广高速公路服务营销工作座谈会在上高管理中心召开。省高速集团副总经理姚光南出席会议并讲话,集团收费管理部负责同志、上高管理中心领导班子成员,以及来自河北、河南、湖北、江西等省的9家大广高速运营管理单位代表参加了会议。参会各方共同发起并成立了“大广高速公路联席会”制度,协商通过了“大广高速公路(G45)联席会合作倡议书”。

（省高速集团）

【开展高速公路车辆通行秩序专项治理活动】 8月27日。全省高速公路车辆通行秩序专项治理活动动员会在南昌召开。省交通运输厅党委书记、厅长朱希,省公安厅党委副书记、副厅长罗永银在动员会上分别讲话,省交通运输厅副厅长王爱和主持会议,省武警总队副参谋长陈鹏程,省高速集团董事长、党委书记王江军,总经理任东红出席会议,集团所属各路段管理单位相关负责人参加会议。

就如何做好专项治理活动,朱希指出,一要统一思想、提高认识,充分认清开展专项治理活动的必要性和紧迫性。二要突出重点、联勤联动,扎实有效开展专项治理活动。三要加强领导、强化宣传,确保专项治理活动取得实效。

（省高速集团）

【梨温高速上饶经开区收费站开通运营】 8月29日上午,梨温高速上饶经开区收费站正式开通运营。上饶经开区收费站是上饶市政府和公路开发公司确立的重点项目,他的建成开通,实现地方政府和高速公路企业合作共建的双赢。

（省高速集团）

【周泽民考察高速公路工作】 9月2日,省委常委、省纪委书记周泽民到基层一线,考察高速公路工作,慰问干部职工,并在庐山服务区主持召开座谈会,就如何落实好党风廉政建设“两个责任”听取基层党组织意见建议。周泽民一行先后来到上高管理中心梅棠管理所、昌九高速改扩建通远试验段、昌九高速庐山服务区、昌樟高速改扩建项目调研。省纪委常委何刚,省交通运输厅党委书记、厅长朱希、驻厅纪检组组长成松、副厅长王昭春及省高速集团董事长、党委书记王江军,总经理任东红等随同。

（省高速集团）

【省高速集团召开“打逃”工作研讨会暨高速公路车辆通行秩序专项治理推进会】 9月15日,省高速集团召开“打逃”工作研讨会暨高速公路车辆通行秩序专项治理推进会。集团总经理任东红出席会议并讲话。为确保活动取得成效,省集团将原本为期一个月的全省高速公路车辆通行秩序专项治理活动时间延长到一百天。

任东红指出,第一,要认清形势,切实增强挖潜增效的责任感和紧迫感。各单位一定要认清宏观经济下行、普通公路分流、收费政策优惠等政策对高速公路通行费带来的影响,改变"靠天吃饭、等米下锅"的传统收费方式,在堵漏增收上多下工夫,在挖潜增效上多做文章,确保通行费应收尽收、颗粒归仓。第二,要把握重点,切实提升"打逃"工作的主动性和针对性。要强化"打逃"工作的思想认识,落实"打逃"工作的主体责任,建立"打逃"工作的长效机制。第三,要明确任务,切实强化收费工作的创新力和执行力。要树立一种理念,即"收费营销"理念,提升服务内涵,大力推销好、营销好高速公路服务产品,确保收费业务有好效益;要巩固两项成果,即运用好绿通查验的经验、巩固好规范化服务的效果,确保收费管理有好成效;要狠抓三个保障,即狠抓车道畅通的措施保障、狠抓收费稽查的人员保障、狠抓打击逃费的法律保障,确保收费运营有好环境。

(省高速集团)

【省高速集团与省农村信用社联合社签订战略合作协议】 9月28日上午,省高速集团与省农村信用社联合社在集团总部签订战略合作协议。集团总经理任东红、省联社副主任刘伟出席仪式并签订合作协议。

(省高速集团)

【强卫调研高速公路建设工程创新农民工工资管理】 10月14日,省委书记强卫在省领导王文涛、周萌的陪同下,赴省人社厅、省交通运输厅、奉新县、湾里区专题调研推进法治江西建设工作。

强卫书记强调:要借中共十八届四中全会即将召开的东风,紧紧抓住社会公正、社会诚信、社会秩序三个关键,以问题为导向,以法治的思维和方式,建立行之有效的制度,搭建公开规范的平台,充分利用社会各方面力量,源头着力、综合施策,不断推进法治江西、平安江西、和谐江西建设迈上新台阶。

(省高速集团)

【《全省高速公路绿通查验综合组织管理系统研究》课题正式启动】 10月14日,省高速集团召开《全省高速公路绿通查验综合组织管理系统研究》课题启动会,集团收费管理部、公路开发公司、赣粤高速、抚州管理中心、泰和管理中心等单位课题组成员参加了会议。

(省高速集团)

【银行间交易商协会债务融资工具培训工作(江西)研讨会在省高速集团召开】 10月29日,中国银行间交易商协会债务融资工具培训工作(江西)研讨会在省高速集团召开,此次会议由交易商协会主办,省高速集团协办。省高速集团、江中集团、江铃集团等数十家省内知名发债企业及江西财经大学出席研讨会。

(省高速集团)

【省高速集团借"非金融机构交易平台"打开资金管理新局面】 11月4日,中国银行间市场交易商协会组建的北京金融资产交易所寻非金融机构合格投资人交易平台正式开始交易。省高速集团作为第一批试点投资人,成功与国家开发银行达成交易,交易标的13陕煤化CP003,债项评级:AAA,票面利率6.7%,成交券面总额1000万,为日单笔最大成交之一。

(省高速集团)

【省高速集团发行市场最低短融利率】 11月4日,江西省高速集团在中国银行间市场成功发行20亿元短期融资券,票面利率为3.99%,较同期借款基准利率低33.5%,成为2014年首家债券发行利率低于4.0%的企业,发行利率明显低于近期发行的央企。省高速集团屡次刷新同期同品种发行利率最低纪录,是全国首家获得7折利率贷款及首单半年期LPR贷款的企业。

(省高速集团)

【赣鄂皖高速公路所(站)友好交流促进会年会在鄂成功召开】 11月12日,来自赣、鄂、皖省际相邻路段22个高速公路、长江大桥基层单位共80余名代表齐聚麻武高速麻城东管理所,共同迎来赣鄂皖高速公路所(站)友好交流促进会第八次年会。

本次年会以“科技化,信息化,推进省际联动”为主题,赣、鄂、皖三省共9个会员单位代表进行了高速公路运营经验现场交流,经过友好磋商,三省代表在省际特情联合处置、跨省收费稽查、省际路况信息共享、跨省清障施救等方面达成了一致共识。

(省高速集团)

【江西湖南两省联网中心进行ETC全国联网调试】 11月24日上午,双方就吉莲高速与垄茶高速收费模式、路产路权维护、信息直联、开通时间等相关方面的情况进行了沟通和协商,并就相关问题达成一致意见。双方认为,在赣湘省界主线站开通运营前,双方应加强沟通和联系,签订代发卡通行协议书,紧密衔接发卡模式、人员培训、开通时间、安全保障等工作,确保主线站顺利开通运营。双方还表示,今后每年应召开一次联席会议,建立长期合作机制,确保泉南高速安全畅通运营。

(省联网中心)

【全省隧道应急演练在焦家岭隧道举行】 12月18日下午,全省隧道应急演练在景鹰高速焦家岭隧道举行。

景鹰高速北段有隧道12座(对),总长23.16千米,为全省高速公路隧道管辖里程第二,管理难度大。为此,省交通运输厅决定把全省隧道应急演练放在万年中心管辖的景鹰高速焦家岭隧道进行,意义重大。

当日下午15时,在现场副总指挥长——景德镇市委常委、副市长黄康明的一声指令下,演练开始。焦家岭隧道现场,一辆货车与前方的油罐车发生了“追尾事故”,油罐车车尾烧起熊熊烈火,少许油料泄漏。而小货车驾驶室被撞扁,驾驶员卡在车内无法逃离。一辆载满乘客的客车也因此被迫停在事故现场,现场有人员逃生,情况十分危急。接到报警电话后,万年中心立即启动了三级应急预案,通知相关救援单位。

观看完整场演练,总指挥长——交通运输厅总工程师胡钊芳对演练成果及现场人员的表现予以点评。他指出,各演练小组分工明确、反应迅速、集结有序、配合紧密,演练内容设计科学、部署周密、重点突出,为应对突发事件积累了实战经验,达到了预期目的,获得圆满成功。　(陈碧娟　胡嘉铭)

【德昌高速珠湖收费站开展防暴防抢应急演练】

为提高收费站安全防范意识,加强收费人员的应急处置能力,紧绷防暴、防抢这根弦,6月18日上午,德昌高速珠湖收费站开展了一场情节逼真的票款防抢应急演练活动。

演习前,为确保演练的真实性、有效性,该站制定了详细的票款防抢应急演练方案。演习以收费员携带票款下班途中突然遭遇劫匪实施暴力抢劫为背景开展。演习时,在持械劫匪抢夺票款箱时,收费员立即大声呼救,并随手拿起身边的物件进行防卫。附近岗亭当班人员听到呼救声,立即拨打电话通知值班站长。站领导接电话后,迅速启动应急预案,一边组织应急小组及在站内所有人员,利用站内防盗抢设备控制住匪徒;一边打电话报警。最后,在警民的共同合作下将劫匪全部抓获,珠湖站又恢复了往日的正常通行秩序。

此次演练提升了收费人员应对突发事件的应急处置能力及全站人员在处理突发事件相互间的协作配合能力,强化了快速反应防盗抢的联动机制。

(熊淑萍)

【景鹰高速桥隧养护所拉网排查隐患】 为确保春节长假期道路畅通、司乘人员出行安全,景鹰高速桥隧养护所联合属地高速交警在辖区开展了拉网式的节前隐患排查工作。一是对沿线桥梁、隧道、高边坡的排水设施及稳定性进行了检查;二是通过翻阅资料、实地勘察等途径,查找出事故多发、易发路段,并在现场设置了醒目的警示标志;三是对辖区开口隔离栅进行排查,尤其加大沿线村庄附近的排查力度,发现问题立刻维修,据统计,本次共维修隔离栅980余米;四是对应急队伍春节值守人员信息进行核实,对相关应急物资进行补充,确保遇有突发事件,能够及时调度。

(蒋文文)

【景鹰高速三龙收费站“六比六看”提升文明服务水平】 为进一步提升收费站的窗口服务水平和服务质量,三龙收费站积极开展“六比六看”优质服务月活动,将整体文明服务水平提高了一个档次。

该活动以班组为单位开展,采取现场检查、硬盘录像抽查、班组之间互查等形式。一是比服务环境，看哪个班组的收费场所保持整洁；二是比仪容仪表，看谁的职业形象端庄大方；三是比服务质量，看谁的微笑服务真诚友好，肢体礼仪动作更规范；四是比服务态度，看谁的文明用语温良谦和；五是比服务效率，看谁的收费、发卡、操作流程速度快；六是比业务精通，看谁的操作快捷无差错。使优质服务工作实现“六个百分百”，即收费环境良好率100%，仪容仪表良好率100g，微笑服务达标率100%，文明用语使用率100%，肢体语言使用率100%，业务操作合格率100%。

（管珊珊）

【德昌高速乐平南收费站开展“百日打逃促增长”专项整治活动】 6月28日，为确保“百日打逃促增长”专项整治活动取得实效，乐平南收费站组织全体员工召开动员会，布置该站的“百日打逃”活动。

该站结合工作实际，就活动内容和要求进行宣传讲解，邀请打逃能手对常见逃费形式的各种表现、特征进行归纳总结，总结出“吨位计算法”“轮胎辨别法”“证件真伪识别”等实用方法。同时，对查处假冒绿色通道“气味辨别法”“多点查验法”等方法进行完善，确保打逃方法全面有效。

（万华琴　伍迪欢）

【梨温高速省界站开通40个收费岗创纪录】 2月9日起，梨温高速大雪纷飞，车流量骤增，为了有效缓解保畅压力，梨温高速积极调配资源，在省界收费站投入40个收费岗，确保春运高速畅通，这是全省乃至全国高速一次性投入最多的高速收费通道。

针对天气恶劣，该高速连夜从万年管理中心兄弟高速紧急调增8台便携式收费机，连同原有17个收费岗和15台便携式收费机，共40个收费岗投入抗雪保春运。9日开始，该高速根据车流递增形式，充分利用向浙江高速所借的收费车道，放置两辆中巴车作为临时收费岗亭，同时每辆中巴可放置4台便携式收费机进行复式收费，此举保证每小时多增加放行1000余辆车，确保春运最高峰时的畅通。

（胡　丹　宗秋波）

【上饶至武夷山高速收费创新高】 截至2014年12月31日，上饶至武夷山高速公路管理处共收取通行费4002万元，较2013年度增长54%；实得2099万元，同比增长35%；日均5.7万元，同比增长33%；入口车流量为610515辆，出口车流量为589147辆，日均车流量3286辆，同比增长23%；假绿通4辆，冲岗车13辆；打逃车辆18辆，金额4600元；共发生交通事故53起，无人员伤亡。

（上饶市交通运输局）

【上饶至武夷山高速公路实现ETC收费全覆盖】 上饶至武夷山高速公路管理处新增ETC车道4道：赣闽省界收费站一入一出，石塘收费站一入一出，11月20日动工，12月14日新增ETC车道建成。新建ETC车道于2015年1月通过验收后投入使用。截至年底，上饶至武夷山高速公路累计建成ETC车道10道，实现ETC收费全覆盖。

（上饶市交通运输局）

安全与应急管理

【概况】 2014年，全省交通运输系统广大干部职工以“平安交通”建设为主线，以交通运输安全生产若干问题集中整治为重点，以各种专项整治行动为抓手，出实招、求实效，保持全省交通运输安全生产的稳定态势，体现在“四个持续稳定，三个连续保持”。

四个持续稳定：一是道路旅客运输安全生产形势持续稳定。全年发生营运客车交通事故19起，其中2起死亡3人的较大事故，未发生死亡10人及以上重特大事故，事故造成27人死亡，60人受伤，保持了低位平稳态势。二是水上交通安全生产形势持续稳定。全年发生水上交通事故2

起,死亡3人,占省安委会下达厅安全控制考核指标的37.5%。未发生渡运和远洋运输事故。三是交通重点工程建设安全形势持续稳定。全年发生交通重点工程建设生产安全事故3起,3人死亡,占省安委会下达厅安全控制考核指标的16.7%。四是重大节假日和重要时段安全生产形势持续稳定,没有发生安全生产责任事故。

三个连续保持:一是水上交通事故死亡人数连续6年控制在个位数且连续4年控制在5人以下;二是道路旅客运输事故死亡人数连续8年控制在100人以内且连续4年未发生10人及以上重特大事故;三是水上交通和交通工程建设安全指标连续多年控制在省安委会的考核控制指标范围内。

1.着力加强制度建设。省厅联合省安监局印发《进一步明确港口危险化学品安全监管职责分工的通知》,明确交通部门和安监部门港口危险化学品的安全监管范围和职责。相继完成《江西省交通运输安全生产年度目标管理考核制度》《江西省交通运输厅安全生产重点监管名单管理实施细则》《江西省交通运输安全应急专家管理制度》《江西省处置水上突发事件应急预案》等安全生产管理制度、预案的制定或修订工作,转发落实《江西省安全生产“党政同责、一岗双责”暂行规定》。

2.着力加强能力建设。安全生产的持续稳定关键在于从业人员安全素质的持续提高,为此,省厅高度重视并做好了三方面的工作。首先,高度重视宣传教育。一年来,全省各级交通运输部门结合安全生产各专项活动以及日常工作,深入开展安全生产宣传教育活动。“安全生产月”活动形式多样、内容丰富。质监部门制作了《一线作业人员岗前安全培训幻灯片》和《事故案例分析》供一线作业人员观看学习。港航部门联合教育部门在中小学开展了“水上平安交通、安全伴我成长”为主题的“水上交通安全知识进校园”活动。其次,高度重视应急演练。省厅分别与新余市人民政府、景德镇市人民政府联合举办水上突发事件、高速公路隧道危化品车辆火灾事故等应急演练。各基层单位也纷纷开展铲冰除雪、火灾事故、隧道排险等应急演练。第三,高度重视专题培训。为了提高全省交通运输系统安全生产监管干部的专业素质,同时做好新修订安全生产法的学习、宣传和贯彻,省厅先后举办了2期专题培训班,培训安全应急管理骨干300余人次,收到良好的培训效果。

3.大力推进“平安交通”建设。积极推进“平安交通”建设,印发《2014年江西省交通运输系统“平安交通”工作计划》《公路水运工程“平安工地"考核评价工作实施细则》,研究拟制“平安公路”“平安工地”等七大项21类“平安交通"建设标准指南。宜春市交通运输局成为全国“平安交通”建设试点单位。深入开展了“平安工地”创建及考核评价工作,九江长江二桥和井睦高速2个项目被交通运输部和国家安监总局联合冠名为2013年度公路水运建设项目“平安工程”;昌宁、昌樟改扩建等4个项目被评为第四批部级“平安工地”示范创建项目。

4.大力推进标准化建设。省厅建立工作月报制度和情况通报制度,加强对各设区市及评审组织单位标准化建设工作的督导,在6月底前基本完成客运企业和危货运输企业的达标考评工作。结合本省实际,编制了14个类别的《交通运输企业安全生产标准化达标考评评分细则》;举办1期城市客运考评员培训班,培训考评员130人,并且新认定2家二级考评机构;全面铺开交通运输企业的达标考评工作。到2014年年底,全省实施考评企业714家,颁发达标证书543张。

5.全力开展集中整治。根据交通运输部和省安委会的安排和部署,全省交通运输系统自8月下旬开始,全力以赴开展为期4个多月的安全生产若干问题集中整治活动。集中整治活动在时间上不留缝隙,在空间上不留死角,呈现三个前所未有的特点,即领导重视前所未有、整治力度前所未有、活动效果前所未有。厅主要领导亲自挂帅集中整治工作,先后召开四次电视电话会议进行部署,建立信息报送、情况通报、半月例会调度等三项制度,组织开展一系列安全专项治理行动,出实招、用硬招,始终保持高压严管的工作态势,取得三方面的突出成果。“打非治违”成果丰硕。4个多月来,全省海事、运政等执法部门,累计出动执法人员15881人次,深入交通运输生产经营第一线,查处水上非法经营行为323起,各类违法营运车辆775辆,注销一批危货运输企业及车辆,对质量安全隐患较突出的4个建设项目、6家施工企业、7个施工标段进行全省通报和相应处罚,严格追究相关单位及人员的责任。隐患排查和治理成绩突出。全省交通运输系统各行业、各单位,采用自查与检查相结合、明察与暗访相结合的方式,全面开展拉网式安全生产隐患大排查,对安全隐患零容忍。全省220座运营公路隧道的隐患排查工作已全面结束,正在按计划有序实施隐患整改。高速公路管理部门迄今已累计投入11510万元对隧道机电类安全隐患、标志标线隐患、护栏及隔离栅隐患进行整治。在建桥梁和隧道排查出安全隐患229项,投入整治资金761.56万元。完成2727辆液体危险货物运输罐车紧急切断装置加装工作,进一步强化危险货物运输车辆联网联控的接入管理,危险货物运输车辆GPS平均周上线率提升22个百分点。安全监管长效机制日臻完善。集中整治期间,全省交通运输系统各单位,坚持一手抓打击整改,一手抓建章立制。公路部门建立网上审核备案制度,严把公路建设市场准入关。运管部门设立曝光台,先后公开曝光四批次超速在全省前十名的车辆66辆,涉及企业44家;强化凌晨2时至5时营运车辆的监管措施;停止800千米以上的客运班线和卧铺客车的审批。质监部门完善落实项目通车前交通管制措施,确保年内通车项目安全生产形势的稳定。

6. 全力做好应急处置。全力以赴做好了冰雪天气应急处置。2月上旬江西省遭遇雨雪冰冻天气侵袭,全省大部分地区雪情和冰冻较为严重,厅主要领导率领班子成员以及相关单位和部门负责人轮流坐镇厅应急指挥中心调度指挥,及时向省委省政府汇报公路冰冻情况及采取的应对措施。省高速集团启动抗冰雪应急响应,昼夜奋战,确保全省高速公路基本畅通。全力以赴做好汛期和台风期间的应急处置。针对汛期可能出现的情况早研判、早部署、早检查、早预防。汛期前,协调九江长江二桥项目办整改重点隐患一处。汛期中,启动汛期值班值守工作,随时应对处置突发事件。2014年7月,经过连续六昼夜奋战,成功处置福银高速德安乌石门路段山体滑坡的突发事件,及时抢通了“大动脉”。

(刘　晔)

【省交通运输厅督导组在景明察暗访春运】 1月18日至22日,江西省交通运输厅副厅长王昭春率省道路运输管理局、省港航管理局等有关人员组成的省交通运输厅春运工作督导组在景进行在为期5天的明察暗访,全面督导景德镇市2014交通运输行业春运安全生产工作。

(涂　强)

【省公安厅领导检查乐平长运公司安全生产】 7月19日,沪昆高速湖南邵怀段特大交通事故发生后,省有关部门高度重视,立即在全省范围内开展道路运输企业安全生产大检查。7月22日下午,省公安厅党委副书记、副厅长罗永银率省安全工作检查组,赴乐平市检查安全生产工作。

在乐平汽车站检查时,罗永银等向当班安全岗员工详细询问工作情况,深入乐平长运客运有限公司信息中心实地察看监控平台工作情况。在听取该公司负责人工作汇报后,罗永银要求运输企业一定要以此次事故为戒,深刻吸取血的教训,时刻敲响安全生产警钟,认真落实安全生产岗位责任制,将责任落实到车、落实到人。他强调,运输企业要切实做好安全隐患大排查工作,发现隐患,及时整治到位。要充分利用GPS监测系统,实施动态监控,一定要按照有关部委要求严格管控夜行班车,严格落实凌晨2时至5时停运制度或实行接驳运输,确保不再发生类似事故,确保旅客生命和财产安全。

(余雪荣)

【景德镇市公路运输管理处积极排查整治道路运输安全隐患】 7月23—24日,景德镇市公路运输管理处成立3个检查小组,分别对全市所有客运企业、危险品运输企业进行检查,重点检查严格执行凌晨2至5时客运班车停车休息制度和“三不进站、六不出站”等情况。检查小组通过对“两客一危”企业的检查,发现乐平长运公司个别客车未严格执行凌晨2至5时停车休息制度,立即责令乐平市公路运输管理所依法依规对其进行处理;对江南旅游运输公司存在的安全隐患,市处要求江南公司树立安全生产底线,将安全生产放在首位,重点排查在企业存在的不稳定苗头和隐患,看好自己的车、管好自己的人、尽好自己的责;对检查出的部分道路危险品运输公司车辆监控系统(GPS)与市处车辆监控平台不兼容的问题,检查小组要求责任企业及时与运营商沟通协调,限期整改到位。

(石中华)

【景德镇市多部门联合整治石油液化气储装运输市场安全】 自4月1日起,中共景德镇市委宣传部、景德镇市安全生产监督管理局、市建设局、市质量技术监督局、市交通运输局、市瓷局、市交警支队联手,在全市范围内开展为期3个月的石油液化气市场专项整治,旨在规范石油液化气市场秩序,加强石油液化气储存、充装、运输、使用各环节安全管理,保障用气安全。

此次开展的石油液化气市场专项整治,采取统筹兼顾、综合治理的整治方针。一是做好宣传动员工作。二是抓好"源头"管控。三是抓好专项整治。至6月底,专项整治共查处违法违规石油液化气储气站2座、液化气运输车5辆(次)、陶瓷企业(业户)3座,处罚经营者17人。

(涂　强)

【景德镇市11家交通运输企业实现安全生产标准化三级达标】 12月,景德镇市有11家交通运输企业安全生产标准化三级达标,其中道路客运企业有浮梁长运公司、景德镇市江南旅游汽车服务有限公司、乐平市新世纪客运有限公司共3家;道路危货企业有景德镇市瓷都石油运输有限公司、景德镇石油分公司、成品油配送车队、景德镇市捷腾石油汽车运输有限公司、乐平市汽车运输公司化学危险品分公司、乐平东豪气体有限责任公司化学危险品货物运输分公司、江西大龙物流有限公司、景德镇金牛危货物流有限公司、浮梁县顺安液化气运输有限公司共8家。

根据《江西省交通运输厅关于转发交通运输企业安全生产标准化考评管理办法和达标考评指标的通知》《江西省交通运输企业安全生产标准化考评发证实施细则》的要求,经自评、申请、受理、考评、审核等程序,景德镇市交通运输局认定上述交通运输企业安全生产标准化三级达标。

(涂　强)

【景德镇市交通运输局开展"打非治违"专项行动】 8月20日,景德镇市交通运输局启动为期130天的"打非治违"专项行动,旨在集中打击和整治性质突出的非法、违法、违章行为,进一步规范交通系统安全生产法治秩序,促进全市道路安全生产形势持续稳定好转。该局组织的此次"打非治违"专项行动采取企业自查自纠与督促检查相结合、全面排查与重点整治相结合的方式进行,督促企业做到整改方案、责任、时限、措施和资金"五落实",全面提高依法依规安全生产水平;进一步畅通安全生产的社会监督渠道,通过设立举报电话、邮箱等方式,鼓励群众举报交通运输行业安全生产非法违法行为;认真执行事故查处挂牌和跟踪督办制度;严把安全生产"准入关",将专项行动与安全隐患排查治理、"道路客运安全年"、交通运输企业安全生产标准化建设及日常安全监管相结合,强化法规制度落实;紧紧抓住安全生产工作中存在的薄弱环节和突出问题,特别是对反复发生、长期未能根治的顽症痼疾,及时采取有效措施加以解决。

(张港林　涂　强)

【景德镇市交通运输局兵分五路查隐患】 自9月5日起,景德镇市交通运输局组织道路运政、港航管理、渡口管理、工程质量监督、生产安全管理等执法人员兵分五路,对全市交通运输行业安全生产存在的隐患进行为期10天的"地毯式"排查,旨在进一步规范安全生产法治秩序,促进全市交通运输安全生产形势持续稳定好转,保障人民群众中秋、国庆双节期间安全、便捷出行。这也自8月20日开展的为期130天的交通运输"打非治违"专项行动的首次集中安全整治行动。

该局排查安全生隐患的第一路是道路运输安全,重点检查汽车客运站"三不进站、六不出站"制度落实情况;第二路是水上运输安全,检查乡镇船舶安全管理责任制、船舶检验登记制度、船员任职资格审核制等落实情况,坚决取缔水运市场的"三无"船舶;第三路是渡运安全,对全市56个渡口、58艘各类渡船逐一进行检查,检查中做到与乡、村负责人及渡船、渡工"四见面",坚决落实"五不开、五不准"制度;第四路是交通工程安全,对在建公路工程施工中的爆炸物品管理与使用、土石方工程及桥梁施工现场进行清理;第五路是系统安全生产及防护工作。

(涂　强)

【景德镇市报废汽车专项整治行动初显成效】 8月下旬至9月底,景德镇市商务局会同市公安局、市工商行政管理局、市交通运输局联合开展全市报废汽车专项整治行动,旨在依法严厉查处非法回收拆解和倒实报废汽车、利用报废汽车总成拼装汽车、驾驶报废汽车或拼装汽车上路行驶等违法行为,整顿违法违规的报废汽车回收拆解企业、二手车交易市场、汽车维修企业,曝光违法违规经营的企业和市场,健全规章制度,落实管理责任,堵塞管理漏洞,探索建立报废汽车管理长效机制,推动建立车辆登记、注销、回收拆解等信息共享平台,形成部门联动监管机制,引导企业加快建立诚实守信、合法经营的自律机制。

该市四部门按照工作分工,各司其职,各负其责,通力合作,加大源头查堵和路面查处力度,共“拉网式”排查报废汽车回收拆解企业7家、二手车交易市场11处、汽车维修企业和个体工商户93家,查处非法从事报废汽车回收拆解、拼装汽车、倒卖报废汽车和拼装汽车的“黑作坊”、“黑窝点”5个,没收违法上路行驶的报废汽车、拼装汽车23辆。专项整治行动取得初步成效。

(涂　强)

【景德镇市严格限制大货车进城】 6月24日,为防止超高超重等超限大货车进入市区,严重损害城市道路及桥梁,给城区道路交通带来重大安全隐患,景德镇市城管行政执法局、景德镇市公安局联合下发“关于限制大货车进城的通告”:一是在以下进入市区的8个路口设置限高3.1米的龙门架。具体为:朝阳路九九九厂路口、景东大道与景瑶公路交会处、瓷源路(发电厂交叉路口)、岚山桥、湖田大桥、银曙路(过天宝桥100米处)、南河三桥、玉字亭路与金岭大道交叉口。二是在以下进入市区的5个路口设置人工监控卡点。具体为:瓷都大道梧桐路口、昌南大道海峰美庐对面、迎宾大道金岭路口、景北大道老年大学路口、新厂路何家桥路口。三是在瓷都大桥、珠山大桥、昌江大桥、白鹭大桥等4座大桥西端设置视频监控系统,对违反规定经过上述桥梁的大货车实施抓拍处罚。

(涂　强)

【景德镇多部门联手救援煤焦油槽罐车】 7月3日9时50分左右,一辆辽宁牌照的装载约15吨煤焦油的槽罐车由南向北行经济(南)广(州)高速公路鄱阳县凰岗收费站附近时,因雨天路滑,驾驶员操作不当,导致槽罐车在转弯路段发生侧翻,2名驾驶员被困,情况万分紧急。接警后,景德镇消防指挥中心迅速调派高新区、浮梁、特勤3个执勤中队的6辆消防车共40余名官兵赶赴现场实施救援。景德镇市安监局、景德镇高速路政支队、景德镇市交警支队、景德镇市120急救中心分别启动应急处置预案,并参与救援。

救援人员抵达事故现场时,2名受轻伤的驾驶员已自行从侧翻的槽罐车驾驶室逃出,槽罐车罐体触地部分已有油体泄漏,罐体受损情况不明。现场指挥人员经询问得知事故槽罐车载重约15吨、所载物质为煤焦油后,立即制定救援方案,由高速交警负责封闭事故路段,并设立警戒线,无关人员及车辆严禁进入;消防官兵身着防化服,负责对车辆进行泡沫覆盖,每隔十分钟对事故车辆及周围进行降温;安监部门负责联系转运车辆、起重车辆,适时进行倒罐操作。

经过近4个小时的紧急救援,槽罐车罐体内的煤焦油被倒罐运转,侧翻的槽罐车扶正后被拖离事故现场。这起交通事故被迅速处置,成功阻止了因煤焦油泄漏可能引发爆燃及大面积环境污染事件的发生。

链接: 煤焦油是一种黑色或褐色黏稠液体,又称为煤溚,气味与萘或香烃相似,主要酚类、芳香烃和杂环化合物的混合物,有致癌性,属于IARC第一类致癌物质。其蒸气与空气可形成爆炸性混合物,遇明火、高热极易燃烧爆炸;与氧化剂接触猛烈反应;若遇高热,容器内压增大,有开裂和爆炸的危险。

(涂　强)

【景德镇市公路运输管理处开展道路客运危货运输整治】 11月5日至12月底,景德镇市公路运输管理处开展全市道路客运、危货运输安全生产专项整治工作。

一是将800千米以上长途客运班线作为重点监管对象,通过GPS监控平台对其班车运行情况实施全天候不间断监控,做好各项监控检查记录;对800千米以上长途客运线路逐线进行安全风险评估,对不符合相关安全管理规范的线路,责令其立即停运整顿,并收回线路标志牌;严格落实凌晨2时至5时停车休息制度。二是严格包车客运备案审核制度,加大对超范围经营、持虚假包车客运标志牌、不按包车客运标志牌注明事项运行、搭载包车合同以外乘客等违法行为的处罚力度。三是继续推进液体危险货物运输罐车加装紧急切断装置工作,确保年底前全部安装到位。四是继续做好《道路运输车辆动态监督管理办法》的具体实施工作,并开展重点营运车辆接入联网联控系统清查工作,加快推进联网联控数据完整性建设。

专项整治结束时,共查处违反凌晨2时至5时停车休息制度的长途客运班车5辆(次),督促11辆液体危险货物运输罐车加装紧急切断装置,完成重点营运车辆接入联网联控系统的调查摸底。

(杨 科)

【萍乡市交通运输局强化安全检查】 该局陆续深入开展"安全月""安全年"和每月的"安全生产警醒日"活动,在全系统范围内开展隐患大排查活动和重要时期安全保卫战活动,圆满完成2014年春运和全国"两会"期间安全工作,未发生一例较大责任事故。2014年,与萍乡市安监局、市公安交警支队(大队)建立联动和信息共享机制,联合上路检查,共联合上路检查23天,出动检查人员1035人次,出动检查车辆207辆次,检查"两客一危"车辆3450辆次,查处各类违章460起。严格执行"三不进站、六不出站"规定,对检查不达标的三个车站下达安全整改通知书,责令整改到位。落实企业"一岗双责""党政同责"和领导包干安全责任制,真正做到人盯车。开展"两客一危"专项治理工作。全面推进安全生产质量标准化建设,完成公交总公司和江西萍乡长运公司安全标准化二级企业评估,帮助达金物流公司创评省级安全生产标准化二级达标单位。加大安全隐患排查力度,积极开展"安全生产月"活动,安全生产水平和防范事故的能力得到进一步提高。

(李襟远)

【萍乡市交通运输局开展为期三年的农村通客运班线安保工程建设】 为改变全市农村公路安保设施建设滞后的局面,全面增强道路的服务水平和运输能力,有效保障农村客运安全,该局计划从2014年起,用3年时间即到2016年,总投资2000万元,对全市95条通客运班线道路进行安全整治。该项计划从2014年3月正式启动,经过对全市农村100多条客运道路逐一摸排登记,有95条农村公路客运班线需要安装安保设施或加固完善。共筹集到资金631万元,首先对危险路段进行反光镜、防撞墙、防护栏、标示标牌和减速带等安保设施建设。已完成芦溪县中坪至株树、张佳坊至高州,上栗县桐木至枣木、关下至杨岐4条28千米通客运班线公路安保工程建设,完成波形护栏1896米,反光镜60面,标志标牌25块。

(李襟远)

【萍乡市交通运输局加强国庆节期间安全生产】

为全面贯彻落实市委市政府和省交通运输厅关于安全生产工作的要求和部署,有效防范和坚决遏制重特大事故的发生,该局采取有力措施,保障人民群众平安、便捷出行。一是加强组织领导,严格落实责任。成立国庆节期间运输安全工作领导小组,局长担任组长,各分管领导担任副组长,各单位主要负责人担任成员。制定完善的安全保障工作方案,细化工作措施,明确层级责任,切实将安全责任落实到每个环节、每个岗位和每个员工。二是强化预防预控,消除事故隐患。及时发布道路水路预报预警信息,针对性地完善各类应急预案,提高应急反应和处置能力,针对国庆黄金周期间小客车免费通行情况下的车流、客流特点,密切关注路网实时动态,采取有效措施,及时妥善处置突发事件,切实做好公路保通保畅工作。三是突出重点领域,强化现场监管。全系统认真排查安全隐患,对于安全生产重点单位,安排领导带队检查,确保检查不流于形式,不走过场。对于查出的安全隐患要认真落实整改,暂时无法整改的重大安全隐患应制订切实可行的保障方案,并实行挂牌督办限期整改,确保从事节日运输的车辆处于良好的安全技术状况。凡不符合安全生产条件的企业、运输工具、设备设施和人员一律不得从事"两节"期间的运输生产。四是加强应急值守,及时报送信息。各单位制定和完善国庆节期间安全生产事故应急预案,准备充足的救援物资和抢险装备,确保发生事故后能反应迅速、指挥得力、处置及时、救援有效。严格执行24小时值班和领导干部值班制度,切实加强节日值班工作。

(李襟远)

【萍乡市交通运输局开展交通运输突发事件应急演练】 根据市政府办下发的2014年应急工作要

点,4 月 1 日,该局组织开展一次交通运输突发事件应急演练活动。抽取 20 多名训练有素、应急能力强的工作人员参与,同时还调用 1 台指挥车,1 部大巴车和 2 辆交通抢通车辆投入活动。本次应急演练活动以最近市政府第 33 次常务会议通过的《萍乡市交通突发事件综合应急预案》为背景,按照预案要求和任务,进行一次规范化应急演练。通过此次演练活动,进一步增进应急队伍对预案认知,进一步加强应急队伍思想素质和业务能力,提升在新的时期下面对复杂多变的交通突发事件处置能力。本次活动共进行三项内容,分别为队伍集结、预案认知以及应急工作实位对接。整个活动取得很好的效果,为交通突发事件应急处置提供充足的思想先导及技术培养,为实践积累宝贵的经验。

(徐勇新)

【九江市加强道路交通管理】 该市道路运输管理部门,建立严格的道路运输安全监管责任机制,对辖区内所有的道路运输企业按照“定人员、定企业、定时查”的原则,落实运管人员包干运输企业监管责任。落实道路运输安全隐患排查治理制度,做到检查过程有记录,排查隐患有台账,把道路运输企业安全生产工作与安全标准化达标考评、年度质量信誉考核、延续经营许可、新增车辆等业务相挂钩。

在全省率先利用 GPS 定位记录功能,采集燃油消耗申报数据,准确掌握车辆运行里程,完善燃油补贴申报统计手段,规范城乡道路客运燃油消耗信息采集申报工作。规范营运车辆二级维护管理工作。加大对车辆不按期二级维护的处罚力度,提高车辆按期二级维护执行率,完善择优定点维护制度,促进提高车辆二级维护质量。制定出厂合格证额度管理制度和综检机构月度检查制度,遏制车辆假二保、假检测。采取驻点监督、片区联动、网上稽查等行之有效的办法,打击违规违法经营成效显著。2014 年全市共查处各类违法违规案件 4335 起,其中黑车 1061 起、无从业资格证 496 起、不按规定的站点停靠 67 起、车辆未检测 351 起、非法改装 1994 起、变相从事班线客运 13 起、其他违法违规行为 353 起。

落实简政放权,下放市级质量信誉考核验收权、车辆技术等级市级评定权、车辆燃料消耗量核查市级核查权、等级客车市级评定权,不再对新增驾校许可实行数量控制,取消驾校审批市级验收的规定。出台了《九江市机动车驾驶培训教练员注册管理暂行办法》,实行教练员注册上岗制,规范教练员执教行为,全市已注册教练员 1282 人。开展道路运输驾驶继续教育工作,并开通继续教育网络远程系统,驾驶员继续教育培训结业 20822 人,组织驾驶员从业资格证考试 5817 人次,全年培训驾驶员 99090 人。

(九江市道路运输管理局)

【九江市开展“平安交通”建设集中整治】 根据上级工作部署,九江市交通运输系统从 9 月开始,开展为期 4 个月的“平安交通”建设集中整治工作。按照“四个到位”(思想认识到位、宣传引导到位、排查整改到位、情况报告到位)的工作要求,全面推进,力求实效。截至 12 月底,运管部门查处非法营运车辆 350 辆,其中非法营运车辆 108 辆,未按规定进行二级维护和检测的 31 辆,非法改装车辆 169 辆,无从业资格证 35 起,危货车辆无押运员资格证 4 起。港航部门共检查船舶 4581 艘次,其中查处无营运证船舶 17 艘,无证采砂船 11 艘,无证流动加油船 3 艘,无证运砂船 4 艘,非法营运船舶 10 艘,“三无”船舶 4 艘,4 艘证书不全,关闭无证港口砂场经营场所 6 处,“三无”非法载客船舶 2 艘,渔船非法载客 5 艘,未参加年审船舶 1 艘,违章船舶 8 艘,纠正违法行为 22 起,下达违法行为通知书 30 份,补征规费 2177500 元。公路部门完成县乡道危桥改造 13 座 680.16 延米,完成以防撞墩、防护栏和道路急弯广角反光镜为主要内容的农村公路安保工程 28 千米,对新增的 117 座危险桥涵进行登记造册上报,并设置了警示标志。

(九江市交通运输局安监科)

【九江市全面推进企业安全生产标准化建设】 截至年底,道路“两客一危”企业现已完成达标考评 61 家;水上已完成市际客运企业 7 家,跨省长江客运企业 1 家、危货运输企业 1 家。

(九江市交通运输局安监科)

【九江市开展交通安全生产隐患排查和治理行动】 该市交通管理部门按照“全覆盖、零容忍、严执法、重实效"的工作要求,加大了安全生产现场监管力度。在重点敏感时段,采用明察与暗访相结合的方式,组织全局到基层一线进行专项检查,检查结果系统内通报。对发现的问题落实整改,并挂牌督办。2014 年,全市共排查治理隐患企业 591 家,排查一般隐患 503 项,已整改 503 项,整改率达到 100% 。

(九江市交通运输局安监科)

【九江市港航生产持续安全稳定】 "五一"期间,九江市港航管理局以水上旅客运输为安全监管重点,贯彻落实上级部门关于近期水上客运安全的最新要求,确保九江港航生产持续安全、稳定。一是加强节前安全检查。该局在节前开展港航安全大检查,并跟踪做好整改督促工作,确保参与营运的企业经营资质合格,船舶均处适航状态。要求 50 客位以上的客船在节前认真开展一次水上弃船演习、一次船员安全教育、一次船舶关键设备和结构的安全自查。二是加强现场监管。节日期间,要求相关基层单位取消假期,合理安排人员,加强现场监管。该局由领导带班组织人员亲临现场督导安全。三是加强应急值守。认真落实领导带班 24 小时值班制度,周密部署,增强安全责任意识,职责明晰、任务明确、责任到人,制定周密计划,准备足够的运力,提高服务水平,确保水路旅客出行安全畅通。

"五一"期间,全市水上共发送旅客 32784 人次,没有发生安全责任事故。

(江运华)

【九江港航局督促指导企业开展应急预案演练】 在九江市港航局的指导,九江市湖(库)区港口危险货物作业企业普遍制订安全生产应急预案。港航局各县区分局联合地方海事局、水上公安分局、应急办、交通运输局、安监局等部门督促指导危货作业企业,进行安全生产应急预案演练,检验应急预案的实用性和企业的安全生产应急救援能力。6 月 17 日,结合"安全生产月"和"安全生产万里行"活动,指导中长燃蛤蟆石加油站开展消防演习。11 月 13 日,督导都昌水上加油站进行以油趸船油舱火灾扑救引起人员落水的救助,并对小范围火灾现场真实扑救。11 月 27 日,指导永修吴城水上加油站开展跑冒漏油预案的演练。12 月 5 日,督导武宁水上加油站的加油趸船作业不慎失火、引发人员落水受伤的演练。演练后,分别进行现场讲评,进而不断修订、补充、完善应急预案,提高企业的安全生产应急管理水平和应急救援能力。

(桑松梅 杨 可)

【新余市道路运输管理处受到交通运输部、公安部、国家安全监管总局表彰】 6 月 19 日,市运管处被交通运输部、公安部、国家安全监管总局联合通报表彰为"道路客运安全年"活动成绩突出市级道路客运管理机构。

2013 年,交通运输部、公安部、国家安全监管总局继续联合部署开展了"道路客运安全年"活动。新余市道路运输管理处在扎实开展"道路客运安全年"活动中,结合全国道路运输企业安全生产标准化达标工作,切实加强和改进新余市道路客运安全工作,努力解决道路客运安全工作中存在的薄弱环节和突出问题,道路客运安全基础工作不断加强,强化了安全生产主体责任,为新余市经济社会发展、人民平安出行创造良好环境。

(邓清华)

【新余市运管处推动重型营运货车动态监管】 为贯彻落实《道路运输车辆动态监督管理办法》要求,强化全市重型营运货车动态监督管理工作,新余市运管处分三步骤实施:一是扩大宣传,利用各种媒体及网站铺开宣传,并召开宣贯会,召集县区运管所长,物流协会会长、副会长、常务理事单位及企业代表参加,学习"办法"的主要内容,讨论企业存在的问题并布置办法实施后需要开展的工作;二是推进全市营运车辆指挥中心建设。按照"办法"要求,在 2015 年 12 月 31 日前完成重型货车卫星定位装置安装工作,并接入到营运车辆指挥中心统一监控、管理;三是完善全市营运车辆动态监控组织机构。要求已安装车辆卫星定位装置企业逐步建立起企业监控平台,实行监控职责,确定监控负责人及监控人员,做到责任到人。

(刘 蕾)

【新余市运管处强化重点营运车辆动态监控】 为进一步规范道路运输"两客一危"车辆运行,有效制止违章行车,预防控制交通事故发生,新余市运管处充分利用车辆动态监控平台,出台4项措施推进重点营运车辆动态监控。

一是设定专职监控员,监控企业平台上线情况和车辆运行状况,对抽查到未上线的企业即时通知其上线,对超速严重的车辆当日下发抄告单;二是做到监控情况每月一通报,对企业每月的平台上线率,车辆上线率,车辆警情率及处置情况等进行通报,对监控情况达不到要求的企业要求整改;三是落实县(区)运管所的监管职责。县(区)运管所加强对辖区内"两客一危"车辆动态监控,做好监控记录,发现问题及时要求车辆所属企业立即整改;四是督促落实企业监控主体责任。各道路运输企业做到对本企业车辆进行24小时实时监控,发现问题要及时提醒,消除安全生产隐患。

(刘　蕾)

【新余市交通运输局全力做好"麻博会"交通运输保障】 2014年中国(江西)国际麻纺博览会12月11日至14日在新余市举行。市交通运输局专门成立交通保障领导小组,负责大会期间交通用车工作,调度好车辆,做好与会宾客的接送站及会期用车工作。

为满足"麻博会"期间各宾馆团队、客商用车需求,市交通运输局运管处共制定了三个用车接送方案,共筹备大巴车30余辆,负责大会报到期间火车站、汽车站和机场等地宾客的接站后至宾馆入住;与会期间人员会场至宾馆的往返;与会期间人员离余至火车站、汽车站的接送任务。

同时负责所调配车辆的技术状况保障,车容车貌卫生整洁,舒适安全,为与会人员提供优质服务。在市区,重点强化公交线路司乘人员培训,做到安全驾驶、文明服务、规范运营,为市民和与会人员提供安全、舒适、及时、满意的乘车环境。

(邓清华)

【新余市道路运输管理处对违规运行客运企业进行安全生产约谈】 11月10日上午,新余市道路运输管理处在市运管处会议室召开了对江西新余长运有限公司、分宜县汽运实业有限责任公司客运车辆未严格落实凌晨2时至5时停车休息制度违规行为的安全生产约谈警示会议。参加约谈警示会的有新余市运管处、江西新余长运有限公司总经理和分宜汽运实业有限责任公司总经理及有关人员。会议由市运管处副处长李敏主持,会议对江西新余长运有限公司、江西新余分宜汽车实业有限责任公司自6月以来连续出现多起长途客车违法行为进行了约谈警示。

自6月1日至8月25日期间,江西新余长运有限公司多次存在其属长途班线客车及旅游客车未落实凌晨2时至5时停车休息制度的违规行为,先后被交通运输部、省运管局、市运管处通报。以上情况表明,江西新余长运有限公司、分宜汽车实业有限责任公司对安全生产工作在思想上、行动上都存在麻痹思想,对驾驶员管理、GPS动态监管、安全生产监管等存在管理不到位、效果不佳、宣传教育不到位、制度和安全责任得不到有效落实等问题。会议听取了江西新余长运有限公司总经理、副总经理、安全部长、分公司经理及江西新余分宜汽车实业有限责任公司副总经理对本次约谈警示的陈述意见,听取了对严重交通违法行为的整改方向及整改措施、安全生产承诺。

会议要求,江西新余长运有限公司、分宜县汽运实业有限责任公司要以此次约谈警示为契机,认清本企业安全生产形势以及存在的突出问题,举一反三,开展一次全面、深入的安全生产大检查,针对检查出来的安全隐患问题,认真予以整改,切实将整改工作落到实处。

(周小玲)

【省安委会督查组到新余检查危险品货物运输企业】 10月20日上午,省安委会安全生产综合督查五组到新余市检查危险品货物运输企业。

督查组在郑正春组长带领下到江西新余国科科技有限公司检查了危险品货物运输车辆监控室,查看安全运输有关资料,听取企业安全生产管理工作情况汇报。通过检查,督查组一行对国科科技有限公司危险品运输管理工作给予充分肯定。

(邓清华)

【新余市交通运输局对渝水区2013年安保工程检查验收】 4月30日,该局财务、市公路管理所和市交通质检站对渝水区2013年农村公路安保工程施工质量进行检查验收,参与检查验收的还有建设单位、施工单位和监理单位等人员。本次共检查验收渝水区农村公路安保工程2个项目共

28.874 千米,分别是县道哲山一划江 22.893 千米、县道邓家一罗坊 5.981 千米,总投资 146 万元。通过对工程项目实施质量、实施效果的实地查看和招投标文件、施工合同、施工资料、监理资料的审查,工程项目总体评价较好。

(邓清华)

【赣州市对 615 辆危货汽车展开安全大排查】 为了进一步强化道路危险货物运输安全监管工作,深刻吸取陕西省晋济高速公路隧道"3·1"危货运输事故的沉痛教训,5 月 28 日,该市按照交通运输部、厅的统一部署,组织道路运政执法部门专项对全市在用危险货物运输车辆开展安全隐患整治大排查,以杜绝道路运输危货运输车辆安全事故发生。该市现有在用的 615 辆危货汽车,分布在各县(市、区)危货汽车运输企业。在这次拉网式的安全隐患大排查过程中,运政执法部门一是要督促危货运输企业认真落实安全生产主体责任制。对危货运输企业在一周内扣满了 12 分的驾驶员将吊销从业资格证件,并在三年内不予重新核发。二是对本年内车辆技术状况等级未达 1 级和未加装紧急切断装置的常压罐式危险货物运输车辆,将会被依法取消其营运资质,并收回道路运输许可证。

(李发淳)

【赣州市道路运输安全生产平稳】 2014 年,赣州市道路运输管理局推进了客运企业,危货运输企业安全生产达标工作。市县运管部门召集相关企业和站(场)认真进行动员部署,组织达标内容培训,明确相关标准,督促企业切实履行法律规定的安全投入、安全培训、安全制度等 16 个方面内容的落实。全市从事客运、危货运输的企业 93 家,达标的 89 家,较好地督促运输企业落实安全生产主体责任。市县运管部门还经常组织检查组对全市客运、危险货运输企业、车站开展安全生产隐患排查和整改,认真履行"三关一监督",严格执行客运车辆凌晨 2—5 时停车休息制度,严格执行"三不进站、六不出站"规定,严查危险品上车,加强车辆动态监控,确保道路运输安全生产平稳。

(赣州市道路运输管理局)

【赣州市开展"平安公路"建设活动】 该市一是国省干线公路隐患整治成效明显。公路部门把安全隐患排查治理实现制度化、经常化,市公路局每季、公路分局每周、养护中心和道班每天进行一次隐患排查,建立了危险源管理制度,加强重大危险源登记检测、监控,及时下达《安全隐患整改通知书》,定期"回头看"。全年对 100 多千米约 14 万平方米破碎板实行整板处治,安全隐患治理覆盖里程 1300 千米,完善标线 1.26 万平方米,设置各类安全警示标志 1276 个、波形梁护栏 1.32 万米,改造危桥 20 座,整治隧道 1 座,安全隐患监管有控,保障了道路安全通行。二是农村公路隐患整治有较大改观。市(县、区)农村公路管理部门对农村公路路面、桥梁、临崖临水、道路水毁设施等进行了多次检查,发现隐患及时整治。各县(市、区)交通运输局通过抓农村公路安全示范路建设,安标牌、装护栏、划标线、清路肩、查案件,确保县乡村公路安全畅通,得到当地群众和省市主管部门的高度赞扬。三是公路建设安全生产工作抓得紧。市高管处在协调高速公路建设的同时,不间断地对建设项目进行安全生产抽查和隐患排查。针对高空作业易发生坠落事故,重点落实了安全网、临边口外侧防护栏、爬梯、垫板及警示牌。落实了用电设备一箱一机一闸一漏的安全用电制度。对辖区内高速公路在建项目填写巡查记录 130 份,下达整改通知单 62 份。加强了对营运高速公路的安全监管,提升了安全保障通行能力。市局基建管理部门深入公路桥梁建设施工现场,对脚手架、深基坑、高大模板、起重机械设备等较容易发生险情部位进行检查,排查安全隐患,并督促整改,保证了工程建设中的安全。

(赣州市公路管理局)

【寻乌县多项措施保障汛期农村公路安全畅通】

5 月以来,受连续大到暴雨影响,寻乌县交通运输局采取多项措施保障农村公路的安全和畅通。一是组织路政管理人员分片区加强日常巡查,发现问题及时处理;二是公路养护人员坚守岗位,加强巡查作业,发现塌方、堵塞边沟及时清理;三是对巡查工作中发现的危险路段,及时设置警示标志,提醒过往车辆;四是及时组织机械清理公路塌方,有效地保障农村公路的安全和畅通。

(寻乌县交通运输局)

【吉安市交通运输局积极推进企业安全生产标准化建设】 2月18日,吉安市交通运输局在青原区召开中心城区客运、危货运输企业安全生产标准化建设座谈会,就深入推进客运、危货运输企业安全生产考评达标工作进行部署。中心城区11家运输企业负责人、市运管处及直属所和考评机构负责人参加会议。会议就下步工作进行布置:一是要高度重视。运输企业和行业监管部门要把安全生产标准化建设摆在突出位置,抓实抓好;二是要明确目标。客运、危货运输企业要在4月30日前全面完成达标考评,其他类型的企业要在年底前完成40%;三是要加强督导。行业管理部门要深入企业进行帮助、指导,定期通报进展情况;四是要严格监管。对未达标的企业,不得新增或更新运力,并依法责令停业整顿直至吊扣或注销经营许可证,在媒体上公开曝光;五是要注重实效。要把标准化建设融入日常安全生产管理之中,全面落实企业安全生产主体责任。

(吉安市交通运输局)

【吉安市积极开展汛期安全生产检查】 5月16—17日,为确保该市交通运输系统汛期安全生产形势平稳,吉安市交通运输局组织5个督查组对各单位安全生产工作情况进行检查。此次检查以查资料、看现场等方式,对运输企业、交通工程施工、水上运输、渡口渡运领域落实省、市安全生产相关文件精神、排查治理安全事故隐患、雨季汛期防范措施等情况进行检查。同时对检查中发现的问题及时上报反馈,并限期整改,切实做到发现问题、解决问题、消除安全隐患。此次共检查企业及单位59个、车辆36辆,共发现安全隐患9项。

(吉安市交通运输局)

【青原区公路管理所多种形式开展"安全生产月"活动】 吉安市青原区交通运输局采取多种形式开展"安全生产月"活动。一是全面提高安全生产意识。组织局机关、公路所全体干部职工观看主题宣传片《生命的红线》和《全国2013年安全生产案例盘点》典型事故片,随即进行座谈,大家一致认为应吸取教训,提高安全意识,强化安全措施落实,促进道路运输科学发展、安全发展。二是广泛开展安全生产宣传活动。结合"平安交通"创建活动,分别在火车站广场、值夏镇农贸市场中心举办安全生产宣传咨询活动。广泛宣传《公路路政管理法律、法规》和《交通运输安全生产知识问答》。活动中工作人员紧紧围绕安全生产主题、通过发放宣传资料,开展现场咨询等各种形式,向广大市民宣传道路行业安全生产法规及有关知识问答、法律知识,并为市民答疑解难。

(青原区交通运输局)

【宜春市抓好交通安全工作】 该市交通运输局首先把好道路客运源头关。运管驻站人员严格督促客运车站(队),切实做好首班例检、车辆进站、报班、安全例检、查堵"三品"等,坚决堵住带"病"车、超载车出站。加强客运和危货车辆的GPS动态监控。充分利用运政信息中心GPS平台加强监控,实行24小时全方位监控车辆安全运行状况。查处超速、超载违规行为130起,市公交公司严厉查处了26名违章驾驶员。危货运输船舶大部分已安装GPS,动态管理得到加强。全市共普查出危桥614座、20915延米。并对所有危桥进行改造、加固、限载和警示等。其次抓好安全基础工作。企业安全标准化建设进一步推进。分别召开了动员会、交流会、总结暨部署会等,强力推进,企业安全达标工作按省厅规定的时间节点完成了客运、城客和危货运输企业三级安全达标考评,共考评三级企业79家,其中:客运企业2家、危货50家、城客27家。申报二级以上的2家客运企业及13个客运站、1家公交公司、6家水运危货企业全部在规定的时间进行了申报和考评。全市交通企业安全标准化建设工作走在全省前列。安全基础设施进一步提升。飞剑潭渡口码头标准化顺利通过验收,樟树、丰城等4个渡口码头建设基本完成待验。全市修建安保工程102千米,加固危桥6座、修复改造21座。全市车船累计投入安全资金2520万元,更新客车43辆、公交25辆,大修渡船3艘等。再是,隐患整治更加扎实。市局组织了5次由局党组成员带队的安全大督查,分管领导和安监科明察暗访15次,组织交叉检查1次,并对大督查情况进行通报。抓隐患整改。对26个较大隐患实行了限期跟踪整改,反馈整改措施26份,暂扣危货驾驶员、押运员资格证4个。组织开展了打非治违等一系列专项整治活动,共查处各类违规行为650余起,收购电动四轮车180余辆,查处非法电动三(四)轮车13辆,出租车2辆、客车3辆、货车26辆,“黑面包”及“摩的”近160辆,净化了市场。查处“三无”船舶36艘,农用船非法载客8起;共发现施工安全隐患共42个,下发停工整改通知书16份,改造危桥21座共1247.36延米,投入安保资金101.8万元。

(高 强)

【宜春市交通运输局创新安全教育方式】 市交通运输局适应新常态,主动作为,不断创新安全教育方式方法,全年共培训人员达12000人次。一是以会代训强化安全。通过召开安全工作会和例会、安全形势分析会、安全检查专题通报会、安全达标推进会等,及时传达学习上级关于加强安全生产工作的会议、文件精神,总结前段时期工作中的经验和难点,有针对性地开展教育和部署工作。二是专题培训提升安全意识。各相关县(市、区)局与海事部门联合对渡工及渡管干部培训,市交通运输局及市运管、宜春汽运、市公交公司等单位聘请专家等讲授安全法规及安全知识,提高全员安全防范意识和技能,培训安管干部及从业人员。三是开展活动普及安全。在宜春城区鼓楼广场组织开展了“安全生产月”咨询活动,免费发放交通安全宣传小册子150余本、宣传单300余份。发放宣传手册3000册,宣传单10000余份。企业也开展了形式多样的安全活动,如市公交公司开展了百日安全竞赛、星级驾驶员评选等活动。四是利用科技手段警示安全。各交通运输企业充分利用幻灯片、录像、图片以及电话、短信等科技手段,开展每月一次的驾驶员学习教育活动,并针对恶劣气候、重要时段等,及时警示驾驶人员注意交通安全。

(高 强)

【宜春市抓好交通运输企业安全标准化】 宜春市交通运输局与市运管局密切配合,着力推进企业安全标准化工作进程。一是召开了推进会。市局联合运管部门及时召开了企业安全达标推进会,部署企业安全达标推进工作,各县(市、区)交通运管部门也相继召开了相关会议,努力推进达标进程。二是规范考评程序。要求考评机构要按照考评程序和要求进行考评,并要求加强考评员管理,严肃考评纪律。三是及时进行总结。在5月份召开阶段总结会,对工作中存在的问题和下一步的工作重点进行了部署。通过强力推进,全市客运、城客、危货运输企业共79家申报三级安全达标的企业,全部按省厅规定的时间节点(6月30日前)完成。申报二级以上的2家客运企业及13个客运站、1家公交公司、6家水运危货企业也全部在规定的时间进行了申报和考评。到12月底,考评了二类以上维修企业21家、普货5家。

(高 强)

【宜春市袁州区开展保障公路运输安全畅通应急救援演练】 为进一步做好公路安全预防工作,在公路交通突发事件来临时积极应对,迅速处置,确保在最短时间内完成抢险保畅任务,最大限度预防和减少突发事件造成的损害,保护国家和人民群众的生命,财产安全。6月,区交通运输局根据2014年“保障公路运输安全畅通”应急救援演练计划,进行公路交通突发事件应急演练活动。演练课目:模拟汛期、暴雨等恶劣天气中,辖区内乡村级公路遭受水毁,该局迅速启动预案,对水毁路段抢险保通。演练现场设在西村镇亭子至竹亭公路K9+200处。此次演练出动应急救援队员20余人,配备大货车4辆、挖机1台,成立以局长为指挥长的救援演练指挥部。严格按照既定演练步骤展开。通过演练,提高综合处置能力和在应急救援中心相互配合能力,为快速、有序、高效应对公路交通突发事件积累实战经验。

(李 庆)

【高安市拆除沪昆高铁高安站附近废弃油库除隐患】 沪昆高铁专线在江西省境内全长540多千米,其中高安境内78千米。兴达粮油有限公司位于高铁红线范围内的建(构)筑物已于2012年8月底前完成拆除,尚有小型储油库及油脂浸出车间等附属设施尚未拆除,因其与沪昆高铁轨道距离较近,存有重大安全隐患。沪昆高铁开通在即,为确保高铁安全运行。8月8日,市交通运输局调集80名执法人员、20辆货运车辆、8辆客运车辆,配合相关单位对上述设施全部拆除,防患于未然。

(周世祥)

【上饶至武夷山高速公路管理处积极开展“全国交通安全日”活动】 12月2日,在第三个“全国交通安全日”来临之际，上饶至武夷山高速公路管理处赣闽省界收费站与江西高速交警三支队八大队的交警们联合开展“12.2 交通安全日”主题活动。

本次活动通过向过往司乘人员发放交通安全宣传单、讲解上武高速相关的道路安全知识、介绍上武高速的路况信息及设立青年文明号服务台为过往司乘人员提供热水等形式，发动过往司乘人员共同关注交通安全，大力提升过往司乘人员的交通安全意识。

上饶至武夷山高速公路管理处赣闽省界收费站以本次活动为契机，积极营造“文明交通，安全出行”的氛围，努力打造“不超速，不超载，不酒后驾驶，不疲劳驾驶”的交通环境，为江西平安高速、平安交通做出积极的贡献。

（上饶市交通运输局）

【省交通运输厅督查上饶市交通安全】 9月28日至29日，由省交通运输厅副厅长谢德强带队，省公路局、省运管局等有关部门参加的督查组，在上饶市交通运输局、市公路局、市海事局等领导的陪同下，实地察看了省道205汪乌线汪二至鹅湖段战备公路、320国道城区段公路、上饶市公交公司和广丰县五都渡口的安全生产工作情况。谢德强副厅长对上饶市的交通运输安全生产工作给予充分肯定，同时针对国庆期间的安全生产强调：一是要充分做好“十一”黄金周的安全生产工作；二是要加大国庆节前的安全生产巡查、排查工作力度；三是要进一步落实国庆期间的值班值守制度。

（上饶市交通运输局）

【上饶客运中心站举行消防应急疏散演练】 11月29日下午4时，上饶客运中心站安稽科组织相关人员在车站停车站场举行消防安全及应急疏散演练。

消防演练开始，车站工作人员按照“中心站消防疏散演练预案”要求，通讯组立即向“119”消防指挥中心和“120”救护中心报警，并通知相关人员迅速赶赴“火灾现场”；疏散引导组保持逃生通道畅通，组织旅客和员工有序撤离“火灾现场”；救火抢险组利用配备的消防设备进行灭火；安全保障组及时抢救“伤员”。车站全体员工在此次演练活动中职责明确，配合默契，扑救、疏散有序，15分钟后，此次演练顺利结束。

通过此次演练，使全站员工对消防应急疏散的程序、逃生通道行进方向和消防器材的使用等有了切身的体会，进一步增强了车站全体员工在火灾发生时及时疏散旅客和消防灭火的能力。

（上饶市交通运输局）

水路安全管理

【概况】 2014年，全省港航系统继续保持了全省港航安全生产工作形势的持续稳定，总体表现为“一个持续稳定，四个杜绝”。“一个持续稳定”：全省水上交通安全生产形势持续稳定，全年共发生一般及以上水上交通事故2起，死亡（失踪）3人，沉船2艘，直接经济损失181万元，死亡（失踪）人数连续6年控制在个位数内。“四个杜绝”：一是杜绝渡运安全事故和船舶污染事故；二是杜绝全省港航重点工程建设事故；三是杜绝港口安全生产作业事故；四是杜绝港航系统内部安全生产事故。

2014年，省港航局继续抓基层基础建设，将有限的资金集中向执法一线倾斜，购置46辆一线海事执法车，建造完成了4艘工作执法船艇，上饶分局购置现场执法记录仪。在赣江南昌至湖口段一期工程布设监控站23个、监控摄像头69个，完成仙女湖视频监控系统改造工程；启动赣江樟树至南昌及环鄱阳湖水域安全监管系统勘察设计工作；为赣江樟树至湖口段、环鄱阳湖区、仙女湖和柘林湖区等6个分局和分中心的43艘海事执法艇、趸船上安装高频（VHF）船台通信设备；累计补助完成了对170艘船舶安装AIS监控终端；推进乡镇渡口标准建设工作，完成16道渡口标准化竣工验收工作。

继续加大安全教育培训力度，省港航局先后举办船员质量管理体系培训班、事故统计分析系统应用和信息报送培训班、海事行政执法培训班、安全管理体系审核业务和审核员知识更新培训班、航道管理人员业务培训班等安全管理及执法人员专业培训班9期452人参加；组织374名道政、海事执法人员参加省厅举办的交通运输执法轮训培训班和部海事局举办的地方海事执法轮训培训班。全系统各单位结合各辖区、各领域实际,共组织实施各类安全教育和执法培训87期,提高了港航系统干部职工的安全生产素质。

在春运、两会、清明、“五一”、国庆长假等重点时节,全省各级海事部门实行领导带班和24小时值班制度,在重点时段之前对所有从事旅客运输的船舶开展全面的安全技术检查,确保客、渡运船舶适航性;加大现场检查和暗访督查的力度,强化重点水域巡航,严格纠正违章和严厉打击各类违法行为。

加强对重点船舶全面开展日常监管。在渡口渡船方面,推进了渡口渡船安全监管网格化,通过包片、包线、包渡的形式将责任落实到人;做好渡口渡船资料汇编收集工作和乡镇渡口标准建设工作;联合安监、渔政等部门全年查处非客渡船载客等违法违章行为21起;编制印发了5000份水上交通安全知识宣传手册,联合教育、交通等部门在全省较大的学生渡口所在学校(乐平市潘村小学、宜春市飞剑潭中学、永修县城丰学校)开展了主题为“水上平安交通安全伴我成长”的水上安全知识进校园活动。通过活动密切联系学校和社区等单位组织,推动建立教育部门、海事、学校、社区和家庭联动,共建和谐平安水路交通。在旅游客船方面,仙女湖设10个固定视频监控点,1个监控中心和4个监控站。在危险品运输船方面,积极开展了危险化学品船舶运输专项整治活动,南昌市港航管理处联合南昌分局在南昌港区开展了打击非法偷装偷卸危险化学品违法行为专项整治,九江分局严格实施了危险品船舶进出港申报制度,通过静动结合的方式,共检查危险品船舶138艘次,查处未经申报进出港的危险品船舶2起,分别按规定给予行政处罚。

在重点领域集中开展专项整治。深入开展“打非治违”“平安港航”“三无”船舶和打击船舶超载等水上安全专项整治活动。“打非治违”行动方面,自2014年4月开始,全省各级海事、港航部门在当地政府的统一领导下,联合当地安监、水利、公安等部门,共出动检查、督查组1151个,执法人员8851人次,检查企业411家,船舶9097艘次,排查出非法违法、违规违章行为671起,行政罚款48.47万元。“平安港航”创建活动方面,制定“平安港口”“平安船舶”“平安渡口”“平安航道”“平安船员”创建标准指南;深入开展“平安工地”创建活动和全省水运工程施工“防坍塌、防坠落、反三违”专项整治“回头看”活动,试点南昌龙头岗综合码头一期工程施工安全质量标准化工地建设;组织开展“平安港航"建设集中整治活动,对水运工程施工、渡运安全、水上危险品运输、港口危化品罐区和油气输送管线安全等四个领域存在的重点难点问题开展了集中整治,活动期间共召开3次专题电视电话视频会推进整治工作。“三无”船舶整治方面,共将符合安全要求的623艘“三无”船舶纳入了规范管理:一是联合当地安监、公安等部门加强现场检查,严厉查处“三无”船舶非法作业、运输行为。九江、上饶海事部门联合公安、水利等部门在都昌、星子、瓢山水域查处非法吸砂船9艘,强制扣留钻杆式非法采砂船15艘;二是推动省安委会在全省范围内开展了造船行业安全整治活动,整治期间共排查整治非法违规造船场(点)12个,有力打击了非法滩涂造船的违法行为;三是推动地方政府实施采砂船拆解补贴政策,南昌分局积极配合南昌市政府对辖区内201艘采砂船及自吸自卸砂船实施了拆解补贴。在船舶超载专项整治方面,强化了对采区运砂船的源头管理,重点加强了对省内短途砂石运输船舶的整治力度,2014年全年共查处超载运输船舶10321艘次,实施行政处罚1437起,现场减载黄沙48.5万吨。

建立健全安全生产工作制度。制定《江西省港航安全生产挂牌督办办法(试行)》《江西省港航安全生产检查制度》,修改完善《江西省港航管理局安全生产监督管理职责规定》,进一步规范了全省港航安全生产检查、督办工作。

完善安全生产例会和事故分析研判制度。每季度定期召开安全生产工作例会,同时与水利、渔政、水上公安建立了省级涉水行政执法单位联席会制度。召开了全省防范水上交通事故研讨会,通过分析评估,查找薄弱环节、制定预防措施,防止和减少同类事故再次发生。

大力推进企业安全生产标准化建设。制定水路运输和港口营运考评细则;开展企业自评督导,引导水运企业开展标准化自评工作;完善考评工作程序,制作《江西省港航企业安全生产标准化考评工作推进情况告知书》。截至年底,共17家水路危险品运输企业、16家水路客运企业和32

家港口危货企业通过考评达标。

对全省304家经营户的经营资质和安全生产管理情况进行核查，下达限期整改通知书29份；开展全省危货企业违规挂靠船舶非法经营整治工作，严厉查处违规挂靠行为，行政处罚2万元，有效地遏制了危货企业违规挂靠经营行为；强化航运公司日常监管和安全管理体系审核，共实施公司审核11次，船舶审核58艘次，并启用安全管理体系审核管理信息系统，实现受理、审批、实施审核、发证全过程电子化工作。组织港口经营资质核查工作，加强港口危险货物装卸作业企业的监管，完成港口油气输送管线安全专项排查和港口危险化学品安全专项整治工作。

加强船舶船员管理。办理船舶登记2494艘次，其中所有权登记815艘次，国籍登记1009艘次，抵押登记166艘次，光租登记23艘次，注销登记481艘次，发放船舶IC卡149张；举办各类船员培训班36期，共1115名船员参加培训考试。重新调整全省船员考试发证权限，简化船员考试发证程序，建立并运行船员管理质量管理体系。

完成《江西省处置水上突发事件应急预案》的修编工作，省政府办公厅于12月18日批准实施。建立全省港航系统预警预控信息平台，通过平台向全省港航系统和各涉水单位、船舶及船员及时发布水上交通安全预警预控信息。

（罗淑青）

【交通运输部调研组到九江调研安全生产监管工作】 8月26日至27日，交通运输部安全与质量监督管理司司长成平带队到九江，就交通运输行业安全生产监督机制工作进行调研。省交通运输厅总工程师胡钊芳，省港航局局长于钦民等陪同调研。

调研组乘海巡艇视察蛤蟆石黄砂过驳基地，听取省港航局九江分局工作情况汇报，对水上交通安全监管及海事、港航联合执法工作给予了肯定。成平强调，海事部门要进一步落实安全责任，加大监管力度，确保水上交通安全局势稳定。

调研组还到九江振兴轮船公司、九江长运公司，听取企业对安全监管工作的意见和建议，并到省水上搜救中心鄱阳湖分中心指导工作。

（杨鲁明　黄海源）

【国务院安委办第二督导组督查九江港安全】 5月28日，国务院安委办第二督导组到九江督查长江九江段汛期安全生产工作。该组到城西港区上港集团九江港务有限公司集装箱分公司码头检查，了解了九江沿江港口和上港集团九江港务有限公司集装箱分公司汛期所开展的系列安全生产工作情况。九江市港口管理局和上港集团九江港务有限公司相继汇报了长江九江段汛期安全生产管理工作。

督导组对九江沿江港口汛期安全生产工作表示肯定。对九江港汛期安全生产工作提出要求：一是当前雨水较多，江河水位上涨较快，各部门、各单位要引起重视，做到汛期安全生产工作监管无缺位，管理到岗，责任到人；二是加强部门间协作联系，做到履责务实，强化管理，查处隐患，遏制事故发生；三是组织港口企业开展应急演练，增强突发事故的处置能力，防范各类事件的发生；四是建立健全各项规章制度、操作规程，完善水上交通安全生产标准化体系，为汛期安全生产工作建立长效机制。

（陈江浩　陈明中）

【江西远洋公司接受SMS年度审核】 4月22日至25日，上海海事局组织的专家审核组在南昌对江西远洋公司进行了安全管理体系年度审核。

专家审核组一行3人通过对公司SMS文件和岸基安全管理活动记录以抽样的方式，进行了认真仔细全面的审核，发现5个一般不符合项，未发现重大不符合。审核组认为公司SMS运行有效，将建议部局审核中心给予年度签注。

本次审核是该公司DOC第四换证后的首次年度审核，本次未安排代表船审核。

（刘建平　陈明中）

【南昌港航协会安全生产标准化建设考评机构达标】 8月，南昌市交通运输局组织有关安全生产管理部门的专家，对市港航运输行业协会安全生产标准化建设考评机构资质进行了达标考评。参加考评的有来自省交通运输厅、省港航管理局、市安全监督局、市港航管理处等单位的专家。

南昌市港航运输行业协会安全生产标准化建设考评机构于2013年成立，具二级考评机构资质。该考评机构已完成南昌地区5家危货港航企业的安全生产标准化建设考评,完成省内设区市16家水路危货(其中5家客运)企业的安全生产标准化建设考评。专家们对该协会在机构设置、人员配备、内部管理、考评质量等各方面的资质条件等进行考评,对该协会考评机构的工作给予了肯定,同时也对考评档案规范和一些具体细节提出了改进意见。

(平关正　黄海源)

【江西通达航运有限公司获全省首家安全生产标准化达标一级证书企业】 1月10日,交通运输部信息公开网页公布了"第四批交通运输企业安全生产标准化一级达标企业"名单,南昌市水路危险货物运输企业一江西通达航运有限公司名列其中。

按照国务院要求开展的水路运输企业安全生产标准化达标一级证书考评工作由交通运输部具体实施,中国船级社(CCS)作为考评机构负责全程考评。根据《交通运输企业安全生产标准化考评管理办法》《交通运输企业安全生产标准化考评发证实施办法》《水路危险货物运输企业安全生产标准化达标考评指标》等要求,江西通达航运有限公司于2013年8月28日建立并实施了安全生产标准化管理体系。同年11月22日,交通运输部长江航务管理局水路运输企业安全生产标准化达标考评办对该公司代表船和岸基进行预考评并通过。该公司对预考评中发现的问题进行整改后,正式向交通运输部申报水路危险货物运输企业安全生产标准化一级达标考评。中国船级社考评机构于同年12月24日对公司岸基和代表船进行了考评。2014年1月10日,该公司取得交通运输部颁发的交通运输企业安全生产标准化达标一级等级证书,成为全省首家取得水路运输企业安全生产标准化一级等级证书的企业。

(刘　洁　陈明中)

【九江港举办水上安全联合演习】 6月9日,九江港口局直属分局等5家单位在长江九江段水域举行水上安全联合演习。演习现场模拟一只准备靠趸装油的油船在九江炼油厂1号码头准备靠趸装油中引发火灾,有大量可燃物在燃烧,火势严重,水面受污染,在紧急情形之下,九江港口局直属分局、长航公安水上消防支队、九江新港海事处等工作人员立即赶到现场组织人员及船舶进行施救。

演习由九江港口管理局直属分局主办,长航公安局九江分局水上消防支队、九江海事局新港海事处等单位共同协办。为了保证演习的顺利实施,九江港口局直属分局多次召开会议,现场调研,加强与各部门的沟通联系,合理安排人员,准备施救船舶、可燃物品、消防器材、吸油毡等物资,确保了演习有序开展。

(丰伟鹏　陈明中)

【景德镇地方海事处联合执法见成效】 6月21日,由景德镇地方海事处牵头,水政、安监、交通部门参加,联合开展了非法采砂整治行动。现场执法中,海事执法人员对违法船只当场责令停止作业,并驱离了采砂船4艘,扣押了部分采砂设备。在检查的同时,联合执法人员还向采、运砂船船主宣传有关法律、法规,使船主认识到违法行为的严重性和危害性。

(叶宗瑾　陈明中)

【仙女湖游船公司安全生产标准化二级达标】 11月初,江西省交通运输厅为新余市仙女湖游船有限责任公司颁发了水路旅客运输企业安全生产标准化二级达标证书。

新余市仙女湖游船有限责任公司是一家从事水路旅客运输的企业。该公司按照交通运输部《水路旅客运输企业安全生产标准化达标考评指标》的要求,建立安全生产标准化管理体系。经公司自评、考评机构考评、评审组织单位审核、全省公示等程序,取得证书,成为本省首家取得水路旅客运输企业安全生产标准化二级达标证书的企业。

(张　华　黄海源)

【景德镇市多部门开展水上交通运输安全专项督查】 3月11日,由景德镇市交通运输局牵头,会同昌江区人民政府、省港航管理局景德镇分局、市安全生产监督管理局组成全市水上交通运输安全专项督察组,对全市乡(镇)船舶、农村渡口及封闭水域游船等水上交通运输安全情况进行专项督察。

督查中,市水上交通运输安全专项督查组人

员轻车简从、深入基层,采取听取汇报、查看台帐、现场察看和提出询问的方式进行。在认真听取昌江区交通运输管理部门和鲇鱼山镇、丽阳镇水上交通安全监管工作的简要情况汇报后,随即抽查了昌江区鲇鱼山镇兰田渡口和丽阳镇洪家渡口,重点检查其安全管理责任制的建立和落实、渡口码头设施状况、渡船技术状况、渡工资格证书以及渡船救生、消防设施配备和执行"五不开、五不准"等情况。从检查的情况看,渡口所在地乡(镇)均指派了专职安全员,加强渡口渡船的安全监管和巡查,渡船也配备了必要的救生和消防设施。

检查结束后,督查组面对面地向有关乡(镇)反馈了意见,要求各部门切实加强沟通协调和信息通报,加大水上交通安全宣传力度,加强对乡(镇)船舶、渡口渡船和渡工、封闭水域游船的安全管理。

(李青松)

【景德镇市4部门联手整治非法经营沙场】 12月15日,景德镇市公安局、景德镇市城市管理行政执法局、景德镇市交通运输局、景德镇市公路管理局联合发布《关于集中整治城市规划区内非法经营沙场的通告》,要求城市规划区范围内所有未办理相关审批手续的非法经营沙场于12月20日前自行清理沙场并恢复原貌。各非法经营沙场在本通告发布后,做好沙场清场前的准备工作,立即自行消化现有库存,不得擅自增加沙量。逾期未自行清理的,将依法强制取缔。交警、公路、交通、城管等部门加大监督检查力度,加强巡查执法,严禁非法沙石进入景德镇市。对参与非法运输的车辆,依据《中华人民共和国道路交通安全法》《中华人民共和国公路法》等法律法规予以处罚。

12月24日,该市公安、城管、交通、公路四部门对位于景东大道的6个沙场进行首次集中整治,出动工作人员300余人、4辆装载机及20辆渣土运输车,共清运沙石240车约5000立方米。

此次集中整治行动,旨在严厉打击城市规划区内非法经营沙场行为,规范沙场经营秩序,美化城市环境,构建和谐宜居魅力新瓷都。

(涂　强)

【九江市港航局保障水路春运安全】 为确保春节期间水路客运安全、便捷、和谐、高效,市港航管理局积极筹备,提前布置,督促做好春运安全监管工作。一是加强组织领导,全面部署春运工作。成立春运领导小组,制订落实工作计划、春运方案,建立24小时值班制度,密切掌握春运动态。二是强化安全管理,落实各项安全措施。全面开展安全检查,重点对"四客一危"船舶及水路运输企业、客运站点、危货码头、在建工程等安全管理情况进行排查,督促水运企业、港口企业和水上在建工程相关单位,强化安全意识,落实各项安全措施。三是加强动态监控,保障春运工作有序畅通。各分局、各部门着重抓好客运秩序的源头管理,加强客运站点现场监督,特别是对庐山西海、湖口、城区等重点区域,组织力量实施现场管理。四是加强信息沟通和宣传报道,及时准确反映春运工作动态,宣扬春运工作先进典型。

为应对春节前后可能出现的客流高峰,在全市投入正常船舶动力的同时,港航管理局储备应急船舶运力62艘、2313客位。

(江运华)

【九江市港口经营资质年度核查工作全面完成】 根据全省2014年港口经营资质核查工作要求,自4月1日起,市港航局根据职责分工,机关职能科室与各分局积极配合,采取实地查看、查阅资料等方式,对所有港口码头作业设施是否具备有效合格证、港口企业管理人员及作业人是否符合资质、持证上岗等情况逐一进行核查。截至6月30日,辖区港口企业经营资质年度核查工作全面完成,共有36家港口企业资质符合要求,顺利通过核查。

(李　磊)

【九江市港航管理局召开水运企业联系制度座谈会】 为加强水运市场管理,掌握水运市场发展趋势和企业经营动态,有效地指导企业发展,逐步建立企企、政企之间联系的纽带,10月25日,九江市港航管理局邀请11位水运企业代表召开水运企业联系制度座谈会。

会上,业务科室负责人向水运企业代表详细讲述新出台的《国内水路运输管理规定》,分析全市水运市场目前存在的问题,指出全市正处在传统运输业向综合运输体系发展转变时期,在向专业化、规模化、信息化方向发展阶段,尽量多地提升水运企业竞争力和抗风险能力是十分必要的。到会的水运企业代表各抒己见,围绕企业生产经营现状、困难和问题、经验和做法、发展规划及对管理部门的服务需求等话题展开交流和讨论。企业代表对港航管理部门在企业发展中给予的指导帮助表示感谢,并希望港航管理部门能帮助企业度过困难时期,指导企业顺利转型。

九江市港航局卢作林局长做总结发言,他感谢各水运企业多年来对港航管理局工作的理解与支持,对于代表们反映生产经营中存在的突出问题,提出了许多很好的意见和建议,港航局将在会后认真梳理、仔细研究,进一步细化服务水运企业的工作措施,把联系制度推广工作落到实处,切实为企业排忧解难,为企业的发展服务。

(董宇航)

【九江市水运企业诚信建设走在全省前列】 根据省港航管理局2014年1月公布的全省诚信水运企业评审结果,2013年全省共有9家水运企业荣获“诚信水运企业”称号,全部为九江市的水运企业。

全省水运企业诚信评价,是对一定时期内水运企业在水运市场经济活动中遵章守法、履行契约、兑现承诺、安全生产、承担社会责任等情况的综合考核,内容涉及5个大项、15个小项、42个具体评分项目。

9家诚信水运企业中,从A级4家,AA级5家。获得“江西省从A级诚信水运企业"称号的4家企业是:九江市金鸡水运物流有限公司、九江市顺恒物流有限公司、九江县航运公司和江西省瑞昌市第二航运公司;获得“江西省AA级诚信水运企业"称号的5家企业是:永修县航运有限公司、九江泓昌物流有限公司、九江新立通船务有限公司、九江利达船务有限公司和九江市庐山区姑塘航运有限公司。

(江运华)

【九江市交通运输局进行行政执法评议考核】 为加强港航管理行政执法监督,促进港航管理系统法治建设,7月10—11日,市交通运输局抽调人员,组成执法评议考核组,对市港航局各基层单位进行行政执法评议考核。

行政执法评议考核的对象为港航局的13个县(区、市)分局,考核的主要内容是2013年以来的行政许可、行政处罚、行政强制案件以及执法监督、执法责任追究和基层执法工作情况,重点考核基层执法单位“三基三化”工程建设情况、“严执法、优服务"专项活动开展情况、港航管理行政执法队伍年度轮训情况。

评议考核组重点考核评议各单位行政审批、行政处罚、行政强制、基层执法站所“三基三化”建设、执法专项整改等工作落实情况。通过检查,发现基层单位在行政执法中不同程度存在执法程序不规范、执法文书不达标等6个方面的问题,考核组要求责任单位尽快作出针对性整改。

在此次考核中,湖口检查站获得满分,另获加3分共103分的好成绩。湖口检查站、瑞昌、武宁、城郊、星子、永修和湖口分局被评为优秀,城区、庐山西海、彭泽、庐山区、都昌五个分局达标,修水分局考核不合格。

(刘　健)

【九江市港航管理局开展专项检查】 6月24日上午8时,港政601号艇鸣笛开航,九江市港航管理局执法人员在城区九江至横坝头沿线巡查,正式启动港航安全“打非治违”专项检查行动。

九江市港航管理局结合当前全省开展的水上“平安交通”创建活动,通过对长江和鄱阳湖辖区范围内运输船舶非法营运和码头非法作业行为开展专项检查,全面排查整治影响水运安全非法违法经营行为,督促水运和港口经营企业落实安全责任,有效防范和坚决遏制重特大事故发生,为全市水运经济发展提供良好的安全环境。

为开展好港航安全“打非治违”专项检查整治活动,九江市港航管理局从各分局抽调人员,调配检查艇参与执法,执法过程中,沿途开展港航安全管理知识宣传,当日发放宣传品200余份,检查运输船舶160艘次,查处违法经营船舶109艘,其中长江沿线自吸自采砂船104艘无证经营,其中76艘已被市县相关部门扣封。在对港口经营企业检查时,发现湖口水上加油站无证经营,港航执法人员当即下达违章整改通知书,对查出的安全隐患和违法经营行为,督促经营业主限期整改。

(余昭林)

【九江市加大港航基础设施投入】 2014年市港航局统一布置,本着“集中资金办实事,勤俭节约办港航”的原则,不断优化预算支出结构,切实加大了港航基础设施的投入力度。一是加强港航执法能力建设。投入资金370余万元,完成武宁分局执法公务艇购置工作。加强庐山西海水上客运市场的监管力度,增强武宁、西海分局执法能力,保障港航执法工作高效、有序运转。二是加强港航基础设施的维护保养。对基层单位的执法艇、趸船等基础设施进行全面维修保养,完成湖口分局、湖口检查站、都昌分局、星子分局、城区分局的执法艇、趸船、中央空调等基础设施的维护保养工作。三是加强办公用房建设。完成修水分局办公用房及配套设施购置工作和彭泽分局、庐山区分局庭院改造工程,改善了基层单位广大干部职工的工作和生活环境,同时也为广大港航业户提供了更好的服务平台。全年投入维修资金760万元。

(吴亚明　万文芳)

【新余市开展水上交通安全专项整治】 7月10日,新余市交通运输局、新余市安全生产监督管理局、江西省新余市地方海事局邀请地方媒体,联合组织对全市水上交通更全“打非治违”开展专项检查活动。

水上交通安全“打非治违”专项活动,在新余市交通运输局、江西省新余市地方海事局分管领导的带领下,分两个检查组,对渝水区、分宜县、仙女湖风景名胜区、高新技术产业园区水上“三无”船舶非法运输、非法渡运、渔船、农用船非法占据船道捕捞作业、船舶不按要求配齐船员等重点开展了专项检查。

通过认真检查,全市水上交通运输安全情况良好,共排查隐患7处,并下达隐患整改督办单,要求责任单位立即整改,消除隐患。

(刘泰标)

【仙女湖景区开展水上突发事件应急演练】 9月17日,由省交通运输厅、新余市人民政府主办,省港航管理局、省水上搜救中心、新余市政府应急办承办的2014年新余市仙女湖景区水上突发事件应急演练在仙女湖圣集寺水域举行。省交通运输厅总工程师胡钊芳,新余市人民政府副市长李新华,省港航局局长于钦民、党委书记严允及有关单位领导同志出席观摩。

现场模拟:一艘载有10人的小型客船与1艘载有40人的大型旅游船在圣集寺水域发生碰撞,小客船破损进水,逐渐下沉;10名游客落水;大客船故障抛锚且燃油出现泄漏,新余市饮用水源面临大面积污染。由此组成生命救助、船舶救援和水域污染控制三个科目演练。省水上搜救中心值班室接到报警,立即启动应急预案。新余市政府现场指挥部,协调景区管委会、海事、公安、卫生、交通、消防、环保等部门进行救援。最终10名落水游客获救;潜水员对小客船堵漏排水成功,避免沉没危险;污染水域得到控制,有效清除了溢油。综合应急演练的全部科目完成顺利。

这是首次在省重点旅游景区开展的大型水上突发事件应急演练。此次演练检验了省、市共同应对水上突发事件应急处置能力,为进一步完善预案、磨合机制、锻炼队伍具有重要意义。

(黄海源)

【贵溪市连续50年无水上交通事故】 贵溪辖区内水库、渡口众多,有6座中型水库,19个渡口,运输船舶200多艘,且渡口和运输船舶大多分布在偏远山区。贵溪市交通运输系统针对乡镇运输船舶管理难度大的特点,通过召开各类安全会议和安全检查等活动,使各乡(镇)人民政府、街道办事处提高了对加强乡镇运输船舶监督管理的认识,自觉担负起安全管理的责任。每逢春运或节假日以及汛期前,深入全市19个乡镇渡口和库区进行现场检查、监督,对各类抢渡、超载等违章行为进行及时处理,发现隐患及时予以整改。为建立行之有效的水上交通安全机制,每年对拥有从事船舶运输的19个乡(镇)人民政府、街道办事处层层签订了安全责任承包书,明确了各类船舶管理单位职责,使水上交通安全管理工作落到了实处,杜绝因监管不力而发生重大水上安全事故。在船舶检验业务中,坚持“谁检验,谁负责,谁发证,谁负责”的原则,多方筹集资金将全市木质船全部改成钢质船,保证了参运船舶的安全适航。

(贵溪市交通运输局)

水路运输管理

【概况】 2014年,全省应参加年度核查的水路运输经营业户306户,实际参加核查的水路运输经营业户304户(企业178户、个体经营户126户)。其中,通过年度核查的水路运输经营业户274户(企业148户、个体经营户126),核查通过率达90%;限期整改水运企业29户;未通过核查水运企业1户;省际沿海企业参加核查29户,其中通过核查14户(不符合新资质要求的12户)、限期整改15户;省际内河企业参加核查129户,其中通过核查116户(不符合新资质要求的105户)、限期整改12户、未通过核查1户;省内内河企业参加核查20户,其中通过核查18户(不符合新资质要求的9户)、限期整改2户;全省应参加核查的水路运输服务经营业户78户,实际参加核查数为68户。其中,船代企业45户,全部通过核查。货代企业21户,全部通过核查。船舶管理业2户,通过核查1户、限期整改1户;33户水路客货运企业通过了标准化考评。全省营运船舶共计2135艘、2170889载重吨、9229客位、3026TEU、619812.3千瓦。其中拖推船1艘、588千瓦,货船1626艘、1755477载重吨、496117.5千瓦,客船287艘、9192客位、11303.6千瓦,高速客船2艘、37客位、188千瓦,化学品船118艘、96310载重吨、28825.3千瓦,油船49艘、175932载重吨、52777.9千瓦,油/化二用船23艘、81119载重吨、14894千瓦,集装箱船29艘、3026箱位、62051载重吨、15118千瓦。

根据交通运输部长江航务管理局《关于换发(船舶营业运输证)有关事项的通知》(长航运〔2014〕148号)精神及统一部署,省港航局针对本省158艘在长江水系省际液货危险品运输船舶“船舶营业运输证”进行统一材料审核、换证工作。

根据省交通运输厅《交通运输部办公厅关于做好2013年度城乡道路客运燃油消耗统计申报工作的通知》(厅运字〔2014〕312号)文件有关要求,1月,省港航局组织各设区市港航管理部门对全省农村岛际水路客运补助用油量进行了重新核定。在重新核定的基础上,2013年度全省纳入补贴的农村水路客运经营户有72户(企业及个体),比2012年度减少了7户,下降了8.9%;营运船舶229艘,比2012年度减少了35艘,下降了13.3%;船舶客位7630客位,比2012年度减少了2769客位,下降26.6%;船舶总吨4687.1吨,比2012年度减少2186.9吨,下降了31.8%;核定的补助用油量1753.33吨,比2012年度减少了635.57吨,下降了26.6%。2013年度(预拨资金)306万元补贴资金由省财政通过专项资金零余额账户直接拨付至相关设区市、县财政专项转移支付资金特设专户,陆续补贴到水路客运经营户。2014年度燃油补助用油量核定工作也正式启动。

2014年,省港航局运输管理处联合海事、船检等相关部门开展“水路运输安全生产全面隐患排查”“打非治违”“打击‘三无’船舶”“五一前夕安全生产专项检查”“危险品船舶偷装偷卸专项检查”等多项整治行动,共查处“三无”船舶非法运输186起,将符合安全要求的623艘“三无”船舶纳入规范管理。九江排查“三无”船舶136艘。南昌拆解201艘“三无”采砂船和自吸自卸式运砂船。深化“打非治违”,共检查企业411户,船舶9097艘次,排查处理违法违规行为671起。超载治理共查处超载船舶10321艘次,减载黄沙48.5万吨。九江实施采砂统一管理平台,给予每艘船舶标准配载。南昌港航部门在赣江中下游开展打击非法偷装偷卸危险化学品违法行为专项整治,危险化学品偷装偷卸现象得到有效遏制。

至12月底,全省省际17家危险品水路运输企业已全部通过了安全生产标准化达标。客运企业除个别单位正在申报考评中,其余均已按时达标。同时启动全省普货水路运输企业安全生产标准化达标考核工作。

按照江西省港航管理局2014年全面深化改革要点的通知,积极培育社会中介服务体系,加强行业自律。通过对水运企业的调研走访,协调筹建江西省港航管理运输行业协会。截至年底,已成立了协会筹备组、建立公司章程,20余户企业申请入会。行业协会的成立,使其发挥在政府和企业之间的桥梁和纽带作用,推动建立市场化条件下的运输成本和价格联动机制。

（罗淑青）

【鹿心社调研交通水运工作】 8月中旬,省委副书记、省长鹿心社考察省交通水运工作。他指出,要抓住国家依托长江黄金水道,推动长江经济带发展的机遇,大力发展水运,着力构建综合立体交通运输体系,为积极参与长江经济带建设,促进江西发展升级提供有力支撑。

8月19日上午,鹿心社一行到丰城海事执法点乘船考察丰城至南昌赣江航道情况。他指出,江西三级以上航道占总航道比重低,制约了水运能力的发挥。下一步,要围绕长江江西段、赣江、信江等水运主通道全部达到三级以上航道标准的目标,加快推进重点航道建设。鹿心社在船上主持召开座谈会,协调解决水运发展的困难和问题。他指出,依托长江黄金水道,打造中国经济新支撑带,是中央作出的重大战略决策,加快改善长江主要支流通航条件是建设长江经济带的一项重要举措,要牢牢抓住发展机遇,大力推进水运交通体系建设。鹿心社强调,要做好全省水运发展的统筹规划,统筹长江、鄱阳湖和内河关系,加快形成通江达海的水路运输网络;统筹航道、港口、重大水利枢纽工程的关系,实现水资源综合开发和有效利用;统筹推进水运、铁路、公路、航空等基础设施建设,打造现代化、网络化、标准化、智能化的综合立体交通体系。要加快推进重点航道建设,抓好赣江各梯级水利枢纽建设。要加快推进重要港口建设,抓好南昌港、九江港一体化建设,大力发展水运体系建设,做到有序开发,科学发展。

船抵南昌港集装箱码头,鹿心社冒雨到作业前沿,与码头工交谈,询问港口货源、集装箱吞吐量和装卸作业等方面情况,他指出,港口是发展水运的重要平台,要加快重点港口码头建设,努力打造区域性综合物流中心。南昌保税物流园是南昌港集装箱码头的重要配套工程,鹿心社现场视察了物流园保税仓库及联检营业大厅,询问了解物流园建设运营情况。鹿心社指出,南昌保税物流园是江西促进外向型经济发展的重要平台和对外招商引资的名片,要切实服务好、管理好、运营好,使物流园发挥更大作用。

省政府秘书长谭晓林、省交通运输厅党委书记、厅长朱希、南昌市市长郭安、国电江西电力公司党组书记王恒文等随同考察。

（黄海源）

【黑龙江航务局到江西港航管理局交流调研】 12月11日,黑龙江省航务管理局副局长李长胜等一行6人到省港航局调研水路船舶运输管理情况。

江西省港航局介绍了江西港航机构设置、水运市场总体环境、水路运输业情况、船舶管理情况,以及本省出台有关与《国内水路运输管理条例》配套管理的规定。双方就渡口渡船管理、12客位以下小型客船和乡镇客渡船管理、排筏管理、通航水域界定等水运管理中的热点难点问题进行了探讨交流,取长补短互相学习。

（黄海源）

【江西交通“一增一减”提升行业管理能力】 2014年,江西将经营省内水路旅客运输许可审批下放至设区市交通运输行政主管部门,简政放权更进一步。省交通运输厅还在完善审批服务及监管机制上下工夫,通过“一增一减”,实现了行业管理的良性发展。

省交通运输厅坚持在行政审批方面做“减法”,简政放权,优化环境。从2009年至2014年,该厅行政许可审批事项由51项精减到22项,投资审批事项由19项精减到10项,非许可审批事项由13项精减到10项,审批时限在原法定办理时间的基础上缩减了30%。

省交通运输厅还坚持在强化行业管理方面做“加法”,完善审批服务及监管机制,及行业管理法律法规制度,使管理跟得上、监管有依据。

省交通运输厅设立行政审批服务窗口,将与审批相关的便民信息通过网站和场所对外公示,保障企业、群众的知情权和监督权。优化网上审批系统,提高办事效率。定期开展审批监督检查与互查工作,优化政务服务环境。

同时,不断创新行业管理和精简审批具体措施。例如南昌至宁都、南昌至上粟高速公路主体工程招投标推行电子化招标,最大限度地减少人为因素;《公路工程设计变更管理办法》等一批管理制度修订出台,完善了基本建设市场监管制度体系;项目管理专门机构成立,统筹管理交通重点工程建设井睦高速公路项目在国内第一个试行项目监管一体化和设计师工总承包组合模式,开创了全国高速公路建设的建管新模式,行业管理能力进一步提升。

(李　明)

【全省水路运输及其辅助业进行年度核查】　根据交通运输部《关于开展2014年国内水路运输及其辅助业核查工作的通知》要求,全省各级港航管理部门于3月至5月对辖区内水路运输经营者资质保持情况、生产经营情况及营运船舶相关证书进行了全面核查。

2014年,全省参加年度核查的水路运输经营业户304户(企业178户、个体经营户126户),较上年减少93户,减幅23.4%。其中,通过年度核查的水路运输经营业户274户,限期整改29户,未通过核查1户。通过核查的水运企业为148户,较上年增加1户,基本持平;通过核查的个体经营户126户,较上年减少74,减幅37%。参加核查的水路运输辅助业经营业户68户,比上年减少2户,减幅2.9%。

参加核查营运船舶共2135艘(比上年减少319艘,减幅13%)、2170889载重吨(比上年增加16250载重吨,增幅0.8%)、9229客位(比上年减少1556客位,减幅14.4%)、3026箱位(比上年增加59箱位,增幅2%)、620054.3千瓦(比上年减少39068.39千瓦,减幅6%)。其中,货船1626艘、1755477载重吨,较上年减少258艘、载重吨减少了25922吨;拖船1艘,较上年减少1艘;客船(含高速客船)289艘、9229客位,较上年减少54艘、1556客位;化学品船118艘、96310载重吨,较上年减少4艘、载重吨增加6648吨:油船(含油/化二用船)72艘、257051载重吨,较上年增加2艘,载重吨增加了35988吨;集装箱船29艘、3026箱位、62051载重吨,较上年减少了4艘、464载重吨,箱位增加了59TEU。

通过数据分析,全省水路运输经营业户和船舶运力变化情况呈现以下特点:①船舶继续向大型化发展。2014年全省船舶平均吨位由2013年的878吨增加至1016吨,增幅为15.7%。②推进省内个体经营业户逐步实现公司化经营取得了一定成效。2014年全省水路运输经营业户较上年减少93户,其中个体经营业户减少了74户,减幅达37%。③加快推进船舶标准化工作步伐,逐步淘汰老旧运输船舶和单壳危险品船,提高了船舶标准化比例。

6月中旬,省港航局对宜春的核查工作进行了检查,并现场抽查了3家企业的经营资质保持情况,重点加大了对液货危险品运输企业经营资质条件的检查力度,对抽查发现的问题,要求督促企业限期整改,加强动态监管,严把审核关。

(吴萃萃　黄海源)

【长江航务局检查江西长江水系运政】　9月13日至14日,由交通运输部长江航务管理局、重庆市、四川省、湖南省港航管理部门组成的长江水系水路运政检查组一行到江西检查水路运政管理工作。

省港航局运输管理处介绍了江西水运市场整体现状,汇报了水路运政管理工作情况。检查组对九江市港航管理局瑞昌分局的运政管理工作进行了检查,并抽查了九江振兴轮船有限公司、瑞昌市第二航运公司经营资质保持情况和基本经营台账、各项管理制度的建立健全及落实情况,听取了企业生产经情况及存在问题的汇报。

检查组对江西水路运政管理工作给予了肯定,认为管理工作规范有序,经营资质管理情况保持良好,行政审核、审批程序符合相关规定要求,同时对水运企业档案管理的规范化作了具体指导。

(幸循华　熊　芬　黄海源)

【省港航局部署上海亚信会水上安保工作】　4月2日上午,交通运输部海事局在北京召开2014年上海亚信会水上安保工作部署视频会议,省港航局在局25楼会议室设立江西分会场。省局党委委员、调研员刘贤明、局各业务处室负责同志、江西远洋运输有限公司、南昌市地方海事局领导及业务科室负责人等20余人参加了视频会议,赣州、吉安、宜春、抚州、九江和上饶6个地方海事局按省局要求在当地建立了视频转接分会场。

会议首先由上海海事局介绍2014年上海亚信会水上安保总体方案，部海事局船舶处负责人部署了上海亚信会水上安保远端控制工作情况，随后交通运输部公安局领导和部海事局领导就做好2014年上海亚信会水上安保工作分别提出具体要求。会后，省局按照部海事局视频工作会议的部署，指导各设区市地方海事局认真做好上海亚信会水上安保远端控制相关工作，确保从江西境内驶往到上海内河的船舶符合上海亚信会水上安保的航行要求。

（李　卿　刘木根　陈明中）

【南昌市严厉打击船舶偷装偷卸危险化学品非法行为】 自6月10日开始，南昌市地方海事局协同市港航处联合整治辖区偷装偷卸危险化学品的非法行为，保障赣江饮用水不受污染，维护辖区水上交通安全形势的稳定。

南昌海事、港航部门加大辖区日常巡航检查力度，依托南昌水路交通综合检查站，24小时监控出入辖区的危险品运输船舶，并不定期地对辖区可能发生偷装偷卸的水域进行联合突击检查，特别是在偷装偷卸现象易发生的夜间。同时，此次整治行动职责分工明确。海事部门专门负责加强水上交通安全监管，禁止为载运危险化学品的船舶办理进出港签证，严厉打击非法偷装偷卸危险化学品船舶的违法行为；港航部门则负责辖区水域特别是港口装卸区作业的安全监管，禁止私设码头偷装偷卸危险品，以及无危险化学品装卸作业经营资质的港口企业为危险化学品船舶装卸作业。

（汪　莹　段　鑫　陈明中）

【南昌市港航处建无线登陆船舶动态管理系统】 随着内河水路运输行业的蓬勃发展，对水上交通行政执法管理工作提出更高的要求。水上交通的管理服务对象数量众多、情况复杂，各种伪造证照、非法改装和未取得经营许可的船舶为数不少。为进一步加强内河水上交通行政执法管理、提高执法服务质量、促进依法行政，利用信息化手段有效解决执法难题，南昌市港航处将船舶动态管理系统无线接入江西省港航三级网，皇笪局网络平台联网，真正实现船舶动态管理。10月，该处执法人员只需随船携带便携式电脑利用无线网络登陆船舶动态管理系统，核准营运船舶信息，可充分利用信息化手段，有效打击水上非法营运行为，同时也大大降低执法人员的执法难度，提高执法效率。

（裴文奇）

【永修海事处整治吴城水域非法载客行为】 10月开始，数百万只候鸟陆续来到吴城国家级候鸟保护区越冬，吸引大批游客观鸟旅游，“观鸟潮”高峰客流每天达1000～2000人。吴城水域有渔船1000余艘，另有少量自用船和农用船。部分渔船、自用船和农用船为利驱动，擅自冒险承揽载客业务，单船有时载客超20多人。这些非法运客船，普遍小于15米长，多为滩涂造，船质简陋，安全设施配备不足，抵御风险能力差，存在极大的安全隐患。

永修县地方海事处采取疏堵结合的方法，于10月底就开始深入洲滩、码头、渔村加强现场宣传教育，对有记录在案的船主提前告诫；并在游客集中的大湖池、望湖亭和客运码头附近树立警示牌，公布举报电话，提醒游客拒乘非法客船；加强现场巡航检查，重点监控习惯载客点，严肃查处非法载客行为，暂扣了2艘顶风作案的非客船舶；引导游客群体到荷溪、西庄正规渡口进入湖区观鸟。为加强源头管控，向渡口管理部门提出调配渡船、新增渡运航线的建议，并上门与当地政府、渔政、港航和公安等单位沟通，建立信息通报机制，使吴城水域非客船非法载客现象得到控制。

（何庆涛）

【赣州市港航管理处加强水运市场管理】 2014年，该处认真履行自身职能，努力创造条件提升管理水平，通过提高准入门槛，强化管理力度，积极促进水运转型，推动建设统一开放、竞争有序、结构合理的赣州水运运输市场。一是积极强化执法检查力度，加强对中心城区水运市场的管理。全年该处共组织开展各种专项执法大检查4次，共检查船舶232艘次，检查港口企业34次。制定了《赣州市港航管理处开展港航违法违章行为集中整治及走访服务工作方案》，班子成员及相关工作人员按照方案要求落实调研走访工作，实现每月4次以上到中心城区服务对象调研走访，形成调研执法的长效管理机制。同时,该处还切实加强对执法工作人员的教育培训与培养。通过举办全市港航稽查人员和窗口办证人员的业务培训和积极组织干部职工参加省厅举办的执法人员培训,使该处持证干部职工进一步提高了对业务知识、执法程序、港航政策法规的掌握,充实了一批青年力量加入执法队伍,着力提升了执法队伍的素质,为开展执法检查积蓄了力量。二是认真开展年度核查工作,严厉打击非法运输行为,维护水运市场秩序,促进全市水运市场健康、有序发展。2014 年共核查了水运业户 117 户,船舶 209 艘,载货吨 36924 吨,其中省际运输船舶 57 艘(其中包含沿海运输 1 艘),区内客船 84 艘,2305 客位。三是优化运力结构,积极推进船型标准化工作。该处协同地方海事局进行船舶拆解的监管,认真做好老旧船舶拆解工作,淘汰安全性能差、技术经济性能落后的老旧船舶。

(赣州市港航处)

【赣州市港航管理处大力建设服务型港航】 2014 年,该处把建设服务型港航作为目标,着力提高服务能力和服务水平,致力为业户提供快捷、方便、优质的服务。一是切实为业户创造“一站式”服务环境。经过和市港航分局的沟通协商,7 月,该处办证窗口和港航分局办证窗口合署办公,为业户一次性在一个窗口办结报港、办证、年审等方面证件提供了条件。二是做好省政府取消和下放行政审批项目衔接工作。该处组织相关人员,严格按照 2014 年赣州市市本级行政审批项目目录,对全处的行政审批事项重新梳理,对该处保留的行政审批事项,通过市交通信息网、行政服务中心网站、办事服务指南等方式予以全面公开,做到内容、条件、办事程序的公开,全方位接受监督。认真兑现对外公开承诺的行政审批事项办理时限,进一步减少行政审批项目的环节、时间,提高项目行政审批效率。该处对审批程序从受理到办结的全过程进行合理整合。制定和修订规章制度,一级抓一级,切实做到谁主管谁负责,把工作落实到每一个岗位,确保行政许可过程公开透明,减少违规操作的可能性。

(赣州市港航处)

【赣州港口安全生产形势平稳】 该处切实加强日常安全监管,落实各项安全措施,有力排查安全隐患,2014 年货运量 1566.7 万吨,货物周转量 52503 万千米;客运量 136.8 万人,旅客周转量 1200 万人千米。2014 年,全市内河运输船舶数合计 422 艘,其中客船 89 艘,客位 2479 个;内河货船 333 艘,吨位 33116 吨。沿海货运船舶 2 艘,吨位 3774 吨。一是全力做好春运及重大节日和重要时段的安全监管工作,围绕“便民利民、平安春运”精心准备,认真调研,春运期间共投入 90 艘 24410 客位,安全运送旅客 106415 人次,确保春运期间安全、通畅、高效。同时,“两会”、端午、五一、中秋、国庆及中共十八届四中全会等重要时段和重大节假日期间,严格按照上级要求,狠抓安全监管落实,利用信息平台、文件传达、现场检查等各种有效手段,督促各相关单位按照属地及分级管理的基本原则全面落实安全生产行政监管主体责任,较好地履行了港航安全生产行政监管职能。二是全力开展了安全隐患排查治理专项工作。8 月初至 9 月下旬,分 3 个阶段开展工作。期间共检查港口经营企业 18 家,水运企业 3 家,个体运输船舶 60 余艘,有效地遏制了安全事故的发生。三是大力开展“打非治违”专项行动和“安全生产月”活动。通过打击非法违法经营行为,大力普及安全知识,弘扬安全文化,强化安全生产“双基”工作,提升港航安全生产管理水平。

(赣州市港航处)

【上犹海事增设助航设施保障航行安全】 上犹县陡水湖库区航道复杂,加之近年来陡水湖旅游景区人气爆棚,现有的助航设施已不能满足旅游船舶安全通航。7 月上旬,在赣州港航分局航道科和上犹县地方海事处共同努力下,争取到专项资金 20 多万元用于新增助航设施建设,增设擒龙口至龙门口航标 30 组,在油栏坑口、十二排上下行船舶不能相互通视的弯曲航道的两处地方,设置了 2 组鸣笛标。既延伸了旅游航线,同时也提高了旅游船舶运营的安全性,为水上交通安全打下坚实基础,得到了上犹县人民政府和上犹县旅游公司的高度赞扬。

(上犹港航所)

【宜春市开展港航管理年活动】 一是积极开展港口项目建设,规范岸线管理。樟树水运口岸作业区投资31651.13万元,已基本完成前期工作;高安新建货运码头投资186万元,建设资金已全部到位。其中,樟树市水运口岸作业区位于樟树港六码头,新建1000吨级件杂泊位2个,新建集装箱堆场、仓库、海关楼、办公楼等,改造原有铁路专用线。二是认真开展水路运输年度核查工作。在广泛宣传水路运输核查工作的基础上,成立联动机制,对参加水路运输年度核查的企业和船舶从船舶检验、安全管理体系、人员配备以及经营状况等方面进行全面核查,确保水路运输企业经营信誉良好、营运船舶安全适航、安全管理工作到位。全年共核查水运企业18家,在册运营船舶497艘,其中普通货船390艘、558512载重吨;散装化学品船、油船100艘、10054.6载重吨;普通客船7艘、149载客位。对照交通部规定,所有企业主要管理人员海务、机务配备齐全,适任证书留存各港航所(处)统一进行保管,没有发现在其他船上兼职的现象。同时,还核实了所有公司2013年的经营状况。三是认真开展港口经营资质核查。4月1日至6月30日,在全市范围内开展港口经营资质核查工作,共核查港口经营户89户,出动工作用车8台次,检查艇4艘,执法人员40余人次,核查率100%。通过核查,有效保持全市港口经营人的经营资质,进一步促进港口安全生产工作落到实处。四是不断加强水路交通行政执法队伍建设,规范执法行为,健全监督机制,依法开展水路运政、港口港政等水路综合执法,重点加强动态执法检查。

(周青兰　周亚萍)

船舶检验

【概况】 2014年,全省各级船检机构以提高船检质量为中心,积极推进"三个船检"建设,通过加强能力建设、规范管理,提高了船检队伍的工作质量和效能。船检工作能力有较大提升。全面运行"江西省船舶检验质量管理信息系统VIMS5.03"。全年共审核通过各类船舶图纸111套,完成船检业务量4445艘次、223万总吨。共审核并授予新船船检登记号101个。近两年共检验并授予未持证船舶船检登记号900余艘。

根据《船舶与海上设施法定检验规则〈国内航行船舶法定检验技术规则〉(2011)》《船舶与海上设施法定检验规则〈内河船舶法定检验技术规则〉(2011)》《河船法定建造检验技术规程(2011)》和《河船法定营运检验技术规程(2011)》。省船舶检验局在日常工作中,重视大气污染的防治工作,稳步推进绿色交通建设,鼓励船东发展节能环保型运输船舶,推动水运企业开展形式多样的节能减排示范项目活动。加强船舶LNG应用引导和服务工作,缩减船舶LNG试点方案和改造设计的审核周期。对船东反映省内LNG加注站太少,省船舶检验局积极开展本省水上LNG加注站建设前期研究,大力推动燃气企业推广、水运企业应用LNG清洁能源。在船舶建造检验时认真查阅柴油机等船用产品证书并核对实物钢印,检查柴油机N0x排放、监测和记录的相关文件资料。

船舶检验局注重专业技术人员的培训,优化专业知识结构。截至10月,在部海事局的大力支持下,全省各级验船人员共45人参加海事船舶检验和内河砂船检验等培训班。2批次派出10名丈量复核人员参加部海事局组织的船舶吨位丈量复核培训。与全国船检同行相互交流学习,共同提高,提升江西船检在全国的影响力。

按照部海事局《船舶吨位丈量统一管理实施方案》《船舶吨位丈量统一管理实施细则》及《江西省港航管理局关于印发船舶吨位丈量复核发证等十项工作制度办法的通知》的各项要求,对本辖区内船长20米及以上船舶进行吨位丈量复核和新版临时吨位证书发证工作。启用新版船舶吨位丈量管理系统,对新建船舶、转入船舶等实施了吨位丈量复核工作,保证吨位丈量的公正性和准确性。结合检验及时对复核合格船舶换发新版临时吨位证书。截至年底,共发放船舶临时吨位证书707份,杜绝了"大船小证"现象。

大力推进船型标准化。推进老旧船舶拆解工作,全省共拆解完工老旧运输船舶123艘、31923总吨,合计发放补贴资金2413万元。制定并实施《江西省内河船型标准化补贴资金管理实施办法》,完成"十二五"期间全省现有老旧船舶、单壳化学品船、单壳油船和生活污水改造船舶的调查摸底和补贴资金测算工作,申请到位中央补助资金1319万元。

(罗淑青)

【九江2家造船企业入围全国船舶行业“百名单”】 2014年,国家工业和信息化部发布首批全国50家符合《船舶行业规范条件》的造船企业,其中,江西江州联合造船有限责任公司和同方江新造船有限公司榜上有名。

经初步测算,这50家企业造船产能合计超过六千万吨,占全国产能的80%以上。据统计,2014年上半年,这50家企业造船完工量占全国总量的80.2%,新接船舶订单量占全国总量的82.5%,6月底手持船舶订单量占全国总量的88.3%。

(彭国民)

【交通运输厅实地督查九江非法滩涂造船点】 7月17日,省交通运输厅党委委员、总工程师胡钊芳率联合督查组到九江实地督查非法滩涂造船情况。

督查组由省安全生产监督管理局、省国防科工办、省交通运输厅联合组成。根据前期摸排情况,督查组实地查看武宁县三处非法滩涂造船点,并挂牌跟踪督办,责令当地政府严格落实属地监管责任,有关部门严格落实行业监管责任,船舶企业严格落实安全生产主体责任,对清理排查出的安全隐患落实闭环管理机制,做到排查、登记、整治、监督、销号全过程管理,不留空挡,确保隐患整改落实到位。

造船行业安全专项整治从5月开始启动,九江市在辖区内摸底排查出7处非法滩涂造(修)船点,主要集中在永修县、武宁县、都昌县。本次计划用半年时间在全省范围内开展,以健全完善船舶建造监管责任体系,及时排查和治理船舶行业安全隐患,有效防范和坚决遏制各类生产安全事故发生。

(李 越 黄海源)

【省港航局认真做好内河船舶吨位证书发放】 5月26日,省港航局船检处再次重申:

1. 各分局船检科要高度重视船舶吨位丈量复核发证工作。有关吨位丈量复核人员要及时检查,及时处理相关复核工作。各分局船检科自接到本通知起,须将尚未完成的船舶吨位丈量复核发证工作,及时按规定和程序处理到位。

2. 做好船舶吨位丈量复核发证工作。船东一旦向船检机构申请检验和吨位丈量,则不需再另行向分中心申请复核。检验人员和复核人员之间要互相配合和积极协调,工作中出现分歧有异议,应及时报告分局船检科主要负责人协调处理,涉及省局船检处的,由分局船检科主要负责人向省局船检处主要负责人报告。

(黄 坚 陈明中)

【省安委会督察南昌造船行业安全整治】 7月16日,省安委会组织造船行业安全整治工作督察组对南昌造船行业工作开展情况进行督察,督察组听取情况汇报并到造船厂(点)进行现场检查。通过检查,督察组对南昌市造船行业安全整治所做的工作给予肯定。

南昌市船舶检验局积极参加南昌市造船行业安全整治统一行动,对辖区内造船企业资质情况进行摸底,排查非法违规造船厂(点),做到及时发现、及时上报、及时沟通、及时联合整治。

(黄海源)

【九江船舶检验局集中约检庐山西海风景区客船】 8月27日,九江市船舶检验局集中为庐山西海云海轮船有限公司船舶核发年检证书,18艘旅游客船便捷投入营运。

随着庐山西海风景区旅客游览客船大量增加,九江市船舶检验局主动作为,与船舶公司协商,约定时间对公司所属客船进行集中检验。过去由于检验时间不一,客船检验量大,费时费力,对经营造成一定影响。实行集中约检后,省时省事,方便了船舶公司与船员。

(刘庆忠 黄海源)

【南昌船舶检验换发新版吨位证书】 南昌市船舶检验局按照上级统一部署,结合营运检验,对辖区船舶检验证书换发了新版吨位证书。

新版吨位证书的全部发放流程经由船舶吨位丈量管理模块VTMS2.0软件完成:先由地(市)级检验机构申请,至省船舶检验局船舶安全技术分中心审核并签发“临时船舶吨位证书”,最终由国家海事局船舶安全技术中心审核并签发“船舶吨位证书”(长期),地(市)级检验机构打印后发放给船舶所有人。中华人民共和国海事局船舶安全技术中心签发的“船舶吨位证书”,在船名、船籍港不变,船舶未改装、改建的情况下永久有效。

至10月,该局已完成196艘船舶(长期)“船舶吨位证书”的发放工作。经过近几年开展的船舶“大船小证”专项整治行动,到现在船舶吨位证书经船舶吨位丈量管理模块VTMS2.0软件申请,由国家海事局船舶安全技术中心签发,该辖区船舶已杜绝“大船小证”现象,并且做到船、证、图纸的一致。

(万 驰 汪 莹 黄海源)

【全省营运船舶平均载重吨突破1000吨】 2014年度核查数据显示,全省拥有营运船舶2135吨、217万载重吨,船舶平均载重吨位由2013年的878吨增加至1016吨,增长13.3%。

近几年来,全省港航部门采取多项举措,进一步优化船舶运力结构,推动水运转型发展。一是严格营运性质管理。每年对全省水路运输企业和个体经营户进行经营资质核查,严格落实安全生产标准化达标考核,淘汰了一些不具备营运资质的船舶。二是大力推进船型标准化。全省核准拆解老旧运输船舶共计154艘、38418总吨,实际拆解老旧运输船舶123艘、31923总吨,发放政府财政补贴资金2370万元。三是鼓励水运企业和船东淘汰现有老旧船舶、单壳化学品船、单壳油船、,并完成2014年、2015年全省船型标准化调查摸底和补贴资金的测算工作,积极运用政策杠杆鼓励发展大型化、专业化、标准化船舶。

(李 明)

【吉安市地方海事局召开自卸式运沙船安全监管研讨会】 为提高对辖区内自卸式沙石运输船舶的安全监管,减少此类船舶事故的发生,确保辖区水上交通安全形势持续稳定。4月21日,吉安市地方海事局召集各基层海事处负责人、安监科、船检科、执法监察大队等部门人员召开自卸式砂石运输船舶安全监管研讨会。

研讨会通过对辖区近几年发生的几起自卸式沙石运输船舶倾覆沉没的事故原因进行再分析,就该类船舶的结构、稳性、配载、操纵、船员素质等方面对事故的影响进行深层次的讨论。并从船检和海事监管的角度对该类船舶今后在新船建造、新船试验、安全检查、安全宣传、船员培训、日常管理等措施进行研究部署。

该局将根据辖区当前水上交通安全监管的新形势、新变化,结合安全风险情况和安全监管难度等因素,在研究部署的基础上及时调整完善自卸式沙石运输船舶的监管措施。

(郭路远 陈明中)

【九江船舶变更检验机构发证时间缩短至3日】 9月中旬,九江采1588船正式从安徽芜湖变更落户至九江。该船总长102.8米,总吨位5476吨,系变更落户九江的最大吨位船舶,这也是《国内航行船舶变更船舶检验机构管理规定》自2013年12月18日颁布实施以后,第19艘正式办结变更船舶检验机构的船舶。

《国内航行船舶变更船舶检验机构管理规定》下放了行政审批权力,简化船舶变更手续,极大方便船舶买卖交易。九江船检部门着力提升服务质量和效率,将变更检验发证由行政许可规定的15个工作日缩短至3个工作日,吸引了更多的船舶选择落户九江。

(陈影彬 黄海源)

港口管理

【中石化九江分公司获二级码头安全达标资质】 4月18日,省交通运输厅向中石化长江燃料有限公司九江分公司颁发了江西省首张交通运输企业(港口营运)安全生产标准化二级资质证书,这标志着该公司成为九江港首家通过全省港口营运安全资质达标认证的港口企业,也是九江港全面推进港口安全生产标准化进程的重要一步。

交通(港口)企业安全生产标准化建设由交通运输部安委办组织实施,要求企业通过建立安全生产责任制,制定安全管理制度和操作规程,排查治理隐患和监控重大危险源,建立预防机制,规范生产行为,使各生产环节符合有关安全生产法律法规和标准规范的要求,人、机、物、环处于良好的生产状态,并持续改进,不断加强企业安全生产规范化建设,提升企业安全管理水平。

自2013年5月起,九江港全面推进港口安全标准化达标创建工作,按照工作要求,首批2家客运和15家危化品港口企业安全生产标准化达标工作在本年上半年前完成。此次,获得二级资质证书的中石化长江燃料有限公司九江分公司是中长燃公司下属全资分公司。是目前长江九江段及江西内河水域规模最大,设备最先进、现代化管理程度最高的专业从事水上加油企业。该公司获得安全生产标准化二级达标资质,将对九江港其他港口企业创建安全生产标准化起到模范促进作用。

(王少锋　陈明中)

【江西国际集装箱码头公司获"全省口岸物流服务先进企业"称号】 3月31日,在全省扩大开放工作会议上,江西国际集装箱码头有限责任公司荣获"全省口岸物流服务先进企业"称号,全省仅有2家企业获此殊荣。

江西国际集装箱码头有限责任公司在上级部门的正确领导下,全体职工齐心协力,攻坚克难,年吞吐量突破9万标箱,取得社会效益和经济效益双丰收。

(辛会珍　陈明中)

【南昌保税物流中心赴义乌进行电商招商活动】 12月中旬,南昌保税物流中心组队赴浙江省义乌,在中国义乌国际商贸城第五区市场开展电商招商活动,助力发展中心电子商务。该中心与当地60多家进口商品展销单位和电子商务企业建立了联系,与25家企业达成建立商务合作意向,与5家企业就深化对接江西市场达成初步共识,为建设电子商务产业园和进口产品交易中心奠定了基础。

(余　松　黄海源)

【九江港获全国首批两个港口岸线使用证】 4月17日,九江港获由交通运输部核发的全国首批的两个港口岸线使用证港口之一,开创江西省港口岸线使用证的先河。其中,九江港湖口长江炉料有限公司货运码头工程获中华人民共和国港口岸线使用证(交港河岸〔2014〕第01号)、瑞昌港区梁公堤作业区理文公用码头工程获中华人民共和国港口岸线使用证(交港河岸〔2014〕第45号)。九江彭泽康普力、九江欣嘉锐公司码头的港口岸线使用证也在办理之中。

《港口岸线使用审批管理办法》由交通运输部和国家发改委联合发布,于2012年7月1日正式实施。该办法共二十三条,明确了岸线使用申请材料、深水岸线申报审批程序、岸线使用专家评审主要内容、申领港口岸线使用证有关事项。根据该办法,九江港口管理部门严格按照相关规定,积极指导项目建设单位填报相关资料,协助建设单位直接向交通运输部申报港口岸线使用证,并及时跟踪。

(汪兰香　陈明中)

【九江港城西码头纳入启运港退税试点】 8月中旬,财政部、海关总署、国税局等三部门联合发布《关于扩大启运港退税政策试点范围的通知》,对从启运地启运报关出口,并由符合条件的运输企业承运,从水路转关直航运输经上海洋山保税港区离境的集装箱货物,实行启运港退税政策。

根据通知,适用启运港退税政策的启运地口岸为南京市龙潭港、苏州市太仓港、连云港市连云港港、芜湖市抄家桥港、九江市城西港区、青岛市前湾港、武汉市阳逻港、岳阳市城陵矶港,出口口岸为洋山保税港区,运输方式为水路运输。

(余　方　刘　望　黄海源)

【九江市港口局开展打非治违专项整治】 九江市港口管理局自8月至9月底,综合运用全面督查、重点检查、专项检查、联合检查、跟踪检查、突击抽查、交叉检查等多种方式,"不发通知、不打招呼、不定路线、直奔现场",在港辖区内开展"打非治违"专项整治行动。

此次行动对辖区内100余户港口企业、10余户危货企业,特别是对重点单位、重点区域、重点现场在港口安全资质、安全生产设施设备、安全生产作业以及安全管理人员等多个方面进行了全面梳理排查,共排查各类安全隐患15起,现场整改规范10起,下达整改通知限期整改5起,处罚违法违规企业1家,罚款2万元人民币。

(王少锋　黄海源)

【九江港完成危险化学品储存设施职责交接】 九江市交通运输局、市港口管理局、市安全生产监督管理局联合印发《关于进一步明确港口危险化学品安全监管职责分工的通知》,8月上旬对港辖区内危险化学品储存设施及港口仓储作业安全监管职责进行分工,并完成了职能交接。

此次九江港(含鄱阳湖及武宁库区)港口安全监管职责分工和交接共有港口危险货物作业企业25户,危货码头27座,泊位41个,其中为水上运输船舶服务的加油站有13户,危险化学品码头与储罐部分相连的企业有12户,共有各类储罐52个、101940立方米。

港口安全监管职责分工是根据交通运输部《关于做好港口危险化学品储存设施安全监管职责交接工作的紧急通知》和江西省交通运输厅、江西省安全生产监督管理局《关于进一步明确港口危险化学品安全监管职责分工的通知》文件要求进行的,内容涵盖"港区危险化学品安全监管、港区内加油站(船)安全监管、港口危险化学品产业人员资格管理以及港口安全评价机构管理和港口生产安全事故调查处理等方面,对港口安全监管主体、管辖区域、职责分工等进行了明确,进一步理顺了港口危险化学品储存设施及仓储作业、港口建设项目安全设施"三同时"审查以及港口危险化学品产业人员资格管理方面的安全监管体制,为进一步做好港口安全监管工作,预防港口安全生产事故发生奠定了基础。文件还对如何做好安全监管职责交接也进行了明确规定。

(王少锋　黄海源)

【九江港口岸扩大开放通过国家验收】 12月15日,九江港口岸扩大开放城西港区通过国家验收。由海关总署会同公安部、交通运输部、质检总局和总参谋部组成的国家验收组先后对城西港区码头现场、通关大厅和中控室等处的生产设施及查验基础设施进行了勘察。随后召开验收工作会议,对九江港口岸验收工作情况发表意见作出评价。经过集中评审,验收组认为城西港区码头具备口岸对外开放条件,现场签署了《江西九江港口岸扩大开放验收纪要》,同时,对码头信息化建设提出了新的要求。九江港口岸的扩大开放,标志着九江港城话港区集装箱码头正式对外开放。

(方　武　万　纤　黄海源)

【《吉安市港口岸线管理办法》公布实施】 3月25日,新修订的《吉安市港口线管理办法》是吉安市港口岸线开发和使用的法律依据,港口岸线是该市的宝贵资源,任何单位和个人在《吉安港总体规划》范围内,需要使用港口岸线,必须依法向港航管理机构申请审批后方可使用,港口开发建设项目必须先进行港口岸线申请审批后,方可建设。按照《吉安港总体规划》,吉安港分为一港七区,即:新干港区、峡江港区、吉水港区、吉安市港区、吉安县港区、泰和港区、万安港区,除吉安市港区由市港航管理处负责港口岸线和港口经营管理外,其他六个港区由各县港航管理所负责辖区内港口岸线和港口经营管理。另外,赣江支流永丰、遂川、安福、井冈山、永新设有港航管理机构,负责辖区内港口岸线和港口经营管理。

(吉安市交运输局)

【吉安市港航处强力追缴涉河工程欠交规费】 2014年,吉安市港航处在上级主管部门的大力支持下,多方联动、多管齐下,强力追缴桥梁、航电水利枢纽等涉河工程项目欠交数年的港口规费工作,并取得突破性成果,已征收欠交港口规费181万元。该处为确保涉港规费不至流失积极做到"四管齐下"。一是认真调查摸底,细致摸清涉河工程项目应缴纳的港航规费数额;二是严格规范征收,严格采集保存证据,找准征收依据,做实做足执法程序;三是积极加强宣传,该处领导多次到涉河工程建设部门宣传港航规费征收依据、标准等政策;四是争取高位推动,为帮助基层港航管理部门协调解决涉港规费征收难的问题,省厅多次向相关部门函告要求依法缴纳港口规费,省港航局也多次派员指导协调解决涉港规费征收工作。

(吉安市交通运输局)

【省港航局规费征收稳中趋升】 2014年,针对本省河沙运输业务萎缩的情况,为确保港航规费应征不漏,各设区市港航管理部门继续采取海事、港航综合执法,加强对本辖区内每一艘过往船舶、经营性码头作业区及进出港货物的动态检查,全力做好查漏补征工作并加大传统货物港务费征收力度等有力措施,港航规费征收总体稳中趋升。全省完成水路交通规费征收29858万元,同比增长6.5%。其中:海事规费征收11020万元,同比增长14.38%;港口规费征收18838万元,同比增长2.39%。

(罗淑青)

【九江市地方海事局超额完成规费征收任务】 九江市地方海事局规费征收创新高,超额完成省局下达的年度任务23.8%。

2014年,九江地区采砂市场不景气,进港过驳减少,采砂平台连续抬价减量,对规费征收任务的完成影响极大。该局对内强化征收管理,查找费源管理中的薄弱环节,坚持"抓大不放小,应征不漏";对外注重调研,掌握费源变化情况,突出抓好重点地区、重点费源单位工作;加大对进港船舶的稽查力度,查漏补缺,超额完成了2014年度目标任务。

(冯 卉 黄海源)

乡镇渡运管理

【全省"乡镇渡口标准化建设指南"项目验收会在昌召开】 5月19日,省交通运输厅在南昌主持召开了"乡镇渡口标准化建设指南"项目验收会。省交通运输厅党委委员、总工程师胡钊芳出席验收会。与会专家听取了项目组汇报,查阅了相关资料,经质询和讨论,专家组一致认为,项目组提交的技术资料齐全,内容完整,数据翔实,完成了合同书规定的研究任务,符合验收要求。

该项目通过收集资料、实地考察、分析现状存在的问题,在咨询相关专家及渡口管理人员的意见基础上形成乡镇渡口标准化建设指南。一是提出了乡镇渡口标准化的建设理念,建立一套健全的安全管理制度、一个标准化渡口设施、一艘合格的渡船、一套视频监控设备"四个一"的渡口管理模式;二是制定乡镇渡口标准化建设方案,并对其组成、功能、建设规模及配置设施作详细的规定,具体可操作性;三是明确乡镇渡口标准化建设和验收的流程。

(江 斌 魏 涛 陈明中)

【国务院安委办第二督导组在景检查汛期渡口安全】 5月27日,国务院安委办第二督导组组长、交通运输部安全质量监督管理司副司长黄勇率国家煤监局安全监察司监察专员吴少杰、交通运输部安全质量监督管理司处长彭付平等6人督导组到景德镇市督查讯期安全生产工作。

检查期间,督导组一行先后实地察看了浮梁县浮梁镇樟树坑渡口和昌江区丽阳镇洪家渡口,详细了解该市汛期渡口安全生产工作等情况,认真检查渡运台账,与渡工进行亲切交谈。黄勇在督导中充分肯定景德镇市交通运输系统在开展隐患排查整治、积极部署汛期安全生产措施、严格执行领导干部到岗带班和关键岗位24小时值班制度、全面落实防汛安全责任和防范措施等方面的所做的工作和取得的成绩,认为做到了任务明确、责任到人、措施到位。他勉励大家要倍加珍惜连续保持和实现25年渡运安全无事故的骄人成绩,继续加强各部门之间的应急协调联动机制,切实落实各项安全管理措施,周密制定防汛应急处置预案并开展演练,确保领导、组织、队伍、预案和物资"五落实"。

黄勇指出,要高度重视汛期安全生产工作,强化隐患治理,落实安全责任,扎实做好防汛准备、组织机构、物资储备、抢险队伍、防汛措施、预案编制等工作;对隐患工程要设置安全警示标志,杜绝汛期安全生产事故的发生;要认真落实安全防范措施,认真履行值班职责,确保防汛安全;要以督查促排查,把汛期安全生产工作各项要求落到实处,以扎实有效的工作,确保汛期安全生产工作万无一失。

(李青松)

【抚州渡运连续30年安全无事故】 2014年,抚州市交通运输进一步重视加强水上监督管理工作,采取有力措施确保渡运安全。一是积极与海事部门密切协同,多次组织进行联合检查,做到对非法渡口发现一个取缔一个,"三无"船舶非法渡运发现一艘取缔一艘。对不带证照上船、救生圈未随船工作的渡工进行纠正,对人流量大的渡口,督促所在乡镇、村派人值班,维护渡运秩序,做到万无一失。二是加强在建渡改桥项目的渡口监管。对已竣工通车的渡改桥,坚决取消渡口;对未完工的渡改桥,加强渡口的安全监管。同时在保证工程质量的前提下要求加快工程进度，确保按期完工。续建南城周家堡大桥和临川桥头大桥都已全面完成，并组织了交工验收。现已完成撤渡108个，已建渡改桥86座，至12月底，全市仅存28个农村渡口。三是迅速推进渡口标准化建设。根据省厅有关要求，结合该市实际，制定了全市农村渡口标准化建设试点实施方案，目前已基本完成了金溪县璜汰渡口、下东槽渡口，临川区周渡渡口、外高渡口和宜黄县的观音山渡口等五个标准化渡口建设，为提高安全渡运创造了条件。至12月底，全市渡运实现连续30年安全无事故。

（陈根玲）

【贵溪市渡口安全管理实现“三无”】 贵溪市有11个渡口，13艘船只，分布在8个乡镇。贵溪市交通运输局把渡口安全监督管理作为交通行业安全管理的重点，坚持“预防为主、安全第一”的方针，始终绷紧安全弦，坚持采取措施、精心管理，加强经常性监督、检查。该市首先将渡口管理员实行分片驻点跟踪联系督察制度。每人每月下乡不少于18天。其次建立健全规章制度，规范渡管员、渡工工作行为。三是实行县与乡（镇），乡镇与村、渡口渡工层层签订责任状，形成上下联动、齐抓共管的安全工作机制，并举办了多期全市水上交通安全培训班，乡镇分管领导、交通员、渡口渡工参加了培训，强化乡（镇）加强渡口安全管理的责任感。四是实行经常性督查与季度安全检查相结合。每到汛期，对民间渡口实行封渡；主汛期间，局分管领导与桥渡所人员坐镇县直辖渡口指挥安全度汛。年终将乡镇领导、交通员派到渡口督促检查。全年再次实现了渡口无翻船、无沉船、无人员死亡。

（戴丽萍）

【余江县认真开展“平安渡口”创建活动】 该县交通运输局“平安渡口”创建活动是以加强渡口、渡船安全管理为主，建立落实渡运安全管理制度，严格对渡口、渡船的安全经营进行监管，抓好乡镇船舶四级安全管理责任制的落实，积极推进渡口建设改造和标准化建设，完善渡船安全应急设施，强化从业人员安全培训教育，严厉打击和坚决取缔非法渡口渡船，让人民群众过平安渡坐平安船。

余江县交通运输局在全县渡口开展了“争创文明渡口、争当优秀渡工”活动，各个渡口加强硬件设施建设，建立了“渡口守则”牌，改进渡船质量，改善渡口环境，该局桥渡管理所担负着全县渡口的安全监管，每季度开展一次乡镇渡口安全检查，汛期前、端午节、中秋节、国庆节还要下到渡口抽查或蹲点检查。渡管员每月不少于15天下到渡口进行经常性的安全监管，严厉打击和取缔非法渡口渡船。

余江县交通运输局注重加强渡口安全性能改造。积极向上级交通部门、渡管部门、港航部门沟通联系，争取项目资金，加快渡口码头建设。同时做好县辖塔洲浮桥的安全守护。针对浮桥存在的安全隐患给过往群众的生产生活带来不便，该局于2013年下半年启动了浮桥改造工程，当年更新浮桥82米左右，2014年又投入资金200余万元，改造浮桥164米。这样采取逐年分批改造的办法，计划用5年时间全部完成浮桥的更新改造工作。鉴于浮桥原管理用房使用年限长，新房于2013年7月底开工建造，2014年5月份工程完工，总建筑面积900余平方米，总造价50余万元。

（汪有根）

【余江县交通运输局渡口安全管理到位】 该县一是做好日常渡口安全管理。每天安排人员24小时值班，分季、月、周进行渡口安全排查，及时排除隐患。二是利用中秋、国庆等黄金节假日开展渡口安全知识宣传，散发交通安全宣传单，提高广大群众的安全意识。三是扎实做好上渡头浮桥工程改造建设。完成45艘船改造，总投资330万元。

（戴丽萍）

党建工作

【概况】 2014年,在省直机关工委的正确领导下,省交通运输厅党委按照“围绕中心抓党建、抓好党建促发展”的总体思路,开拓创新、积极作为,在努力推进党的思想建设、组织建设、作风建设、制度建设和反腐倡廉建设等方面动脑筋、下功夫,主要做了以下工作:

1. 深入贯彻中共十八届三中、四中全会精神,在统一思想、凝心聚力上有新作为。省交通运输厅始终把理论武装工作作为强化基层党的思想建设的重要内容,着力在倡导学习理念,深化学习内容,在创新学习方法、健全学习制度、增强学习实效上下工夫。

2. 深入开展“实干兴赣当先锋、为民服务作表率”主题实践活动,融入中心和服务大局的能力得到新提升。为深入贯彻落实中共十八大和十八届三中、四中全会精神,巩固扩大第一批党的群众路线教育实践活动成果,动员和组织厅直属各级党组织和广大党员干部积极推进江西交通实现“建设提速、服务升级、改革突破、创新驱动、和谐发展”,通过丰富多彩的活动形式,深入开展“实干兴赣当先锋、为民服务作表率”主题实践活动。

3. 大力推进党建规范化工作,在夯实基础、强化责任上有新探索。牢牢把握加强基层党组织建设这个重点,强化责任落实,把加强基层党支部规范建设作为做好厅直基层党建工作突破口和切入点,力争在夯实党建工作基础,落实党建责任制等方面取得新突破。

4. 认真落实党风廉政责任制,在注重预防、健全机制上有新突破。紧密结合交通运输工作实际,进一步巩固扩大第一批群众路线教育实践活动成果,深入开展形式多样的反腐倡廉教育和廉政文化创建活动,引导机关党员熟悉掌握新时期党风廉政建设理论、方针、政策及反腐倡廉法规制度,增强了党员干部拒腐防变的能力和廉洁从政的自觉性。

(马兰花)

【坚持中心组理论学习】 2014年,省交通运输厅坚持制定年度党委中心组理论学习计划,编印有关学习材料,督促各单位党委中心组确保集中学习次数和集中学习时间,引导各级党员领导干部带头学习,做到先学一步,多学一点,学深一点,联系本部门本单位实际,用科学理论武装头脑、指导实践、推动工作。同时,通过专题辅导、座谈讨论、电化教育和"请进来,走出去"等多种形式,组织党员干部认真学习宣传中共十八届三中、四中全会精神和贯彻落实总书记习近平系列重要讲话精神,着力在倡导学习理念、深化学习内容、创新学习方法、健全学习制度、规范学习评价机制、增强学习实效上下功夫,提高党员干部破解难题、科学发展的执行力。

(马兰花)

【扎实开展科学理论武装工作】 2014 年,省交通运输厅从三个方面提高干部理论素养和综合素质。一是创新学习载体。坚持开展多渠道多层次培训工作,在交通信息网上开辟党建园地专栏,经常更新有关重要文件、理论原著、视频音频等学习资料以供全厅党员干部职工随时在线学习。充分发挥交通干部学院在党员干部教育培训中主渠道、主阵地作用,先后组织新党员培训班和多次不同形式的党课讲座,其中,5 月 27 日,还聘请省委党校教授作《如何做好群众工作》专题讲座;6 月举办 2 期处级干部轮训班。厅党委书记、厅长朱希在轮训班上为 345 余名党员干部作党课专题辅导。同时,还积极选送各级党员干部参加省直工委举办的发展对象培训、党的知识讲座、宣传骨干培训、处级干部培训等不同类型、不同层次的培训班、辅导讲座和专题报告会 20 余次,培训学员共计 350 余人。二是保障学习经费。行政和党费都优先保障党员干部学习资料用书和党的理论学习培训费用,仅半年时间,就为全厅党员干部购置 5 种书籍,配套编印 10 多万字的学习资料。三是开展理论调研。为进一步把党的群众路线教育实践活动落到实处,积极参加省直机关党建研究会举办的"机关党建理论研讨征文活动",组织专人开展了专题理论研究,撰写题为《提高做好新形势下群众工作的能力研究》的调研报告,并在厅直基层党组织中积极运用推广,把理论成果转化为加强队伍建设、做好群众工作和推进交通运输事业科学发展的实际能力。

(马兰花)

【认真开展党建工作检查】 2014 年,省交通运输厅严格按照省委、省直工委关于建立党建工作责任制的要求,把落实党建工作责任制列入重要议事日程,指导和督促厅直各单位党委会每年至少听取一次基层党建工作专题汇报,研究解决领导体制、队伍建设、经费保障等方面的实际问题,建立健全主要领导亲自抓、一级抓一级、层层抓落实的党建工作格局。厅直属机关党委对党建工作做到年初有安排,年中有督查,年末有考核,确保责任落实。

(马兰花)

【继续推行基层党支部规范化建设】 2014 年,省交通运输厅在开展党支部规范化建设工作中,厅直各单位注重加强制度建设,在推动支部工作流程标准化上成效明显。进一步建立健全基层党建工作相关制度,坚持和落实党支部组织生活制度、党员学习教育制度,党内帮扶制度、党员联系群众制度等,逐步形成了一套健全完整的基层党建工作制度体系;注重围绕中心工作,在提高办事效能和服务水平上成效明显。各基层党支部立足专业和岗位,实现党支部规范化建设与单位中心工作的无缝对接、整体推进;注重加强活动阵地建设,在增强党组织凝聚力上成效明显。各单位按照规范、节俭、实用的原则,建造了标准化党员活动室、职工书屋、多功能活动室等硬件设施,并经常组织开展演讲、拔河、乒乓球、篮球等文体活动,丰富职工业余生活。灵活运用绘表制版、墙报板报、广播站、电子屏幕、网络平台等方式直观展示党建制度、党务公开、党建工作成果,开辟党员学习交流园地,吸引干部职工主动观看和浏览,营造党建工作良好氛围。省直工委组织部派人专程前往景德镇管理中心对江湾管理所的党支部规范化建设进行调研检查,并授予景德镇管理中心江湾管理所党支部为 2014 年度省直单位机关党支部规范化建设示范点。

(马兰花)

【规范党员发展工作】 2014 年,省交通运输厅按照发展党员的"十六字方针"和"控制总量、优化结构、提高质量、发挥作用"的总要求加强对发展党员数量的调控,严格落实省直工委下达的该年度发展党员 220 名的计划。建立发展党员工作台账和发展党员月报制度,要求各单位按月逐级上报发展党员报表,每年1月30日前将申请入党人员、入党积极分子和发展对象情况汇总表更新上报。加强《入党志愿书》管理,从2013年开始,《入党志愿书》由省直工委组织部统一编号,实行编号管理,并要求厅直各单位必须按制度和规定严把党员发展关,规范党员发展流程,认真建好两个"台账",建立详细规范的发展党员台账和党组织关系转接登记表(含转入和转出),全面掌握该单位党员发展和流动情况。

(马兰花)

【省公路局党员干部集中学习】 2月7日,省公路局组织机关全体党员干部开始了为期2天的集中理论学习,旨在以理论武装头脑,思考问题,谋划发展。本次集中学习活动,通过观看视频,分组交流座谈,个人撰写心得体会的方式进行。主要内容为学习总书记习近平系列讲话精神、中共十八届三中全会精神、党的群众路线教育实践活动精神和省委十三届八次全会精神。在学习活动中,党员干部踊跃发言,表示将立足当前公路实际,紧密结合自身工作,以改革创新精神推动公路事业又好又快发展。学习活动带来的新风气,对新的一年工作开好头起好步也具有重要意义。

(路　宣)

【省港航局召开党支部规范化建设推进会】 4月25日,全省港航系统党支部规范化建设推进会在泰和县召开,局党委书记严允出席会议并讲话,局党委副书记熊海清主持会议并作会议总结,局属各单位党组织主要负责人员、党办负责人参加会议。

会议指出,各单位党组织要充分认识基层党支部规范化建设的重要性和紧迫性,要着力解决港航基层党建存在的薄弱环节,全面落实基层党支部规范化建设目标任务。要围绕中心抓推进、把握重点抓推进、明确要求抓推进。要软硬并重、协调发展,既要重视硬件建设,更要深化软件建设,在完善制度建设和规范管理上下功夫,在提高党内生活质量和效果上下工夫;要抓点示范、全面铺开,按照"典型引导、示范带动、点面结合、整体推进"的思路,切实做到点面结合,相互促进,协调推进;要加强调度、严格督导。各单位党组织要结合自身实际,细化检查考核评价办法,把日常督促与年终考核相结合、集中督查与随机抽查相结合、面上指导与点上检查相结合,及时研究解决出现的情况和问题,深入推进党支部规范化建设工作。

就做好当年党建工作,会议强调,要进一步加强组织领导,党委要"总揽全局、协调各方";党组织书记要切实把党建工作放在第一位,当好"第一责任人";班子成员要分工负责,党员干部要具体负责,形成齐抓共管。上下联动、合力互动能工作机制。要强化责任落实,重点抓班子配备强不强,制度落实好不好,硬件设施全不全,组织设施完善不完善,内部管理规范不规范。要建立长效机制,认真总结好的做法和成功经验,制定党支部工作规范化标准,切实解决制度缺失和制度障碍等方面的问题,努力形成健全、完善的制度体系,不断提升党建工作科学化水平,让党建工作"融入中心,服务基层,争创一流"。

会议期间,与会人员现场观摩了泰和县地方海事处党支部规范化建设情况,听取了支部负责人所作经验交流,并就推进党支部规范化建设的思路和举措展开了热烈讨论。

(倪　磊　赖浩锋　陈明中)

【全省港航系统党支部书记培训班圆满结束】 6月3日—5日,中共江西省港航局党委在南昌举办全省港航系统党支部书记培训班,来自全省港航系统的40余名党支部负责人接受了系统培训。

培训班聘请省委党校教授吴晓敏和省直机关工会委员邓斌分别为学员们做学习总书记习近平系列讲话精神辅导讲座和党建工作实务讲座。全体学员就如何做好基层党支部工作开展热烈交流和讨论。通过参加培训和交流,进一步开阔发展视野,转变思想观念,丰富了党建知识,提升了开展基层党建工作的能力,普遍受益匪浅。

(赖浩锋　陈明中)

【省高速集团党委召开党的群众路线教育实践活动总结会】 1月28日上午,省高速集团党委召开党的群众路线教育实践活动总结会。省交通运输厅党委党的群众路线教育实践活动第一督导组副组长颜庆华出席会议并讲话,集团党委书记王江军作总结讲话,集团在家领导成员和厅党委第一督导组成员出席会议。

颜庆华对集团党的群众路线教育实践活动开展情况给予了充分肯定，强调要巩固教育实践活动成果，建立健全长效机制。

王江军在讲话中指出，集团党委在教育实践活动中着力抓好组织实施，把科学谋划作为开展活动、推动工作的重要方法；着力抓好学习教育，把提高思想认识作为重要前提；着力抓好群众参与，把职工群众满意作为重要标准；着力抓好关键环节，把找准查摆问题作为重要手段；着力抓好整改建制，把务求实际效果作为重要保证。在这次教育实践活动中，省高速集团恢复、发扬和形成了很多好作风、好习惯，要倍加珍惜，大力弘扬。

（省高速集团）

【省高速集团党委中心组举行扩大学习】　3月26日上午，集团党委中心组举行扩大学习，专题学习总书记习近平系列讲话精神，邀请省委党校工商管理教研部主任、省人大财经委经济咨询专家程家健教授为党员干部作辅导讲座。集团董事长、党委书记王江军，集团总经理任东红，集团领导成员参加了学习，集团副总经理姚光南主持讲座。

（省高速集团）

【江西公路开发总公司党委创新形式以学习推动发展】　1月30日上午，在新春佳节来临之际，江西公路开发总公司党委召开中心组理论学习会，一改过去春节前团拜会形式，以作风转变迎新年，以学习助推发展。

大年三十，该司党委中心组采取投影仪放映文字材料的方式，改变过去读报、印发学习材料的学习模式，原原本本，逐字逐句通读学习内容。中心组成员聚精会神，凝神聚力，边学边记，讨论交流。会议集中学习中国共产党第十八届中央纪律检查委员会第三次全体会议公报和新修订的《党政领导干部选拔任用工作条例》。

（肖树山　缪德良）

【梨温高速“三个到位”做实双联活动】　2014年，在“机关支部联基层　机关党员联群众”主题活动中，梨温高速坚持“三个到位”，加强组织，强化措施，落实责任，有力推动“双联”活动的深入开展。

一是组织领导到位。“双联”活动开展以来，梨温公司迅速行动，认真部署，结合实际制定“双联”活动方案，确保活动的有序开展和取得实效。同时组织广大党员干部学习“双联”文件精神，不断提高对活动意义的认识，提高为基层群众服务的能力。二是帮扶措施到位。8月初，该司通过开展困难党员、职工“金秋助学”情况调查，为1名困难员工子女上学及时送去“金秋助学金”，获得群众好评。同时，认真落实一线工作法，机关党员干部认真征集民意，深入一线进行调研，面对面与职工交朋友、换思想、交感情、谋发展，了解职工意见和建议。三是监督检查到位。在“双联”活动中，该司建立活动督查制度，以检查各支部党员干部深入联系点开展“双联”以及工作、学习情况。建立了志愿服务和帮扶助情况的“双联”联系点档案，全面地了解基层党支部双联行动工作状态，确保活动不流于形式，不走过场。

（梅春华　吴美玲）

【省交通干部学院采取自荐和公推相结合方式选拔任用中层干部】　3月12日，省交通干部学院举行中层干部竞职推荐大会.采取自荐和公推相结合方式选拔任用中层干部。

该院各部门共有6人以公开演讲的方式毛遂自荐，向全院教职员工介绍自己工作经历和近3年来的德能勤绩廉等方面的情况以及对自荐岗位开展工作的思路、措施和设想等，接受职工“检阅”。该院党委根据公推情况，确定考察人选进行考察、测评，按照党管干部、群众公认的原则，从6名竞职演讲者中择优选拔任用2名副科级干部。

（钟恢万）

【景德镇市副市长率市委常委第七调研组到交通运输部门调研】　3月26日下午，中共景德镇市委常委、副市长黄康明率市委常委第七调研组一行，到景德镇市交通运输局开展“五进四问、纳谏听诉”（“进机关、进农村、进社区、进企业、进业户、问政、问需、问计、问效）为主题的专项调研。

黄康明等调研组一行与该局领导及干部群众代表进行座谈。在听取推动城市公共交通发展、实施出租汽车新增运力、取缔“手驾”非法营运后续问题处理、组建交通综合执法队伍、复建港口水运码头、落实农村公路及农村渡口改渡建桥项目市级配套资金、置换企业建设用地及争取港航管理部门列入财政全额拨款单位、交通国有改制企业领导干部安置等意见和建议后,黄康明指出,开展党的群众路线教育实践活动的主要目的,是为了解决形式主义、官僚主义、享乐主义和奢靡之风等“四风”问题。市委常委开展“五进四问、纳谏听诉”专题调研,就是为了切实找准问题,以便“对症下药”。群众提出的意见和建议,虽然大多数是工作方面的,但深究其原因,依然可以在“四风”方面找到根源。比如,管了这么些年的公交,但仍不清楚其运营成本怎样;农村公路项目市级配套资金因落实进度缓慢而损害群众利益,挫伤群众修路积极性。这些在某种程度上说明至少存在着官僚主义。黄康明强调,通过座谈,把群众的意见和呼声反映上来,对干部职工改进工作作风很有帮助。黄康明希望市交通运输局在进一步梳理这些意见和建议的时候,按照边学边改的要求,找准问题,即查即改,即知即改,确保党员干部作风有转变。

(涂 强)

【景德镇市交通运输局教育实践活动唱响“四字歌”】 3月,为积极营造宣传舆论氛围,景德镇市交通运输局党委大造声势,把深入开展以为民、务实、清廉为主要内容的党的群众路线教育实践活动编成通俗易懂的“四字歌”,发到每个党员干部手中,以创新思维传递教育实践活动的正面声音;充分利用公交车车载LED显示屏滚动播放教育实践活动宣传标语;编发活动简报、制作宣传专栏,宣传介绍教育实践活动的指导思想、目标要求、总体部署、进程安排以及典型经验;组织开展集中学习,党员干部自觉做好读书笔记、撰写学习心得和理论文章等,让“党的群众路线”在全体党员干部中入耳入脑入心。一系列贴近行业和机关工作实际的创新宣传,起到统一思想认识、打好活动基础的作用,增强了党员干部参加教育实践活动的自觉性、做党的群众路线忠实执行者和实践者的主动性。

(涂 强)

【萍乡市交通运输局全面部署党的群众路线教育实践活动】 2014年,萍乡的群众路线教育实践活动动员大会召开后,该局高度重视,立说立行,对党的群众路线教育实践活动进行全面部署安排。2月21日上午,召开党委会专题研究部署党的群众路线教育实践活动,审议《萍乡市交通运输局党的群众路线教育实践活动实施方案》,讨论活动工作安排,成立活动领导小组,下设办公室和三个工作组,党委班子统一思想,提高认识,增强开展好活动的信心和决心。下午,召开党的群众路线教育实践活动工作部署会,对活动作出具体安排,进一步明确各工作组职责,强调各工作组既要各司其职,又要互相配合,协同作战,共同完成好党的群众路线教育实践活动各项任务。

(卢春媚)

【萍乡市交通运输局弘扬焦裕禄精神,争做焦裕禄式好党员好干部】 3月28日,该局在教育实践活动中紧跟形势,不断更新学习内容,组织局机关全体党员干部集中学习总书记习近平在兰考调研指导第二批党的群众路线教育实践活动时的重要讲话精神。总书记习近平的重要讲话,深刻阐述新时期学习弘扬焦裕禄精神的重大意义和丰富内涵,进一步明确第二批教育实践活动的总体要求、实践载体、方式方法和努力方向,思想深刻、内涵丰富,具有很强的政治性、理论性和指导性。集中学习过程中,全体党员干部对照学习材料进行讨论发言,从思想认识、履职尽责、改进作风等方面畅谈自己的心得体会。该局全体党员干部在认真学习讲话精神后纷纷表示,总书记习近平的讲话让党员干部深刻感悟到焦裕禄精神在每个时代都是需要的,这是一种为人民服务永无止境的精神,跨越时空,历久弥新;要以教育实践活动为重要契机,按照“为民务实勤廉”要求,进一步坚定理想信念,增强宗旨意识,提升素质能力,切实转变作风;要真正把弘扬焦裕禄精神作为发展现代交通运输事业的不竭动力,争做龚全珍式的好党员,争做焦裕禄式的好干部,把教育实践活动不断推向深入。

(徐勇新)

【萍乡市交通运输局召开党的群众路线教育实践活动总结大会】 10月17日,该局召开党的群众路线教育实践活动总结大会。市委第十二督导组全体成员出席会议进行指导。会议指出,在市委第十二督导和帮助下，市交通运输系统按照“照镜子、正衣冠、洗洗澡、治治病”的要求，较好地完成党的群众路线教育实践活动“学习教育、听取意见；查摆问题、开展批评；整改落实、建章立制”等三个环节的主要工作任务，做到“规定动作不走样、自选动作有特色”，使全系统各级党组织和党员干部经历一场深刻的思想洗礼和党性锻炼。在开展教育实践活动过程中，全系统党员干部用实际行动践行群众路线，保证活动的成效，达到预期目标，取得明显成效，主要表现在党员干部受到深刻教育、“四风”方面的突出问题得到有效整治、批评和自我批评的优良传统得到发扬、群众反映强烈的突出问题得到积极解决、交通运输为群众服务的能力得到提高等五个方面。萍乡市委第十二督导组组长胡安萍充分肯定该局开展党的群众路线教育实践活动所取得的成效。会议开始前，与会人员还对局领导班子及班子成员开展党的群众路线教育实践活动的情况进行民主测评。

（陈孝法　刘继文）

【九江市交通运输局开展“党员服务标兵评选活动”】　2014 年，结合九江市交通运输局党委开展的群众路线教育实践活动，组织开展“学身边先进，树交通形象”主题教育活动，用交通干部职工身边先进事迹教育身边人，充分发挥典型引领、示范带动的作用，推选出一批群众基础好、凝聚力强、工作成绩突出的先进典型。“七一”期间，召开了纪念建党 93 周年暨表彰会议，对全局系统 9 个先进基层党组织、22 名优秀党员及 7 名优秀党务工作者进行了表彰，公交公司 25 路女子车队驾驶员张海荣获市直机关“党员创绩先锋”荣誉称号。通过表彰先进，在全局系统营造了一种积极向上、争创一流的良好工作氛围。

（九江市交通运输局）

【九江市交通运输局组织机关全体党员赴革命圣地瑞金接受传统教育】　“七一”期间，结合教育实践活动的开展，九江市交通运输局机关组织全体党员参观秋收起义纪念馆和革命圣地瑞金接受传统教育，重温入党誓词。参加活动的党员深刻认识到，瑞金精神既是自力更生、艰苦奋斗的创业精神、全心全意为人民服务的精神；也是坚持实事求是、不断开拓创新精神。使全体党员进一步增强了为党和为人民服务意识，取得了良好教育效果。

（九江市交通运输局）

【新余市交通运输局开展党的群众路线教育实践“整改面对面”活动】　9 月 24 日，新余市交通运输局开展党的群众路线教育实践“整改面对面”活动，邀请部分人大代表和政协委员、交通运输企业服务对象、群众代表等 58 人参加，通报市交通运输局教育实践活动整改落实工作情况，并现场接受代表提问及民主测评。

该局首先通报了教育实践活动整改落实工作情况。教育实践活动开展以来，该局坚持开门纳谏，共收集到原汁原味的意见建议 190 条，经梳理为 104 条。该局在抓好各项业务工作的同时，始终坚持把整改落实工作列入当前重要议事日程，做到即说即行力抓整改、瞄准民生力促整改、建章立制力推整改。截至 2014 年年底，挂号整改的意见建议 104 条，已全部办结上报，其中，市委“活动办”已销号的有 42 条，局本级整改销号的 62 条；市委常委会整改工作台账涉及市交通运输局的 14 条意见建议，也分别制定了整改措施、明确整改责任和办结时限，建立了整改落实台账，向市委“活动办”上报了办结意见。为确保整改取得实效，该局紧扣三个方面发力整改，一是回应呼声，着力解决群众反映强烈的突出问题。针对群众提出的尽快开通边远乡镇公交车的意见，加强调研，协调沟通，经过努力，2014 年内可先期开通新余到九龙山乡的公交车。二是转变作风，着力解决庸懒散拖和纪律不严。针对过去办事效率不高的问题，及时修订完善绩效考核办法，出台工作人员纪律作风建设日常监督实施办法和管理制度汇编等工作制度，做到公文底线五小时办结流转。三是服务企业，着力提升交通运输发展环境。针对物流企业有的车辆合格证与车型不一致问题导致年检困难问题，从实际出发，及时沟通协调，由物流协会组织开展物流企业货运车辆集中进行查验工作，统一办理年检手续。

人大代表、政协委员及来自县（区）交通运输局，及各交通运输企业的代表，就关心的问题现场提问，主要涉及农村公路建设和养护、公交线路优化调整、出租车文明驾驶、袁河开发等事关群众出行等方面内容，该局都给予了详细解答。

与会代表还就市交通运输局整改落实工作情况进行了民主测评。

(周春根)

【鹰潭市交通运输局开展党的群众路线教育实践活动】 2014年,鹰潭市交通运输局的群众路线教育实践活动开展以来,按照市委教育实践活动的统一部署要求,在市委“活动办”的精心指导和市委第二督导组的严督实导下,市交通运输局认真贯彻中央、省市有关活动精神,围绕“为民、务实、清廉”主题,紧扣“照镜子、正衣冠、洗洗澡、治治病”总要求,紧密结合交通运输实际,精心组织安排,扎实有序推进,较好地完成了教育实践活动各个环节的任务,达到了预期目的,取得了良好成效。主要做法:在教育实践活动中,市交通运输局始终坚持以中央、省市有关会议和文件精神为指导,既严格按照市委“活动办”的统一部署要求,牢牢把握教育实践活动的指导思想、目标任务要求、基本原则、目标要求、方法步骤,切实做到该有的环节一个不少,该走的步骤一个不缺,该履行的程序一个不漏,又紧密结合交通运输实际,统筹兼顾,做好结合文章,确保了教育实践活动深入扎实有效开展。

(艾年宗)

【贵溪市交通运输局开展“三走近”活动】 贵溪市交通运输局结合党的群众路线教育实践活动创新实践载体,于3月下旬在全市范围内开展“走进乡镇、走进企业、走进学校”活动。“三走进"活动主要围绕以下内容展开,一是交通走进乡镇,向群众宣传法律、法规、并听取征求群众对交通工作的意见和建议,帮助困难群众解决实际问题。二是走近企业,走访运输企业,把信息、服务、政策送进企业。三是交通走进学校,为学生提供驾培服务、客车票服务等,引导学生安全文明出行。

(戴丽萍)

【余江县交通运输局认真部署党的群众路线教育实践活动】 3月10日,余江县交通运输局召开全局干部职工大会,动员部署全局深入开展党的群众路线教育实践活动。为把教育实践活动开展好,该局召开班子会议,专题研究,精心部署,成立领导小组,制定实施方案,有序进行。整个活动以为民务实清廉为主题,以“照镜子、正衣冠、洗洗澡、治治病”为总要求,着力解决群众反映的交通运输工作中的突出问题,强化项目计划、申报、建设和监管,搞好全面实施通自然村公路硬化;加强窗口建设,提高服务效率和服务质量;提升交通综合执法水平,维护良好的客货运输市场秩序;落实全县客运市场改革,完善提高全县公共交通运输服务水平,提升城市发展品位;加快启动公交站、二级客运站场建设,改造以上渡头为主的人行渡口浮桥,确保群众安全出行。

(汪有根)

【党的群众路线教育实践活动取得重要成果】 2月份以来,赣州市交通运输局按照市委统一部署和要求,在市委第31督导组的精心指导下,认真开展党的群众路线教育实践活动。活动期间,该局通过各种形式和渠道,共征求意见1691条,经过梳理汇总后316条,其中领导班子155条,班子成员161条。领导班子意见中,已办结155个,办结率达100%。其中“四风”问题82个,已办结82个,办结率100%;具体问题73个,已办结73个,办结率100%。市委活动办反馈的18条意见建议已全部办结。同时,围绕加强班子自身建设、干部队伍建设、提高办事效率、服务基层群众、改进文风会风、厉行节约反对浪费、规范交通建设领域市场行为、加快交通改革发展等方面,制定了领导班子整改方案,提出3个方面20条具体整改措施,其中七个重点整改任务在赣南日报上进行公示,接受社会各界监督;围绕解决群众“行路难”“乘车难”“出行难”等制定了8个专项整治方案;围绕提高办事效率、提升服务水平,打通服务群众“最后一千米路”,修订和制定23项工作制度,构建作风建设的长效机制,从而取得六个方面主要成效。一是做到学习教育贯穿始终,强化党员干部的宗旨意识;二是做到反对“四风”贯穿始终,整治机关的作风之弊;三是做到解决问题贯穿始终,形成群众满意的工作导向;四是做到制度建设贯穿始终,构建作风建设的长效机制;五是做到服务民生贯彻始终,推动交通公共服务均等化;六是做到推动工作贯穿始终,促进交通事业的振兴发展。上述各项整改落实情况及取得的六个方面主要成效专门向职工群众进行通报,并在市委第31督导组组织的群众满意度测评中,获得了一致好评。同时,市交通运输局局属副县级以上单位征求的意见建议办结率均达到95%以上。

（赣州市交通运输局群众路线教育实践活动办公室）

【大余公路结合“三送”工作掀教育实践活动热潮】 3月7日,大余公路分局组织召开了党的群众路线教育实践活动动员部署会。会上,该局邀请了2名党代表、1名人大代表、1名政协委员、1名服务对象和1名群众代表参会,其中有3人来自该局“三送”(送政策、送温暖、送服务)驻点村黄龙镇灵潭村,占了邀请参会总人数的1/2。“三送”驻点村代表全程监督了该局教育实践活动动员会的召开,并结合基层一线工作生活实际向该局提出宝贵的意见和建议。邀请基层群众尤其是“三送”驻点村群众代表参会,不仅起了预防该局讲空话、套话,走形式过场的监督作用,更表明了该局立足群众,切实为群众服务解难的坚定决心和信心。

（刘　琼）

【吉安市交通运输局机关开展党的群众路线教育实践活动学习交流讨论会】 3月21日,吉安市交通运输局机关开展党的群众路线教育实践活动学习交流讨论活动,党员干部以赴井冈山接受革命传统教育为主题,紧紧围绕“发展升级小康提速绿色崛起实干兴吉”的目标任务,结合交通运输工作实际,就如何进一步转变作风,提升服务质量,密切干群关系,开展深入的讨论。

（吉安市交通运输局）

【吉安市交通运输局领导干部联系实际上党课】 从4月初开始,该局领导干部利用到基层调研、走访、座谈的机会,分别前往各自联系点,为基层一线党员上党课、作辅导,指导联系点党支部教育实践活动开展。通过开展党员领导干部上党课活动,为联系点党支部营造良好的学习氛围,进一步明确活动任务和目标,增强活动的参与性和互动性,受到党员群众的欢迎。

（吉安市交通运输局）

【吉安市交通运输局群众路线教育实践活动总结大会召开】 10月16日,该局召开党的群众路线教育实践活动总结大会,对群众路线教育实践活动进行全面总结,并对巩固和拓展活动成果、加强党的作风建设,全面推进各项工作进行部署。局领导班子成员,局属单位、局机关各科室负责人,群众代表,服务对象等40余人参加会议。市委活动办第十一督导组组长出席会议并讲话。

（吉安市交通运输局）

【宜春市交通运输局开展专题组织生活会暨民主评议党员工作】 宜春市交通运输局机关党委从7月21日开始到8月22日止,组织局机关、市运管局、市公交公司的基层党组织认真开展了专题组织生活会和民主评议党员工作。局机关党委下属的7个党支部都按照要求开展这项工作,共开展专题组织生活会9个,7个党支部开展了民主评议党员活动。全局共有党员178个,其中152个参加了专题组织生活会,155个参加了民主测评,共评出“好”党员153个,“一般”党员2个,“差”党员0个。通过这次活动,广大党员进一步搞清楚了党员的条件和标准,受到一次深刻教育,进一步增强了发挥先锋模范作用的自觉性,对进一步搞好基层党组织建设,发挥党组织战斗堡垒作用和党员先锋模范作用,推动交通运输加快发展,将发挥积极作用,活动达到预期的目的,收到了较好的效果。

（肖文锋）

【宜春市运管局党的群众路线教育实践活动呈现良好效果】 2014年,在党的第二批群众路线教育实践活动中,宜春市运管局按照市交通运输局部署,聚焦“四风”(形式主义、官僚主义、享乐主义和奢靡之风。),以务实清廉为民为目标正思想,把“照镜子、正衣冠、洗洗澡、治治病”的总要求贯彻活动始终,党员干部的思想认识得到提高、工作作风得到转变、党群关系进一步融洽,活动成效得到市委第三督导组及市交通运输局充分肯定。①高度重视,活动组织严密有序。首先,夯实基础强保障,做好了活动准备。及时成立了教育实践活动领导小组及办公室。同时,注重统筹兼顾,将本单位实践活动与中心工作有机结合,与解决行业发展突出问题有机结合,与党员履职尽责有机结合,制定具体实施方案。参加市局组织的群众路线活动的知识竞赛,获第一名。②严查细照,活动推进扎实有力。坚持敞开大门,让群众参与贯穿活动始终,通过发函、问卷调查、走访调研、邀请代表座谈等方式,利用网络平台、热线电话、服务窗口等载体,全方位、多渠道征求“四风”方面问题的意见建议,共计38条。③纠风治弊,活动结果行之有效。在狠刹享乐主义和奢靡之风方面,完善《财务管理制度》《车辆管理制度》等制度;局班子带头执行相关规定,严控“三公”经费开支,1~8月,“三公”经费支出中,公务接待费下降35.7%,公务用车费下降15.4%,因公出国支出为零。

(李　明)

【抚州市交通运输局举办党的群众路线教育实践活动专题讲座】 3月26日下午,抚州市交通运输局邀请市纪委副书记赵荣贵作“人生懂得珍惜,从政须知廉洁”为主题的党的群众路线教育实践活动专题讲座,局机关全体党员和局属各单位中层以上干部参加专题讲座。赵荣贵从“六个懂得”(懂得珍惜前程、懂得珍惜待遇、懂得珍惜廉洁、懂得珍惜自己、懂得珍惜健康、懂得知足)全面阐述了在新形势下开展以为民务实清廉为主要内容的群众路线教育实践活动的重要意义和目的。

通过这次专题讲座,增强了全局党员干部为民务实清廉的思想认识,开阔了视野,积累了知识,同时,也为全局深入开展党的群众路线教育实践活动奠定了坚定的思想基础。

(抚州市交通运输局)

【深入开展党的群众路线教育实践活动】 2014年,上饶市交通运输局在全局党员干部中扎实开展教育实践活动,反“四风”、转作风、树形象,进一步增强党员干部的宗旨意识和群众观点,健全党内政治生活,推动作风建设制度化、规范化、常态化,激发党员干部干事创业的热情,取得实际成效、达到预期目标。活动期间,共落实20项整改任务,开展14项专项整治,建立健全14项制度,协调解决131个具体问题。

(韩晓艺)

纪检监察工作

【概况】 2014年,省交通运输厅反腐倡廉工作坚持由党委担负主体责任,纪委履行监督责任,全面落实党风廉政建设责任制,积极贯彻落实中央八项规定精神,不断加大源头防治腐败工作力度,为促进全省交通运输事业又好又快发展提供了较为有力的政治保障。

落实党风廉政建设“两个责任”。结合交通运输实际,厅党委制定《关于落实党风廉政建设党委主体责任和纪委监督责任实施办法(试行)》,将各个责任主体承担的责任具体化、明晰化。建立健全签字背书、约谈、廉政教育谈话和纪委加强对同级党委和班子成员的监督等制度。组织开展“党委书记谈主体责任”活动,积极引导全厅各级党组织履行党风廉政建设主体责任。组织百余名处级干部旁听原副厅长许润龙涉嫌滥用职权和受贿案件的公开庭审,近距离接受警示教育,并开展座谈讨论活动。在省直部门首创交通工程建设项目巡察制度,对重点工程项目开展巡察,及早发现问题,发挥震慑作用。以严肃查办领导干部违纪违法、工程建设领域违规行为和交通执法中的腐败问题为重点,加大案件查办力度。全年共立案37件,处理55人。其中,自办案件立案22件,含处级干部5件,科级干部12件,一般干部5件,处理29人。查办案件工作在省直部门中位居前列。省纪委书记周泽民在参加省交通运输厅党委班子民主生活会上,对厅领导班子、党风廉政建设和项目巡察工作给予了充分肯定。

(李青峰)

【全面落实党风廉政责任制】 2014年,省交通运输厅全面落实党风廉政建设责任制,确保工作取得实效。一是强化“一岗双责”,加大责任制落实力度。厅党委书记与厅机关各处室、厅直属各单位负责人签订党风廉政建设责任状,强化了各级领导认真履行党风廉政建设“第一责任人”和“一岗双责”的责任意识。厅党委主要领导共听取反腐倡廉工作汇报16次,作出批示10件。其他班子成员积极履行党风廉政建设“一岗双责”的责任。在推进业务工作的同时,切实抓好抓实分管范围的党风廉政建设工作。二是强化"一岗双评",加大责任制考核力度。1月,在对厅属各单位进行年终考核的同时,对党政领导班子落实党风廉政建设责任制和推进惩防体系建设情况进行了考核,既考核推动交通运输业务工作的能力,又考核推进党风廉政建设的能力。2014年以来,全厅共开展党风廉政建设监督检查154次,进行廉政谈话746人次。三是强化"一述双报",积极开展述职述廉。年初,厅直属单位主要负责人员向厅纪委提交述职述廉报告,既报告本人履行党风廉政建设责任情况,又报告所带队伍廉洁自律情况;其他班子成员根据具体分工分别报告个人廉洁自律情况和抓好职责范围内党风廉政建设工作情况。2014年以来,全厅共组织领导干部述职述廉1649人次。

(李青峰)

【坚持反对"四风"】 2014年,省交通运输厅坚持反对"四风"(形式主义,官僚主义、享乐主义和奢靡之风)。深入落实中央八项规定精神。一是开展专项治理。在上年"红包"治理的基础上,开展了全厅科级以下干部"红包"专项治理,共有13519人填写了自查自纠登记表,53人上交"红包",合计金额2.81万元。此外,还开展公款吃喝、公款送礼和奢侈浪费等专项治理活动。二是强化监督检查。采取集中检查、明察暗访等形式开展专项检查。2014年以来,全厅共开展贯彻落实中央八项规定精神监督检查24次,对2起公车私用的典型案例进行了严肃查处并予以通报;共开展暗访44次,查处涉及工作纪律和公车私用的问题3个。三是严惩违反"八项规定"行为。2014年以来,厅本级及二级单位查处并通报问题11起,处理人员12人。与上年同期相比,2014年全厅会议数量减少16.9%,会议经费支出减少65.1%;培训费用、接待费用分别减少44.2%、60.6%;公务车辆购置费用、车辆运行费用分别减少100%、20.6%。

(李青峰)

【强化制度建设】 2014年,省交通运输厅强化制度建设,着力健全和完善预防腐败制度。针对近年来发生的腐败案件中暴露出的工程建设监管方面存在的问题,督促相关部门加大制度建设力度,不断加强对工程建设领域权力的制约,努力做到"把权力关进制度的笼子里"。一是创新体制机制。针对原来存在的政企不分、权力过于集中的问题,创新体制机制,明确企业作为建设主体,切实做到制定规则与执行规则相分离,职责明确,强化监管。二是改进招投标制度。采取"一公开一保密二自动五随机"("一公开一保密",即招标工程量清单解释、子目单价、最高投标限价对外公开发布,投标人信息在招标过程中严格保密。"两个自动",即投标人的投标业绩等内容系统自动提取、自动清标。"五个随机",是指投标子类别由系统随机分配,每个标段可通过的最多投标人数量、投标人的可投标段、评标基准计算办法、评标基准计算参数现场随机抽取。通过以上一系列的动作,从程序上最大限度地压缩了人为操控的空间,也就减少了权力寻租的可能)的电子化招标方式,最大限度减少人为因素干预的空间。在昌宁、昌栗两个高速公路项目主体工程招投标工作中应用,取得较好的成效。随着全省建成6000千米高速公路的13个项目落地,省交通运输厅对招投标制度做了进一步的完善。制定项目建设"五统一"(项目建设前期工作、招标、投标、财务管理、纪检监察和工程技术管理)工作制度,将制定招投标规则与实施招投标工作相分离,更好的规避廉政风险。三是进一步完善相关制度。制定设计变更管理办法、资质审查管理办法、分包管理办法、项目办薪酬管理办法等制度,细化项目组织管理模式,充分发挥制度的规范作用。

(李青峰)

【加强廉政宣传教育】 2014年,省交通运输厅积极开展廉政宣传教育活动,一是廉政宣传教育形式多样。广泛开展了示范教育和警示教育等形式多样的廉政电教活动,4月份在全厅组织观看廉政电教片《远山》和《你是我的兄弟》共249场次,观看人数8912人。6月5日,组织厅直属单位、重点工程建设项目办和厅机关处室的100余名处级干部,前往吉安旁听原副厅长许润龙涉嫌滥用职权和受贿案件的公开庭审,近距离接受警示教育。交通运输部、省纪委和省广播电台等单位和新华网、人民网等媒体都对省交通运输厅这一做法进行报道。6月26日出版的《中国纪检监察报》在头版进行报道。根据江西省委常委、省纪委书记周泽民的指示,在全厅范围内组织开展原副厅长许润龙等腐败案件座谈讨论活动,参加座谈人员达10220人次,撰写心得体会10000余篇。二是廉政文化建设稳步推进。不断创新廉政文化建设形式,开展廉政文化"五进"(进机关、进工地、进基层、进家庭、进企业)和"三进两巡"(进机关、进基层、进工地巡展、巡播活动)等活动,举办廉政知识竞赛、廉政书法和摄影比赛。为打造"廉政文化进工地"这一亮点,选定昌樟高速公路改扩建项目为示范点,从外观形象建设和文化内涵建设两个方面入手,分廉政、励志、勤俭、修身、严谨、文明、和谐等七个篇目,着力打造项目廉政文化的宣教阵地。省港航局在重要节假日向副科及以上干部编发廉政短信8000条次,提醒广大党员干部注重廉洁自律,倡导积极的廉政文化,做到警钟长鸣。

(李青峰)

【狠抓监督制约,让权力在阳光下运行】 2014年,省交通运输厅努力抓好对工程建设领域权力运行的监督制约。一是积极开展交通工程建设项目巡察。为进一步加强交通建设领域自身监督,重点解决交通工程建设领域存在的突出问题,厅党委积极研究在交通运输厅系统试行交通工程建设项目巡察制度。发现5个项目存在的9个方面的问题及相关案件线索。二是开展了工程建设领域专项检查。针对在建项目招投标、合同履约及设计变更等方面工作可能出现的问题,督促厅基建处牵头开展项目履约专项检查,根据检查结果,加大信用管理工作力度,对相关存在问题企业的负责人进行约谈,并将14家存在廉政问题的企业纳入信用管理黑名单中。三是开展约谈工作。由厅纪委书记对二级单位纪委书记进行约谈,查找工作中存在的薄弱环节,守土有责、压力传导,加大监督力度,督促工作推进。

(李青峰)

【加强案件查处工作】 2014年,省交通运输厅一是加大"三转"工作力度,聚焦主业。按照省纪委"三转"工作要求,结合全省交通运输行业实际,不断强化案件查办和执纪监督,集中精力做好纪检监察主业,将工作重心转向受理投诉举报和查办各类案件。厅纪委已退出9项议事协调机构,移交5项具体业务工作。二是加大办案工作力度,严惩腐败。2014年共受理信访举报234件,其中检举控告类56件,已初步核实49件。自办案件共计立案22件,其中处级干部5件,科级干部12件,一般干部5件。结案20件,给予党纪政纪处分22人。其中自办案件13件,含处级干部4件,科级干部8件,一般干部1件,给予党纪政纪处分15人。上半年在江西省纪委36个双派驻纪检监察机构中,省交通运输厅自办案件初查核实件数、立案件数和给予处分人数均排名靠前。三是努力发挥案件治本功能。专门对全省交通运输系统2008年以来处级以上干部违纪违法案件进行调查研究,撰写了《2008年以来江西省交通运输系统处级以上干部违纪违法案件的特点、原因及对策研究》剖析材料。省高速集团以查处的高速公路重点工程建设领域的腐败案件为例,编印了《江西高速公路重点工程建设反腐败案件警示录》。

(李青峰)

【严抓纠风治乱】 2014年,省交通运输厅严抓纠风治乱,努力维护群众合法权益。一是加大了对违规治超行为的惩治力度。针对媒体曝光梨园治超站"黄牛"活动猖獗、内外勾结、间歇治超的问题,在省纪委的指导下,省交通运输厅会同相关部门,认真进行调查处理,对该治超站原班子成员全免、中层全撤、职工全换。涉嫌违法的移交司法机关处理,对有关人员进行党纪政纪处分。二是认真组织开展执法排查整改工作。在全系统开展了为期3个月的执法专项整改工作,认真对照"十类问题"和"五个严禁"的纪律要求,逐项抓好排查整改。并于4月28日专门召开视频会议,对全省交通公路执法专项整改工作进行"回头看"。三是强化执法监管。制定下发了交通运输行政处罚自由裁量权适用规则和执行标准等规范性文件,拟制《江西省道路货物运输源头超限超载治理管理办法》。厅直属单位先后开展各项规范执法活动,如,省港航局开展江西地方海事政风建设"五个禁止"活动;省路政总队开展全省高速公路路政管理工作突出问题集中整治活动;省运管局开展对出租车市场为期一个月的专项整治活动,均取得较好的成效。

(李青峰)

【省公路局召开廉政文化进工地现场会】 8月26日，省公路局在省公路工程监理公司昌樟高速公路改扩建省道R5驻地办召开廉政文化进工地现场会。

在现场解说员的讲解引导下，与会人员依次参观了昌樟高速公路省道R5驻地办精心雕琢的七个廉政文化篇章（“廉政”篇、“严谨”篇、“勤俭”篇、“修身”篇、“文明”篇、“和谐”篇、“励志”篇）。现场参观结束后，与会人员认真听取了省道R5驻地办创建廉政文化示范点的主要做法，随后针对《全省公路廉政文化进工地建设标准（讨论稿）》及考核评分表，开展了座谈讨论交流，现场气氛热烈，与会人员发言踊跃，或分享了参观学习心得，或立足各自单位实际，提出意见及建议。

会议指出，廉政文化进工地是廉政文化“五进”（进工地、进机关、进基层、进家庭、进企业。）活动之一。这次廉政文化“进工地”现场会，是继2012年省局在宜春市奉新公路分局举办廉政文化“进基层”后市组织的又一次公路廉政文化推进活动。公路工程监理公司在廉政文化进工地方面作了有益探索。昌樟改扩建省道R5驻地示范点的建成，《廉政文化进工地建设标准》及《考评细则》的制定，为下一步在公路系统全面推进廉政文化进工地活动奠定了较好的理论和实践基础。2014年，工程建设领域反腐倡廉工作责任重大，任务艰巨，要深入推进廉政文化“五进”活动和“十清”（政治清醒、思路清晰、行业清明、工作清政、行风清廉、为人清白、生活清雅、环境清洁、家庭清馨、饮食清淡。）行为准则建设活动，使廉政文化入心入脑，内化于心，外显于行，进一步提高全省公路系统纪检监察工作的规范化管理，制定干部职工队伍的行为规范，促进党风廉政建设和反腐败工作深入开展，确保惩防体系建设取得实质性工作成效。在今后的工作中，积极组织开展“党课倡廉”“文化育廉”“体育健廉”“文明倡廉”等健康有益的文体活动，让昂扬、向上、充满活力的清风在全省公路系统吹拂。

（吕　博）

【省厅建设项目巡察组进驻龙头岗项目办】 12月10日，省厅重点工程建设项目巡察组进驻龙头岗项目办，组长孙茂刚在巡察工作动员大会上作了讲话。孙茂刚指出，为进一步全面加强工程建设领域廉政监管，厅党委启动重点工程建设项目巡察工作，目的是要加强对工程建设各环节的监督，检查各项目办在制度执行上有没有打折扣、开口子、搞特殊，及时发现和纠正干部的违规违纪行为，做到常拉袖子、常敲警钟，不犯错误少犯错误，抓早抓小，避免小错酿成大错，小问题变成大问题。

孙茂刚就巡察的对象和内容作了介绍，指出巡察工作采取召开动员大会、民主测评、个别谈话、开展走访调查、组织座谈、查阅资料、受理信访举报、发放巡察工作联系卡等方式进行。项目办和各参建单位要提高认识，增强参与监督和接受监督的主动性、自觉性，主动积极配合，不回避矛盾，不搞形式主义，真实地反映情况，共同搞好这次巡察工作，形成震慑威力，遏制腐败现象发生，最终实现“工程优质、干部优秀”的目标。

巡察过程中，还对项目办领导班子落实党风廉政建设责任制情况、领导班子成员和项目办中层干部廉洁自律情况进行了民主测评。

（黄海源）

【全省地方海事系统开展政风建设“五个禁止”活动】 省地方海事局结合实际，利用3个月时间（5月20日至8月20日）开展全省海事系统政风建设“五个禁止”活动。五个禁止即：禁止插手航运市场和水运建设市场，谋求私利；禁止接受行政相对人的礼品礼金、有价证券、支付凭证以及宴请、旅游、健身、娱乐等活动安排；禁止刁难行政相对人，“门难进、脸难看、事难办”；禁止利用职权为所属事业单位经济实体谋取利益；禁止与“中介”勾结，通过他人间接向行政相对人收取“好处”。活动分动员部署、个人自查自纠和集中整改三个阶段，在活动中将通过明察暗访、监督检查、信访查办等手段，加大对违反“五个禁止”人员的惩处力度，促进部门和行业转变观念，提高行政效能和服务质量，扎实推进海事部门廉政风险防控机制建设，进一步改进江西海事政风行风建设。

（陈长荣　陈明中）

【严格落实党风廉政责任制】 2014年，围绕着省委关于落实党风廉政建设党委主体责任和纪委监督责任的要求,省运管局纪委抓好两个责任的落实工作。一是强化党委主体责任。年初,召开了省局全体职工廉政工作专题会议,对党风廉政建设和反腐败工作进行全面安排部署。与各处室和局直单位签订了党风廉政建设工作目标责任书,明确各自的职责和义务,形成一级抓一级,层层抓落实,党政齐抓共管的责任体系。制定局党风廉政建设和反腐败工作意见和责任分工文件,就工作职责、廉政教育、制度建设、行风建设、落实八项规定和依法执纪6个方面14项工作提出了具体要求,将59项具体任务进行责任分解,每项工作都落实到了牵头部门和责任处室,做到谁主管、谁负责,一级抓一级,层层抓落实,强化党政"一把手""第一责任人"的意识,切实增强做好反腐倡廉工作的自觉性、坚定性。班子成员和各责任部门按照职责范围和责任分工认真履行"一岗双责",在抓好业务工作的同时,积极采取措施开展党风廉政建设和反腐败工作,推动了党风廉政建设工作全面落实。二是纪委负起监督责任。局纪委按照"转职能、转方式、转作风"的工作要求,集中精力履行好监督、执纪、问责职责。加强对党风廉政建设和反腐败工作的督促检查,对责任分工各部门党风廉政建设工作落实情况做到半年自查一次,年终全面检查。加强作风建设的监督,全年对机关干部执行中央"八项规定情况"和工作作风情况进行监督检查和暗访共20次。实施约谈制度,召集3个局直单位党政负责人进行约谈,对有的工作中存在问题及时指出,不护短,堵住漏洞,从思想上防止跑偏脱轨,督促其廉洁自律。参与局涉及人、财、物、行政决定等重大事项的监督,发现的问题及时要求纠正。加强对党员干部的日常管理和监督,对发现的苗头性问题,注意抓早抓小,防范腐败产生。

(陈 坚)

【召开党风廉政建设社会评价工作推进会】 2014年,省运管局第一次组织11个设区市运管处、6个省直管县(市)运管所(分局)以及3个局直单位的分管领导召开全省道路运输系统反腐倡廉暨社会评价工作推进会,按照"谁主管谁负责""管行业必须管行风"的原则,要求各级运管机构要重视担负起工作责任,把道路运输系统党风廉政建设社会评价工作作为政风行风建设头等大事抓紧、抓好、抓出成效。把解决不正之风问题与为群众办实事、办好事相结合,做到让群众对省运管局的工作满意并给予好的评价,2014年未发现群众对全省道路运输系统党风廉政建设社会评价工作提出意见,群众满意度得到大大提高。

(陈 坚)

【严肃查处违纪行为】 2014年,省运管局纪委加大查办案件工作力度,及时处理违纪行为。受理反映局机关和局直单位违纪行为的初核线索5件,局纪委积极组织相关人员对反映的情况进行认真核查和核实,及时向局党委和省厅纪委报告工作和报送调查结果。对核实已构成违纪行为的进行立案查处2件,并分别给予党纪和政纪处分,共处分局直属单位5人。通过案件的查办,向干部职工传递有权必有责、用权受监督、失职要问责、违法要追究的强烈信号,做到查处一起,教育一方。

(陈 坚)

【省高速集团召开年度述职述廉会议】 2月21日上午,省高速集团召开总部部门负责人员年度述职述廉会议。集团党委书记王江军出席会议并讲话,集团领导成员出席会议。集团直属各单位、各路段管理单位党政主要负责人员、总部全体员工参加了会议。

会上,总部12个部门的负责人员先后登台,就个人思想政治状况和履行岗位职责、完成重点工作情况,就自身存在的不足和改进措施,就作风建设和廉洁自律情况,进行公开述职述廉。随后,全体与会人员以无记名投票的方式,对述职人员进行了民主测评。

(省高速集团)

【江西公路开发总公司机关开展许润龙等腐败案件座谈讨论会】 7月14日,江西公路开发总公司机关就许润龙等腐败案件开展座谈讨论会,省厅监察室副主任刘武等莅临会议指导。

会议针对原省交通运输厅副厅长许润龙等腐败案例进行深刻剖析,并展开热烈的讨论。与会人员针对许润龙等腐败案件,结合自己的工作岗位和思考,对发生在身边的腐败问题,畅所欲言,分别从如何从许润龙等腐败案件中汲取教训;加强本单位、本部门反腐倡廉教育；分析本单位、本部门反腐倡廉制度建设存在的漏洞以及如何堵塞漏洞等六个方面交流了自己的心得体会。

（王　玮）

【厅规划办举办“学习习近平重要讲话精神，培育和弘扬社会主义核心价值观”专题讲座】 5月4日青年节之际，省交通运输厅规划办邀请江西省著名学者、博士生导师陈东有教授为全办职工作了一场主题为“学习习近平重要讲话精神，培育和弘扬社会主义核心价值观”的专题讲座。

陈东有围绕习近平的讲话原文，从“核心价值观是文化软实力的灵魂”“不忘本来才能开辟未来”“内化为人们的精神追求，外化为人们的自觉行动”三个方面对价值观进行生动的阐述。陈东有教授理论联系实际，从井冈山精神、苏区精神、焦裕禄精神，儒家的“仁爱忠恕”、墨家的“兼爱非攻”、道家的“道法自然”、佛家的“慈悲为怀”、宋明理学的“民胞物与”，朱熹的白鹿洞书院学规、汪山土库的程氏家训，从电影、电视剧、年节活动，各国对经典文化的态度，中央电视台宣扬中华传统文化的公益广告等多个方面，全面生动地为职工讲授了社会主义核心价值观建设的必要性、重要性和紧迫性。

聆听讲座的职工都表示受益匪浅，更加感受到培育和弘扬社会主义核心价值观的重要性，通过此次学习进一步筑牢了职工反腐倡廉的精神防线。

（厅规划办）

【萍乡市交通运输局全面深化作风建设】 2014年，该局始终把深化干部作风建设作为重大任务，发扬钉钉子精神，持之以恒贯彻落实中央八项规定，努力维护风清气正的政治生态，加强对作风和效能建设情况的监督检查，认真纠查影响发展环境的人和事。严格执行《关于重申贯彻落实中央八项规定精神有关纪律的通知》，加强对贯彻落实中央八项规定、省、市若干规定情况的监督检查，开展明察暗访27次，对上班时间做其他事情人员进行批评教育，对涉嫌公车私用现象进行实时督办。分别对工作日中午参加战友聚会饮酒、上班时间用办公室电脑上网看电影及工作时间用手机上淘宝网的3名违纪人员进行处理通报。同时进一步深入开展“红包”问题专项治理，狠抓党政机关元旦春节期间公款送礼、公款吃喝、奢侈浪费专项整治工作，全系统未发现违纪违规行为。认真落实《2014年下半年纠风和执法监察工作安排意见》中涉及该局的三项工作任务，加强日常督导。认真抓好在全系统党政机关和基层组织中开展国家工作人员防止利益冲突专项治理自查自纠，阶段工作，共收到全系统工作人员自查表格200份。部署开展党和国家工作人员违规参与土地开发工程建设专项治理工作，全系统工作人员均进行自查自纠，共填写自查自纠表344份，并进行承诺。

（徐勇新）

【萍乡市交通运输局部署五项专项整治工作】 9月30日，该局召开专项整治动员落实部署暨廉政教育学习会，对全系统开展党员干部参赌涉赌问题、收送“红包”及购物卡问题、拖欠群众钱款、克扣群众财物问题、公款送礼、公款吃喝、奢侈浪费专项整治、“为官不为”问题等五个方面的整治活动进行动员部署，对廉洁过节进行强调。局机关副科级以上干部及下属单位党政班子领导成员共30人参加会议。会议传达市委党的群众路线教育实践活动领导小组办公室、市纪委、市监察局等单位下发的五个专项整治实施方案，传达全省落实党风廉政建设党委主体责任和纪委监督责任电视电话会议精神。会议强调，全系统各级党组织要认真履行“主体责任”，看好自己的门、管好自己的人、做好自己的事。要按照市文件要求开展好专项整治活动，按照时间节点及有关要求抓好环节任务。各级纪检监察部门要担负起监督责任，认真落实好中央“八项规定”，抓好节日期间的监督检查，持之以恒纠正“四风”，防止问题反弹。全系统党员干部职工要提高廉洁自律意识，认真履行岗位职责，做到不收送红包，共度廉洁、团圆、祥和的国庆节。局纪委将定时发送廉政短信进行警示提醒，对国庆节期间违反中央八项规定精神的行为，将快查严处，并点名道姓公开曝光。

（卢春媚　廖嵘峰）

【萍乡市交通运输局增强干部廉洁从政意识】 2014年，该局规范权力运行，增强干部廉洁从政意识。一是深入推进风险岗位廉能管理工作。在往年风险岗位廉能管理工作基础上,围绕腐败易发多发领域、权力运行过程中的关键环节以及群众关注度高的热点焦点问题,做好风险岗位廉能管理四项重点工作。以制度建设为重点,建立健全风险岗位廉能管理制度,切实做到用制度管权管事管人。依托风险岗位廉能管理网络平台和电子监察平台,逐步对可量化的主要廉能风险点进行信息化日常防控,不断促进权力规范透明运行。督导部分下属单位深入排查本单位潜在的风险岗位,制定防控措施。二是发挥审计监督作用。根据省厅统一安排,统一部署开展公路建设养护资金为重点的民生资金管理使用情况专项审计调查。组织检查组采取听汇报、查资料、现场查看等方法对各县区交通运输局公路建设养护资金自查情况进行重点检查。针对重点检查中发现的问题,提出有针对性的整改意见。1—3月,对局属6个事业单位进行内部审计,重点审计2013年度各单位财务收支情况、财经纪律和财务制度执行情况,针对存在的问题,提出整改要求。三是强化权力监督制约。加强干部监督管理,严格落实民主集中制、党政“一把手”四不直接分管、三重一大事项集体决策、领导干部有关事项报告等制度。推行“四谈两述”制度,实现领导干部提醒谈话、廉政谈话、诫勉谈话常态化,开展诫勉谈话12人次,任前廉政谈话3人次。实行严格问责,加强履职监督。重点对执行“三重一大”事项决策制度、按规履行职责、群众反映和舆论关注的焦点问题、工程建设和质量监督、预防和排查潜在风险岗位等多个方面情况进行督察,进一步梳理细化岗位职责,完善问责制度。严格问责,对2013年度落实党风廉政建设责任制考核中发现的问题责令有关单位整改到位。对日常督导中发现的某单位未经审批进行大宗采购一事进行调查了解,对有关责任人进行约谈。对党政纪处分执行情况进行检查,纠正违反规定调增工资事项,对责任人员进行问责。

(徐勇新)

【九江市交通运输局开展“机关作风调研及各项整治活动”】 2014年,九江市交通运输局开展“机关作风调研及各项整治活动”。一是在交通信息网站设置党的群众路线教育实践活动专栏,公开征求意见建议。局机关和局属各单位设置意见箱征求意见建议。二是局活动办3个督导组在指导局属单位开展教育实践活动的同时,分头听取交通系统干部职工和服务企业的意见建议。三是结合教育实践活动开展“百千万”(进百家企业、访千名乘客、发万份问卷)大纳谏活动。全局系统共收集梳理出130余条意见建议。四是建立局党委委员联系点制度,局党委委员在检查指导基层活动的同时,收集活动的意见建议。局属单位也相继开展相关活动,如公交集团公司5月下旬,在全公司集中开展为期百日的以整治劳动纪律、车容车貌、营运秩序为主要内容的“三项整治”活动。通过整治,促进了公交干部职工工作作风的明显改变、公交营运秩序进一步好转、公交服务质量和水平的继续提升。

(九江市交通运输局)

【九江市交通运输局建成廉政文化走廊】 2014年,走进九江市交通运输局办公大楼,映入眼帘的是一幅幅设计精美、图案鲜明、语言精练的廉政文化宣传板画。这是该局为加强廉政文化建设,增强交通系统干部职工廉洁从政意识,筑牢拒腐防变思想防线,结合该局工作特点,在办公区域走廊两侧悬挂的廉政格言,也是该局为推进党风廉政建设实行的又一项新举措。

该局高度重视廉政文化建设对反腐倡廉工作的作用和影响,强调从自身做起,从小事入手,继以往推出的廉政知识测试、观看警示影片、发送廉政短信等廉政教育举措后,2014年,该局把廉政建设同文化建设紧密结合,精心设计并制作了多幅廉政警句宣传板画,悬挂于走廊楼道干部职工必经之处,建成了一条名副其实的廉政文化走廊。

廉政文化走廊的建立,使该局全体干部职工在廉政文化熏陶中得以陶冶情操,涵养心灵,提升境界,激发了全系统干部职工强烈的事业心和责任感,开创了以文化促廉政、以廉政促和谐、以和谐促工作的新局面。

(九江市交通运输局)

【九江市港航管理局完善港航系统干部廉政档案】 自2014年起,全市港航系统副科级以上干部,全部按照九江市纪委统一印制的廉政档案登记表填报建档。廉政档案登记表涵盖干部的基本情况、奖惩情况、财产收入申报、投资申报、住房情况和婚姻状况等。登记表由本人如实填写后报局监察室存档。完善廉政档案,实行动态管理,对领导干部提拔、交流和相关事项发生变动时及时进行更新。干部廉政档案将作为干部选拔、任用、交流、绩效考核、表彰奖励的重要依据。

(九江市港航管理局)

【新余市交通运输局紧扣民生集中整治“四风”突出问题】 7月,新余市交通运输局紧紧聚焦“四风”和群众出行服务“最后一千米”问题,紧扣民生,深挖细查、狠抓狠治,以“钉钉子”的精神加快推进“四风”,突出问题专项整治工作,努力以教育实践活动的实际成效取信于民。

针对加快开通边远乡镇公交的强烈呼声,该局按照市政府的要求,加快调研,积极协调,抓紧开通新余至九龙线农村公交工作。后续将根据工作推进情况,逐步开通至观巢、欧里和水北等乡镇的公交线路,实现城乡公交全覆盖,使边远乡镇农民朋友共享便捷出行服务。同时,为进一步优化公共交通发展环境,抓紧制定《城乡公交一体化方案》《公交线路优化调整方案》《公交优先发展总体方案》。针对群众反映的出租车“脏、乱、差”和不文明服务等行为,该局联合市文明办、新余日报社和市交警支队正开展新余市首届“新余有爱·十佳的哥(的姐)”网络评选活动。同时,抓紧制定《出租车专项整治方案》和《出租车长效管理方案》,努力根治出租车行业服务突出问题。

结合交通运输部门实际,该局在全局党员、干部和职工中开展“亲经历、送服务”换位体验活动。组织全局党员干部定期、不定期到市内外服务窗口、公交、出租、客运、货运、物流、维修、驾培等交通运输一线开展体验活动。通过深入一线、换位体验,增加对自身职责职能的认识,增进对一线工作情况的了解,增强服务基层和群众的意识,促进机关作风转变。

该局制定了《“四风”突出问题整治方案》,突出开展城乡公交一体化、农村公路养护管理、出租车管理、机关作风、志愿者服务等15个方面专项整治。将“四风”整治作为硬指标和硬任务,列出时间表,明确路线图,上下联动,集中人员,集中办公,集中时限,集中攻坚整治。每项整治任务,该局都明确了工作目标、步骤措施、责任领导、完成时限等内容,由局主要领导牵头抓总,各业务分管领导具体组织实施,各责任科室和局属单位强力推进,做到了任务明、责任清、措施实、效果好。

(邓清华)

【新余市交通运输局制定惩治和预防腐败体系】 5月,新余市交通运输局党委制定了《建立健全惩治和预防腐败体系2013—2017年工作实施意见》。意见明确了三项重点任务:一是切实加强党的作风建设。坚持从严抓党风,大力弘扬党的优良传统和作风;持之以恒深入落实中央八项规定精神,进一步改进工作作风;扎实开展党的群众路线教育实践活动,建立健全作风建设长效机制;严明党的纪律,为党的作风建设提供保证。二是坚决有力惩治腐败。加大查办违纪违法案件力度,充分发挥惩治的震慑作用;严肃查处用人上的腐败问题,匡正选人用人风气;坚决查纠不正之风,着力解决群众反映强烈的突出问题。三是科学有效预防腐败。深化党风廉政教育,筑牢拒腐防变的思想道德防线;加强反腐倡廉制度建设,把权力关进制度的笼子里;强化权力运行制约和监督,确保权力正确行使。意见要求,严格落实党风廉政建设责任制。党委要承担主体责任,纪委负监督责任。各级领导班子主要负责人员要履行党风廉政建设和反腐败工作第一责任人职责. 领导班子其他成员要坚持“一岗双责”,根据分工抓好职责范围内的党风廉政建设和反腐败工作。要狠抓任务落实,抓好责任分解和任务分工,有重点、分步骤地落实本实施意见部署的任务。完善督查考核机制,督促任务落实。制定实施切实可行的责任追究制度,对抓党风廉政建设和反腐败工作不力,造成不良影响的,严肃追究领导责任。

(邓清华)

【加强作风建设】 2014年,鹰潭市交通运输局制定《鹰潭市交通运输局改进工作作风、密切联系群众“九规范”》工作制度,根据市委和市纪委的部署,开展“元旦春节期间公款送礼、公款吃喝、奢侈浪费专项整治工作”及“严肃整治会所歪风”“机关单位国家工作人员防止利益冲突专项治理”“四风”“舌尖上的腐败”“车轮上的腐败”等多项治理专项监督检查工作,成效明显。2014年1—6月与2013年同期相比,“三公”经费明显下降,公务接待费用减少66.3%,车辆运行费用减少18.8%,差旅费减少63.2%,办公经费支出减少17.7%。其次,抓纠风治乱,维护群众合法权益。严格"两集中、两到位"执行工作,按市政府要求精简行政审批事项和期限,该局行政审批事项都纳入市行政服务中心管理,并将办理时限减少一半以上,简化了办事程序。加强了执法执纪工作,规范行政执法行为和服务运输市场体系建设,制定、落实了交通行政处罚自由裁量权,使执法工作更加文明、规范、合法。

(艾年宗)

【鹰潭市交通运输局四举措把好廉政建设关】 2014年,该局把反腐倡廉工作与交通工作同部署、同落实、同检查、同考核、强化组织领导,明确职责分工,狠抓制度落实,全局上下形成了讲廉政、树正气、倡新风的和谐发展局面。一是全面落实"一岗双责"。局领导班子成员在推动业务工作的同时,严格履行党风廉政"一岗双责"职能,认真抓好分管范围内的党风廉政建设工作。每月班子成员对分管部门进行一次廉政、勤政工作检查,发现苗头性问题,及时处理,做到警钟长鸣、防微杜渐。二是认真抓好廉政教育。将党风廉政建设纳入交通工作重要议事日程,抓好工作预防,逢会必讲廉,逢学必涉廉,通过举办廉政辅导报告,组织观看电教片,开展廉政文化"六进"活动,把廉政教育经常化、制度化、习惯化。三是建立廉政预警防范。从领导岗位、中层岗位到交通执法,财务管理等特殊岗位进行廉政预警问题查找,明确重点部位、重点人员、重点环节的风险点,加大预警防范。四是完善监督制约机制。完善交通行业内外各项监督机制,严格实行政务公开、执法责任公开制度,自觉接受干部职工监督,主动接受地方人大、政协、纪委纠风部门及行风执法监督员的严格监督,有效提高交通执法管理工作的透明度。

(艾年宗)

【狠抓专项治理工作】 2014年,赣州市交通运输局纪委对一些专项治理工作进行主抓、强抓,取得好的效果。一是积极开展"红包"问题专项治理。局纪委通过印发提醒卡、组织召开动员会、发放登记表等,积极开展"红包"问题专项整治活动。698人参加自查自纠,"零报告"人数为698人,其中县处级干部25人,乡科级及股级人员264人,其他干部职工409人,所有的自查对象都如实填写《专项治理"红包"自查自纠情况登请表》。在11月24日,召开开展拒收"红包"警示教育动员大会,将拒收"红包"的对象扩大到全体干部职工。二是积极做好党风廉政建设社会评价工作。局纪委分别在上半年和下半年共印制了6000份赣州市党风廉政建设社会评价工作"四问四答"和4000份致市直(市)单位广大干部职工一封信,发放到系统内每一名干部职工手中。三是抓好开展国家工作人员防止利益冲突专项治理工作。组织局机关和局属单位全体干部职工开展自查自纠,填报了"可能产生利益冲突的国家工作人员特定关系人从业情况登记表"。

(张春明)

【强化监督检查】 2014年,赣州市交通运输局纪委找准定位,聚焦主业,通过以明察暗访等形式实行"监督的再监督,检查的再检查",监督力度前所未有。一是深入开展公款送礼、公款吃喝、奢侈浪费等监督检查,2014年4月组织对局属单位的财务账目进行审查等,并对检查情况进行了通报。二是以节假日等重要时间节点为重点,深入开展明察暗访。在元旦、春节、"五一"、中秋、国庆等节假日期间,局纪委都组织明察暗访组对局机关、局属各单位贯彻执行中央八项规定和省市相关规定、公车封存等情况进行了明察暗访。三是从局属单位抽调人员组成明察暗访组,对局机关、局属单位工作纪律、公务接待、单位内部食堂等进行了明察暗访。四是加强对工程建设监督检查力度。局纪委于8月中旬,组织相关专业人员,对在建交通工程进行了一次全面的监督检查。

(张春明)

【瑞金市交通运输局开展党风廉政建设评价培训会议】 5月,瑞金市交通运输局以会代训召开党风廉政建设社会评价工作培训会议。为提升干部职工对党风廉政建设的知晓度、参与度、关注度、认可度和满意度,以反腐倡廉建设的实际成效取信于民。5月12日,市交通运输局召开全局以会代训党风廉政建设社会评价工作培训会议。会议强调,2014年是瑞金市全面贯彻落实中共十八届三中全会精神的一年,也是开展党的群众路线教育实践活动,改进工作作风、提升执行力和服务水平的整风之年。面对任务重、困难多、要求高的现实，交通运输系统各部门要提振精气神，积极开展立功竞赛活动，强化考核和用人导向，以营造争先创优的氛围提升各部门的工作激情；要积极抓好基础设施建设、惠民项目建设等，并突出重点，细化目标，强化责任落实；要以党的群众路线教育活动为契机，切实转变作风，深入一线破解发展难题，同时切实解决群众反映强烈的实际问题；广大干部职工要摆正思想意识，不断加强自我监督、自我约束，以加强党风廉政教育促进干部队伍建设，还要健全廉政建设各项制度，让权力真正在阳光下透明运行。

（瑞金市交通运输局）

【吉安市交通运输局开展三个专项整治活动】 为确保党的群众路线教育实践活动取得成效，该局围绕“三公”经费支出、小金库、吃空饷，民生资金，选人用人不正之风三个方面出台三个专项整治方案。三个专项整治活动重点整治“三公”经费使用，占编吃空饷，小金库以及违反规定报销发票情况；整治各单位和个人截留、挪用、拖欠、克扣、私分、侵占农村转移支付资金、扶贫专项资金、新农村建设资金等涉农资金和救灾救济物资的行为；整治超职数配备、吃空饷、假履历假档案、领导干部在企业兼职等问题。

（吉安市交通运输局）

【宜春市交通运输局组织干部职工参观“清风园”廉政文化教育基地】 1月10日下午，宜春市交通运输局组织局机关和局属各单位干部职工103人参观“清风园”廉政文化教育基地。在讲解员的引导下，参观了倡廉石、爱廉池、知廉廊、咏廉路、珍廉圃、守廉台6个景区，干部职工通过观廉景，读廉史，品廉诗，敲廉钟，悟廉意，咏廉路，珍廉圃，在移步换景中接受廉政文化的熏陶和洗礼。

（柳承启）

【宜春市交通运输局开展“三转”工作】 该市交通运输局纪检组（监察室）立足实际，多管齐下，推进交通运输部门“三转”大讨论活动深入开展。一是组织学习。2月22日，在局党组会议上传达学习了纪委三届四次全会精神和“三转”工作的部署，深入学习讨论了“三转”工作的中心内容，局党组成员交流对“三转”工作的心得看法，积极配合和支持纪检监察工作。同时，组织了机关纪检监察干部与局属各单位纪检监察干部进行学习讨论，交流体会，明确了突出执纪监察这个主业，明确了为何转、转什么、怎么转，深刻领会活动的重大意义。二是理清职责，抓好主业。局纪检组、监察室相关人员在认真学习领会习总书记强调的“执好纪、问好责、把好关”等讲话精神，转变思想观念，积极与局秘书科等相关科室沟通，依据纪检监察机关职能，把不属于纪检监察工作范畴的工作及时移交给其他科室，落实了不该管、管不了、管不好的工作交还给主责部门的要求，牢固树立了“加强监督是本职，疏于监督是失职，不善于监督就是不称职”的工作理念。三是强化纪检监察工作能力。认清了纪检监察干部要深刻把握新形势下工作规律，创新思想理念，摒弃惯性思维，改进方式方法，更加科学高效地履行执纪监督职责。建立约谈制度，改进执纪办案模式，并根据新的实践不断完善和发展，推进方式方法的与时俱进，使纪检监察工作焕发新的生机与活力。通过贯彻落实“三转”工作，纪检监察干部思想得到进一步提高，在工作上有了主体方向，在生活上更加能严格要求自己。

（柳承启）

【宜春市交通运输局立足“四监督”强化枢纽营运公司廉政建设工作】 2014年，该局为加强宜春市综合交通枢纽营运管理有限公司管理，规范公司领导人员廉洁从业行为，加强公司党风廉政建设和反腐倡廉工作，立足“四监督”，确保了党风廉政建设触角延伸到基层。一是实施人事工作流程监督。局党组严格遵守《党政领导干部选拔任用工作条例》规定。对所推荐的干部按照民主测评、民主推荐、酝酿、党组讨论、廉政谈话等程序，严把每个环节，实行全程监督，确保把能吃苦、敢担当的干部充实到总经理、副总经理岗位，配强领导班子。二是实施招聘人员全程监督。在招聘前，市交通运输局局长朱宜民组织召开了公司面向社会公开招聘员工工作布置会，制定了《关于宜春市综合交通枢纽营运管理有限公司面向社会公开招聘员工全程监督措施》，在面向社会公开招聘员工29人过程中，无论是网上公告、报名条件审核还是集中面试，纪检监察进行了全程监督，严把关口,共取消不符合报名条件5人。做到公开、公正、公平。三是实施经营管理流程监督。在物业管理、店面(广告)招租、物资、设备采购活动中,严格落实进市公共资源交易中心的规定,按照招投标法的规定,制定了招投标监督办法,纪检监察对投标申请、审查、评标、签署等流程进行全过程监督。四是实施营运管理全程监督。局党组要求各级领导要从工作大局中去谋划、部署和推进公司工作展开,抓建设的同时要抓廉政建设、作风建设,持之以恒落实中央"八项规定";要明确公司党风廉政建设和反腐败工作的主体责任,确保公司领导人员权力运作过程规范有序、公开透明,防止了权力失控、决策失误和行为失范现象发生。

(柳承启)

【抚州市交通运输局加强作风建设监督成效明显】 2014年,该局紧密结合行业特点加强作风建设。一是开展"三公一奢"专项治理。该局党员领导干部对"三公一奢"整治重点内容对照检查,按时间节点要求开展整治活动,通过一级抓一级,层层抓落实,各科室按时填报统计数据,监察室认真监督和核对,及时将结果张贴公示。坚决刹住公款送礼、公款吃喝、公车私用、奢侈浪费等不正之风。二是继续深入开展科以下干部"红包"问题专项治理。在去年开展科以上干部"红包"问题专项治理的基础上,市局认真做好科以下干部的自查自纠工作,确保自查面达到100%,未发现收受红包的问题。三是开展防止利益冲突专项治理工作。全局所有国家工作人员进行了认真自查自纠,无利益冲突的情况,局纪委经核查公示后并报市纪委备案。四是抓好行风监督检查。重点加强了对"六车整治"中行政执法监督11次、公交服务质量监督6次、出租车不打表、拒载、宰客情况监督9次,对行政执法中存在不文明、不依法执法3名工作人员当面指出问题,进行批评教育并责令整改。五是严格监督"三公"经费使用。狠抓"三公"经费使用过程的监督,1至12月该局"三公"经费使用同比下降了55.76%,成效明显。

(抚州市交通运输局)

【加强党风廉政建设和干部作风建设】 2014年,上饶市交通运输局认真贯彻落实党风廉政建设"两个责任",严明党纪政纪,严抓作风转变。教育引导党员干部自觉践行"三严三实"要求,筑牢思想防线,组织党员干部到市廉攻教育基地接受廉政警示教育,上廉政党课,举办作风建设和"以法促廉"专题辅导,开展廉政书画摄影作品评选。严格执行中央八项规定,深入开展"四风"整治工作,全局"三公"经费、公务用车和公务接待支出同比分别下降29.19%、29.03%和29.62%。开展国家工作人员防止利益冲突专项治理工作和群众办事难问题专项整治活动。全面落实治理公路"三乱"责任制,坚决纠正行业不正之风。推行执法执纪相结合的监督工作,方便群众对交通运输执法过程进行监督。

(韩晓艺)

精神文明

【概况】 2014年,省交通运输厅精神文明建设以社会主义核心价值观为指导,以行业核心价值观为引领,积极开展文化建设、文明创建活动,引导交通广大干部职工树立正确的人生观、价值观、事业观。

广泛开展行业核心价值体系建设,通过专题宣传、摄影比赛、演讲比赛等多种形式开展学习宣传活动,提高交通运输职工对交通运输行业核心价值体系的认同感;开展健身操、羽毛球比赛等系列健康向上的文体活动,提高干部职工凝聚力、战斗力;认真组织多项社会公益活动,倡导广大干部职工立足岗位深入开展学雷锋、志愿者服务等活动。省直机关工委举办的"实干兴赣当先锋、为民服务作表率"主题演讲比赛活动中,省交通运输厅选送的两个演讲题目,在众多参赛选手中脱颖而出,均荣获比赛二等奖;省直机关工委"实干兴赣圆梦中国"庆祝新中国成立65周年群众性歌咏比赛中,省交通运输厅代表队从强手如林的32支参赛队伍中脱颖而出,荣获组唱类比赛一等奖;在全省首届职工网球大赛中,代表省交通运输厅出战的交通港航代表队硕果累累,一举斩获省产业、直属工会组团体第五名,男子单打、混双两项冠军,女子单打亚军,领导干部双打、男子双打第三名,男子单打、双打第五名,并获得了体育道德风尚奖、优秀组织奖。厅纪委书记成松、省港航局局长于钦民参加比赛并获得领导干部双打第三名，以良好的道德风尚和优异的成绩展现了交通职工的精神风貌。

加大典型挖掘宣传力度，充分发挥先进典型的示范带动作用，开展丰富多彩的“比学赶超”窗口创建评比活动。景德镇长运有限公司获全国“五一劳动奖状”，江西交通工程咨询监理中心敖志凡、九江“的哥”柯胜锋2人获得全国‘五一’劳动奖章，宜春市公路管理局路政执法支队支队长吴雄生等4人获“江西省“五一”劳动奖章”荣誉称号，省高速集团抚州管理中心南昌东管理所“向阳花”收费班等5个单位获得省“工人先锋号”称号；敖志凡被交通运输部评为感动交通年度人物，4家单位和6名个人被交通运输部分别授予“全国道路运输工作先进单位”和“全国道路运输工作先进个人”称号；胡业龙等3名职工获“全省依法行政先进个人称号”。

（聂玉洁）

【推进中国特色社会主义理论体系的学习宣传教育】 2014年，省交通运输厅持续开展学习习近平总书记系列讲话精神，营造浓郁的学习氛围。各部门、各单位充分发挥网站、微博、墙报、专栏、简报等舆论工具作用，多层次、多形式地开展宣传教育。全省交通运输行业各有关单位纷纷通过召开中心组学习会、专题报告会等形式，深入学习领会全会精神，并结合各自工作实际，围绕加快实现交通运输事业科学发展、创新发展、绿色发展、持续发展目标，提出具体意见和措施。

持续开展“中国梦”主题教育活动，省厅和各级交通部门把“中国梦”宣传教育活动，作为深化中共十八大精神、十八届三中全会、习近平系列重要讲话精神学习宣传的重点内容，精心制定活动方案，开展“实干兴赣当先锋、为民服务作表率”演讲比赛、“建功在交通，实现中国梦”知识竞答、“中国梦·劳动美”主题摄影比赛、“中国梦·公路交通梦”征文等活动，进一步深化对中国特色社会主义理论的认识和理解，坚定道路自信、理论自信、制度自信，激励交通职工以更加饱满的热情投身到实现“中国梦”的建设中去。

（练崇田）

【开展“实干兴赣当先锋、为民服务作表率”学雷锋志愿活动】 自3月1日起，省交通运输厅直各单位开展为期一个月的“实干兴赣当先锋，为民服务作表率”学雷锋志愿活动。3月，全省交通运输系统参加学雷锋活动3568人次，开展现场讲座、咨询服务、宣传96场次，为基层和群众办实事好事358件，受益群众5500人，先后发放慰问金130750元，赠送图书、资料慰问品等3575件，慰问困难残疾特殊人群1118人。活动期间，省交通运输厅充分运用报刊、宣传栏、网站等媒体，全面加强宣传引导，积极发布志愿者或志愿服务团队典型事迹，弘扬典型、表扬先进。

（马兰花）

【举办“实干兴赣当先锋、为民服务作表率”主题演讲比赛活动】 6月20日，省交通运输厅组织厅直各单位干部职工举办“实干兴赣当先锋、为民服务作表率”演讲比赛，参赛选手紧紧围绕“实干兴赣当先锋、为民服务做表率”这一主题，紧密联系自身的学习、生活和工作实际，从不同的角度、不同的层面阐述自己对主题实践活动的切身感受和深刻认识，用情节生动、真实感人的故事反映和展示广大交通干部职工，在解放思想、凝心聚力，深化改革、推动创新，联系群众、服务群众，正风肃纪、优化环境等方面当先锋、做表率的所作所为和精神风貌，展示了江西交通运输系统“建设提速、服务升级、改革突破、创新驱动、和谐发展”的正能量。比赛结束后，选送获得一等奖的两名选手参加了省直机关工委举办的“实干兴赣当先锋、为民服务作表率”主题演讲比赛活动，两名选手均荣获比赛二等奖。

（马兰花）

【江西交通运输系统6家单位入选全国文明单位】 2月28日，中央文明委发布《关于表彰第四届全国文明城市（区）、文明村镇、文明单位的决定》，江西交通运输系统6家单位入选全国文明单位，分别是：江西省高速投资集团赣州管理中心、江西省高速公路投资集团有限责任公司宜春管理中心、上饶市道路运输管理局、江西赣粤高速公路股份有限公司九景管理处鄱阳收费所、吉安市邮政公司、江西省高速集团景德镇管理中心。

全国文明城市、文明村镇、文明单位每三年表彰一次。11 月,中央文明办启动第四届全国文明城市、文明村镇、文明单位评选。江西省交通运输厅分别通过省文明委和交通运输部两条渠道认真组织开展申报、推荐工作。此次表彰的第四届全国文明单位共 2242 个,江西省 67 家单位入选,其中交通运输系统 5 家;全国交通运输系统 23 家单位入选,其中江西 1 家。

(练崇田)

【全省交通运输系统 26 个集体被命名为省级青年文明号】 根据江西省创建青年文明号活动组委会下发的《关于命名 2012—2013 年度省级青年文明号的决定》,命名 395 个青年集体为 2012 ~ 2013 年度省级青年文明号。交通运输系统共 26 个集体被命名,名单如下:江西路通房地产开发有限公司、江西省公路管理局交通工程公司、江西省公路机械工程局第一分公司、江西省公路机械工程局第二分公司、江西省公众出行交通服务热线“96122”、抚州赣东公路设计院、江西省港航管理局赣州分局赣州航道处、江西省港航管理局吉安分局办证服务中心、江西省港航管理局上饶分局行政政务中心、江西省港航管理局宜春分局赣道政 27#、江西省港航设计院、江西省高速集团赣州管理中心瑞金南管理所、江西省高速集团抚州管理中心南新养护工区、江西省高速集团赣州管理中心瑞金省界管理所、江西省高速集团抚州管理中心温圳东管理所、江西昌泰高速公路有限责任公司信息中心、江西赣粤高速胡家坊收费所、江西省高速集团景德镇管理中心婺源管理所、江西省高速集团抚州管理中心临川管理所、江西省高速集团抚州管理中心塔城管理所、江西省高速集团上高管理中心修水管理所、江西省高速集团景德镇管理中心江湾管理所、江西省高速集团抚州管理中心熊村管理所、江西赣粤高速公路股份有限公司昌北收费所、江西省高速集团万年管理中心瑞洪收费站、吉安高速公路路政管理支队七大队。

(陈志光)

【厅直属 15 个单位被命名为省直青年文明号】 根据省直机关团工委、省直机关青工办下发的《关于命名 2012—2013 年度省直青年文明号的决定》,命名 155 个青年集体为 2012—2013 年度省直青年文明号。省交通运输厅直属 15 个单位被命名,名单如下:江西畅行公司新余服务区、江西省高速集团赣州管理中心崇义省界管理所、江西省高速集团赣州管理中心瑞赣养护中心、江西省高速集团赣州管理中心泰赣养护中心、江西省高速集团抚州管理中心南城管理所、江西省高速集团抚州管理中心宜黄管理所、江西省高速集团景德镇管理中心德上管理所、江西省高速集团泰和管理中心兴国管理所、江西省高速集团宜春管理中心安福管理所、九景高速公路管理处都昌收费所中馆站、江西昌铜高速公路有限责任公司铜鼓收费所铜鼓西收费站、江西省交通运输厅应急指挥中心(信息中心)信息管理科、江西省高速公路集团抚州管理中心工程队、江西省高速公路集团赣州管理中心瑞金省界管理所、江西畅行公司庐山服务区。

(陈志光)

【省运管局积极推进文明创建工作】 省运管局紧紧围绕运管中心工作,以文明创建促管理,推进了创建工作的深入开展,2014 年被评为南昌市第十五届文明单位。

一是在全行业广泛开展行业核心价值体系践行活动,组织开展“身边的楷模”宣传活动,收集整理行业近十年来受省、部级以上表彰的先进集体、先进个人,组织各地市每月推荐身边好人好事,并在江西道路运输网设置专栏进行展播。2014 年,景德镇长运公司获得全国五一劳动奖状,九江的哥柯胜峰获得全国五一劳动奖章称号。二是深化志愿服务,完成省运管局志愿服务队团队注册,开展送温暖、无偿献血、维修咨询、扶贫帮困等系列活动,推动学雷锋活动常态化。积极参与帮扶共建,被省扶贫开发领导小组表彰为 2013 年度省直(属)单位定点扶贫贫困村工作先进单位。三是推进群众性文明创建活动,推进职工书屋建设,广泛开展登山比赛、骑行行动和“我们的节日”主题活动等群众性文体活动,努力提升干部职工精神文化生活的质量和水平。

(朱　熹)

【江西远洋公司荣获省直机关第十届文明单位】 2 月 8 日,江西远洋公司被省直机关工委、省直机关文明委授予“江西省直机关第十届文明单位”称号。

2013年,江西远洋坚持以邓小平理论、“三个代表”重要思想和科学发展观为指导,深入学习贯彻中共十八大、十八届二中、三中全会和省委十三届七次、八次全会精神,紧密结合党的群众路线教育实践活动,树立了良好的社会形象,取得了显著的创建成效。

该公司将以此次获奖为契机,再接再厉,努力推动精神文明建设再上新台阶。

(万　磊　陈明中)

【第二届全国高速公路服务品牌年会暨中国高速公路第八次新闻宣传工作会在南宁召开】 12月1日,第二届全国高速公路服务品牌年会暨中国高速公路第八次新闻宣传工作会在南宁召开。泰和管理中心井冈山机场所机场“映山红”收费站荣获“最美中国路姐团队”称号,泰和管理中心泰和北所李红、昌泰公司吉安南所刘艺荣获“最美中国路姐”称号,赣粤公司傅峻被评为《中国高速公路》杂志2014年度优秀通联站站长,泰和管理中心温荣生、昌樟管理处李欣被评为《中国高速公路》杂志2014年度优秀通讯员。中国公路学会秘书长刘文杰、副秘书长巨荣云等领导为获奖单位和个人颁奖。

(省高速集团)

【省文明办主任张天清调研指导高速公路文明创建工作】 4月18日,省文明办主任张天清到赣州管理中心调研指导文明创建工作。就做好下一步工作,张天清指出,要围绕提高员工素质开展创建,推进道德讲堂建设;要围绕业务工作和行业特色开展创建,打造具有行业特色的活动品牌;要围绕点滴小事开展创建,因地制宜,注重细节,切实担负好社会责任。

(省高速集团)

【省高速集团召开新媒体建设专题会】 2月21日下午,省高速集团召开新媒体建设专题会,就集团微博集群、微信公众平台建设等工作进行专项部署,要求各单位充分认识新媒体建设的必要性,加强对新媒体的建设和管理,建立和完善各项管理制度,确保实现月底前完成注册认证、3月初实现试运营的目标。

(省高速集团)

【昌樟管理处荣获第十三届全国职工职业道德建设先进单位荣誉称号】 1月,在全国第十三届职工职业道德建设评选活动中,赣粤高速昌樟管理处经过公示、网络投票等环节,成功评选为第十三届“全国职工职业道德建设先进单位”,这也是江西交通运输系统唯一获此殊荣的单位。

进入新世纪以来,昌樟管理处一直将职工职业道德建设作为企业文化建设的重要抓手,通过树立建设目标、形成制度管理、加大培训力度、落实考核评优等方式全面提升员工职业道德素质。同时该处努力实施品牌战略,打造品牌文化,积极开展以“四容四貌、微笑昌樟、全员培训、干事文化”为主的四大品牌建设;2012年年底随着昌铜高速全线开通,该处又开展“幸福昌铜”品牌建设,并取得初步成效。在品牌创建中,通过开展岗位培训、岗位技术练兵、岗位立功竞赛等活动,促进员工职业责任感、职业道德操守显著提升,形成了以文化引导人,以文化激励人,以文化培养人的浓郁氛围。

(省高速集团)

【井冈山厦坪至睦村高速公路建设获赠锦旗】 1月23日,井冈山市委书记龙波舟、市长陈敏一行来到省交通运输厅,将两面锦旗分别送给省交通运输厅和省高速集团,感谢省交通运输厅、省高速集团为修建井冈山厦坪至睦村高速公路所作出的贡献。省交通运输厅党委书记、厅长朱希,省高速集团党委书记王江军分别代表省交通运输厅、省高速集团接受锦旗。

井睦高速公路建成通车使全省又增添了一条出省大通道,将赣南原中央苏区、红色井冈山、始祖炎帝陵和南岳衡山等风景区串珠成线,对策应全省旅游强省战略、改善革命老区交通状况、促进区域经济发展等都具有十分重要的意义。

(省高速集团)

【集团综合行政部和党委办公室获评先进】 12月中旬,省高速集团党委办公室、综合行政部被评为“2014年度全省交通运输系统办公室(党委办公室)工作先进单位”,集团综合行政部被评为“2014年度建议提案办理工作先进单位”。

(省高速集团)

【梨温高速"中国梦·劳动美"两部微电影开拍】 2014年,为大力弘扬企业精神,引导员工积极践行社会主义核心价值观,梨温公司"中国梦·劳动美"两部微电影分别在进贤收费站和交通设施维修队开拍。

两部微电影均把镜头对准高速一线员工,全方位、多角度提炼员工代表以路为家、敬业奉献、团结和谐、奋力拼搏的艺术形象,旨在通过微电影唱响"劳动最光荣、劳动最崇高、劳动最伟大、劳动最美丽"主旋律,体现梨温高速一线员工的个性与风采。

(胡　丹　戴西强　何　贞)

【梨温高速鹰潭西收费站被授予"江西省助残先进集体"】 12月,江西省召开第五次自强模范暨助残先进表彰大会,梨温高速公路鹰潭西收费站被省残工委授予"江西省助残先进集体"荣誉称号。

该站4年来以"同在蓝天下,共享灿烂阳光"为主题持续开展"灿灿关爱"计划活动,坚持对鹰潭市特殊需要儿童康复中心的一群孩子实施爱心行动,定期陪伴、看望康复中心的聋哑儿童,送上关爱和祝福礼物,获得社会大众的赞赏和支持。

(刘洁云)

【江西省首支"全国工人先锋号"出租车队在南昌亮相】 12月19日,南昌市出租汽车公司、大众交通运输有限公司"全国工人先锋号"出租车队在国体中心举行发车仪式。这是南昌市首支,也是全省唯一一支"全国工人先锋号"出租车队,首批投放出租车20辆(市租10辆、大众交通10辆)。

经过半年的筹备,公司完成车队进入与退出机制的确定,驾驶员通过初选、面试,好中选好、优中选优;对入选驾驶员进行严格的岗前培训、军训和团队精神打造。为确保车队始终保持先进性,实行淘汰制。驾驶员及车辆发生不按规定着装、车容车貌不达标、客运违章等情况,一律退出车队。

"全国工人先锋号"车队与普通出租车最大区别为,车窗前放置一块红色印有"全国工人先锋号"铁牌;服务上,主副班司机24小时穿着队服、佩戴工牌、白色手套服务,用语文明,服务优质规范。

(市客管处)

【爱心的哥深夜救助智障女】 3月27日凌晨一点多钟,东迅出租汽车公司的万欢在南昌滕王阁隧道发现一个女孩孤坐在路旁,觉得有点像自己偶然看到的一则寻人启事中寻找一位河南籍,伴有轻微智障的女孩。当时车上有乘客,万欢送完乘客之后,便立刻驱车返回隧道,女孩却已不见踪影。但是万师傅并没有放弃,几经周转,终于在滕王阁附近找到了这位女孩。万师傅立刻下车给她递上在夜宵店买来的食品,经过反复引导和沟通,终于得知了女孩家人的联系方式。在和女孩家人取得联系后,守护着女孩,终于在凌晨4时左右,女孩家人赶到现场,看见女孩家人激动的团圆,万师傅悄悄地离开了。

原来,这个女孩姓魏,河南信阳人,和家人来昌打工,21日在昌南大道和迎宾大道交叉口走失。被万师傅发现时,已经在外漂泊了5天,饥寒交迫。27日上午,女孩的父母来到南昌市城市客运管理处,希望客管处帮助找到万欢师傅。客管处依据车号很快找到东讯出租公司,在公司的协助下,万欢师傅和女孩家属在客管处办公室见面了。女孩父亲将2000元酬金递给万师傅,但是被万师傅婉言谢绝。

(市客管处)

【高考爱心车队十三年】 6月3日上午,"高考爱心车队"的发车仪式在南昌市市政公用广场举行。2014年是南昌市出租汽车行业组织"高考爱心车队"的第十三个年头。随着参与人数和受关注度的不断攀升,爱心送考队伍愈发壮大,从开始只有出租汽车参与,到现在众多社会车辆也加入到送考队伍中。2014年,全市有29家出租汽车企业参与,500全辆出租汽车,上千名驾驶员参加此次爱心送考活动,高考期间共接送考生和家长约6000人次。

(市客管处)

【组织出租车大年夜免费送客活动】 1月30日是大年三十除夕夜。为了能让返昌人员尽快赶回家中同家人相聚,同时也为旅客从火车站到市区的乘车需求增添运力,这一天,南昌市客管处、中石化南昌石油分公司和南昌交通广播在南昌火车站联合开展"免费送你回家温暖车队"大型公益活动,特别组织100余辆车头贴有"温暖车队"图标的出租汽车,在火车站地下南广场专程接送抵达南昌的返乡旅客回家,为返昌人员提供安全、周到的公益服务。

"温暖车队"大型公益活动得到29家出租汽车企业,100多辆出租汽车、上百名驾驶员参与活动,活动开展共免费运送乘客约300人。

(市客管处)

【景德镇港航分局李江入围"中国好人榜"候选名单】 由中央宣传部、中央文明办主办,中国文明网承办的"我推荐、我评议身边好人"活动2014年11月"中国好人榜"揭晓,景德镇港航分局李江入围"中国好人榜"敬业奉献类候选人,投票序号是敬业奉献类第68号。"中国好人榜"评选活动,采取一月一评的形式由网民通过网络在中国文明网进行投票评选。"中国好人榜"评选分为"助人为乐""见义勇为""诚实守信""敬业奉献""孝老爱亲"五个类别。

李江,景德镇港航分局高级验船师。自参加工作以来,一直爱岗敬业履职尽责,为景德镇船舶检验事业做出了积极贡献,是景德镇港航分局,乃至江西省港航系统的一面旗帜,其个人曾荣获全国优秀验船师,全省交通系统文明职工标兵、全省港航系统先进工作者等一系列荣誉称号。

(欧阳长松 程纪品)

【景德镇市交通运输局送戏下乡】 4月15日下午,浮梁县蛟潭镇建胜村委会礼堂里,台上舞姿翩翩、歌声嘹亮,台下笑脸盈盈、掌声阵阵,数百名村民正在兴致勃勃地欣赏由景德镇市交通运输局党委送来的以唱响正气歌为主题的党的群众路线教育实践活动专题文艺演出。该村及附近村民近500人观看演出。观看完演出后,该村党支部书记吕民前说,演出舞台虽然简陋,也没有大腕明星,但节目丰富、内容亲切、紧扣主题,把开展党的群众路线教育实践活动的重大意义通俗易懂地表现出来,这种寓教于乐的演出深受村民欢迎。

(涂 强)

【景德镇长运有限公司荣获"全国五一劳动奖状"】 4月28日,庆祝"五一"国际劳动节暨全国五一劳动奖章表彰大会在北京召开,江西景德镇长运有限公司荣获"全国五一劳动奖状",成为2014年江西省6家获奖单位中唯一的交通系统单位。

该公司自2002年9月28日成立以来,主要经济指标营业收入、利润、上缴税金年均保持20%以上的增长速度,未发生重特大事故,四项安全指标全面受控并持续低于国家一级道路运输企业的控制标准,连续6年获得全国安全生产"安康杯"竞赛优胜单位。

(涂 强)

【萍乡市运管处开展五项活动喜迎建党93周年】 在建党93周年之际,该处结合当前正在开展的党的群众路线教育实践活动,开展建党93周年知识竞赛、"我为党旗献热血"活动、爱心捐赠活动、文明交通劝导志愿服务活动和走访看望老党员活动,引导大家以更加坚定的理想信念,更加积极向上的精神,以实际行动向党的生日献礼。知识竞赛以中共十八大和十八届三中全会精神、党的群众路线教育实践活动等方面知识,以及萍乡市市开展教育实践活动应知应会知识为主要内容,共设100道题库,由该处属7个党支部各分别选派3人参加,从题库中任意抽题,分必答抢答角逐名次。经过近两小时的激烈角逐,湘东所党支部代表队荣获第一名,直属所党支部代表队荣获第二名,客运所党支部代表队荣获第三名,机关及芦溪所、城客所、上栗所党支部代表队获得优胜奖。无偿献血活动是该处打造爱心运管、树立运管爱心品牌内容之一,也是该处连续第五年在党的生日这天开展的"我为党旗献热血"活动。这次有28人无偿献血,共献血9250毫升。爱心捐赠活动是由处属各党支部组织本单位干部职工捐赠一批书籍和衣物,给慈善部门或困难群体,让困难群体能感受社会主义大家庭的温暖。走访看望老党员代表,是为老人们送去党组织的关怀和温暖,给予老党员更多的关心、关爱、支持和帮助,尽最大可能解除老人们的后顾之忧,让老党员都能够老有所养、老有所乐。同时也希望发挥余热,为单位的发展建言献策。文明交通劝导志愿服务活动是由各党支部选派3—5名党员志愿者上路,及时发现和纠正出租车驾驶员不文明行为,引导行人按红绿灯信号过马路,并对交通路口及周边的各类不文明行为进行劝导、向出租车驾驶员及行人发放文明创建的宣传资料,为萍乡市新一轮创建全国文明城市营造文明有秩的交通环境。

(谭跃萍)

【湘东运管所开展别开生动的"快乐工作"主题演讲】 4月17日下午,该所组织学习党的光辉历史,进行优良传统教育,并开展"快乐工作"主题演讲。该所党的群众路线教育实践活动开展以来,在学习教育环节阶段,结合实际情况,与时俱进,开拓创新,用贴近职工群众的手段、方式和途经拉近干群距离,密切干群关系,在组织学习党的光辉历史的当天下午,还开展一次别开生动的"快乐工作"演讲活动,该所负责人带头演讲《快乐工作》,倡导快乐工作理念,让职工从工作中获得乐趣。

(王焕章 刘 艳)

【萍乡市公交司机欧阳自艳荣获"最美萍乡人"提名奖】 5月23日下午,2013年"最美萍乡人"年度人物颁奖活动在萍乡学院举行。该市领导李江河、彭艳萍、王开贵、陈朝清,萍乡学院负责人刘明初出席。在群众路线教育实践活动的热潮中,2014年2月,该市组织2013年"最美萍乡人"年度人物评选活动,经网络投票、专家评审、市文明委审定,最终评选出10名"最美萍乡人"年度人物,20名"最美萍乡人"提名奖人物。当天颁奖典礼上,萍乡公交司机欧阳自艳作为"最美萍乡人"提名奖人物上台领奖。此外,活动现场展示对"最美萍乡人"的关爱帮扶措施,萍乡公交公司、市二医院、市邮政分公司、市电影公司、太平洋保险公司人寿保险等单位均提供相应资助。

(张 颖)

【芦溪县交通运输局认真开展精神文明创建活动】 2014年,该局认真开展精神文明创建活动。一是统筹安排,按照上级文件精神,制定年度精神文明创建工作计划,对全局行业文明创建工作进行系统的安排,明确创建目标和内容,确保各项工作扎实有序开展。二是认真做好市级、县级文明单位检查工作,召开专题会议进行安排部署,加强组织领导,在思想上高度重视,在工作上重点抓落实,对照文明单位标准和考评实施细则,建立健全文明单位档案和材料,2014年度被评为市、县文明单位。三是围绕交通运输中心工作,大力开展"文明样板路""文明窗口"等文明主题创建活动。通过广泛开展活动,使公路养护管理等工作与文明创建工作有效结合,互相促进。全县2014年共创建文明样板路10千米。四是切实加强交通文化建设。开展特色鲜明的行业文化建设和形式多样的职工文化活动,把职工思想融入行业发展,进一步增强凝聚力,营造浓厚的创建氛围。

(徐勇新)

【新余市交通运输局志愿者开展免费载客服务活动】 10月11日和13日,新余市交通运输局志愿者来到市火车站、长途客运站、高铁站和人民医院路口等乘客密集地段集中开展了志愿服务活动。志愿者们开着自己的私家车在各站口等候需要乘坐的客人,满足乘客的要求。活动开展以来,共出动75辆,免费载客289人次。

在该局志愿服务活动的带动下,越来越多私家车友会以组织名誉或以个人名誉打来电话要求加入志愿队伍共同开展活动,有的车友队已经在自行组织开展免费乘坐服务活动。

(邓清华)

【新余交通运输窗口创建"群众满意服务窗口"】 2014年,新余市交通运输窗口以开展党的群众路线教育为契机,以提高服务对象满意度为目标,着力打造窗口服务一流品牌,推动服务工作持续创新。一是通过创建交通运输窗口服务网络交流平台,积极开展互动交流,不仅为业户提供了一个行业间的交流平台,也方便及时为业户解答各方面的政策和业务问题。二是实施休息日预约服务、即时办结服务、工作日延时服务,着力营造"环境一流、服务一流、效率一流"的服务氛围。三是结合"四风"整治,在对内管理上,狠抓规定落实,杜绝工作中玩忽职守、服务不文明、不规范等现象;在对外服务上,制作便民联系卡、便民服务事项公示、设置便民服务箱,让前来办理事项的业户暖心、舒心、放心,树立交通运输部门良好形象。截至2014年年底,交通运输窗口共办理各类业务5504件,按时办结率达到100%,全年无投诉现象发生。8月,交通运输窗口被授予全市"群众满意服务窗口"称号。

(廖继伟)

【新余运管开展创建文明城行动】 自7月份起，新余市运管处对全市531辆出租汽车开展了规范经营行为、文明服务创建活动专项整治。重点检查出租汽车驾驶员的经营文明服务水平、车容车貌、出租车文明服务承诺的落实情况；驾驶员服务卡（上岗证）、统一座套、税控机打发票的使用情况；以及文明标语、企业名称、监督电话的张贴及喷印情况。该处共对300余辆次出租汽车进行了抽检，通过抽查，对检查出存在问题的25辆出租汽车及时予以纠正，并加强对驾驶员以强化服务意识、规范经营行为教育，使驾驶员进一步对“三个意识”（文明经营、规范服务、乐于助人）的树立，“五个文明”（语言文明、仪表文明、车容文明、行车文明、经营文明）的认识得到加强。通过专项整治，出租汽车驾驶员不文明行车行为得到了有效遏制，驾驶员的服务质量有了明显提高，驾驶员经营中的违法违规现象明显减少，出租汽车的车容车貌有了明显改善。

（钟　磊）

【开展各项党员志愿服务活动】 2014年，鹰潭市交通运输局认真开展各项党员志愿服务活动。首先，开展“我为乘客当向导”志愿者服务活动，深入推进“我为司机当帮手”志愿服务活动。党员志愿者坚持在信江一路、信江二路上兼任驾驶员工作，保障市一中学生正常出行。同时，在“五一”、端午等重要节日，安排志愿服务队，在市内主要公交站台维持秩序。5月7日—6月30日，公交公司各科室每天都安排两名员工（其中一名为志愿服务队成员）一线跟车，引导乘客文明乘车，督促驾驶员做好服务。活动取得了良好的社会效应，群众都纷纷称赞，这样的服务活动办得很好，拉近了交通部门干部职工和群众之间的距离，建立了良好的群众基础。其次，积极开展党员干部深入群众活动。2014年该局党员志愿服务活动结合党的群众教育实践活动和“四进三改两覆盖”等主题活动，认真开展了集中性下基层、为困难群众送温暖活动。局领导班子成员分10个挂点联系组，分批分期带领局53名党员干部，登门入户走访了贵溪市罗河镇共1100余户村民，了解群众所需、所想、所盼，积极为群众解决生产生活等实际困难，收集群众的意见建议，为村民办实事、解决问题42件，帮扶资金298000元。（艾年宗）

【余江县交通运输局“岗位学雷锋”常态化】 2014年，余江县交通运输局将学雷锋活动常态化。开展“岗位学雷锋，奉献在交通”活动，坚持人人从身边事、点滴事做起，始终坚持不懈。1月份进入春运前，运管所人员整治余江客运车站，主动冲洗候车厅站前阳台玻璃上多年积淀的污物，认真摆放站内物件，张贴春运宣传标语，站容站貌让旅客舒适。3月5日学雷锋日到来之前，路管站路政人员到县道刘中线上清扫路面，清除公路障碍，保公路畅通。一年来，该局学雷锋志愿者还经常去余江老火车站街边路上打扫卫生。特别是执法办证、信访等窗口、科室，把学雷锋活动贯穿了文明执法、热情接访的全过程。运管所将道路运输证等营运证件办理和审验所需携带的资料和具备的程序，张贴告知，让道路运输业户少走弯路，办理顺畅。同时，在办理中做到“微笑服务”“耐心解答”，让客户高兴而来，满意而归。

（余江县交通运输局）

【赣州港航分局荣获“全省文明帮建先进单位”称号】 5月9日，赣州港航分局捧回全省文明帮建先进单位荣誉。这一荣誉是由江西省精神文明建设指导委员会所颁发。该局是2013年全省港航系统唯一一家获得这一殊荣的单位。

赣州港航分局重视文明帮建工作，在上级部门的正确领导和大力支持下，该局紧紧围绕社会主义新农村建设“生产发展、生活宽裕、乡风文明、村容整洁、管理民主”的总体要求，通过落实加强领导、真情帮扶、发展产业、联合共建等措施，与“三送”工作相结合，使文明帮建点的村容村貌得到了明显改观，生态环境得到有效保护，产业发展、文化宣传和村民自治等工作都有了新的突破，为统筹城乡发展、同步进入小康社会做出了积极贡献。

（赖宗良　陈明中）

【宜春公路两单位被命名为市级廉政文化示范点】 3月，宜春市纪委授予全市30家单位为“宜春市廉政文化建设示范点”，宜春市环城南路建设项目办、万载公路分局榜上有名。2014年，宜春市公路管理局党委以廉政文化“六进”活动为抓手（进机关、进企业、进道班、进工地、进家庭、进庭院），将党风廉政建设主动延伸至道班、工地、施工作业点现场,实现了哪里有工程项目,廉政文化建设就跟进落实到哪里。万载公路分局始终把开展廉政文化建设六进活动作为进一步加强党风廉政建设的有效载体,并结合万载公路工作实际,提出了以“百合”为象征意义的廉政文化主题、精心打造以百合的完美、纯洁、高贵、庄严的品质为象征意义的万载公路廉政文化建设园,不断丰富和拓展公路廉政文化内涵,廉政文化从机关走进了工地、道班,从单位进入了企业、家庭和庭院。

(综　合)

【宜春市交通运输局开展革命传统教育活动】 4月10日,宜春市交通运输局机关党委组织市局机关、市运管局、市公交公司共计104人到萍乡市开展革命传统教育活动。活动主要内容有:向甘祖昌将军陵园敬献花篮、重温入党誓词、参观宾兴馆毛泽东旧居、一支枪纪念馆、龚全珍工作室、安源路矿工人运动纪念馆。通过参观,使干部职工受到一次生动的革命传统教育。这次活动是根据党的群众教育实践活动的安排而开展一次革命传统教育活动。干部职工怀着崇敬的心情,重温革命先烈的革命历程和光荣事迹。一幅幅图片、一段段往事……难忘的革命斗争历历在目,全体人员在参观之后,对党史有了进一步的了解,也被革命先烈这种为了神圣的理想和信念,为了共产主义伟大事业,义无反顾、勇往直前,不惜抛头颅洒热血的革命英雄主义精神所深深震撼。干部职工纷纷表示,通过这次活动,对如何做一名合格的党员有了更为深刻的认识,今天的幸福生活来之不易,一定要继承和发扬革命先烈们艰苦奋斗、英勇顽强、不惧险阻的光荣革命传统和坚强革命意志,不断加强党性锻炼,牢固树立公仆意识、服务意识和廉洁自律意识,爱岗敬业,时时以饱满的热情、积极的态度,勤奋扎实地做好各项工作,全心全意为人民服务。

(肖文锋)

【宜春市交通运输局举办迎国庆演讲比赛】 9月29日上午,宜春市交通运输局机关党委举办了一场迎国庆65周年演讲比赛。这次演讲比赛的主题是:爱岗敬业,建功交通。局机关、市运管局、市公交公司、市交通枢纽公司4支代表队共12名选手参加了比赛。各单位领导和工作人员60余人观看比赛。经过激烈的比赛,市公交公司、市运管局代表队分获团体总分第一名和第二名。袁丰荣获个人一等奖,马腾、彭娟荣获个人二等奖,李茵恺、丁翔、廖文君荣获个人三等奖。为搞好比赛,参赛单位高度重视、精心组织,层层选拔,通过比赛,展示交通人良好的精神风貌,弘扬了社会主义核心价值观。

(肖文锋)

【省委党的群众路线教育实践活动办副主任王家龙一行到宜春运管局检查】 8月26日上午,省委党的群众路线教育实践活动办王家龙副主任一行3人到宜春市运管局检查党的群众路线教育实践活动开展情况。市委组织部副部长武园萍、市委党的群众路线教育实践活动第三督导组副组长李平等陪同。省委党的群众路线教育实践活动办公室人员详细了解市运管局群众意见建议、专题民主生活会、专题组织生活会以及党的群众路线教育实践活动开展以来运管作风、工作所发生变化等情况,并对相关工作给予肯定。省委党的群众路线教育实践活动办的人员指出,在“整改落实、建章立制”这一重要环节,工作难度很大。一定要面对面地多倾听服务对象、基层群众的意见建议,请群众参与进来,切实将各项整改落到实处。市交通运输局党组成员、市运管局局长刘毅明作专题工作汇报。

(李　明)

【宜春市交通运输系统以赛促学迎“七一”】 6月25日上午,该市交通运输局在举办迎“七一”知识竞赛活动,庆祝中国共产党成立93周年。市交通运输局机关、市运管局、市公交公司各选派3位选手组队参赛。竞赛主要围绕中共十八大和十八届三中全会主要精神、总书记习近平系列重要讲话精神、党的群众路线相关知识以及省、市重要会议精神和重大决策部署等内容出题。竞赛采取每队必答、各队抢答和自选风险题等环节进行;竞赛环节间隙穿插主持人与观众互动活动。整个比赛气氛紧张,活泼、有趣,取得良好效果,进一步营造交通运输系统学习党的群众路线的浓厚氛围。经过激烈的角逐,市运管局代表队、市交通运输局机关代表队和市公交公司代表队分获一、二、三名。

（李　明）

【宜春市公交公司王永被授予"宜春市交通安全宣传大使"荣誉称号】 6月，为推动宜春市"文明交通行动计划"深入开展，倡导文明交通理念，共筑和谐平安交通，宜春市交警支队联合宜春日报、宜春新闻网、宜春广播电视台及相关部门在全市范围内启动"宜春市首届服务交通公益任务评选活动"。经过评选委员会评定和为期一个月的公众网络投票，宜春市公交公司副总经理王永被宜春市文明交通行动计划小组、市公安局交通警察支队授予"宜春市交通安全宣传大使"荣誉称号。

（葛　曦）

【丰城市行政服务中心交通窗口被评为"红旗窗口"】 2014年，丰城市行政服务中心交通窗口工作人员，围绕市委市政府做大做强丰城经济，打造全省一流县城经济目标，在开展党的群众路线教育实践活动中，强化全心全意为人民服务的宗旨意识，改进作风，创一流办事效率，一流管理，一流服务。为提升交通形象，振兴全市经济，发挥积极作用，深受群众好评，连续被评为市行政服务中心"红旗窗口"称号。一是制定科学业务办理流程，使前来办事的群众一看就明白，一问就清楚，做到便民、高效、规范服务。二是即到即办。只要服务对象手续齐全，决不推诿、拖延，在业务上工作程序上做到"一次清、一口清"。三是热情接待。对到窗口办事的群众和咨询人员，做到百问不烦，耐心解释，微笑服务。在接待投标的建筑单位咨询和质疑时，窗口招标办人员坚持按法定程序办事，介绍建设项目说实话，讲实情；招标全过程完全以招标法和各级招标管理规定办事，不接受任何个人或单位的吃请、礼品，做到清正廉明。全年窗口共办结各项业务114件，做到百分之百当场办结，未出现一次滞办、拖办现象；交通工程招标窗口受理招投标项目10项，投资总额1.82亿元。真正做到公平、公正、公开。群众投诉为零。经市行政服务中心评比，徐明星被评为"党员先锋岗"；陆胜被评为"守纪模范"、范立锋被评为"服务标兵"；罗东平被评为"优秀党务工作者"并提升为市行政中心第四党支部书记。交通运输窗口被评为"红旗窗口"。

（罗东平　熊雪芽）

【崇仁县交通运输局设立交通好人榜】 12月20日，崇仁县交通运输局在办公楼二楼走廊墙壁处设立好人榜。

崇仁县交通运输局积极贯彻中央关于加强公民道德建设的部署，以建设行业核心价值体系为根本，大力推进行业道德建设，提升行业文明形象。广大干部职工践行社会主义荣辱观的自觉性、主动性进一步提高，参与行业建设的热情高涨，行业文明建设取得丰硕成果。

在农村公路建设、道路运输市场监管、服务交通运输行业发展等领域中，涌现出忘我工作、履职尽责、见义勇为等一批体现行业核心价值观要求、履行行业使命、发扬交通精神、遵守职业道德的优秀人物和先进集体，充分展现了崇仁交通人昂扬向上的精神风貌和崇德向善的美好情操。第一批上榜的有邱凯、周家桂、占积虎等5个优秀人物和青年志愿者等2个群体。

（余家军）

【广昌县精神文明创建喜结硕果】 2014年，广昌县交通运输局在精神文明建设上紧跟时代步伐，给力创新，喜结硕果。一是创建志愿服务队伍。7月份，该局开始创建志愿服务队伍，截至年底，志愿服务队伍已拓展至51人，志愿服务时间超过700小时。二是开展道德讲堂活动。10月30日，广昌县交通运输局举办了一期100余人参加的以"务实奉献"为主题的道德讲堂活动，通过"以身边人讲身边事、身边人说自己事、身边人教身边人"，对全局干部职工、乡镇养护人员、相关运输企业员工进行了一次生动活泼、内容丰富的思想品德、社会公德、职业道德、家庭美德教育，取得了良好的教育效果。中共广昌县委宣传部、文明委派员进行了指导观摩，县电视台做了新闻报道。三是推介先进人物典型。2014年，借助党的群众路线教育实践活动的东风，局党委发出了《关于进一步开展向曾金印同志学习活动的通知》，号召全局干部职工认真向曾金印学习，并制作了曾金印先进事迹视频资料，向市局和县委进行了推介。6月，曾金印被市纪委、市委组织部、市委宣传部评为抚州市"百名清廉人物"（廉勤务实好干部），并获得广昌县"最美莲乡人"提名奖。杨军获"全国道路运输工作先进个人"荣誉称号。四是创建文明服务窗口。除在行政服务中心创建交通运输文明服务窗口外,该局还将文明窗口创建活动延伸到农村、社区和企业。2014 年,该局申报了"全国运输行业文明单位文明示范"窗口。并通过了市级文明单位年度考核,保留了"市级文明单位"荣誉称号。

(广昌县交通局)

【加强交通队伍建设和行业文明创建】 2014 年,上饶市交通运输局扎实推进学习型党组织建设,坚持中心组学习制度,组织党员干部到茅家岭烈士陵园缅怀革命先烈,组织收看《红色故事汇》,提高党员干部政治理论水平和思想道德素质,增强党员干部争先创优意识;开展科级以上党员领导干部"争做履职表率"、普通学员干部职工"争当服务标兵"创评活动,提振党员干部干事创业的"精气神";积极开展文明创建活动,上饶市运管局荣获"全国文明单位""全国交通运输行业文明单位""全市优秀公务员集体"称号;市交通质监局获"省级文明单位"、市局机关和上武高速公路管理处获"市级文明单位"称号;上武高速公路管理处省界、黄岗山收费所获"省级青年文明号"称号。市交战办获"南京战区国防交通通讯报道先进单位"称号。万年县交通运输局获"全市最美公务员集体"称号;市局已连续 7 年被评为综治工作先进单位。

(韩晓艺)

【上饶市交通运输局领导慰问一线收费员】 7 月 21 日,上饶市交通运输局主要领导等一行冒着高温来到上武高速管理处,慰问在烈日下坚守岗位的一线收费员工,给员工们送去白糖、绿豆等防暑慰问品。

在铅山南收费所,该局主要领导对员工反映较多的饮水问题进行详细询问和了解,要求管理处尽快拿出切实可行的解决方案,保障员工生产生活用水安全;在石塘收费所,亲切询问一线员工的生活、学习情况,鼓励大家在工作之余加强学习,丰富业余生活;在省界、黄岗山收费所,要求相关负责人要切实加强安全生产管理,对安全隐患及时排查,防止各类重大事故的发生。随后,吴步高还实地察看"一种三养"情况、食堂管理情况。

每到一处,该局主要领导都深入收费岗亭,仔细询问空调效果怎么样,防暑药品是否发放到位等情况,对员工不畏高温、坚守岗位的辛勤工作表示诚挚感谢,并亲切叮嘱员工们注意身体,鼓励员工们继续发扬吃苦耐劳的精神,以高昂的工作激情,不断提高服务质量,树立良好的窗口形象。

(上饶市交通运输局)

工会工作

【概况】 2014 年,全省交通基层工会认真学习贯彻中共十八届三中、四中全会和总书记习近平系列重要讲话精神,牢牢把握全国工人运动时代主题,切实做好三个服务(服务中心、服务基层、服务职工)和一个加强(加强自身建设),较好地完成各项年度目标任务,团结动员广大职工在推进全面深化改革、推动交通运输发展升级发挥了积极作用。

1. 服务中心,推动交通运输事业发展有新作为。一是深入开展劳动竞赛活动。春运期间开展"情满旅途"和"春运农民工平安返乡(岗)安全优质服务竞赛"活动,圆满完成了任务,1 个集体获先进集体,3 人获先进个人。推荐参加了中国海员建设工会开展的全国交通基础设施重点工程劳动竞赛评选,5 个单位获先进集体,9 个集体获优胜班组,9 名个人获"先进个人"。召开"全省交通运输系统加强基层工会建设暨劳动竞赛工作座谈会"。20 余家参会单位进行了经验交流,提交了《劳动竞赛资料汇编》。二是扎实开展"安康杯"竞赛活动。2 个单位获全国"安康杯"竞赛优胜单位。三是大力培育和践行社会主义核心价值观。开展"中国梦 · 劳动美"系列活动。开展"兴国之魂—漫画文化墙"画册宣传工作。

2. 服务基层,构建和谐平安交通有新突破。一是迎接第八次全省厂务公开民主管理工作调研检查。二是举办全省交通企业工资集体协商指导员培训班。三是强化劳模管理。开展全国、省五一劳动奖状、奖章等选树工作,1 个单位获"全国五一劳动奖状"、1 人获"全国五一劳动奖章";1 个单位获省"五一劳动奖状"称号、2 人获省"五一劳动奖章"称号、5 个集体获省"工人先锋号"称号;3 个集体获省"五一巾帼标兵岗"称号、3 人获省"五一巾帼标兵"称号;1 人获"全国优秀船员"

称号、1人获“全国优秀船员家属”称号。创建“熊文清劳模工作室”。积极做好关心关爱劳模的工作。向9名全国劳模、131名省劳模发放春节慰问金，分别为18000元和131000元。开展劳模疗休养活动。

3.服务职工，提升工会履职能力有新成效。一是扎实开展困难职工帮扶活动。元旦、春节期间，开展“送温暖”活动，交通工会共筹集资金300万元，慰问困难职工4000余人。开展“送清凉”活动。开展“金秋助学”活动。制定并印发《江西省交通工会困难职工档案动态管理暂行办法》。开展女职工“关爱行动”。二是加强“职工书屋”建设。组织申报全国职工书屋示范点1个，全国职工书屋自建点3个，省级职工书屋8个。三是大力开展文体活动。

4.固本强基，加强工会自身建设有新提高。

（高　梅）

【省交通工会赴基层单位走访慰问困难职工】 1月7日至10日，省交通工会送温暖慰问组，轻车简从，分赴交通基层单位，走访慰问困难职工，把党和工会组织的温暖送到困难职工心坎上。

交通工会分为四个组分别赴各交通基层单位开展走访慰问活动。慰问组每到一处，都和困难职工及其家属亲切交谈，嘘寒问暖，鼓励困难职工要树立战胜困难的勇气和信心，以乐观向上的积极态度面对生活，争取早日走出困境，同时要求基层工会认真扎实开展送温暖活动，帮助困难劳模和困难职工解决生活困境，过上欢乐、祥和的节日。

（龚　丽）

【交通工会出台4项制度推进职工民主管理】 2014年7月，省交通工会发出通知，在交通企事业单位推行台账制度、统计报表制度、职工代表联系制度、检查调研通报制度，先建立的4项制度与现有的职代会报告制度、职代会票决制度、职工代表培训制度和厂务公开民主管理研讨制度，进一步推进了厂务公开民主管理规范化建设和创新发展。截至年底，交通企事业单位厂务公开民主管理推行面职代会建制率达到98%以上。

（高　梅）

【省交通工会举办全省交通基层工会干部培训班】 8月19日，省交通工会在井冈山市举办全省交通工会干部培训班。基层单位工会主席、工会干部90余人参加培训。

培训内容包括劳动关系的法律调整和工会参与、基层工会如何召开职工代表大会、厂务公开操作实务和新闻写作等内容。

（刘　健）

【省交通运输厅获省第十四届运动会优秀组织奖】 11月2日晚，江西省第十四届运动会在赣州市胜利闭幕，副省长谢茹宣布运动会闭幕。省交通运输厅获优秀组织奖。

该届省运会由省人民政府主办、赣州市人民政府承办，是全省历届运动会中设置项目最多、参加人员最多、规模最大的体育盛会。比赛设青少年部、高校部、机关部、社会部4个部别，江西交通代表队参加机关部的比赛，参赛运动员发扬顽强拼搏、奋发进取、勇攀高峰的精神，赛出了风格，赛出了水平，展现了江西交通人良好的精神风貌。

（高　梅）

【省交通工会组织劳模赴庐山疗休养】 8月26日至9月1日，省交通工会组织9名劳模到省总工会庐山工人休养院进行为期7天的疗休养。召开劳模座谈会，了解劳模的生产和生活近况。参加此次疗休养的劳模纷纷表示，通过此次活动充分感受到来自省交通工会的关心与爱护，今后要不断加强学习，爱岗敬业，在自己的工作岗位上起到先锋模范带头作用。

（熊　微）

【省交通工会召开2014年度厅直属单位职工互助保障工作会议】 10月10日下午，省交通工会在南昌召开2014年度厅直属单位职工互助保障工作会议暨工会互助保障工作培训班。各厅直属单位工会负责人共19人参加会议。

会上通报2013年度厅直单位职工互助保障任务完成情况，并下达2014年职工互助保障任务。2013年，全省交通系统参加职工互助保障的职工共计15125人，投保金额413845元；其中有45人因疾病或意外伤害获得赔付，赔付总额达294655元，占保费总额比例的71%。

省职工保障互助会直属办事处主任讲解有关互助保障受理范围、理赔条件与流程、理赔金额比例、申请理赔需要提供的资料等知识。

(缪立芳)

【交通困难职工建档培训、会审与工会统计年报会在宜春召开】 10月16日,省交通工会在宜春召开基层困难职工建档培训暨困难职工档案会审会议和全省交通运输系统2014年度工会统计年报工作会。来自各基层工会的90多位代表参加会议。

16日上午举行全省交通基层困难职工建档培训暨困难职工档案会审会议,省总工会保障部相关领导为会议代表讲授困难职工信息软件录入、认定标准、审批程序和具体工作要求。下午,会议对部分单位困难职工档案进行会审,接着召开2014年度工会统计年报工作会议,对各交通基层工会做好今年的统计午报工作提出了具体要求,并对会议代表在统计年报编制过程中遇到的问题进行了解答。

(胡 莎)

【第四届"爱在交通 情系高速"交友联谊会在南昌举行】 11月8日,由省交通工会主办,省高速集团承办的第四届"爱在交通 情系高速"交友联谊会在南昌翠林高尔夫度假酒店举行,来自厅直属各单位的220余名单身男女参加联谊会。

活动现场,青年男女被分为三个小队,在互动游戏、非常男女、非常速配、小组PK、缘来是你、真情告白等环节中尽情展现自己。活动结束后,不少青年男女当场交换了联系方式,表示欲进一步了解的意向。活动现场也有数对青年男女"牵手"成功。

(樊 铭)

【积极参加庆祝中华人民共和国成立65周年系列活动】 为隆重庆祝中华人民共和国成立65周年,9月,省直机关工委举办了"实干兴赣·圆梦中国"群众性歌咏比赛和书法摄影展活动。由省交通运输厅选送的组唱歌曲《共圆中国梦》和摄影作品《笑迎八方客》、《冰雪征程》均荣获比赛二等奖,省交通运输厅被授予优秀组织奖。

(马兰花)

【省公路局工会举行"路通杯"羽毛球友谊赛】 2014年,由省公路局纪委、局工会联合组织,路通科技有限公司承办的"路通杯"羽毛球友谊赛在红谷滩二中羽毛球馆顺利举行。

此次比赛共设普通组(双打,不分男女)、女子双打两个类别。普通组24个队,女子双打组8个队,来自局属单位和局机关的64人参加了比赛。比赛中,每名队员都奋力拼搏,扣杀、轻吊、上网跟进扑扣,后场紧密防守,一招一式都展现出不凡的球技。经过两天的激烈角逐,分别评选出普通组、女子双打组前三名。

(刘方栋)

【全省公路系统第四届"清风杯"羽毛球赛顺利举行】 9月19—21日,全省公路系统第四届"清风杯"羽毛球赛在吉安市体育馆举行,来自全省公路系统的16支参赛队伍、150余名运动健儿参加了此次比赛。吉安市委常委、宣传部长李庐琦出席开幕式并致词,省交通运输厅党委委员、总工程师胡钊芳出席开幕式,省公路局党委书记谢元银讲话。

举办此次"清风杯"羽毛球比赛,是巩固党的群众路线教育实践活动的重要成果,是努力践行健康向上文明生活方式的客观要求,更是展示江西公路人群体意识、竞争意识、团队精神、顽强拼搏精神的重要盛会,江西公路人将在追求梦想的道路上勇往直前,用实际行动奏响"中国梦·运动美"的精彩动人乐章。

(路 宣)

【省公路局代表省厅参加全省职工演讲比赛获佳绩】 8月26日,由省总工会、省职工教育研究会在瑞金联合组织的全省职工"中国梦·劳动美·我与改革创新"演讲比赛中,省公路局代表省厅参赛的队员丁南、谢心怡、彭磊,以自然大方的表现,流畅标准的语言,富有感染力的演讲,分别获得演讲比赛二等奖、三等奖和优秀奖,省公路局工会获"优秀组织奖"。该次比赛以"中国梦·劳动美·我与改革创新"为主题,旨在深化"中国梦、劳动美"教育实践活动,大力培育和践行社会主义核心价值观,引导广大职工为全面深化改革贡献智慧和力量,共有来自各设区市工会、省直机关工会及各系统工会等30家工会92名队员参加比赛。

（刘方栋）

【省港航局召开工会工作会议】 3月25日，省港航局召开工会工作会议，贯彻落实省交通工会二届十七次委员（扩大）会议精神，总结近两年来工会工作，对2014年工作进行部署。省局党委副书记熊海清出席会议并讲话，局工会负责人作工会工作报告。

会议强调，做好今年的工会工作，一是要团结动员广大职工为推动港航科学发展建功立业。深入开展“技能大培训、岗位大练兵、劳动大竞赛”活动，大力弘扬劳模精神，引导广大职工立足本职岗位争创一流业绩。二是要切实维护好广大港航职工的合法权益。建立健全并规范运行以职代会为基本形式的厂务公开、民主管理制度，及时协调和妥善处置各种劳动矛盾；更好地发挥桥梁纽带作用，引导广大职工群众正确看待经济社会发展过程中的利益关系变化，理性合法表达自身利益诉求；多开展一些健康积极向上的职工文体活动，培育职工文化人才。三是要以改革创新精神加强自身建设。不断加强能力建设、干部队伍建设、作风建设和工会工作影响力。

2014年全省港航工会工作总要求是：深刻领会中央、省委关于全面深化改革的整体部署，深入研究全面深化改革对工会工作提出的新要求，牢牢把握全面深化改革给工会工作创新带来的新契机，切实做好维护核心、服务中心、凝聚人心的各项工作，充分调动广大职工拥护、支持、参与改革的热情，团结动员广大职工在全面深化改革、突破创新，转型升级，深入推进港航事业全面发展的进程中发挥主力军作用。

局属各单位工会负责人员、工会干事共40余人参加了会议。

（李新平　黄文平　陈明中）

【省港航局获全省工会职工互助保障工作先进】 2014年，省港航管理局工会被评为2012～2013年度全省工会职工互助保障工作先进单位。

省港航工会以扩大保障覆盖面，增加职工受益率为目标，规范和提高互助保障工作的管理水平，通过内部刊物、网络，以及培训等多种方式报道赔付案例、宣传互保的意义，取得职工了解、信任，自觉自愿参保，增强抵御意外风险的能力。同时将互助保障工作列为开展“面对面、心贴心、实打实服务职工在基层”活动落到实处的一项载体，切实维护职工的合法权益。

9月，省港航局工会为全省港航职工办理了团体人身意外伤害险，团体人身意外伤害住院险，特种重病团体互助险，特种重病团体住院险，女职工幸福险等五个险种。参保人员3302人，金额295215元，为职工办理理赔25起，共发放赔付款211954元，其中一笔92540元的赔付，是全省交通系统职工迄今为止获得的最高特种重病医疗保额。

（李新平　黄海源）

【交通港航队参战全省首届职工网球赛】 9月，代表交通运输系统参赛的港航代表队在全省首届职工网球大赛中获省产业、直属工会组团体第五名，男子单打、混双两项冠军，女子单打亚军，领导干部双打、男子双打第三名，男子单打、双打第五名，并获得了体育道德风尚奖、优秀组织奖。厅纪委书记成松、省港航局局长于钦民参加比赛获得领导干部双打第三名。

该次大赛共有36支代表队的400多名运动员参赛，是历届全省职工单项体育比赛参赛代表队和参赛运动员最多的一次。

（张桂钦　黄海源）

【省运管局工会工作稳步推进】 2014年，省运管局工会按照省交通工会及局党委的部署和要求，紧紧围绕运管中心工作，服务大局，服务职工，各项工作稳步推进。一是服务中心工作，凝聚建功立业正能量。深化劳动竞赛，以开展春运“情暖旅途”活动为契机，继续组织开展好“春运农民工平安返乡（岗）安全优质服务竞赛”活动；继续深入开展“安康杯”竞赛活动，不断增强职工安全防护意识。弘扬劳模精神，充分发挥先进典型的模范引领作用，组织开展“身边的楷模”宣传活动，展示江西道路运输行业先进个人和集体风采。二是维护职工权益，深化和谐劳动关系。做好职工互助保障工作，进一步扩大参保覆盖面，及时为职工办理理赔手续，切实维护职工权益。关爱职工健康，组织全局干部职工进行一次身体健康体检，建立健全职工健康档案。三是坚持常规帮扶，提高职工满意度。继续深入开展“送温暖”“金秋助学”等活动,坚持对离退休老干部、困难党员职工及对口帮扶点井冈山市东上乡坳背村困难群众进行走访慰问。建立和完善困难职工档案,及时有效进行帮扶救助。四是丰富机关文化,提升职工精神风貌。机关“职工书屋”建成并投入使用,建立图书借阅管理制度,规范职工书屋运行。丰富职工文化生活,通过广泛开展登山比赛、骑行行动和“我们的节日”主题活动等群众性文体活动,凝聚人心、振奋精神。五是强化自身建设,全面履行工会职能。完成了工会换届工作,进一步加强工会干部队伍建设。依法足额解缴工会经费,加强工会经费的审查和监督,有效实施工会经费科学合理使用。

(朱　熹)

【省高速集团工会委员会召开一届七次会议】 2月14日,省高速集团工会委员会召开一届七次会议。会议审议了《省高速集团一届五次职代会工会工作报告》《省高速集团一届五次职代会职工代表提案审查报告》《省高速集团工会2013年财务收支报告》,通过了《省高速集团关于建立职工重大疾病医疗救助基金的指导意见》。

(省高速集团)

【江西高速篮球队在“中俄篮球邀请赛”中夺冠】 6月26日,2014年“农商银行”中俄双子城篮球邀请赛在黑龙江黑河市举行。来自国内黑龙江、吉林、山东、辽宁、河北、江西六省和俄罗斯阿梅基斯、阿州城市服务集团共8支队伍参加比赛。比赛采取两组排名赛,复赛则采取交叉淘汰赛。

经过四天激烈比拼,江西高速篮球队发挥齐心协力、团队拼搏的顽强作风,力战体能优势强的俄罗斯队,智取实力超群的山东队,内外线全面开花,整体超水平发挥,一鼓作气连赢六场,最终夺冠。山东、河北篮球队分获二、三名。

(胡　丹　刘　英)

【省高速公路联网管理中心举办赣通卡客服业务技能竞赛】 10月31日,省高速公路联网管理中心在南昌举办赣通卡客服业务技能竞赛,各分中心共11名选手参加比赛。

竞赛形式为前台业务模拟操作,由参赛选手进行完整的业务办理,评委根据选手业务办理的耗时、准确率和完整性进行评判。活动现场还设置观众答题环节。经过激烈的角逐,评选出一、二、三等奖。此次竞赛旨在以竞赛活动为平台,加强分中心基层职工的业务交流,促进客服业务操作规范化和相关业务工作的改进和完善。

(李梓辉)

【厅规划办工会组织开展“一张纸献爱心”活动】 8月,厅规划办工会开展“一张纸献爱心”慈善救助活动。活动倡议全办干部职工行动起来,将日常工作和生活产生的废旧报纸、书本、杂志等捐献出来,以实际行动向社会送温暖、献爱心,捐献废旧书报、纸张等近250千克,变卖所得的善款已捐献至中华慈善总会“一张纸献爱心”行动账户中。

“一张纸献爱心行动”是中宣部和国家发改委开展的“节俭养德”全民节约行动之一,是中华慈善总会一项大型公益项目,以通过捐献废纸积聚善款,针对全国少数民族地区贫困家庭患先天性心脏病等疾病的儿童发起慈善救助。

(厅规划办)

【江西长运工会组织劳模疗休养】 5月25—30日,江西长运工会组织劳模代表赴庐山疗休养。

该次劳模疗休养对象为2012年和2013年度劳模代表,共计25人。休养期间,组织劳模参观了庐山名胜景点,同时还组织劳模开展健康知识讲座、扑克比赛,观看电影《焦裕禄》等活动,增添了本次活动的内涵,增进了彼此之间的友谊。

该次疗休养活动,进一步激发了劳模的荣誉感和责任感。劳模纷纷表示,要用实际行动回报公司的关怀,把关怀转化为今后工作的动力,立足岗位,积极融入公司中心工作,发挥带头和引领导作用,为江西长运事业的美好未来再立新功。

(何华兵)

【江西新世纪汽运集团有限公司工会开展“迎国庆”拓展训练活动】 9月26日上午,江西新世纪汽运集团有限公司工会组织170余名员工在五龙客家风情园开展迎国庆拓展训练活动。

此次活动共有月球行走、抢滩登陆和女皇圈三个项目。全司八个基层单位派出10支队伍共

160 名队员参加比赛。最终,分别角逐出了月球行走、抢滩登陆项目比赛一、二、三等奖。

(王瑞丽)

【景德镇市公交公司勇夺“第三十五届群众歌咏月”大赛金奖】 9 月 29 日,景德镇市“第三十五届群众歌咏月”大赛第二场在群众文化活动中心举行,该市数千名各界干部群众欢聚一堂,用优美的舞姿和激情的歌声赞美党,赞美祖国,赞美瓷都景德镇改革开放的新面貌。代表景德镇市交通运输系统参赛的市公共交通公司合唱团激情演唱《中国之梦》《阳光路上》两首歌曲,队员们引吭高歌,歌颂党、歌颂祖国、讴歌和谐社会,激励全市人民团结一心,建设幸福美丽瓷都。经大赛组委会评选,市公共交通公司合唱团等单位获得金奖。

该届大赛由景德镇市委、市政府主办,市委宣传部、市文广新局、市教育局、市广播电视台承办,市群众艺术馆、市群众文化活动中心协办,共持续两天。活动旨在进一步贯彻落实中共十八届三中全会精神,响应推进全面深化改革号召,坚持社会主义先进文化方向,放飞“复兴千年古镇,重塑世界瓷都,建设生态之城”的瓷都梦,激励全市人民团结一心、唱响景德镇、共筑中国梦。

(涂　强)

【浮梁县公路管理站荣获“全国模范职工小家”称号】 2 月 13 日,浮梁县总工会给浮梁县交通运输局公路管理站工会小组送去由中华全国总工会颁授的“全国模范职工小家”荣誉证书和奖牌。浮梁县公路管理站成为浮梁县首个获得这一荣誉的单位。

浮梁县地处赣、皖两省交界处,农村公路建设、管理和养护任务繁重。2014 年,面对巨大工作压力,该站以工会职工小家创建为切入点,用组织的温暖凝聚力量,全站人员团结合作,努力拼搏,全县农村公路状况发生了群众看得清楚、感受真切的变化,农村公路硬化率由 5 年前不足 60% 上升到 85.6%,养护率达到 100%。

要完成繁重的任务,就必须造就一支团结创新、敢打硬仗的队伍。在创建“全国模范职工小家”工作中,该站从提高全体员工素质入手,多年坚持实施岗位成才培训计划,采取送出去深造、新老员工“一帮一”结对传艺、分小组承担技术攻关课题等方式提高员工的政治素养和业务水平。2014 年,该站工作人员个个是农村公路建设、管理和养护方面的行家里手,为全县交通运输进步提供了良好的人才和组织保障,凝聚起推动农村公路发展的中坚力量。

为充分发挥工会组织的作用,该站以工会小组为单位,组织全站员工下到各乡(镇)、村,在较短时间内摸清了全县农村公路建设、管理和养护的实际情况,并有计划地实施农村公路建设(改造)工程。在农村公路建设(改造)项目实施过程中,该站工会小组又及时组织开展相关课题研究和攻关,不断探索工程质量管理的新途径、新方法,总结出一整套科学有效的管理措施,在重点工程中推行招投标制、工程质量监理制,有效地杜绝了“暗箱操作”,保证了工程质量。

(郑卫华　涂　强)

【萍乡市交通运输局举办第四届“交通规划杯”职工篮球赛】 9 月 20 日至 24 日,该局工会联合市交通规划勘察设计院举办全市交通运输系统第四届“交通规划杯”职工篮球赛。共有来自市局机关和局下属单位的 6 支球队参加该次比赛,比赛按照 2010 年国际篮球竞赛规划,采用大循环赛制进行,比赛采用 4 节制,每节 10 分钟。比赛中气氛热烈,队员们积极进攻,严密防守,精彩的配合,最终,局综合代表队、运处处所联合体表队和市公交公司代表队分获前三名。通过比赛,职工锻炼身体,增进友谊,也充分展示该局干部职工团结友爱,拼搏向上的精神风貌。

【萍乡长运公司荣获萍乡市总工会先进单位】 4 月 16 日,该司工会委员会被市总工会评为“2013 年度全市工会工作先进单位”。2013 年,该司工会以学习宣传中国特色社会主义工会发展道路为主题,以构建和谐劳动关系为主线,以开展“中国美·劳动美”活动为载体,以维护企业稳定为出发点,以保障职工权益为落脚点,切实履行好工会工作职责,各项工作稳步推进、创新发展。特别是在困难职工帮扶、职工文化建设以及职工互助保障等方面在全市工会系统中工作成绩突出。同时,通过大力开展“学先进、转作风、强服务、促发展”和“夏送清凉、金秋助学、冬送温暖”等系列活动,凝心聚力,奋发有为,切切实实帮助广大职工办实事、做好事、解难事,为构建和谐、平安萍乡做出积极的贡献。

(谢培建)

【安源公路分局职工书屋获"省级示范点"称号】 3月份,安源公路分局职工书屋荣获江西省总工会授予的省级职工书屋示范点称号。该局本着资金到位,人员到位,配备到位原则,投资3万余元,收纳公路养护专业、文学、小说传记、哲学、养生保健、历史、旅游地理、法律等多个领域图书1500余册,期刊、报纸10余种,电子音响制品20余套。职工书屋由专人负责日常管理,借阅登记随到随办,设阅览座位15个,可达到日均50余人次的借阅量,满足了职工群众学习、阅读的需求。同时,该局结合行业特点,因地制宜地开展流动书屋活动,送知识下基层,以专业理论学习与现场指导办公相结合的方式,为基层解决实际问题;通过组织知识竞赛、演讲比赛、读书心得交流等活动,营造良好的读书氛围,引导广大职工走进书屋,接受教育,提升素质,让知识丰富职工生活,服务职工生活。

(秦功伟 李新良)

【九江市公路局工会开展职工安全健康卫生知识竞赛】 6月以来,九江市公路局工会以"安康杯"竞赛和"安全生产月"活动为契机,组织开展职工安全健康卫生知识学习教育及竞赛活动。

通过3个月的学习教育,下属县市各单位分别进行了初赛,16个下属单位均推选出3位选手(含一名女职工)组成代表队,参加9月29日在市局机关举办的"职工安全健康卫生知识"答题总决赛。经过必答题和抢答题的激烈角逐,瑞昌分局、治超站、永修分局脱颖而出,分别获得团体一、二、三等奖。通过学习和竞赛,进一步增强了该局职工对安全健康工作重要性的认识,提高了广大职工的自我保护能力,从而降低各类工伤事故和职业危害的发生。

(余白婷)

【兴国公路分局建成职工书屋】 5月26日,兴国公路分局"职工书屋"书籍借阅正式开张了,在40多平方米的书屋里摆放着整齐的书架和分门别类的书籍,藏书种类涵盖法律法规、工程技术、医药卫生、社会科学、文化艺术、古代近代历史、时事政策等内容读本近万册。该局筹措资金构建"职工书屋"采取单位自筹、职工捐赠,建成职工书屋主要为在岗职工业余时间提供精神食粮、获取信息、增长知识和提高自身素质,提供学习平台。

(曾永平)

【宜春市交通运输局组织机关干部迎"五一"登山健身活动】 4月30日下午,宜春市交通运输局机关党委与局工会共同组织局机关共有35人参加了登山活动,其中有50多岁的老人,也有刚参加工作的年轻人。下午3点整,登山人员在袁山公园南大门集结出发向昌黎阁挺进。登山过程中,登山人员相互鼓励、争先恐后,体力充沛者快速猛登,经验丰富者稳中巧登,一路情绪高昂,在欢乐、文明、和谐的氛围中愉悦了心情,放松了身体,在感受集体生活的同时也激励着登山人员对美好生活的憧憬和希望。历经半个多小时,大家都顺利登上山顶。活动结束后,登山人员纷纷表示,此次登山活动,不但促进了相互间的交流,更增进了彼此间的友谊,今后要多走向户外进行锻炼,为工作和生活打造好一个健康的身体。

(肖文锋)

【宜春市袁州区交通运输局开展秋季除四害活动】 为进一步降低四害密度,改善环境卫生,预防和控制秋季传染病的发生与传播,根据市、区爱卫会统一部署,9月20日至10月4日,区交通运输局组织开展秋季统一除四害活动。组织人员进行一次彻底大扫除,冲洗门窗,弹蛛扫尘,清理垃圾杂物,消灭卫生死角,铲除四害孳生场所:指定专人购买除四害药物,连续投洒一周,杜绝四害孳生可能。通过活动,进一步改善环境卫生,提高干部职工文明意识、卫生意识和环境意识,推动交通运输系统文明建设,有利于干部职工身体健康。

(李 庆)

【宜春市公交公司充分发挥工会桥梁纽带作用促进公交稳步发展】 宜春市公共交通公司工会紧紧围绕城市客运中心工作,充分发挥工会桥梁纽带作用,多措并举,夯实公交优秀根基,力促中心城区公交事业稳步发展。一是关心职工,充分体现公交行业特点。在夏季高温期间。公司高管分组到线、站送清凉,走访司乘、修理人员480多人次。并发送绿豆、冰糖等降温饮品饮料;春节期间,公司领导代表党、政、工分别慰问“三老人员”(退休老职工、45年以上党龄的老党员和退休老干部),感谢老人们为公交事业发展进步作出的贡献;同时,公司班子成员带领有关部门负责人深入基层一线,慰问节日期间坚守在工作一线的广大干部职工,致以节日的问候,送上新春的祝福。二是关爱职工,不忘广大老职工作出的贡献。为了让退休老职工老有所养、老有所医、老有所为、老有所乐。该司首先大幅调增津补贴。于10月起,将退休职工原来339元/人·月的补贴费用上调为500元/人·月,提高了47.5%。其次关心退休老职工生活。在退休职工生病住院期间,安排专人带上慰问品前去探望;在每年的“九九”重阳节前,为退休职工发放节日慰问金100元/人、活动经费80元/人;此外,一年三节福利费用,退休职工与在职职工一视同仁,享受同等待遇;并安排专车定点接送退休职工到体检中心进行体检。让广大退休职工切实感受到企业的关心与温暖,三是凝聚职工,开展活动有声有色。元旦组织干部职工登山比赛,庆祝元旦,迎接新年;举行庆“三八”妇女节文体活动,来自一线及后勤80余名女职工参加了大脚板、击鼓传花等趣味比赛项目,通过活动的开展,丰富了女职工业余文化生活,增强了企业凝聚力和向心力;五一劳动节,举办首届五一劳动节职业技能大赛。经过层层选拔及初赛,共有80名职工参加大客场地驾驶技能赛、小车场地驾驶技能赛、二级维护保养赛和清点钞技能赛,通过激烈角逐,评选出团体奖3名、个人奖16名。

(付文成)

【上高县交通私企组建首个基层工会】 上高县泰安出租车有限公司成立于2010年4月,有管理人员12人,出租车驾驶员141人。为了维护出租车从业人员的合法权益,充分发挥工会组织在稳定协调劳动关系、维护社会政治稳定等方面的积极作用,上高县总工会、县交通系统工会按照全国总工会和省总工会“组织起来、切实维权”的工作方针,先后多次深入出租车企业,广泛宣传成立工会组织的重大意义,并对成立工会的具体事宜进行帮助指导。2014年7月,经上高县总工会批复,上高县泰安出租车有限公司工会成立,选举工会主席、副主席和工会委员和工会小组长,制定工会开展活动实施意见和各项规章制度等。实现了出租行业从业人员成立工会组织的愿望。该公司工会为上高县交通私企首个基层工会组织。

(冷光明)

【万载县永诚汽修厂举行秋季运动会】 永诚汽车修理厂现有员工近60人,是一家集汽车销售、汽车维修、道路救援、汽车配件销售为一体的现代化汽车服务企业,也是万载县一家国家一类维修企业和政府定点采购单位。11月永诚公司举办了别开生面、独具特色的秋季运动会,比赛项目设置切合实际,特别是拆装轮胎、掰手腕、拔河等比赛项目,体能竞技与生产相结合,极大地展现永诚公司全体员工的精神面貌,受到广大员工普遍欢迎。

(王薪霏)

【抚州市交通运输系统获该市第二届庆国庆大合唱比赛三等奖】 9月28日,抚州市文化广场歌声飞扬。由市委、市政府主办,市委宣传部、市文化新闻出版局承办的以“永远跟党走,共筑中国梦”为主题的抚州第二届庆国庆大合唱比赛在这里举行,来自市行政中心、市交通运输系统等全市各部门(单位)的13支代表队,用歌声表达了庆祝新中国成立65周年的喜悦心情和对幸福生活的赞美。

抚州交通运输局领导高度重视,精心组织广大职工投身这一活动中。经过激烈角逐,抚州市交通运输系统代表队获得三等奖。

(陈根玲)

【上饶公路局举办养护技能比赛】 7月22—23日,上饶公路管理局工会主办的公路养护技能比赛在德兴公路分局举行,全市有14个单位参加,每个单位选派技术员1名、一线养护工人2名参加比赛。比赛内容包括理论知识、沥青路面补坑槽实地操作、水泥路灌缝实地操作。经过激烈的竞争,1个单位获第一名,2个单位获第二名,3个单位获第二名。通过此次比赛,为养护职工提供一个相互学习和交流经验的平台,提高了技能水平,加强了规范操作,突出了团结协作精神,增强了职工的凝聚力,展示了上饶公路职工的素质和形象。

(邬国花)

共青团工作

【概况】 2014年,省交通运输厅直属机关各级团组织坚持以中共十八大和十八届三中、四中全会及总书记习近平系列讲话为指导,紧紧围绕交通运输中心工作,积极发挥团员青年生力军作用,在打造全省交通运输发展升级版中建功立业。

加强理想信念教育。通过各种有效的学习形式与载体,组织广大团员青年系统深入地学习习近平总书记系列讲话精神,学懂、学深、学透。开展了中华人民共和国65周年纪念、主题团日、读书交流、青春建功等活动,广泛宣传社会主义核心价值观,教育和帮助青年树立正确的世界观、人生观、价值观,不断地凝聚青年、激励青年、引领青年。

在服务中心中发挥青春正能量。鼓励广大团员青年围绕交通运输中心工作,特别是围绕全省高速公路"两步并作一步走,6000千米大提速"决策部署,立足本职工作争先锋、作表率,干一流工作,做一流奉献。围绕"实干兴赣当先锋、为民服务作表率"主题实践活动,组织动员广大团员青年深入基层单位、扶贫点开展多种形式的调研实践活动,接地气、强底气,以实际行动践行群众路线。

以活动促活力。围绕"岗位建功创一流,文明点亮中国梦"这一主题,开展了青年文明号活动二十周年系列活动。全省交通运输系统26个集体被评为省级青年文明号,15个集体被评为省直青年文明号。结合青年特点,开展各类文体活动,丰富团员青年业余文化生活。结合行业特点,深入车、船、码头、所站经常性开展青年志愿服务活动。

加强团组织建设。厅机关和厅直单位均成了青年工作委员会,加强对青年工作的指导。加强团青干部队伍建设,督促厅直单位做好换届工作,选优配强团委班子。积极选送厅直单位团委负责人参加各级各类培训,增强了团干部队伍素质。

(陈志光)

【厅直机关团委开展"四级联动激扬青春共创文明号"主题活动】 4月29日下午,厅直机关团委在南昌东收费所开展了"四级联动激扬青春共创文明号"主题活动。省交通运输厅党委委员、副厅长、厅直机关党委书记王爱和出席主题活动,并向广大交通运输青年致以节日问贺。

在活动座谈会上,王爱和指出,交通运输系统团员青年有朝气有锐气,积极健康向上地工作和生活,青年文明号创建活动氛围浓厚。会上,王爱和就交通运输青年成长成才提出四点希望:一是希望广大交通青年一定要有理想、有信念、有抱负。二是希望广大交通青年一定要爱学习、会学习、勤学习。三是希望广大交通青年一定要能吃苦、能干事、能创新。四是希望广大交通青年一定要树品格、树纪律、树作风。

王爱和要求,各级党组织和行政要从事业薪火相传、后继有人的高度,充分信任青年,热爱关心青年,严格要求青年,特别要在人、财、物方面给共青团工作提供必要的保障,帮助团组织解决实际困难,支持团组织创造性地开展工作。要帮助团组织认真选好团干部,做好团干部教育、培养、选拔、任用、交流工作,要健全有利于青年干部脱颖而出、施展才华的选人用人机制,要严格落实共青团组织推优工作,为党组织源源不断地储备和输送新鲜血液。

王爱和强调,各级共青团组织要充分发挥好党的助手和后备军作用,加强共青团组织自身建设,特别是基层组织建设。要紧紧围绕交通运输中心工作积极探索创新符合青年要求的组织形式和活动方式,以健康向上、丰富多彩的活动为载体,吸引、凝聚、感召广大团员青年,提高各级团组织的战斗力。

主题活动中,厅直机关青工委委员、厅直团委委员,厅机关、省高速集团、抚州管理中心机关青年还分收费业务、监控稽核、志愿服务、一种三养四个组深入体验基层工作和生活。通过体验,进一步增进了机关青年对基层工作的了解。机关青年纷纷表示要立足本职工作,密切联系群众,从服务基层出发,深入了解基层需求,多帮基层解决实际困难,增强工作的针对性和实效性。

(王　伟)

【省港航局举办"中国梦·我的青春梦"主题演讲比赛】 5月6日,省港航局团委举办"中国梦·我的青春梦"主题演讲比赛。比赛邀请了江西师范大学播音主持专业教授作为专家评委,全省港航系统共20位青年选手参加了比赛。

参赛选手紧紧围绕"中国梦·我的青春梦"这一主题,结合港航特色、立足本职工作、融入个人亲身经历和所见所闻所感,或慷慨激昂,或深情动人,或热情洋溢,充分展示了港航青年职工勇立时代潮头,勇担重任的精神风貌和挥洒青春、共创江西港航辉煌的壮志与决心。经过激烈角逐,现场评选出一等奖2名、二等奖4名、三等奖6名、优秀奖若干名。

（刘宇航　倪　磊　陈明中）

【团省委、省青联领导调研赣江航道建设】 5月23日,共青团江西省委副书记、省青年联合会主席孙鑫一行乘坐海巡艇,从南昌出发至九江星子,对赣江航道建设情况进行调研。

调研组听取了省港航局党委书记严允关于江西水运发展和赣江航道建设的相关情况介绍,并通过实地察看,对全省航道建设、航道维护、水上交通安全监管等工作进行了更加深入的了解。孙鑫对全省航道建设工作给予了肯定,感谢省港航管理局对本次调研工作的积极帮助,并祝愿全省港航建设发展再上新台阶。

（许海远　黄旭东　陈明中）

【省港航局团委开展学雷锋活动】 3月5号上午,省港航局团委组织局属南昌地区20余名志愿者来到江西省通安工程船厂开展"学雷锋志愿者义务劳动"。

志愿者们在船厂负责人的安排下来到车间,主要任务就是给浮筒上漆。只听领队一声令下,志愿者们纷纷戴上口罩、手套,拿起油漆刷,小心仔细地给浮筒刷上黑漆。虽然以前没有干过类似的工作,但志愿者们干得有模有样。经过一个多小时的辛勤劳作,一个个橘色的浮筒立马穿上了黑色的"马甲"。据船厂负责人介绍,挖泥船在赣江疏浚的时候就是靠浮筒来承载排泥管线,将河底被疏浚上来的泥沙运到江边的,当泥沙从管道喷出来的瞬间就像一条巨龙在腾飞,非常壮观。听完介绍,志愿者们都为今天的工作成果觉得非常自豪,并希望今后能有更多这样的机会为全省水运事业出一份力、尽一份责。

（倪　磊　涂小英　陈明中）

【省运管局开展五四运动95周年纪念活动】 5月6日,省运管局团委组织开展了"重走小平小道,重温入团誓词"主题团日活动。下午2:30,10多名团员青年踏上自行车,开始了"低碳交通,绿色出行"骑行之旅,积极传播绿色出行理念,争做绿色出行、文明交通的践行者。一路上青年们或是并排而行,或是你追我赶,兴致勃勃地相互谈笑、交流,呼吸着清新空气,享受运动的舒畅和团队活动带来的乐趣。纵然烈日炎炎,所有团员青年精神抖擞、斗志昂扬地顺利完成了20千米的行程。

骑行至小平小道后,青年们满怀热情,在讲解员的带领下来到"小平小道陈列馆",零距离参观邓小平工作生活时的场所,深刻感受到邓小平在这里度过的时光,接受爱国主义教育及伟人的精神洗礼。在邓小平铜像前,团员青年们面向团旗,举起右手,郑重宣誓。团员青年们纷纷表示,通过一系列活动,深刻地体会到邓小平在逆境中不畏艰辛、攻坚克难的精神和始终忧国忧民的爱国情怀,也更加坚定了共产主义理想信念,牢记使命,为全面深化改革、为江西交通发展升级贡献力量。

（朱　熹）

【江西省高速集团团委微博影响力提升】 春节临近,2014年首次江西省团属官方微博100家综合影响力评估排行公布,江西省高速集团团委微博进入榜单,列11位。

（陈志光）

【青年志愿者参与抗冰除雪保畅通】 为应对冰雪等恶劣天气,2月9日,省高速集团各级团组织和广大共青团员、青年志愿者积极响应号召,迅速行动,因地制宜运用专业除雪设备和人力等不间断铲冰除雪,保障车辆安全通行,充分发挥了生力军和突击队作用。在收费站出入口,青年志愿者还对过往车辆发放"高速公路冰雪天气行车注意事项"宣传单,免费为滞留在路上的司乘人员提供食品、开水等服务。

（高　团）

【省高速集团举办“奋斗的青春最美丽”分享交流会】 4月28日,省高速集团总部机关团支部举行了“奋斗的青春最美丽”主题分享交流会,来自集团总部各部门的青年代表参加交流。会上,集团党委办公室、综合行政部、财务审计部的三名青年代表就企业宣传、文稿起草、企业融资等主题分享了工作体会。青年代表还结合自身经历和工作实际,围绕企业发展对个人成长、工作、人生观、价值观的影响,以及总部青年如何在高速公路建设提速和集团转型升级的实践中发挥表率引领作用等方面作了发言。青年们畅所欲言、诚恳交流,现场气氛热烈、精彩不断,青年代表示,今后要更加勤于学习、努力工作、善于创新、甘于奉献,在集团的改革发展中建功立业。

(夏睿德 曾 铮)

【江西高速首个“雷锋岗”投入使用】 5月4日,江西高速首个“雷锋岗”在温厚所正式投入使用。温厚所以荣获全省“青年雷锋姐”称号的高红艳为典型,设立了“巾帼雷锋岗”,成立了“雷锋姐”服务队,更好地服务过往司乘。

(陈志光)

【全省高速路政系统开展系列活动纪念“五四”青年节】 “五四”青年节之际,全省高速路政系统举行各种活动,纪念“五四”运动95周年,激励高速路政广大青年职工勇于奉献激情和力量,让青春在奋斗实干中出彩。一是学雷锋做好事,10余家清障施救公司圆梦太阳村。二是坚守本职岗位,圆满完成上跨桥拆除施工维护任务。三是培养工作潜能,广泛开展培训、赠书、红色教育等活动。四是丰富职工生活,开展篮球、乒乓球、羽毛球、登山等文化体育活动。

(贾丙海)

【省高速集团召开第一次团代会暨青工委成立大会】 5月9日,共青团江西省高速集团第一次代表大会暨集团青年工作委员会成立大会在南昌召开。省高速集团董事长、党委书记王江军和省交通运输厅直属机关团委负责人员出席大会并讲话。共青团江西省委组织部给大会发来贺信。集团青工委委员、第一次团代会代表共计90余人参加了大会。大会提出,当前和今后一个时期,集团共青团和青年工作的总体思路是:高举中国特色社会主义伟大旗帜,以邓小平理论、“三个代表”重要思想、科学发展观为指导,牢记根本任务,把握工作主线,履行政治责任,按照“四力三型”(增强思想引领力、提高青春贡献力、发挥影响劳动力、激发组织战斗力;学习型、服务型、创新型)的要求,全面加强团的建设,团结带领广大青年在高速公路建设提速和集团转型升级的发展中贡献青春力量。主要做好以下几项工作:一是明确根本任务,增强思想引领力,用社会主义核心价值体系培育高速新青年。二是把握工作主线,提高青年贡献力,用青年创新创效创优的火热实践创造时代新业绩。三是履行政治责任,发挥影响带动力,用新思路新方法新举措服务青年新需求:四是强化自身建设,激发组织战斗力,用科学有效的组织工作体系彰显团的新风采,建设覆盖广泛、运行有效、充满活力的学习型、服务型、创新型马克思主义青年组织。大会审议并通过了题为《高举团旗跟党走,牢记使命勇作为,为高速公路建设提速和集团转型升级贡献青春力量》的团委工作报告,选举产生巫过房、邓丽、刘琴霞、郝昭帏、纪敏、陈琼、李飞飞、万静、吴佳9人为共青团江西省高速公路投资集团有限责任公司第一届委员会委员,巫过房当选为团委书记。

(高 团)

【交通青年文明号创建成果在共青团中央交流展示活动中展出】 9月16日上午,共青团中央、全国创建“青年文明号”活动组委会在京举办“岗位建功创一流文明点亮中国梦”青年文明号二十周年交流展示活动。省高速集团泰和管理中心井冈山收费站、景德镇管理中心景北收费站“青年文明号”创建成果入选青年文明号二十周年图片展。此外,井冈山收费站“青年文明号”创建成果在主办方制作的视频《平凡·卓越——青年文明号成长之路》中播出。活动当天,省高速集团所属120个青年文明号集体及争创集体、1495名团员青年通过网络电视、电脑或投影等形式,实时、全程观看了新华网的青年文明号二十周年交流展示活动网络直播。

(陈志光)

【六项活动纪念青年文明号20周年】 11月是青

年文明号创建活动开展20周年的宣传服务月。江西省高速集团团委深入部署六项活动，在集团各级团组织和青年文明号集体中开展纪念青年文明号20周年系列活动。一是开展“亮身份、亮职责、亮承诺”活动。在收费站、服务区等服务窗口亮出“青年文明号为您服务”的标识，公开服务流程，履行服务承诺。二是开展“青年文明号优质服务竞赛”活动。通过业务比武、技能展示、服务竞赛等载体，创新服务理念和服务方式，提高服务质量和服务水平。三是开展“青年文明号志愿服务咨询”活动。以倡导文明出行为主题，在高速公路服务区设立“温馨服务台”，免费提供应急药品、手机充电等多项免费温馨服务，开展社会公德、文明准则宣传，提示公众文明出行。四是开展“青年文明号大手拉小手”活动。通过“一助一”“多助一”长期结对等方式，有针对性地为留守儿童、弱势群体提供志愿帮扶活动。五是开展“青年文明号网络倡文明”活动。宣传社会主义核心价值观，大力弘扬网上新风正气。六是开展“青年文明号诚信示范服务行动”。在高速公路服务区带头开展诚信示范实践，为过往司乘、消费者提供货真价实的商品和以咨询、导购为主的特色服务、专业服务等。省高速集团团委还在全省各高速公路收费站、高速公路服务区、高速公路省界、高速公路电子显示屏等开展宣传，悬挂宣传条幅（工作标识）、设置宣传橱窗200多处，营造了良好的青年文明号20周年活动氛围。

（陈志光）

【厅规划办志愿者服务队弘扬雷锋精神，献爱心太阳村】 4月2日，省交通运输厅规划办共青团组织志愿者服务队来到位于九江都昌县大港镇的太阳村鄱阳湖儿童救助中心，开展“弘扬雷锋精神献爱心太阳村”主题志愿活动。

在太阳村，志愿者们参观了儿童救助中心的宿舍、食堂、教室和足球场，与孩子们一起聊天，倾听孩子们的心声，和孩子们一起共进午餐。此次活动共为孩子们送去大米100千克、食用油100升，另集体捐款1000元。

（厅规划办）

【萍乡市交通运输局团委举办“我的交通梦·设计杯”演讲比赛】 7月12日，该局团委举办“我的交通梦·设计杯”演讲比赛。此次比赛共有来自局属各单位推荐的15名选手参与角逐。比赛现场气氛热烈，参赛选手围绕“我的交通梦”的这一主题，以自己的工作经历、工作体会、身边的感人事迹和奋斗精神为例，从不同角度阐述只有通过劳动创造才能托起“交通梦”，赢得现场观众的热烈掌声，体现交通人立足本职、爱岗敬业、奋发向上的精神风貌。经过两个多小时的激烈角逐，万娜获得比赛的一等奖，许琳、刘妮芳获得二等奖，江钰、张叠、刘祁获得三等奖。

【萍乡市公交总公司IC卡客服中心积极争创江西省青年雷锋岗】 2014年，该司IC卡客服中心作为萍乡市交通运输系统的窗口服务代表积极争创“江西省青年雷锋岗”称号。作为交通运输行业的窗口部门，服务的对象是千千万万的老百姓，在平时工作中，中心要求营业员做到“一心”“二要”“三不”“四一样”，即一心为乘客；业务要精通，服务要一流；不讲训斥乘客的话，不计较乘客的要求是否合理，不做与工作无关的事；心情好与坏一样，生人与熟人一样，办理业务忙与闲一样，检查与不检查一样。在与乘客沟通的过程中，热心向乘客介绍IC卡的使用功能、卡类及收费标准，及时解答乘客提出的疑难问题，遇一时无法解决的问题，要求在三个工作日内给予回复，并以乘客利益为出发点，设身处为乘客着想。

【庐山公路分局青年文明号帮扶困难儿童】 3月11日，春寒料峭，庐山公路分局组织人员在庐山团委及云雾茶场相关人员的引领下，来到了困难儿童胡子涵的家中并送上了一些学习用具、体育用品及慰问金。此次是庐山公路局路政大队开展青年文明号一帮一，帮助困难儿童的一次具体行动。这项活动将持续开展下去，通过活动让困难儿童能深切地感受到社会的关心与关爱，健康快乐地成长。

（姜美英）

【高安市交通运输局团委开展关爱“空巢”老人活动】 3月9日，高安市交通运输局团委组织青年志愿者开展关爱“空巢”老人活动，围绕生活照料、心理抚慰、健康保健等重点，着力解决好“空巢”老人的实际困难，以实际行动表达对“空巢”

老人的关爱之情,7名青年志愿者全部参加此次活动。青年志愿者一行先后来到杨圩镇走访4名因长期患病造成生活困难、不能自理的“空巢”老人。每到一名老人家中,一部分志愿者负责清理环境卫生,修理损坏的家具:另外一部分志愿者则与“空巢”老人促膝交谈,了解老人们的生活情况和实际困难,详细做好记录,并宽慰老人要注意身体、安心养病。同时为老人送慰问品。关爱“空巢”老人活动是一项长期性的工作,该局团委通过逐步的发展,扩大社会影响力,来带动更加多的人一起参与,为空巢老人办实事、解难事、做好事,增强青年的社会责任感,提高年青一代对孤寡老人、弱势群体的关爱意识,积极营造“尊老爱老”的良好氛围。

(余小琴)

【崇仁县交通运输局重视共青团工作】 2014年,该局团委结合部门工作实际,先后开展“3·5雷锋日”和“10·17扶贫日”等活动,帮助县敬老院打扫卫生、拔草除草和组织青年团员缴纳特殊团费,扶贫捐款共计500余元。国庆前夕,带领青年团员参观南阜公园烈士陵园,向革命英烈敬献花篮、重温入团誓词。还积极开展“青春路上党旗扬”“奋斗的青春最美丽”等主题活动,同时通过发微信、微博、QQ群等方式,在团员青年中传播红色文化、开展爱国主义教育、践行社会主义核心价值观、传递爱的正能量,共计点赞、评论30余条。团员青年的组织观念进一步增强。局团委经常性与青年们开展面对面的交流,了解青年们的工作情况和想法,帮助青年们解决一些实际问题。同时,还积极组织青年们参加全县的健身运动会及山地自行车比赛等体育活动,既陶冶了青年们的性情,又增添了工作热情,为交通运输工作的开展注入了持续的青春活力。

(余家军)

老龄工作

【概况】 2014年,省交通运输厅围绕交通运输中心工作,认真做好离退休干部管理工作,较好地完成了工作任务。

全厅现有离退休干部1765人,其中享受正副厅级待遇36人;离休干部57人,离休干部中享受副厅级待遇12人。

厅机关现有离退休人员88人,其中离休干部7人,退休干部72人,工人9人。享受正厅级待遇5人,正师级待遇1人,副厅级待遇15人。

1. 以学习贯彻中共十八大精神为主线,思想政治工作常抓不懈。一年来,离退休党支部抓住学习贯彻中共十八大精神这条主线,扎实开展老干部的思想政治工作。坚持每月18日党支部集中学习与发放材料自学相结合的方式,组织离退休干部认真学习中共十八大、中共十八届三中、四中全会精神,重点学习习近平一系列重要讲话精神,组织开展学习龚全珍活动,加强老干部对中共十八大精神内涵的理解,坚定老党员对党的忠诚以及对党的未来事业的信心。

及时向老干部报告厅党委的重大决策、交通运输行业建设发展新进展,春节前,专门组织厅机关全体离退休干部及厅直单位副厅以上老干部召开了形势报告会,由厅党委书记、厅长朱希向老干部专题报告全省交通运输事业的建设发展情况,一方面让老干部感受到政治上得到尊重,另一方面,让老干部对全省交通运输事业的最新进展有所了解,更好的争取到老干部对全省交通运输事业的理解和支持,把老干部的思想统一到厅党委的重大决策和部署上来。

2. 以“六个老有”方针为指导,老干部服务工作细致周到。

一年来,省交通运输厅不断增强服务意识,遵照“六个老有”(老有所养、老有所医、老有所教、老有所学、老有所乐、老有所为)方针,为老干部提供耐心细致的服务,在生活上给予老干部较好的关心照顾。一是保证了老干部的各种政策性生活补贴、活动费、医药费用、健康疗养等生活待遇及时到位。为了方便老干部,处室安排专门人员每月负责为老干部报销医药费,一年来为老干部代报医药费360人次。二是做到四个“走访慰问”,即老干部生病住院走访慰问、重大节日走访慰问、老干部家里有重大困难或变故走访慰问、老干部生日走访慰问。2014年,老干部生日慰问89人次,生病住院慰问30人次,春节走访慰问108人次,建国65周年及重阳节前夕又对厅机关全体老党员老干部进行了慰问,送上了慰问品,这些走访慰问，让老干部深深感受到了党和组织的关心爱护，提高了幸福指数，也增强了老干部对单位工作的理解和支持。三是为老干部做好健康保障服务。健康是老年人的第一需要，因此，2014 年，省交通运输厅把健康保障服务当做主要服务工作之一来抓，联系职工医院为老干部提供健康咨询、测血压等日常保健，邀请医疗保健专家举办健康讲座，帮助老干部联系省内外大医院专家、住院床位，多次陪同护送重病老干部到北京、上海等地就诊，组织全体老干部到体检中心健康体检，积极为提高老干部的健康素质提供良好的服务，得到老干部的认可和赞赏。

（王丽琴）

【省交通运输厅以增强身心健康为目标，老年文体活动丰富多彩】 2014 年，为了丰富老干部的精神生活，更好地促进老干部的身心健康，省交通运输厅因地制宜地积极组织开展丰富多彩的文体活动。组织厅机关老干部开展垂钓、门球以及元宵节小型比赛娱乐活动；每周组织一次老年人大合唱活动。除了组织厅机关老干部文体活动外，还组织了厅直各单位老干部开展了二次老年垂钓比赛；每季度组织开展厅直单位老年门球赛。10 月底，组织举办全省交通运输系统第十六届老年门球赛，来自全省各地交通系统的 100 多名老人们参加比赛，厅党委书记、厅长朱希，纪委书记成松，副厅长梁必康，副巡视员夏太胜等厅领导分别到现场看望老人们，纪委书记成松亲自给获奖代表队颁奖。同时，选派老年运动员参加省直机关老年体协组织的乒乓球赛、围棋赛、桥牌赛，省交通运输厅取得围棋赛个人冠、亚军的佳绩。选派 40 余名运动员参加全省第七届老年人健身运动会，荣获了优胜奖和优秀奖共五项。丰富多彩的文体活动，愉悦了老干部的心情，增进了身体健康，在一些比赛活动上，也对外展现了全厅老干部良好的形象和风采。

此外，省交通运输厅加强对厅直单位老干部工作的督导和调研，专门组织厅老年体协、离退休党支部的负责人员到省交通职业技术学院进行老年体育工作调研和督导，加强与下属单位工作的交流，对下属单位老干部工作起到促进作用。

（王丽琴）

2014 年省交通运输厅老年体协主要体育活动安排表

表 27

序号	日期	内　　容	主办单位
1	元月	召开老年体协会，安排 2014 年主要体育活动	厅老年体协厅离退休干部管理处
2	元月	交通老年合唱团，全年开展唱歌活动，每周训练一次	厅老年体协厅离退休干部管理处
3	3 月	参加省直国家机关老年体协举办的门球赛。厅直单位南昌地区第一季度门球赛	厅机关
4	4 月	开展和推广太极拳运动	厅老年体协
5	5 月	参加省直单位的乒乓球赛	厅老年体协
6	5 月上旬	厅直单位南昌地区上半年度钓鱼比赛	厅老年体协省公路局
7	6 月 -10 月	参加全省第七届老年人健身体育运动会及展示活动	各单位体协厅老年体协
8	6 月	厅直单位南昌地区第二季度门球赛	运管局
9	10 月	厅直单位南昌地区第三季度门球赛	公路局
10	10 月上旬	全省交通运输系统第十六届老年门球赛	厅老年体协 厅离退休干部管理处
11	10 月中旬	厅直单位南昌地区下半年度钓鱼比赛	厅老年体协 交通职业技术学院

续表 27

序号	日期	内　　容	主办单位
12	7 月至 10 月	组队参加江西省第七届老年人健身体育运动会设立的门球、乒乓球、象棋、钓鱼、桥牌、围棋和台球项目的选拔和比赛。	厅老年体协 厅离退休干部管理处
13	11 月	厅直单位南昌地区第四季度门球赛	设计院
14	11 月	参加江西省直单位会员队门球赛	各会员单位
15	全年	加强老年体育科普宣传、学习科学健身体育运动的有关活动	厅老年体协

【保障离退休人员的合法权益】 2014 年,省运管局离退休干部处坚持老干部学习日和领导干部走访慰问制度,春节慰问机关全体离退休干部、红军遗孀和特困党员等 237 人次,发放慰问金 10.9 万元,召开形势报告会;订阅报纸、杂志。生活上协调相关处室按时足额发放离退休费、津补贴、奖金、降温费、防寒费及其他待遇,报销医药费 126 万余元,购买人身意外伤害保险 6 万元/人,兑现医药费节余奖和公用经费结余,完善健康档案,为 117 名老人们健康体检,举办 2 次健康讲座,送生日蛋糕 28 人次,探望 17 位生病住院的老人,为 6 位老人办理了后事。

(孙邦忠)

【维护离退休干部队伍的稳定】 2014 年,省运管局离退休干部处认真接待来信来访,主动征求和及时反映老人们的意见建议和个人诉求,维护老人们的合法权益。积极争取支持,在工资、奖金、福利待遇、参观考察等方面呈报 20 个请示,解决政治生活待遇和活动经费等问题,实现了 2014 年离退休干部队伍和谐稳定。一年来,没有老人们越级上访,没有收到老人们的信访件,老干部满意度比较高。

(孙邦忠)

【九江市交通运输局老年支部开展党的群众路线教育实践活动】 2014 年,该局老年支部健康有序、深入有效开展党的群众路线教育活动。一是老将挂帅领导活动开展。近 70 岁的老年支部书记陈景刚亲任组长组织活动开展工作。二是众老学习武装思想。活动中组织老干部开会学习局党委《开展党的群众路线教育实践活动的实施方案》精神及一系列文件,要求老年人作好笔记,写好心得,会上发言,读思想、读感受、谈心得。三是认真评议找出差距。老年支部针对老干部人休息思想跟着休息的这一现象,开展有针对性查找问题,从根本上解决人老思想不能老,党的宗旨不能老,纪律不能老的问题。四是抓好整改夕阳更红。支部要求老人们对照党章要求,拿出有效措施整改存在的问题。通过整改,老年支部全体党员全部合格。

(九江市交通运输局)

【宜春市交通运输局组织离退休干部参观高铁综合交通枢纽和禅博园】 9 月 23 日,宜春市交通运输局组织离退休老干部 20 多人,年龄最大的 87 岁,最小的 56 岁,参观刚刚投入营运的沪昆高铁南昌至长沙段宜春铁路综合交通枢纽和刚开园的宜春禅博园,过一个有意义的重阳节。为搞好这次参观,确保老人们安全,局领导高度重视,专门租用一辆公交车,局领导亲自陪同,派专干全程服务,由于不少老人们年事已高,体弱多病,服务专干搀扶老干部参观,老人们深受感动。老人们发扬团结互助精神,在参观期间,身体好的照顾身体弱的,年龄小的照顾年龄大的。通过参观,老人们感悟很深,一致反映是局领导对老人们的关心爱护,浪他们扩大了视野,目睹了交通枢纽、禅博园宏伟工程,是宜春市人民改革开放、经济快速发展的结果。

(吴泽水)

【宜春市交通运输局老干部工作持续推进】 2014 年,宜春市交通运输局局围绕“老有所学,老有所养,老有所乐,老有所为”目标,老干部工作持续推进。一是坚持组织政治理论学习。每月28日，由局机关离退休党支部组织离退休干部认真学习中共十八大三中、四中全会精神和总书记习近平一系列重要指示，学习“两会”精神以及党和政府重要决定、决议等，发扬理论联系实际学风，谈认识，讲体会，全年举办学习园地三期，撰写学习心得体会文章40～50篇。通过学习，进一步提高思想认识和政治理论水平，与时俱进，始终与党中央保持高度一致。二是开展文体活动。每月离退休干部集聚在活动室一次，开展扑克，象棋、跳棋、托乒乓球、套圈等项目比赛，获得项目前三名的分别给予适当奖励。局老年门球队，长年累月坚持练球，并多次参加市、和全市交通运输部门、全省交通运输系统老年门球赛，均获得好成绩。通过活动，既活跃了老年人文体生活，又增强了体质，益寿延年。三是制定管理制度。先后建立和完善三会一课、文体活动等10项规章制度，做到用制度管事管人，使老干工作走上制度化、规范化。四是推动科普作用。离退休干部有丰富的工作经验，许多有中高级职称，为发挥老专家一技之长作用，10月，市局成立宜春市老年科学协会交通运输分会，选举会长、副会长和秘书长，制定了章程，拟定了开展科普活动内容。

（吴泽水）

【宜春市交通运输局代表队获全省交通运输系统老年门球赛优胜奖】 10月25—28日，由宜春市交通运输局8名退休干部组成代表队，参加省交通运输厅在南昌举办的全省交通运输系统老年门球赛。经过4天激烈角逐，在战胜两个强队之后，一路取胜，创造佳绩，荣获优胜奖，为宜春市交通运输部门争得荣誉。一是集中训练。为提高门球水平，在赛前组织队员进行为期一个月在市老年体协草皮门球场进行集中训练。通过训练，进一步提升队员门球技术水平和技巧能力，为比赛创造条件。二是领导支持。为了队员参赛，市局为每个队员购买新运动服一套，运动鞋一双，发放经费200元，并租用大巴车接送，确保队员安全。三是敢打敢拼。队员把球场当战场，发扬不怕苦、不怕累和连续作战精神，战略上藐视、战术上重视，全心全意打好每场球。

（吴泽水）

【高安市老年科协交通运输分会召开车辆维修技术研讨会】 3月27日，高安市老年科学协会交通运输分会与该市运管所分管维修业务人员深入新振兴投资集团有限公司开展车辆维修技术研讨。研讨会上，公司专业服务顾问和资深维修师傅采取口头解说和现场操作相结合的方式，就车辆日常维护保养知识常见故障现象解决方法、安全驾驶技术知识等与与会人员进行了深入交流，与会人员一致表示学到了技术，增长了才识。同时，对新振兴修理厂就如何“加强管理、做大市场”提出很多好的建设性意见。

（周世祥）

【上饶市交通运输局召开老干部座谈会】 2014年，上饶市交通运输局在通过多种方式听取群众意见的基础上，专题召开老干部座谈会，认真听取老干部们对该局改进作风、服务群众、破解难题、促进发展等方面提出的意见建议。

4月30日上午，该局群众路线活动领导小组成员及下属单位主要领导，与机关离退休党支部20余名老干部通过座谈会的形式，就党的群众路线活动开展情况进行亲切交谈，重点听取老干部们对该局“四风”方面存在的突出问题和涉及自身利益的诉求和反映。老干部们畅所欲言，肯定局领导班子领导全市交通运输工作取得的成绩，提出交通科学发展、发扬优良传统、打造高素质队伍等方面的建议，指出关系交通发展、工作生活环境方面存在的问题。局长吴步高认真听取老干部们的发言，对老干部们提出的存在问题提出指导意见，要求老干部们生活安全、卫生管理不到位的要整改到位，与老干部们相关的工作政策要落实到位并加强沟通走访，要做到具体问题及时整改反馈，做到件件有着落、事事有回音。

（姜惠军）

扶贫救灾工作

【概况】 2014年是省交通运输厅在信丰县油山镇坑口村开展定点包扶工作收官之年，包扶工作按照《关于开展第二轮“党旗引领致富路，携手共建新农村”定点包扶贫困村工作的通知》（赣办字

〔2011〕50 号)等有关文件要求,以中共十八大精神和“三个代表”重要思想为指导,认真贯彻落实科学发展观,以《江西省交通运输厅定点包扶坑口村三年规划》为基础,以贫困群众增收脱贫为目标,以加强基础设施建设和扶持村域经济项目为抓手,认真谋划,强化措施,在继续做好前两年延续工作的同时,全力推进 2014 年度定点包扶工作进程。2014 年度落实项目 11 个,投资 142.5 万元;争取相关部门支持项目 2 个,投资 81.9 万元,合计共落实项目 13 个,总投资 224.4 万元。

省交通运输厅在 2011—2014 年的定点包扶工作中为信丰县油山镇坑口村创造了喜人的成绩:一是村党组织建设切实得到了加强,凝聚力、号召力、战斗力有明显增强。二是村组干部和党员队伍建设切实得到了壮大。三是村级经济、村民增收切实得到增长。四是村级基础设施和公益事业建设切实得到夯实。五是农村和谐社会建设切实得到了发展。

(吴 琛)

【领导高度重视,组织协调到位】 2014 年,省交通运输厅领导高度重视定点包扶工作,把定点包扶作为一项重要工作来抓。按照“以老带新”的原则,经过反复筛选,选派 2 名中青年干部组建驻村扶贫工作组,为定点包扶工作提供了坚强有力的组织保障。工作组驻村以来,厅领导坚持定期调研包扶工作和听取工作组汇报,认真审查年度工作计划并协调有关处室及部门确保扶贫资金按时到位。厅党委书记、厅长朱希,厅党委委员、纪委书记成松,厅党委委员、副厅长梁必康,厅副巡视员魏炳彦等先后 4 次深入坑口村,就如何做好包扶工作进行现场指导。厅组织人事处、党办、规划处、财务处及厅属有关单位多名处级领导也先后到村里支持帮助扶贫工作,极大地推进了各项包扶工作。

(吴 琛)

【狠抓工作实效,明确包扶目标】 2014 年,省交通运输厅包扶工作组在包扶过程中,实事求是,脚踏实地,扎实工作,注重解决工作中的难点和群众关心的热点问题,严格遵守包村工作制度和纪律,刻苦工作,高标准、严要求,狠抓落实,确保取得实效。自驻村以来,为尽快进入角色,使包扶工作取得实效,工作组长期吃住在一线,深入调查研究,摸清贫困状况,分析贫困原因,探讨脱贫致富出路,立足交通运输行业特点和行业优势,理清扶贫思路,结合实际编制《省交通运输厅 2014 年定点包扶坑口村工作计划》,提交厅领导审查并通过,将包扶工作目标明确细化,使整个包扶工作有的放矢。

(吴 琛)

【改善基础设施,科学组织实施】 2014 年度计划项目资金基本到位,针对工程施工受雨季、农忙等时候限制的特点,精心组织各项目的施工,认真督促抓好各项工程的施工进度。其中:上一年度延续项目中的芭蕉湾—上观音山公路硬化工程已完成验收结算,黄坑口—扇迳公路建设工程已完成 80%,信池线至黄屋小组公路和信池线至山塘里通组公路施工完毕等待验收。

2014 年的计划项目幸福村—芭蕉湾公路硬化工程、信池线—圳井坑小组公路硬化工程、信池线—窑前排小组公路硬化工程、信池线—车角湾小组公路硬化工程、信池线—桔组坝小组路桥工程,共计 2.5 千米,截至年底已完工办结算。这些项目的完工极大解决农户出行困难和脐橙等农产品的运输销售等难题,节约运输成本,提高经济效益。

(吴 琛)

【适时走访慰问,争取多方支持】 省交通运输厅争取多方支持扶贫工作。

1. 2014 年 1 月 7 日,厅党委书记厅长朱希到坑口村进行走访慰问,共慰问村里的贫困户、五保户、残疾人户和困难党员、老村干部共 50 户,以及驻村基层单位—信丰公路分局油山养路队困难职工,共发放慰问金 13000 元。

2. 2014 年 8 月,工作组代表省厅向 3 名结对帮扶贫困学子捐赠助学金 12000 元。

3. 在省厅的争取和工作组的协调下,2014 年已获得省农业开发办、省电力集团公司以扶贫协作的方式分别在各自领域对坑口村扶贫进行帮扶,项目涉及水渠工程、山塘水陂、机耕道改造、农村电网改造等多项民生工程,其中小水利工程 4 个,受益农田 20 公顷;农网改造工程 1 个,新增线路 0.2 千米,免费改造户表 260 户,极大地解决了村民们的实际需求。

（吴 琛）

【扶贫工作组积极开展工作对接】 7月7—10日，省交通运输厅扶贫工作组组长肖连红和第二批扶贫组组长林万华分别在油山镇书记陈良龙、镇长康平等镇村干部的带领下查看了芭蕉湾—上观音山公路、黄坑口—扇迳等扶贫在建项目，调研黄坑口拟建社区文化活动中心场地，在坑口村与中华蜂养殖基地和江南竹鼠养殖基地的负责人进行座谈，掌握扶贫在建项目的施工状况，了解扶贫专业项目的发展情况和存在的问题，为更好开展第三年(2014)扶贫工作明确方向。

7月10日下午，肖连红、林万华、陈良龙、油山镇副镇长曾佑君、坑口村书记朱冬生、坑口村主任李绍彬等在镇政府举行座谈会，共同商议第三年度扶贫工作。参会者逐个踊跃发言，在基础设施建设、帮助困难户致富、民生工程建设等方面发表各自观点，为制定第三年度扶贫工作计划提出宝贵意见和建设。

在此期间，第三扶贫组和第二扶贫组就工作衔接、工程延续、资金使用等有关工作进行了交接。

（吴 琛）

【朱希到坑口村调研走访】 1月7—8日，由省交通运输厅党委书记、厅长、厅扶贫领导小组组长朱希带队，携厅副巡视员、厅扶贫领导小组副组长魏炳彦，厅党政办、规划处、组织人事处、宣传处等处室负责人员及驻村扶贫工作组两名人员组成走访慰问组，在赣州市副市长刘建萍，信丰县委、县政府主要领导的陪同下，到省交通运输厅定点包扶的信丰县油山镇坑口村进行走访慰问，共慰问村里的贫困户、五保户、残疾人户和困难党员、老村干部50户，以及驻村基层单位—信丰公路分局油山养路队困难职工，共发放慰问金13000元，把党和政府的温暖和关怀送到职工的心坎上。

在走访慰问中，朱希一行认真听取困难群众的心声，对困难职工不理解的问题做好解疑释惑工作，增加困难职工对扶贫工作的理解和支持；仔细询问困难职工的家庭生活情况、身体健康状况等；积极向困难职工宣讲党的路线、方针、政策，引导困难职工了解时事；鼓励困难职工树立信心，克服暂时困难。同时，还与当地干部群众进一步分析贫困原因，探讨扶贫思路，从而达到“慰问一人，温暖一户，带动一片”的社会效果。

走访慰问期间，朱希一行还视察了黄坑口—扇迳公路硬化工程、江南竹鼠养殖项目、坑口小学教师周转房建设工程、坑口村宣传文体活动中心等省交通运输厅部分扶贫工程项目，每到一处，朱希都详细询问项目具体情况，了解掌握项目所带来的实效，并且要求正在实施中的项目要确保施工安全，保证工期和工程质量，在打造省交通运输厅扶贫“精品项目”的理念下，快速全面的推进扶贫项目实施进程。同时，通过与地方干部座谈，朱希表示，今后省交通运输厅将继续按照省委省政府的决策部署，落实好相关政策，进一步推进基础设施、社会事业、民生工程建设，大力促进坑口村经济发展和农民增收，为农民兄弟致富奔小康做出应有贡献。

（甘正阳）

【开展“机关支部联基层、机关党员联群众”行动和“连心”工程】 2014年，省交通运输厅党委高度重视“连心”工程和“双联”活动，把两项活动同研究、同部署，制定了《关于印发〈关于实施“机关支部联基层、机关党员联群众”行动的工作方案〉的通知》。对活动开展作出具体部署，明确厅机关各党支部对口联系帮建点，并要求厅直属各单位及时制定该单位“双联”行动方案，在开展“双联”工作过程中，厅领导带头；参与“连心”工程，与基层单位结对子，开展帮扶指导工作，组成信丰县油山镇坑口村、上饶县和铅山县篁碧乡两个“连心”小分队。四个月来，小分队成员分批常驻连心点，与村民拉家常、问困难、聊农事，真心实意为群众解决实际困难，如给帮扶对象“送温暖”，给特困家庭送慰问金，为黄坑口村民小组解决黄坑口到扇迳公路路基稳定、山沟排水问题，为坑口村村民解决蜂蜜销路不畅问题等等，得到群众的一致好评。

（马兰花）

【江西公路摄影协会开展捐助贫困学生活动】 1月11日，江西益心公益社社员和江西公路摄影协会会员一行来到万年石镇的明德小学，联合开展捐助贫困学生活动，对22名贫困学生进行了爱心捐助并送去了慰问金和书、文具、毯子、衣物、鞋、食品等物品。活动中,会员们采取课堂集体座谈、游戏活动等形式,融入学生的生活学习中,了解学生的学习及心理状况。同时,对每位贫困学生上门探访,详细了解了孩子们的家庭情况,为以后的帮扶做好探访记录。

(廖宁华)

【省交通通信总站积极开展文明帮建活动】 7月11日,省公路局交通通信总站组织人员前往南昌县小蓝经济开发区玉沙村开展文明帮建活动。为深入开展文明单位结对帮建工作,交通通信总站牢牢把握“三室一堂一场一栏一支队伍”(宣传文化活动室、图书阅览室、文体娱乐室、道德讲堂、文体休闲广场或球场、精神文明传栏、文化娱乐队伍)的建设重点,与玉沙村村干部一起就玉沙村的发展现状、目前的重点工作及村民的业余文化生活进行了解和探讨,全面掌握玉沙村的精神文明建设情况,为下一步文明帮建工作打下基础。此前通信总站已为玉沙村宣传文化活动室制作了永久性牌匾。在这次的对口帮建活动中,总站带去了近两年的道德讲堂资料汇编,将单位建设道德讲堂的经验现场传授给村干部,并表示愿意为玉沙村举办道德讲堂提供人力支持。

(欧棠艳)

【省港航局援建“关爱留守儿童之家”】 2014年是省港航局对进贤县前坊镇和平村实施三年定点扶贫的最后一年。省港航局根据前坊镇的实际需求,联合省青年联合会、市团委共同建设关爱留守儿童之家,并命名为“彩虹家园”。7月29日,团省委副书记、省青联会主席孙鑫、省港航局党委书记严允共同为前坊彩虹家园建成揭牌。

前坊小学关爱留守儿童之家由省港航局出资,配备书籍、电视、上网电脑、儿童玩具、文体用品、阅读桌等,开设有爱心图书角、亲情视频区、谈心交流区等多个功能区域。留守儿童之家除日常开放外,有关单位和学校还将组织开展形式多样的关爱活动。

前坊小学的学生来自全镇各个行政村,村里中青年大多数在外务工,许多儿童留在家中,跟着爷爷奶奶生活。省港航局与有关单位联动建立留守儿童之家,旨在通过建立关爱之家,搭建联动平台,凝聚各方力量、努力解决农村留守儿童在家庭教育、心理健康、安全保护等方面存在的问题,帮助留守儿童健康成长。

(许海远　黄海源)

【景德镇市公路运输管理处开展“文明生态村”帮建活动】 7月1日,景德镇市公路运输管理处主要负责人率帮建工作组赴浮梁县洪源镇郑家山村实地走访调查,与镇、村两级干部沟通交流,商议“文明生态村”帮建活动的工作任务。

郑家山村东临鸣山村,西与昌江区丽阳镇联村接壤,南接吕蒙乡二亭村,北与桂花村相邻,距镇政府6千米,为浙江省千岛湖威平镇方宅村村民因建设新安江水电站而移民至此。该村基础设施较好,主要街道全部硬化贯通,村容整洁。通过此次走访,市公路运输管理处制定《景德镇市公路运输管理处2014—2016年郑家山村帮建工作三年规划》,在未来三年对郑家山村社会主义文明生态示范村建设实行一对一帮扶。

(石中华)

【萍乡市交通运输局发挥交通优势帮扶发展村级集体经济】 2014年,萍乡市局与雅溪村结成帮扶对象,为该村做好8件大事:治理雅溪河;建设3千米村级水泥公路和村桥附属工程;建一栋老年活动中心场所,新建雅溪篮球场、门球、棋牌等设施;协助雅溪沿河路开发;开展结对帮扶;推动雅溪农业种养综合开发;建设该村清洁工程项目,改善卫生条件;推进落实政府民生工程。经过多形式争资立项、招商引资和开发建设,该村村级集体经济收入大幅度提高,除财政转移支付外,全村40%的集体经济年纯收入达到5万元以上,部分达到10万元,经济发展后劲明显增强。

(晏卫东)

【莲花县挂点扶贫工作有成效】 2014年,莲花县交通运输局在升坊镇浯一、浯二村挂点扶贫。开展“结穷亲、助民富,争做龚全珍式好党员好干部”主题活动,创建“三个五”帮扶服务模式,搭建“结穷亲”连心桥。一是坚持“五访”赢民心。一访基层干部、群众代表;二访创业能手、种养大户;三访困难户、低保户、信访户;四访空巢老人、留守儿童;五访返乡农民工、下岗职工。二是认真“五问”听民声。一问老党员老干部发展良策理思路;二问安危冷暖解民忧;三问技能特长助增收;四问矛盾缘由化纠纷;五问安全隐患促和谐。三是做到“五帮”办实事。一帮扶修建一条农村公路;二帮扶一个产业化项目;三帮扶一个专业户;四帮扶一名贫困大学生;五帮扶一户特困户。组织动员全交通运输系统党员干部下基层,接地气。科级干部到基层联系点每月不少于5天,每人至少联系群众3—5户,帮扶贫困户不少于1户。

（徐勇新）

【九江地方海事定点扶贫4年】 12月4日,九江市地方海事局帮扶工作组来到结对帮扶的永修县吴城镇丁山村,走访慰问该村3户残疾人家庭及特困户,并送上了2万元慰问金。

该局在帮扶丁山村的4年中,投入资金34.75万元,翻修村里部分危楼,修建了村级休闲广场,资助改建了小学教学楼,帮助实施村公路硬化工程和协助建设水利设施,参加抗旱抗涝工作,走访慰问特困户和困难大学生。该局帮扶工作取得实效,被评为九江市定点扶贫和定点帮扶先进单位。

（钟　希　黄海源）

【九江市交通运输局“进千村联万户”暨扶贫帮困力度大】 2014年,九江市交通运输局在市委村建办和市移民扶贫办的指导下,按照“千个机关进千村、万名干部联万户”活动的要求,从改善包村生产生活条件和发展农村增收产业等方面出发,围绕农村基础设施建设、产业扶贫等方面开展了扎实细致的工作。2014年,共投资57.8万元,为星子县蓼花镇翻身村办成五件实事,一是为该村修建6条共2000米村级主干道;二是投资20.8万元修建一栋264平方米的村级卫生站,解决了当地百姓看病难的问题;三是投入资金8万元扶持该村产业结构调整,帮助引进产量高、易管理、效益好的茭白作为该村特色产业,当年公顷净收入达12万元;四是帮助引进企业办厂,为该村集体经济带来2万元年收入;五是资助6名学生,帮扶10个特困户,九江市交通运输局被九江市委、九江市政府授予“九江市新农村工作先进单位”、“九江市扶贫工作先进单位”称号。

（九江市交通运输局）

【九江市交通运输局认真开展“百千万结对帮扶”活动】 2014年,九江市交通运输系统及时成立村建扶贫包村单位的工作队,局机关迅速成立“连心”工作队,全体(10名)党委委员与星子县蓼花乡翻身村10户贫困户建立联系。局属运管局与都昌土塘镇莲蓬村6名特困户结对子,送关爱,捐助帮扶资金3.3万元,开展党员干部结对帮扶,深入推进“三个一”帮扶,修建村卫生所和农村公路,为业户联户经营提供资金支持。港航局与帮扶村都昌县周溪镇后湖村村委会取得联系,班子成员与该村7户困难户建立联系,按时上报“万名干部联万户”连心卡。与此同时,港航局党办在市直工委的支持下,将党组织生活记录本、党费收缴登记簿、党费证和相关党建书籍送交给支部,帮助加强村支部建设。

（九江市交通运输局）

【新余市交通运输局积极组织义务献血活动】 3月5日,新余市工会系统“学雷锋月”职工志愿服务活动启动仪式在抱石公园广场举行,新余市交通运输局职工志愿服务队义务献血分队全体人员在参加完启动仪式后迅速投入到义务献血活动,汩汩爱心汇成生命长河。

该局职工义务献血分队13人共献血4300毫升,用涓涓热血展示了交通人积极为社会献爱心作奉献的高尚品质和精神面貌。

（邓清华）

【重视农村交通基础设施建设】 2014年,赣州市交通运输局充分利用行业优势,积极帮助宁都县小布镇加快交通基础设施建设、改善对外交通条件。一是全面改善对外交通。积极推动省道S319线石上蛇形排—黄陂段、黄陂至小布镇共39.6千米的二级公路改建,在宁都县委县政府和县交通部门的努力下,10月底工程已全线建成通车;小布—吉安永丰中村18千米公路已经报罗霄山扶贫项目,完成了前期工作具备开工条件、刘家坊至大沽公路改造施工图已经批复,共争取资金(交通建设补助资金)13241万元,小布镇对外交通状况得到明显改善,交通区位优势明显提升。二是加快建设新圩镇。两年来圩镇框架进一步拉大,面貌焕然一新。进出口道路路全面完成硬化,并在二级公路进出口兴建广场一个;圩镇规划一、

三、八路总长3200米全面硬化并投入使用。赤坎大桥和规划八路桥修建完成并已投入使用。新装路灯200余盏。乡镇车站、便民服务中心等公共基础设施投入使用,农村客运班线开通运营,极大地方便了小布群众。三是全面硬化村组公路。帮助小布村硬化4个村民小组的3千米通组公路,该村在2013年全部实现组组通水泥公路。重点帮助实施大土楼村罗源—杂源公路硬化共计4.5千米,实现沿线5个村组通水泥路,大土楼村继小布村后又一个整村全部实现了组组通水泥公路。两年来,共计为小布镇域范围内通组公路立项建设34.3千米,争取资金530.94万元。

(赣州市交通运输局三送办)

【大力推动产业发展】 2014年,赣州市交通运输局工作队开创富民兴村新路,把扶持壮大当地三大传统产业(茶叶、油茶、三黄鸡)、大力发展三大特色产业(高山有机水稻、金橘、蔬菜)、增强当地"造血"功能作为工作的重中之重来抓,多次邀请专家来指导、举办技术讲座等,在土地流转、新品种引进、示范户培植、采购商联络、"农户+合作社"模式建立等方面进行全程服务和指导,为农户增产增收、创业致富出谋划策。

(赣州市交通运输局三送办)

【重视农村水利设施建设】 2014年,赣州市交通运输局工作队协调解决资金、帮助立项,修缮了小布村新屋组、老屋组两条主水渠,长度分别为1300米和1100米,投入资金共计31万元;单位出资帮助修缮小布村东光水渠和大土楼村油麻江水渠各长500米,投入资金共计10万元;协助修复了柴坝上300米水毁河堤,对小布河流经圩镇区域的两岸堤段进行了生态美化,沿河两侧道路拓宽改造已经完成,提升了沿河群众居住品味。积极向上争取镇自来水扩容项目立项,协助镇实施扩容。在小布村何屋、新屋、丁田择点推进自来水管安装,单位自筹了部分资金协助解决村民反映的自来水管入户远的问题。

(赣州市交通运输局三送办)

【重视敬老院和中小学校建设】 2014年,赣州市交通运输局投资建设的小布镇敬老院已全面竣工投入使用,安置了100余位老人入住。新建的小布镇敬老院是一所全市示范性敬老院,占地面积3.06公顷,总建筑面积6540平方米,总投资1300余万元。工作队协助做好各项工作,与赣州高速公路公司合作,自筹资金捐资3万余元,购买图书、画历1000余册,为每位老人购买发放保暖内衣,电热毯等。重视了中小学校建设。小布镇规划易址新建一座九年一贯制的中小学校。工作队协助完成地形测量、征地等工作,2014年紧张施工,进展顺利,计划2015年投入使用。

(赣州市交通运输局三送办)

【吉安市交通运输局开展"连心"工程大走访活动】 6月26日,吉安市交通运输局机关干部来到井冈山荷花乡苍冲村开展"连心"工程大走访活动。该局组成4支"连心"小分队深入村居农户,向农户宣讲党的群众路线教育实践活动的相关精神。每个党员干部走访群众10户,进行民情家访,并登记好群众诉求。走访中,干部还向走访对象发放1张服务群众联系卡;为方便留守老人和儿童与在外打工的亲人联系,该局与市移动公司协商给每户赠送手机和话费。同时"连心"小分队还给33户困难户家庭送上慰问金17160元。

(吉安市交通运输局)

【宜春市交通运输局帮扶湛郎桥社区】 2014年,宜春市交通运输局按照市委、市政府的部署,落实机关挂点帮扶湛郎桥社区平安创建的工作,为确保实现争创"全国综治工作优秀市",做了大量细致的工作。结合社区实际情况,制定了挂点帮扶工作计划,对挂点活动的开展提出了明确要求,确定了分管领导、责任科室和平安志愿者名单。一年来,市局积极参与先后10余次深入湛郎桥社区开展工作,向社区干部、群众发放意见建议表征集意见建议;充分利用社区电子显示屏滚动宣传社会宣传标语;指导社区开展"社区是我家、平安靠大家"教育活动、社区治安巡逻等活动;从自有经费中挤出5万元用于社区居家养老服务平台建设,走访慰问社区困难群众13户,共送出走访慰问金5100元。

(柳承启 刘 星)

【宜春市交通运输局帮扶和谐小康家园示范村】 2014年,宜春市交通运输局紧紧围绕社会主义新农村建设的目标任务，紧扣和谐秀美乡村建设“五美四和谐”（城容美、生态美、庭园美、身心美、生活美、人与自然和谐、经济与社会和谐、家庭邻里和谐、党群干群和谐。）总体要求，并以“三进四民”活动为契机全力推进帮扶工作。一是目标明确。按照市委、市政府的统一部署，市局通过多次实地调研，并结合闹坪行政村实际情况和当地群众意愿，制定了《宜春市交通运输局2014年挂点帮扶万载县三兴镇闹坪村和谐小康家园示范村建设工作方案》。二是责任明确。该局成立了由朱宜民局长任组长的帮扶领导小组及由副调研员梁益海任工作组长的帮扶工作组，帮扶工作中严格落实《宜春市交通运输局挂点帮扶工作组工作制度》及《宜春市交通运输局帮扶工作组职责》。三是任务明确。采取对口支援、突出重点、统筹兼顾的工作方法，扎实推进社会主义新农村建设，使“三进四民”活动得到了进一步深化，解决了一批实际问题。协助闹坪行政村建成3.33公顷的葡萄园基地，并通过挂点市领导解决帮扶资金10万元，全年为闹坪村增加收入60余万元；协助支持引进1个蔬菜出口公司，拓宽农产品销售渠道；积极配合闹坪村开展“六改四普及”工作，争取立项资金40.8万元，硬化了村组水泥路5.1千米；从自有经费中挤出5万元用于优化村部环境和完善基础设施；帮扶工作组在春节期间和“三进四民”活动期间，开展了下基层送温暖活动，走访10户困难户，送上慰问金3600元。

（柳承启　刘　星）

【宜春市交通运输局立足“四到位”推进定点帮扶工作】 2014年，宜春市交通运输局按照市委、市政府部署，紧紧围绕建设幸福宜春的目标，并以“三进四民”（进农村进社区进企业，访民情解民忧、帮民富、保民安）活动为契机大力帮扶袁州区飞剑潭乡下段行政村开展脱贫致富工作。一是调查研究到位。年初，该局安排相关科室到下段村开展调查走访，紧密结合闹坪村经济发展、民风民俗状况等实际情况及村民意愿制订并下发了《2014年定点扶持省级贫困村—袁州区飞剑潭乡下段村工作方案》。二是组织机构到位。成立了由朱宜民局长任组长的帮扶领导小组及由副调研员梁益海任工作组长的帮扶工作组。在2014年帮扶工作中继续严格落实了《宜春市交通运输局挂点帮扶工作组工作制度》、《宜春市交通运输局帮扶工作组职责》。三是工作方法到位。首先是广泛发动宣传，把党的惠农政策传达给村民；其次是发挥优势，在项目立项、资金扶助等方面予以倾斜扶助，让更多农民群众得到实惠；再次是密切联系群众，工作组成员先后10余次深入下段村开展工作，深入了解村民所思所需所盼。四是工作落实到位。为下段村争取农村通组公路5.2千米争取项目资金41.6万元，特别是在经历“5·24”特大暴雨后，农村公路损失巨大，局长朱宜民带领工作组先后4次深入下段行政村调查灾情，安排技术人员指导协助灾后重建工作，并及时向省交通运输厅写专题报告申请水毁工程经费，同时从局自有办公经费中再挤出10万元用于帮助扶贫点进行水灾后清淤、公路加固等工作，保障村民灾后正常生活不受影响；帮扶工作组在春节期间和“三进四民”活动期间，深入下段村13户困难村民家中，宣传党的好政策，谋划脱贫致富路子，活动中共送慰问金5100元。

（柳承启　刘　星）

【踊跃向云南鲁甸地震灾区捐献爱心】 8月3日16时30分，云南省昭通市鲁甸县发生6.5级地震，给灾区人民造成了严重的人员伤亡和财产损失。为支援灾区人民抗震救灾，高安市交通运输局全体干部职工积极行动，秉承中华民族“一方有难，八方支援”的传统美德，于8月14日开展向地震灾区捐献爱心活动。捐款活动中，全体干部职工慷慨解囊，本着自主自愿、量力而行的原则，积极踊跃向地震灾区捐款，奉献交通人的一分力量，此次活动共募集善款86500元，为灾区人民重建家园献出自己的爱心。

（周世祥）

【爱心环绕患病职工】 2014年，上饶市公交公司驾驶员杨忠东和上饶市港航局职工吴立新相继身患重病。上饶市交通运输局组织机关和下属单位全体员工为2人进行捐款，共计筹得爱心捐款39220元。

7月24日，上饶市交通运输局主要领导带领部分班子成员及机关工作人员分别赴上饶市人民医院及鄱阳县探望2位病人。每到一处，该局主要领导都亲切询问患病职工的病情以及家庭状况,并鼓励病人一定要有信心战胜病魔。2个患病职工和家属深受感动,表示一定会积极配合治疗,争取早日恢复身体健康。

(刘 晶)

文史工作

【《江西交通年鉴(2014)》审稿会召开】 10月13日,省交通运输厅在南昌召开《江西交通年鉴(2014)》审稿会。省交通运输厅副厅长、史志编审委员会主任王爱和在会上作工作报告。省地方志办公室副主任周慧到会并讲话,省交通运输厅编史办副主任邓振胜做《关于年鉴编撰的若干问题》讲话。厅交通运输史志编审委员会委员,各区市交通运输局分管领导,史志办主任(或主撰人员),厅直各单位分管领导,厅史志办主撰人员,厅机关各处室主撰人员共计60多人参加会议。

《江西交通年鉴(2014)》充分反映了全省2013年交通运输事业的历史性巨变、发展脉络与进程,具有鲜明的时代特色和专业特点。该部年鉴以丰富的史料与信息,充分展示了过去一年江西交通运输行业物质文明、精神文明、政治文明、生态文明建设的重大成就;充分昭示了江西交通运输事业取得的极大成功与进步;充分揭示了江西交通运输事业超前快速崛起和发展的一般规律与成功经验;充分彰显了现代江西交通人最能吃苦、最能战斗、最能奉献的精神风貌;充分反映了江西交通运输事业在改革创新、转轨变型、提速发展中的一些困难的问题。《江西交通年鉴(2014)》经过这次审稿会的修整、审读、完善已经成为见证历史、以史鉴今、服务当代、启迪后人,促进江西交通运输事业发展的权威性工具书。

全省交通运输史志工作先进单位宜春市交通运输局和省港航管理局在大会上介绍了工作经验。

(何战鏖)

【全省交通运输史志工作先进单位和个人名单(2012~2014)】

先进单位 宜春市交通运输局、省港航管理局、省高速公路投资集团公司、省交通设计研究院公司、省公路运输管理局、省公路管理局、景德镇市交通运输局、抚州市交通运输局

先进个人 张兆平(省港航管理局)、熊晓红(江西远洋运输公司)、黄云(省公路运输管理局)、陈菁(省高速公路投资集团公司)、胡金明(厅质量监督站)、刘婷(交通职业技术学院)、朱革(省交通设计研究院公司)、龚仁平(交通科研院)、彭磊(省公路管理局)、龚莉萍(厅规划办)、钟恢万(交通干部学院)、周国祥(南昌市交通运输局)、涂强(景德镇市交通运输局)、徐勇新(萍乡市交通运输局)、熊长生(九江市交通运输局)、邓清华(新余市交通运输局)、艾年宗(鹰潭市交通运输局)、李发淳(赣州市交通运输局)、龙少华(吉安市交通运输局)、陈根玲(抚州市交通运输局)、吴泽水(宜春市交通运输局)、陈均培(上饶市交通运输局)、吴敏杰(省公路路政管理总队)、王硕(厅组织人事处)、李坪(交通工会)。

(厅史志办)

【省公路工程公司举办春季摄影采风活动】 4月15—16日,省公路工程有限责任公司组织宣传人员及摄影社会员,在江西公路摄影协会的大力支持下,开展春季工地摄影采风主题活动。此次活动以省公路工程公司在建公路施工项目为对象,旨在通过摄影镜头,捕捉劳动者大干过程中岗位建功的动人片段,记录公路建设者热爱公路建设事业的赤子之情并展示舍小家顾大家、以路为家、拼搏奉献的时代精神和良好风貌。活动的开展不仅加强了该公司宣传人员、摄影爱好者的交流,还通过相互切磋学习,达到了共同提高摄影水平的目的,更进一步激发了大家的工作热情。

(熊志远)

【省交通干部学院开展校园文化建设】 2014年,省交通干部学院进一步打造校园文化品牌,深入开展校园文化建设。该院校园文化建设内容集内涵教育、审美价值和人文关怀为一体,在教学大楼等学习工作区域,走廊过道悬挂了100余幅名人名言、摄影作品,名人名言内容短小精悍,既有为人处事的哲学思考,又有励志励学的人生导向,更有律己律事的廉政警醒。摄影作品以小见大,展示了全省交通运输事业特别是高速公路建设取得的瞩目成就。在羽毛球场、泳池等运动休闲区域,

制作安装了20余幅运动健身宣传标语和图画。在食堂、学员公寓等生活区域,制作安装了400余幅赏心悦目的山水风景画。同时,该院还完善了校园平面示意图、楼层指引图、节能标识标语等一批VI形象标识。校园文化建设增添了校园文化气息,营造出蓬勃向上文化氛围。

(钟恢万)

【港航职工获吉安书法作品比赛一等奖】 吉安港航分局吉安航道处周小军作品在吉安市直机关工委9月举办的“迎国庆”书法比赛中,荣获一等奖。

周小军是航道处的一名船长,长年工作在水上,利用业余时间坚持勤练书法10余年。在这次评选中,被专家评委赞为“书法功底深厚”。在2006年第七届全国交通书画大赛中,周小军的作品被《中国职工书画摄影作品精选集》收集。周小军的作品在2009年全省交通运输系统书法比赛中获得铜奖。

(莫丽娜 黄海源)

【萍乡市运管处论文获2014年中国道路运输年会优秀论文奖】 经中国道路运输协会评定,萍乡市运管处徐卫华、李敏撰写的论文《提高道路货运综合效益概析》荣获2014年中国道路运输年会优秀论文奖。该论文就如何实现道路货运在获取最佳经济效益的同时最大限度地发挥社会效益,从而实现最优的道路货运综合效益这一经济和社会问题,从道路货运面临的各类表象问题入手进行深层次的剖析。站在道路货运综合效益理解、现阶段道路货运行业存在并亟须解决的问题,提高道路货运综合效益的途径三个角度进行专业详细系统的阐述。

(张 未)

【新余市著名书画家廖迪新的作品义拍高价】 12月,新余市政协委员、市交通战备办副主任、著名实力派书画家、国家一级美术师廖迪新的作品在江西艺术中心举行2014年江西统一战线“同心·振兴广昌”义捐(拍)卖会上,以2.2万元的价格落锤。义拍善款全部当场捐给了广昌县示范区。参加这次全省高规格的志愿者服务活动的都是来自全省书画、陶瓷艺术界的知名艺术家和学院派,如何炳钦、范坚、毛国典等国大师省大师60余人。此次活动由中共江西省委统战部牵头,省文化厅、省工商联、省电视台及全省各民主党派举办。目的是策应《国务院关于支持赣南等原中央苏区振兴发展的若干意见》的实施,认真贯彻落实“发展升级、小康提速、绿色崛起、实干兴赣”十六字方针。

(邓清华)

【重视红色旧址精品点建设】 2014年,赣州市交通运输局协助推进旧址申“国保”单位工作,2013年5月旧址被国务院核定公布列入全国重点文物保护单位。2014年,在镇村两级的共同努力下,小布红军誓师广场施工接近尾声、基本完建,成为小布镇历史文化、休闲娱乐、旅游纪念的中心,中央局旧址东广场(停车场)已经建好,沿路、沿河房屋外观按客家建筑风格进行了重新装饰,进一步体现了客家特色。

(赣州市交通运输局三送办)

【宜春市提前全面完成交通运输年鉴编纂任务】 2014年,宜春市交通运输年鉴工作坚持科学发展观,围绕“争一流、创品牌、树标杆”目标,科学谋划,精心组织,制定举措,上下发力,在全市交通人,尤其是编辑人员共同努力下,共完成年鉴撰稿132万字,提前全面完成交通运输年鉴编纂任务,有力推动“四个交通”发展,为交通运输文化建设发挥积极作用。①加强领导是根本。全市各级交通运输部门党政领导高度重视,把年鉴工作当作文化工程建设来抓,列入议事日程。②实现组织网络是关键。市局成立了年鉴编纂委员会,县(市区)交通运输局和局直属单位均成立领导小组,设年鉴办公室,配备专职或兼职编辑人员,职能科(股)室和局所属单位配备了资料员,全市共有编辑人员和资料员100多人,编纂机构网络全覆盖。③队伍建设是条件。搞好年鉴编纂工作,编辑队伍是重要条件。④经费投入是保障。市局为切实做好年鉴编纂工作,市局在年鉴编纂人员的工资补贴、办公费、会议费、审稿费、稿费、印刷费等合理开支达10余万元。⑤质量是年鉴的生命。5月中旬,市交通运输局召开审稿会,集中时间,集思广益,对年鉴送审稿逐篇稿件、逐句进行审核,开展差错补正,反复推敲,去粗求精,力求完善。

(吴泽水　陈维民)

【《宜春市交通运输年鉴2013》审稿暨2014年编纂工作会议在袁州区召开】 5月15日,《宜春市交通运输年鉴2013》年审稿暨2014年编纂工作会议在袁州区召开,会期一天。全市交通运输年鉴分管领导与编纂人员与会,省交通运输厅史志办领导受邀到会。会上,宜春市交通运输局党组书记、《宜春市交通运输年鉴》编纂委员会主任委员李奇作重要讲话,对审稿和做好2014年交通运输年鉴工作进行部署,并提出明确要求。在审稿过程中,各县市区交通运输年鉴编纂人员就稿件中的错误和不足一一指出,当场改正,并根据自身撰写经验对年鉴工作提出建议和意见。会议结束时,省史志办领导对《宜春市交通运输年鉴》工作给予充分肯定和认可。下午5时30分,会议圆满结束。

(李　庆)

【古玩收藏】 宜春市交通运输局职工吴泽水1995年退休后,20年来,通过不断学习,探索,攻克难关,历经艰难,收藏古玩小有成效。既学习了文化知识,又有利于身体健康。吴泽水古玩收藏主要有四种方式:一是自留物品。1955年以来国家先后发行硬币有:壹分、贰分、伍分、壹角、贰角、伍角、壹元等120余种,除3个品种未收藏外,其余品种都是在市场流通中找零吴泽水家里留下收藏的。1995年后国家发行的纸币,每个品种吴泽水最少收藏一张,多的达数十张。此外,吴泽水利用和家人外出旅游机会,包括亲朋好友赠送的,已收集全国大部分景区门票达2000余件,收集各地瓷器、陶器等不同酒瓶达1000余件,如收集中央为纪念毛泽东诞生100周年,指定韶山酒厂生产的《毛公酒》酒瓶,数量极少,江西《老友》发表文章称《毛公酒》酒瓶价值连城,收集第四届全国农民运动会门票、翻版、纪念章、奖牌等70余个品种达500件。二是市场选购。吴泽水还先后收藏瓷器、铜器、银器、漆器、木雕、银币、钱币、纸币、报刊等30余个品种,达1000余件,真是"姹紫嫣红总是春",成为艺术品海洋。三是亲友赠送。许多亲朋好友知道吴泽水搞古玩收藏,把到外地旅游的门票、交通图和饮酒酒瓶等古玩主动赠送给吴泽水,品种达400余件。四是互相交换。吴泽水将收藏古玩多余品与藏友进行等价互相交换,主要品种有:瓷器、纸币、钱币、紫砂壶等,互惠互利,达到双赢。

(国　宝)

市、县交通运输

南 昌 市

2014 年,南昌市公路总里程 10830.21 千米(不含市政管养道路 38.24 千米,扣除共线重复 76.14 千米),其中,国道 3 条,231.00 千米;省道 5 条,125.59 千米;县道 1231.16 千米;乡道 1168.25 千米;专用道匝道 79.89 千米;村道 7994.33 千米。另有省管高速公路 313.94 千米,市政管养高速公路 9 千米。其中,市交通运输局在册公路总里程 9821.85 千米;市公路局管养总里程 1008.36 千米(含枫生高速匝道 5.41 千米)。桥梁 1133 座,38788.76 延米,其中,市交通运输局管养桥梁 913 座,21172.27 延米;市公路局管养 220 座,17616.49 延米。航道 461.8 千米,主航道为Ⅲ级;南昌港昌北码头于 2014 年整体搬迁,除一台门式行吊作为赣江市民公园之码头景区景物保留外,其他设备全部拆除。至此,从南昌大桥到英雄大桥之间赣江两岸货物装卸码头全部拆除、外迁重建。

交通运输事业又好又快地向前发展:

行业经济稳中有进 ①道路运输运力增强,经营业户 19035 户,货车 45862 辆,客车 1943 辆,完成道路客货运周转量 263 亿吨千米,比上年增长 8.6%。②水上运输发展增速,南昌港码头泊位 82 个,运输船舶 180 艘,港口吞吐量 2712.14 万吨,比上年增长 33.01%,其中,集装箱吞吐量 96384 标箱,同比增长 6.17%。③城市客运数量增多,公交企业 1 家,公交车辆 3250 台,公交线路 192 条,年客运量 6.03 亿人次。出租公司 31 家,出租汽车 5453 辆。

项目建设扎实推进 路桥建设项目多，完成农村公路建设193.6千米，危桥改造完工56座，在建21座，新建独立中桥2座，其中，新建县封山桥开工、南昌县城开桥正在开展前期工作。节能减排效果好，LNG、CNG、光伏屋顶电站、绿色维修项目、物流中心等5个低碳项目工程部分完工并取得节能减排的效果；瑶北互通立交节能减排项目完成招标，进入实质施工阶段。公益性项目实施方案编制完成，正在申报立项，其中，南昌市公众出行信息服务和管理项目实施方案通过专家评审。站场建设速度快，农村公路综合服务站完工3座，2站完成主体施工；1站基础工程完工。港口发展力度大。新批建设码头8座，其中，鸡山港区3座、龙头岗港区2座、樵舍港区3座，总投资13亿元。码头建成后，可新增泊位21个，增加港口吞吐能力1840万吨。南昌龙头岗码头一期工程建设进展顺利，樵舍货运码头开展前期工作，白水湖码头回填近尾声。

行业管理得到加强 ①道路运管有创新。制定《南昌长途客运班线接驳运输方案》；对200辆以上货车的普通货物运输企业开展基础管理规范化建设；宣贯《机动车驾驶员培训资格条件》和《机动车驾驶员培训教练场技术要求》两个新国标，启动道路运输驾驶员继续教育暨从业人员资格证换证工作，举办继续教育培训班207期，培训合格20320人。②水上运管强核查。核对辖区内21家水运企业、33家港口经营企业经营资质，开展辖区内水路运输企业178艘营运船舶核查换证。③城市客运受重视。在两年一度的江西省城市公交发展水平考核中，连续两届在全省11个设区市中排名第一，成功获批全国第二批“公交都市”创建试点城市。

安全生产形势稳定 责任到位、整治到位、效果到位。完成98家道路客运、道路危货、水上危货、城市客运企业安全生产标准化达标考评工作。2014年，该局被评为省、市两级安全生产工作先进单位。农村渡口连续23年无渡运事故。

(颜家坤 周国祥)

南 昌 县

2014年，南昌县交通运输局实现交通运输各项工作发展。

围绕三年强攻计划，推进交通基础设施建设。一是配合推进(南)昌至宁(都)高速建设，冈上至广福段(一期)征地拆迁工作全面结束，启动昌宁南昌连接线(二期)征地拆迁工作，配合省项目办放置红线工作。二是积极协调南外环快速路征地拆迁工作，协调完成34.4%拆迁工作任务，建设用地全部交付南昌市城投公司。三是配合推进昌东大道南延工程路线走向及选址等前期工作，规划方案报市政府待批准。四是推进85座农村公路危桥改造工作，完工70座，其余将陆续完工。五是积极推进2013年度农村公路建设项目，165.9千米建设项目的实施，完工70千米。六是积极实施农村公路养护大中修工程。七是加快推进向塘、塔城农村公路综合服务站项目建设。八是加快港口基础设施建设，开展赣江岸线制订控制性详细规划前期工作。

全力以赴做好春运工作。投入春运营运车辆715辆，累计发班100976班，累计客运量3772万人次，春运组织井然有序，未发生一起安全事故，被省市评为春运工作先进单位。

(章 纯 周国祥)

新 建 县

2014年，新建交通运输局主要实施公路桥梁建设和农村客运班线公交一体化改造。

项目建设 县道西圳线、乐饭线、昌丰线(昌邑至联圩)、庆璜线提升改造完工。涂丁线、义松线、昌丰线(联圩至丰乐)在施工中。

实施改造的30座危桥(确定105座)中，义渡大桥、石岗大桥等12座桥完工，仍在施工的有西山泉珠桥、大塘坪乡观咀桥等11座，5座桥施工图批复。赣江芦洲大桥渡改桥项目开始前期准备工作。

公交班线改造。开通长埃至铁河、象山、联圩的公交班线。

（包中梅　周国祥）

进　贤　县

2014 年，进贤县交通运输局较好地完成年度目标任务。

基础设施建设取得新成果　①G320 绕城一级公路改线工程完成工程总量的 55%。②（南）昌进（贤）一级公路扩建工程完成总工程量的 30%。③中山大道下穿沪昆线工程双孔实现“零误差、零事故”打通，配套设施正加紧建设，整个工程进入扫尾阶段。④福（州）银（川）高速李渡互通工程完成总工程量的 85%。⑤农村公路建设和养护，完成农村公路建设 325 千米；规划测量全县 25 户以上人口自然村通村公路、GPS 数据采集和数据库建 1011 千米，争取到上级农村公路建设指标 422.5 千米；完成农村公路路网规划调整申报工作；争取到市财政大中修项目资金 235 万元，完成 2 万平方米的路面修复；完成 2006 至 2012 年农村公路省级验收工作。⑥完成 6 座农村公路危桥改造 355.16 延米建设；另外 6 座危桥改造 325.84 延米建设工作启动。⑦完成 8 座农村渡改桥 5600 延米渡改桥引道路基土方建设；全面完成 3 个渡口标准化建设。⑧全面完成 109 个标准公交站台、45 个招呼站（简易站台）建设，计 154 个公交站点。

行业管理水平有新提高　整治交通营运秩序。安排 3 个中队对县域客货运输日常稽查，查处违规车 411 辆次。查处违规“五车”282 辆次；会同相关部门源头查处“五车”非法销售点 5 个，没收超标电动车 35 辆。组建专门的稽查队，建立全县 73 辆公交车、116 辆的士《诚信档案》，制作告示牌 118 块，查处违规车 165 辆次。

（胡进兴　周国祥）

安　义　县

2014 年，安义县交通运输局，全力推进交通基础设施建设、民生工程建设、运输市场管理、交通行政执法等重点工作。

加快推进重点工程建设。抓好三站建设。①全面建成县公交枢纽站，成为南昌市第一个功能完备、设施齐全的县级公交枢纽站，成为全省一流的旅客出行零换乘的县级公交枢纽站，并填补该县无公交枢纽场站的空白。②全面建设安义客运站。自 2013 年 8 月正式开工建设，2014 年底，综合调度大楼 16 层封顶，三层维修楼及商贸配套基本竣工。③完成万埠农村公路综合服务站建设扫尾，至年底完成主体工程和内外装修及附属设施建设。

启动二桥建设。①启动潦河大桥加幅拓宽工程建设，在潦河大桥东侧新建一幅宽 16 米，与现有潦河大桥构建双向六车道通行桥，完成前期工作，11 月施工单位全面进场。②完成 4 座危桥改造项目建设扫尾。

（徐正柱　章　东）

景德镇市

2014 年，景德镇市交通运输系统广大干部职工，努力为建设繁荣和谐魅力瓷都提供优良的交通运输服务保障。

交通重点项目进展良好　杭（州）瑞（丽）高速公路罗家滩综合管理所及景西收费站西迁工程完工，新收费站于 5 月 19 日正式开通运营；西迁工程（二期）于年底全面完工。景德镇长运物流园项目建设前期立项、规划等工作正式启动。旅游公路项目建设进展良好，至年底，浮梁县程家山至盛莲塘红色旅游公路水泥路面施工完工；乐平界首经文山至神农宫红色旅游公路开始水泥混凝土路面施工；浮梁王港至三龙、诸仙洞风景区旅游公路项目如期开工建设。1月底，乐平众埠农村公路综合服务站全面竣工，标志着全市列入全省试点的4座农村公路综合服务站建设全面完成。

交通民生工程稳步实施 2013年，新增105辆出租汽车，首批67辆新能源出租汽车于1月22日正式投入运营，一改连续17年未增加出租汽车的状况。新增100辆出租汽车经营权招投标工作于11月底结束。一次性购置80辆空调公交车，接近前3年购车总和(90辆)。6月1日，开通运营昌江广场至卡迪克陶瓷公司9路公交线路。该线路开通，结束白鹭大桥建成通车近4年不通公交车历史；10月1日，开通公交旅游专线将位于城区的陶瓷历史博览区、御窑遗址公园、瓷园、陶瓷研究院、民窑遗址博物馆等市区主要旅游景点及火车站和数个汽车站串成一线。加密通往市高新技术开发区的公交班次，实现公交班次间隔时间不超过8分钟。2014中国(景德镇)国际陶瓷博览会期间(10月16日至10月23日)，市公共交通公司投入20辆新公交车，开通分别由景瀚陶瓷广场、景德镇陶瓷学院(新厂校区)、景德镇陶瓷学院湘湖校区直达瓷博会活动现场的3条公交专线，极大地方便中外宾客及广大市民参观“瓷博会”主展馆，运送乘客近20万人(次)。高考期间，市公共交通公司为高考考生提供免费乘车服务，这是历史上首次为高考考生提供免费乘坐公交车服务。完成西客站至鲇鱼山镇区内客运班线公交化改造，由景德镇长运公司收购该班线，购置的9辆新能源班车于2月9日投入运营。

花费10余万元，为在营的595辆老出租汽车免费更换车内座套。11月24日，借助新闻媒体的舆论监督功能，在《瓷都晚报》上设立“出租车违规曝光台”，首次向社会公布10月份被查处的违规经营出租汽车名单(共30辆)，对有违规经营行为的出租汽车进行曝光。至年底累计曝光74辆(次)，收缴出租汽车空车灯两用开关131余个、汽车里程跑码器7个，共处罚(含教育、警告、罚款、停运整改)违法违规经营出租汽车及驾驶员356辆(人)次。

全市152千米县、乡道升级改造项目(县、乡道升级改造项目103千米，红色旅游公路项目22千米，国防公路项目27千米)，279.1千米农村通村(组)建设改造项目全面完工。第二批12个农村渡口“四个一”标准化建设项目全面完工。

推动行业发展能力明显增强 开展机动车维修企业质量信誉考核和维系企业服务规范化工作，考核一、二类机动车维修企业89户；审批新增营运货车594辆；完成出租汽车驾驶员考试题库地方区域性的科目和应用能力考试科目的编制，1500多名出租汽车驾驶员接受从业资格考试；抓好营运驾驶员继续教育工作，7000多名从业驾驶员接受继续教育。全面完成辖区内运输船舶年检年审工作：开展内河船型标准化和老旧船舶拆解工作，拆解老旧船舶6艘；超额完成指令性规费征收计划(9万元)和目标规费征收计划(100万元)任务；认真开展反“三无”船舶和整治水上“三乱”活动，开展大规模安全生产大检查4次、排除安全隐患4处，辖区内水上安全运输未发生安全责任事故。监督在建公路项目共18个计256.61千米。监督管理在建的国、省、县道(市公路管理局管养)大中修工程项目，下发《公路工程质量抽查意见通知书》18份，《检查通报》3份；监督检查农村公路升级改造与新建项目，下发《公路工程质量抽查意见通知书》42份，《检查通报》6份。开展危险品运输从业人员培训班2批，约有136人次参加培训；686人次危险品运输从业人员接受从业资格诚信考核。

全社会道路运输(不含公共交通及出租汽车)完成客运量1896万人次、旅客周转量110291万人千米、货运量1872万吨、货物周转量412496万吨千米，比上年分别增长3.04%、2.85%、13.59%和8.63%。市公共交通公司完成营运里程1582万千米、完成客运量5414万人次，实现主营收入5224万元。景德镇汽车运输集团公司实现营业收入6781万元、管理费收入445.5万元、利润133.9万元。景德镇长运公司实现主营收入15689.79万元、利润2105.25万元，同比分别增长5.63%和25.46%。

安全生产态势稳定 3户运输企业二级安全生产标准化考评达标，8户道路运输企业三级安全生产标准化实现达标考评、3户危险品运输企业三级安全生产标准化实现达标考评。交通工程建设未发生安全事故。渡口运输保持“零”事故记录,实现连续26年安全无事故。全系统未发生盗窃、火灾及其他生产事故。交通运输生产形势保持稳定。

(涂　强)

昌　江　区

2014年,昌江区交通系统各项工作有序推进。

继续紧抓农村公路建设机遇,将农村公路建设的重点转移到提升公路等级、抓好公路养护上来。实施农村公路改造和新农村公路建设项目96个,总里程73.4千米,总投资587.2万元。吕蒙—杨湾公路县道升级改造项目,路段全长5.9千米,总投资450万元,于8月30日开工建设。完成丽阳镇道观桥危桥重建工程,总投资120万元。检测和验收2013年56千米通自然村水泥路和新农村建设公路项目。完成河西村口至河西1千米、金桥村口至鱼山5.8千米县道升级改造项目申报工作以,及严家桥至冷水尖客运网络化项目的工程设计和项目申报工作。

(洪　涛)

乐　平　市

稳步推进交通基础设施建设,着力完善综合交通网络体系　全力推进公路建设。加快众篁公路、名湾公路、礼众公路3项续建工程进度,至年底,众篁公路项目完成路基垫层95%,水泥稳定层93%,水泥路面93%;名湾公路项目A标段完成路基100%,垫层70%,水泥稳定层60%,水泥路面51%;礼众公路项目完成路基土石方55%,路面垫层35%,圆管涵70%,盖板盖40%。抓好在建工程官洪公路、车库公路、红色旅游公路、206国道改造项目管理工作。

加强运输市场监管,全面提升交通运输服务水平　新增客车2辆,更新客车80辆,完成县际境内线路延续经营重新许可6条。新增道路货物运输经营许可198户,办理换发道路运输证210个。完成5户危货企业的安全生产评估工作,实现货物运输及危货运输安全无重特大事故。全市30户二级以上维修企业未发生一例维修质量投诉和安全事故。规范行业服务质量,全面开展5户客运、30户货运、5户危险货运、30户汽车维修企业、3家驾驶员培训学校及教练员质量信誉考核工作。按照城市交通拥堵综合整治领导小组的统一部署,对非法营运“电动三轮车”开展整治活动,共扣缴“电动三轮车”40多辆、查处非法营运“黑车”面包车20辆(次)。治理出租汽车“脏、乱、差”。纠正违规车辆36辆(次)。高考期间,组织30多辆出租汽车参加“爱心送考”活动。

水路运输完成货运量38.82万吨,运输周转量14775万吨千米;完成水路运输规费征收20.7万元;做好船舶核查工作,46艘船舶参加审验,审验率100%。新增运力313吨,乐平航运一、二公司拥有载重运力达27125吨。修复辖区内6艘破漏渡船,提高渡船安全性能。

交通运输企业稳步发展　新世纪公司营运管埋费收入90余万元,比上年增长12%,上缴国家税金20余万元。公司营运车辆完成行驶里程435万车千米,旅客运量180万人次。上报道路交通责任事故1次,事故四项控制指标同比均有明显下降。汽运公司恢复乐平沿沟至广丰班线,新增2辆乐平至洪岩班车,新增危货车辆2辆台,成为道路旅客运输企业安全生产标准化二级企业。

(盛建国)

浮　梁　县

2014年,浮梁县交通基层设施建设取得较好成绩。

重点工程项目　浯溪口库周公路项目为浯溪口水利枢纽工程库区道路恢复工程,分别为峙滩至明溪、峙滩至龙潭两条道路及峙滩大桥和流口大桥。峙滩至明溪全长10.59千米,四级公路标准建设,总投资3780万元,至年底,完成85%的路基土石方工程量;峙滩至龙潭全长12.59千米,二级公路标准建设,总投资5082万元,至年底,完成60%的路基土石方工程量;峙滩大桥与流口大桥完成桩基建设。沧溪至诰峰段升级改造项目属农村客运网络化连通和旅游公路项目,全长5.1千米,总投资1330万元,三级公路建设标准,5月完成沧溪中桥建设,12月8日完成全线沥青路面铺设,主体工程全面完工。鹅湖至潘村公路升级改造项目属镇村联动项目,全长4.83千米,三级公路标准建设,总投资974万元,10月建成通车。西湖至西溪公路改造项目连接安徽省祁门县新安乡,全长约10.32千米,计划总投资2800万元,12月份开工建设。马墩口大桥项目属危桥重建项目,计划总投资438万元,12月份开工建设。经公桥吴上桥、蛟潭小学桥项目属镇村联动项目,总投资约130万元,其中,经公桥吴上桥为"省委民心通道"指定项目,投资约50万元,蛟潭小学桥投资约80万元,12月底全部建成。农村公路综合服务站项目中的鹅湖综合服务站项目总投资260万,于10月全面完工;经公桥农村公路综合服务站项目在现有经公桥汽车站的基础上进行改建,年底改造完成。

农村公路建设与管养 建设完成农村公路100.8千米;申报"十三五"战备公路计划6条180.55千米(其中,2015年,计划2条44千米);农村客运网络连通工程项目71.1千米,其中,新建项目2条63千米,改造项目1条1.8千米,拓宽项目2条6.3千米。编制完成县乡公路路网调整规划,编制完成农村公路危桥改造规划库。巡查公路长度累计达28000千米,制止违章立杆43起、违章建设57起,拆除违章建筑14处,清除公路堆积物87处。

道路运输行业管理 道路运输业继续保持良好的发展态势,完成旅客运输量312.68万人次、旅客周转量8806.1万人千米、货物运输量1425.3万吨、货物周转量10.86亿吨千米。营运车辆2532辆,其中,新增客车9辆,新增货车352辆。新增机动车维修企业一类1户,二类4户,三类3户,辖区内维修企业达111户。完成机动车驾驶员教学培训4192人。4月1日,开通县城经陶瓷工业园区至高墩庙的公交班线,恢复鹅湖至金竹山、瑶里客运班线。

四级渡口全部签订安全管理责任状,投资35万元建成樟树坑渡口标准化项目工程。组织开展一系列渡运安全汛前大检查、排查整改隐患16起,安排维修经费15万元,维修樟树坑、杨村、峙滩、营里、港口、陈家棚6条渡船,并培训考核新上岗3名渡工,保障水上交通安全畅通,渡口运输实现连续25年安全无事故。

移民安置与帮扶 县交通运输局负责帮扶浯溪口水利枢纽工程库区内的峙滩镇流口村新江组18户84人搬迁安置到湘湖镇灵安安置点。投入安置建设资金达60余万元。建设进村道路约1千米,平整好场地,对村内道路进行规划设计,并为每户移民建房搭建简易工棚;为每户购买建房人身意外保险。

(郑卫华)

萍 乡 市

2014年,萍乡市交通运输事业实现新发展。

交通项目建设取得新成绩 交通运输服务方式呈现出多样化、密集化、品质化发展趋势.一是实现"县县通铁路"目标。积极协调处理沪昆客专项目建设中的矛盾纠纷,使项目建设如期完成,确保9月16日建成通车。衡茶吉铁路2014年7月正式通车,结束莲花县无铁路历史。湘东陶瓷产业基地铁路专用线和华能萍乡电厂铁路专用线进展顺利。加强与中铁四院及省铁办沟通对接,争取渝长厦快速铁路建设列入"十三五"规划并经过萍乡。二是实现"县县通高速公路"目标。萍洪高速公路上年底主体竣工,2月9日正式通车。昌栗高速公路建设顺利。吉莲高速钟家山隧道于11月9日正式通车。加强与株洲市及省交通运输厅沟通衔接,争取沪昆高速复线进入江西省高速公路网规划。三是农村路网提质升级,城乡交通一体化纵深发展。完成上栗至宣风新建公路开工前期准备工作。县道升级改造完成31.9千米(其中,罗霄山集中连片地区改造项目4千米),投资7338万元;客运网络连通工程项目23.8千米,投资3056万元;通自然村公路607千米,投资21245万元;新建桥3座、238延米,投资741万元;危桥改造3座、137.88延米,投资320万元。完成投资32700万元。完成《2013—2020年自然村通水泥路规划》修改工作。做好芦万武公路水毁抢修工作,元月底形成垫层通车。四是站场建设积极推进。加大对萍乡北站(高铁综合枢纽站)建设的督导、督办力度,确保在10月底交付使用。全力推动公交西站和公交北站项目建设前期工作。完成莲花客运汽车站开工前期各项准备工作。7个农村综合服务站全部完工,年底经省厅检查验收。

运输行业和安全生产管理持续加强 一是城市客运管理规范。城市公交营业收入7803.13万元(其中,市区内公营线路收入5237.99万元),比上年增长12.44%;安全事故间隔里程达50万千米,与上年持平。二是安全生产监管持续强化。在全系统范围内开展隐患大排查活动和重要时期安全保卫活动。完成春运和全国“两会”期间安全工作,未发生一例较大责任事故。全面推进安全生产质量标准化建设,完成公交总公司和江西萍乡长运公司安全标准化二级企业评估,帮助达金物流公司创评省级安全生产标准化二级达标单位。该局获得2014年度全省交通运输安全生产工作先进单位称号。三是在建工程项目质量监管实现全覆盖。质量监管里程700多千米,桥梁10余座,督查全覆盖三级以上农村公路在建公路项目及全市公路升级改造项目。

狠抓交通民生工程落实 一是做好农村公路通客运班线安保设施建设。完成所有通客运班线公路安保设施摸排登记和核定工作。筹集资金631万元,对亟需加固安保设施建设的68条农村公路客运班线中的24条进行安保设施改造。二是做好危桥改造工作。组织专家评定全市252座四、五类危桥的技术状况,并编制完成全市农村公路危桥改造规划(2014—2020年)。落实危桥改造计划9座、总长538.1米,总投资2209万元,完成3座。二是推动城市公交优先发展战略落实。争取市政府出台《萍乡市人民政府关于城市公交优先发展公共交通的实施意见》,确立公共交通在城市(城区)交通中的主体地位。完善城市公交线路,开通25B公交线路;配合高铁站运营,开通高铁公交快巴专线;延伸9路、37路至高铁站。投资2600多万元,购置环保新能源公交车57台,超额完成公交车更新任务。建设公交电子站牌80块。

进一步建立健全行政许可审批制度,加强对行政许可审批事项的监督管理,受理办结行政审批案件3361件。

(徐勇新)

安　源　区

截至2014年底,安源区公路655.71千米,公路养护里程655.71千米。高铁1条(沪昆客专)6.95千米,高速公路1条(沪昆高速)7.3千米,国道2条(G319、G320)36.22千米;省道1条15.03千米;县道9条85.07千米;乡道28条80.84千米;村道438.52千米。其中,乡村两级公路合计519.35千米,占总里程79.2%。

(徐勇新)

湘　东　区

2014年,湘东区交通运输局成功将3条省道纳入“十三五”计划(省道S533五里至桐田、省道S308东桥至界头、荷尧至河洲、长春埠至大陂、长平至荷尧段、省道S437南岗口至白竺段),完成10条交通主干道工可〔长春至金鱼石、湘东(新湄)至萍乡(长兴馆)〕,调整全区县乡道规划里程增加到715.93千米(原有里程372.19千米),占全区路网总里程44.77%。这些项目建成后,湘东区交通主干线网络将更加完善,对接长株潭的快速投射交通网络和湘东老城区、麻山生态新区、现实萍乡城区半小时城市交通圈。

(徐勇新)

芦　溪　县

2014年,芦溪县交通运输局较好地完成各项工作任务。一是全力推进320国道大中修、芦万武公路等11个重点工程扫尾工作。二是积极协调解决好杭南长客运专线遗留问题。三是做好源南至银河战备旅游公路建设项目前期工作。四是狠抓农村公路项目,完成农村公路建设投资约1.4亿元,比上年增加近300%;新改造农村公路16.8千米,比上年增加100%,其中,县道升级改造1.6千米,网络连通工程15.2千米;通自然村公路里程113.7千米,完成独立桥6座、危桥改造2座。五是建成张佳坊和银河农村公路综合服务站并顺利通过省厅验收。六是争取到位上级项目资金8811万元。七是协助建立城市公交和农村客运补贴机制,解决全县农村客运安全、便捷的问题。八是申报5条公路纳入《江西省普通国省干线公路"十三五"发展规划》项目库。九是全力配合做好千米芦万武、芦新武旅游公路以及宣风大桥的修复工作。2014年度获得档案工作规范化管理省一级单位、全市机关档案工作规范化管理省一级单位2个市级及以上荣誉。

(徐勇新)

上　栗　县

2014年,上栗县交通畅通年活动如火如荼开展,杭南长高铁9月16日正式通车运营。萍洪高速及其上栗连接线2月9日顺利通车,长平、福田连接线建设顺利推进;昌栗高速上栗境内主线及金山连接线全面动工建设,桐木连接线正在规划设计。S231、迎宾大道一期、福东公路、万上线、杨岐山旅游公路、金湖公路、长石公路等16条国、省、县、乡道改造项目竣工通车。争取县、乡道升级改造项目22.1千米,通自然村公路项目150.9千米,G319栗水河桥等五座危桥和3座乡村危桥列入危桥重建项目,武功山至杨岐山旅游公路批准列入亚行通达公路和战备公路项目。G319绕城公路完成设计工作,在组织招投标。四海至水源、长平至湘东公路列入省道改造项目,桐湖公路规划升级为省道项目。争取渝长厦快速铁路项目途经上栗。"四个一百"工程全面完成:到年底,完成157.2千米国、省、县、乡道改造项目,113个村实现组组通水泥公路,创建112.6千米文明示范路,建成100个村级公路委托管养示范村。

(徐勇新)

莲　花　县

2014年,莲花县交通建设取得新进展。高速公路建设取得突破,吉莲高速公路建成通车,结束该县无高速公路历史,一批国省道改造建设相继完成,县乡公路改造建设全面推进,该县逐步形成快速便捷的交通运输网络。

(徐勇新)

经济技术开发区

2014年,该区各项工作取得好的成绩。总投入约450万元建设农村公路10.7千米,开工建设区内319国道改造工程,完成工程投资约2400万元。协助推进中环路建设,积极解决征地拆迁难题。调整县乡公路网规划,使辖区内县乡道网总体规模在2020年达到55千米,县道增至17.8千米,乡道增至37.8千米。

(徐勇新)

九 江 市

2014 年，九江市交通运输系统坚持稳中求进、改革创新，全面完成年度各项工作任务，实现预期目标。

交通基础建设实现新跨越 完成固定资产投资 73627 万元，同比增长 22.6%，完成项目 2007 个。新建改造农村公路 1742 千米，改造农村小危桥 95 座，完成安保工程 23.2 千米，实现 1820 个自然村通车目标。完成永修新汽车站工程建设任务。同时，星子新汽车站、武宁新汽车站和共青城新汽车站开工在即，昌九高速公路通远试验段建设接近尾声。都九高速都昌至星子段开工建设，修平高速工程建设进度在全省 11 个重点交通工程建设中排名第一。昌九高速全线"四改八"、昌九高速公路收费站迁建、八里湖客运西站和公交综合场站前期工作快速推进，收效明显。

交通运输量与服务水平大幅提升 完成公路客运量 9651 万人、客运周转量 461233 万人千米，完成货运量 11415 万吨、货物周转量 2556289 万吨千米，比上年分别增长 3.05%、2.85%、13.60%、8.63%；船舶运力达 57.9 万载重吨，完成水路客运量 42.4 万人、旅客周转量 519 万人千米。完成货运量 1258.5 万吨、货物周转量 807985 万吨千米，同比分别增长 10.96%、10.58%；航班起降 1816 架次，实现旅客吞吐量 116363 人次，货邮运量 522.28 吨。

运输服务能力和水平稳步提升，应对突发事件行动迅速。7 月份，修水、武宁、德安、九江县等地普降罕见暴雨，导致修水、武宁 9 个乡镇、18 个行政村，德安 52 个行政村公路中断。该局紧急动员，在第一时间赶赴一线指挥抢险救灾，派出人员驻点做好相应工作，确保交通畅通和公众安全、便捷出行。同时，在全省率先建成和开通"12328"市级服务热线。当年便受理电话服务咨询 934 件次、建议投诉 996 件次。

交通运输市场监管取得新成效 查处各类违法违规案件 4335 起，其中，黑车 1061 起、无从业资格证 496 起、不按规定站点停靠 67 起、车辆未检测 351 起、非法改装 1994 起、变相从事班线客运 13 起、其他违法违规行为 353 起。出动执法人员 3800 多人次，检查船舶 23700 余艘次，处罚违法经营船舶 427 艘次，补征货港费 1864 余万元。

交通执法水平得到新提高 一是规范执法行为，落实《江西省交通运输厅行政处罚自由裁量权执行标准（试行）》，公正执法，杜绝行政处罚的随意性和人情执法现象。二是全面清理行政审批事项，简政放权，简化和规范行政审批流程，制定出台《九江市交通运输局行政许可审批告知办法》，行政审批事项由 30 项减为 19 项，承诺时限比法定时限缩短 40%、实际时限比法定时限缩短 51%。累计办理交通行政许可事项 8433 件，按期办结率、业户满意率 100%。

保障安全生产工作成为新常态 接待群众来访 60 余批次，调处矛盾纠纷 11 起、化解重复访案件 6 起，处理信访件 32 件，回复民众道路诉求 96 件，督办函件 21 件。未发生重特大道路事故，被省交通运输厅授予"全省交通运输安全生产目标考核先进单位"称号。

公共交通发展登上新台阶 完成环庐山公交改造，开通星子县城至东林佛教文化游览区公交线路和九江火车站至沙河九江火车南站直达公交。德安县投资 850 多万元建成公交总站和 4 个首末站与 4 个公交候车亭，新购 4 辆品牌公交车，更新 30 个公交站牌。市财政安排 6500 万元专项资金购买 100 辆新能源公交车辆和公交场站建设，新建成一批公交首末站，新增和完善多条公交线路。

服务经济建设发展卓有成效 局属企业实现综合营收 6.2 亿元，上缴税收 4373.6 万元。市港航局实现规费收入 1.1 亿元。完成招商引资项目 5 个，实际完成投资 3.2 亿元，在市直部门中排名第 8，获得全市招商引资工作和开放型经济服务先进单位称号。 （熊长生）

德　安　县

2014 年,德安县交通运输局,突出重点项目建设,较好实现年初既定目标。

启动聂桥至车桥(车桥段)1.3 千米县道升级改造工程,客运网络改造工程 2 个,河东乡至新 105 国道 3.8 千米、德安至东山 12.9 千米, 84 个项目 57.7 千米自然村公路改造,涉及全县 11 个乡镇。

公路建设 德安县遭遇“7.24”特大洪灾,导致农村公路受到不同程度毁坏。截至年底,全面修复 130 个灾毁点;51 座危桥完成 26 座桥施工。

3 条县乡公路升级改造完成 。完成 1 条县级公路升级改造。聂桥至车桥(车桥段)县道升级改造工程,全长 1.3 千米,投资 110 万元。该工程于 2014 年 11 月底完工。改造后该段公路标准将由原来的四级提升到三级。另两条是河东乡至新 105 国道、德安至东山客运网络改造工程。河东乡至新 105 国道全长 3.8 千米,投资 228 万元;德安至东山全长 12.9 千米,投资 774 万元。

84 条通自然村公路改造完成。完成 84 个项目 57.7 千米自然村公路改造,涉及全县 11 个乡镇,总投资 1647.5 万元,其中,上级部门项目补助资金 461.6 万元,该项目的完成,使 84 个自然村由原来的砂石路面改变成水泥路面。

桥梁建设 锑矿桥。路线名称:聂桥粮站至永丰。该项目宽 7.5 米、全长 62.08 米,总投资 250 万元, 工程于 2014 年 5 月竣工。

公路养护 农村公路养护坚持建管并重。投入 78 万元对 11 个乡镇通乡主干道 79.9 千米农村公路进行养护。

公路旅客运输 从事公路旅客运输的单位有 4 个(含个体联户),营运客车 233 辆、3573 座位。客运班车每天发送 337 班次。二级客运站 1 个,四级站 6 个。完成客运量 513 万人次、周转量 22926 万人千米, 分别比上年增长 1.26% 和 1.26% 。春运期间,日均投放客车 106 辆,运输旅客 16.38 万人次,整个春运期间未发生一起道路交通事故。

公路货物运输。从事公路货物运输的单位有 1827 个(含个体联户),拥有营运货车 2939 辆, 23453 吨位。完成货物运输量 580 万吨,周转量 103815 万吨千米。

汽车维修 有维修业户 118 户均做到合法经营。

公路运输企业,拥有 20 辆营运车规模以上普通货物运输企业 14 家。

综合性能检测站 1 家,机动车维修市场经营业户 78 户,其中,获得二类许可企业 11 户,获得三类许可企业 67 户。

(德安县交通运输局)

都　昌　县

公路建设 都昌县新建成 3 条公路,喆左公路 14.4 千米,投资 1500 万元;通自然村公路 362.6 千米,投资 1.09 亿元;客运网络公路 37.5 千米,投资 1560 万元。

水、陆运输 道路运输客运量 220 万人次;客运周转量 9680 万人千米。货运量 230 万吨,货运周转量 3.45 亿吨千米。

水路运输货运量 26.4 万吨,货运周转量 5955.7 万吨千米。

船舶修造 新造船舶 4 艘,改装 1 艘,修理船舶 11 艘。

(都昌县交通运输局)

共青城市

重点公路建设 2014 年,共青城市重点对以下项目进行建设。

1. 杨桥至棋盘岭三级公路改造工程,全长 3.43 千米,总投资 1000 万元,11 月开工建设。

2. 改造南湖部分路段,完成鄱阳湖大道等 7 条公路路基填方约 600 万立方米,32 千米,总投资 9 亿元。

3. 启动共星大道、昌九大道、共安大道南延伸线等 10 条道路建设,40 千米,加快形成“连接周边、内畅外连”的交通网络体系。

共星大道(G532)工程共青段:全长11千米,宽40米,纳入国道连接线管理,完成施工图设计。

昌九大道工程共青段:共青城市区域内全长11千米,宽33.5米,于2014年9月开工建设。

共安大道南延伸线:全长5.96千米,宽60米,总投资1.8亿元,于2013年12月开工建设。

农村公路建设 截至年底,公路总里程390千米,其中,国道105线3.9千米,县道37千米,乡道为17千米,村道332.1千米。

完成九江市25户以上自然村"村村通"工程24.3千米修建任务。

综合服务站建设 农村公路乡镇综合服务站占地面积0.67公顷,总投资约260万元,于9月28日开工建设,主体工程完工。

农村公路管理养护 摩养费转移支付资金仅25.2万元,重点市燕滩线、杨棋线等县乡道进行养护,投入养护资金282万余元,养护里程53千米,小修33千米、大修20千米。

道路运输 1. 共30辆客车、11辆公交车、60辆出租车。机动车保有量:小客车16万辆,大客车9万辆,小货车360万辆,大货车810万辆,摩托车2.19万辆。

2. 社会客运量:公路运输1260万人次,铁路运量57.32万人次。

3. 货运量23365万吨,铁路20089吨,水路170万吨。

水路运输 境内共两个货运码头,金湖码头和共青码头。通航河道博阳河为Ⅵ-(3)级航道,总长22千米,最大通航能力为1000吨级船舶,货运量150万吨,货运周转量6.8万吨千米。

汽车修理、检测 共有修理厂17家,其中,二类修理厂三家、三类修理厂14个;驾校2个;检测站1个。

(共青城市交通运输局)

湖 口 县

公路建设 湖口县完成投资5254万余元,实施公路及其配套项目建设73个,新建(改建及扩建)道路里程72.76千米,改造危桥9座。

1. 流芳至苏山二级公路改建工程。该项目于12月底完工。公路全长3541米,总投资1182.36万元,其中,省交通运输厅补助资金70.82万元,湖口县财政配套资金1111.54万元。

2. 大垅至海山(大垅至张青段)县道升级改造工程。于12月18日完工。公路全长5770.27米,总投资1624万元,其中,省交通运输厅补助资金231万元,湖口县财政配套资金1393万元。

3. 董埂至江桥(兰亭段)县级公路升级改造工程。

董埂至江桥公路设计标准为三级公路,项目于12月底完工。实际完成里程2951米,总投资880万元,其中,省交通运输厅补助资金118.04万元,湖口县财政配套资金761.96万元。

4. 25户以上通自然村农村公路建设。

完成25户以上通自然村农村公路里程41.6千米,涉及12个乡、镇、场,27个行政村,60个自然村,极大地改善当地交通状况。

渡桥建设

1. 武山镇五星桥改建工程。

2. 文桥乡坝桥重建工程。

3. 大垅乡王斯桥重建工程。

站场建设

新建候船亭2个,面积约120平方米。

2012年11月,动工建设首家农村公路综合服务站。该站位于湖口县文桥集镇,按照四级站标准设计,占地面积5500平方米,建筑面积1500平方米,总投资500万余元。

公路养护 农村公路1067千米,其中,县道87千米,乡道273千米,村道707千米。

投资约330万元,完成农村公路路肩培护及边沟清理工作150千米,杂草清除及路面维护工作330千米。投资35万余元处理危险路段12处。农村公路养护全覆盖。

水路运输 水路运输完成客运量74154人,货运量180983吨。

船舶修造 九江船厂有限公司,造船12000吨,修理船泊10余条,2012年取得港口经营许可证。

江西华东船业有限公司,船坞2个3.5万吨级,舾装码头一座,建造2条1.8万吨船舶。

同方江新造船有限公司,2万吨级码头和2万吨船台各一座,年造船能力6万至8万吨载重吨。 (湖口县交通运输局)

九 江 县

公路建设 2014年度,九江县公路建设总里程62.4千米,总投资1614.6万元,其中,中央投资553.2万元,地方投资1061.4万元。

客运网络工程。江洲渡口至江洲镇,全长4.5千米按四级公路标准设计,总投资225万元(中央投资90万元,地方自筹135万元),项目于当年完工。

连通工程项目建设。完成连通工程项目83个57.9千米,按四级公路标准建设,总投资1389.6万元(中央投资463.2万元,地方自筹926.4万元)。

桥梁建设 渡改桥完成审计结算,通过竣工质检 克服地质情况复杂,溶洞处理难度大等困难,毛沟、西窑河、汤家埠、红丝渡、关山等5座渡改桥工程全面竣工,于12月完成审计,总投资2354.24万元,其中,中央补助1162.35万元,地方配套1191.89万元,并通过质检,评定为合格。

站场码头建设 综合服务站。狮子农村综合服务站于2012年纳入全省农村公路养护"百家试点",总投资500万元(省厅拨付100万元,县财政补助300万元,局自筹100万元)于2015年10月完成基建工作。

渡口建设。1月,县交通运输局投资50万元硬化江洲渡口上下通道路面。

公路养护 养护公路里程997千米,其中,县道124千米,乡道180千米,村道693千米。养护投入资金649万元,其中,修复水毁道路6.7千米,投入资金510万。

道路运输 客运企业8户,县际以上班线15条、县内班线42条。客车184辆,公交车24辆,出租车52辆,完成旅客周转量2004.42万人千米;货运企业14户,营运货车848辆,货运总吨位3749吨,完成货运周转量4442130吨千米。公路票价0.23元/千米。

水路运输 港口企业4户,渡口23个,渡运旅客180万人次,旅客周转量36万人千米,渡运汽车7.5万辆,航运企业3户,服务企业1户,审验营运船舶20艘,18773载重吨,7335千瓦,完成货运量68.2万吨,货运周转量21359万吨千米。

船舶修造 江新洲渡口0068号客渡大修,投入12万元。

汽车修理:有维修企业13户,其中,质量信誉考核为AAA级1家,质量信誉考核为AA级12家,全年维修车辆2886台,其中,大修356台。

九江县兴发汽车检测有限公司有建筑面积5800平方米的检测站,于4月建成投产,当年检测车辆8000辆。

(九江县交通运输局)

庐山管理局

2014年,庐山管理局在服务庐山旅游经济发展方面发挥重要作用。

公路建设

1. 景区道路建设情况。庐山管理局投资3000多万元,加大对庐山景区道路的改造力度。

南山公路大中修项目。项目全长22千米,投资1500万元,项目建设于4月底完工。

北山公路沥青路面中修项目。项目于11月初完工通车,全长8千米,项目总投资1000万元。

黄龙路改造项目。5月,该局投资100万多元进行改造,改造路面为沥青混凝土,结束砂石路面历史。

2. 农村公路建设。完成农村公路连通工程项目7个5.3千米,总投资180万元。

公路养护 辖区内有各类公路74条152.1千米;按行政等级分:省道1条49千米,县道1条3千米,乡道31条63.2千米,村道45条36.9千米。

道路运输 运输市场监管。累计出动稽查人员4788人次,稽查车862辆次,排查各类车辆8000余辆次,处罚各类违规车辆96辆,其中,查处非法营运车60辆。

道路运输。庐山道路运输市场客运量165万人,货运量1.5万吨。

道路旅客运输有班线客运、出租车、旅游车、公交车三种客运模式,庐山的道路运输班线线路有5条,班线车辆27台。

(庐山交通运输局)

庐 山 区

2014 年,庐山区主要狠抓并完成如下工作:

公路建设 完成通 25 户以上自然村公路建设项目 45 个共 25.4 千米,总投资 621.7 万元。

桥渡建设 桥梁建设。全年完成“小危桥”改造项目 3 个。

即冯家村小桥,陈家埂桥,十里铺桥。

渡口建设。蛤蟆石渡口位于鄱阳湖蛤蟆石水域,于 7 月竣工,总投资 30 万元。渡口候船室为 2 层框架结构,总面积 90 平方米。

站场建设 庐山区姑塘农村综合服务站,规划用地 0.62 公顷,于 12 月初开工建设。

公路养护 庐山区国土总面积 495 平方千米,至年底,农村公路养护总里程 534 千米,其中,县道 3 条 20.11 千米,乡道 48 条 135.39 千米,村道 635 条 378.5 千米。下拨养护资金 162.2 万元,其中,日常养护资金 56.99 万元,养护工程资金 105.21 万元,实施项目 38 个。

道路运输 有旅游客运公司 1 个,公交公司 1 个,农村客运站 2 个,候车亭 45 个。有客车 75 辆,公交车 73 辆,货运企业 92 家,货运车辆 5307 辆,年货运量 1383.5 万吨。

水路运输 区内水路运输新增船舶运力 11086 吨,水路运输总运力规模 18731 吨;水路货运量 162.63 万吨,货运周转量 78062.4 万吨千米,港口砂石出口量 2473.95 万吨。

汽车维修 随着交通运输业的快速发展,机动车维修业户不断增加,维修业户 127 户(一类 10 户、二类 69 户、三类 48 户)。

(庐山区交通运输局)

彭 泽 县

公路建设 天红至乐观公路升级改造工程。工程属本年度市重点工程建设,全长 11.9 千米(其中,桥梁二座:乱石湾大桥长 107.46 米,宽 12 米;梁家桥长 21 米,宽 12 米),按二级公路标准修建,总投资 7000 万余元,于 2014 年 12 月 8 日开工建设。

通自然村公路。建设项目 130 个,里程 77.8 千米。总投资 2853.68 万元。

综合服务站建设 太平农村公路综合服务站。坐落在太平关乡,占地面积 5100 平方米,建筑面积 920 平方米,建、管、养、运服务里程 515.38 千米,其中,县道 35.21 千米,乡道 64.31 千米,村道 415.82 千米。该站于 12 月底竣工。

杨梓农村公路综合服务站。占地面积 6100 平方米,建筑面积 920 平方米,该站建、管、养、运服务里程 579.22 千米,其中:县道 60.73 千米,乡道 95.28 千米,村道 423.26 千米。该站于 11 月底完工。

公路养护 养护里程。农村公路通车里程 1566 千米,其中,县道 120 千米,乡道 276 千米,村道 1170 千米。

管理养护。正常养护补助标准分别是:县道 2000 元/千米·年、乡道 1000 元/千米·年、村道 500 元/千米·年,投入养护经费 138 万元。

道路运输 客货运公司 3 个,公交出租车公司 1 个,农村客运站 11 个,候车亭 36 个,客车 45 辆,客运线路 12 条,公交车辆 47 辆,出租车 52 辆,货运企业 32 户,货运车辆 5270 辆,客运量 117 万人次,货运量 900 万吨。

水路运输 水路运输新增船舶运力 13461 吨,水路运输总运力规模 49831 吨,水路旅客运输 6.4 万人次,客运周转量 125 万人千米,水路货运量 336 万吨,货运周转量 400 万吨千米,港口砂石出口量 214 万吨。

(彭泽县交通运输局)

瑞 昌 市

公路建设 立肇线二级公路改造项目。立肇线洪下段 10.2 千米二级公路改造启动,征地 28.48 公顷,征地补偿费用为 1316.65 万元,征地各项费用由瑞昌市财政全额支付。

省道双黄线(S303)大中修项目。省道双黄线通江岭至黄金界首段,完成 16.50 千米双幅路基和水泥混凝土路面,省公路局投资 2879 万元,瑞昌市政府和矿山企业共同投资1850万元,总投资4729万元。

县道三级公路升级改造项目。南阳至红旗(横立山段)8.3千米,2013年12月开工建设,2014年12月建成通车,完成投资1207.3万元,其中,国家车购税投资332万元,地方筹集875.3万元;大德至大坳(南义段)12.98千米6月开工建设,年底建成通车,总投资2990万元,其中,国家车购税520万元,地方自筹资金2470万元;瑞昌至南林18.9千米,项目分三个标段实施,完成第一标段3.67千米,完成投资256.9万元,国家车购税投资146.8万元,地方矿山企业筹集资金110.1万元。

连通工程项目建设。完成通自然村公路112条56.6千米,总投资1415万元,其中,国家车购税投资452.8万元,地方自筹资金962.2万元。

乡道客运网络化公路建设。完成乡道客运网络化公路8条20.4千米,完成投资856.8万元,其中,车购税投资408万元,地方自筹资金448.8万元。

桥梁建设 南义镇帅冲桥。危桥改造项目,长44米,总投资158万元,国家车购税投资57万元,地方自筹资金101万元。

范镇周渔港桥。危桥改造项目,长32米,总投资为95万元,国家车购税投资48万元,地方自筹资金47万元。

高丰镇范湾中桥。新建独立桥项目,长100.12米,总投资为267.7万元,国家车购税投资140.17万元,地方自筹资金127.53万元。

码头镇龙窝桥。新建独立桥项目,长35米,总投资136.1万元,国家车购税投资49万元,地方筹集资金87.1万元。

站场建设 农村公路综合服务站建设。范镇综合服务站是省交通运输厅2012年批准建设50个试点项目之一。5月开始试运营。服务站占地面积7992平方米,建设面积1638.88平方米,总投资372.91万元。建、管、养公路里程692.512千米,其中,县道65.85千米、乡道212.38千米、村道414.28千米。

交通运输管理 道路运力情况。运输企业11家。出租车企业3家,货运企业32家。客运线路69条,跨省班线5条(新增1条),市县际班线11条,市区农村班线53条。客运车辆232辆,出租车210辆,公交车53辆(园区公交10辆),客运站场12个,客运量824万人,客运周转量37492万人千米,增长4.1%,农村客运票价平均0.2元/千米。货运车辆4604辆,货运量1125万吨,货运周转量75520万吨千米,增长4%。

道路运输管理。2014年春运,投入客车476辆/10820座位,运送旅客52.17万人次,增长4.2%,实现"平安春运"目标。

水路运输。水路运输企业11家,船舶34艘35257总吨,完成客运量99408人、旅客周转量497040人千米,完成货运量115.67万吨,货物周转量26604.77万吨千米。2014年,新增2座5个泊位,码头总投资4.81亿元,其中,码头工业城投资3.47亿元,吉恩重工电缆码头投资1.34亿元。码头总数达42座。

农村公路养护机制规范完善。市财政安排拨付196.9万元,用于该市2078千米(其中:县道158.55千米、乡道533.14千米、村道1387.29千米)农村公路的日常养护。

露天采石场超限超载运输治理工作。投资450万元在35个矿山采石企业建立电子过磅、电子监控、乡镇一级监控平台、治理办二级监控平台等智能交通管理系统。投资260万元建设5个固定执法检测点,4个机动巡查队。升级改造省道(S303)双黄线16.5千米,恢复修延损毁路面二条9千米(江联环山公路、459厂至新一中),总投资9000万元。

(瑞昌市交通运输局)

武 宁 县

2014年,武宁县交通运输事业取得丰硕成果。

公路建设 县道升级改造工程。完成罗溪至庙岭(金鸡坳至石门楼段)、南义至巾口(官莲至巾口段)、鲁溪至官莲3个县道升级改造项目,其中,金鸡坳至石门楼线全长11.2千米,按三级公路标准建设;官巾线全长10.6千米,按三级公路标准建设;鲁官线全长9.75千米,按二级公路标准建设。

金石线、官巾线于年底全线竣工通车,完成建设总投资 3682 万元。

客运网络连通工程。

1. 哨背至下坊公路。该路是连接澧溪镇哨背与下坊两个行政村一条重要的公路，项目全长 5.2 千米，按四级公路标准建设，工程于 9 月竣工通车，完成总投资 817 万元。

2. 案山下至十口公路。项目全长 5 千米，按三级公路标准建设，工程于 12 月竣工通车，完成总投资 1244 万元。

3. 茶场至粮站公路。项目全长 2 千米，按四级公路标准建设，工程于 11 月竣工通车。

4. 毛田至吴鸡坳公路。项目全长 3.3 千米，按四级公路标准建设，工程于 11 月竣工通车。

通自然村公路建设。完成通自然村公路建设项目 107 个 93.3 千米，按四级公路标准建设，总投资 2594 万元，投资方式为车购税。

桥梁建设

完成独立中桥项目 6 个，具体为：

清江乡邑头村吴湾中桥。桥梁全长 52 米，总投资 93 万元。

石渡乡柳山村曲滩中桥。桥梁全长 68 米，总投资 156 万元。

石渡乡丰年村石家中桥。桥梁全长 51 米，总投资 108 万元。

船滩镇殿背村车段中桥。桥梁全长 51 米，总投资 111 万元。

杨洲乡森峰村港东段中桥。桥梁全长 40 米，总投资 94 万元。

鲁溪镇大堰村大堰中桥。桥梁全长 86 米，总投资 458 万元。

渡口码头建设 石渡乡新华渡口标准化建设工程项目。位于修河中游的石渡乡柳山村，工程于 11 月启动，年底正式建成，总投资 21 万元。

公路养护 养护里程。至年底，农村公路总里程 2415.04 千米，其中，县道 16 条 253.14 千米、乡道 47 条 371.85 千米、村道 851 条 1790.05 千米，比 2013 年新增 131.21 千米。

公路绿化、水毁防治和公路突发事件处置等

上半年，遭受严重自然灾害，交通基础设施遭受严重损失，农村公路共计冲毁路基 35.3 千米、路面 88.7 千米、桥梁 21 座 330 延米、护坡 18 处 1780 平方米，冲毁挡墙 54 处 1533 立方米，路基塌方 32 处 15965 立方米，造成直接经济损失 2900 余万元。截至 12 月，投入 150 余万元清理所有塌方，加固路基缺口，完善警示标志，影响通行的突出安全隐患总体上得到有效处置。

道路运输 班线客运、出租车、公交车、旅游车 4 种客运和货物运输等方式运作，客运公司 1 个，公交出租车公司 1 个，旅游公司 1 个，农村客运站 5 个，候车亭 98 个，货运企业 39 户。客运线路 101 条，客车 156 辆，公交车 22 辆，出租车 71 辆，旅游客车 20 辆，货运车辆 2508 辆，客运量 96 万人，客运周转量 5784 万人千米，货运量 720 万吨，货运周转量 57655 万吨千米。

水路运输 水路运输有旅客运输、旅游运输、货物运输，有客运船舶 7 艘，旅游船舶 21 艘，客位 984 座。货运船舶 54 艘，总载重吨位 45791 吨，2014 年客运量 13.4 万人，客运周转量 246 万人千米，货运量 135.4 万吨，货运周转量 42384 万吨千米。港口沙石出口量为 228.4 万吨。

汽车维修、船舶修造 汽车维修。机动车维修业户 247 户，其中，汽车维修业户 196 户，(一类 2 户，二类型 10 户，三类 184 户)。摩托车维修业户 51 户。

船舶修造。有造船厂、航运公司两家有造船资质的企业，新建钢质自卸船 3 艘，实载吨位 629 吨/艘，动力 320 千瓦/艘；新建钢质自卸船 3 艘，实载吨位 1000 吨/艘，动力 400 千瓦/艘；新建钢质挖沙船 1 艘/艘，动力 110 千瓦/艘；新建泵船 1 艘，实载吨位 400 吨。

(武宁县交通运输局)

修 水 县

重点项目建设 1. 辽(源)南(楼岑)公路增做工程。总投资 4500 万元，该项目主要包括：老路 24.5 千米改造修复、沿途 4 个乡镇集镇路面拓宽、辽南线桃树桥至黄龙山公路和石坳至西堰河分洪渠等 4 个项目。10 月底完成立项、施工图设计、财政评审、组织招投标等各项工作，11 月份，4 个分项目全面开工建设。

2. 婺桃线东段(坳头—太阳升)项目。线路全长 32.5 千米总投资 1.7 亿元。2012 年，经省公路管理局批准立项为公路改造项目，2014 年 12

月完成招投标工作。

3. 东浒寨工程项目。全长3.05千米,工程预算投资1500万余元。该项目完成招标工作。

4. 新姜家渡大桥拓宽工程:姜家渡大桥拓宽工程总投资2200万元,桥梁全长265米,宽15米,该局派出技术人员参与并完成该桥项目建设。

公路建设 农村客运网络化建设连通工程。工程总长67.8千米,其中:新建5.2千米、路面改造9.4千米、路面拓宽53.3千米;总投资4931万元,其中,中央投资2034万元、自筹资金2897万元。项目全面完工。

县道升级改造项目。实施县道升级改造项目新湾乡政府—暗坑公路,全长2.3千米,按照三级公路标准建设,总投资472万元,其中,中央投资115万元、自筹资金357万元。

通自然村公路建设。实施通村公路840千米,其中,上级计划510.4千米,总投资8251.1万元,争取上级资金5104万元。

桥梁建设 危桥改造10座。实施危桥改造项目10个517.9延米。其中,司前桥、宁安桥、张坊桥、古港桥、杨梅填桥、黄龙桥全面完工。

服务站建设 黄沙农村公路综合服务站。规划用地面积0.1公顷,总建筑面积1172平方米。该项目建设资金概算为200万元。管养公路总里程为317.82千米,其中,县道10.51千米,乡道88.09千米,村道219.22千米。

公路养护 养护里程。至年底,农村公路养护总里程309.53千米,大中修公路6.8千米,投入资金242万元,日常养护投入经费246万元。

安保工程。实施安保工程30千米,设置波形护栏、防撞墙及防护墩,总投资596万元,其中,中央资金120万元、自筹资金476万元。

公路水毁防治 公路水毁和突发事件。7月,该县遭受特大洪水,造成溪界线、山复线、良大线、高余线等6条县道严重受损,边坡塌方和路基掏空,投入资金160余万元,进行水毁防治120处、砌筑护坡3260立方米、修复挡土墙768立方米,清理边坡塌方56300立方米。

(修水县交通运输局)

永 修 县

公路建设 1. 永丰铁路桥至新陵园公路:三级水泥公路,2.2千米,项目总造价1000万元,资金由县财政负担,于12月5日进场。

2. 燕滩线立新大桥至电排站公路路面工程项目:三级水泥公路,1.4千米,项目总造价190万元,争取国家县道升级40万元/千米,其余资金由县、乡负担,项目于10月1日开工建设,于12月12日完工。

3.9月1日,昌九大道永修段正式开工建设。昌九大道九江境内全长75.45千米,总投资19.5亿元,穿越该县永丰、三角、九合、恒丰4个乡镇,县内线路全长21千米,设计速度为80千米/小时,双向四车道,各标段全部开工。

4. 新修农村公路里程102千米。

桥梁建设 1. 修河新大桥正式通车:10月26日正式通车。该项目按一级公路设计,位于永修县城区修河昌九城际铁路大桥下游2.1千米处,建设线路全长1300米,双向六车道,总投资1.53亿元。于2013年2月8日开工建设,2013年12月底完工下部结构。

2. 吴罗线永丰大寨桥开工建设:12月8日,吴罗线大寨桥开工建设,该项目跨愚公河,长37米,宽8.5米,工程总投资210万元,列入2014年危桥改造项目。

3. 燕滩线恒丰杨柳津桥开工建设:9月8日,开工建设。工程总投资400万元,列入2014年危桥改造项目。

公路绿化 12月12日,开元大道绿化工程获得省住房和城乡建设厅颁发的“江西省优质建设工程奖”。

车站、码头、服务站建设 1. 永修县城新汽车站于2013年4月开工,2014年10月26日正式投入使用。占地3.33公顷,工程总投资5000万元。

2. 渡口、码头建设。1月,马口镇泗洲渡口及码头规范化建设项目完工。筹措资金30万元,用于吴城镇荷溪渡口及码头规范化建设,项目于11月开工建设。

3. 通过申报筹建规划及筹措资金,马口农村综合服务站于2013年12月初正式动工，该项目占地面积1.07公顷，总建筑面积为1660平方米，其中，综合楼建筑面积1183平方米，三层框架结构建筑总高度20米，2014年12月，主体工程完工，附属工程正在招标中。

道路运输 载客汽车146辆，3008客位；载货汽车1153辆，5352吨位。

客运量217.3万人次，货运量112.9万吨。

公路客运线路为39条。

水路运输 永修县水路运输中无客运量和周转量，货运量324.38万吨。

（永修县交通运输局）

星 子 县

基础设施建设全面提速 星子县实施项目建设11个，完成交通基础设施投资17.69亿元，其中，九江绕城高速及都九一期公路竣工通车，完成投资15.64亿元，通达里程27千米，星子县实现高速公路“零”的突破；省属重点项目昌九发展大道星子段12.6千米开工建设；县道干线公路（蓼温线）建设投资1.9亿元，完成升级改造里程达24.95千米；农村公路完成建设项目8个，投入资金1505万元，实现50千米通组公路和3.6千米乡道改造任务；投资500万元的沙湖山危桥改造项目，年底正式启动建设。

养护管理能力稳步提升。辖区公路好路率达到95%以上。截至年底，投入公路养护资金80万多元，道路通畅率100%。

安全生产监管更加规范 组织开展安全生产大检查18次，日常督查300余次，检查单位30家次，检查客货车19台次，查处违章行为21起，整改隐患2起，清除路障2处；完成太乙公路防护栏设置3处；完成五太线、钱蚌线、华南线、关斜线小中修3200米。

完成交通基础设施建设投资17.69亿元，主要完成县道蓼温公路24.95千米的改造及50千米通组公路的改造，九绕高速及都九一期的通车使星子县跨入“县县通高速公路”的行列。

蓼温公路改造项目竣工全长24.95千米。该项目建设投资总额1.9亿元，总体按二级公路标准建设，建设周期为14个月，于2014年12月26日竣工通车。

农村公路建设加快 完成50千米通组公路建设，投入资金1750万元，惠及9个乡镇，涉及53个村组，5万人受益；完成乡道改造3.6千米，投入资金90万元，于10月10日正式开工建设。

沙湖山中桥改造项目启动。沙湖山中桥位于星子县沙湖山生态湿地保护区，2014年，列入江西省危桥改造规划中。该项目总投资约500万元，其中，争取上级危桥改造资金200万元，其他资金为地方政府自筹。建设标准为中桥一座，用现有公路Ⅱ级标准，桥长100米，桥面净高8米建设，无通航要求。项目建设单位为江西有色建设集团有限公司，建设周期一年。

鄱阳湖国际生态旅游区中心客运港项目获批复 2013年4月9日，省发改委正式批复鄱阳湖国际生态旅游区中心客运港项目。该项目落户星子县紫阳堤，周围分布着庐山、落星墩、鄱阳湖沙山、沙滩、火焰山、候鸟观测站等旅游景点。项目总投资1.8亿元，由江西青山绿水旅游有限公司投资建设，建设内容包括游轮码头、游艇码头、客运中心和望湖亭等。项目建设周期为3年，建成后年综合能源消费量为1134.44吨标准煤，客运中心单位建筑面积电耗不超过56.73千瓦时/平方米/年。

站厂建设水运港口管理 启动客运旅游枢纽车站项目。县级一级车站，项目总建筑面积7022.38平方米，主要建设车站、维修厂、加气站及附属设施等。项目总投资约2500万元，资金来源九江长途汽车运输集团有限公司自筹。截至年底，该项目完成规划设计、建设地勘、土地征收和报批、项目合同等工作。

公交延伸线路正式投入运行。2月18日上午，星子县城至秀峰公交线路延伸至东林佛教文化游览区线路正式投入运行。线路全程18千米，沿途设置9个公交站点。

截至年底，有水运企业7家，各类营运船舶150艘，载重吨位18.59万吨；水上加油企业3家。

船舶运力迈上新台阶 该县拥有丰富的黄沙资源，据初步探明储量为5亿吨。截至年底，水路货运企业有6户，拥有各类营运船舶150艘，18.59万载重吨，较2013年同比增长4.01万吨，增长27.5%，仅运力年增长量就超过部分毗邻县区运力保有量。其中,最具代表性的有星子永丰船舶公司和星子利源船舶公司,他们拥有的运力分别由2013年的1艘1500载重吨和2艘4060载重吨增长到2014年10艘16204载重吨和12艘16146载重吨,主要从事黄砂过驳中转市场航线运输。

(星子县交通运输局)

新 余 市

交通基础设施建设步伐加快 新余市农村公路建设超额完成。完成农村公路自然村通水泥路项目241个175千米,与年初计划相比,超额完成75千米。安排市本级县道维修32千米、乡道维修37千米、危桥改造590延米。完成客运网络化公路项目5个24.4千米、县道升级改造项目1个2.2千米、新建独立桥梁5座219延米、危桥改造3座94.12延米、安保工程项目4个54.79千米、农林场公路建设项目2个11千米。完成2013年通自然村水泥路项目294个210.4千米和市本级县道维修32.6千米、乡道维修35.85千米、危桥改造36座工程的验收工作。组织编制《新余市农村公路危桥改造工程建设规划(2014—2018)》。

道路运输站场建设顺利完成。完成高新区水西镇农村公路综合服务站建设,占地面积0.67公顷,总投资445万元。

现代物流建设有序推进。赣西中心物流园区,完成总投资30多亿元,入园经营项目(企业)13个。天润物流中心,入驻物流企业120家,其中,当年新入驻企业20家。高新区穗东物流中心入驻企业营业额约2.3亿元,同比增加17%。公路口岸作业区(保税物流中心)项目获批准,大力培育中新、光大和新大三大物流企业。完成智慧物流信息平台工可方案。

港航和渡口建设进展顺利。全力跟踪服务新余港(袁河开发)项目进展情况,省港航管理局同意列入"十三五"规划;完成4个渡口标准化建设,经省交通运输厅验收合格。

欧东公路建设有序推进。完成欧里经人和至东岳庙(含洞村至大广高速公路连接线6.16千米)公路44.96千米的项目整体设审。其中,分宜6.16千米的项目改造完成投资2181万元,完成路基土石方96%,完成附属工程72%;仙女湖管委会完成2.6千米改造任务。

交通运输保障能力不断提升 交通运输生产稳步增长。道路货运企业233家,从事营业性运输的货运车辆37074辆,451954吨。开展省、市、县客运班线复审工作,其中,省市际班线69条,农村班线154条,城乡公交131条。营运客车805辆,其中,班线客车189辆,农村班线客车154辆,城市(际、乡)公交131辆,出租车636辆。道路运输累计完成客运量1313万人次,客运周转量70601万人千米,比上年增长3%和2.8%;货运量16157万吨,货运周转量3079952万吨千米,比上年增长13%和8%。春运期间,投入客运运力1323辆,其中,班车客运车辆189辆,旅游客运车辆36辆,城市公交客运331辆,城乡公交客运131辆,出租车636辆。

新增水路货物运输公司1家。水路运输累计完成客运量39.9万人次,旅客周转量797万人千米,比上年增长10.5%和10.4%;货运量16.3万吨,货物周转量15352万吨千米,比上年增长2.5%和12%。春运期间,投入客船33艘,1720客位,运送旅客1.9万人次,旅客周转量39.8万人千米,比上年增长138.26%和112.83%。

交通运输节能减排初显成效。积极推进新余市营运车辆指挥中心建设、天然气重型半挂牵引车应用、城市公交车更新、重型载货汽车淘汰、CNG新能源出租车更新、LNG客车更新及应用等8项节能减排项目,总计投入资金1.4亿元,申请补助资金3000万余元。截至年底,更新新能源出租车360辆,更新比例达66%,新能源公交车120辆。安装北斗卫星定位车载终端1.28万台,达可安装北斗卫星定位终端的货运车辆的32.5%。加快新余能耗监测中心交通分中心建设,编制《新余市建设绿色循环低碳交通运输城市区域性试点实施方案(工作大纲)》。被评为全市公共机构节能减排工作先进单位。

公共交通服务指数不断提升。每万人拥有公共汽(电)车辆10.49个标台,行政村客运班线通达率98.7%,超额完成任务。公交线路更加优化,2014年,延伸线路17条,调整线路5条,新开通线路7条。

交通运输行业监管规范有序 严把交通工程质量监督关。完成交通工程监督项目12个79.19千米。完成一级公路樟排线罗坊至水西段、滨江路、经开大道一期、三级公路丁石线4个项目27.96千米交工验收质量鉴定;完成2013年度通自然村公路、通国有林场项目、县(乡)道升级改造项目290余个,总里程200多千米交(竣)工验收质量鉴定。

严格道路运输企业质量信誉考核制度。考核25户客运企业、5家客运站、11所机动车驾驶员培训学校、81家一二类维修企业和223家货运企业。

严把道路运输从业资格培训考核关。组织道路客货运输驾驶员从业资格考试15期,考试合格948人;组织危险货物运输驾驶员从业资格考试3期,考试合格52人。道路运输驾驶员从业资格诚信考核9269人次,继续再教育学习6742人次,培训学员2.6万人。发放机动车驾驶员培训结业证书2.6万本,发放率100%。

强化交通运输市场监管。从6月开始,用5个月的时间,组织开展出租汽车市场专项整治活动,出动执法人员138人次,检查车辆650余台车,从业人员760余人次,发出责令整改225份。出动执法人员412人次,检查车辆数3156辆,从业人员3374余人次,查处违章87起,对136人进行诚信考核记分处理。

交通运输安全生产形势稳定 道路、水上运输和交通建设工程施工未发生一起重特大责任事故,交通运输安全生产形势稳定。开展春运、"五一""十一"等重大节假日及汛期的安全监管工作,制定应急预案。9月17日,配合省政府应急办、省交通运输厅成功举办2014年新余市仙女湖景区水上突发事件应急演练,得到省交通运输厅的充分肯定。实现水上交通安全事故死亡人数和交通建设工程施工事故死亡人数为零的目标,其中,水上安全生产连续28年零责任事故。

改革创新和精神文明建设稳步推进 推进交通运输行政审批制度改革。全面深入梳理"三单"(负面清单、权力清单、监管清单),经梳理有权力清单事项23项,权力清单事项的审批环节由原来150个精简至100个,审批时限由原来的244个工作日压缩到174个工作日,申请材料减少47份,全部达到上级提出的精减要求。

(邹建福　邓清华)

分　宜　县

2014年,分宜交通局全力打造平安幸福新交通和实现城乡一体化提供交通运输保障。

交通基础工作扎实推进 ①农村公路建设。完成2013年自然村公路建设项目的初验工作。完成县乡道维修及危桥改造的续建任务。完成湖泽至双林公路维修工程的交工验收及县里的综合验收工作。完成2014—2018农村公路危桥改造工程建设规划的编制工作。自然村公路建设完成50千米,县道维修完成12千米,乡道维修完成10千米,改造危桥6座。②道路运输站场建设。完成双林镇农村公路综合服务站建设,完成华翔公交转运站土地平整、高压线下地、站场地基建设工作,完成新汽车站搬迁的选址工作。③招商引资工作。完成引进内资3000万元,帮扶企业绿洲棕塑有限公司上缴税收106万元,占任务106%。

运输市场经营行为日趋规范 重点加大对出租车、公交车行业进行专项整治;考核302辆客运车辆、32家货运企业和10家二类维修企业质量信誉,合格率100%。

查处违法违规车辆208辆。其中:无证无牌24起,"黑的"9起,货车无从业资格证18起,出租车不打表和拒载28起,公交车不按规定站、点停靠9次,群众举报17起。

道路运输发展日趋繁荣 营运客车127辆(班线客车29辆、农村班线客车98辆),公交车

80 辆,出租车 105 辆;客运班线 76 条(其中农村客运班线 57 条)。投资 390 万元,更新城市公交车 12 辆。发展各类物流企业 21 户,完成货运量 4060 万吨,比上年增加 13%,物流企业上缴利税超 3100 万元,其中,上缴利税 100 万元以上物流企业 6 家。

交通运输安全形势稳定 实现道路运输安全责任事故为零、水上运输实现连续 28 年无责任事故、交通建设工程施工事故死亡人数为零。

(分宜县交通运输局)

渝 水 区

2014 年,全年目标任务顺利完成。

交通基础设施建设稳步推进 余新公路建设全面完成,仙女湖大道西延段绿化亮化工程和樟排线征地拆迁工作全面完工,欧东线战备公路前期准备工作有序展开;农村水泥路建设稳步推进,全年完成自然村通水泥路连通工程、国有农场通水泥路、农村客运网络化连通工程等建设 73.7 千米,完成农村公路维修改造县乡道 21 千米,农村公路危桥改造 5 座(100 延米),总投资 2314.8 万元,其中,争取上级补助资金 1309.6 万元;投资 200 万元完成水北农村公路综合服务站建设,正迎接并通过省市主管部门检查验收工作。

道路运输发展日趋繁荣 新增货运企业 22 家,新增货运车辆 2776 辆,新增运力吨位 25539 吨,截至年底,货运企业总数 130 家,货运车辆总数 13167 辆,总吨位 129092 吨,客运公司 3 个,城乡公交公司 3 个,客运车队 1 个,客运车辆 130 辆(其中农村客运车 45 辆,城乡公交车 85 辆),班线 40 条,日发班次 456 班,乡镇客运站 9 个,客运招呼站 187 个,一类维修企业 5 户,二类维修企业 20 户,三类维修企业 87 户,拥有二类汽车驾驶培训学校 2 家。完成客运量 870.86 万人次,客运周转量 19206.61 万人千米,完成货运量 1735.70 万吨,货运周转量 53288.19 万吨千米。

交通运输安全生产形势良好 开展道路、水路等运输安全专项整治活动,下发各类整改通知书、告知单 30 份,检查车辆 2100 余辆次,查处并纠正违章经营行为 250 辆次,未发生一起交通安全责任事故,水上交通连续 28 年实现安全渡运。

(渝水区交通运输局)

仙女湖区

2014 年,仙女湖区交通运输局圆满完成上级交办的各项任务。

交通基础设施建设 完成仙女湖大道西延段绿道工程项目。争取农村公路总里程 36.6 千米工;县、乡道维修总里程 10.7 千米;危桥改造 4 座总长度 130 延米。做好县乡道网规划调整工作及农村公路基础数据补充调查工作及 2013 年农村公路竣工验收资料。

交通运输市场管理。货运企业 91 户,货运车辆 18337 辆,客运企业 1 户,客运车辆 18 辆,二类维修企业 14 户,三类维修企业 1 户,通过 9 月持续整改"瘦身"以来,注销货运企业 7 家,注销货运车辆 2468 辆。7 月 15 日至 28 日,对 2013 年 48 户货运企业进行质量信誉考核,评出 AAA 货运企业 1 户,AA 货运 23 户。

交通运输业发展 截至 12 月,货运企业 94 家,货运车辆 15154 辆,其中,新增车辆 1395 辆。新增注册落户货运企业 16 户,注销货运企业 7 户,新注册维修企业 3 户,全区二类以上维修企业 14 户。

(仙女湖区交通运输局)

高 新 区

2014 年,高新区交通运输局各项生产工作取得较好成绩。

交通基础设施建设 一是协调好重点项目余新快速货运公路建设。二是积极争取项目资金。争取 2014 年农村公路建设项目 32 个 23.1 千米,投资 596.21 万元;危桥改造 4 座 87 延米,投资 151.2 万元;农村客运网络化连通工程路面改造项目 3.5 千米,投资 253.7 万元;乡道升级改造项目 4.3 千米,投资 200 万元;水西农村综合服务站投资 445.22 万元;公路维修 7 千米,投资 270 万元。

交通运输行业管理 运输市场规范推进。完成客运企业1户、货运企业18户、维修企业19户质量信誉考核,考核率100%。

（高新区交通运输局）

鹰 潭 市

项目建设实现新突破 鹰潭市完成农村公路325千米,完成投资1.26亿元。新增通水泥路自然村309个,自然村公路硬化达2003个。行政村通达率、通畅率均达100%,自然村通达率60.5%。投资1.5亿元,省、市重点工程沪昆高速龙虎山服务区建设工程完成并投入运营。推进公路客运综合枢纽站整体打包建设工作。鹰北公路客运枢纽站、鹰北公交枢纽站投入试运营;鹰西短途客运站、鹰南公交枢纽站建设前期工作进展顺利。3个全省试点农村公路综合服务站顺利通过省厅验收。3个渡口标准化建设项目全部建成。

公共服务实现新发展 组织开展出租车市场专项整治工作,查处出租车违规经营124起,非法经营211起,“黑车”31起;启动新一轮出租汽车经营权转换工作。全面展开汽车租赁业务探索,余江审批一家,市区和龙虎山各有一家正在报批。城市公交加快发展。成立“江西长运鹰潭公共交通有限公司”,实现营运收入2480万元,总行驶里程725万千米,客运量3427万人次。并先后开通20路、21路、高铁专线等公交线路,购置16辆新型公交车,实现城市客运“无缝衔接、方便换乘”的目标。

行业管理实现新提升 办理各类许可业务121件,受理行政服务类事项10887项,办结率100%,行政许可事项缩短审批时限达50%以上,实现零投诉。实施道路、水路运输市场整治,开展道路运输行业质量信誉考核,考核客运、出租、公交、维修、驾培企业99户,货运企业56户;取缔86户三无企业经营资格,对126户企业下发限期整改通知。强化维修检测驾培管理服务,全省机动车综合性能检测技能竞赛,该市获得团体第三名。运输保障全面提升。客运企业36户、车辆1278辆24933座位,班线168条;货运企业4773家、车辆26330辆378924吨位,其中,危货运输企业11家,车辆171辆。与上年相比客运量、客运周转量、货运量、货运周转量,比上年分别增长3.01%、2.85%、13.49%、9.05%。

（艾年宗）

贵 溪 市

交通基础工程建设成效显著 一是320国道(罗河工业园区—童家贵溪段)一级公路拓宽改造工程,全长2.79千米年底开工建设,总投资3000万余元。二是港黄至白田乡县道升省二级公路改造工程,全长约6千米,总投资约4000万元,进行前期工可评审工作及各项相关手续办理。三是白鹤湖大道主线公路工程全长12千米,按一级公路沥青混凝土路面标准进行建设,项目总投资约3.5亿元。完成工程总量40%,完成投资约7000万元。四是贵溪至泗塘县道升三级公路改造工程全长19.6千米,项目总投资约4670万元,年底开工建设。五是象山至罗塘乡道升四级公路改造工程全长4千米,项目总投资549万元,该工程在雷溪乡境内2.7千米全面竣工,占工程总量67.5%,完成投资约370万元;雄石街办境内1.3千米正在进行实施。六是农村客运网络化连通工程:①雷家至中村三级公路工程全长7.6千米,总投资1252万元。完成路面硬化3千米,工程总量达40%,完成投资约500万元。②白沙畈至马鞍四级公路工程全长4.6千米,总投资386万元,4月底全面竣工通车。③贵溪至板桥四级公路工程全长3千米,总投资255万元,6月底全面竣工通车。④高速公路出口至泗沥二级公路工程全长7.9千米,总投资1890万元,12月初开工建设。⑤罗湾至小岭四级公路工程全长3.4千米,总投资288万元,年底开工建设。七是25户以上通自然公路137条计158.6千米,解决137个自然村交通出行条件,总投资6344万元,年底全面竣工。八是完成新建公路独立桥天禄镇汪家桥全长35延米和泗沥镇翁家桥全长65延米项目建设,总投资约200万元;在建4座357延米。完成危桥改造重建项目滨江镇箬港桥,全长65延米和罗河镇屈碧桥全长35延米,总投资约350万元;九是完成文冷公路(天华山至岭西段)、上文公路(上黄至柳源段)、贵西公路(文坊至双圳)3个水毁修复重建工程,总投资约310万元。十是4个标准化渡口建设(滨江乡的金沙渡口、地理渡口、李家渡口,河潭镇的余家滩渡口),争取省厅资金80万元,地方配套资金56万元,4个项目正在施工。十一是申报14个滨江镇候车亭建设项目,验收1个候车亭。

交通运输生产平稳发展 不断完善运输网络,更新农村客车17台、公交车1台,行政村班车通车率98%,投入4台空调公交车开通城南至万和城公交班线,并实现金融IC卡在城区公共汽车的刷卡应用,不断扩大公共交通服务覆盖面。客车136辆、出租车138辆、公交车73辆、货车2921辆,实际完成客运量868万人,客运周转量13687万人千米,完成公路货运量1094万吨,货物周转量189885万吨千米。

行业管理规范有序 有针对性地对非法营运行为进行整治,查处非法营运车辆717辆、摩的532辆、黑车66辆,纠正违章行为148起,完成罚没收入61万余元。对道路运输行业开展多次安全生产隐患排查,排查班线客运企业(车队)12户(次)、危货企业20户(次),驾培企业16户(次)、出租企业8户(次)、公交企业8户(次)、站场10家(次),对发现的问题及时进行纠正并登记造册,要求限期整改到位。稳步推进汽车维修及驾培管理工作,维修企业质量信誉考核,考核一类维修企业3户、二类维修企业8户,新增二类维修企业3户,其中,江铜集团(贵溪)修理有限公司被评为全国诚信维修企业、贵溪市捷信汽车修配厂被评为全省诚信维修企业。完成4000余辆车的二级维护检测工作,新许可筹建一级驾校1家,总投资2000万余元,这是鹰潭市第一家一级驾校。

(戴丽萍)

余 江 县

交通建设加快推进 ①争取农村通自然村公路水泥混凝土路面改造工程135条107.4千米,完成121条100千米项目建设。②二级客运站建设,做好项目建设用地预案等前期工作,完成征地8.34公顷。③上渡头浮桥改造工程于2013年经县政府批复,总造价432万元,分5年进行改造,完成45艘船体改造,总投资330万元。④完成大司线、庄家岭、严毕线粟树山、刘中线良种场4处危桥重建工程,锦江塔洲桥危桥重建正在建设中,完成下部结构,总投资200万元。⑤城市公交建设,18辆新公交于11月22日全部到位,并于12月7日正式投入运营。⑥桥渡所办公用房建设项目总投资45万元,三层半框架结构,建设面积650平方米,于2013年动工建设,2014年11月底,办公用房投入使用。

农村公路管养不断提升 一是加强道路维修力度。做好刘中线、严毕线安保工程,新设严毕线、刘中线防撞墙268个,完善县乡道路的使用功能。二是加强公路日常养护管理。加紧公路绿化工程实施和乡村公路的督促检查,确保县道的畅通、村级公路的通达。截至12月底,县养道路好路率94.8%,公路绿化率90.9%。维修平交路口1处、公路边沟清淤、清运塌方泥土3200立方米;完成涵洞改造5道,疏通涵洞76道。整修路肩边坡4000立方米,修补路面坑槽900平方米,挡土墙50立方米。

安全生产管理继续强化 先后投入5万元购置路锥、施工标志、条幅等安全设施。未发生重大安全生产及责任事故,被评为鹰潭市交通系统安全生产先进单位和县消防工作先进单位。

行业管理得到加强 从8月份开始,查处抢客、甩客、宰客、私抬票价、客运超载等违章行为35起,查处非法营运的电动三轮车124辆,收购30辆,切割51辆,销毁19辆。

完成春节、中秋节、国庆节及“五一”期间,安全运送旅客105万人次。完成培训驾驶学员期2500人次。引进物流企业88家,车辆7940辆159124吨位。

综治信访及社会稳定工作全面加强 组织参加省市各类执法人员岗位培训8期76人次,参训率100%。受理社会群众投诉13起,未发生进京、赴省等重大信访、越级访案件,信访隐患排查率100%。

(汪有根)

龙虎山风景名胜区

加快推进龙虎山景区重点项目建设 为全省旅游重点产业集群会议召开和第三届国际道教论坛在鹰潭召开,景区交通局重点实施以下项目:一是上清天师大道新建工程。该工程于4月完成招投标工作,5月6日动工建设,工期5个月,在原工程基础上增加137米的建设任务,仍于10月15日全面竣工,并于11月11日组织景区相关部门交工验收合格,为景区道教论坛顺利召开提供交通便捷。二是天禄至洪五湖公路建设工程。于2014年4月底完成招投标工作,6月6日正式动工建设。三是配合景区寻梦龙虎山大型实景演出,总投资90万元的无蚊村进出口道路8月底竣工通车。投资90万余元的演艺场入口道路9月底竣工通车。总投资约300万元的寻梦龙虎山入口表演区广场铺装工程于9月底全部完成,并交付使用。

加快农村通自然村公路建设步伐 争取通自然村公路计划项目21条,21.6千米,完成石港至彭家2.9千米、贵龙线至旺家洲1.1千米、贵龙线至炉坊1.6千米、万家岭至半山孔家1.2千米、龚资线至下城门1.1千米、贵龙线至洪源1.5千米、李家至龚家2.5千米、G206至黄家1.1千米等19条通自然村公路。

加强景区交通基础设施建设 一是水北段家至生化厂农村客运网络公路,争取段家至敖石3.3千米农村客运网络公路,项目资金66万元。该项目12月底全面竣工。二是农村综合服务站顺利验收。3月21日,通过省厅组织相关部门对上清农村公路综合服务站验收。及时向省厅争取农村公路养护资金,省厅批复每年养护资金66万余元,并追加2013年度的养护资金。三是姜家桥工程验收合格。姜家桥危桥改造项目,7月全面竣工并通过验收。

(钟敦伟)

赣　州　市

赣州市,辖2区1市15个县和3个国家级经济技术开发区,人口954万人,面积3.94万平方千米,分别占江西省的1/5和1/4,是江西最大的行政区。2014年,交通运输事业快速发展,取得明显成效。

铁路建设 铁路建设取得重大进展。9月30日,连接京九、京广两大铁路动脉的赣州至韶关铁路线开通运营。至此,赣州市境内铁路运营里程达789.7千米。赣龙铁路扩能改造完成投资70亿元,时速由120千米提高到200千米,2015年底全面建成通车。昌赣客专线前期工作取得重大进展。该项目于12月20日开工建设。此外,赣深客专、吉永泉、鹰瑞梅、赣井铁路等项目的前期工作正在全力推进。

机场建设 赣州黄金机场改扩建工程加速推进,项目工可报告获得批复,征地拆迁工作全面启动,机坪扩建工程全面完工,通行条件全面提升。瑞金机场成功纳入长江经济带发展规划,完成勘察选址工作,各项工作稳步推进。赣州黄金机场新增珠海、南宁、贵阳3个航点,通航城市14个,加密上海浦东航班,保持北京、南昌每日两班稳定运营,旅客吞吐量78.74万人次,同比增长25.61%,增速超过昌北机场,位居全省首位,是全国民航增速的2.8倍。

国省道建设 国省道管理与建设取得较好成绩。计划完成普通国省干线升级改造项目里程90千米,实际完成项目里程100.8千米;新开工升级改造项目里程164千米,实际开工项目里程118.5千米,占72.26%;实施路面重建项目里程572.8千米,其中,车购税补助项目135千米,灾毁重建项目98.8千米,养护大中修项目339千米,实际完成项目里程230千米,分别占年计划272.76%和109.52%;完成危桥改造20座/2047.8延米,占年计划153.85%。赣州境内国道4条,计932.02千米(G105长度232.57千米,G206长度258.18千米,G319长度222.77千米,G323长度218.50千米)。

县乡村公路建设 完成农村公路建设里程3800千米。危桥改造100座,农村小河桥176座,县道3884千米,乡道4465千米。全市农村公路总里程25710.61千米。各类公路通车总里程29369.41千米。

公路运输管理与生产 汽车营运车辆数43251辆,其中,客车2771辆(84547客位)、货车40480辆(总吨位134215吨)。完成客运量8269万人次、客运周转量532673万人千米。货运量17089万吨,货运周转量1780362万吨千米。赣州市中心城区拥有公交车636辆。运行线路45条,公交线网长258.71千米,营运线路总长度1330.12千米,5个公交场站总面积3.88公顷。中心城区出租汽车1088辆。全市(不含瑞金市)16个出租车公司,出租车1648辆[其中:中心城区(含赣县)有6个出租车公司,出租车1088辆]。2014年,该局被交通运输部授予交通运输业经济统计专项调查优秀集体称号、被省运管局授予全省道路运输管理工作先进单位称号,并被赣州市人民政府评为文明单位。

水路运输管理与生产 赣州港航分局和赣州市港航管理处加强对水路的航道建设和运政管理。货运量1566.7万吨,货物周转量52503万吨千米;客运量136.8万人,旅客周转量1200万人千米。内河运输船舶422艘,其中,客船89艘,客位2479个;内河货船333艘,吨位33116吨。沿海货运船舶2艘,吨位3774吨。2014年,赣州港航分局、赣州市港航管理处均被赣州市人民政府评为文明单位。

物流产业 规模以上物流企业66户,其中,运输型44户,仓储型8户,货运代理型14户。A级以上物流企业8户。社会物流总额5131亿元,物流业增加值135亿元,同比分别增长5%和12.6%。

(李发淳)

章 贡 区

2014年,章贡区交通运输局取得较好成绩,被评为“2013年度全市农村公路养护管理先进单位”“2013年度全市物流工作先进单位”“2014年全区招商引资先进单位”“2014年区政协提案办理工作先进单位”。

公路建设管理养护 升级改造农村公交环形线路20千米;硬化通25户及以上自然村公路16千米。新修农村沙土路103千米。

安排专项养护维修资金220万元,维修农村公路破损路面、路基挡土墙、路边排水沟、拓宽路基、公路及桥梁安全护栏等项目。

加强汽车维修市场管理。考核全区二类维修企业39户,三类专项维修企业138户,质量信誉考核合格率100%。

加强驾培市场管理 对辖区12家驾校进行信誉考核验收,其中,10家评为AA企业,2家评为A企业,质量信誉考核率100%。

物流园区建设 章贡区沙河物流中心、赣州港水西综合货运码头物流中心项目列入苏区振兴项目,总投资18亿元。沙河物流中心项目列入交通运输部公路运输“十二五”物流园区规划,获项目投资补助资金4000万元。

以物流载体建设为重点,加快物流中心建设赣州金属产业商贸物流城总投资35亿元,项目分四期开发,目前一二期开发面积27万平方米,项目一期13万平方米和二期项目61668平米建成,项目一期500余套商铺被钢材和五金机电经营户全部购买用于自营。

以规模企业为龙头,继续大力发展货运产业新增7家物流企业。截至12月底,全区营运车辆6915辆,吨位32390吨,从事物流经营者218户,个体运输经营者5710户。

(章贡区交通运输局)

赣　县

2014 年,赣县交通运输局积极推进交通运输各项工作发展。

交通重点工程项目取得新突破　1. 赣州梅林汽车客运站项目。总投资 2.3 亿元,正在进行土地出让工作。

2. 梅林大街东延与梅林大桥立交项目。总投资 700 万多元,正在实施中。

3. S219 沙龙线梅街至荷树坳段公路改建项目。完成施工图设计工作,进行两阶段勘察设计。

民生工程建设取得新进展　1. 农村公路建设。一是农村公路路网改善工程项目,完成 6 个 25.2 千米。二是通自然村公路项目,完成 176 个 134.5 千米。三是县道升级改造项目,王母渡岐岭至阳埠、大田至大埠、攸镇至沙地公路开工建设并完成部分路基工程,田村至白鹭公路完成施工图设计优化和批复工作,正在进行招投标工作。四是乡道升级改造项目,蓬村至丝毛坑公路施工图设计批复,正在进行招投标等前期工作。五是湖江至石芫战备公路恢复 A 段施工。

2. 新建续建桥梁。续建 2013 年独立桥梁 2 座,其中,沙地外甫前桥完工。新建独立桥梁 6 座,全部完成工程可行性研究批复工作,其中,河头桥开工建设。

3. 危桥改造。沙地信坪桥、阳埠枫岭一桥和大田河头桥完成招投标。吉埠大桥开工建设。

4. 农村公路标识标牌设置。积极筹措资金,为县乡村道设置标识标牌,县道增设单柱式标志牌 78 块、双柱式标志牌 4 块、减速带 94 米、凸镜 14 块,乡道增设单柱式标志牌 128 块、双柱式标志牌 6 块、减速带 256 米 28 处、凸镜 72 块,重要村道标志牌 18 块,凸镜 14 块。

推进义源新区项目建设　1. 世行贷款项目—杏林大道、赣长连接线项目。总投资 1.6 亿元,省世行贷款鄱阳湖生态经济区及流域城镇发展示范项目领导小组办公室于 11 底在南昌完成项目土建施工单位招标工作。

2. 人才园项目。完成投资 4000 万元,正在进行人才孵化大楼主体五层和人才公寓 A 栋四层、B 栋三层施工。

3. 义源新区土地整理开发项目。该项目招商方案通过县政府第 17 届第 61 次常务会议审议,正在进行项目合作前期工作。

4. 义源新区试点地块开发项目。建设用地批复,完成征地拆迁和清表工作,正在进行招商。

5. 汶潭大道项目。完成互通立交的初步设计方案和地质勘探。

交通各项业务工作得到落实　1. 抓好道路运输管理。道路运输市场健康发展。截至 11 月底,完成客运量 900 万人次,客运周转量 4.2 亿人千米,均比上年增长 26%;完成货运量 2900 万吨,货运周转量 369 亿吨千米,均比上年增长 26%。大力整治运输市场,查扣非法营运客车 20 辆,货车 40 辆。

2. 抓好安全生产工作。一是抓好渡口安全生产工作,12 个渡口 16 艘渡船,检查渡船 192 船次,整改安全隐患 10 处,投资 10 万余元维修渡船 8 艘。完成湖江连坳渡口"四个"标准化建设项目,对夏府渡口码头设施安装视频监控设备。二是抓好水上交通安全管理工作,截至 11 月底,检查船舶 1500 多船次,查处违章 6 起。

3. 抓好农村公路养护管理工作。及时修复水毁公路。筹措资金 70 多万元,组织施工人员及时抢修水毁公路和桥梁;投入 15 万余元整修田村至白鹭公路、梅林至周家公路义源路段,投入 30 多万元整修大田至大埠公路。三是筹措资金添置养护装备、材料,购买 30 多吨冷沥青料、养护工具车及路面夯实机。

4. 抓好物流产业发展。一是物流产业健康发展。截至 11 月底,新增规模以上物流企业 1 家,新注册物流企业 19 家,新增货运车辆 405 辆,新增货运吨位 3540 吨,物流业上缴税收 2700 万元,红金物流园内汽车 4S 店上缴税收 592.39 万元。营运货运车辆 3435 辆,吨位 20968 吨。二是物流基础设施建设情况。红金物流中心一汽大众斯柯达 4S 店、东风悦达起亚 4S 店、雪佛兰 4S 店和国力别克 4S 店均如期完成工程建设,开始试营业。

5. 抓好争资争项工作。该局向上级交通部门争取项目资金 1.03 亿元。

(赣县交通运输局)

上　犹　县

2014年,上犹县交通运输局实现全县交通运输事业持续、稳定、健康发展。

争资争项工作取得新成绩　向上级申报交通工程立项11项,申报项目总投资6.65亿元,上级下拨补助资金5284万元。取得的成绩主要是:

1. 完成2014—2018年《上犹县农村公路危桥改造工程建设规划编制大纲》编制,列入规划危桥总数量885米/21座。

2. 完成县乡道网规划调整工作,上报新增县道215.8千米、新增乡道206.7千米。

3. 争取2014年农村自然村通水泥路建设计划161.8千米,总投资6131万元,上级下拨补助资金1618万元。

4. 争取2014年农村客运网络化连通工程计划16.1千米,总投资4278万元,上级下拨补助资金483万元。

5. 争取2014年集中连片特困地区县道改造项目计划21.9千米,总投资11195万元,上级下拨补助资金3066万元。

6. 争取2014年公路路网结构安全隐患改造工程29.37千米,总投资243万元,上级下拨补助资金117万元。

公路交通基础设施建设有序开展　至年底,境内规划建设通车总里程2173.15千米,按行政等级分,国道76千米,省道133千米,县道120千米,乡道176千米,专用公路28千米,村道(含通组路)1640.15千米;按技术等级分,一级公路13.15千米,二级公路27.97千米,三级公路153.2千米,四级公路608.23千米,等外公路1370.6千米;按路面类型分,有铺装路面831.53千米,简易铺装路面157.84千米,未铺装路面1183.79千米。

农村公路建设投资规模7224万元。

农村自然村通水泥路建设计划150千米,完成工程造价5400万元;完成双霄至铁石三级公路改造工程,完成工程造价2259万元;寺下至双溪路段县道升级改造项目完成工程造价1600万元,完成总工程量56%;国道(G220)双溪荷树坳至平富分水坳路段,省道(S548)上犹县城至树木园公路完成初步设计,各项施工前期准备工作就绪。

运输行业稳步发展　运输市场基本情况。截至年底,营运车辆拥有量943辆,其中,营运货车812辆,营运客车131辆(其中,班车62辆、公交车34辆、出租车35辆),有客运企业6户(含公交、出租),客运线路54条(其中:省际13条,县际7条,县内34条),乡镇通班车率100%,行政村通班车97.44%;完成客运量231万人次,旅客周转量27771万人千米;货运量275.98万吨,货物周转量35609.4万吨千米;水上运输客运船只30艘,完成客运量20.9万人,客运周转量209万人千米。货运船只20艘,货运量16.35万吨,货运周转量163.5万吨千米。辖区内机动车维修企业174户(其中,二类维修企业5户,三类维修企169户);货运企业(物流公司)9户;汽车租赁企业1户(租赁汽车5辆);驾驶员培训学校4家(二类);客运站场3家(其中:二级1家,三级2家);汽车综合性能检测站1家。

排查水陆运输安全隐患86次,排查隐患30起。水上运输市场连续44年实现安全无事故。

检查涉嫌非法客运车辆646余辆次,依法查处16起非法营运行为。

物流运输建设有新发展。1. 外引内联,培育引进发展一批物流企业。先后认定5家重点物流企业。新增华宇、恒通两家具有规模的物流企业,同时,赣州恒利物流有限公司重组兼并安宁、聚和、佳程3家公司。共14户物流企业落户该县。

2. 提高货运车辆运力。14家物流企业总运力达到317辆3295.872吨位,比2013年度2667.17吨增加货运车辆运力628.70吨位,同比增长23.57%。规模以上物流企业实现产值1.74亿元,上缴营业税、车辆营运税、车船税、企业所得税等计1697.8万元,比2013年增加税收258.11万元。

(上犹县交通运输局)

崇　义　县

崇义县公路总里程1731千米,其中,高速公路50.84千米,省道2条102千米,县道9条283

千米，乡道7条95千米，村组公路1200千米；有公路客运班线39条，其中，长途班线4条、中长途班线2条。1家城市公交公司，10台公交车；有8个符合航运条件的库区简易码头。投入运营的船10艘，其中，石门子码头5艘、水口码头4艘、杰坝码头1艘。

交通基础设施建设和管理 1. 大力推进交通工程建设。争取通组公路立项计划126千米，完成86.6千米。完成公路测量设计项目108个，其中，通组公路90个100.57千米；安排资金138万元，在县乡公路安全隐患点增设道路警示标志牌310块、广角镜142块、防护栏4524米、减速线2039平方米；投入6万多元，更换上寡线东林山隧道照明高压钠灯100套，反光轮廓标140个；县财政投入230万多元全面修复过埠至上堡路面，同时实施上堡公路石子头地质灾害隐患整治工程；投入600万余元修复关田—聂都、古亭—乐洞、县城—水口公路、横水镇河下组、麟潭(龙峰林场)—古亭、横水磨刀坑等高速公路受损路面；启动过埠大桥重建，完成选址和设计方案；完成鹿湾码头选址、地形图绘制、工可编制及效果图制作，并在项目建成前先行建设游艇浮筒码头。

物流产业 推进县物流中心项目建设，总投资1.2亿元，引进香港客商投资兴建。总占地面积3.31公顷，完成“三通一平”，9月2日，举行开工仪式，10月8日，业主耀丰实业投资有限公司与赣州闽盛建筑工程有限公司签订建房合同。截至12月，完成投资约2950万元。

(崇义县交通运输局)

南 康 区

2014年，南康区交通运输局，开创南康交通振兴发展新局面。

公交改革谱新篇 实施公交体制改革，对原属个体私营的7条公交线路100辆公交车、24辆出租车，由政府出资5800万余元实行整体收购。

重点工程进展顺利 文峰路目标段改造工程顺利完成，横市、太窝2个农村公路综合服务站综合服务楼竣工，章惠渠红色旅游码头项目启动征地拆迁工作，第一批80万元上级拨款资金获省港航局批复。完成通组公路185.6千米，争取省市补助资金3733.2万元，完成2个县(区)道改造项目2090万元，县(区)道升级和客运网络改造项目争取上级补助资金9139万元，完成9座危桥改造2247.8万元投资。公路养护投资2393.5万元，占地0.67公顷公交公司总站建成。

水路、道路运输市场和物流产业进一步规范。6户客运企业、133辆客运车辆，完成客运量623万人次。物流业货运量1513万吨，交通运输系统未发生特大安全事故。

交通基础设施建设 区、乡、村公路建设。1.2个工程项目完成投资2090万元：寡婆桥—朱坊公路7.4千米，完成路基工程、部分水泥路面浇筑，完成投资1360万元；横市—大坪—下造公路15.9千米，完成路基施工，完成投资730万元。

区道升级改造3个在做前期准备项目：朱坊—红心公路6.8千米，麻双乡夹口—长坑公路3.4千米升级改造项目，年前完成施工招标；唐江—连城公路30.3千米升级改造项目，年前完成施工图审批。

2. 乡道升级改造项目1个：龙回镇中陈坑—龙回公路1.1千米，总投资132万元，年底完成施工招标。

3. 通组水泥路392个，311.1千米，完成投资9245万元。

4. 危桥改造项目9个，完成投资2247.8万。重建小桥10座。

5. 客运网络连通工程项目1个：赤土—瓦岭公路6.9千米改造，总投资828万元，年底完成施工招标。

公路养护与管理 公路养护管理投资2393.5万元，县(区)道平均好路率83.8%，乡道平均好路率68.5%。

国省道加强路政巡查，清理堆积物1373米/189处，查处路损案15起，依法办理行政许可13起，路政案件查处案95%，结案率100%。

道路水路运输生产。班线客运车辆133辆，客运班线79条[其中，跨省班线23条、跨地市班线1条、跨县班线4条，县(区)内班线51条]，客运经营业户6家。公交车119辆，出租车24辆，完成客运量634万人次，旅客周转量55639万人千米。货车3493辆，货运量1776万吨，货场周转量263981万吨。驾培学校13所，其中，二级驾校

10所,三级驾校3所,教练车246辆,年培训学员6600人。机动车维修企业442户。其中,二类维修企业16户、三类维修企业426户,年维修车辆1.1万台次。生产码头泊位135个,主要是砂石货运码头,码头货运量350吨,货运周转量1125万吨千米。

城市客运管理 城市客运体制改革取得显著成效。区政府投入城市公共交通资金6500万元。其中:

1. 收购私营业主公交车100辆,4928万元;
2. 收购出租车24辆,840万元;
3. 新增公交车20辆,521万元;
4. 公交站场建设260万元。

城市客运891万人次,运营里程557万千米,运营收入1238.6万元,上级燃油补助412.7万元。

物流产业 8月,成立南康区物流产业建设管理领导小组,专门协调、服务该产业。南康家具物流列入江西16个物流重点产业集聚区之一,成为江西省扶持的重点项目。物流商贸城项目建设用地56.33公顷。登记注册从事家具物流的企业246家,从事快递、零担货物的物流企业246家,家具物流分布全国20多个省市,运量17万车次,物流产值35亿元。货运物流经营户2834户,营运货车2751辆,货运量1513万吨,货运周转量80189万千米。2014年,电子商务产业迅猛发展,电商企业600家,成为南康物流产业新的增长点。

安全管理 切实做好客车CPS监管,开展常年道路水路安全稽查512次,其中,运政稽查500次,港航稽查12次。开展公路、桥梁的安全隐患监管,排查破损、塌陷严重、急弯、临水、三岔路、十字路口等安全隐患140余个,投入130万元修复路面14820平方米。交通运输系统安全无事故。

(南康区交通运输局)

大 余 县

2014年,大余县各项工作取得较好成绩。

交通基础设施建设稳步发展 (一)做好2014年农村公路建设与桥梁项目申报工作。

公路建设计划284.63千米,桥梁建设530.7米/7座,项目总投资约34293万元,向上级交通部门争取补助资金14262.6万元。

(二)做好交通基础设施建设项目建设工作。

1. 县道升级改造工程建设。小内线小梅关至三角塘段12.1千米,上级补助资金605万元,中标价1248.36万元;浮江至吉村公路9.1千米,上级补助资金455万元,中标价1063.77万元;龙山至灵潭公路4千米,上级补助资金200万元,中标价412.37万元,3条县道改造正在建设中。

2. 乡道升级改造项目。323国道至南方红军三年游击战争纪念馆(323国道至梅关景区)公路路线全长4.7千米,上级补助1175万元,中标价1125.71万元,正在建设中。石龙子至烂泥迳公路12.1千米,争取上级补助资金302.5万元,完成施工图设计工作,正在做招标前期工作。

3. 客运网络连通工程建设。池江杨梅至樟斗红芬公路改造工程4.3千米,上级补助资金到位,中标价320.76万元,全部完成。樟斗横江至左拔公路改造工程4.73千米,上级补助资金到位,中标价670.32万元,正在建设中。2014年,下达客运网络连通计划5.2千米,争取上级补助资金156万元,项目总投资约624万元,正在建设。

4. 农村通自然组公路建设。向上级交通部门争取到通自然村通组公路建设计划226.4千米,争取上级补助资金1811.2万元,总投资约6792万元,全部完成。

5. 中山桥建设。中山桥桥长85.04米,引道长250.022米,中标价613万元,正在建设。

6. 三酉路桥建设。三酉路桥桥长76米,中标价482.84万元,正在建设。

7. 斗峰山桥建设。斗峰山桥桥长31.04米,争取上级补助资金43万元,中标价69万元,正在建设。

8. 村江坝桥建设。村江坝桥桥长34.04米,中标价181.83万元,正在建设。

9. 新城镇塘背上大桥建设。新城镇塘背上大桥桥长105米,争取上级补助资金。项目业主为新城镇人民政府,完成施工图设计批复工作。新城镇正在着手征地拆迁。督促项目业主单位尽快进入招投标程序。

10. 惜母桥重建,桥长94.58米,总投资约308万元,建设单位为南安镇政府,施工图设计完成,向上争取补助资金。

道路运输行业管理开创新局面 货运企业。营运货车1434辆，吨位3603.02吨；物流运输服务业13户：其中，1户上规模货运企业（双佳汽车运输服务有限公司）资产总额1985万元，车辆166辆，总载重量1442吨，实现税利590万元；危险品运输企业3家。

维修企业。一类维修企业1户（大余县通达汽运有限公司），二类维修企业10户，三类维修企业70户，汽车综合性能检测站1家（大余县平安车辆综合性能检测有限公司）。普通货运车辆新增99辆，转出19辆；新增三类维修企业8家。

驾校情况。机动车驾驶员培训学校5家：其中，二级4家，三级1家，教练车85辆，教练员88名，年培训能力8160人次。

客运企业。有2家客运企业：大余县通达汽车运输有限公司、崇义县长运有限公司大余分公司，营运客车77辆，座位数2612座（含储备运力6台，座位310；机动运力3台，座位151座），出租车11辆；城市公交24辆。开通客运班线31条，其中，省际班线7条，投放客车19辆；市际1条，投放客车1辆；县际9条，投放客车21辆；县境内班线14条，投放客车27辆，乡镇通班车率100%，符合安全通客车条件的行政村通班车率96.7%；二级客运站2个，四级客运站4个，客运候车亭35个。

春运期间，安全运送旅客95480人次（周转量12115618人千米、总班次6640班）。实现春运安全零事故。

交通运输企业发展势头强劲 县通达汽运有限公司是集汽车维修、零配件、检测站、汽车站、道路客运为一体的客运三级企业。客运短途班线有大余至新城、赣州、南雄等；长途班线有大余至韶关、广州、深圳、珠海、东莞、清溪、佛山、揭阳、番禺等。为适应发展需求，2009年以来该公司投入资金1100多万元用于车站建设及检测站建设。

2014年度，大余县交通运输局获得县直机关单位征地拆迁工作一等奖，2014年度争取项目资金工作一等奖，2014年度重点工程建设一类项目优胜奖三等奖，2014年度大余县普法宣传教育工作先进集体。

（大余县交通运输局）

信 丰 县

2014年，信丰县交通运输局为全县经济社会发展提供强有力交通运输支撑。

重大项目建设稳步推进，取得重大突破 一是105国道绕城改道工程。该项目全长约21.13千米，总投资约5.37亿元。省公路局下达《关于国道G105北澳线信丰县境内K2185+500－K2201+700段绕城改建工程初步设计的批复》，并列入交通运输部2015—2017年国省道改造重大项目前期工作，进入施工图设计阶段。二是大广高速信丰北互通工程。该项目全长3.37千米，总投资约1.07亿元。完成初步设计、施工图评审和批复、征地等前期工作。三是站前大道综合改造工程。完成路基工程和路面基础。四是105国道石井至西牛段升级改造工程。确定鹅公头地质灾害处理方案，对施工图设计进行变更。五是城东大道建设工程。项目全长1.49千米，完成招投标工作。六是文峰电子科技有限公司。正在实施一期主体工程建设。七是谷山度假区旅游公路项目。确定施工图红线，进行征地和地质勘探等前期工作。八是信池线城区段改造工程。该项目于上年9月完成路面硬化和绿化工程。九是城南汽车总站建设。完成项目用地初审意见、项目选址建议书，上报6套建筑设计方案至县政府审定，并向上级交通运输部门争取将该项目列入“十三五”县级汽车客运站建设规划。十是桃江大桥重建工程。完成下部构造、钢管拱安装，进行桥面浇筑等桥梁上部构造施工。

农村公路建设快速发展 上年上级下达该县的农村公路建设计划是331.9千米，其中，农村通自然村公路项目305.9千米，农村客运网络化连通工程6条26千米。截至年底，完成农村公路建设约322千米，比上年增加205.4千米。

一是农村公路续建项目。2013年，桃江大桥危桥重建，计划投资8176万元，完成下部构造，正在进行桥梁上部构造施工；2013年，新建独立桥梁2座/80米，总投资170万元，大阿镇湾里桥41米和水西段桥39米两桥完成招投标工作，开工建设；县道升级改造工程虎山樟树—小江山香6.9

千米续建项目重新开工建设,青光—中段6.1千米完成招投标工作,开工建设;2013年,客运网络化连通计划5.5千米,信丰—阳埠3.4千米完成1.3千米混凝土路面,沛东—河口2.1千米完成路基工程。二是新建项目。农村通自然村公路项目305.9千米全部完成;客运网络化连通工程6条26千米,完成内江圩至蛇坑仔4.6千米,剩余项目正在进行招投标工作;西黄公路上跨铁路桥危桥加固改造工程,计划总投资689万元,完成下部构造,预制梁完成;新建独立桥梁4座444延米,长远大桥完成施工图设计,待上级施工图批复;长坝桥和川风桥开工建;完成月形下桥预制梁安装。

农村公路危桥改造扎实推进 该局利用半年时间,完成剩余18座危桥地质勘探、初步设计、施工图设计、工程预算审核等前期工作,聘请监理公司对所有危桥改造实行"打包式"服务,进行全程有效监督。22座农村公路危桥完工4座,开工5座,完成施工图设计批复13座,正在启动工程招投标。

争资争项工作成果丰硕 一是重大项目争取获得重大突破。105国道绕城改道工程和大广高速信丰北互通两个重大项目取得重大突破,105国道绕城改道工程列入交通运输部2015—2017年国省道改造重大项目前期工作;信丰北互通立项,完成前期工作。二是超额完成争资任务。争取到位资金4334.6万元,超额完成县委、县政府下达的4000万元的争资任务。三是新争取到一批项目。新争取到农村通组公路、农村客运网络化连通工程计划约330千米,比上年新增70千米;新建桥梁4座。四是争取农村公路危桥项目。22座农村公路危桥全部列入省公路局危桥库。

道路运输管理工作不断完善 一是公路客运安全平稳有序。班线客车386辆,出租车60辆,公交车28辆。春运期间,完成公路旅客运输量70万人次。公路客运量和旅客周转量分别完成985万人和85940万人千米,分别比上年增长2%和4%。二是公路货运保持健康发展。物流企业34户,其中,市规模以上物流企业5户,货车3632辆,总吨位9650吨。公路货运量和货运周转量分别完成1995万吨和297323万吨千米,分别比上年增长8%和15%。三是运输市场秩序明显好转。查处"黑车"70辆次;查处其他违法行为60余起,未发生公路"三乱"行为。

(信丰县交通运输局)

龙 南 县

交通基础设施建设 1. 重点工程建设有新突破。一是三南公路项目建设,完成工可评估和交通行业审查意见,项目工可审批前置工作陆续开展,完成水保评估、环保评估、文物保护评估、社会稳定风险评估等专题报告;二是中和至水口公路全面完工并通车;三是横黄公路墩头至黄牛石路段改建工程完工并通车;四是G105国道改道工程(东江段)征地拆迁完成;五是南亨农村公路综合服务站全部完工并投入使用;六是龙南综合养护中心建设全部完工。同时做好骏亚至和利道路改造、汽车贸易城、廉江桥和红卫桥左幅老桥拆除重建工程等配合项目的推进工作。

2. 公路项目建设进展顺利。一是全面完成交通民生工程建设,完成农村公路建设改造103.5千米,累计完成投资2691万元,完成建设计划154.7%。完成临塘新圩桥危桥改造,全长45米;二是大力改善农村公路通行环境,组织实施环城路防护工程以及横黄公路、中和至水口公路水毁塌方工程,总投资94.6万元,组织实施龙关公路里仁段、桃江石路桥、学院公路路面修复整治工程,总投资450.8万元;三是抓好小河桥涵建设,完成14座小河桥(涵)建设,占任务数10座的140%;四是逐步完善县道安保工程建设,实施龙关公路安保工程以及路面修复工程,项目投资44万元。五是积极参与国省干线公路路面改造工程、大中修工程和危桥改造工程的投标工作并中标;县重点工程红卫桥、濂江桥(演教寺桥)左幅老桥拆除重建工程启动建设。

3. 国、省道路养护工作。完成"示范路"创建工作68.36千米。向上争取寻茅线(大定段)路面大中修工程。对超期服役的寻茅线(大定段)路面进行大中修,工程总额347万元。

路政管理工作 做好工程建设交通维护工作。做好汛期应急物资储备及防汛工作。汛期完成清疏水沟400千米,清铲高路肩25.6万平方米,割除高草25.6万平方米,清理桥涵1200道,清理塌方9580立方米，砂石路面水毁修复56.05万平方米，修补坑槽34566平方米。

道路运输生产 一是开通赣龙城际快线。10月1日，龙南至赣州的城际快线正式开通，首批投入12辆客车双向对开运营，每半小时发一班车，全天24趟次，全程高速运行，票价由58元降至52元，为旅客提供更加安全、快捷、优质的运输服务。二是客货运市场服务质量稳步提高。完成旅客客运量580万人，旅客周转量50718万人千米，货运量达1182万吨，货运周转量189076万吨千米。三是运输保障能力不断增强。春运期间，投放车辆198辆，完成客运量52.85万人次，比上年增长17.9%，周转量为3858万人千米，加班车辆数557班次，未发生一起事故，圆满完成春运各项工作任务。四是维修行业进一步规范。机动车维修企业64户，其中，一类维修企业1户，二类维修企业7户，三类维修企业32户，摩托车维修企业26户。

争资争项及招商引资工作 1.争资争项。储备农村公路改善工程、夹杨公路县道升级工程、G105国道里仁—东江路面改造工程、龙南至中坪公路三级公路改建工程等7个项目，争取资金5745.1万元。

2.招商引资。新引进投资2亿元的骏能（龙南）化工有限公司项目完成立项、土地平整、地勘等，购买设备等固定投资3600万元。龙南商贸物流园项目接待二十批次外商来龙南实地考察，有两家提出投资方案，待县政府审核通过后，将择优选择投资方。

（龙南县交通运输局）

全 南 县

2014年，全南县交通运输事业平稳快速发展。

公路建设 寻茅线全南县绕城一级公路工程，进行施工和监理招投标，9月12日正式开工，截至年底，县绕城一级公路工程累计完成投资约8000万元，占合同价33%。累计完成85千米农村公路改造任务。

公路养护 县道养护总里程96.7千米，乡村道养护总里程564千米。路面修复和路基加固樟排线龙下段、寨润线兆坑段等，总投资60多万元。

交通运输生产 累计完成公路客运量168万人、客周转量10849万人千米，春运期间，完成客运量14.2万人、客运周转量1080.1万人千米。累计完成公路货运量231万吨、货物周转量24076万吨千米。

交通安全生产 交通安全工作继续以强化道路运输安全管理为重点，道路交通和公路建设安全事故为零。

（全南县交通运输局）

定 南 县

2014年，定南县各项工作取得显著成绩。

重点项目建设 一是竭力推进小江至定南至细坳三级公路天花至九曲段改建工程实施，路线全长7.82千米，完成路基工程97%，年底前，完成路基工程、桥梁主体结构，路面完成7.4千米，完成投资总额约1570万元；二是督促岭南大道一期工程加快施工进度，完成路基工程90%，桥涵工程95%，防护工程40%，路面垫层1.5千米；三是积极推进岭南大道二期工程建设，完成土石方85%，桥涵工程完成95%，防护工程完成50%，路面垫层2千米。

公路管理与养护工作 投入养护及水毁资金320多万元，抢修水毁路面21.2千米、水毁路基33.6千米，清理塌方18.52万立方米和灾后路障42处，修复桥涵6座，确保公路安全畅通。

公路运输 春运期间，投入大中型客车95辆，平均每天发送190个班次，加班196班次，包车24辆次，运送旅客9.59万人次，发车秩序稳定，车流畅通，未发生一起交通安全事故和旅客滞留事件。

完成客运量198万人，比上年增长3%；旅客周转量1.76亿人千米，比上年增长2%；货运量324万吨，比上年增长4%；货物周转量27250万吨千米，比上年增长3%。

客运公司6家；出租汽车公司1家；规模以上货运企业2户；二级汽车客运站1户，四级汽车客运站3户；二类驾驶员培训学校3户；维修企业112

户,其中:二类维修企业6户;机动车综合性能检测企业1户;汽车租赁企业1户;危货企业3户。

道路运输管理 查办案件47宗,其中,擅自改装车辆18宗,无上岗证14宗、未带上岗证5宗、出租车不打表1宗、非法营运9宗,查处非法营运面包车辆9部,擅自机动车驾驶员培训1宗,罚款10.76万元,教育司乘人员20余人。做好年度道路运输从业人员诚信考核工作,考核道路运输从业人员1200人。

(定南县交通运输局)

安 远 县

2014年,安远县交通运输局加快交通基础设施建设,推进苏区振兴交通运输工作。

对口支援工作 争取到交通部扶持安远苏区交通建设资金2亿元。2013年11月7日、2014年4月9日与5月24日,交通运输部部长杨传堂、副部长翁孟勇、部党组成员刘小明带领部、省等相关领导先后深入安远苏区实地调研对口支援安远苏区交通建设:一是部里决定2014年和2015年每年安排2亿元资金支持安远交通建设,2014年,用于11个交通建设项目(包括对口支援项目及国省道改建),公路改造里程174.6千米,危桥重建6座,新建独立中桥6座,项目总投资约53323万元,截至12月,包括公交车和出租车及客运站场建设,全年累计完成投资约1.85亿元;二是省交通厅、省公路局倾斜支持将S223龙布至牛犬山段、牛犬山至版石段、石仔头至葛坳段大修列入2014年路面大修计划,同时明确S325深溪至天心圩段、S223龙布至塘村段20千米列入2015年计划,支持资金4200万元,并在危桥重建和站场建设予以倾斜支持;三是部里大力开展对口支援人才技术援助工作,倾斜扶持苏区交通干部参加全国性业务培训学习,部、省联合帮助安远县编制交通发展规划,争取人民交通出版社捐赠价值3万元专业技术书刊。

干线公路改造项目工作:

1. 省道改扩建:①S219小坌至龙布段,2013年7月开工,累计完成投资约8600万元,年底全线完工通车。②S223(石镇线)车头迳仔口至县城段,7月25日开工建设,累计完成总投资2500万元。

2. 县道改造:①里田至心怀公路,于6月30日开工建设,累计完成总投资约1620万元。②寻乌至安远公路,其中,五里沥至安远段于10月15日开工建设,累计完成总投资约500万元;太阳关至五里沥段正开展招投标工作,年底前开工建设。③镇岗至黄背、凤山至过桥垄和虎岗至过桥垄三条公路,施工图设计完成,开展征地拆迁和招投标等前期工作。

3. 寻全高速公路(安远段)连接线项目:二级公路范围内由寻全项目办负责实施,完成路基涵洞,垫层和基层铺筑70%,年底前完工。

4. 通村公路及桥梁建设项目:通自然村水泥路建设下达174个项目/166千米,有85个/73.5千米完工,累计完成投资约3600万元;争取新建桥梁6座桥建设计划390米/312万元。与此同时,争取到2013年完工欣山镇古田桥补助资金76万元。

争资争项工作 争取上级补助资金26126.5万元。分别是:通25户及以上自然村水泥路1660万元、交通部对口支援农村公路改造2亿元、新建桥梁312万元、危桥重建76万元、虎岗至过桥垄段812万元、S223龙布上林至牛犬山段大修1653万元、牛犬山至版石段大修1521万元、S223石子头至葛坳段大修92.5万元。

县乡公路养护工作 1. 做好雨季水毁抢修,确保公路安全畅通。3月以来,洪水暴雨频发,水毁破坏造成多处山体塌方、路肩塌陷等灾情。截至6月底,投入水毁抢修资金68.5万元。确保农村公路汛期安全畅通。

2. 做好农村公路养护示范路的整治工作。县财政安排500万专项资金用于农村公路养护和县道及乡镇示范路整治。安排县养公路6条计77千米,乡镇养护的26条计117.6千米作为示范路整治路段。

公路运输工作 1. 春运40天,出动执法人员300余人次,出动执法车辆60余辆次,检查车辆300多台,纠正、查处各种违章违法车辆98辆,运送旅客11.53万人次,比上年增长2.9%。

2. 物流产业初具规模,物流企业有车辆157辆,吨位1175吨,上半年货运量185274吨,货运周转量1482.19万吨千米,上缴税收615.62万元。并在寻全高速和宁龙高速旁正在规划占地666.67公顷，投资100亿物流园区，将进一步壮大该县物流产业。

（安远县交通运输局）

寻 乌 县

2014年，寻乌县各项工作有序推进，取得良好成效。

寻乌县农村公路总里程991.57千米，其中：县道公路204.33千米，乡道公路190.47千米，村（组）道公路596.77千米。农村公路桥梁5644.46延米/231座，其中：县道桥梁1378延米/75座，乡道1119.5延米/51座，村道桥梁3146.96延米/105座。15个乡（镇）、173个行政村和6个居委会通水泥路。

汽车运输站点9个，其中，县级汽车客运站1个，区乡级客运站8个，农村客运候车亭105个。

交通基础设施建设与管理 1.重点工程建设。大路三桥建成通车。该桥系206国道改造项目大路下至五里亭段新建工程桥梁，桥梁全长为232米，公路等级：一级公路；设计速度：80千米/小时；工程通过公开招投标，邵阳市宝庆公路桥梁工程有限公司中标承建，中标合同价1426万元。施工监理宁波交通工程咨询监理有限公司中标。工程于2012年10月开工建设，2014年9月建成通车。

G206寻乌绕城公路改造工程于4月开工建设。

济广高速公路寻乌吉潭出口扩宽工程于7月开工建设。

寻乌—安远（甲子乌至县界）县道公路改造工程于10月开工建设。

2.农村公路建设与管理。通组（自然村）水泥路建设、截至年末，完成通组（自然村）水泥路建设159.9千米。

农村公路养护管理工作。纳入管养的县道8条204.3千米，乡道26条190.5千米，村道513千米。组织开展农村公路冬季整修工作，列入冬季整修农村公路427.2千米。

3.运输场站建设。完成桂竹帽农村公路综合服务站、20个农村客运候车亭和20个农村客运候车牌的建设。开展新汽车站和物流园区的建设规划工作。

桂竹帽农村公路综合服务站。占地面积4680平方米，建筑面积1458平方米。由寻乌县建筑设计室设计，寻乌县市政工程有限公司中标承建，工程于2013年7月开工建设，于2014年12月完工。

客货运输管理和生产 1.加强日常运输管理。组织开展执法专项行动5次，查处违法违章运输车辆18台，出动稽查人员122人次，保障道路运输行业的健康有序和规范发展。

2.客货运输车辆发展现状。客货运输车辆567辆，其中，客运车辆72辆2040客位，公交车20辆380客位，出租车30辆150客位，货运车辆445辆2651吨位；驾校4家；大中型物流企业12家。客运量200万人，客运周转量12853万人千米，货运量408万吨，货运周转量42528万吨千米。

（寻乌县交通运输局）

于 都 县

2014年，于都县县交通运输局圆满完成各项工作任务。

交通重点工程建设 于都汽车客运南站：完成施工图纸设计和审查工作，项目征地和“三通一平”（路通水通电通平整场地）工作正在实施当中。

农村公路建管养护 1.争资争项工作。向上申报5大类农村公路建设计划，争取上级补助资金到账1亿多元。其中，县道升级改造项目三角塘至小溪公路12.4千米、仙下至澄江公路19.2千米，争取上级补助资金4424万元；危桥重建项目236.1延米/3座桥，争取上级补助资金377万元；农村公路新建大桥280延米/3座，争取上级补助资金224万元；客运网络连通工程28.1千米，争取上级补助资金852万元；通自然村公路建设项目378.9千米，争取上级补助资金3789万元。争取项目实际到账资金9139.26万元。

2.县道升级改造。2个项目开工建设，2个项目完成招投标,1个项目正在着手招投标,其中,葛坳至曲洋公路9千米全线开工建设,正在进行路基、桥涵施工,完成投资185万元,占标段总工程量16.1%;高龙至黄麟公路25千米宽田乡路段21千米开工建设,正在进行路基、桥涵施工,完成投资1374万元,占标段总工程量26.4%;利村至罗江7.1千米、县城至新陂公路新陂段4.7千米完成招投标,正在签订合同;仙下至车溪至段屋公路正在招投标。

3. 通组公路建设。通自然村公路争取计划350千米,数量规模超历年之和,完成水泥路面硬化251.8千米。

4. 危桥重建。4座开工建设,2座完成招标,5座正在做前期工作阶段。

5、新建大中桥。1座中桥完工,4座中桥开工建设,2座中桥选择施工单位准备开工建设,1座中桥正在着手招投标工作,2座中桥完成施工图设计及审批工作,6座农村小桥开工建设。

6、公路日常管养。加强对农村公路危桥重建、新建独立桥的监管,下拨养护经费144.4万元,下拨水毁抢修资金207.5万元,修复瑞林—公馆公路万田段、三金线罗江段,汾宽线宽田段等水毁抢修工程,清除塌方26716立方米/21处、路基18500立方米/11.5千米、路面27350平方米/6.5千米、挡土墙496立方米/5处、涵洞276米/42道、水沟818米、桥梁维修151米/4座。

公路运输行业监管 圆满完成春运任务。调集427辆客车参加春运(其中,正常运力299辆,启用机动运力43辆,二类以上客运企业调配外地运力85辆),满足春运旅客乘车需求。同时,积极争取铁路部门支持,继2013年之后,正月初八又开通一趟于都—东莞东“爱心专列”,发送旅客2400余人,票价仅需42元,为群众节省开支50余万元。此举缓解于都春运高峰期公路运输压力。

(于都县交通运输局)

兴 国 县

兴国县全面完成年度目标任务。

2014年,交通基础设施日趋完善。公路总里程2445.91千米(高速公路68.74千米、国道64.12千米、省道87.89千米、县道399.60千米、乡道224.74千米、专用道11.60千米、村道1589.22千米)。按技术等级分,一、二级公路216.09千米,三、四级公路1851.18千米,等外路378.65千米。有公交车50辆,运行线路7条,运行里程113.5千米;有出租车32辆160座、省际客车26辆14条线路、市际客车7辆7条线路、县际客车29辆11条线路、县内客车112辆87条线路。二级站汽车站1座、四级站7座、农村公路综合服务站2座、招呼站213座,三级火车客站1座、三级货站1座、四级客站2座,农村渡口1个、港航站1座、简易码头8个、钢质渡船14艘。货运企业(业户)1139家,规模以上物流企业3家物流货运车50辆;维修企业106家(二类7家、三类99家);驾培学校5家(二级4家,三级1家)182辆教练车。

(兴国县交通运输局)

瑞 金 市

农村公路建管养齐头并进,切实解决群众出行难题 1. 重点抓好县道升级改造。一方面抓好蛇子岗—塔下寺公路沙洲坝至九堡路段15.1千米、对坊—森峰公路对坊至瑞林路段6.7千米2个项目组织实施,年底全面完工。另一方面做实前期工作。做好谢坊—石壁下公路18.2千米、对坊—森峰公路瑞林至下坝路段16.52千米、黄柏—瑞金公路12.58千米3个项目开工建设工作,其中:谢坊—石壁下公路18.2千米、对坊—森峰公路瑞林至下坝路段16.52千米完成施工图设计,上报至赣州市交通运输局完成评审待批复;黄柏—瑞金公路12.58千米正委托设计单位开展施工图设计工作。

2. 加快推进农村公路危桥改造。一是抓好2013年农村公路危桥改造项目壬田镇白口桥组织实施工作。该桥长85.12米,于4月开工建设。二是抓好农村公路危桥改造项目谢坊镇水南大桥前期工作。完成两阶段初步设计并经过省公路局组织评审,待批复。三是完成年民生工程下达4座农村公路危桥、10座农村小河桥(涵)改造任务,消除部分桥梁安全隐患。

3. 全面铺开通自然村公路建设项目。通自然村公路项目204个,计划里程300千米,完成215千米。

4. 争取农村客运网络连通工程。农村客运网络连通工程项目2个,为瑞金—泽覃村公路18.1千米、龙井—沿岗公路5.8千米。完成施工图设计并上报赣州市交通运输局评审批复,正着手组织工程招投标等前期工作。

5. 加强农村公路养护管理。投入养护资金154.35万元,重点对云九公路云石山路段、云万公路万田路段、兰云公路叶坪云合路段、公瑞公路冈面路段、泉瑞公路瑞林路段等县道进行集中维修养护。

加强道路运输管理,优先发展城市客运 1. 发展客货运输和城市客运。截至年底,客车226辆,完成公路客运量682万人,客运周转量70513万人千米,同比增长13%;货车2384辆,新增248辆,完成公路货运量780万吨,货运周转量84082万吨千米,比上年增长25%;更新公交车4辆,新增2辆,公交车53辆,出租车100辆。

2. 推进运输基础设施建设。新车站按一级汽车站标准设计,占地面积3.6公顷,做好环评、立项等前期工作,正在进行报建工作。完成瑞林农村综合服务站主体工程建设,正在进行新增附属工程建设。完成23个候车亭(牌)工程建设,4个农村客运站正在建设中。推进公交客运指挥中心和3个公交换乘站项目选址、立项,正在征用土地,其中,公交客运指挥中心面积6.02公顷,城东公交换乘站面积1.33公顷,城北公交换乘站面积1公顷,城西公交换乘站面积2公顷。

3. 加强道路运输市场管理。出动稽查人员1250余人次,检查各类车辆1430余辆次,纠正各类违章行为966起,查处非法营运“黑车”15辆,违法经营“黑车”在不同程度上得到有效遏制。

4. 实施开通瑞金至赣州城际公交。11月28日,赣瑞城际公交开通试运行,在运营中逐步完善,改进服务。

物流载体建设卓有成效,稳步提升物流业发展 1. 物流经济运行平稳。物流企业77户(含赣州市规模以上物流企业1户),其中:货运企业67户,仓储配送企业10户;货运车辆(含外籍)3820辆,核定货运吨位31760吨,实际载货能力57300吨;货运代理(托运部)37家;快递8家;仓储面积7.1万平方米;物流从业人员16200人。社会物流总额140亿元,物流业增加值10亿元,社会物流需求呈现增长态势。

2. 物流载体建设有序推进。在火车站北侧区域,规划用地面积42.45公顷,总投资15亿元商贸物流园项目,完成工可报告、立项审批、选址意见、用地规划许可、工程规划许可、环境评估、林地报批、土地征用、林果树的补偿、园内房屋拆迁、迁坟1178座,等前期工作。园内烟草和药品配送中心搬迁选址工作完成。

安全生产形势趋于平稳,全年实现水路运输无事故 1. 加强行业安全监管。安全执法检查900余人次,查出各类安全隐患48处,整改48处,整改率100%,查处各类违法违章966起,其中,无道路运输经营许可从事营运车辆15起。实现渡运第24个安全年,维护春运及“两会”“五一”“十一”等重要期间安全稳定,确保交通运输行业安全。

2. 保持水路运输发展,实现水运安全无事故。砂场23个,采砂船22艘、运砂船舶29艘,旅游码头1座,30座客船1艘,完成砂石货物吞吐量32万吨,周转量24万吨千米,未发生水上运输安全事故,无人员伤亡,无经济损失。

服务中心工作大局,提升交通核心竞争力 1. 招商引资有新进展。外出招商5次,接待客商32批次,洽谈项目3个,主要包括商贸物流、电子信息、机械制造等。

2. 加大争项目争资金力度。1—12月,争取落实到位资金6406.6万元(县道升级改造补助资金2441.6万元;通组公路建设补助资金3900万元;公路水毁资金65万元);争取项目4个,县道对坊—森峰公路(瑞林镇至下坝路段)16.56千米、黄柏—瑞金公路12.58千米、谢坊—石壁下公路(谢坊镇至拔英乡路段)18.23千米,列入2014罗霄山片区县道升级改造计划;通组公路硬化项目300千米;环城国道改造项目,全长16.9千米,包括七彩大道和象湖大道,估算投资5亿元;叶坪乡田坞片区主干道改造项目,省交通运输厅同意将叶坪田坞片区主干道19.96千米列入改造计划。

(瑞金市交通运输局)

会 昌 县

2014 年,会昌县交通运输局被市文明委评为第八届文明单位。

公路总里程 1729 千米,比上年增加 35 千米;营运汽车 1073 辆,比上年增加 116 辆,其中,营运货车 908 辆(含 233 辆农用车),营运客车 168 辆(客车 119 辆 3986 座,出租车 30 辆,公交车 16 辆)。公交线路 5 条,客运班线 57 条,其中,跨省 17 条,跨区 1 条,跨县班线 12 条,县内班线 27 条,乡(镇)通班车率 100%,行政村通班车率 95%;一、二类维修企业 7 户,物流运输服务企业 45 户,机动车驾驶员培训学校 4 家。与上年比,货车新增 981 吨位,新增客车 2 辆,新增物流运输服务企业 7 户,新增二类维修企业 2 户,三类维修企业 23 户。

公路建设:至年底,公路总里程 1729 千米,其中,高速公路 84 千米(厦蓉高速公路会昌段 27 千米,济广高速公路会昌段 57 千米),国道 84 千米(206 国道 62 千米、323 国道 22 千米),省道 99 千米(S217 黄会线 45 千米、S325 金分线 54 千米),县道 236 千米,乡道 340 千米,专用公路 19 千米,村道 867 千米。路网密度达到 63 千米/百平方千米。

向上争取通村公路建设计划 285.5 千米,并全面完成建设任务。站塘至洞头公路改造工程,项目含道路工程和棠梅湖大桥,分别于 2014 年 5 月份和 11 月底完成,总投资 9484 万元。月亮湾、湘水、林岗三座大桥拓宽工程。月亮湾大桥拓宽工程完成投资 1500 万元,占总投资 68.5%;湘水大桥拓宽工程完成投资 1582 万元,占总投资 90%;林岗大桥拓宽工程完成投资 620 万元,占总投资 55%。会昌至永隆公路改造工程,全长 42.71 千米。全线按路三级公路标准建设。于 2014 年 10 月动工建设。

物流管理:货运车辆 675 辆 3519 吨,增长 119 辆,吨位增长 981 吨,货运运力增长 19.6%,吨位增长 43.57%;农用车 233 辆 180.29 吨。货运车辆年审率 90%。

物流公司 69 家,新增物流公司 22 家。规模以上物流公司江西省昌宁物流有限公司,货运车辆 52 辆 351.91 吨,其中,大型以上车辆 36 辆;会昌县锦程物流有限公司,货运车辆 44 辆 475.72 吨,其中,大型以上车辆 36 辆;会昌县邦运物流有限公司,货运车辆 12 辆 165.07 吨,除去 3 辆牵引车外,剩余全部是重型车辆。

(会昌县交通运输局)

石 城 县

2014 年,石城县公路总里程 1432.22 千米,按行政等级分,高速公路 26.53 千米,国道 80.57 千米,省道 0 千米,县道 231 千米,乡道 103.17 千米,村道 990.95 千米;按技术等级划分,高速公路 26.53 千米,一级公路 8.89 千米,二级公路 60.15 千米,三级公路 46.1 千米,四级公路 873.95 千米,等外公路 416.61 千米;按路面类型分,有铺装路面 976.49 千米,简易铺装路面 6.05 千米,未铺装路面 449.68 千米。境内公路密度 90.55 千米/百平方千米。公路桥梁 331 座计 14710.18 延米,其中,大桥 34 座计 7209.6 延米;中桥 90 座计 4450.68 延米;小桥 207 座计 3049.9 延米。危桥 56 座,计 2832.46 延米。客运车辆 143 辆,其中,班线客车 86 辆 2271 座、公共汽车 17 辆计 261 座,客运出租车 40 辆计 200 座,运输旅客 187 万人次,完成客运周转量为 14521 万人千米。货运车辆 1069 辆计 1906 吨,完成货运量 309 万吨,货运周转量 35596 万吨千米。

农村公路建设 1. 县乡道升级改造。县道升级改造项目龙岗—大由、丹阳至横江公路全面完工,投资 2600 万元;木兰—桐江公路于 9 月底开工建设,完成路基改造工程,累计完成投资约 1220 万元,占总投资 58%。乡道项目枫岭脑—坝口公路全面完工;新河—洋溪公路完成施工图批复并启动施工招标。

2. 公路桥梁建设。新建独立桥梁温坊大桥竣工通车;莲花桥完成 2 片梁、3 个基础;黄泥岗桥完成下部构造;河背桥完成 1 个基础。危桥改造项目石垄里桥全面竣工,庙子潭大桥完成下部构造,进行预应力空心板梁预制;井湖坝桥完成下部构造,进行上部构造施工;月形桥完成 3 个基础及台身混凝土浇筑;下村坪桥开工建设;睦富大桥开展招标工作。完成上柏桥、桐江桥、濑田桥、王泥段桥、罗家斜桥、油疗桥、大陂上桥、溪背陀桥、西华山桥等9座小河桥涵,占总任务90%。

3. 通自然村公路建设。争取通自然村公路项目里程137.1千米。完成131千米路面浇筑,完成投资3930万元。

4. 项目规划及前期工作。一是完成农村公路危桥改造工程建设规划,全县排查出农村公路危桥2657米/58座。二是抓好县乡道路网规划调整工作,保留原县道1条、乡道9条,调整县道7条、乡道4条,新增县道3条、乡道23条,调整后县乡道新增里程238.27千米。三是做好项目前期工作。"十二五"期间县道升级项目全部完成相关前期勘察设计工作;完成木兰二桥、坝口桥、红星桥等项目施工图批复;水南桥正开展两阶段初步设计,新屋下桥完成初步设计,花园桥完成工可报告编制。塘子岭—虎山里公路完成两阶段初步设计批复,正在进行施工图设计。

农村公路养护 1. 狠抓文明样板路建设。完成创建文明样板路238千米,其中,县养公路126千米,包括县城—高田、屏山—大由、秋溪—桥头、水庙—观音坑等县道及战备公路、油田公路、通九旅游公路,乡(镇)养公路72千米,村养公路40千米。

2. 扎实推进村养公路全覆盖、常态化。筹集60万元资金,县对村养公路补助增加至1000元/千米。同时,加强考核检查。560余千米村养公路有466千米列入日常养护范围,列养率83%。

3. 扎实做好水毁抢修工作。汛期,农村公路遭受严重损失,其中,损毁路基15134立方米、损毁路面18630平方米,损毁桥梁18座,损毁涵洞90道,经济损失1800万元,为确保安全畅通,该局投入人力物力,清理塌方15000余立方米,修复路基13000余立方米、涵洞81道。

(石城县交通运输局)

宁 都 县

2014年,宁都县交通运输工作取得新进展。

主干公路现状 公路通车总里程2553.15千米,其中,高速公路91.94千米;国道(319线)81.56千米,省道五条(石宁线、新宁线、宋水线、蛇永线、际大线)267.51千米,县道11条278.44千米,乡道80条716.3千米,村道1117.41千米。县内2条省道提升为国道,一条乡道提升为省道,其中,原S208省道提升为国道G236(芜湖至汕尾),原S323提升为国道G356(福建莆田湄洲至西昌),有3条国道,国道总里程210千米。县道X431黄陂至蔡江、乡道竹笮至田头至长胜至固村高速公路出口、乡道赖村至丁陂至瑞金升格为省道。24个乡镇299个行政村都通水泥公路,通畅率100%;所有渡口实施渡改桥,撤销所有乡村渡口,通自然村水泥公路实施完成468千米。

交通基础设施建设 1. 城市道路建设扎实推进。宁都大道C段完成工程造价约8000万元。龙溪湾项目道路网建设全面铺开,龙溪北路、龙溪南一路、龙溪南二路、翠微西路西延竣工;三环南路、梅江西路南延开工、永宁新城路网框架初具规模。

2. 干线公路改造初具规模。省道S319线蛇形排至黄陂至小布公路39.6千米二级公路改造项目全部完工,完成投资约1.5亿元。国道356线(原省道323)宁石亭至赖坊段公路改造工程开工建设,完成路基、桥涵及路面垫层,完成投资7000万元。省道S222洛口至来源公路改建项目重新续建,完成投资4200万元。

3. 农村公路建设进展顺利。一是完成安福至连陂、洛口南岭至719矿县道改造项目,完成投资约2100万元;二是建设完成长胜至大柏地(投资600万元)、上湖塘至桥背(65万元)等客运网络连通工程项目;三是完成通自然村公路468千米,完成投资2.34亿元。

4. 危桥改造成效显著。重点危桥改造项目渡头大桥、果子园大桥完工,总投资约1400万元,实施完成农村中小危桥改造37座,总投资800万元。

5. 场站建设启动实施。城市重点项目公交停车场建设,前期工作完成,完成场地硬化、围墙等项目,春节前投入用于车辆停放,以解决城区拥堵问题。启动石上综合服务站建设,完成征地拆迁和场地平整,完成投资100万元。

农村公路养护 该县投入资金1200万元,用于农村公路养护事业。其中,投入200万元养护蛇形排至黄坡、黄陂至小布公路路基;投资200万元修复暴雨洪灾水毁公路;县政府安排专项资金300万元,用于乡、村公路养护;投资500万元,用于县乡公路大中修及安保设施建设,确保全县公路安全、畅通。

道路运输行业管理　一是道路运输业继续保持良好发展态势,营运货车1240辆,3563吨,营运客车244辆,6911座,公交车40辆,出租汽车70辆,客运班线140条,其中,跨省班线35条,跨市班线9条,跨县班线6条,县内线路90条,机动车维修企业59家,其中,二类维修企业6家,驾驶员培训学校9家,其中,一类驾校1家,客运站4家。二是重要时段旅客运输实现安全畅通,圆满完成旅客运输任务,2014年,完成客运量765万人,同比增长22.99%。三是继续开展客运市场整治,对运输企业、车站城市客运等进行全方位整治,重点打击非法营运,查扣非法营运车辆53辆,车站封闭管理,客运市场秩序明显好转。四是民生工程建设加快推进,建设新式农村客运候车亭18座,农村客运候车亭112座。公交停车场,农村新客运站选址完成,行政村通班车率94%。

(宁都县交通运输局)

吉　安　市

吉　州　区

朱北公路改造二期完工　朱北公路改造是樟山新区建设重要组成部分,该工程分两期建设,投资约5亿元。二期(樟山金牛广场至泸田段)3.43千米一级公路改造于2013年开工建设,2014年10月完工并通车。

农村公路桥梁建设　完成通自然村公路项目65千米,新建独立桥梁建设5座(王家桥、陂头桥、福前桥、案头桥及观音桥)。兴桥农村公路综合服务站通过省交通运输厅验收。

吉州区奶奶庙桥顺利实现贯通　8月2日,吉州区朱北公路二期工程——奶奶庙桥贯通。该桥长66米、总造价约550万元。

(吉州区交通运输局)

青　原　区

105国道改道项目青原区段　该项目于2012年5月开工,9月完成交工验收,移交给市公路局直属分局管养。

完成新井冈山大桥青原区征地拆迁安置　一期主线房屋拆迁完成,安置地房屋拆迁完成,;二期房屋完成测量评估,正在进行协议的协商洽谈;一期主线及安置地拆迁户选房完成,12月初进行公开揭牌;安置地内两条道路公开招标工作于11月14日完成。

青东公路改造工程全面完工　4月,完成二期公路绿化,栽种树木8000多棵;5月,对二期沿线裸露边坡散土进行清理;8月,投入资金20余万元,完成青东沿线5座候车亭提升改造。

构建通达农村公路路网　争取到农村公路建设项目计划92个,58.6千米,完成88个,48.7千米;完成石陂桥建设任务,35延米,争取到桥梁建设项目计划3个,337.08延米。截至年底,行政村水泥路通达率100%,自然村水泥路通达率90%。

管养农村公路桥梁　通过机械化作业和人工养护相结合方式对6条县道进行精心养护;投资30万元进行值七公路养护示范路建设,建设面积近1000平方米。投资20万元维修将宋公路、值七公路等县道,消除安全隐患。

(青原区交通运输局)

吉　安　县

重点工程交通项目扎实推进　投资4500万锦源大道扩改工程和投资1.2亿元凤凰至高塘城乡一体化建设示范工程管理规范有序。

农村公路养护取得新进展　重新组建和设立3个专养机械道班，12个养路队，公路2025.91千米，其中，县道218.7千米，乡镇530.93千米，专道10.49千米，村道1265.79千米，全面按照目标责任签订公路养护承包合同，乡、村道按照所属乡镇签订《吉安县农村公路日常管护协议》。

加大养护安保资金投入　投入养护安保资金110.1万元，其中，重建裴永线田东小桥1孔—5.0正交板桥1座计4.3万元；固桐线黄家山小桥1孔—5.0斜交板桥1座计12.6万元，该桥年终竣工；裴永线K10+100桩号吉莲高速改线改弯取直工程37万元；值横线养护示范路项日，经过8~10月份精心安排及抢修水泥混凝土沉陷破碎面层1860平方米，8.5米/1孔—2.0姜家板涵重建，投入资金29.6万元；农村公路桥梁管护新增桥梁限载标志牌48块，重点路段标线562米，校园路段设置减速带15米，投入8.5万元；毓永线1—2公桩陡坡急弯险段安装安全护栏单边1008米，计18.1万。

圆满完成春运工作　春运期间，投放客车106辆2278座(其中加班车14车次)、出租车50辆，发放春运证143个(含危货车)，日均发班463次，疏运旅客68.5万人次，同比增长2.6%。

大力发展道路运输业　截至年底，物流税收完成8325.7万元；客车104辆2275座；新增货运车辆511辆4710吨，货运车辆总数3335辆12381吨；全县3家驾校、14户2类以上汽修企业、客运企业3户、货运企业(含物流公司)120余户(其中危险货物运输企业5户)。

加大运政、路政执法力度　截至年底，执法人员上路巡查800人次，清除路障150余处，查处车辆超限15起，卸转运货物150多吨，纠违章300余次，查处立案件24件，处罚20万余元。

加速综合服务站建设　凤凰农村综合服务站选址于凤凰工业园，设计为五层全框架结构，规划占地面积2.8公顷，一期建设用地1.29公顷，建筑总面积6000平方米，工程总投资约1000万元，主体工程完成，砌体及内外粉刷，完成投资560余万元。

(吉安县交通运输局)

新　干　县

新干县城北物流园建成　城北物流园建成投入使用。占地20.07公顷，固定资产投资2.5亿元，江西瑞和实业公司历时3年打造，商铺中心区全面完工，商户全部进驻。

打通农村公路"最后一千米"2013年，该县完成163千米25户以上自然村"最后一千米"工程建设，尚有368千米待建。将200余千米农村等外公路建设列入年度建设计划，力争在2016年以前全面完成25户以上自然村通水泥路的"最后一千米"建设任务。

科学补绿　完成县道绿化普查工作，斥资3万多元统一采购樟树苗600余株对存在缺株现象的界巴线、邓珠线等进行补植。

公路所消除县道隐患保畅通　修复坑槽等危害2600平方米、清理边沟18千米，平整新三线路肩土800多立方米，重建桥涵1座，修复涵洞3座。

(新干县交通运输局)

峡　江　县

县城至高速公路连接线"二改一"工程有序推进　截至年底，完成清表82.93万平方米，占95.15%；挖填土方120.7万立方米，占28.9%；所有桥涵全部开工，完成桥梁预制梁板121片，涵洞1177.5延米。迁坟1041穴，占85%。完成投资6000万元。

积极抓好危桥改造　截至年底，巴仁线王家桥、下痕村委红光桥、湖洲村委湖洲桥三座桥梁正在进行改造，其中，王家桥竣工，红光桥完成90%工程量。古井张家独立桥完成测量设计，正在进行公开招投标。沙坊枫林洲桥动工建设。完成戈坪、象口、马埠夏塘桥、罗田店前桥等14座危桥鉴定入库工作。

货运物流运力稳定增长　新购货车446辆8687吨,净增248辆5385吨,货车总量6484辆77253吨;货运船舶总数81艘126390吨。货运物流企业82家,其中,一般纳税人企业72家。10吨以上重型化、多轴式、厢体型大货车进一步扩充,保持货运总量90%以上。

圆满完成春运任务　春运期间,投入营运客车115辆,出租车30辆,开行加班车、包车36车次,完成旅客运输量54.51万人次,较上年春运增长10.5%,其中,班线客运完成运输量19.06万人,同比增长23.1%,城市客运完成运输量35.45万人,增长4.8%。

(峡江县交通运输局)

吉　水　县

运管所获交通运输部表彰　1月2日,收到交通运输部印发《关于通报表扬全国道路运输工作先进单位和先进个人的决定》,吉水县运管所被交通运输部授予2013年"全国道路运输工作先进单位"光荣称号。

吉水县物流产业总部大厦开工　7月18日,吉水县物流产业总部大厦举行开工奠基仪式。项目位于吉水县城北新区金融一条街南侧,总占地面积6918平方米,总建筑面积33018平方米,建筑高度49.95米,共14层。项目由6家大型物流公司组成的江西联盟物流有限公司投资建设。

(吉水县交通运输局)

永　丰　县

交通重点项目及农村公路建设再创佳绩　完成工业大道改造工程。完成通自然村千米改造254千米。开工建设君田至上固22.5千米县道升级二级路改造项目。完成大坳上至龙冈9.6千米客运网络化连通工程三级路改造项目;完成罗珠至大睦江4.9千米客运网络化连通工程项目。完成梅仔坪至红岭12.5千米县道升级改造续建项目。完成古高线改造项目。完成禾埠桥、谢坊桥危桥改造项目2个;完成庙背桥、荷塘桥独立桥项目2个。开工建设古县农村公路综合服务站项目。开工建设昌宁高速公路藤田连接线3千米一级公路。完成绕城公路15.6千米征地拆迁工作,并开工建设。

圆满完成春运工作。发放春运牌证48张,查处并纠正各种违章违规行为63次,有效维护该县客运市场秩序。投入客运车辆178辆、运行6756班次、包车6次、加班42次、输送旅客21.56万人次。

(永丰县交通运输局)

泰　和　县

农村公路桥梁民生工程全面完成　完成县道升级改造项目阳丘至苑前公路7.7千米路面改造,新建客运网络连通工程文永线至石虎塘公路3.88千米。完成乡道升级改造项目佰佐至洞口水库、古坪至江背、苏溪街—芦源、麻洲至假湖4个计18.1千米。完成安保工程枫边至沙村公路15.6千米,文陂至永昌公路39.34千米。完成县道沙村至浪川水毁工程3.07千米。续建完成危桥重建项目灌溪大桥72.84延米;新建完成危桥改造项目墩陂桥、深水潭桥、中村桥、黄坊桥、村前桥、茺下桥、甘露桥7座桥梁计508.4延米。全县新建通自然村公路208千米,解决315个25户以上自然村通水泥路问题;完成成品油价格转移支付项目43.54千米通组水泥路建设任务,解决41个自然村通水泥路问题。

强化农村公路日常养护管理　重建加固部分存在隐患的公路桥梁,完成县道文陂至永昌公路店边小桥重建、江背大桥维修加固、沙村至浪川公路浪川六桥及部分乡村道桥梁拆除重建;对文陂至永昌、沙村至浪川、乐群至冠朝、枫边至沙村、敖城至三峰、三都至栖龙、万合至石山、泰和至垦殖场等公路进行修复,清理塌方3000多立方米,修复水泥路面1.8万平方米,修筑挡土墙4645立方米,安装安全柱360根、防撞墩390米、铁栏杆150米、反光镜18面、各种警示牌50块和减速垄180

米，投入资金500万元，修复完毕境内因修建泉南高速公路和赣江石虎塘航电枢纽工程损毁的地方道路。

大力规范治理客货运输市场 联合公安、交警、城管等部门，开展“黑车”专项治理，查处“黑车”96辆，维护广大合法客运经营者的权益，构建和谐交通运输环境。查处非法载客车辆78辆，非法改装、违章车辆运输18辆，对道路运输企业违章行为下发整改通知书12份。

乡镇班线进行公交化运营改造 新增客车4辆，新增农村客运班线3条，客运班线76条，农村客车132辆，通班车率96%以上。

货运业进一步做大做强 新增货运企业6家，新增货运车辆497辆计3994个吨位，同比分别增长9%和15%，货运企业23户，货运车辆5507辆计26888个吨位，货运船舶24艘计13129个吨位。

（泰和县交通运输局）

遂　川　县

遂川县汽车客运站完成主体工程建设 项目占地43662平方米，总建筑面积3335平方米，计划投资约6080万元。截至年底，裙楼主体结构分布工程完成验收，进入室内外装修阶段。主站房地下室人防工程封顶，进行一层楼板混凝土浇筑。

大广高速公路遂川收费站门楼改建工程全面完工 总建筑面积1030平方米，建筑层数二层，建筑总高度19.24米，采用钢结构、古牌楼式客家风格建设，于2013年10月底开工建设，年底全面完工，完成投资约800万元。

建成440千米农村公路。争取农村公路设项目468个，总里程440千米，上级补助资金4400万元。截至年底，完成总计划90%。

全面完成国省道升级改造征地拆迁 配合遂桂线“三改二”和105国道“二改一”工程建设，遂桂线“三改二”一期全面完成征地和二次补征工作。105国道“二改一”项目由县交通运输局负责的13.33公顷征地、29栋房屋拆迁任务全部完成。

大力发展物流企业积极稳定物流运力 一是通过招商引资渠道，指导乡镇引进5000万余元外资，新增注册3户物流企业；二是对新增车辆由受益财政实行奖励，提高货运车辆运力吨位保有量，1至10月份，新增货运车辆484辆、运力1116吨。截至年底，43户物流企业，货运车辆4515辆，运力1.71万吨。

（遂川县交通运输局）

万　安　县

万安县交通基础设施建设规模和投入创历年之最。2014年，该县列入吉安市重点项目有3个：大广高速万安连接线工程，S225坎夏线万安至夏造段公路改建工程，万安至武术三级公路工程。列入县重点建设项目的有上述3个市重点项目及赣江大桥拓宽工程、西港物流中心、窑头至富坑口四改三公路工程。其他工程建设项目有：通自然村公路335千米/321条、宝山农村公路综合服务站，武术客运站续建项目及6座农村公路危桥改造项目。其建设规模和投资创历史之最。

切实落实养护资金。按照县道及重点考核乡道每年5000元/千米、其他乡道1500元/千米，村道500元/千米的标准落实到位。

积极做好农村公路各主要路段冬季防滑工作。2月，万安县成立由40人组成的4支防滑队，在各乡镇主要路段准备100多立方米防滑沙，在238多处陡坡和急转弯处设置防滑沙堆，调试5辆铲雪车，预防冰冻雨雪天气对道路交通的不利影响。

（万安县交通运输局）

永　新　县

圆满完成春运工作任务 春运期间，投入客运运力171辆，发送班次10027班，客运加班523趟次，输送旅客43.8万人次，客运周转量3220万人千米，较上年同期相比降低3%。期间未发生一起客运交通事故、旅客滞留和重大运输服务质量投诉事件。

积极做好319国道改造工程建设 319国道改建项目是永新县重点调度项目之一,该项目全长18.6千米。其中,茅坪园区段3.02千米,采用一级公路标准兼顾城市道路功能设计;茅坪至里田段15.6千米,采用二级公路标准设计,双向两车道。

钟家山隧道贯通 11月4日凌晨3点,钟家山隧道(永莲隧道)右洞贯通。5月6日,钟家山隧道左洞贯通。钟家山隧道进口位于永新县龙田镇刘家村,出口位于莲花县升坊镇的江口村,左右线长度分别为2486米和2494米。该隧道地质情况十分复杂,涌水、涌泥、塌方等灾害频发,导致工程进展滞缓。2012年以来,有5名国内工程院院士来到现场指导技术攻坚。

(永新县交通运输局)

宜 春 市

2014年,全市各级交通运输部门全面完成各项工作任务,助推全市经济社会发展。

交通基础设施建设强力推进 沪昆高铁宜春段,宜春明月山旅游小火车,万宜高速公路,丰厚一级公路,锦江特大公路大桥等先后建成通车,昌栗、昌宇高速公路宜春段,昌樟高速公路宜春段“四改八”工程建设有序推进,樟树赣江第二(药都)特大公路大桥,樟树港改扩建工程正在抓紧推进。铜万高速公路动工建设,东付高速公路宜春段征地征拆迁启动。全省设区市规模最大的宜春市沪昆高铁综合交通枢纽工程竣工,投入营运。新建农村水泥公路1874条,里程1904.8千米,工程投资8.69亿元。新增农村25户以上通水泥公路的自然村1912个。农村公路桥梁26座,全长1389延米,工程投资4859万元;建农村公路建安保工程6条,里程101.7千米,工程投资704万元。丰城汽车客运新站开工建设,建筑面积7000平方米,工程投资5000万元,正在有序推进。农村公路综合服务站6个,建筑面积8913.84平方米,工程投资2275万元;中国物流总公司投资20亿元建设樟树港工程启动,铁路专用线改建工程竣工,全长2069米,工程投资800万元,新建1000吨级码头泊位2个开工建设。全市形成高速公路、高速铁路、大港口和大场站新格局。

交通运输生产加快发展 道路客运企业10家,营运客车1485辆,座位48994个。通班车行政村2096个,占行政村总数88.5%,同比增长1.9%。完成道路客运量5074万人次,旅客周转量276952万人千米。货运企业7825家,比上年增加210家。营运货车54361辆,吨位726227吨,比上年分别增长0.4%和26.3%,完成道路货运量17608万吨,货物周转量5971562万吨千米,比上年分别增长17.0%和34.2%;汽车维修企业835户;出租车1524辆,比上年增加3辆;汽车驾校76所,同比增加1家。港航企业107户,营运船舶1131艘,吨位730763吨;完成港口吞吐量1809.36万吨,水路货运量2411.3万吨,货物周转量327362万吨千米,同比分别增长7.4%和22.2%。

交通物流发展势头强劲 该市以“空港”“高铁”物流为增长点,建设一批综合物流园,投资134.6亿元,集运输、仓储、商检等一体万载花炮物流基地建设项目,宜春经济开发物流中心,袁州区彬江综合物流产业园,袁州区郑铁物流产业园建设项目,樟树市华正道路物流服务中心建设项目,丰城市林安商贸物流城建设项目,靖安县有恒仓储物流有限公司,高安市现代物流园区一期建设项目,上高县实体企业电子商务产业基地,万载华洋物流,万载港物流一期等10个大型现代物流建设项目竣工投入营运。中国物流总公司投资20亿元建设樟树港物流园项目顺利推进。2014年,高安市又引进央企中汽投资50亿元,建设货运汽车物流产业园,至12月,营运货车21091辆,吨位293296吨。拥有1个物流总集团、3个汽运集团、汽运子公司达662家。物流企业715户。呈现10万人从事汽运产业,汽运产业完成税收超

4 亿元，同比增收 7198 万元，增长 25.4%。宜春汽运总公司利用客运网络辐射广、班次密集、运输快速高效的优势，在全市乡（镇）村建立"宜运超市直通店"200 多个，进一步搞活农村物流。

交通运输安全生产持续稳定 实现道路客运无重大责任事故、交通重点工程建设、农村渡运和水路运输零事故。

（吴泽水）

袁 州 区

袁州区交通运输局全面完成 2014 年各项工作任务。

交通基础设施建设取得新进展 宜春汽车客运东站建成并投入使用。新修建通自然村公路建设项目 383 个，里程 343.9 千米，完成总投资 8097.62 万元；县道升级改造项目 2 个，里程 8.9 千米，投资 1680 万元；农村客运网络化连通工程项目 9 个，里程 40.9 千米，投资 3049 万元；公路安保工程项目 2 个，处理隐患里程 34.16 千米，投资 231 万元。完成危桥改造项目 6 个，341.12 延米，完成投资 1157 万元。新建独立桥 2 座，83 延米，完成投资 178 万元。西村农村公路综合服务站通过省厅验收，投资 230 万元，金瑞公路综合服务站全部竣工，上报申请验收。宜慈公路工程投资约 10 亿元，建设里程 67.8 千米，进展顺利，累计完成工程量 61.2%，完成投资 5.65 亿元。新火车站枢纽工程杭长高速铁路建成通车。宜新公路改造项目建设启动，其中，新城区段完成工程量 98%，下浦至彬江段土石方工程完工，路基工程进展顺利。

道路运输生产稳步发展 据年审结果显示，营运客车 298 辆，新增 20 辆，比上年增长 7.2%，完成道路客运量 1331 万次，旅客周转量 34337 万人千米，比上年分别增长 5% 和 7.5%。拥有营运货车 8299 辆，吨位 47033.94 吨，比上年分别增长 28.3% 和 24.23%，完成道路货运量 2389 万吨，完成货物周转量 127411 万吨千米，比上年同期分别增长 10% 和 15%。普货企业 200 户，增加 42 户，危货企业 13 户，其中，规模在 200 辆车以上的 2 户，100—200 辆的有 3 户。有一、二类机动车维修企业 81 户，其中，一类企业 30 户，二类企业 51 户。

交通安全生产取得新成效 强力规范客货运输市场秩序，加强安全培训。连续 35 年实现客运无重大责任事故，渡运零事故，路、桥无垮塌伤亡事故，系统内无上访事件的目标。

（李 庆）

樟 树 市

2014 年，樟树市交通运输局全面完成交通运输各项工作任务，助推全市经济又好又快发展。

交通基础设施建设明显提速 现代农业科技示范园区公路建设工程全长 16.69 千米，工程投资 7000 万元，1 月开工以来，公路和公路桥梁建成。东乡—昌傅高速公路樟树段建设征地拆迁于 12 月全面启动。国家物流总公司投资 20 亿元改建樟树港工程动工。铁路专用线改建工程竣工，全长 2069 米，工程投资 800 万元，码头建设起动。新建农村水泥公路 164 条，里程 106.4 千米，工程投资 3182.26 万元；新增通水泥公路 25 户以上自然村 164 个，通水泥公路自然村 70%；完成农村公路大修 10 条，里程 53.65 千米，工程投资 4362 余万元。新建农村综合服务站 1 个，建筑面积 730 平方米，工程投资 120 万元。农村公路工程危桥改造 7 座，全长 157.8 延米，工程投资 400 万元。

交通运输生产稳定发展 客车 198 辆，座位 7383 个。客运量 1020 万人次，旅客周转量 43984 万人千米，比上年分别增长 12% 和 71%。道路货运企业 209 家，比上年新增 57 家，营运货车 5648 辆，吨位 5.2 万吨，比上年分别增长 4% 和 3.8%。新增营运货车 225 辆，吨位 1973 吨。完成货运量 2476 万吨，货运周转量 825695 万吨千米，比上年增长 18 % 和 45%。公交车 105 辆，比上年增加 4 辆，出租车 196 辆，汽车维修企业 130 户，比上年增加 15 户，汽车驾校 8 所，培训学员 10300 余人。营运船舶 91 艘，吨位 29762 吨，完成货运 142.3 万吨，货物周转量 15273 万吨千米，港口货物吞吐量 118 万吨。

（杨 波）

丰　城　市

2014年,丰城市交通运输持续稳定发展。

着力推进交通基础设施建设　丰厚一级公路建成,全长24.54千米,工程投资8亿元。温泉二级公路建成通车,全长14.69千米,工程投资1.42亿元。新梅一级公路、龙光公路、丰源公路路面“白改黑”改造工程竣工,3条公路全长23.64千米,工程投资3.2亿元。市循环经济基地主干道,全长5.49千米,工程预算投资1.5亿元,4月开工建设以来,完成投资3993万元,占工程总预算25.84%。拖铁公路改扩建项目,全长52.59千米,工程总预算2.02亿元,完成勘察设计和施工图设计等前期工作。新建农村水泥公路261条,里程1921千米,工程投资7684万元。新增通水泥公路25户以上的自然村261个,通水泥公路自然村达总数17.1%。改建农村公路危桥3座,全长225延米,工程投资582.45万元,新建农村公路独立桥梁3座,全长128延米,工程投资211.2万元。新建乡镇客运站1个,建筑面积469.94平方米,工程投资140万元。建公交城区车亭106个,工程投资500万元。投资30万元对全市152个钢构农村候车亭和202个砖构农村候车亭进行翻新和亮化。丰城汽车新站于10月1日动工建设;建筑面积8000平方米,工程投资6000万元。投资140万元泉港镇荣巷、拖船镇拖船、曲江镇龙头山、同田乡上峰渡口标准化码头于12月相继竣工并投入使用。

着力推进交通运输产业快速发展　营运客车212辆,座位5704个。客运班线60条,更新客车44辆。完成道路客运量1680万人次,旅客周转量75025万人千米,比上年分别增长14%、和14%。货运企业146户,比上年增长62.22%;营运货车6494辆,吨位52938吨,比上年分别增长22.44%和17.4%。完成货运量2283万吨,货物周转量634674万吨千米,比上年分别增长13.4%和13.3%;货运产业创税收1.5亿元。公交车74辆,出租车210辆,增加10辆,汽车维修企业371户,增加78户,汽车驾校13所,增加1所。营运船舶465艘,吨位611754吨,水运货运量1584.1万吨,货物周转量307125万吨千米,比上年分别增长6%和3.7%;港口货物吞吐量完成1375.8544万吨。由宜春市政府调度、丰城市组织实施的外商投资50亿元建设的丰城林安商贸物流城竣工开业,对该市交通物流产业发展起重要作用。

(熊雪芽)

靖　安　县

靖安县交通运输局全面完成交通运输各项任务,为推进全县经济快速发展发挥先行官作用。

交通设施建设　环城北路全长12.26千米,按一级公路建设,工程总投资2.16亿元,于2013年8月底开工。至12月底,路基土石方工程、雨水管、污水管工程全部完成;建成大桥2座(白云大桥160.8米,余家大桥217.16米),工程投资2335万元;中桥1座,全长37.08米,工程投资325.1万元;小桥7座,全长112.28米,工程投资609.5万元。边坡防护和边沟工程基本完成;工程进入碎石垫层以及水稳层铺设阶段。云阳山旅游公路、水口哲里—骆家坪景区—宝峰镇旅游公路建设列入立项。新建农村公路109条、里程71.8千米,完成工程投资1800万元;新通水泥公路自然村109个,25户以上自然村占总数100%;新建农村公路桥梁2座,全长130延米,工程投资185万元。新建公交港湾式候车亭40个,罗湾库区客运码头建设有序推进。

道路运输生产有序发展　客车49辆,座位1370个,运行线路30条,里程5739千米。又将公交延伸到高湖、宝峰。公交专线8条;新增道路货运企业12户,新增营运货车267辆,吨位4391.95吨,货运企业52户,营运货车951辆、吨位17180吨。公交车17辆,出租车40辆,汽车驾校3所,机动车维修企业26户,比上年增加6户。完成道路客运量72.2万人,旅客周转量7383万人千米;比上年分别增长3.6%、3.3%;货运量193万吨,货物周转量37975.6吨千米,比上年分别增长8.2%、9.1%。靖安有恒仓储物流有限公司(物流外仓连锁基地建设),工程投资5亿元,建设集仓储、物流配送、货物拆装堆场、物流服务网络平台、信息中心于一体。

（刘　斌）

奉　新　县

2014 年，奉新县交通运输局全面完成各项工作任务，为全县经济社会发展发挥“先行官”作用。

交通基础设施建设　新建农村水泥公路 107 条，里程 85.6 千米，工程投资 2915.25 万元。其中：通 25 户以上自然村水泥公路 103 条，里程 83 千米，工程投资 2759.25 万元。农林垦殖场水泥公路 5 条，里程 2.6 千米，工程投资 156 万元，建成农村公路综合服务站 1 个，建筑面积 1070 平方米，工程投资 415 万元。

道路运输　客车 111 辆，座位 1228 个，其中，城乡公交车 41 辆，出租车 40 辆。完成道路客运量 368.99 万人次，旅客周转量 15054.92 万人千米，同比分别增长 0.5% 和 0.4%，道路货运企业、物流企业 91 家，营运货车 2401 辆，吨位 29757 吨。完成道路货运量 672.97 万吨，货运周转量 171280.75 万吨千米，比上年分别增长 16% 和 15%；机动车维修企业 146 户，汽车驾校 8 所，教练车 72 辆，均比上年有所增加，呈现运输产业结构调整加快，货车大吨化，物流现代化加速发展的局面。

（魏振宇）

高　安　市

2014 年，高安市较好地实现年度目标任务。

基础设施建设有突破　沪昆高铁高安段于 9 月 16 日正式运营，改变高安无铁路无客运站历史；市重点工程建设进度快，昌栗高速公路高安出口连接线 5.6 千米，路基工程完成；昌栗高速高安互通连接线工程 3.38 千米，完成总工程量 75%；东环大道路桥工程 11.53 米，竣工通车试运行；南环大道工程 1.2 千米，完成路基工程，开始施工水稳层；新修农村公路项目 292 条，里程 284.6 千米，工程投资 1.28 亿元。其中，县乡公路升级项目 5 个 227 千米、客运网络 32 个 62.7 千米、国有农林场道路建设项目 13 个 28.9 千米，新建农村公路桥梁项目 4 座 135 延米，工程投资 350 万元。危桥改造 1 座，全长 92 延米，工程投资 238 万元。农村公路建设安保工程 2 条，全长 45 千米，工程投资 225 万元。新增 25 户以上通水泥路自然村 242 个。通水泥公路 25 户以上自然村达总数 54%，比上年增长 7 %。新建乡镇农村公路综合服务站 1 个，建筑面积 6670 平方米。

运输发展有提升　客运企业 1 家客运车辆 319 辆座位 4907 个，新增营运客车 41 辆，全年完成客运量 811 万人次，旅客周转量 23480 人千米，同比分别增长 2.4%、3.35%；有物流总集团 1 个、汽运集团 3 个、货运企业 682 户，其中，有 AAAA 物流企业 8 户。拥有营运货车 21071 辆，运力 29.74 万吨，完成货运量 10418 万吨，货运周转量 1494893 万吨千米，分别增长 4.0%、4.5%；公交企业 2 家、公交车 47 辆，出租车公司 2 家，出租车 180 辆。维修企业 67 户。驾校 6 所。游艇 3 艘，完成客运量 3900 人，客运周转量 3.9 万人千米。短途砂石运输船舶 280 艘，吨位 10742 吨，吊机 112 台，完成货运量 56 万吨，货运周转量 560 万吨千米。

安全生产形势有好转　交通运输系统及行业单位安全生产持续稳定，未发生任何责任事故，水上运输连续 27 年无事故。

（周世祥）

上　高　县

上高县交通运输局为上高科学发展、跨越发展提供服务保障。

全力推进和服务好重大重点项目建设　高速上高西连接线、高安西连接线上高段全面开展路基及小构造物建设，上高东连接线开工建设。完成石镇线开工前期准备工作和泗溪、徐家渡农村公路综合服务站建设并开始试运营。

进一步完善农村路网建设　新建农村水泥公路 90 条，全长 65.2 千米，完成工程投资 1922.94 万元，自然村农村水泥公路通畅率 67%。完成危桥改造建设 2014—2018 年整体规划,涉及危桥 45 座,计 1987.7 延米。完成农村公路路网调整规划县道 224.2 千米,乡道 448.4 千米。

积极培育发展道路运输业 新增货运企业 83 家,新增营运货运车辆 851 辆,其他机动车 90 辆。货运企业 199 户,客运企业 3 户,(汽运分公司、城市公交、出租车公司),维修企业 197 户(一类维修企业 2 户,二类维修企业 8 户,三类维修企业 187 户),机动车驾驶员培学校 6 所。有营运货运汽车 2347 辆,其他机动车 704 辆,客车 177 辆,出租车 141 辆,公交车 72 辆。公路运输累计完成客运量 755 万人次,客运周转量 3945 万人千米。完成货运量 778 万吨,货物周转量 44391 万吨千米。比上年分别增长 4.8%、4.9%、5.1%、6.2%。

大力创建平安交通 出动安全排查人数 110 人次,下发整改通知书 8 份,交通行业无重特大安全事故发生。

(潘泓羽)

宜丰县

2014 年,宜丰县交通运输局以群众路线教育实践活动为契机,实现宜丰交通运输快速发展。

重大项目和重点工程扎实推进 铜鼓至万载高速公路及宜丰联络线(黄岗至天宝)建设工可、设计、地勘、环评等前期工作完成,12 月启动征地和房屋征收工作。宜丰至潭山 27.187 千米公路大中修工程于 10 月改造竣工。宜杨公路棠浦至新庄口溪段 14 千米二级路面改造完成工程量 90%。板坑水库至敖桥 4.7 千米县道升级改造工程、天宝农村公路综合服务站主体工程完工。武吉高速宜丰连接线拓宽改建工程和收费站改建工程重新进行改线设计。伴随宜丰铁路和高速公路的建设,宜丰境内将形成“五高一铁”(其中,高速公路将达 5 条、里程 147.37 千米,高速公路通车里程宜春市第一)的交通网络。

农村公路等民生工程快速推进 完成澄塘彭源至高枧 4.6 千米客运网络公路改造,建设农村组级公路 93.7 千米,建成车上东岸南坑独立桥和花桥仁义南山独立桥,启动潭山上山田至双峰东村农村客运网络改造工程以及双峰骆家槽至天宝横岭公路改造,绿化农村公路 65 千米。全县自然村通水泥(油)路率 60%,花桥、新庄、潭山三个乡镇实现“组组通”,新庄镇启动“户户通”建设工程。

运输保障能力全面提升 实现客运量 287 万人,客运周转量 9850 万人千米;货运量 7411 万吨,货运周转量 421821 万吨千米,分别比上年增长 14.8%、3.9%、9.29 %、10.83 %。货运产业快速发展,新增货运公司 17 家,营运货车 6493 辆 89205 吨。更新校车 34 辆,新增客运班线 2 条,新增客运车辆 11 辆,调整线路班车 9 辆,客运、公交及出租车增至 400 辆,汽车修理厂、配件厂 56 家,驾校 4 家,道路运输业从业人员超过 1.5 万人,运输产业税收超过亿元。

(漆志勇)

铜鼓县

铜鼓县交通运输局以重点工程为抓手,全面完成各项交通运输任务。

交通基础设施建设再上新台阶 铜鼓桥新建工程,桥长 238.5 米,宽 26.8 米,总投资 826 万元,全面竣工。改造农村客运网络化连通工程 5 个,5.21 千米,总投资 1160 万元;完成自然村通达工程 36 个,61.2 千米,总投资 1062 万元。县道升级项目:铜鼓至大梅 27.3 千米,工程总投资 6347 万元;澡头至三枣岭 7.3 千米,县道升级改造进入施工阶段,工程总投资 530 万元。剑石桥新建工程长 86.7 千米,工程总投资 458.6 万元。昌铜高速公路遗留问题得到解决,配合林业局、旅游局等单位完成林区公路和旅游公路的申报规划工作。

交通运输有序发展 有 48 个货运中心,增加 10 家;货车 2309 辆,比上年增加 201 辆,总吨位 19723 吨,增长 9%;完成道路货运量 1063 万吨,货物同转量 19435 万吨千米,比上年分别增长 7.8%和 12.1%。机动车维修企业 84 家,比上年增加 6 家。客运车 39 辆,座位数 1570,比上年分别增加 3%和 11.2%;城乡公交车 40 辆、出租车 39 辆。新开通村班线 1 班,行政村通客车比例

95%。更新客车5辆,新增客车2辆,新增客船2艘。新增船位60。水路客运量12万人次,比上年增长20%。

(黄祖芳)

万　载　县

2014年,万载县交通运输局全面完成各项工作任务,交通运输持续、协调、稳定发展。

交通基础设施建设迈上新台阶　新建县、乡道升级公路4条,里程29.6千米,工程投资2072万元。农村客运网络公路3条,里程23千米,工程投资1707万元。通自然村水泥公路235条,里程200千米,工程投资5000万元。新增通水泥公路25户以上自然村235个,占自然村总数6.86%。新修农村公路桥梁4座,全长352延米,工程投资2410万元。建港湾式公交候车亭56个,工程投资400余万元。

道路运输生产发展势头强劲　客运车辆139辆,座位4620个,比上年分别增长4.5%和13.2%,完成客运量389万人次,旅客周转量17505万人千米,比上年分别增长8%和23.2%。新增通客运班车行政村11个,行政村通班车率95%,比上年增长1.4%。货运企业185家,新增76家,营运货车10579辆,吨位31536吨,比上年分别增长33%和43%。新增营运货车7951辆,吨位126948吨。完成货运量3900万吨,货运周转量393192万吨千米,比上年分别增长3%和0.3%。公交车40辆,增加11辆,出租车102辆,增加30辆,机动车维修企业436家,增加7家,汽车驾校10所,与上年持平。由市政府调度、县政府组织实施的外商投资12亿元,集运输、仓储、商检等一体万载花炮物流基地建设项目,正在全力推进。

(胡爱仙)

抚　州　市

2014年,抚州市交通运输局各项工作均取得较好成绩。

交通民生工程继续向深度和广度推进　农村公路建设计划500千米,实际完成756.7千米,超额完成目标任务。危桥改造工程完工347.56米/8座,完成投资额1400万元。客运站场建设进展顺利,13个候车亭和13个招呼牌完工,8个省级农村公路综合服务站建设试点项目完成6个。扶贫、新农村建设、综治挂点工作取得实效,帮助金溪县合市镇车门村修建通村水泥路10千米,修建桥梁2座。

高速公路里程488千米。国道359.419千米,省道870.18千米,农村公路12264.71千米。桥梁1866座75014.12延米。公路绿化里程922.94千米。

水陆运输综合服务能力稳步增强　公路货运运力比上年增长25116万吨位,水路货运量同比增长14.52万吨;新增更新县际及以上班线客车32辆,新增座位459座;市城区更新新能源节能环保型公交车20辆,增加(延长)公交线路5条,开通抚州城区至抚州东站直达公交线路。联合交警、工商、质监、残联等部门开展联合行动,在中心城区开展“六车”专项整治活动,查处违法营运车辆326台次。机动车维修业户574户,汽车综合性能检测站5个,机动车驾驶员培训业户28户,其中,一级8户,二级19户,三级1户。道路客运经营业户45家,客运车辆1455辆,32791客位,客运线路748条,跨省88条,跨地(市)132条,跨县91条,县内437条。客运线路平均日发班次6220班次。拥有等级客运站65个,一级站1个,二级站15个,三级站2个,四级站7个,五级站40个。完成客运量4430万人次,旅客周转量228974万人千米。货运站8个,均为四级站。道路货物运输业户10185家,货运车辆44972辆,

457926 吨位,完成货运量 15030 万吨,货物周转量 3848191 万吨千米。道路客货运输兼营业户 13 家。水上运输完成运量 124 万吨,周转量 12.8 亿吨千米。农村客运站 1185 个,1806 个建制村有 1638 个通班车。完成农村客运量 2215 万人次,旅客周转量 8.86 亿人千米。

行业安全生产形势保持平稳 查处客车班线安全隐患 23 起,查处危险货物运输安全隐患 32 起。在水上运输领域,严格按照“县管乡包村落实”的责任分工,对重点渡运码头实施全时段监控,及时制止各类违规渡运行为 30 余起。

(抚州市交通运输局)

宜 黄 县

2014 年,宜黄县交通运输局较好地完成各项工作任务。

落实县重点项目建设会议精神 全面完成重点项目建设任务 完成县城西外环线建设工程,该工程长 3.32 千米,路基宽 22 米,路面宽 9 米,总投资 3600 万元,完成路基工程 100 %,桥梁、涵洞工程完成 90%。水北 2 桥建设完成勘察、设计及可行性报告。曹山景区旅游线改造工程线型方案定,完成可行性报告。新车站综合大楼建设工作进展顺利,进一步完善消防设施,对电梯进行检查维修,尽快启用。

打好“三大战役”攻坚战 加快农村公路建设 一是加快修通村组公路。通村组公路计划 80 千米,开工 5 条,完成 18 千米。二是加快县道升级改造。改造棠阴至君山村 12 千米县道。新建独立桥 2 座 149 延米,即中港镇龙岗花家桥完工,凤冈镇新斜桥完成下部构造,上部构造;三是加强公路养护,确保道路畅通。县投入资金 100 多万元对县道进行清障挖沟排水、砍伐灌木丛,在下南电站绕水库区公路安装一千米波型管护栏,并在棠南线、圳新线、草新线安装柱式防护栏 600 个,减速带 60 米。四是积极消除危桥隐患,杜绝安全事故发生。经调查统计有大、小危桥 146 多座,其中,经省、市专家评定的四、五类危险桥梁 45 座。2014 年动工危桥重建 3 座。年底 3 座危桥建设工程完工;五是及时做好防汛抢险工作。6 月中旬持续暴雨天气,导致公路桥梁严重损坏,垮塌桥梁 11 座,县乡公路塌方 1.98 万立方米,村组公路塌方 4 万立方米。20 个村庄中断交通,直接经济损失 2 千万元。灾情发生后,该局在最短时间组织,调配装载机,挖掘机、工程车等抢险机械 12 辆,调集抢修人员 100 余人次,投入资金 20 万元。清理塌方 2 万立方米,投入资金约 400 万元,抢修挡土墙 10360 立方米/23 处。在主要线路垮塌的桥梁附近,抢修便桥 2 座,确保人员、物资、机械的通行。

加强道路运输市场管理 确保道路运输安全有序 一是送检春运 126 辆客车,合格率 100%,确保春运工作的安全。春运期间,发送客车 4640 车次,安全输送旅客 32 万人次。二是重点抓好 GPS 政府监管车辆工作,有 192 辆客、危货车安装 GPS。全县客车 118 辆,客运线路 53 条,平均日发班车 225 班次,年客运量 142.5 万人次,客运周转量 4404 万人千米。开通农村客运线路 49 条,营运客车 60 辆,日发班次 138 车次,乡镇通客车率 100%,138 个行政村有 120 个行政村通班车,占行政村 86.9%。各类货物运输车辆 1246 辆,其中,货车 831 辆,5068 吨位;农用车 415 辆、469 吨位。货物运输企业 54 户。

(宜黄县交通运输局)

东 乡 县

2014 年,东乡县交通运输局全力推进交通运输,全面完成年度主要目标任务。

全面完成交通运输基础设施建设年度主要目标任务 1. 公路建设。全面完成西源至杨桥 2 千米水泥路以及圩上桥、店前至何家 4 千米水泥路建设;完成珀玕—山下 22.47 千米公路路网结构改造工程(安保工程项目)建设和马圩—罗湖、瑶圩—乌石山 2 条路网结构改造工程(危桥改造项目)建设;教育实践活动县领导联系点占圩镇东观村 1.75 千米扶贫公路于 11 月中旬完成。实现农村公路建设投资累计 800 余万元。牵头实施县重点工程(市政道路)两条,即 1100 米,宽 50 米物流大道延伸工程及 2130 米,宽 50 米城东大道延伸工程全面完成,实现财政公益投资约 8000

万元。牵头实施国家工程—沪昆铁路杭长客运专线东乡段33.6千米征迁协调任务全面完成,确保客专于12月初正式运营。

2. 项目申报。完成80千米农村公路建设计划申报,全面建立公路、危桥改造台账。

3. 民生工程。

一是加快推进城市公交建设进程。10月底,完成除县城内1路、2路建好的公交站台外,其他线路建设站台66个。在1路、2路上建设临时停靠点30个。新开通8路、10路两条线路,扩大县城区公交运行覆盖面。对两家公交公司经营10年以上15辆公交车进行淘汰更新,积极推广使用新型能源车辆。办理70周岁以上老年人免费乘车卡。

二是农村综合服务站建设稳步推进。投资210万元,占地5500平方米,建筑面积1200平米瑶圩乡农村公路综合服务站建设全面竣工,11底正式投入使用。

行业管理及道路运输事业持续、健康、有序发展 1. 圆满完成春运工作。春运期间,完成客运量66万人次,客运周转量1510万人千米,未出现一起交通安全事故,无旅客滞留现象。

2. 物流运输业发展保持上升趋势。物流业成为该县三大支柱产业之一。至11月底,货运企业102家,货运车辆7523辆,吨位86856万吨千米,实现物流税收2.4亿元。尤其是三丰、宏顺等公司发展更快,运力、吨位翻番。完成货运量1276万吨,货运周转量178480万吨千米。

跨区客运线路17条,客车42辆,线路22条,客车101辆,出租车公司2家,出租车122辆,完成客运“村村通”100%。与道路运输相关的服务行业发展迅速,汽车维修二类企业11户,三类27户,车辆技术性能检测站1家,驾驶培训学校2家。

3. 城区客运市场整治初见成效。从6月开始,至12月,打击违法营运机动车辆140余辆,非法营运的摩的、电瓶车1800余辆,取缔非法黑车60辆。

跑项争资和招商引资工作扎实推进,成果丰硕 跑项争资2100万元。招商引资工作取得新进展。3月初,引进“郑州汉和重工机械有限公司”来东乡县投资,注册成立“东乡县晨锐新型建材有限公司”。该公司在渊山岗工业园区占地1.33公顷,第一期投资人民币1亿元,年产40万立方加气混凝土砌块。年底厂房主体工程完工,机电等设备正在组装调试。

(东乡县交通运输局)

临 川 区

2014年,临川区交通运输局为加快全区经济发展和实现交通建设跨越式发展做出积极努力。

交通基础设施建设扎实推进 1. 温泉大道,路面工程完成,收费大棚及管理用房年底完工。下穿向莆铁路框架桥正在与南昌铁路局洽谈代建事宜。抚北快速通道路面工程全部通车,10月,直行人行道板铺设及路灯、绿化等工程施工,11月底,全面建成通车。

2. 灵谷峰旅游公路道路工程积极做好项目前期准备工作,初步设计评审工作年底完成。

3. 年底完成抚八线城区段拓宽工程拆除中间绿化带工程。

4. 年展坪乡桥头大桥工程全面竣工通车。

着力行业监管突出依法行政 1. 认真抓好春运、清明、“五一”、国庆等假日旅客运输工作。参加春运的客车412辆,9361座,完成客运量102.38万人,比上年增长4.5%,实现春运安全零事故,圆满完成春运各项工作任务。在清明节、“五一”、国庆等假日旅客运输中,科学合理调配运力,均未造成假日期间旅客滞留现象。确保7个乡镇,12个村委会的12个渡口,18艘渡船的渡运安全。

2. 认真抓好道路运输行业管理工作。公路客运站10个,其中,一级站1个,二级站2个,三级站2个,四级站5个;驾培学校10家;客车383辆10453座,货车4415辆31008吨,客货运输从业人员6800余人。有一类企业4户、二类汽车维修企业28户、三类9户,从业人员900余人,总产值9200万余元;车辆检测单位有1家。完成客运量871万人次,客运周转量75164万人千米,分别比上年增长1.63%、1.5%;完成货运量543万吨,货运周转量56437万吨千米,分别比上年增长4.5%、6.1%。

(临川区交通运输局)

黎 川 县

2014 年,黎川县交通运输局各项工作均取得较好成绩。

交通建设项目加快推进 一是认真抓好农村公路建设项目规划编制和计划申报工作。完成2014 年—2018 年全县农村公路危桥建设规划编制任务,14 座危桥列入省危桥项目库;完成2014 年通 25 户以上自然村公路 85 千米建设项目计划编制申报。二是认真组织项目实施。启动黎联线 K1 +000—K6 +000 段 5 千米县道升级改造项目,完成路基改造,水泥路面建设 4.2 千米,投资 900 万元;启动 2013 年农村公路网络化工程澄潭—北门 2.1 千米水泥路面建设项目,投资 60 万元。另外,完成 2013 年农村公路通自然村水泥路遗留项目 5 个,完成里程 10.9 千米,投资 300 万元;完成农村公路通自然村水泥路项目 10 千米,投资 290 万元;完成 2014 年"6.19"洪灾公路桥梁重点抢修工程 24 个,完成投资约 83 万元。

道路运输综合服务能力进一步提升 一是交通运输行业管理进一步加强。完成公路货运量 459 万吨,比上年下降 3.74%;货运周转量 128980 万吨千米,比上年下降 3.93%。公路旅客发送量 202 万人次,比上年增长 4.66%;旅客周转量 15917 万人千米,比上年增长 4.66%。至年底,经营道路货物运输业户数 222 个,其中:企业 40 户,个体运输户 182 个。营运载货汽车 1327 辆 19718 吨位,其他载货机动车 1081 辆 1241 吨位,轮胎式拖拉机 14 辆 14 吨位,车辆总吨位 20957 吨。营运载客汽车 73 辆,1640 客位;客运线路 51 条,其中:跨省线路 8 条、跨地(市)线路 2 条、跨县线路 3 条、县内线路 38 条;客运日均发班次 238.5 个,客运日均发旅客量 3417 人。从事客运班车、包车和客运站经营企业 2 家;客运线路平均日发班次 238.5 班次;线路辐射江西省、福建省、浙江省、上海市、广东省等 5 个省、直辖市。城市营运出租车 45 辆,225 个座位;城市公交车 38 辆。

(黎川县交通运输局)

南 城 县

交通建设取得新成效农村公路建设提速升级

至年底,杨埠至长兴、县城至池门口 2 个计划总里程 13.6 千米县道升级改造工程,汾水至源头、汾水至塅上、坊头下湾至包坊、百子岭至余公头外排、杨家边至连源、南上线至中塘、昌厦公路至林坊 7 个计划总里程 17.1 千米的客运网络化工程,以及 72 个计划总里程 72 千米通自然村公路改造项目完工,自检全县 2011 年以来竣工农村公路建设项目;计划里程 4 千米天井源乡曾坊村至洪门客运网络化工程于 12 月开工建设,周家堡渡改桥完工验收。同时,桃上至宜黄、南城至中和 2 个计 29.2 千米公路安保工程开工建设;109 座农村公路危桥纳入全省公路危桥改造项目库,其中:鄱阳桥、干港桥重建工程完工,渭水桥、石湾桥正在建设中,太平桥危桥修缮总投资 1.1 亿元工程初步设计、施工图设计均批复,向省厅申报 2015 年危桥改造计划。

物流运输业迈出新步伐 新增道路货物运力 611 辆 8398 吨位。至年底,货运汽车 5170 辆总运力 6.4 万吨位、水路总运力 19880 吨位,物流企业 238 家、从业人员 2 万人,物流运输业缴纳增值税费 1.7 亿余元。

行业管理形成新常态 1.公路春运组织有力有序。春运期间,发放省际包车牌、省市临时加班牌 26 张,发班 6560 辆次,输送旅客 105758 人次,未发生旅客滞留和客货运责任事故。

2.城乡客运一体化深度融合。加速公共交通服务优化升级,确保 92% 行政村通上班车,城区"两河三岸"、主要街道、大型商贸区和居民住宅区、学校以及三大工业园区都通上公交车,公众出行实现"无缝"换乘。跨省(市)县际班线 15 条班车 47 辆、出租车 100 辆,农村班车 107 辆,开通公交线路 6 条、城市公交 52 辆、公交营运里程达 78 千米。

3.农村公路管养不断加强。修建挡土墙 3500 立方米,修复水泥路面 4300 平方米、砂石路 6 千米、涵洞 85 道、桥梁 7 座,公路植树 1.2 万余株,全县农村公路好路率 92.6%。

4. 交通安全监管到位。培训司乘人员 800 人次，散发宣传资料 3000 余份，悬挂横幅标语 13 幅，5 家客（危货）运企业通过生产标准化建设考评验收，2 家驾培学校在机构质量信誉考核中被评为 AA 级，新建公路安全防护柱 220 余处、挡土墙 6 处，增设公路凸透镜 10 面、警示牌 30 块，联合安监、消防等部门开展道路危货运输应急处置演练，下达隐患整改通知书 12 份、隐患整改率 100%，未发生一起交通运输责任事故，尤其渡运保持连续 37 年“零事故”势头。完成客运量 496 万人、客运周转量 22320 万人千米；完成货运量 3691 万吨、货运周转量 1099918 万吨千米。

服务大局展示新作为 1.“三大战役”精彩纷呈。一是奋力争项目。争取交通建设专项补助资金 3600 余万元，超额完成县上下达跑项争资任务，助推着交通建设提速升级。二是全力引项目。引进南城天宝物流运输服务有限公司和南城飞鹏汽车物流有限公司落地，这两家公司分别缴纳增值税 400 万余元和 160 万余元，圆满完成县委、县政府下达招商引资任务。三是努力建项目。至年底，路基垫层和污水管道建设完毕，达到县上下达的时间节点进度要求。

（南城县交通运输局）

南 丰 县

2014 年，南丰县交通运输局各项工作均取得长足进展。

交通基础设施建设进展顺利 抓好县交通重点项目建设服务工作。重点项目 9 个，完工 2 个，投资额超 4000 万元傩乡大桥暨傩乡大桥西引道工程于 10 月竣工验收。连接太和至白舍两个中心集镇重点工程太白公路 8.3 千米全面完工；正在建设工程 4 个，环城北路新建工程于 11 月份完成河东段路面沥青铺设工程。迎宾大道工程进入工程收尾。观必上乐园旅游公路 12 月底完成路基工程，傩乡大桥从 10 月份开工以来，完成 12 根桩基浇筑工作。

交通行业管理开创新局面 春运期间，投入客车 168 辆（不含公交车），运送旅客 38 万人次，加班 81 趟次，疏散旅客 2510 人次。全县未发生一起重特大交通事故，无旅客滞留现象，

强化客运管理，加大整治力度。查处违章车辆 192 次、“黑车”4 辆次，农用车、三轮车载客 6 辆次、出租车异地经营 2 次，

营运车辆年度审验和检测工作规范有序。审验各类货运车辆 2000 辆，审验率 93%，客车（含出租、公交）195 辆，审验率 100%，另有 2500 名客货运驾驶员参加从业资格证审验和换证工作。

积极发展货物运输，物流企业货运车辆从 2009 年 1000 辆增加到 2200 辆，汽运物流企业从 15 家增加到 45 家，税收从 2600 万增加到 1.2 亿元。年增长率超过 25%。

（南丰县交通运输局）

广 昌 县

2014 年，广昌县交通运输局交通运输各项工作取得可喜进步。

以发展提质为目标，加快交通基础设施升级步伐 完成县城滨江东路雁塔大桥至河东大桥段新建工程和滨江东路三经路至顺化大桥工程，总投资 930 万元；河东景观坝步行桥项目、县城公交总站建设工程进展顺利；船广高速征地拆迁工作完成。县道升级改造项目完成高洲至重田 2.9 千米路基工程、尖峰黄坊至东营桥梁 3 座，总投资 670 万元；全长 20 千米，总投资 3100 万元杨坊至塘坊县道升级项目完成招投标。农村水泥路建设项目完成 2013 年自然村公路建设续建项目 93 千米，完成投资 3720 万元；完成新开工自然村公路建设项目 120 千米，完成投资 4800 万元。完成苏区振兴与扶贫攻坚“共创·小康”工程广宁线等 3 个土坯（危）房整村改造点道路建设，完成投资 160 万元。完成 2 个独立中桥建设项目。危桥重建改造项目完成投资 400 万元，其中，危桥重建项目 2 个，危桥加固项目 4 个。

以依法行政为抓手，确保交通安全形势稳定

春节期间，道路运输投入客运班车 132 辆，发送 9457 个班次，完成客运量 28.65 万人次，客运周转量 3626.2 万人千米，未发生一起安全责任事故和旅客滞留事件。该局客货运输企业质量信誉考核合格率 100%，审验普货车辆 3760 辆，审验

率85%;审验危货车辆113辆,审验率99%;审验客运班车、公交客车、出租车148辆,审验率100%。截至年底,新增货车901辆,10802吨。道路运输经营业1094户,同比增长37.1%。其中,货物运输业1047户,旅客运输业7户,运输服务业1户,汽车维修业39户。营运车辆4684辆,比上年增长13.3%。其中,客车96辆,2307座;出租汽车30辆,150座;城市公交19辆,299座;普货运输车辆4425辆,47150吨;危险货物运车辆114辆,1110吨。公路运输完成客运量410万人、旅客周转量9200万人千米,货运量453万吨、货物周转量91506万吨千米,比上年分别增长0.25%、0.2%、1.05%和1.05%。

以统筹兼顾为手段,推动各项工作全面展开　在争项目跑资金方面,争取到一批重大交通基础设施建设项目,获得上级项目资金4000万余元,超出年初预期,在全县目标考评中名列第二。在招商引资方面,新引进抚州凯睿达实业、豪神门业2个工业项目落户工业园区,签约引进资金5000万元。

(广昌县交通运输局)

资　溪　县

2014年,资溪县交通运输局加快推进交通运输各项工作,取得良好成绩。

农村公路建设　1. 公路建设。完成2013年通自然村农村公路续建9千米/7个项目。完成2014年通自然村公路25千米,实现27个自然村公路硬化。

2. 独立桥项目。向省厅争取鹤城镇三江村中洲独立桥项目,总长100米,完成项目立项,做好施工图设计。

3. 危桥改造项目。向省厅争取危桥改造项目245.2延米/3座,其中,柏泉桥、和平桥年底前完成主体部分施工,熊家桥完成施工图设计。

4. 主要县道路面隐患整治维修。为保证主要交通畅通、安全,该局对抚草线、昌初线、杨坊至马头山线路基、路面存在安全隐患整治维修,投入维修经费130万多元,整治维修路基隐患点13处,路面隐患点6处,边坡塌方和涵洞毁坏各1处。

5. 做好农村公路危桥改造项目规划。编制2014—2018年资溪县危桥改造项目规划,将1311延米/28座四、五类危桥列入危桥改造规划项目库,其中,县道570延米/16座,乡道200延米/3座,村道541延米/9座延米。

6. 农村公路危险路段排查整治。一是排查出危桥28座,对四、五类危桥在一时无法改造重建的情况下采取设立警示限行等整治措施。二是发现农村公路路基下沉、路面悬空严重2000米/10条。三是经实地排查统计,农村公路警示提示等标牌及安全防护设施存在不足,设置警示提示标牌424块;需设置减速带1165米;设置安全防护栏9362米;设置安全防撞墙5100米。

7. 农村公路养护。加强对主要县道抚草线、昌初线、杨坊至马头山线、法水和昌坪旅游公路日常养护。投入机械台班680多小时,人员589人次,设立警示提示标牌186块,经费26万多元用于主要县道水毁抢修工程,确保公路安全畅通。

交通运输管理服务工作　圆满完成春运、"五一"等假日旅客运输工作。为期40天春运工作,投入客运班车65辆,开行班次3635班次,累计运输旅客63390人次,日平均发91班次,日平均发送旅客1580人次。在清明"五一"端午节等假日旅客运输中,未造成假日期间旅客滞留现象,圆满完成各项工作任务。

扎实做好道路运输安全综合检验工作。审验营运车辆917辆,其中,客运汽车97辆,审验率100%;货运车辆820辆,审验率80%。截至12月底,完成客运量114.7万人次,客运周转量5234.6万人千米;货运量43216万吨,货运周转量989.3万吨千米;办理道路客货运输及相关业务经营事项11件,其中,货物运输经营行政许可2件,车辆维修许可1件。办理包车牌8车次。

(资溪县交通运输局)

金　溪　县

2014年,金溪县交通运输局较好完成年度工作目标和任务。

交通基础设施建设持续推进　农村公路建设

深入发展。计划争取农村公路改造项目72千米和独立中桥新建两座(石门游坊渡桥和陈坊锦墩桥),年底72千米农村公路硬化改造完成,石门游坊渡桥和陈坊锦墩桥正在建设施工中,年底主体工程完工。同时,加强农村公路养护力度,争取县财政农村公路修复专项资金47.43万元,修复水毁桥涵3处、路面破损28处(4530平方米/7条),确保农村公路安全畅通。

交通运输行业安全管理有序运行 切实加强行业管理,交通运输行业运行规范有序。一是加强交通运输企业的监管。年度质量信誉考核28户道路经营业户和4356名驾驶员从业资格,并对1989辆营运车进行安全性能检测和年度审验。尤其是对3家危险货物运输企业进行跟踪监管和服务。营运货车3044辆,客车101辆,出租车50辆。二是加强站场管理,投资18万元,对浒湾黄汰港口进行标准化建设,投资6.6万元,对琅琚下东糟渡口码头进行维修,并兴建2个候船亭。同时,投资22万元,对三个渡口,三艘旧船进行更新。出动交通执法人员468人次,执法车辆328辆次,纠正各类违章违法行为1028次,拆除存有安全隐患农村候车亭3个,排除交通安全隐患38处。

其他中心工作顺利开展 跑项争资工作有新成效。上报独立中桥新建、乡(村)道升级改造等交通建设项目4个,争取到上级补助资金1782.63万元,加速助推全县交通运输事业发展。

(金溪县交通运输局)

乐 安 县

2014年,乐安县交通运输局为推进乐安社会经济跨越发展作出贡献。

强力推进交通基础设施建设 做好县重点工程项目工作。县重点建设项目新长运汽车站及交通综合大楼各项工作完成,所有客运车辆进入新长运汽车站发班作业,老汽车站和鳌溪客运站关闭。县公交总站选址县西环路,占地面积2公顷,完成施工图设计、预算,正着手进行工程招投标程序。省道S222山砀至鳌溪段公路升级改造完成工可评审,初步设计,土地、林地报批及招投标等工作。通村组公路计划160千米,年底前陆续开工建设。

全力抓好道路运输行业管理 1.完成运输保障工作。完成客运量150万人次,客运周转量21080万人千米,货运量107万吨,货运周转量2.07亿吨千米。

2.做好驾驶员从业资格诚信考核工作。对1200余名驾驶员从业资格诚信考核,严格监督驾校对700多名从业人员进行继续再教育。同时,打击异地培训点2个。

(乐安县交通运输局)

崇 仁 县

2014年,崇仁县交通运输各项工作得到新发展。

交通基础设施建设有新推进 完成建设投资3743万余元,其中,公路建设投资完成3253万余元,站场建设完成投资20万余元,农村公路养护完成投资260万余元,农村公路桥梁建设和养护210万余元。通村组公路新建路面硬化项目计划86个、计95.1千米和农村客运网络化连通工程项目2个、计8千米,分别完成投资2853万元、400万元,计3253万元;农村公路养护主要是桥涵改造和维修,其中,新建桥涵5座计39米。至年底,境内公路总里程1807千米。其中,高速公路40.51千米、省道76千米、县道220.45千米、乡道405.78千米、村道626.19千米、乡村小道438.07千米,硬化里程1208.39千米,占66.87%。

农村公路管养总里程1242.15千米、管养面73.48%,其中:县道15条229.9千米。农村公路养护桥梁98座、计4341.24延米,均属永久性桥梁,其中:大桥9座、1750延米,中桥31座、1589.84延米,小桥58座、1001.4延米。15条县道公路均在日常管养范围,养护面100%,农村公路好路率83.7%以上。完成投资260万余元实施崇丰线、南门桥至抚八线和礼陂至石咀头等公路的抢修和养护改造,完成投资181.5万余元,新建维修加固9座桥涵,计121延米。

县财政安排200万元用于农村公路养护维修和部分危桥加固、新建,为县道公路养护提供初步保障。

为进一步强化对农村公路桥梁(涵)安全监管,摸清农村公路及桥梁(涵)状况,5月19日至6月6日,组织开展对15个乡镇计215座农村公路桥梁(涵)安全隐患摸查和初步治理工作。

行业发展有新起色 完成道路客运量264.89万人次、比上年增长7.68%,旅客周转量9380万人千米,比上年增长16.39%。

货物运输企业329家(其中,个体254家、企业74户),车辆2117辆,24995吨。新增企业5户、车辆771辆、吨位1021.57吨。

行业发展为社会提供比较稳定就业机会。截至年底,道路运输行业从业人员4013人、比上年增加3.97%,其中,货运3158人,客运208人,站场经营72人,机动车维修经营364人,机动驾驶员培训211人。

崇仁县机动车维修业87户,一类维修企业1户、二类维修企业3户、三类维修企业70户、摩托车修理13户,其中,1家二类维修企业升级为一类维修户;检测车辆1134辆,其中,危货和载客车辆检测率98%,普货车检测613辆、检测率60%。

机动驾驶员培训业2户。全年培训11928人、比上年增69.67%,其中:小车11918人、大车10人,获得驾驶合格证9340人,通过率78.37%,比上年提高2.2个百分点。

至年底,营运汽车2117辆、总吨位24995吨,分别增长1.53%和2.02%,其中,普通货运汽车2073辆;危货汽车44辆、吨位1149吨。营运载客汽车187辆,其中,班线客运91辆、出租汽车63辆、公共汽车33辆,班线客运车辆中:大型客车17辆,中型客车74辆,营运载客汽车总座数有3232座、比上年增加42座、增长1.32%,达到车辆减少、总座位增加,为旅客出行带来方便。

班线客运日均发班次198班,客运班线46条、投入营运车辆91辆,其中,省际班线6条、投放客车12辆;县、市际班线9条,投放客车25辆;县境内班线31条(农村客运)、投放客车54辆。乡镇100%通班车,行政村通班车率88.7%。班线和客运车辆的调减、整合,虽然比上年有所减少,但客运量和旅客周转量同比分别增长7.68%和16.39%。

行业安全持续稳定 新增安装GPS系统动力车31辆,机动车驾驶员培训工作力度加大,培训11928人次、比上年增长69.67%。

渡口渡运安全监管进一步强化,实现连续34年安全无事故。

(崇仁县交通运输局)

上　饶　市

信　州　区

2014年,信州区交通运输局抓好交通各项工作任务落实。

物流产业稳步发展 实现信州区物流产业发展稳中有升。1—9月,完成物流产业税收1.86亿元,占同期计划任务的62%。全年完成物流税收2.3亿元,其中,信州区交通运输局完成8200万元。

道路运输市场规范有序 完成2013度客运企业质量信誉考核工作,考核16户企业,其中AAA级客运企业2户,AAA级客运站1家;AA级客运企业8户,AA级客运站1家;A级客运企业2户,A级客运站1家。在货运市场监管上,完成2013度货运企业质量信誉考核工作,考核43户企业,其中,AAA企业1户,AA企业42户。在维修市场监管上,规范汽车维修市场,提高汽车维修服务质量。许可二类维修企业3户、三类维修企业9户;二级维护车辆2782台次,其中,客车为

568 台次;完成 2013 年度一、二类维修机动车维修企业质量信誉考核工作,考核 41 家,其中,AAA 维修企业 1 户,AA 维修企业 1 户,A 维修企业 39 户。在驾培行业监管上,完成驾校学员初审 7646 人次,其中,科目二 4144 人次、科目三 3502 人次。完成 2013 度的驾校质量信誉考核工作,考核驾校 6 家,其中,AAA 驾校 1 家,AA 驾校 5 家。稽查执法用车出动 613 次,查处违规车辆 700 余辆,其中,客运车辆不按规定站点停靠 78 辆,查处无从业资格证 59 人,未经许可擅自非法营运车辆 93 辆,对驾驶员书面、口头教育近 600 余次。窗口方面,1—9 月办理新增许可 358 件,发放经营许可证 481 本,道路运输证 3743 本。客运车站方面,完成新进站卡换发 400 台次;查处违规车辆 132 台次。

交通基础设施有序推进 向上级交通主管部门申报自然村通达项目 50 千米,完成通达自然村 26 个,年末,完成 40 个目标任务。

农村公路管养确保畅通 路政管理工作。投入近 16 万元对横七线施化中心标志线 30 千米,拨付 10 万元给乡镇用于沿线路树的种植,完成 2 处近 300 米路段排水涵管的埋设,同时开展县道日常养护试点,对新近完成县道升级改造的 30 千米县道实施常态化管养,占区域县道总里程 50%。

服务重点工程建设主动积极 1. 上广快速通道工作进展:秦峰乡征地 9.4 公顷,秦峰 2 个施工点正常作业。朝阳镇青石村征地 24.67 公顷,光明村征地 20.67 公顷,朝阳 3 个施工点 2 个正常作业。灵溪镇邵新村完成征地 19.27 公顷,龙泉村完成征地 5.07 公顷,灵湖村完成征地 14.73 公顷,灵溪 8 个施工点 3 个正常作业。完成征地、迁坟、房屋拆迁等项前期工件。2. 320 国道上饶城区段改建项目信州区段进展情况:征地工作除朝阳镇搅拌厂路段因红线未放,没有征收外,其余土地完成征收。发放补偿费 7950 万余元;房屋拆迁工作跟进启动,签约 20 户,面积 7000 余平方米,因前期资金基本用于支付征地和部分拆迁,后续资金未及时到位,拆迁工作受到影响;可交付用地 20 千米,秦峰乡占村、老坞、下湖村,朝阳镇光明、团结村开工点正在进行施工清表,茅家岭街道塔水村作为开工点进场。

(信州区交通运输局)

上 饶 县

2014 年,上饶县交通运输局各项工作取得较好成绩。

交通基础设施建设方面 民生工程项目建设任务:完成通自然村公路硬化项目 373 个,里程计 270 千米;建设县道升级改造项目 2 个,里程计 10.7 千米;完成新建独立大中桥项目 8 个,计 570 延米;完成农村客运网络化连通工程。重点工程项目有灵上公路及 320 国道南移工程项目。1. 通自然村公路项目:完成通自然村公路硬化项目 270 千米,总投资 8100 万元。2. 新建独立大中桥项目:计划完成新建独立中大桥项目 8 个,其中,符家州大桥、张家中桥、北岸中桥完工;青山中桥完成招投标及施工前期准备工作;湖头桥正在进行招投标工作;枫丁中桥、天门山中桥正在进行下部构造施工;外於中桥下部构造完成。3. 县道升级改造项目:完成新田到黄狮公路,升级改造 3.7 千米,三级公路 10 月 20 日完工里洲到大坳公路,17.5 千米,升级改造为三级公路。4. 农村客运网络化连通工程项目:农村客运网络化连通工程 2013 年项目里程 16.2 千米,完工 8 千米。其余 8.2 千米分三个项目:其中,八都至清水项目 1.7 千米、彭家至裴坞项目 2 千米、樟潭至茶坪项目 4.5 千米开工建设。5. 重点工程项目:省道 S203、灵山—上饶公路建设工程总投资 8.2 亿元,其中,工程设计费用 695.99 万元,全长 41 千米(其中一级公路里程 12.8 千米,左溪挂线 5.8 千米;二级公路里程 22.5 千米)。完成项目立项的工程可行性研究报告,批复。正进行项目初步设计和施工图设计。320 国道南移工程项目征地总面积 48 公顷,完成征地 45.33 公顷;下拨各乡镇征地拆迁款 945.21 万元。

公路养护工作有新推进 ①重抓县乡道养护管理。投入养护资金 140 万元,购植苗木 13500 株、修复水毁挡墙 9 处、维修涵洞 4 处、桥梁 4 座、路面 3.3 千米、树立安保警示牌 200 余块。确保公路的安全畅通。②创建文明样板路。将上饶至杨庄、里洲至大坳公路作为文明样板路建设,公路全长 34 千米,投入养护资金 93.7 万元,路肩修复

34 千米,树立标设牌 130 块及道路分割线等安全防护设施。

运输行业管理再上新水平 ①道路运输经济发展持续稳定。完成货运周转量 4237 万吨,货运周转量 468505 万吨千米;日均投入客运车辆 188 辆,完成客运量 507 万人,旅客周转量 21507 万人千米。②全力保障春运和节假日运输安全稳定。188 辆客运车辆通过检测合格,并投放市场参加春运和节假日客运,确保春运和节假日无旅客滞留,上饶县全年交通安全实现零事故。3. 结合县委"十大整治"活动开展,上饶县运管所出动执法人员 425 人次,检查源头企业 21 个,维修企业 3 个,下发整改通知书 3 份,处罚违规企业 3 家,整治和处理非法营运三轮车 510 辆。

路政工作形成新局面 4 月,协同县铁路办和有关乡镇进行为期半年对京福高铁、杭长高铁工程建设施工造成上饶县农村公路损坏调查摸底,确认损坏县乡道 106.84 千米,为上饶县挽回损坏公路损失近 3900 万元。

(上饶县交通运输局)

广 丰 县

主要经济指标完成情况 2014 年,广丰县完成交通固定资产投资 19740 万元,比上年增长 7.4%;道路运输累计完成公路旅客运输 829 万人次、客运周转量 37709 万人千米,比上年增长 8% 和 9%;完成公路货物运输 3290 万吨、货运周转量达到 165052 万吨千米,比上年增长 11% 和 10%,综合运输持续协调增长。

交通重点工程和基础设施建设 ①省道 S201 大二线(广丰至上饶火车站段快速通道)改线工程广丰段完成路基土石方 48 万方、涵洞 12 道,路面垫层工程完成主车道 2.6 千米,累计完成总工程量 58%;信州区段土地交付使用 5 千米路段完成路基土石方工程 90 万立方米、16 道涵洞工程,累计完成交付路段工程量 43%。②迎宾大道工程完成全线盖板涵和涵洞工程及 99% 的土石方工程,安装污水管道、雨水管道 3850 米,占计划 96%,完成路沿(平)石的安装,铺设非机动车道水稳层 3850 米,铺设主车道沥青路面下层 4 千米,上层 2 千米,完成总工程量 76%,完成工程投资 1.3 亿元(其中,建安费 0.9 亿元,其他征地拆迁等 0.4 亿元)。③五角塘至黄家於三级公路(屏风山段)改建工程项目于 7 月开工续建,完成全线水泥混凝土路面浇筑及全部路基支护和排水工程,项目累计完成投资 450 万元。④农村公路综合服务站建设。铜钹山农村公路综合服务站主体工程完成,在进行附属设施建设;五都农村公路综合服务站由原五都客运站置换,主楼装饰工程及附属设施建设全面完成,待省厅验收后即可交付使用。⑤完成 2013 年度广丰县通自然村公路项目 133 个,112 千米验收上报备案及 2011 年度 7 个项目 27.2 千米、2012 年度 28 个项目初验工作。⑥完成农村公路危桥调查和危桥规划编制工作,调查 135 座危桥,编入规划危桥有 78 座。

交通项目储备 ①上报 2014 年度县道升级改造 17.2 千米,申请上级补助资金 860 万元。②上报 2014 年度农村客运网络项目 1.9 千米,申请上级补助资金 38 万元。③上报 2014 年度通 25 户以上自然村和新农村点的进村外接公路 75 千米,申请上级补助资金 600 万元。④上报农村公路独立桥梁大桥以上一座、中桥以上两座,申请上级补助资金 190.8 万元。⑤上报 2014 年度安保工程项目 35 千米,申请上级补助资金 140 万元。⑥与林业部门共同申报 2014 年国有农场通沥青(水泥)路建设项目 54.5 千米,申请上级补助资金 1362 万元。

道路运输管理 圆满完成春运工作。春运期间,投入营运客车 315 台,其中,外调运力 31 台,完成客运量 1409632 人次,与去年相比上升 15%。创造春运连续十年无道路旅客运输安全责任事故和死亡人数为零纪录。

(广丰县交通运输局)

玉 山 县

2014 年来,玉山县交通运输局为促进全县社会经济发展提供交通运输保障。

公路桥梁建设方面 一是认真做好公路建设工作。向上级争取项目资金 1419.6 万元,自然村公路项目 87 千米,完成 50 千米;农垦公路 10 千米，完成6千米；5千米飞青线县道升级改造项目全部完工；危桥改造3座，即仑溪大桥全长120延米，总投资420万元；张岭大桥全长65延米、总投资227万元；火烧碓桥全长60延米、总投资210万元。仑溪大桥危桥改造项目完成桥梁下部结构。

二是开展农村公路管理工作。组织公路技术人员对县、乡、村道公路桥梁进行一次全面安全隐患排查，排查各类桥梁249座，其中：省道、县道51座，乡道、村道198座（含人行桥、涵洞），核定属四、五类公路桥梁20座，其中：省道、县道5座；乡道、村道15座。实施公路抢修养护，投入资金42万元，抢修8个公路隐患点。坚持日常巡查，清除路障70余处，1600多立方，确保公路畅通。

三是有序推进县重点建设项目。县城至高铁玉山南站连接线（金沙溪大桥至沧溪桥段）新建工程建设工作。该项目概算总造价1.43亿元，其中，建安费1.32亿元。金沙溪大桥引桥工程全部完成基础及下部构造、上部结构箱梁安装、桥面人行道盖板预制、引桥人行道地梁现浇混凝土施工、引桥C50混凝土现浇层铺装、引桥人行道内排水管道安装，主桥工程完成钢箱梁梁体施工支架搭设、行车道钢箱梁安装；沧溪中桥完成基础及下部构造、上部结构预制箱梁预制架设、第一跨梁体横梁及湿接缝浇筑、人行道板预制。

运输管理方面 一是圆满完成春运工作任务。春运期间，累计发送车辆8544辆次，运输旅客约58.07万人次。取得春运期间无旅客滞留、无安全责任事故、无重大服务质量投诉良好成绩。

二是全力维护运输市场秩序。对客货运输市场加大运政执法检查力度，查处各类违规车辆941辆次，有效地维护客货运输市场秩序。

三是积极开展玉山公交总站（农村综合服务站）建设工作。总用地面积32117.14平方米，总投资约3000万元，于上年12月开工。2014年，完成主体封顶，即将进入装修、地面硬质化、围墙等零星工程建设。

四是扎实做好运政基础工作。审验农村客运班车137辆，公交车47辆，出租车100辆，货运车辆1021辆。

五是创优发展环境，提供优质服务，实现道路运输产业稳步发展。客运企业新增客运车辆2辆、38个座位，更新客运车辆2辆；货运运力稳中有升，新增普货企业14户、货运站场1家，新增货运车辆416辆，新增吨位1658吨；机动车维修企业新增8户，机动车驾驶员培训企业1户，新增教练车21辆。

（玉山县交通运输局）

德　兴　市

2014年，德兴市交通局有力推进德兴的交通运输工作。

交通基础设施建设 ①农村公路建设推进有力。一是抓好自然村公路建设。争取自然村建设计划83.3千米，比上年增长16.2千米，自然村公路建设任务全部完成，实现投资2600万余元。二是抓好农村客运网络化公路建设（农客网）。争取将古山至黄渡7千米列入上级的农客网改造计划，路基完成。②重点公路建设快速推进。一是抓好德上高速至合福高铁德兴站新建公路建设。该项目路线全长5.69千米，按照二级公路标准建设，有628米隧道一座，680米大桥一座。项目预算总投资12674万元（其中，建安费10568万元），为世行贷款建设项目，2014年5月开工建设，完成隧道开挖150米和南溪大桥桩基30根，河村在桥桩桩基钻孔浇注6根，接高铁火车站站前广场暖水段路基填筑完成2千米。二是抓好合福高铁德兴站至畈大二级公路前期工作。按照二级公路标准建设，起点为合福高铁德兴站（河村）终点三木源口接三清山旅游公路（S202），路线全长23.6千米，投资1.9亿元。新增一条由李宅经宗儒至畈大港首快速通道，路线全长11.8千米，投资约2.8亿元。合福高铁德兴站至畈大段完成工程可行性研究报告、施工图纸初步设计，经省公路局批复，列入2015年省建设计划，环保等专项报告完成，12月启动建设。李宅经宗儒至畈大港首段，工程可行性研究报告完成，正在向上级交通运输主管部门争取计划。三是抓好祝梧公路建设。该公路由德兴市公路分局负责建设，进场施工，南溪境内路基工程完成6千米，梧枫洞境内路基工程完成2.5千米。③县道和危桥改造进展顺利。一是县道建设快速推进。绕余线公路5.1千米，总投资480万元，于7月开工建设，12月竣工通车。

二是向上申报危桥改造计划,继上年争取7座危桥改造计划基础上,又将南溪上呈桥中桥列入危桥改造计划,该项目总投资160万元,完成招投标,并开始建设。三是抓好危桥改造继建工作。新村大桥、土口中桥、南门山中桥梁板吊装完毕、施家大桥、黄家大桥、车畈中桥下部构造全部完成,新屋大桥正在开展前期工作。以上7座桥梁总投资约1100万元,完成工程量95%。四是推进农村公路小型危桥改造工作。改造7座,总投资240万元,12月底完成改造4座。

强化交通运输管理 一是加强客运管理。完成客运量366万人次、客运周转量32178万人千米、公路货运量365万吨、公路货运周转量34162万吨千米。二是抓好公交车运营管理。正在筹建总占地面积22793平方米,投资1464万元公交车调度中心。

其他重点工作 按招商形式建设现代物流园。通过招投标程序确定上海六合投资有限公司为中标企业,签订建设合同,该项目用地总面积约16.53公顷,总投资8.52亿元,首期投资1.5亿元。可行性研究报告和物流园初步规划完成,并提交物流园用地调整规划报告,争取列入省级调度项目。

(德兴市交通运输局)

婺 源 县

公路建设 2014年,婺源县交通运输局争取公路建设项目156个、计265.6千米和桥梁建设总长728延米、上级补助资金13146万元。完成县城外环线、王村至婺源北、省道201至李坑、下市至看守所、源口至松山、塘村最美乡村等公路勘测和放样计54.24千米。

公路建设计划投资7.29亿元,累计完成投资1.09亿元。其中:①锦绣画廊健身休闲自行车旅游公路,总投资5780万元,完成投资778万元。②县城外环线公路,总投资7.19亿元,完成投资3035万元。③婺源县三个高速出口ETC通道改造工程项目,总投资4300万元,完成投资1052万元。④西门星江大桥维修工程,总投资1000万元,完成投资700万元。于8月上旬竣工通车。⑤农村公路建设,总投资1.1亿元,完成投资5286万元。

公路安全畅通 5月,连降暴雨,引发洪灾,水毁损失7600万余元,县及时组织抗灾救灾,下拨水毁资金100万元,修复水毁公路。

完善标志标线和安全防护设施,安装千米桩53块,标志牌137块;凸面镜3面,限速带108.5米,振动提醒带837.2平方米,波形护栏8272米,中线标线583.38平方米,减低公路安全事故发生。

运输行业管理 ①精心组织“春运”工作,为确保春运工作安全,成立春运领导小组,同时下发《关于认真做好2014春节运输工作通知》发至各运输业户。落实安全责任制,落实“人盯人、人盯车”安全管理网络。检测全县参加春运车辆安全,禁止检测不合格车辆参加春运。严厉查处携带“三品”进站上车,确保春运安全、有序、圆满完成。②切实加强运输安全生产管理工作,开展运输市场整治 出动运政稽查人员187人次,查扣非法营运车辆31辆,有效遏制非法营运车辆,取得阶段性成果。③做好出租车、公交车管理工作,积极推进“城乡客运一体化”重点项目进程。④认真开展运输企业质量信誉考核及道路运输证年审工作,做好城乡道路客运燃油消耗申报及油补发放工作。⑤抓好渡口安全管理。年初签订渡口安全责任状,该局已列专项资金更新湖村渡船。

(婺源县交通运输局)

鄱 阳 县

交通重点工程 ①县乡村公路建设:计划实施20千米县乡公路升级改造,特别是县道福莲线升级改造,240千米通自然村水泥路建设,完成30千米通行政村扫尾工程。截至11月底,完成年度通自然村公路项目建设210千米,完成投资约5250万元,计划年底完成240千米建设目标;通行政村扫尾工程鸦鹊湖、昌洲、饶埠等地路面工程启动,完成20千米,计划年底完成30千米建设目标;县道福莲线莲花山段15千米升级改造项目路基工程完工,11月底实施路面建设。县道侯石线3千米水毁重建项目路基正在施工中,11月底完成路面工程招投标工作并开工建设。县道枫新线凰岗段7千米水毁重建项目路基正在施工中，12月开工建设。②省道德三线延伸线(鄱莲快速通道)公路新建项目。该公路起于县城鄱阳湖大道终于莲湖大桥，全长14.12千米，新建路线长10.17千米，按二级公路标准设计，概算总造价1.06亿元。工程进展情况：一期完成鄱阳镇范围内水泥混凝土路面3.95千米；二期全面启动，完成7千米路基土石方工程，暗桥1座，中桥1座，1座通道，盖板涵6座，圆管涵洞10道。截至11月底，完成投资3654万元。③桥梁建设。银宝湖乡鸣山大桥渡改桥项目，于上年底开工建设，完成桩基17根；饶埠镇上湖州新建独立中桥于上年年底开工建设，该桥下部结构全部完成；完成古县渡镇花果山小桥和昌洲乡算卜小桥危桥重建工程。谢家滩镇龙珠山中桥危桥重建项目正组织工程招投标。通过争取，凰岗大桥主体工程经确定由省交通运输厅全额投资建设，9月19日通过工程可行性审查，完成地质勘探，通航论证，于9月29日完成评审。大桥主体概算投资约3100万元。④县长运客运站搬迁项目和县公交总站新建项目。鄱阳县长运公司迁建项目，占地面积7.4公顷，总投资1亿元，按一级站标准建设。完成项目选址和土地测量工作，签订征地协议。征地款380万元转入鄱阳镇财政所并开始发放给征地户。前期各项工作有序进行；公交公司新建项目，占地面积2公顷，建筑面积2.1万平方米，总投资2850万元。完成项目选址和土地测量工作，征地协议经签订。项目征地款376万元已到鄱阳镇财政所账上并发放给征地户，前期各项工作有序推进。⑤物流产业发展。完成物流税收6000余万元，扶持资金奖返4500余万元。该县登记注册物流企业70户，其中，航运企业4户；认定为一般纳税人企业37户，小规模纳税人企业33户，17个乡镇在实现物流产业创税收和引进物流产业方面取得进展。

公路运输管理工作 春运期间，未发生一起重特大安全事故和旅客滞留事件。完成道路客运量816万人次，客运周转量39660万人千米，货运量1596万吨，货运周转量88565万吨千米。

(鄱阳县交通运输局)

余 干 县

2014年，余干县交通运输局各项工作实现新跨越：

固定资产实现新突破，累计完成固定资产投资2.14亿元，占年度计划97.7%，其中，重点项目完成投资1.6亿元，路网改造完成投资1600万元，农村公路建设项目完成投资3323万元。

进一步规范行业管理 审验营运客车260辆，发放油价补贴441.7万元；审验营运货车985辆，新办营运证376辆；审验营运货船33艘。加大非法营运“黑车”打击力度，查处各类违章车辆189辆，其中，非法营运车辆11辆，为运输市场创造有序竞争良好环境。

圆满完成各项工作目标任务 全力抓好春运工作，春节期间，运送旅客92.6万人次。

调整运力结构，增加运力 更新营运客车4辆；营运货车3117辆，同比增长8%，其中，农用车1436辆，大货车1681辆；营运车辆总核载吨位15162吨，比上年增长8.1%；上年新增营运货车315辆，比上年增长18 %；营运客车410辆，其中，短途营运客车267辆，县际及以上营运客车92辆，公交车24辆，出租汽车150辆，旅游客车18辆；载客客位8570座，比上年增长0.05%；客运班线93条，其中，县内班线56条，县际以上班线37条。完成公路客运量753万人，比上年增长3%，公路货运周转量227850万吨千米，比上年增长12%。局属港航所完成货物吞吐量1000万吨，规费收入900万元，营运货船33艘，3.1万吨位。

(余干县交通运输局)

万 年 县

2014年，万年县交通运输事业快速发展。

交通重大基础设施建设全面提速 1. 疏港公路。一级公路标准，设计时速60千米/小时，双向四车道，总投资8160万元，8月份完工通车，正在附属工程建设。2. 镇垱线珠田至陈营段二级公路全长4.56千米,全线征地26.33公顷,总投资4739万元,年底开工建设。3. 县道石垱线(石镇—梓埠)11.5千米升级改造和乡道(石镇—大黄)8.6千米升级改造,总投资2300余万元,完成施工图设计。财政评审中心评审后,启动投标程序。4. 农村公路建设养护。投资3600万元,新建农村公路120千米,较年初计划增加20%。投入270万余元,用于德昌高速万年连接线和153.6千米县道养护管理。其中,德昌高速万年连接线76万元。5. 万年港码头。4个泊位建设同步推进,码头主体工程完工并投入试运营,完成投资6900.2万元。正在进行化工管道建设和仓库、办公楼等附属工程建设,12月份开始生产。6. 上(饶)万(年)高速。全长76.07千米,双向4车道,设计时速80千米/小时,总投资50.85亿元(县境内长约28.4千米,占地约180公顷)。11月23日,前期工作完成,正在同业主签订协议。上万高速万年连接线长7.35千米(含连接线与珠曹公路连接段1.9千米),原设计为二级公路,经省项目办同意,调整为一级公路,直接工程款约1.06亿元,正在施工图设计。

交通为民惠民实事全面落实 一是城市客运能力和服务水平大提高。各类客运车辆262辆,其中,高级客车42辆、出租车40辆,公交车28辆,中低档客车140辆。客运量和旅客周转量较上年增长2.31%。开通4条公交客运,实行学生、老人、军人免费或优惠乘公交;二是物流货运能力和保障大提高。货运物流企业53家,货运车辆268台。完成货运量438万吨,同比增长36%,完成货物周转量204638万吨千米,同比增长36%。三是运输和航道利用能力大提高。发展水运企业3家,各类运输船舶84艘,其中,危货运输船舶4艘,货物运输能力2.4万吨。完成水路货运量117.77万吨,货运周转量6848.3万吨千米,分别比上年增长4.63%、1.58%。

交通行业管理效能显著提升 1. 运输市场秩序进一步规范。出动路政执法车辆228辆(次),纠正违章136辆,处理超限车辆65辆,清理路障82处追缴路查赔偿12万余元。2. 交通安全生产形势稳定。局安全督查组先后重点检查企业131家,查处违法违章行为65起,排查整改隐患31项;开展水上安全检查15次,检查企业2家,运输船舶85艘,确保水上运输安全,其中,渡口58年无安全事故。

(万年县交通运输局)

弋 阳 县

2014年,弋阳县公路建设和养护工作取得较好进展。

公路建设 1. 完成2013年度自然村公路86.1千米验收工作;2. 完成117个(25户以上自然村)自然村公路100千米;3. 完成农村公路危桥40座,1329延米资料入库上报工作;4. 完成2011年遗留项目双流线叠山段4千米水毁工程。

道路、水路运输管理 加强客、货运输市场日常监管。1. 客运企业10家,客运车辆313辆(其中:省际班线3辆、市际班线13辆、县际班线22辆、县内班线108辆),公交车67辆,开通公交线路9条;出租公司1家,出租车100辆;普通货运业户1604户(其中,三类危险货物运输1家),货运车辆3400辆,总吨位25400吨。17个乡镇(场)通班车率100%,155个行政村通班车率90%以上。2014年,完成客运量494万人,客运周转量25850万人千米,货运量772万吨,货运周转量83508万吨千米。

(弋阳县交通运输局)

横 峰 县

2014年,横峰县交通运输局取得新成绩。

争取交通项目 一是积极做好205省道西移建设项目前期准备工作。委托上饶宏优勘察设计院作项目可行性研究,将205省道西移建设项目纳入"十三五"省道改造规划中。二是做好横峰至上饶320国道绕城升级改造项目。将该项目纳入"十三五"国道改造规划和市政府城镇群主通道建设中。

推进重点项目 ①世行贷款城铺大道项目。该项目是横峰县重点推进交通项目,道路全长7.27千米,按城市主干路、次干路标准设计,分三段实施。其中,兴安西大道长1.3千米,宽28米;

创业大道长2.2千米,宽20米;规划四路长3.8千米,宽16米。项目总投资约1.02亿元,工期18个月。8月份开工以来,完成投资1000万元。②红色旅游白沙岭至楼底公路项目。该公路全长8.4千米,按公路三级标准建设。项目总投资约2292万元。2013年11月份开工以来,完成19道涵管的铺设,兰子和建作2座小桥建设;对白沙岭、百家、兰子段路基进行拓宽,新建路基2千米,路面浇筑2千米,完成总投资1200万元。③危桥改造项目。自筹资金80余万元,对横峰县不能通行4座中小危桥进行重建。④农村公路建设项目。通自然村农村公路建设任务90千米,新增通水泥(沺)路自然村81个,12月底完成。⑤上万高速公路项目。上万高速横峰连接线原设计为二级公路,经省项目办同意,调整为一级公路,正在施工图设计。

交通运输保障能力不断提升 新增货运车辆544辆,新增吨位6077吨,累计完成公路客运量472万人、旅客周转量27250万人千米,同比分别增长12.4%、12.3%,公路货运量546万吨、货运周转量60060万吨千米,比上年分别增长13%和13.01%。

(横峰县交通运输局)

铅 山 县

2014年,铅山县各项交通运输事业不断发展。

农村公路及危桥升级改造项目 1.农村公路建设。完成通自然村公路路基改造110千米,路面硬化101千米。红石大桥引道正在施工。2.危桥改造。年底前完工,河口镇白沙大桥;河口镇柴家中桥完成招投标工作,正在做开工前准备;葛仙山乡岩山咀桥完成下部构造;虾公山桥正在打桩基。

旅游公路建设快速崛起 1.石塘至柏畈红色旅游公路。全长4.8千米,沥青路面,二级旅游公路,总投资3300万元。中州大桥、尤田大桥下部构造完成,路基完成85%。整体工程形象进度60%。2.上分线至鹅湖书院二级旅游公路。完成路面硬化。3.车盘至篁村旅游公路。全长10.3千米,总投资1000万元,9月份开工建设。(四)车盘至北武夷旅游公路。全长10.2千米,总投资3300万元,9月份开工建设。

交通重点项目建设 ①县城至上武高速公路鹅湖互通连接线工程。全长10.3千米,按一级公路标准建设,双向四车道,总投资3.3亿元。全线路基完成,书院大桥及涵洞完成,路面水稳完成;全线亮化工程完成,绿化工程正在施工,沥青面层完成,年底正式通车。②上饶经济开发区至铅山县城连接线。全长约14.67千米,铅山县境内约5.96千米,全线按一级公路标准建设,总投资4亿元。③县城至永平快速通道。全长8.01千米,按一级公路标准建设。完成工可与设计工作。④虹五线、彭车线、港上线改造工程。虹五线(虹桥至五都段)、彭车线(彭村至沙坂段)一阶段施工图正在编制;港上线(葛仙山港东至湖坊港上)一阶段施工图完成设计。

农村公路养护管理体系 ①加大农村公路养护管理力度。一是开展农村公路养护督查,4月下旬、6月中旬、12月初进行农村公路养护督查,农村公路养护率100%,养护里程824.35千米,清理水沟500多千米,清除杂草1400余千米,培育路肩200余千米,确保农村公路常态化养护。二是加强农村公路水毁工程的抢修,确保公路畅通。完成陈老线路基缺口混凝土挡墙30立方米,浆砌片石挡土墙600米,彭车线浆砌片石挡墙300立方米,港上线路面维修1千米,完成五虹线清除破损旧混凝土路面,现浇混凝土路面100立方米,完成汪高线清除破损旧混凝土路面,现浇混凝土路面130立方米,路基浆砌片石挡墙80立方米,完成陈老线石涵段砂石路面大修7.0千米,新增涵管10个计80米,防护墩、防护柱3千米,新增凹凸镜及警示标志30余块。②加强路政执法力度。清除路障5处,拆除围墙1处,制止违法建房2处,查处违章车辆20起,处罚6起、教育驾驶员8人,处罚款7300元。执法过程中无一起案件引起行政复议或行政诉讼。

道路运输行业管理 ①加快新型物流产业发展落户县工业园区"铅山县华林物流有限公司",占地面积3.33公顷。截至11月,新注册物流企业47家,引进吨位1637吨,上缴税收682万元。②规范维修企业经营行为。培训价格结算员10余人。新增二类维修企业4家,三类维修业户9

家。二级维护2400辆车辆,春运安全监测230辆车辆。确保车辆技术的安全稳定。③加强驾培市场培育与监管。一是新增一个二类驾校(广信驾校)。二是开展驾校信誉考核,考核结果两个驾校AAA,一个驾校AA。④加大非法营运打击力度。开展执法检查100余次,出动执法人员260人次,检查运输企业9家,检查车辆550辆余次、查处“黑车”“黑的”75辆,客车10辆、危险品5辆、其他违章55辆,上网案件120件,罚没款累计33.8万元,有效维护道路运输市场秩序。

交通安全生产管理安全平稳 ①加大行业安全生产监管力度,维护社会稳定。一是圆满完成春运任务。春运期间,安全运送旅客40.4万人次,日均投放客车125辆,临时加班569辆,查纠违章经营52例,查处黑车15台,辖区内未发生一起重大责任事故;二是抓好渡口的日常监管与重大节日隐患排查工作。开展水上安全执法检查4次,检查船舶50艘次,纠正影响安全行为5起,下发检查通知书45份,停航整改通知书3份,确保渡运安全;三是加大非法营运打击力度。检查企业28家次,检查车辆190辆,处理违法、违规、违章行为61起,打击黑车18台,处罚15.3万元,有效遏制非法营运势头的蔓延。②加大资金投入,确保渡船及浮桥安全。投入10万余元维修浮桥钢质船11艘;投入5万余元维修虹桥桥亭、英将大坳水库等渡口钢质船4艘,维修康家垅、宋家埠等渡口木质渡船2艘,确保渡口渡运安全。

(铅山县交通运输局)

2014年全省交通主要统计指标

表27

指标名称	计算单位	2014年	2013年	2014年为2013年%或增减
一、公路、水路与国民经济的关系				
1. 生产总值与公路、水路货运量				
生产总值(按当年价格计算)	亿元	15715	14339	109.60
全社会公路货运量	万吨	137782	121279	113.61
全社会水路货运量	万吨	9152	8676	105.49
每万元国内生产总值的全社会公路货运量	吨	8.77	8.46	103.64
每万元国内生产总值的全社会水路货运量	吨	0.58	0.61	95.47
2. 全省人口与公路、水路客运量				
全省人口数	万人	4542	4522	100.44
全社会公路客运量	万人	59674	57915	103.04
全社会水路客运量	万人	282	206.6	136.50
全省平均每人乘汽车数	次	13.14	12.81	102.56
全省平均每人乘轮船数	次	0.06	0.05	124.17
二、全省公路里程	千米	155515	152067	102.27
1. 按技术等级分				

续表 27

指标名称	计算单位	2014 年	2013 年	2014 年为 2013 年%或增减
(1)等级公路	千米	128262	122675	104.55
高速公路	千米	4484	4303	104.21
一级公路	千米	1902	1643	115.76
二级公路	千米	9941	9790	101.54
三级公路	千米	10619	9379	113.22
四级公路	千米	101315	97559	103.85
(2)等外公路	千米	27254	29393	92.72
等级公路占总里程比重	%	82.48	80.67	102.24
#二级以上公路	%	10.5	10.35	101.45
等外公路占总里程比重	%	17.52	19.33	90.64
2. 按路面类型分				
有铺装路面里程	千米	116392	109251	106.54
#沥青混凝土	千米	11601	10488	110.61
#水泥混凝土	千米	104791	98763	106.10
简易铺装路面里程	千米	5132	5853	87.68
未铺装路面里程	千米	33992	36964	91.96
铺装路面里程(含简易)占总里程比重	%	78.14	75.69	103.24
3. 按行政等级分				
国道公路	千米	6211	6211	100.00
#国家高速公路	千米	3101	3101	100.00
省道公路	千米	9358	9161	102.15
县道公路	千米	20604	20589	100.07
乡道公路	千米	29448	29295	100.52
专用公路	千米	706	661	106.81
村道公路	千米	89187	86150	103.53
4、公路养护里程	千米	150412	146700	102.53
5、公路可绿化里程	千米	151926	148481	102.32
#公路绿化里程	千米	89594	88464	101.28
三、全省公路桥梁、隧首				
1. 全省公路桥梁总计	座	26248	25192	104.19
	延米	1361603	1278198	106.53
#特大桥	座	58	54	107.41
	延米	105246	100878	104.33
#大桥	座	2733	2592	105.41

续表 27

指标名称	计算单位	2014 年	2013 年	2014 年为 2013 年% 或增减
	延米	652511	603549	108.11
2. 全省隧道	处	239	220	108.64
	米	219995	202424	108.68
四、公路密度及通达情况				
公路密度以国土面积算	千米/百平方千米	93.18	91.11	102.27
以人口数量算	千米/万人	34.39	33.76	101.87
全省通公路的乡镇比重	%	100	100	
全省通公路的行政村比重	%	100	100	
五、全省内河航道通航里程	千米	5716	5716	100.00
1. 等级航道	千米	2427	2427	100.00
一级航道	千米	156	156	100.00
二级航道	千米	175	—	
三级航道	千米	206	342	60.23
四级航道	千米	87	87	100.00
五级航道	千米	238	240	99.17
六级航道	千米	405	443	91.42
七级航道	千米	1160	1160	100.00
2. 等外航道	千米	3289	3289	100.00
等级航道所占比重	%	42.46	42.46	100.00
六、港口				
港口个数	个	59	59	100.00
港区个数	个	73	73	100.00
泊位个数	个	1841	1796	102.51
其中:千吨级泊位个数	个		116	
码头长度	米	72338	67126	107.76
七、汽车站场				
1. 汽车客运站	个	13512	13374	101.03
#等级站	个	1032	956	107.95
2. 道路客运班线	条	6889	6805	101.23
乡镇客班车通达率	%	100	100	100.00
建制村客班车通达率	%	93.3	92.39	100.98
3. 汽车货运站	个	56	56	100.00
八、民用汽车拥有量	辆		2564459	

续表 27

指标名称	计算单位	2014 年	2013 年	2014 年为 2013 年% 或增减
#载客汽车	辆		1901083	
载货汽车	辆		545621	
九、营业性运输汽车拥有量	辆		403833	
#载客汽车	辆	17211	17976	95.74
	客位	473621	483950	97.87
载货汽车	辆	384596	385857	99.67
	吨位	3373375	3255339	103.6
十、民用运输船舶拥有量				
艘数	艘	3775	3942	95.76
净载重量	吨位	2354112	2294612	102.59
载客量	客位	9876	10758	91.80
标准箱位	TEU	2874	2953	97.32
功率	千瓦	722264	731640	98.72
1. 机动船				
艘数	艘	3761	3926	95.80
净载重量	吨位	2346501	2287031	102.60
载客量	客位	9876	10758	91.80
标准箱位	TEU	2874	2901	99.07
功率	千瓦	722264	731640	98.72
#拖船功率	千瓦	1382	764	180.89
2. 驳船				
艘数	艘	14	16	87.50
净载重理	吨位	7611	7581	100.40
标准箱位	TEU		52	
十一、运输量				
1. 全社会货运量	万吨	151773	135036	112.39
(1)铁路	万吨	4821.3	5077	94.96
(2)公路	万吨	137784	121279	113.61
(3)水路	万吨	9162	8676	105.60
(4)民航	万吨	5.7	4	142.50
公路运输在各种运输方式中所占比重	%	90.78	89.81	101.08
水路运输在各种运输方式中所占比重	%	6.04	6.43	93.88
2. 全社会货运周转量		3829.97	3646.04	105.04
(1)铁路	亿吨千米	541.29	618.66	87.49

续表 27

指标名称	计算单位	2014 年	2013 年	2014 年为 2013 年% 或增减
(2)公路	亿吨千米	3073.31	2829.02	108.64
(3)水路	亿吨千米	215.37	198.36	108.58
(4)民航	亿吨千米			
公路运输在各种运输方式中所占比重	%	80.24	77.59	103.42
水路运输在各种运输方式中所占比重	%	5.62	5.44	103.37
3. 全社会客运量		68728	65748	104.53
(1)铁路	万人	7840	6945	112.89
(2)公路	万人	59676	57915	103.04
(3)水路	万人	282	207	136.23
(4)民航	万人	930	681	136.56
公路运输在各种运输方式中所占比重	%	86.83	88.09	98.57
水路运输在各咱运输方式中所占比重	%	0.41	0.31	132.36
4. 全社会旅客周转量		971.33	930.69	104.37
(1)铁路	亿人千米	654.50	622.63	105.12
(2)公路	亿人千米	316.46	307.69	102.85
(3)水路	亿人千米	0.37	0.36	102.78
(4)民航	亿人千米			
公路运输在各种运输方式中所占比重	%	32.58	33.06	98.55
水路运输在各种运输方式中所占比重	%	0.04	0.04	95.23
十二、公路、水路运输平均运距				
(1)公路货运	千米	223	233	95.71
(2)公路客运	千米	53	53	100.00
(3)水路货运	千米	235	229	102.62
(4)水路客运	千米	13	17	76.47
十三、城市(县城)客运				
全省公共汽车运营车数	辆		9813	
	标台		10718	
全省出租车运营车数	辆		16975	
全省客运轮渡运营船数	艘		3	
全省公共汽车运营线路线长度	千米		17839	
全省公交专用车道长度	千米		47.7	
全省公共交通客运量	万人次		214574	
#公共汽车	万人次		149878	
出租汽车	万人次		64660	

续表 27

指标名称	计算单位	2014 年	2013 年	2014 年为 2013 年%或增减
客运轮渡	万人次		36	
十四、内河港口吞吐量				
1. 货物吞吐量	万吨	30974.9	26243.3	118.03
#外贸	万吨	269.0	249	108.03
2. 集装箱吞吐量	万 TEU	32.1	28.6	112.24
3. 旅客吞吐量	万人	357.7	353.60	101.16
#离港	万人	181.87	168.50	107.93
十五、固定资产投资				
1. 固定资产投资完成额	亿元	456.48	355.08	128.56
高速公路	亿元	271.35	189.89	142.90
国省干线	亿元	93.93	79.70	117.85
汽车站场	亿元	11.82	9.70	121.86
农村公路	亿元	76.7	71.36	107.48
水路	亿元	2.68	4.43	60.50
其他	亿元			
2. 按行业划分				
水运业	亿元	2.68	4.43	60.50
内:航道建设	亿元	2.05	3.36	61.01
内:港口码头	亿元	0.63	1.07	58.88
公路运输业	亿元	453.8	350.65	129.42
内:公路投资	亿元	441.98	338.88	130.42
其他行业	亿元			
十六、船舶海损事故				
事故次数	件		5	
死亡(失踪)人数	人		1	
沉没船舶	艘		5	

全省公路里程(按技术等级分)

表 28　　单位:千米

地区	总计	等级公路									等外公路
		合计	高速公路				一级	二级	三级	四级	
			小计	四车道	六车道	八车道					
全省合计	155517	128262	4485	4288	191	6	1902	9941	10619	101317	27254
南昌市	10893	9279	69	28	37	4	115	628	503	7965	1613

续表 28

地区	总计	等级公路									等外公路
		合计	高速公路				一级	二级	三级	四级	
			小计	四车道	六车道	八车道					
景德镇市	4511	3919					43	348	439	3089	592
萍乡市	6802	5399					51	485	321	4542	1402
九江市	18983	14293	64	48	16	0	254	1080	1323	11571	4690
新余市	4219	3387					85	289	326	2688	832
鹰潭市	3948	3081					46	125	491	2420	867
赣州市	28823	23565	464	403	61	0	321	1832	1446	19502	5258
吉安市	22095	20482					256	1614	1461	17150	1614
宜春市	17977	14196					302	1428	1489	10977	3781
抚州市	13831	11582					188	683	1147	9565	2249
上饶市	19600	15244	53	53	0	0	241	1429	1673	11848	4356
省高速集团公司	3835	3835	3835	3756	77	3					

说明:因小数点后位数取舍,故分项之和与总数略有差异

全省公路里程(按路面类型分)

表 29

单位:千米

地区	总计	路面类型					晴雨通里程车	可绿化里程	已绿化里程	养护里程
		有铺装路面(高级)			易铺装路面(次高级)	未铺装路面(中级、低级、无路面)				
		合计	沥青混凝土	水泥混凝土						
全省合计	155515	116392	11601	104791	5132	33992	149447	151926	89594	150412
南昌市	10893	9188	452	8735	53	1652	10679	10770	7476	10638
景德镇市	4511	3295	289	3006	645	570	4440	4484	2350	4440
萍乡市	6802	5590	467	5123	122	1090	6795	6555	3476	6777
九江市	18983	12435	377	12058	642	5906	18077	18670	9351	18243
新余市	4219	3295	288	3007	133	791	4114	4180	2493	4146
鹰潭市	3948	2822	92	2730	4	1121	3945	3935	2513	3907
赣州市	28823	22280	1831	20450	513	6029	27133	28240	15405	27588
吉安市	22095	16629	1441	15187	1029	4437	21151	21419	14739	21030
宜春市	17977	12485	1045	11440	978	4513	17352	17186	10825	17821
抚州市	13831	10271	125	10146	324	3237	13610	13702	7952	13626
上饶市	19600	14267	1360	12907	688	4645	18315	18949	9306	18363
省高速集团公司	3835	3835	3835				3835	3835	3709	3835

说明:因小数点后位数取舍,故分项之和与总数略有差异

全省公路里程(按行政等级分)

表 30　　单位:千米

地区	总计	国道	省道	县道	乡道	专道	村道
全省合计	155515	6212	9358	20604	29448	706	89187
南昌市	10893	301	137	1231	1167	73	7983
景德镇市	4511	132	259	923	1049	3	2244
萍乡市	6802	203	403	599	1026	16	4556
九江市	18983	308	842	2127	3715	39	11952
新余市	4219		213	544	1381	23	2058
鹰潭市	3948	110	35	489	915	19	2379
赣州市	28823	1244	1633	4427	4498	224	16798
吉安市	22095	426	1241	3011	4424	119	12875
宜春市	17977	257	1079	2305	4517	25	9794
抚州市	13831	359	1032	2173	3470	53	6744
上饶市	19600	242	1293	2875	3285	100	11805
省高速集团公司	3835	2632	1191			12	

说明:因小数点后位数取舍,故分项之和与总数略有差异

全省公路桥梁(按使用年限分)

表 31

地区	总计		永久性		半永久性		临时性		总计:危桥	
	数量(座)	长度(米)	数量(座)	长度(米)	数量(座)	长度(米)	数量(座)	长度(米)	数量(座)	长度(米)
全省合计	26248	1361603	24501	1326629	1611	32178	136	2796	5456	197184
南昌市	1183	42331	1168	42031	15	301	0	0	139	5001
景德镇市	668	30136	657	29750	11	386			154	6687
萍乡市	855	28347	855	28347					295	9406
九江市	2629	99979	2339	94947	253	4026	37	1007	770	18551
新余市	570	18081	512	17177	58	904			124	3334
鹰潭市	780	29699	670	27709	101	1795	9	195	134	5547
赣州市	5572	244491	5279	238332	251	5465	42	694	1013	47569
吉安市	3748	113929	3273	104306	440	9003	35	620	798	28380
宜春市	2497	96828	2400	94530	92	2159	5	139	698	24614
抚州市	1865	75002	1694	71108	169	3876	2	18	627	21248
上饶市	3042	122898	2815	118511	221	4264	6	123	704	26846
省高速集团公司	2839	459881	2839	459881						

说明:因小数点后位数取舍,故分项之和与总数略有差异。

全省公路桥梁(按跨径分)

表 32

地区	总计		特大桥		大桥		中桥		小桥		总计中:互通式立交桥	
	数量(座)	长度(米)	数量(座)	长度(米)	数量(座)	长度(米)	数量(座)	长度(米)	数量(座)	长度(米)	数量(座)	长度(米)
全省合计	26248	1361603	58	105246	2733	652511	6688	356652	16769	247194	104	13512
南昌市	1168	41750	2	2561	50	16033	204	9999	912	13157	3	1185
景德镇市	668	30136			64	11645	224	11738	380	3753		
萍乡市	855	28347			58	8026	220	11895	577	8427		
九江市	2625	98482	6	14476	152	27807	552	28334	1915	27865	2	193
新余市	570	18081			25	7030	96	4896	449	6155		
鹰潭市	780	29699	1	1057	58	11871	186	9313	535	7457		
赣州市	5569	244395	2	2233	516	118271	1253	66211	3798	57680	9	677
吉安市	3748	113929	4	5247	205	33714	803	40050	2736	34918	1	1577
宜春市	2497	96828	5	8137	161	30436	612	31303	1719	26952		
抚州市	1865	75002			149	33602	464	22696	1252	18704		
上饶市	3042	122898	1	1287	250	52178	727	39292	2064	30141	2	128
省高速集团公司	2839	459881	36	69200	1043	301500	1337	80396	423	8786	84	9587

说明:因小数点后位数取舍,故分项之和与总数略有差异。

全省公路隧道、渡口

表 33

地区	公路隧道										公路渡口	
	总计		特长隧道		长隧道		中隧道		短隧道		总计(处)	机动渡口(处)
	数量(处)	长度(米)	数量(处)	长度(米)	数量(处)	长度(米)	数量(处)	长度(米)	数量(处)	长度(米)		
全省合计	239	219995	10	43417	65	106812	64	43938	100	25827		
南昌市												
景德镇市	1	100							1	100		
萍乡市	4	3017			1	1293	2	1284	1	440		
九江市	12	8399			2	4690	4	2087	6	1622		
新余市												
鹰潭市	2	502							2	505		
赣州市	50	41051			16	24667	18	11837	16	4548		
吉安市	14	5604			2	2769	2	1236	10	1599		
宜春市												
抚州市	1	53							1	53		
上饶市	12	7852			2	4330	3	2245	7	1277		
省高速集团公司	143	153414	10	43417	42	69064	35	25249	56	15684		

说明:因小数点扣位数取舍,故分项之和与总数略有差异。

全省公路旅客营业性运输工具拥有量

表 34

地区	载客汽车合计		其中：卧铺车		按经营范围分														按燃料类型分	
					1.班车客运客车								2.旅游客车		3.包车客车		4.其它客车		汽油车	柴油车
					小计		大型		中型		小型									
	车辆	客位	辆	客位	辆	客位	辆	客位	辆	客位	辆	客位	（辆）	（客位）	（辆）	（客位）	（辆）	（客位）	辆	辆
全省合计	17211	473621	191	8327	14689	384103	3723	160650	9148	199880	1818	23573	2202	83637	95	3600	225	2281	167	16974
南昌市	1732	52700	19	746	1078	26605	333	13886	490	10137	255	2582	654	26095						1726
景德镇市	569	17111			436	11923	60	3618	197	5711	179	2594	133	5188						569
萍乡市	1061	25639	5	215	949	22219	170	6673	724	14975	55	571	25	1233	52	1982	35	205	58	993
九江市	2955	73964	4	178	2272	53458	404	17066	1421	30651	447	5741	651	20258			32	248	32	2923
新余市	313	8652	1	39	248	6244	76	2886	172	3358			37	1371	28	1037				313
鹰潭市	455	11535	5	234	408	9900	96	3747	312	6153			47	1635						455
赣州市	2771	84547	46	1942	2505	75681	1027	44261	1281	28828	197	2592	165	7264	13	530	88	1072	60	2711
吉安市	1756	51992	32	1425	1495	41172	481	19891	949	20422	65	859	260	10798			1	22		1756
宜春市	1485	48994	42	2072	1399	45265	338	18067	801	23306	260	3892	86	3729						1431
抚州市	1455	32791	37	1476	1419	31358	246	9871	959	18441	214	3046	35	1400	1	33				1455
上饶市	2659	65696			2480	60278	492	20684	1842	37898	146	1696	109	4666	1	18	69	734	17	2642

全省公路货物营运车辆拥有量

表 35

地区	货运车辆总计		一、营运载货汽车		其中：					二、其他载货机动车		三、轮胎式拖拉机	
					1.货车		2.牵引车	3.挂车					
	（辆）	（吨位）	（辆）	（吨位）	（辆）	（吨位）	（辆）	（辆）	（吨位）	（辆）	（吨位）	（辆）	（吨位）
全省合计	438411	3435892	384596	3373375			42873	60449	1648285	53681	62345	134	172
南昌市	46295	203107	45400	202214			1580	629	14047	895	893		
景德镇市	13280	98574	13280	98574			1841	1908	45745				
萍乡市	19981	91930	14750	86924			789	1621	48174	5231	5006		
九江市	41621	284233	39326	281615			2794	3530	98526	2295	2618		
新余市	37074	451954	34878	442948			4163	10217	295599	2186	9001	10	5
鹰潭市	26330	378924	25638	378231			4421	9814	287271	692	693		
赣州市	40480	134215	33440	128464			1146	1217	30654	7040	5751		
吉安市	52948	333949	36445	316944			4013	5067	150894	16503	17005		
宜春市	55234	598870	53224	595956			13233	12239	272476	2010	2914		
抚州市	44972	457926	40484	452808			4690	7253	215149	4488	5118		
上饶市	60196	402210	47731	388697			4203	6954	189750	12341	13346	124	167

全省公路旅客货物运输量

表 36

单位名称	旅客运输量		货物运输量	
	客运量(万人)	旅客周转量(万人千米)	货运量(万吨)	货物周转量(万吨千米)
全省总计	59674	3164787	137782	30733081
南昌市	3831	439714	11734	2583611
景德镇市	1896	110299	1872	412496
萍乡市	7726	195912	5961	609627
九江市	9651	461261	11415	2556289
新余市	1313	70605	16157	3079952
鹰潭市	1679	79514	10893	3047117
赣州市	8269	532702	17089	1780362
吉安市	6142	399960	10206	3198230
宜春市	5074	276968	17608	5971562
抚州市	4430	228988	15030	3848191
上饶市	9663	368864	19817	3645644

全省水路运输工具拥有量

表 37

指标	轮驳船总计					一、机动车				
	艘数(艘)	净载重量(吨位)	载客量(客位)	集装箱位(TEU)	功率(千瓦)	艘数(艘)	净载重量(吨位)	载客量(客位)	集装箱位(TEU)	功率(千瓦)
全省合计	3755	2354112	9876	2874	722264	3761	2346501	9876	2874	722264
南昌市	247	413785	213	2703	108944	245	412885	213	2703	108944
景德镇市	170	30423		0	12111	170	30423			12111
九江市	521	553378	3417	0	173160	514	548537	3417		173160
新余市	59	10970	2027	0	5658	59	10970	2027		5658
鹰潭市	201	7608	0	0	3607	201	7608			3607
赣州市	424	56887	2479	0	24301	424	56887	2479		24301
吉安市	455	236331	366	0	77894	455	236331	366		77894
宜春市	1131	730763	209	171	212220	1131	730763	209	171	212220
抚州市	124	121682		0	45747	124	121682			45747
上饶市	443	192285	1165	0	58622	438	190415	1165		58622
远洋公司	—	—	—	—	—	—	—	—	—	—

续表37

指标	1.客轮			2.货轮				集装箱船			
	艘数(艘)	载客量(客位)	功率(千瓦)	艘数(艘)	净载重量(吨位)	集装箱位(TEU)	功率(千瓦)	艘数(艘)	净载重量(吨位)	集装箱位(TEU)	功率(千瓦)
全省合计	286	9876	14049	3470	2346501	2874	706833	1	1691	94	660
南昌市	2	213	587	242	412885	2703	108181	1	1691	94	660
景德镇市				170	30423		12111				
九江市	82	3417	5228	431	548537		167344				
新余市	51	2027	2995	8	10970		2663				
鹰潭市				201	7608		3607				
赣州市	89	2479	2537	335	56887		21764				
吉安市	12	366	888	443	236331		77006				
宜春市	8	209	322	1123	730763	171	211898				
抚州市				124	121682		45747				
上饶市	42	1165	1492	393	190415		56512				
远洋公司											

指标	2.货船 #油船			3.拖船		二、驳船						
						合计			油驳		货驳	
	艘数(艘)	净载重量(吨位)	功率(千瓦)	艘数(艘)	功率(千瓦)	艘数(艘)	净载重量(吨位)	集装箱位(TEU)	艘数(艘)	净载重量(吨位)	艘数(艘)	净载重量(吨位)
全省合计	63	195663	64024	5	1382	14	7611	0	3	1341	11	6270
南昌市				1	176	2	900		2	900		
景德镇市												
九江市	36	149809	44841	1	588	7	4841		1	441	6	4400
新余市												
鹰潭市												
赣州市	2	6570	2235									
吉安市												
宜春市												
抚州市	25	39284	16948									
上饶市				3	618	5	1870				5	1870
远洋公司												

全省水路货物运输量

表 38

地区	全省合计		内河运输量		沿海运输量		远洋运输量	
	运量（万吨）	周转量（万吨千米）	运量（万吨）	周转量（万吨千米）	运量（万吨）	周转量（万吨千米）	运量（万吨）	周转量（万吨千米）
合计	9152.5	2119731	8654.6	1518021	497.9	601710		
南昌市	791.2	184198	787.3	179732	3.9	4466		
景德镇市	175.1	31070	175.1	31070				
萍乡市								
九江市	1258.5	807986	916.7	420545	341.8	387441		
新余市	16.3	15352	16.3	15352				
鹰潭市	219.3	1298	219.3	1298				
赣州市	1566.7	52503	1558.1	38297	8.6	14206		
吉安市	1749.1	375600	1648.2	220850	100.9	154750		
宜春市	2411.3	327362	2411.3	327362				
抚州市	190.9	146543	148.2	105696	42.7	40847		
上饶市	774.1	177819	774.1	177819				
远洋公司								

2014 年全省港口吞吐量(按港口分)

表 39

港口	货物吞吐量				集装箱吞吐量			滚装船汽车吞吐量			旅客吞吐量		利用完自然岸坡完成船舶货物装卸量(吨)
	合计(吨)	其中:外贸	出港		箱数(TEU)	重量		自然数(辆)	标辆数(标辆)	重量(吨)	(人)	出港	
				其中:外贸		(吨)	货重						
全省总计	309748683	2689730	193923993	1778596	320503	3943692	3302686				3577294	1818736	7700820
1. 长江干流小计	80358654	2015362	43096710	1227621	224108	2771558	2323342				123254	71386	
九江港	80358654	2015362	43096710	1227621	224108	2771558	2323342				123254	71386	
其中:瑞昌港区	30609137		24681523		22832	266024	220360				123254	71386	
城西港区	15576268	2015362	4124417	1227621	201276	2505534	2102982						
城区港区	4347088		693272										
湖口港区	25566161		9787498										
彭泽港区	4260000		3810000										

续表 39

港口	货物吞吐量				集装箱吞吐量			滚装船汽车吞吐量			旅客吞吐量		利用完自然岸坡完成船舶货物装卸量(吨)
	合计(吨)	其中:外贸	出港		箱数(TEU)	重量		自然数(辆)	标辆数(标辆)	重量(吨)	(人)	出港	
				其中:外贸		(吨)	货重						
2. 长江支流小计	229390029	674368	150827283	550975	96395	1172134	979344				3454040	1747350	7700820
九江市	121665921		119982271								453640	227650	543510
都昌	17294711		17030611										
星子	9420094		9415894										
庐山区	26531122		25132022										
湖口	21221205		21204955								204341	102201	
修水	451000	451000								4710	2356	451000	
武宁	841000		841000								244589	123093	92510
永修	45906789		45906789										
赣州市	16691940		86440								1368400	684200	
赣州	4258940		86440								60200	30100	
崇义	157600										166200	83100	
上犹	303000										532000	266000	
寻乌	304700												
龙南	604000												
信丰	1209000												
南康	1393000												
石城	1360000												
瑞金	500000												
会昌	901000										34000	17000	
宁都	1392000												
干都	1495000												
兴国	806700												
赣县	2007000										576000	288000	
吉安市	14060000										125000	81000	
万安	1400000										80000	41000	
泰和	1600000												
吉安	2200000												
吉水	2610000										36000	36000	
峡江	2100000												

续表 39

港口	货物吞吐量				集装箱吞吐量			滚装船汽车吞吐量			旅客吞吐量		利用完自然岸坡完成船舶货物装卸量(吨)
	合计(吨)	其中:外贸	出港		箱数(TEU)	重量		自然数(辆)	标辆数(标辆)	重量(吨)	(人)	出港	
				其中:外贸		(吨)	货重						
新干	1350000												
吉安县	2000000												
永丰	800000												
宜春市	18026335		10182855										
樟树	1320000		20000										
丰城	15068735		10162855										
高安	775000												
上高	179000												
袁州	60000												
万载	176000												
宜丰	120000												
奉新	327600												
新余市	254000										214000	107000	
新余	210000										214000	107000	
分宜	44000												
抚州市	5860000												
临川	3700000												
南城	1230000												
金溪	930000												
南昌市	29864032	674368	8404585	550975	96395	1171234	979344						5123310
南昌县	1585550		1585550										
南昌	27138482	674368	6819035	550975	96395	1172134	979344						4833310
进贤县	1140000												290000
上饶市	16635232		11121334								383000	192500	2034000
玉山	19000										56000	28000	30000
上饶县	154000												82000
铅山	405000												180000
横峰	39000												11000
弋阳	765000										121000	60500	322000
余干	9569228		8141911										441000

续表 39

港口	货物吞吐量				集装箱吞吐量			滚装船汽车吞吐量			旅客吞吐量		利用完自然岸坡完成船舶货物装卸量(吨)
	合计(吨)	其中:外贸	出港	出港 其中:外贸	箱数(TEU)	重量(吨)	重量 货重	自然数(辆)	标辆数(标辆)	重量(吨)	(人)	出港	
万年	1092004		210357								17000	9000	223000
鄱阳	4592000		2769066								189000	95000	745000
鹰潭市	4560000										910000	455000	
鹰潭	4560000										910000	455000	
景德镇市	1772569		1049798										
景德镇	701202												
乐平	1071367		1049798										

人物简介

柯胜锋　男，1973年8月出生，九江市庐山区江洲镇人，高中文化，九江市东方出租汽车公司驾驶员，全国劳动模范。

2000年1月，柯胜锋参加工作，成为九江市东方出租汽车公司的一名普遍司机。他与人为善、积极向上，争做雷锋式的驾驶员。15年来，他一直恪守职业道德，文明行车、诚信待客，见义勇为、热心公益，争做城市形象的流动大使，处处起模范带头作用，安全意识强，遵章驾驶，开车从未发生一起交通责任事故，一直被公司评为安全驾车模范。他把乘客视为衣食父母，总是想方设法让乘客放心、满意，并在工作中总结出“十个一点”的行车经验和服务举措，即仪表仪容整洁一点、车厢内外干净一点、迎来送往热情一点、驾车行驶安全一点、诚信经营自觉一点、好人好事多做一点、不良风气敢管一点、市容环境爱护一点、公益事业热心一点、行业形象维护一点。他在和谐劳动关系创建活动中，主动发挥企业与驾驶员群体之间的桥梁纽带作用，多次为企业构建和谐劳动关系建言献策。他数年如一日坚持爱心送考生、免费接送困难老人，积极参加行业管理部门和企业组织的社会公益活动，用实际行动践行社会主义核心价值观，向社会传播正能量，为行业文明建设作出了不懈努力，在同行中起到良好的示范作用，影响并带动其他“的哥、的姐”争做雷锋式的好司机,被九江市广大市民和乘客誉为“浔城好的哥”“活雷锋”。他在前进的道路上留下了一串串闪光的人生轨迹和许许多多感人故事:

——拾金不昧。2010 年 4 月 17 日 19 时 30 分,柯胜锋在车后座发现一个手提包,内有现金 3 万余元,还有失主身份证、驾驶证、保险柜钥匙、数万元发票、6 张银行卡及欠条、有价证券,价值近百万元。因没有办法与对方取得联系,便立即拨打“110”报警备案,并将手提包交到九江市公安局公交分局。找到失主后,失主拿出部分现金表示感谢,被柯胜锋婉言谢绝,说这是自己应该做的。失主对他拾金不昧的品德感到由衷地敬佩和感谢。

——诚信经营。2013 年 1 月,柯胜锋在市区烟水亭接到一位去 806 厂洽谈业务的外地客人。下车时客人提出可不可以在夜晚 2 点来接他去火车站,柯胜锋答应让晚班司机来接他,双方互留了电话号码。到了下午,天空下起了鹅毛大雪,不一会儿路上积起了厚厚的雪。交班时,柯胜锋把客人的电话告诉了晚班司机,并嘱咐晚班司机一定要记得准时去接客人。到了晚上 11 时左右,晚班司机告诉柯胜峰:他的车坏了,而且那个客人的电话也打不通。柯胜锋很着急,他知道在这种恶劣天气的夜晚,在 806 厂的客人是根本找不到出租车的。于是,柯胜锋敲开隔壁邻居的门,借了一辆车,装好了防滑链,一路向 806 厂而去。在约定的地点,那位客人正万分焦急地等待。原来他的电话没有电了,联系不上柯胜锋,心想这种天气司机肯定不会来了。当看到柯胜锋从车上下来时,客人的一颗悬着的心才放了下来。他了解情况后,十分感动,主动提出要给柯胜锋加车费,柯胜锋执意不肯多收一分钱。他说,既然答应了你,我就要做到,这是做人的诚信问题。

——助人为乐。2010 年 8 月 4 日下午,吴女士在逛街时腿不慎摔伤,倒卧在地。旁边很多围观的群众。柯胜锋正好驾车经过,看到这种情况,立即停车,并下来将伤者扶上车,送到附近的医院后,并给伤者挂号、缴费,扶其拍片,然后通知伤者家属,一切办妥后悄悄地离开了医院。伤者家属通过医院停车场的监控录像才找到他的车号。当东方出租车公司接到伤者家属电话要找赣 G08461 的驾驶员向他当面致谢及后来当面向他表示感谢时,他却说“不用谢,帮助人是我乐意的事”。这些年来,柯胜锋为乘客做好事、办实事举不胜举。2012 年 8 月的一天,来自香港的客商梁经理乘坐柯胜锋的出租车从九江去瑞昌。当得知客人是来做皮棉生意时,柯胜锋就热情介绍他去江西产棉大县彭泽县棉船镇、九江县江洲镇看看皮棉情况,并在第 2 天陪梁先生去上述两地实地考察。梁先生感慨地说,我在全国各地跑了很多地方,还是第一次碰到像你这样助人为乐的驾驶员,看来九江不光棉花质好价优,九江人的素质和服务更好。

——见义勇为。柯胜锋在热心做好事的同时,遇见紧急情况和不良现象时,不惧怕“惹火烧身”,挺身而出,及时制止事态的扩大,也总在第一时间为群众解危救困。2014 年初夏的一天,他开车经过滨江路啤酒厂门口时,2 辆出租车因抢客发生擦损,当时一名体格强壮的司机手拿铁棍追打另一名司机。柯胜锋见情况紧急,立即下车制止。他冒着被误打的危险,挡在俩人中间,大声劝说情绪激动的同行,不要为了小事大打出手伤人,两人的事要协商解决,协商不成就报警处理。在他的启发诱导下,2 名发生争执的司机逐渐冷静下来,他们最终选择了请“110”警察协调处理。2010 年 8 月 16 日下午,有一位女士倒卧在地,直呻吟叫痛。此时很多人围观,却怕自己被惹上“麻烦”,没有一人出手相救。柯胜锋正好驾车经过,立刻上前问清情况后,将伤者扶上车,送到市一医院救治,到达医院门诊后,他按照医务人员的要求,帮助伤者挂号,缴费,并扶伤者拍片,直到伤者家属接到电话往医院赶时,他才离开医院。

——赤诚为民。10 多年来,柯胜锋从开出租车以来,经常到位于郊区的敬老院义务接送老弱病残和行动不便的老人,并在敬老院大门口张贴便民服务告知书,把车牌号、服务热线电话公布于众,敬老院老人有求必应。他说:“我就喜欢把公益事业当作‘私活’来做,尽自己的能力帮助需要帮助的人”。2014 年 8 月 21 日,他接到一位中年妇女的电话,要他去三里街白水湖老人康复中心。当他的车刚开到目的地时,这位妇女就迎上来说,这里没有电梯,司机能不能帮我背一下 86 岁的老娘从 6 楼下来?柯胜锋二话没说,立即上楼把老人背在身上,一个台阶一个台阶地往下走,下到一楼时,他不仅全身湿透了,背后衣服上还留有一大片尿迹,原来这是老人因为心里紧张导致尿失禁,但柯胜锋却没有一句怨言。直到老人女儿打电话到其公司表示感谢,公司才得知此情此事。与此同时,在一年一度的高考期间,柯胜锋总是带领他的“雷锋车队”主动报名参加志愿接送,为考生提供舒适、安全、快捷的出行条件。他连续14年参加爱心送考活动,从不间断。此外,每当有地方受灾,柯胜锋总是第一时间赶到公司捐款,并带动周围的司机朋友一起捐出爱心善款。他常说:“一方有难,八方支援,出租车司机不能置身事外”公司发起为地震灾区捐款活动时,他第一个伸出援手,广受干部职工和同行赞许。

——安全至上。柯胜锋从不缺席公司每个月组织的驾驶员安全学习,当九江城市客运管理处在全省率先推出出租车月度回场检验时,他积极配合,从不拖延;公司组织的安全学习他从不落下;这使他更加注意安全行车。他常说:“一次疏忽安全就有可能给他人造成伤亡,交通安全宣传片中那些交通事故场景惨烈、触目惊心,给我们敲响了警钟。为了他人,为了我们自己的亲人,我们应该时刻注意安全,珍惜生命,善待他人。”多年来,柯胜锋对于公司和行业部门要求缴交的出租车保险项目和保额,从不打折扣,一直是用高标准要求自己。公司每月对出租车收取(代收)和各项税费(包括社保、医保个人应缴部分),他从不拖欠。他常说:“公司是司机的家,只要公司布置的工作合理合法,我们都要支持。”在别人出租车第三责任险保额投保20万元时,他投保的保额是30万元;别人出租车第三责任险保额投保30万时,他投保的保额是50万元,2014年他又加保了无责免赔。他说,现在人们的生活水平逐年提高,我们也要跟上形势,增强社会责任感。由于他安全意识强,遵章驾驶,开车15年来没有发生一起责任交通事故,一直被公司评为遵章行车、安全驾车的模范。

——力促和谐。柯胜锋在出租车行业和谐劳动关系创建活动中,不仅带头与公司签订劳动合同,认真践行合同责任,积极投身和谐劳动关系创建活动,并全力做好。公司每次要求张贴为创建文明城市宣传造势等标语时,他都第一个带头张贴;当个别出租车司机对公司有意见时,他总会进行调解。但涉及职工合法权益的事,他却总是据理力争。他长期与企业、同事真心沟通交流,为建立出租车行业和谐劳动关系发挥了“稳定器”作用。

柯胜锋在平凡的岗位上做出了不平凡的一流的业绩,先后获得被省人民政府和有关组织评为“江西省劳动模范”“江西省道德模范”“全国出租车行业和谐劳动关系创建活动先进个人”,并荣获全国五一劳动奖章。2015年4月,被中国共产党中央委员会、中华人民共和国国务院授予“全国劳动模范”荣誉称号,并赴京参加庆祝“五一”国际劳动节暨表彰全国劳动模范和先进工作者大会,受到中共中央总书记习近平总等党和国家领导人的亲切接见。

何水标　男,1971年6月出生,江西省东乡县人,大学文化,中共党员,江西省高速公路投资集团有限责任公司赣州管理中心泰赣养护中心主任,高级工程师,全国劳动模范。

1994年7月,他自西安公路学院毕业后,参加赣州管理中心公路建设事业,先后担任总工程师、项目经理和赣州管理中心养护中心主任。他以路为业,以中心为家,始终一心扑在工作上。每天第一个到达施工现场,安排一天的工作后,便巡查施工状况、抓落实。摊铺水稳层施工要不间断连续作业才能保证质量,他有时在现场工作连续36小时不合眼。他历来以爱岗敬业著称,在其参与昌九高速公路、南昌八一大道路面改造、九景高速公路、昌泰高速公路等有关项目建设中,始终亲临一线指导生产,严格把关,严格按规范规程施工,确保了工程高质、高效、安全、环保,并培训和带出了一支思想红、技术精的业务队伍。其主持的养护中心创出了“管理零缺陷、质量无差错、生产零事故”的佳绩。2010年至今,何水标担任泰赣养护中心主任。其间,他带领职工在“迎国检”、QC课题小组评比中取得优异成绩,多次及时完成边坡损毁塌方抢修任务,累计完成路面灌缝32万米,全年养护生产工作总产值达11310万元,并荣获全国交通行业优质小组称号。1988~1999年,何水标连年被省高等级公路管理局评为“十佳”职工;1998年被省交通厅评为全省交通系统先进个人和抗洪抢险先进个人;2000—2004 年,先后被九景高速公路建设指挥部与昌泰、泰赣高速公路建设部门分别授予“劳动模范”称号;2005 ~ 2006 年,均被省交通厅评为全省交通系统优秀共产党员;2007 年、2009 年分别被赣州管理中心与省高管局评为优秀共产党员和劳动模范;2010 年 12 月 25 日,被省人民政府评为江西省劳动模范;2015 年 4 月,被中国共产党中央委员会和中华人民共和国国务院授予“全国劳动模范”荣誉称号。

吴雄生　男,1966 年 3 月出生,江西省高安市人,本科学历,中共党员,高级经济师,宜春市公路管理局路政执法支队支队长兼市治超办主任,全国先进工作者。

他于 1981 年参加工作,投身交通运输事业,历任经济员、助理经济师、副科长、治超办主任等职。2000 年 7 月起至今担任宜春市公路管理局路政执法支队支队长兼市治超办主任。30 多年来,吴雄生始终恪尽职守、开拓进取、勤勤恳恳、创造性地做好各项工作,成果丰硕。他率先对路政执法车辆进行卫星定位,成为全省第一家路政车辆使用 GPS 定单位。他策划、编导和制作的廉政小品《女婿上门》在《中国梦·劳动美》全省交通职工特色文化展示会比赛中荣获一等奖。2011 年,他自编、自导的全省公路系统首部廉政方言电视剧《都是超载惹的祸》等,以群众喜闻乐见的形式宣传公路安全及爱路护路的有关法律法规,受到人民群众的赞许和省公路管理局的充分肯定。他研究开发的路政信息管理系统投入使用后,实现了网上办案、审批、监督和各类收费标准电脑控制。在全省推广应用后,确保了数据准确、无法更改和执法工作的统一,对实现无纸化办公、提高工作效率具有重要意义。他还参与草拟《江西省公路路政管理条例》等地方性法规及全省公路路政管理系统的各项规章制订计划、谋划工作,特别是他根据自己的经验,总结、探索、编纂的“公路路政法律文书的规范化制作模式”已成为全省公路路政法律文书的规范化制作范本。

吴雄生数十年如一日依法行政、秉公执法、不徇私情。他从建立健全规章制度入手,全面强化执法管理,加强业务培训。他在以身垂范,发挥表率作用的同时,严格要求支队成员自我约束、遵纪守法,锻造出了一支业务精、素质高、服务佳、过得硬的依法护路的执法队伍。在吴雄生的率领下,这支队伍路权路产维护到位,交通运输安全、畅通,执法、治超等项工作,样样出色,屡受表彰。该支队制作的行政执法案卷曾多次受到省政府法制办奖励。2012 年 1 月,该支队被交通运输部评为 2011—2012 年度全国交通运输系统行政执法评议考核优秀单位;同年 9 月,被交通运输部评为 2011—2012 年度全国交通运输系统依法行政先进集体;2013 年 1 月,被省公路局评为创建文明行业“十佳”标兵单位;同年 7 月,被省公路局评为全省公路系统行政执法评议考核优秀单位;2014 年 1 月,被宜春市政府法制办评为 2013 年度全市法制工作先进单位;同年,被省交通运输厅评为 2011—2012 年度全省交通运输系统精神文明建设文明示范窗口。

吴雄生以爱岗敬业著称,被人们誉为“宜春 2300 千米公路的‘守护神’‘拼命三郎’”。2011 年 9 月 2 日,沪昆高速昌金段西村至芦溪 K940 + 为 300 米处双向路面塌陷,交通中断,车辆改行 320 国道后,他与同事们 24 小时日夜坚守一线疏导过往车辆,被中共宜春市委、市政府评为 320 国道保畅通先进个人。2013 年年初,他在开展宜春市中心城区治超专项整治活动中,一天 24 小时日夜连轴转,坚守在执法一线,带领全体队员做好各项工作。他在安福县与袁州区新坊镇路段驻守期间,有一天时值黄昏,从安福方向驶入的 5 辆运沙车严重超载,驶入山边,躲避检查和处罚。吴雄生经过连续 48 小时苦口婆心说服教育后才下山接受检查和处罚。此时吴雄生已引发面瘫,他在治疗期间依然坚持工作在一线,既严格执法,又热情服务。他推出的“执法警示教育”“说理式处罚”“路政联系牌”等一系列举措,把机械式执法转变为人性化服务,并常常为司乘人员分忧解愁,多年来坚持为车辆抛锚司机和坐错车的旅客提供便捷帮助,为受困司乘人员送上食品,亲自开车将迷路儿童送回家等等。在宜春“有困难、找路政”已深入人心,传为佳话。他用真情赢得了广大司乘人员的理解、信任、配合和支持,并被司乘人员与广大人民群众称为:“既铁面无私执法,又广送人文关怀的好人。”

他连续9年被省交通运输厅评为全省治理车辆超限超载工作先进工作者；并被省公路管理局评为优秀共产党员；2011年11月，被宜春市政府评为320国道保畅通工作先进个人；2012年12月，被省公路管理局评为全省公路路政大练兵大比武活动先进个人；同年，被省公路管理局授予“江西方省公路系统第三届（2009—2010年度）和第四凯（2011—2012年度）‘十佳’路政执法标兵”称号；2013年2月，被宜春市委、市政府评为宜春市安全稳定百日千人大督查活动先进个人；2013年12月，当选“2013年度江西十大法治人物”；2014年1月，被省交通运输厅评为2011—2012年度全省交通运输系统精神文明建设先进个人；同年，被省人民政府授予“2011—2013年度江西省依法行政先进个人”称号；2014年4月22日，荣获江西省五一劳动奖章；2015年4月，被中国共产党中央委员会、中华人民共和国国务院授予“全国先进工作者”荣誉称号。他的先进事迹《江西交通年鉴》2014年版已作介绍。

（吴　倩）

敖志凡　男，1969年9月生，湖南省岳阳市人，大学文化，中共党员，江西省交通工程咨询监理中心总监理工程师，井睦高速公路项目办总监办主任，全国五一劳动奖章获得者。

他自1989年参加工作以来，通过不断刻苦虚心地向他人和书本学习，熟悉业务和工作环境，丰富自身的实践经验和理论水平，2003年取得交通部监理工程师的资格。多年来，他一直奋斗在交通运输施工一线，爱岗敬业，勤奋工作，干一行、爱一行、专一行、精一行，成为本行业的行家里手。其先后参与10余高速公路建设，监理大小工程项目12个，从没出现任何质量问题。

2011年4月，他担任井睦高速公路项目办总监办主任后，针对井睦高速公路是全国首次试行“高速公路代建与监理合并管理模式”的工程建设项目之实况，坚持在学习中借鉴，在实践中探索，在磨合中完善和创新项目监理与管理模，使工程项目监管有序，运转高效，确保了工程质量。2012年5月，在中国交通建设监理行业新风建设活动中，他所带领的团队被授予“全国‘十佳’公路水运工程优秀总监（驻地）办”称号。

他长期超负荷工作，积劳成疾后仍然忍受病痛坚守岗位。2011年春节临近，经医院检查发现他除了患有肾结石外，肝脏还患有肿瘤，必须马上进行手术切除。手术后不到三个月，他放心不下正在处于施工高峰期的井睦项目工作，毅然放弃组织照顾回机关的机会回到工地工作。高强度、超负荷地工作，使其于2013年7月病情再次复发，被迫对部分左肝进行切除手术。但无情的病魔打不垮他钢铁般的意志，术后依然不到三个月，他背起简单的行囊，带上几盒护肝片，再次回到了项目一线，每天来回奔忙在工地，任劳任怨，敬业奉献，充分展示和彰显了当代江西交通人最能吃苦、最能战斗、最能奉献的优秀品德和精神风貌。

敖志凡曾多次被评为江西高速公路建设先进个人、劳动模范；2013年6月9日，他被中共江西省委宣传部、省文明办、省总工会、省妇联、团省委评为敬业奉献模范；同年6月，被评为第三届江西省道德规范，并被有关组织推荐为第四届全国道德模范候选人，获第四届全国道德模范提名奖；同年，还被有关组织推荐为参评第十三届全省职工道德建设标兵和“中国好人”；2014年，荣获全国五一劳动奖章。他的事迹《江西交通年鉴》2014年版已作介绍。

（录自《江西交通信息网》）

熊　姝　女，1985年7月出生，江西长运股份有限公司徐坊客运站站务员，全国巾帼建功标兵、全国五一巾帼标兵。

2006年11月，熊姝自北京交通大学（网络教育）毕业后，投身交通运输事业，担任江西长运有限公司高速客运公司乘务员。她勤奋好学，不断提高自身素质，很快便成为精通业务的佼佼者。2011年，因其业务知识全面，工作表现突出，公司将其由高客乘务中心调至徐坊车站李红服务组，成为一名前台客服人员。无论在哪个岗位，她总是以饱满的热情,亲切的微笑,周到的服务迎送南来北往的旅客,为旅客提供最佳优质服务,细心周到、诚心待客、热心助人,把青春年华与全部力量无私奉献客运服务事业。

她每当遇到有困难的旅客时,总是不吝啬地掏出自己的钱,力所能及地为他们解决困难。2013年1月17日,一名陈姓女旅客眼泪汪汪地到服务台求助,原来这位旅客是一个在南昌读书,因为放寒假准备回家,在来车站的公交车上不慎被扒手偷去钱包和手机等,只剩下口袋里几元零钱,家人也联系不上。熊姝得知后,立即帮她报警备案,并掏出手机给她让她给在景德镇的家人打电话报平安,然后查询最近去景德镇最快的班次,接着从自己口袋里掏出钱为她垫付了车票,见状小陈感动得红了眼眶,一再的表示感谢。

熊姝视旅客如亲人,急其所急,帮其所需。2014年4月30日上午,候车室人满拥挤,一位20多岁的年轻妈妈抱着孩子寻求服务台借个地方让他她给孩子喂奶。熊姝立即让出自己的工作椅,让其坐下给孩子喂奶和休息,自己则站着继续接听旅客电话、招呼着旅客就座,为旅客服务。

她竭诚为旅客分忧解愁,竭尽全力解决旅客难题。2015年1月17日上午,在外出差的黄先生及同事通过"旅途100"购买了两张14:30南昌至石城的车票,但因为飞机晚点,无法赶上该班次,心急如焚的黄先生抱着试试看的心态打通了徐坊站服务台的服务热线。接听电话的正是工作人员熊姝,得知旅客的情况后,热心的小熊连忙安抚他们不要着急,可以帮助他们改签下一班的车票,并让黄先生将电子票的二维码信息发送到她的个人手机上,然后将车票取出来到票房帮其改签成了18:30的班次。因为下午交了班,熊姝还移交给接班的同事,叮嘱同事代其转交,使黄先生及同事如愿以偿地踏上返程的旅途。1月27日,徐坊站李红服务组收到了黄先生的感谢信,信中对熊姝表达了真挚地感激之情和崇高的敬意。

多年来,熊姝在平凡的岗位上以不平凡的业绩践行着江西长运"出行便捷,温馨如家"的服务理念和全心全意为旅客服务的宗旨,充分彰显和展示当代江西交通人爱岗敬业、恪尽职守、无私奉献的精神风貌,受到广大旅客的赞誉和各级组织的好评。2008—2009年,被江西长运股份公司评为最佳服务明星;2010—2011年,被江西长运股份公司评为劳动模范;2011年被南昌市妇联评为全市女职工建功立业标兵;2012年被评为南昌市五一巾帼标兵;2014年被省总工会评为江西省五一巾帼标兵;2015年2月25日被全国妇联授予"全国巾帼建功标兵"荣誉称号;2015年4月,被全国总工会评为全国五一巾帼标兵。

(张 涛)

高红艳 女,1988年9月出生,江西省南昌县人,共青团员,江西赣粤高速公路股份有限公司温厚收费所收费班班长,全国巾帼建功标兵。

2005年,高红艳由学校步入赣粤高速温厚收费所从事收费工作。她十分热爱、珍惜这份工作,始终把做好车辆通行服务费征收作为自己的事业和责任,历来对自己高标准、严要求,执着敬业、豁达宽容,刻苦钻研业务。工作之余,她经常对着镜子练习"微笑",练习"点钞",勤学苦练收费技艺,刻苦钻研业务,干一行、爱一行、专一行、精一行,工作技能日益精湛、过硬,很快便由一名普通学生转变为优秀收费员。她每天办理上千百台车辆交费,都能在10秒钟内完成打票、找零,连续保持10年无任何差错。她在参加各项业务技能大比武活动中多次获得第一名,成为赣粤高速唯一一名集"巾帼建功标兵""收费状元""微笑服务之星""无差错收费员"等多项荣誉称号于一身的岗位能手。

高红艳扎根三尺岗亭,奉献无悔青春。她在一线收费窗口总是把工作中的快乐带给身边的每个人。她通过"五心"服务(为车主服务热心、为车主着想细心、为车主办事诚心、为车主解释耐心、听车主意见虚心)以优质的服务让过往司乘人员倍感温暖。2013年7月的一天中午,一辆湖南籍货车驾驶员中暑病倒在高红艳的收费车道上,她与其他员工将其抬至值班室,端来凉为其擦拭降温,喂绿豆汤,并将其送往就近的卫生院进行救治。一个月后这位司机满怀感激地将锦旗亲手送给高红艳。

她在工作中始终坚持做到"打不还手、骂不还口"。对蛮不讲理、拒交通行费的车主,她总是以温和的态度，耐心细致地劝说与解释，用自己的真诚和微笑来感化司机。有一次，一辆车牌号为皖KC6682的货车驶入她的车道，钱不够交费。她微笑着对司机说："师傅，这10元钱我替您补上。"司机声音有些颤抖地说："同志，刚才和您吵，对不起了，你真是好人，太感谢您！"多年来她从未跟车主发生过口角，保持着"数年如一日保持'零'投诉、'零'纠纷的记录。

2008年，高红艳偶然在《中国高速公路》杂志上看到一篇题为《寻找"亿元"收费员》的文章。文章里面共记录了5位收费额过亿元的收费之星事迹。她暗下决心，一定要努力成为收费额过亿元的收费员！为了早日圆梦她主动向领导要求自己坐车流量最大的主干道，驻守南昌南站收费。南昌南站是进出英雄城南昌的"南大门"，也是赣粤高速昌樟管理处车流量最大的站口，每天的车流量超过3000辆，最高时接近5000辆。她坐主车道，每天要为上千辆车提供通行服务，感到前所未有的巨大压力。一趟班下来，常常累得腰酸背痛。自2008年起，她这一坐就是5年。2013年10月31日，高红艳个人收费额终于以100008750元圆了她的三尺岗亭梦，成为赣粤高速昌樟管理处第一个亿元收费员，成为江西高速职工学习的典范。

高红艳用爱传承文明，用真情奉献社会。多年来，她用自己的一腔热血，一言一行帮助并影响着身边的人，将文明服务扩展到了三尺岗亭之外。除了积极参加单们组织的宣传安全知识、义务打扫等活动外，她还积极参加"希望工程""青年志愿者""扶贫帮困"等社会活动，并经常利用岗亭的便民服务点开展力所能及的便民服务。她从自己收入不高的工资中为留守儿童、孤寡老人等捐款5000多元、衣物30余件、书籍70余本。他主动当好留守儿童的"临时妈妈"。这一桩桩小事见证了高红艳的一片爱心，诠释着她对"优质服务"内涵的深刻领悟，传递着高速公路人的高尚品德与崇高风尚。

高红艳在平凡的岗位上，用自己的实际行动践行社会主义核心价值观和"服务人民、奉献社会"的服务宗旨，以青春与热情创造不平凡的业绩，受到司乘人员的好评，和各级组织的表彰。被省交通运输厅授予"全省交通运输系统'十佳巾帼建功标兵'称号"；被江西省高速集团评为"劳动模范"、赣粤高速"收费状元""文明服务明星""无差错明星"；被有关部门授予"江西省第三批'雷锋姐'""江西爱岗敬业好人""全省雷锋姐""全省优秀团员""全省五一巾帼标兵"和"全国文明职工标兵"等诸多荣誉称号，并由江西省文明办推荐成为全国爱岗敬业好人候选人。2015年2月25日，被全国妇联授予"全国巾帼建功标兵"荣誉称号。

（李　欣　徐　丽）

黄春贵　男，1974年3月生，江西省南昌县人，高中文件化，中共党员，江西省路港工程有限公司驾驶员，全国交通运输系统劳动模范。

他于1990年参军入伍，1996年由部队退役后分配到省路港工程有限公司工作。开始担任工程机械操作手，2006年调入公司司机班担任公司班车驾驶员。他历来爱岗敬业，恪尽职守，干一行，爱一行，专一行，样样干部得出色，尤其是对待工程机械设备和车辆有如对待自己的眼睛一样爱护，做到勤保养、勤打扫、勤维护，车辆和设备维修费用较他人也相对较低，深受公司领导和同事们的赞许。

他数年如一日早出晚归、接送职工上下班。每天坚持早上六点半发车，八点半之前将全部职工送到公司后，接着便认真地做好班车保洁工作，把班车里里外外洗得干干净净。下午四点半准时从公司出发，待把职工全部送到家，已是晚上七点多钟，甚至更晚，一年累计上班时间要比其他职工多800多小时。他历来以高昂的斗志和良好的精神风貌从事工作。自担任班车司机后，除做好本职工作外，还主动承担司机班的卫生打扫、打开水以及承担其他车辆的正常保养、维护及职工外出办事用车和为生病司机顶班及协助领导搞好办公区院内卫生等多项工作任务。他历来视安全如泰山，始终如一地贯彻"安全第一，预防为主"的方针，多层次、多方面、多渠道地进行安全学习，多措并举确保行车安全。多年的职业磨炼，使他练就和总结出"四字检车法"，即"闻（气味）、听（声音）、看（零件）、摸（温度）"的检车绝活，车辆有没有问题、问题在哪里？他通过几分钟的闻、听、看、摸“四字检车法”，就可以判断得“八九不离十”。他从事公司班车司机岗位以来，十分重视驾驶员的职业道德，讲风格，讲礼让，讲安全，当行车遭到横冲直撞的行人或车辆时，他总是宁停三分不抢一秒，并时常提醒大家注意安全。他担任公司班车司机后已安全行车10多万千米，累计安全行车百万千米零事故。

他始终以党员的标准严格要求自己，以无私奉献的工作态度和忘我劳动的敬业精神在平凡的岗位上默默无闻地奉献自己的青春年华和一切力量，深受各级领导和全体干部职工的好评。他曾15次受到有关组织的表彰，其中，3次被省港航管理局评为优秀共产党员；3次被省交通运输厅评为全省交通运输系统优秀共产党员；4次被省路港工程局评为先进工作者；3次被省港航管理局评为先进工作者；2010年被省交通运输厅授予“全省交通运输系统文明职工标兵”称号；2015年4月，被交通运输部授予“全国交通运输系统劳动模范”荣誉称号。

(省路港工程有限公司)

胡　虎　男，1974年2月22日出生，江西省南昌市人，1995年12月参加工作，大专文化，中共党员，江西长运公司高客分公司高级驾驶员，全国交通运输系统劳动模范。

他于1996年调入江西长运公司担任驾驶员，2002年起在该公司高客分公司任驾驶员，2003年被评为中级驾驶员，2005年取得“驾驶员指导技师”资格，2010年被南昌市总工会授予“首席技师”称号。

胡虎通过多年刻苦学习和探索，掌握了一整套过硬的理论知识和各种车辆的性能、驾驶技艺与维修知识，总结出一整套安全行车要领、操作技能和节能降耗经验，已安全行车300多万千米无事故。2008年，江西长运公司开展节能降耗活动以来，共节约燃油4万多公升。他所在的班组先后被省、市总工会分别授予“工人先锋号”称号。

他几十年如一日勤奋工作、忘我劳动，主动承担单位急、难、重工作任务，全心全意为乘客服务，使广大乘客倍感温馨。他创造性地做好工作，屡创佳绩，如2013年一年便安全行车12万千米、创造单车营业收入74万元、利润6万元、安全运送旅客1.2万人次、单车节油6200公升的优异成绩。

胡虎以自己的实际行动践行社会主义核心价值观，充分彰显和展示了当代江西交通人崭新的精神风貌。曾多次受到各级组织的表彰：2009～2011年，被江西长运公司评为“百万公里安全行车无事故驾驶员”；2008—2012年，连续5年被该公司授予“劳动模范”称号；2012年，荣获南昌市五一劳动奖章；2013年成为公安部警风监督信息员；2014年4月22日，荣获江西省五一劳动奖章；2015年4月，被交通运输部授予“全国交通运输系统劳动模范”荣誉称号。他的先进事迹《江西交通年鉴》2014年版已作介绍。

(厅史志办辑录)

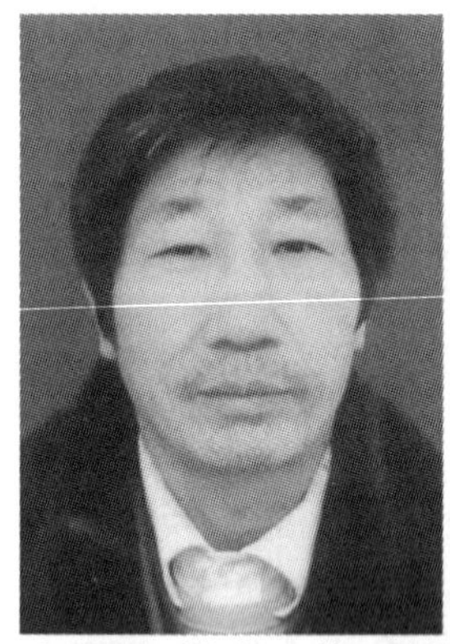

吴广贤　男，1962年5月生，江西省广昌县人，初中文化，中共党员，抚州市公路管理局广昌分局养护中心班长，全国交通运输系统劳动模范。

1981年5月，他继承其父——全国劳模吴忠华养路遗志，投身公路管养事业后，勤奋工作，爱岗敬业，深受好评，并担任分局养护中心班长。该道班担负206国道(昌厦公路)全长50.288千米公路的管养任务。此路段昼夜车流量达16000辆之多，超限运输使昌厦公路路面频繁出现断板、下沉，是全分局养护难度最大的路段。吴广贤面对繁重的工作任务，迎着压力上。建立健全规章制度，推行计件工资制，推出路段承包责任制，采取日常养护分段管理、分散作业、集中整治办法，充分调动全体员工管养公路的主动性、创造性。其本人总是带头攻坚克难，无论是在公路抢修中，还是在日常养护上，事事积极带头，处处争做表率。在不断提升自身素质同时，组织队员在书本、网络上学习理论，探讨业务技能，造就了一支能打硬战，会打胜仗的模范职工队伍。在他和全体员工的顽强拼搏下，确保了广昌县境内公路养护质量不断提升，道路始终安全、畅通。

吴广贤不仅管养好分管的路段，而且关心全分局的公路管养。2011 年 4 月 9 日，他得知广昌境内省道宋水线为五年一度的“国检”路线时，主动率领全班员工和几十名外请民工一头扎进宋水线参与路域环境整治工作，起早摸黑奋战在 18 千米公路线上，进行双边水沟的疏通、整形和路肩修复、定型等一系列规范化养护。他每天凌晨 5 点将民工和队员集合起来，然后沿途逐段逐项作业，自己就专门跟在后面收尾，攻克难点。遇到路肩缺口严重，需大量土料时，他便既当驾驶员又当装运工，运来土料进行回填。他一日三餐都在路边吃盒饭，每天白天工作 10 多个小时，夜间仍要巡查一遍管养质量。同年 4 月 16 日晚 22 时，K1747 +400 处小港桥上一工程车因故障倾倒了一大堆砂，他便开着养护车独自赶往事发现场，一个人一锹锹将 6 立方米的沙子装上车运走，一直抢修到凌晨 2 点。他创新思路，采用新工艺，利用挖机焊接钢板剔除法，进行路面油包切割清除，为宋水线何家井至羊面岭段迎“国检”做出了积极贡献。

吴广贤曾连续 17 年被抚州市公路管理局分别评为“先进个人”；曾先后 7 次被省交通运输厅、省公路管理局评为“先进工作者”；曾先后 4 次被省交通运输厅、省公路管理评为“全省交通系统劳动模范”“‘十佳’养护标兵”“‘十佳’模范养路工”；2005 年荣获中国海员建设工会全国委员会“金桥奖”；2014 年被广昌县委、县政府评选为“最美莲乡人”；2015 年被抚州市委、市政府评为“全市‘十大’最美劳动者”；2015 年 4 月，被交通运输部授予“全国交通运输系统劳动模范”荣誉称号。

（刘艳群）

王　斌　男，1975 年 3 月出生，江西省吉水县人，大专文化，中共党员，吉安市公路管理局吉水分局乌江道班班长，全国交通运输系统先进工作者。

王斌出生于公路管养世家，父亲是吉水公路分局的退休职工，哥哥也是养路工人，受父兄的熏陶，他从小就对公路产生了深厚的感情。高中毕业时，他考入江西省交通技校学习，1997 年毕业后回到家乡，在吉水公路分局最偏远的白沙镇南坪道班当起了一名普通的养路工人。他一边忘我劳作，一边勤奋学习，虚心向老同志、老队长请教，后考入重庆交通大学路桥专业函授班学习，使其专业水平大幅提升，成为其所在道班会干事、肯干事的顶梁柱，赢得了同事和领导的赞许。2001 年，他从白沙南坪队的一个普通养路工人调任螺田养路队队长，2006 年又调任乌江道班班长。

他数年如一日，与路为伴、与道班为家。不论烈日酷暑还是雨雪风霜，总是天天坚持出满勤、干满点，脏活、重活抢着干。既当领头雁，又当排头兵，每天天刚亮，就早早地一个人先出工，晚上天黑了仍坚持在路上巡察管养情况，默默地把其他职工没做好或没达标的工作独自加班加点完成。在他的率领下，职工养路激情高涨。“天道酬勤”，螺田道班管养的公路尽管至今仍是全省省道中唯一的一条沙子路——古高线公路，管养难度大、环境极其艰苦，但经他率领道班团队顽强拼搏、攻坚克难，所养护的公路路况一直是全局沙子路中最出色的，成了全局的样板路。

王斌勤于思考，善于管理，尊重客观事实和员工意见。他在征求道班员工意见的基础上，充分结合乡村基层道班实际，制定和完善道班工作、学习、生活、考勤等一系列规章制度。坚持按制度办事，以制度管人管事，规范职工言行举止。他主持制订的管理制度得到了吉安市和吉水县公管理分局领导的充分肯定，后来还在全县范围内推广。与此同时，他在与县分局签订公路养护承包协议的基础上，将分局下达的各项指标任务和所辖路段的不同情况，与每组员工划段分组承包，做到工作任务、责任、措施落实到位，极大地调动了全体职工的积极性、主动性和创造性，确保了各项目标任务快速完成。

王斌常说：“说一千道一万，不如自己做给别人看。”他时时、处处以身作则、率先示范，感召道班员工，带领大家忘我地投身于公路养护事业。2013 年上半年，乌江道班所负责养护的主要线路永吉线，受水灾侵袭，加上大型过往车辆多，部分路段多处裂缝与路肩过高，严重影响排水。尽管王斌和乌江道班职工抢晴天、战雨天，每天起早摸黑忙个不停,及时修补永吉线的裂缝,但仍然出现反复,有的员工泄气畏难。王斌深知越是困难越要自己带头,以身作则做好。于是,主动放弃休假,晴天带领大家对永吉线进行修补,晚上又反复研究和探讨裂缝反复出现的原因与对策,整天不分昼夜地冒雨对永吉线过高的路肩进行清理。在他的带领下,乌江镇道班所养护的公路最终路况稳定,全部达到平整、坚实要求,保障了一方道路的安全通畅。乌江道班先后被吉安市授予“工人先锋号”称号,并被吉安市公路局评为全市公路系统先进道班,被省公路局评为省级“文明道班”。

王斌胸怀大爱,关心员工生活与疾苦。他构建道班文化阅览室,活跃职工业余生活。大力发展道班院内“三种一养”,带领员工在院内开挖出荒地十多亩和一口鱼塘,种植树木水果蔬菜,利用鱼塘养鱼养鸭,道班“三种一养”迅速发展,使道班鱼、鸭成群,蔬菜基本实现全年免费供给,极大改善了职工生活。

他一片痴心为他人。周玉华和游秀连是道班仅有的两位女职工,王斌总是把她们当成是自己的亲姐妹,给予人文关怀,安排她们做负荷较轻的路面清扫工作。一旦路面清扫工作量较大时,王斌又常带领男队友挤时间帮她们清扫路面。道班职工张云胜晚婚生育,家里事情相对多一些。王斌安排工作时总是给他少安排工作量,还经常在他提早做完工作时,催他早回家照顾老婆孩子。道班职工杨魁妻子体弱多病,女儿又身体欠佳。王斌得知后,召集道班职工商量帮他分担工作。并主动提出杨魁因家事耽误的工作由王斌自己负责完成。有一次在道班“畅安舒美”路面修复突击迎接检查活动中,杨魁的妻子女儿同时生病,王斌毫不迟疑地同意他回家照顾,自己就在最短的时间内完成2个人的工作任务。

王斌多年来为交通运输事业又好又快发展,列无私地奉献着自己的青春年华和力量,受到各级组织的表彰。曾连续7年被吉安市公路管理局评为先进工作者;2011～2012年,被吉安市公路局评为全市公路养护标兵;2012年被中共吉安市委授予“全市为人民服务十佳标兵”称号;同年被省交通运输厅评为“十一五”公路养护与管理工作先进个人;2013年被评为吉安市第六届职工职业道德建设先进个人;2014年获吉水县道德模范提名奖;2014年4月22日,荣获江西省五一劳动奖章;2015年4月,交通运输部评为全国交通运输系统先进工作者。

（徐金秀）

刘计忠 男,1970年9月出生,山东省曲阜县人,本科学历,中共党员,1989年10月参加工作,泰和管理中心泰和北管理所党支部书记、所长,全国交通运输系统劳动模范。

2010年8月,他由泰井管理处机场管理所所长岗位调任泰和管理中心泰和北管理所党支部书记、所长。该所管辖路段全长61.78千米,共有桥梁49座、隧道8座,是全线管辖路段最长、隧道、桥梁最多的管理所,管养任务重,保畅难度大。到任伊始,他深入调查研究,率领养护技术员对所辖路段进行普查和数据采集工作,建立了桥涵、隧道、路面等养护资料数据库。他针对不同路况采取“科学分类,区别对待,对症下药”的办法管养公路。与此同时,提前制定和做好应对各类恶劣天气的应急预案和措施。并在每年雨雪冰冻期间不分昼夜、不畏严寒,全身心投入到抗冰救灾第一线,带头挥镐抡锹、撒盐铺草,排除道路险情,维护交通秩序,救助抛锚车辆。手脚冻伤了,眼睛熬红了,也全然不顾,始终兢兢业业、恪尽职守、无私奉献,辛勤工作,在他和全所员工的共同全力以赴、顽强拼搏下,多年来确保了该所所管辖道路安全畅通。

刘计忠高度重视窗口形象建设。通过学习培训、举办技能竞赛、岗位练兵和应急演练活动,进一步规范了收费工作流程,提升了收费人员综合素质、服务效能和服务水平。并通过搭建“映山红”班组办公室、“堵漏增收”交流园地、心灵驿站等唱响“映山红”品牌,员工思想得到升华。他创新服务举措,拓宽服务内涵,因地制宜地在收费广场处建立了便民服务亭,经常深入一线,积极为司乘人员提供各类贴心服务,同收费员二起为司乘人员排忧解难。优质的服务,舒适的行车环境,受到了广大司乘人员的高度赞誉。与此同时,他始终坚持“按章收费、应征不漏”,严于律己,不循私情。在处理特情车时,他的亲朋好友希望能够减免通行费，被他多次拒绝，不惜得罪许多亲朋好友。他严于律己，时刻以一个共产党员标准严格约束自己的言行举止，做到廉洁自律、“常在河边走，就是不湿鞋”，成了勤政廉政的表率。

刘计忠以高度的责任感和强烈的事业心从事各项工作，得到了组织的充分肯定和各级领导的一致好评。2010 年 11 月，他被省交通运输厅评为 2008 年度高速公路绿化先进个人；同年，被省交通运输厅评为 2008—2009 年度全省交通运输系统文明职工标兵；2011 年 2 月，被省交通运输厅评为 2010 年度全省交通运输系统党风廉政工作先进工作者；同时被省高速集团评为 2010 年度高速公路工作先进工作者；2011 年 6 月，被省交通运输厅评为优秀党务工作者；2013 年 2 月，被省交通运输厅评为 2011—2012 年度全省交通运输系统精神文明建设先进工作者；2013 年 6 月，被省高速集团评为优秀共产党员；2015 年 2 月，被交通运输部评为 2012—2013 年度全国交通运输行业文明职工标兵；2015 年 4 月，被交通运输部评为 2014 年度感动交通十大年度人物；2015 年 4 月，被交通运输部授予“全国交通运输系统劳动模范”荣誉称号。

（汤尔毅　吴程晖）

魏　敏　女，1975 年 5 月出生，江西省景德镇市人，大专学历，中共党员，景德镇长运有限公司汽车总站副站长、党支部书记、工会主席，全国交通运输系统劳动模范。

魏敏自 17 岁参加工作后，不怕苦，不怕累，勤奋工作，忘我劳动，赢得了同事和上级的赞许，逐渐由最基层的一名普通工人走上领导岗位，担任景德镇长运有限公司汽车东站站长和汽车总站副站长、党支部书记。她以“做儿童旅客的好阿姨、青年旅客的好朋友、老年旅客的好儿女、患病旅客的好护理、农民工旅客的好帮手”为座右铭，以全心全意为旅客服务为宗旨，制定和完善了各项规章制度。多年来，坚持“两个效益一起抓，两个效益一道上”的经营方针与策略，时时处处以身垂范，带头做好。她每天早出晚归，处处以身作则，吃大苦耐大劳，从未像样地休息过一天。特别是逢年过节期间，每天从早上 6 时到晚上 9 时都在车站度过，忙管理、忙调度、忙协调、忙服务，既表现出良好的组织能力，又体现着一个当代交通人无私敬业的精神。她在担任景德镇长运公司汽车东站站长期间，汽车东站连年营业收入、客运量均递增 20% 以上，增幅远高于全国公路客运增长率。

魏敏时时、处处想旅客所想、急旅客所急、帮旅客所需，经常以自己为数不多的工资，自掏腰包为遇到困难的旅客购买车票，累计达 2000 余元，使广大旅客倍感车站的人文关怀与温暖。旅客们普遍反映“车站如家、魏敏似亲人”。她用真情实意换得旅客的信任和爱戴，以自己的爱岗敬业和乐于奉献精神诠释着平凡中的伟大。

魏敏的卓越业绩和出色表现赢得了同行和各级组织的赞许。2010 年，她被景德镇长运有限公司授予“劳动模范”称号；2011 年被交通运输部评为春运农民工平安返乡（岗）优质服务竞赛先进个人；2012 年被景德镇长运有限公司评为“十佳”文明员工；2013 年被省总工会授予“江西省五一巾帼标兵”称号；2014 年 11 月，在中共景德镇市委宣传部组织开展的“最美人物”和“时代楷模”候选人推荐活动中，魏敏成为景德镇市向中宣部推荐入选“最美职工”的候选人；2015 年 4 月，被交通运输部授予“全国交通运输系先进工作者”荣誉称号。

（涂　强）

罗政民　男，1957 年 8 月 27 日生，江西萍乡市人，高中文化，中共党员，萍乡市公共交通总公司驾驶员，全国交通运输系统劳动模范。

他于 1977 年 1 月参加工作、投身公共交通运输事业。他担任公交驾驶员后，特别注重研究乘客的心理活动和需求，结合实践总结出一套行之有效的“四心四要工作法”，即对老年人要热情关心，对外地乘客要热心帮助，对小学生要关心爱护，对残疾人要细心照顾。乘客坐上他的车，就像到了温馨的家。他经过细心揣摩乘客的一言一行，把乘客分为三种类型，创造性地制定并推出了一整套行之有效的“特色服务法”。第一种类型的乘客是上班族,对班次特别要求准点,行车速度要求较高。他的“特色服务法”是:每次停站要前后看一看还有没有赶来乘车的乘客,尽可能让乘客能安全、快捷地上车。与此同时,在多车到站的情况下,则认真执行二次停站制度。第二种类型的乘客是老弱病残孕,他的特色服务法是将此类乘客视为照顾族,讲求的是照顾。他从一点一滴做起,做好事、办实事,被社会弱势群体赞许为活雷锋。第三种类型的乘客是外出办事族和外地观光旅游族。他的特色服务法是热情介绍萍乡、宣传萍乡,不厌其烦地回答乘客的问题,帮其所需。他的车厢还自备一个小药箱,长年累月备有晕车药、创可贴等常用药。乘客啧啧称赞说:“老罗真是服务到家了,处处为我们着想。”

罗政民视车为宝、勤于保养。他对车辆保养有个特别标准,这就是“不缺不损,车不掉漆,不带病作业”。他历来对车辆做到“三勤”,即勤观察、勤检查、勤维护。一旦车辆出现小毛病,他不吃饭不睡觉也要先把车修好。多年来他所驾驶的车辆一直保持干净、整洁、车窗明亮,安全高效状态。

他不仅服务好、爱车好,而且是有名的“拼命三郎”。2014 年,公司为解决 2 路线上下班高峰拥挤不堪、乘车难的状况,决定增加班次,可又缺驾驶员。他得知后,主动请缨,每天到该线路加班。他每天提前上班,做好车辆检查、打扫卫生,为车辆加好天燃气,从来不在家用早餐,只带子 2 个馒头边吃边干,时间久了,被同事雅称为“馒头司机”。国庆节期间公司无法抽调人手增加班次,罗政民每天便从早上 5 时一直干到晚上 10 时下班,等于 1 个人干了 3 个人的活。

罗政民出色的工作,受到各级组织的表彰。2003—2014 年,连续 11 年被萍乡市公共交通总公司评为服务标兵和红旗驾驶员;2005 年被萍乡市有关部门授予“萍乡市首届‘十佳’文明服务公交驾驶员”称号;2005—2014 年,连续 9 年被萍乡市公共交通总公司评为劳动模范;已连续 11 年被萍乡市交通运输局评为萍乡市交通运输系统文明职工标兵和先进工作者;2012 年被萍乡市人民政府评为全市劳动模范;2015 年 4 月,被交通运输部授予“全国交通运输系统劳动模范”荣誉称号。

张伦喜 男,1964 年 8 月生,江西省鄱阳湖县人,大专文化,中共党员,江西省港航管理局上饶分局鄱阳机修所副所长,全国交通运输系统先进工作者。

张伦喜于 1982 年 3 月参加工作,先后担任钣金工、车间主任、基层工会主席,2003 年任鄱阳机修站站长助理,2009 年任鄱阳机修所副所长。他一边积极做好本职工作,一边努力学习、科技知识,刻苦钻研业务,不仅由初中文化提升到大专学历,而且很快就掌握了船体、标体技术,成为其所在单位的技术骨干和同行业务上的“老大哥”,成了一名远近闻名的船舶修理与航道维护的行家里手和航道管理的“活地图”。他对鄱阳湖区、信江、昌江、饶河等航道情况、航标分布了如指掌,哪里有多少航标、在什么位置、什么时候需要维修,沿途要经过几道桥、闸,什么季节可航行多少吨位的船,有多长的航行里程及沿途会有哪些险情出现,怎样航行更安全、更快捷、更经济划算,他都了如指掌。他用 32 年摸索积累和练就了一手船舶维修的绝活,为单位和船主全心全意服务,被船主们雅称为“船舶医生”。船民的船舶出了毛病,经他在船上走一走,蹲下来看一看,趴下来听一听,马上就能找到问题所在,经他指点维修,立即“手到病除”。他先后收到船民赠送的锦旗 40 余幅,感谢信 100 余封。

他从事机修和航道工作 30 年来,认真负责,任劳任怨,总是将最重、最累、最危险的活儿留给自己。夏天闷在四五十度的船舱里一呆就是几个小时,冬天潜入冰冷的湖水中为故障船舶排除险情。正是这份拼命三郎的干劲感染了身边的每一个人,他本人及所在班组的各项工作也连年受到上级的充分肯定,连年收获着各种荣誉。多年来,经他维修好的船舶数不胜数,经他维护的航标保持 99% 的发光率,经他维护的航道年年都保持着 99.5% 以上的通航率。

张伦喜作为一名基层管理领导者,历来以身作则,率先垂范,身教重于言教。从事机修工作,条件艰苦、待遇差,以前有少数年轻职工怕脏嫌累。张伦喜看在眼里,急在心头。他总是少说多干,要求大家的做到的自己率先做到。以干一行、爱一行、干好一行和安于平凡，耐得住寂寞，积极进取，乐于奉献的精神感染这些年轻人，增强了大家敬业精神和责任意识，已成长为恪尽职守独当一面的技术能手。2007年，其所在的班组被交通运输部有关主管部门评为全国水运系统船舶班组安全竞赛安全优秀班组。

他危难时刻显身手，屡次施救船舶和船民。2010年7月15日，昌江遭遇特大洪水突袭，一艘停在昌江河内的大吨位采砂船因锚被原因走锚随湍急的河水卷走而撞上鄱阳大桥，险情万象。道政403艇在引航拖带一艘救援起重船赶赴事故现场途中，又因螺旋桨被河流中不明物缠死导致船舶动力全失，情况十分危急。正在医院输液的张伦喜接闻讯后，立即拔掉输液吊针，冒黑乘快艇前往事发地点。在听取船长对故障症状的描述后，立即判断出系螺旋桨被渔网所缠导致船舶动力全失。他把绳子系于腰上，拿上专用修理工具跳入水中。由于照明受限，只有摸黑处理，加上水流湍急，在场的同事都为他捏了一把汗。可他凭着良好的水性和过硬的技术，潜入水中切割尼龙渔网，经过近3个小时的拼搏，螺旋桨上的渔网终于被解除，道政403船恢复了动力，从而确保了救援起重船在天刚亮时赶到事故现场，顺利地解除了采砂船冲出鄱阳湖大桥的威胁。诸如此类救船救人之事，举不胜举。

张伦喜为了保质保量的做好工作及抢修船艇，整整32个春秋放弃休息、休假时间，默默地奉献自己的青春年华和力量。他舍小家为大家，对家庭却无暇顾及。2007年底，因带班在公路大桥进行桥涵标施工，时间紧、任务重，他儿子从部队服役退伍要他到火车站接回家。他担心因天气恶劣和高空作业施工的同事的安危而放心不下，依然和大家在一起至工程完工后才离开，导致家人好几天都不理他。他的妻子没有正式工作，可他从来没有向组织提过任何要求，甚至有时妻子生病了也不能伺候左右，他依旧无怨无悔默默工作在一线。

张伦喜日复一日地践行着当代一名普通交通职工对平凡的超越和对理想信念的执着追求，为港航事业的发展作出了不平凡的贡献，受到各级组织的赞许和表彰。曾连续三年被上饶市直工委评为上饶市优秀共产党员；先后9年被评为江西省交通系统先进工作者；10次被评为江西省港航系统先进工作者；连续12年被上饶港行分局授予“先进工作者”称号；2011年荣获江西省五一劳动奖章；2012年荣获中国海员建设工会金锚奖，并被评为2012—2013年度全国交通运输行业文明职工标兵；2015年4月，被交通运输部授予“2014年度感动交通十大年度人物”称号；2015年4月，被交通运输部评为全国交通运输系统先进工作者。

（付知拾）

刘圣卿　男，1983年12月出生，江西省都昌县人，本科学历、硕士学位，中共党员，江西省高速公路联网管理中心通信监控科副科长，全国交通运输系统先进工作者。

2004年7月，他自江西师范大学毕业后，投身交通运输事业，从事高速公路联网管理通信监控工作。十年来，他始终视单位如家，将单位的发展与个人的荣辱紧紧联在一起，工作任劳任怨，吃苦耐劳，不仅常年倒夜班，白天黑夜连轴转，而且没有节假日，连大年三十还得轮班，但他没有丝毫怨言，更没有因为私事而耽误过工作，哪怕是妻子临产、小孩生病，他也依然坚守岗位。按质按量完成各项工作。尤其是在遇到发生突发事件时，无论是轮休时间还是深夜，他总是第一时间到中心协助处理急、难、重的问题，为保障联网系统的稳定运行竭尽全力。

刘圣卿十年如一日关心本行业科技进步，盯住前沿科技发展。他经常利用轮休时间，查阅各种相关技术资料，积极参与中心的科研与项目建设。2006年，他单独完成科研项目“高速公路联网收费路径识别技术研究”中路径识别后台拆分程序，确保了通行费的准确拆分，后来该课题经相关专家鉴定总体达到国内领先水平。同年，他又作为主要技术人员参与完成了交通运输厅2005年度厅重点工程——“江西省收费公路载货汽车计重收费项目”，并单独完成联网收费业务管理软件开发升级工作。2007年，他作为技术骨干全程参与并完成厅重点工程——“江西省高速公路非现金支付和电子不停车收费项目研究”。2014

年,他作为技术人员参与江西省高速公路新一代收费系统、监控系统相关课题研究,圆满完成组织交给上述各项科研项目相关任务。与此同时,刘圣卿在工作之余对智能交通、收费数据分析、网络技术等方面进行了深入研究。先后发表 El 论文“The Study of a New Data Fusion Algorithm of GPS/DR Integrated Navigation System”及“数据挖掘在高速公路收费系统中的应用探讨”“昌樟高速通行模型研究”等多篇学术论文。此外,他还认真钻研 ORACLE、AIX 系统以及网络方面知识,并通过了 Cisco 公司 CCNA 认证和网络工程师认证。

刘圣卿历来以诚待人、以信处事,团结同事、乐于助人,每当同事有事值班需要调整时,总是能第一个站出来顶班、换班。他还积极参与公益事业,每次省高速公路联网管理中心组织职工献血,他总是踊跃报名献血。他以高度的社会责任感与使命感诠释自己的人生价值,用青春和汗水谱写奉献之歌,以良好的工作业绩,赢得了各级领导和同事的赞许。2008 年,他被省高速公路联网管理中心评为先进工作者;2010 年,被省春运办授予“江西省春节运输工作先进个人”称号;2011 年被省高速公路联网管理中心评为先进工作者;2012 年,被交通运输部评为 2010—2011 年度全国交通运输行业文明职工标兵;2015 年 4 月,被交通运输部授予“全国交通运输系统先进工作者”荣誉称号。

(厅史志办辑录)

汪兴泉 男,1960 年 8 月 11 日出生,江西省婺源县人,大专文化,中共党员,江西省婺源县交通运输局局长、局党委副书记,全国交通运输系统先进工作者。

2006 年 4 月,他由婺源县珍珠山乡党委书记岗位被调婺源县交通运输局任局长、局党委副书记。婺源国土面积 2947 平方千米,人口 36 万人,山高林密,道路崎岖,被称为“八分半山一分田、半分道路与庄园”的丘陵山区县,交通极为不便。汪兴泉就任局长后,率领广大干部职工顽强拼搏,千方百计在悬崖峭壁上开出一条条“天路”,打通“中国最美乡村”婺源走向市场的“瓶颈”,为渴望走出大山的人铺就了一条条快速、安全、便捷的致富路、幸福路,被婺源人民誉为“工作狂”和“最美的建路架桥人”。

他历来十分注重领导艺术,坚持民主集中制,维护班子团结,充分发挥局领导班子团队的集体力量,团结和带领全局干部职工始终紧紧围绕“建设中国最美乡村”的县域经济发展战略,服务大局,同心协力当好“先行官”,坚持“两个文明一齐抓,两个效益一道上”。通过建立健全各项规章制度,完善目标责任制与经济责任制,使全局上下人人工作心中有数,目标明确,肩上有担子,心中更有动力,全局上下,形成了“全心全意干事业、顽强拼搏办交通”的浓厚氛围。他自己为解决交通建设缺资金、少项目的“瓶颈”难题,跑断腿、磨破嘴,不辞其难,仅每年争取到位的项目占上饶市全市达三分之一之多,为婺源县跨越式、超常规发展交通运输事业奠定了坚实基础。

汪兴泉多年来不断推进城乡客运网络化建设和行业管理。相继建成全省县级首个一级汽车站——婺源汽车站、县交通服务中心、中云农村公路综合服务站等一批基层服务设施,建成行政村候车站(亭)112 座,纵横交错,形成网络。同时,他针对城市客运市场乱象频出,特别是出租车市场更是问题易发、难以整治的顽症,自担任局长伊始,重点放在强化公交车、出租车、租车行业管理上,并建议县政府及时收回了经营权,成立了国有婺源县兴婺出租车公司。他亲自带领全局人员上路打“的士”,整治“不打表、乱收费、拒载”等市民和游客投诉的热点难点问题。亲自处理游客投诉,退还一名四川泸州游客何羽 1000 元车费。并举办出租车驾驶员继续教育培训班,召开安全生产工作会。规范出租车行业行为,提高驾驶员综合素质。使出租车行业一天一天变得规范有序,城市客运市场的整体形象不断提升,实现了出租车市场由“乱”到“治”的成功转变。其倡导的“私车改公车”模式得到社会各界广泛关注。2012 年 4 月,交通运输部内参杂志《中国道路运输》第 4 期,以及 2013 年 3 月 15 日《江西日报》等 30 多家新闻媒体均以“私车改公车,婺源出租车成亮丽风景”为题,专题报道和转载了婺源出租车行业管理改革的经验。婺源县兴婺出租车公司还评为全省 AAA 级运输企业。前来参观学习的兄弟县市和单位络绎不绝。驾驶员的好人好事层出不穷:2014年1月11日江西台二套、1月12日中央台四套专题报道了婺源兴婺出租车公司驾驶员捡到现金11万元及时交还失主的感人事迹,充分展示和彰显了婺源"处处是旅游环境,人人是旅游形象"的良好形象。

汪兴泉历来把工程质量视为交通建设得失成败的关键和首要问题。引导全局人员在质量管理中做到"三严三实(严于用权、严于修身、严于律己;谋事要实、创业要实、做人要实)",坚持质量一。2007年开始,他多次举办全县道路施工村民监督员培训班。并在每条道路铺设前,先在当地选拔一些被群众公认信得过村民代表作为监督员,给他们讲解工程施工的技术要点、质量环节容易出现的问题等。由村干部、老党员和村民代表组成的监督队,成为公路质量的"守护神"。他常说:"工程质量就是工程的生命,质量问题没有人情可讲。发现质量问题举报有奖"。浙源乡岭脚村民詹加善发现方村水泥公路施工未按照合同要求使用旋窑水泥用立窑水泥,一个举报电话局长奖励他500元,并责令施工队推倒重来。2010年8月,时值通行政村公路硬化任务最繁重之际,在婺源至小港县道公路路面硬化施工过程中,汪兴泉巡查中发现施工单位不按施工工序施工,便把全县几十个在建项目的业主、施工企业、监理等100多人集中到施工现场,当场要压路机开上去将这段水泥路面碾压破碎,场面顿时震撼了在场的包工头。"公生明、廉生威",质量意识深深刻在每个在场人员的脑海里,确保了在建工程质量,在全市公路建设质量评比中,婺源县交通运输局连续8年名列全市第一名。

汪兴泉投身交通运输事业20年来,一心扑在工作上。常年不畏艰辛,跋山涉水、风餐露宿,干部群众听到他最多的一句话就是"我在路上、我在村里","交通人的办公场所主要在交通一线"。他不管春夏秋冬,坚持每天早上5—6点钟下乡或到公路建养现场巡查,既当指挥员,又当战斗员,一年四季都没有节假日。他历来一心为公、两袖清风,却时刻不忘身负的责任和使命,一心为民办好事、办实事。他为了建设通向海拔近千米的大潋村公路亲自上阵,与技术人员没日没夜上山勘查线路,设计出便捷也最省钱的修路方案。针对施工难度大的实况,他与工程人员现场指挥施工,住在半山腰,啃方便面,一住就是一星期。经过3年的攻坚克难,大潋村公路建成了一条山环路、路环山,蜿蜒平整的水泥路,成为大潋村民发家致富的"金光大道"。省委组织部已将此路拍摄电视专题片广为宣传。

与此同时,汪兴泉从工可、设计、施工等一个一个环节中抓紧改渡建桥。在虹冲大桥建设攻坚期间,天气严寒,他白天与技术人员一起吃便饭,晚上一起住工棚,率领全局干部职工高速高效地完成全县58个渡口撤渡改桥任务,给当地群众生产、生活带来极大的便利,当地老百姓亲切地称作"幸福桥"。

他与局领导班子一道带领婺源交通人经过多年攻坚克难、顽强拼搏,婺源交通闭塞已成历史。一条条亮丽的交通风景线展现在世人面前。全县农村公路通车里程达2895.9千米,较"十五"计划期间增长69.75%,累计改造硬化农村公路512条,完成路基改造1363.28千米,路面硬化1882.6千米。全县18个乡镇、186个行政村通车率达100%,1416个自然村中有通水泥路自然村1162个,占自然村总数的82%。累计新建独立大中桥49座3763.5延米。婺源县交通运输局曾先后被省、市、县有关部门授予"先进单位"称号,荣获60多项奖励。

汪兴泉为江西交通运输事业的繁荣和发展呕心沥血,无私奉献着自己的一切力量,受到各级组织和人民群众的赞誉。曾连续8年评为优秀公务员;2013年4月,被上饶市委评为全市先进工作者;2014年5月,荣获上饶市五一劳动奖章;2015年4月,被交通运输部授予"全国交通运输系统先进劳动工作者"荣誉称号。

(李秋来　方小平)

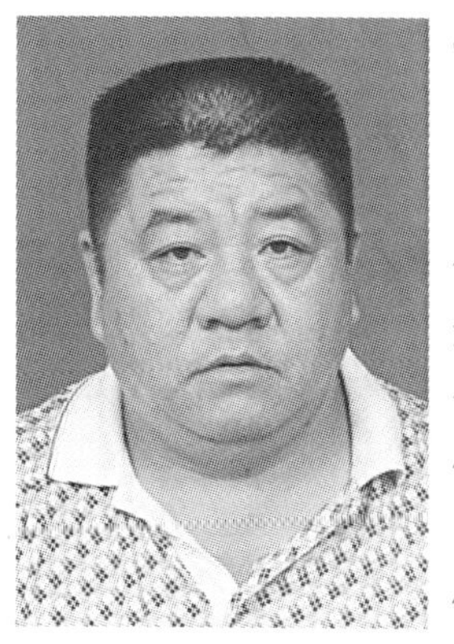

谌小生　男,1967年2月生,江西省高安市人,高中文化,中共党员,宜春市公路管理局高安分局珠湖道班班长(副科级干部),全国交通运输系统先进工作者。

他自1986年参加工作、投身公路管养事业后,与路为业、与道班为家、以苦为乐,与同事们一道打造出一条条干净、整洁、安全、畅通之路。特别是2009年担任珠湖道班班长以来,从实际出发,建立健全规章制度,先后制定和完善《队长、副队长、统计员岗位责任制》《珠湖道班职工考核制度》《珠湖道班安全生产管理制度》,设置了“队务公开栏”,凡是财务支出、创收分配、单位预算、重大任务计划与人员分工协作等均交由员工研讨,充分听取群众意见后,再作决定,并带头执行,使全班团结如一人。面对该道班管养的公路日均交通量达到16000辆,且大部分是运量达百吨的大型货车,养护难度大、工作任务艰巨等实况,率领全班员工雨季保畅通、夏季战水毁、秋季整路容、冬季忙备料,长年累月顽强拼搏在40千米高胡一级公路和3.3千米环城公路管养一线上,硬是把路况较好路段管护成了全局的样板路;把路况差、病害多的路段及时挖补修复,坚持定期整理路肩、清理水沟、美化路貌,确保了其管辖公路安全、畅通、美化、绿化达一流,各项工作位居全局前列。

谌小生以攻坚克难著称。2005年5月,高安市境内遭遇多年未遇特大暴雨,多条公路水毁严重,他顶着人手少、时间紧的极大压力,率领员工不分昼夜地抢险、修补、整理边坡、路基,确保了其管养公路安全、畅通。2011年,在迎国检工作中,高安分局公路养护任务繁重,养护人员紧缺,他便主动率领全班员工加班加点、不分昼夜地难度最大的320国道水沟、清理护栏等工作,使321国道路容路貌焕然一新,给国检工作人员留下了美好印象。2014年,320国道A1标大中修项目是高安分局有史以来所承接的工程量最大、造价最高、工期最短、难度最大的工程项目。谌小生被指派到大城至高安城区路段承担施工任务。他每天7时前到施工现场,一直工作到晚上十一二点,有时到次日凌晨三四点,带领全体员工日夜奋战,出色完成了该局交给的急、难、重任务。

谌小生工作是猛将,关心群众生活是模范。多年来,他从解决单位资金不足着手、从提高职工收入着眼,带领全班员工发展假日经济,利用节假日和业余时间,对外承揽并高效优质完成了建桥铺路附属工程、路面与街道维修、清除占道物等等多项工程。2013年全班创收就高达76万元,2014年单位创收也达40余万元。自2011年以来,全班员工每人每年创收收入近万元。与此同时,他经当地村民同意征收道班周边荒地荒坡,发展“一种三养”,建绿色道班。每年用于种植菜、豆类、水稻、花生、鱼草面积(含承包土地)合计3.7公顷。此外,还承包水库5.6公顷,每年鱼产量2万余公斤,单位资金状况明显改善,职工收入明显提高。

谌小生主持的道班多次被宜春市公路管理局和高安市公路管理分局评为先进集体、先进工会小组,他本人也多次受到各级组织表彰。曾连续多年被宜春市被宜春市公路管理局评为先进先进工作者;2008年被宜春市公路管理局评为抗冰救灾先进个人;2013年被高安市委、市政府评为先进工作者和“最美高安人”;2014年1月,被省公路管理局评为“十佳模范养路工”;同年12月,被宜春市委、市政府评为全市践行党的群众路线好干部;2015年4月,被交通运输部授予“全国交通运输系统先进工作者”荣誉称号。

(陶水莲)

叶祖庆 男,1970年生,福建省古田县人、大专文化,中共党员,江西省公路路政管理总队赣州支队十一大队大队长,全国交通运输系统先进工作者。

2004年1月,他由昌樟高速公路管理处生米收费所征费站站长岗位调任高速公路路政执法员。他无怨无悔的一边全身心地投入工作,一边努力学习路政法律法规,并与实际结合起来,不断提高自己的执法理论和业务水平,很快便成为路政执法的佼佼者和通晓业务的行家里手。曾多次参与省公路路政管理总队组织的法律文书制作规范的修改和总队的执法案卷评查,并被总队指派到基层指导交通部门的行政执法评议工作,均圆满完成任务。他在多年的路政执法工作中,始终按照路政执法规范,仪容仪表端庄,坚持与时俱进、注重摸索和创新执法模式和方法,总结出一套路政执法案件与路政执法报表制作、执法档案资料保存方法等均有独到之处,在各种执法业务比赛和路政执法检查中多次获奖,并得到了全面推广应用。

2012年,叶祖庆担任赣州路政支队十一大队大队长后，以身作则，言传身教，注重提高大队执法水平。他针对该大队执法队员文化与业务素质参差不齐的情况，把技能好与技能稍差的队员结对相帮互助，挖掘潜能，发挥优势，树立自信，共同提高。他多次举办支队执法培训班，亲自授课，并利用执法现场讲解执法方法，传授经验。他以身示教，亲自设计了一些新的执法处理办法，其多项案件处理办法受到上级充分肯定，并全面推广。与此同时，他经常利用大队学习日，开展执法业务讲座，制定教程，亲自示范，并对热心钻研的队员总是不厌其烦的传授经验体会。2013 年，叶祖庆还为支队新进路政员全程组织了岗前培训。多年来他始终严格教育和要求执法人员严格依法办事、有法必依、执法必严、文明执法，杜绝一切违法和不廉洁行为，树立了路政执法人员的良好形象，为全面提升全大队整体执法水平、实现业务操作普及化奠定了良好基础，造就了一支高素质的执法队伍。

叶祖庆一身正气、执法必严，刚正不阿。他在执法岗位多年，凡是想从他手中捞取一些好处的人和事，一概被他严词拒绝。2013 年 6 月的一个深夜，一位肇事车主因车辆没有保险，事故又造成较大的路产损失，这位车主找到叶祖庆请他手下留情，并拿出 5000 元作为酬谢，被叶祖庆当场拒绝。经过晓之以理，动之以情，该车主心悦诚服地缴纳了路产损失执法款 5 万余元。车主临走时竖起了大拇指说：“你是傻子，我服了你！”叶祖庆说：“我情愿当傻子，也不能要你的钱”。诸如此类情况不胜枚举。

叶祖庆以爱岗敬业著称，他自转岗路政执法事业的十多年来，百分之九十的时间以队为家、坚守岗位，为路政执法事业无私奉献着自己的青春年华和力量。他坚持“文明执法、高效服务”的执法理念，在认真依法办事的同时，始终对困难群众热情帮助，帮助掉队旅客和迷路儿童回家 40 余人次，为车主排忧解难百余人次，为司乘人员找回钱物达十余次，挽回损失 8 万余元。他在平凡的执法岗位用实际行动践行着社会主义法治理念和社会核心主义价值观。10 多年来，叶祖庆处理路政执法案件 800 余件，挽回国家损失 500 余万元，未发生一起错案，为基层执法人员树立起一个标杆。

叶祖庆出色的工作赢得了组织的高度肯定和人民群众的赞誉。曾先后被交通运输部授予“2010—2011 年度全国交通运输行业文明职工标兵”荣誉称号；被江西省交通运输厅评为“全省‘十一五’公路养护管理工作先进个人”“为民服务模范星”；并多次被江西省交通运输厅、省路政总队、支队评为“优秀共产党员”“先进工作者”等，共获得 30 多项荣誉；2015 年 4 月，他被交通运输部授予“全国交通运输系统先进工作者”荣誉称号。

（徐江前　丁协祥）

2014 年度全省交通运输系统先进个人

全国劳动模范

（中共中央、国务院 2015 年 4 月 28 日表彰）

柯胜峰 九江市东方出租汽车运输有限公司驾驶员
何水标 江西省高等级公路管理局赣州管理处养护中心主任

全国先进工作者

（中共中央、国务院 2015 年 4 月 28 日表彰）

吴雄生 宜春市公路管理局路政执法支队支队长兼市治超办主任

2014 年全国五一劳动奖章获得者

敖志凡 江西省交通工程咨询监理中心总监理工程师、井睦项目办总监办主任

全国五一巾帼标兵

（全国总工会 2015 年 4 月表彰）

魏　敏 江西景德镇长运有限公司汽车总站副站长
熊　姝 江西长运股份有限公司徐坊客运站站务员

2014 年全国道路工作先进个人

（交通运输部 2015 年 1 月表彰）

唐小兵 江西省交通运输厅
刘毅明 宜春市公路运输管理局
陈景明 景德镇市公路运输管理处
何文海 萍乡市公路运输管理处
杨　军 广昌县公路运输管理所
廖斌贤 新余高新技术产业开发区道路运输管理所

全国巾帼建功标兵

（全国妇联 2015 年 2 月 25 日表彰）

高红艳 江西赣粤高速公路股份有限责任公司温厚收费所收费班班长
熊　姝 江西长运股份有限公司徐坊客运站站务员

全国交通运输系统先进工作者

（交通运输部 2015 年 4 月 27 日发布）

刘圣卿 江西省高速公路联网管理中心通信监控科副科长
张伦喜 江西省港航管理局上饶分局鄱阳机修所副所长
汪兴泉 婺源县交通运输局局长、局党委副书记

谌小生　宜春市公路管理局高安分局珠湖道班班长
叶祖庆　江西省公路路政总队赣州高速公路路政管理支队十一大队大队长

全国交通运输系统劳动模范

（交通运输部2015年4月27日发布）

敖志凡　江西省交通工程咨询监理中心总监理工程师、井睦项目办总监办主任
胡　虎　江西省长运股份有限公司高客分公司高级驾驶员
黄春贵　江西省路港工程有限公司驾驶员
吴广贤　抚州市公路管理局广昌分局养护中心班长
王　斌　吉安市公路管理局吉水分局吴江道班班长
刘计忠　江西省高速公路投资集团有限责任公司泰和管理中心泰和北管理所所长

2014年度感动交通十大年度人物

（交通运输部2015年4月21日发布）

张伦喜　江西省港航管理局上饶分局鄱阳机修所副所长
刘计忠　江西省高速公路集团泰和管理中心泰和北管理所党支部书记、所长

2012—2013年度全国交通运输行业文明职工标

（交通运输部2015年3月25日发布）

张伦喜　江西省港航管理局上饶分局鄱阳机修所副所长

第六届全国交通运输优秀科技工作者

（中国公路学会2014-02-30发布）

俞文生　江西省高速公路投资集团有限责任公司副总经理

全国优秀船员

（国家海事局、中国海员建设工会全国委员会2014-06-19发布）

邹传宇　省航道工程局“江洪号”轮轮长

2014年度中国好人榜候选人入围者

李　江　江西省港航管理局景德镇港航分局

全国交通基础设施重点工程劳动竞赛先进个人

（中国海员建设工会2014年1月2日表彰）

李友根　江西赣粤高速公路工程有限责任公司
王运金　江西省交通运输厅福州至银川高速公路建设项目办公室
黄文红　江西省高速集团万载至宜春高速公路建设项目办公室
李玉生　江西省交通咨询公司
赵建明　江西赣粤高速公路股份公司昌樟高速公路管理处
杨小明　江西省高速集团万年管理中心九江绕城、都昌至九江高速公路项目办
李　逢　江西宜春市公路管理局明月山分局

胡　杨　江西吉安市公路管理局规划科

夏小燕　江西九江市公路管理局瑞昌分局

2014 年全国优秀船员家属

(中国海员建设工会 2014 年 4 月表彰)

伍春秀　江西省港航管理局船员家属

2014 年春运"情满旅途"活动先进个人

(中国海员建设工会 2014 年 4 月表彰)

吴　欣　江西省交通运输厅主任科员

朱　熹　江西省公路运输管理局副主任科员

熊　芬　江西省港航管理局主任

全国交通基础设施重点工程劳动竞赛先进个人

(中国海员建设工会 2014－01－07 表彰)

杨小明　省高速公路投资集团都昌至九江高速公路项目办副主任

黄文红　省高速公路投资集团万载至宜春高速公路项目办主任兼工程处处长

赵建明　赣粤高速公路股份公司昌樟高速公路管理处昌铜项目办财务处处长

李友根　赣粤高速公路工程有限责任公司养护分司经理

李玉生　省交通咨询公司分公司经理

王运金　福州至银川高速公路项目办总工程师

李　逢　宜春市公路管理局明月山分局

胡　杨　吉安市公路管理局规划科科长兼绕城项目部工程处处长

夏小燕　九江市公路管理局瑞昌分局工程技术股股长

2014 年全国交通运输线路及站点专项调查优秀个人

刘　辉　萍乡市交通运输局干部

全国城市客运交通线路及站点专项调查优秀个人

(交通运输部 2014 年 11 月表彰)

罗颂华　江西省公路运输管理局

刘　辉　萍乡市公路运输管理处

吴俊峰　鹰潭市公路运输管理处

全国交通运输业经济统计专项调查优秀个人

(交通运输部 2014 年 11 月表彰)

陈　刚　江西省公路运输管理局

李小鹏　南昌市公路运输管理局

曾细女　景德镇市公路运输管理处

帅　静　九江市道路运输管理局

温筱青　抚州市公路运输管理局

宋　洁　新余市道路运输管理处
杨　培　宜春市道路运输管理局

2013 年度江西省五一巾帼标兵

（江西省总工会 2014 年 3 月表彰）

涂莹莹　江西省港航设计院工程师
熊　姝　江西长运股份有限公司徐坊客运站站务员
黄继红　宜春市公路管理局财务科

2014 年度江西省三八红旗手

丁彩英　东航江西分公司服务部副经理
刘　燕　南昌铁路局党委宣传部新闻科科长

2014 年度全省模范军转干部

（中共江西省委、省军区表彰）

周小勇　赣州市道路运输管理局

江西省“十佳”行政执法标兵

周　剑　萍乡市交通运输局干部

2014 年度江西省五一巾帼标兵

（江西省总工会 2015 年 4 月表彰）

郑微娜　江西长运股份有限公司徐坊客运站
徐俊芳　江西省高速集团泰和管理中心石城管理所石城南收费站
应真红　江西省高速集团物资公司
周　燕　九江市公路管理局瑞昌分局
高红艳　江西赣粤高速公路股份有限公司昌樟管理处温厚收费所收费班班长

江西省第三批“雷锋姐”荣誉称号获得者

（共青团江西省委 2015 年 3 月 3 日发布）

高红艳　江西赣粤高速公路股份有限公司昌樟管理处温厚收费所收费班班长

2014 年度全省交通运输系统先进集体

全国文明单位

（中央文明委 2014 年 2 月 28 日发布）

江西省高速公路投资集团有限责任公司赣州管理中心
江西省高速公路投资集团有限责任公司宜春管理中心

江西省高速公路投资集团有限责任公司景德镇管理中心
江西省高速公路投资集团有限责任公司九景管理处鄱阳收费所
江西省吉安市邮政公司
江西省上饶市道路运输管理局

全国五一劳动奖状获得单位

(全国总工会 2014 年 5 月表彰)

江西省景德镇长运有限公司

全国五一巾帼标兵岗

(全国总工会 2015 年 4 月发布)

省公路管理局“12328”江西省交通运输服务监督热线
赣州市公路管理局全南分局陈君华道班

全国巾帼文明岗

(全国妇联 2015 年 3 月表彰)

江西长运股份有限公司徐坊客运站李红服务组

2013 年度全国“安康杯”竞赛优胜单位

(全国总工会 2014 年 4 月表彰)

江西新世纪汽运集团
江西省景德镇长运有限公司

2013 年度全国道路运输工作先进单位

(交通运输部 2014 年 1 月 2 日表彰)

吉安市吉水县运管所

第四届全国文明单位入选单位

(中央文明委 2015 年 3 月 1 日发布)

江西省高速公路投资集团有限责任公司赣州管理中心
江西省高速公路投资集团有限责任公司宜春管理中心
江西省高速公路投资集团有限责任公司九景管理处鄱阳收费所
江西省上饶市道路运输管理局
江西省吉安市邮政公司
江西省高速公路投资集团有限责任公司景德镇管理中心

2014 年度全国道路运输工作先进单位

(交通运输部 2014 年 1 月表彰)

赣州市公路运输管理所
铅山县公路运输管理所
吉水县公路运输管理所

九江市公路运输管理局城区分局

全国首批重推进的十家示范企业

（商务部、国家标准委发布）

吉安市万吉全国物流公共信息平台

全国农村公路养护与管理先进集体

（交通运输部 2014 年表彰）

江西省石城县交通运输局

2014 年度南京军区国防交通理论研究先进单位

（南京军区交通战备办公室 2014 年表彰）

江西省赣州市交通运输局交通战备办公室

全国交通基础设施重点工程劳动竞赛先进单位

（中国海员建设工会 2015 年 1 月 7 日表彰）

江西九江长江公路项目建设办公室
江西井冈山至睦村高速公路建设项目办公室
江西省公路桥梁工程有限公司
江西赣东路桥建设集团有限公司
江西省路港工程有限公司

全国交通基础设施重点工程劳动竞赛优胜班组

（中国海员建设工会 2015 年 1 月 7 日表彰）

江西省赣粤高速公路工程有限公司都昌至九江高速公路 B2 标项目部
江西省四通路桥建设集团有限公司昌宁高速 L2 标项目经理部
中交一公局萍洪高速 A 标段项目经理二分部桥梁队
江西省公路桥梁工程有限公司赣崇高速公路 AP1 标项目经理部第二工区
江西省昌九高速公路改扩建通远试验段项目办工程技术处
江西省交通咨询公司昌樟高速公路改扩建项目 SR1 驻地办
江西省省交通运输厅吉莲高速公路项目建设办永莲隧道管理组
江西南昌至铜鼓高速公路项目建设办昌铜项目办工程处
省高速集团抚州至吉安高速公路项目建设办公室合同管理处

全国交通运输系统先进集体

（交通运输部 2015 年 4 月 27 日发布）

江西省公路管理局“12328”交通运输服务监督热线
江西交通建设工程监理所
赣州市公共交通总公司 102 路线
江西赣粤高速公路股份有限责任公司服务区管理中心吉安分中心

交通运输部第四批交通运输文化建设示范单位

(交通运输部 2015 年 4 月 27 日发布)

江西省高速公路投资集团有限责任公司

全国交通运输十大文化品牌称号获得单位

(交通运输部 2015 年 4 月 27 日发布)

江西省高速公路投资集团泰和管理中心"微笑映山红"服务中心

全国公路养护统计优秀单位

江西省公路管理局

全国节约型公共机构示范单位

(国家发改委、财政部、国家机关事务管理局 2014 - 03 - 25 发布)

江西省交通运输厅

全国第一批学雷锋活动示范点

(中宣部 2015 - 03 - 04 发布)

江西省高速公路投资集团昌泰公司"金庐陵"援助服务指挥中心

最美中国路姐团队

(中国公路学会、中国公路杂志社 2014 年 11 月发布)

省高速公路投资集团泰和管理中心井冈山机场"映山红"收费站

2014 年全国春运"情满旅途"活动先进集体

(中国海员建设工会 2014 年 4 月表彰)

江西省南昌长运有限公司

2014 年度全国优秀质量管理小组

景德镇高速公路养护维修理队

2014 年度全国质量信得过班组

江西梨温高速公路鹰潭西收费站

全国城市客运交通线路及站点专项调查优秀集体

(交通运输部 2014 年 11 月表彰)

南昌市城市客运管理处
吉安市道路运输理处

全国交通运输业经济统计专项调查优秀集体

（交通运输部 2014 年 11 月表彰）

江西省公路运输管理局
江西省上饶市道路运输管理局
江西省宜春市道路运输管理局
江西省赣州市道路运输管理局

第十三届全国职工道德建设先进单位

江西省高速公路投资集团昌樟管理处

交通运输部第二批交通运输候选文化品牌获得单位

省高速公路投资集团泰和管理中心“微笑映山红”服务中心

2014 年度江西省五一劳动奖状获得单位

（江西省总工会 2014 年 5 月表彰）

省公路管理局交通通信总站

2014 年度江西省五一巾帼标兵岗

（江西省总工会 2014 年 3 月表彰）

江西抚州长运客运总站玉茗班组
江西长运股份有限公司洪城客运站“金穗”服务组
万年管理中心泾口管理处瑞洪收费站

2014 年度江西省三八红旗集体

九江长运股份物资贸易有限公司加油站

2014 年度江西省工人先锋号

（江西省总工会 2014 年 5 月表彰）

江西港航管理局鄱阳县地方海事处 401#

2014 年江西省巾帼文明岗

（江西省妇联 2015 年 3 月表彰）

省高速集团景德镇管理中心三清山管理所三清山收费站
省高速集团畅行公司庐山中心服务区

全省口岸物流服务先进企业

（2014 年 3 月 31 日发布）

江西省国际集装箱码头有限责任公司

2013 年度“江西百姓满意服务区”获得单位

(2014 年 5 月 15 日发布)

庐山服务区、泰和东、南城、宜春、萍乡、新余、广昌、会昌、南丰、石城、七里岗、鄱阳服务区

2014 年度全省交通运输工作先进单位(13 个)

(江西省交通运输厅 2015 年 2 月发布)

江西省吉安市交通运输局
江西省新余市交通运输局
江西省宜春市交通运输局
江西省公路管理局
江西交通职业技术学院
江西省高速公路联网管理中心
江西省高速公路投资集团有限责任公司
江西省上饶市交通运输局
江西省赣州市交通运输局
江西省省港航管理局
江西省公路运输管理局
江西省交通干部学院
江西省交通工程咨询监理中心

2014 年度全省交通运输安全生产工作先进单位(11 个)

(江西省交通运输厅 2015 年 2 月发布)

江西省吉安市交通运输局
江西省南昌市交通运输局
江西省宜春市交通运输局
江西省九江市交通运输局
江西省交通工程质量监督站
江西省公路路政管理总队
江西省上饶市交通运输局
江西省赣州市交通运输局
江西省萍乡市交通运输局
江西省港航管理局
江西省公路管理局

2014 年度省交通运输厅厅直单位取得高级专业技术职务任职资格人员

2014 年度厅直单位取得高级专业技术职务任职资格人员一览

表 40

姓名	取得专业技术资格名称	所在单位
蔡龙成	高职教授	江西交通职业技术学院
冯炎莲	高职教授	江西交通职业技术学院
孙　力	高职教授	江西交通职业技术学院
叶雄英	高职教授	江西交通职业技术学院
白月香	高职副教授	江西交通职业技术学院
曾周玉	高职副教授	江西交通职业技术学院
陈春华	高职副教授	江西交通职业技术学院
陈静茹	高职副教授	江西交通职业技术学院
邓　超	高职副教授	江西交通职业技术学院
丁海萍	高职副教授	江西交通职业技术学院
黄　侃	高职副教授	江西交通职业技术学院
刘冰洁	高职副教授	江西交通职业技术学院
刘　华	高职副教授	江西交通职业技术学院
刘　婷	高职副教授	江西交通职业技术学院
任剑岚	高职副教授	江西交通职业技术学院
宋金博	高职副教授	江西交通职业技术学院
孙　健	高职副教授	江西交通职业技术学院
王立军	高职副教授	江西交通职业技术学院
席强伟	高职副教授	江西交通职业技术学院
肖　苏	高职副教授	江西交通职业技术学院
许　伟	高职副教授	江西交通职业技术学院
张春雨	高职副教授	江西交通职业技术学院
张勇明	高职副教授	江西交通职业技术学院
朱长根	高职副教授	江西交通职业技术学院
刘锦泉	技校高级讲师	江西省交通技工学校一部
傅　瑾	高级经济师	江西省公路局信息数据中心
明长春	高级经济师	江西省高速公路投资集团有限责任公司
彭春莉	高级经济师	江西省高速公路投资集团有限责任公司

续表40

姓名	取得专业技术资格名称	所在单位
周　欣	高级经济师	江西赣粤高速公路股份有限公司
李秀宏	高级经济师	江西省高速公路投资集团有限责任公司
徐越洪	高级经济师	江西省高速公路投资集团有限责任公司
熊文明	高级经济师	江西省公路路政管理总队宜春路政支队
彭明哲	高级经济师	江西省公路路政管理总队上饶路政支队
曾务农	高级工程师	江西省交通设计研究院有限责任公司
余少华	教授级高级工程师	江西省交通设计研究院有限责任公司
何伟兵	教授级高级工程师	江西省高速公路投资集团有限责任公司
胡文华	教授级高级工程师	江西省高速公路投资集团有限责任公司
林天发	教授级高级工程师	江西省高速公路投资集团有限责任公司
杨勇刚	教授级高级工程师	江西省交通运输厅规划办公室
曾雅敏	高级工程师	江西省公路桥梁工程局
鲍　萌	高级工程师	江西省公路桥梁工程局
吴建明	高级工程师	江西省公路桥梁工程局
李晓生	高级工程师	江西省公路桥梁工程局
姜天伟	高级工程师	江西省公路机械工程局
邱国俊	高级工程师	江西省公路机械工程局
晏　玲	高级工程师	江西省交通工程集团公司
邹　祎	高级工程师	江西省交通工程集团公司
田志斌	高级工程师	江西省公路科研设计院
黄沙路	高级工程师	江西省公路科研设计院
李继红	高级工程师	江西省公路桥梁工程监理咨询中心
景佳佳	高级工程师	江西省交通工程集团公司
江　斌	高级工程师	江西省港航设计院
涂莹莹	高级工程师	江西省港航设计院
郭路远	高级工程师	江西省港航管理局吉安分局
蒋学亮	高级工程师	江西省港航管理局景德镇分局
胡飞荣	高级工程师	江西省港航管理局赣州分局
傅知拾	高级工程师	江西省港航管理局上饶分局
杨雄云	高级工程师	江西省路港工程局
常冠宇	高级工程师	江西省航务勘察设计院
艾志华	高级工程师	江西省港航管理局界牌航电枢纽处
郑卫华	高级工程师	江西交通职业技术学院
王君娟	高级工程师	江西省交通工程质量监督站
陈　罡	高级工程师	江西省交通工程质量监督站

续表 40

姓名	取得专业技术资格名称	所在单位
尹华杰	高级工程师	江西省交通工程质量监督站
付　玫	高级工程师	江西交通咨询公司
邓　群	高级工程师	江西交通咨询公司
廖　玲	高级工程师	江西交通咨询公司
邹军建	高级工程师	江西交通咨询公司
李晓宝	高级工程师	江西省交通科学研究院
严定坤	高级工程师	江西省交通科学研究院
黄新赞	高级工程师	江西省交通科学研究院
徐建斌	高级工程师	江西省高速公路联网管理中心
许　俊	高级工程师	江西省高速公路联网管理中心
刘喜辉	高级工程师	江西省交通运输厅规划办公室
龙晓洪	高级工程师	江西省交通运输厅规划办公室
袁雅君	高级工程师	江西省交通运输厅规划办公室
王　达	高级工程师	江西省交通工程投资公司
李友根	高级工程师	江西省高速公路投资集团有限责任公司
李　子	高级工程师	江西省高速公路投资集团有限责任公司
甘四维	高级工程师	江西省高速公路投资集团有限责任公司
黄卫华	高级工程师	江西省高速公路投资集团有限责任公司
黄　鸿	高级工程师	江西省高速公路投资集团有限责任公司
龙海燕	高级工程师	江西省高速公路投资集团有限责任公司
杨晓美	高级工程师	江西省高速公路投资集团有限责任公司
林佑华	高级工程师	江西省高速公路投资集团有限责任公司
刘志辉	高级工程师	江西省高速公路投资集团有限责任公司
殷妮芳	高级工程师	江西省高速公路投资集团有限责任公司
曾明辉	高级工程师	江西省高速公路投资集团有限责任公司
周义生	高级工程师	江西省高速公路投资集团有限责任公司
曾纪飞	高级工程师	江西省高速公路投资集团有限责任公司
吁新华	高级工程师	江西省高速公路投资集团有限责任公司
陶勇根	高级工程师	江西省高速公路投资集团有限责任公司
刘　军	高级工程师	江西省高速公路投资集团有限责任公司
王少炜	高级工程师	江西省高速公路投资集团有限责任公司
丁　波	高级工程师	江西省高速公路投资集团有限责任公司
周　俊	高级工程师	江西省高速公路投资集团有限责任公司
曾　伟	高级工程师	江西省高速公路投资集团有限责任公司
虞安军	高级工程师	江西省高速公路投资集团有限责任公司

续表40

姓名	取得专业技术资格名称	所在单位
杨　琨	高级工程师	江西省交通设计研究院有限责任公司
阳　柳	高级工程师	江西省交通设计研究院有限责任公司
陈伟伟	高级工程师	江西省交通设计研究院有限责任公司
邢　文	高级工程师	江西省交通设计研究院有限责任公司
刘磊波	高级工程师	江西省交通设计研究院有限责任公司
朱启合	高级工程师	江西省交通设计研究院有限责任公司
李长伟	高级工程师	江西省交通设计研究院有限责任公司
李维徽	高级工程师	江西省交通设计研究院有限责任公司
李亚卓	高级工程师	江西省交通设计研究院有限责任公司
熊博毅	高级工程师	江西省交通设计研究院有限责任公司
胡志刚	高级工程师	江西省交通设计研究院有限责任公司
郑建明	高级工程师	江西省交通设计研究院有限责任公司
周　平	高级工程师	江西省交通设计研究院有限责任公司
赖伟东	高级工程师	江西省交通设计研究院有限责任公司
赖晓霞	高级工程师	江西省交通设计研究院有限责任公司
刘重文	高级工程师	江西省交通设计研究院有限责任公司
朱永波	高级工程师	江西省交通设计研究院有限责任公司
刘爱峰	高级工程师	江西省交通设计研究院有限责任公司
舒泽波	高级工程师	江西省交通设计研究院有限责任公司
刘扬青	高级工程师	江西省交通设计研究院有限责任公司
涂远明	高级工程师	江西省交通设计研究院有限责任公司
朱海涛	高级工程师	江西省交通设计研究院有限责任公司
周　立	高级工程师	江西省交通设计研究院有限责任公司
黄　平	高级工程师	江西省交通设计研究院有限责任公司
朱　凌	高级工程师	江西省交通设计研究院有限责任公司
张正辉	高级工程师	江西省交通运输工程档案馆
潘家龙	高级会计师	江西省高速公路投资集团有限责任公司
朱　莺	高级会计师	江西省公路桥梁工程有限公司
况丽华	高级会计师	江西省高速公路投资集团有限责任公司
张娟娟	高级会计师	江西大万公路开发有限公司
熊燕然	高级会计师	江西省高速公路投资集团有限责任公司
董　琼	高级会计师	江西省赣粤高速公路股份有限公司
易　晨	高级会计师	江西省高速公路投资集团有限责任公司
龚春芳	高级会计师	江西省赣粤高速公路股份有限公司

文件　文献

关于修改《水路旅客运输规则》的决定

（中华人民共和国交通运输部令　2014年第1号）

《关于修改〈水路旅客运输规则〉的决定》已于2013年12月30日经第14次部务会议通过，现予公布，自2014年1月16日起施行。

部长　杨传堂

2014年1月2日

关于修改《水路旅客运输规则》的决定

交通运输部决定对《水路旅客运输规则》(交水发[1995]1178号)作如下修改:

一、将第十八条“儿童身高超过1.1米但不超过1.4米者,应购买半价票,超过1.4米者,应购买全价票。”修改为:“儿童身高超过1.2米但不超过1.5米者,应购买半价票,超过1.5米者,应购买全价票。”

二、将第二十五条“每一成人旅客可免费携带身高不超过1.1米的儿童一名。”修改为:“每一成人旅客可免费携带身高不超过1.2米的儿童一名。”

本决定自2014年1月16日起施行。

《水路旅客运输规则》根据本决定作相应修改,重新发布。

水路旅客运输规则

(1995年12月12日交水发〔1995〕1178号发布　根据1997年8月26日发布的《交通部关于补充和修改〈水路旅客运输规则〉的通知》进行第一次修正　根据2014年1月2日发布《关于修改〈水路旅客运输规则〉的决定》进行第二次修正)

第一章　总　　则

第一条　为了明确水路旅客运输中承运人、港口经营人、旅客之间的权利和责任的界限,维护水路旅客运输合同、行李运输合同和港口作业、服务合同当事人的合法权益,依据国家有关法律、法规,制订本规则。

第二条　本规则适用于中华人民共和国沿海、江河、湖泊以及其他通航水域中一切从事水路旅客运输(含旅游运输,下同)、行李运输及其有关的装卸作业。

军事运输、集装箱运输、滚装运输,除另有规定者外,均适用本规则。

第三条　水路旅客运输合同、行李运输合同应本着自愿的原则签订;港口作业、服务合同应本着平等互利、协商一致的原则签订。

第四条　水路旅客运输工作,应贯彻“安全第一,正点运行,以客为主,便利旅客”的客运方针,遵循“全面服务,重点照顾”的服务原则。

第五条　本规则下列用语的含义是:

(一)“水路旅客运输合同”,是指承运人以适合运送旅客的船舶经水路将旅客及其自带行李从一港运送至另一港,由旅客支付票款的合同。

(二)“水路行李运输合同”,是指承运人收取运费,负责将旅客托运的行李经水路由一港运送至另一港的合同。

(三)“港口作业、服务合同”(以下简称“作业合同”),是指港口经营人收取港口作业费,负责为承运人承运的旅客和行李提供候船、集散服务和装卸、仓储、驳运等作业的合同。

(四)“旅客”,是指根据水路旅客运输合同运送的人;经承运人同意,根据水路货物运输合同,随船护送货物的人,视为旅客。

(五)“行李”,是指根据水路旅客运输合同或水路行李运输合同由承运人载运的任何物品和车辆。

（六）“自带行李”，是指旅客自行携带、保管的行李。

（七）“托运行李”，是指根据水路行李运输合同由承运人运送的行李。

（八）“承运人”，是指本人或者委托他人以本人名义与旅客签订水路旅客运输合同和水路行李运输合同的人。

（九）“港口经营人”，是指与承运人订立作业合同的人。

（十）“客运记录”，是指在旅客运输中发生意外或特殊情况所作记录的文字材料。它是客船与客运站有关客运业务移交的凭证。

第二章　运输合同及作业合同的订立

第六条　旅客运输合同成立的凭证为船票，合同双方当事人——旅客和承运人买、卖船票后合同即成立。

第七条　船票应具备下列基本内容：

（一）承运人名称；

（二）船名、航次；

（三）起运港（站、点）（以下简称“起运港”）和到达港（站、点）（以下简称“到达港”）；

（四）舱室等级、票价；

（五）乘船日期、开船时间；

（六）上船地点（码头）。

第八条　旅客运输的运送期间，自旅客登船时起至旅客离船时止。船票票价含接送费用的，运送期间并包括承运人经水路将旅客从岸上接到船上和从船上送到岸上的期间，但是不包括旅客在港站内、码头上或者在港口其他设施内的时间。

旅客的自带行李，运送期间同前款规定。

第九条　行李运输合同成立的凭证为行李运单，合同双方当事人——旅客和承运人即时清结费用，填制行李运单后合同即成立。

第十条　行李运单应具备下列基本内容：

（一）承运人名称；

（二）船名、航次、船票号码；

（三）旅客姓名、地址、电话号码、邮政编码；

（四）行李名称；

（五）件数、重量、体积（长、宽、高）；

（六）包装；

（七）标签号码；

（八）起运港、到达港、换装港；

（九）运费、装卸费；

（十）特约事项。

第十一条　旅客的托运行李的运送期间，自旅客将行李交付承运人或港口经营人时起至承运人或港口经营人交还旅客时止。

第十二条　承运人为履行运输合同，需要港口经营人提供泊位、候船、驳运、仓储设施，托运行李作业、旅客上下船、候船服务及其他工作等，应由承运人与港口经营人签订作业合同。

第十三条　作业合同的基本形式为中、长期（季、年）和航次合同。

第十四条　作业合同应具备下列基本内容：

（一）承运人和港口经营人名称；

（二）码头、仓库、候船室、驳运船舶名称；

（三）托运行李作业，包括行李保管、装卸、搬运；

（四）候船服务，包括：问询，寄存，船期、运行时刻公告，票价表，茶水，卫生间；

（五）旅客上下船服务；

（六）特约事项。

第十五条　水路旅客运输合同、行李运输合同和作业合同的基本格式由交通部统一规定。交通部直属航运企业可自行印制水路运输合同、行李运输合同和作业合同；其他航运企业使用的合同由企业所在省（自治区、直辖市）交通主管部门印制、管理。

第三章　旅客运输合同的履行

第一节　船　　票

第十六条　船票是水路旅客运输合同成立的证明，是旅客乘船的凭证。

第十七条　船票分全价票和半价票。

第十八条　儿童身高超过 1.2 米但不超过 1.5 米者，应购买半价票，超过 1.5 米者，应购买全价票。

第十九条　革命伤残军人凭中华人民共和国民政部制发的革命伤残军人证，应给予优待购买半价票。

第二十条　没有工资收入的大、中专学生和研究生，家庭居住地和院校不在同一城市，自费回家或返校时，凭附有加盖院校公章的减价优待证的学生证每年可购买往返2次院校与家庭所在地港口间的学生减价票(以下简称“学生票”)。学生票只限该航线的最低等级。

学生回家或返校,途中有一段乘坐其他交通工具的,经确认后,也可购买学生票。

应届毕业生从院校回家,凭院校的书面证明可购买一次学生票。新生入学凭院校的录取通知书,可购买一次从接到录取通知书的地点至院校所在地港口的学生票。

第二十一条 船票在承运人或其代理人所设的售票处发售,在未设站的停靠点,由客船直接发售。

第二十二条 要求乘船的人凭介绍信,可以一次购买或预订同一船名、航次、起讫港的团体票,团体票应在10张以上。

售票处发售团体票时,应在船票上加盖团体票戳记。

第二十三条 包房、包舱、包船按下列规定办理:

(一)包房,由售票处办理;

(二)包舱,经承运人同意后,由售票处办理;

(三)包船,由承运人办理。

包用人在办理包房、包舱、包船时,应预付全部票价款。

第二节 旅客的权利和责任

第二十四条 旅客应按所持船票指定的船名、航次、日期和席位乘船。

重病人或精神病患者,应有人护送。

第二十五条 每一成人旅客可免费携带身高不超过1.2米的儿童一人。超过一人时,应按超过的人数购买半价票。

第二十六条 旅客漏船,如能赶到另一中途港乘上原船,而原船等级席位又未售出时,可乘坐原等级席位,否则,逐级降等乘坐,票价差额款不退。

第二十七条 每一旅客可免费携带总重量20千克(免费儿童减半),总体积0.3立方米的行李。

每一件自带行李,重量不得超过20千克;体积不得超过0.2立方米;长度不得超过1.5米(杆形物品2米)。

残疾旅客乘船,另可免费携带随身自用的非机动残疾人专用车一辆。

第二十八条 旅客可携带下列物品乘船:

(一)气体打火机5个,安全火柴20小盒。

(二)不超过20毫升的指甲油、去污剂、染发剂,不超过100毫升的酒精、香水、冷烫精,不超过300毫升的家用卫生杀虫剂、空气清新剂。

(三)军人、公安人员和猎人佩带的枪支和子弹(应有持枪证明)。

第二十九条 除本规则另有规定者外,下列物品不准旅客携带上船:

(一)违禁品或易燃、易爆、有毒、有腐蚀性、有放射性以及有可能危及船上人身和财产安全的其他危险品;

(二)各种有臭味、恶腥味的物品;

(三)灵柩、尸体、尸骨。

第三十条 旅客违反本规则第二十九条规定,造成损害的,应当负赔偿责任。

第三十一条 旅客自带行李超过免费规定的,应办理托运。经承运人同意的,也可自带上船,但应支付行李运费。

对超过免费规定的整件行李,计费时不扣除免费重量、体积和长度。

第三十二条 旅客可携带下列活动物乘船:

(一)警犬、猎犬(应有证明);

(二)供科研或公共观赏的小动物(蛇除外);

(三)鸡、鸭、鹅、兔、仔猪(10千克以下)、羊羔、小狗、小猫、小猴等家禽家畜。

第三十三条 旅客携带的活动物,应符合下列条件,否则不得携带上船:

(一)警犬、猎犬应有笼咀牵绳;

(二)供科研或公共观赏的小动物,应装入笼内,笼底应有垫板;

(三)家禽家畜应装入容器。

第三十四条 旅客携带的活动物,由旅客自行看管,不得带入客房(舱),不得放出喂养。

第三十五条 旅客携带的活动物,应按行李运价支付运费。

第三十六条 旅客携带活动物的限量,由承运人自行制定。

第三节 承运人的权利和责任

第三十七条 承运人应按旅客运输合同所指定的船名、航次、日期和席位运送旅客。

第三十八条　承运人在旅客上船前、下船后和在客船航行途中应对旅客所持的船票进行查验，并作出查验记号。

第三十九条　查验船票的内容如下：

(一)乘船人是否持有效船票；

(二)持用优待票的旅客是否有优待证明；

(三)超限自带行李是否已按规定付运费。

第四十条　乘船人无票在船上主动要求补票，承运人应向其补收自乘船港(不能证实时，自客船始发港)至到达港的全部票价款，并核收补票手续费。

在途中，承运人查出无票或持用失效船票或伪造、涂改船票者，除向乘船人补收自乘船港(不能证实时，自客船始发港)至到达港的全部票价款外，应另加收相同区段最低等级票价的100%的票款，并核收补票手续费。

第四十一条　在到达港，承运人查出无票或持用失效船票或伪造、涂改船票者，应向乘船人补收自客船始发港至到达港最低等级票价的400%的票款，并核收补票手续费。

第四十二条　在乘船港，承运人查出应购买全价票而购买半价票的儿童，应另售给全价票，原半价票给予退票，免收退票费。

第四十三条　在途中或到达港，承运人查出儿童未按规定购买船票的，应按下列规定处理：

(一)应购半价票而未购票的，补收半价票款，并核收补票手续费；

(二)应购全价票而购半价票的，补收全价票与半价票的票价差额款，并核收补票手续费；

(三)应购全价票而未购票的，应按本规则第四十条、第四十一条规定办理。

第四十四条　在途中或到达港，承运人查出持用优待票乘船的旅客不符合优待条件时，应向旅客补收自乘船港至到达港的全部票价款，并核收补票手续费。原船票作废。

第四十五条　旅客在检票后遗失船票，应按本规则第四十条规定在船上补票。

旅客补票后如在离船前找到原船票，可办理其所补船票的退票手续，并支付退票费。

旅客在离船后找到原船票，不能退票。

旅客在到达港出站前遗失船票，应按本规则第四十一条规定办理。

第四十六条　在乘船港，由于承运人或其代理人的责任使旅客降等级乘船时，承运人应将旅客的原船票收回，另换新票，退还票价差额款，免收退票费。

在途中，由于承运人或其代理人的责任使旅客降等级乘船时，承运人应填写客运记录，交旅客至到达港办理退还票价差额款的手续。

第四十七条　由于承运人或其代理人的责任使旅客升等级乘船时，承运人不应向旅客收取票价差额款。

第四十八条　旅客误乘客船时，除按本规则第四十条第一款的规定处理外，旅客可凭客船填写的客运记录，到下船港办理原船票的退票手续，并支付退票费。

第四十九条　旅客因病或临产必须在中途下船的，由承运人填写客运记录，交旅客至下船港办理退票手续，将旅客所持船票票价与旅客已乘区段票价的差额退还旅客，并向旅客核收退票费。

患病或临产旅客的护送人，也可按前款规定办理退票。

第五十条　承运人可以在任何时间、任何地点将旅客违反本规则第二十九条规定随身携带的违禁品、危险品卸下、销毁或者使之不能为害，或者送交有关部门，而不负赔偿责任。

第四节　合同的变更和解除

第五十一条　在乘船港不办理船票的签证改乘手续。旅客要求变更乘船的班次、舱位等级或行程时，应先行退票并支付退票费，再另行购票。

第五十二条　旅客在旅行途中要求延程时，承运人应向旅客补收从原到达港至新到达港的票价款，并核收补票手续费。客船满员时，不予延程。

第五十三条　对超程乘船的旅客(误乘者除外)，承运人应向旅客补收超程区段最低等级票价的200%的票款，并核收补票手续费。

第五十四条　旅客在船上要求升换舱位等级时，承运人应向旅客补收升换区段所升等级同原等级票价的差额款，并核收补票手续费。

持用学生票的学生在船上要求升换舱位等级时，承运人应向其补收升换等级区段所升等级全票票价与学生票票价的差额款，并核收补票手续费。

第五十五条　持低等级半价票的儿童可与持

高等级船票的成人共用一个铺位。如持低等级船票的成人与持高等级半价票的儿童共用一个铺位,由承运人对成人补收高等级与低等级票价的差额款,并核收补票手续费,儿童的半价票差额款不退,且不另供铺位。

第五十六条 在乘船港,旅客可在规定时限内退票,但应支付退票费。

超过本规则第五十七条规定的退票时限,不能退票。

第五十七条 在乘船港退票的时限规定为:

(一)内河航线在客船开航以前;沿海航线在客船规定开航时间2小时以前;

(二)团体票在客船规定开航时间24小时以前。

第五十八条 除本规则另有规定的外,旅客在中途港、到达港和船上不能退票。

第五十九条 包房、包舱、包船的包用人可在规定的时限内要求退包,但应支付退包费。

超过本规则第六十条规定的退包时限,不能退包。

第六十条 退包的时限规定为:

(一)包房、包舱退包,在客船规定开航时间24小时以前;

(二)包船退包,在客船计划开航时间24小时以前。

第六十一条 下列原因造成的退票或退包,承运人不得向旅客收取退票费或退包费:

(一)不可抗力;

(二)承运人或其代理人的责任。

第六十二条 在春运等客运繁忙季节,承运人可以暂停办理退票。

第四章 行李运输合同的履行

第一节 旅客的权利和责任

第六十三条 行李运单是水路行李运输合同成立的证明,行李运单的提单联是旅客提取行李的凭证。

第六十四条 除法律、行政法规限制运输的物品,以及本规则有特别规定不能办理托运的物品外,其他物品均可办理行李托运。

第六十五条 在客船和港口条件允许或行李包装适合运输的情况下,家用电器、精密仪器、玻璃器皿及陶瓷制品等可办理托运。

第六十六条 下列物品不能办理托运:

(一)违禁品或易燃、易爆、有毒、有腐蚀性、有放射性以及有可能危及船上人身和财产安全的其他危险品;

(二)污秽品、易于损坏和污染其他行李和船舶设备的物品;

(三)货币、金银、珠宝、有价证券或其他贵重物品;

(四)活动物、植物;

(五)灵柩、尸体、尸骨。

第六十七条 托运的行李,每件重量不得超过50千克,体积不得超过0.5立方米,长度不得超过2.5米。

第六十八条 托运行李的包装应符合下列条件:

(一)行李的包装应完整、牢固、捆绑结实,适合运输;

(二)旅行包、手提袋和能加锁的箱类,应加锁;

(三)包装外部不拴挂其他物品;

(四)纸箱应有适当的内包装;

(五)易碎品、精密仪器及家用电器,应使用硬质材料包装,内部衬垫密实稳妥,并在明显处标明“不准倒置”等警示标志;

(六)胶片应使用金属容器包装。

第六十九条 旅客应在托运行李的外包装上写明姓名和起讫港名。

第七十条 旅客违反本规则第六十六条规定,致使行李损坏,承运人不负赔偿责任;造成客船及他人的损失时,应由旅客负责赔偿。

第七十一条 旅客遗失行李运单时,如能说明行李的特征和内容,并提出对行李拥有权的有力依据,经承运人确认后,可凭居民身份证并开具收据领取行李,原行李运单即行作废。

旅客遗失行李运单,在提出声明前,如行李已被他人冒领,承运人不负赔偿责任。

第二节 承运人的权利和责任

第七十二条 承运人应提供足够的适合运输的行李舱,将旅客托运的行李及时、安全地运到目的港。

第七十三条 托运的行李,应与旅客同船运送。如来不及办理当班客船的托运手续时,经旅客同意,承运人也可给予办理下一班次客船的托运手续。

第七十四条　承运人对托运的行李,必要时可要求旅客开包查验,符合运输规定时,再办理托运手续,如旅客拒绝查验,则不予承运。

第七十五条　行李承运后至交付前,包装破损或松散时,承运人应负责修补,所需费用由责任方负担。

第七十六条　承运人查出在已经托运的行李中夹有违禁品或易燃、易爆、有毒、有腐蚀性、有放射性以及有可能危及船上人身和财产安全的其他危险品时,除按本规则第五十条规定处理外,对行李的运杂费还应按下列规定处理:

(一)在起运港,运杂费不退;

(二)在船上或卸船港,应加收一次运杂费。

第七十七条　承运人查出托运的行李中夹带易于损坏和污染物品时,应按下列规定办理:

(一)在起运港,立即停止运输,并通知旅客进行处理,运杂费不退;

(二)在船上或卸船港,由承运人采取处理措施,除所需费用由旅客负担外,另加收一次运杂费。

第七十八条　承运的行李未能按规定的时间运到,旅客前来提取时,承运人应在行李运单上加盖"行李未到"戳记,并记录到达后的通知方法,行李到达后,应立即通知旅客。

第七十九条　托运的行李自运到后的第三日起计收保管费。

第八十条　行李在交付时,承运人应会同旅客对行李进行查验,经查验无误后再办理提取手续。

第八十一条　行李自运到之日起 10 天后旅客还未提取时,承运人应尽力查找物主;如超过 60 天仍无人提取时,即确定为无法交付物品。

第八十二条　对无法交付物品,承运人应按下列规定处理:

(一)一般物品,依法申请拍卖或交信托商店作价收购;

(二)没有变卖价值的物品,适当处理;

(三)军用品、危险品、法律和行政法规限制运输的物品、历史文物、机要文件及有价证券等,无偿移交当地主管部门处理。

第八十三条　无法交付物品处理后所得款额,应扣除保管费和处理费用,剩余款额由承运人代为保管 3 个月。在保管期内,旅客要求归还余款时,应出具证明,经确认后方可归还;逾期无人提取时,应上缴国库。

第三节　合同的变更和解除

第八十四条　行李在装船前,旅客要求变更托运,应先解除托运,另行办理托运手续。

第八十五条　行李在装船前,旅客要求解除托运,承运人应将行李运单收回,加盖"变更托运"戳记,退还运杂费,核收行李变更手续费,并自托运之日起计收保管费。

第八十六条　行李装船后,不能办理变更、解除托运手续。如旅客要求由到达港运回原托运港或运至另一港,可委托承运人在到达港代办行李运回或运至另一港的手续,预付第二程运杂费(多退少补),其第一程交付的运杂费不退,并核收代办托运手续费。

第五章　作业合同的履行

第一节　承运人的责任

第八十七条　制订旅客运输计划、客船班期时刻表。

承运人应于每月的二十五日前向港口经营人提供次月客船班期时刻表。

客船班期时刻表一经发布,不得随意改动,确需变更时,应事先与港口经营人联系,并对外发出变更通知。

第八十八条　客船班期时刻表的编制,应考虑到与其他交通工具的衔接,对重点停靠港口,客船的到发时间应便利旅客中转和食宿安排。

第八十九条　客船应按班期时刻表正点运行。

客船因故晚点,应将准确的到港时间及时通知客运站,并按客运站重新对外公布的时间开船。

第九十条　承运人应负责旅客自登上客船(或舷梯)至离船(或舷梯)期间的安全。

承运人对旅客自带行李的安全责任期间同前款规定。

第九十一条　承运人应负责对托运行李自装入客船行李舱至卸出行李舱期间的安全质量。

第九十二条　客船应配合客运站做好客梯、安全网的搭拴工作。由于客梯、安全网搭拴不牢(在客船一边)造成旅客伤亡的,由客船负责。

旅客翻越栏杆(或船舷)下船,造成伤亡的,由客船负责。

第二节　港口经营人的责任

第九十三条　港口经营人应按承运人提供的客船班期时刻表安排客船泊位。

客船靠泊的码头应相对固定。

第九十四条　港口经营人对客船的行李和货物装卸应予优先安排。如遇客船晚点,应尽力压缩客船的停港时间。

客船晚点时,客运站应及时公告。

第九十五条　港口经营人应负责旅客自进入候船室至登上客船(或舷梯)前或自离开客船(或舷梯)至出站期间的安全。

港口经营人对旅客自带行李的安全责任同前款规定。

第九十六条　港口经营人应负责行李自办理托运手续至装入客船行李舱或自客船行李舱卸出至交付旅客期间的安全质量。

第九十七条　客运站应配备旅客上下船客梯和安全网,并负责搭栓工作。

由于客梯和安全网搭拴不牢(在码头、趸船一边)造成旅客伤亡的,由客运站负责。

旅客翻越栏杆(或船舷)上船造成伤亡的,由客运站负责。

第九十八条　旅客上下船应与行李、货物(车辆)装卸作业隔开,不得交叉作业。

第三节　合同的变更和解除

第九十九条　作业合同凡发生下列情况之一者,允许变更或解除,但不能因此损害国家利益和社会公共利益:

(一)当事人双方经协商同意;

(二)由于不可抗力致使合同的全部义务不能履行;

(三)由于另一方在合同约定的期限内没有履行合同。

属于前款第二项或第三项规定的情况的,当事人一方有权通知另一方变更或解除合同。因变更、解除合同使一方遭受损失的,除依法可以免除责任的以外,应由责任方负责赔偿。

当事人一方发生合并或分立时,由合并或分立后的当事人承担或分别承担履行合同的义务,享受应有的权利。

变更或解除作业合同,应采用书面形式。

第一百条　中、长期作业合同的解除,应提前一个月由合同当事人双方协商确定后,合同方可解除。

航次作业合同的解除,应提前一天由合同当事人双方协商确定后,合同方可解除。

第六章　代理业务

第一百零一条　承运人可以将售票及客运业务委托港口经营人或其他代理人办理。

第一百零二条　售票代理的范围:售票及其流量流向统计。

第一百零三条　客运业务代理范围:

(一)办理行李托运和交付手续;

(二)办理退票及包房、包舱退包手续;

(三)其他业务:制作客船航次上客报告单、客位通报;检票、验票、补票、补收运费;危险品查堵及处理;遗失物品、无法交付物品管理;旅客和行李发生意外情况的处理等。

第一百零四条　售票代理人和客运业务代理人,在委托代理权限内,以承运人的名义办理售票和客运有关业务,并按规定收取代理费,不得违反本规则有关规定向旅客收取其他费用。

第一百零五条　承运人和代理人确定代理事项后,应在平等互利、协商一致的原则下签订委托代理合同。

第七章　客运费用

第一节　票价、行李运价

第一百零六条　船票票价根据航区特点、船舶类型、舱室设备等情况,由航运企业制定,报省级以上交通和物价主管部门审批。

第一百零七条　半价票分别按各等级舱室票价的50%计算。

第一百零八条　学生票票价按该航线最低等级票价的50%计算。

第一百零九条　船票票价以元为单位,元以下的尾数进整到元。

第一百一十条　行李运价，由省级以上交通主管部门确定。

第一百一十一条　交通部直属航运企业的行李运价为：

每100千克行李运价，按同航线散席船票基准票价的100%计算。

其他航运企业的行李运价，可参照前款办法制定。

第二节　行李运费的计算

第一百一十二条　行李运费，按行李的计费重量和行李运价计算。

第一百一十三条　行李运费以元为单位，不足1元的尾数按1元进整。

第一百一十四条　行李计费重量按《行李计费重量表》确定。

第一百一十五条　空容器（包括木箱）内放有物品时，如整件实重大于空容器的计费重量，则以整件实重为其计费重量；如空容器的计费重量大于整件实重时，则以空容器的计费重量为其计费重量。

第一百一十六条　行李的计费重量以千克为单位。不足1千克的尾数按1千克进整。

第一百一十七条　行李自带、托运、装卸、搬运等发生的费用，均按计费重量计费。

第一百一十八条　行李运费发生多收或少收时，可在30天内由承运人予以多退少补，逾期不再退补。

第三节　包房、包舱、包船运费的计算

第一百一十九条　包房、包舱运费，按所包客房、客舱的载客定额和其等级舱室票价计算。

第一百二十条　包船运费由以下两部分组成：

（一）客舱部分按所包客船乘客定额和各等级舱室票价计算；

（二）货舱部分按货舱、行李舱、邮件舱的载货定额（行李舱、邮件舱以其容积，按1.133立方米为1定额载重吨换算）和规定的客货轮货运运价计算。

包船期间的调船费和空驶费，分别按调船、空驶里程包船运费的50%计算。

包船因旅客上下船或行李、货物装卸发生的滞留费，由航运企业自行规定。

第四节　客运杂费

第一百二十一条　退票、退包费规定为：

（一）退票费，散席按每人每张每10元票价核收1元，不足10元按10元计算；卧席按每人每张10元票价核收2元，不足10元按10元计算。

（二）包房、包舱的退包费，按包房、包舱运价的10%计算，尾数不足1元的按1元计收。

（三）包船的退包费，在客船计划开航72小时以前退包，为包船运价的10%；在72小时以内，48小时以前退包，为包船运价的20%；在48小时以内、24小时以前退包，为包船运价的30%。

第一百二十二条　其他杂费规定为：

（一）补票、补收运费、发售联运票手续费，每人每票1元；

（二）行李变更手续费，每人每票2元；

（三）送票费、码头票费、寄存费、保管费、自带行李搬运费、行李标签费，由各港航企业制订，报当地物价部门批准。

港航企业不得向旅客收取本条规定费目以外的杂费。

第一百二十三条　补票、补收运费的手续费及行李变更手续费的收入归办理方所得。

退票费全部归承运人所得。

第五节　港口作业费

第一百二十四条　港口作业费按下列规定计算：

（一）港口作业费分两部分：

1.旅客运输作业费，按船票票款（扣除旅客港务费、客运附加费等）的4%计算；

2.行李运输作业费，按行李运费的4%计算，由起运港统一结算，然后按起运港3%、到达港1%解缴。

（二）旅客港务费，每张船票1元；

（三）船舶的港口费用，按交通部或各地港口费收规则的规定计算。

第一百二十五条　托运的行李每装或卸（包括驳运）客船一次每50千克（不足50千克按50千克计算）收费2元。

第六节　代理费

第一百二十六条　售票代理费，按代售船票

票款(扣除旅客港务费、客运附加费)的1%计算。

第一百二十七条 行李托运或交付手续的代理费,分别按托运运费收入的1%计算。

第一百二十八条 超限自带行李收费代理费,按自带行李运费收入的2%计算。

第一百二十九条 其他客运业务代理费,按船票票款(扣除旅客港务费、客运附加费等)的2%计算。

第一百三十条 退票代理费,按退票费的50%计算。

第八章 运输发生意外情况的处理

第一节 客船停止航行的处理

第一百三十一条 由于不可抗力或承运人的责任造成客船停止航行时,承运人对旅客和行李的安排应按下列规定办理:

(一)在乘船(起运)港,退还全部船票票款和行李的运费;

(二)在中途停止航行,旅客要求中止旅行或提取行李时,退还未乘(运)区段的票款或运费;

(三)旅客要求从中途停止航行地点返回原乘船港或将行李运回原起运港,应免费运回,退还全部船票票款或行李运费。如在返回途中旅客要求下船或提取行李时,应将旅客所持船票票价或行李运单运价与自原乘船(起运)港至下船(卸船)港的船票票价或行李运价的差额款退还旅客。

第一百三十二条 由于不可抗力或承运人的责任造成客船停止航行,承运人安排旅客改乘其他客船时所发生的票价差额款,按多退少不补的原则办理。

第二节 旅客发生疾病、伤害或死亡的处理

第一百三十三条 旅客在船上发生疾病或遭受伤害时,客船应尽力照顾和救护,必要时填写客运记录,将旅客移交前方港处理。

第一百三十四条 旅客在船上死亡,客船应填写客运记录,将死亡旅客移交前方港会同公安部门处理。

第一百三十五条 旅客在船上发生病危、伤害、死亡或失踪的,客船填写的客运记录应详细写明当事人的姓名、性别、年龄或特征,通讯地址及有关情况;准确记录事发的时间、地点及经过情况;如实报告客船所采取的措施及结果。

客运记录应取得两人以上的旁证;经过医生治疗的,应附有医生的"诊治记录",并由旅客本人或同行人签字。

第三节 行李事故处理

第一百三十六条 在行李运送期间,发生行李灭失、短少、损坏等情况,承运人或港口经营人应编制行李运输事故记录。

行李运输事故记录必须在交接的当时编制,事后任何一方不得再行要求补编。

第一百三十七条 行李运输事故按其发生情况分为下列四类:

(一)灭失:托运的行李未按规定时间运到,承运人查找时间超过30天仍未找到的,即确定为行李灭失;

(二)短少:件数短少;

(三)损坏:湿损、破损、污损、折损等;

(四)其他。

第一百三十八条 旅客对其托运行李发生事故要求赔偿时,应填写行李赔偿要求书。提出赔偿的时效为旅客在离船或者行李交还或者应当交还之日起15天内,过期不能再要求赔偿。

旅客未按照前款规定及时提交行李赔偿要求书的,除非提出反证,视为已经完整无损地收到行李。

行李交还时,旅客已经会同承运人对行李进行联合检查或者检验的,无需提交行李赔偿要求书。

第一百三十九条 承运人从接到行李的赔偿要求书之日起,应在30天内答复赔偿要求人:

(一)确定承运人或港口经营人不负赔偿责任时,应当填发拒绝赔偿通知书,赔偿要求人提出的单证文件不予退还。

(二)确定承运人或港口经营人应负赔偿责任时,应当填发承认赔偿通知书,赔偿要求人提出的单证文件不予退还。

第四节 赔偿责任

第一百四十条 在本规则第八条、第十一条规定的旅客及其行李的运送期间,因承运人或港口经营人的过失,造成旅客人身伤亡或行李灭失、损坏的,承运人或港口经营人应当负赔偿责任。

旅客的人身伤亡或自带行李的灭失、损坏，是由于客船的沉没、碰撞、搁浅、爆炸、火灾所引起或者是由于客船的缺陷所引起的，承运人除非提出反证，应当视为其有过失。

旅客托运的行李的灭失或损坏、不论由于何种事故引起的，承运人或港口经营人除非提出反证，应当视为其有过失。

对本规则第三十二条规定旅客携带的活动物发生灭失的，按照本条第1、2、3款规定处理。

第一百四十一条　经承运人或港口经营人证明，旅客的人身伤亡，是由于旅客本人的过失或者旅客和承运人或港口经营人的共同过失造成的，可以免除或者相应减轻承运人或港口经营人的赔偿责任。

第一百四十二条　因疾病、自杀、斗殴或犯罪行为而死亡或受伤者，以及非承运人或港口经营人过失造成的失踪者，承运人或港口经营人不承担赔偿责任。

由前款原因所发生的打捞、救助、医疗、通讯及船舶临时停靠港口的费用和一切善后费用，由旅客本人或所在单位或其亲属负担。

第一百四十三条　旅客的行李有下列情况的，承运人或港口经营人不负赔偿责任：

（一）不可抗力造成的损失；

（二）物品本身的自然性质引起的损耗、变质；

（三）本规则第二十九条，第六十六条所规定不准携带或托运的物品发生灭失、损耗、变质。

第一百四十四条　在行李运送期间，因承运人或港口经营人过失造成行李损坏的，承运人或港口经营人应负责整修，如损坏程度已失去原来使用价值，应按规定进行赔偿。

第一百四十五条　承运人或港口经营人对灭失的托运行李赔偿后，还应向旅客退还全部运杂费，并收回行李运单。

灭失的行李，赔偿后又找到的，承运人或港口经营人应通知索赔人前来领取。如索赔人同意领取时，则应撤销赔偿手续，收回赔偿款额和已退还的全部运杂费。

灭失的行李赔偿后部分找到的，可参照本条第2款精神办理。

第一百四十六条　如发现索赔人有以少报多、以次充好等行为时，应追回多赔款额。

第九章　运输、作业合同争议的处理

第一百四十七条　承运人、港口经营人以及旅客在履行水路旅客运输合同、水路行李运输合同以及作业合同中发生纠纷时，应协商解决。协商不成时，可向仲裁机构申请仲裁，也可以直接向人民法院起诉。

第十章　附　　则

第一百四十八条　各省、自治区、直辖市交通主管部门和各水系航务管理部门可根据本规则，结合本地区的实际情况制定补充规定或实施细则，报交通部备案。

第一百四十九条　本规则由交通部负责解释。

第一百五十条　本规则自1996年6月1日起施行。1980年11月1日起施行的《水路旅客运输规则》、《水路旅客运输管理规程》及其有关补充规定同时废止。

国内水路运输管理规定

(中华人民共和国交通运输部令 2014年第2号)

《国内水路运输管理规定》已于2013年12月30日经第14次部务会议通过,现予公布,自2014年3月1日起施行。

部长 杨传堂

2014年1月3日

第一章 总 则

第一条 为规范国内水路运输市场管理,维护水路运输经营活动各方当事人的合法权益,促进水路运输事业健康发展,依据《国内水路运输管理条例》制定本规定。

第二条 国内水路运输管理适用本规定。

本规定所称水路运输,是指始发港、挂靠港和目的港均在中华人民共和国管辖的通航水域内使用船舶从事的经营性旅客运输和货物运输。

第三条 水路运输按照经营区域分为沿海运输和内河运输,按照业务种类分为货物运输和旅客运输。

货物运输分为普通货物运输和危险货物运输。危险货物运输分为包装、散装固体和散装液体危险货物运输。散装液体危险货物运输包括液化气体船运输、化学品船运输、成品油船运输和原油船运输。普通货物运输包含拖航。

旅客运输包括普通客船运输、客货船运输和滚装客船运输。

第四条 交通运输部主管全国水路运输管理工作,并按照本规定具体实施有关水路运输管理工作。

县级以上地方人民政府交通运输主管部门主管本行政区域的水路运输管理工作。县级以上地方人民政府负责水路运输管理的部门或者机构(以下统称水路运输管理部门)具体实施水路运输管理工作。

第二章 水路运输经营者

第五条 申请经营水路运输业务,除个人申请经营内河普通货物运输业务外,申请人应当符合下列条件:

(一)具备企业法人资格。

(二)有明确的经营范围,包括经营区域和业务种类。经营水路旅客班轮运输业务的,还应当有班期、班次以及拟停靠的码头安排等可行的航线营运计划。

(三)有符合本规定要求的船舶,且自有船舶运力应当符合附件1的要求。

(四)有符合本规定要求的海务、机务管理人员。

(五)有符合本规定要求的与其直接订立劳动合同的高级船员。

(六)有健全的安全管理机构及安全管理人员设置制度、安全管理责任制度、安全监督检查制度、事故应急处置制度、岗位安全操作规程等安全管理制度。

第六条 个人只能申请经营内河普通货物运输业务,并应当符合下列条件:

(一)经工商行政管理部门登记的个体工商户;

(二)有符合本规定要求的船舶,且自有船舶运力不超过600总吨;

(三)有安全管理责任制度、安全监督检查制度、事故应急处置制度、岗位安全操作规程等安全管理制度。

第七条 水路运输经营者投入运营的船舶应当符合下列条件:

(一)与水路运输经营者的经营范围相适应。从事旅客运输的,应当使用普通客船、客货船和滚装客船(统称为客船)运输;从事散装液体危险货物运输的，应当使用液化气体船、化学品船、成品油船和原油船（统称为危险品船）运输；从事普通货物运输、包装危险货物运输和散装固体危险货物运输的，可以使用普通货船运输。

（二）持有有效的船舶所有权登记证书、船舶国籍证书、船舶检验证书以及按照相关法律、行政法规规定证明船舶符合安全与防污染和入级检验要求的其他证书。

（三）符合交通运输部关于船型技术标准、船龄以及节能减排的要求。

第八条　除个体工商户外，水路运输经营者应当配备满足下列要求的专职海务、机务管理人员：

（一）海务、机务管理人员数量满足附件 2 的要求；

（二）海务、机务管理人员的从业资历与其经营范围相适应：

1. 经营普通货船运输的，应当具有不低于大副、大管轮的从业资历；

2. 经营客船、危险品船运输的，应当具有船长、轮机长的从业资历。

（三）海务、机务管理人员所具备的业务知识和管理能力与其经营范围相适应，身体条件与其职责要求相适应。

第九条　除个体工商户外，水路运输经营者按照有关规定应当配备的高级船员中，与其直接订立一年以上劳动合同的高级船员的比例应当满足下列要求：

（一）经营普通货船运输的，高级船员的比例不低于 25%；

（二）经营客船、危险品船运输的，高级船员的比例不低于 50%。

第十条　交通运输部具体实施下列水路运输经营许可：

（一）省际客船运输、省际危险品船运输的经营许可；

（二）外商投资企业的经营许可；

（三）国务院国有资产监督管理机构履行出资人职责的水路运输企业及其控股公司的经营许可。

省级人民政府水路运输管理部门具体实施省际普通货船运输的经营许可。省内水路运输经营许可的具体权限由省级人民政府交通运输主管部门决定，向社会公布。但个人从事内河省际、省内普通货物运输的经营许可由设区的市级人民政府水路运输管理部门具体实施。

第十一条　申请经营水路运输业务或者变更水路运输经营范围，应当向其所在地设区的市级人民政府水路运输管理部门提交申请书和证明申请人符合本规定要求的相关材料。

第十二条　受理申请的水路运输管理部门不具有许可权限的，当场核实申请材料中的原件与复印件的内容一致后，在 5 个工作日内提出初步审查意见并将全部申请材料转报至具有许可权限的部门。

第十三条　具有许可权限的部门，对符合条件的，应当在 20 个工作日内作出许可决定，向申请人颁发《国内水路运输经营许可证》，并向其投入运营的船舶配发《船舶营业运输证》。申请经营水路旅客班轮运输业务的，还应当向申请人颁发该班轮航线运营许可证件。不符合条件的，不予许可，并书面通知申请人不予许可的理由。

《国内水路运输经营许可证》和《船舶营业运输证》应当通过全国水路运政管理信息系统核发，并逐步实现行政许可网上办理。

第十四条　除购置或者光租已取得相应水路运输经营资格的船舶外，水路运输经营者新增客船、危险品船运力，应当经其所在地设区的市级人民政府水路运输管理部门向具有许可权限的部门提出申请。

具有许可权限的部门根据运力运量供求情况对新增运力申请予以审查。根据运力供求情况需要对新增运力予以数量限制时，依据经营者的经营规模、管理水平、安全记录、诚信经营记录等情况，公开竞争择优作出许可决定。

水路运输经营者新增普通货船运力，应当在船舶开工建造后 15 个工作日内向所在地设区的市级人民政府水路运输管理部门备案。

第十五条　交通运输部在特定的旅客班轮运输和散装液体危险货物运输航线、水域出现运力供大于求状况，可能影响公平竞争和水路运输安全的情形下，可以决定暂停对特定航线、水域的旅客班轮运输和散装液体危险货物运输新增运力许可。

暂停新增运力许可期间，对暂停范围内的新增运力申请不予许可，对申请投入运营的船舶，不予配发《船舶营业运输证》，但暂停决定生效前已取得新增运力批准且已开工建造、购置或者光租的船舶除外。

第十六条 交通运输部对水路运输市场进行监测,分析水路运输市场运力状况,定期公布监测结果。

对特定的旅客班轮运输和散装液体危险货物运输航线、水域暂停新增运力许可的决定,应当依据水路运输市场监测分析结果作出。

采取暂停新增运力许可的运力调控措施,应当符合公开、公平、公正的原则,在开始实施的60日前向社会公告,说明采取措施的理由以及采取措施的范围、期限等事项。

第十七条 《国内水路运输经营许可证》的有效期为5年。《船舶营业运输证》的有效期按照交通运输部的有关规定确定。水路运输经营者应当在证件有效期届满前的30日内向原许可机关提出换证申请。原许可机关应当依照本规定进行审查,符合条件的,予以换发。

第十八条 发生下列情况后,水路运输经营者应当在15个工作日内以书面形式向原许可机关备案,并提供相关证明材料:

(一)法定代表人或者主要股东发生变化;

(二)固定的办公场所发生变化;

(三)海务、机务管理人员发生变化;

(四)与其直接订立一年以上劳动合同的高级船员的比例发生变化;

(五)经营的船舶发生重大以上安全责任事故;

(六)委托的船舶管理企业发生变更或者委托管理协议发生变化。

第十九条 水路运输经营者终止经营的,应当自终止经营之日起15个工作日内向原许可机关办理注销手续,交回许可证件。

已取得《船舶营业运输证》的船舶报废、转让或者变更经营者,应当自发生上述情况之日起15个工作日内向原许可机关办理《船舶营业运输证》注销、变更手续。

第三章 水路运输经营行为

第二十条 水路运输经营者应当保持相应的经营资质条件,按照《国内水路运输经营许可证》核定的经营范围从事水路运输经营活动。

已取得省际水路运输经营资格的水路运输经营者和船舶,可凭省际水路运输经营资格从事相应种类的省内水路运输,但旅客班轮运输除外。

已取得沿海水路运输经营资格的水路运输经营者和船舶,可在满足航行条件的情况下,凭沿海水路运输经营资格从事相应种类的内河运输。

第二十一条 水路运输经营者不得出租、出借水路运输经营许可证件,或者以其他形式非法转让水路运输经营资格。

第二十二条 从事水路运输的船舶应当随船携带《船舶营业运输证》,不得转让、出租、出借或者涂改。《船舶营业运输证》遗失或者损毁的,应当及时向原配发机关申请补发。

第二十三条 水路运输经营者应该按照《船舶营业运输证》标定的载客定额、载货定额和经营范围从事旅客和货物运输,不得超载。

水路运输经营者使用客货船或者滚装客船载运危险货物时,不得载运旅客,但按照相关规定随船押运货物的人员和滚装车辆的司机除外。

第二十四条 水路运输经营者不得擅自改装客船、危险品船增加载客定额、载货定额或者变更从事散装液体危险货物运输的种类。

第二十五条 水路运输经营者应当使用规范的、符合有关法律法规和交通运输部规定的客票和运输单证。

第二十六条 水路旅客运输业务经营者应当拒绝携带国家规定的危险物品及其他禁止携带的物品的旅客乘船。船舶开航后发现旅客随船携带有危险物品及其他禁止携带的物品的,应当妥善处理,旅客应当予以配合。

第二十七条 水路旅客班轮运输业务经营者应当自取得班轮航线经营许可之日起60日内开航,并在开航的15日前通过媒体并在该航线停靠的各客运站点的明显位置向社会公布所使用的船舶、班期、班次、票价等信息,同时报原许可机关备案。

旅客班轮应当按照公布的班期、班次运行。变更班期、班次、票价的,水路旅客班轮运输业务经营者应当在变更的15日前向社会公布,并报原许可机关备案。停止经营部分或者全部班轮航线的,经营者应当在停止经营的30日前向社会公布,并报原许可机关备案。

第二十八条 水路货物班轮运输业务经营者应当在班轮航线开航的7日前,向社会公布所使用的船舶以及班期、班次和运价，并报原许可机关备案。

货物班轮运输应当按照公布的班期、班次运行；变更班期、班次、运价或者停止经营部分或者全部班轮航线的，水路货物班轮运输业务经营者应当在变更或者停止经营的7日前向社会公布，并报原许可机关备案。

第二十九条　水路旅客运输业务经营者应当以公布的票价销售客票，不得对相同条件的旅客实施不同的票价，不得以搭售、现金返还、加价等不正当方式变相变更公布的票价并获取不正当利益，不得低于客票载明的舱室或者席位等级安排旅客。

第三十条　水路运输经营者从事水路运输经营活动，应当依法经营，诚实守信，禁止以不合理的运价或者其他不正当方式、不规范行为争抢客源、货源及提供运输服务。

水路旅客运输业务经营者为招揽旅客发布信息，必须真实、准确，不得进行虚假宣传，误导旅客，对其在经营活动中知悉的旅客个人信息，应当予以保密。

第三十一条　水路旅客运输业务经营者应当就运输服务中的下列事项，以明示的方式向旅客作出说明或者警示：

（一）不适宜乘坐客船的群体；

（二）正确使用相关设施、设备的方法；

（三）必要的安全防范和应急措施；

（四）未向旅客开放的经营、服务场所和设施、设备；

（五）可能危及旅客人身、财产安全的其他情形。

第三十二条　水路运输经营者应当依照法律、行政法规和国家有关规定，优先运送处置突发事件所需物资、设备、工具、应急救援人员和受到突发事件危害的人员，重点保障紧急、重要的军事运输。

水路运输经营者应当服从交通运输主管部门对关系国计民生物资紧急运输的统一组织协调，按照要求优先、及时运输。

水路运输经营者应当按照交通运输主管部门的要求建立运输保障预案，并建立应急运输、军事运输和紧急运输的运力储备。

第三十三条　水路运输经营者应当按照国家统计规定报送运输经营统计信息。

第四章　外商投资企业和外国籍船舶的特别规定

第三十四条　外商投资企业申请从事水路运输，除满足本规定第五条规定的经营资质条件外，还应当符合下列条件：

（一）拟经营的范围内，国内水路运输经营者无法满足需求；

（二）应当具有经营水路运输业务的良好业绩和运营记录。

第三十五条　交通运输部可以根据国内水路运输实际情况，决定是否准许外商投资企业经营国内水路运输。

经批准取得水路运输经营许可的外商投资企业外方投资者或者外方投资股比等事项发生变化的，应当报原许可机关批准。原许可机关发现外商投资企业不再符合本规定要求的，应当撤销其水路运输经营资质。

第三十六条　符合下列情形并经交通运输部批准，水路运输经营者可以租用外国籍船舶在中华人民共和国港口之间从事不超过两个连续航次或者期限为30日的临时运输：

（一）没有满足所申请的运输要求的中国籍船舶；

（二）停靠的港口或者水域为对外开放的港口或者水域。

第三十七条　租用外国籍船舶从事临时运输的水路运输经营者，应当向交通运输部提交申请书、运输合同、拟使用的外籍船舶及船舶登记证书、船舶检验证书等相关证书和能够证明符合本规定情形的相关材料。申请书应当说明申请事由、承运的货物、运输航次或者期限、停靠港口。

交通运输部应当自受理申请之日起20个工作日内，对申请事项进行审核。对符合规定条件的，作出许可决定并且颁发许可文件；对不符合条件的，不予许可，并书面通知申请人不予许可的理由。

第三十八条　临时从事水路运输的外国籍船舶，应当遵守水路运输管理的有关规定，按照批准的范围和期限进行运输。

第五章 监督检查

第三十九条 交通运输部和水路运输管理部门依照有关法律、法规和本规定对水路运输市场实施监督检查。

第四十条 对水路运输市场实施监督检查，可以采取下列措施:

(一)向水路运输经营者了解情况，要求其提供有关凭证、文件及其他相关材料。

(二)对涉嫌违法的合同、票据、账簿以及其他资料进行查阅、复制。

(三)进入水路运输经营者从事经营活动的场所、船舶实地了解情况。

水路运输经营者应当配合监督检查，如实提供有关凭证、文件及其他相关资料。

第四十一条 水路运输管理部门对水路运输市场依法实施监督检查中知悉的被检查单位的商业秘密和个人信息应当依法保密。

第四十二条 实施现场监督检查的，应当当场记录监督检查的时间、内容、结果，并与被检查单位或者个人共同签署名章。被检查单位或者个人不签署名章的，监督检查人员对不签署的情形及理由应当予以注明。

第四十三条 水路运输管理部门在监督检查中发现水路运输经营者不符合本规定要求的经营资质条件的，应当责令其限期整改，并在整改期限结束后对该经营者整改情况进行复查，并作出整改是否合格的结论。

对运力规模达不到经营资质条件的整改期限最长不超过6个月，其他情形的整改期限最长不超过3个月。水路运输经营者在整改期间已开工建造但尚未竣工的船舶可以计入自有船舶运力。

第四十四条 水路运输管理部门应当建立健全水路运输市场诚信监督管理机制和服务质量评价体系，建立水路运输经营者诚信档案，记录水路运输经营者及从业人员的诚信信息，定期向社会公布监督检查结果和经营者的诚信档案。

水路运输管理部门应当建立水路运输违法经营行为社会监督机制，公布投诉举报电话、邮箱等，及时处理投诉举报信息。

水路运输管理部门应当将监督检查中发现或者受理投诉举报的经营者违法违规行为及处理情况、安全责任事故情况等记入诚信档案。违法违规情节严重可能影响经营资质条件的，对经营者给予提示性警告。不符合经营资质条件的，按照本规定第四十三条的规定处理。

第四十五条 水路运输管理部门应当与当地海事管理机构建立联系机制，按照《国内水路运输管理条例》的要求，做好《船舶营业运输证》查验处理衔接工作，及时将本行政区域内水路运输经营者的经营资质保持情况通报当地海事管理机构。

海事管理机构应当将有关水路运输船舶重大以上安全事故情况及结论意见及时书面通知该船舶经营者所在地设区的市级人民政府水路运输管理部门。水路运输管理部门应当将其纳入水路运输经营者诚信档案。

第六章 法律责任

第四十六条 水路运输经营者未按照本规定要求配备海务、机务管理人员的，由其所在地县级以上人民政府水路运输管理部门责令改正，处1万元以上3万元以下的罚款。

第四十七条 水路运输经营者或其船舶在规定期限内，经整改仍不符合本规定要求的经营资质条件的，由其所在地县级以上人民政府水路运输管理部门报原许可机关撤销其经营许可或者船舶营运证件。

第四十八条 从事水路运输经营的船舶超出《船舶营业运输证》核定的经营范围，或者擅自改装客船、危险品船增加《船舶营业运输证》核定的载客定额、载货定额或者变更从事散装液体危险货物运输种类的，按照《国内水路运输管理条例》第三十四条第一款的规定予以处罚。

第四十九条 水路运输经营者违反本规定，有下列行为之一的，由其所在地县级以上人民政府水路运输管理部门责令改正，处2000元以上1万元以下的罚款;一年内累计三次以上违反的，处1万元以上3万元以下的罚款:

(一)未履行备案义务;

(二)未以公布的票价或者变相变更公布的票价销售客票;

(三)进行虚假宣传，误导旅客或者托运人;

(四)以不正当方式或者不规范行为争抢客源、货源及提供运输服务扰乱市场秩序;

(五)使用的运输单证不符合有关规定。

第五十条　水路运输经营者拒绝管理部门根据本规定进行的监督检查或者隐匿有关资料或瞒报、谎报有关情况的，由其所在地县级以上人民政府水路运输管理部门予以警告，并处2000元以上1万元以下的罚款。

第五十一条　违反本规定的其他规定应当进行处罚的，按照《国内水路运输管理条例》执行。

第七章　附　　则

第五十二条　本规定下列用语的定义：

（一）自有船舶，是指水路运输经营者将船舶所有权登记为该经营者且归属该经营者的所有权份额不低于51%的船舶。

（二）班轮运输，是指在固定港口之间按照预定的船期向公众提供旅客、货物运输服务的经营活动。

第五十三条　依法设立的水路运输行业组织可以依照法律、行政法规和章程的规定，制定行业经营规范和服务标准，组织开展职业道德教育和业务培训，对其会员的经营行为和服务质量进行自律性管理。

水路运输行业组织可以建立行业诚信监督、约束机制，提高行业诚信水平。对守法经营、诚实信用的会员以及从业人员，可以给予表彰、奖励。

第五十四条　经营内地与香港特别行政区、澳门特别行政区，以及大陆地区与台湾地区之间的水路运输，不适用于本规定。

在香港特别行政区、澳门特别行政区进行船籍登记的船舶临时从事内地港口之间的运输，在台湾地区进行船籍登记的船舶临时从事大陆港口之间的运输，参照适用本规定关于外国籍船舶的有关规定。

第五十五条　载客12人以下的客船运输、乡镇客运渡船运输以及与外界不通航的公园、封闭性风景区内的水上旅客运输不适用本规定。

第五十六条　本规定自2014年3月1日起施行。2008年5月26日交通运输部以交通运输部令2008年第2号公布的《国内水路运输经营资质管理规定》、1987年9月22日交通部以(87)交河字680号文公布、1998年3月6日以交水发〔1998〕107号文修改、2009年6月4日交通运输部以交通运输部令2009年第6号修改的《水路运输管理条例实施细则》、1990年9月28日交通部以交通部令1990年第22号公布、2009年交通运输部令2009年第7号修改的《水路运输违章处罚规定》同时废止。

国内水路运输辅助业管理规定

（中华人民共和国交通运输部令　2014年第3号）

《国内水路运输辅助业管理规定》已于2013年12月30日经第14次部务会议通过，现予公布，自2014年3月1日起施行。

部长　杨传堂

2014年1月2日

第一章　总　　则

第一条　为规范国内水路运输辅助业务经营行为，维护水路运输市场秩序，促进水路运输事业健康发展，依据《国内水路运输管理条例》制定本规定。

第二条　国内水路运输辅助业务管理适用本规定。

本规定所称水路运输辅助业务，包括船舶管理、船舶代理、水路旅客运输代理、水路货物运输代理等水路运输辅助性业务经营活动。

第三条　交通运输部主管全国水路运输辅助业务管理工作。

县级以上人民政府交通运输主管部门主管本行政区域内的水路运输辅助业务管理工作。县级以上人民政府负责水路运输管理的部门或者机构(以下统称水路运输管理部门)具体实施水路运输辅助业务管理工作。

第四条 经营水路运输辅助业务,应当守法经营、公平竞争、诚实守信。

第二章 水路运输辅助业务经营者

第五条 申请经营船舶管理业务,申请人应当符合下列条件:

(一)具备企业法人资格;

(二)有符合本规定要求的海务、机务管理人员;

(三)有健全的安全管理机构和安全管理人员设置制度、安全管理责任制度、安全监督检查制度、事故应急处置制度、岗位安全操作规程等安全管理制度,以及与其申请管理的船舶种类相适应的船舶安全与防污染管理体系;

(四)法律、行政法规规定的其他条件。

第六条 船舶管理业务经营者应当配备满足下列要求的专职海务、机务管理人员:

(一)船舶管理业务经营者应当至少配备海务、机务管理人员各1人,配备的具体数量应当符合附件规定的要求;

(二)海务、机务管理人员的从业资历与其经营范围相适应,具有与管理的船舶种类和航区相对应的船长、轮机长的从业资历;

(三)海务、机务管理人员所具备的船舶安全管理、船舶设备管理、航海保障、应急处置等业务知识和管理能力与其经营范围相适应,身体条件与其职责要求相适应。

第七条 申请经营船舶管理业务或者变更船舶管理业务经营范围,应当向其所在地设区的市级人民政府水路运输管理部门提交申请书和证明申请人符合本规定要求的相关材料。

第八条 设区的市级人民政府水路运输管理部门收到申请后,应当依法核实或者要求申请人补正材料。并在受理申请之日起5个工作日内提出初步审查意见并将全部申请材料转报至省级人民政府水路运输管理部门。

省级人民政府水路运输管理部门应当依法对申请者的经营资质条件进行审查。符合条件的,应当在20个工作日内作出许可决定,向申请人颁发《国内船舶管理业务经营许可证》;不符合条件的,不予许可,并书面通知申请人不予许可的理由。

《国内船舶管理业务经营许可证》应当通过全国水路运政管理信息系统核发,并逐步实现行政许可网上办理。

第九条 《国内船舶管理业务经营许可证》的有效期为5年。船舶管理业务经营者应当在证件有效期届满前的30日内向原许可机关提出换证申请。原许可机关应当依照本规定进行审查,符合条件的,予以换发。

第十条 发生下列情况后,船舶管理业务经营者应当在15个工作日内以书面形式向原许可机关备案,并提供相关证明材料:

(一)法定代表人或者主要股东发生变化;

(二)固定的办公场所发生变化;

(三)海务、机务管理人员发生变化;

(四)管理的船舶发生重大以上安全责任事故;

(五)接受管理的船舶或者委托管理协议发生变化。

第十一条 船舶管理业务经营者终止经营的,应当自终止经营之日起15个工作日内向原许可机关办理注销手续,交回许可证件。

第十二条 从事船舶代理、水路旅客运输代理、水路货物运输代理业务,应当自工商行政管理部门准予设立登记之日起15个工作日内,向其所在地设区的市级人民政府水路运输管理部门办理备案手续,并递交下列材料:

(一)备案申请表;

(二)《企业法人营业执照》复印件;

(三)法定代表人身份证明材料。

设区的市级人民政府水路运输管理部门应当建立档案,及时向社会公布备案情况。

第十三条 从事船舶代理、水路旅客运输代理、水路货物运输代理业务经营者的名称、固定办公场所及联系方式、法定代表人、经营范围等事项发生变更或者终止经营的,应当在变更或者终止经营之日起15个工作日内办理变更备案。

第三章 水路运输辅助业务经营活动

第十四条 船舶管理业务经营者应当保持相应的经营资质条件,按照《国内船舶管理业务经营许可证》核定的经营范围从事船舶管理业务。

第十五条　船舶管理业务经营者不得出租、出借船舶管理业务经营许可证件，或者以其他形式非法转让船舶管理业务经营资格。

第十六条　船舶管理业务经营者接受委托提供船舶管理服务，应当与委托人订立书面协议，载明委托双方当事人的权利义务。

船舶管理业务经营者应当将船舶管理协议报其所在地和船籍港所在地县级以上人民政府水路运输管理部门备案。

第十七条　船舶管理业务经营者应当按照国家有关规定和船舶管理协议约定，负责船舶的海务、机务和安全与防污染管理。

船舶管理业务经营者应当保持安全和防污染管理体系的有效性，履行有关船舶安全与防污染管理义务。

船舶管理经营业务经营者，应当委派其海务、机务管理人员定期登船检查船舶的安全技术性能、船员操作技能等情况，并在航海日志上作相应记录。普通货船的检查间隔不长于 6 个月，客船和危险品船的检查间隔不长于 3 个月。

第十八条　船舶管理业务经营者应当在船舶发生安全和污染责任事故的 3 个工作日内，将事故情况向其所在地县级以上人民政府水路运输管理部门报告。在事故调查部门查明事故原因后的 5 个工作日内，将事故调查的结论性意见向其所在地县级以上人民政府水路运输管理部门书面报告。

第十九条　船舶代理、水路旅客运输代理、水路货物运输代理业务经营者接受委托提供代理服务，应当与委托人订立书面合同，按照国家有关规定和合同约定办理代理业务。

第二十条　港口经营人不得为船舶所有人、经营人以及货物托运人、收货人指定水路运输辅助业务经营者，提供船舶、水路货物运输代理等服务。

第二十一条　港口经营人应当接受船舶所有人、经营人以及货物托运人、收货人自行办理船舶或者货物进出港口手续，并给予便利。

第二十二条　水路运输辅助业务经营者不得有以下行为：

（一）以承运人的身份从事水路运输经营活动；

（二）为未依法取得水路运输业务经营许可或者超越许可范围的经营者提供水路运输辅助服务；

（三）未订立书面合同、强行代理或者代办业务；

（四）滥用优势地位，限制委托人选择其他代理或者船舶管理服务提供者；

（五）发布虚假信息招揽业务；

（六）以不正当方式或者不规范行为提供其他水路运输辅助服务，扰乱市场秩序；

（七）法律、行政法规禁止的其他行为。

第二十三条　水路旅客运输代理业务经营者应当在售票场所和售票网站的明显位置公布船舶、班期、班次、票价等信息。

水路旅客运输代理业务经营者应当以水路旅客运输业务经营者公布的票价销售客票，不得对相同条件的旅客实施不同的票价，不得以搭售、现金返还、加价等不正当方式变相变更公布的票价并获取不正当利益。

第二十四条　水路运输辅助业务经营者应当使用规范的、符合有关法律法规和交通运输部规定的客票和运输单证。

第二十五条　水路运输辅助业务经营者开展业务活动应当建立业务记录和管理台账，按照规定报送统计信息。

第二十六条　水路运输辅助业务经营者对其在经营活动中知悉的商业秘密和个人信息，应当予以保密。

第四章　监督管理

第二十七条　交通运输部和水路运输管理部门应当依照有关法律、法规和本规定对水路运输辅助业务经营活动和经营资质实施监督管理。

第二十八条　对水路运输辅助业实施监督检查，可以采取下列措施：

（一）向水路运输辅助业务经营者了解情况，要求提供有关凭证、文件及其他相关材料；

（二）对涉嫌违法的合同、票据、账簿以及其他资料进行查阅、复制；

（三）进入水路运输辅助业务经营者从事经营活动的场所实地了解情况。

水路运输辅助业务经营者应当配合监督检查，如实提供有关凭证、文件及其他相关资料。

第二十九条 水路运输管理部门在监督检查中,对知悉的被检查单位的商业秘密和个人信息应当依法保密。

第三十条 实施现场监督检查的,应当当场记录监督检查的时间、内容、结果,并与被检查单位或者个人共同签署名章。被检查单位或者个人不签署名章的,监督检查人员对不签署的情形及理由应当予以注明。

第三十一条 水路运输管理部门在监督检查中发现船舶管理业务经营者不符合本规定要求的经营资质条件的,应当责令其限期整改,整改期限最长不超过3个月,并在整改期限结束后对该经营者整改情况进行复查,并作出整改是否合格的结论。

第三十二条 水路运输管理部门应当建立健全水路运输辅助业务经营者诚信监督管理机制和服务质量评价体系,建立水路运输辅助业务经营者诚信档案,记录水路运输辅助业务经营者及从业人员的诚信信息,定期向社会公布监督检查结果和经营者的诚信档案。

水路运输管理部门应当建立水路运输辅助业违法经营行为社会监督机制,公布投诉举报电话、邮箱等,及时处理投诉举报信息。

水路运输管理部门应当将监督检查中发现或者受理投诉举报的经营者违法违规行为及处理情况、安全责任事故情况等记入诚信档案。违法违规情节严重的,对经营者给予提示性警告。船舶管理业务经营者不符合经营资质条件的,按照本规定第三十一条的规定处理。

第三十三条 水路运输管理部门应当与当地海事管理机构建立联系机制,及时将本行政区域内船舶管理业务经营者的经营资质保持情况通报当地海事管理机构。

海事管理机构应当将有关船舶管理业务经营者管理的船舶发生重大以上安全事故情况及结论意见、重大违法违规、未履行或者未完全履行安全管理责任等安全管理相关情况及时书面通知该船舶管理经营者所在地设区的市级人民政府水路运输管理部门。所在地水路运输管理部门应当将其纳入船舶管理业务经营者诚信档案。

第五章 法律责任

第三十四条 船舶管理业务经营者未按照本规定要求配备相应海务、机务管理人员的,由其所在地县级以上人民政府水路运输管理部门责令改正,处1万元以上3万元以下的罚款。

第三十五条 船舶管理业务经营者与委托人订立虚假协议或者名义上接受委托实际不承担船舶海务、机务管理责任的,由经营者所在地县级以上人民政府水路运输管理部门责令改正,并按《国内水路运输管理条例》第三十七条关于非法转让船舶管理业务经营资格的有关规定进行处罚。

第三十六条 水路运输辅助业务经营者违反本规定,有下列行为之一的,由其所在地县级以上人民政府水路运输管理部门责令改正,处2000元以上1万元以下的罚款;一年内累计三次以上违反本规定的,处1万元以上3万元以下的罚款:

(一)未履行备案或者报告义务;

(二)为未依法取得水路运输业务经营许可或者超越许可范围的经营者提供水路运输辅助服务;

(三)与船舶所有人、经营人、承租人未订立船舶管理协议或者协议未对船舶海务、机务管理责任做出明确规定;

(四)未订立书面合同、强行代理或者代办业务;

(五)滥用优势地位,限制委托人选择其他代理或者船舶管理服务提供者;

(六)进行虚假宣传,误导旅客或者委托人;

(七)以不正当方式或者不规范行为争抢客源、货源及提供其他水路运输辅助服务,扰乱市场秩序;

(八)未在售票场所和售票网站的明显位置公布船舶、班期、班次、票价等信息;

(九)未以公布的票价或者变相变更公布的票价销售客票;

(十)使用的运输单证不符合有关规定;

(十一)未建立业务记录和管理台账。

第三十七条 水路运输辅助业务经营者拒绝管理部门根据本规定进行的监督检查、隐匿有关资料或者瞒报、谎报有关情况的,由其所在地县级以上人民政府水路运输管理部门责令改正,拒不改正的处2000元以上1万元以下的罚款。

第三十八条 港口经营人为船舶所有人、经营人以及货物托运人、收货人指定水路运输辅助业务经营者，提供船舶、水路货物运输代理等服务的，由其所在地县级以上人民政府水路运输管理部门责令改正，拒不改正的处1万元以上3万元以下的罚款。

第三十九条　违反本规定的其他规定应当进行处罚的，按照《国内水路运输管理条例》执行。

第六章　附　　则

第四十条　依法设立的水路运输辅助业务行业组织可以依照法律、行政法规和章程的规定，制定水路运输辅助业经营规范和服务标准，组织开展职业道德教育和业务培训，对其会员的经营行为和服务质量进行自律性管理。

水路运输辅助业务行业组织可以建立行业诚信监督、约束机制，提高行业诚信水平。对守法经营、诚实信用的会员以及从业人员，可以给予表彰、奖励。

第四十一条　本规定自2014年3月1日起施行。2009年4月20日交通运输部以交通运输部令2009年第5号发布的《中华人民共和国水路运输服务业管理规定》和2009年1月5日交通运输部以交通运输部令2009年第1号发布的《国内船舶管理业规定》同时废止。

关于修改《外商投资道路运输业管理规定》的决定

（中华人民共和国交通运输部令　2014年第4号）

《关于修改〈外商投资道路运输业管理规定〉的决定》已于2013年12月16日经交通运输部第13次部务会议通过，现予公布，自2014年1月11日起施行。

部长　杨传堂

2014年1月11日

关于修改《外商投资道路运输业管理规定》的决定

交通运输部、商务部决定对《外商投资道路运输业管理规定》（交通部、对外经济贸易合作部令2001年第9号）作如下修改：

一、将条文中所有“交通主管部门”统一修改为“交通运输主管部门”，所有“对外贸易经济主管部门”统一修改为“商务主管部门”，将第四条、第十四条、第十八条中“国务院交通主管部门”修改为“省级交通运输主管部门”，将第四条中“国务院对外贸易经济主管部门”修改为“省级商务主管部门”，将第十八条中“对外贸易经济部门或其授权部门”修改为“商务主管部门”。

二、删除第九条第（二）项，将第（三）项修改为第(二)项,将“国务院交通主管部门”修改为“省级交通运输主管部门”。

三、将第十一条修改为“省级商务主管部门收到申请材料后,在45日内作出是否批准的书面决定。符合规定的,颁发或者变更外商投资企业批准证书;不符合规定的,退回申请,书面通知申请人并说明理由。”

四、将第十七条修改为“申请延长经营期限的外商投资道路运输企业,应当在经营期满6个月前向企业所在地的省级交通运输主管部门提出申请,并上报企业经营资质(质量信誉)考核记录等有关材料,由省级交通运输主管部门商商务主管部门后批复。”

五、在第十九条后增加一条作为第二十条:“省级交通运输主管部门应当于每年3月31日前将本省上年度外商投资审批情况报交通运输部。”

此外,对条文的顺序作相应的调整和修改。

本决定自2014年1月11日起施行。

《外商投资道路运输业管理规定》根据本决定作相应的修改,重新发布。

外商投资道路运输业管理规定

(2001年11月20日交通部、外贸部发布根据2014年1月11日交通运输部、商务部《关于修改〈外商投资道路运输业管理规定〉的决定》修正)

第一条 为促进道路运输业的对外开放和健康发展,规范外商投资道路运输业的审批管理,根据《中华人民共和国中外合资经营企业法》《中华人民共和国中外合作经营企业法》《中华人民共和国外资企业法》以及有关法律、行政法规的规定,制定本规定。

第二条 外商在中华人民共和国境内投资道路运输业适用本规定。

本规定所称道路运输业包括道路旅客运输、道路货物运输、道路货物搬运装卸、道路货物仓储和其他与道路运输相关的辅助性服务及车辆维修。

第三条 允许外商采用以下形式投资经营道路运输业:

(一)采用中外合资形式投资经营道路旅客运输;

(二)采用中外合资、中外合作形式投资经营道路货物运输、道路货物搬运装卸、道路货物仓储和其他与道路运输相关的辅助性服务及车辆维修。

(三)采用独资形式投资经营道路货物运输、道路货物搬运装卸、道路货物仓储和其他与道路运输相关的辅助性服务及车辆维修。

本条第(三)项所列道路运输业务对外开放时间由国务院商务主管部门和交通运输主管部门另行公布。

第四条 外商投资道路运输业的立项及相关事项应当经省级交通运输主管部门批准。

外商投资设立道路运输企业的合同和章程应当经省级商务主管部门批准。

第五条 外商投资道路运输业应当符合国务院交通运输主管部门制定的道路运输发展政策和企业资质条件,并符合拟设立外商投资道路运输企业所在地的交通运输主管部门制定的道路运输业发展规划的要求。

投资各方应当以自有资产投资并具有良好的信誉。

第六条 外商投资从事道路旅客运输业务,还应当符合以下条件:

(一)主要投资者中至少一方必须是在中国境内从事5年以上道路旅客运输业务的企业;

(二)外资股份比例不得多于49%;

(三)企业注册资本的50%用于客运基础设施的建设与改造;

(四)投放的车辆应当是中级及以上的客车。

第七条 设立外商投资道路运输企业,应当

向拟设企业所在地的市(设区的市,下同)级交通运输主管部门提出立项申请,并提交以下材料:

(一)申请书,内容包括投资总额、注册资本和经营范围、规模、期限等;

(二)项目建议书;

(三)投资者的法律证明文件;

(四)投资者资信证明;

(五)投资者以土地使用权、设施和设备等投资的,应提供有效的资产评估证明;

(六)审批机关要求的其他材料;

拟设立中外合资、中外合作企业,除应当提交上述材料以外,还应当提交合作意向书;

提交的外文资料须同时附中文翻译件。

第八条　外商投资企业扩大经营范围从事道路运输业,外商投资道路运输企业扩大经营范围或者扩大经营规模超出原核定标准的,外商投资道路运输企业拟合并、分立、迁移和变更投资主体、注册资本、投资股比,应由该企业向其所在地的市级交通运输主管部门提出变更申请并提交以下材料:

(一)申请书;

(二)企业法人营业执照复印件;

(三)外商投资企业批准证书复印件;

(四)外商投资企业立项批件复印件;

(五)资信证明。

第九条　交通运输主管部门按下列程序对外商投资道路运输业立项和变更申请进行审核和审批:

(一)市级交通运输主管部门自收到申请材料之日起15个工作日内,依据本规定提出初审意见,并将初审意见和申请材料报省级交通运输主管部门;

(二)省级交通运输主管部门自收到前项材料之日起30个工作日内,对申请材料进行审核。符合规定的,颁发立项批件或者变更批件;不符合规定的,退回申请,书面通知申请人并说明理由。

第十条　申请人收到批件后,应当在30日内持批件和以下材料向省级商务主管部门申请颁发或者变更外商投资企业批准证书:

(一)申请书;

(二)可行性研究报告;

(三)合同、章程(外商独资道路运输企业只需提供章程);

(四)董事会成员及主要管理人员名单及简历;

(五)工商行政管理部门出具的企业名称预核准通知书;

(六)投资者所在国或地区的法律证明文件及资信证明文件;

(七)审批机关要求的其他材料。

第十一条　省级商务主管部门收到申请材料后,在45日内作出是否批准的书面决定。符合规定的,颁发或者变更外商投资企业批准证书;不符合规定的,退回申请,书面通知申请人并说明理由。

第十二条　申请人在收到外商投资企业批准证书后,应当在30日内持立项批件和批准证书向拟设立企业所在地省级交通运输主管部门申请领取道路运输经营许可证,并依法办理工商登记后,方可按核定的经营范围从事道路运输经营活动。

第十三条　申请人收到变更的外商投资企业批准证书后,应当在30日内持变更批件、变更的外商投资企业批准证书和其他相关的申请材料向省级交通运输主管部门和工商行政管理部门办理相应的变更手续。

第十四条　申请人在办理完有关手续后,应将企业法人营业执照、外商投资企业批准证书以及道路运输经营许可证影印件报省级交通运输主管部门备案。

第十五条　取得外商投资道路运输业立项批件后18个月内未完成工商注册登记手续的,立项批件自行失效。

第十六条　外商投资道路运输企业的经营期限一般不超过12年。但投资额中有50%以上的资金用于客货运输站场基础设施建设的,经营期限可为20年。

经营业务符合道路运输产业政策和发展规划,并且经营资质(质量信誉)考核合格的外商投资道路运输企业,经原审批机关批准,可以申请延长经营期限,每次延长的经营期限不超过20年。

第十七条　申请延长经营期限的外商投资道路运输企业,应当在经营期满6个月前向企业所在地的省级交通运输主管部门提出申请,并上报企业经营资质(质量信誉)考核记录等有关材料,由省级交通运输主管部门商商务主管部门后批复。

第十八条　外商投资道路运输企业停业、歇业或终止,应当及时到省级交通运输主管部门、商务主管部门和工商行政管理部门办理相关手续。

第十九条 香港特别行政区、澳门特别行政区和台湾省的投资者以及海外华侨在中国内地投资道路运输业参照适用本规定。

第二十条 省级交通运输主管部门应当于每年3月31日前将本省上年度外商投资审批情况报交通运输部。

第二十一条 本规定自2001年11月20日起施行。交通部1993年颁布的《中华人民共和国交通部外商投资道路运输业立项审批暂行规定》(交运发〔1993〕1178号)同时废止。

道路运输车辆动态监督管理办法

（中华人民共和国交通运输部　中华人民共和国公安部
国家安全生产监督管理总局令　2014年第5号）

《道路运输车辆动态监督管理办法》已于2013年12月16日经交通运输部第13次部务会议通过,现予公布,自2014年7月1日起施行。

部长　杨传堂
部长　郭声琨
局长　杨栋梁
2014年1月28日

第一章　总　　则

第一条 为加强道路运输车辆动态监督管理,预防和减少道路交通事故,依据《中华人民共和国安全生产法》、《中华人民共和国道路交通安全法实施条例》、《中华人民共和国道路运输条例》等有关法律法规,制定本办法。

第二条 道路运输车辆安装、使用具有行驶记录功能的卫星定位装置(以下简称卫星定位装置)以及相关安全监督管理活动,适用本办法。

第三条 本办法所称道路运输车辆,包括用于公路营运的载客汽车、危险货物运输车辆、半挂牵引车以及重型载货汽车(总质量为12吨及以上的普通货运车辆)。

第四条 道路运输车辆动态监督管理应当遵循企业监控、政府监管、联网联控的原则。

第五条 道路运输管理机构、公安机关交通管理部门、安全监管部门依据法定职责,对道路运输车辆动态监控工作实施联合监督管理。

第二章　系统建设

第六条 道路运输车辆卫星定位系统平台应当符合以下标准要求:

(一)《道路运输车辆卫星定位系统平台技术要求》(JT/T 796);

(二)《道路运输车辆卫星定位系统终端通讯协议及数据格式》(JT/T 808);

(三)《道路运输车辆卫星定位系统平台数据交换》(JT/T 809)。

第七条 在道路运输车辆上安装的卫星定位装置应符合以下标准要求:

(一)《道路运输车辆卫星定位系统车载终端技术要求》(JT/T 794);

(二)《道路运输车辆卫星定位系统终端通讯协议及数据格式》(JT/T 808);

(三)《机动车运行安全技术条件》(GB7258);

(四)《汽车行驶记录仪》(GB/T 19056)。

第八条 道路运输车辆卫星定位系统平台和车载终端应当通过有关专业机构的标准符合性技术审查。对通过标准符合性技术审查的系统平台和车载终端,由交通运输部发布公告。

第九条 道路旅客运输企业、道路危险货物运输企业和拥有50辆及以上重型载货汽车或者牵引车的道路货物运输企业应当按照标准建设道路运输车辆动态监控平台，或者使用符合条件的社会化卫星定位系统监控平台（以下统称监控平台），对所属道路运输车辆和驾驶员运行过程进行实时监控和管理。

第十条　道路运输企业新建或者变更监控平台，在投入使用前应当通过有关专业机构的系统平台标准符合性技术审查，并向原发放《道路运输经营许可证》的道路运输管理机构备案。

第十一条　提供道路运输车辆动态监控社会化服务的，应当向省级道路运输管理机构备案，并提供以下材料：

（一）组织机构代码证、营业执照；

（二）服务格式条款、服务承诺；

（三）履行服务能力的相关证明材料；

（四）通过系统平台标准符合性技术审查的证明材料。

第十二条　旅游客车、包车客车、三类以上班线客车和危险货物运输车辆在出厂前应当安装符合标准的卫星定位装置。重型载货汽车和半挂牵引车在出厂前应当安装符合标准的卫星定位装置，并接入全国道路货运车辆公共监管与服务平台（以下简称道路货运车辆公共平台）。

车辆制造企业为道路运输车辆安装符合标准的卫星定位装置后，应当随车附带相关安装证明材料。

第十三条　道路运输经营者应当选购安装符合标准的卫星定位装置的车辆，并接入符合要求的监控平台。

第十四条　道路运输企业应当在监控平台中完整、准确地录入所属道路运输车辆和驾驶人员的基础资料等信息，并及时更新。

第十五条　道路旅客运输企业和道路危险货物运输企业监控平台应当接入全国重点营运车辆联网联控系统（以下简称联网联控系统），并按照要求将车辆行驶的动态信息和企业、驾驶人员、车辆的相关信息逐级上传至全国道路运输车辆动态信息公共交换平台。

道路货运企业监控平台应当与道路货运车辆公共平台对接，按照要求将企业、驾驶人员、车辆的相关信息上传至道路货运车辆公共平台，并接收道路货运车辆公共平台转发的货运车辆行驶的动态信息。

第十六条　道路运输管理机构在办理营运手续时，应当对道路运输车辆安装卫星定位装置及接入系统平台的情况进行审核。

第十七条　对新出厂车辆已安装的卫星定位装置，任何单位和个人不得随意拆卸。除危险货物运输车辆接入联网联控系统监控平台时按照有关标准要求进行相应设置以外，不得改变货运车辆车载终端监控中心的域名设置。

第十八条　道路运输管理机构负责建设和维护道路运输车辆动态信息公共服务平台，落实维护经费，向地方人民政府争取纳入年度预算。道路运输管理机构应当建立逐级考核和通报制度，保证联网联控系统长期稳定运行。

第十九条　道路运输管理机构、公安机关交通管理部门、安全监管部门间应当建立信息共享机制。

公安机关交通管理部门、安全监管部门根据需要可以通过道路运输车辆动态信息公共服务平台，随时或者定期调取系统数据。

第二十条　任何单位、个人不得擅自泄露、删除、篡改卫星定位系统平台的历史和实时动态数据。

第三章　车辆监控

第二十一条　道路运输企业是道路运输车辆动态监控的责任主体。

第二十二条　道路旅客运输企业、道路危险货物运输企业和拥有50辆及以上重型载货汽车或牵引车的道路货物运输企业应当配备专职监控人员。专职监控人员配置原则上按照监控平台每接入100辆车设1人的标准配备，最低不少于2人。

监控人员应当掌握国家相关法规和政策，经运输企业培训、考试合格后上岗。

第二十三条　道路货运车辆公共平台负责对个体货运车辆和小型道路货物运输企业（拥有50辆以下重型载货汽车或牵引车）的货运车辆进行动态监控。道路货运车辆公共平台设置监控超速行驶和疲劳驾驶的限值，自动提醒驾驶员纠正超速行驶、疲劳驾驶等违法行为。

第二十四条　道路运输企业应当建立健全动态监控管理相关制度，规范动态监控工作：

（一）系统平台的建设、维护及管理制度；

(二)车载终端安装、使用及维护制度;

(三)监控人员岗位职责及管理制度;

(四)交通违法动态信息处理和统计分析制度;

(五)其他需要建立的制度。

第二十五条 道路运输企业应当根据法律法规的相关规定以及车辆行驶道路的实际情况,按照规定设置监控超速行驶和疲劳驾驶的限值,以及核定运营线路、区域及夜间行驶时间等,在所属车辆运行期间对车辆和驾驶员进行实时监控和管理。

设置超速行驶和疲劳驾驶的限值,应当符合客运驾驶员24小时累计驾驶时间原则上不超过8小时,日间连续驾驶不超过4小时,夜间连续驾驶不超过2小时,每次停车休息时间不少于20分钟,客运车辆夜间行驶速度不得超过日间限速80%的要求。

第二十六条 监控人员应当实时分析、处理车辆行驶动态信息,及时提醒驾驶员纠正超速行驶、疲劳驾驶等违法行为,并记录存档至动态监控台账;对经提醒仍然继续违法驾驶的驾驶员,应当及时向企业安全管理机构报告,安全管理机构应当立即采取措施制止;对拒不执行制止措施仍然继续违法驾驶的,道路运输企业应当及时报告公安机关交通管理部门,并在事后解聘驾驶员。

动态监控数据应当至少保存6个月,违法驾驶信息及处理情况应当至少保存3年。对存在交通违法信息的驾驶员,道路运输企业在事后应当及时给予处理。

第二十七条 道路运输经营者应当确保卫星定位装置正常使用,保持车辆运行实时在线。

卫星定位装置出现故障不能保持在线的道路运输车辆,道路运输经营者不得安排其从事道路运输经营活动。

第二十八条 任何单位和个人不得破坏卫星定位装置以及恶意人为干扰、屏蔽卫星定位装置信号,不得篡改卫星定位装置数据。

第二十九条 卫星定位系统平台应当提供持续、可靠的技术服务,保证车辆动态监控数据真实、准确,确保提供监控服务的系统平台安全、稳定运行。

第四章 监督检查

第三十条 道路运输管理机构应当充分发挥监控平台的作用,定期对道路运输企业动态监控工作的情况进行监督考核,并将其纳入企业质量信誉考核的内容,作为运输企业班线招标和年度审验的重要依据。

第三十一条 公安机关交通管理部门可以将道路运输车辆动态监控系统记录的交通违法信息作为执法依据,依法查处。

第三十二条 安全监管部门应当按照有关规定认真开展事故调查工作,严肃查处违反本办法规定的责任单位和人员。

第三十三条 道路运输管理机构、公安机关交通管理部门、安全监管部门监督检查人员可以向被检查单位和个人了解情况,查阅和复制有关材料。被监督检查的单位和个人应当积极配合监督检查,如实提供有关资料和说明情况。

道路运输车辆发生交通事故的,道路运输企业或者道路货运车辆公共平台负责单位应当在接到事故信息后立即封存车辆动态监控数据,配合事故调查,如实提供肇事车辆动态监控数据;肇事车辆安装车载视频装置的,还应当提供视频资料。

第三十四条 鼓励各地利用卫星定位装置,对营运驾驶员安全行驶里程进行统计分析,开展安全行车驾驶员竞赛活动。

第五章 法律责任

第三十五条 道路运输管理机构对未按照要求安装卫星定位装置,或者已安装卫星定位装置但未能在联网联控系统(重型载货汽车和半挂牵引车未能在道路货运车辆公共平台)正常显示的车辆,不予发放或者审验《道路运输证》。

第三十六条 违反本办法的规定,道路运输企业有下列情形之一的,由县级以上道路运输管理机构责令改正。拒不改正的,处3000元以上8000元以下罚款:

(一)道路运输企业未使用符合标准的监控平台、监控平台未接入联网联控系统、未按规定上传道路运输车辆动态信息的;

(二)未建立或者未有效执行交通违法动态信息处理制度、对驾驶员交通违法处理率低于90%的;

（三）未按规定配备专职监控人员的。

第三十七条　违反本办法的规定，道路运输经营者使用卫星定位装置出现故障不能保持在线的运输车辆从事经营活动的，由县级以上道路运输管理机构责令改正。拒不改正的，处800元罚款。

第三十八条　违反本办法的规定，有下列情形之一的，由县级以上道路运输管理机构责令改正，处2000元以上5000元以下罚款：

（一）破坏卫星定位装置以及恶意人为干扰、屏蔽卫星定位装置信号的；

（二）伪造、篡改、删除车辆动态监控数据的。

第三十九条　违反本办法的规定，发生道路交通事故的，具有第三十六条、第三十七条、第三十八条情形之一的，依法追究相关人员的责任；构成犯罪的，依法追究刑事责任。

第四十条　道路运输管理机构、公安机关交通管理部门、安全监管部门工作人员执行本办法过程中玩忽职守、滥用职权、徇私舞弊的，给予行政处分；构成犯罪的，依法追究刑事责任。

第六章　附　　则

第四十一条　在本办法实施前已经进入运输市场的重型载货汽车和半挂牵引车，应当于2015年12月31日前全部安装、使用卫星定位装置，并接入道路货运车辆公共平台。

农村客运车辆动态监督管理可参照本办法执行。

第四十二条　本办法自2014年7月1日起施行。

内河渡口渡船安全管理规定

（中华人民共和国交通运输部令　2014年第9号）

《内河渡口渡船安全管理规定》已于2014年6月12日经第5次部务会议通过，现予公布，自2014年8月1日起施行。

部长　杨传堂

2014年6月18日

内河渡口渡船安全管理规定

第一章　总　　则

第一条　为加强内河渡口渡船安全管理，维护渡运秩序，保障人民群众生命、财产安全，根据《中华人民共和国内河交通安全管理条例》，制定本规定。

第二条　中华人民共和国内河水域的渡口渡船相关活动及安全监督管理适用本规定。

第三条　交通运输部主管全国内河交通安全管理工作。

县级地方人民政府依据《中华人民共和国内河交通安全管理条例》，负责设置和撤销渡口的审批,建立、健全渡口安全管理责任制,指定负责渡口和渡运安全管理的部门。乡镇人民政府依据《中华人民共和国内河交通安全管理条例》和国务院相关规定履行乡镇渡口渡船的安全管理职责。

县级人民政府指定的部门在职责范围内负责对渡口和渡运实施安全管理。

各级海事管理机构依据各自职责对所辖内河水域内渡船的水上交通安全实施监督管理。

第四条 县级以上地方人民政府应当加强对内河渡口渡船安全管理工作的组织领导。

渡口渡船安全管理坚持安全第一、预防为主、各负其责、服务民生的原则。

第二章 渡 口

第五条 县级人民政府在审批渡口的设置和撤销时应当充分考虑安全因素,明确渡运水域范围、渡运路线、渡运时段、渡口位置等主要内容。审批前应当征求渡口所在地海事管理机构的意见,涉及公路管理职责的,还应当征求公路管理机构的意见。

渡运水域涉及两个或者两个以上县级行政区域的,由渡口相关的人民政府协调处理,并征求相应的海事管理机构意见。

严禁非法设置渡口。

第六条 渡口的设置应当具备下列安全条件:

(一)选址应当在水流平缓、水深足够、坡岸稳定、视野开阔、适宜船舶停靠的地点,并且与危险物品生产、堆放场所之间的距离符合危险品管理相关规定;

(二)具备货物装卸、旅客上下的安全设施;

(三)配备必要的救生设备和专门管理人员。

新建、改建国道、省道,原则上不设置渡口。县道、乡道设置和撤销渡口应当征求公路管理机构的意见。

在通航密集区内有可供人、车通行桥梁、隧道的,应当避免在桥梁、隧道临近范围内设置渡口,但市区河道两岸供市民出行、上下班的渡口除外。

第七条 渡口应当根据其渡运对象的种类、数量、水域情况和过渡要求,合理设置码头、引道,配置必要的指示标志、船岸通讯和船舶助航、消防、安全救生等设施。渡口引道的宽度、纵坡和码头的设置应当满足相应的技术标准。

以渡运乘客为主的渡口应当有可供乘客安全上下的坡道,客运量较大的且具有相应陆域条件的渡口应当建有乘客候船亭等设施。

以渡运货车为主的渡口,应当安装、使用地磅等称重设备,如实记录称重情况。有条件的渡口,应当设置电子监控设施。

经批准运输超长、超宽、超高物品的车辆或者重型车辆过渡,应当采取有效保护措施后方可过渡,但超过渡船限载、限高、限宽、限长标准的车辆,不得渡运。渡运危险货物车辆的,渡口应当设置危险货物车辆专用通道。

第八条 设置和使用缆渡,不得影响他船航行。

第九条 渡口运营人应当在渡口明显位置设置公告牌,标明渡口名称、渡口区域、渡运路线、渡口守则、渡运安全注意事项以及安全责任单位和责任人、监督电话等内容。

梯级河段、库区下游以及水位变化较大的渡口水域,渡口应当标识警戒水位线和停航封渡水位线。

第十条 渡口运营人应当加强对渡口安全设施和渡船渡运的安全管理,根据国家有关规定建立渡口、渡船安全管理制度,落实安全管理责任制。

第十一条 在法定或者传统节日、重大集会、集市、农忙、学生放学放假等渡运高峰期间,县级人民政府应当加强组织协调。渡口运营人应当根据乘客、车辆的流量和渡运安全管理的需要,安排相应专门人员现场维持渡口渡运秩序与安全。

第十二条 渡口运营人应当结合船舶条件、气象条件和通航状况合理调度和使用渡船,不得指挥渡船违章作业、冒险航行。

第十三条 县级人民政府指定的部门应当加强对渡口运营人的安全教育和培训,并负责渡口工作人员的培训、考试、合格证书颁发。

渡口运营人应当对渡口工作人员、渡船船员、渡工定期开展安全教育培训。

第十四条 渡口运营人应当督促渡船清点并如实记录每航次渡船载客数量及车辆驾驶员等随船过渡人员,并开展定期或者不定期核查。

第十五条 日渡运量超过300人次渡口的运营人及载客定额超过12人的渡船应当编制渡口

渡船安全应急预案，每月至少组织一次船岸应急演习。

日渡运量较少的渡口及载客定额12人以下的渡船，应当制定应急措施，每季度至少组织一次演练。

第三章　渡船和渡船船员、渡工

第十六条　海事管理机构负责渡船的登记、检验、发证工作。

渡船应当按照相关规定取得船舶检验证书和船舶登记证书。渡船检验证书应当标明船舶抗风等级。20米以上的渡船，应当持有船舶检验机构签发的载客定额证书；20米以下的渡船应当在相关证书中签注载客定额。船长小于15米的渡船按照省级交通运输主管部门制定的检验规则进行检验。省级交通运输主管部门未规定检验规则的，参照海事管理机构制定的《内河小型船舶法定检验技术规则》检验发证。

第十七条　渡船应当悬挂符合国家规定的渡船识别标志，并在明显位置标明载客（车）定额、抗风等级以及旅客乘船安全须知等有关安全注意事项。

第十八条　渡船夜航应当按照《内河船舶法定检验技术规则》、《内河小型船舶法定检验技术规则》配备夜间航行设备和信号设备。高速客船从事渡运服务以及不具备夜航技术条件的渡船，不得夜航。

第十九条　新建、改建渡船应当满足交通运输部或者省级交通运输主管部门公布的标准船型要求。

第二十条　渡船应当定期维护保养，确保处于适航状态，并按期申请检验。逾期未检验或者检验不合格的，不得从事渡运。

对船体或者车辆甲板出现局部严重变形的渡船，应当申请船舶检验机构按照实际装载情况进行强度复核。船龄十年以上未达到特别定期检验船龄要求的渡船应当在定期检验时着重加强对船体强度、稳性等方面的检验。

第二十一条　渡船载运危险货物或者载运装载危险货物的车辆的，应当持有船舶载运危险货物适装证书。

第二十二条　渡船应当按照规定配备消防救生设备，放置在易取处，保持其随时可用，并在规定的场所明显标识存放位置，张贴消防救生演示图和标示应急通道。

第二十三条　禁止水泥船、排筏、农用船舶、渔业船舶或者报废船舶从事渡运。

第二十四条　渡船船员应当按照相关规定具备船员资格，持有相应船员证书。

载客12人以下的渡船可仅配备渡工。渡工应当经过驾驶技术和安全培训，考核合格后取得海事管理机构颁发的渡工证书，方可驾驶渡船。

渡船船员、渡工每年应当参加由渡口运营人、乡镇人民政府或者相关主管部门组织的至少4小时的安全培训。

第二十五条　渡运时，船员、渡工应当遵守下列规定：

（一）遵守渡口、渡船管理制度和值班规定，按照水上交通安全操作规则操纵、控制和管理渡船；

（二）掌握渡船的适航状况，了解渡运水域的通航环境，以及有关水文、气象等必要的信息；

（三）不得酒后驾驶，不得疲劳值班；

（四）发现或者发生影响渡运安全的突发事件，应当及时报告并尽力救助遇险人员。

第四章　渡运安全

第二十六条　渡船应当在渡运水域内按照核定的渡运路线航行。

在渡运水域内不得从事水上过驳、采砂、捕捞、养殖、设置永久性固定设施等可能危及渡船航行安全的作业或者活动。

第二十七条　渡船航行，应当以安全航速行驶，加强了望，谨慎操作，使用有效方式发布船舶动态和表明避让意图，主动避让过往船舶，不得抢航或者强行横越。

顺航道行驶的船舶驶近渡运水域时，应当加强瞭望，谨慎驾驶，采取有效措施协助避让。

第二十八条　渡船载客、载货应当符合乘客定额、装载技术要求及载重线规定，不得超载。渡运水域的水位超过警戒水位线但未达到停航封渡水位线的，渡船载客、载货数量不得超过核定的乘客定额和载重量的80%。

渡船应当按照规定控制荷载分布，保证装载平衡和稳性，采取安全措施防止车辆及货物移位。

第二十九条　渡船载客应当设置载客处所，

实行车客分离。按照上船时先车后人、下船时先人后车的顺序上下船舶。

车辆渡运时除驾驶员外车内禁止留有人员。

乘客与大型牲畜不得混载。

第三十条 乘客、车辆过渡,应当遵守渡口渡船安全管理规定,听从渡口渡船工作人员指挥。

车辆在渡口区域内应当低速行驶,在指定的地点候渡,不得争道抢渡。制动、转向系统不良和有其他故障影响安全行车的车辆,不得驶上渡船。

第三十一条 装载危险货物的车辆过渡时,车辆驾驶员或者押运人员应当向渡口运营人主动告知所装载危险货物的种类和危害特征,以及需要采取的安全措施。

渡船载运装载危险货物车辆,应当检查车辆是否持有与运输的危险货物类别、项别或者品名相符的《道路运输证》。车辆所载货物应当与船舶适装证书相符。渡船应当按照有关规定对危险货物积载隔离。

渡船不得同时渡运旅客和危险货物。渡船载运装载危险货物的车辆时,除船员以外,随车人员总数不得超过12人。

严禁任何人隐瞒、伪装、偷运各种危险品、污染危害性货物过渡。

渡船不得运输法律、法规以及交通运输部规定禁止运输的货物,不得载运装载有危险货物而未持有相应《道路运输证》的车辆。

第三十二条 有下列情形之一的,渡船不得开航:

(一)风力超过渡船抗风等级、能见度不良、水位超过停航封渡水位线等可能危及渡运安全的恶劣天气、水文条件的;

(二)渡船超载或者积载不当可能危及渡运安全的;

(三)渡船存在可能影响航行安全的缺陷,且未按规定纠正的;

(四)发现易燃、易爆等危险品和乘客同船混载,或者装运危险品的车辆和客运车辆同船混载的;

(五)发生乘客打架斗殴、寻衅滋事等可能危及渡运安全的;

(六)渡船船员、渡工配备不符合规定要求的。

第三十三条 渡船发生水上险情的,应当立即进行自救,并报告当地人民政府或者海事管理机构。当地人民政府和海事管理机构接到报告后,应当依照职责,组织搜寻救助。

渡口渡船应当服从指挥,在不危及自身安全的情况下,积极参与水上搜寻救助。

第三十四条 水电站、水库等管理单位因蓄放水作业可能导致渡口水位急剧变化影响渡运安全的,应当事先向当地海事管理机构通报水情信息。当地海事管理机构接到水情信息后应当及时通报相关渡口运营人。

第五章 监督检查

第三十五条 县级以上地方人民政府及其指定的有关部门、乡镇渡口所在地乡镇人民政府应当建立渡口渡运安全检查制度,并组织落实。在监督检查中发现渡口存在安全隐患的,应当责令立即消除安全隐患或者限期整改。

第三十六条 县级人民政府指定的有关部门应当督促指导渡运量较大且具备一定条件的乡镇渡口所在地乡镇人民政府建立乡镇渡口渡船签单发航制度,真实、准确地记录乘员数量及核查人、车、蓄积载和开航条件等内容。

签单人员应当如实记录渡运情况,不得弄虚作假;发现渡运安全隐患或者违法行为,可能危及渡运安全时,应当报告乡镇人民政府。

乡镇人民政府应当定期对签单发航制度的实施情况进行检查。

第三十七条 渡口运营人应当建立渡口渡船安全渡运的安全管理制度,并组织开展内部安全检查。

第三十八条 海事管理机构应当建立渡船安全监督管理制度。

在监督管理中发现渡船存在重大安全隐患的,应当责令立即消除安全隐患或者限期整改,并及时通报当地县级以上人民政府及其相关部门。

第三十九条 鼓励运用视频监控等先进技术手段对渡运安全进行安全管理和监督检查。

第四十条 渡口运营人和渡船船员、渡工应当主动协助配合监督检查,不得拒绝、妨碍和阻挠。

第六章 法律责任

第四十一条 违反第五条规定未经批准擅自

设置或者撤销渡口的，由渡口所在地县级人民政府指定的部门责令限期改正；逾期不改正的，予以强制拆除或者恢复，因强制拆除或者恢复发生的费用分别由设置人、撤销人承担。

第四十二条　违反第二十五条规定，渡船船员、渡工酒后驾船的，由海事管理机构对船员予以警告，情节严重的处500元以下罚款，并对渡船所有人或者经营人处2000元以下罚款。

第四十三条　违反第二十一条、第三十一条规定，有以下违法行为的，由海事管理机构责令改正，并对渡船所有人或者经营人处2000元以下的罚款：

（一）渡船未持有相应的危险货物适装证书载运危险货物的；

（二）渡船未持有相应的危险货物适装证书载运装载危险货物车辆的；

（三）渡船载运应当持有而未持有《道路运输证》的车辆的；

（四）渡船同时载运旅客和危险货物过渡的。

第四十四条　违反第十八条规定，渡船不具备夜航条件擅自夜航的，由海事管理机构责令改正，并可对渡船所有人或者经营人处以2000元以下罚款。

第四十五条　违反第二十九条规定，渡船混载乘客与大型牲畜的，由海事管理机构对渡船所有人或者经营人予以警告，情节严重的，处1000元以下罚款。

第四十六条　违反第三十二条第（一）项规定擅自开航的，由海事管理机构责令改正，并根据情节轻重对渡船所有人或者经营人处10000元以下罚款。

第四十七条　违反第三十二条第（五）项规定，发生乘客打架斗殴、寻衅滋事等可能危及渡运安全的情形，渡船擅自开航的，由海事管理机构对渡船所有人或者经营人处以500元以下罚款。

第四十八条　对违反本规定的其他违法行为，本规定未作规定的，按照相关法规、规章予以处罚。

第四十九条　主管机关工作人员滥用职权、玩忽职守导致严重失职的，由所在单位或者上级机关给予行政处分；构成犯罪的，依法追究刑事责任。

第七章　附　　则

第五十条　本规定下列用语的含义：

（一）渡口，是指在中华人民共和国江河、湖泊、水库、运河等内河水域设在两岸专供渡船渡运人员、车辆、货物的场所和设施，包括渡运所需的码头、水域及为渡运服务的其他设施。

（二）乡镇渡口，是指设于农村或者集镇，由乡镇、村集体或者个人运营，为当地群众生产生活服务的渡口。

（三）渡船，是指往返于内河渡口之间，按照核定的航线渡运乘客、车辆和货物的船舶。

（四）缆渡，是指利用横跨两岸的缆索将渡船固定在渡运水域，依靠人力或者其他动力牵引、推动渡船过渡的方式。

（五）渡口运营人是指负责渡口营运和安全管理的经营人或者管理人。

第五十一条　本规定自2014年8月1日起施行。《公路渡口管理规定》（交通部令〔1990〕11号）自本规定施行之日起同时废止。

关于修改《港口工程竣工验收办法》的决定

(中华人民共和国交通运输部令 2014年第12号)

《关于修改〈港口工程竣工验收办法〉的决定》已于2014年8月22日经第7次部务会议通过,现予公布。

部长 杨传堂

2014年9月5日

关于修改《港口工程竣工验收办法》的决定

交通运输部决定对《港口工程竣工验收办法》(交通部令2005年第2号)作如下修改:

一、删除第六条第三款。

将第四款修改为:“国务院投资主管部门、省级人民政府投资主管部门审批、核准和省级交通运输主管部门审批的港口工程竣工验收,由省级交通运输主管部门负责。”

将第五款修改为:“其余港口工程由港口所在地港口行政管理部门负责竣工验收。”

二、将第十条修改为:“省级交通运输主管部门负责竣工验收的港口工程,由该港口所在地港口行政管理部门组织初步验收。初步验收合格后,由港口行政管理部门向省级交通运输主管部门提出竣工验收申请。”

三、将条文中所有“交通部”统一修改为“交通运输部”,“交通主管部门”统一修改为“交通运输主管部门”。

本决定自2014年9月5日起施行。

《港口工程竣工验收办法》根据本决定作相应修改,重新发布。

港口工程竣工验收办法

(2005年4月12日交通部发布 根据2014年9月5日交通运输部《关于修改〈港口工程竣工验收办法〉的决定》修正)

第一条 为规范港口工程竣工验收工作,保证港口工程质量,保护人民生命和财产安全,根据《中华人民共和国港口法》,制定本办法。

第二条 本办法适用于新建和改建的港口工程竣工验收活动。

本办法所称港口工程竣工验收，是指港口工程完工后、投入使用前，对港口工程质量、执行国家和行业强制性标准情况、投资使用情况等事项的全面检查验收，以及对港口工程建设、设计、施工、监理等工作的综合评价。

第三条　港口工程竣工后，经验收合格方可投入使用。

第四条　港口工程竣工验收，应当遵循公开、公正、真实、科学的原则。

第五条　港口工程项目法人、设计、施工、监理等单位应当接受、配合竣工验收工作，提供的有关资料应当真实、有效。

第六条　港口工程竣工验收，实行统一管理、分级负责制度。

交通运输部统一管理全国港口竣工验收工作。

国务院投资主管部门、省级人民政府投资主管部门审批、核准和省级交通运输主管部门审批的港口工程竣工验收，由省级交通运输主管部门负责。

其余港口工程由港口所在地港口行政管理部门负责竣工验收。

以上负责港口工程竣工验收的部门统称为竣工验收部门。

第七条　港口工程进行竣工验收应当具备以下条件：

（一）港口工程有关合同约定的各项内容已基本完成，申请竣工验收的建设项目有尾留工程的，尾留工程不得影响建设项目的投产使用，尾留工程投资额可根据实际测算投资额或按照工程概算所列的投资额列入竣工决算报告，但不得超过工程总投资的5%。施工单位对工程质量自检合格，监理工程师对工程质量评定合格，项目法人组织设计、施工、监理、工程质量监督等单位进行的交工验收合格；

（二）主要工艺设备或设施通过调试具备生产条件；

（三）一般港口工程经过3个月试运行；设有系统装卸设备的矿石、煤炭、散粮、油气、集装箱码头等港口工程，经过6个月试运行，符合设计要求；

（四）环境保护设施、安全设施、消防设施已按照设计要求与主体工程同时建成，并通过有关部门的专项验收；航标设施以及其他辅助性设施已按照《港口法》的规定，与港口同时建设，并保证按期投入使用；

（五）竣工档案资料齐全，并通过专项验收；

（六）竣工决算报告编制完成，并通过审计；

（七）廉政建设合同已履行。

第八条　港口工程试运行前，项目法人应当向港口所在地港口行政管理部门办理港口工程试运行备案手续。试运行期满后应当及时办理港口工程竣工验收手续。

港口工程试运行期自港口工程试运行备案之日起开始计算。

第九条　港口工程符合竣工验收条件的，项目法人应当向港口所在地港口行政管理部门提出竣工验收申请。

对于一次设计、分期建成的港口工程，项目法人可以对已建成并符合竣工验收条件的部分港口工程提出分期竣工验收申请。

第十条　省级交通运输主管部门负责竣工验收的港口工程，由该港口所在地港口行政管理部门组织初步验收。初步验收合格后，由港口行政管理部门向省级交通运输主管部门提出竣工验收申请。

第十一条　港口工程竣工验收部门应当自收到竣工验收申请之日起5个工作日内对申请材料进行审查，对于不符合竣工验收条件的，应当及时退回并告知理由；对于符合竣工验收条件的，应当受理竣工验收申请。

港口工程竣工验收或者初步验收应当自受理之日起20个工作日内完成。20个工作日内不能完成的，经竣工验收部门负责人批准，可以延长10个工作日。

第十二条　港口工程竣工验收由竣工验收部门组织质量监督机构、当地海事管理机构、有关行政主管部门、有关专家组成竣工验收委员会实施。

港口工程项目法人、设计单位、监理单位、施工单位等应当参加竣工验收工作。

第十三条　港口工程竣工验收的主要依据是：

（一）按照国家有关规定应当具备的港口工程建设项目的审批、核准、备案文件；

（二）初步设计、施工图设计、变更设计及概算调整等文件；

（三）招标文件及合同文本；

(四)主要设备技术规格或说明书等;

(五)国家和交通运输部颁布的技术规范和标准及法律、法规、规章的相关规定。

第十四条 港口工程竣工验收的内容是:

(一)审查港口工程是否具备国家规定的审批文件及相关手续;

(二)检查港口工程实体质量;

(三)检查港口工程合同履约情况,审查有关竣工档案资料;

(四)检查国家和行业强制性标准执行情况;

(五)核定码头靠泊等级、吞吐能力以及进出港口的航道等级;

(六)检查环境保护、劳动安全卫生、消防、档案等专项验收情况;

(七)检查对港口工程竣工决算报告的审计情况;

(八)检查廉政建设合同执行情况;

(九)确定工程质量等级;

(十)对存在问题和尾留工程提出处理意见;

(十一)形成、通过并签署《港口工程竣工验收鉴定书》。

第十五条 对竣工验收合格的,港口工程竣工验收部门应当自《港口工程竣工验收鉴定书》签署之日起10个工作日内,签发《港口工程竣工验收证书》。

第十六条 竣工验收不合格的,项目法人应当按照竣工验收委员会提出的处理意见进行限期整改。

整改期满后,项目法人应当重新提出港口工程竣工验收申请。

第十七条 港口工程竣工验收完成后,应当在国家规定的时间内办理固定资产移交等相关手续。

第十八条 由省级交通运输主管部门和港口所在地港口行政管理部门负责竣工验收的,在竣工验收完成后,省级交通运输主管部门和港口所在地港口行政管理部门应当将竣工验收的有关情况向交通运输部备案。

第十九条 港口工程未经竣工验收或者竣工验收不合格的,不得投入使用,港口行政管理部门不予办理港口经营许可证。

第二十条 项目法人违反本办法规定,未经备案进行试运行的,由港口所在地港口行政管理部门责令停止试运行。

第二十一条 港口工程未经验收合格,擅自投入使用的,由港口所在地港口行政管理部门责令停止使用,限期改正,可以处5万元以下罚款。

第二十二条 竣工验收部门工作人员在竣工验收中滥用职权、徇私舞弊、索贿受贿的,依法给予行政处分;构成犯罪的,依法追究刑事责任。

第二十三条 竣工验收委员会成员在竣工验收中玩忽职守、徇私舞弊造成重大损失构成犯罪的,依法追究刑事责任。

第二十四条 利用世界银行、亚洲开发银行等国际金融组织或外国政府贷款、援助资金的港口工程,贷款方、资金提供方对工程竣工验收另有规定的,可以适用其规定,但不得违背中华人民共和国的法律、法规规定和社会公共利益。

第二十五条 《港口工程竣工验收鉴定书》和《港口工程竣工验收证书》应当按照交通运输部规定的统一格式印制。

第二十六条 本办法自2005年6月1日起施行,《交通部港口建设项目(工程)竣工验收办法》(交基发〔1995〕155号)同时废止。本办法施行前公布的有关规定与本办法有抵触的,自本办法施行之日起停止执行。

关于修改《航道工程竣工验收管理办法》的决定

（中华人民共和国交通运输部令 2014年第13号）

《关于修改〈航道工程竣工验收管理办法〉的决定》已于2014年8月22日经第7次部务会议通过，现予公布。

部长 杨传堂

2014年9月5日

关于修改《航道工程竣工验收管理办法》的决定

交通运输部决定对《航道工程竣工验收管理办法》（交通部令2008年第1号）作如下修改：

一、将第五条第二款修改为："交通运输部负责全国航道工程竣工验收工作的监督管理。"

将第三款修改为："省级交通运输主管部门负责本行政区域内航道工程竣工验收工作的监督管理，具体负责由国务院投资主管部门、省级人民政府有关部门批准或者核准的航道工程的竣工验收工作。"

将第四款修改为："设区的市和县级交通运输主管部门按照省级人民政府的有关规定负责本行政区域内航道工程竣工验收活动的监督管理。"

二、删除第九条。

三、将条文中所有"交通部"统一修改为"交通运输部"，"交通主管部门"统一修改为"交通运输主管部门"。

此外，对条文的序号作相应调整。

本决定自2014年9月5日起施行。

《航道工程竣工验收管理办法》根据本决定作相应修改，重新发布。

航道工程竣工验收管理办法

（2008年1月7日交通部发布 根据2014年9月5日交通运输部《关于修改〈航道工程竣工验收管理办法〉的决定》修正）

第一条 为加强航道工程建设管理，规范航道工程竣工验收工作,保证工程质量,根据《中华人民共和国航道管理条例》,制定本办法。

第二条 本办法适用于航道工程竣工验收工作。

本办法所称航道工程竣工验收工作是指航道工程完工后、正式交付使用前,对航道工程质量、国家和行业强制性标准执行情况、资金使用情况等事项的全面检查验收,以及对航道工程建设、设计、施工、监理等工作的综合评价。

第三条 航道工程经竣工验收合格后方可正式交付使用。

第四条 航道工程竣工验收工作,应当做到公正、科学、规范。

第五条 航道工程竣工验收工作,实行统一管理、分级负责。

交通运输部负责全国航道工程竣工验收工作的监督管理。

省级交通运输主管部门负责本行政区域内航道工程竣工验收工作的监督管理,具体负责由国务院投资主管部门、省级人民政府有关部门批准或者核准的航道工程的竣工验收工作。

设区的市和县级交通运输主管部门按照省级人民政府的有关规定负责本行政区域内航道工程竣工验收活动的监督管理。

以上负责航道工程竣工验收工作的部门统称为竣工验收部门。

第六条 航道工程竣工验收的主要依据是:

(一)国家和交通运输部颁布的相关法律、法规、规章;

(二)国家和交通运输部颁布的相关技术标准、规范;

(三)建设项目的批准、核准、备案文件;

(四)建设项目的初步设计文件、施工图设计文件、设计变更文件以及概算调整等文件;

(五)主要设备技术规格或者说明书;

(六)招标文件以及合同文本。

第七条 航道工程竣工验收应当具备以下条件:

(一)已按批准的建设规模、标准和内容建成,满足生产使用要求;申请竣工验收的航道建设工程有尾留工程的,尾留工程不得是主体工程,不得影响工程效果和工程正常运行,投资额不能超过工程总概算的5%;

(二)各单位工程和项目经工程质量监督机构检验合格;

(三)各单位工程交工验收合格;

(四)主要工艺设备或者设施调试以及联动测试均已完成,主要技术参数达到设计要求;

(五)航运枢纽工程阶段验收合格;

(六)需要实船适航检验的,已选用设计船型进行了实船适航检验,各项检验指标满足设计要求;

(七)工程试运行期满一年,运行情况正常;

(八)竣工档案资料齐全,通过有关专项验收;

(九)竣工决算报告已编制完成,并取得国家审计机构或者具有审计资格的中介机构出具的审计报告,且审计报告无保留意见;

(十)工程运行管理部门已落实;

(十一)竣工验收工作报告编制完成;

(十二)航运枢纽工程以及技术复杂的其他航道工程,已经竣工验收部门委托的有关单位初步验收合格。

第八条 航道工程应当在工程试运行期满后一年内申请竣工验收。对不能按期申请竣工验收的,应当向竣工验收部门提出延期申请,延长期限一般不得超过二年。

对延期后仍不能按期申请竣工验收的,竣工验收部门应当予以通报或者警告。

第九条 由省级交通运输主管部门负责竣工验收的航道工程,项目单位可以向省级交通运输主管部门提出竣工验收申请,也可以向省级交通运输主管部门委托的部门提出竣工验收申请。

接受委托的部门应当在收到申请材料之日起5个工作日内,对航道工程是否符合竣工验收条件进行初审,提出初审意见,并应当在初审结束之日起5个工作日内将申请材料和初审意见报送省级交通运输主管部门。

第十条 竣工验收部门应当按照《交通行政许可实施程序规定》规范的程序和时限完成航道工程竣工验收工作。

第十一条 竣工验收部门应当根据航道工程项目的具体情况,邀请相关部门组成竣工验收委员会开展竣工验收工作。航运枢纽工程以及技术复杂的其他航道工程,应当邀请有关专家参加。

项目单位以及设计、施工、监理和运行管理等单位应当参加竣工验收工作。竣工验收部门还可以邀请有关地方政府部门、单位参加竣工验收工作。

第十二条　竣工验收委员会负责对工程实体质量以及建设情况进行全面检查，对建设项目进行综合评价，形成、通过并签署《航道工程竣工验收鉴定书》。

项目单位负责提交竣工报告、工程试运行报告、工程竣工财务决算和审计报告以及验收所需的其他资料，协助竣工验收委员会开展工作。

工程质量监督机构负责提交工程质量监督工作报告以及工程质量检验意见，配合竣工验收工作。设计、施工、监理单位负责提交各自的工作报告，提供相关资料，配合竣工验收工作。

第十三条　航道工程项目单位、质量监督机构、设计单位、施工单位、监理单位应当对所提交资料的完整性、真实性和有效性负责。

第十四条　航道工程竣工验收主要内容是：

（一）检查工程的批准、核准、备案等文件是否齐全；

（二）检查工程是否按批准的规模、标准、内容全部建成；

（三）检查国家和行业强制性标准的执行情况；

（四）检查工程招投标以及合同履约情况；

（五）检查工程交工验收情况；

（六）检查工程实体质量以及工程效果；

（七）检查航运枢纽工程的阶段验收情况；

（八）检查工程试运行情况；

（九）检查专项验收情况；

（十）检查工程竣工决算报告的审计情况；

（十一）对存在的问题和尾留工程提出处理意见。

第十五条　航道工程竣工验收合格的，竣工验收部门应当自《航道工程竣工验收鉴定书》签署之日起10个工作日内，签发《航道工程竣工验收证书》。

由省级交通运输主管部门负责竣工验收的航道工程，省级交通运输主管部门应当自《航道工程竣工验收证书》签发之日起20个工作日内将有关验收资料报交通运输部备案。

第十六条　航道工程竣工验收不合格的，项目单位应当按照竣工验收委员会提出的处理意见进行限期整改。整改期满后，项目单位应当重新提出竣工验收申请。

第十七条　航道工程竣工验收完成后，应当按国家有关规定办理档案、固定资产交付使用等相关手续。

第十八条　航道工程未经竣工验收合格，擅自投入使用的，由县级以上交通运输主管部门责令限期改正，可以处3万元以下罚款。

第十九条　竣工验收部门的工作人员在竣工验收工作中滥用职权、徇私舞弊、索贿受贿的，依法给予行政处分；构成犯罪的，依法追究刑事责任。

第二十条　县级以上交通运输主管部门应当建立工程竣工验收举报制度。任何单位和个人发现工程竣工验收中有违法行为的，应当向上级交通运输主管部门举报。

第二十一条　本办法下列用语的含义是：

（一）航道工程是指航道整治、航道疏浚和航运枢纽、过船建筑物等航道设施以及其他航道附属设施的新建、扩建和改建工程。

（二）阶段验收是指航运枢纽工程建设进入截流、水库蓄水、通航、机组启动等关键阶段前进行的验收。

（三）工程试运行期是指航道主体工程交工验收合格后，至竣工验收之前，检验工程效果和运行能力的阶段。工程试运行期自航道主体工程最后一个单位工程交工验收合格之日起算。

第二十二条　利用世界银行、亚洲开发银行等国际金融组织或者外国政府贷款、援助资金的航道工程，贷款方、资金提供方对工程竣工验收另有规定的，可以适用其规定，但不得违背中华人民共和国法律、法规的规定和社会公共利益。

在国际、国界河流上从事航道工程竣工验收活动适用本办法，但我国缔结的政府间协议另有规定的，按照有关协议执行。

第二十三条　《航道工程竣工验收证书》、《航道工程竣工验收鉴定书》应当按照交通运输部规范的统一格式印制。

第二十四条　本办法自2008年3月1日起施行。

关于修改《老旧运输船舶管理规定》的决定

（中华人民共和国交通运输部令 2014年第14号）

《关于修改〈老旧运输船舶管理规定〉的决定》已于2014年8月22日经第7次部务会议通过，现予公布。

部长 杨传堂

2014年9月5日

关于修改《老旧运输船舶管理规定》的决定

交通运输部决定对《老旧运输船舶管理规定》作如下修改：

一、将第一条修改为："为加强老旧运输船舶管理，优化水路运力结构，提高船舶技术水平，保障水路运输安全，促进水路运输事业健康发展，根据《国内水路运输管理条例》，制定本规定。"

二、将第七条第一款修改为："根据本规定和其他有关规定，交通运输部对全国老旧运输船舶的市场准入和营运进行管理，县级以上地方人民政府交通运输主管部门或者负责水路运输管理的机构(以下统称水路运输管理部门)实施本行政区域的老旧运输船舶的市场准入和营运管理工作。"

三、在第十一条后增加一条："根据运力供求情况和保障运输安全的需要，交通运输部可以决定在特定的旅客运输航线和散装液体危险货物运输航线、水域暂停购置或者光租外国籍一、二、三类船舶从事水路运输。"

四、将第十二条第(一)项修改为："(一)购置或者光租外国籍一、二、三类船舶前，应当按照国家有关规定向设区的市级人民政府水路运输管理部门提出增加运力的申请，并报经具有许可权限的部门批准；购置或者光租外国籍四、五类船舶，应当按有关规定在签订购置或者光租意向后15个工作日内向所在地设区的市级人民政府水路运输管理部门备案；"

将第(四)项修改为："(四)购置外国籍船舶或者以光船租赁条件租赁外国籍船舶取得船舶国籍证书或者光船租赁登记证明书及临时船舶国籍证书后，经营国内水路运输的，应当按有关规定申领并取得船舶营运证；经营国际运输的，于投入运营前15日向交通运输部备案。交通运输部应当自收到备案材料之日起3日内出具备案证明书。"

五、将第十五条修改为："交通运输部和水路运输管理部门应当按国家有关水路运输经营管理规定和本规定对经营水路运输的申请进行审核，符合条件的，发给船舶营运证或者国际船舶备案证明书。"

六、将第十七条第一款修改为："改建一、二、三类老旧运输船舶，应当按运力变更的规定报原许可机关批准。"

七、将第二十九条修改为："船舶报废后，其船舶营运证或者国际船舶备案证明书自报废之日起失效，船舶所有人或者经营人应在船舶报废之日起十五日内将船舶营运证或者国际船舶备案证明书交回原发证机关予以注销。其船舶检验证书由原发证机关加注'不得从事水路运输'字样。"

八、将第三十三条修改为："老旧运输船舶所有人或者经营人违反本规定第十三条第（四）项的规定，使用未取得船舶营运证的船舶从事水路运输的，按《国内水路运输管理条例》第三十四条第一款的规定给予行政处罚。"

九、将第三十四条修改为："违反本规定第三十条的规定，未将报废船舶的船舶营运证或者国际船舶备案证明书交回原发证机关的，责令改正，可以处1000元以下的罚款。"

十、将第二十一条第二款中的"交通运输主管部门"修改为"水路运输管理部门"，第二十六条第二款、第三十二条中的"县级以上人民政府交通运输主管部门"修改为"交通运输部和水路运输管理部门"，第三十六条中的"交通运输主管部门"修改为"交通运输部和水路运输管理部门"。

十一、将第二十五条、第二十六条第一款中的"批准其经营水路运输的交通运输主管部门"修改为"船舶营运证或者国际船舶备案证明书的发证机关"。

此外，对条文序号作相应调整。

本决定自2014年9月5日起施行。

《老旧运输船舶管理规定》根据本决定作相应修正，重新发布。

老旧运输船舶管理规定

（2006年7月5日交通部发布　根据2009年11月30日交通运输部《关于修改〈老旧运输船舶管理规定〉的决定》第一次修正，根据2014年9月5日交通运输部《关于修改〈老旧运输船舶管理规定〉的决定》第二次修正）

第一章　总　　则

第一条　为加强老旧运输船舶管理，优化水路运力结构，提高船舶技术水平，保障水路运输安全，促进水路运输事业健康发展，根据《国内水路运输管理条例》，制定本规定。

第二条　本规定适用于拥有中华人民共和国国籍，从事水路运输的海船和河船。

第三条　本规定中下列用语的含义是：

（一）船龄，是指船舶自建造完工之日起至现今的年限；

（二）购置、光租外国籍船船龄，是指船舶自建造完工之日起至国务院商务主管部门或其授权的部门和机构签发的《机电产品进口许可证》或《自动进口许可证》签发之日的年限；

（三）老旧运输船舶，是指船龄在本规定第四条、第五条规定的最低船龄以上的运输船舶；

（四）报废船舶，是指永久不能从事水路运输的船舶；

（五）废钢船，是指永久不能从事水路运输的钢质船舶；

（六）单壳油船，是指未设有符合国内船舶检验规范规定的双层底舱和双层边舱的油船（含油驳）。

第四条　老旧海船分为以下类型：

（一）船龄在10年以上的高速客船，为一类老旧海船；

（二）船龄在10年以上的客滚船、客货船、客渡船、客货渡船（包括旅客列车轮渡）、旅游船、客船，为二类老旧海船；

（三）船龄在12年以上的油船（包括沥青船）、散装化学品船、液化气船，为三类老旧海船；

（四）船龄在18年以上的散货船、矿砂船，为四类老旧海船；

（五）船龄在20年以上的货滚船、散装水泥船、冷藏船、杂货船、多用途船、集装箱船、木材船、拖轮、推轮、驳船等，为五类老旧海船。

第五条　老旧河船分为以下类型：

（一）船龄在10年以上的高速客船，为一类老旧河船；

（二）船龄在10年以上的客滚船、客货船、客

渡船、客货渡船(包括旅客列车轮渡)、旅游船、客船,为二类老旧河船;

(三)船龄在16年以上的油船(包括沥青船)、散装化学品船、液化气船,为三类老旧河船;

(四)船龄在18年以上的散货船、矿砂船,为四类老旧河船;

(五)船龄在20年以上的货滚船、散装水泥船、冷藏船、杂货船、多用途船、集装箱船、木材船、拖轮、推轮、驳船(包括油驳)等,为五类老旧河船。

第六条 国家对老旧运输船舶实行分类技术监督管理制度,对已达到强制报废船龄的运输船舶实施强制报废制度。

第七条 根据本规定和其他有关规定,交通运输部对全国老旧运输船舶的市场准入和营运进行管理,县级以上地方人民政府交通运输主管部门或者负责水路运输管理的机构(以下统称水路运输管理部门)实施本行政区域的老旧运输船舶的市场准入和营运管理工作。

海事管理机构根据有关法律、行政法规和本规定对老旧运输船舶实施安全监督管理。

第二章 船舶购置、光租、改建管理

第八条 购置外国籍船舶或者以光船租赁条件租赁外国籍船舶从事水路运输,船舶必须符合本规定附录规定的购置、光租外国籍船舶的船龄要求,其船体、主要机电设备和安全、防污染设备等应当符合船舶法定检验技术规则。

购置、光租外国籍油船,其船体应当符合《经1978年议定书修订的1973年国际防止船舶造成污染公约》附则Ⅰ《防止油类污染规则》规定的要求。

第九条 本规定所称购置外国籍船舶、以光船租赁条件租赁外国籍船舶,包括已经从国外购置或者以光船租赁条件租赁,但尚未在中国取得合法船舶检验证书、船舶国籍证书的外国籍船舶,以及通过拍卖方式购置的外国籍船舶。

第十条 任何组织和个人不得购置外国籍废钢船从事水路运输,也不得以光船租赁条件租赁外国籍废钢船从事水路运输。

第十一条 超过本规定报废船龄的外国籍船舶不得从事国内水路运输。

第十二条 根据运力供求情况和保障运输安全的需要,交通运输部可以决定在特定的旅客运输航线和散装液体危险货物运输航线、水域暂停购置或者光租外国籍一、二、三类船舶从事水路运输。

第十三条 购置外国籍船舶或者以光船租赁条件租赁外国籍船舶改为中国籍船舶经营水路运输,购置人、承租人应当了解船舶的船龄和技术状况,并按下列程序办理有关手续:

(一)购置或者光租外国籍一、二、三类船舶前,应当按照国家有关规定向设区的市级人民政府水路运输管理部门提出增加运力的申请,并报经具有许可权限的部门批准;购置或者光租外国籍四、五类船舶,应当按有关规定在签订购置或者光租意向后15个工作日内向所在地设区的市级人民政府水路运输管理部门备案;

(二)购置外国籍船舶或者以光船租赁条件租赁外国籍船舶后,应依法向海事管理机构认可的船舶检验机构申请初次检验,取得其签发的船舶检验证书;

(三)购置外国籍船舶或者以光船租赁条件租赁外国籍船舶取得船舶检验证书后,应依法向海事管理机构申请船舶登记、光船租赁登记,取得其签发的船舶所有权登记证书、船舶国籍证书或者光船租赁登记证明书及临时船舶国籍证书;

(四)购置外国籍船舶或者以光船租赁条件租赁外国籍船舶取得船舶国籍证书或者光船租赁登记证明书及临时船舶国籍证书后,经营国内水路运输的,应当按有关规定申领并取得船舶营运证;经营国际运输的,于投入运营前15日向交通运输部备案。交通运输部应当自收到备案材料之日起3日内出具备案证明书。

第十四条 船舶检验机构应当严格按照有关船舶法定检验技术规则和本规定对购置的外国籍船舶或者以光船租赁条件租赁的外国籍船舶进行检验。

第十五条 船舶登记机关应当严格按照有关船舶登记规定和本规定对购置的外国籍船舶或者以光船租赁条件租赁的外国籍船舶进行登记。

第十六条 交通运输部和水路运输管理部门应当按国家有关水路运输经营管理规定和本规定对经营水路运输的申请进行审核,符合条件的,发给船舶营运证或者国际船舶备案证明书。

第十七条 四类、五类船舶不得改为一类、二类、三类船舶从事水路运输,三类船舶之间不得相互改建从事水路运输。

第十八条 改建一、二、三类老旧运输船舶,应当按运力变更的规定报原许可机关批准。

改建老旧运输船舶,必须向海事管理机构认可的船舶检验机构申请建造检验。

船舶检验机构对改建的老旧运输船舶签发船舶检验证书,应当注明改建日期,但不得改变船舶建造日期。

第十九条 老旧运输船舶经过改建,与改建前不属本规定的同一船舶类型的,其特别定期检验船龄、强制报废船龄适用于改建后老旧运输船舶类型的规定。

第三章 船舶营运管理

第二十条 船舶所有人或者经营人应采取有效措施,加强老旧运输船舶的跟踪管理,适当缩短船舶设备检修、养护检查周期和各种电气装置的绝缘电阻测量周期,严禁失修失养。

第二十一条 船舶所有人或者经营人改变老旧运输船舶的用途或航区,必须向海事管理机构认可的船舶检验机构申请临时检验,核定载重线和乘客定额、船舶构造及设备的安全性能,必要时重新丈量总吨位和净吨位。

第二十二条 从事国内运输的老旧运输船舶办理进出港口签证,除应当向海事管理机构交验有关安全证书外,还应当交验船舶营运证。

对未按国家规定交验有效船舶证件的老旧运输船舶,海事管理机构不得为其办理进出港口签证;对未交验船舶营运证的,还应将有关情况通知所在地水路运输管理部门。

第二十三条 海事管理机构应当对从事国际运输的中国籍老旧运输船舶和进出我国港口的达到本规定老旧船舶年限的外国籍运输船舶加强监督检查。

第二十四条 对处于不适航状态或者有其他妨碍、可能妨碍水上交通安全的老旧运输船舶,海事管理机构依照有关法律、行政法规的规定禁止其进港、离港,或责令其停航、改航、驶向指定地点。

第二十五条 船舶所有人或者经营人应当按照国家有关规定,向海事管理机构认可的船舶检验机构申请对营运中的老旧运输船舶定期检验。经检验不合格的,不得经营水路运输。

第二十六条 老旧运输船舶达到本规定附录规定的特别定期检验的船龄,继续经营水路运输的,船舶所有人或经营人应当在达到特别定期检验船龄的前后半年内向海事管理机构认可的船舶检验机构申请特别定期检验,取得相应的船舶检验证书,并报船舶营运证或者国际船舶备案证明书的发证机关备案。

第二十七条 经特别定期检验合格、继续经营水路运输的老旧运输船舶,船舶所有人或者经营人应当自首次特别定期检验届满一年后每年申请一次特别定期检验,取得相应的船舶检验证书,并报船舶营运证或者国际船舶备案证明书的发证机关备案。

交通运输部和水路运输管理部门发现老旧运输船舶的技术状况可能影响航行安全的,应当通知海事管理机构。

老旧运输船舶的技术状况可能影响航行安全的,海事管理机构应当责成船舶所有人或经营人向船舶检验机构申请临时检验。

第二十八条 未按本规定第二十六条、第二十七条的规定申请特别定期检验或者经特别定期检验不合格的老旧运输船舶,应予以报废。

第二十九条 达到本规定附录规定的强制报废船龄的船舶,应予以报废。

船舶检验证书、船舶营运证的有效期最长不得超过本规定附录规定的船舶强制报废船龄的日期。

第三十条 船舶报废后,其船舶营运证或者国际船舶备案证明书自报废之日起失效,船舶所有人或者经营人应在船舶报废之日起十五日内将船舶营运证或者国际船舶备案证明书交回原发证机关予以注销。其船舶检验证书由原发证机关加注"不得从事水路运输"字样。

第三十一条 禁止使用已经报废的船舶从事水路运输。

禁止使用报废船舶的设备及其他零部件拼装运输船舶从事水路运输。

第三十二条 报废船舶改作趸船、水上娱乐设施以及其他非运输设施,应符合国家有关规定。

第四章 监督和处罚

第三十三条 交通运输部和水路运输管理部

门、海事管理机构应当按照有关法律、行政法规、规章的规定,对老旧运输船舶进行监督检查。

老旧运输船舶所有人或者经营人应当接受交通运输部和水路运输管理部门、海事管理机构依法进行的监督检查,如实提交有关证书、资料或者情况,不得拒绝、隐匿或者弄虚作假。

第三十四条 老旧运输船舶所有人或者经营人违反本规定第十三条第(四)项的规定,使用未取得船舶营运证的船舶从事水路运输的,按《国内水路运输管理条例》第三十四条第一款的规定给予行政处罚。

第三十五条 违反本规定第三十条的规定,未将报废船舶的船舶营运证或者国际船舶备案证明书交回原发证机关的,责令改正,可以处1000元以下的罚款。

第三十六条 船舶所有人或者经营人违反本规定有关船舶登记、检验规定的,由海事管理机构按有关法律、行政法规、规章规定给予行政处罚。

第三十七条 交通运输部和水路运输管理部门、海事管理机构的工作人员玩忽职守、徇私舞弊、滥用职权的,依法给予行政处分。

第五章 附 则

第三十八条 为满足保护国家利益和加强安全管理的需要,交通运输部可以对本规定的有关船龄进行临时调整。

第三十九条 为保护水域环境,对已投入营运但未达到强制报废船龄的单壳油船实行限期淘汰。具体时间和实施范围由交通运输部另行公布。

第四十条 仅从事水上工程作业的船舶,以及仅从事港区内作业的拖船、工作船等船舶,不适用本规定。

以上船舶和其他非营运船舶从事水路运输时,适用本规定。

第四十一条 对从事中国港口至外国港口间运输的一、二类船舶,需要对船龄作出限制规定的,由双边商定。

第四十二条 本规定由交通运输部负责解释。

第四十三条 本规定自2006年8月1日起施行。2001年4月9日交通部公布的《老旧运输船舶管理规定》(交通部令2001年第2号)同时废止。

出租汽车经营服务管理规定

（中华人民共和国交通运输部令　2014年第16号）

《出租汽车经营服务管理规定》已于2014年9月26日经第9次部务会议通过，现予公布，自2015年1月1日起施行。

部长　杨传堂
2014年9月30日

出租汽车经营服务管理规定

第一章　总　　则

第一条　为规范出租汽车经营服务行为，保障乘客、驾驶员和出租汽车经营者的合法权益，促进出租汽车行业健康发展，根据国家有关法律、行政法规，制定本规定。

第二条　从事出租汽车经营服务，应当遵守本规定。

第三条　出租汽车是城市交通的组成部分，应当与城市经济社会发展相适应，与公共交通等客运服务方式协调发展，满足人民群众个性化出行需要。

第四条　出租汽车应当依法经营，诚实守信，公平竞争，优质服务。

第五条　国家鼓励出租汽车实行规模化、集约化、公司化经营。

第六条　交通运输部负责指导全国出租汽车管理工作。

县级以上地方人民政府交通运输主管部门在本级人民政府的领导下负责组织领导本行政区域内的出租汽车管理工作。

县级以上道路运输管理机构（含出租汽车管理机构，下同）负责具体实施出租汽车管理工作。

第七条　县级以上地方人民政府交通运输主管部门应当根据经济社会发展和人民群众出行需要，按照出租汽车功能定位，制定出租汽车发展规划，并报经同级人民政府批准后实施。

第二章　经营许可

第八条　申请出租汽车经营的，应当根据经营区域向相应的设区的市级或者县级道路运输管理机构提出申请，并符合下列条件：

（一）有符合机动车管理要求并满足以下条件的车辆或者提供保证满足以下条件的车辆承诺书：

1. 符合国家、地方规定的出租汽车技术条件；

2. 有按照第十三条规定取得的出租汽车车辆经营权。

（二）有取得符合要求的从业资格证件的驾驶人员；

（三）有健全的经营管理制度、安全生产管理制度和服务质量保障制度；

（四）有固定的经营场所和停车场地。

第九条　申请人申请出租汽车经营时，应当提交以下材料：

(一)《出租汽车经营申请表》(见附件1);

(二)投资人、负责人身份、资信证明及其复印件,经办人的身份证明及其复印件和委托书;

(三)出租汽车车辆经营权证明及拟投入车辆承诺书(见附件2),包括车辆数量、座位数、类型及等级、技术等级;

(四)聘用或者拟聘用驾驶员从业资格证及其复印件;

(五)出租汽车经营管理制度、安全生产管理制度和服务质量保障制度文本;

(六)经营场所、停车场地有关使用证明等。

第十条 设区的市级或者县级道路运输管理机构对出租汽车经营申请予以受理的,应当自受理之日起20日内作出许可或者不予许可的决定。

第十一条 设区的市级或者县级道路运输管理机构对出租汽车经营申请作出行政许可决定的,应当出具《出租汽车经营行政许可决定书》(见附件3),明确经营范围、经营区域、车辆数量及要求、出租汽车车辆经营权期限等事项,并在10日内向被许可人发放《道路运输经营许可证》。

设区的市级或者县级道路运输管理机构对不符合规定条件的申请作出不予行政许可决定的,应当向申请人出具《不予行政许可决定书》。

第十二条 县级以上道路运输管理机构应当按照当地出租汽车发展规划,综合考虑市场实际供需状况、出租汽车运营效率等因素,科学确定出租汽车运力规模,合理配置出租汽车的车辆经营权。

第十三条 国家鼓励通过服务质量招投标方式配置出租汽车的车辆经营权。

设区的市级或者县级道路运输管理机构应当根据投标人提供的运营方案、服务质量状况或者服务质量承诺、车辆设备和安全保障措施等因素,择优配置出租汽车的车辆经营权,向中标人发放车辆经营权证明,并与中标人签订经营协议。

第十四条 出租汽车车辆经营权的经营协议应当包括以下内容:

(一)出租汽车车辆经营权的数量、使用方式、期限等;

(二)出租汽车经营服务标准;

(三)出租汽车车辆经营权的变更、终止和延续等;

(四)履约担保;

(五)违约责任;

(六)争议解决方式;

(七)双方认为应当约定的其他事项。

在协议有效期限内,确需变更协议内容的,协议双方应当在共同协商的基础上签订补充协议。

第十五条 被许可人应当按照《出租汽车经营行政许可决定书》和经营协议,投入符合规定数量、座位数、类型及等级、技术等级等要求的车辆。原许可机关核实符合要求后,为车辆配发《道路运输证》。

投入运营的出租汽车车辆应当安装符合技术标准的计价器、具有行驶记录功能的车辆卫星定位装置、应急报警装置,按照要求喷涂车身颜色和标识,设置有中英文"出租汽车"字样的顶灯和能显示空车、暂停运营、电召等运营状态的标志,按照规定在车辆醒目位置标明运价标准、乘客须知、经营者名称和服务监督电话。

第十六条 出租汽车车辆经营权不得超过规定的期限,具体期限由设区的市级或者县级交通运输主管部门报本级人民政府根据投入车辆的车型和报废周期等因素确定。

第十七条 出租汽车车辆经营权因故不能继续经营的,授予车辆经营权的道路运输管理机构可优先收回。在车辆经营权有效期限内,需要变更车辆经营权经营主体的,应当到原许可机关办理变更许可手续。道路运输管理机构在办理车辆经营权变更许可手续时,应当按照第八条的规定,审查新的车辆经营权经营主体的条件,提示车辆经营权期限等相关风险,并重新签订经营协议,经营期限为该车辆经营权的剩余期限。

第十八条 出租汽车经营者在车辆经营权期限内,不得擅自暂停或者终止经营。需要变更许可事项或者暂停、终止经营的,应当提前30日向原许可机关提出申请,依法办理相关手续。出租汽车经营者终止经营的,应当将相关的《道路运输经营许可证》和《道路运输证》等交回原许可机关。

出租汽车经营者取得经营许可后无正当理由超过180天不投入符合要求的车辆运营或者运营后连续180天以上停运的,视为自动终止经营,由原许可机关收回相应的出租汽车车辆经营权。

出租汽车经营者合并、分立或者变更经营主体名称的,应当到原许可机关办理变更许可手续。

第十九条　出租汽车车辆经营权到期后，出租汽车经营者拟继续从事经营的，应当在车辆经营权有效期届满60日前，向原许可机关提出申请。原许可机关应当根据《出租汽车服务质量信誉考核办法》规定的出租汽车经营者服务质量信誉考核等级，审核出租汽车经营者的服务质量信誉考核结果，并按照以下规定处理：

（一）考核等级在经营期限内均为AA级及以上的，应当批准其继续经营；

（二）考核等级在经营期限内有A级的，应当督促其加强内部管理，整改合格后准许其继续经营；

（三）考核等级在经营期限内有B级或者一半以上为A级的，可视情适当核减车辆经营权；

（四）考核等级在经营期限内有一半以上为B级的，应当收回车辆经营权，并按照第十三条的规定重新配置车辆经营权。

第二十条　县级以上道路运输管理机构应当按照出租汽车发展规划，发展多样化、差异性的预约出租汽车经营服务。

预约出租汽车的许可，按照本章的有关规定执行，并在《出租汽车经营行政许可决定书》《道路运输经营许可证》《道路运输证》中注明，预约出租汽车的车身颜色和标识应当有所区别。

第三章　运营服务

第二十一条　出租汽车经营者应当为乘客提供安全、便捷、舒适的出租汽车服务。

鼓励出租汽车经营者使用节能环保车辆和为残疾人提供服务的无障碍车辆。

第二十二条　出租汽车经营者应当遵守下列规定：

（一）在许可的经营区域内从事经营活动，超出许可的经营区域的，起讫点一端应当在许可的经营区域内；

（二）保证营运车辆性能良好；

（三）按照国家相关标准运营服务；

（四）保障聘用人员合法权益，依法与其签订劳动合同或者经营合同；

（五）加强从业人员管理和培训教育；

（六）不得将出租汽车交给未经从业资格注册的人员运营。

第二十三条　出租汽车运营时，车容车貌、设施设备应当符合以下要求：

（一）车身外观整洁完好，车厢内整洁、卫生，无异味；

（二）车门功能正常，车窗玻璃密闭良好，无遮蔽物，升降功能有效；

（三）座椅牢固无塌陷，前排座椅可前后移动，靠背倾度可调，安全带和锁扣齐全、有效；

（四）座套、头枕套、脚垫齐全；

（五）计价器、顶灯、运营标志、服务监督卡（牌）、车载信息化设备等完好有效。

第二十四条　出租汽车驾驶员应当按照国家出租汽车服务标准提供服务，并遵守下列规定：

（一）做好运营前例行检查，保持车辆设施、设备完好，车容整洁，备齐发票、备足零钱；

（二）衣着整洁，语言文明，主动问候，提醒乘客系好安全带；

（三）根据乘客意愿升降车窗玻璃及使用空调、音响、视频等服务设备；

（四）乘客携带行李时，主动帮助乘客取放行李；

（五）主动协助老、幼、病、残、孕等乘客上下车；

（六）不得在车内吸烟，忌食有异味的食物；

（七）随车携带道路运输证、从业资格证，并按规定摆放、粘贴有关证件和标志；

（八）按照乘客指定的目的地选择合理路线行驶，不得拒载、议价、途中甩客、故意绕道行驶；

（九）在机场、火车站、汽车客运站、港口、公共交通枢纽等客流集散地载客时应当文明排队，服从调度，不得违反规定在非指定区域揽客；

（十）未经乘客同意不得搭载其他乘客；

（十一）按规定使用计价器，执行收费标准并主动出具有效车费票据；

（十二）遵守道路交通安全法规，文明礼让行车。

第二十五条　出租汽车驾驶员遇到下列特殊情形时，应当按照下列方式办理：

（一）乘客对服务不满意时，虚心听取批评意见；

（二）发现乘客遗失财物，设法及时归还失主。无法找到失主的，及时上交出租汽车企业或者有关部门处理，不得私自留存；

（三）发现乘客遗留可疑危险物品的，立即

报警。

第二十六条 出租汽车乘客应当遵守下列规定:

(一)不得携带易燃、易爆、有毒等危害公共安全的物品乘车;

(二)不得携带宠物和影响车内卫生的物品乘车;

(三)不得向驾驶员提出违反道路交通安全法规的要求;

(四)不得向车外抛洒物品,不得破坏车内设施设备;

(五)醉酒者或者精神病患者乘车的,应当有陪同(监护)人员;

(六)遵守电召服务规定,按照约定的时间和地点乘车;

(七)按照规定支付车费。

第二十七条 乘客要求去偏远、冷僻地区或者夜间要求驶出城区的,驾驶员可以要求乘客随同到就近的有关部门办理验证登记手续;乘客不予配合的,驾驶员有权拒绝提供服务。

第二十八条 出租汽车运营过程中有下列情形之一的,乘客有权拒绝支付费用:

(一)驾驶员不按照规定使用计价器,或者计价器发生故障时继续运营的;

(二)驾驶员不按照规定向乘客出具相应车费票据的;

(三)驾驶员因发生道路交通安全违法行为接受处理,不能将乘客及时送达目的地的;

(四)驾驶员拒绝按规定接受刷卡付费的。

第二十九条 出租汽车电召服务应当符合下列要求:

(一)根据乘客通过电讯、网络等方式提出的预约要求,按照约定时间和地点提供出租汽车运营服务;

(二)出租汽车电召服务平台应当提供24小时不间断服务;

(三)电召服务人员接到乘客预约后,应当按照乘客需求及时调派出租汽车;

(四)出租汽车驾驶员接受电召任务后,应当按照约定时间到达约定地点。乘客未按约定候车时,驾驶员应当与乘客或者电召服务人员联系确认;

(五)乘客上车后,驾驶员应当向电召服务人员发送乘客上车确认信息。

第三十条 预约出租汽车驾驶员只能通过预约方式为乘客提供运营服务,在规定的地点待客,不得巡游揽客。

第三十一条 出租汽车经营者应当自觉接受社会监督,公布服务监督电话,指定部门或者人员受理投诉。

出租汽车经营者应当建立24小时服务投诉值班制度,接到乘客投诉后,应当及时受理,10日内处理完毕,并将处理结果告知乘客。

第四章 运营保障

第三十二条 设区的市级或者县级交通运输主管部门应当在本级人民政府的领导下,会同有关部门合理规划、建设出租汽车综合服务区、停车场、停靠点等,并设置明显标识。

出租汽车综合服务区应当为进入服务区的出租汽车驾驶员提供餐饮、休息等服务。

第三十三条 设区的市级或者县级交通运输主管部门应当配合有关部门,按照有关规定,并综合考虑出租汽车行业定位、运营成本、经济发展水平等因素合理制定运价标准,并适时进行调整。

设区的市级或者县级交通运输主管部门应当配合有关部门合理确定出租汽车电召服务收费标准,并纳入出租汽车专用收费项目。

第三十四条 出租汽车经营者应当建立健全和落实安全生产管理制度,依法加强管理,履行管理责任,提升运营服务水平。

第三十五条 出租汽车经营者应当按照有关法律法规的规定保障驾驶员的合法权益,规范与驾驶员签订的劳动合同或者经营合同。

出租汽车经营者应当通过建立替班驾驶员队伍、减免驾驶员休息日经营承包费用等方式保障出租汽车驾驶员休息权。

第三十六条 出租汽车经营者应当合理确定承包、管理费用,不得向驾驶员转嫁投资和经营风险。

出租汽车经营者应当规范内部收费行为,按规定合理收取费用,向驾驶员公开收费项目、收费标准,提供收费票据。

第三十七条 出租汽车经营者应当建立车辆技术管理制度,按照车辆维护标准定期维护车辆。

第三十八条 出租汽车经营者应当按照《出

租汽车驾驶员从业资格管理规定》,对驾驶员等从业人员进行培训教育和监督管理,按照规范提供服务。驾驶员有私自转包经营等违法行为的,应当予以纠正;情节严重的,可按照约定解除合同。

第三十九条 出租汽车经营者应当制定包括报告程序、应急指挥、应急车辆以及处置措施等内容的突发公共事件应急预案。

第四十条 出租汽车经营者应当按照县级以上道路运输管理机构要求,及时完成抢险救灾等指令性运输任务。

第四十一条 各地应当根据实际情况发展出租汽车电召服务,采取多种方式建设出租汽车电召服务平台,推广人工电话召车、手机软件召车、网络约车等出租汽车电召服务,建立完善电召服务管理制度。

出租汽车经营者应当根据实际情况建设或者接入出租汽车电召服务平台,提供出租汽车电召服务。

第五章 监督管理

第四十二条 县级以上地方人民政府交通运输主管部门及设区的市级或者县级道路运输管理机构应当加强对出租汽车经营行为的监督检查,会同有关部门纠正、制止非法从事出租汽车经营及其他违法行为,维护出租汽车市场秩序。

第四十三条 县级以上道路运输管理机构应当对出租汽车经营者履行经营协议情况进行监督检查,并按照规定对出租汽车经营者和驾驶员进行服务质量信誉考核。

第四十四条 出租汽车不再用于经营的,设区的市级或者县级道路运输管理机构应当组织对出租汽车配备的运营标志和专用设备进行回收处置。

第四十五条 设区的市级或者县级道路运输管理机构应当建立投诉举报制度,公开投诉电话、通信地址或者电子邮箱,接受乘客、驾驶员以及经营者的投诉和社会监督。

设区的市级或者县级道路运输管理机构受理的投诉,应当在10日内办结;情况复杂的,应当在30日内办结。

第四十六条 设区的市级或者县级交通运输主管部门应当对完成政府指令性运输任务成绩突出,经营管理、品牌建设、文明服务成绩显著,有拾金不昧、救死扶伤、见义勇为等先进事迹的出租汽车经营者和驾驶员,予以表彰和奖励。

第六章 法律责任

第四十七条 违反本规定,有下列行为之一的,由县级以上道路运输管理机构责令改正,并处以5000元以上20000元以下罚款。构成犯罪的,依法追究刑事责任:

(一)未取得出租汽车经营许可,擅自从事出租汽车经营活动的;

(二)起讫点均不在许可的经营区域从事出租汽车经营活动的;

(三)使用未取得道路运输证的车辆,擅自从事出租汽车经营活动的;

(四)使用失效、伪造、变造、被注销等无效道路运输证的车辆从事出租汽车经营活动的。

第四十八条 出租汽车经营者违反本规定,有下列行为之一的,由县级以上道路运输管理机构责令改正,并处以10000元以上20000元以下罚款。构成犯罪的,依法追究刑事责任:

(一)擅自暂停、终止全部或者部分出租汽车经营的;

(二)出租或者擅自转让出租汽车车辆经营权的;

(三)出租汽车驾驶员转包经营未及时纠正的;

(四)不按照规定保证车辆技术状况良好的;

(五)未向出租汽车驾驶员公开收费项目、收费标准的;

(六)不按照规定配置出租汽车相关设备的;

(七)不按照规定建立并落实投诉举报制度的。

第四十九条 出租汽车驾驶员违反本规定,有下列情形之一的,由县级以上道路运输管理机构责令改正,并处以警告或者50元以上200元以下罚款:

(一)拒载、议价、途中甩客或者故意绕道行驶的;

(二)未经乘客同意搭载其他乘客的;

(三)不按照规定使用计价器、违规收费的;

(四)不按照规定出具相应车费票据的;

(五)不按照规定携带道路运输证、从业资格证的;

(六)不按照规定使用出租汽车相关设备的;

(七)接受出租汽车电召任务后未履行约定的;

(八)不按照规定使用文明用语,车容车貌不符合要求的。

第五十条　出租汽车驾驶员违反本规定,有下列情形之一的,由县级以上道路运输管理机构责令改正,并处以500元以上2000元以下罚款:

(一)在机场、火车站、汽车客运站、港口、公共交通枢纽等客流集散地不服从调度私自揽客的;

(二)转让、倒卖、伪造出租汽车相关票据的;

(三)驾驶预约出租汽车巡游揽客的。

第五十一条　道路运输管理机构的工作人员违反本规定,有下列情形之一的,依照有关规定给予行政处分;构成犯罪的,依法追究刑事责任:

(一)未按规定的条件、程序和期限实施行政许可的;

(二)参与或者变相参与出租汽车经营的;

(三)发现违法行为不及时查处的;

(四)索取、收受他人财物,或者谋取其他利益的;

(五)其他违法行为。

第五十二条　地方性法规、政府规章对出租汽车经营违法行为需要承担的法律责任与本规定有不同规定的,从其规定。

第七章　附　　则

第五十三条　本规定中下列用语的含义:

(一)"出租汽车经营服务",是指可在道路上巡游揽客,喷涂、安装出租汽车标识,以七座及以下乘用车和驾驶劳务为乘客提供出行服务,并按照乘客意愿行驶,根据行驶里程和时间计费的经营活动;

(二)"预约出租汽车经营服务",是指以七座及以下乘用车通过预约方式承揽乘客,并按照乘客意愿行驶、提供驾驶劳务,根据行驶里程、时间或者约定计费的经营活动;

(三)"出租汽车电召服务",是指根据乘客通过电讯、网络等方式提出的预约要求,按照约定时间和地点提供出租汽车运营服务;

(四)"拒载",是指在道路上空车待租状态下,出租汽车驾驶员在得知乘客去向后,拒绝提供服务的行为;或者出租汽车驾驶员未按承诺提供电召服务的行为;

(五)"绕道行驶",是指出租汽车驾驶员未按合理路线行驶的行为;

(六)"议价",是指出租汽车驾驶员与乘客协商确定车费的行为;

(七)"甩客",是指在运营途中,出租汽车驾驶员无正当理由擅自中断载客服务的行为。

第五十四条　本规定自2015年1月1日起施行。

2014 年度交通运输文件、文献名称辑录

1. 关于修改《水路旅客运输规则》的决定(中华人民共和国交通运输部令　2014 年第 1 号)

2. 国内水路运输管理规定(中华人民共和国交通运输部令　2014 年第 2 号)

3. 国内水路运输辅助业管理规定(中华人民共和国交通运输部令　2014 年第 3 号)

4. 道路运输车辆动态管理办法(中华人民共和国交通运输部　中华人民共和国公安部　国家安全生产监督管理总局令　2014 年第 5 号)

5. 关于废止 7 件铁路规章的决定(中华人民共和国交通运输部令　2014 年第 6 号)

6. 关于修改《公路水运工程监理企业资质管理规定》的决定(中华人民共和国交通运输部令　2014 年第 7 号)

7. 关于修改《外商投资国际海运业管理规定》的决定(中华人民共和国交通运输部　中华人民共和国商务部令　2014 年第 8 号)

8. 内河渡口渡船安全管理规定(交通运输部令　2014 年第 9 号)

9. 关于修改《中华人民共和国船舶最低安全配员规则》的决定(中华人民共和国交通运输部令　2014 年第 10 号)

10. 关于修改《中华人民共和国船舶污染海洋环境应急防备和应急处置管理规定》的决定(中华人民共和国交通运输部令　2014 年第 11 号)

11. 关于修改《港口工程竣工验收办法》的决定(中华人民共和国交通运输部令　2014 年第 12 号)

12. 关于修改《航道工程竣工验收管理办法》的决定(中华人民共和国交通运输部令　2014 年第13 号)

13. 关于修改《老旧运输船舶管理规定》的决定(中华人民共和国交通运输部令　2014 年第 14 号)

14. 水上交通事故统计办法(中华人民共和国交通运输部令　2014 年第 15 号)

15. 出租汽车经营服务管理规定(中华人民共和国交通运输部令　2014 年第 16 号)

16. 邮政行政执法监督办法(中华人民共和国交通运输部令　2014 年第 18 号)

17. 铁路运输企业准入许可办法(中华人民共和国交通运输部令　2014 年第 19 号)

18. 铁路旅客车票实名制管理办法(中华人民共和国交通运输部令　2014 年第 20 号)

19. 铁路旅客运输安全检查管理办法(中华人民共和国交通运输部令　2014 年第 21 号)

20. 内河运输船舶标准化管理规定(中华人民共和国交通运输部令　2014 年第 23 号)

21. 关于印发《江西省 2014 年道路春运工作方案》的通知(江西省公路运输管理局　赣运客货字〔2014〕1 号)

22. 关于做好春运“情满旅途”活动系列宣传片播放工作的通知(江西省公路运输管理局　赣运客货字〔2014〕3 号)

23. 关于做好全省机动车维修服务规范化和 2013 年度质量信誉考核工作的通知(江西省公路运输管理局　赣运车技字〔2014〕1 号)

24. 关于要求报送交通运输行政执法人员信息的通知(江西省公路运输管理局　赣运法稽字〔2014〕4 号)

25. 关于江西省 2014 年道路春运工作情况的通报(江西省公路运输管理局　赣运客货字〔2014〕4 号)

26. 关于开展 2014 年 L 半年全省机动车驾驶培训教练员从业资格考试工作的通知(江西省公路运输管理局　赣运从业资格字〔2014〕2 号)

27. 关于开展“身边的楷模”宣传教育活动的通知(江西省公路运输管理局　赣运宣字〔2014〕2 号)

28. 关于做好省际、市际到期道路客运班线车辆技术状况审核工作的通知(江西省公路运输管理局　赣运车技字〔2014〕2 号)

29. 关于印发《2014 年江西省道路危险货物运输专项整治活动工作方案》的通知(江西省公

路运输管理局　赣运客货字〔2014〕7 号)

30. 关于举办全省首届机动车驾驶培训教练员规范化教学职业技能竞赛的通知(江西省公路运输管理局　赣运驾培字〔20141〕4 号)

31. 关于举办 2014 年全省机动车综合性能检测技能竞赛活动的通知(江西省公路运输管理局　赣运车技字〔2014〕3 号)

32. 关于加强全省营运客车类型划分及等级评定工作的实施意见(江西省公路运输管理局　赣运车技字〔2014〕4 号)

33. 关于开展 2014 年道路运输"安全生产月"活动的通知(江西省公路运输管理局　赣运安监字〔2014〕12 号)

34. 关于开展 2014 年度机动车检测维修专业技术人员职业水平考试工作的通知(江西省公路运输管理局　赣运车技字〔2014〕6 号)

35. 关于加强全省汽车客运站营运客车安全例行检查工作的通知(江西省公路运输管理　赣运车技字〔2014〕9 号)

36. 关于印发《江西省道路运输安全生产目标管理考核制度(暂行)》的通知(江西省公路运输管理局　赣运安监字〔2014〕15 号)

37. 关于公布规范性文件清理结果的通知(江西省公路运输管理局　赣运法稽字〔2014〕12 号)

38. 关于 2014 年全省机动车综合性能检测技能竞赛结果的通报(江西省公路运输管理局　赣运车技字〔2014〕10 号)

39. 关于全省酋届机动车驾驶培训教练员规范化教学职业技能竞赛结果的通报(江西省公路运输管理局　赣运驾培字〔2014〕8 号)

40. 关于印发江西省道路运政管理信息系统"两客一危"车辆相关数据清理规则的通知(江西省公路运输管理局　赣运科技字〔2014〕12 号)

41. 关于进一步加强营运车辆二级维护管理的通知(江西省公路运输管理局　赣运车技字〔2014〕11 号)

42. 关于下放出租汽车评标专家库使用权限的通知(江西省公路运输管理局　赣运城客字〔2014〕8 号)

43. 关于迅速开展安全隐患排查治理专项行动的通知(江西省公路运输管理局　赣运安监字〔2014〕19 号)

44. 关于成立《江西省城市公共交通条例》起草工作领导小组的通知(江西省公路运输管理局　赣运法稽字〔2014〕13 号)

45. 关于开展 2014 年下半年全省机动车驾驶培训教练员从业资格考试工作的通知(江西省公路运输管理局　赣运驾培字〔2014〕10 号)

46. 关于公布 2013 年度全省机动车维修质量信誉考核 AAA 级企业的通报(江西省公路运输管理局　赣运车技字〔2014〕13 号)

47. 关于印发加强"平安交通"建设集中整治安全生产若干问题实施方案的通知(江西省公路运输管理局　赣运安监字〔2014〕21 号)

48. 关于印发《江西省公路运输管理局道路运输行政调解工作制度(试行)》的通知(江西省公路运输管理局　赣运法稽字〔2014〕15 号)

49. 关于 2013 年度全省质量信誉 AAA 级城市客运企业名单的通报(江西省公路运输管理局　赣运城客字〔2014〕9 号)

50. 关于 2013 年度全省道路客货运输企业、汽车客运站质量信誉考核结果的通报(江西省公路运输管理局　赣运客货字〔2014〕20 号)

51. 关于印发《江西省道路客货运输驾驶员"黑名单"公告管理制度(试行)》的通知(江西省公路运输管理局　赣运从业资格字〔2014〕5 号)

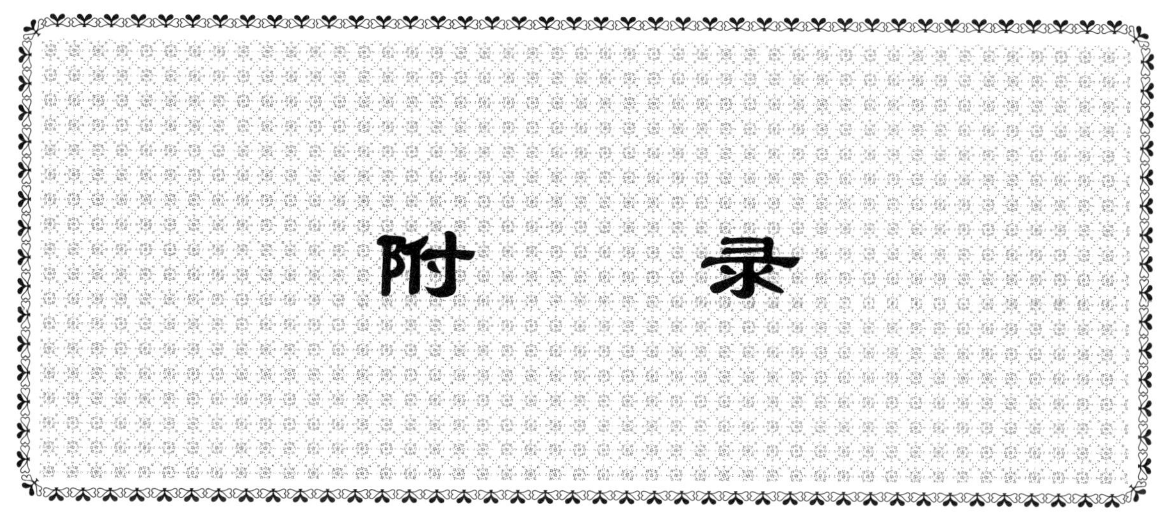

铁 路

【概况】 2014年,南昌铁路局(以下简称铁路局)管辖赣闽两省全部和湘鄂浙三省部分铁路。铁路分界站(点):京九线北端(蔡山站)K1277+000处与武汉铁路局分界,京九线南端(定南站)K2008+200处与广州铁路(集团)公司分界;沪昆线东端(新塘边站)K502+200处与上海铁路局分界,沪昆线西端(株洲站)K1102+000处与广州铁路(集团)公司分界;皖赣线(倒湖站)K342+500处与上海铁路局分界;武九线(西河村站)K185+809处与武汉铁路局分界;合九线(孔垄站)K278+871处与上海铁路局分界;漳龙线(琥市站)K143+037处与广州铁路(集团)公司分界铜九线(香隅站)K164+000处与上海铁路局分界;杭深线(苍南站)K664+589处与上海铁路局分界;杭深线(诏安站)K1259.992处与广州铁路(集团)公司分界。

截至年底,铁路局管辖营业里程6718.8千米(江西境内3564.9千米)、增加661.5千米(江西境内增618千米)。其中,国家铁路营业里程3766.5千米(江西境内2498.3千米),合资铁路营业里程2952.3千米(江西境内1066.6千米)。线路延展里程1.35万千米,增加1428.4千米,增长11.8%。复线里程3558.1千米,复线率53%,增加3.8个百分点;电气化里程5091.2千米,电化率75.8%,增加7.3个百分点;时速120千米及以上铁路营业里程4141.5千米,时速160千米及以上铁路营业里程2774.9千米,时速200千米及以上铁路营业里程2424.6千米,时速250千米及以上铁路营业里程1284.5千米。

年内,南昌市辖区铁路线路528.873千米(沪昆高速线210千米、京九线128.849千米、昌福线73.871千米、沪昆线72.5千米、南昌西动走A、B、C、D线12.139千米、南昌西联络线6.992千米、昌九城际线5.97千米、向西A3线5.499千米、向东D2线4.616千米、南昌北联络线3.95千米、向西A2线3.026千米、南昌枢纽西环线1.911千米)。

全年,铁路局完成27个大中型基建项目投资376.296亿元(含合资铁路项目),完成计划100%。截至年底,全局车站438个(江西境内199个)。铁路沿线绿化里程3015千米,比上年增加174千米、增长6.1%。

2014年,铁路局完成运输收入231.974亿元,完成年度预算的104.2%,同比增加37.101亿元,增长19%。其中,客票收入144.279亿元,同比增加34.369亿元,增长31.3%;货物运费52.105亿元,同比增加0.033亿元,增长0.1%;其他收入25.089亿元,同比增加4.409亿元,增长21.3%;建设基金10.502亿元,同比减1.998亿元,下降14%。

发送旅客1.629亿人,完成计划的102.1%,同比增0.275亿人,增长20.3%。其中,管内发送1.057亿人,同比增0.163亿人,增长18.3%;直通发送0.573亿人,比增0.112亿人、增长24.2%;中转旅客238人,同比减少2.1万人,下降98.9%。

发送货物8308.2万吨,完成计划的89.3%,同比减少563.4万吨,下降6.4%。其中,管内发送5897.2万吨,同比减少211.7万吨,下降3.5%;直通发送2411万吨,同比减少351.7万吨,下降12.7%。

铁路局重点物资运输:运送煤炭2101.2万吨,同比减少306.6万吨,下降12.7%;运送粮食65.6万吨,同比增加16万吨,增长32.3%;运送化肥118.4万吨,同比减少42.6万吨,下降26.5%;运送石油305.8万吨,同比增加6.8万吨,增长2.%;运送金属矿石1938.4万吨,同比减少172万吨,下降8.2%;运送钢铁758.万吨,同比减少102.3万吨,下降11.9%。

(刘　仁)

【机车车辆配属】 2014年,和谐号动车组配属146组1168两(同比增加41组272辆);机车配属1212台(内燃机车492台。占40.6%。电力机车720台、占59.4%),同比减少29台,下降2.3%;客车配属4167辆(不含局管路用客车),增加236辆,同比增长6%。其中,空调客车3800辆,占91.2%。

(刘　仁)

【科研与培训】 2014年,铁路局下达科研开发经费500万元,组织科研攻关项目49项;科技论文96篇,科技成果37项;组织职工培训452期/2.05万人次。

(刘　仁)

【运输业劳动生产率】 截至2014年年底,铁路局从业人员99001人。其中,运输业从业人员87115人。按运输收入计算,运输业从业人员劳动生产率25.86万元/人,同比增16%。

(刘　仁)

【非运输企业经营收入】 2014年,铁路非运输企业(法人企业)48家,平均从业人员4787人(减少1971人,下降29.2%)。实现利润18009万元(人均创利3.76万元),同比增加5246万元,增长41.1%。

(刘　仁)

【综合能耗】 该局单位运输工作量综合能耗3.9吨标煤/百万换算吨千米,比计划减少0.3吨标煤/百万换算吨千米、降低7.1%;能源消耗66.8万吨标准煤,同比减少3.5万吨标准煤,下降5%。其中,煤炭消耗7384.5吨,同比减少3072.7吨,下降29.4%;柴油消耗18.36万吨,同比减少5.05万吨,下降21.6%;电力消耗31.69亿千瓦时,同比增加3.27亿千瓦时,增长11.5%;汽油消耗2303.6吨,同比减少90.6吨,下降3.8%;天然气消耗100.4万立方米,同比增加34.5万立方米,增长52.3%;新鲜水消耗2044.1万吨,同比减少26.1万吨,下降1.3%。

(刘　仁)

【污染物排放量】 2014年,铁路局化学需氧量排放量75.8吨，比计划减少14.2吨、降低15.8%，比上年增加7.6吨，增长11.2%；二氧化硫排放量61.4吨，此计划减少56吨、降低47,7%，比上年减少50.7吨，下降45.2%。

（刘　仁）

【生产生活条件】 2014年，铁路局投资1.885亿元建设和改造沿线生产房屋、行车公寓和单身宿舍；改造沿线饮水设施2159万元，向水质不达标的沿线站区送饮用水100万元；实施偏远、偏僻、偏差站区"三线"建设2577.5万元，改造文体馆、俱乐部、站段文体活动中心806万元；改善女乘务员卫生护理30万元，组织60604名职工健康体检1393万元、18041名女职工体检264万元、9989名职工健康休养、1200名职工荣誉性休养；支出救助金5534.6万元，帮扶职工64454人次；筹集1589.4万元，慰问困难职工家庭6125户和劳模、离退休人员26039名；职工保障性住房竣工1576套、配售832套，在建9339套。

（刘　仁）

【上饶"五定班列"每日开行】 自4月18日起，上饶"五定班列"由原来的每周三班升级为每天一班。2011年6月30日，以"无水港"为依托的上饶至宁波"五定班列"开通，它借助海铁联运方式，定点、定线、定车次、定时、定价开行快速货物列车，截至2014年3月底，上饶"五定班列"发车382趟，占全省发往宁波港海铁联运集装箱量的60%。

（刘　仁）

【抚州开行直通北京列车】 自4月26日0时起，该局实行新的列车运行图，新增1对特快列车，即26日起北京去往三明北的T91次，27日起三明北去往北京的T92次。

新增的T92/91次特快列车，是福建省三明地区首次开行始发北京的列车，经向莆铁路、京九线运行，全程旅行时间16小时，相比经鹰厦线时间缩短9个小时。与此同时，该趟列车还经停江西抚州，抚州首次拥有直通北京的列车，沿途旅客出行更加便捷。

（刘　仁）

【吉衡铁路开行旅客列车】 吉衡铁路线路374.872千米，设计时速160千米。于2009年9月开工建设，2013年12月30日试运行货物列车，2014年7月1日开行6对旅客列车（昆明至福州K636/637、K638/635次，昆明至上海南T382/381次，南宁至徐州K162/161次，南宁至合肥K1562/1561次，南宁至青岛K1138/1135、K1136/1137次，南宁至上海南K538/537次旅客列车）。上述列车调整经吉衡铁路运行后，旅行时间均有不同程度的缩减。

（刘　仁）

【沪昆高速（江西段）开通运营】 沪昆高速西线于9月16日开通运营、沪昆高速东线于12月10日开通运营，这是铁路局第一条设计时速350千米的高铁线路。正线营业里程577.604千米，设11车站（萍乡北站、宜春站、新余北站、高安站、南昌西站、进贤南站、抚州东站、鹰潭北站、弋阳站、上饶站、玉山南站）o正线道岔108组、站线道岔89组、曲线217条：桥梁343座/422.77千米，隧道（含明洞）46座、涵洞345座：全线桥梁比74%，隧道比4%。它的开通，使南昌可连接北京、上海、广州、深圳等92个城市。

（刘　仁）

【赣韶铁路开通运营】 经过61个月的建设，9月30日，赣（州）韶（关）铁路开通运营。该铁路自京九线南康站引出，途经江西省南康市、大余县，广东省南雄市、始兴县、仁化县、韶关市曲江区、浈江区等县市区，至京广线韶关东站，全线179千米，置16个车站，设计时速160千米。赣韶铁路的开通运营，使京九、京广两条铁路大动脉连接贯通，既缩短华南与华东地区间的时空距离，又有益于开发沿线的矿产、旅游等资源，促进当地经济社会的发展。

（刘　仁）

【湾里车站旧址变身工业文明纪念馆】 10月1日。在湾里火车站旧址上改造而成的"工业文明纪念馆"对外开放。

1969年，南昌市大批工厂和企业迁往市郊，湾里火车站成为南昌主要运输站点。改革开放后，这座火车站逐渐衰退，2009年彻底废弃。

为留住历史的记忆,湾里区将其修建成占地2公顷的工业文明纪念馆。在纪念馆门口,“湾里车站”四个大字仍保留完好。馆内有“湾里政区演变”和“湾里工业文明时代”等展厅,展示“三泉牌空调”“华灯牌收音机”“宇航牌电视机”等时代印迹。这里将成为外地人了解南昌、看懂湾里的窗口。

(刘 仁)

【昌吉赣客运专线开工】 12月20日,昌吉赣客运专线(南昌至吉安至赣州)在吉安举行开工典礼。昌吉赣客专与沪昆客专在江西交会,构成“十字形”高铁大通道;它北起南昌,南至赣州,线路全长419.6千米;设南昌、横岗、丰城东、樟树东、新干东、峡江、吉水西、吉安西、泰和、万安、兴国西、赣县北、赣州西13个车站.投资532.5亿元,建设工期5年。昌吉赣客专开通后,南昌至赣州由平均5小时缩短至2小时内。

(刘 仁)

【南昌车站】 2014年,南昌站日均接发图定列车143对(其中旅客列车105.5对、其他列车37.5对),南昌西站116对(其中旅客列车88.5对其他列车27.5对)。全年,南昌车站发送旅客2630.657万人,比上年增长15.09%:完成运输收入27.37亿元,同比增长27.98%。截至12月31日,实现运输安全1700天。

2014年,南昌车站获全国文明单位、全路文明单位、全局先进单位等称号。

(刘 仁)

【南昌车务段】 2014年,该段管辖44个车站(分布在沪昆线、沪昆客专、京九线、昌福线4条干线和抚江、张塘、张建、丰洛4条支线及南昌西环线),营业里程800.23千米(其中支线213.8千米)。截至年底,在册职工1952人。

年内,南昌车务段发送旅客664.94万人,比上年增205.27万人;发送货物709.29万吨,比上年减266.43万吨;运输收入完成14.88亿元,比上年增2.18亿元,增长16.2%。截至12月31日,实现行车安全4916天。

(刘 仁)

【景德镇铁路(九景衢铁路)北站站房设计征求意见会召开】 1月9日,景德镇铁路(九景衢铁路)北站站房设计征求意见会召开。景德镇市委书记刘昌林、市长颜赣辉及市领导于秀明、汪剑平、刘朝阳,中铁四院副院长张华均、九景衢公司副总经理马水生等出席。

与会领导及铁路规划设计专家针对景德镇铁路北站站房设计方案,分别从整体性、功能性、地域性、经济性等方面提出了意见和建议。

按照规划,景德镇铁路北站新火车站将建在景德镇市区北部,对外名称为景德镇北站,规划中的皖赣铁路复线也将引入景德镇北站,并且预留东北联络线沟通九景衢铁路、皖赣铁路复线。依据现状出台的客流量预测,景德镇北站近期(2020年皖赣铁路扩能之前)全年铁路客流量为266万人(次)、中远期(2020以后)为570万人(次)。皖赣铁路扩能前,景德镇北站和景德镇站同时承担客车到发作业。该车站建设规模为12000平方米,按4台11线标准布局,总投资1.44亿元。

新建九景衢铁路为国家一级双线电气化铁路,设计时速200千米,建设里程333.33千米,其中江西境内244.97千米(景德镇境内包括长短链共59千米),项目总投资265.56亿元。九景衢铁路西连九江市,与武九、京九、合九、铜九铁路衔接,直达北京、上海,东接浙江省衢州市,与沪昆铁路和正在规划建设的沪昆客运专线、衢州至宁德铁路衔接,是江西与东部地区之间的快速铁路通道。

(涂 强)

【景德镇火车站春运发送旅客同比减少14.5%】 在为期40天的春运中,景德镇火车站共收发旅客列车1190车(次)、发送旅客147792人(次),旅客发送量同比减少14.5%。

(涂 强)

【赣闽货物快运列车北环线瓷都首发】 9月19日16:35分,一列载有零散货物的X759次货物列车缓缓驶出景德镇火车站,标志着南昌铁路局赣闽货物快运班列北环线正式营运。

首次开通的赣闽货物快运班列北环线包括景德镇、乐平、万年、库前、九江、德安、共青城等14

个办理站,行程897千米,运行时间约21个小时,每天从景德镇火车站始发。赣闽货物快运列车采取固定车次、固定始发时间、固定运行区段、固定编组内容、固定作业地点的"五固定"方式开行,列车等级为快速货物班列,运行时速最高为120千米,比其他货运列车运行速度提升近一倍,物流周转速度和能力大为提高。

(涂　强)

【景德镇火车站特制铁皮箱保陶瓷产品运输安全】 10月1日,景德镇火车站特别制作的陶瓷产品专用铁制集装箱正式投入使用。

该专用集装箱用铁皮及角铁制成,单只体积约1.5立方米,可满足大部分规格尺寸陶瓷产品的运输需求,在货物装卸、安检、运输等方面,其安全性远远优于散件运输,可将陶瓷产品运输过程中的破损率降至最低。该专用集装箱还可搭乘赣闽货物快运列车发往全国各地。

(涂　强)

【乐平矿务局规划小火车观光旅游项目】 10月至12月,乐平矿务局与北京中信旅游总公司多次洽谈后,达成共同开发建设"巨龙农博园农耕饮食观光旅游项目"合作意向。该项目预算投资2.5亿元,建设内容一是巨龙农博园接待中心,内有观光车道、寿生谷长生湖、水上安保游览、游泳池接待中心、农田瓜果园、林地健身休闲、禽畜牧鱼养殖基地、有机绿色食品加工区、游客接待中心、饮食服务区等项目,总投资4400万元;二是利用既有26千米(含修建5千米)窄轨铁路,建设观光旅游线路(包括候车室、停车场、10节为一列的观光小火车4列、火车站机械设备改造)及旅游接待中心(日接纳300人的宾馆饭店),总投资21600万元。

景德镇地方铁路(景德镇至乐平涌山铁路,简称景涌铁路),是景德镇市和乐平市之间的一条地方窄轨铁路,北起景德镇发电厂(青塘)及樊家井卸煤厂,经昌河飞机工业公司、黄泥头、寿安、仙槎、沿沟,南至乐平市涌山镇,全长约35千米(不含6条专用线),由景德镇市和乐平市投资1101万元、历时13年建成,20世纪70年代中期投入使用,主要承担乐平、仙槎、涌山、沿沟三个矿区的煤炭运输任务。1979年,景(德镇)涌(山)铁路划归乐平矿务局管辖,随着景德镇发电厂搬迁、城市规划改造、煤炭市场下行冲击等客观因素的变化,景德镇地方铁路煤炭运输业务急剧萎缩,铁路运输资源日渐荒废。

为摆脱日渐严重的经验亏损局面,培育新的经济增长点,乐平矿务局借鉴台湾阿里山小火车观光旅游理念,牵手北京中信旅游总公司共同开发建设"巨龙农博园农耕饮食观光旅游项目"。

(涂　强)

【南昌铁路局赣州车务段】 赣州车务段机关位于江西省赣州市章贡区赣州火车站旁(邮政编码341000)。管辖京九线峡江—定南站、赣龙线赣州东—瑞金站、吉衡线吉安南—睦村、赣韶线南康—梅关站共46个站(所)及赣州客车队、向西列尾所,合计运营里程789.7千米。段管辖的46个车站在赣州境内有29个车站,其中一等站1个(赣州站)、二等站1个(赣州东站)、三等站6个(兴国、赣县、信丰、定南、于都、瑞金站),四等站10个、五等站11个。

2014年,该段加强安全规范化、标准化建设,健全完善各岗位安全职责、工作标准和工作流程,开展安全大检查及各类安全专项整治活动,细化风险防范措施,采取远程监控、蹲点暗访、夜查、专业检查等方式,强化安全过程管控,促进客车安全、调车安全、接发列车安全、劳动安全等重要风险全面受控。同时强化春运、暑运、新图实施、假日运输、新线开通等重点、关键时期的风险控制,确保了现场作业安全稳定、有序可控。年内连续实现三个安全百日,至2014年年底,全段实现运输安全1473天。

面对持续下行的宏观经济形势和疲软的货运市场,该段深入推进货运组织改革,积极开办货物快运业务,加强闽赣快运班列组织,开展站到门、门到站、门到门多渠道"一站"式接取送达服务,赢得货主充分肯定;客运部门认真做好春运、暑运、假日等重点时段旅客运输工作,抓好吉衡、赣韶线新增、改线列车等新产品的营销宣传,引导旅客选择铁路出行,促进了全段旅客发送量和客运收入的增加,确保了主要运输指标创历史新高。全年全段共发送旅客1367.0万人、完成年计划的106.4%,同比增长13.4%;货发210.4万吨,完成年计划的89.5%,同比下降8.6%;运输收入完成12.15亿元,完成年计划的107.1%,同比增长16.4%。

(赣州车务段)

【宜春明月山观光小火车正式营运】 9月29日,宜春明月山观光小火车正式营运。观光小火车是明月山旅游配套项目,是推动明月山旅游开发的重要基础设施,横跨宜春、萍乡、吉安三个设区市,起点于明月山顶,终于羊狮幕(十八排)外围区,可通连、开发赣西最美、江西旅游最大亮点的羊狮幕景区。工程于2013年3月开工建设,总投资4.5亿元,全线总长4.12千米,已建成来回循环双线9.3千米,铁路铁轨、首末两处车站、站房及附属设施7000多平方米,拥有一座986双线的标准隧道、5座隧洞、七座垂直电梯及人工湖等。观光小火车在海拔1674米运行,小火车运行20分钟就可到达终点站。

(吴泽水)

【抚州铁路】 2014年,抚州市境内拥有铁路五条计337.7千米,其中沪昆铁路过境东乡县23千米,鹰厦铁路过境资溪县30.3千米,向乐铁路伸入临川、崇仁、乐安92.8千米,向莆铁路过境抚州158千米,沪昆铁路杭南长客运专线(简称"杭长客专")过境东乡33.6千米,2014年12月10日正式通车。

【抚州火车站春运安全保障动员会召开】 1月10日上午,抚州火车站春运期间安全保障工作动员会召开,对有关工作进行全面部署。会议指出,抚州火车站即将迎来开通营运后的第一次帮运,安全保障工作领导小组各成员单位要高度重视火车站的春运安保工作,将思想和行动统一到关注民生上来。优化服务,塑造抚州良好的对外形象。要明确职责分工,落实责任人,加强值班管理,扎实工作,采取有效措施防止出现大规模旅客滞留现象,杜绝重特大治安事件的发生,确保火车站及周边区域治安稳定。要完善火车站基础设施和安全设施建设,积极做好预案和二次分流工作方案,充分考虑雨雪天气等各种状况,着重抓好站内及站前广场周边秩序管理,加强对来往旅客进出站的安全疏导,确保旅客安全回家。要加强部门间沟通联系,密切协调配合,形成工作合力,强化信息报送,确保问题早发现、早控制、早解决。强化宣传,提高广大人民群众的出行安全意识,及时宣传推广春运中的一些好经验和好做法,营造良好的春运交通安全氛围。

(陈根玲)

【抚州市政协开展向莆铁路产业带建设调研】 4月15日至22日,抚州市政协经济技术委员会组织部分委员、专家深入抚州高新区、临川区、南城县、南丰县、黎川县,就"建设向莆铁路产业带,优化抚州生产力布局"课题开展调研。市政协副主席廖建辉参加调研活动。

调研组深入火车站、工业园区和企业,了解向莆铁路开通运营给沿线县(区)经济社会发展带来的变化,并与县(区)职能部门负责人和企业家就如何发挥向莆铁路优势,建好向莆铁路产业带进行交流广泛听取意见和建议。

廖建辉在调研中指出,"融入省会,对接海西"、构建一化两园一带产业格局是市委、市政府提出的一项重要发展战略,希望各县(区)政协和广大委员充分发挥人民政协智力密集、人才荟萃的优势,为建设向莆铁路产业带多建睿智务实之言,多谋科学发展之策,多提具有建设性和可操作性的建议,为市委、市政府科学规划、建设好向莆铁路产业带提供智力支持。

(陈根玲)

【抚州东站(地市级站)试运行】 抚州东站坐落于东乡县城,站房面积近6000平方米,设三站台七条股道。2012年12月1日动工兴建,2013年12月31日主体完工,2014年6月30日完成站房装修及设备安装,2014年10月1日开始设备调试。

(姚金国)

【抚州火车站首次开行始发动车】 为方便旅客出行,抚州火车站加开抚州至南昌的D6393/D6394次临时动车,开行时间为8月8日至8月29日,这也是该站作为始发车站发出的首趟动车。

南昌至抚州D6393次,12时29分从南昌站开出,15时13分到达抚州站,运行时间为44分钟;抚州至南昌D6394次,16时19分从抚州站开出,17时26分到达南昌站,运行时间为1小时零

7 分钟。

（陈根玲）

【抚州东站站前广场建成启用】 12 月 10 日，随着沪昆高铁南昌至杭州段开通运营，作为沪昆高铁过境抚州市的唯一站场—抚州东站（东乡）也同时启用。抚州东站站前广场建设项目占地面积 21.33 公顷，长 880 米，宽 358 米，总投资约 1 亿元。

广场中央竖有 20.14 米高的中国红雕塑小篆体“东”字，意思是纪念 2014 年抚州东站的建成和启用；建有 3 米高的 10 座名人雕塑，是建县 500 周年感动东乡的十大历史名人，意味深长；还建有 99 米长东乡风土人情地雕，45 米长书法文化浮雕和占地 5024 平方米的世界地图等建筑雕塑，文化气息浓厚。

广场绿化面积达 5 万平方米，广场正大门前建设了 20 组 10 米高的鸟巢广场灯。

站前广场的西面建设了的士专线、公交专线和长运专线等交通泊位标志。拥有公交站台 4 个、1 个的士停车场和 1 个长运客车停放处，可容纳的士 20 多辆，长运客车 30 多部。与此同时，广场还设立了宜黄、崇仁、乐安、抚州等地的长运客车停靠区块，依照列车到站车次的时间制定客运时间，直达站内的停车场，减少旅客二次乘车带来的不便。

（姚金国）

【“赣闽货物快运”正式跨局联运】 9 月 26 日起，南昌铁路局“赣闽货物快运”列车正式与上海铁路局“长三角货物快运”、南宁铁路局“八桂货物快运”、武汉铁路局“九州货物快运”以及广州铁路集团公司“南方货物快运”跨局联运，在江西、福建、广东、广西、湖南、湖北、上海、江苏、浙江、安徽等省市形成一张铁路快捷运输循环网络。其中两列货运列车覆盖上饶。暨大环列车：顺向、逆向对开，车次分别为 X753/4，和 X751/2 次，以鹰潭南为起点，覆盖上饶等 83 个办理站，行程 2516 千米，运行时间 70 小时。赣东北往返列车：车次 X753/60 次，途径万年，以鹰潭南为起点，覆盖万年等 14 个办理站，行程 897 千米，运行时间约为 21 小时。2014 年 10 月 21 日 00:33 分，上饶火车站首批 251 件，3.5 吨法网浙江余姚的消防器材搭乘“赣闽货物快运”列车，正式开始跨局之旅。

（蒋学华）

民用航空

【概况】 2014 年，江西机场全年起降 8.72 万架次，旅客吞吐量 930.22 万人次，货邮吞吐量 5.66 万吨。其中，南昌昌北国际机场通航城市达 59 个，基本覆盖全国。《江西省民用运输机场管理办法》的正式颁布实施，标志着江西民航自成立近 60 年以来的第一部民用运输机场地方性法规正式出台。办法的出台将对规范江西民用运输机场的建设与管理，促进江西民用运输机场和临空经济发展，保障江西民用运输机场安全运营。江西省人民政府与厦门航空有限公司《合作备忘录》的签订以及江西民航发展专题座谈会的召开，为江西民航的发展创造了良好的外部环境，为此，江西民航的航空运输服务功能进一步增强，服务地方经济发展的作用更为明显。

（谢 丽）

【运输生产平稳增长】 2014 年，南昌昌北国际机场全年完成航班起降 6.54 万架次，同比增长 2.1%；旅客吞吐量 724.09 万人次，同比增长 6.3%；货邮吞吐量 4.61 万吨，同比增长 14.1%。省内各支线机场方面：赣州 78.7 万人次、吉安 42.9 万人次、九江 11.6 万人次、景德镇 46.4 万人次、宜春机场 26.5 万人次，其中赣州、宜春发展速度喜人。

（谢 丽）

【航班网络显著优化】 2014年,南昌昌北国际机场共通航59个城市,16个重点航线得到加密;南昌昌北国际机场首次实现了A330宽体客机在北京航线上的常态化运营,首次引进邮政航全货机运营南宁—南昌—南京货运航线,该航线填补了南昌无全货机航班运行的市场空白。国际(地区)航班增速较快,加密了南昌飞曼谷、中国台北、高雄的定期航班,新增了柬埔寨、韩国等地的5条旅游包机线路。2014年,国际(地区)旅客吞吐量达到27.4万人次,同比增长42.9%。

(谢 丽)

【安全形势总体平稳】 2014年,江西机场着力推进持续安全战略,严格落实"三个底线",所属六个机场安全态势总体平稳,实现了连续第十一个安全运行年,连续第十九次获得全省"社会治安综合治理先进单位"称号。江西机场圆满完成了春运、两会、世界低碳会议和世界道教论坛等重大航空运输保障任务,受到省市政府高度赞扬。

(谢 丽)

【基本建设稳步推进】 8月27日,井冈山机场二期扩建工程可行性研究报告正式获省发改委批复,批文字号为赣发改交通[2014]900号。根据《井冈山机场总体规划》,本期工程按照满足2020年旅客吞吐量100万人次、货邮吞吐量3500吨、飞机起降12821架次的目标设计,主要建设内容为:①机场工程。包括新建28000平方米的站坪及联络道,增设7个机位(2B5C);扩建9846平方米的航站楼;配套建设停车场、消防救援、特种车库及空管、供水、供电、暖通等设施。②供油工程。项目总投资为39162万元,项目建设资金由吉安市政府筹集解决。

11月7日,赣州机场改扩建工程可行性研究报告正式获省发改委批复,批文字号为赣发改交通〔2014〕1130号。批复同意赣州机场本期工程按满足2025年旅客吞吐量220万人次、货邮吞吐量1.76万吨、飞机起降量23687架次的目标设计,主要建设内容为:新建一条1040米长的局部平行滑行道和一条垂直联络道;新建9个机位的2号站坪;新建2.2万平方米的T2航站楼、4000平方米的综合业务楼、4000平方米职工执勤用房等;新建2座1000立方米航空油罐,1座地面加油站;以及消防、供水、供电等配套设施。

(谢 丽)

【景德镇机场春运旅客吞吐量同比增长】 在为期40天的春运中,景德镇机场共起降航班427架(次),旅客吞吐量45010人(次),同比分别增长了7.3%和9.9%。

(涂 强)

【景德镇又一航空产业项目开工建设】 2月25日,景德镇市华通航空设备有限责任公司开工建设。景德镇市华通航空设备有限公司落户于景德镇高新技术产业开发区,由江苏省高新技术企业、国家科技创新基金项目、国家级火炬计划项目承担单位的江苏华通集团投资创建,为专业生产航空飞行器内装饰件、地面保障设备、机电设备的科技创新型企业,能为昌河飞机工业公司、中国直升机设计研究所、洪都航空工业集团公司、西安飞机工业集团公司等各飞机制造、研发单位提供优质的航空产品及配套服务。

景德镇市华通航空设备有限责任公司建设项目总投资达7000余万元,项目建成投产后,年产值可达2亿元,形成集航空产品研发、制造、营销、检测与服务于一体的新型产业化基地。

(涂 强)

【全国21名选手瓷都比赛修飞机】 7月12日至14日,来自全国各地的21名选手齐聚景德镇市,参加第43届世界技能大赛飞机维修项目全国选拔赛。

此次全国选拔赛由中国航空工业集团公司和中国就业培训技术指导中心联合举办,中航昌河飞机工业公司承办。参赛的21名选手分电子组件制作检测、钣铆组件制作检测等专业,按考核成绩高低选出5名选手参加集中训练,最终选派1名选手代表中国参加于2015年8月在巴西举行的全球总决赛。

始于1950年的世界技能大赛由世界技能组织举办,是全球公认的唯一的职业技能竞技平台,被称为职业技能界的"奥林匹克",每两年举办一次。世界技能竞赛在45个技能门类中设定了国际标准,内容涵盖艺术创造与时装、建筑与工艺技术、信息与通信技术、社会与私人服务、运输与物流等。

（涂 强）

【AC311直升机亮相珠海航展】 在11月11日至16日举行的第十届中国（珠海）国际航空航天博览会（珠海航展）上，由中国直升机设计研究所研发设计、中航昌河飞机工业公司生产的AC311直升机参展。

AC311直升机是2吨级单发单旋翼、带尾桨式多用途民用直升机，最大起飞重量2200千克，可乘坐6人，升限可达7000米，最大航程达到620千米，最大航时达4小时，可在我国西部高原地区使用，可广泛运用于空中观光旅游、飞行培训、公务飞行等，经加改装任务设备后可执行医疗救护、航空摄影、巡逻执法、农林喷洒、森林防火、电力巡线等多种任务，被誉为“空中小精灵”。博览会期间，该型直升机共成交订单46架，成中航工业集团公司旗下收到订单最多的机型。

（涂 强）

【景德镇直升机产业投资管理公司两款直升机亮相珠海航展】 在11月11日至16日举行的第十届中国（珠海）国际航空航天博览会（珠海航展）上，景德镇直升机产业投资管理公司的两款民用直升机参展。

该公司参展的两款民用直升机，一款为由比利时原装进口的H2S型直升机，另一款为散件进口、国内组装的H3型直升机。H2S型直升机装配涵道式尾桨，最大起飞重量700千克，最大巡航速度为165千米/小时，最大航程为550千米，最大升限为3657米；H3型直升机最大巡航速度为145千米/小时，最大航程为500千米。上述两款民用直升机的最大卖点是可使用97号汽油作动力能源，无须加注航空专业用油。

（涂 强）

【赣州航空发展服务有限责任公司】 2014年，该公司紧紧围绕年初确定的各项民航发展目标，开拓创新，锐意进取，深入开展党的群众路线教育实践活动，全力推进赣州民航事业振兴发展，圆满完成了各项目标任务，取得显著成效。

旅客和货邮吞吐量快速增长。2014年全年实现旅客吞吐量78.7万人次，同比增长25.6%，比2013年增加16.1万人次，增速位居全省民航首位；货邮吞吐量5543吨，同比增长46%；起降架次7883次，同比增长12%。

（赣州航空发展有限公司办公室）

【航空运输】 2004年，江西省机场集团公司赣州机场分公司面对国内民航客运市场持续低迷等不利情况，以苏区振兴发展为己任，充分利用民航局对口支援赣州南康、赣州市政府航空扶持政策，全方位进行市场开拓，优化航线布局、深挖市场潜力，通过密集走访民航管理单位、航空公司，争取时刻、运力等方面的支持，不断完善航线网络，努力推动了赣州民航业持续健康稳定发展。

充分利用春运和暑运高峰期，拉高流量，和航空发展公司合作营销航班航线市场，做好航班换季的市场宣传工作，利用新开通航线出台相关的优惠营销政策，针对春运单向性特征，进行节前出港和节后进港特价机票促销。不断挖掘潜力，重点开发地市市场和中间市场，与当地旅行社建立定期的信息沟通机制。与赣州专线旅行社共同打包设计宣传广西特价旅游线路，以超低价格引导航空旅游客源需求。

截至2014年12月31日，完成旅客吞吐量787400人次，起降7883架次，货邮吞吐量5542.9吨，同比分别增长25.61%、12.01%、46.04%，创下赣州机场建站通航以来年旅客吞吐量历史新高，增幅在全省机场中排名第一位。

2014年新增珠海、南宁、贵阳航点，加密上海浦东航班，通航城市15个（北京、深圳、广州、南昌、武汉、天津、上海、昆明、海口、南宁、成都、厦门、杭州、珠海、贵阳），平均客座率75.6%。航点为历年最多，其中至北京、上海、南昌的航班达到每日两班，构建了东西南北中的航线布局，实现了赣州与国内主要城市的对接。执飞航空公司增至7家，分别为南航、国航、东航、四川航、祥鹏航、天津航及华夏航。

（钟剑霞）

【宜春明月山机场在萍乡市设城市候机楼】 12月19日，明月山机场萍乡城市候机楼投入使用，该候机楼位于金三角1号公馆内。候机楼投入使用后，旅客可在萍乡市城区候机楼购票、改签、换取登机牌、候机并可免费乘坐直通明月山机场大巴,到达机场后可直接通过安检进入机区。

萍乡城市候机楼投入使用,萍乡市民去明月山机场乘机更方便了。运营初期,萍乡城市候机楼每天发出2班机场大巴前往明月山机场,后期根据航线和乘机人数进行调整。明月山机场已开通往返北京、上海、深圳、昆明、成都、厦门航线。

(吴泽水)

索 引

说 明

1. 本索引内容为条目主题词及相关人名、地名、单位名、文件与事物名称。
2. 词条按汉语拼音首字母顺序排列。
3. 词条后的数字表示所在页码,a 代表左栏,b 代表右栏。重复出现的词以多个页码表示。
4. 年鉴的特载、专文、文献文件与附录未编入索引。

A

B

C

D

F

K

L

X

Y

Z

昌九高速公路管理处

昌九管理处党委扩大会议

昌九高速公路20年庆祝活动

昌九高速公路是江西省建成的第一条高速公路，被誉为“江西高速公路的摇篮。”是福州至银川国道主干线的组成部分，北接庐山之麓的“九省通衢”九江，南连鄱阳湖边的“英雄城”南昌，全长138千米。江西赣粤高速公路股份有限公司昌九高速公路管理处（以下简称昌九管理处）组建于2009年6月。作为江西赣粤高速公路股份有限公司（以下简称赣粤公司）的下设路段管理单位，主要职责是负责昌九高速公路的通行费征收、养护及路段管理工作。

昌九管理处在上级党委、高管层的正确领导和关心支持下，全体员工认真践行“三个代表”重要思想，发扬“改革创新、团结拼搏、艰苦奋斗、无私奉献、率先垂范”的昌九精神，解放思想、扎实工作，大力加强制度化、规范化和行业精神文明建设，树立了高速公路良好的窗口形象，为客户提供了“畅、洁、绿、美”的高速通道，受到社会各界和过往司乘人员的广泛赞誉。荣获全国青年文明号、全国巾帼文明岗，全国交通行业十佳文明示范窗口、全国交通系统文明示范窗口单位、全国职工职业道德建设十佳单位、全国五一劳动奖状、全国模范职工小家、国家级职工书屋等国家、省级荣誉20多项。

开展服务技能展示大赛

高速公路是服务社会、服务经济的重要通道，随着交通事业的不断发展，对高速公路管理工作也提出了更高的标准和要求。在今后的工作中，昌九管理处将进一步加大管理力度，落实工作措施，提供工作质量，巩固工作成果，团结一致，同心同德，全面完成上级赋予的各项工作任务，努力为服务江西经济作出新的更大贡献。

举办知识讲座

收费广场

齐心协力抗冰保通

环境优美的昌九高速公路

江西省港航建设

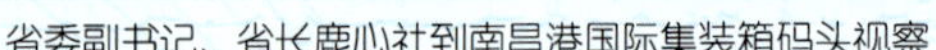
省委副书记、省长鹿心社到南昌港国际集装箱码头视察

公司开展新春第一课集中学习活动

江西省港航建设投资有限公司是经江西省人民政府批准组建，于2010年6月完成工商注册的国有独资有限责任公司。公司主要从事航电枢纽、港口、航道、船闸、物流等港航基础设施的建设、投资与运营管理，以及水资源综合开发利用、水电建设、发电及其他批准的业务。注册资本金为人民币5.1亿元。

公司的设立是省政府为了进一步深化我省港航国有资产管理体制改革，搭建江西省省级水运投融资平台，提高江西水运投融资及资本运作水平，提高港航基础设施建设的投资力度，实现港航国有资本的快速扩张和资产的保值增值。

九江港彭泽港区红光作业区综合枢纽总体规划图

公司紧紧围绕航运、港口、物流、航电枢纽四大板块，积极推进项目建设，打造江西省省级水运投融资平台，使公司尽快成为江西省水运行业和现代物流行业龙头企业，最终成为资产规模大、融资能力强、管理水平高的港航产业集团。

公司积极策应长江经济带建设和昌九一体化建设，以项目建设为抓手，优先打造赣江黄金水道，而后信江、昌江，梯级开发航道，合理布局码头，振兴江西水运。公司制定了“十二五”及“十三五”期间的项目建设计划，重点建设赣江新干航电枢纽、贡江茅店航电枢纽等航电枢纽，以此打通内河航道网络，实现干支联通、江海直达的高等级航道网络；重点建设九江港彭泽港区红光综合枢纽和南昌龙头岗综合枢纽的江西省航运物流中心，配套建设多式联运物流信息中心和融资物流中心，力争到2020年总资产达到300亿元。

目前，公司运营管理江西远洋运输公司、南昌保税物流中心、赣江石虎塘航电枢纽；正在建设南昌龙头岗综合码头一期工程，预计2015年底竣工投产；正在开展赣江新干航电枢纽工程、九江红光港口综合枢纽、南昌樵舍货运码头工程等项目的有关前期工作，并力争2015年开工建设。

赣江石虎塘航电工程枢纽

投资有限公司

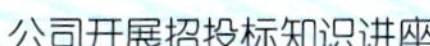
公司开展招投标知识讲座

公司 2014 年 3 月正式接管赣江石虎塘航电工程枢纽的发电运行工作

主要项目介绍

一、赣江石虎塘航电枢纽

赣江石虎塘航电枢纽工程是赣江主要梯极航电枢纽之一，是实现赣江中游全河段渠化建设的关键工程和实现赣州至南昌三级航道的重要组成部分，是以航运为主、结合发电，兼顾其他效益的水资源综合利用工程。

该项目总库容 7.43 亿立方米，电站装机容量 12 万千瓦，设计年平均发电量 5.27 亿度，通航设施建设标准为内河Ⅲ级，该项目批复总投资 24.4 亿元人民币，实际投资 23.5 亿元人民币。该项目于 2009 年开工建设，现已基本建成。第一台机组于 2012 年 10 月投入试运行，其余机组于 2013 年 3 月全部并网发电。

江西省港航建设投资有限公司于 2013 年 8 月 1 日正式接管其运行管理工作，2014 年 3 月 1 日正式接管电厂发电工作。2015 年 3 月 1 日正式接管电厂维护工作。该项目自第一台机组发电以来至 2014 年底共发电 6.4 亿度，实现售电收入 2.36 亿元。目前单日最高发电量记录为 267.5 万度，出现在 2014 年 6 月 26 日。

二、九江港彭泽红光港区综合枢纽工程

该项目位于九江港彭泽港区红光作业区，紧紧抓住长江经济带建设和昌九一体化建设的历史机遇，充分利用鄱阳湖及其主要支流航运条件，充分发挥红光作业区水公铁联运等多式联运优势，努力将其打造成长江江西段航运核心节点、江西航运标杆项目和江西通江达海最前沿的母港，成为江海大船和内河小船货物第一大中转港，填补我省长江航段无大型社会化港口枢纽工程的空白，使之成为继重庆的果园港、武汉的阳逻港后的长江上又一重要航运枢纽。

该项目约占用岸线 1600 米，总占地面积约 3100 亩，拟规划新建 5000 吨级泊位 12 个，预留泊位 11 个，码头年通过能力 2190 万吨(其中集装箱 120 万 TEU，散杂货 990 万吨)。港口物流园区主要分仓储物流区、综合服务区。该项目总投资预计约为 61.5 亿元

目前，省发改委已下文明确该项目为备案类项目，建设单位为我公司；已完成九江港彭泽港区红光作业区综合枢纽码头一期工程勘察、测量工作，力争 2015 年开工建设。

公司投资建设的南昌龙头岗综合码头一期工程，预计 2015 年年底竣工

繁忙的南昌保税物流中心

万载至宜春

万宜高速在全省交通系统率先使用大梁预应力张拉和大循环压浆技术

万宜高速公路

2014年12月26日，万宜高速公路建成通车。万载至宜春高速公路位于宜春市境内，是沟通沪昆高速与万载县的一条地方加密线。路线起点位于万载县马步乡，接省道万载至上栗公路，途经万载县马步乡、袁州区柏木乡、三阳镇、袁州工业园、湖田镇等1个县1个区5个乡镇，与沪昆高速公路昌金段相接后终于明月山机场路 A线，项目总长约 34千米，概算投资总额为19.87亿元。全线采用双向四车道高速公路标准，路基宽21.5米，设计行车速度80千米／小时。

路面施工切实把好原材料控制、配合比、运输、摊铺、碾压等关键环节，力求在每个细节上精益求精

梁场标准化建设，规范醒目的标识标牌、安全文明的施工

美观大气的万宜高速公路

路面施工精益求精，质量一流

路面单位标准化拌合站

全线土石方总量为 351 万立方米，共设大桥 13 座，分离式立交 5 座、涵洞通道 55 道。

据初步统计，万载县至宜春高速公路万载段工程建设规模为：路基土石方 87 万立方米，中小桥 6 座，隧道 1 座约 500 米，在马步乡宝石村设单喇叭互通道口 1 个，共需征用土地约 900 亩、拆迁各类建筑物 19270 平方米、拆迁电力线杆 90 根、电讯线杆 350 根。建设万宜高速公路是全省 100 个县（市、区）实现“县县通高速公路”的收官项目，标志着万载县公路等级将得到进一步提升，路网布局更趋完善。

万宜高速“带绿施工”，力求与沿途青山绿水融为一体

隧道掘进爆破、锚杆打设、砼喷射井然有序、规范文明

钢波纹管施工

雄伟壮观的棠梅村大桥

万宜高速取消中间绿化带，采用防撞墙及防眩板，大大节约了土地

萍乡至洪口界

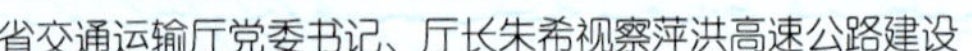

省交通运输厅党委书记、厅长朱希视察萍洪高速公路建设

省重点办主任王前虎视察萍洪高速公路建设

萍乡至洪口界高速公路2014年12月26日建成通车。萍洪高速公路位于江西省萍乡市境内，是国家高速公路网中沪昆高速和泉南高速公路的重要联络线，是江西通往湖南的又一出省通道。路线起于萍乡市国家经济开发区叶家坳村与320国道相接，经安源区青山镇，上栗县长平乡、上栗镇、金山镇，终点位于穿越赣湘交界金山镇洪口界，与湖南省长沙至浏阳高速公路相接，路线全长约33.796千米。

2012年12月14日，江西省交通运输厅成立江西省交通运输厅萍乡至洪口界高速公路建设项目办公室，接手停工近6年的萍洪高速公路建设工作。从此，拉开了萍洪项目复工建设的序幕。

萍洪高速公路项目的领导班子可谓是“受命于困境之时，奋战在困难之间”。复工伊始，就面临着原有劳务队伍、民工全面讨薪和涉农受损赔偿等问题，全线施工经常遭遇不同程度的阻工。为快速解决问题，加大调度指挥的能力，萍洪高速公路项目办专门设立“协调安全处”，积极主动出击与沿线政府沟通，融洽地方关系，耐心细致地做好群众工作。面对复杂的局面，项目办主动担责任、想办法，为项目建设排除“三大拦路虎”，清欠了前期队伍、调查核定了涉农损失、解决征地拆迁拨付款项等问题，终于在2013年8月底基本解决了前期问题，为复工建设大干快上奠定了良好基础。

项目办开展“大干60天”专项劳动竞赛活动

萍洪高速由于停工近6年，原遗留的桥梁桩基挖孔、高边坡等已施工工程出现不同程度的病害和缺陷，未知风险多。在项目办进场之初，便组织人员对大临设施进行策划，尤其是拌和站、预制场，施工前绘制鸟瞰图，施工过程中严格按照标准化要求对现场进行布设，项目驻地、拌和站、预制场及钢筋加工场地均达到了标准化施工要求。

井栏冲桥

省厅重点工程建设项目巡察组多次视察萍洪项目

省交通运输厅副厅长王昭春视察萍洪高速公路建设

项目办还根据现场实际情况，制订了完善的施工现场安全防护设计方案，方案对各施工现场标准化安全防护做了详细要求，施工过程中严格按照标准化要求进行安全防护，有效的保证了现场施工安全。通过定期开展“安全生产月”、“平安工地考核评价”、“标准化工地”“防坠落、防坍塌、反三违”专项整治、“隐患排查”等专项活动，深入开展“平安工地”达标验收工作。组织开展场站建设、临时用电、安全防护等观摩会，促进各单位安全管理水平的提升。

经过不懈努力，萍洪高速公路项目未发生一起安全事故，并在“平安工地”创建工作上取得了一定的成绩和效果，自评达到“示范”评级，最终在江西省平安工地考核评价中获得“示范”评级。

省高投集团总经理任东红视察萍洪高速公路建设

萍洪高速公路明山隧道全幅贯通

路面标中面层试验段摊铺完成

路面摊铺施工

樟木高架桥

寻乌至全南

交通运输部部长杨传堂到寻全高速调研

交通运输部部长杨传堂调研寻全高速

寻全高速梁厂制梁区：场区规模宏伟，井然有序

寻全高速公路项目是国务院《关于支持赣南等原中央苏区振兴发展的若干意见》中重点支持的建设项目，也是赣州市在“若干意见”颁布实施后的第一个重大建设项目，也是江西省“县县通高速”的收官项目之一。该项目的建成对完善赣南地区、赣闽两省区域高速公路网，提高地区综合运输效益，改善通行条件，加强中部地区与海西经济区联系等具有重大的政治、经济意义，同时对增强国防交通战略保障，加快赣南等原中央苏区振兴，推动赣南建成区域交通枢纽，开发区域旅游资源等具有十分重要的意义。

项目途经寻乌、安远、信丰3个县12个乡镇，与大广、济广高速公路相接，路线全长112.104千米，采用双向四车道高速公路标准建设，设计时速80千米，路基宽度21.5米，项目概算总投资87.13亿元，平均每千米造价7764.5万元。

项目施工组织难度居全省前列，主要表现为“一高、两多、三大”：桥隧比高（35.08%）；高墩桥梁多（40米以上高墩桥25座，最大桥高75.5米）；高填深挖路段多（高填路基15.8千米/127处，边部最大填高61.2米，深挖路基15.6千米/139处，最大挖深58.7米，填挖相对高差达100米）；土石方工程

主线贯通

邱屋围高架桥左幅顺利架通

高速公路

赣州高速公司董事长温杨汉到寻全高速调研

赣州高速公司总经理赖才丁到寻全高速调研

量巨大（平均每千米土石高达30万立方米）；隧道群庞大〔总长16279米/20座，高云山（一）隧道是本项目的控制性工程，隧道长3367.5米〕；施工组织难度极大（区域范围内既有路网等级低、路况差，电力设施覆盖差、负荷低，如有的标段新修便道约20千米，架设电力线路造价约500万元〕。

全线施工共划分18个路基标、3个路面标、8个监理标、6个绿化标、2个机电标、2个房建标、3个交通安全设施标，项目于2012年10月开工建设，于2014年12月26日基本建成通车。

省重点工程办公室检查指导寻全高速建设工作

高云山一号隧道三级围岩全断面开挖

桂云山高架桥

路面摊铺

寻全高速水源1号大桥全幅贯通

省高速集团总经理任东红察看都九高速公路湖景服务区选址用地

省公路开发总公司总经理陈立新察看都九项目进展情况

钢栈桥架设施工

都昌至九江高速公路是江西省2020高速公路规划中的重要的高速公路，该项目与济广高速景婺黄段和景鹰段（简称景婺黄高速）、杭瑞高速九景段（简称九景高速）、永修至武宁高速（简称永武高速）等高速可形成横贯江西北部东西方向的又一条便捷的快速通道，更有利于江西省"对接长珠闽，融入全球化"发展战略和"环鄱阳湖地区经济发展规划"的实施，是国家高速公路网有利的补充。都九高速经南九高速可连通永武高速，在路网上形成江西省又一条东西向的快捷通道，可大大缩短九景高速对接南九高速至武宁、南昌等地的营运里程。

"自管模式"是2015年全国公路建设管理体制改革的创新模式。都昌至九江高速（都昌至星子段）经过"特批"，是全省首个进行自管模式改革的试点项目。该项目路线起于都昌县蔡岭镇，与九景高速公路相接，终于星子县华林镇，与都九高速公路（星子至九江段）相接，全长49.969千米，共分5个路基标、2个特大桥标和3个路面标，项目主体和附属工程均纳入了自管模式改革试点范围。

都九项目办作为"自管模式"改革试点的先行者，突破传统管理模式的束缚，坚定改革勇气、创新管理思路、勇于大胆实践，项目办牢牢抓住"三个关键环节"，从建立"优化管理机构、提高管理效率、节约管理成本"的自管模式思路框架入手，让自管模式的专业化、科学化和管理高效的特点逐步显现；通过扎实推进自管模式下的质量创优，来实现自管模式改革试点的突破；同时，都九项目办在抓队伍建设和内部管理上主动适应自管模式的新要求，使自管模式改革试点真正在一步一步、细致稳健的摸索中创造新经验、取得新突破。

远望钢栈桥

精确安放

浇筑现场

进行测定

箱梁架设

梁场自动喷淋养护系统

匝道上跨桥盖梁台帽浇筑

南昌至宁都

厅党委书记、厅长朱希察看昌宁项目建设

交通运输部对昌宁项目进行质量安全综合督查

南昌至宁都（冈上至宁都段）高速公路（以下简称昌宁项目）是规划建设的“南昌—宁都—兴国—韶关”国家高速公路网的一部分，是江西省“四纵六横八射线”高速公路网主骨架的重要路段。路线起点位于南昌市南昌县冈上镇，途经宜春市丰城市、抚州市乐安县、吉安市永丰县、赣州市宁都县等5个市、5个县（市）26个乡镇，终点位于宁都县赖村镇，与泉南高速公路石吉段相接。项目建成后，将南北贯穿江西中心地带，连通江西境内的三条东西向高速公路（沪昆线、抚吉线和泉南线），路网和通道功能十分明显。

安全检查

项目全线纵贯江西南北，地质情况复杂，分别经过平原水网密集区、微丘区、山岭重丘区，地形落差达到千米级。地质情况复杂，特别是永丰、宁都境内，工程总目标控制难度非常大。全线共有2座特大桥(清丰山河特大桥、龙坊高架桥)、2座钢构桥（龙坊高架桥、神龙高架四桥）和3座特长隧道（石马隧道、双溪岭隧道、雩山隧道）、5座长隧道，其中永丰和宁都境内有特长隧道群、桥隧相连群，是昌宁项目控制性工程中的控制性工程。

钢筋施工

堂寨大桥单幅贯通

高速公路

交通运输部专家对昌宁项目隧道进行检查

隧道施工应急救援演练

昌宁项目地处江西中部腹地，属江西的“中部地区”，沿线地区社会、经济发展水平差异极大（南昌县和丰城市为全国经济百强县，乐安县、宁都县为国家贫困县）。该项目的建设能够很好地协调国家战略和区域战略发展布局，完成江西省委省政府“龙头昂起、两翼齐飞、苏区振兴、绿色崛起”发展战略布局，促进江西省经济社会发展和国土均衡开发。昌宁高速公路项目全长248.601千米，概算总投资173.9亿元，开工时间为2013年11月，通车时间为2015年12月，建设工期26个月。项目建设成后，将成为江西省连接周边省份、加强对外联系高效公路，在江西及国家公路网中具有十分重要的地位和作用。

龙坊高架桥夜间施工

双溪岭隧道二衬施工

梁板架设

路面摊铺

薄壁高墩施工

南昌至上栗

昌栗项目领导班子

项目办开展领导干部插手干预工程专项治理动员部署

混凝土路面硬化

南昌至上栗高速公路东接南昌西外环高速、西连萍洪高速与湖南浏阳对接，是赣西地区第三条高速大通道，项目途经南昌市、宜春市和萍乡市共3个地级市8个县（市、区），路线全长223.09千米，投资估算约为114.2亿元。该项目是完善江西省高速公路路网，实现2015年全省高速公路通车里程突破5000千米宏伟目标的项目之一，对打造南昌核心增长极、增强南昌辐射功能、提升高安、上高、万载、上栗等赣西地区县域经济发展，促进沿线旅游资源开发具有重要意义。

在江西省交通运输厅、省高速集团的关心和支持下，昌栗高速公路项目办统筹规划，精心组织，科学安排，项目管理始终贯穿“一套制度、两个平台、三个转型、四个标准、五个严格、六个抓手”的建设要求及工作思路，强化质量为重，立足标准建设，健全制度体系，全面保证昌栗项目管理科学有序。

一套制度“统全局”。即“一纲五册”纲领性制度：项目管理大纲、安全管理手册、质量管理手册、文明施工管理手册、廉政工作手册、内部综合管理手册，作为项目管理的纲领性文件，明确各方权责，确保各项工作在标准化的制度框架下进行。

两个平台“提效率”。即《江西昌栗高速公路网》和昌栗OA系统，为项目搭建了一个综合信息管理平台，实现了工程建设动态、十二公开、信息实时发布、公文流转、工程计量和支付等网上管理，大大缩短了人工处理的时间，提高了效率。

沥青上面层摊铺

上高西收费站

夜以继日忙施工

三个转型“谋建设”。即突破固有思维，逐步建设创新型项目办；实现自我超越，努力营造学习型项目办；转变思想作风，坚持做好服务型项目办。

四个标准“树形象”。即在管理标准化上力求做好四项工作：大临设施标准化、小型构件集中预制、现场观摩会和新科技新工艺的运用，努力实现“标准成为习惯、习惯符合标准、结果达到标准”的目标。

五个严格“保质量”。即严格合同履约，强化队伍管理；严格材料准入，强化源头控制；严格首件示范，强化标准工法；严格施工工艺，强化质量标准；严格试验检测，强化过程监控。

六个抓手“定乾坤”。即以信息化为抓手，首创“明”的新型招标模式；以竞争谈判为抓手，跨越“难”迁改的藩篱；以安全生产为抓手，实现“零”事故的目标；以变更管理为抓手，夯实“理”的建设理念；以民工工资管理为抓手，确保“稳”的建设环境；以廉政建设为抓手，筑牢“廉”字思想防线。

服务区房建工程

水稳下基层碾压

标准化梁场建设

特大桥施工

沥青面层碾压

昌樟高速改扩建

南昌至樟树高速公路是国家高速公路网中的上海至昆明国家高速公路的有机组成部分，是江西省连接周边省份、加强对外联系，对接长珠闽、融入全球化的跨省高速公路运输大通道的咽喉要道，在全国路网中具有显要的地位。

随着地区经济的快速发展，昌樟高速公路交通量逐年增长，为了提高昌樟高速公路服务水平，进一步适应和促进社会经济发展，迫切需要对其进行改扩建。

昌樟高速公路改扩建项目起于南昌市新建县生米镇附近的昌西南枢纽互通南端，与南昌西环线高速相接，南下经生米、厚田，设9.1千米药湖特大桥，跨越锦江及流湖、药湖低洼涝区，继续南下经丰城，在梅林及胡家坊两次上跨丰城支线铁路，采用桥梁跨越肖江后，经经楼、临江，终于樟树市昌傅镇樟树枢纽互通赣州端，与樟吉高速公路相接，路线全长86.545千米，双向8车道，药湖特大桥双向10车道，设计时速120千米／小时，批复概算约61.53亿元。

南昌至樟树高速公路改扩建工程主线采取“两侧整体拼接为主＋局部分离”的方式进行整体扩建，即药湖特大桥段和肖江大桥路段采用局部分离新建（药湖特大桥段路基宽16.75米，肖江大桥路段路基宽20.75米），其余扩建路段为8车道整体式路基宽度42米。跨越的主要河流锦江、肖江河；交叉的主要公路及铁路：S321、S228、丰城支线铁路；主要控制点：起点昌西南枢纽、厚田、药湖、梅林、胡家坊和终点樟树枢纽。

2015年11月6日，在“边施工、边通车”的情况下，江西第一条全线“4改8”高速公路改扩建项目——昌樟高速公路改扩建工程建成通车。

昌樟高速

昌樟高速厚田互通

项目建设办公室

项目建成通车新闻发布会

交通运输部副部长冯正霖调研项目建设

昌樟高速厚田互通

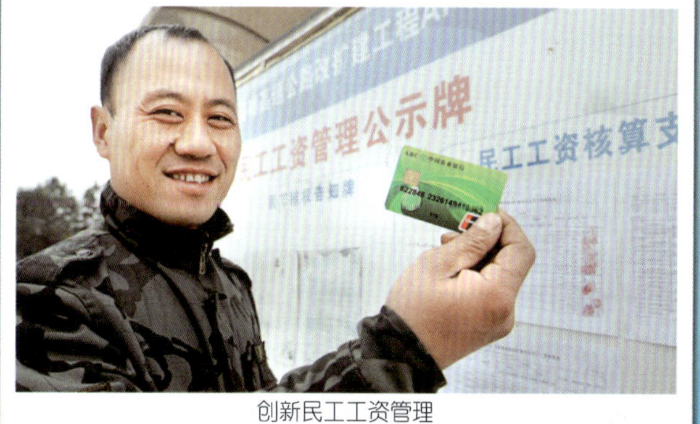

创新民工工资管理

昼夜施工

路面摊铺

旧沥青路面冷再生

交通维护精细化

温拌沥青路面

铜鼓至万载

省交通运输厅副厅长王昭春到铜万调研

省高速集团董事长王江军调研铜万项目

高墩施工安全防护现场经验交流观摩会

铜鼓至万载高速公路全长69千米，途经万载县、宜丰县、铜鼓县，涉及13个乡镇、52个行政村，工程自2015年1月正式开工，计划2016年年底通车。面临时间紧、任务重、前期连续阴雨天气、征拆协调困难等因素，项目办及时调整策略，充分发挥现场管理工程师积极性，有效指导施工单位加快进度，督促项目按计划正常进行。

截止2015年12月24日，土石方完成98.2%；涵洞通道完成98.5%；桩基浇筑完成99.6%；完成墩台身98%；预制梁板完成77.8%；梁板安装完成57%；隧道单洞掘进完成79%；隧道二衬完成完成65.8%。已完成交地99.9%、房屋征拆100%，杆线迁移100%。交地99.9%，杆线迁移99.9%，桩基94%，涵洞通道94%，土石方85%，梁板预制37%、安装20%，隧道洞身单洞掘进52%、初期支护约44%，防排工程全力推进中。当前，铜万项目路基建设正值大干时期，项目办根据“做强势型业主”的管理理念，依据合同加强管理，确保项目质量、安全、监管和廉政工作的合理、合法与合规性，科学统筹安排，全力保障施工进展。项目办通过“三步走”陆续推进工作“清表”，实现工程建设与党风廉政工作同步进行。 目前，铜万项目沿线各单位工程进度大体均衡，针对各单位建设实际，项目办及时调整了“六个争创第一、六个全面完成”活动任务，

摊铺作业现场

桥面铺装

高速公路

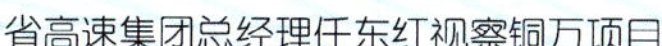
省高速集团总经理任东红视察铜万项目

项目办召开生产调度会

奋力推进梁板预制与架设工作，确保实现年底半幅通车节点目标。

铜万高速公路建设需征用土地7200亩，沿线森林植被茂盛并途经国家公益林，阔叶林、竹林数量较多，征收林地约5770亩，占比高达80%；项目自进场时就确定了总体目标，即按照省委省政府提出的“工程质量更优、外观形象更美、生态环境更佳、依法管理更严、安全廉洁更好”的要求，努力把铜万高速公路建设成为一条优质生态的高速公路。由于地质原因，部分单位的边坡施工出现塌方现象，项目办多次邀请省内外公路专家前来共同“问诊”，现场征求意见，力争达到安全和谐、环保美观的建设目标。

项目办组织省内外公路专家问诊施工难题

特大桥施工现场

路基边坡防护工程

严把构件质量关

锦江大桥施工

井冈山厦坪至睦村

交通运输部副部长冯正霖为井睦项目总监办颁发全国“十佳总监办”荣誉证书

预制梁顶板钢筋吊装

标准化梁场

小型构件预制场

井冈山厦坪至睦村（赣湘界）高速公路2013年10月建成通车。井睦高速公路项目位于江西省井冈山市境内，路线全长43.574千米，概算总投资32.76亿元，平均7518万元/千米，桥隧比32.4%，沿线途经井冈山市11个乡镇（场）26个行政村。全线路基土石方1068万立方米；桥梁26座7276.5米；涵洞通道145道；井冈山特长隧道6850米；互通立交3处，主线收费站1处，服务区1处。

井冈山特殊的自然气候对工程建设具有较大影响，经常性的雷阵雨天气多和入冬早、冻融期长，山区小气候突出。井睦项目按照“坚定总体目标、攻克工程难点、强化质量安全、统筹推进配套、做好群众工作”的要求，攻克了交通不便、电力短缺、山区软土和雨水频繁等困难，抢抓晴好天气、加大投入、合理安排雨季施工，保证了井睦项目的关键工序不停不慢、工程质量始终受控和安全生产态势平稳。

井睦项目厦坪枢纽互通

（赣湘界）高速公路

先进的标准化中心试验室

全省首次在主线范围内施工的钢波纹管涵洞

井睦项目是中国首次采用项目管理与工程监理合并管理（监管一体化）模式建设的公路项目，是江西省首次采用设计施工总承包模式建设的高速公路项目，由江西交通咨询公司负责实施、省交通工程集团公司和交通设计院联合体承建。项目全线均在井冈山境内，地理位置特殊，沿线风景优美，植被茂盛，环境和人文生态保护要求高，倍受领导和社会各界关注。井冈山特长隧道是江西省最长及首座采用斜井通风的公路隧道，也是全国首座同位双斜井隧道。

井冈山特长隧道

混凝土拌和站

桥面铺装

省高速集团总经理任东红看望永莲隧道建设者

国家专家组科研攻关

国家 973 专家组

吉安至莲花高速公路是国家“7918”高速公路网的第 15 横，也是江西省高速公路主骨架网的第 3 横，全长 106.661 千米，投资 52.5 亿元，途经吉安市的泰和、吉安、永新县和萍乡市的莲花县等 2 个设区市 4 个县 16 个乡镇。项目通过大打路基工程歼灭战、路面备料突击战、路面摊铺和钟家山隧道施工攻坚战，累计完成路基土石方 2031.32 万立方米，摊铺沥青混凝土上油面层 226.5 万平方米；建成大桥 29 座，中小桥 45 座，总长 15458 米，互通分离式立交 3 座；建成隧道 3 座，总长 3760 米；完成防护工程 16.6 万立方米，排水工程 26.7 万立方米。

吉莲项目是省交通运输厅确定的全省高速公路建设实行标准化管理的示范项目。项目办全力推进管理标准化、施工精细化，大力开展创建“典型示范合同段”活动，召开路基、桥梁、隧道等现场观摩会多达 15 次；推广应用“四新”，共引进新技术、新工艺、新设备各 3 项，改进工艺 10 余项，如路基采用“三次线控法”施工；桥梁钢筋笼制作使用“水平胎架法”，梁板预应力张拉采用智能张拉仪；隧道洞口首次在全省高速公路隧道工程建设中采用“零仰坡”进洞法；首次在国内高速公路服务区建立光伏发电及微电网示范工程；率先在全省高速公路建设中全路段设置及时提示和风光互补两大系统，首次在全省高速公路路面备料碎石加工时采用布袋除尘器除尘。项目于 2010 年 8 月 9 日奠基，2012 年 12 月底建成通车。

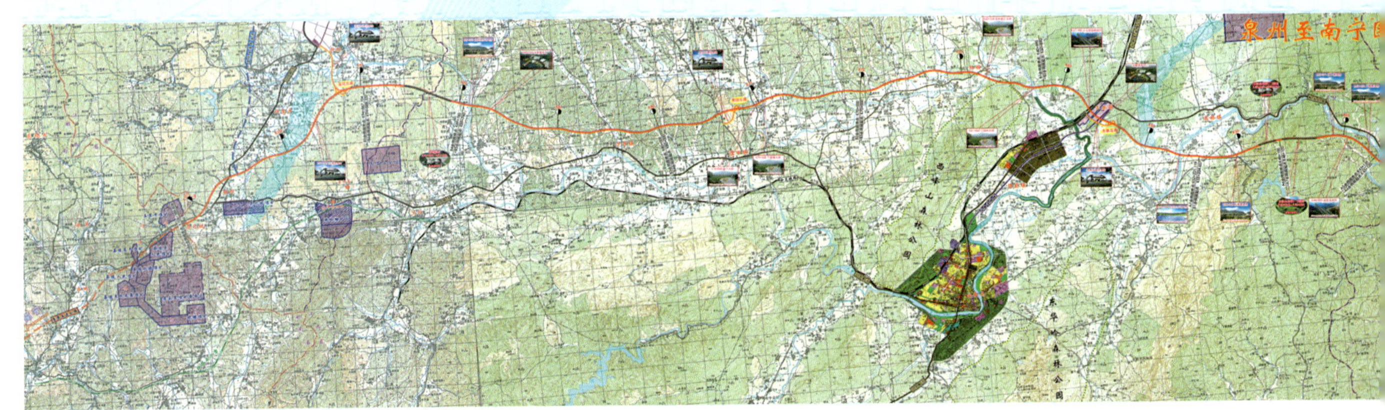

吉莲高速公路永莲隧道建成通车

桩基溶洞处理专家会议

国家科学技术进步奖

证 书

为表彰国家科学技术进步奖获得者，特颁发此证书。

项目名称：隧道与地下工程重大突涌水灾害治理关键技术及工程应用

奖励等级：二等

获 奖 者：江西省高速公路投资集团有限责任公司

2014年12月12日

证书号：2014-J-223-2-04-006

吉莲项目荣获国家科学技术进步奖

吉莲高速公路顺利建成通车

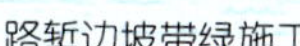

路堑边坡带绿施工

龙田禾水河施工大桥

隧道二衬施工

敖城高架薄壁墩施工

德上夜色

汪村高架

德兴至上饶高速公路位于江西省东北部，主线全长61.222千米，项目概算为47.917亿元，2010年8月9日召开开工新闻发布会，于2012年12月建成通车，是江西省高速公路通车里程突破4000千米的关键项目之一。线路始于德兴市花桥镇、途经德兴市龙头山乡、玉山县怀玉乡、樟村镇、临湖镇、必姆镇、下塘乡，终于上饶市信州区沙溪镇共三个县（市、区）8个乡镇。是江西省规划高速公路网的重要组成部分，也是德兴至南昌高速公路和上海至昆明高速公路之间的竖向地方加密高速公路。与沈阳至海口国家高速公路宁德至上饶联络线武夷山（赣闽界）至上饶高速公路组合形成了纵贯上饶市的一条快速通道。它的建设对完善全省高速公路网、改善江西省特别是上饶市路网结构，盘活沿线地方经济建设具有重要意义；对构筑旅游快速交通网，推动江西省旅游业发展，带动三清山、婺源周边旅游资源的开发利用，促进区域经济的快速发展具有举足轻重的意义。

项目途经地区山高坡陡，沟壑纵横，属山岭重丘区，被称为江西的“天路”，全线共有桥梁78座，隧道9座，土方量达1030万立方米，50米以上高墩桥梁共8座，最高墩有81.6米，为全省第二；高填深挖路段多，土石方集中，边坡最高达9级，最大填挖高度达80余米；桥隧比达40.73%，是江西省迄今为止唯一一个桥隧比超过40%的项目；仅施工便道就达300千米；项目途经大茅山、三清山、怀玉山、大茅山等环境敏感点，环保要求高，施工难度前所项目办按照省委、省政府、输厅的要求，认真总结和

德上高速建成通车

建成通车的德上高速

关口高架

高速公路

烟雨德上

特大桥雄姿

汲取省内外高速公路建设管理的经验，针对本项目特殊的地形地貌特点和极端天气的实际情况，采取有效措施，扎实推动管理标准化活动，使得一大批新工艺、新技术和新科技得到应用。项目办制订了一系列管理制度和活动方案，建立了规范、统一的标准，为提升项目管理水平和今后的项目建设积累了宝贵的经验。

项目建设者在建设过程中秉承“德行天下、上求卓越”的理念和追求，以“开明的工作方法，严明的工作纪律，过硬的工作作风，明确的工作责任，端正的工作态度”，使建成后的德上高速公路成为“质量优良、环境优美、和谐自然”的发展之路、文明之路、富民之路，为江西省深入贯彻落实科学发展观，推动跨越式发展，为建设美丽中国、秀美江西的可持续发展贡献自己的力量。

美观的附属工程

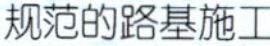

规范的路基施工

路面摊铺施工

汪村高架

德兴东枢纽

安远至定南

省交通运输厅副厅长王昭春察看安定高速公路项目建设情况

省高速集团董事长、党委书记王江军察看安定项目建设情况

安远至定南高速公路及定南联络线是江西省“四纵六横八射线”公路网主骨架的“第四射”南昌至定南高速公路的南段，是江西省地方加密高速公路，项目总长90.17千米，投资总额66.5亿元，分两个项目融资投资建设。其中安远至定南段路线起于安远城北工业园东侧，与南昌至安远段（南昌至定南高速公路北段）终点相接，经安远县的欣山镇、新龙乡、凤山乡、镇岗乡、孔田镇及定南县鹅公镇，终于鹅公镇留村附近江西、广东两省交界处；定南联络线起于定南县鹅公镇东陂坑、柱石两村间的宁都至定南（赣粤界）高速公路K200附近，经定南县鹅公镇、天九镇、沙头（长桥村） 国家稀土资源储备区、历市镇、于铜锣 跨京九铁路，终于老城镇河邦村占屋附近与大广高速龙河联络线相接。该项目的建成，新增了南昌入粤出海的快速通道，对于完善江西高速公路路网，提升区域交通运输效率，促进赣南苏区经济振兴具有十分重要的意义。

安定高速公路项目特点：一是土石方工程量大。该项目土石方挖方量达3036.4万方，平均每千米土石方33.67万立方米，且深挖路段石方比例大，工程施工难度较高。二是全线高墩桥梁众多。该项目路线总长约90.17千米，全线分布桥梁66座，其中墩高大于40米的桥梁有11座，桥墩最高72.36

严格按照标准推进驻地建设

安定项目处于东江源流域，项目办十分重视对沿线环境的保护。图为对施工区域河道进行防护

莲塘隘高架桥与周边环境融为一体

安定项目施工进度位于全省同期开工项目的前列，图为交验全线首段路基

高　速　公　路

省高速集团总经理任东红莅临项目办检查指导工作

项目办严把项目建设用人关，组织施工、监理单位项目负责人进行专业技术知识考试

米（A8 标天龙仙高架桥）。三是生态保护要求高。项目所经区域属于东江水系，东江源是粤港同胞的饮用水源地，项目建设直接关系到粤港同胞的安全用水，生态保护要求高。四是沿线地形地质复杂。沿线水库、水塘、湖泊密布，地形地貌多样，地质条件复杂，给安全管理与质量控制，尤其是桥梁、隧道施工带来较大难度。

项目自 2014 年 12 月底开工建设，将于 2016 年年底正式建成通车，工程建设期为 24 个月。为加快施工进度，自 2015 年 7 月 20 日起，安定高速公路项目在全线组织开展了“大干 100 天”劳动竞赛活动，活动期间，各参建单位积极参与，切实加大投入、有序组织、加班加点，掀起了大干特干的施工高潮。截至 2015 年 11 月，产值已过半，基本实现了桥梁半幅架通的一阶段目标。

安定项目全线有 2 个隧道，图为鹅公隧道双幅贯通

定南联络线水岭岗高架二桥架梁施工

安定项目十分注重台背回填质量控制，采用液压高速强夯机进行补强

安定项目全线桥梁梁板采取分标段集中预制的方式进行，图为预制梁场

安定项目全线桥隧比达 17.8%，图为盘龙山高架桥正在组织高墩施工

瑞金至寻乌

建成通车的瑞寻高速公路

建成通车的瑞寻高速公路

瑞金至寻乌高速公路全长123.956千米，建设工期24个月，概算总投资60.49亿元。该建设项目路线经过赣州市的瑞金市、会昌县、寻乌县两县一市，设计速度每小时100千米，整体式路基宽26米，路面采用沥青混凝土路面，全线主要工程量：路基土石方2489.5万立方米，大、中桥59座，总长13072.8米；涵洞通道488道；隧道5座，单洞总长9731米；互通立交4处；分离立交18处。瑞寻高速公路是国家“7918”高速公路规划网中的重要组成部分，是江西“三纵四横”高速公路主骨架第一纵在江西境内的最后一段，与已经通车的鹰瑞高速公路一起形成江西东部又一条南北大通道。

路面摊铺施工

瑞寻项目办下设A、B两个管理部，相应设有A、B段监理代表处，分别管理3个驻地办。该项目办内设6个职能处室，分别为工程技术处、合约管理处、行政综合处、征拆协调处、财务审计处和政治监察处。按照项目总体安排，项目建设分3个阶段：第一阶段从2010年1月至10月；第二阶段从2010年11月至2011年5月；第三阶段从2011年6月至2011年12月。

瑞寻高速公路建设项目办紧紧围绕省领导提出的“工程质量更优，外观形象更美，生态环境更佳，依法管理更严，安全廉洁更好”的建设目标，坚持“好”字优先，“快”字为本，突出重点、狠抓管理，通过全体建设者的共同努力，于2011年12月底建成通车。

羊子岩湘水大桥

高速公路

特大桥施工

桥梁架设

在工程建设中，瑞寻项目一是围绕质量创优目标，通过“首件工程认可制”，建立健全明晰的责任机制，抓好现场管理，严控质量关口。二是紧扣目标任务，统筹规划工期，灵活制定施工策略，分析重点、难点，抓好关键工程，运用奖优惩劣机制，强力推进工程进度。三是营造安全施工环境，在保障措施上下工夫，从项目办、各施工单位都层层建立健全了安全生产管理机构，实行“一岗双责”责任制，抓好现场的安全管理，加强安全生产制度、措施、经费的落实。四是做到警钟长鸣，在廉政建设上下功夫，通过严抓招投标、工程变更、计量支付等环节，强化对从业者的廉政教育，加大廉政建设监管力度，有效防止工程建设中的腐败问题。五是强调和谐理念，在科学发展上下工夫。项目办从开工之初就坚持“最小限度破坏，最大程度恢复”的原则，在施工中要求各施工单位尽量减少对自然景观和植被的破坏，尽快恢复施工中破坏的水系和路系，对容易发生滑坡、水土流失的部位采取护坡、拦坝、植草皮、砌挡墙等措施，防止水土污染。

忙碌的土方施工

建设中的瑞寻高速

首个实现架通的司背一桥

上饶至万年

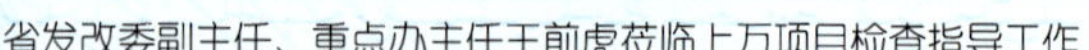
省发改委副主任、重点办主任王前虎莅临上万项目检查指导工作

省交通运输厅纪委书记成松来上万项目办调研

上饶至万年高速公路是江西省高速公路“四纵六横八射”公路网主骨架中的一段，属江西省地方加密高速公路，是连接上饶市区到万年县及环鄱阳湖经济圈的快速通道，项目南起沪昆高速公路，途径上饶市弋阳县、横峰县、万年县、鹰潭市贵溪市等2个设区市4个县（市）区12个乡镇，北接德昌高速，路线全长76.057千米，投资概算46.88亿元。

上万高速是连接德昌高速公路、沪昆高速公路和上武高速公路的新建高速公路，为高速公路网的运输快速化、行车舒适化、管理信息化、环境优美化和加快公路现代化进程奠定坚实的基础。上万高速项目建设对完善区域路网布局，提升路网服务水平具有十分重大的作用。

第一、直接拉动上饶市、万年县社会及经济的快速发展。目前上饶到万年经过梨温、景鹰、德昌的总里程约180千米，经德上、德昌总里程约140千米，项目建成后上饶至万年仅需90千米，项目的实施对进一步改善上饶市投资环境，拉动环鄱阳湖经济圈的建设，促进上饶市、万年、横峰、铅山、弋阳等县市经济社会发展具有重要意义。

第二、上万高速项目是构筑旅游快速交通网，推动江西省旅游业发展，充分发挥旅游规模效益的需要。上万高速公路项目影响区内旅游资源丰富，以上饶为核心，在半径500千米内有“六山二湖四城”旅游热点和婺源文化与生态旅游区。项目的建设对促进赣皖浙闽旅游风光带和旅游经济圈的早日形成，进一步开发沿线丰富的旅游资源，大力发展旅游业，带动当地社会和国民经济的迅速发展都具有重大意义。

上万项目路面底基层实验路段铺筑

路基土石方填筑（方格布土）

高 速 公 路

省高速集团董事长、党委书记王江军查看上万项目建设情况

省高速集团总经理任东红在上万项目办检查指导工作

第三、促进环鄱阳湖经济圈，加快区域经济发展。上万高速公路项目北接横穿环鄱阳湖经济圈的德兴至南昌高速公路，南接上饶市区及梨温高速、上武高速两条出省的重要通道，对促进环鄱阳湖经济圈，加快区域经济发展有极大的推动作用。

第四、是改善出行条件、适应交通量迅速增长的需要。区域内现有道路技术标准总体偏低、混合交通严重，很难满足新形势下日益增长的交通量需求。因此，必须加快高等级公路的建设步伐，提高公路网技术等级，发展快速运输，优化交通网络，改善人民出行条件，减少交通事故，不断适应交通运输发展。上万高速公路项目的建设，对改善区域南北向的交通状况，适应未来交通发展十分必要。

上万高速梅峰高架桥架梁

雨季梁板施工搭设移动雨棚

项目首座铁路跨线桥过孔（韩美岭赣皖铁路桥）

通道施工

项目办高度重视平交道口的安全围护

项目办注重隐蔽工程查验，图为隧道工字钢标记

中铁十九局集团第七工程有限公司

公司承建的广珠轻轨铁路

公司承建的南钦铁路三岸邕江大桥

中铁十九局集团于1985年进驻珠海，1993年7月正式成立铁道部第十九工程局珠海工程总公司，2000年1月公司更名为中铁第十九工程局珠海工程总公司，2010年12月，公司改制变更为中铁十九局集团珠海工程有限公司。2011年1月根据中铁十九局集团有限公司的发展战略，公司名称变更为中铁十九局集团第七工程有限公司，并于2012年2月吸收合并了中铁十九局集团华南工程有限公司，现公司注册资本金1亿元；注册地址：广东省珠海市拱北港昌路111号；经营范围：房屋建筑工程，铁路工程，水利水电工程，公路工程，港口与航道工程，公路路基工程，土木工程，土石方爆破工程，铁路工程建筑等；公司职工总人数为1206人，其中具有大专学历以上的职工956人，各类管理人员、专业技术人员857人，具有中高级职称377人；拥有大中型机械设备300多台，资产总额1.3亿元。

中铁十九局七公司——黔恩互通

都九高速C1标工程项目属都九高速公路都昌至星子段新建工程C1标段，路线起于都昌县蔡岭镇附近，设置都昌枢纽互通连九景高速，主线直身总体由东身西，终于徐埠镇莲花村委会谭门义水泥路东面。本标段桥梁12座，涵洞87个，其余均为路基。都昌枢纽互通分为A、B、C、D、E匝道桥及九景高速拼宽段，本标段内桥梁下部结构为桩基础，柱式墩矩形实体墩，上部九景高速跨线桥为箱型连续梁，全长178延米，基余为预应力小箱梁或空心板结构，预制小箱梁252片，预应力空心板162片，桥台采用肋板台或柱式。项目线路全长13.872千米。

都九高速公路C1标首片梁浇筑

6K8+900段边坡喷播植草

南宁机场

九景跨线桥1#墩支架预压

安全应急演练

湖南湘潭公路桥梁建设有限责任公司

浙江省金丽温高速公路丽水至青田第12合同段

湖南省郴州至宁远高速公路土建工程第15合同段

湖南湘潭公路桥梁建设有限责任公司为一家多元投资主体持股的股份制企业。公司始建于一九五六年，历经近五十年发展，已具备国家公路工程施工总承包、公路路基工程、桥梁工程、隧道工程、路面工程、市政工程专业承包一级资质；资产总额已经达到3.09亿元，年产值超过15亿元；在职员工1162人，其中各类专业技术人员384人，高级职称41人，中级职称219人；一级建造师35人；公司拥有机械设备322台（套），总功率21304.7千瓦，沥青混凝土、水泥混凝土、路基土石方、桥梁、交通工程等施工设备一应俱全。

公司在公路建、管、养方面具有40多年的悠久历史、业绩颇佳。曾参与省内外五十多项大型工程项目建设。

开工以来至2015年9月中旬，公司承建的都九高速C3标已完成总投资额占合同价的50%。标段处于全面施工阶段，已经投入挖机、推土机、装载机、压路机、平地机、运输车等。红线清表完成100%，土方施工挖方换填已完成100%，粉喷桩完成100%。标段目前已经全部完成新妙湖中桥的预制梁安装工作，该桥已正式进入桥面系施工。预制梁场标准化也已完成，标准化预制场的建设，确保了梁板生产的标准化、生态化、工厂化生产。梁场标准化的实施，关系到梁板混凝土质量和波纹管以及预应力张拉质量的好坏，梁场建设的成功也为标段众多桥梁的建设打下了坚实的基础。新妙湖大桥下部结构已经基本完成，该桥总长728米，共24跨，设置共五联先简支后连续预应力砼T梁。T梁的架设安装，标志着桥梁建设进入一个新的施工环节，是领先于其他路基标段的重要工作，具有里程碑式的重大意义。

公司始终坚持“质量第一、信誉至上”的原则，紧紧围绕“一流道路、一流设施、一流管理、一流服务、一流效益、一流形象”的管理目标，狠抓质量管理体系和施工进度，坚持创建精品工程，以良好的形象来赢取社会的好评，以最大的社会价值为国家基础交通设施建设贡献力量。

预制场标准化建设

新妙湖大桥架桥机拼接安装

压实度试验

龙岩至长汀（闽赣界）高速公路A23合同段

中铁十四局集团第

获国家优质工程银奖南京新庄立交桥

深圳梧桐山隧道荣获“鲁班奖”

公司承建的都九高速C2标生产第一片箱梁

谭门义分离式立交箱梁架设

中铁十四局集团第三工程有限公司，前身为中国人民解放军铁道兵第四师第十八团，具有铁路工程、公路施工、市政公用工程施工3个总承包一级资质和公路路基、公路路面、桥梁工程、机场场道工程5个专业承包一级资质及水利水电、房屋建筑工程施工总承包二级资质。

2011年末，公司共有职工总数2288人，各类专业技术人员934人，其中具有中、高级职称的工程技术人员311人，考核或考试通过各专业一级建造师114人次。拥有各类大型施工设备436台（套），是具有大型土石方、桥梁、隧道、路面、机场和水利工程施工能力的现代型大型企业，年完成施工产值在40亿元以上。

公司秉承“不畏艰险，勇攀高峰，领先行业，创誉中外”的企业精神，积极参与市

广东韶关五里亭大桥

三工程有限公司

朔黄铁路东风隧道荣获“鲁班奖”

南京长江隧道的建成开启了世界水下工程新纪元

场竞争，不断拓宽施工领域，参建和单独承建宝兰、黎湛、京九、杭州铁路枢纽、青藏铁路一期、二期、宜万、吴广、京沪高铁、石武客运专线、郑徐高铁等40多条国家和省事重点铁路工程；承建了山东境内济青、济德、日东、青银等，江西南昌西绕城和赣定、赣泰、京福高速江西段、石吉、瑞寻等高速项目。多年来参建和独立承建的工程中有5项被评为“鲁班奖”，10项国优工程，有40多项被评为省部级优质工程，在建筑市场上是一支有着良好社会信誉和竞争实力的施工劲旅。

公司所承建的都昌至九江高速公路都昌至星子段新建工程C2标段，主线长3.3米，为双向四车道高速公路，设计时速100千米/小时；都昌东互通连接线长20.6千米，为双向两车道二级公路，设计时速60千米/小时；桥梁8座，涵洞135道，隧道1座，全线内挖方177万立方米，填方188万立方米，钢筋3900余吨。

青年突击队授旗仪式

C2标组织召开预制箱梁现场观摩会

中国路桥集团西安实业发展有限公司

公司承建的十堰至天水陕西境白河至安康段

国道 108 线山西仙堂堡—砂河段

山西灵河高速神池至河曲段

陕西西汉高速公路香炉石隧道

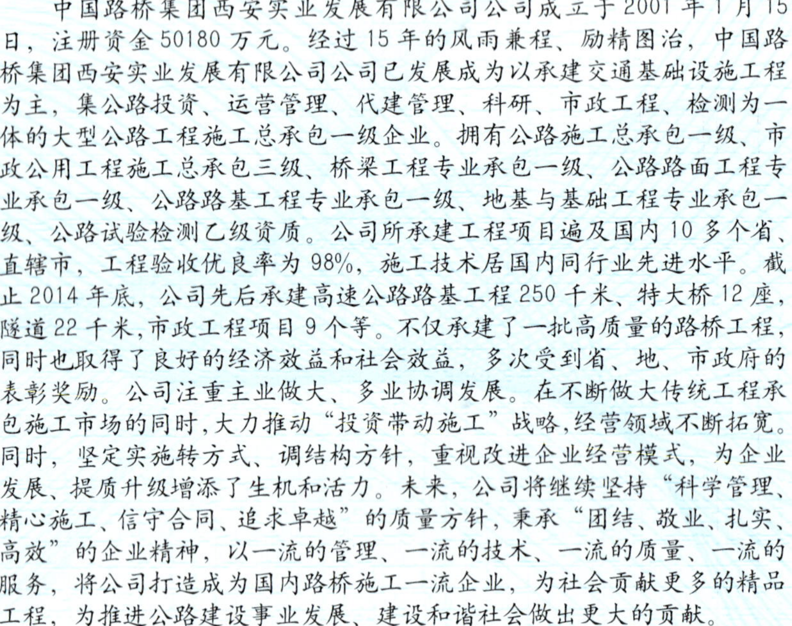

中国路桥集团西安实业发展有限公司公司成立于 2001 年 1 月 15 日，注册资金 50180 万元。经过 15 年的风雨兼程、励精图治，中国路桥集团西安实业发展有限公司公司已发展成为以承建交通基础设施工程为主，集公路投资、运营管理、代建管理、科研、市政工程、检测为一体的大型公路工程施工总承包一级企业。拥有公路施工总承包一级、市政公用工程施工总承包三级、桥梁工程专业承包一级、公路路面工程专业承包一级、公路路基工程专业承包一级、地基与基础工程专业承包一级、公路试验检测乙级资质。公司所承建工程项目遍及国内 10 多个省、直辖市，工程验收优良率为 98%，施工技术居国内同行业先进水平。截止 2014 年底，公司先后承建高速公路路基工程 250 千米、特大桥 12 座，隧道 22 千米，市政工程项目 9 个等。不仅承建了一批高质量的路桥工程，同时也取得了良好的经济效益和社会效益，多次受到省、地、市政府的表彰奖励。公司注重主业做大、多业协调发展。在不断做大传统工程承包施工市场的同时，大力推动“投资带动施工”战略，经营领域不断拓宽。同时，坚定实施转方式、调结构方针，重视改进企业经营模式，为企业发展、提质升级增添了生机和活力。未来，公司将继续坚持“科学管理、精心施工、信守合同、追求卓越”的质量方针，秉承“团结、敬业、扎实、高效”的企业精神，以一流的管理、一流的技术、一流的质量、一流的服务，将公司打造成为国内路桥施工一流企业，为社会贡献更多的精品工程，为推进公路建设事业发展、建设和谐社会做出更大的贡献。

公司承建的都九高速二期标段为 C4 合同段，路线长 9.18 千米，位于都昌县境内，主要控制因素有石亭桥大桥，北多公路支线上跨桥，都昌西互通。按双向四车道的设计，计算行车速度为 100 千米／小时，路基宽 24.5 米。项目计划工期为 15 个月，质量目标为单位分部分项工程一次性验收全部合格，争创优质工程。

公司承建的都九高速 C4 标对路基进行回弹弯沉值测定

C4 标都昌西互通上跨桥箱梁架设

C4 标采取喷播技术绿化护坡

江西交通建设工程监理所

世行专家检查瑞赣高速公路项目

利用多媒体演示召开监理工作会议

“十一五”重点工程先进单位

江西交通建设工程监理所成立于1994年5月，隶属于江西省交通设计研究院有限责任公司，是具有交通部公路工程甲级监理资质的专门从事交通建设工程监理服务的独立法人机构，能在全国范围内从事一、二、三类公路工程、桥梁工程、隧道工程项目的监理业务。2007年通过ISO9001：2000质量体系认证，同年获得交通部公路工程试验检测综合乙级资质。

监理所实行所长负责制，配有副所长、总工程师、总经济师、总会计师，下设综合部、生产经营部、中心试验室。机构设置合理，职责分明，精炼高效。项目管理实行二级管理、三级责任制体制。成立以来，完成高速公路等主要工程施工监理服务28项，里程超过1000千米，监理业务涉及了省内外诸多交通工程重点项目和部分地方工程项目。在所监理的工程项目中，企业始终坚持“干一项工程、创一块牌子、锻炼一支队伍、闯一方市场”的企业精神，严格遵守“严格监理、热情服务、顾客满意、持续改进”的质量方针，赢得了业主单位的好评，产生了良好的经济效益和社会效益，培养了一批具有丰富的监理、设计、施工经验的优秀人才队伍。共有7个项目获得江西省高速公路建设领导小组授予的项目“先进单位”称号、9个项目获得“先进集体”称号、20人次获“劳动模范”、91人次获“先进生产工作者”。2005、2011年获得江西省人民政府授予的“江西省‘十五’、‘十一五’重点工程建设先进单位”称号。

设计院领导与上武项目获奖劳模、先进合影

监理所的赣州绕城高速路段

昌九高速改扩

开工新闻发布会

征地拆迁动员会

建成通车通远试验段四改八车道实景

架设第一片梁

程家畈大桥施工

2015年8月8日，昌九高速改扩建通远试验段正式建成通车。它的建成通车，在很大程度上缓解了昌九高速公路大动脉的通行压力，极大地改善了庐山世界级风景名胜区旅游环境，为“昌九一体化”注入了新的生机和活力。

昌九高速公路，作为江西第一条高速公路，为助推江西经济发展作出了极为突出的贡献。然而，随着地区经济的快速发展，区域交通流量增长迅猛，道路通行能力已远远不能满足时代发展的需要，特别是通远铁门坎路段，先天性技术缺陷（长大纵坡、路基宽仅18米），在冰雪、霜冻、大雾等极端天气影响下，极易导致“肠梗阻”现象，昌九高速公路改扩建显得尤为紧迫和必要。

昌九高速公路改扩建通远试验段建设项目全长10.426千米（K86+640～K96+666），由双向4车道扩建为双向8车道，设计进速100千米，整体路基宽41m，采取“左幅分离新建、右幅利

建通远试验段

省重点办领导指导协调征地拆迁工作协调会

项目办高效落实昌九高速抗冰保畅工作

用老路改造”方式进行改扩建。起点位于九江县马回岭茶林场，终点位于九瑞枢纽互通南端分汇流点。项目主要含隧道2个、大桥1座、互通1处，项目工期为2012年9月至2015年8月，项目概算7.78亿元。

该项目地处庐山西麓、长江南岸、鄱湖之滨，是国家高速公路网福银高速公路的有机组成部分，是江西省“三纵四横”公路网主骨架的重要路段，是纵贯南北、承东启西的主干通道，是对接长珠闽、融入全球化的跨省公路运输咽喉要道。昌九高速公路改扩建项目，对促进鄱阳湖生态经济腾飞具有十分重要的战略意义。该项目是江西省首次对现有高速公路进行大规模改扩建，是高速公路建设领域的一个新课题，必将为日后全省高速公路改扩建积累经验，提供借鉴，也必将在很大程度上缓解昌九大动脉的通行压力，造福八方百姓。

跨线桥沥青摊铺

庐山南隧道

庐山南隧道施工

程家畈大桥远眺

江西通慧科技发展有限公司

寻全高速机电工程联合设计专家评审会在南昌召开

寻全高速机电、房建工程进行现场协调工作会

江西通慧科技发展有限公司成立于2004年，拥有交通部公路机电监理专项资质（甲级专项），主营业务为高速公路机电监理、专业工程软件开发、智能化系统集成等。是国内少数几家在交通建设领域具有管理软件开发、机电工程施工、机电工程监理资质的高新技术企业，软件产品和机电监理服务于国内高速公路、轨道交通、银行金融机构项目30余个，单位用户达1300余家，覆盖国内公路工程施工企业80%以上用户，是工程软件行业内具有较大影响力的企业之一。

公司自2008年成立监理部以来，取得了交通运输部公路机电监理专项资质。奉行“守法、诚信、公正、科学”的行为准则，竭诚为社会各界提供优质监理及工程项目管理服务。建立了一支具有一定技术水平、管理水平、专业配套、经验丰富的老、中、青年相结合的工程监理队伍。专业包括：公路、桥梁、隧道、机电、建筑、安全环保、工程经济等，有各类工程技术人员近35人，具有高级工程师11人、工程师18人，持交通部监理工程师证达20余人，建设部注册造价工程师1人，交通部造价师工程师2人，注册一级建造师2人，安全工程师4人，聘请了多名交通建设行业权威专家为顾问，其中多名专业技术人员被聘为交通部工程建设专家库专家、评委。

同时作为江西省“双软”及“高新技术”企业，为客户提供“专业、及时、热忱、耐心、周到”的服务是通慧的服务基准。全方位地提高通慧软件产品质量，为推动交通工程建设管理信息化的进程作出一份贡献。

公司坚持“规范监理、一丝不苟、高效优质；竭诚服务、持续改进、业主满意”，始终把所监理工程项目的质量摆在工作的首位，在做好质量控制、进度控制、投资控制的同时，协助业主和施工单位做好项目的组织协调和安全管理工作，力求实现业主的建设总目标。

交通建设工程监理企业

资质等级证书

企业名称：江西通慧科技发展有限公司

资质等级：公路机电工程专项

业务范围：在全国范围内从事各等级公路、桥梁、隧道工程通讯、监控、收费等机电工程项目的监理业务。

证书编号：交监 第041-2013号　　发证机关

有效期自2013年5月15日至2017年5月14日　　发证日期 年 月 15 日

中华人民共和国交通运输部制

公司主营业务有高速公路机电监理、软件开发与销售。软件产品包括交通工程领域的计量支付、工程造价、工程变更、质量评定与试验（检测）分析、公路通信与收费、银行绩效管理、电子签章。公司获得了高新技术企业、软件企业认证，被授予中国交通标准化理事单位、江西省交通规划造价理事会副理事长单位、南昌市委市政府引智项目资助企业，南昌市东湖区重点扶持科技企业等，其公司多个软件科技项目和人才分别获科技部、江西省科技厅、南昌市科技局、南昌市委市政府立项或奖励。公司愿与有诚意及相关资源的朋友共创辉煌!

寻全高速机电工程联合设计专家评审会现场

寻全高速机电工程召开第一次工地会议调度工作会